城市轨道交通工程设计

（上　册）

刘志义　主　编
杨立新　崔彦凯　李建华　刘敏杰　副主编

中国铁道出版社有限公司

2020年·北　京

内 容 简 介

本书编写的初心是结合国家轨道交通领域相关规范、规程、标准，集结从事城市轨道交通建设、施工、勘察、设计等人员，将各自多年的专业设计、管理的经验和教训进行总结、提炼，汇总成册，以期对初步入门的同仁起到引领作用，对多年驰骋设计、建设管理和施工战场的同仁起到切磋、提示、借鉴的作用。

本书共38章，内容涵盖了城市轨道交通勘察、设计的各个阶段和各个专业，包含轨道交通设计规范中的内容及其应用过程中可能遇到的问题，以及解决问题的方案和建议。同时，根据城市轨道交通建设要求和实践需要，通过《线网规划》《客流预测》《车站装修》《混凝土增强技术》《BIM技术》《岩土工程勘察》《工程物探》《管线迁改与施工期交通组织》《工程监测》《建设运营管理》《TOD与轨道交通规划设计》等11章，对轨道交通设计规范中未涉及的内容进行补充，确保本书的全面性、实用性、创新性和先进性。

图书在版编目(CIP)数据

城市轨道交通工程设计．上册/刘志义主编．—北京：中国铁道出版社有限公司，2020.1

ISBN 978-7-113-26472-7

Ⅰ.①城… Ⅱ.①刘… Ⅲ.①城市铁路-轨道交通-工程设计 Ⅳ.①U239.5

中国版本图书馆CIP数据核字(2019)第276595号

书　　名： 城市轨道交通工程设计(上册)

作　　者： 刘志义　主编
杨立新　崔彦凯　李建华　刘敏杰　副主编

策划编辑： 祁先明　江新锡　徐　艳

责任编辑： 黎　琳　梁　雪　　**编辑部电话：** 010-51873065

封面设计： 高博越

责任校对： 焦桂荣

责任印制： 高春晓

出版发行： 中国铁道出版社有限公司(100054，北京市西城区右安门西街8号)

网　　址： http://www.tdpress.com

印　　刷： 中煤(北京)印务有限公司

版　　次： 2020年1月第1版　　2020年1月第1次印刷

开　　本： 880 mm×1 230 mm　1/16　印张：35　字数：1 096千

书　　号： ISBN 978-7-113-26472-7

定　　价： 240.00元

编　委　会

撰稿人员

上　　册

第 1 篇　总　　体

第 1 章《总论》:杨立新

第 2 章《线网规划》:程铭基

第 3 章《客流预测》:程铭基

第 4 章《运营组织》:宋健鹏

第 5 章《线路》:白　旭　刘敏杰

第 6 章《环境保护》:郭利峰

第 7 章《工程筹划》:高元彪

第 8 章《工程经济》:高元彪

第 2 篇　车辆及车辆基地

第 9 章《车辆》:王毓吉

第 10 章《车辆基地》:郭荣林　薄海青　姚建平　王学寅　罗　黎　杨　庆　闫　言

第 3 篇　土 建 工 程

第 11 章《路基》:王聚辉

第 12 章《轨道》:程保青　杨宝峰

第 13 章《车站建筑》:周永民　王学寅　陈文杰　余佳欢

第 14 章《车站装修》:王允钢　黄　萍

第 15 章《高架结构》:施新宇

第 16 章《地下结构》:崔彦凯　郑习羽　毛海和　蒋　力

第 17 章《混凝土增强技术》:马保萍

下　　册

第 4 篇　强　　电

第 18 章《供电与电力监控》:张喜海　杨立新

第 19 章《牵引网》:陈　玮　孙名刚

第 20 章《杂散电流防护》:张兴昭

第 21 章《动力照明》:杨　庆　王开怀

第5篇　弱　　电

第22章《通信》：徐幼铭

第23章《信号》：王喜军　夏　冷　鞠　帅

第24章《自动售检票》：龚伟敏

第25章《综合监控、火灾自动报警、环境与设备监控》：秦小光　夏　冷　王维佳

第26章《门禁》：阎中印

第27章《运营控制中心》：龚伟敏　王学寅　杨　铭　罗　黎

第6篇　车站设备

第28章《通风、空调与供暖》：杨　铭　黄璟瑜　闫　言

第29章《给排水与消防》：罗　黎　辜　勇　孙云祥

第30章《站内客运设备》：曹敬典

第31章《站台门》：曹敬典

第7篇　综　　合

第32章《BIM技术》：杨远翔　欧阳院平　王志兵　王欣南

第33章《岩土工程勘察》：蔡守志　毕雄飞　赵丙君

第34章《工程物探》：张顺中　张　莉　蔡守志

第35章《管线迁改与施工期交通组织》：苑宝华　吴会森　阳红卫　许金良　沈　跃

第36章《工程监测》：赵　勇　牟军东

第37章《建设运营管理》：宋健鹏

第38章《TOD与轨道交通规划设计》：朱晓兵

主要审定人

（按篇章顺序）

刘志义	杨立新	刘敏杰	高树东	郑习羽	蔡守志
张顺中	王允钢	王学寅	程铭基	苑宝华	薄海青
白　旭	阎中印	夏　冷	徐幼铭	王喜军	刘世先
孙名刚	王开怀	杨智华	高朝阳	王志兵	黄　信

序　言

随着我国城市化进程的加快，为了缓解城市日益突出的交通拥堵和环境恶化问题，20多年来国内一些大城市开展了大规模的城市轨道交通建设，目前已进入健康、有序、快速发展的阶段，取得了令世人瞩目的成就。截止2019年底，我国已有40个城市开通轨道交通，运营总里程6700多公里，不少城市实现了网络化运营。在城市轨道交通规划、设计、施工建设以及车辆、机电设备制造国产化方面取得了辉煌成绩。如此大规模高速地建设城市轨道交通在世界上也是史无前例的。如何全面、系统地总结设计领域的经验教训已成为当务之急，对指导今后城市轨道交通规划、设计和管理工作水平，为城市轨道交通建设提供借鉴经验，具有十分重要意义。

《城市轨道交通工程设计》的编著者均是长期从事城市轨道交通规划、设计以及总承包管理工作的专家和中、青年技术人员，多年来承担多个城市、多条线路的规划、勘察和设计工作，在实践中积累了丰富的经验和技术成果，不断提升设计质量和管理水平。在编著过程中，严格遵循国家对城市轨道交通建设制定的政策、规程、规范，坚持理论与实际相结合的原则，坚持实事求是的原则，坚持近期和长远相结合的原则，秉承勘察和设计保障工程建设、工程建设保障运营以及追求不断创新的理念，完成了200多万字的两本沉甸甸书稿，这是六十多位参编者多年从业经验的总结和宝贵的技术结晶。

《城市轨道交通工程设计》分上、下两册，共7篇38章，基本涵盖了城市轨道交通工程勘察与设计的所有专业。其中《总体篇》包含了线网规划、客流预测及运营组织等总体性专业，结合编者多年的从业经验提出了很多创新的研究和设计方法；《车辆及车辆基地篇》对轨道交通车辆构造、车辆技术标准、车辆基地及工艺流程均系统的进行了分析和总结；《土建工程篇》从理论计算到实施工艺均逐一分析，并介绍了多项新技术应用；《强电篇》和《弱电篇》结合现行规范要求和行业发展情况，详实阐述了专业设计要点和新工艺应用；《车站设备篇》包含了通风、空调、给排水、消防、客运设备及站台门，对轨道交通车站的机电设备技术与设计要点进行了全面阐述；《综合篇》包含了BIM技术、勘察、物探、管线迁改与交通组织、监测、TOD开发等内容，是编者长期实践经验的总结和提炼。全书专业覆盖广、理论联系实践、内容丰富、结构严谨、图文并茂，是一套城市轨道交通工程设计小百科全书，适用于从事城市轨道交通工程设计的广大专业技术人员阅读和借鉴，也适用于大专院校相关专业师生以及对城市轨道交通工程设计感兴趣的初学者阅读参考。

特别应提出的、值得业内同行学习和赞赏的是，《城市轨道交通工程设计》一书的编写和出版，不是由单位或团体作为任务完成的，而是由六十多位编著者自发参与、自发组织完成的，大家无报酬、利用业余时间、全身心投入完成各自负责的篇章，大家不为名利，只想把自己从事城市轨道交通勘察、设计以及管理的经验和教训予以总结，供从事城市轨道交通勘察、设计、施工、管理同行们借鉴，多一点参考，多一点启迪。两年来，刘志义主编和各位副主编与六十多位编著者一起挑灯夜战、几易其稿，并多次召开研讨会，反复磋商研讨，终将这套著作完成，他们的辛劳可想而知，精神难能可贵。凡是过往，皆为序章。在本书付梓之际，希望各位编著者再接再厉、再续华章，也希望各位读者能够博采众长，知往鉴今！

中国国际工程咨询公司原副总经理
中国城市轨道交通协会原副会长　焦桐善

2020 年 1 月于北京

前　言

千淘万漉虽辛苦，吹尽狂沙始到金。《城市轨道交通工程设计》经过全体撰稿人的不懈努力，终于完成了。本书旨在使广大读者能比较系统地了解城市轨道交通工程从规划设计、施工建设的基本内容和各个专业的设计文件组成、重点、注意事项、可能出现的问题及解决方案，希望借此起到抛砖引玉的作用，为活跃城市轨道交通领域的技术交流创造空间。因此业界从事城市轨道交通建设、施工、勘察、设计的六十余位同仁、好友自愿组合，利用业余时间，结合国家轨道交通领域相关规范、规程、标准，把自己多年从事城市轨道交通专业设计、管理的经验和教训进行总结、提炼，以期对初步入门的同仁起到引领作用，对多年驰骋设计、建设管理和施工战场的同仁起到切磋、提示、借鉴的作用。

本书的作者们来自长城内外、大江南北、不同地域、不同单位、不同专业，有七八十岁的资深老专家，也有正在生产一线拼搏奋斗的中青年技术骨干。他们在完成各自岗位工作的同时，牺牲业余时间编写自己负责的篇章，反复进行修改和完善，无怨无悔，精益求精。尽管大家单位不同、专业不同、年龄相差悬殊，但目标一致、方向明确，把创作优质内容作为自觉行动。在编写过程中，为完善各篇章的编写内容，统一编写风格和满足编辑排版要求，编委会先后在天津、杭州、上海等地召开了四次《城市轨道交通工程设计》编写恳谈会，确定了编写大纲、篇章结构、写作要求等，取得共识，形成纪要，确保编写工作有序开展。

本书涵盖了城市轨道交通勘察、设计的各个阶段、各个专业的内容，包含轨道交通设计规范中的内容及其应用过程中可能遇到的问题，以及解决问题的方案和建议。有些章是设计规范不包括的，是编写组同仁多年从事城市轨道交通耕耘的心血结晶。《线网规划》《客流预测》《车站装修》《混凝土增强技术》《BIM 技术》《岩土工程勘察》《工程物探》《管线迁改与施工期交通组织》《工程监测》《建设运营管理》《TOD 与轨道交通规划设计》等 11 章，是根据城市轨道交通建设要求和实践需要而增加的，供读者参考。

本书各篇作者虽然皆尽所能，但因水平及知识面所限，缺点错误在所难免，还望广大读者给予批评指正。

本书编写过程中得到了许多业内专家和同行的支持和指导。中铁上海设计院集团有限公司天津分院给予大力支持和协助，北京城建设计研究院杭州分院、上海合瑞建设发展有限公司和中铁十八局集团有限公司京滨铁路现场指挥部为编写组提供会议地点及各种技术支持，在此一并表示感谢。

希望本书的问世，能为我们伟大祖国的城市轨道交通工程建设贡献出我们的绵薄之力，给城市轨道交通的设计者、管理者提供有益的帮助和参考。

编者

2020.1

目　　录

上　　册

第1篇　总　　体

1　总　　论 …… 3

1.1　概　　述 …… 3
1.2　各阶段设计工作主要内容及应对思路 …… 10
1.3　各设计阶段的工作重点 …… 17
1.4　总体设计管理 …… 22
1.5　城市轨道交通总体技术接口 …… 23
1.6　总体总包管理 …… 29
本章参考文献 …… 33

2　线网规划 …… 35

2.1　概　　述 …… 35
2.2　“新思维”的依据、特点和适用性 …… 36
2.3　线网规划的基本思路和规划流程 …… 38
2.4　线网规划编制中重大问题的先期研究 …… 41
2.5　城市公交主通道的辨识和辨识方法简介 …… 42
2.6　线网换乘、锚固点及其他重要节点研究 …… 46
2.7　线网规划拟用通道沿线工程可实施性的调查、记录及查询 …… 50
2.8　轨道交通线网规划 …… 55
2.9　交通大区的轨道子网的布设 …… 57
2.10　轨道交通线路组织和全市线网合成 …… 61
2.11　轨道交通线网规划多方案的客流预测及比选评估 …… 62
本章参考文献 …… 63

3　客流预测 …… 64

3.1　概　　述 …… 64
3.2　城市现状及规划介绍 …… 64
3.3　城市轨道交通需求预测模型的构建 …… 66
3.4　客流预测的结论 …… 78
3.5　敏感性分析 …… 82
3.6　客流分析和客流检查 …… 83
本章参考文献 …… 85

4　运营组织 …… 86

4.1　运营组织主要研究内容 …… 86

4.2 国内外机场类线路行车组织简介 …… 89
4.3 国内外市域线简介 …… 93
4.4 设计中问题及解决方案 …… 95
本章参考文献 …… 97

5 线　　路 …… 98

5.1 概　　述 …… 98
5.2 线路平面设计 …… 101
5.3 线路纵断面设计 …… 113
5.4 问题及思考 …… 118
本章参考文献 …… 124

6 环境保护 …… 125

6.1 工程环保选线选址 …… 125
6.2 工程环境保护要求 …… 125
6.3 工程环境保护措施 …… 127
本章参考文献 …… 130

7 工程筹划 …… 131

7.1 工程概况 …… 131
7.2 工程建设各阶段策划 …… 131
7.3 工程建设进度筹划 …… 138
7.4 重点、难点工程及应对预案 …… 140
本章参考文献 …… 141

8 工程经济 …… 142

8.1 费用组成及章节划分 …… 142
8.2 编制依据、采用的定额和取费标准 …… 143
8.3 费用内容及标准 …… 143
8.4 城市轨道交通工程指标影响因素分析 …… 147
8.5 投资估算、概算出现的问题及解决方案 …… 153
8.6 “国办发〔2018〕52 号”概要 …… 154
本章参考文献 …… 156

第 2 篇　车辆及车辆基地

9 车　　辆 …… 159

9.1 概　　述 …… 159
9.2 车辆技术要求 …… 160
9.3 车辆选型及构造常见问题及其解决措施 …… 169
9.4 车　　体 …… 170
9.5 全自动无人驾驶车辆 …… 202
9.6 新技术应用 …… 204

本章参考文献 …… 204

10　车辆基地 …… 206

10.1　概　　述 …… 206
10.2　车辆段总平面布置设计 …… 215
10.3　车辆段运用检修设施 …… 228
10.4　综合维修中心设计 …… 253
10.5　物资总库 …… 263
10.6　教育培训中心 …… 266
10.7　站场、路基及轨道 …… 266
10.8　建　　筑 …… 269
10.9　动力照明 …… 274
10.10　车辆基地采暖、通风与空调 …… 277
10.11　给排水及水消防系统 …… 278
本章参考文献 …… 280

第3篇　土建工程

11　路　　基 …… 283

11.1　概　　述 …… 283
11.2　常见的路基形式及其设计原则 …… 283
11.3　地面线路基设计原则 …… 286
11.4　路基稳定及沉降控制标准 …… 291
11.5　路基抗震设计 …… 292
11.6　路基耐久性设计 …… 292
11.7　路基排水设计 …… 292
11.8　路基边坡防护设计 …… 292
11.9　路基支挡结构设计 …… 295
11.10　路基地基处理 …… 300
11.11　新型结构形式的探讨 …… 304
11.12　现行规范存在的问题及解决建议 …… 305
本章参考文献 …… 305

12　轨　　道 …… 307

12.1　概　　述 …… 307
12.2　轨道结构 …… 307
12.3　轨道减振结构 …… 312
12.4　无缝线路设计 …… 314
12.5　轨道附属设备 …… 315
12.6　轨道施工 …… 317
12.7　调线调坡设计 …… 319
12.8　设计界面及常见问题 …… 321
本章参考文献 …… 323

13 车站建筑 …… 324

13.1 城市轨道交通车站类型 …… 324
13.2 车站设计的一般规定 …… 329
13.3 车站平面设计 …… 329
13.4 车站环境设计 …… 340
13.5 垂直交通设施 …… 341
13.6 出入口设计 …… 342
13.7 风亭设计 …… 343
13.8 换乘站设计 …… 344
13.9 平坡站设计 …… 348
13.10 地铁车站与物业开发结合 …… 351
13.11 车站管线综合设计 …… 353
13.12 防灾疏散及消防设计 …… 355
本章参考文献 …… 359

14 车站装修 …… 360

14.1 概　　述 …… 360
14.2 建筑装修设计原则及标准 …… 360
14.3 车站公共区装修设计 …… 366
14.4 车站设备管理区装修设计 …… 380
14.5 车站地面4小件装修设计 …… 381
14.6 BIM技术在精装修设计中的应用 …… 387
本章参考文献 …… 388

15 高架结构 …… 390

15.1 概　　述 …… 390
15.2 主要编制原则与技术标准 …… 391
15.3 高架车站结构 …… 395
15.4 高架区间结构 …… 398
本章参考文献 …… 405

16 地下结构 …… 407

16.1 地下区间隧道衬砌结构类型 …… 407
16.2 地下车站衬砌结构类型 …… 409
16.3 区间和车站结构设计计算 …… 414
16.4 城市轨道交通工程的施工特点 …… 436
16.5 地下工程新技术 …… 505
本章参考文献 …… 517

17 混凝土增强技术 …… 519

17.1 概　　述 …… 519

17.2 纤维素纤维增强混凝土技术 …… 524
17.3 混凝土增强技术发展 …… 532
本章参考文献 …… 534

下 册

第4篇 强 电

18 供电与电力监控 …… 3

18.1 概 述 …… 3
18.2 外部电源供电方式 …… 8
18.3 主变电所设计 …… 12
18.4 中压网络设计 …… 18
18.5 直流牵引供电系统 …… 23
18.6 再生能吸收方案 …… 26
18.7 无功补偿及谐波分析 …… 30
18.8 变电所设计 …… 34
18.9 电力监控系统 …… 47
18.10 供电车间 …… 58
本章参考文献 …… 61

19 牵 引 网 …… 62

19.1 概 述 …… 62
19.2 接 触 网 …… 67
19.3 接 触 轨 …… 97
19.4 小 结 …… 112
本章参考文献 …… 113

20 杂散电流防护 …… 114

20.1 杂散电流的产生及危害 …… 114
20.2 杂散电流防护的设计原则及防护方案 …… 122
20.3 杂散电流监测系统 …… 132
20.4 杂散电流的综合治理 …… 134
本章参考文献 …… 137

21 动力照明 …… 138

21.1 概 述 …… 138
21.2 负荷分类及供电方式 …… 138
21.3 照明配电设计 …… 139
21.4 动力配电设计 …… 142
21.5 可再生能源的利用 …… 147
本章参考文献 …… 147

第5篇 弱　　电

22 通　　信 …… 151

22.1 通信系统功能及主要编制原则 …… 151
22.2 通信系统组成和分类 …… 151
22.3 传输系统及传输线路 …… 152
22.4 专用无线通信系统 …… 153
22.5 公务电话系统 …… 154
22.6 专用电话系统 …… 155
22.7 视频监视系统 …… 156
22.8 广播系统 …… 158
22.9 时钟系统 …… 159
22.10 乘客信息系统 …… 159
22.11 办公自动化(OA)系统 …… 161
22.12 电源系统及接地 …… 162
22.13 民用通信系统 …… 162
22.14 公安通信系统 …… 163
22.15 通信用房要求 …… 165
本章参考文献 …… 167

23 信　　号 …… 168

23.1 信号系统的作用、分类、基本发展趋势 …… 168
23.2 信号系统设计要求 …… 168
23.3 车辆基地信号系统 …… 180
23.4 全自动运行系统设计 …… 185
23.5 信号系统发展的新技术 …… 188
23.6 信号用房要求 …… 190
本章参考文献 …… 191

24 自动售检票 …… 193

24.1 一般规定 …… 193
24.2 系统构成 …… 194
24.3 系统功能 …… 194
24.4 票制、票务管理和清分 …… 196
24.5 设备选型、配置及布置原则 …… 197
24.6 系统主要技术指标 …… 198
24.7 网络构成及要求 …… 199
24.8 时间同步方式 …… 200
24.9 供电与接地 …… 200
24.10 系统接口 …… 200
24.11 存在问题和未来展望 …… 200
本章参考文献 …… 201

25 综合监控、火灾自动报警、环境与设备监控 …… 202

25.1 综合监控系统(ISCS) …… 202
25.2 火灾自动报警系统(FAS) …… 223
25.3 环境与设备监控系统(BAS) …… 231
25.4 施工处理常见问题解决方案 …… 239
本章参考文献 …… 247

26 门　禁 …… 249

26.1 一般规定 …… 249
26.2 安全等级和监控对象 …… 249
26.3 系统构成 …… 251
26.4 系统功能 …… 254
26.5 主要技术指标 …… 257
本章参考文献 …… 257

27 运营控制中心 …… 258

27.1 概　述 …… 258
27.2 一般规定 …… 259
27.3 选址与规模 …… 260
27.4 管理和操作模式 …… 260
27.5 总体布置和功能分区 …… 261
27.6 工艺设计 …… 262
27.7 建筑与装修 …… 264
27.8 供电、防雷与接地 …… 266
27.9 通风、空调与供暖 …… 267
27.10 照　明 …… 267
27.11 布　线 …… 268
27.12 消防与安全 …… 268
27.13 OCC 技术业务及其附属用房名称 …… 269
本章参考文献 …… 271

第 6 篇　车站设备

28 通风、空调与供暖 …… 275

28.1 概　述 …… 275
28.2 区间隧道通风系统 …… 276
28.3 地下车站通风空调与防排烟系统 …… 294
28.4 地面、高架车站通风空调系统 …… 305
28.5 通风空调系统冷热源 …… 308
28.6 通风空调系统运行管理模式 …… 319
28.7 施工及验收过程中典型问题分析 …… 322
本章参考文献 …… 326

29 给排水与消防 …… 327

29.1 给排水及水消防 …… 327
29.2 气体灭火及高压细水雾 …… 337
本章参考文献 …… 344

30 站内客运设备 …… 345

30.1 自动扶梯和自动人行道 …… 345
30.2 电　梯 …… 348
30.3 轮椅升降机 …… 351
本章参考文献 …… 352

31 站 台 门 …… 354

31.1 设备主要功能及组成 …… 354
31.2 主要设计原则及技术参数 …… 355
31.3 设备布置及选型 …… 356
31.4 设计要点及需要注意的问题 …… 358
本章参考文献 …… 360

第7篇 综　合

32 BIM技术 …… 363

32.1 BIM技术简介 …… 363
32.2 BIM技术政策 …… 365
32.3 BIM在城市轨道交通设计中的应用 …… 366
32.4 BIM设计软件 …… 371
32.5 BIM平台开发及应用 …… 374
32.6 应用案例 …… 376
本章参考文献 …… 380

33 岩土工程勘察 …… 381

33.1 城市轨道交通勘察阶段的划分及其意义 …… 381
33.2 各个勘察阶段工作量布置原则和要求 …… 381
33.3 不同施工方法的勘察要点 …… 384
33.4 岩土和地下水技术参数的确定 …… 385
33.5 有害气体专项勘察 …… 387
33.6 岩溶专项勘察 …… 392
33.7 勘察监理的主要工作内容 …… 393
33.8 勘察报告编写的主要内容及注意事项 …… 397
本章参考文献 …… 398

34 工程物探 …… 399

34.1 地下管线探测技术 …… 399

34.2 地下建(构)筑物探测技术 …… 406
34.3 资料整理 …… 409
本章参考文献 …… 412

35 管线迁改与施工期交通组织 …… 413

35.1 管线迁改 …… 413
35.2 施工期交通组织 …… 418
35.3 案例分析——杭州至富阳城际铁路桂花路站交通疏解及管线迁改 …… 421
35.4 小 结 …… 429
本章参考文献 …… 429

36 工程监测 …… 431

36.1 监测工作的目的和意义 …… 431
36.2 监测范围 …… 431
36.3 监测等级划分 …… 431
36.4 监测内容 …… 432
36.5 监测频率及周期 …… 435
36.6 监测控制标准 …… 437
36.7 监测点布置要求 …… 438
36.8 监测作业实施方法 …… 442
本章参考文献 …… 457

37 建设运营管理 …… 458

37.1 城市轨道交通建设运营管理模式的理论分析 …… 458
37.2 国内外轨道交通建设运营管理体制 …… 458
37.3 建设管理模式 …… 462
37.4 运营管理模式 …… 467
本章参考文献 …… 468

38 TOD与城市轨道交通规划设计 …… 469

38.1 概 述 …… 469
38.2 “T+TOD模式”理念、案例和研究要点 …… 472
38.3 考虑“T+TOD”的城市轨道交通规划设计 …… 477
38.4 对“T+TOD”规划设计之外的思考 …… 480
本章参考文献 …… 481

附录A 专业技术接口 …… 482

第1篇

总　　体

1 总　　论

1.1 概　　述

1.1.1 基本情况

从广义上来说,我国轨道交通项目(客运)根据功能定位、服务对象、客流特点及线路长度的不同可以分为 4 个层次,见表 1.1-1。

表 1.1-1 轨道交通项目层次划分

层　　次	连 接 范 围	速　　度
干线高速铁路	全国范围内各区域的长大干线客运铁路	250 km/h 以上
城际铁路	经济区域、城市群内部城市	160 km/h 以上
市域(郊)铁路	区域核心城市主城与新城、卫星城及周边中小城市	以 100～160 km/h 为宜
城市轨道交通 (含地铁、轻轨、有轨电车、磁悬浮、跨座式或悬挂式、云轨等)	城市主城区内部 (短距离、高密度出行)	一般为 60～120 km/h

城市轨道交通依据运能及其制式将其合理分类,如图 1.1-1 所示。

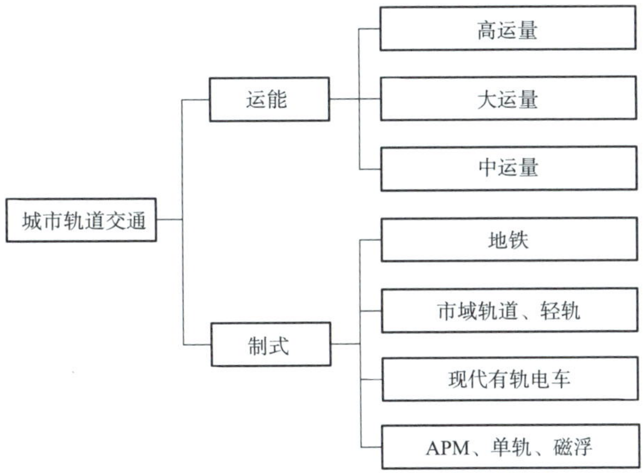

图 1.1-1 城市轨道交通按运能及制式分类示意图

1.1.2 发展及现状

中国铁路近 20 年的发展,从普通铁路到高速铁路,从引进技术到输出技术,从 1997 年第一次大提速到迄今高铁动车组已累计发送旅客突破 90 亿人次,披荆斩棘,闯出了前 100 年想都不敢想的路,创造了属于中国的世界奇迹。截至 2018 年底,全国铁路营业里程达到 13 万 km 以上,其中高铁近 3 万 km,稳居世界第一,铁路电气化率、复线率分别居世界第一和第二位。铁路技术装备实现升级换代,动车组上线运营达 2 522 组,较 2013 年增长 149%,电力机车占比达到 62%,载重 70 t 及以上货车占比达到 50%,重型钢轨、无缝线路里程大幅延长,调度集中系统广泛运用。形成一大批具有自主知识产权的技术创新成果,高速铁路、既有线提速、高原铁路、高寒铁路、重载铁路等技术均达到世界先进水平。高铁工程建设、装备制造、运营管理三大领域成套技术体系保持世界领先水平,中国标准动车组“复兴号”实现速度 350 km/h 商业运营,树立起世界高铁建设运营的新标杆。

同时,我国的城市轨道交通也取得了突飞猛进的发展。轨道交通的发展过程既体现了集中力量办大事的制度优势,又发挥了市场机制竞争的作用,通过 20 年的高速发展已经站在世界的先进行列。截至 2018 年底,中国内地有 35 个城市开通城市轨道交通,运营线路总长度 5 761.4 km。按运营线路制式来分,如图 1.1-2 所示,地铁 4 354.3 km,占比 75.6%,轻轨 255.4 km,占比 4.4%,单轨 98.5 km,占比 1.7%,市域快轨 656.5 km,占比 11.4%,现代有轨电车 328.7 km,占比 5.7%,磁悬浮 57.9 km,占比 1%,APM 10.2 km,占比 0.2%。

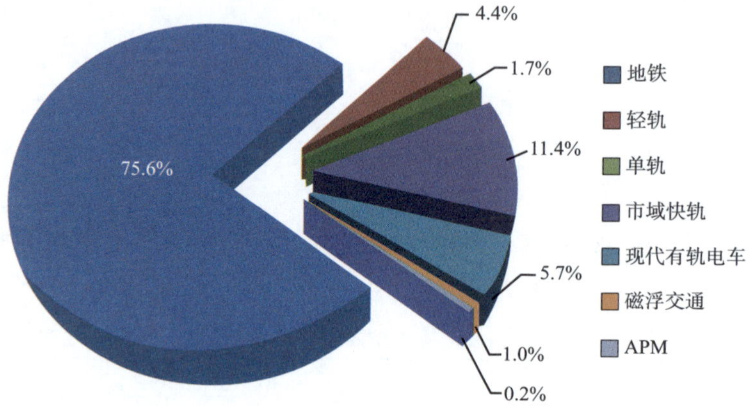

图 1.1-2　城市轨道交通运营线路制式结构示意图(截至 2018 年底)

各城市轨道交通开通运营的顺序如下:

1969 年 10 月 1 日,北京地下铁道一期工程建成通车试运行,正式接受参观。1971 年 1 月 15 日,北京地铁一期工程线路开始试运营。1981 年 9 月 15 日,北京地下铁道一期工程验收正式交付使用。

1984 年,经过第三次扩建之后,天津地铁开通了西北角站和西站,全程达到了 7.4 km。同年 12 月 28 日,天津地铁既有线正式通车,时称“天津地铁 1 号线”,这是新中国成立后开通运营的第二条地铁。

1995 年 4 月 10 日,上海地铁 1 号线向社会开放试运营。

1999 年 6 月 28 日,广州地铁 1 号线全线正式开通运营。

2001 年,大连轨道交通三号线竣工通车,2002 年正线全线运营。

2002 年,长春轻轨一期工程开通运营。

2004 年 7 月 28 日,武汉轨道交通 1 号线一期工程开通运营。

2004 年 12 月 28 日,深圳地铁一期工程通车试运营。

2004 年 11 月 6 日,重庆 2 号线“大坪至动物园”段开通观光运营,在逐步增加站点、增加班次、降低票价后,于 2005 年 6 月 18 日正式开通运营,采用跨座式单轨。

2005 年 9 月 3 日,南京地铁 1 号线正式开通运营。

2010 年 9 月 27 日,沈阳地铁 1 号线在十三号街车辆段举行通车仪式,开始载客试运营。2010 年 10 月 8 日,沈阳地铁 1 号线开始售票运营。

2010 年 9 月 27 日,成都地铁 1 号线一期工程开通运营。

2010 年 11 月 3 日,佛山地铁 1 号线(广佛线)正式开通运营。

2011 年 9 月 16 日,西安地铁 2 号线通车试运营。

2012 年 4 月 28 日,苏州轨道交通 1 号线开通试运营。

2012 年 11 月 24 日,杭州地铁 1 号线通车试运营。

2012 年 12 月 30 日,哈尔滨地铁 1 号线一期试通车。

2013 年 5 月 20 日,昆明轨道交通 1 号线南段(晓东村站—大学城南站)开始载客运营。

2013 年 12 月 28 日,郑州轨道交通 1 号线一期开通试运营。

2014 年 4 月 29 日,长沙轨道交通 2 号线一期开通试运营。

2014 年 5 月 30 日,宁波轨道交通 1 号线一期工程开通试运营。

2014 年 7 月 1 日，无锡地铁 1 号线完成建设，正式开通运营。同年 12 月 28 日，无锡地铁 2 号线开通运营。

2015 年 12 月 16 日，青岛地铁 3 号线北段正式开通试运营。

2015 年 12 月 26 日，南昌地铁 1 号线全线正式对外载客营运。

2016 年 5 月 18 日，福州地铁 1 号线一期南段(三叉街站—福州火车南站)开通载客试运营。

2016 年 5 月 27 日，东莞轨道交通 2 号线开通试运营。

2016 年 6 月 28 日，南宁轨道交通 1 号线东段(南湖站—火车东站)正式开通试运营。2016 年 12 月 28 日，南宁轨道交通 1 号线全线开通试运营。

2016 年 12 月 26 日，合肥地铁 1 号线正式开通运营。

2017 年 6 月 26 日，石家庄地铁 1 号线、3 号线首开段开通试运营。

2017 年 12 月 28 日，贵阳轨道交通 1 号线观山湖段开通试运营。

2017 年 12 月 31 日，厦门地铁 1 号线开通试运营。

2018 年 10 月 25 日，乌鲁木齐地铁 1 号线北段开通试运营。

城市轨道交通的建设与城市的人口、经济、基础设施，以及交通需求、经济发展、规划特征和定位等直接相关。从批复和建设情况来看，还有很多城市会加入进来。2019 年，又有温州、常州、徐州的轨道交通项目投入运营。当然随着经济日益发展，人民生活水平日益提高，也会有更多的城市加入建设和运营轨道交通的行列中来。

1.1.3 展 望

我国城市轨道交通的发展特色主要表现为线路网络化、制式多样化、融资渠道多元化，综合技术处于世界先进水平。中国城市轨道交通正在向智慧化、数据化、自动化、节能化、高效化迈进，一方面量力而行谋发展、因地制宜抓建设，另一方面积极响应民众和客流诉求，勇于创新和持续改进。

“十三五”规划是 2016～2020 年中国经济社会发展的宏伟蓝图，其中的主线是供给侧结构性改革。轨道交通的发展应符合经济社会发展的需要，着力调结构、补短板。对我国轨道交通发展应当坚持的原则可概括如下：一是注重结构性和经济性；二是要构建与城市整体规划相适应的轨道交通网络；三是以交通需求为导向，各大城市应当量力而为且尽力而为，规划好内部结构，确定适当的轨道交通系统制式和建设模式。

铁路方面，根据《中长期铁路网规划》，如图 1.1-3 所示，到 2020 年，一批重大标志性项目建成投产，铁路网规模达到 15 万 km，其中高速铁路 3 万 km，覆盖 80%以上的大城市，为完成“十三五”规划任务、实现全面建成小康社会目标提供有力支撑；到 2025 年，铁路网规模达到 17.5 万 km 左右，其中高速铁路 3.8 万 km 左右，网络覆盖进一步扩大，路网结构更加优化，骨干作用更加显著，更好发挥铁路对经济社会发展的保障作用；远期铁路网规模将达到 20 万 km 左右，其中高速铁路 4.5 万 km 左右，形成以“八纵八横”主通道为骨架、区域连接线衔接、城际铁路补充的高速铁路网。

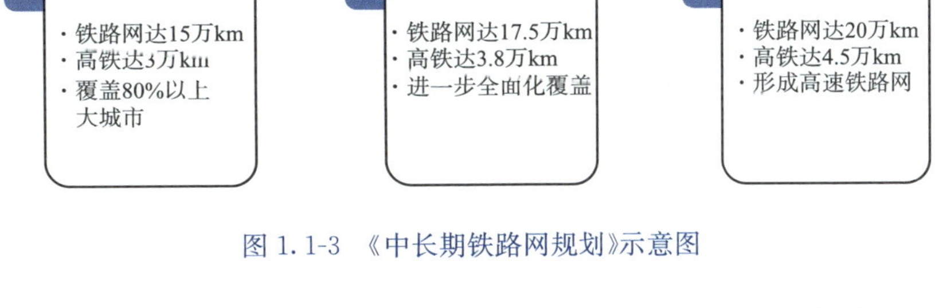

图 1.1-3 《中长期铁路网规划》示意图

根据中国铁路总公司发布的 2018 年 1～12 月的相关数据(详见表 1.1-2)来看，我国铁路建设正稳步推进中，依此态势完成“十三五”规划及《中长期铁路网规划》中的相应目标指日可待。

表 1.1-2 2018 年 1～12 月国家铁路指标完成情况

指　　标	计算单位	完　　成	上年同期完成	比上年同期增加	比上年同期增长(%)
一、铁路运输					
1. 旅客发送量	万人	331 740	303 837	27 903	9.2
2. 旅客周转量	亿人公里	14 063.99	13 396.96	667.03	5.0
3. 货运总发送量	万 t	319 060	291 874	27 186	9.3
4. 货运总周转量	亿吨公里	25 800.96	24 091.70	1 709.26	7.1
5. 总换算周转量	亿吨公里	39 864.95	37 488.66	2 376.29	6.3
二、全国铁路固定资产投资	亿元	8 028			
其中：国家铁路固定资产投资	亿元	7 603			

注：1. 含控股合资公司。
　　2. 统计范围不含港澳台。

在城市轨道交通方面，根据“十三五”规划及十九大精神，可以合理预测在“十三五”期间城轨交通将出现大规模的发展态势，并会具体表现在以下三个方面：

(1)建设城市和运营城市趋于理性，数量上稳步增长。全国 201 个大城市中，有 100 个左右城市提出了城轨交通发展规划和设想，除在建 40 余个城市外，有的大城市将在后续进入建设行列；还有多个虽未规划但有可能也建设城轨的城市。

(2)在建线路和新建里程增加一半左右。预计“十三五”在建线路 6 000 km 左右，新建里程 3 000 km 左右，比“十二五”增加一半。据有关信息，全球“十三五”城轨交通在建线路 8 000 km 左右，其中中国内地 6 000 km 左右，占 75%；境外有 2 000 km 左右，占 25%。

(3)投资持续稳健。“十三五”完成投资量预计比“十二五”有所增加。尽管国务院办公厅和发改委部门陆续出台新政，但面对发展需求，仍将持续城轨交通等基础设施建设，才能顺利实现“十三五”发展目标。

1.1.4 关注重点

2016 年 5 月，国家发改委和交通部联合印发《交通基础设施重大工程建设三年行动计划》，计划 2016～2018 年将重点推进 103 个(城市轨道交通)项目前期工作，新建城轨 2 000 km 以上，涉及投资 1.6 万亿元。无论从项目数量还是投资规模来看，城市轨道交通都是重中之重。城市轨道交通与其他交通工具相比，具有快捷、运输量大、安全、正点、可靠等优势，解决了城市交通拥堵难题，极大方便人们出行，产生了显著的社会效益。城轨的修建拉动了国民经济的发展，符合我国大中城市优先发展公共交通的政策。

目前，国内对城市轨道交通的作用主要归结为：缓解城市交通拥挤及引导城市合理空间布局的形成和发展。城市轨道交通是一种具有经济社会属性的开放式系统，不仅受城市交通系统内部各方面因素的影响，而且还受到来自交通系统之外的其他因素影响。这些影响因素主要有：运营安全可靠状况、技术和发展水平与其他交通方式的优越性体现；城市交通结构及需求、规划与管理、基础设施建设；城市结构、建设投资及经济能力。同时，国家的交通发展战略对城市轨道交通的规划建设也起着重要的指导作用。

除内外部政策性宏观影响因素外，轨道交通运营、规划设计技术水平、建设管理水平是最为显著的内在因素；而面对轨道交通大规模快速发展新形势，人才不足、资金困难和前期工作深度不够，也成为新时期发展的三大外部制约因素。因此，我们也要看到，在未来轨道交通的发展中，有些问题需要引起高度关注，以利于其科学合理、平稳有序发展。

1. 运营安全可靠是保障轨道交通发展的根基

运营安全是轨道交通生存发展和技术进步的生命和根基，也是动力源泉。随着我国城市轨道交通运营总里程的快速增加，城市轨道交通的运营安全已经成为政府和社会关心的焦点。如何确保城市轨道交通安全，借鉴发达国家成熟的经验，全面采用风险管理，运用系统安全理论(RAMS、系统生命周期)、工程风险分析与管理技术已提到了重要的地位。

我国城市轨道交通的运营安全评估工作才刚刚起步，特别是城市轨道交通运营风险的法律法规，风险管理框架和可接受水平或可接受风险准则的研究也尚未系统地开展。一方面要加快在这一领域的研究步伐，另一方面也要结合我国的具体国情开展工作，从社会、经济和环境等各方面开展可接受风险水平确定的理论研究，更好地为制定我国城市轨道交通行业可接受风险准则提供理论依据和科学方法。

另外，随着世界反恐形势的日益严峻，轨道交通作为人流集中的封闭公共空间进站安检也越来越严格和细致，这在一定程度上能够提高安全度，但同时也降低了乘客乘车的便捷性和舒适性，甚至在一定程度上引起乘客烦躁，降低了车站站厅公共空间的利用率和使用效果，造成一定的空间浪费。因此，在进站安检方面还需进一步提高安检水平、优化安检程序，平衡好安全与便捷、舒适和效率、成本与效益等方面的关系。

运营是建设的用户。运营的需求，集中并具体反映了终极用户——乘客的愿望和诉求，因此，运营需求将是新一轮轨道交通建设的最根本需要。这对后续工程方案研究、工程设计、建设等各个环节将发挥重要的指导作用，从而促进轨道交通技术水平的提升。

2. 勘察设计是实现城市轨道交通建设和技术水平提升的源头

城市轨道交通经过 20 年来的快速发展，城轨行业的项目管理、勘察设计和施工技术水平均取得了巨大进步，达到世界先进水平，积累了丰富的实践经验，培养了一大批技术和管理人才，为今后城轨行业的快速、持续发展打下了坚实的基础。

城市轨道交通的勘察设计在轨道交通建设过程中的地位至关重要，特别是在理念和技术进步方面更甚。未来，轨道交通将在信息化、自动化、智能化、大数据、物联网、综合开发、资源共享等方面发力。这些工作需要设计龙头创立相应理念，进行系统规划，指导工程建设及后续运营维护，因此，要求轨道交通的设计者既要有丰富的轨道交通设计经验和工程技术水平，也要有与时俱进的思路和理念，还要有大局观和总体性、系统性的视野及思维方式。

3. 人才是保障轨道交通科学合理、平稳有序发展的根本

轨道交通的建设培养造就了大批的人才，他们在不同的岗位为国家和行业发展做出重大贡献。但是未来轨道交通发展建设所需的人才资源，已经呈现人才供给不足的问题，也有人才能力欠缺的挑战。人才供给方面，"十三五"按新建线路 3 000 km 计，五年需新增从业人员 18 万人，而现有职前教育能力仅能满足一半左右，从业人员供给日趋紧张。人才能力方面面临的现实是，一方面乘客提出人性化、个性化、多样化等更高的服务需求，另一方面自身发展提出信息化、网络化、智能化等更高的技术需求。这"六个化"的需求，对从业者提出了全新的要求。因此，大力加强职前教育和在职培训，提供更多更优的管理人员、技术人员和生产人员，成为城轨交通顺利发展的关键。

4. 资金和效益是轨道交通建设永恒的主题

资金筹措，既面临需求量激增，又遇传统筹资难度增大的双重压力。轨道交通项目具有投资规模大、建设周期长、投资回报慢和盈利水平低等特点，资金不足仍是城市轨道交通建设面临的问题。我国城市轨道交通的建设，资金是最根本的问题之一，因此制定投资政策对促进城市轨道交通的发展是非常必要的。

2017 年，有部分城市轨道交通的建设和前期工作，受当地经济和规划、交通客运实际需求等限制，进行了相应的调整，这是科学发展、有序发展的客观体现。今后轨道交通的建设，在规划审批方面将更为科学严谨，对此前轨道交通建设规划的执行情况、债务和效益效果情况将更为重视，这也是新一轮建设规划的重要基础；资金方面将更加注重多样性和社会性；在效益方面，也将更加注重投入和产出，注重性价比；也将更为重视多样多元综合开发，为轨道交通建设良性并可持续发展保驾护航。

5. 前期工作及全过程的策划是保障轨道交通建设顺利进行的关键

前期工作，包括规划、勘察、设计、咨询、审批各个环节，历来存在工作深浅不一或不协调、不同步的问题。未来适逢更大规模的发展，又遇极其复杂的环境影响。京沪穗深等成熟城市，中心城区加密地铁线网，地下管网纵横交叉情况愈加复杂；津渝宁汉蓉杭等成网城市，多条线路同时建设，交叉作业相互干扰多，复杂程度大为提高；新建城市面临人才缺乏，经验不足，困难更多；一批要上马多制式城轨的城市，缺标准，少技术，没经验，人才荒等。做好艰巨复杂的前期工作，成为城轨交通健康发展的关键。

1.1.5 对我国轨道交通发展的几点思考

(1)正确认识主要矛盾转变,宏观调控发展不平衡不充分现象

党的十九大提出我国社会主要矛盾已经由“人民群众日益增长的物质文化生活的需要同落后的社会生产之间的矛盾”转变为“人民日益增长的美好生活的需要和不平衡不充分的发展之间的矛盾”。十九大提出的主要矛盾转变在我国轨道交通的发展上也同样有所体现,目前,我国轨道交通领域发展的不平衡不充分主要体现在以下三个方面:

1)在层次上,干线高铁、城市轨道发展较快,而城际铁路、市域(郊)铁路发展相对慢一些。

2)在区域上,东部、南部沿海发展较充分,中西部发展相对不足。

3)在制式上,轮轨占比高,磁浮等其他制式发展相对较慢。

以上三方面在宏观层面上很好地概括了我国现阶段的轨道交通发展中存在的战略性问题,也必将成为我国轨道交通后续发展中要重点解决的问题。针对上述三个问题,我国轨道交通的后续发展中,应当有针对性地加强中西部轨道交通建设、加强城际铁路和市域(郊)铁路的建设、加强磁浮等轨道制式的研发、丰富轨道交通制式选择,进一步促进全国各区域经济的协同发展,推进新型城镇化、产业结构的调整及轨道产业自身的技术发展,为人民群众提供更加方便、快捷、安全、舒适和环保的出行方式。

(2)探索主体间新关系新模式新制度,协作互补实现可持续发展

中国国家铁路集团有限公司是我国铁路建设的投资主体和运营管理主体,而地方政府是各地城市轨道交通建设的投资主体和运营管理主体。二者均为轨道交通发展中不可或缺且举足轻重的主体,在新时代、新使命、新征程中应当探索出一套具有更强的有效性、适应性、可持续性,三性统一的新沟通关系、协作模式与对接制度。

作为我国铁路建设的投资主体和运营管理主体,中国国家铁路集团有限公司能集中力量办大事,在实现中国高铁的飞速发展并取得世界上其他国家无法取得的成就的同时,充分展现了我国铁路建设强大的战略规划能力与执行力,也引起了世界各国尤其是周边国家的羡慕和“嫉妒”(中国高铁被外国朋友称为中国的“新四大发明”之一)。

同时,各地城市轨道交通建设的投资主体和运营管理主体是地方政府,与铁路相比,市场更加开放和活跃,竞争力更强,自主化程度更高,但是也存在着诸多如综合管理缺失、恶性竞争严重、统筹协调功能差、行业分散、凝聚力弱等严重并亟待解决的问题。

同时,应建立铁路和地方定期对接沟通制度,商议和决策区域铁路规划和建设的相关重大事宜,提高铁路建设与地方需求的适应性,丰富铁路项目投融资和建设管理及运营模式,实现相互发展的可持续性;应充分发挥市场经济的优势,并加强地方和行业领域的统筹管理和引导,加强行业创新能力建设,大力培养国际化人才,完善标准体系,推进互联网与城轨交通的深入融合,加快发展轻轨、单轨、中低速磁浮和有轨电车,探索“轨道交通＋物业”可持续发展模式,提升轨道交通在城市发展、经济建设和国家战略中的地位。

(3)因地制宜,权衡利弊,科学发展城轨交通

每个城市应根据自身特点建立自己的公共交通网络。对于三、四线城市,地铁虽然是城市公共交通的骨干,但投入较高、政府财政压力较大,应根据城市规模和经济实力量力而行、适时建设。在不具备建设地铁条件之前,可以考虑发展轻轨、单轨和有轨电车等中运量轨道系统,承担城市的主要交通量。

对于超大、特大城市,地方政府宜统筹考虑铁路总图、市域(郊)轨道和城轨 3 个结构层次轨道的规划,真正实现三网合一,充分利用既有资源,加强多种制式轨道交通的衔接换乘、互联互通和资源共享,以实现最高的经济效益和社会效益。

(4)技术进步,适应时代

当今社会,科学技术高速发展,不断有新技术、新方案的涌现,在设计规划及构建交通运营模式时,决策者应当总揽全局,根据当地实际情况,结合政府财政收入及经济实力,积极了解行业前沿科学技术及方案,勇于创新,勇于打破传统思维的禁锢,在保证经合理论证城市交通能够正常有序安全运转的前提下,选取最

合理、最先进、最优化的环境友好型方案，在条件允许的情况下积极推动新技术、新方案的应用实践，为行业可持续发展竖起新标杆。

例如，随着电动客车技术的显著进步，新能源电动公共客车已不再消耗汽油或柴油，也不排放尾气，解决了传统公共汽车排放污染的问题，而且噪声低。可以说，电动公共客车具备了现代有轨电车的主要优点，但造价要比现代有轨电车低得多，而且运行比现代有轨电车灵活。电动公共客车有自己的特点和优势，通过运营模式的改进和自动驾驶技术的结合，相信会是今后发展中、低运量公交系统一个很好的方案。另外，从产业关联角度看，轨道交通是骨干公共交通，围绕其还将进一步完善其他交通方式，若这些交通方式能将轨道交通产生的制动再生电能等再生资源接续利用，将是循环能源应用的典范。

(5)因地制宜选择系统制式和技术标准

近几年，不同部门和行业对轨道交通的制式和标准均推出相应的设计标准，还将推出更多的相关标准。表 1.1-3 是对部分轨道交通设计标准的初步统计和比较。

表 1.1-3 部分轨道交通设计标准的统计和比较

标准名称	《城际铁路设计规范》(TB 10623—2014)	《市域铁路设计规范》(T/CRS C0101—2017)	《市域快速轨道交通设计规范》(T/CCES 2—2017)	《地铁设计规范》(GB 50157—2013)
实施日期	2015-03-01	2017-04-01	2017-04-01	2014-03-01
发布单位	国家铁路局	中国铁道学会	中国土木工程学会	国家住房和城乡建设部、国家质量监督检验检疫总局
主编单位	铁道第三勘察设计院集团有限公司、中铁第四勘察设计院集团有限公司	中铁第四勘察设计院集团有限公司	北京城建设计发展集团股份有限公司、温州市铁路与轨道交通投资集团有限公司、中铁第四勘察设计院集团有限公司	北京城建设计研究总院有限责任公司、中国地铁工程咨询有限责任公司
上位规划	铁路网规划、综合交通规划	城市总体规划、市域铁路线网规划、城市轨道交通线网、综合交通运输体系	城市总体规划、沿线新城规划、城镇分区规划、城市或区域轨道交通线网规划、建设项目审批要求	城市总体规划、城市轨道交通线网规划、建设规划
服务范围	专门服务于城市间与城市群的客运线铁路	服务于与中心城交流紧密的地区，以及组团城市联系密切的各城镇地区，不受限于行政区划分	服务于大城市、特大城市中心城区及其周边新城、城镇等与中心城区交流紧密的地区，以及组团城市联系密切的各城镇地区。通勤为主，商学休旅为辅	符合城市客流走廊，有全日客流效益、大型客流点的支撑
速度与站间距	速度 200 km/h 以下，站间距 5～20 km	速度 100～160 km/h，站间距不小于 2 km	速度 120～160 km/h，站间距中心城区 1.5～3 km，城市外围 3～8 km	速度 100 km/h 以下，站间距 1～2 km
供电制式	交流 25 kV	交流 25 kV	直流 1 500 V 或交流 25 kV 或双流供电制式	直流 1 500 V 或直流 750 V
车辆	动车组列车	市域 A 型车/市域 D 型车/CRH 市域型	市域 A 型车/市域 B 型车/市域 D 型车	地铁 A 型车/地铁 B 型车

部分标准均对制式和技术标准有相应的规定，但又有一定的差异，可谓百花齐放，百家争鸣，有时令人眼花缭乱，难于决策，设计者更是需要在相关标准之间来回穿梭，心力交瘁。

事实上，在统筹规划的前提下，每个项目均有其一定的背景和功能定位，其规划和客流特征，决定了运营组织方案，并对选线布站和土建机电关联要求，因此制式和技术标准的选择应客观，不必为项目可批就编制甚至创造项目名称，而要因地制宜地选择系统制式和技术标准，这才经得起历史和人民的检验。

总之，我国轨道交通发展迅速，且已取得了巨大成就和进展，但同时也仍存在着诸多问题。在对未来轨道交通发展战略性布局中，应当重视宏观调控发展中现存的不平衡不充分现象；积极探索主体间新关系、新制度、新模式，协调互补，充分发挥各自优势；对于运营安全、技术、人才、资金和效益等问题应高度关注。城市轨道交通应当在发展中坚持因地制宜的原则，并适应时代，保障安全运营的同时着力化解发展中的制约因素，使我国轨道交通能够实现进一步的科学合理、可持续发展。

1.2 各阶段设计工作主要内容及应对思路

1.2.1 工程可行性研究阶段

1. 工可研究内容

工可研究包括:客流调查和预测,论证项目建设的必要性;建设条件和技术方案,研究论证项目建设技术的可行性;社会经济效益的分析与评价,这也是工程可行性研究的重要核心工作,以保障项目投运后经济可持续,说明项目在经济上的合理性和可行性。

开展项目工程可行性研究,重点把握下述工作:

(1)客流预测、拟建规模与建设时序研究

从选线角度对客流预测的审核与评估,对于客流预测方法、技术路线等提出建设意见;分析交通结构和特征及现状客流;研究轨道交通网络规划中线路的地位与作用,线路所经地区的规划用地情况与就业岗位分布、客流特征,分析线路的特征和功能,提出线路设计最高运行速度目标、敷设方式的线路方案比较和选择意见;比较和分析拟建项目规模、线路、站点的技术经济方案;比较拟建线路建设时序(分阶段实施)的技术经济方案。

(2)车辆选型与编组

项目选用车型,应综合考虑资源共享、适应范围、运送能力、线路特征、设计车速、维修体制、环境影响、经济指标和技术兼容性等相关因素,对列车制式和编组进行认真分析研究,合理确定选型。

(3)工程地质条件和土建施工方案

研究线路所在地区地理位置、气象、水文地质、地形条件和社会经济现状,交通运输及水、电、气的现状和规划发展情况。

考虑站点、车场占地范围与建设条件,征地拆迁与总体布置,施工工法和相关费用情况。

施工方案、施工工法优化比选,以降低工程造价和减少项目投资。

重点研究与城市综合开发、土地利用密切相关的线路走向、交通枢纽设置;综合换乘枢纽和重点站的平面布置,及其与其他轨道交通线路和铁路的换乘关系和各种流线设置;配合研究项目沿线可开发用地,探讨地铁+物业模式的实现机会。

(4)机电工程

考虑供电系统的主变方案、供电制式选择、用电容量估算、牵引变电站和动力照明系统等子系统的配置,以及通信、信号系统组成。

重点研究探讨弱电系统资源共享、集成与综合监控,以及设备系统维修租赁模式时,可行的组合方案与管理模式。

(5)环境保护和劳动安全

调查环境现状,重点研究工程建设与运营对环境的影响(有利和不利方面),在环评专题工作的同步指导下,采取相应的环境保护和劳动安全卫生保护措施。

(6)行车组织和运营管理

研究内容包括生产运营管理体制、机构设置,运营计划和行车组织方案,行车管理、站务管理、票务管理及其他组织管理方案,以及组织机构与工程技术人员和管理人员素质、数量的配置。

重点研究交路和配线设置方案。

(7)设备国产化实施方案

针对项目涉及的车辆、供电系统、信号系统、通信系统和其他机电设备等,编制国产化实施方案,并保证平均国产化率不低于70%。

(8)项目实施计划和进度

根据规划建设工期和勘察设计、设备制造、工程施工、安装、试运营所需时间与进度要求,选择整个工程项目实施方案和总进度,用横道图或网络图表述最佳实施计划方案的选择。

(9)投资估算与资金筹措

研究主体工程和协作配套工程所需的投资及运营资金的估算。

重点配合投融资研究不同管理模式下的投资划分;研究各种情况下项目运作资金来源、筹措方式及财务分析;研究贷款偿付方式及分析。

(10)社会及经济效益评价

研究项目生命周期内的社会及经济效益评价,包括财务评价、国民经济评价、社会评价和不确定性分析。

2. 工可报告研究内容的重点说明

根据城市轨道交通的建设前期研究的基本程序,结合项目工程的具体工程特点,对工程项目建设的必要性、线路走向、敷设方式、物业开发条件预留、车站布置、换乘节点、行车组织、配线、景观影响、车场布置、建设规模、设备系统水平、资源共享、主要技术标准、设备国产化、投资规模、经济评价等进行研究。通过对项目有关的工程技术、经济等情况进行调查、研究、分析,对各种建设方案进行比选论证,并对项目建成后的经济效益和社会效益进行预测及评价。选择技术先进实用、财务经济及社会效益可行、投资较低的工程建设方案,为项目进一步决策提供可靠依据。

(1)必要性论证

根据城市总体规划、交通规划、发展目标和城市客运需求,结合城市国民经济发展计划、投资能力和可持续发展的需要论证工程建设的必要性。

(2)总体方案的研究

1)线路方案比选

线路方案比选主要是在建设规划的基础上完善线路的走向、线路路由、车站分布、辅助线分布、线路敷设方式、与其他轨道交通线路及交通枢纽的换乘方式等,提出线路的最佳方案。

2)供电系统确定

根据地铁线路方案,与供电部门共同协商,确保为地铁安全运营提供安全可靠的供电系统,以及各级电压制式、牵引网形式。电源及各种变电所的容量、站位的选择,应充分实现与其他线路的资源共享。

3)车辆选型论证

根据客流量,遵从经济实用、安全可靠、相对先进的原则选择车辆形式,保证在最大程度上满足客运要求。

4)运营组织

根据车辆形式和客流量,合理设计系统的最大运输能力,确定初、近、远期合理的列车编组;依据客流量的分布,考虑交通服务水平、节能等因素,合理确定运营交路,有效地组织列车运营。

(3)土建规模的确定

1)车站布置与结构方案

从运营、功能、服务等各方面综合考虑,地下车站一般推荐采用框架结构岛式站台。车站规模根据客流、建筑布置、车站重要性综合分析确定。

2)车辆段及综合维修基地

重点研究车辆段、停车场的选址,在城市轨道交通线网中的地位和作用;承担任务的分工,资源共享;确定场坪标高、工艺流程、总布置图;与周边环境的协调及综合开发的可能性;绿化环保的研究等。

(4)系统配置

1)运营管理自动化水平与配套设施

运营管理自动化控制的网络体系主要包括列车自动控制系统(ATC)、电力监控系统(SCADA)、防灾报警及设备监控系统(FAS/BAS)、自动售检票系统(AFC)、通信及传输系统列车自动控制系统(ATC)包括列车自动防护子系统(ATP)、列车自动驾驶子系统(ATO)、列车自动监控子系统(ATS)和计算机联锁子系统(CI)。对上述系统设备主要从系统构成和设备选型的可靠性、先进性和经济性进行比较,重点研究提高列车自动控制系统(ATC)的国产化率实施方案,在保证功能的前提下尽量节省投资。

2)供电

根据城市电网构成,结合项目工程的供电制式,确定项目供电方式,分析系统的构成与功能,选择适合项目车辆和运营要求的经济可靠的供电方案。

3)采暖通风与空调

结合城市气候特点及国家节能减排和环保政策的相关规定等综合确定。

4)给排水及消防系统

给排水系统均接入城市的给水和排水管网，个别站所处区域的市政设施不能满足要求时，建立独立的系统。研究设置安全可靠的消防系统，并征得当地消防主管部门同意。

5)人防

全线采用六级人防标准，并与人防主管部门研究确定重点设防车站。

6)其他系统

安全门、屏蔽门、电梯、扶梯等车站设备按有关规范执行。

在上述系统研究中，将充分考虑与相关轨道交通线的兼容性。

(5)工程实施与技术经济分析

1)工程筹划

结合车站、区间的施工设备安装、调试、试运营，安排工程顺序和进度。

2)工程投资估算与项目资金筹措

根据各系统的工程数量做好工程造价估算，以便进行投资控制，同时结合工程实施方案提出工程资金筹措及融资方案。

3)经济分析与风险分析

从微观和宏观的角度，分别对建设项目进行财务评价和国民经济评价，针对评价结果提出一定的建设性方案。

根据市场风险因素、资源风险因素、技术风险因素、工程风险因素、资金风险因素及其他一些风险因素进行风险程度的定性与定量分析，同时提出防范与降低风险对策。

综上所述，工程可行性研究报告通过对线路走向、工程规模、设备系统水平、运营方案、拆迁数量、资金筹措、经济评价等进行研究，为工程的实施奠定基础，满足国家审查和审批的要求。

(6)安全及风险防范设计

在涉及乘客安全的范围内，分析风险源，对工程各系统、设施及管理提出在安全体系中的任务、要求和标准，明确工作的顺序和程序及其相互关系，实现多专业、多系统、多种措施的联动，共同实现安全及风险防范的综合设计。各专业应根据相应的综合要求加以落实，确保工程安全，防范风险。

(7)编制相关专题报告

1)工可阶段主要专题报告(由工可单位或委托相应单位编制)

①审批前置要件；

②选址意见书；

③用地预审；

④压覆矿证明；

⑤社会稳定风险评价；

⑥节能评估报告。

2)必备专题报告

①地形图测绘；

②岩土勘察报告；

③客流预测报告；

④环境影响评价报告，环评行政审批与可研报告审批同时进行，且应在开工前完成；

⑤安全预评价报告。

3)非必备专题报告(有条件编制)

①地震安全性评价；

②地质灾害危险性评价报告；

③文物保护专题报告；
④防洪评价报告；
⑤水土保持专题报告。
4)其他专题报告(根据需要编制)
①涉铁工程专题报告；
②防雷专题报告；
③供电咨询专题报告；
④周边环境调查专题报告。

1.2.2 总体设计阶段

1. 主要工作内容

(1)在分项设计单位的配合下，由总体设计单位完成所有车站、车辆段(停车场)、控制中心、主变电所等在总体设计阶段的设计方案。协助业主，负责与市区规划、房地等部门的协调，实现设计规划方案落地，完成前期动迁"三证"办理的目标。

(2)在分项设计单位的配合下，由总体设计单位在规定的时间内完成《总体设计文件》编制工作。

(3)总体设计阶段的设计工作

1)确定线路平面、纵面、剖面设计原则和方案，确定车站的位置及其埋设要求。
2)根据各车站区间的规划要求，并以功能为主确定各车站建筑风格、装修标准和装修原则。
3)按项目、系统分解投资，推行限额设计，严格控制投资额。
4)确定轨道结构基本形式及减振要求分类分段。
5)确定全线统一限界，制定各种类标准断面的桥隧建筑限界尺寸。
6)统一全线地下结构防水技术要求。
7)统一制定全线的车站管理制度及定员。
8)协助发包人选择国内外设备产品，统一产品的规格与型号。控制设备国产化率达标要求。
9)确定全线空调及通风系统运行模式，统一设备型号、接口要求。
10)确定全线给排水及消防系统原则，统一设备型号、接口要求。
11)确定车辆形式及编组。
12)确定车辆段的设计要求。
13)确定全线防灾报警及环境监控系统原则、功能，统一设备型号、接口要求。
14)确定全线通信系统原则、功能，统一设备型号、接口要求。
15)确定全线信号系统原则、功能，统一设备型号、接口要求。
16)确定全线交、直流供电方式及系统构成，规定负荷的分类，统一设备型号、接口要求。
17)确定全线各系统专业维修要求。
18)确定自动售检票系统的功能及接口要求。
19)确定全线自动扶梯、电梯的选型原则。
20)确定行车交路及车站配线要求。
21)提出全线城市轨道交通运营管理模式、机构及定员配置设计要求。
22)提出全线施工组织设计原则及工期要求。
23)参与各项试验工作、相关科研工作及成果应用。
24)根据设计目标建立各系统、工点项目的设计成果评价指标体系。
25)其他相关的设计总体工作。

2. 工作思路和对策

城市轨道交通总体设计，就是根据项目远期的客流和运营管理功能需要，以城市规划和发展为先导，按照现行设计标准，以及国家和当地城市有关方针政策的要求，提出项目建设的设计原则、技术标准、建设规模及最终目标；统筹考虑城市规划、道路、交通、市政、地上地下建筑、电力、通信、地下管线、环保等各方面的条件约束，对项目建设不同阶段的建设目标和设计方案与工作内容，进行全面的规划与安排，并对拟定的各项设计方案的实施，进行全过程的管理与控制。

总体设计是城市轨道交通工程设计的核心，在整个设计过程中，处于“总策划、总控制、总指挥”的地位，对于工程施工也有重要的指导作用。高水平的总体设计，不仅可以促进城市轨道交通工程各系统设计质量的提高，而且对工程建成后发挥良好的功能效益亦有很大的影响。

总体设计的作用可以概括为确保工程设计文件的统一性、完整性、总体性和对工程施工的先导性。其重点包括：

(1)组织编写总体性技术指导文件

1)设计技术要求。

2)文件组成与内容。

3)技术接口文件。

城市轨道交通项目设计的上序和下序、专业间、土建系统与设备系统之间、土建系统内部和设备系统内部等各种设计接口多达数百个，均应在“接口文件”之中涵盖。

这“三大件”是总体设计的“纲领性”文件，是力保设计文件达到“统一性、完整性、总体性”的重要措施。

(2)组织开展总体总包的各项总体技术性和总包管理工作

1)设计文件质量控制：确定目标→分解目标→制定措施。

2)设计工期控制：各系统设计工期满足各系统的施工需要。

3)工程投资控制：确定目标→分解目标→确保各系统设计控制在规定的幅度内。

4)计划管理：根据工期要求，制定具体的设计进度计划。

5)合同管理：认真履行总体总包合同规定的各项职责，及时与业主沟通，适时签订“补充合约”。必要时，根据业主要求组织开展对“分包合约”的管理。

6)组织进行大量的质量性总体技术管理工作。

(3)组织编制各项管理制度、办法和措施

针对各项技术性管理工作，实施制度化、科学化、规范化管理，研究制定具有较强针对性的、切实可行的、高效的管理措施，保证各项管理目标的实现。

(4)搞好系统内外部多种设计协调工作

城市轨道交通系统外部协调，包括与城市规划、建筑、市政道路、交通、市政管线、地面地下建筑物、市政给、排水、电力、邮电、通信、环保、园林绿化、公安、文保等政府部门或单位的协调工作。这些工作一般是协助业主或受业主委托进行。

(5)组织完成总体设计阶段的《总体设计文件》编制工作

总体设计的目标是落实外部条件，稳定线路站位；明确功能定位，确定运营规模；理顺纵向关系，明确横向接口；统一技术标准，分割工程单元；筹划合理工期，控制投资总额。《总体设计文件》是指导下阶段设计的基础和控制性文件。

总体设计阶段要完成工程全局性战略部署，特别是完成“总图”布局(或说是总体方案)，对初步设计和施工图设计有决定性影响。因此，总体设计工作必须首先做好《总体设计文件》的编制。

1.2.3 初步设计阶段

1. 主要工作内容

(1)按照工可报告和总体设计及专家评审意见制订初步设计实施细则。细则应包括：采用的设计标准、设计进度计划(含综合设计进度、分段、分项及分系统设计进度计划)、设计质量控制的措施和程序，以及技术管理细则及技术审查制度。

(2)提出工程(含管线)测量、地质勘察技术要求。

(3)提出对本期工程有影响的沿线各种管线、市政设施、商业、房屋、交通、道路及绿化搬迁的范围及要求。

(4)参与设备、车辆和机电国产化的实施和设备选型，统一产品的规格、型号及系统设计方案，负责引进设备技术参数与设计要求相一致、协调全线工程各系统设计技术接口。

(5)统一概算编制办法和编制原则,统一采用定额和取费标准,负责全线概算汇总。

(6)负责编制初步设计总说明、总概算、行车组织和运营管理、车辆、工程筹划等内容。

(7)其他相关的设计总体工作。

2. 工作思路和对策

(1)编制总体性技术文件及初步设计实施细则,确保全线设计总体性

1)按照设计要求编制《设计技术要求》《初步设计文件组成与内容》《文件编制统一规定》《技术接口》等总体性文件。

2)制定初步设计实施细则。细则应包括:采用的设计标准、设计进度计划(含综合设计进度、分段、分项及分系统设计进度计划)、设计质量控制的措施和程序、技术管理细则及技术审查制度。

3)各专业根据总体技术标准和要求,细化本专业的设计细则,以统一全线的专业设计标准。

(2)弄清全线各土建工点的外部边界条件,研究并优化土建方案

1)汇总设计总体招投标、单项设计招投标的方案,各单项设计中标单位的方案设计,从中汲取各设计方案中的优点。

2)在总体设计方案的基础上提出工程测量及各专项调查技术要求,并对相应成果文件进行审查和验收,掌握周边环境条件并考虑各工点的设计方案。

3)组织各工点设计单位提出对工程有影响的沿线各种管线迁改、道路及市政设施改造、交通疏解、地块控制预留与保护要求、房屋及绿化搬迁等方案。

4)负责组织落实工程与市政给排水管网的接口关系。

5)负责收集总体基础资料和组织各工点设计单位收集相关设计基础资料;组织落实与城市相关部门协调稳定设计所涉及的边界条件,并稳定设计方案。

(3)研究全线各机电系统功能需求,落实机电设备方案及组成

1)结合土建方案、线网中资源共享及互联互通的要求,确定项目各机电系统的系统方案、系统组成、预留接口条件。

2)统一机电设备系统的技术要求,负责引进设备技术参数与设计要求的一致性,协调全线所有工程及各设备系统设计的技术接口。

3)对于所包含的机电系统,系统负责人对土建及机电工点设计提出系统性要求。

4)参与业主主持的设备引进谈判,配合业主引进车辆和机电国产化的实施和设备选型。

5)根据国内城市轨道交通设备的使用情况,协助提出国产化实施方案的建议。

(4)组织对全线设计成果的检查,贯彻落实全线设计的总体性

1)通过会议、联系单、下序要求等方式,各专业组织对中间成果进行检查。

2)负责全线及各工点的工程筹划的审查。

3)对于本标所包含的机电系统,组织对土建及机电工点设计成果进行系统性审查。

4)负责对所有设计成果文件的会审、会签。

5)完成设计过程中其他相关的总体性工作。

(5)统一全线概算编制原则,严格进行限额设计

1)统一概算编制办法和编制原则,统一采用定额和取费标准。

2)负责全线概算汇总及审查。

1.2.4 施工图设计阶段

1. 主要工作内容

(1)根据专家审查意见及施工图设计阶段的深度要求,修改补充完善初步设计阶段的各专业设计文件。

(2)参与发包人主持的设备订货,履行设备采购合同规定的设计单位所承担的职责。

(3)根据批准的初步设计,组织实施施工图设计,按进度计划,保证质量完成施工图设计。

(4)组织完成各类通用图、标准图。

(5)严格控制工程规模及标准，实行限额设计。

(6)会签施工图，以保证施工图符合设计要求。

(7)在施工现场派驻设计总体人员，负责处理施工中的总体协调工作。

(8)其他相关的设计总体工作。

2. 工作思路和对策

(1)编制施工图设计实施细则，进一步保证全线设计的统一性。

1)根据施工图设计阶段的深度要求，修改补充完善初步设计阶段未尽的各设计工作内容。

2)完成和组织完成相关通用图、标准图。

3)配合业主进行土建施工、机电设备采购与安装的招标工作。

(2)制定建筑装修标准和原则，确定全线及工点的建筑风格。

1)制定车站(含出入口和风亭等附属设施)建筑装修标准和原则，完成概念设计和方案设计的总体性工作。

2)制定导向系统设计标准和原则，完成方案设计。

(3)严格监控机电和土建配合设计，减少配合不当造成的返工。

1)确认各设备选型的合理性、统一性，各设备系统、设备与土建之间接口及标准是否协调、合理。

2)负责编制机电系统接口文件。

3)参与业主主持的设备调研、订货，履行设备采购合同规定的设计单位所承担的职责。

4)编制完成综合管线设计技术要求，组织完成各车站及工点的综合管线及孔洞图。

(4)加强施工图系统及总体会审，进一步保证全线设计的总体性。

1)严格检查各工点的土建设计控制工程规模及标准，实行限额设计。

2)组织各机电系统对各专业是施工图进行系统性审查。

3)总体组组织各分管总体会审施工图，以保证施工图符合总体要求。

4)总体组组织审查各专业间的互提资料(含接口资料)。

5)完成其他相关的设计总体工作。

1.2.5 配合施工及竣工验收阶段

1. 主要工作内容

(1)设计人员技术交底。

(2)派驻现场配合施工人员。

(3)负责本单位承担的设备系统变更设计服务。

(4)对本单位及分包单位承担的设备系统配合施工实施总体总包管理。

(5)组织审查变更设计。

(6)组织研究解决施工过程中的重大技术问题和难题。

(7)参加各种会议。

(8)现场巡查。

(9)配合设备调试、联调与总联调。

(10)配合工程验交。

(11)上报设计简讯和进度月报。

(12)整编汇总施工图。

(13)其他相关的设计总体工作。

2. 工作思路和重点

(1)保持本单位总体总包管理机构的人员外，成立配合施工工作组，保持机构和人员的相对稳定。

(2)配备熟悉情况的配合施工人员和管理人员参加后续服务工作。

(3)加强管理，确保服务质量。

1)对施工中暴露的问题及时解决，对容易引发问题的因素及可能发生问题的先兆要有敏感的反应，要提前预测，研究预案，并将发现的问题推广到全线，加强总体意识。

2)加强对本单位及分包单位的管理，确保人员到位。

(4)加强对变更设计的管理。

(5)成立配合设备调试与联调工作组。

(6)成立配合工程验收工作组。

3. 提交的工作成果

(1)建立配合施工的组织机构、人员名单及制定管理办法。

(2)组织参加技术交底，负责编写汇总交底记录。

(3)按照《设计变更管理办法》和《设计单位配合施工管理办法》审查Ⅰ、Ⅱ类变更设计，提出意见报业主审批。

(4)变更设计统计报表。

(5)提交检查设计分包单位配合施工设计组工作情况。

(6)参加设备联调和验交工作，提交联调及验交记录。

(7)其他有关文件。

1.2.6 工程通车试运营后设计技术总结阶段

1. 主要工作内容

(1)整理资料，准备阶段。

(2)与业主沟通，研究策划阶段。

(3)编制技术总结编制大纲，报业主审查。

(4)正式编写。

(5)形成初稿，报送业主审查。

(6)修改总结，定稿。

(7)成果交印，上报公司。

2. 工作思路和重点

(1)技术总结应根据项目的具体特点有针对性地进行编写。

(2)重点编写技术标准的选择、技术方案的决策过程及结果。

(3)突出技术创新水平、勘察设计质量状况、技术质量管理等方面的成功经验，存在不足和改进建议。

(4)当采用新的生产组织方式组织勘察设计工作时，总结内容还应包含生产组织管理的相关内容。

3. 提交的工作成果

提交设计技术总结书稿。

1.3 各设计阶段的工作重点

本书的核心内容是关于城市轨道交通的工程设计，后续各章将根据普遍情况下轨道交通的专业划分进行详细的表述。本节先给出相应设计阶段，介绍轨道交通工程设计的一般工作情况。主要是按照设计阶段划分，给出各阶段工作重点、主要思路和对策、设计管理的主要内容，以及接口管理等。本节按工作顺序简要介绍各阶段工作重点。

在轨道交通线网建设规划批复的前提下，项目的前期及设计工作一般分为工程可行性研究阶段(以下简称“工可阶段”)、总体设计阶段、初步设计(有时相应深化后用作招标设计)阶段、施工图设计阶段、配合施工及竣工验收阶段等。

1.3.1 工可阶段的工作重点

1. 编制《工程可行性研究报告》

编制工程可行性研究报告，是为了说明拟建项目线路建设的必要性、系统选择的科学性、建设规模的适宜性、技术方案的可行性、项目投资的合理性。

为了达到上述目标，工可阶段主要应完成以下工作内容：

(1)功能定位及建设必要性分析。

(2)客流预测及应用分析。

(3)总体设计原则和技术标准。

(4)行车组织及运营管理研究。

(5)线路走向、车站分布及主要换乘节点研究。

(6)车站建筑、结构工程研究：结合沿线工程地质情况，提出主要施工方案、工法选型、车站建筑设计原则和标准、车站方案、人防工程等。

(7)机电设备系统研究：研究机电设备系统的技术标准、选型原则，及其与现有网络的互联互通及资源共享方案。

(8)国产化方案研究。

(9)车辆基地、控制中心方案研究：评估分析车辆基地选址，确定功能、规模、工艺设计标准等。

(10)环境影响分析：包括建设期和运营期的噪声、振动和对周围景观影响进行研究分析。

(11)节能研究：节能原则、节能途径、节能方法、节能指标研究等。

(12)对工程实施技术难点及风险分析建议。

(13)工程财务分析和风险评估：包括确定项目投资估算、主要财务指标，提出资金筹措和项目融资的建议，进行项目经济评价；分析项目技术风险、资金风险，提出防范和降低风险的建议。

(14)工程筹划。

(15)明确需要进一步研究的问题和建议。

2. 相关专题报告的编制，可由工可编制单位或委托相应单位承担。

1.3.2 总体设计阶段的工作重点

总体设计文件是开展初步设计的指导性设计文件。总体设计的目标为落实外部条件，稳定线位、站位和敷设方式，确定线路埋深，确定工程规模和各系统功能及设备配置，控制工程投资总额；确定运营管理模式和服务水平，全面做好工程总体筹划方案，确定全线设计原则和主要技术标准。具体的主要工作重点如下：

1. 稳定线位与站位，控制总体规模

线路通常受既有建筑、桥梁、河流、铁路、道路等条件限制，线路平面曲线较多，纵断面控制条件多，起伏多变。为此应根据城市地形、地质、交通、规划、环境、施工等诸多因素，从实际情况出发，处理好与既有建构筑物的关系，处理好与城市规划条件的关系，以有利城市规划结合、有利城市交通综合治理、有利城市环境改善为宗旨，优化选择线位和站位，合理控制总体建设规模。

2. 稳定车站建筑方案，选好结构形式和工法

在保证车站功能前提下，选好站型，控制好规模，是总体设计的重点。因此，车站必须以标准站为基础，结合各站现状环境、规划需求、实施条件，充分研究比选多种建筑方案，做好车站的空间效果与经济合理的统一，合理确定车站方案。若全线换乘站较多，需处理好换乘关系。

另外，若线路经过部分道路狭窄，线路敷设及车站设置条件则较为困难。因此，应充分结合地质情况，考虑沿线建成区交通情况、施工条件等实际情况，比选多种施工方法和结构形式，保证项目和周边建筑的安全。

根据相关标准规定和工程可行性研究报告成果，合理选择设备系统形式，以符合城市的水文地质条件、气候特点、城市基础设施的建设水平。项目确定的轨道交通车辆和设备国产化率应符合可行性研究报告要求，平均国产化率应不低于70%。

3. 结合新国标要求，稳定全线技术标准

总体设计，应针对新国标和新规范提出的新要求，结合周边城市建设经验，科学合理地制定全线技术标准。

4. 确定限界

由于车辆各个部件之间存在的间隙，以及转向架弹性元件在不同承载条件和不同速度条件下产生的变形和振动，当列车在轨道上运行时，在车辆轮廓线外面形成了一条封闭的包络线，这条包络线称动态包络线。

在列车正常运行状况下，由间隙、振动、挠度等组合计算得到的包络线称车辆限界。

在列车故障运行状态下（一系悬挂或二系悬挂失效），计算得到的包络线称设备限界。

(1)制定限界的主要因素

1)车辆平、立、剖面图

一般取车辆端部、中部、转向架中心销处及其他特殊部位的横断面，以其最外各点的连线作为计算基准点，进行车辆限界和设备限界计算。

2)车辆基本尺寸

3)车辆限界主要计算参数

主要计算参数包括轮轨间隙，轮对横向制造误差，轴箱、轴承游隙；转向架和轮对横向间隙及垂向位移量，车体和转向架之间横向间隙（位移）和垂向位移量，车辆制造公差和维修限度（按维修规程），车辆空重车挠度及垂向位移量、载荷不对称引起的偏斜，因一系悬挂及二系悬挂侧滚引起的位移量，轨道安装误差、允许磨损量（按维修规程）及弹性变形量，横向加速度，风荷载等。

(2)设备限界计算原理

1)直线地段设备限界

直线地段设备限界是一系或二系悬挂故障状态下的车辆限界。它的计算模式和车辆限界相仿。但需要考虑以下几种工况：

①一侧一系弹簧折损造成车体侧滚（不考虑空气弹簧）。

②一个转向架上一对空气簧过充，造成车顶上翘。

③一个转向架上一对空气簧泄漏，造成车体下沉。

④竖曲线引起的加高（凸竖曲线在车端，凹竖曲线在车体中部）和降低（凸竖曲线在车体中部，凹竖曲线在车端）。

综合以上四种工况可获得直线地段设备限界。

2)曲线地段设备限界

①当列车在曲线地段运行时，车辆产生离心力，所以必须设置轨道超高。理论上，轨道超高应该平衡离心力。但由于列车速度的变化，速度大了，会产生未被平衡的离心力，称为欠超高；减速运行情况下，离心力小了，轨道超高过剩，称为过超高。过超高或欠超高都应该在曲线设备限界中计算。根据舒适度要求允许欠超高 61 mm（此时未被平衡的横向加速度 0.4 m/s^2）。

②曲线几何偏移量。

③曲线轨道参数。

综合以上三方面因素，取外轨和内轨的大值作为曲线设备限界。

(3)各种工况下的车辆限界和设备限界

1)以载荷分类：重载和空载。

2)以速度分类：正线按最高速度计算（曲线段按牵引计算值加 5 km/h 瞬时超速值）；车场线 25 km/h；停车线、折返线 35 km/h；联络线（行车专业提供）；出入段线（行车专业提供）；过岔速度（按道岔号数）。

3)以道床类型分类：整体道床和碎石道床。

4)以车辆类型分类：A 型车和 B 型车。

5)按受电方式分类：受电弓受电和受电靴受电。

(4)用途分类

1)车辆限界——制定站台、屏蔽门限界和库内高架检修平台。

2)设备限界——制定区间及辅助线建筑限界。

(5)计算注意事项

1)空车用于计算上部偏移量。

2)重车用于计算下部及两侧偏移量。

3)站台计算长度范围内$V\leqslant 60$ km/h,匀减速或匀加速。

4)车场线计算条件:$V=25$ km/h,碎石道床、空车。

5)车库内:$V=5$ km/h,整体道床、空车。

6)停车线、折返线计算条件:$V=35$ km/h,整体道床、空车。

7)联络线计算条件:速度由行车专业提供,整体道床、空车。

8)出入段线:速度由行车专业提供,整体道床、空车。

(6)制定各种车辆限界、设备限界的目的

1)对于库内高架检修平台,用精确计算的车辆限界可使平台与列车之间的间隙减少,保证高空作业人员的安全。

2)对于停车线、折返线,用精确计算的设备限界,以及根据实际需要的轨旁设备和管线,使停车线、折返线内的墙柱布置变得更加合理。

3)使站台计算长度范围内站台建筑限界的设计更加合理。

(7)建筑限界

安装所有管线及设备后并加上适当的安全间隙形成的建筑断面称为建筑限界。

轨道区的建筑断面,应该符合限界要求,以确保行车安全。所以,无论是区间、车站或车辆基地,都必须有建筑限界设计规定。反之,区间、车站或车辆基地的有关设计图也必须得到限界专业的会签认可。

5. 控制工程投资,实现合理造价

项目必须以控制投资为目标,以实事求是、固本简末为原则,以保障功能为前提,适度调整各分项投资,严格控制工程规模和标准,使工程投资控制在允许的限额内,实现合理造价。

轨道交通的新兴城市(修建第一条轨道交通线路的城市),工程实施难度大,投资高,为降低平均造价,对设计工作提出的要求更高。因此,工程设计必须依靠政府和有关部门的大力支持,依靠广大设计人员的努力和智慧,精心设计,精心施工,尽量采用新技术、新材料和新工艺,不断地创新并力求有所突破,最终用较低造价打造成具有国内较高水平、技术先进、经济合理、安全实用、绿色环保、用户满意的轨道交通精品工程,实现设计的总体目标。

6. 总体设计阶段的体会和要点

由于总体设计阶段是非常重要的设计阶段之一,有的城市非常重视,会在工可阶段同时开展总体设计工作,甚至在完成总体设计之后,再逐步优化完善,形成工可报告。因此,这里进一步给出总体设计阶段更详尽的一些体会和要点。

(1)准确把握项目的功能定位

1)结合城市的发展规划,研究项目的功能需求。

2)结合线网的建设,研究各换乘车站的功能需求,以及各车站在城市交通网中的作用。

3)结合建成及规划线路的系统形式、车辆编组、运营模式,研究项目的速度目标值、车辆选型、编组方案、行车交路、运营管理等。

(2)基本稳定技术标准和设计原则

1)结合客流等专项研究,逐渐稳定各车站设计的技术标准。

2)结合征地拆迁、交通导改、地质条件等因素,基本稳定各车站及区间的施工工法。

3)结合城市外部接驳条件及其他线路的技术标准,基本明确项目各系统的设计原则和技术标准。

4)统筹考虑其他项目对工程的建设需求,逐渐明确项目的工程范围,以及与相关方的工程分劈及项目的概算编制原则。

(3)逐步稳定线站位及场段选址

1)根据交通接驳、征地拆迁、交通导改等前期工作的开展,逐步稳定项目的线位及站位。

2)根据城市规划和运营管理的需求,稳定车辆段段址、停车场场址。

3)根据城市外电源分布情况,以及项目的供电需求,各机电系统的需求、沿线周边环境、用地规划、管线路径布置等情况,逐步稳定主变电所和控制中心选址。

(4)逐步稳定项目土建工程的规模

1)根据各站客流、车站功能定位、配线设置及机电系统的功能需求，逐步稳定车站的土建规模。

2)根据车辆段的功能定位、检修规模、工艺设计、配属车辆等需求，逐步稳定车辆段的用地规模和平面布置。

3)根据牵引计算及外电源引入条件，逐步稳定主变电所、混合变电所、降压变电所分布及相应的规模。

(5)逐步稳定各机电系统的方案

1)根据项目的功能需求、车辆选型、土建方案，逐步稳定环控、供电等主要机电系统的系统方案、系统规模、系统组成。

2)根据与其他线网资源共享并便于运营集中控制的原则，逐渐稳定通信、信号等弱电系统的系统制式、技术标准、预留条件。

(6)逐步稳定项目概算编制原则及投资规模

1)逐步确定项目概算编制原则、取费标准及概算编制范围。

2)对比已建成和在建线路的投资总额，以及业主方在资金控制方面的意见，逐步稳定项目的投资指标并对估算的投资总额进行分析，为下阶段限额设计做好准备。

1.3.3 初步设计阶段的工作重点

1. 编制总体性技术文件及初步设计实施细则，确保全线设计总体性

(1)按照设计要求编制《设计技术要求》《初步设计文件组成与内容》《文件编制统一规定》《技术接口》等总体性文件。

(2)制定初步设计实施细则，细则应包括：采用的设计标准和规范、设计进度计划(含综合设计进度、分段、分项及分系统设计进度计划)、设计质量控制的措施和程序、技术管理细则及技术审查制度。

(3)各专业根据总体技术标准和要求，细化本专业的设计细则，以统一全线的专业设计标准。

2. 理清全线各土建工点的外部边界条件，研究并优化土建方案

(1)认真研究上阶段设计方案和评审意见，提出进一步设计优化意见。

(2)在总体设计方案的基础上提出工程测量及各专项调查技术要求，掌握周边环境条件并考虑各工点的设计方案。

(3)组织提出对工程有影响的沿线各种管线迁改、道路及市政设施改造、交通疏解、地块控制预留与保护要求、房屋及绿化搬迁等方案。

(4)组织落实工程与市政用电、给排水管网的接口关系。

(5)收集相关设计基础资料；组织落实与相关部门协调稳定设计所涉及的边界条件，并稳定设计方案。

3. 研究全线各机电系统功能需求，落实机电设备方案及组成

(1)结合土建方案、线网中资源共享及互联互通的要求，确定项目各机电系统的系统方案、系统组成、预留接口条件。

(2)统一机电设备系统的技术要求，负责引进设备技术参数与设计要求的一致性，协调全线所有工程及各设备系统设计的技术接口。

(3)提出系统性的技术要求。

(4)参与业主主持的设备引进谈判，配合业主引进车辆和机电国产化的实施和设备选型。

(5)根据国内城市轨道交通设备的使用情况，协助提出国产化实施方案的建议。

4. 组织对全线设计成果的检查，贯彻落实全线设计的总体性

(1)通过会议纪要、联系单、下序要求等方式，各专业组织对中间成果进行检查。

(2)负责全线及各工点的工程筹划的审查。

(3)对于本标所包含的土建及机电系统，组织对土建及机电系统设计成果进行系统性审查。

(4)负责对所有设计成果文件的审查、会签。

(5)完成设计过程中其他相关的总体性工作。

5. 统一全线概算编制原则，严格进行限额设计

(1)统一概算编制办法和编制原则，统一采用定额和取费标准。

(2)负责全线概算汇总及审查。

1.3.4 施工图设计阶段的工作重点

1. 编制施工图设计实施细则，进一步保证全线设计的统一性

(1)根据施工图设计阶段的深度要求，完善修改补充初步设计阶段未尽的各设计总体工作内容。

(2)完成相关通用图、标准图。

(3)按进度计划保证质量完成施工图设计。

(4)制定配合施工管理办法，做好设计配合施工工作。

2. 制定建筑装修标准和原则，确定全线及工点的建筑风格

(1)制定车站（含出入口和风亭等附属设施）建筑装修标准和原则，完成概念设计和方案设计工作。

(2)制定导向系统设计标准和原则，完成方案设计。

3. 严格监控机电和土建配合设计，减少配合不当造成的返工

(1)确认各设备选型的合理性、统一性，以及各设备系统、设备与土建之间接口及标准是否协调、合理。

(2)负责编制机电系统接口文件。

(3)参与业主主持的设备调研、订货，履行设备采购合同规定的设计单位所承担的职责。

(4)编制完成综合管线设计技术要求，组织完成各车站及工点的综合管线及孔洞图。

4. 加强施工图审查，进一步保证全线设计的总体性

(1)控制工程规模及标准，实行限额设计。

(2)对各专业施工图进行系统性审查。

(3)专业施工图会签。

1.3.5 配合施工及竣工验收阶段的工作重点

1. 完善设计，提供更进一步的技术服务

(1)建立配合施工的组织机构，制定管理办法，组织参加技术交底。

(2)在工程施工过程中提供技术服务，解决相关技术问题。

(3)根据需要变更设计文件，并报批复。

(4)变更设计统计报表。

2. 配合业主，确保工程顺利竣工

(1)按照质量事故处理程序，参与处理现场发生的各种质量事故。

(2)参加竣工验收，配合做好竣工验收方面的工作。

(3)变更设计汇总，参加并协助业主开展工程竣工决算审计工作。

(4)负责完成设计总结工作，为后序项目积累经验。

(5)参与项目后评审工作，并负责完成必要的核算、澄清工作。

(6)参加设备联调和验交工作。

1.4 总体设计管理

设计实践中，总体设计和总体设计管理容易混淆，狭义地讲，前者可理解为一个设计阶段，后者可视同贯穿各个设计阶段的管理行为。城市轨道交通项目往往通过公开招投标或委托等方式，选择总体设计单位，对项目的设计行为进行统一管理，这里简要介绍一下总体设计管理的相应内容。

1.4.1 总体设计管理核心任务

总体设计管理核心任务是引入相应的设计理念，紧密结合工程特点，贯彻“以人为本、价值优先”的设计

原则，运用价值工程的方法，对项目的标准、技术接口、设计质量、工程投资负总责；全面主持各设计专业设计接口，协助业主设备谈判、设备监造、系统联调、竣工验收等技术管理工作。发挥总体优势，通过多方共同努力，提供“安全便捷、环境协调、技术先进、造价合理”的轨道交通设计和相应的服务。

1.4.2 总体设计管理主要内容

总体性设计管理一般包含以下方面：

(1)工程勘察(工程地质、含地下管线及构筑物的工程测量)总体技术协调或管理。

(2)工程设计(总体设计、初步设计及施工图设计)管理。

(3)后续服务。

(4)与相应工程总体协调。

总体设计管理主要内容如图1.4-1所示。

1.5 城市轨道交通总体技术接口

城市轨道交通建设项目由土建、设备、轨道、车辆、环控、供电、通信信号等多个子系统组成，其特点是规模大、投资高、涉及专业众多，而这些子系统又必须在有限的空间内安排妥当。各子系统、各专业相互联系、依从，从而形成了一个非常繁杂的接口体系。对于总体设计单位，只有对接口体系进行详细的研究和缜密的策划，才能更好地协调各个接口之间的关系，确保设计工作的质量和工程进度，避免因接口不当或疏漏而产生的功能、经济和时间损失。

1.5.1 轨道交通技术接口的概念

接口技术起源于系统工程及计算机技术，例如，在计算机技术中，因为外设处理信息的类型、速度、通信方式与CPU不匹配，外设不能直接挂在总线上，必须通过接口电路和系统相连。

轨道交通作为一项庞大的系统工程，涉及专业众多，因此也必然存在诸多的接口。轨道交通的接口也是各子系统与其他系统或整个系统连接的关键，与计算机系统一样，接口发挥着匹配、协调、信息传递的作用。

轨道交通接口从广义上来说泛指两个或多个系统/专业的共同界面。具体可以从以下几个方面进行定义和分类：

从行政归属的角度划分：内部接口和外部接口，仅因行政归属而产生。

从功能作用的角度划分：物理接口(平面或空间)和逻辑接口。

从实施执行的角度划分：管理接口、设计接口、施工和监理接口、调试验收接口、运营管理接口等。

另外，接口还可按照设计或标段或施工合约进行划分，接口也可以按照时间计划方面的先后、工程分期建设分段设置接口。

总之，接口的存在是动态的，因项目而异；接口也是可协调的，接口处理好，可保证各系统间协调、匹配，整个轨道交通系统的设计、建设、运营才能良好运转。

1.5.2 主要技术接口综述

轨道交通建设项目设计涉及30余个专业，仅设计内部接口就包括土建工程、车辆行车、供电系统、控制系统、车站系统等子系统，在各个子系统下又分有许多个专业组成的次级子系统，例如车辆行车子系统即包括车辆、限界、行车组织及运营管理、车辆段与综合基地、控制中心等次级子系统；外部接口则包括城市规划、综合交通、环保水务、市政管线等需要与其他相关系统的单位相配合的子系统。

为便于表述，本文对上述系统组成进行归类，仅提炼出土建、机电设备、装修三方面内容，并分析其主要技术接口类型。

1. 土建类主要技术接口

(1)位置接口，如线路图、总图定位图等，作用是确定平面位置关系。

- 总体设计管理主要内容
  - 总体性设计管理
    - (1)编制总体性管理文件，主要有《运营管理模式》《工程筹划》《设计技术要求》《系统设计技术接口》《设计文件组成与内容》《文件编制统一规定》等；
    - (2)编制技术接口管理文件，并全面负责接口协调；
    - (3)确定设备选型标准，编制设备系统《用户需求书》和审查供货商提交的《技术规格书》；
    - (4)各设计阶段重大技术方案审定，组织设计成果文件的会签、审定；
    - (5)重大技术专题论证，参加科研项目研究；
    - (6)审定各类通用图、参考图；
    - (7)编制各类招标文件中的技术文件；
    - (8)负责业主主持的设备引进谈判的技术支持工作；
    - (9)负责各设计阶段文件送审、修编技术工作；
    - (10)为业主提供全方位后续服务的技术支持。
  - 工程勘察
    - (1)审定工程地质勘探、工程测量（含地下管线、地下构筑）作业技术要求；
    - (2)审定各阶段实施工作计划和各项分包合同中的技术条款，验收作业成果
    - (3)负责勘探、测量作业全过程内、外部分的技术协调。
  - 工程设计
    - 总体设计阶段
      - (1)分析和落实《工程可行性研究报告》专家评审意见；
      - (2)全面分析运营需求，提出本工程运营功能标准；
      - (3)提出主要设计原则、设计评价体系和标准；
      - (4)提出主要设计技术主要接口文件；
      - (5)重大线位、站位及机电系统方案比选；
      - (6)编制分包设计项目招标文件；
      - (7)提出编制工程估算相关文件资料。
    - 初步设计阶段
      - (1)研究和落实总体设计文件审查意见；
      - (2)进一步核实运营需求、落实基础设施、设备配置；
      - (3)修订主要设计原则、设计评价体系和标准；
      - (4)进一步研究和稳定线位、站位和机电设备系统组成、功能配置；
      - (5)深入研究车辆段、停车场及出入段线设计方案；
      - (6)提出设计技术接口文件，并进行协调、落实、综合平衡；
      - (7)提出全线车站建筑装修、导向设施设计原则和方案；
      - (8)编制模块设计图集和概算编制办法、原则；
      - (9)提出设备国产化实施方案；
      - (10)提出价值工程评估报告。
    - 机电设备系统施工图阶段
      - (1)研究和落实扩大初步设计文件审查意见；
      - (2)根据业主设备招标后供货商提供的设备技术参数，修订主要设计原则和编制通用图、参考图；
      - (3)细化各类设计技术接口，并进行协调、落实；
      - (4)检查、协调与土建工程的配套，切实做好与土建、施工总承包单位的技术联络、协调；
      - (5)会签、审定各设备系统施工图设计文件；
      - (6)核实设备国产化具体实施方案及限额设计情况；
      - (7)汇总、审定设备清单，供编制施工图预算和组织设备投产、进货使用；
      - (8)参加设备订货的设计联络、设备监造、产品验收，予以技术支持。
  - 设计监理
    - (1)扩大初步设计审查意见执行情况；
    - (2)核查运营功能、技术标准；
    - (3)逐一核查各专业技术接口落实正确与否；
    - (4)工程结构、施工方法设计的安全性、合理性、经济性；
    - (5)检查限额设计落实情况和设计单位提供的价值工程评估报告；
    - (6)检查设计成果是否符合文件组成与内容相关规定。
  - 后续服务
    - (1)审查Ⅲ类以上变更设计；
    - (2)组织现场巡检，参加工程问题现场分析，提供技术支持；
    - (3)参加设备设试、系统联调、试运营，为业主提供全面技术服务；
    - (4)主持设计回访；
    - (5)主持设计技术总结。
  - 其他必要的工作

图 1.4-1　总体设计管理主要内容分项图

(2)空间接口,如限界、标高、综合管线等,作用是确定空间体量和空间位置关系。

(3)功能接口,如房间布置、荷载、沟槽孔洞、基础、预埋件(含接地)、运输径路等,设置接口的目的是确定功能的基础条件。

(4)装修接口,确定空间效果。

2. 机电设备类主要技术接口

(1)平面位置接口,如平面布置图、安装定位图等,确定平面位置关系。

(2)空间接口,如限界、标高、综合管线等,确定空间位置关系。

(3)功能接口,实现系统自身功能和逻辑功能。

(4)土建配合接口,如房间布置、荷载、沟槽孔洞、基础、预埋件(含接地)、运输径路等,确定预留接口条件是否落实。

(5)装修接口,完善功能,确定空间效果。

3. 装修类主要技术接口

(1)定位接口,天、地、墙,确定装饰面上所有装饰要素(含机电设备及土建构筑物)的平面及空间位置关系。

(2)装修与标识引导系统的定位及机电预留接口。

(3)土建及机电预留的装饰接口(如土建造型、供电电源、设备布置等)。

(4)共性装设和广告的设置接口,确定空间效果,完善功能。

土建、机电设备和装修间的接口是工程实施中主要接口,并且是配合较多,接口较繁杂(如图 1.5-1 所示)。各子系统之间的协调工作及接口的管理工作是保证工程质量的重要环节,因此需建立相关的接口管理体系。

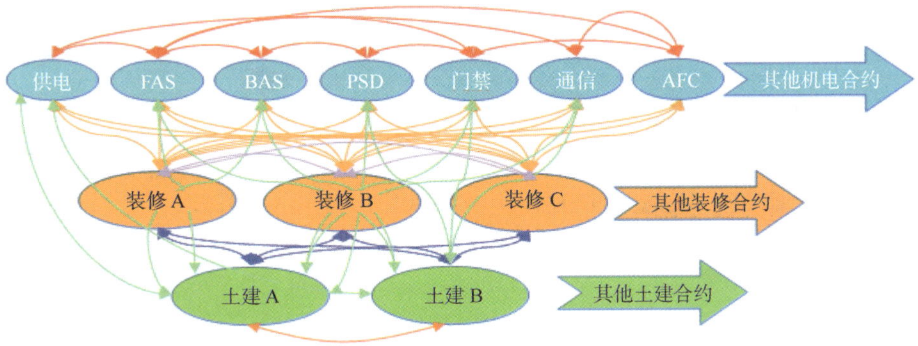

图 1.5-1 土建、机电设备和装修间接口示意图

1.5.3 典型接口问题

1. 典型接口问题分析

根据相关工程经验,城市轨道交通建设中的典型接口问题可分为接口相关方管理问题、接口参与人的问题及接口的客观问题。

(1)接口相关方管理问题

接口相关方管理问题包括专业与合约界面划分是否合理、接口管理办法是否合理并落实、会签制度和时间衔接是否匹配、是否有足够的时间去协调处理接口。

(2)接口参与人的问题

接口参与人的问题包括参与接口设计及负责的相关人员是否具有相应的责任心,是否具备足够的经验和能力、是否具有处理关联接口的意识、是否善于组织、沟通、协调、表达,以及是否有跟踪接口确保落实的愿望。

(3)接口的客观问题

接口的客观问题包含是否有业主需求等条件变化的干扰、是否有外部接口变化的影响、是否有行政命令对界面划分产生调整等。

事实上，在实际工程建设中，接口的问题往往是综合因素造成的，如图 1.5-2 所示。只要其中一个因素发挥作用，就可减少很多接口问题，见表 1.5-1，根据对接口发挥作用主要因素的分析可以看出，"责任心"对接口的影响最大。

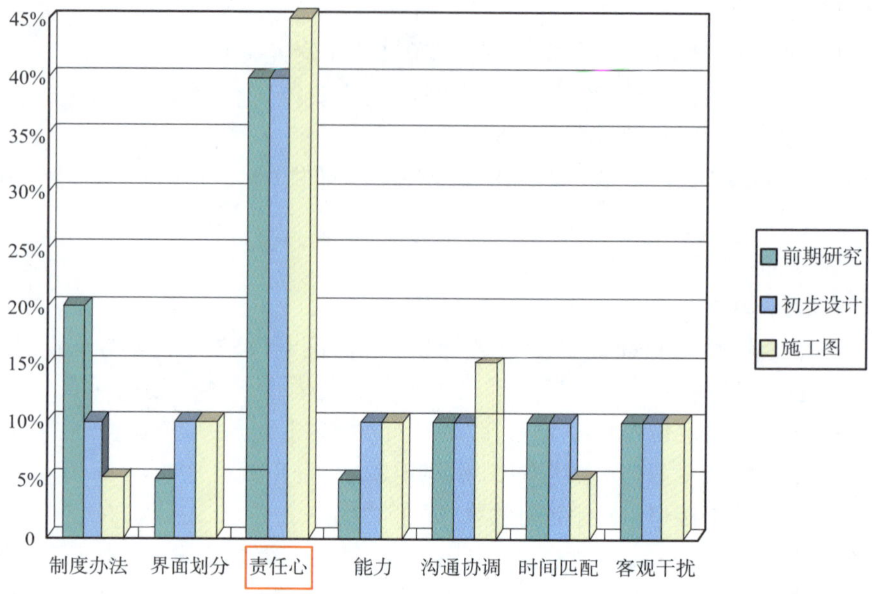

图 1.5-2　各阶段接口问题原因分析图

表 1.5-1　典型接口问题表

典型接口问题	案 例 现 象	原因及分析
管理环节不到位造成的接口问题	刚安装好的电缆支架就被装修的工人砌到墙里	施工现场建设管理未及时发现，或设计图纸未交待清楚
经验和意识不足，缺乏相互提醒和沟通	施工中坑底隆起，基坑严重变形	主因只是基坑边一个废弃的雨水管未及时处置，设计提醒或施工单位、市政部门等任何一方若及时处理则可避免
不重视细节，缺乏相互提醒和沟通	公共区配电箱等小型设备安装影响装修效果，设置位置需要切割两块装饰板	功能设计与装饰设计及施工紧密配合则可避免这些小问题，而小问题集中则可能变成大问题
与外部环境的协调关系	风井、出入口和各类配套设施与周围环境的协调关系	社会影响面大，必须加强与外部的沟通和协调配合
管线综合环节形同虚设，未达相应目的	管线布置不当，挡住检修通道，或难以维修	需靠各单位，特别是设计控制好管线综合的各个环节，多花精力即可消除
总体协调把关、相互理解设计意图、接口配合意识欠缺	标段间的电缆沟槽难以衔接，结构尺寸也不对应	总体设计单位把控必须到位
总体审查把关、专业会签、接口配合意识、边界条件变化的关联应对意识欠缺	在已建成的一些车站孔边梁、柱常常影响平面或空间净尺寸，且建筑图与结构图经常不一致	设计单位和总体单位的各级技术管理必须到位
预留的接口条件是否确实合理可行	某线盾构穿越已建成运营线路的预留围护结构，每天进度不足 1 cm，工期延误 2 个月	预留墙体混凝土强度达 C30，致使盾构推进缓慢，甚至死机，未按照要求预留条件

2. 接口的管理与协调方法

为了保证接口处理的完整、正确，必须建立科学的接口管理体系。工程接口体系应具备高效性、权威性，组织接口清晰，技术要求明确。技术要求分工如下：总体设计单位参与编制工程接口手册，解决设计方面工程接口的技术问题，负责工程接口的设计变更；监理单位对承包、承建商的工程接口实施过程展开监督、检查，并组织必要的试验、测试和调试。

接口管理又包括内部接口管理和外部接口管理。每个子系统首先要处理好本系统的内部接口，并清晰地了解正在或将要处理的外部接口。尤其是在配合较多的设备的设计及安装调试阶段，要召开有关各方参加专门接口协调会，对接口事宜协调安排，做到目标明确、职责清楚。当供货商或有关方对接口的配合、分工或技术方案提出异议时，应及时召开有关各方参加协调会做出决断。无论是专门或临时的协调会，做出的决定都必须形成会议纪要，并由参会各方签认，才能落实内部接口的协调工作。

相对于子系统内部接口，与其他各子系统的外部接口管理工作量和难度都有所增加，需要各系统负责人主动与相关系统的各单位或协商、配合，准确地、适时地互提接口资料及文件。在工程实施的过程中，如果互提的接口资料有了变化，应按照接口修改程序，及时通过有关各方参加协调会做出决定并形成纪要，并经包括业主在内的各方签认，再分别由相关的各方付诸实施。在实施的过程中，特别关注系统之间的接口配合是否能和谐、准确地达到整体功能的匹配要求。

综合来看，在接口的管理和协调过程中，应对策划、控制、落实三个方面进行管理。

(1)策划：指制定接口管理的主要思路。首先将相关接口进行分类归纳，进行接口的分析和总结，根据总结结果编制适应项目特点的接口文件进行统一管理。编写时应由浅入深、由粗到细，并应在各个设计阶段中逐步完善，必要时，还须做调整和优化，适应动态变化。

(2)控制：指制定接口管理文件，跟踪核查。包括总体组织接口文件的编制，全员参与接口的管理；加强接口部分的会签，重大接口会审；加强动态检查工作，及时纠偏和更正补充；加强对外协调，加大事前沟通力度，主动与业主、政府相关部门技术协调沟通，稳定边界。

(3)落实：指上序跟踪，下序落实，总体协调，保证工程顺利进行。

实践证明，在城市轨道交通工程总体技术中，接口管理至关重要，贯穿设计、工程建设、设备招标、设计联络、安装调试及联调、大联调等工程实施的全过程。接口是动态的也是相对稳定的。接口也是可协调的，并且必须通过协调才能保证各子系统的匹配。缺乏接口协调可能会影响许多方面，包括功能、运营、美观、维修、信誉、返工、延误、成本、质量、摩擦、合作和士气。另外，总体技术接口协调不是独立的和一次性的，而是全程、动态的，牵涉范围广，联动效应显著。只有处理好与接口相关系统的协调、配合，才能保证轨道交通工程顺利进行，运行稳定。

1.5.4 内外接口管理工作的职责分工

接口管理工作，贯穿工程始终，并与业主、设计总体单位、单项设计单位等单位紧密相关。其职责分工如下：

业主：负责外部接口协调。

设计总体单位：协助业主协调外部接口，负责地铁内部各系统间的接口管理，监控单项设计单位实施子系统间的接口及子系统内部各设备间的接口管理。

单项设计单位：负责子系统间的接口及子系统内部各设备间的接口管理，协助设计总体单位协调地铁内部各系统间的接口。

1. 设计外部接口的主要内容

(1)城市规划与用地。主要内容包括：城市道路规划红线；江河蓝线，洪水位；城市园林绿地；轨道交通的地面建筑(车站、出入口、风亭)、车辆基地的用地，工程施工用地，弃土场地等用地规划落实。

(2)文物保护。主要内容包括重点文物及保护建筑。

(3)城市交通。主要内容包括：破坏道路的工程地段，施工期的道路交通组织(通行、封闭、分流)；施工运输车辆通行路线的路段和时段；高架桥桥墩与城市道路的横断面的空间分配，道路净空控制高度。

(4)城市供电。主要内容包括：城市供电电源(变电站)分布和供电条件；地下电缆、地面高压线等及其走廊位置，安全控制距离和控制高程；气象资料、雷电资料、土壤电阻率、城市电网资料、主变电所规划要求、主变电所土建资料(含与市话、自来水等接口)。

(5)城市供水、排水。主要内容包括：城市水源(水厂、水压、水质)、管线；给水管、排水管接入条件；地下管线。

(6)城市电信。主要内容包括：市电话、地下电缆，市无线电管委会的规定条件。

(7)城市环境、景观。主要内容包括：城市道路不同地段的本底噪声和环保标准；车站与高架桥的造型和体量，与周边环境景观协调；敏感地段的性质和特殊要求。

(8)城市人防。主要内容包括人防通道建设现状和规划，对地铁的人防功能定位和设施要求。

(9)城市消防。主要内容包括对地铁消防和救援的要求。

(10)地质、地震灾害。主要内容包括根据地质、地震灾害报告中提出的防治措施。

(11)铁路。主要内容包括接轨条件，跨越铁路净空高度控制条件。

(12)航运。主要内容包括航运码头、江河通航要求。

2. 内部接口主要内容

地铁设计工程各主要专业系统内部之间技术接口关系，是相互交叉、错综复杂的技术问题。明确接口关系，是总体方案设计中的重要内容，最终使各专业设计内容完整，相关专业之间的功能平衡协调，接口界面明确，标准统一，使整个工程设计形成一个完整的系统工程。内部接口主要内容如下：

(1)线路。线路总图设计是轨道交通系统的基本系统，是各专业系统设计的基础，又是各专业系统设计的总体协调的回归，总体规模的最终落实就在线路总图；在车辆基地的站场线路是车辆基地总图的基础。因此线路专业与其他专业接口关系更为广泛。最终的线路敷设方式(地下、地下、高架)、空间位置(平面坐标、竖向高程)车站站位及配线形式，是各专业共同遵守的接口标准。

(2)地质。主要内容包括工程地质和水文地质报告。工程地质和地震安全性评价报告等是选线、站位及土建专业开展工作的基础资料。

(3)客流。客流预测的各项数据是线路、车辆选型、运营组织、系统运能、车站规模(站台、楼梯、自动扶梯、售检票机、出入通道)、通风空调等主要专业的设计依据。

(4)车辆。车辆选型确定后，就成为限界制定的重要依据，由此进行运营组织和系统运能设计，也是制定线路、车场、轨道、建筑、结构等专业的设计技术接口标准的依据。

(5)限界。限界确定后，其建筑限界成为建筑结构(包括车站、车场)设计依据；其设备限界成为设备(水管、电缆、信号、照明等)安装设计的依据；同时确定线路的线间距、轨道结构建筑高度，接触线、吸音板的位置和高度等控制性标准。在不同的特殊地段，应有不同的建筑限界和设备限界，提供结构净空和设备安装设计的依据。

(6)运营。以线路走向、车站分布、客流预测、车辆选型为依据，进行系统运能设计，确定各设计年度的列车编组和行车组织方案；提出车站配线，选定相应的信号配置；进行列车牵引计算、核算折返能力，运用车辆数量，设定各种运营与管理模式；提供运营设备系统设计的依据。

(7)轨道。轨道设计包括走行轨(钢轨)、轨枕、扣件、道岔、车挡、道床(含道床排水)及其减振、降噪、防迷流措施。其轨道各部件的强度、弹性和绝缘性能应满足车辆运行的速度、荷载要求，保证列车运行舒适、安全，减少对环境影响。轨道中线位置、轨项标高必须与线路设计一致；各类轨道建筑高度必须满足限界要求；其钢轨断面、轨距必须与车辆的轮对标准相一致；明确车辆各种运行状况下的轨道附加力，提供桥隧结构设计，并提出道床与结构连接的接口标准。

(8)供电。供电系统是轨道交通的能源保证系统，包括城市电源(主变电站)、牵引变电、降压变配电及照明、牵引接触网、杂散电流防护、电力监控等。本系统根据线路平纵剖面、车站分布、车场布局及各用电户的需求，如：列车牵引，空调、通风，电扶梯，各类水泵，照明设施，以及各类电子设备的用电量，进行系统设计，以保证本系统对各用户的用电需求。同时向车站及相关系统提出供电设备的用房要求、设备运输通道、电缆通道以及设备的重量、发热量、用水要求，消防要求；各种设备的安装和布置的接口要求。

(9)通风。通风系统包括车站通风、空调，区间隧道排热通风等。本系统根据线路平纵剖面，车站分布，车站站型、内部各类用房布局及其通风排热要求，风道和风亭布局，车场布局与要求等，进行系统设计，并提出各车站的通风空调机房的设备、管线安装和布局、用电量、用水量要求。

(10)给排水。给排水系统包括给水、排水、消防用水、化学灭火。本系统根据线路平纵剖面、车站分布、车场布置、外部水源和排水条件，提出水源、水质、水压、用水量的要求；确定车场、车站和区间(含洞口)的排水量和排放点位置；机电设备区和公用区的消防灭火要求；进行给排水灭火系统设计，并提出本系统的设备用量、用房和管线布置要求，以及与其他相关工程的接口关系和要求。

(11)信号。本系统是列车运行的调度、控制和指挥系统,是列车准点、安全运行的保障系统。根据线路平纵剖面,车站分布,各设计年度的列车编组、行车组织和全系统运能需求,进行信号系统配置设计,并提出各车站、车场及控制中心的信号设备数量,用房和管线布置要求,以及与其他相关工程的接口关系和要求。

(12)通信。通信系统包括地铁专用通信、公安通信、商用通信。地铁专用通信系统主要为各种系统提供信息传输通道,是整个轨道交通的神经系统,是全线安全畅通运行的重要保证系统。在通信系统设计时,应根据有关用户需求的通道用量进行系统配置设计,并提出各车站、车辆段、停车场及控制中心的通信设备数量、用房要求,以及与其他相关工程的接口关系和要求。公安通信是公安通信系统在地铁内的延伸,应根据公安部门的要求设计。商用通信主要将GSM、3G等系统引入地下,应与电信运营商协商后确定。

(13)BAS/FAS。环境设备监控系统(BAS)和防灾报警监控系统(FAS),是应用计算机对机电设备运行中进行自动化监控管理的智能系统,在轨道交通工程中是重要的节能与安全的控制系统。本系统设计应明确监控对象和管理模式,进行系统配置。

(14)AFC。自动售检票管理系统(AFC)是根据客票收费管理模式而定。该系统由计算机对自动售票机、自动检票机实施智能化监控管理。本系统的自动售票机、自动检票机数量由各车站的上下车客流而定。系统设计应确定票制及其管理模式、系统的构成、各种设备的体积和布置要求。

(15)电动扶梯。这是为乘客服务的乘降设施,包括自动扶梯(滚梯)、自动步道、垂直升降梯、轮椅车升降机。以上设施数量由各车站的上下车客流而定,本专业应提出各种设施的体积和布置要求。

(16)建筑。对于车站、车辆基地、OCC等有关建筑物、承担建筑功能协调和建筑体形设计。车站设计中应包括功能设计和建筑设计:功能设计应满足乘客疏解和乘降功能,设备用房布局和管线综合布置;建筑设计是解决建筑空间造型与其他专业的接口。

车辆基地中根据车辆和机电设备维修工艺要求,以站场线路布置为基础,进行车辆基地的总图布局、包括各单体建筑和场内道路设计。

在运行控制中心(OCC)中,根据运营管理控制中心的各个部门设备布局和功能要求,进行楼宇设计。运营管理控制中心,包括中央控制室(行车调度、电力调度、环境与防灾监控、维修调度)、AFC设备室、通信设备室、综合监控设备室。行车调度部分以信号专业为主,电力调度以供电专业为主,环境与防灾监控以FAS/BAS专业为主,AFC设备室以AFC专业为主,通信设备室以通信专业为主,分别提出各种设施的体积和布置要求。

(17)结构。结构设计分地下结构、隧道、高架桥、地面房屋等。根据线路敷设方式和位置、地质和水文条件、各种荷重、结构施工方法及限界和建筑设计要求,进行结构设计,并做好工程接口。

1.6 总体总包管理

1.6.1 总包管理工作的主要内容

1. 总包组织管理

(1)建立设计总包管理体系、管理流程、管理接口、控制检查考核手段等,保证设计管理工作的指令畅通,管理有效。按照合同规定的设计范围、设计招标的评标结果、招标人的设计划分。

(2)具体为针对各工点(系统)设计单位,制订详细的、具可操作性的管理及考核奖惩办法,激励各设计单位及设计人员的积极性,保证本工程的设计质量和设计进度,考核奖惩办法报业主审批后组织实施。

(3)制定设计各阶段计划管理、质量管理、投资管理、合同管理、接口管理与信息管理的详细计划、措施和管理制度,制定设计人员参加招投标、合同谈判、合同执行中与设计有关的工作管理办法,并报业主审批后实施。

2. 设计合同管理

(1)主要是对业主、总体总包单位及单项设计单位签订的单项设计三方合同的管理。按照本合同规定的设计范围及业主同意的设计分工意见,由业主和总包单位双方共同与各工点设计单位签定工点设计合同。负责工点设计合同的管理、设计工作量的清算、认证设计工作量并报业主。

(2)在业主的指导下负责完成包括合同条款编制、合同谈判、合同签订、合同跟踪、请款申请、合同变更、合同结算等工作，定期汇总设计单位的合同管理情况并报业主。

(3)协助业主制定设计变更管理办法，主持各工点、各系统变更设计评审，并将评审意见报业主审批，做好全过程的设计变更管理工作。

3. 报建报批管理

负责完成组织对外协调工作，包括但不限于本项目涉及规划、消防、人防、气象、水利、铁路(公路)等报建、报批工作。一般为：

(1)建设用地(临时用地)规划许可证报批及后期相关调整报批。

(2)建设用地(永久用地)规划许可证报批及后期相关调整报批。

(3)建设工程规划设计方案报批及后期相关调整报批。

(4)建设工程规划许可证报批及后期相关调整报批。

(5)人防工程施工图文件审查报批及后期相关调整报批。

(6)消防施工图文件审查报批及后期相关调整报批。

(7)防雷接地施工图文件审查报批及后期相关调整报批。

(8)防洪影响评价报告报批及后期相关调整报批。

(9)水土保持方案报告报批及后期相关调整报批。

(10)涉及铁路(公路)报批及后期相关调整报批。

(11)完成其他相关报建报批工作。

4. 设计变更管理

(1)协助业主制定设计变更管理办法，主持各工点、各系统变更设计评审，并将评审意见报业主审批，做好全过程的设计变更管理工作。

(2)有关设计变更导致的设计费用增减详见业主制定的相关办法。

5. 设计信息、资料管理

(1)负责编制技术公文管理、文件发送管理、成果文件管理及资料管理的办法和细则，建立整套文件和资料的管理体系。

(2)按照制定的办法、细则对文件和资料进行统一的管理、归档，并协助业主进行文件和资料的归档和整理。

(3)负责归口发送与本工程设计有关的所有文函，并进行归档处理，同时对作废图纸和资料进行管理。

(4)制定设计文件图纸的统一标准和图纸编码系统等。

(5)建立设计管理网站，为设计交流提供服务。

(6)负责汇总各设计阶段所有技术文件(含电子文件)，组织各工点设计单位进行设计总结，并汇总形成最终文件。

(7)建立总包管理范围内相关各方的通讯录，如有变化及时作出调整并通知各方。

6. 设计质量管理

(1)保证设计质量管理体系的正常运转，设计出业主满意的设计成果。

主要工作包括：建立满足轨道交通设计要求的质量管理体系；制定并执行设计总体及各单项设计的质量控制措施、程序和细则，并进行执行；采用定期召开设计质量工作会、质量管理通报、考核等形式，确保质量控制的有效性。开展设计质量控制和管理，协助业主组织设计文件及方案优化设计的审查会议并做好技术准备工作，主持各专业、各工点重大技术方案的会审工作及相关设计图的总体系统审查会签工作，开展对各个工点设计单位的设计巡检工作。

(2)负责本项目内、外部接口的管理与协调，并组织协调设计及其他相关单位会审会签等工作。负责工程内部的技术接口管理与协调(包括但不限于主体工程与前期工程、土建与土建、土建与装修、土建与各设备系统、装修与各设备系统，以及各设备系统之间、本项目与市政公共设施、本项目与其他项目等)，并组织、督促、检查落实到相关设计中。

(3)对所有工程施工图设计的质量、进度、投资负总责。负责土建与土建、土建与装修、土建与各设备系统、装修与各设备系统,以及各设备系统之间的接口设计、管理与落实,确保初步设计评审意见的贯彻,保证工程的系统性、协调性和完整性。

(4)在工程施工阶段,负责组织对设计变化、调整、变更的会审会签、变更设计概算编制等工作;实时地检查因个别专业、项目的设计变化、调整、变更所引起的其他专业、项目的变化,并组织会审会签等工作,确保设计的一致性和协调性。

7. 投资控制管理

根据地铁工程概预算的经验,合理控制专业间的费用比例,通过总体概预算费用控制,满足业主费用方面的需求和要求。

主要工作包括:制定限额设计工作计划及管理办法,审查平衡各专业、系统的投资限额;制定限额设计工作计划及管理办法;统一各工点概预算取费标准和概预算标准等。

8. 设计计划管理

(1)包括进度计划的编制、修改、监督执行。

(2)总体总包单位将根据业主的项目进度要求,在各阶段开始之初编制详细的工作计划,报业主审批修改后执行。制定设计进度计划表(横道图)和设计月报,并根据工程建设要求适时进行调整、完善,其内容及更新情况满足业主的要求,对于设备系统需细化到每个专业,进度计划的编制须符合业主所提供的进度计划管理,以及里程碑控制管理程序和制度的要求。

(3)在设计过程中,通过巡检、专检、抽检等方式了解各设计单位进度并进行相应的督办和考核,协调、平衡、审定各系统、各工点分项进度,以保证设计工作有序开展。同时按月编制相关报表提供给业主,让业主准确了解项目进行情况及过程问题,确保有序开展。制订相关技术人员外出考察计划。

(4)对各工点设计单位的资源配备情况及设计保障措施进行检查、管理,定期召开设计例会,向业主及有关方面通报设计工作情况。

(5)定期召开各工点设计单位负责人参加的设计工作会议,检查设计工作完成情况,布置工点设计工作,协调设计工作中出现的问题。

9. 会议组织工作及后勤保障

(1)负责本项目各阶段设计正常推进的后勤服务工作,包括总体总包负责范围内,保证本工程设计正常推进的后勤服务工作。

(2)做好与本项目工程设计有关的大型会议的会务工作,为设计评审、咨询等提供服务;负责设计过程中的有关技术方案审查会议(包括总体方案设计评审会、专题技术方案评审或咨询会、单项设计单位提交的重大技术方案审查会、业主认为有必要召开的其他设计技术会议等)的组织和会务工作,负责专家评审费发放。

(3)提供业主报政府相关部门审批或与政府部门沟通所需的设计文件,配合业主提供竣工验收所需的设计资料。

(4)完成业主交付的其他设计管理任务。

1.6.2 总体设计阶段总包管理重点

总包管理工作分为总体设计、初步设计、施工图设计(含招标设计)、配合施工及后续服务(包括联调联试及竣工验收、工程总结)等阶段。根据轨道交通工程特点,外部接口条件的稳定及相关方的协调,是制约设计前提条件、影响工作进度和设计方案稳定的关键因素,总包管理中必须予以高度关注并重点强化,作为关键因素予以管理控制。根据项目各个阶段设计服务工作的要求,各阶段主要管理重点如下:

1. 总体设计阶段总包管理重点

(1)配合方案确定、方案设计工作和审查,组织检查工作计划的落实,包括前期调查、需求分析、规划协调、方案设计输入评审、方案研究设计、方案的审查等各过程阶段的计划、接口检查计划,配合完成该阶段的报建审批工作。

(2)加强与政府管理部门的协调,建立与当地规划、国土、建设、环保、城管、交通、消防、安全监督管理、供电、水务、电信等公共事业部门直接沟通渠道，保证外部接口满足设计需要。

(3)制定项目总体工作筹划及总体阶段单项计划。在深入研究本项目的工作特点及业主要求的基础上，与业主进行广泛、深入的交流，在满足建设工期要求的基础上，确定本工程各阶段的工作重点、专题工作，制定相关工作计划、工程总体计划和总体阶段单项计划。

(4)确定投资控制目标，做好指标分解和控制。投资控制是设计方案取舍中的重要因素，按批准的可行性研究报告投资估算的单位工程投资作为限额目标开展设计工作。在深入进行方案比较的基础上，保证项目的系统功能最优，合理进行设备选型，根据价值工程理论进行相应深度的技术经济比较，并进行投资的合理分解，确定各系统及工点的限额设计目标，在此基础上通过初步设计进一步确定分单位工程或分部分项工程的合理投资限额。确保在施工图设计中能够实现各分项工程的投资控制，确保项目整体投资限额目标的实现，确保项目概算控制在国家批准的可行性研究投资估算范围内，以及项目施工图预算控制在国家批准的初步设计概算范围内。

(5)建立设计总包管理体系。完善组织体系的要素，识别工作过程，制定完善的设计总包管理程序文件。

(6)指导性文件的编制和跟踪检查。组织完成满足开展初步设计工作的技术文件、技术指导文件的编制和审批工作。

(7)建立设计成果评价体系，确定评价标准、评价方法和评价管理流程。

(8)确定本项目通用图、标准图编制的内容，并制定编制计划，以满足本项目施工图设计的需要。

2. 初步设计阶段总包管理重点

(1)初步设计阶段实施计划及单项计划。颁发初步设计进度计划，组织工点(系统)分包单位按时完成勘察、补充测绘、方案设计及资料验收、审查等设计和工作。

(2)检查、协调接口设计、资料互提、会签等过程技术管理工作。确保资料版本统一、完整、正确，加强接口过程管理，保证设计深度满足要求，提高设计的整体质量。

(3)检查、协调、考核设计进度计划，保证过程问题处理及过程进度目标的实现，满足初步设计的进度要求。

(4)检查、协调、考核投资指标控制，做好指标专业分解管理、检查工作，控制过程指标满足要求。

(5)组织开展本项目通用图、标准图的编制，按计划完成。

(6)初步设计审查的组织和配合。完成审查实施计划、文件印刷、分发、审查预演、审查会务综合安排等工作。

(7)组织施工招标、施工图设计指导文件的编制、评审、颁布。

(8)组织完成初步设计成果综合评价。评价依据包括日常工作检查记录、巡检记录、会签记录、收发文记录、通报等。

3. 施工图设计阶段总包管理重点

(1)编制施工图设计进度实施计划，计划深度细化到图册，过程细化到一签、二签和出蓝图、资料归档；目标可测量、可督导。

(2)颁发经业主批准的施工图文件组成与内容、文件编制统一规定，施工图阶段设计接口汇总、通用图等指导性文件。

(3)全过程管理分包单位的设计工作。从设计分项计划、设计输入、输入评审、设计校核、审核、设计成果输出等过程进行计划、投资和质量控制，做好每月设计巡检等跟踪检查和协调记录；完成过程分解目标，保证总体目标的实现。

(4)前期工程设计管理。组织协调、稳定、检查、督促、落实交通疏解、管线迁改，与地铁工程之周边的接口，并组织完成前期工程与地铁工程相关专业之间的会签。

(5)配合完成施工图阶段的报建图纸设计。

(6)设计配合管理工作。组织配合业主完成方案设计文件和方案优化审查会议；组织完成招标配合及招标技术文件编制(施工监理、控制测量、第三方监测、保险经纪、造价咨询、质量检测、建构筑物安全质量评估等)。

(7)组织参加设备系统设计的单位,进行设备系统调研。按本工程的特点,在总体设计原则的指导下,主持制定各专业技术规格需求书,协助业主开展设备的招标工作。

(8)月度考核和阶段考核。考核的依据是设计巡检、设计会签、计划执行记录、质量检查记录、投资控制记录、收发文记录、通报等。

4. 工程实施后续阶段总包管理重点

(1)后续服务工作策划。后续服务是设计工作的重要组成部分,是实现目标的重要环节。策划的主要内容包括:设计交底、现场交桩、派驻配合施工人员(设计代表)、变更设计服务、设计验证、设计回访、修改设计、设备系统调试和(总)联调方案的制定和技术支持,以及协助业主完成本项目各系统设计功能要求、系统保证要求的验证和验收等工作。策划要责任落实到单位、到人,满足业主总体施工、调试要求。

(2)编写《设计施工配合管理及考核办法》《设计配合施工工作流程》并颁发工点(系统)报设计单位实施。

(3)配合开展联调工作的实施和培训工作。督促工点(系统)设计单位成立"设计单位系统联调协调小组",完成(总)联调大纲、(总)联调方案的制定的现场配合及协调工作,对设备(总)联调提供技术支持,解决存在的技术问题;参与系统测试、(总)联调(演练)及设备系统操作培训、维护培训,直至全过程(包括土建及机电设备系统)移交运营公司(或业主)。

(4)做好后期服务的巡检、督促工作。协助业主单位和施工监理组织施工图设计和勘测设计交底。督促派驻设计人员配合施工并参与施工中重大技术问题的处理,对各单项设计单位进行设计监理和督促,并深入现场做好施工配合工作。

(5)变更设计服务、限额设计控制、实时地检查变更连带变化。负责设计变更管理,按期提交变更设计文件,做好变更设计的质量、投资控制,通过会审会签处理好设计变更引起的接口问题,对于工程变更做好设计配合,负责技术审查及配合。

(6)协助业主完成本工程各系统的验收工作。督促各设计单位对于在验收过程中出现的各类与设计有关问题,研究解决改进的方案,落实到相关设计中并配合实施。

(7)配合国家验收。按国家及接收单位的要求,组织人员参加工程验收评审,并落实评审后的整改技术方案,提供工程验收和运营移交所需的与设计有关的技术资料。

(8)资料归档及总结。按要求组织对所有设计成果文件、资料等归档;同时组织编制设计及联调与总联调技术总结报告、系统保证总结、移交报告、设计回访及总结、设计总结报告等。

(9)组织完成缺陷期工作研究和处理。组织人员从设计角度对缺陷期出现的各类问题进行原因分析,对设计原因引起的缺陷,研究提出修复方法及补救措施;对非设计原因引起的缺陷提供技术资料,并从设计角度对责任单位提出的缺陷修复方案进行技术审查。完成缺陷期内各类缺陷方案实施的设计配合及相关设计文件、资料的管理和归档。

(10)及时组织工程设计总结。

本章参考文献

[1] 地铁设计规范:GB 50157—2013[S]. 北京:中国计划出版社,2013.

[2] 市域铁路设计规范: T/CRS C0101—2016[S]. 北京:中国铁道出版社,2017.

[3] 城市轨道交通技术规范: GB 50490—2009[S]. 北京:中国建筑工业出版社,2009.

[4] 城市轨道交通公共安全防范系统工程技术规范: GB 51151—2016[S]. 北京:中国建筑工业出版社,2016.

[5] 城际铁路设计规范:TB 10623—2014[S]. 北京:中国铁道出版社,2015.

[6] 跨座式单轨交通设计规范(附条文说明)GB 50458—2008[S]. 北京:中国建筑工业出版社,2009.

[7] 轻轨交通设计标准:GB/T 51263—2017[S]. 北京:中国建筑工业出版社,2017.

[8] 中国铁路总公司计划统计部. 中国铁路总公司 2018 年统计公报[R/OL]. [2019-04-10]. http://www.

china-railway. com. cn/wnfw/sjfw/201904/t20190410_93077. html.
[9] 秦国栋. 新时期城市轨道交通发展的思考[J]. 城市交通，2006，4(2)：1-5.
[10] 朱军. 我国城市轨道交通发展现状与对策建议[J]. 城市轨道交通研究，2005，8(6)：11-14.
[11] 杨立新，毕湘利. 城市轨道交通总体技术接口研究[J]. 城市轨道交通研究，2009，12(9)：10-13，17.
[12] 杨立新. 对我国轨道交通发展的认识和思考[J]. 城市轨道交通研究，2018，21(5)：80-84，100.
[13] 铁道第三勘察设计院集团有限公司. 城市轨道交通勘察设计总承包管理[M]. 北京：中国铁道出版社，2011.

2 线网规划

2.1 概 述

本章将简单阐述公交数据对轨道交通线网布设的导引作用，重点介绍在该方法指引下，城市轨道交通线网规划的阶段划分、编制流程、各阶段编制的适用方法及应用实例。为叙述方便，在本章的阐述中，将该方法简称"新思维"。

2.1.1 轨道交通建设中与线网规划相关的若干问题

当前，城市轨道交通建设过程中，出现了一些发展中的问题，其中一些问题的产生与城市轨道交通线网规划编制质量相关。例如，线网规划的工程可实施性较差，导致难点工程增加，建设费用增高；线网规划屡次修编，稳定性较差，或轨道交通预留通道、场站用地被其他建设项目侵占，影响后续工程与已建和在建工程有机、合理结合；线网规划对城市规划、城市布局、客流特征的研究偏浅，规划线路与现状客流主流向、主通道符合度低，造成轨道线网客流效益偏低等问题。这些问题的解决还有待于城市轨道交通线网规划理论及编制水平的提升。

2.1.2 轨道交通线网规划编制中要处理好的几大关系

城市轨道交通线网规划编制中有几大关系或矛盾需精心处理，可简单归纳为以下几点：

1. 城市轨道交通线网规划与上位规划之间的关系

城市总体规划、城市总体布局及城市综合交通规划等上位规划是编制城市轨道交通线网规划方案的主要依据。但在线网规划编制实践中，总体规划等上位规划对轨道交通编制的引领不够具体，支撑不足，意见反馈也不甚通畅。这些问题的产生分析如下：

(1)总体规划与城市轨道交通线网规划所研究的对象体系不一致。

城市总体规划侧重于研究城市发展的战略性问题，根据城市的地位、资源、人文、经济和发展规律，提出城市长远的轮廓性、原则性的目标，以及原则性的发展战略和策略。而轨道交通线网规划系统却是一个影响区内土地利用、人口和岗位分布、交通方式、道路网络的复杂的动态系统。总体规划所确定的发展目标一般都是定性的描述或静止的标量，比如可达到的城市物质环境布局、城市基本构架等。总体规划总体上是宏观的、静态的，轨道交通线网规划及其应对的轨道交通需求，总体上是微观的、动态的。

(2)总体规划与城市轨道交通线网规划所研究的层次、内容、时效不一致。

规划层次、内容的不一致，导致上位规划对轨道交通线网规划编制的指导作用减弱。

上位规划的时限滞后或短于轨道交通线网规划的时限，导致在远景年轨道交通线网规划缺失相应的规划指导。

(3)总体规划与城市轨道交通线网规划指标间的联系机理不清。

因为联系机理不清，城市轨道交通线网规划在编制过程中很难从上位规划中获得具体、连续的数值性、逻辑性的指导和支撑，削弱了上位规划对城市轨道交通线网规划编制的指导作用。

(4)城市总体规划和城市轨道交通线网规划之间缺乏长期、有效的能相互反馈的联系机制。

(5)城市土地利用规划与轨道交通线网规划间缺少互动关联。

一方面，从上位规划指导城市轨道交通线网规划编制的角度看问题，城市总体土地利用规划尚需更细、更深层的规划内容；另一方面，城市轨道交通线网编制完成后，沿线土地利用规划应结合线位、站位优化，稳定并优化沿线土地利用规划，力争客流效益最大化。

2. 城市轨道交通线网规划方案与城市现状、未来客流主流向、流量的关系

城市公交主通道沿线客流基础好，一般也与城市出行主要走向相一致，且一般路由宽阔，具有较好的施工条件；城市轨道交通线网规划线路的走向和站位布置，应尽量与现状客流主流向、公交主走廊相适应，线、站位应尽量布设在城市主走廊上（区间可短距离绕行）。

3. 线网规划方案与工程可行性的关系

线网规划方案的工程可行性是合理规划方案的必要条件之一。必须在规划的编制过程中，而不是在方案确定后确认方案的工程可行性。

2.2 “新思维”的依据、特点和适用性

2.2.1 城市轨道交通与常规公共交通高度相关

1. 城市轨道交通与常规公共交通的关系

我国已批准建设轨道交通的城市，市区的现状总人口大多在300万以上。这些城市大多有50年以上的建设历史（深圳除外），有较发达的公共交通运营体系和较饱满的公交基础客流。城市轨道交通的功能，在一定程度上，就是在城市公共交通客运体系（含轨道交通系统）中发挥主体或骨干作用，并主要承担大运量、中长途客流的运送任务。

在标准《城市轨道交通线网规划标准》(GB/T 50546—2018)中更明确了城市轨道交通和城市公共交通体系的关系：“在中心城区，规划人口规模500万人及以上的城市，城市轨道交通应在城市公共交通体系中发挥主体作用；规划人口规模150万人至500万人的城市，城市轨道交通宜在城市公共交通体系中发挥骨干作用。对于规划人口规模不满150万人、确有必要发展建设轨道交通的城市，可在城市总体规划中预先安排轨道交通线路、规划预留相关设施建设用地。”

所以，在城市所采用的所有客运体系中，常规公共交通与城市轨道交通，是分工合作、关系最密切的两个客运交通体系。

2. 常规公交客流与城市轨道交通的客流基础

在同一个客运通道中（通道可由一条或多条道路组成），在轨道交通建成之前，常规公共交通承担所有的客运任务，并为轨道交通集聚客流（轨道交通的基础客流）。轨道交通运营后，轨道交通发挥影响区内客运骨干的作用，主要承担通道内中长运距的客运任务；而公共交通则主要承担短途和中等运距的客运任务并为轨道交通接驳客流。

由于城市轨道交通的票价与常规公交的票价差距不大，在地面交通日渐拥堵，常规公交体系已无法保证乘客对准点、快速出行需求的情况下，城市轨道交通的首批客流大都是由常规公交客流转移而来的。

由于同通道内城市轨道交通与常规公共交通关系密切，各城市在考虑时间、票价等综合因素基础上建立转移预测模型，预测地铁的开通客流。有的城市开通客流预测准确率高达95%以上。以转移预测理论为基础的预测方法，在地铁开通客流预测中获得成功，从另一角度验证了城市常规公共交通与轨道交通的密切关系。也验证了常规公交客流是轨道交通的基础客流这一论断。由于两者间存在着密切关系，公共交通路网体系可以作为研究城市轨道交通线网体系的参考系统。

3. 公交客流数据与城市轨道交通线网规划编制所需的数据基础

由于批准建设城市轨道交通系统的城市，大部分都有较长的建城历史，城市的公共交通系统也已运营多年，有着较系统完整的统计数据。这些数据可以为城市轨道交通线网规划编制提供现状和历史的完整数据；在这些数据基础上，利用现代数学、统计分析、计算机技术做出精准的分析，再辅以基于手机信令的大数据，可形成支撑城市轨道交通线网规划编制所需的庞大、完整、多方向多层面的数据基础。

4. 城市公交主要通道与轨道交通线网路由

《地铁设计规范》(GB 50157—2013)指出:"地铁应布设在城市客运量大的主要客运通道上"。

以城市公交主要走廊作为轨道交通线网中线路的路由,有利于最大限度地集散客流,以提高轨道网的运营效益和辐射能力。由于城市客运主通道宽阔易行,工程可实施性也较好。

根据规范要求,城市轨道交通线网的路径应由城市主要客运走廊构成。因此,城市轨道交通线网规划编制的首要任务就是研究城市公共交通主要通道的布局,将公交主走廊作为轨道交通线网的备选路由。对城市公交主走廊的研究和预测是城市轨道交通线网规划编制过程中的重要环节和任务。

为确保城市轨道交通线网路由选择的正确性,须研究的内容包括:研究城市公交主走廊的分布形态、研究城市公交主走廊与城市道路的关系、研究城市扩张、更新对城市公交主走廊分布形态的影响、研究在具体的某城市公交主走廊上布设城市轨道交通的工程可行性等。在上述研究的基础上,可进一步开展上位规划变更,对城市公交主走廊的影响分析,并进一步对上位规划做出反馈。

5. 城市公交线网的主要换乘枢纽与轨道交通线网的换乘站

城市轨道交通的换乘站布设的合理性决定轨道交通线网的通达、换乘水平,并对整个轨道交通线网具有锚固作用;在城市轨道交通线网的编制过程中,具有举足轻重的作用,应对其分布形态及换乘规模的合理性进行充分的论证研究。

城市常规公共交通主要走廊的交叉处,一般是城市常规公交线路的重要换乘点(或简称枢纽)。当相交的两条公共交通主要走廊都被选用作为城市轨道交通的路由时,相应的公交换乘点(枢纽)也就自然成为城市轨道交通的换乘车站。

也就是说,城市常规公交线路的重要换乘点(枢纽)与城市轨道交通的换乘车站有对应关系。研究城市常规公交线路的重要换乘点(位于城市两条或多条公交主要走廊上)的规模和分布,在一定程度上就等同于研究城市轨道交通换乘车站的规模和分布。

研究城市现状公交主要走廊的交叉点的规模和分布规律及其随历年规划调整,发展而演变的过程,就可对城市轨道交通线网换乘点的分布规律,及变化规律有深刻的认识。

换乘点非一般点,对网络的锚固作用,可发挥一点影响全网的重要作用。换乘节点的影响是全"面"性的。可归纳为:"换乘点",非"常点",锚固"线",影响"面"。应投入大力量进行研究,并注意换乘方案的工程可行性。

6. 城市公交客流主流向与轨道交通线网的组织

在布设城市轨道交通线网的过程中,其中的一项重要工作就是进行线路组织。进行线路组织的要点是按现在、未来的最大客流走向布设轨道交通的线路,减少换乘次数。

城市轨道交通具体线路在某节点的走向组织,可参照该节点公共交通主走向及经由该点所有线路的主要辐射区域及变化规律来确定。在城市轨道交通走向的组织中,公交数据可提供关键性的数据,公交数据在轨道交通布设过程中具有"引导"作用。

7. 城市市郊公交系统与轨道交通的市域线

城市市域、市郊线路的布设及如何使线网规划保持一定的弹性,是线网规划阶段要着力解决的几个问题。

城市市郊公交系统的走向、路径、进出市区的出入口位置,在郊区串联的节点,对城市市域、市郊线路的布设可提供众多的参考数据,对轨道交通市域线路布设发挥"引导"作用。

8. 规划变动对城市地面公交系统形态的影响与轨道交通线网的弹性

轨道网弹性的预留,还需依赖对公交历史数据的解读和分析。

研究城市扩张、更新和地面公交主走廊变迁的关系,可"以史为鉴",根据过去、现状变化的规律,推测未来规划变更对公交主走廊的影响,包括公交主要走廊的强化、弱化、分流、积聚等现象的发生,并采取相应对策,保持城市轨道交通网络在上位规划变动面前保持相对的弹性和适应性,以确保轨道网的稳定和适度的弹性。

2.2.2 城市公共交通主通道的相对固定和轨道网的相对稳定性

在我国城市的建成区，由于大规模的旧城改造已基本结束，更由于拆迁的成本过于昂贵，公交主要客流走廊发生重大变化的可能性不大。虽然可能发生变化，但大部分也是局部路段的拓宽、取直、分流等，这使得参照城市公交主通道来布设轨道交通线网，具有可行性；并由于城市公交主通道的相对不变性，可带来城市轨道网的稳定性。

2.2.3 城市公共交通主通道具有良好的工程实施条件

城市公交主通道往往可容纳20条左右的公交线路在通道内运营，道路两侧人口分布密度高，岗位密集，而且道路相对宽阔，施工条件好，具有较好的工程实施条件。当公交主通道是由两条以上的道路组成时，往往位于城市的核心区域或老城区，这样的路由往往长度较短，除站位设置较困难外（可能要与拆迁相结合），区间的施工条件尚可保证。

所以，在城市公交主通道路由上布设轨道交通，与城市布局结合合理、和谐，可获得较好的客流效益，且施工条件相对较好，可降低施工实施难度，获得较好的经济效益。

2.2.4 公交数据可与手机信令数据相互融合，提升线网布设的引导精度

近期，手机信令数据在客流预测、规划等领域的应用得到长足发展。手机信令数据可以表达人类活动最活跃的位置和强度（比如人口和岗位），各区域间的人员交流和移动强度，并用热点图和期望线的形式来表达。但暂时还无法描述人们对交通方式、工具、路径的选择。

手机信令数据和公交数据都以数据、图形作为表达方式，公交数据和手机信令数据的结合，可提升公交数据“引领”轨道交通线网布设的精度。比如，现状热点地区的变化可促使我们检查交通供给能力是否与交通需求相适应，弥补公交服务可能滞后的弱点。

2.2.5 尝试“新思维”

既然常规公交是最接近轨道交通体系的系统，同时还无法在短期内搞清土地利用、城市发展战略与轨道交通需求间的因果关系（函数或拟合型模型），那就让我们试试“新思维”。

2.3 线网规划的基本思路和规划流程

收集、分析城市现状、历史的公交（大）数据，分析城市公交主要客运通道的分布、主要控制点、换乘点的分布，研究城市规划变更、扩张对城市公交主要客运通道、主要控制点、换乘点分布形态的影响，以史为鉴，预估城市公交主要客运通道的分布形态和规模变化；针对城市公交主要客运通道和控制性节点，进行工程可行性调查研究；对全市和各交通大区进行轨道交通需求分析，针对各交通大区进行拟用公交通道的定性、分析，并组织、形成局部路网，以顺应上位规划、适应客流和公交客流最大化等综合指标为目标进行全市的轨道交通线网组织。在上述工作流程的每一过程，都从要各自的工作层面落实上位规划并反馈问题。

2.3.1 基本工作思路

城市轨道交通线网规划的基本工作思路如图2.3-1所示。

2.3.2 城市轨道交通线网规划流程

城市轨道交通线网规划阶段划分和规划流程如图2.3-2所示。

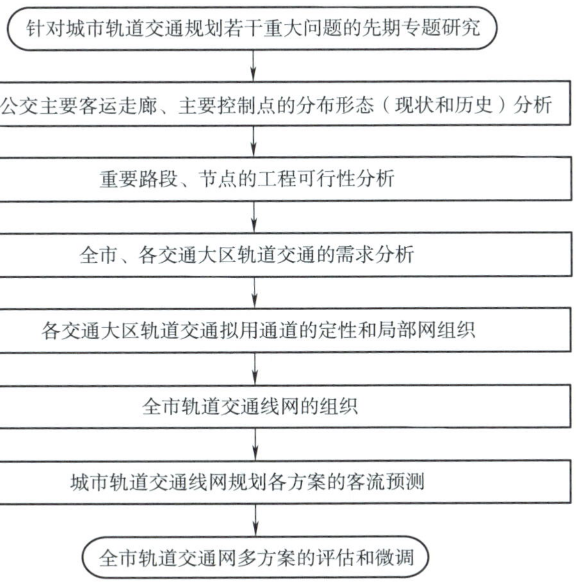

图 2.3-1　基本工作思路示意图

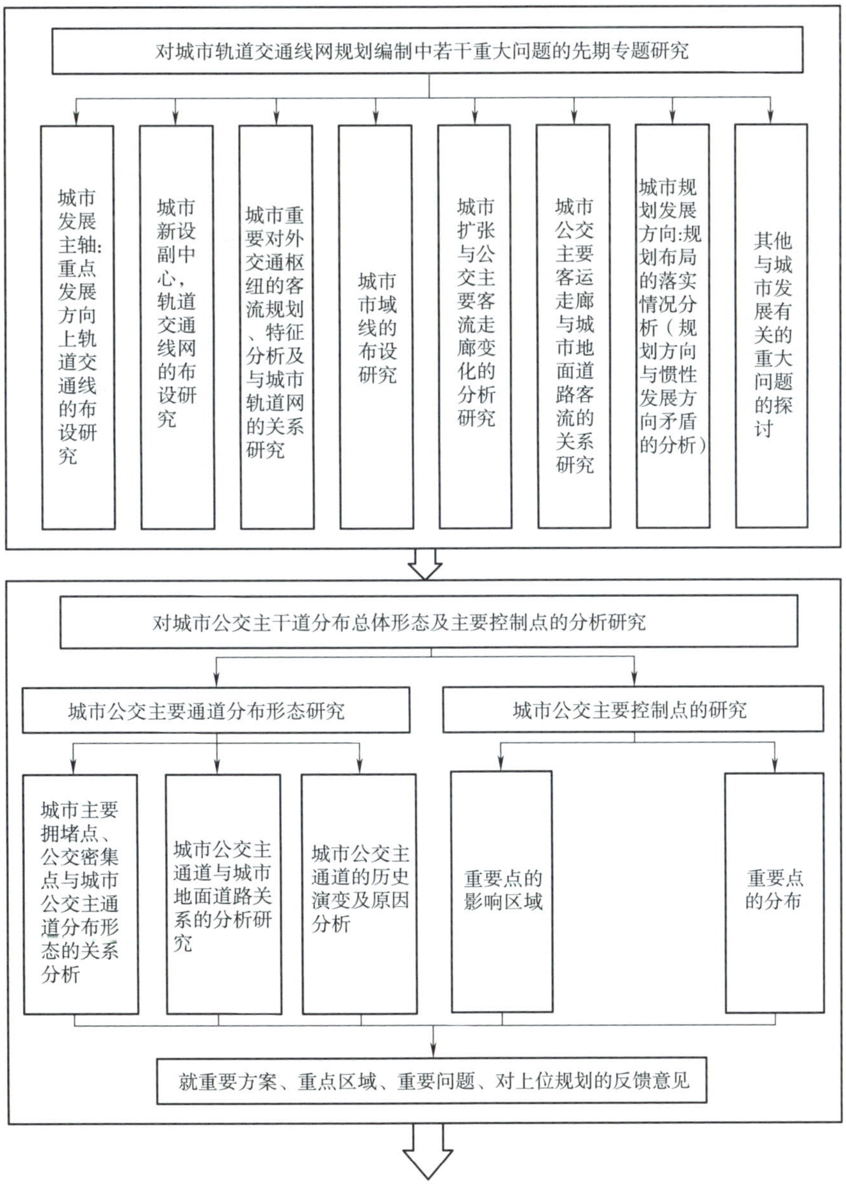

图　2.3-2

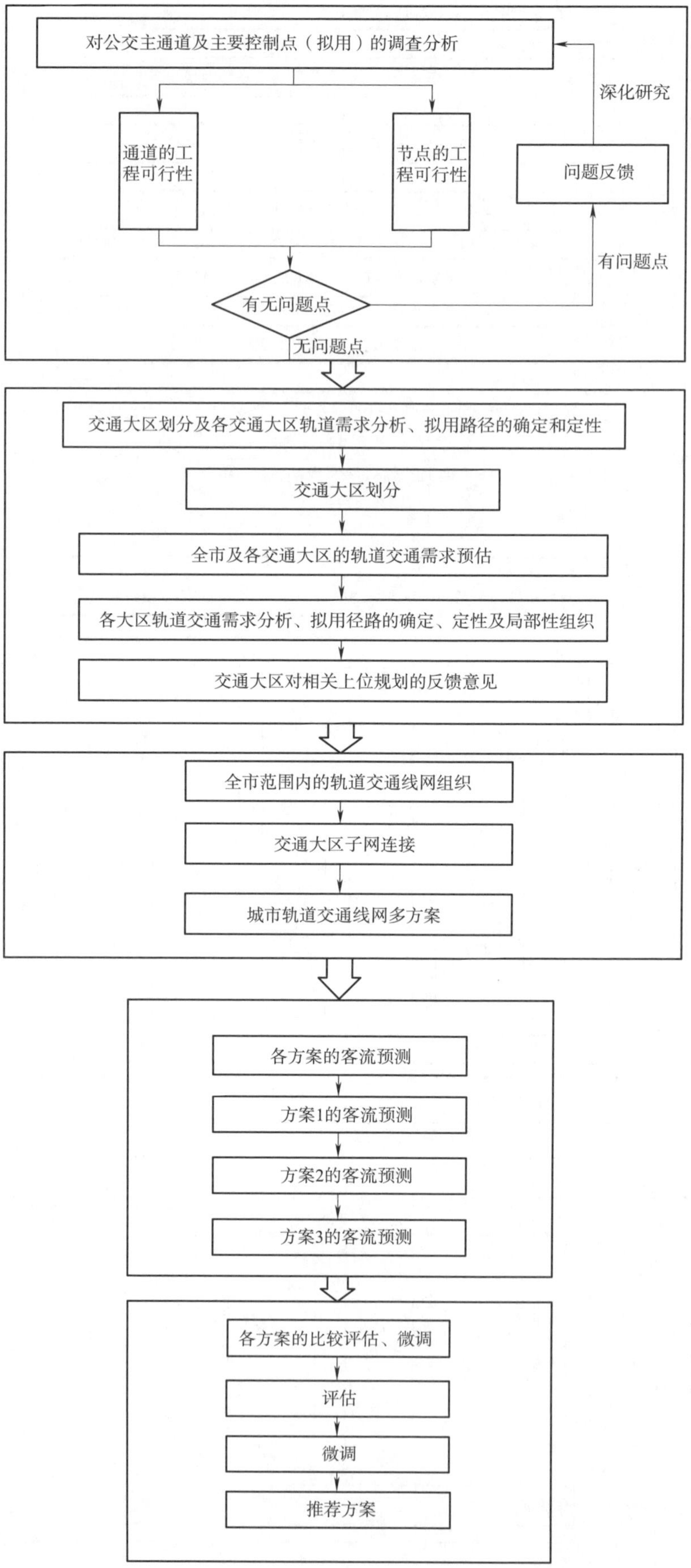

图 2.3-2 城市轨道交通线网规划流程图

2.4 线网规划编制中重大问题的先期研究

在线网规划的编制过程中，有些因素对规划全局有重大影响，有些则对某个方向或某个地区的轨道交通布局有重大影响。按照重大问题应本着优先考虑的原则，有必要对这些因素进行先期专题研究，以确定其影响的方向、范围及影响程度，以保障城市轨道交通线网规划编制工作顺利推进。

2.4.1 主要研究方向(专题)

编制城市轨道交通线网规划时，建议就影响轨道交通线网规划编制结果的重大问题开展先期专题研究。先期研究的主要研究方向可根据研究城市的特点，并围绕下述问题展开：

(1)城市发展轴与城市轨道交通线网的关系研究。

(2)城市规划、城市发展惯性对城市轨道交通线网布设弹性影响的研究。

(3)城市道路形态和城市轨道交通线网形态关系的研究。

(4)城市的市域轨道交通线路子网布设方向和路径选择研究。

(5)城市新增副中心(或新区)对轨道交通线网规划的影响及改进方向的研究。

(6)城市建成区扩张及公交走廊扩展的关系研究。

(7)城市重要对外交通枢纽流量、接驳的调查及与轨道线网布设关系的研究。

(8)城市中心区与城市新区(外围组团)间出行特征(含班车调查)的调查研究。

在城市轨道交通线网规划编制时，可根据城市特征和编制需求，选取上述专题的部分，先期开展研究工作；还可根据城市特点，确定其他相关问题作为先期开展研究的方向。

2.4.2 先期主要研究专题的研究目的及影响程度的简析

“(1)城市发展轴与轨道交通线网的关系研究”，要研究城市发展轴与轨道交通线网间的相互作用。需研究城市发展轴上轨道交通网的规模、制式、敷设方式等问题，阐述其与一般地铁线路的区别。

“(1)城市发展轴与轨道交通线网的关系研究”和“(5)城市新增副中心(或新区)对轨道交通线网规划的影响及改进方向的研究”，由于两者都是上位规划的重要内容，两者的实施，其影响是全市性、全局性的重大问题。

“(2)城市规划、城市发展研究惯性对城市轨道交通线网布设弹性影响的研究”“(3)城市道路形态和城市轨道交通线网形态关系的研究”都是全局性的研究。研究的都是“面”上的问题。前者是研究道路交通形态与轨道交通路网形态的相关性，可为轨道交通线网编制提供具有参考意义的地面路网结构。后者则要从历史及发展的角度，延续性地研究城市规划在总体规模、发展方向等重大问题上的可实现性。线网规划的编制者不可能改变总体规划，但可以在我们的职责范围内进行分析，并为线网保留适度且合理的弹性。

“(4)城市的市域轨道交通线路子网布设方向和路径选择研究”，是研究“子网”和“线”的问题，由于其对城市的重要性和在线网中的特殊性，有别于一般的轨道交通线路。其布设的理论、方法也不同，所以提出来，可酌情考虑应否纳入先期研究。

“(5)城市新增副中心对轨道交通线网规划的影响及改进方向的研究”要研究新设副中心对原有轨道网的影响及对策。要注意到命题的研究方向可能有交叉之处。

“(6)城市建成区扩张及公交走廊扩展的关系研究”从“面”上宏观地研究城市扩展与公交网扩张、公交走廊扩展、变化的关系。从城市经济发展、城市建成区布局的角度切入，历史、发展、辩证地分析规划变动对全市公交线网形态的影响。并以此为鉴，分析在新总体规划、综合交通规划引导下，预判城市公交线网形态会发生哪些重大变化。

“(7)城市重要对外交通枢纽流量、接驳的调查及与轨道线网布设关系的研究”，要重点研究城市重要对外交通枢纽的客流集散规模，客流特征、公交接驳比例、主要集散地点(前后广场)和疏解方向。

由于对外交通枢纽是城市与其他城市联系的窗口，服务于城市各个方向和组团的对外出行，其影响是全面性的，涉及如何利用城市轨道交通线网，提高对外交通枢纽的通达能力问题。从规划和工程角度看，经由该点的轨道交通线路，应辐射城市对外出行最频繁的地区，并能最方便、快速地使乘客通过换乘，融入整个轨道交通网络，快速疏解乘客到全市的各个角落。

表面看该项目研究的是“点”上的问题，但由于涉及经由该点的轨道交通的布设方向和路由，其又和“线”“面”的研究密不可分。

“(8)城市中心区与城市新区(外围组团)间出行特征(含班车调查)的调查研究”，着重调查分析城市中心区与城市新区(外围组团)间的集散总量，需提供轨道交通服务的接驳总量，这类客流的出行特征，公交和轨道交通提供接驳服务的主要方向和地区等。是否纳入先期研究，可酌情考虑。

2.5 城市公交主通道的辨识和辨识方法简介

2.5.1 等值线图、城市公交分布密度示意图的概念及解读

1. 等值线的概念

等值线是在 x-y 坐标平面上，z(某指标)高程相等的各相邻点，所连成的闭合曲线。等值线的种类很多，常见的应用包括等高线、等压线、等潜水位线等。利用等值线图描绘城市公交分布密度图，可借助等值线分布的等差距性，观察其分布的疏密程度，分析分布特征，以及图形所反映的各点对间的比较关系。

2. 城市各区域公交线路密度的等值线表示方法

以城市区域所处位置的数值作为 x 轴和 y 轴的坐标值，以对应区域的公交特征值作为 z 轴的坐标值绘制等值线图。这样绘制的图形不仅能准确、形象地反映各区域公交线路、客流分布特征和各区域公交供给、公交需求的量级，还能反映各区域间的公交、客流分布的比较关系。

3. 城市各区域公交线路密度的等值线绘制原则及解读方法

城市各区域公交密度等值线图绘制的基本原理，是将 x 轴的值为 i，和 y 轴的值为 j 的地区，所对应的公交线路密度值看作该区域处的高程，并将高程接近且邻近的点连接在一起形成等值线。

城市各区域对应公交密度的等值线图有以下基本特性：

(1)点(i,j)对应的公交分布密度值高(低)，那么第 i 行第 j 列交叉处的等值线密度大(低)；反之，i 行 j 列交叉处的等值线密度大(低)，则点(i,j)对应的公交分布密度值高(低)。

(2)公交分布密度等值线图，把公交分布密度相同又相邻的点串联在一起，形成山脊和洼地……一般说来，山顶、山脊所在处公交分布密度值较高，是城市的公交主通道；而洼地处则反映缺乏公交供给。

(3)每条等值线间相差相同的密度数值(梯度差)。

4. 城市各区域公交线路密度等值线示意图的深化应用

可利用城市公交密度等值线示意图做以下的深化研究：

(1)研究确认拟用作轨道交通路由的公交主通道，以及城市轨道交通线路的起、终点位置(或方向)。

(2)研究确认拟用作城市轨道交通市域线路由的公交主通道和市内的起点位置(或方向)。

(3)研究历年城市公交路网形态的变化规律，以及城市扩展、更新对客运通道形态的影响。

(4)研究城市阻塞路段与公交主走廊的关系，协助选择轨道交通线路建设规划中的待建线路。

(5)协助研究轨道交通线路建设的适时性和必要性。

(6)协助研究轨道交通线路(初近期)客流形态、量级、高断面位置等。

(7)协助研究交通一体化及轨道交通站点交通接驳方案。

应用城市公交密度等值线示意图，可以使枯燥、孤立的数据变为能反映全市公交线路(客流)分布特征的直观图形，为判别城市公共交通客运主走廊及其分布形态和对应道路提供了一个简单、直观、有效的工具和方法。

2.5.2 如何解读城市公交密度分布等值线图中的信息

等值线图中的山顶、山脊、山谷、鞍部、洼地等在城市公交密度分布示意图中都有不同的含义和内涵，简

单介绍如下：

1. 山顶

山顶在城市公交密度分布等值线图中的特点是等高线闭合，且数值从中心向四周逐渐降低（等值线封闭，数值中高外低）。此点在一般情况下是所在公交客运走廊中公交线路（客流）最密（高）的聚集点；相应的轨道交通线路的最高断面位置可能就在此点附近。

2. 盆地或洼地

盆地或洼地在城市公交密度分布等值线图中的特点是等值线闭合，且数值从中心向四周逐渐升高。这表示所在区域公交线路分布密度较低或者缺乏。这类地区不宜布设城市轨道交通线网，但应加强该类地区的公交接驳力度。

3. 山脊

山脊在城市公交密度分布等值线图中的特点是等值线凸出部分指向较低处。等值线“从高往低处”凸出形成山脊。城市公交客运主走廊就位于山脊上，轨道交通线路也应布设在山脊之上，轨道交通线路最密集之处就在山脊的最高处（山顶），轨道交通的高断面也位于山顶附近。

4. 山谷

山谷在城市公交密度分布等值线图中的特点是等高线凸出部分指向“海拔较高处”。等高线“从低往高”凸出形成山谷。山谷往往出现在两条相对平行的山脊（公交主走廊/轨道交通）之间。不宜在该类地域顺向布设轨道交通线路，但应在山谷的垂直方向加强支路建设和公交、自行车接驳能力。

5. 鞍部

鞍部在城市公交密度分布等值线图中的特点是正对的两山脊或山谷等高线之间的空白部分，形状与马鞍相似。这种区域在城市公交密度分布等值线图中往往位于两个相对独立的大组团或新城之间，或是旧城与新城的结合部；或其间有绿化分隔带或天然障碍等。鞍部的两侧区域分别有各自的区域中心，一般是轨道交通线路或地铁运营大、小交路的分界点。

6. 缓坡与陡坡、陡崖

等值线重合处为悬崖。等高线越密集处，地形越陡峭；等值线越稀疏处，坡度越舒缓。

在城市公交等值线图中，当线路两侧（或单侧）为悬崖时，表示线路两侧缺乏公交接驳服务。如果在该通道上布设轨道交通，则应加强轨道交通站点的公交接驳设计，并规划为轨道交通提供接驳服务的公交线路；以扩大轨道交通的吸引范围，提升轨道交通线路的运营效益。

在城市公交等值线图中，当线路两侧（或单侧）为缓坡时，表示线路两侧（或单侧）尚有一定的公交服务，此时，应进一步判断公交线路的走向：当公交线路与轨道交通顺向时，分流轨道交通客流，属于竞争关系；当公交线路与轨道交通正交或斜交时，具有为轨道交通接驳客流的作用。这时，应注意轨道交通车站位置与公交线路“聚合点”的关系。

2.5.3 城市公交密度分布等值线图信息解读（以天津市为例）

1. 天津市城市公交分布密度等值线图及其解读

天津市城市公交分布密度等值线图如图 2.5-1 所示。

山脊：图中标示为山脊地方，位处京津路，是城市的客运主走廊之一。在通道北部山脊的两侧，有一些缓坡，表明通道内公交线路的起终点就位于两侧地区，这些地区一般为居民区。可以发现山脊不是平坦的，有一些空白，在空白的左侧有稍弱的山脊（呈东西向）接入另一南北向的山脊（由红桥区丁字沽一号路、红桥北大街和河北大街组成的另一公交主要通道），这一东西向的山脊表明在北部地区，北辰区和红桥区公共交通的联系通道和联系强度。

鞍部：图中标示为鞍部的地方，位处西北角，是北马路、芥园道、大丰路、西马路的交叉口，公交线路（客流）在此向各个方向分流，形成马鞍形。这种位置要注意客流流向，特别注意主流向及其辐射范围。

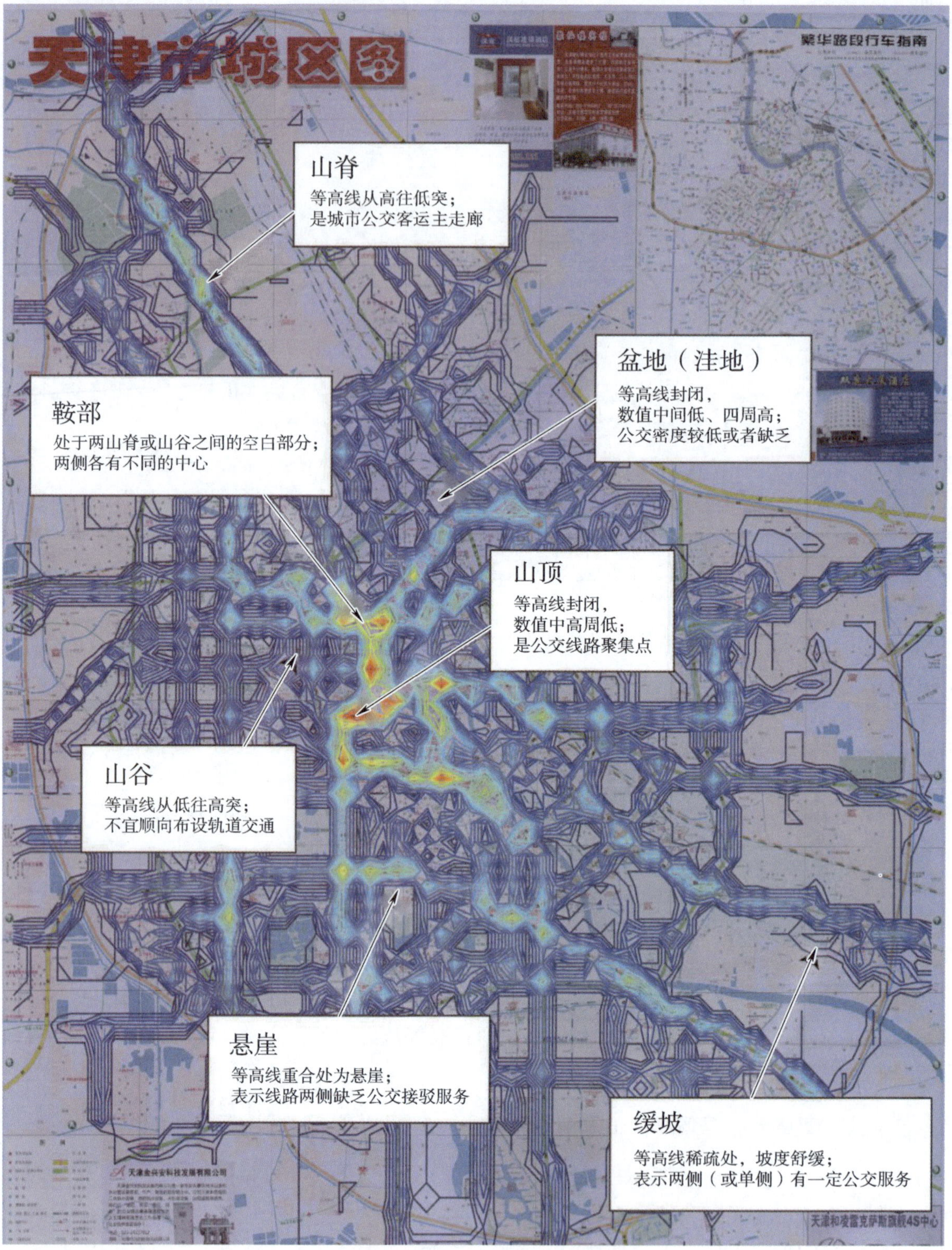

图 2.5-1 天津市公交分布密度等值线示意图

盆地:没有公交服务或极少公交服务的地区。这类地区,因为缺乏公交客流基础,轨道交通应避免进入此类地区,否则,初、近期客流会极不理想。

山顶:图中标示为山顶处,位处南京路的海光寺附近。该区域是城市公交线路密集,客流集散量较大的地方,一般也是锚固点(换乘点)所在地区,应十分注意。该类地区,往往也是城市拥堵的主要路段,极有可能纳入近期建设范围。如布设轨道交通线路,轨道交通线路的高峰断面位置也可能位于附近,应引起注意。

悬崖:往往在通道的两侧或一侧是洼地或缓坡。通道内、外,公交服务水平差距较大。在通道的悬崖侧,往往是大院(如大学、大型机关、工厂等),这类地区,公交接驳服务及微循环交通道路的建设及打通十分重要。

缓坡:具这类“地形特征”的地区,往往在两个通道之间或城市边缘出现,公交服务水平中等或中等偏下,一般为大型居住区。在这类地区要注意两个问题,一是站位的设置要注意和公交线网的布设特征相融合,尽量布设在接近公交线路蜂腰部或喇叭口的位置,以借助常规公交线路扩大轨道交通站点的客流吸引范围。二是要做好这类地区的交通接驳设计。

山谷:往往位于两条平行的山脊之间,即位于两条公交主走廊之间。当两条山脊所在的路由拟布设轨道交通线路时,宜视山谷的宽度,做好公交接驳或其他接驳方式(共享单车等)的接驳工作,以加大两条轨道交通线路的辐射范围和连通性。

2. 天津市城市公交市郊线三维示意图和分布密度等值线图

天津市城市公交市郊线三维示意图和分布密度等值线图分别如图 2.5-2 和图 2.5-3 所示。

等值线图较清晰地显示出天津市郊区线路在市内分布情况,西南方向的大沽路、西北方向的京津公路,东部的卫国道,西面的西青道等是城市主要的公交进出市通道。

可将三维图和等值线图对照解读。为使图形层次清晰,将三维图(向顺时针方向)略作旋转,其显示的市郊线公交通道和等值线图具有良好的一一对应性。

市郊线等值线图,可协助确认市域线在市区的走向、路径和需经由的重要节点。

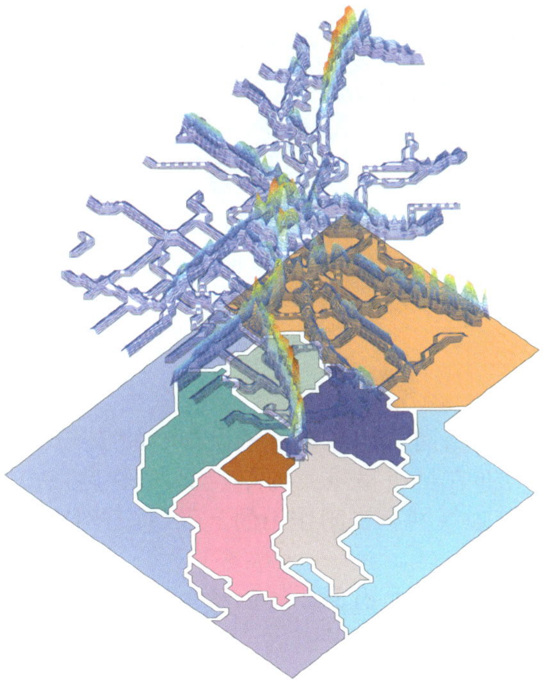

图 2.5-2　三维示意图

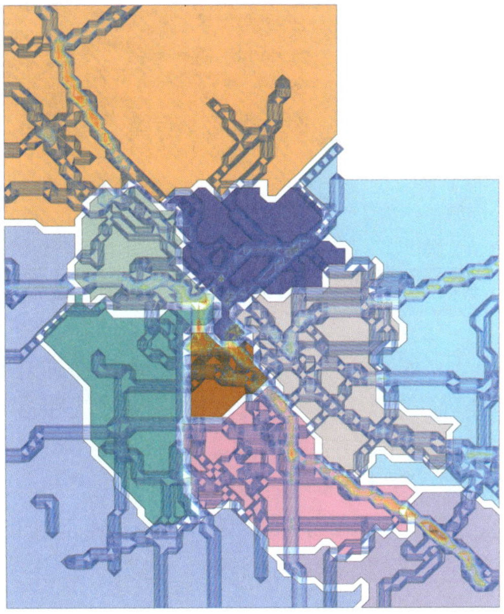

图 2.5-3　城市公交市郊线分布密度等值线图

3. 天津市城市公交线分布密度等值线图与已建地铁线网的对比分析

城市客流特征、公交出行比率、沿线常规公交的竞争、相对票价等都是影响客流效益的因素。但作为地铁规划、设计者,我们则主要从轨道交通线网形态与城市总体规划、城市客流主流向的符合程度方面对天津地铁已建骨干线(1、2、3、6、9 号线)的客流效益进行理论性探讨。图 2.5-4 反映天津公交客流主走廊和已建地铁线网的关系。

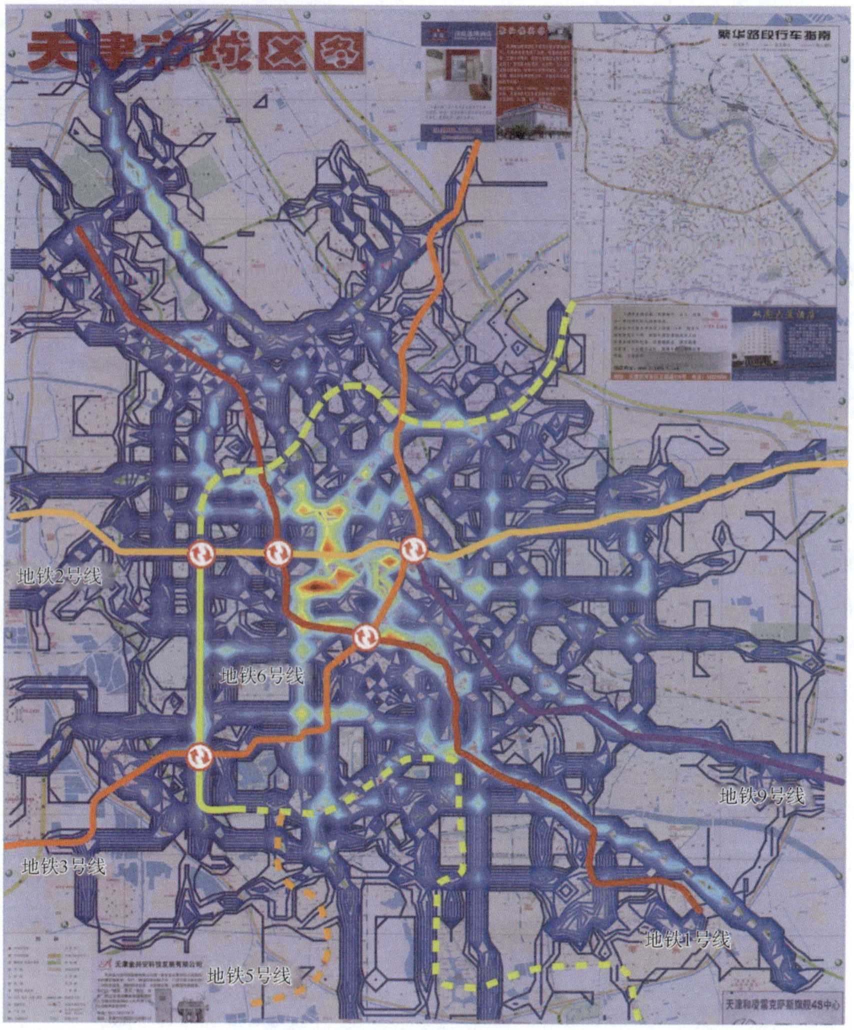

图 2.5-4　天津市城市公交线分布密度等值线图与已建地铁线网的对比分析

2.6　线网换乘、锚固点及其他重要节点研究

本阶段(研究、辨识城市轨道交通线网的总体形态，识别对路网总体形态有重大影响的节点)所研究的节点可分为三类。第一类是流量或通过线路多的节点，多分布在城市最重要的路段上，所在路段应是未来城市轨道交通路网中骨干线的路由。第二类是对城市轨道交通线网有锚固作用的节点(轨道网中的换乘点等)。第三类是对外交通枢纽。

这三类节点的辨识和确认，有利于确定城市骨干线的路由和方位，有利于锚固整个轨道交通网络，有利于轨道交通建设规划项目的选择，也有利于整个轨道交通线网的规划、组织。

2.6.1　城市轨道交通线网重要节点及其位置的研究

图 2.6-1 统计并显示了天津市市区公交服务水平最高、公交线路最多的若干个节点。这些节点对城市交通来说，是非常重要的，因为他们位于城市重要、繁华、通达各方的街道上，是全市公交服务水平最高的地区，也是能辐射全市最多的地区。这样的节点往往分布在城市轨道交通骨干线拟布设的路段上。这类节点比较集中的路段上敷设的轨道交通线路往往是城市的骨干线。由于其所处地区和线路的重要性，这些节点所在的线路往往会先期列入城市轨道交通建设规划。

2.6.2　城市轨道交通线网重要锚固点(换乘站)的研究

图 2.6-2 显示天津市 32 个公交主通道的交叉、换乘节点，这些节点在城市轨道交通线网中是重要的锚固点，也可能是未来城市轨道交通线网中的换乘站。

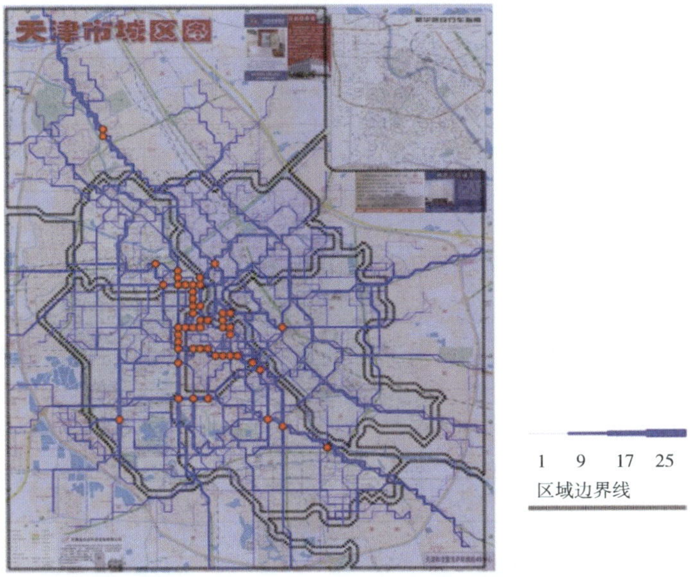

图 2.6-1　天津市公交线路最集中的节点示意图

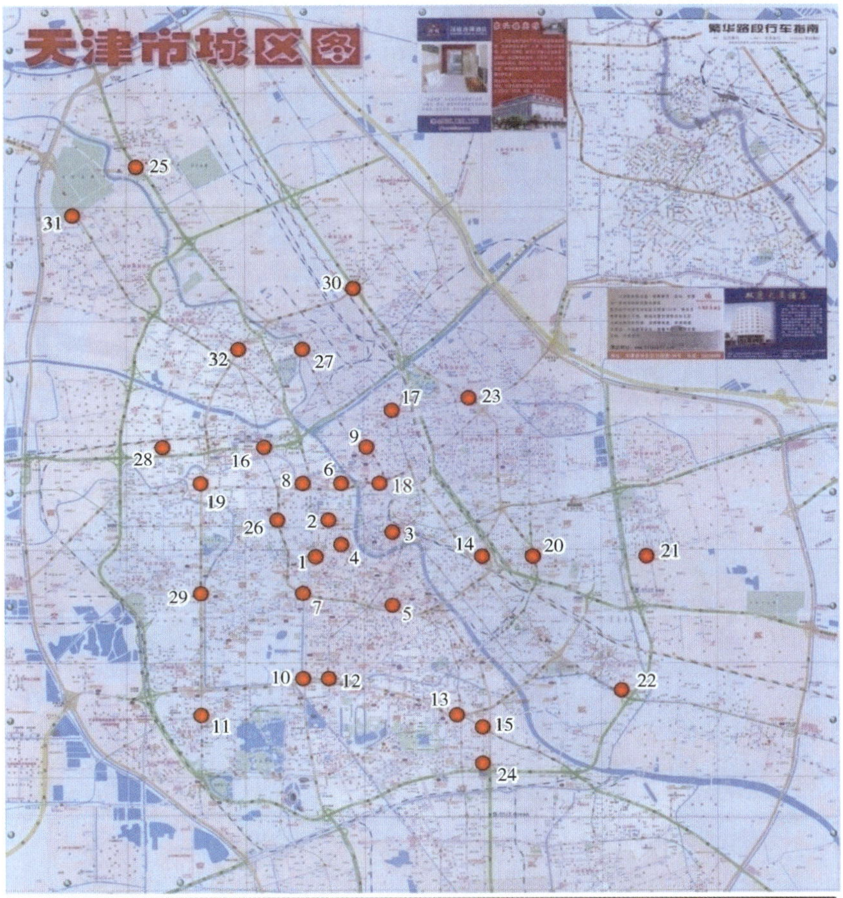

编号	1	2	3	4	5	6	7	8
名称	福安大街—庆善大街	城厢东路—南马路	天津站	东马路—萧吉大街	南京路—河北路	东马路—通北路	南京路—南门外大街	北马路—北门外大街
排序	1	2	2	3	4	5	5	6
编号	9	10	11	12	13	14	15	16
名称	黄纬路—中山路	卫津路—吴家窑大街	红旗南路—迎水道	气象台路—吴家窑大街	围堤道—大沽南路	卫国道—新开路	解放南路—大沽南路	天津西站
排序	7	7	8	8	9	10	10	11
编号	17	18	19	10	21	22	23	24
名称	律纬路—中山路	金纬路—狮子林大街	红旗北道—齐园路	红星路—成林道	天山南路—成林道	津塘路—昆仑路	民权门立交桥	解放南路—牛城道
排序	12	13	14	14	14	14	15	15
编号	25	26	27	28	29	30	31	32
名称	北辰道—京津路	西马路—南马路	天泰路—光荣道	咸阳路—西青道	红旗路—西湖道	普济河道立交桥	北辰道—辰昌路	勤俭道（丁字沽）
排序	16	17	18	19	19	20	21	22

图 2.6-2　天津市重要锚固点示意图

这类节点在城市公交线路分布密度示意图中表现为两条或几条公交主通道的交叉点。统计分析这类锚固点，关注这类节点的分布和具体位置，对轨道交通线网形态的研究具有重要意义。这类非常规点，对线网有锚固作用，事关线网的通达、稳定性。对经由这类点的公交线路的走向，覆盖区域进行深入的研究，有利于轨道交通线路和轨道线网的组织工作。

2.6.3 城市主要对外交通枢纽的位置、功能及主接驳方向研究

以合理的规模（接入的线路条数、线路规模等）和合理的线路（辐射方向、路由等 ）为城市对外交通枢纽提供服务，是城市轨道交通线网规划编制者所应考虑的问题。对城市对外交通枢纽的分析，应在了解城市对外交通枢纽的分布、分工和规模（如图 2.6-3 和图 2.6-4 所示），城市对外交通枢纽交通接驳的主要方式和各方式的承担率，公共交通、轨道交通的主要承接方向研究的基础上进行。

图 2.6-3 各铁路车站在天津铁路枢纽中的位置

图 2.6-4 各公路客运车站的区位及位置

天津站对外交通枢纽主要接驳方向研究分析如图 2.6-5 所示。

图 2.6-5 天津站对外交通枢纽主要接驳方向研究分析图

2.6.4 城市主要换乘节点流量流向分析

城市主要换乘节点公交流量流向分析，主要通过如图 2.6-6 和图 2.6-7 所示的节点流量流向图来直观表达、分析，从而清楚地选取经由该点的轨道交通的布设方向。

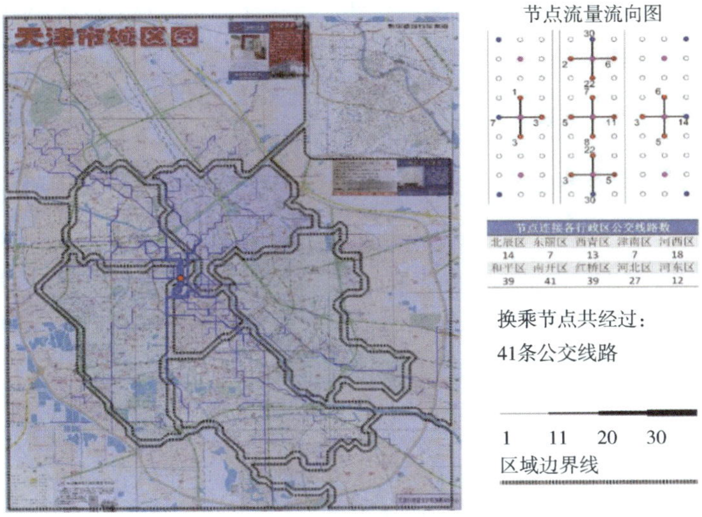

图 2.6-6 城厢东路—南马路连接公交线网分布及节点流量流向图

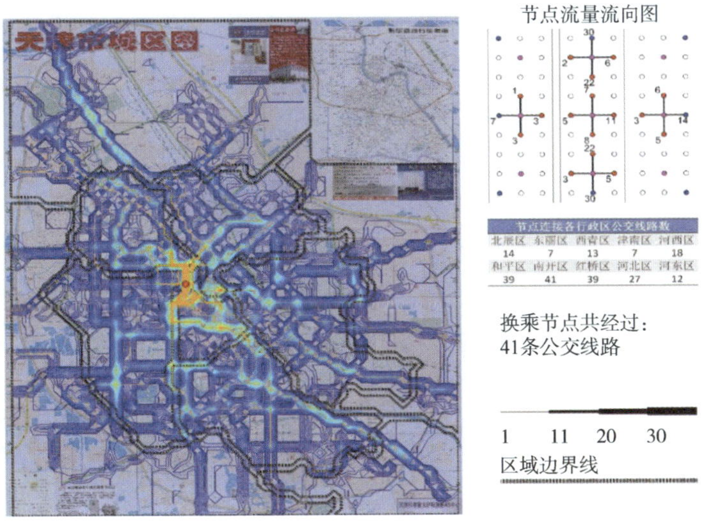

图 2.6-7 城厢东路—南马路连接公交线网分布图

2.6.5 城市轨道交通线网的总体形态研究阶段对上位规划的反馈意见

1. 概念性轨道交通路网规划的形成

在对城市轨道交通线网规划编制过程中的若干重大问题做了专题研究，以及对城市公共交通客流和线路的分布形态、重要节点、主要锚固点做了分析研究后，结合城市总体规划、综合交通规划等上位规划的要求或约束，就可以形成城市轨道交通概念性路网规划，作为城市轨道交通线网规划编制的阶段性成果。

2. 问题的反馈

概念性路网规划形成后，会出现若干与总体规划、城市布局战略规划有关的问题，需与相关政府部门、上位规划编制单位进行反馈和协商，以优化轨道交通线网规划。

要反馈的意见大致可分为两类，一类是需请规划部门进一步明确说明的某些规划的内涵、外延，以完善轨道交通线网形态，确定线路走向和规模。另一类就是为充分发挥城市轨道交通对城市布局和城市建设的促进作用，对轨道交通沿线用地、建设进度提出优化、改进建议。

2.7 线网规划拟用通道沿线工程可实施性的调查、记录及查询

国内城市轨道交通建设的一个重大问题，就是线网规划中的部分线路落地性差。在建设过程中，常因工程实施条件恶劣，发生路由、节点变更，引发经济损失，工程延误。另一问题就是在建设规划批复后，又因需求变化，发生车站（线路）的增减（延长）。

“新思维”主张在概念性线网规划方案确定后，就进行线网规划拟用通道沿线的工程可实施性调查和需求调查。这样，可极大提升城市轨道交通线网规划方案的可落地性。

有必要对轨道交通线网规划阶段所作的工程可实施条件调查的调查内容进行分类，并规定各类调查应包含的内容，阐述各类调查的注意事项。

调查结果可按各调查项的图标和图标属性（见后）存入数据库，并可方便地在菜单提示下完成对调查结果的查询工作。

2.7.1 线网规划预设通道沿线工程可实施性调查的可行性

按“新思维”轨道交通线网规划的阶段划分，借助城市公共交通分布密度示意图和对重要节点的分析、研究，已有条件可有针对性地开展调查，使工程可实施性调查具备可行性。

1. 过去线网编制阶段没有开展工程可实施性调查的原因

在以往的城市轨道交通线网规划编制中，由于规划过程无明显的阶段划分，也没有确定城市公共客运通道主走廊和关键节点、锚固点（轨道换乘点）的实用方法，导致开展轨道交通线网规划工程可实施性调查的方向、目标、范围、内容不明确，无法实施或工作量偏大。

2. “新思维”借助上阶段的研究结果，使工程可实施性调查成为可能

“新思维”将整个编制过程，划分为清晰的若干阶段，各个阶段的工作相对独立；根据各上序阶段的工作成果，已可做出城市的概念性轨道交通线网。城市轨道交通线网规划拟用通道是明确的；沿线工程可实施性调查工作，所需的调查指向、方位、内容等要素已基本清晰。要调查的路段、节点，与之相关的调查内容等，亦随着前阶段工作的结束而明确。使调查所需的工作量极大减少，且工作方向明确。在具备进行线网组织和评估前，开展城市轨道交通线网规划，预设通道沿线工程可实施性调查的可行性。

2.7.2 线网规划阶段工程可实施性调查的分类、内容及注意事项

1. 城市轨道交通线网规划阶段工程可实施性调查的分类

按调查目标所属类型不同，可将调查分为以下三大类：

（1）涉及文物、环保、维稳类的调查。

（2）涉及工程实施条件的调查。

（3）涉及政府、民间对于城市轨道交通路由、站点等交通设置的需求性诉求。

2. 城市轨道交通线网规划工程可实施性调查的内容及注意事项

(1)涉及文物、环保、维稳类的调查内容及注意事项

文物保护类的调查，主要涉及对地面和地下文物的调查。包括地面古建筑物的保护等级、年代、距离施工场所的距离、受影响程度、文物保护部门的意见、初步的处理意见等。

环保类的调查，主要围绕噪声、电磁干扰和污染、振动、水污染等展开，还包括对珍稀动物、植物的保护、湿地保护等，应注意环保部门的意见。

维稳往往与规划方案变动、拆迁、环保等相关，须注意地方政府在维稳中的作用。

(2)涉及工程实施条件调查的内容及注意事项

主要是道路宽度、弯道半径、换乘站埋设条件的调查。主要针对因道路不满足线路设计的宽度要求，道路弯道不能满足轨道设计规范标准，车站设置需侵入建筑红线等，所引发的较大规模拆迁的地区。上述调查结束，应有备用道路选址和车站选址，并考虑比较方案。为实现工程，可能涉及拆迁的房屋建筑等，要标注类型(比如混凝土、砖混等)和层数，以便估算工程量和价值。

线路要穿越的高压线、铁路、高架桥、涵洞、隧道、通航河道、地下大型水管、排污管、输油管、输气管等要有初步处理意见并在图上标注，有待相关专业处理。与线路方案相关的调查还有，某些地物(尚在或已拆)的桩基等。

地质类资料的收集，主要包括地质情况，如松软地质、溶洞、塌陷区等地点的调查、需标注初步处理意见。

(3)政府、民间对于城市轨道交通路由、站点设置等需求性诉求调查的内容及注意事项

政府、民间对于城市轨道交通路由、站点设置等诉求如与线网规划的走向、设置点一致或大体一致时，不列入调查项。如列入，则应将调查工作做细，以免引发纠纷。

2.7.3 线网规划拟选通道沿线工程可实施性调查的标志

1. 调查项的图标及图表属性

为在地图上清楚标注调查项的方位和相关调查内容，“新思维”规定调查项的图标如表 2.7-1 所示。图标分为工程实施条件和需求(特殊)两项，在表中，每一图标对应“序号”“名称”和“特征属性”三项。

表 2.7-1 调查项的图标列表

性质	序号	图标	名称	特征属性
工程实施条件	1	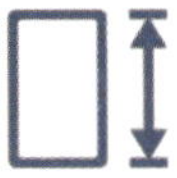	高度	数值
	2		宽度	数值
	3		弯道	转弯半径，转弯角度
	4		房屋 (混凝土)	占地面积，高度，房屋性质 (居住、商业、公共服务等)
	5		房屋 (砖房)	占地面积，高度，房屋性质
	6		房屋拆改	拆改面积，拆改成本，拆改期限
	7		工业区	工业类型，企业数量，占地面积，工业产值

续上表

性质	序号	图标	名称	特征属性
	8		商业区	商业类型，占地面积
	9		环境敏感区	敏感性质，占地面积
	10		公共服务区	服务类型，占地面积
	11		塌陷区	塌陷面积
	12		饮用水源区	供水区域，水源面积，储量
	13		文物	文物级别，文物年代
	14		火车站	车站级别，所属路局
	15		地铁站	所在线路，是否换乘，设站方式（地上、地面、地下）
工程实施条件	16		公交站	所在线路
	17		BRT 车站	所在线路
	18		大铁线路	线路级别，里程，设计速度，敷设方式
	19		地铁线路	里程，敷设方式
	20		公交线路	里程，线路类型
	21		BRT 线路	里程
	22		涵洞	直径
	23		桥梁	长度，材质，类型（公路、铁路等）
	24		隧道	长度，直径

续上表

性质	序号	图标	名称	特征属性
工程实施条件	25		溶洞	面积
	26		桩基	面积，深度
	27		高压线	长度，高度
	28		加油站	所属公司，占地面积
	29		水管	长度，级别
	30		油管	长度，级别
	31		液化气管道	长度，级别
	32		通航水道	航道级别，宽度，水深
	33		建筑红线	—
需求（特殊）	34		意向开发区	开发类型，所在区域，面积
	35		要求设地铁站	所在线路，是否换乘，设站方式（地上、地面、地下），建议理由
	36		要求地铁路由	长度，建议理由

2. 调查项的保存和查询

调查项的保存和查询，一般在软件下通过点击菜单进行操作。

2.7.4 线网规划拟选通道沿线工程可实施性调查结果表达示例

1. 天津市河北区轨道交通线网规划工程可实施性调查图示

天津市河北区轨道交通线网规划工程可实施性调查结果如图 2.7-1 所示。

图 2.7-1　天津市河北区轨道交通线网规划工程可实施性调查示意图

2. 天津市核心区交通通行能力调查图示

天津市核心区交通通行能力调查结果如图 2.7-2 所示。

图 2.7-2　天津市核心区交通通行能力调查示意图

3. 天津市核心区轨道交通需求调查图示

天津市核心区交通需求调查结果如图 2.7-3 所示。

上述工程可实施性调查成果为在计算机上进行图上标示的示例，仅供参考。

图 2.7-3 天津核心区交通需求示意图

2.8 轨道交通线网规划

轨道交通线网规划涉及交通大区的划分，以及全市和各交通大区线网的规模估算。

2.8.1 交通大区划分及其轨道交通需求研究的必要性

目前，城市一般划分为市区、中心区、核心区、外围区等。由于城市各交通大区所处位置不同，各区所担负的社会发展功能不同，人口、面积不同，财力、物力不同，各区的规划定位、用地性质、布局不同，街道形态不一，居民出行特征也不尽相同。因此，各交通大区对轨道交通的需求也应有所区别，各区所需轨道交通的规模不同，线路布局及走向也不会相同。

因此，有必要将整个城市划分为若干交通大区，依照其现状布局和规划定位，人口、岗位总量和分布，道路和公交分布形态等因素，研究各区的轨道交通需求（总量、走向、路由等），从而使城市轨道交通线网的布局更均衡、合理，并更符合各交通大区对轨道交通线网布局的要求。

2.8.2 城市交通大区的划分原则

为估算交通大区的轨道网需求，并预设区内局域网络，需将全市划分为有利于研究的交通大区，划分原则如下：

(1)社会、经济 、交通数据的易取性

交通大区的划分要注意各大区社会、经济 、人口、岗位、交通等数据容易统计获取，方便数据的取得和应用。由于城市各区域的社会、经济、交通数据的统计口径往往与居委会、镇、区等行政区划相一致，故交通大区的划分也应尽量和行政区划分趋同。

(2)区域划分的清晰性

交通大区边界尽量以河流、山脉、铁路、快速路等对交通有影响的地貌、地物为边界线。

(3)区内出行特征的趋同性

区内的出行特征应尽量一致，当区划过大，区内出行特征复杂，比如，同时具备核心区与外围区的出行特征时，应进行拆解，以方便研究。

虽然交通大区的划分原则类同于客流预测对交通大区划分的要求，但更强调区内客流出行特征的相似性；同理，强调以对交通有影响的地貌、地物作为边界线。

(4)重要节点研究的灵活性

需要注意的是，在研究中，边界并非绝对的，当可反映某大区公共交通分布重要特性的节点位于大区界限外时，可将该点纳入该大区交通需求的研究范围。

2.8.3 城市交通大区轨道网规模的估算

如果仅对全市轨道交通的总体规模进行估算，并以估算结果作为评判轨道交通线网规划优劣的指标，可能引发下列问题：

如果不匡算交通大区的轨道规模，则各交通大区的轨道网规模、覆盖率可能会出现感觉上和理论上的不均衡(这也是轨道交通线网、建设规划评估中常出现的问题)。

由于作为评估指标的人口和面积，受控于城市总体规划，这使得城市轨道交通的总体规模在近期(总体规划的特征年)是有依据且可信的。但远景年的指标则更多体现编制者的个人水平和判断。由于人口、面积等规划因素在边缘区的可控性较弱，如何保持轨道网的弹性，在城市边缘地区就比较突出。

区域人口和区域面积是影响区域轨道交通规模的重要因素，但非绝对因素。比如，城市核心区的人口总量未必高，面积也未必大，但其工作岗位多，人口密度大，需要更多、更好的轨道交通服务。

为使城市轨道交通线网规划的轨道覆盖率分布均衡，更好地满足各交通大区的服务需求，建议在正式确定轨道交通线网规划方案前，不仅进行全市的轨道交通规模估算，还应根据各交通大区的定位和需求估算各交通大区的线网规模。

2.8.4 各交通大区轨道交通需求规模的估算方法

1. 中心城区线网密度规划指标

《城市轨道交通线网规划标准》(GB/T 50546—2018)规定中心城区线网密度规划指标详见表2.8-1。

表2.8-1 中心城区线网密度规划指标

人口与就业岗位密度之和(万人/km^2)	线网密度(km/km^2)
0.5(含)～1.0	0.25(含)～0.50
1.0(含)～1.5	0.50(含)～0.80
1.5(含)～2.0	0.80(含)～1.00
2.0(含)～2.5	1.00(含)～1.30
≥2.5	≥1.30

城市各交通大区区位(核心、外围、边缘)不同，功能不同，人口、面积不同，财力、物力不同，各区的规划定位、用地性质、布局不同，街道形态不同，居民出行特征不同。因此，各交通大区对轨道交通的需求也应有所区别，所需轨道交通的规模受“中心城区线网密度规划指标”的约束。

由于城市形态、道路形态、轨道网形态不同，在应用现行《城市轨道交通线网规划标准》(GB/T 50546)规定的中心城区线网密度规划指标时，需要注意调查研究，分析对比，实事求是地确定应用指标值。

2. 全市及各交通大区轨道交通需求规模的平衡

估算城市轨道交通线网总规模，可以人口为主要指标进行，也可按城市规划建成区面积进行；但按两种指标进行估算的结果一般不会相同，需要分析、平衡，确定合理的规模。

同样的，各交通大区分别按两种指标分别进行估算，其结果也不会相同，也有一个分析、对比、平衡、确定的过程。

各交通大区轨道交通需求(各交通大区轨道交通规模)之和，与城市轨道交通的总规模相比，也不会相同，也需要一个分析、对比、平衡、确定的过程。

全市的轨道交通线网总规模和各交通大区相对独立的轨道交通线网规模的初始值可按"中心城区线网密度规划指标"的规定，并参照类似城市的规划结论给出。

全市的轨道交通线网总规模和各交通大区相对独立的轨道交通线网规模之和不相等时，须进行平衡计算，既要保持全市轨道交通线网总规模合理，又要使交通大区的线网规模相对平衡，满足全市、各交通大区对城市轨道交通的需求。

迭代计算的方法如式(2.8-1)，通过调整、迭代、反复计算、优化，直到线网编制者满意为止。

则新的平衡系数为：

$$as_{ij}^1 = as_{ij}^0 \frac{L_s^0}{t^1} \qquad ar_{ij}^1 = ar_{ij}^0 \frac{L_r^0}{t^1} \tag{2.8-1}$$

式中，as_{ij}^0——第 i 类交通大区的第 j 个交通大区的经验平衡初始系数(按面积估算)；

ar_{ij}^0——第 i 类交通大区的第 j 个交通大区的经验平衡初始系数(按人口估算)；

s_{ij}——第 i 类交通大区的第 j 个交通大区的面积；

r_{ij}——第 i 类交通大区的第 j 个交通大区的人口；

L_s——按面积估算的全市轨道交通需求总里程规模(km)；

L_r——按人口估算的全市轨道交通需求总里程规模(km)；

如对平衡的结果不满意，确定调整方向后(增加或减少)，重新给出交通大区平衡初始系数，进入下一循环，直到满意为止。

如想减少迭代次数，并选定估算规模，则需对各城市轨道交通布设、运营后的效果做研究评估，这是今后努力的研究方向。

2.9 交通大区的轨道子网的布设

在对城市轨道交通线网有了概念性的认识和对重要节点、重要路段作了工程可行性调查、分析后，将进入线网规划的实质性编制阶段。线网编制工作经由交通大区子网编制，再将各子网连接、组织成市网。本节简要介绍大区子网方案的识别、组织、编制流程和编制方法、要点及示例。

2.9.1 交通大区公共交通主走廊的辨识和定位、排序

交通大区公共交通主走廊辨识，是要确定在交通大区内，公共交通的几条主要公交走廊，并分析、定位每条公交主走廊的服务范围和辐射主方向。比如，"趋心"的公交走廊，联系相邻交通大区的非"趋心"性的公交走廊，市内环线的组成路段，联络通道(主要公交走廊间)等。

对每条公交走廊，按量级(线路条数、标准公交线路、流量等)、走向等性质，给每条选定的走廊定位、排序。排序可分为总排序和分类(如针对所有具有"趋心"特性的公交主走廊)排序。

对每条公交走廊进行总排序或分类排序，有利于确定区内重要的路由；遵循重要路由，由最重要的线路优先使用的原则，最重要轨道交通线路会布设在最需要其提供服务的方向和线路上。这一举措有利于轨道交通规划的合理布局，也有利于城市轨道交通线路建设时序的确定和合理排序。

2.9.2 交通大区公共交通主走廊上重要节点的辨识和定性、排序

交通大区公共交通主走廊上重要节点的辨识、排序，是要从交通大区内公共交通主走廊中选出重要节点，按其功能，作为交通大区内轨道子网的控制点。

重要节点可分为两类，一类是流量或公交线路服务排位靠前的节点。这类节点往往是区内高峰高断面的所在位置，可用于确定轨道交通线路的运能等级和制式的参考数据。

另一类位于区内公共交通主走廊的交叉点，这类节点是区内轨道交通线网的锚固点，也是两条轨道交通线路的换乘站。这类点一方面在锚固轨道交通线网中发挥着极重要的锚固作用，另一方面在协助确定轨

道交通的走向上有重要的引导、决策作用。

区内公交主走廊的辨识和确定主要利用前述的交通线路分布密度示意图来确认。

重要节点的确定和位置表述、辐射方向等利用节点研究所附图表确认。

2.9.3 交通大区公共交通主走廊上锚固点的确定和换乘、辐射方向分析

重要的锚固点（换乘站）位于区内公共交通主走廊的交叉点，这类节点既是轨道交通线网的锚固点，也是两条轨道交通线路的换乘站。这类点一方面在锚固轨道交通线网中有着极重要的作用。另一方面这类点在线网编制中，在协助确定轨道交通的走向上有重要的引导决策的参考作用。

大区内各锚固点的位置可在城市公共交通线路分布示意图上找到，节点的重要性（节点排序）可在全市重要节点示意图中找到，其辐射方向、经由地点、量级均可在该点的节点分析示意图中查到。

2.9.4 交通大区轨道交通需求分析的弹性因素分析和对上位规划的反馈意见

交通大区轨道交通子线网的弹性分析和对上位规划的反馈意见，是十分重要的。

交通大区轨道交通需求分析的弹性因素分析和对上位规划的反馈意见，主要关注几个方面，即交通大区内的重大规划变更、交通大区内的重要城市更新、开发强度的重大变更、与交通大区相邻区域发生的重大规划变更、道路系统变化对交通大区产生的重大影响分析等。

边缘区是规划变动相对更大、道路及对外交通变动相对更大、开发强度变动相对更大的地区；邻近边缘区的变化必然对交通大区的轨道交通需求产生影响，应特别关注。

2.9.5 研究结论的表达

区内公共交通主走廊以示意图的形式表达。主走廊的定位、排序、弹性分析等内容以图、文、表等综合表述。

区内重要节点的描述可分为两种，重要节点的位置、排序，可在城市公共交通线路分布示意图上表述并标明数字排序，其量级可以表格形式表示。

区内锚固点的位置可在城市公共交通线路分布示意图上表述并标明数字排序，各个锚固点的各方向换乘量可以表、图的形式表达。

区内轨道子方案主要以示意图表述。

2.9.6 交通大区城市轨道子网布设示例

作为城市轨道交通大区子网的实例，本节简单介绍了天津市河北区的子网布设过程。

该区公交主走廊分布图及重要公交节点分布图如图 2.9-1 所示。根据公交主走廊和重要节点示意图可看出河北区的轨道交通需求，以前往城市核心区（趋心方向）的出行为主，以前往邻近方向的出行为辅。其中，"趋心"方向的出行主要集中在三个通道上。本处分析了地面交通环线外移及邻区规划新建的对外交通枢纽，对本区轨道交通子网布设的影响，并向规划部门反馈了若干问题。

1. 天津市河北区轨道交通子网方案

天津市河北区轨道交通子网的规划前提如下：

(1)天津市区继续执行沿海河经济带的规划理念。

(2)设置环线。

2. 天津交通大区轨道交通子网方案

(1)天津市河北区轨道交通子网拟用通道走向及导引示意图

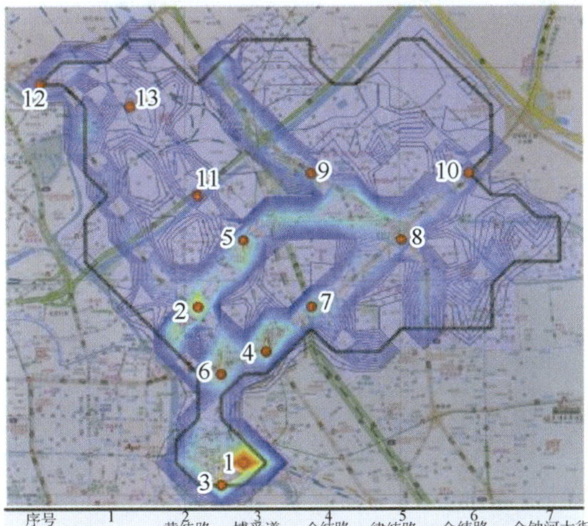

序号	1	2	3	4	5	6	7
名称	天津站	黄纬路—中山路	博爱道(中心广场)	金纬路—狮子林大街	律纬路—中山路	金纬路—狮子林大街	金钟河大街—王串场1号路
经过线路	41	32	28	23	23	22	22
排名	1	2	3	4	4	5	5
序号	8	9	10	11	12	13	
名称	民权门立交桥	育红路—淮安西道	金钟河大街—群芳路	律纬路—志成道	天泰路—普济河道	南口路—榆关道	
经过线路	17	15	12	9	9	9	
排名	6	7	8	9	9	9	

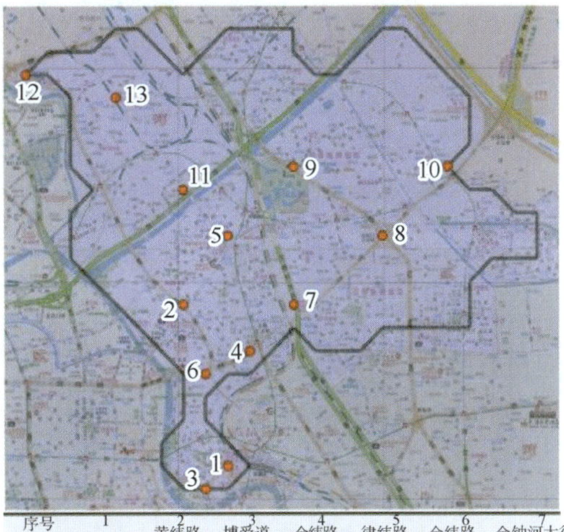

序号	1	2	3	4	5	6	7
名称	天津站	黄纬路—中山路	博爱道(中心广场)	金纬路—狮子林大街	律纬路—中山路	金纬路—狮子林大街	金钟河大街—王串场1号路
经过线路	41	32	28	23	23	22	22
排名	1	2	3	4	4	5	5
序号	8	9	10	11	12	13	
名称	民权门立交桥	育红路—淮安西道	金钟河大街—群芳路	律纬路—志成道	天泰路—普济河道	南口路—榆关道	
经过线路	17	15	12	9	9	9	
排名	6	7	8	9	9	9	

图 2.9-1 天津市河北区公交主走廊分布图及重要公交节点分布图

指向关键节点的流量示意图，是引导交通大区内子线网布设的引导性数据和判断依据(如图 2.9-2 所示)。

(2)天津市河北区轨道交通子网拟用通道及重点关注区域示意图

图 2.9-3 标示了与线路走向、节点布设、线型、规模等规划要素有影响的工程关注点、规划关注点，并用不同的图例予以标示，以期深化研究并进一步优化。

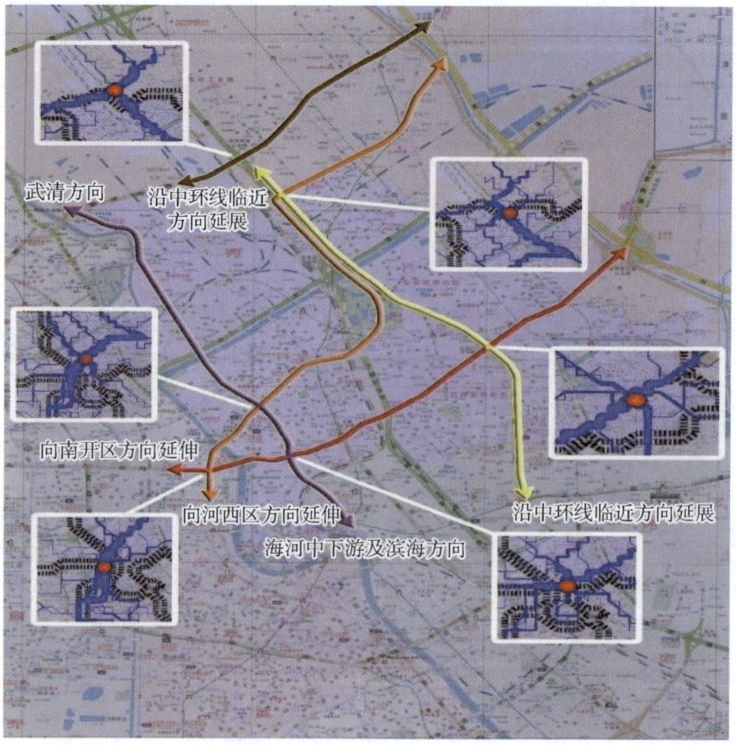

图 2.9-2　天津市河北区轨道交通子网拟用通道走向及导引示意图

图 2.9-3　天津市河北区轨道交通子网拟用通道及重点关注区域示意图

天津市河北区轨道交通子网及沿线重要公交接驳区的选择及原因示意图如图 2.9-4 所示。

可将接驳区域按吸引范围区域大小、位置、公交线路分布形态将接驳区域分为通道吸引区和通道两侧区域集流区。通道吸引区一般位于城市核心区和城市中间区域，吸引范围较小。区域集流区一般位于中间区域和外围区，吸引范围大，区内公共交通线路分布形态类似丘陵、台地形状。这类地区要注意公交线路聚集处(喇叭口)的位置与线路走向、站位设置的配合。

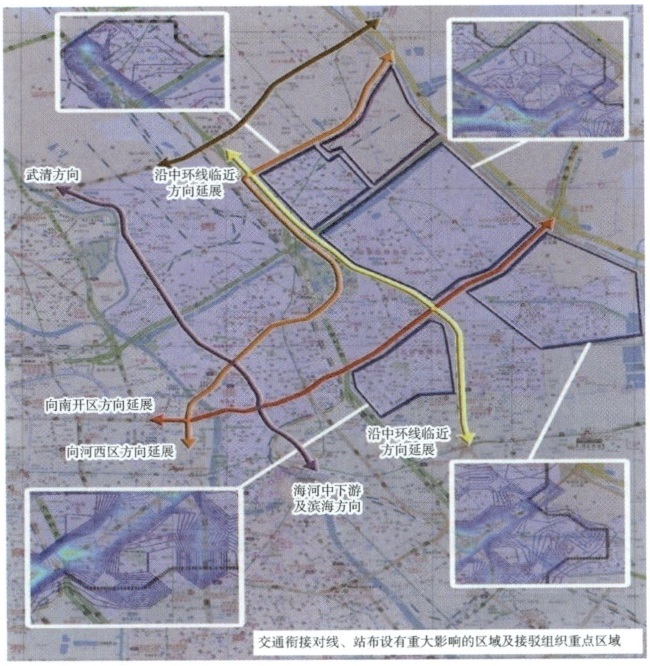

图 2.9-4 天津市河北区轨道交通子网及沿线重要公交接驳区选择及原因示意图

3. 天津市河北区轨道交通子网布设的其他方案

改变天津市河北区轨道交通子网的规划前提,又编制出三个比较方案,由于篇幅限制,在此略谈。

2.10 轨道交通线路组织和全市线网合成

整个城市的轨道交通线网规划在城市概念性轨道交通线网规划、城市轨道交通线网规划工程可实施性调查的引领下,以城市各交通大区轨道交通子网为基础,综合考虑诸多因素,以总体规划等上位规划为指导,连接、合并而成,并形成多套比较方案。

2.10.1 全市线网合成的组织原则和方法

全市轨道交通线网合成所采用的合成组织原则及技术方法,与编制城市交通大区轨道交通子网的原则、方法类似;但更强调各交通大区轨道交通需求的平衡,并注意线路的顺直、功能定位一致、客流量级的均衡性,以及运营组织的合理、可行。

由于社会对轨道交通线网规划方案变动的敏感性,不宜给出具体城市线网规划案例,仅介绍推荐的组织原则和方法。

2.10.2 市域线的布设

由于市域线相较于市内地铁,在服务范围、客流特征、技术标准、运营组织等多方面都有所不同,有必要简述其技术特征和线网(线路)布设要点。

1. 市域线的技术特征

和市内地铁相比较,市域线具有以下的技术特点:

(1)线路更长,站间距更大。

(2)运行速度更快。国内市域线设计速度一般为 100~160 km/h,其旅行速度为 50 km/h 左右。

(3)客流分布可能不均匀。市域线主要服务于外围组团区和中心城区间的通勤和休闲客流,沿线客流分布较不均匀,主要体现在时间上和空间上的不均匀性。

(4)运营组织方式多样。市域线一般采取更灵活的运输组织方式,如大、小交路套跑,快慢车,越行等;

还可以适应客流的时段变化，采用灵活的列车编组。

(5)可以利用既有线路。

(6)可以与其他类型线路相衔接。

为了更方便旅客的换乘，市域线可以和其他类型线路连接(包括常规地铁、市郊铁路以及常规铁路等)，并构成大型换乘枢纽。

(7)可能存在支线。

2. 市域线布设的要点

和市内地铁网的布设相比较，市域线的布设要点如下：

(1)速度目标值和系统制式

在编制城市的市域轨道交通线网(线)规划时，要依据城市总体规划，线网(路)影响区客流特征对轨道交通的需求，确定速度目标值，综合考虑价格因素、资源共享因素、客流高峰高断面和客流特征等因素，选择系统制式。

(2)市域线的布设方向

市域线接入城市的方向、连接的组团，可采用期望线的方法来做初步判断。

(3)市域线和市区线网的关系(接入城市地铁网的方式)

市域线可以快线或一般地铁线路的形式穿越市区，也可以在城市地铁网的某个站换乘，融入城市轨道交通线网。

市域线可以单点接入和多点接入(和城市轨道交通有两个或两个以上站有换乘关系)方式融入城市轨道交通线网。单点或多点换乘(接入方式)，主要受控于换乘客流的规模和换乘客流在城市里的辐射方向。

市域线以一个站或多个站换乘的形式融入城市轨道交通网络时，应注意每个换乘站，由市域线换入城市轨道网的客流规模不宜过大，以防止因换乘流量过大引发安全隐患。

当市域线换入城市轨道网的客流规模偏大，市域线的换乘客流在城市里的辐射范围较广，且有通道(路由)可用时，可采用市域线贯穿市区的办法解决(径向线)，以和更多的市内轨道交通线路发生换乘关系，满足向城市各个方向辐射的客流需求。

市域线是城市轨道交通网的重要组成部分，必须与城区轨道交通网形成良好的衔接换乘关系，才能满足城市外围组团居民的出行时效性。因此，在选择市域线与城区轨道交通网衔接位置的时候，应优先考虑出行时效。基于此，在市域线布设中，可以借助等时线技术来合理选择市域线与城区轨道网的衔接位置。

当有多个接入点备选时，可采用等时线技术来判断方案的优劣。即根据多个方案等时线所覆盖的区域面积或人口的多少，来评估各方案的优劣。天津市中心城区两个方案、三个换乘点的等时线示例如图 2.10-1 所示。在实际应用中，利用等时线判断方案优劣，要在全网上进行，比图中示例要复杂一些。

(4)市域线可能选择的路由

可根据公共交通线路分布密度示意图和郊区线分布密度示意图，确定市域线的进市通道。在城市市区内，道路资源是稀缺的，因此，市域线路路由的选择和布设，应注意解决市域线与城市轨道交通线路布设争抢道路资源的问题。应本着重要资源应用在重要方面和重要项目上的原则，综合考虑，优化解决。

2.11 轨道交通线网规划多方案的客流预测及比选评估

城市轨道交通线网规划编制过程中，会产生多个线网方案，须通过对这些方案的综合评估来确定最终的优化方案。而客流预测结论是方案比选、评价的重要因素。

2.11.1 轨道交通线网规划阶段的客流预测

城市轨道交通线网规划编制阶段，无论是在子方案形成过程中，还是最后对线网规划多方案的综合评估，都需要客流预测结论的支撑。“新思维”认为，轨道交通线网规划阶段的客流预测结论，按其使用方向可

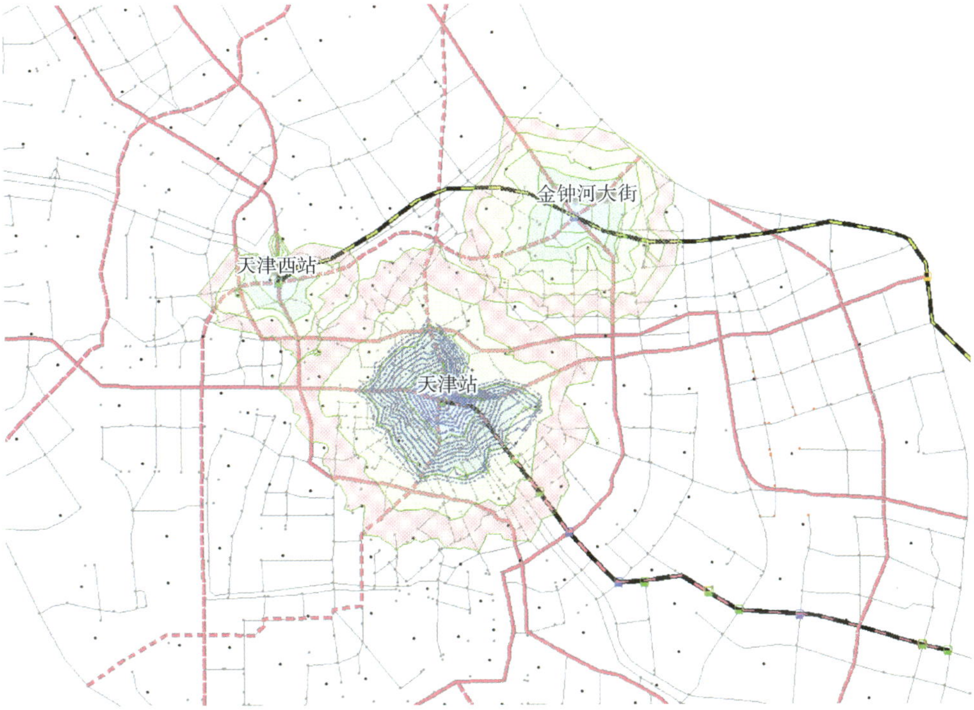

图 2.10-1 天津市中心城区两个方案、三个换乘点的等时线示例图

区分为:应用于对线网规划多方案综合比选、评估的,按“四阶段”理论算出的远期和远景年的预测结论;应用于线路或子方案构建阶段的,基于现状公交数据和增长率估算出的初、近期的客流值。

1. 应用于轨道网子方案或线路构建的初、近期客流估算

应用于线路或子方案构建阶段的初、近期估算值。基于现状公交数据,根据综合交通规划对公交的发展目标,城市居民利用公交出行的比例目标,结合沿线的用地性质和开发强度进行估算。估算只针对初、近期进行,可以对高峰高断面、客运总量、换乘站的换乘量等数据进行估算,以满足线路及子网的规划、布设对客流数据的需求。

此估算方法不适用于远期和远景的客流预测。

2. 应用于轨道交通线网规划多方案比选、评估的客流预测

应用于轨道交通线网规划多方案比选、评估的客流数据,必须按“四阶段”理论计算得出。预测时,必须注意保证预测对各线网方案的公平性。

2.11.2 对轨道交通线网规划多方案的比选、评估

“新思维”对轨道交通线网规划进行多方案比选、评估的流程方法和传统的规划方法类似,但更强调线网布局的均衡性,线网布局与客流主要走向的符合性,关注初、近期的客流效益和工程的可实施性。

本章参考文献

[1] 城市轨道交通线网规划标准:GB/T 50546—2018[S]. 北京:中国建筑工业出版社,2018.
[2] 城市轨道交通客流预测规范:GB/T 51150—2016[S]. 北京:中国建筑工业出版社,2017.
[3] 地铁设计规范: GB 50157—2013[S]. 北京:中国建筑工业出版社,2013.

3 客流预测

3.1 概　　述

本章所列是客流预测专册文件的必要组成内容，因阶段不同而有所区别。在工程可行性研究阶段，其中的部分内容也应纳入工程可行性研究文件。文件的主要内容如下：

1. 项目背景

项目背景主要介绍城市建设本项目的目的，规划、研究、审批过程，相关批件及建设资金筹措情况等。

2. 研究范围

研究范围指客流预测需研究的区域及需重点研究的区域。一般情况下，城市轨道交通客流预测的研究区域为城市的市域范围，当城市的轨道交通线路敷设到别的城市或其他城市边缘时，应将该城市或该城市的相关区域纳入研究范围。

工程可行性研究阶段，项目客流预测的研究范围仍为整个市域，但重点关注项目沿线相关区域。

3. 预测年限

线网规划、建设规划、工程可行性研究、初步设计阶段客流预测的预测年限应按上述阶段对应的标准确定。

4. 预测内容

针对各个预测阶段，客流预测应提供主要预测结论。线网规划、建设规划、工程可行性研究、初步设计阶段对客流预测要求不同。预测内容的界定应按上述阶段对应的标准确定。

5. 预测的技术路线

客流预测的技术路线是结合项目特点并细化过的四阶段方法流程图。

6. 预测依据和基础数据

客流预测的依据一般指与客流预测相关的各上位规划。上位规划指已批复的总体规划、综合交通规划等，当上位规划的指导年限支撑性不足时，可引用上位规划的报批稿。

工程可行性、初步设计阶段的客流预测，城市的线网规划、建设规划等也是需要引用的上位规划。

客流预测的数据基础是“城市居民出行特征及综合交通调查”的研究结论。应注意，所引用调查数据的使用年限受客流预测规范限制，必要时，应进行补充调查。

7. 主要结论

主要预测结论含城市交通需求预测结果汇总表、城市轨道交通网在各个预测年份各线的客流总体性指标列表、客流预测某线路的总体性指标（工程可行性研究阶段）等。

3.2 城市现状及规划介绍

本节主要介绍城市的总体概况，以及城市对外交通和城市内部各类交通的历史、现状和规划情况。在本节的介绍中，重点介绍与客流预测有关或能局部影响客流预测结论的情况和数据。

3.2.1 城市总体概况及发展

1. 城市的区位

主要介绍城市在全国或区域的地理位置，在经济合作区的地位等。

2. 城市规划定位

国家对城市的规划定位。比如，世界重要城市、区域经济中心、特区、示范区等。

3. 城市规模

包括城市的面积、城市现状、规划人口等。

4. 城市社会经济

城市的国内国民经济收入总值、城市主要产业、城市主要产业结构、政府财政收入、人均收入等，以及上述经济指标的增长情况、城市的经济发展目标等。

5. 城市空间布局

包括城市空间布局特点，以及今后的布局规划。

6. 城市近期重点发展地区

介绍近期拟重点发展的地区，含新区、工业园区、科技园区、重点升级改造地区等的规模、性质、人口、岗位等。

3.2.2 城市区域交通现状及规划

1. 航空

城市空港的位置、设计规模、发展历程、现状及规划运量、机场与城市交通的接驳关系等。

2. 铁路

城市铁路枢纽的位置和分布、分工，现状运营情况，现状运量、规划运量和发展情况分析，以及城市铁路、铁路枢纽规划介绍。

3. 公路

高速公路、公路、长途客运枢纽的位置和分布、分工，长途客运的现状运量和发展情况分析，以及城市公路、长途客运规划介绍。

4. 水运

沿江、沿海城市宜描述水运状况。

3.2.3 城市交通现状和规划

本节所述内容是“城市现状和规划介绍”中对客流预测影响最大最直接的内容，其中的数据应更准确、全面。

1. 城市人口和就业岗位

城市人口和就业岗位包括城市人口、岗位的现状、发展和未来规划。该项和客流预测结论直接相关，应予注意以关注。人口的介绍可按常住人口、流动人口、户籍人口、城镇人口等口径分别介绍，并注意人口在市域各区域的分布。

要注意人口的结构性分析，以及自然增长和机械增长的规律分析；注意分析城市规划人口、岗位实现的可能性。

2. 居民出行特征

居民出行特征取自城市“居民出行特征及综合交通调查”的统计、分析结果，是客流预测最重要的基础性数据。应包括居民出行的分布规律，居民的平均出行率、平均出行距离、平均出行时间、高峰时段的出行特征、对出行方式的选取比率、分时段的出行特征等，居民出行分布(大区或中区)，出行方式的变化规律等。

一般情况下，上述出行特征数据应按常住人口和流动人口分别统计分析。

3. 机动车保有量

机动车数据应包括城市机动车保有量及增长规律，特别注意统计分析私人小汽车的保有量和增长规律。

4. 城市道路设施

城市道路设施数据包括城市道路的总长度(可分别按照快速路、主干道、支路等口径分类统计)及增长情况，以及城市道路的建设规划。

5. 城市交通状况

城市交通状况主要是城市地面交通的拥堵情况及其发展分析，包括拥堵线段、节点的分布及发展分析。

6. 城市公共交通

城市公共交通数据包括含城市公共交通的运营线路总数、车辆总数、客运总量的现状和发展。

7. 城市轨道交通的运营状况

城市轨道交通线路运营状况分析，包括票制、票价、客运量、客运特征、客运量增长规律分析等。

由于对城市已运营线路的运营状况及所体现出的客流特征，极大影响人们对规划线路客流规模、特征的认知，所以这部分内容应做详细介绍并分析。

8. 停车设施

因为停车设施的供应和使用成本，影响利用私人小汽车出行的比率，也影响小汽车出行者的使用方向，当然也就间接影响轨道交通方式出行的比例，也应予以重视。

9. 城市交通发展目标和策略

简述城市交通发展目标和发展的策略，其中，最应关注的是城市发展公共交通特别是轨道交通的目标和策略，以及城市各重要区域间出行的时间目标值。

10. 城市轨道交通线网规划

含城市轨道交通线网规划图，简单地说，包括线网规划的规划原则、总里程、站位总数，以及各线的定位、长度、规模、站位数等。

11. 城市轨道交通建设规划

含本期及以往各期城市轨道交通建设规划的轨道网图，以往各期城市轨道交通建设规划落实、建设历程简述，本期轨道交通建设规划的简要说明（总里程、线路条数、所含站点数等），轨道交通近期建设规划所含各线的各项总体性指标（含线路长度、站点数、客运总量、平均运距、单向高峰高断面、客运强度等）。

12. 沿线组团现状和规划

在城市轨道交通建设规划、工程可行性研究和初步设计阶段，客流预测的专册文件都应对沿线组团的现状和规划作必要的介绍。介绍的内容含轨道交通沿线直接吸引区内（800～1 000 m）的用地性质、开发强度、人口、就业岗位等，以及沿线常规公交的现状及发展状况和地面交通的状况等。

13. 工程可行性文件对城市现状和规划描述的引用

城市轨道交通工程可行性文件中含有客流预测的内容。当前，有些文件仅摘录客流预测专册文件中的预测结论，似不完整。建议把城市交通现状、城市轨道交通运营现状、城市居民出行特征数据、城市轨道交通线网规划、城市轨道交通建设规划、轨道交通沿线用地规划、人口岗位等数据纳入文件。另对模型的主要参数也要逐一描述，以保证预测的可信度和文件的完整性。

3.3 城市轨道交通需求预测模型的构建

3.3.1 需求预测模型的基础

1. 交通大区、中区、小区的划分

在建立城市轨道交通需求预测模型前，首先应将整个研究范围划分为若干交通小区、交通中区、交通大区，以便进行轨道交通网、线、站的客流预测工作和其他研究。

交通分区的划分应尽量以山体、河流等天然屏障，或铁路、高速公路等人工构筑物为区域边界，并力求同一划分区域的交通特征、土地利用性质尽量一致，注意分区内各种社会、经济、交通数据的易取性（分区划分尽量与行政区划一致或数据易转换）。交通分区的划分是否恰当，直接影响到轨道交通需求预测的精度。某市交通小区划分示意图如图 3.3-1 所示。

交通分区划分应与控制规模单元紧密结合。交通小区范围的划分，一般在城市的中心区宜小，在城市的外围区域宜大。一般应根据城市大小，将拟建轨道交通城市的整个市域划分为 1 000 个以上的交通小区。例如，南京市就将全市域划分为 15 个交通控制大区、38 个交通中区及 1 497 个交通小区。武汉市将全市域划分为 75 个交通中区及 1 240 个交通小区。苏州市将全市域划分为 12 个交通控制大区和 982 个交通小区等。

在工程可行性研究阶段和初步设计阶段，小区划分及小区与车站、出入口的对应关系可能会影响车站乘降量和出入口客流，进而影响到车站站台宽度和出入口设置，应谨慎处理。

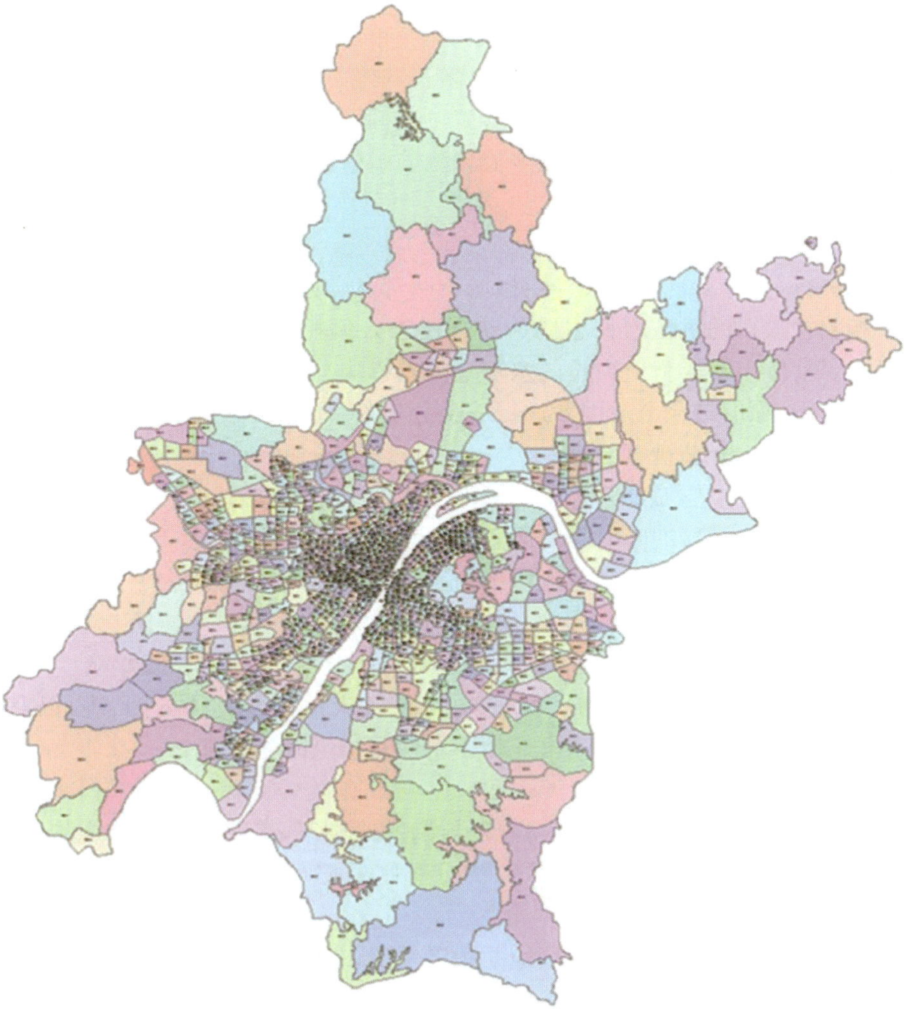

图 3.3-1 某市交通小区划分示意图

2. 各个预测年份拟建成的道路网、公交线网和已运营轨道线网结构

客流预测在各个预测年份拟建成的道路网、公交线网和已运营轨道线网的基础上进行。所以应明确各个预测年份拟建成的道路网、公交线网和已运营轨道线网的数量、位置、走向和结构，并在模型中建立各个路网系统。

初、近期的地面道路网和公交系统按城市相关规划建立，远期和远景的地面道路网和公交系统可在初、近期道路网和公交系统的基础上，依据城市交通发展远景目标优化处理。

各个预测年份拟建成运营的轨道线网按城市轨道交通线网规划和轨道交通建设规划建立。

3.3.2 交通需求预测

1. 人口与就业岗位总量预测

人口、就业岗位及其分布和增长规律，是轨道交通客流预测重要的基础数据。

城市总体规划是进行城市人口和就业岗位预测的依据。城市人口总量、就业岗位总量，在总体规划的规划年份内，与总体规划的规划目标值相一致。远景年人口、岗位总量受总体规划的远景年规划目标的约束。预测年份接近总体规划某规划年份时，客流预测年的人口总量可由总体规划中某规划年份的人口总量通过数学的外延或内插技术得到。

人口的统计口径，一般分为户籍人口、城镇人口、农村人口、常住人口、流动人口等，要注意在多种引用场合下人口统计口径的一致性。

各规划、设计阶段的客流预测实际上主要关注并应用常住人口和流动人口。

目前，一个较普遍的认识是，国内部分城市总体规划确定的城市发展目标和人口、岗位指标偏高。鉴于此共识，客流预测应结合城市定位、城市区位、城市经济、城市主要产业发展目标和城市近期人口增长规律，参考国内外类似城市人口增长的经验，类似城市人口增长与经济发展的关系，对城市人口、岗位的增长趋势和总体规模作出合理的判断。

应针对人口、岗位的各阶段发展目标，加强客流预测的敏感性分析。

2. 人口、岗位增长趋势及分布分析

(1)增长趋势分析

人口增长的趋势分析，应分为自然增长和机械增长两部分分别进行。人口的自然增长与城市的人口结构及国家生育政策相关。人口的机械增长主要与外来迁入人口相关，而外来迁入人口的增长，受城市经济发展水平、城市宜居水平、城市提供就业岗位的水平等因素影响。

人口增长的趋势分析，除应结合上述因素进行综合分析外，还应考虑近期城市人口增长态势，和国内外类似城市的发展、增长规律，综合分析，权衡确定。

城市就业岗位的增长趋势应与城市人口的增长趋势相匹配；并考虑到人口结构的影响（比如老龄化的趋势），城市对外来人口（迁移人口）的吸引力等因素；城市经济、产业的发展，产业更新及产业自动化水平提高等因素的影响。就业岗位总量可采用就业人口平衡法进行预测，各规划年的就业比例还应考虑未来人口老龄化、劳动力供需不平衡等因素的影响。

人口、岗位增长趋势分析，是不能绝对分离的，在分析过程中相互依存，相互影响。

人口、岗位增长的趋势分析过程中，宜提供反映城市历年人口增长趋势的图、表，以及作为参考的反映类似城市人口增长趋势的图、表，以加强论述推导的逻辑性和结论的可信度。

(2)人口、岗位的分布分析

常住人口在各交通分区的分布，一般在人口总量控制的原则下，参照城市总体规划中各城镇、组团的人口规模和各分区的用地规划平衡、确定。流动人口的分布则根据现状调查分布情况，并考虑城市的发展趋势，平衡确定。

各交通小区的人口分布根据小区内居住用地面积以及所属地区开发强度确定；就业岗位根据各小区分行业用地面积并结合区域就业岗位密度计算。

各交通分区的就业人口根据各分区的人口规模、用地规划，以及功能定位控制各组团的就业岗位数，并注意总量控制。

分析完成后，应提供各预测年份的人口、岗位分布图、表，图 3.3-2 为某市 2020 年人口、岗位分布预测示意图。

3.3.3 出行生成预测

1. 出行率与出行总量

由于城市常住人口、流动人口的平均出行率有明显差异，所以城市常住人口与流动人口的出行总量应分别计算。

城市常住人口的平均出行率与城市常住人口的乘积为城市常住人口的出行总量。城市流动人口的平均出行率与城市流动人口的乘积为城市流动人口的出行总量。城市的出行总量等于上述两者的和。

城市居民的平均出行率根据居民出行特征及交通综合调查报告的相关内容，并参照类似城市的居民平均出行率，综合分析确定。各城市各个预测年的城市居民平均出行率因经济发展、出行特征差异而不同。例如，武汉、南京等城市采用的居民平均出行率如下：

武汉常住人口平均出行率为：2.45(2017 年)，2.54(2026 年)，2.57(2033 年)，2.6(2048 年或远景年)。

武汉流动人口平均出行率为：2.55(2017 年)，2.61(2026 年)，2.71(2033 年)，2.75(2048 年或远景年)。

南京中心区居民平均出行率为：2.51(现状年)，2.45(2020 年)，2.42(2030 年)，2.38(2050 年或远景年)。

南京外围区居民平均出行率为：2.53(现状年)，2.46(2020 年)，2.45(2030 年)，2.4(2050 年或远景年)。

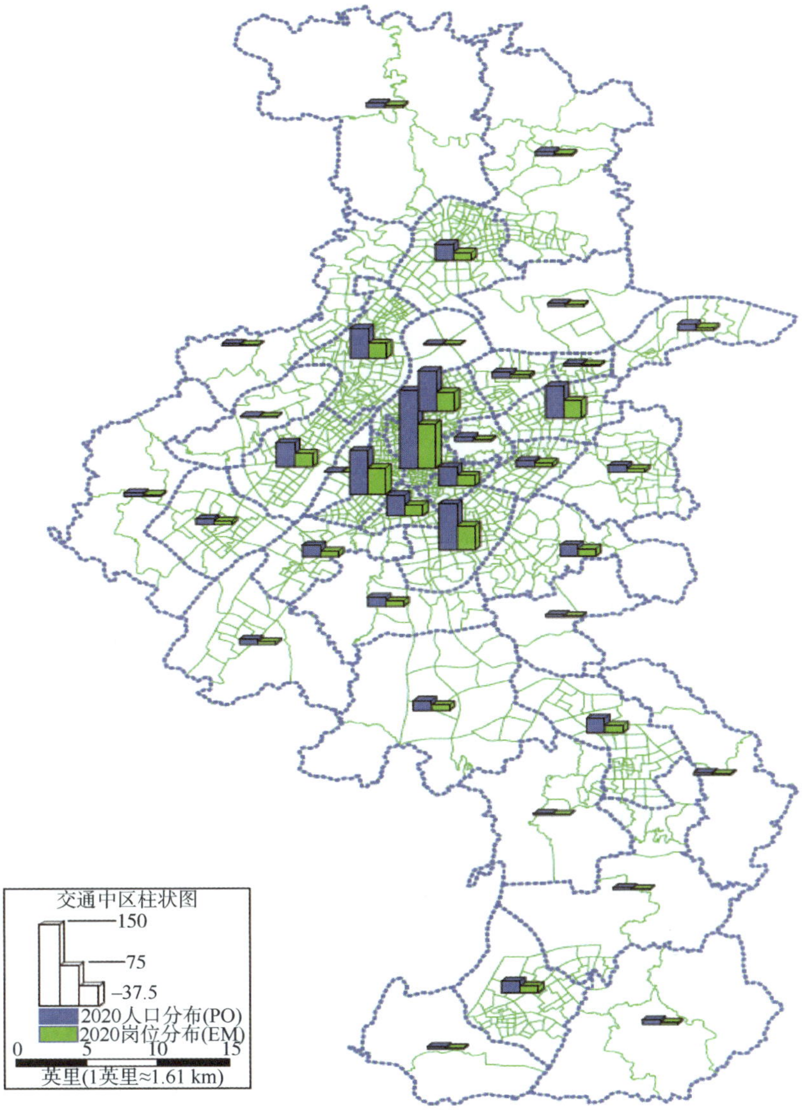

图 3.3-2 2020 年某市人口、岗位预测分布图

2. 各类(目的)出行总量及其关系

按出行目的划分,可将城市人口出行行为分为基于家的工作出行、基于家的上学出行、基于家的其他出行和非基于家的出行四类或更多。城市的日出行总量与各出行目的出行总量间的关系如下:

$$\mathrm{RJ}=\mathrm{RT}^{W}+\mathrm{RT}^{\mathrm{Sch}}+\mathrm{RT}^{\mathrm{Hot}}+\mathrm{RT}^{\mathrm{Nhb}} \tag{3.3-1}$$

其中,RT——日出行总量;

RT^{W}——基于家的工作出行总量;

$\mathrm{RT}^{\mathrm{Sch}}$——基于家的上学出行总量;

$\mathrm{RT}^{\mathrm{Hot}}$——基于家的其他出行总量;

$\mathrm{RT}^{\mathrm{Nhb}}$——非基于家的出行总量。

$$\mathrm{RT}^{W}=E\times G^{W}\times 2 \tag{3.3-2}$$

其中,E——就业岗位总量;

G^{W}——单位就业岗位上班出行率(不含下班回家)。

$$\mathrm{RT}^{Sch}=\mathrm{Stud}\times G^{\mathrm{Sch}}\times 2=P\times R^{\mathrm{Sch}}\times G^{\mathrm{Sch}}\times 2 \tag{3.3-3}$$

其中,Stud——就学人员总数;

G^{Sch}——单位就学人员上学出行率(不含下学回家);

P——城市人口总量;

R^{sch}——就学率。

应用中，城市出行总量与各目的出行总量之间应进行平衡调节。

3. 出行生成模型

出行产生模型可采用交叉分类法，出行吸引模型可采用多元回归分析法。交通小区产生量和吸引量的计算公式如下：

(1)小区产生量的计算公式：

$$P_i = P_i^{W} + P_i^{\mathrm{Sch}} + P_i^{\mathrm{Hot}} + P_i^{\mathrm{Nhb}} \tag{3.3-4}$$

其中，P_i——i 小区出行产生总量；

P_i^{W}——i 小区基于家工作出行产生量；

P_i^{Sch}——i 小区基于家上学出行产生量；

P_i^{Hot}——i 小区基于家其他出行产生量；

P_i^{Nhb}——i 小区非基于家出行产生量。

(2)小区吸引量的计算公式：

$$A_i = A_i^{W} + A_i^{\mathrm{Sch}} + A_i^{\mathrm{Hot}} + A_i^{\mathrm{Nhb}} \tag{3.3-5}$$

其中，A_i——i 小区出行吸引总量；

A_i^{W}——i 小区基于家工作出行吸引量；

A_i^{Sch}——i 小区基于家上学出行吸引量；

A_i^{Hot}——i 小区基于家的其他出行吸引量；

A_i^{Nhb}——i 小区非基于家出行吸引量。

各类小区各类出行目的的吸引量与小区各类用地的面积存在相关关系，可利用调查数据建立小区各类出行目的的吸引量与小区各类用地面积间的线性关系。各地的模型参数不会相同，应该注意的是，这样建立的模型需进行模型校核后确定。表 3.3-1 为某市客流预测中所用的出行吸引模型参数表。

表 3.3-1 某市客流预测中所用的出行吸引模型参数表

目的分类	用地分类						
	居住用地	公共设施用地	工业用地	中小学校	市政公用设施用地	对外交通用地	仓储用地
基于家的工作出行吸引	0.375	3.621	0.541	0.013	0.0179	0.471	0.035
基于家的上学出行吸引		0.032		1.92			
基于家的其他出行吸引	0.372	3.131			1.341	0.703	

4. 出行产生、吸引模型的校核

出行产生、吸引模型都需进行模型校核，以确定其可靠性。预测报告应公布其校核结果，并绘制校核曲线的误差示意图。图 3.3-3 和图 3.3-4 为某市客流预测中所作的模型检核示意图。

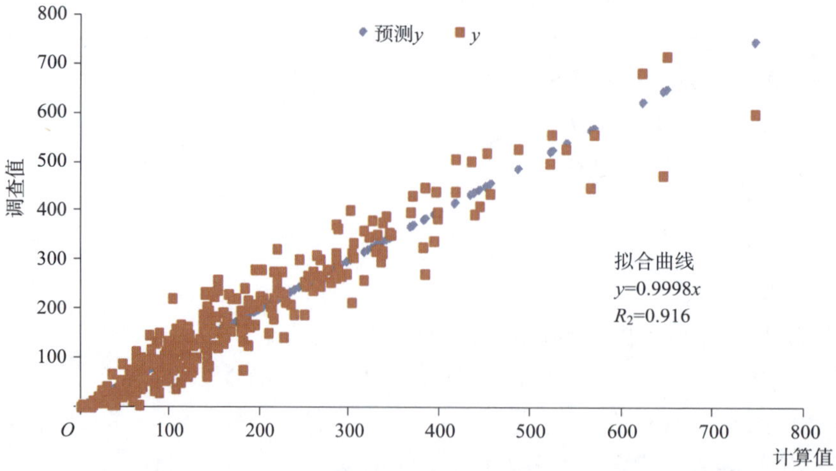

图 3.3-3 居民出行全目的吸引模型校核曲线(基于家的上班产生)

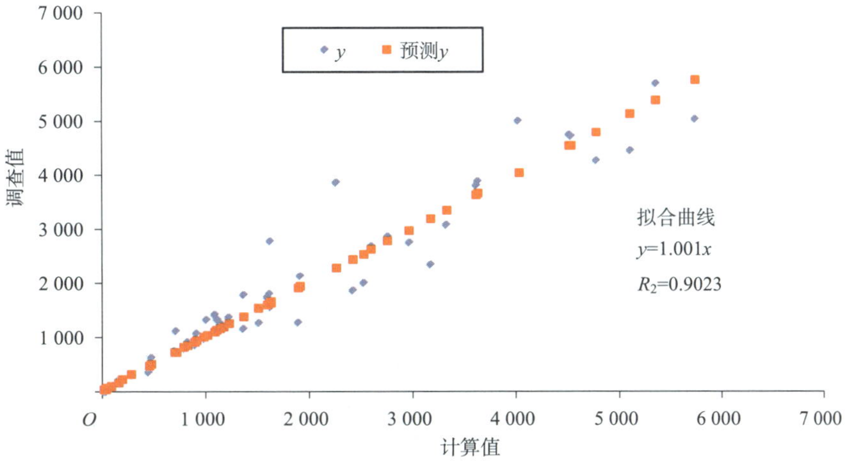

图 3.3-4　居民出行全目的吸引模型校核曲线(总吸引量)

5. 出行生成、吸引预测成果的表述

出行生成、吸引工作完成后，一般应以示意图或表格形式表述其预测成果。某市客流预测以两种柱状图的形式分别表达总量和分布情况，如图 3.3-5 和图 3.3-6 所示。

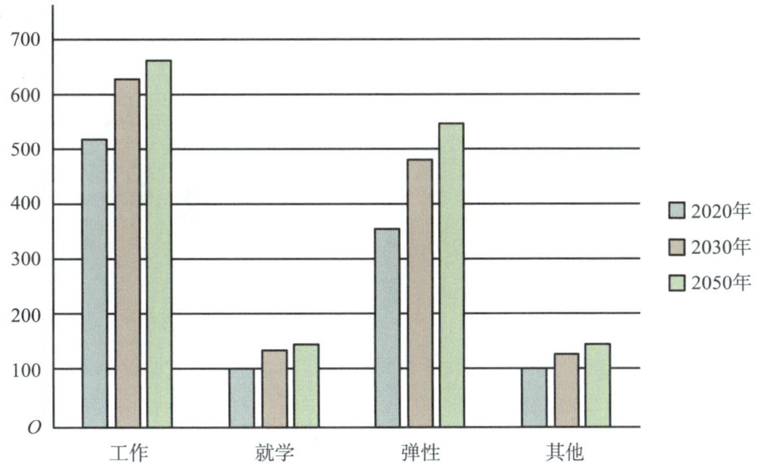

图 3.3-5　某市区分目的出行生成总量(万人次/d)

3.3.4 出行分布预测

为提高预测精度，同时也为使模型参数便于标定，且提高拟合精度，出行分布预测建议按居住时间(常住、流动)和出行目的分类原则分别进行，再合成。

1. 出行分布预测模型简介

居民出行分布预测是以现状起止点(OD)调查资料为基础，标定预测模型的待定参数，将各种出行目的的发生、吸引量代入模型，计算出 OD 分布矩阵。

下面介绍的模型，采用双约束重力模型与控制组团区内出行率相结合的方法，即加入双约束之外的第三维约束，用来控制组团区内出行。这种模型因其比较适应居民出行特征差异较大的区域，比如市域，目前在国内许多城市得到应用。模型结构及需标定的参数如下：

$$T_{ij}=a_iP_ib_jA_jf(d_{ij}) \tag{3.3-6}$$

约束条件为：

$$\sum_j T_{ij}=P_i,\quad \sum_i T_{ij}=A_j,\quad \sum_k T_{ijk}=Q_k$$

式中，T_{ij}——由交通小区 i 发生并吸引至小区 j 的出行量；

T_{ijk}——组团 k 内交通小区 i 发生并吸引至小区 j 的出行量；

P_i——交通小区 i 的发生量；

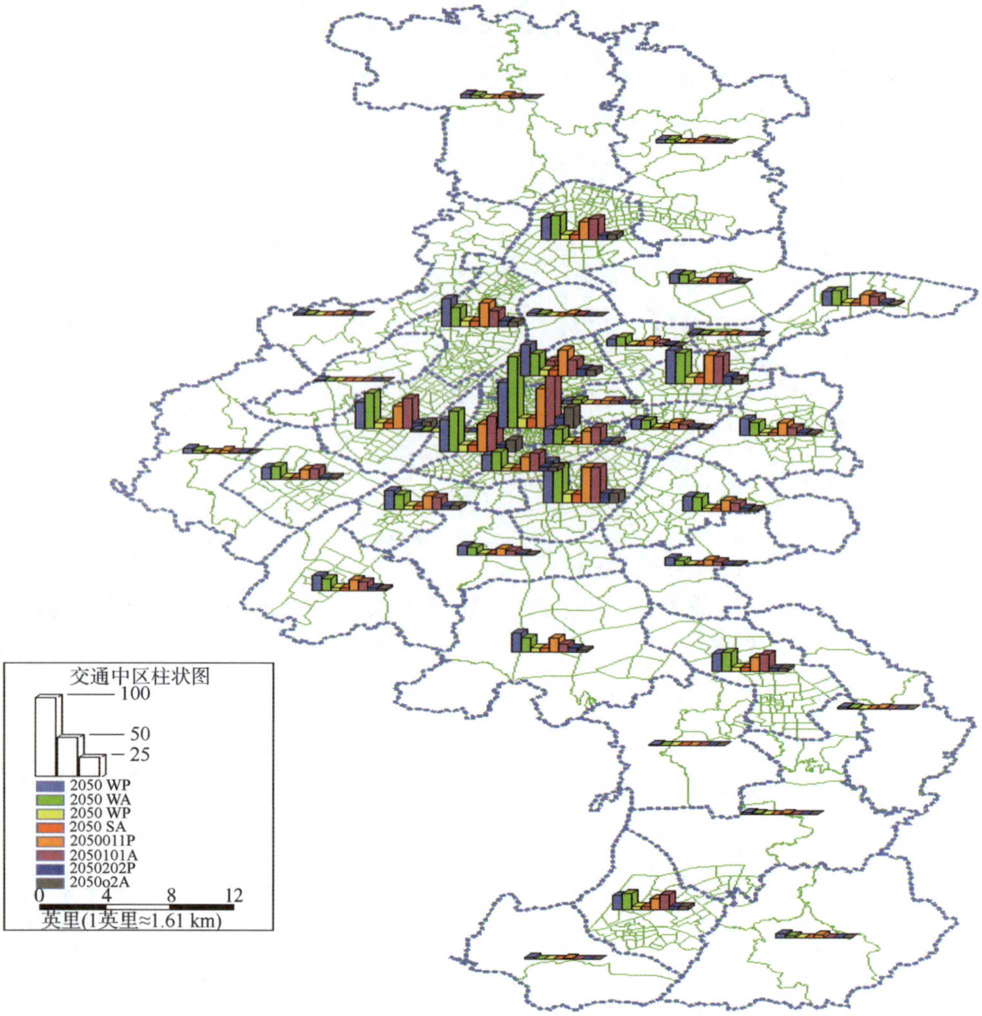

图 3.3-6　某市远景年份出行目的出行发生、吸引分布示意图

A_j——交通小区 j 的吸引量；

Q_k——组团 k 内出行控制总量，第三维约束量；

a_i、b_j——待定参数；

$f(d_{ij})$——阻抗函数。

阻抗函数计算如下：

$$f(d_{ij})=d_{ij}^{-\alpha} \tag{3.3-7}$$

式中，d_{ij}——交通小区 i 与交通小区 j 间的出行效用；

α——待定参数。

2. 分布函数参数及效用函数的标定、选择和校核

(1)效用函数

当出行分布预测按照出行特征和出行目的分别进行时，效用函数的选用，要考虑到划分后各种出行目的的出行特征对效用函数的影响。

由于中小学生的出行 90%以上集中在组团内（交通大、中区内），故其出行效用可考虑用最短出行距离代替。其他出行目的的出行可按区间、区内分别考虑。

区间出行效用可以区间最短路为基础，综合考虑拥堵因素（地面交通）和平均候车时间因素（地铁）确定。具体可在城市道路网、地铁网基础上以最短路方法模拟并循环迭代确定（另行模拟）。

区内出行效用，可参考小区形态和区内道路确定区内的平均出行距离，再按步行、自行车两者的加权平均速度，计算区内出行时间，作为区内出行的效用值。作为经验值，可取 2/3 的小区半径左右的数值作为区

内出行的平均出行距离。

(2)参数标定

可利用现状调查居民出行的OD表，拟合并标定重力模型的参数 α。表3.3-2是某市标定的参数 α 值，供参考。

表3.3-2 某市客流预测重力模型中标定的参数 α 值

出行目的	工作出行	就学出行	私用出行	其他出行
参数 α 值	1.7	2.3	2.12	1.5

以办公、探亲为目的流动人口，一般居住在目的地附近，出行距离相对较短，其参数 α 可采用以就学为目的出行所采用的数值。

(3)平均出行距离

平均出行距离是分布模型模拟、校核的重要指标之一，应研究各类出行的平均出行距离的变化规律，以校核各个预测期的预测模型。

一般来说，随着城市的外扩，经济发展引发的人们机动化方式出行比例的增大，除就学外各类出行的平均出行距离都会有所增加。表3.3-3为某市用作校核的平均出行距离，供参考。

表3.3-3 某市不同出行目的的平均出行距离(校核用) 单位:km

出行目的	预测年份		
	2020年	2030年	2050年
工作	7.38	7.52	7.96
就学	4.80	4.70	4.60
私用	4.27	4.57	4.97
其他	7.35	7.85	8.40

(4)早高峰系数

不同出行目的的早高峰系数可参照居民出行调查数据中的各出行目的的早高峰系数，经分析后确定，详见表3.3-4和表3.3-5。

表3.3-4 某市居民早高峰系数表

年份	出行目的			
	工作	就学	弹性	回程
现状	0.51	0.63	0.220	0.050
2020年	0.50	0.63	0.225	0.052
2030年	0.49	0.63	0.230	0.054
2050年	0.48	0.63	0.235	0.056

表3.3-5 某市流动人口早高峰系数表

出行目的	工作、探亲	0.05
	旅游	0.05
	对外港站	0.10

全出行目的的早高峰系数=[工作出行总量(不包括回程)×工作早高峰系数+就学出行总量(不包括回程)×就学早高峰系数+弹性出行总量(不包括回程)×弹性早高峰系数+回程出行总量×回程早高峰系数]/出行总量。

(5)流动人口的出行分布

流动人口的出行目的各不相同。其中，以旅游为出行目的流动人口，其出行目的地为城市的各旅游景点，各大景点的发生吸引量可按人口就业比分入各小区。

对外交通港、站地到发旅客，可分为本地旅客与外地旅客；可调查现状，得到本地旅客与外地旅客的比例。大部分外地旅客的分布与旅馆床位的分布相关，本地旅客的分布可近似按人口就业比分入各小区。

3.3.5 出行方式的结构划分

出行方式的结构划分，一般综合采用定性分析加定量计算，估算各交通方式所承担的各类出行的比重。城市总体规划、综合交通规划都规划了城市利用公交出行的比例，可作为方式划分的规划目标。综合交通规划也确定了私家小汽车的控制性目标，可作为出行方式中小汽车出行的控制性指标。

各交通方式所承担的客流比例和客运总量应受城市总体规划、综合交通规划所确定规划目标的约束。

城市居民的个体出行行为具有相对的稳定性。居民对出行方式的选择一般受居民经济地位、收入水平、出行距离、各方式的供给水平、各方式出行成本等多因素的限制和影响。上述因素的相互变化，会影响居民对出行方式的选择。比如，当出行距离较短时，居民会采用步行或自行车方式出行；居民收入提高，经济地位上升时可能会由非机动出行转为机动化出行；当地面交通拥堵，或乘坐私人小汽车出行成本提高时，利用小汽车出行的居民就可能转换为利用公交系统出行。

1. 竞争模型(Logit 模型)

方式划分竞争模型法的基本思路是分别建立参与竞争的各交通方式的道路网络(含轨道)，得到各类交通方式的最短时间矩阵，将公交(含轨道)的换乘时间、两端步行时间和票价、成本，统一换算为价值；根据效用值大小的比例，确定使用某交通方式的概率。其模型可描述如下：

$$P_{ij}^{k}=\frac{e^{-\theta \cdot C_{ij}^{k}/C_{ij}}}{\sum_{m=1}^{3} e^{-\theta \cdot C_{ij}^{m}/C_{ij}}} \tag{3.3-8}$$

式中，P_{ij}^{k}——交通小区 i，j 间 k 方式的出行比例；

C_{ij}——交通小区 i，j 间的平均出行费用；

C_{ij}^{k}——交通小区 i，j 间 k 方式的出行费用；

θ——待定参数。

式(3.3-8)也可简单描述为：

$$P_{m}=\frac{e^{-U_{m}}}{\sum e^{-U_{i}}} \tag{3.3-9}$$

其中，P_{m}——选择交通方式 m 出行的概率；

U_{i}——交通方式 i 的出行费用(含时间、成本等)。

2. 出行方式划分

(1)出行方式的分类

一般来说，出行方式可分为步行、自行车、机动二轮车(摩托、电动车)、公交(含轨道)、小汽车、出租车、其他车辆(班车、旅游车辆)等。

各城市交通特征不同，交通政策不一，再加上进行居民出行特征及交通综合调查的数据分类不同，导致各城市在出行方式的分类上也不统一。比如，南京市的客流预测报告中，将出行方式划分为步行、二轮车、公交(含轨道)、小汽车、出租车。而厦门市的客流预测报告中，将出行方式划分为非机动化方式(含步行、自行车)、公共交通(含常规公交、轨道交通)、小汽车(含私家车、单位小轿车、出租车)、其他客车(含摩托车、大客车及旅游车)。

尽管各城市对出行方式分类的界定、划分原则不一，但对与轨道交通规划、建设相关的客流预测来说，只要以公交为出行工具的出行比率及其分布准确，一般就不会干扰轨道交通的规划和设计。

(2)出行方式划分的步骤

由于各城市的交通特征、交通政策的趋向不同，各城市进行出行方式划分的层次也有所区别，比如，南京市先将步行方式采用转移曲线模型划分出来，出租车也采用和组团挂钩的方法分离出来，然后，对自行车、小汽车和公共交通三种方式，采用竞争模型方法来确定，最终确定各年度的居民出行方式，详见表 3.3-6、表 3.3-7 和图 3.3-7。

表 3.3-6 南京市市域范围全日居民出行方式结构(%)

年份	步行	非机动车	公交	小汽车	出租车	其他
2020年	26.7	30.2	19.1	19.9	2.1	2
2030年	24.3	25	25.4	21.4	2.2	1.7
2050年	22.4	21.3	30.2	22.6	2.3	1.2

表 3.3-7 南京市分区域全日居民公交出行方式结构(%)

年份	中心城区	外围新城
2020年	20.4	14.5
2030年	26.8	21.3
2050年	31.9	26.5

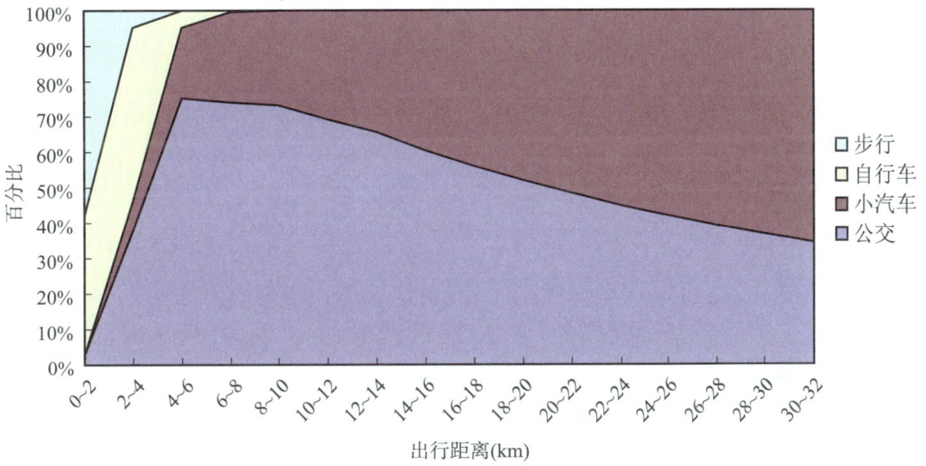

图 3.3-7 南京市远景年份出行目的出行发生、吸引分布示意图

又比如,在厦门市,先将非机动出行方式(步行和自行车)划分出来,再依据城市对摩托车的限制性政策,宏观地将其控制在 2%～3% 的范围内,再采用竞争性模型划分公共交通、小汽车、其他客车出行比率。

(3)确定步行出行比例的划分模型

一般采用转移曲线模型来划分步行方式出行比例,其模型如下:

$$P=\frac{\chi}{1+0.052e^{1.82L}} \tag{3.3-10}$$

其中,P——两个交通小区之间选择步行出行的概率;

L——两个交通小区之间步行出行距离(km);

χ——调节系数,作用是保证步行在未来城市居民出行结构中合理的比例范围。

(4)流动人口出行方式的划分

流动人口出行的交通方式与居民的出行方式有很大差异;不同出行目的的流动人口,其对交通方式的选择也存在较大的差别。以工作和探亲为出行目的的旅游人口,往往以步行或乘坐出租车、公交(含轨道交通)和小汽车出行为主;以旅游为出行目的的旅客,出行方式主要包括出租车、公交(轨道)、小汽车(含旅游车)。前往城市对外交通枢纽的旅客往往以步行、出租车、公交(轨道)、小汽车方式出行。

对流动人口的出行方式进行划分,往往以现状调查资料为依据,并采用转移曲线方法获取结果。

3.3.6 客流预测的客流分配

在经过客流预测的发生(产生、吸引)、分布、方式划分阶段后,预测者获得公交类(含地铁)出行的 OD 表。在预测的分配阶段,分配模型基于城市各预测年份的综合公交网络(常规公交+轨道交通)进行竞争分配,经客流预测分配模型的模拟、计算,可计算、统计出轨道交通线(网)的客流总量、断面客流量、各站点乘降量、站间 OD 表、各换乘站的换乘量和平均乘距等轨道交通的预测数据。

1. 分配模型

客流分配一般采用模型中的最优战略选择法来进行公交客流分配。其基本原理是乘客按照折算的出行综合成本(时间、票价等)最少的原则，确定可能乘坐的公交(地铁)线路。最优战略选择法的目标函数追求使路段总人小时和节点总候车人小时的和 T 达到最小：

$$T=\min\left\{\sum_{l\in L}t_lV_l+\sum_{i\in I}W(\overline{L}_i)V_i\right\} \tag{3.3-11}$$

式中，t_l——公交行程时间；

V_i——公交断面流量；

W——站点加权时间。

在公交客流分配模型中，加权的综合时间度量——时间函数，考虑了候车、上下车、步行、乘车等所需时间，可较好地模拟公交和地铁对乘客选择的影响。

时间函数的定义如下：

普通公交： $t_1=60\times l/v_1+(c/t_v)\times 60$

地　　铁： $t_2=60\times l/v_2+(lc/t_v)\times 60$ (3.3-12)

式中，l——公交或地铁地站间距离(km)；

v——公交速度(m/s)；

c——公交或地铁的票价(元)；

t_v——目标年的时间价值。

2. 模型参数的设定

分配模型中所涉参数主要有各条公交线路(含地铁)的速度、发车间隔、换乘时间或距离、时间价值和各种惩罚系数(候车、换乘等)的标定等。

参数标定的总原则是，被标定的参数值要与现状调查结果、规划目标值、工程设计方案相一致。

(1)速度

常规公交的速度与所经街道的拥堵程度相关，其现状速度的标定应与现状调查结果相一致，近期的运行速度应与城市规划目标相一致，远期的运行速度应结合城市规划目标，经综合分析后确定。BRT 的运营速度应调查确认。

轨道交通的速度，受轨道交通线路站间距和所采用车辆性能的约束，总的来说，应与地铁的设计方案相一致。

常规公交的运营速度，主城区一般在 15～18 km/h 之间；外围区一般在 18～20 km/h 之间，或 20～25 km/h 之间。速度的高低主要取决于沿途道路的交通状况。

地铁快线的平均旅行速度，一般在 40～45 km/h 之间，具体取决于平均站间距和所选车辆的制式和性能。

地铁普线的平均旅行速度一般为 35 km/h 左右。

市域铁路，当最高速度为 100～120 km/h 时，旅行速度可以取值 50～60 km/h，但还要考虑线路站间距的影响。

地铁启动及制动总时间一般为 24 s 左右；地铁加(减)速路段的距离一般为 145 m 左右。

(2)发车间隔

常规公交的发车间隔，不同的线路发车间隔不同，同一线路高峰时段与非高峰时段的发车间隔也不同，确定发车间隔的总原则还是应与现状调查、未来规划目标相一致，相差太多，会发生轨道客流被高估和低估的现象。

常规公交的发车间隔因城市不同、区域不同而异，常规公交的发车间隔可能在 3～8 min 之间。

地铁的发车间隔，一般初、近、远期不会相同，在线路设有大、小客运交路的情况下，不同站点的发车间隔也不同。所以地铁发车间隔的标定，必须与地铁设计方案相一致。

一般情况下，城市主要地铁干线初期的发车间隔一般为 4～6 min，远期一般为 2～3 min；其他线路，初期一般不低于 6 min，远期一般为 3～5 min。

当前，在地铁客流预测中，初期与远期的发车间隔相同，对设有大、小交路的线路，各站的发车间隔相同，是比较普遍的现象。这会引发轨道客流、站点客流发生高估或低估风险，应引起充分重视。

(3)换乘距离

轨道交通与其他交通方式(常规公交、步行)换乘的步行距离(轨道交通的站台与地面出入口通道的距离 + 出入口到地面公交站的距离)，轨道线路与另一轨道线路间在站内换乘的步行距离(轨道交通站点线与线之间内部换乘的距离)的标定应尽量与设计方案相一致。

1)候车、换乘的时间惩罚系数

一般情况下，在以常规公交(轨道交通)出行的出行链上，车外(候车、换乘等)的时间惩罚取值为车内时间的 2 倍。

2)时间价值

模型中一般采用广义出行费用计量时间价值，影响出行时间价值的因素很多，主要与出行目的和人均收入水平相关。一般采用世界银行指导交通项目经济评价的研究成果来计量。

工作出行(包括商务出行)的时间价值＝1.33×工资/h。

其他非工作出行的时间价值＝0.3×家庭收入/h。

时间价值＝(工作出行时间价值×工作出行量＋非工作出行时间价值×非工作出行量)/总出行量。

应当注意，上述各类参数的取值，应与财务评价、经济评价的参数取值保持一致。表 3.3-8 为某市未来时间价值的推算结果。

表 3.3-8　某市未来时间价值的推算结果

年度	研究范围内市民年平均收入(元)	时间价值(元/h)	年平均经济增长率及时间价值上升率的设定
2020 年	46 353	30.6	经济增长率参考 IMF 资料、世界银行及国家计划委员会的预测，某市的预测如下：2020 年～2050 年年平均经济增长率为 4%～8%(IMF 先进工业国的 2000 年统计值)，时间价值也同比上升
2030 年	61 666	40.7	
2050 年	83 055	55.1	

3)票制、票价

与其他参数的标定一样，轨道交通票制、票价的标定应与轨道交通的设计方案相同；常规公共交通的现状票制、票价应与调查值一致，未来的票制、票价，应与规划目标、交通政策的取向相一致。

一般情况下，地面公交采用单一票制，轨道交通实行等级票价制。近期至远期，公共交通票价水平不断提高，但应低于居民平均收入水平的增长幅度。由于地铁的运营水平和自动化程度较高，运营成本的增长比地面公交相对要低，因此地铁票价的增长速度一般低于地面公交的增长速度。地铁票价有打折传统的城市，在进行敏感性分析时，要考虑到这个因素。

目前，在工程可行性文件评估中，经常发生工程可行性文件中的票制、票价与客流预测报告中的假设不一致的情况，希望引起注意。这种不一致会引发矛盾，并影响设计文件的可信度。目前，各预测及设计单位采用的票制、票价一般与表 3.3-9 接近。

表 3.3-9　预测及设计单位采用的票制、票价

类　型		单　位	初　期　年	近　期　年	远　期　年
票价	都市圈长途公交	元/km	0.36	0.45	0.51
	地面常规公交	元/次	1.55	1.96	2.35
	轨道交通	元/km	0.32	0.38	0.42

3.3.7　模型的校核

1. 校核线的设置

在城市进行城市居民出行特征及交通综合调查时，一般设置了核查线，并对核查线的交通情况进行大规模取样，用于对调查结果的检核，以确定数据的可信度。

在数据的有效期内，可利用原有的核查线和相关数据来校核线网规划、建设规划的客流预测结论。必要时，可另行加设核查点和核查线。

由于在全网拟合的模型，对每条轨道交通线路的客流预测而言，未必拟合得很好。故在进行某条轨道交通线的客流预测时，建议进行补充调查，并加设核查线。核查线设在预想的重要断面，比如本线的高断面上，有利于提高本线客流预测模型与本线沿线客流特征的符合性，提高本线客流预测的精度，为本工程的设计提供高水平的预测结论。

2. 模型校核结果的表述

为了校验预测模型的精度及可信度，可利用现状数据对模型的计算结果进行校核，校核的指标主要包括断面客流量、日均客流量、平均运距等。校核结果可用与表 3.3-10 类似的表格来表达。当大多数指标的校核误差低于 10% 时，可以认为模型可信。

表 3.3-10　客流预测主要指标模型计算值（拟合）与现状调查值的比较对照表

线路名称	高峰单向			客流量			平均乘距		
	基年值（万人次/h）	模型值（万人次/h）	差值（%）	基年值（万人次/d）	模型值（万人次/d）	差值（%）	基年值（km）	模型值（km）	差值（%）
1 号线									
……									
N 号线									

3.4　客流预测的结论

3.4.1　客流预测的阶段划分和特点

1. 客流预测的阶段划分

城市轨道交通整个规划、设计，一般可划分为以下阶段：线网规划阶段、建设规划阶段（同时开展建设规划所含各线的预可行性研究）、工程可行性研究阶段、初步设计阶段（有时，在初步设计前还有总体设计阶段）、施工图设计阶段。

客流预测结论是上述各规划、设计阶段的数据基础。按照《城市轨道交通客流预测规范》（GB/T 51150—2016）要求，客流预测需在线网规划阶段、建设规划阶段、工程可行性研究阶段、初步设计阶段编制专题报告，并进行专题评审。由于对规范的理解、执行力度有差异，对初步设计的要求，并未被全面执行。总体来说，目前客流预测工作基本按线网规划、建设规划、工程可行性研究、初步设计的阶段划分组织预测工作。

2. 各阶段客流预测的特点和要求

在线网规划阶段，客流预测的预测结论是影响线网规划方案比选的主要因素，所以，在该阶段应特别重视客流预测对线网规划各方案的公平性。

在建设规划阶段，客流预测的主要作用是比较评估各建设方案的优劣，从中选择出建设规模小、运量大，在改善城市交通状况方面作用大的方案。所以，客流预测除要保持对各方案的公平性外，对各方案所形成子网的客运总量、各线的客运总量等预测指标也要有较精准的判断。

在工程可行性研究阶段，客流预测结论需满足工程可行性研究阶段的各种需求，包括确定全线的建设规模、各站的建设规模、运行方式、各类设备的选型和数量等。这阶段的客流预测结论除要对全线的各项总体性指标作出较精准的预测外，还要对各站乘降量（全日和高峰）、各站间的交流量（全日和高峰）、换乘量（全日和高峰）等做出较准确的分析、判断，以满足设计需求。

在初步设计阶段，要全面落实以前各阶段的评估意见，进一步校核此前各阶段的预测结论，并结合各站出入口的位置，给出分向客流等预测结论，满足该阶段对整体及站点细节的设计需求。

3.4.2 轨道交通线路工程可行性研究阶段客流预测需附的中间结果

为提升客流预测的可信度，并方便预测者和应用者共同检查、核实预测结论的合理性，客流预测应提供客流预测过程的部分中间结果，主要包括预测范围内各交通大区间的全交通方式出行 OD 表和公共交通方式出行 OD 表，以及各交通中区间的全交通方式出行 OD 表和公共交通方式出行 OD 表。

上述中间结果应按预测年限分别提供，至少应提供近期和远期的各交通大区间的全交通方式出行 OD 表和公共交通方式出行 OD 表，以及各交通中区间的全交通方式出行 OD 表和公共交通方式出行 OD 表。

为形象表达各交通大区（中区）的人员交流状况，建议同时绘制、提供各交通大区（中区）间人员交流的期望图。

全交通方式出行 OD 表产生于“分布”阶段结束后，公共交通方式出行 OD 表产生于“方式划分”阶段结束后。某市交通大区出行交流 OD 图如图 3.4-1 所示。

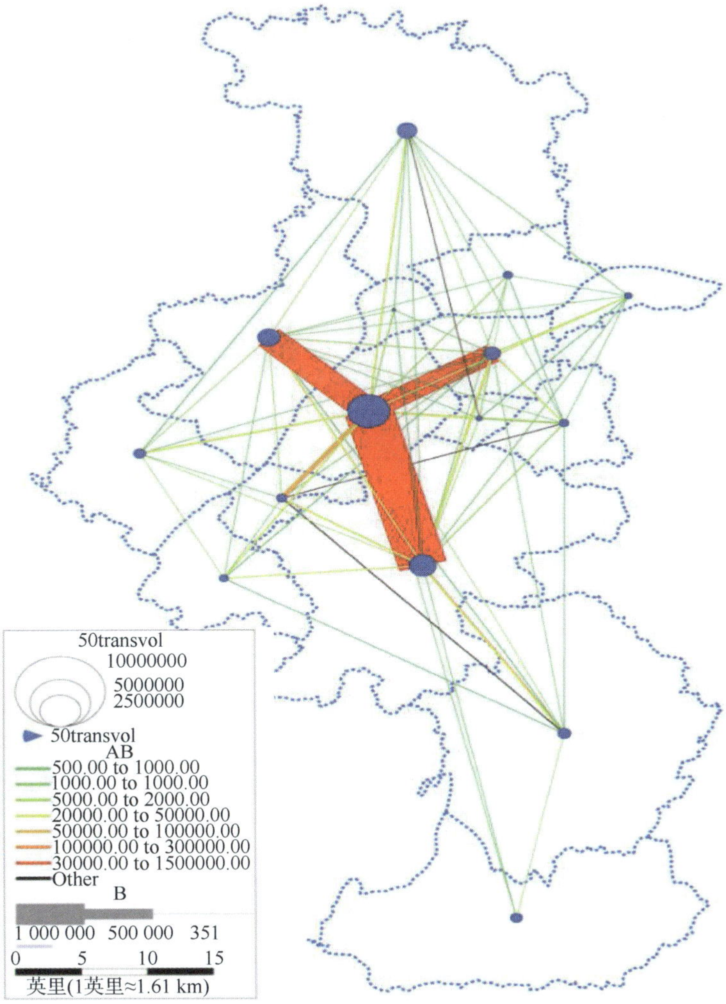

图 3.4-1 某市交通大区出行交流 OD 图

3.4.3 轨道交通各规划、设计阶段客流预测最终结果

1. 客流预测的总体性指标

（1）城市交通需求预测结果汇总表

城市交通需求预测结果汇总表中至少应包括表 3.4-1 中所列的各项内容，还可根据需要和城市特点，增加若干内容项。

表 3.4-1 城市交通需求预测结果汇总表(示例)

指 标		初期年	近期年	远期年
居住人口	人口数(万人)			
	出行总量(万人次)			
	公共交通出行比例(%)			
	公共交通出行总量(万人次)			
流动人口	人口数(万人)			
	出行总量(万人次)			
	公共交通出行总量(万人次)			
都市圈其他县市与研究区域公共交通客运交换总量				
公共交通出行总量合计(万人次)				
公共交通换乘系数				
公共交通客运量(万人次)				
轨道出行量占公共交通比例(%)				
轨道交通换乘系数				
轨道客运量(万人次)				
城市轨道客运量(万人次)				
市域或城际轨道客运量(万人次)				

表 3.4-1 可反映轨道交通与常规公交在全市客运中的分工、合作关系，及轨道交通、常规公交在全市客运中所发挥的作用。

(2)城市轨道交通网在各个预测年份各线的客流总体性指标列表

各个预测年份各线的客流总体性指标列表中至少应包括表 3.4-2 中所列的各项内容，还可根据需要和城市特点，增加若干内容项。

表 3.4-2 城市轨道交通各线路年客流总体指标表(示例)

线 路 名 称		线路长度(km)	客流量(万人次)	周转量(km·万人次)	单向高峰断面(万人次/h)	客流强度(万人次/km)	平均乘距(km/乘次)
市区轨道交通	1 号线						
	…						
	合计						
城际或市域轨道	S1						
	…						
	合计						
合计							

(3)客流预测某线路的总体性指标

客流预测某线路的总体性指标应分初期、近期、远期分别列出。二(三)期工程的客流预测总体性指标表，除应列出本项目的客流预测总体性指标外，还应列出全线的相关指标数据。其表格内容可参见表 3.4-3。

表 3.4-3 全线相关指标数据

年份	长度(km)	日客运量(万乘次)	客运强度(万人/km)	客运周转量(万人·km/d)	平均运距(km)	早高峰客运量(万乘次)	早高峰最高断面(万乘次/h)	晚高峰最高断面(万乘次/h)	早高峰平均运距(km)
初期									
近期									
远期									

以上表内内容为基本要求，高断面位置等内容亦建议列入。二(三)期工程的客流指标要求类同于一期

工程。但应注意，二(三)期工程的客运量是指因二(三)期工程的修建而产生的客运量。

(4)总体性指标数据的适用性(应用阶段)

线网规划、建设规划、工程可行性研究和初步设计阶段的客流预测结论中，都应附有上述表格(表 3.4-1～表 3.4-3)，以使预测结论的使用者对客流预测的总体性结论有全面的认识。

2. 城市轨道交通线网规划阶段客流预测应附的预测结果

(1)城市交通需求预测结果汇总表。

(2)城市轨道交通线网规划各比较方案中各线路的客流总体指标表。

(3)线网规划各方案中所含各条线路的总体性指标表。

(4)线网规划各方案中所含各条线路各规划年限全日各站乘降、断面流量表。

(5)线网规划各方案中所含各条线路各规划年限高峰时段各站乘降、断面流量表。

(6)线网规划各方案中所含各条线路各规划年限全日各站断面流量示意图。

(7)线网规划各方案中所含各条线路各规划年限高峰时段各站断面流量示意图。

(8)线网规划各方案中所含各条线路各换乘站换乘总量。

(9)上述客流预测内容应包含远景、远期和基准年的预测内容。

3. 城市轨道交通建设规划阶段客流预测应附的预测结果

(1)城市交通需求预测结果汇总表(远期、远景)。

(2)城市轨道交通建设规划各比较方案中各线路的客流总体指标表(规划末期年、远景年)。

(3)建设规划推荐方案中所含各条线路的总体性指标表(初、近、远期)。

(4)建设规划推荐方案中所含各条线路各规划年限全日各站乘降、断面流量表(初、近、远期)。

(5)建设规划推荐方案中所含各条线路各规划年限高峰时段各站乘降、断面流量表(初、近、远期)。

(6)建设规划推荐方案中所含各条线路各规划年限全日各站断面流量示意图(初、近、远期)。

(7)建设规划推荐方案中所含各条线路各规划年限高峰时段各站断面流量示意图(初、近、远期)。

(8)建设规划推荐方案中所含各条线路各换乘站换乘总量(初、近、远期)。

4. 城市轨道交通工程可行性研究阶段客流预测应附的预测结果

(1)城市交通需求预测结果汇总表。

(2)城市轨道交通网中各线路客流总体指标表。

(3)本项目(轨道交通线路)的总体性指标表(初、近、远期)。

(4)如是二期工程，除应列出本项目的客流预测总体性指标外，还应列出全线的相关指标数据。

(5)初、近、远期全日各站乘降、断面流量表。

(6)初、近、远期全日断面流量示意图。

(7)初、近、远期高峰时段各站乘降、断面流量表。

(8)初、近、远期高峰时段断面流量示意图。

(9)初、近、远期全日各站乘降量示意图。

(10)初、近、远期高峰时段各站乘降量示意图。

(11)初、近、远期全日站间 OD 表。

(12)初、近、远期高峰时段站间 OD 量表。

(13)初、近、远期全日各换乘车站分方向换乘量表。

(14)初、近、远期全日各换乘车站分方向换乘量示意图。

(15)初、近、远期高峰时段各换乘车站分方向换乘量表。

(16)初、近、远期高峰时段各换乘车站分方向换乘量示意图。

(17)初、近、远期特殊车站(高峰时段与全线高峰时段不一致)高峰时段乘降量表。

(18)各个车站的超高峰系数表。

(19)客流增长曲线示意图。

(20)分时段客流(仅供参考)。

(21)各组团间交流量示意图。

(22)客流特征分析。

5. 城市轨道交通初步设计阶段客流预测应附的预测结果

城市轨道交通初步设计阶段的客流预测，一方面，因为工程可行性研究阶段后，设计方案有局部变更，客流预测的前提也会发生局部变化；另一方面，根据上阶段专家对客流预测的评估意见，完善后的客流预测结果也会有局部变动。在初步设计阶段，为保证各专业能获得更新过的全部预测结论，应重新发布工程可行性研究阶段已发布过的所有预测结论。

由于初步设计阶段，客流预测还需完成与车站出入口相关的分向客流预测工作，所以除更新、完善工程可行性研究阶段发布过的客流预测结论外，还需补充一些在工程可行性研究阶段未发布过的预测结论。

城市轨道交通初步设计阶段客流预测应补充发布的预测结果如下：

(1)与车站各出入口对应的分向客流(或比例)表。

(2)与车站各出入口对应的不均衡系数。

不均衡系数与出入口方向所对应的特殊建筑相关。这类建筑物容易引发突发客流，对出入口形成冲击，比如体育场馆、剧院、中小学等。

3.5 敏感性分析

客流预测是在一系列预测前提(条件)下进行的。这些预测前提包括城市人口、岗位总量及其分布，轨道交通的平均速度、发车间隔、票价、票制等，与之有直接竞争关系的常规公共交通的供给情况及出行成本(时间、票价等)。

如果上述预测前提发生变化，则原有的预测结论会发生相应的变化。对这些变化，我们应提前分析，针对相关因素进行敏感性分析，供设计、建设单位及决策层分析、决策。

敏感性分析的研究方向因城市特性不同、项目特点不同、客流预测的阶段不同而有所区别。简要说明各阶段敏感性分析关注的主要方向。

1. 城市总人口

城市总人口是线网规划阶段和建设规划阶段的敏感性话题之一。城市远期和远景的规划人口能否实现，影响城市规模和远景地铁网的总规模。而城市总人口在初、近期能否按规划在规划时限内实现，则影响城市轨道交通近期建设规划的报批规模，也影响规划内各轨道交通线路的客流规模和客流效益。

目前，普遍认为，国内部分城市总体规划的城市总人口有高估倾向。为防范人口高估所带来的轨道交通建设风险，加强客流预测在城市总人口的敏感性分析是必要的。

2. 新城、新区、开发区、示范区的定位和规模

城市重要的新城、新区、开发区、示范区等对城市发展有重大的影响。如果他们的定位、规模发生变化，超过或未达到预期规模，对服务于这些新城、新区、开发区、示范区的轨道交通子网、线路来说，其预期的规模、客流总量都会受到影响。客流预测应针对该因素展开敏感性分析。

该因素的敏感性分析可能发生在轨道交通线网规划、建设规划或工程可行性研究阶段中的任一阶段，应视实际情况处理。

3. 轨道交通线路沿线人口和岗位

轨道交通沿线的规划人口和岗位，以及人口和岗位在沿线的分布特征，直接影响轨道交通线路的客流规模。所以在工程可行性研究阶段的客流预测中，有必要关注规划的沿线人口、岗位总量是否可能实现，以及他们的分布情况是否有利于形成地铁客流。在这一阶段，针对沿线人口 、岗位的实现程度进行敏感性分析是必要的，特别要注意防止客流高估风险。

4. 轨道交通沿线重要组团(开发区、新区)的建设进度

目前，由于国际经济形势波动，在一定条件下，也可能会影响国内的建设速度。如果轨道交通沿线重要组团的建设进度滞后，则轨道交通线路的客流规模就会受到影响。在此情况下，可就沿线组团的建设进度进行敏感性分析。此情况下，敏感性分析往往只针对初、近期的客流量进行。

5. 票价、票制

轨道交通运营中采用的票价、票制如果与客流预测时的设定值不一致，则会影响地铁客流量。特别在

初、近期，乘客对票价、票制较为敏感，对客流的培育有较大的影响。建议对初、近期客流量规模，就票价、票制因素进行敏感性分析。分析可在模型上进行，并参考类似城市进行票务改革，引发客流量波动的经验。

如果轨道交通的票制、票价与客流预测的假设一致，但公交票价与预测的票价不一致，由于地铁和常规公交之间的竞争关系，也会影响轨道交通的客流量。此时，需针对票价因素，对轨道交通的客流量进行敏感性分析。

6. 轨道交通的发车间隔等供给条件

如果在轨道交通运营初期，由于配车不够等原因，轨道交通的发车间隔比预期有所延长，则也会导致客流量降低。敏感性分析应就该因素展开讨论。一般，该敏感性分析只针对运营初、近期开展。

7. 重要换乘线路（站点）的建设时限

如果，轨道交通线路负有为市域轨道交通或城际铁路接驳客流的任务，且市域铁路或城际铁路的客流主要通过该轨道通线路换乘，那么市域线、城际线的建设时期就对该线的初期客流影响极大。此时，应就换乘线路的建设时期，开展敏感性分析。

8. 城市交通政策的变化

城市交通政策对城市轨道交通的客流规模影响极大，比如，如城市对居民利用小汽车出行采取更严厉的限行措施，则更多的驾车出行者可能转换为利用地铁出行。所以，在线网规划阶段和建设规划阶段，应就交通政策的可能性变化进行敏感性分析，以供决策者分析、参考。

当然，在工程可行性研究阶段，也可就全市性或沿线个别地区的局部性的交通政策进行敏感性分析，如某地域的禁止停车、限行等敏感性政策对轨道交通客流的影响等。

3.6 客流分析和客流检查

客流分析指由客流预测编制单位所作的服务于不同目的的客流分析，其目的与内容，类同于各客流预测专册文件。

客流检查在本节指由预测单位和预测结论使用者从规划的符合性、模型构造的合理性、应用可行性等方向进行的多角度检核。目前，结合工程实际的客流检查进行得有些偏少。

3.6.1 客流分析

1. 线网规划、建设规划阶段的客流预测报告中客流分析的主要方向

在线网规划、建设规划阶段的客流预测报告中，客流分析的主要研究方向是对各个比较方案的总体性指标进行整理、推算、分析，以方便决策，选择最优方案。比如，根据客流预测结论，推算各方案，各类交通方式分担全市客流的比例，以便从中选取更合乎城市交通发展、控制目标的方案。又比如，根据客流预测结论，做出在各方案下，交通大区间的轨道交流量，以方便从中推选出更有利于实现城市规划布局和交通疏解的规划方案。再比如，可以分析各方案对解决全市主要拥堵地区（或重点发展地区）交通问题的贡献率，以确定线网规划的重要布设方向或建设规划拟建设项目的主要选择方向。

2. 工程可行性研究阶段的客流预测报告中客流分析的主要方向

(1)客流预测结论的差异性分析

随着规划、设计研究的深入，各阶段的客流预测结论会出现一些差异。这些差异是否合理，差异是否在标准和政策允许的范围内，以及引发差异的原因，都是客流分析要研究解答的问题。

客流分析就是要通过客流分析，说明差异产生的原因和合理性，并证明最终结论的可信度。

各阶段的客流预测结论一般都会存在差异。此时，客流分析一般采用定性或定性与定量相结合的方法进行分析、解释。

(2)针对工程重点、难点问题的客流分析

在轨道交通工程可行性研究中，总会出现一些与客流预测相关的重点、难点问题，需要客流预测提供对解决该问题更有效、更精准、更详细的客流预测分析。

比如，项目的制式选择问题，就需要在客流分析中，提供关于高峰时段断面形态、高峰高断面值、高峰客

流总量等相关数据的详细、深入分析。

又比如，当项目承担过江、过海客运时，就需对过江、过海客流进行客流分析。该分析应包含全市过江（过海）客流总量、各交通方式所承担的过江（过海）客流比例、轨道交通承担的过江（过海）客流总量、各轨道交通线路承担的过江（过海）客流量、本线承担的过江（过海）客流量、本线过江（过海）客流量在各种情况下有多大的弹性空间等内容。

3.6.2 客流检查

1. 线网规划、建设规划阶段客流预测报告中客流检查的主要方向

在线网规划和建设规划阶段的客流预测主要用于方案比选，要求预测模型对各个备选方案都是公平的。所以在这两个阶段，对客流预测结论的检查，往往重点关注预测结论中的城市交通需求预测结果汇总表、城市轨道交通建设规划各比较方案中各线路的客流总体指标表和建设规划各方案中所含各条线路的总体性指标表。

检查方向主要是和上位规划的对比分析，如城市交通需求预测结果汇总表中的各指标是否和上位规划中的目标值接近或相等，结合类似城市同一指标，进行对比分析等。

2. 工程可行性研究阶段进行客流检查的主要方向

在工程可行性研究阶段，需依据客流预测结论，确定轨道交通线路的总体规模、车辆制式、编组、拟采用的运营方案、车站规模、换乘通道规模等重要建设规模数据和设备类型及数量。所以，对预测结论应结合工程需求，认真检查。在该阶段，主要检查方向如下：

（1）对高峰高断面和高断面位置的检查

单向高峰高断面的大小决定线路的总体规模和车辆选型及编组，是最重要的客流指标，应认真、多角度分析检查。

高断面的大小、位置和高峰小时系数密切相关，应首先检查高峰系数的采用是否合理，可对照本市或同类城市的高峰系数，分析对照检查；临近高断面的各个车站的高峰系数影响最大，应重点检查。

城市已运营地铁线路各站的高峰系数，对新线高峰系数取值，具有重要的指导价值，应进行对比分析。

高断面位置和高断面还可参照沿线常规公交数据，分析检查。

（2）对断面形态的检查

高断面的分布形态与轨道交通线路的运营交路方案相关。

初、近期断面形态可参照沿线常规公共交通的分布形态分析检查，远期断面形态可在初、近期断面形态基础上，综合考虑远期的规划变动，分析检查。

（3）对客流总量的检查

可参考同一城市类似线路，或同类城市相近线路，进行对比、分析检查。或结合沿线现状公交客流和未来沿线人口、岗位数量的变化，进行综合分析检查。

（4）对车站乘降量的检查

车站乘降量在一定程度上决定车站的站台宽度，也就是车站的规模。

可进行同类（规划、人口、岗位、用地性质、位置等）车站的对比、分析。注意检查超高峰系数，其取值大小对站台规模有影响。

（5）对换乘量的检查

换乘量的大小决定换乘通道或换乘楼梯的规模和设置方式。

换乘总量可通过同类换乘站的对比分析进行。

分方向换乘量的大小可结合线路走向、乘客流向进行综合分析。

3. 初步设计阶段进行客流检查的主要方向

初步设计阶段，工程设计单位对预测结论的检查可分为两个方面。

（1）客流专题评审及工程可行性研究评估专家意见的落实、修改

初步设计阶段，预测单位应对客流专题评审及工程可行性研究评估会的专家意见，进行研究分析并修改落实。设计单位应对修改后的预测结论进行检核，检查“修改”与专家意见是否一致，修改后的结论与沿

线规划是否符合，与工程实际是否协调。

(2)对分向客流的检核

根据《城市轨道交通客流预测规范》(GB/T 51150—2016)要求，分向客流应在初步设计阶段提供。对分向客流的检核，首先应检查分方向客流与出入口设计方案是否一一对应。再检查分向客流的大小是否与出入口对应方向的规划强度、接驳公交站的设置是否相符合。

如出入口方向对应有可产生突发客流的建筑物，除检查分向客流的正确性外，还应检查对应的不均衡系数取值是否偏小。

本章参考文献

[1] 城市轨道交通客流预测规范:GB/T 51150—2016[S]. 北京:中国建筑工业出版社,2016.
[2] 城市轨道交通线网规划标准: GB/T 50546—2018[S]. 北京:中国建筑工业出版社,2018.
[3] 地铁设计规范:GB 50157—2013[S]. 北京:中国建筑工业出版社,2013.
[4] 中国城市规划设计研究院,南京城市交通规划设计研究院股份有限公司,中咨城建设计有限公司. 厦门市、南京市相关线路的客流预测报告[R].

4 运营组织

4.1 运营组织主要研究内容

运营组织主要包括最高运行速度选择、车辆选型及编组方案、列车开行方案、配线方案、输送能力，以及列车运行图铺画、牵引计算模拟、运营管理等相关内容的理论研究和设计工作。

4.1.1 最高运行速度选择

最高运行速度是城轨交通重要的技术核心指标之一，是确定工程规模、技术装备的重要依据。它的选择与线路长度、客流构成、站间距离及服务水平密切相关，过高或过低的速度标准都会给运营带来不利的影响。选择过高的最高运行速度，会造成工程投资的增加，对于站间距并不大的线路，反而会影响行车效率，对缩短运行时分效果并不明显；而选择过低的最高运行速度，旅行时间长，不利于吸引客流，同时造成运用车数量的增加。因此，合理确定城轨交通的最高运行速度，对降低工程造价、吸引客流意义重大。

其研究步骤具体如下：

(1)结合轨道交通线网规划，认真研究项目在线网中的定位，项目建设的必要性、迫切性及拟建项目修建的主要目的。

(2)根据项目的功能，结合时间目标值要求和站间距确定项目最高运行速度的选择范围。

(3)在可研阶段，结合线路方案，根据沿线所经地区的主要控制点、地形地貌，对速度目标值提出建议。

(4)通过站间距、线路条件、工程投资、综合效益的影响分析对最高运行速度方案进行比选，得出推荐的最高运行速度方案。

(5)结合本工程的功能定位及时间速度目标值分析，最终确定最高运行速度。

4.1.2 车辆选型及编组

1. 车辆选型原则

(1)适应自然环境、线路条件，满足运量需求，适当留有储备和发展余地。

(2)技术成熟、安全可靠、低能耗、运用维修方便，并具有相应的经济性。

(3)乘坐舒适、造型美观、噪声小，与城市环境相协调。

(4)充分考虑车辆资源和检修设施资源的共享，与线网规划车辆制式尽可能协调。

(5)符合国家产业政策，满足车辆国产化率的要求，降低造价。

2. 列车编组研究方法

车辆选型确定后，根据车辆定员，确定列车编组辆数。一般一列车定员按式(4.1-1)计算如下：

$$\text{列车定员}=\text{列车编组辆数}\times\text{每辆车定员(分带司机室和不带司机室车辆定员)} \quad (4.1\text{-}1)$$

按照高峰小时最大断面客流量以列车定员来确定列车编组。根据设计年度客流的变化，可采用同一编组方案或不同的编组方案。采用不同编组方案，考虑列车重组需要重新调试，并且增加相应的投资，为避免列车在短期之内调试更新，一般来说初期列车编组宜与近期编组一致；当近、远期列车长度相近时，初期列车长度可与远期一致。

初、近、远期编组也应尽量考虑一致，避免因编组不同导致车辆内部参数不同和维修期不同，如采用不同编组，应考虑混跑的可行性和将旧车辆使用到其他线路的可行性。

4.1.3 开行方案

国内外铁路及部分城市轨道交通线路，一般从提高列车旅行速度、减少乘客出行时间出发，根据线路的客流特点和通过能力利用状况，部分线路开行一站直达列车、大站直达列车、交错停站列车及站站停列车。开行直达列车、部分停站列车等快车后，能提高列车的旅行速度，缩短旅行时间，为长距离旅客提供更高水平的服务；同时可提高列车的运营效率，减少运营车辆数。但开行快慢车也会带来一定的负面影响，如由于列车跨站运行，被越行车站的客运服务水平将有所下降，平均等待时间增加；在列车密度较高的情况下，快慢列车间将发生越行，降低了线路的通过能力。

因此，开行方案应以客流特点为依据，科学合理地安排列车种类、数量、起讫点和停站，满足客流的多元化需求。一般有如下几种列车开行方案：

1. 一站直达列车

一站直达列车是开行在城市轨道交通两端点之间客流所占比例较高的直达列车。这部分客流运行距离长，要求旅行速度快、时间短、舒适性高。一般列车停站1次需要增加约1.5 min的旅行时间，直达列车的旅行时间比站站停列车要少得多，且距离越长，节省的时间越明显，因此对这部分客流宜开行一站直达列车。但由于开行直达列车必然要越行站站停列车，使站站停列车在越行站产生多余的等待时间。因此开行直达列车要根据两端客流占总客流的比重进行综合比较分析，对两端客流较大的轨道交通，特别是高峰小时客流较大的应开行中间不停站直达列车。

2. 大站间直达列车

大站停列车介于直达列车和站站停列车之间，对于部分中间站发到客流量较大时，开行大站停列车也可作为比选方案。但开行大站停列车会降低其他中间站的服务频率，需要在运营过程中根据实际客流情况进行确定。如沿线各站间的旅客交流量占有相1当比例时宜开行大站间直达列车，此种列车只在各大站停车，而各小站不停。

大站间直达列车开行方案与下列因素有关：

(1)客流条件。适用于跨行的车站上下车客流较小且乘客平均乘车距离较远。

(2)发车间隔。开行跨站停的列车时，列车的发车间隔不能太大。

(3)通过能力。不同的跨站停方案所能实现的最大能力是不同的。运输能力的大小与列车的间隔时分、列车的跨站方式及列车的停站时分等因素相关。

(4)车站服务水平。由于开行跨站停列车会使乘客的出行具有选择性，因此需要提供完备和人性化的服务系统，使乘客能选择适合乘坐的列车，尤其要对需绕行并换乘的乘客加强引导。跨站运行时，列车在不停车的车站会以较高的速度通过。为保障乘客的安全，车站的设施应做到安全可靠，并应加强车站管理。

3. 交错停站列车

交错停站列车，即列车在各大站都停，在大站之间的小站则列车交错停站。由于减少了停站数量，可一定程度提高旅行速度。但小站的旅客候车时间将会增加，此开行方式仅适用于各大站交流量大，小站交流量小，列车开行密度高，并且旅客乘车距离长的情况。

4. 站站停列车

沿线客流分散在各中间站，乘客对乘车的方便性要求高，为满足该部分客流的需要，须开行站站停列车。

5. 开行方案影响因素分析

列车开行方案需要根据客流需求、车站能力、列车等级、径路长度及列车间的协调配合情况综合确定，影响列车开行方案的因素主要有以下方面：

(1)客流换乘需求。停站设置需要根据客流需求的到站和换乘站决定，但客流的换乘站和降低换乘量又需要在给定的停站方案下确定，并且客流的换乘选择也会对停站设置产生影响。因而，停站设置和客流换乘选择形成一种主从博弈关系。

(2)列车停站等级要求。通常高等级列车只停靠客流集中的较高等级的客运站，为旅客的集中换乘、减少换乘时间和降低换乘风险提供有利条件；较低等级旅客列车需要在较低等级车站停靠，服务于径路上的沿途零散客流。

(3)车站接发列车的能力。

(4)停站数量对旅行速度的影响。列车停站对旅行速度具有较大影响，停站数量越多，旅行速度越低。

(5)最大停站数量的限制。列车停站数量与列车等级有关。高等级列车停站距离间隔比较长，停站数量较少；低等级列车停站距离间隔比较短，停站数量较多。

4.1.4 配线设计

1. 配线类型简介

车站配线包括渡线(单渡线和交叉渡线)，车辆段、停车场出入段线，折返线，故障车停留线，存车线，安全线及联络线等。各种配线使用功能如下：

(1)渡线(单渡线和交叉渡线)

除折返站必须设置渡线外，线路中间宜每隔3～5个车站加设渡线，用于在非正常情况下，组织临时列车交路运行。

(2)车辆段、停车场出入段线

出入线是列车出入车辆段、停车场的走行通道，是车辆段、停车场与正线连接的线路。

(3)折返线

用于线路起、终点站的列车折返和中间折返站(小交路起终点)的列车折返。

(4)故障车停留线

故障车停留线主要用于运营过程中故障列车的停放。

(5)存车线

存车线与故障车停留线不同。在起、终点站距车辆段、停车场较远时，为减少早晚出车、收车的空走时间，在线路起、终点站或折返站上设置存车线，存放部分过夜列车。必要时存车线可设列车技术检查设施。

(6)安全线

为了防止在出入段线、折返线或岔线上行驶的列车未经允许进入正线与正线列车发生冲突，而设置安全线，从而保证列车安全、正常的运营。

(7)联络线

联络线主要用以连接线网中不同的线路或与铁路相连，用于车辆回段检修，同时兼作临时运营正线和设备运输通道。联络线作为辅助线路，利用率较低，一般按单线双向使用。

2. 配线设置原则

车站配线应按全网、全线分层布局和配置。按线网规划确定设置正线间联络线及其渡线；确定车辆段(或停车场)与正线接轨站的配线，支线与正线接轨站的配线；按列车运行交路选定中间折返站及其配线。

4.1.5 输送能力

输送能力是指在采用一定的车辆类型、信号设备、固定设备和行车组织方法条件下，按照现有活动设备的数量和容量，轨道交通线路在单位时间内(通常是高峰小时、一昼夜或一年)所能运送的乘客人数。

在轨道交通设计的前期阶段，根据客流预测结果，合理地确定线路的输送能力是很重要的。线路输送能力的影响因素主要有最小追踪间隔时间、折返站的折返能力、车底数量、列车编组等。合理的确定线路需要的输送能力能够为合理的确定列车编组、折返站的车站布置、车底配备数量等提供基础。

影响线路输送能力的因素主要有以下几个方面：

1. 最小追踪间隔时间

在轨道交通系统中，线路的最小追踪间隔时间主要由列车进站运行时间、列车制动停车时间、列车停站时间及列车加速出站时间四部分组成。

2. 折返站折返能力

列车折返能力不仅是确定城市轨道交通全线列车运输能力的基础，也是整个城市轨道交通系统运营组织的关键。在工程设计阶段，折返能力的计算是确定折返站配线，验算信号系统设计能力和确定列车运行组织方案的主要依据。折返站的折返能力是地铁线路通过能力的一个重要环节，没有与线路相适应的折返能力，将直接影响着全线的通过能力，甚至限制线路能力的有效发挥。

3. 运用车数量

运用车数量 N(辆)与列车的运行周期 T(周)、高峰小时发车间隔 t 及备车数量 n 有关，当车底数量不足时，线路的输送能力应由车底数量决定。

4. 列车编组数量

在列车最小追踪间隔一定的前提下，即单位时间内开行的列车对数一定的前提下，列车编组数量决定了列车输送能力。

5. 能力富裕比例

客流预测是规划值，实际是在城市公交客运总量中的分担值，应以宏观性、控制性为目标，不是绝对值，其预测结果有一定的波动性。为适应客流波动情况，轨道交通线路的输送能力设计需要在满足客流预测结果的基础上考虑部分能力富裕。

4.1.6 运营管理

1. 列车运行管理

为确保列车安全、高效运行，对运营全过程实施集中监控和管理，轨道交通系统应设置运营控制中心(OCC)。它是轨道交通运输网络的控制中枢和指挥中心，对保证轨道交通网络的安全、正点运营具有决定性作用。运营控制中心的设置应遵循以下原则：

(1)运营控制中心可控制单条或多条线路，以便于各线运营管理和调度指挥，便于各线之间的协调，最大程度实现资源共享为原则。

(2)控制中心的位置宜选择靠近城市道路干线、靠近车站、接近监控管理对象的中心地带，方便与城市其他线网连接，并能兼顾多条线路。

(3)控制中心的调度人员通过使用信号、火(防)灾自动报警、环境与设备监控、电力监控、自动售检票和通信等系统中央级设备对全线运行的全过程进行集中监控和管理。

(4)调度指挥系统一般采用两级调度机制，即中央级集中控制和车站级控制。正常情况下由控制中心实行一级监控，车站为二级监控，当控制中心发生故障时，则授权中心车站负责行车指挥。

2. 乘务管理

列车乘务制度包括包乘制和轮乘制。

包乘制指乘务员与车组相对固定，司机对列车性能比较熟悉，便于操作与保养，但配车和定员不经济，车辆利用率低，乘务员工作时间长。

轮乘制指乘务员与车组没有固定关系，司机轮流出乘，机动灵活，劳动强度低。

目前，城市轨道交通多采用轮乘制。

4.2 国内外机场类线路行车组织简介

目前，全世界已有近100个机场开通了轨道交通，还有140多个机场正在筹划建设机场轨道交通。日本、英国、法国、韩国、马来西亚、泰国、美国、加拿大等多条机场轨道交通已运营多年，已具有成熟运营经验。

对各机场线实际运营情况，进行类比和分析后，归纳机场线的运营特点如下：

(1)机场线最高运行速度较高：除城市轨道交通延伸线外，大部分机场线速度目标值高于120 km/h。

(2)站间距较大：为了适应机场客流对运行时间的要求，机场专线的站间距较大或开行专为机场客流服务的直达列车，以减少停站时间，增加列车高运行的距离。

(3)铁路制式的机场线多采用网络化运营模式：一般情况下铁路制式的机场线与周边铁路的主要技术标准是一致的，完全具备不需改造即可开行跨线列车的条件。

(4)多种等级列车混跑：铁路制式机场线及部分城市轨道交通制式机场线采用站站停、直达列车混跑的运营模式，分别为通勤客流和机场客流服务。

(5)行车间隔较大：仅开行站站停列车的机场线行车间隔为3～8 min，较大多数城市轨道交通行车间隔大；而开行多等级列车的线路行车间隔在8～30 min。

(6)大多数机场线列车编组为4～8辆。

4.2.1 最高运行速度

1. 国内外机场线最高运行速度分类

根据调查的相关资料，归纳总结国内外机场线的速度目标值，结合站间距、列车开行方案，将机场线列车最高运速度主要分为三个等级：

(1)第一等级为机场专线

其特点是为机场客流服务、设站较少、平均站间距较大，部分线路为追求更少的运行时间采用直达列车与站站停列车混跑的运行方式，详见表 4.2-1。

表 4.2-1 机场线运行情况统计表

机场线名称	线路长度(km)	车站数量(座)	平均站间距(km)	运营模式	最少运行时间(min)	旅行速度(km/h)	最高运行速度(km/h)
苏凡纳布机场捷运	28.6	8	4.09	站站停、一站直达	27	63.56	160
关西空港线	11.1	3	5.55	站站停	10	66.60	140
吉隆坡机场快铁	57	5	14.25	一站直达、站站停	28	122.14	160
希斯罗机场快线	24	4	8.00	一站直达、站站停	22	65.45	160
香港机场快线	35.3	5	8.83	站站停	23	92.09	140
仁川国际机场铁路	58	9	7.25	一站直达、站站停	43	80.93	120
成田线	23.9	6	4.78	一站直达、大站快车、站站停	53	90	140
北京机场线	28.1	3	14.05	站站停	24	70.25	120

从上表可以看出，机场专线平均站间距大多大于 5 km，除国内由于标准、车型等技术不成熟，设计列车最高运行速度较低，其他国家机场专线列车最高运速度大多采用 120～160 km/h。

(2)第二等级为市域线机场支线或铁路机场支线

其特点是兼顾机场与沿线通勤客流、站间距较短，但除开行站站停列车外，还大量开行一站直达或大站直达列车，其中铁路机场支线多开行跨线列车，详见表 4.2-2。

表 4.2-2 机场支线运行情况统计表

机场支线名称	线路长度(km)	车站数量(座)	平均站间距(km)	运营模式	列车运行交路长度(km)	运行时间(min)	旅行速度(km/h)	最高运行速度(km/h)
京滨急行电铁空港线	6.5	7	1.08	一站直达、大站快车、站站停	14.5	16	54	120
京成电铁本线	69.3	42	1.69	大站快车、站站停	69.3	51	82	120
首尔地铁 9 号线	27	25	1.13	大站快车、站站停	27	20	81	100
京成电铁本线	69.3	42	1.69	大站快车、站站停	69.3	51	82	120

由上表可以看出，此类线路平均站间距均较小于 2 km，但为了保证机场线的服务质量，均开行有直达列车或大站快车，以提高列车以最高运行速度运行的距离、减少运行时间。但由于站间距较小，站站停列车速度较低。为了避免由于快车与慢车速差太大而引起线路通过能力大幅减小，其速度目标值范围为 100～120 km/h。

(3)第三种机场线为市区轨道交通机场延长线

其特点是为沿线通勤客流服务、兼顾机场客流，站间距较短，且所开行的列车均为站站停列车，详见表 4.2-3。

表 4.2-3 机场延伸线运行情况统计表

机场延长线名称	线路长度(km)	车站数量(座)	平均站间距(km)	运营模式	运行时间(min)	旅行速度(km/h)	最高运行速度(km/h)
机场线（福冈市地下铁）	13.1	13	1.09	站站停	22	36	80
上海轨道交通 2 号线机场段	24	9	3.00	站站停	35	41	80
上海轨道交通 10 号线	36	31	1.20	站站停	58	37	80

续上表

机场延长线名称	线路长度(km)	车站数量(座)	平均站间距(km)	运营模式	运行时间(min)	旅行速度(km/h)	最高运行速度(km/h)
广州地铁 3 号线	64.41	28	2.39	站站停	—	—	120
深圳地铁 1 号线	41	30	1.41	站站停	67	37	80

由上表可以看出，此类线路列车最高运行速度均与其市区轨道交通站间距相匹配，最高运行速度大多为 80 km/h。

2. 小结

根据以上分析，总结出国内外机场线列车最高运行速度分类及特征，详见表 4.2-4。

表 4.2-4 机场线运行特征表

机场线等级	站间距(km)	运 营 模 式	最高运行速度(km/h)	服 务 对 象
机场专线	>4	站站停/直达与站站停混跑	120～160	主要为机场客流服务
市域线机场支线或铁路机场支线	1～2	直达与站站停混跑	100～120	兼顾机场与沿线通勤客流
市区轨道交通机场延长线	1～3	站站停	80～120(与市区段一致)	主要为沿线通勤客流服务、兼顾机场客流

4.2.2 最小行车间隔

国内外机场线行车间隔统计见表 4.2-5。

表 4.2-5 机场线行车间隔统计表

机场线名称	运 营 模 式	最高运行速度(km/h)	行车间隔(min)	编组(辆)	定员	运能	跨线客流组织	衔接的机场	机场吞吐量(万人次/年)
京滨急行电铁空港线	一站直达/大站快车/站站停混跑	120	20	—	—	—	跨线	东京国际机场(羽田机场)	6 675
成田线	一站直达/大站快车/站站停	140	30	12	—	—	跨线	成田机场	3 349
仁川国际机场铁路	一站直达/站站停	120	30/8	—	—	—	换乘	仁川国际机场	3500
苏凡纳布机场捷运	站站停/一站直达/小交路直达	160	20/30/40	3	156	936	换乘	苏凡纳布机场	—
吉隆坡机场快铁	一站直达	160	15	4	156	624	跨线	吉隆坡国际机场	—
巴黎大区快铁 B 线机场支线	大站快车/站站停	160	12	4/8	—	—	—	戴高乐机场	6 100
希斯罗机场快线	一站直达、站站停混跑	160	15	—	—	—	换乘	希思罗机场	6 700
加拿大线	—	80	3	2	—	—	换乘	温哥华国际机场	1 690
皮尔逊机场快线	—	—	15	—	—	—	—	皮尔逊国际机场	3 100
北京机场线	站站停	120	8/4	4	256	1 920	换乘	首都国际机场	7 395
上海轨道交通 2 号线市内段	站站停	80	3/2	8	2 480	49 600	换乘	上海虹桥机场	3 130
上海轨道交通 2 号线机场段	站站停	80	6.5/2	8	2 480	22 892	换乘	上海浦东国际机场	4 144
上海轨道交通 10 号线	站站停	80	5/2	6	1 860	22 320	换乘	上海虹桥机场	3 130
广州地铁 3 号线	站站停	120	4.5/2	6	1 536	20 480	换乘	广州白云机场	4 504
深圳地铁 1 号线	站站停	80	5/2	6	1 860	22 320	换乘	深圳宝安国际机场	2 907
香港机场快线	站站停	140	8/4	7+1	1 034	7 755	跨线	香港国际机场	6 500
郑机城际	多种停站	200	30/3	8	1 511	3 022	换乘	郑州新郑国际机场	1 000
南京机场线	站站停	100	2	6	1 536	46 080	换乘	南京禄口国际机场	1 300

注：表中行车间隔“/”分别指实际运营间隔和设计行车间隔。

由上表可以看出，国外铁路制式机场线及部分地铁制式机场线采用站站停和直达列车混跑运行模式且开行跨线列车。考虑行车安全、不同运行模式列车速差对能力的影响、跨线列车共线段密度等原因，一般情况下实际运营行车间隔较大，为 8～30 min；而地铁制式的机场线路，如仅考虑开行站站停列车的机场线路，其实际运营行车间隔和设计行车间隔相近，为 3～8 min。

4.2.3 运营模式

国内外机场线运营模式统计见表 4.2-6。

表 4.2-6 国内外机场线运营模式统计表

机场线名称	线路长度(km)	运营模式	跨线客流组织
京滨急行电铁空港线	6.5	一站直达/大站快车/站站停	跨线
东京单轨电车羽田线	17.8	一站直达/大站快车/站站停	换乘
成田线	23.9	一站直达/大站快车/站站停	跨线
京成电铁本线	69.3	交错停站	跨线
成田机场线	51.4	多种等级	跨线
机场线（福冈市地下铁）	13.1	站站停	换乘
关西空港线	11.1	站站停	换乘
仙台机场联络线	17.5	站站停/大站快车	换乘
千岁线	59.2	交错停站	跨线
仁川国际机场铁路	58	一站直达/站站停	换乘
首尔地铁 9 号线	27	大站快车/站站停	换乘
苏凡纳布机场捷运	28.6	站站停/一站直达/小交路直达	换乘
吉隆坡机场快铁	57	一站直达	换乘
希斯罗机场快线	24	一站直达/站站停	换乘
海华沙有轨电车	19.7	站站停	换乘
加拿大线	19.2	站站停	换乘
北京机场线	28.1	站站停	换乘
上海轨道交通 2 号线市内段	36	站站停	换乘
上海轨道交通 2 号线机场段	24	站站停	换乘
上海轨道交通 10 号线	36	站站停	换乘
上海磁浮示范运营线	30	站站停	换乘
广州地铁 3 号线	64.41	站站停	换乘
深圳地铁 1 号线	41	站站停	换乘
香港机场快线	35.3	站站停/大站快车(相对于东涌线)	跨线
郑机城际	30	不同等级列车	跨线

由表 4.2-6 可见，从跨线客流组织角度考虑，国内外铁路制式的机场线运输组织方式主要为开行跨线列车，其特点是多为铁路制式或供电系统及信号系统兼容，机场线客流较少，行车间隔大，能力富裕。而城市轨道交通制式的机场线大多采用换乘方式，其特点是多为地铁、单轨、有轨电车制式，信号、供电系统与其他线路不兼容，客流较大、行车间隔较小、能力紧张。

从列车开行方案角度考虑，铁路制式的机场线及少部分城市轨道交通线路采用站站停、直达、大站快车、交错停站等不同等级列车混跑模式，其特点是行车间隔大或全线设有越行线；而大多数城市轨道交通制式的机场线采用站站停模式，其特点是行车间隔较小或线路及车站规模较小，未设越行线。

结合内外机场线运营模式，归纳出各运营模式的适用条件详见表 4.2-7。

表 4.2-7 机场线运营模式使用条件分析表

线路制式	跨线客流组织方式	列车开行方案	适用条件
铁路	跨线	站站停/直达/大站快车/交错停站	与周边铁路网标准统一、各设备系统兼容、行车间隔较大

续上表

线路制式	跨线客流组织方式	列车开行方案	适用条件
城市轨道交通	跨线	站站停/直达	各设备系统兼容,机场线客流较少,行车间隔大或设有越行线
	换乘	站站停	各设备系统不兼容,行车间隔小且未设有越行线

4.3 国内外市域线简介

市域线,是一种提供城市市中心与近郊郊区之间往来通勤运输服务的轨道交通。作为通勤线路使用时,顾名思义,主要服务需要每日通勤的学生与上班族。在全球大部分的城市群,每天都有大量的乘客使用市域轨道交通上下班和上下学。

20 世纪末以来,很多地方的城市都着重发展市域轨道交通,一方面希望减轻市区内的路面交通压力,减少污染,以及对汽车和石油的依赖;另一方面也希望轨道交通能带动途经地区区域发展。

对各市域线实际运营情况,进行类比和分析后,归纳市域线的运营特点如下:

(1)市域线最高运行速度较高:除少部分建造较早的线路限于技术原因速度较低,大部分市域线最高运行速度在 120～140 km/h 之间,但市内段运行速度一般在 80～120 km/h 之间。

(2)站间距较大:大部分线路站间距较大,且根据掌握的资料,一般情况下,平均站间距在 2 km 以上,但市内段站间距稍小。

(3)国内外列车运行模式不同:国外市域线多采用站站停、直达列车多交路混跑的运营模式,但国内市域线由于承接客流较大,为保证输送能力,一般仅采用站站停模式。

(4)最小行车间隔较小:绝大多数线路最小行车间隔为 2 min。

(5)大多数市域列车编组为 4～8 辆。

4.3.1 最高运行速度

根据调查的相关资料,可以发现,目前国外市域线最高运行速度大多在 120 km/h 以上,国内市域线最高运行速度大多在 100 km/h 以上。

由于城市内人口密度较高、城市外人口密度较低的原因,市内设站密度一般情况下较市外高,即市区内站间距较市区外小,同时由于市区内建筑密度较高,对线路的平面布置影响较大,限速点较多。基于以上原因,大多市域线在市内、市外采用不同的最高运行速度,市内最高运行速度较市外低 20～40 km/h,详见表 4.3-1。

表 4.3-1 市域线最高运行速度统计表

市域线名称	线路长度(km)	车站数量(个)	站间距(km)	最高运行速度(km/h)
巴黎 RER A 线	108	46	2.63	市内 100,外部 120
巴黎 RER B 线	80	47	1.7	120
巴黎 RER C 线	187	84	2.16	市内较低,外部 140
巴黎 RER D 线	197	59	3.3	市内 90,外部 140
巴黎 RER E 线	52.3	21	2.62	市内较低,外部 140
东京中央快速线	53.1	24	2.3	市内 95,外部 130
东京筑波快速线	58.3	20	2.90	130
东京成田线	23.9	6	4.78	130
首尔地铁 9 号线	27	25	1.13	100
上海地铁 9 号线一、二期(部分在建)	57.2	28	2.04	80(预留 120)
上海地铁 11 号线北段一、二期(部分在建)	80.4	40	2.06	100
上海地铁 11 号线南段(设计中)	59	12	5.36	120

续上表

市域线名称	线路长度(km)	车站数量(个)	站间距(km)	最高运行速度(km/h)
上海磁浮示范运营线	30	2	30.00	450
广州地铁3号线	64.41	28	2.39	120
津滨轻轨	53	19	2.95	市内80，外部100
香港机场快线	35.3	5	8.83	130
将军澳线	12.3	8	1.76	80

4.3.2 最小行车间隔

国内外市域线行车间隔统计详见表4.3-2。

表4.3-2 市域线行车间隔统计表

市域线名称	运营模式	最高运行速度(km/h)	行车间隔(min)	编组(辆)	是否存在支线
巴黎RER A线	交错停站	市内100，外部120	2	3/9	是
巴黎RER B线	交错停站	120	2	4/8	是
巴黎RER C线	交错停站	市内较低，外部140	2	—	是
巴黎RER D线	交错停站	市内90，外部140	2	3/4/5/6	是
东京中央快速线	站站停、大站快车	市内95，外部130	2	4/6/10	否
东京筑波快速线	站站停、大站快车	130	2	—	否
上海地铁9号线一、二期(部分在建)	站站停	80(预留120)	2	6	否
上海地铁11号线北段一、二期(部分在建)	站站停	100	2	6	是
上海地铁11号线南段(设计中)	站站停	120	2	3/6	是
上海磁浮示范运营线	站站停	450	15	5	否
广州地铁3号线	站站停	120	2	6	是
津滨轻轨	站站停	市内80，外部100	2	4	否
香港机场快线	站站停	130	2	7+1	否
将军澳线	站站停	80	2	8	是

由上表可以看出，除上海磁浮示范运营线外，国内外市域线最小行车间隔均为2 min。

4.3.3 运营模式

国内外市域线运营模式统计详见表4.3-3。

表4.3-3 国内外市域线运营模式统计表

市域线名称	站间距(km)	运营模式	是否存在支线	是否跨线运营
巴黎RER A线	2.6	交错停站	是	否
巴黎RER B线	1.7	交错停站	是	否
巴黎RER C线	2.16	交错停站	是	否
巴黎RER D线	3.3	交错停站	是	否
巴黎RER E线	2.62	交错停站	是	否
东京中央快速线	2.3	站站停、大站快车	否	是
东京筑波快速线	2.9	站站停、大站快车	否	是
东京成田线	4.78	一站直达、大站快车、站站停	否	是
首尔地铁9号线	1.1	大站快车/站站停	否	否
上海地铁9号线一、二期(部分在建)	2.0	站站停	否	否

续上表

市域线名称	站间距(km)	运营模式	是否存在支线	是否跨线运营
上海地铁 11 号线北段一、二期(部分在建)	2.1	站站停	是	否
上海地铁 11 号线南段(设计中)	5.4	站站停	是	否
上海磁浮示范运营线	30.0	站站停	否	否
广州地铁 3 号线	2.4	站站停	是	否
津滨轻轨	2.9	站站停	否	否
香港机场快线	8.8	站站停	否	是
将军澳线	1.8	站站停	是	否

由上表可见，由于国内城市发展模式与国外存在较大不同，城市内部客流量较大，为了避免由于开行大站快车和跨线列车对运输能力的浪费，实现投资-运能最优比，国内市域线均只开行本线站站停列车；而国外市域线也大多不开行跨线列车，仅开行本线列车，但由于国外市域线具有线路长、支线多、各站上客量均不大等特点，因此国外市域线大多开行不同停站列车。

4.4 设计中问题及解决方案

4.4.1 跨海隧道运营组织专题设计

由于隧道较长且处于海底，配线、风井等工程均难以实施，对线路能力、故障救援均有较大影响。因此，一般情况下，需进行专题分析，而运营组织在专题中，主要工作如下：

1. 牵引计算

计算跨海段两端车站站端风井间运行时间；与行车间隔进行比较，分析跨海隧道内同时存在列车数量上限，提出风井设置相关要求。

2. 分析配线

故障车停留线的位置对跨海隧道段出现故障影响很大，因此选择合适的故障车停留线对列车救援尤为重要。

因此，应结合救援时间分析是否设置故障列车停留线：救援过程含救援列车运行时间、作业时间、故障车运行时间、清客时间、起停附加时分等，按 25～30 km/h 救援列车速度计算救援时间，分析是否能够满足建设标准故障车处理下线退出的运行总时间 30 min 之内要求。如满足要求，不设置停车线；如不满足，结合工程方案、救援方案分析设置故障车停留线的必要性、可行性，分析故障预案，与运营部门协商确定方案。

3. 跨海隧道非正常情况下行车组织

(1)列车故障

对于运行中的载客列车发生动力故障而停运，有以下两种情况：

1)列车可以移动

列车因自身发生故障在区间停车时，中央控制中心行车调度员，在查清列车可以移动后，若后续列车尚未通过后方车站，则控制中心命令后续列车在后方车站清客，然后以限速人工驾驶模式运行到故障列车尾部，将故障列车顶推到前方站。清客后，再将其送回车辆基地或停车线处理；若后续列车已经通过后方车站，后续列车在满员的情况下仍可以推送故障列车继续前行，但需降级运行。此时控制中心发出指令，故障区间采取降级模式组织后续列车的运行，后续正常运行列车将故障列车推送至前方车站，清客后再将其送回车辆基地或停车线处理。

2)列车无法移动

当列车发生故障在区间停车，中央控制中心行车调度员在查清列车无法移动后，控制中心立即发出指令，禁止两个方向后续列车进入本区间，根据已进入区间列车情况，组织正常行驶的列车倒车回后方车站；待区间内所有列车均通过故障列车所在供电区段后，切断故障列车区段的牵引供电，再下令车站行车值班员和列车司机疏散乘客。根据故障列车所在位置疏散至就近的疏散点，对故障列车的处理：一是依靠列车上的司机或维修人员解除故障，二是维修人员从两端车站，利用路轨两用的救援车辆快速到达故障列车处，解除故障。

(2)紧急状态运营模式

1)火灾

列车在运行中发生火灾时，司机应立即切断电源，并向中央控制中心报警，听候防灾调度员的指挥。如果可能，应坚持把列车开往前方车站，以利疏散乘客和救灾。

若其他原因造成列车停在区间不能前进时，司机应按防灾调度员的命令，按照防火灾程序指挥疏散乘客和扑救火灾。

2)列车出轨

列车在运行中脱轨停在区间时，司机应及时向控制中心行车调度员报告，行车调度员应立即采取以下救援措施：

①立即下令封锁该区间，禁止其他列车驶入。

②命令司机打开车门，向就近车站疏散点疏散乘客。

③通知相邻车站接应乘客。

④通知抢险队救援列车。

4.4.2 最高速度 120 km/h 的列车旅行速度

在城轨设计中，最高速度为 80 km/h 和 100 km/h 的列车旅速分别在 32～35 km/h、40～45 km/h 范围内基本已成共识，但 120 km/h 列车的旅行速度仍存在一定争议。

一般情况下，旅行速度取值应在计算旅行速度基础上下浮 10%～15%，但由于部分线路工程条件较好，限速点较多，其计算旅速较高，旅速取值亦较高。运营时难以达到该旅速，以致考核指标无法完成。

近年国内最高速度为 120 km/h 的目标值下，统计相应文件设计旅速及部分运营线路实际旅速，详见表 4.4-1 和表 4.4-2。

表 4.4-1 国内设计文件中旅行速度统计表

线路名称	设计阶段	速度目标值(km/h)	车辆编组	运营长度(km)	车站数量	平均站间距(km)	计算旅行速度(km/h)	采用速度(km/h)
深圳 11 号线(全线)	初步设计	120	8A	51.4	18	3.02	63	57
深圳 11 号线(福田至机场段)	初步设计	120	8A	31.4	9	3.93	69	63
青岛西海岸经济新区轨道交通	可研	120	4B	70.27	20	3.66	66.2	60
东莞 2 号线	施工图	120	6B	36.843	15	2.63	56	52

表 4.4-2 实际运营线路的旅行速度统计表

线路名称	速度目标值(km/h)	编组	运营或设计状况	全长(km)	平均站间(km)	旅行速度(km/h)
广州 3 号线	120	6B	已运营	33	2.2	56.57
广州 3 号线北延线	120	6B	已运营	31	2.58	56.36
深圳 11 号线(全线)	120	8A	已运营	51.4	3.02	56.02
深圳 11 号线(福田至机场段)	120	8A	已运营	31.4	3.925	63.81
东莞 2 号线	120	6B	已运营	37.05	2.65	52.9
天津地铁 9 号线	100	4B	已运营	52.8	2.93	51.1

由以上数据可以了解到，目前此类列车设计采用旅行速度一般在 52～63 km/h 之间，实际旅行速度一般在 51～57 km/h，存在较大差异。

建议线路如无超长站间距，设计方在文件中应适当降低设计旅速，即不超过 61 km/h。

本章参考文献

[1] 地铁设计规范：GB 50157—2013[S]. 北京：中国建筑工业出版社，2013.
[2] 市域铁路设计规范：T/CRS C0101—2017[S]. 北京：中国铁道出版社，2017.
[3] 城市轨道交通技术规范：GB 50490—2009[S]. 北京：中国建筑工业出版社，2009.
[4] 田福生. 城市轨道交通行车组织的相关问题研究[D]. 四川：西南交通大学，2006.
[5] 伍勇，刘思宁. 基于节能和面向旅客服务的列车编组方案研究[J]. 城市轨道交通研究，2004，7(6)：27-31.
[6] 郭丽丽. 环放结构城市轨道交通运输组织相关问题研究[D]. 四川：西南交通大学，2007.
[7] 程晓青. 城市轨道交通运营组织相关技术研究[D]. 四川：西南交通大学，2010.
[8] 郭俊义. 车辆编组预留影响因素分析[J]. 城市轨道交通研究，2009，12(4)：8-11.
[9] 宾坚，王慈光，刘设. 层次分析法在轨道交通车辆选型中的应用[J]. 陕西工学院学报(自然科学版)，2005，21(2)：69-71.
[10] 曹仲明，顾保南. 城市轨道交通网络结构的优化及其影响分析[J]. 城市轨道交通研究，1999，(1)：45-49，69.

5 线　　路

5.1 概　　述

线路设计工作是轨道交通设计的“龙头”，是一项涉及面广、政策性强的综合性工作，是认识城市、提升城市品位的创造性工作。线路设计应与各专业紧密配合，结合城市规划、现状和发展需要，综合研究施工风险和运营安全等因素，合理地选择和确定线位、站位、敷设方式、工程规模等。

线路专业在轨道交通设计的前期阶段（施工图设计阶段以前）是总体专业，在工程可行性研究阶段、总体设计阶段、初步设计阶段起着关键性作用。不管线路专业负责人是不是项目的总体设计负责人，都必须结合本线的实际情况，配合总体对本线的功能定位、最高运行速度目标值和主要技术标准的确定，对线位、站位的选择、敷设方式及机电设备系统的选型等关键技术问题提出意见和建议。这将对合理确定建设标准和工程规模，以及投资控制起到十分重要的作用。

线路专业人员不仅要精通、熟悉本专业的业务，同时应对城市现状、沿线道路状况（道路宽度、道路桥梁、道路两侧建筑物等）、管线（尤其是控制性管线）位置、埋设深度、沿线是否有文物、线路是否覆压矿产及城市规划等要认真调查，深入了解，同时与有关部门多方沟通，征求意见。在确立城市公共交通、轨道交通建设及运营为导向的前提下，努力做好工作。

5.1.1 城市轨道交通线路分类

城市轨道交通线路按运营中的功能定位，分为正线（干线与支线）、车场线和配线。

1. 正线

正线为运营并贯通车站的轨道交通线路。当线路分叉时可分为干线和支线。但当支线客流超过客流预测值与正线贯通运营输送能力不够时，支线就应考虑单独运营。

2. 车场线

车场线在车辆基地（车辆段、停车场）内的线路，可分为库外线和库内线。

3. 配线

凡在正线上分岔的，为配合列车转换线路或运行方向等运营功能服务的，并增加列车运行方式灵活性的线路，统称配线。根据功能需求，配线可分为：

(1)车辆基地出入线（简称出入线）：从正线出岔引至车辆段、停车场的线路。

(2)联络线：设置在两条不同正线之间，为各种车辆过渡运行的线路。

(3)折返线：为列车折返运行的线路。

(4)停车线：为故障列车待避、临时折返、临时停放或夜间停放列车的线路。

(5)渡线：设置在两正线之间为车辆过渡运行的线路；或在平行换乘站内，为相邻正线线路之间联络的线路。

(6)安全线：对某些配线的尽端线或在正线上接轨点前，根据列车运行条件，设置在设计停车点以外，具有必要安全距离的线路，以避免停车不准确发生冒进的安全问题。

5.1.2 对上位资料的搜集和了解

线路专业不仅要精通、熟悉本专业的业务，同时应该了解相关专业的设计要求，以及上位资料的搜集和了解，才能做好线路设计，使线位、站位符合规划要求和城市发展的需要。对上位资料的搜集和了解，应包括但不限于下列内容：

1. 城市轨道交通线网规划

城市轨道交通线网规划是根据城市总体规划制定的，是城市轨道交通长远发展的总体设计，是编制建设规划的重要依据。它应该符合城市总体规划和城市综合交通规划。线网规划中应明确每条轨道交通线路的功能定位，以及与其他交通方式的关系，发展模式和不同规划期的发展目标；提出网络规划布局，以及线路和设施用地的规划控制要求，同时应考虑各条线的衔接、换乘、资源共享等。线网规划应综合城市经济社会发展、服务水平和交通需求等多方面因素分析确定，并应满足城市轨道交通发展目标和功能定位的要求。北京城市轨道交通线网如图 5.1-1 所示。

2. 城市轨道交通建设规划

城市轨道交通建设规划是以城市轨道交通线网规划为基础，结合城市财力、工程建设周期等因素，确定近期（一般是 5～6 年）轨道交通财政可支持的建设方案。在需求和可行两大目标的约束下，提出城市轨道交通修建的规模和时间。

根据《国务院办公厅关于进一步加强城市轨道交通规划建设管理的意见》（国办发〔2018〕52 号）的要求："城市轨道交通系统，除有轨电车外均应纳入城市轨道交通建设规划并履行报批程序。地铁主要服务于城市中心城区和城市总体规划确定的重点地区，申报建设地铁的城市一般公共财政预算收入应在 300 亿元以上，地区生产总值在 3 000 亿元以上，市区常住人口在 300 万人以上。引导轻轨有序发展，申报建设轻轨的城市一般公共财政预算收入应在 150 亿元以上，地区生产总值在 1 500 亿元以上，市区常住人口在 150 万人以上。拟建地铁、轻轨线路初期客运强度分别不低于每日每公里 0.7 万人次、0.4 万人次，远期客流规模分别达到单向高峰小时 3 万人次以上、1 万人次以上。"是我们进行一条轨道交通线路设计的最重要的依据之一。

国办发〔2018〕52 号文件还指出："在规划实施过程中，因城市规划、工程条件、交通枢纽布局变化等因素影响，城市轨道交通线路功能定位、基本走向、系统制式等发生重大变化的，或线路里程、地下线路长度、直接工程投资（扣除物价上涨因素）等较建设规划增幅超过 20%的，应按相关规定履行建设规划调整程序。"

因此，在线路设计时要充分理解建设规划中的线位、站位设置原则及思路，尽量避免最终设计方案大的改动。

3. 客流预测

客流预测是城市轨道交通规划、设计的基础资料之一，既是前期轨道交通投资决策的基础，又是轨道交通网络规模拟定的依据，在线网规划阶段、建设规划阶段、工程可行性研究阶段、初步设计阶段都需要根据不同阶段的需求，编制客流预测。客流预测是确定线路功能、主要技术条件、工程规模、列车编组、交路的重要依据，也是确定车站规模、行车组织，以及换乘站换乘规模的重要依据。

4. 运营组织

运营组织是工程建设和运营管理的基础，包含运输能力、系统能力、列车编组、运行速度等。合理地确定运营规模，不仅能够满足线路运输功能的需要，还能降低工程建设投资和运营管理成本。运营规模的确定是与线路能力、线路的配置紧密相连。因此，线路人员必须懂行车、懂交路、懂运营管理，才能做好线路的配线设置、线路技术标准的确定等工作。

5. 车站建筑和施工方法

线路与车站建筑、施工方法是密不可分的。线位、站位的确定不仅应符合城市总体规划、城市综合交通规划和城市景观要求，还要处理好线位、站位与地面建筑、城市道路、地下管线、地下建（构）筑物及施工时交通组织之间的关系，以及风亭、出入口的位置，符合环境保护要求等。不同的施工方法会有不同的设计方案。

例如，车站明挖施工和暗挖施工，区间明挖施工、暗挖施工和盾构施工，线路设计均应针对不同的施工方案确定车站和区间的纵断面，必要时还要调整平面位置。

6. 全线最新地形图 1∶1 000（1∶500）

它是选线布站最基本的资料，要注意对年代较长或地物地貌变化较大的图纸，一定要进行修测。

7. 地质和物探资料

地质和物探资料包括工程地质和水文地质情况，以及地下管线、地下建（构）筑物，决定线路的平面位置和埋深，决定进出站坡度的确定。

线路专业在研究线位、站位时一定要把上述因素统筹考虑进去，不懂客流和交路就不会研究折返站和折返线的设置，不懂最高运行速度就难以选择适当的线路技术标准，不懂地质就决定不了施工方法和进出站坡度。只有掌握和了解上述内容，才可能制定出被各方接受的线路方案。

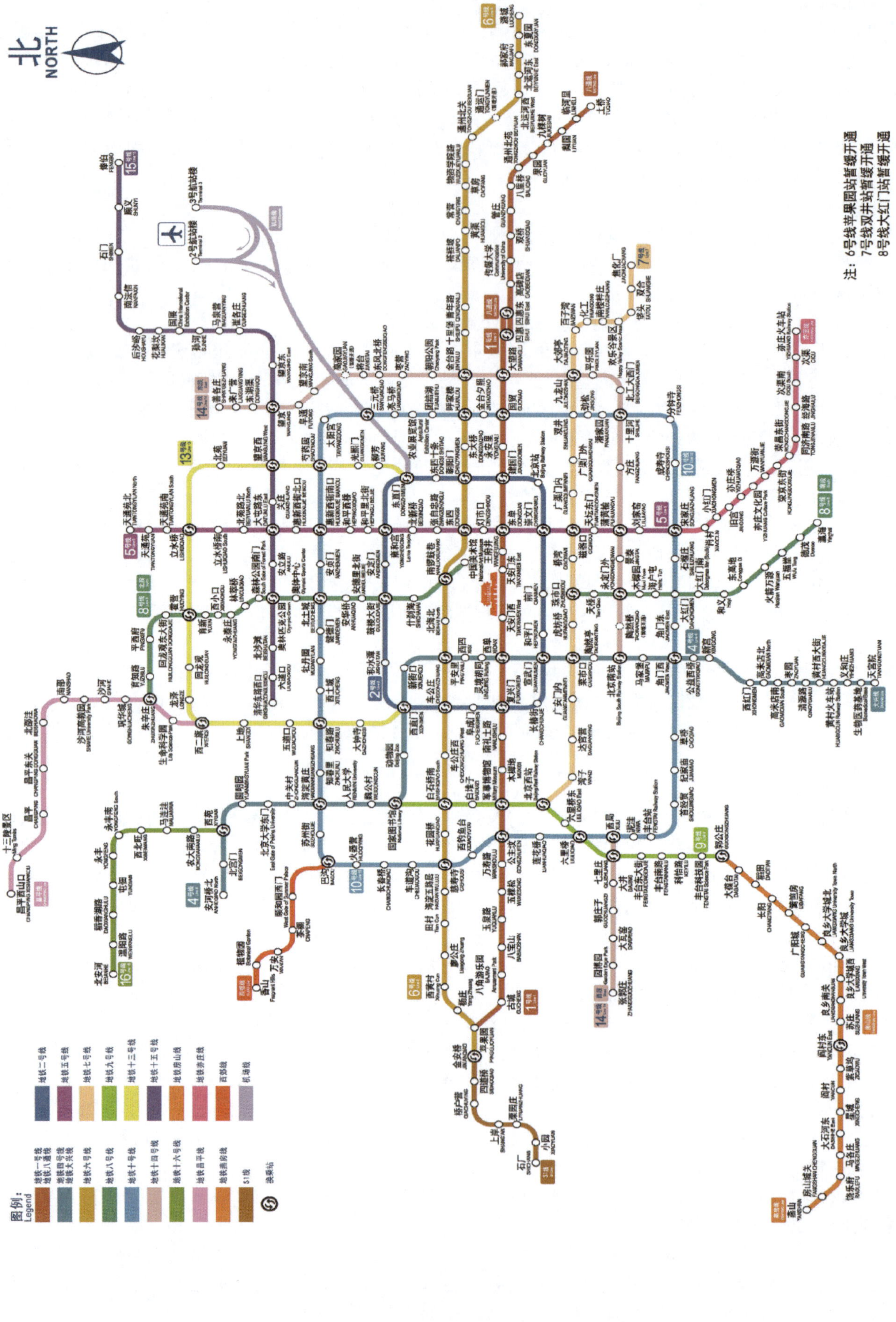

图 5.1-1　北京城市轨道交通线网图

5.2 线路平面设计

线路平面设计应按控制性建(构)筑物的实测坐标定线，确定地铁与既有地下建(构)筑物的横向最小净距。尽量采用较大半径曲线和较长的缓和曲线，以满足列车运行速度和轨道减振降噪要求。对 1 m 以上的地下管线，管径超过 1 m 的雨污水管线、高压电缆隧道、航油管、高压燃气管、热力管等应尽量避免迁改。车站宜尽量与道路平行布设，减少拆迁。

5.2.1 主要设计原则

(1)应广泛、深入地收集沿线规划、建(构)筑物、地下管线及土地利用规划等资料，并多方征求城市规划、交通、文保、供电、水务等有关部门和当地政府有关部门意见，落实边界条件，以稳定线位、站位方案及车辆段、停车场选址方案。

(2)线路位置及车站分布应符合城市总体规划和城市轨道交通建设规划、城市交通规划对线路的功能要求等，并考虑轨道交通建设与沿线城市建设相结合，充分展示轨道交通建设的 TOD 作用。

(3)线位的选择应满足本线的功能定位。依据城市总体规划和城区发展要求，车站间距原则上应以方便乘车、提高客流效益为目的。城市中心区和居民稠密地区车站间距宜为 1 km 左右，在城市外围区车站间距宜为 2 km 左右。对超长线路应根据城市布局和旅行速度目标的要求，提高旅行速度，则站间距宜适当加大。

(4)站位选择：车站站位应尽量靠近公共交通枢纽(铁路、公路、机场)，以及与本线交汇的轨道交通线(既有、规划)、商业、居住、体育、文化中心等大的客流集散点，并结合城市建设统一规划站位，最大限度地吸引和方便乘客，结合城市道路布局和客流集散点分布而选定。地面出入口与风亭和地下管线、公共交通接驳、城市环境的关系均非常密切，尤其是施工方案的可实施性是关键，应予以充分重视。

(5)换乘站设计应综合考虑轨道交通线网规划的要求和换乘功能，本着“以人为本”的设计理念，从工程可实施性角度出发，进行多方案比选和论证。同时考虑地铁网络化运行特点，在线网规划中的线路交叉点，是各条线路运行中乘客的换乘点，也是线网客流换乘的平衡调节点，应予设置车站。两条平行线路采用同站台换乘方式时，车站线路设计应以主要客流方向实现同站台换乘为原则确定线路相对位置。线路设计和配线应注意满足其功能要求。

(6)换乘车站的线路设计，宜与换乘线路的换乘站前后相邻一站一区间同步设计，并应结合换乘方式，拟定线间距、线路坡度和轨面高程。应按各线独立运营为原则，换乘车站宜采用一点两线换乘形式。一点换乘车站，不宜多于 3 条线，三线换乘车站应控制埋深，并宜采用三线两层(站台层)相交，即控制适宜的换乘距离和换乘节点车站的层数。

(7)沿道路敷设时，线路平面尽量设在道路红线范围内，并尽可能优化线路与道路的横断面关系，以减少拆迁工程，降低工程实施期及建成后对现状交通和道路两侧建筑的影响。

(8)因地制宜，优先选择较大半径曲线，特别是线路调整方向时，一般都需要穿越建筑小区或规划地块，应做好与规划的结合，在工程投资增加不大的情况下，力求采用较大曲线半径。

(9)根据运营组织需要，结合沿线工程条件，合理设置联络线、折返线、停车线、渡线等辅助线。

5.2.2 主要技术标准

轨道交通制式种类丰富，各类制式的技术标准有一定差别。本节只列举地铁线路设计的主要技术标准，不提及其他制式。

(1)线路平面圆曲线半径应根据车辆类型、地形条件、运行速度、环境要求等综合因素比选确定。运行速度不超过 100 km/h 的地铁线路最小曲线半径应符合表 5.2-1 的规定。

表 5.2-1 圆曲线最小曲线半径(m)

车型线路	A 型车		B 型车	
	一般地段	困难地段	一般地段	困难地段
正线	350	300	300	250

续上表

车型线路	A型车		B型车	
	一般地段	困难地段	一般地段	困难地段
出入线、联络线	250	150	200	150
车场线	150	—	150	—

(2)线路平面曲线半径选择宜适应所在区段的列车运行速度要求。当条件不具备设置满足速度要求的曲线半径时，应按限定的允许未被平衡横向加速度计算通过的最高速度，可按下列要求计算：

1)在正常情况下，允许未被平衡横向加速度为 0.4 m/s²。当曲线超高为 120 mm 时，最高速度限制应按式(5.2-1)计算，且不应大于列车最高运行速度。

$$V_{0.4}=3.91\sqrt{R}\quad(\text{km/h})\tag{5.2-1}$$

2)在瞬间情况下，允许短时出现未被平衡横向加速度为 0.5 m/s²。当曲线超高为 120 mm 时，瞬间最高速度限制应按式(5.2-2)计算，且不大于列车最高运行速度。

$$V_{0.5}=4.08\sqrt{R}\quad(\text{km/h})\tag{5.2-2}$$

3)在车站正线及折返线上，允许未被平衡横向加速度为 0.3 m/s²。当曲线超高为 15 mm 时，最高速度限制应按式(5.2-3)计算，且分别不应大于车站允许通过速度或道岔侧向允许速度。

$$V_{0.3}=2.27\sqrt{R}\quad(\text{km/h})\tag{5.2-3}$$

(3)车站站台宜设在直线上。当设在曲线上时，其站台有效长度范围的线路曲线最小半径，应符合表 5.2-2 的规定。

表 5.2-2 车站线路曲线最小半径(m)

车型		A型车	B型车
曲线半径	无站台门	800	600
	设站台门	1 500	1 000

(4)折返线、停车线等宜设在直线上。困难情况下，除道岔区外，可设在曲线上，半径与正线同，并可不设缓和曲线，超高应为 0～15 mm。但在车挡前宜保持不少于 20 m 的直线段。

(5)圆曲线最小长度，在正线、联络线及车辆基地出入线上，A型车不宜小于 25 m，B型车不宜小于 20 m；在困难情况下，不得小于一节车辆的全轴距；车场线不应小于 3 m。

(6)新建线路不应采用复曲线，在困难地段，应经技术经济比较后采用。复曲线间应设置中间缓和曲线，其长度不应小于 20 m，并应满足超高顺坡率不大于 2‰的要求。

(7)缓和曲线设计应符合下列规定：

1)线路平面圆曲线与直线之间应设置三次抛物线型的缓和曲线。

2)缓和曲线长度应考虑曲线半径、列车通过速度及曲线超高设置等因素。

3)缓和曲线长度内应完成直线至圆曲线的曲率变化，应包括轨距加宽过渡和超高递变。

4)当圆曲线较短和计算超高值较小时，可不设缓和曲线，但曲线超高应在圆曲线外的直线段内完成递变。

(8)曲线间的夹直线设计应符合下列规定：

1)正线、联络线及车辆基地出入线上，两相邻曲线间，无超高的夹直线最小长度，应按表 5.2-3 确定。

表 5.2-3 夹直线最小长度 λ(m)

正线、联络线、出入线	一般地段	$\lambda\geqslant0.5V$	
	困难地段	A型车	B型车
		25	20

注：V 为列车通过夹直线的运行速度(km/h)。

2)道岔缩短渡线，其夹直线可缩短为 10 m。

(9)道岔铺设应符合下列规定：

1)正线道岔型号不应小于 9 号。单渡线和交叉渡线的线间距应符合表 5.2-4 规定，特殊情况无法符合规定时，应进行特殊设计。

表 5.2-4 单渡线和交叉渡线的线间距要求

道岔线路类型	道岔型号	导曲线半径(m)	侧向限速(km/h)	线间距(m)	
				单渡线	交叉渡线
正线道岔	60 kg/m-1/9	200	35	≥4.2	4.6 或 5.0
正线道岔	60 kg/m-1/12	350	50	≥4.2	5.0

注：1. 正线道岔为含折返线、出入线在正线接轨的道岔。
2. 市域线最高运行速度超过 120 km/h 时，一般应采用 60 kg/m-1/12 道岔。

2)当 60 kg/m-1/9 道岔侧向通过速度不能符合运行图设计速度时，可经过论证比较，选择大型号道岔，也可作特殊设计。

3)在车站端部接轨，宜采用 9 号道岔，其道岔前端、道岔中心至有效站台端部距离不宜小于 22 m；其道岔后端、道岔警冲标或出站信号机至有效站台端部距离不应小于 5 m。当采用大型号道岔时，其道岔位置应另行计算确定。

4)道岔应设在直线地段。道岔两端与平、竖曲线端部，应保持一定的直线距离，其值不应小于表 5.2-5 的规定。

表 5.2-5 道岔两端与平、竖曲线端部的最小距离

项　目	至平面曲线端或竖曲线端		
	正　线		车 场 线
道岔型号	60 kg/m-1/9	60 kg/m-1/12	50 kg/m-1/7
道岔前端/后端(m)	5	一般 0.4V，困难 25	3

5)道岔附带曲线可不设缓和曲线和超高，但其曲线半径不应小于道岔导曲线半径。

6)两组道岔之间应设置直线段钢轨连接，其钢轨长度不应小于表 5.2-6 规定。

表 5.2-6 道岔间插入钢轨长度(m)

道岔布置相对位置		线　别	插入钢轨长度 L(按轨缝中心)	
			一般地段	困难地段
两组道岔前端对向布置	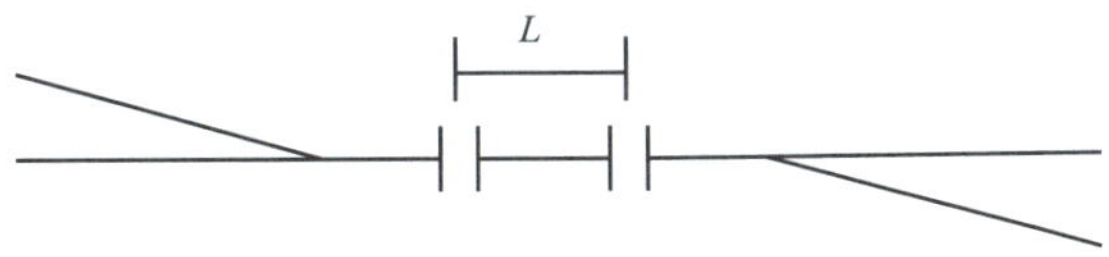	正、配线	12.5	6.0
		车场线	4.5	3.0
两组道岔前后倾向布置	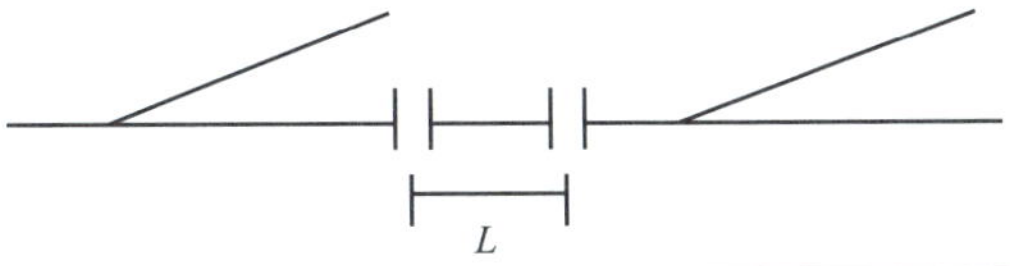	正、配线	6.0	4.5
		车场线	4.5	3.0
两组道岔根端对向布置	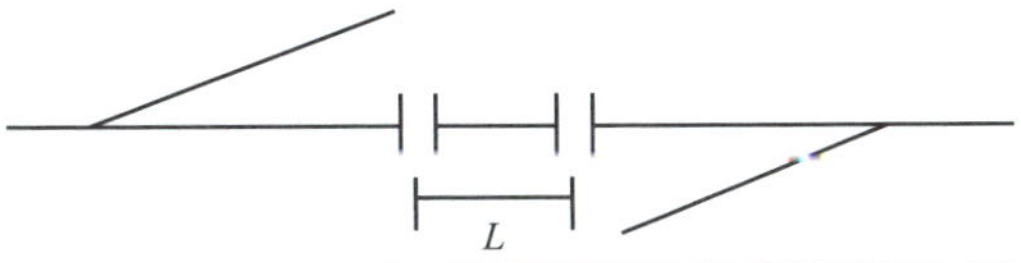	正、配线	6.0	6.0
		车场线	4.5	3.0

平面设计必须与城市现状和规划密切结合，线位、站位必须符合城市总体规划和轨道交通线网规划、建设规划，对重要管线和建(构)筑物应尽量绕避，尽量减少拆迁。

5.2.3 线路平面设计主要内容

线路平面设计主要是选择线路平面位置、车站位置、车站形式、曲线半径、线间距等。

1. 线间距

正线之间线间距的确定与诸多因素有关，特别是与施工工法关系极为密切，因此要结合设计的各方面情况，综合研究和确定线间距。

(1)车站内两正线线间距

1)岛式站台(如图 5.2-1 所示)

$$S=2a+b \tag{5.2-4}$$

式中，a——车辆最大宽度的 1/2+100 (mm)；

b——站台宽度。

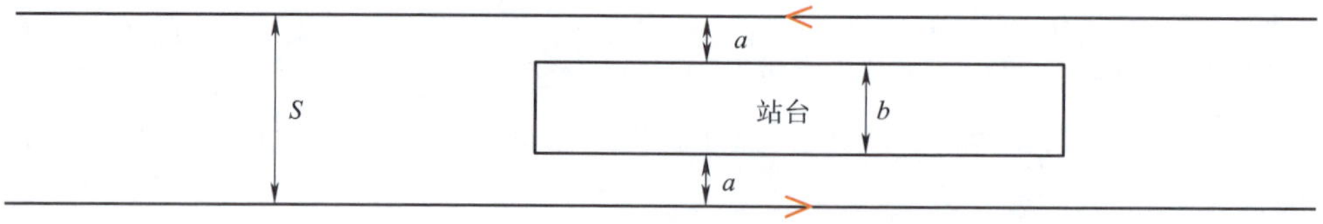

图 5.2-1　岛式站台示意图

2)侧式站台(如图 5.2-2 所示)

a 表示车辆最大宽度的 1/2+100(mm)。

S 表示线间距，有渡线的车站一般为 4.6 m 或 5.0 m，无岔且两线间无墙、柱及其他设备的车站、线间距可适当压缩，但最小间距应满足车辆最大限界加安全值(100 mm)的要求。

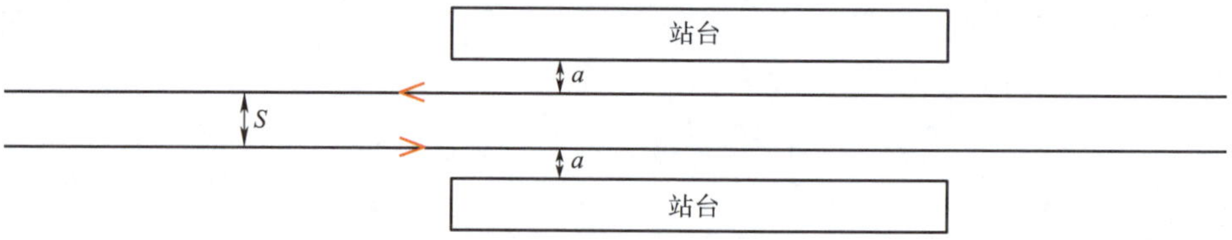

图 5.2-2　侧式站台示意图

3)特殊车站

如因条件限制和工法要求，车站的线间距可设计成不一样，如梯形站，如图 5.2-3 所示。此种站型适用于一端区间采用单元盾构、大直径盾构或明挖施工，另一端采用双圆盾构的车站。

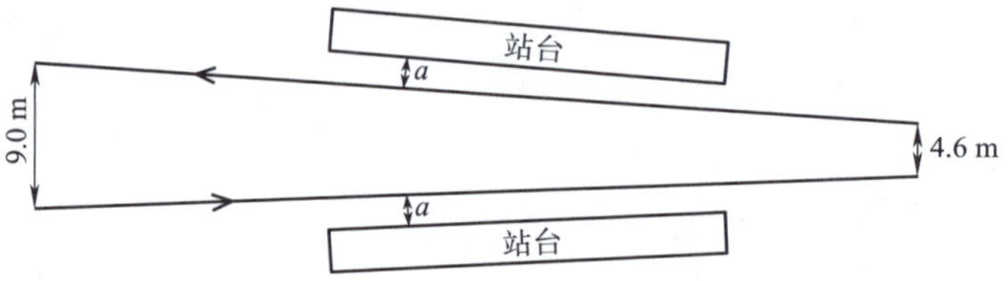

图 5.2-3　梯形车站示意图

(2)区间线间距

1)地下区间：明挖段区间或采用矿山法的区间，一般采用单洞双线时，线间距最小距离应为车辆在最高速度运行下，动态包络线加 100 mm 的安全值。如有墙、柱和设备时，还应加上它们的要求，并加施工误差和安全值。

2)高架线和地面线区间亦应遵循上述做法，上海和工程建设规范《城市轨道交通设计规范》(DGJ 08-109—2004)规定：A 型车(大车)直线线间距一般为 3.7 m，C 型车(小车)为 3.3 m，C 型车(小车)宽度为 2 606 mm；B 型车的线间距最小应为 3.5 m。如考虑其他因素应适当加大。

3)区间需要设置排水泵站和联络通道处的两线间距，应在满足施工安全的前提下(如盾构隧道)尽量缩小线间距，以降低工程造价和风险，确保施工安全和质量。

4)盾构区间线间距

单圆盾构：一般为 2 倍的盾构直径，困难地段可适当缩小，但应采取地基加固等措施，满足盾构施工要求。

双圆盾构：线间距为 4.6 m。

(3)线间距的调整

1)可通过曲线调整线间距，如图 5.2-4 所示，线间距通过曲线由 a 调整到 b。

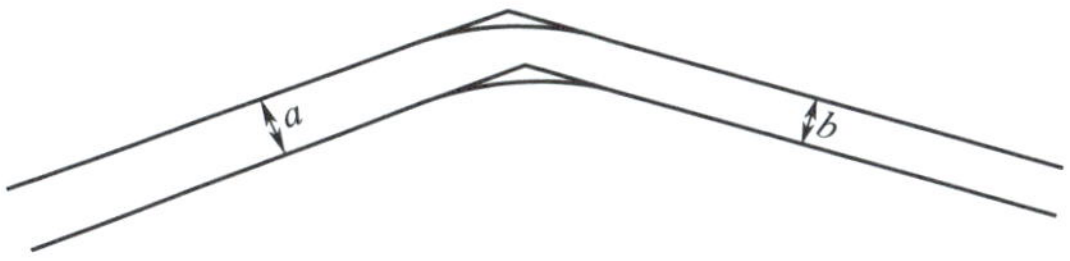

图 5.2-4 曲线段调整线间距

2)直线段调整线间距可通过一侧线路增加 S 形反向曲线，将线间距由 a 调整到 b，如图 5.2-5 所示。也可通过两侧线路均增加 S 形反向曲线调整线间距，如图 5.2-6 所示。

图 5.2-5 直线段调整线间距(方法一)

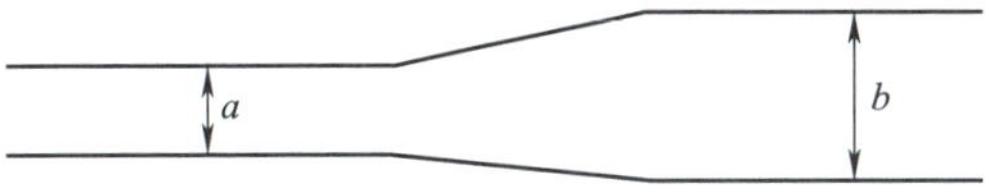

图 5.2-6 直线段调整线间距(方法二)

采用何种方法，应视当地的地形条件和地下建(构)筑物的埋设、分布情况、工程地质及水文地质等条件综合分析确定。

3)结合不同的盾构形式通过线间距调整可将车站两端设置为不等宽。如杭州地铁 1 号线三期工程采用外径 11.3 m 大盾构过钱塘江，为单洞双线，线间距为 5.2 m。过江之后需采用外径 6.2 m 的普通盾构继续进行施工。

而小盾构段线间距车站端头井部分可做到 8.5～9.0 m，区间维持 11～12 m 的线间距。通过侧式站台车站调整线间距，如图 5.2-7 所示。当然也可在区间分段设大小两个盾构井，两个盾构井中间的区间采用明挖法施工来调整线间距。但工程量加大，造价增加。

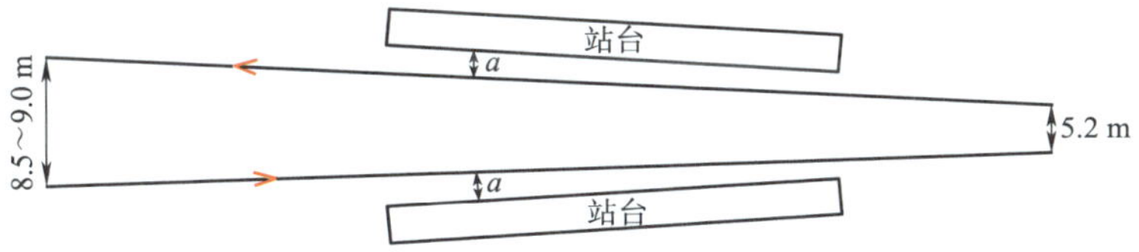

图 5.2-7 采用 8.5～9.0 m 线间距的车站站台层平面

2. 穿越障碍物线路平面设计

(1)穿越道路桥梁线路平面设计方案

沿城市道路敷设的轨道交通地下线路穿越道路桥梁是经常发生的，可考虑如下：

1)双线绕行：双线并行等高绕行。如图 5.2-8 所示杭州地铁 7 号线绕北塘河桥的三个双线绕行方案。双线绕行的优点是二线保持正常的线间距，便于设置联络通道和排水泵站，缺点是侵入地块较多。

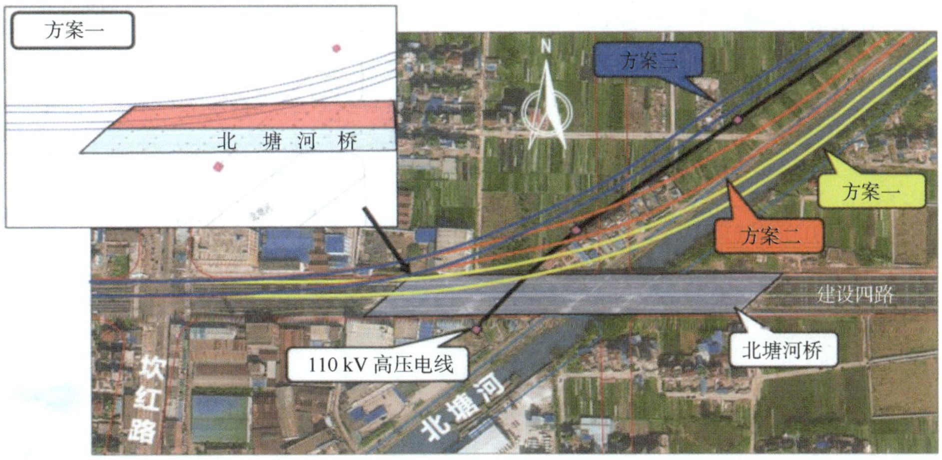

图 5.2-8 双线绕行线路方案

2)左右线分别绕行。如图 5.2-9 所示杭州地铁 7 号线左右线分别绕避佑圣观桥的方案。

该方案的优点是线路侵入两侧小区的范围较小，对开发的影响较小，但因两线的线间距较大，如不能很快地收缩线间距，对设置联络通道和排水泵站将产生不利的影响。

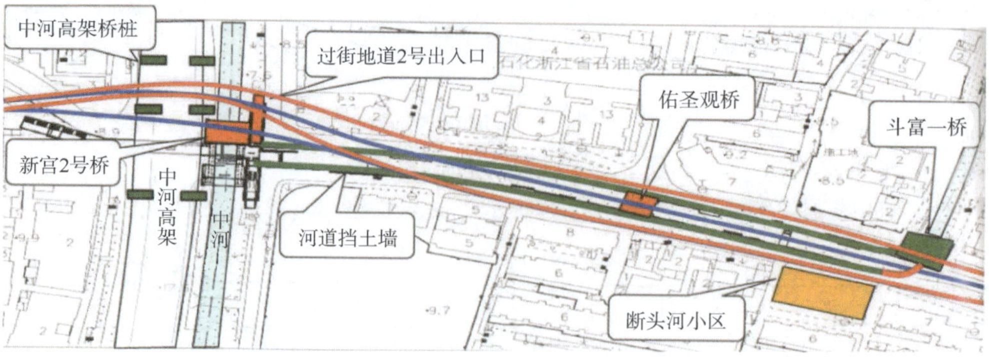

图 5.2-9　左右线分别绕行线路方案

3）双线由路中桥下通过，道路桥在地铁施工时拆除或由道路桥梁基础下通过，地铁建成后道路桥复建，如图 5.2-10 所示。

这种方案线路平面线型最好，线路最短，有两种方案可供选择：一是拆除道路桥梁，给市政交通带来较大的影响，二是由道路桥梁基础下通过，这方案要摸清道路桥梁的基础类型、埋设深度、结构形式、建设年代等。第二种方案可能导致线路的埋置深度较大，如桥梁临近车站则可能加大车站埋深，增加车站的施工难度和工程投资。

4）双线重叠由桥的一侧通过，如图 5.2-11 所示。

这种方案适合道路桥梁的一侧有地下线路通过的位置，而另一侧线路无条件通过的情况。

图 5.2-10　某地铁线区间下穿立交桥进行桥桩托换

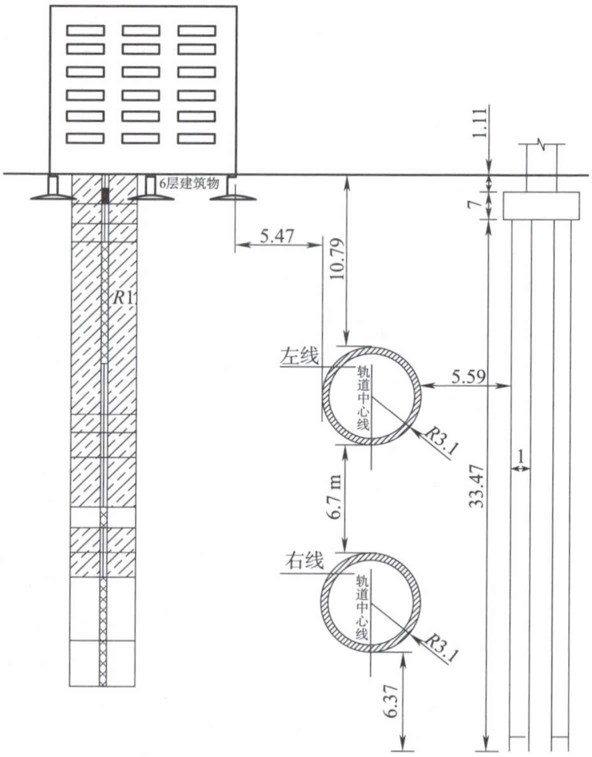

图 5.2-11　某城市双线重叠隧道侧穿桥梁示意图(单位：m)

(2)地铁线路穿越高铁设计方案

高铁对线路位移和沉降要求十分严格，轨距误差范围±1 mm、水平误差范围±2 mm、高低误差范围为±2 mm，因此地铁线路穿越高铁时应认真研究、反复进行方案比选，谨慎决策，并征求路局同意后确定。线路应尽量正交穿越，且应避开道岔咽喉区，穿越距离越短越好，如以高架形式穿越，则桥梁应进行转体施工。若在高铁下面穿越，可采用桥下架空敷设、浅埋敷设、深埋盾构等方案，并要满足盾构距桥桩 6 倍桥桩直径距离以上的要求。

对涉及铁路施工可能引起的铁路安全进行检测，确保铁路安全运营。主要检测内容：桥梁的平面、高程检测，路基断面检测，轨道平顺性检测以及制定应急措施。

(3)线路穿越大江大河的方案设计

轨道交通在建线路穿越大江大河的越来越多，如上海的黄浦江、杭州的钱塘江、南昌的赣江、福州的闽江等大江、大河宽度都超过 1 km，因此必须引起足够的重视。

1)线路尽量在河床比较顺直、水流比较平稳、河床宽度比较窄处穿越。

2)对穿越处的 300 年一遇的最大冲刷水位调查清楚。

3)对穿越处江河的水文地质和工程地质情况要调查清楚。

4)地下线结构顶距 300 年一遇最大冲刷水位应有 1 倍盾径以上的覆土厚度。

5)中间风井和联络通道、排水泵站的选择至关重要，要结合平面、纵断面及联络通道、排水泵站等因素统筹考虑确定。

6)对过江段盾构机的选择要认真做好技术经济比较，主要是选择大断面盾构机单洞双线，还是选择一般通常采用的单洞单线小断面盾构机，同时要考虑大小盾构机之间的线路转换和衔接。

(4)穿越地下建(构)筑物平面设计

线路应尽量绕避房屋、桥梁、人防工事、体育场馆等地面建(构)筑物，并保持一定的安全距离。实在躲避不了必须穿越时，要查清建(构)筑物的基础类型、埋设深度、建设年代，尽量在基础下方穿过并留有一定的安全距离；也可考虑进行桩基托换或拆除建(构)筑物，但必须征得有关方的同意。

3. 关于小曲线半径的选用

《地铁设计规范》(GB 50157—2013)规定："线路平面圆曲线半径应根据车辆类型、地形条件、运行速度、环境要求等因素比选确定，最小曲线半径 A 型车一般 350 m，困难 300 m。B 型车一般 300 m，困难 250 m。"

城区建成后，由于道路比较狭窄，地下管线和建构筑物密集，给地铁设计带来不少困难，尤其是线路走向转换方向时，不可避免地要穿越居民区。为了少穿居民区，往往就采用最小曲线半径。虽然规范允许，但轨道的磨耗、震动都比较严重，给今后运营、维修带来很多麻烦，居民的投诉也会较多。因此，建议在这些关键地段要做好方案比选，更重要的是与规划紧密结合。把地铁建设和综合开发结合起来的同时，优化线路平面条件。同时要特别注意最小曲线半径地段尽量不与最大坡度地段重合，避免平面、纵断面最不利技术条件都组合在一处，给运营、维护造成困难。

4. 线路平面设计方案比选

(1)线路平面设计方案比选的原则

线路平面设计除应根据本线所确定的车辆选型、最高运行速度、地形、地质条件、地上、地下建(构)筑物、管线等情况及城市规划要求外，还应结合车站的形式(岛式、侧式)车站的换乘形式、线路纵断面的敷设情况等综合考虑确定。线路局部方案比选大部分情况是由于拆迁量大、管线改移困难、线位站位调整或规划要求、换乘站的优化等原因造成。

比较方案的起、终点必须设在同一位置，才能进行同等基础上的比较。

(2)线路平面设计方案比选的内容

1)线路长度、埋设深度、车站个数。

2)线路曲线半径选用情况和最大坡度。

3)线路穿越地下建(构)筑物的情况。

4)与城市规划符合性及对客流的吸引。

5)对周边的影响(包括城市既有情况和开发地块等)。

6)拆迁费用。

7)工程投资。

8)其他需要进行比较的内容。

(3)线路平面局部方案比选实例

1)因规划要求而进行的方案比选

杭州地铁 5 号线在进行滨江区域线路方案研究时，提出了滨康路方案、滨文路方案和白马湖方案(滨文路方案和白马湖方案均是规划部门为照顾地块开发而提出的方案)，如图 5.2-12 所示。

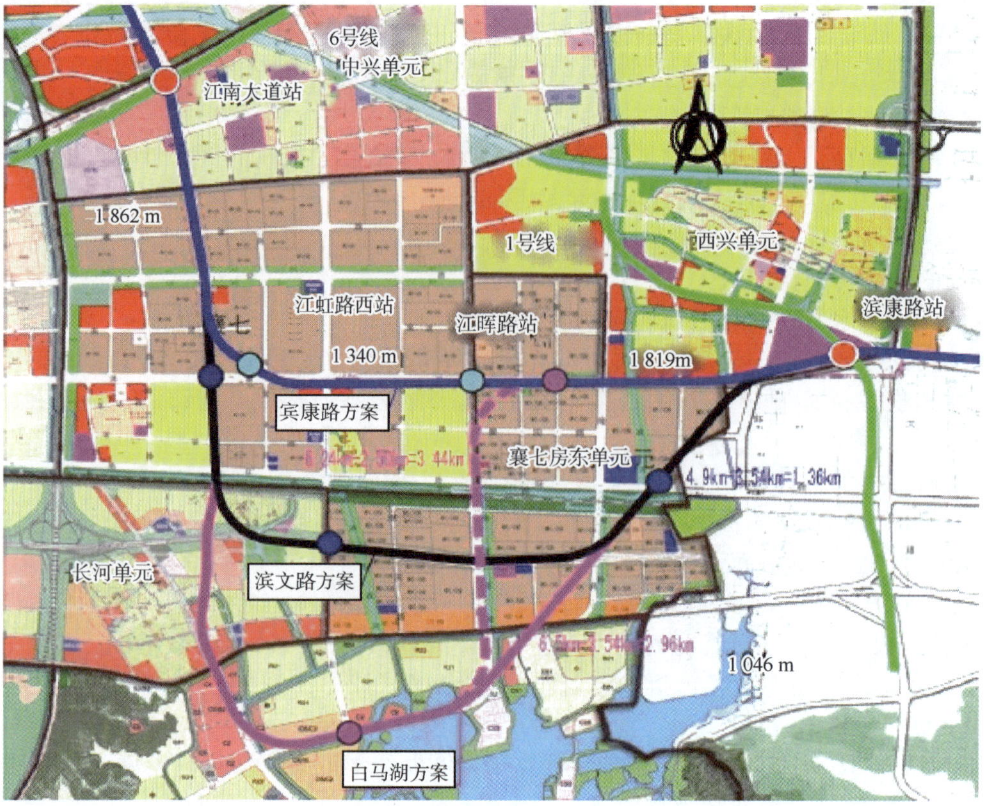

图 5.2-12　杭州市地铁 5 号线滨江区线路方案比选

对以上三个方案综合比较详见表 5.2-7，由于滨文路方案和白马湖方案对原规划的 5 号线线路改变较大，线形较差，因此维持原滨康路方案。

表 5.2-7　滨江区线路方案比较表

项　　目	滨康路方案	滨文路方案	白马湖方案
线路增长	0	1.36 km	2.96～3.44 km
最小曲线半径	350 m(2 个)	350 m(1 个)	350 m(2 个)
车站个数	4 个	4 个	5 个
沿线规划及客流吸引	滨康路两侧用地主要为工业用地，客流相对较小	滨文路两侧用地主要为工业用地，客流相对较小	线路经过了白马湖居住片区、规划动漫广场，客流相对较大
对地块的影响	穿越地块较少，并已经预留通道	穿越地块较多，没有预留通道	穿越地块较多，没有预留通道
距离动漫广场	约 2 km	约 1 km	在动漫广场旁边设置地铁站

2）绕避地下建（构）筑物时线路方案比选

线路在穿越既有公路桥和地下建构筑物时，应尽量躲避，采取二条单线分别绕行或双线在同一侧绕行的方案。进行方案比选时，应注意联络通道的设置位置及长度。线路条件困难时，可考虑拆除非机动车道桥梁保留机动车道桥梁的方案，尽量避免拆除整幅桥梁，从而最大限度地减少因地铁施工拆除桥梁对道路交通造成的影响。

3）盾构施工的区间隧道，线间距在保证盾构施工安全的前提下应尽量缩小，以缩短区间联络通道长度，从而降低施工风险节省工程投资，如图 5.2-13 所示。

5. 列车运营折返方式的比选

列车交路可分大交路折返和小交路折返，按其折返位置分又可分为站前折返和站后折返。

（1）站前折返形式

图 5.2-14、图 5.2-15 分别为侧式站前折返站与岛式站前折返站。因其利用正线折返，其站型只适用于

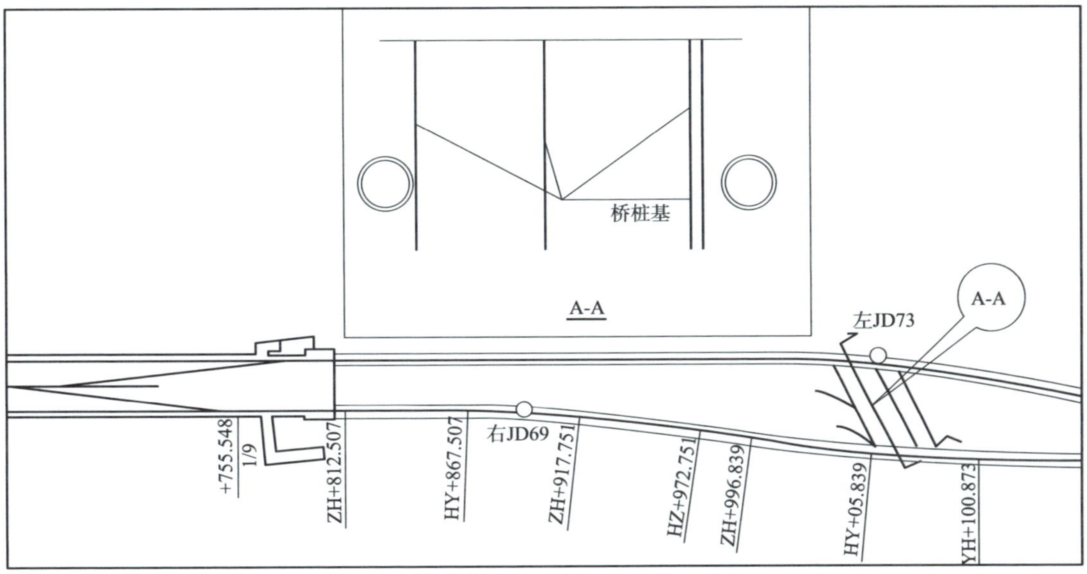

图 5.2-13　盾构区间分别绕桥方案

过渡性折返站；中间折返站不宜采用。岛式车站可结合实际情况设置单渡线(缩短渡线)或交叉渡线。

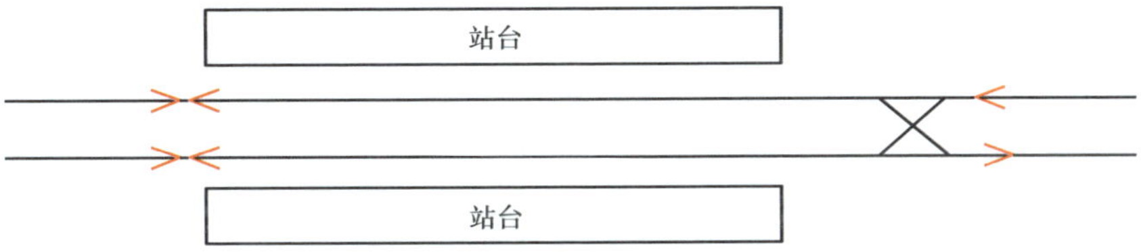

图 5.2-14　侧式站台站前折返

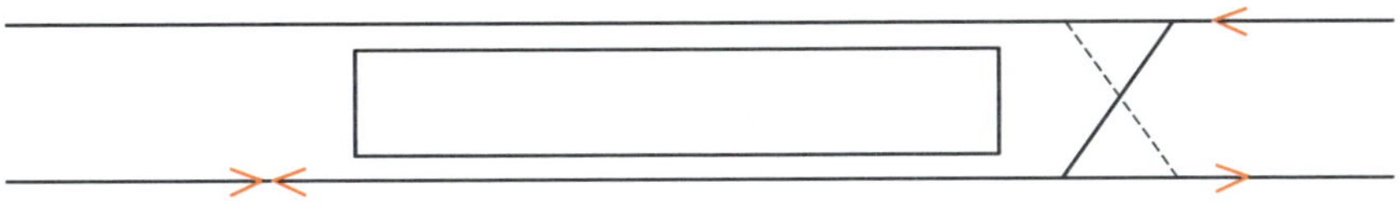

图 5.2-15　岛式站台站前折返

(2)站后折返形式

图 5.2-16 为侧式站台单向折返站。其站型适用于永久折返站，过渡性折返站也可采用。因利用正线折返，占用正线能力，故中间折返站不宜采用。

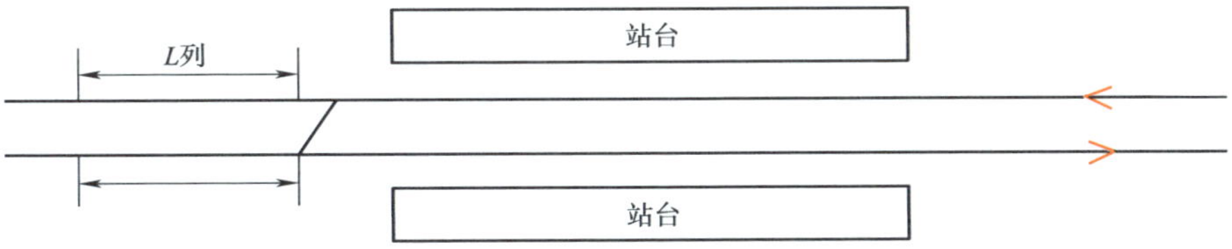

图 5.2-16　站后正线折返

图 5.2-17 为岛式站台单向折返站。其站型适用于永久折返站(包括终端折返站和中间折返站)，如果能与全线故障列车停车线分布配合，过渡性折返站也可采用，具有故障列车待避和夜间存 2 列车的功能。

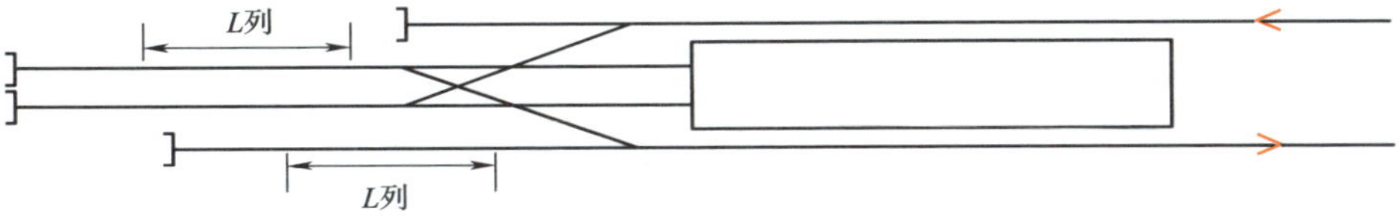

图 5.2-17　站后折返线折返

图 5.2-18 为岛式站台单向折返站。其站型适用于永久折返站(包括终端折返站和中间折返站),但不能与全线故障列车待避线共同使用,过渡性折返站也可采用,具有夜间存 1 列车的功能。站后折返的优点是可利用两侧站台,客流组织顺畅。

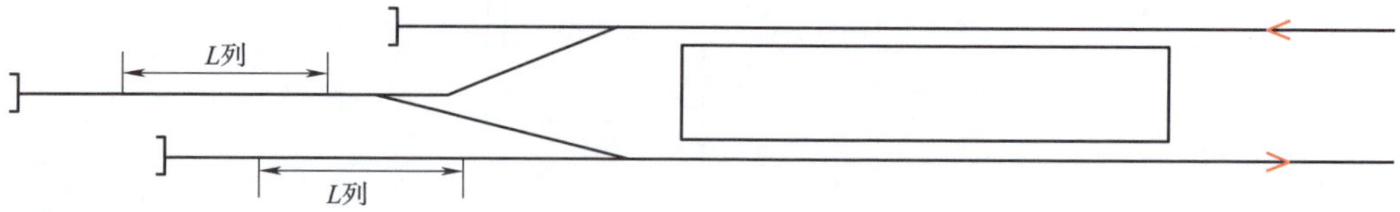

图 5.2-18　站后单折返线

(3)双方向折返形式

此种折返形式仅限于每个方向折返车辆小于 20 对的车站。

图 5.2-19 和图 5.2-20 为不贯通式双方向折返站。其图型适用于干支线相接且为两个独立交路的车站。

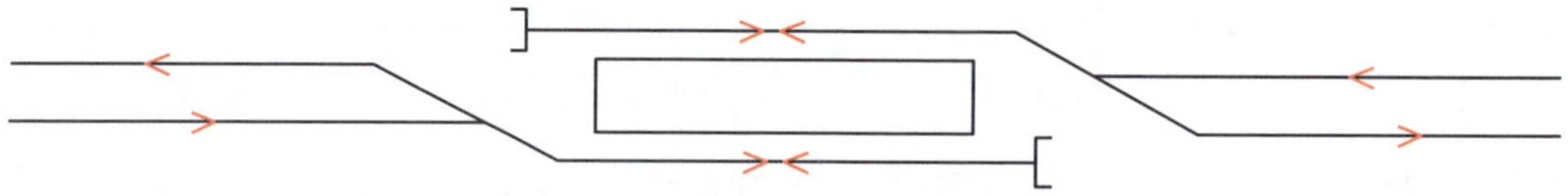

图 5.2-19　不贯通式双向折返站(方案一)

图 5.2-20　不贯通式双向折返站(方案二)

图 5.2-21 为贯通式双方向折返站。其适用于干支线相接,两线间且有直通列车要求的车站。没有故障列车待避功能,但有两个方向夜间各存 1 列车的功能。

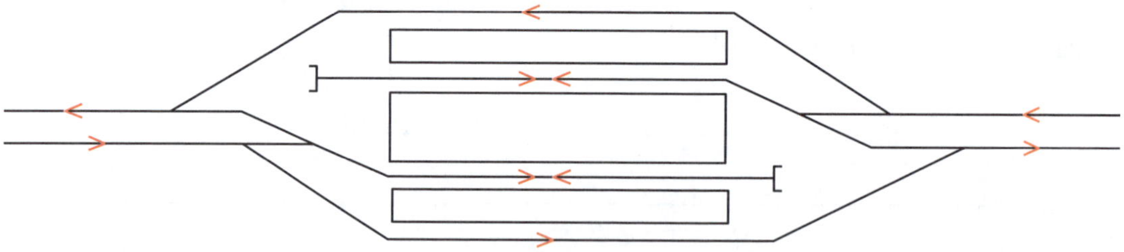

图 5.2-21　贯通式双折返站示意图

还有利用正线进行永久折返的案例。车站两站设单渡线的方案,如南京宁溧线机场东站、上海 2 号线的广兰路站。

双向折返的车站在运营组织、运营管理都比较复杂,折返能力较差,客流组织也较混乱,所以各城市很少采用。

(4) 折返线、停车线与车站形式组合的比选

折返线、停车线宜设在直线上,困难情况下除道岔区外可设在曲线上,并不设缓和曲线,超高 0～15 mm,但车挡前宜保持不小于 20 m 的直线段。

1)岛式站台

岛式站台停车线一般是与车站纵列布置,可以设一条停车线,也可以设两条,一条停故障车,另一条可作为折返线使用。道岔一般设置四个方向对运营比较灵活,但设置三个方向的道岔也能基本满足运营要求,尚可减少车站明挖段的长度,所以有的地下站采用了三个方向的道岔连接的方案。但设一条折返线的就不能与停车线共用。

停车线、折返线与正线的线间距:$S=a+b$(S为正线的间距),一般a应取4.6 m或5.0 m,如图5.2-22所示。

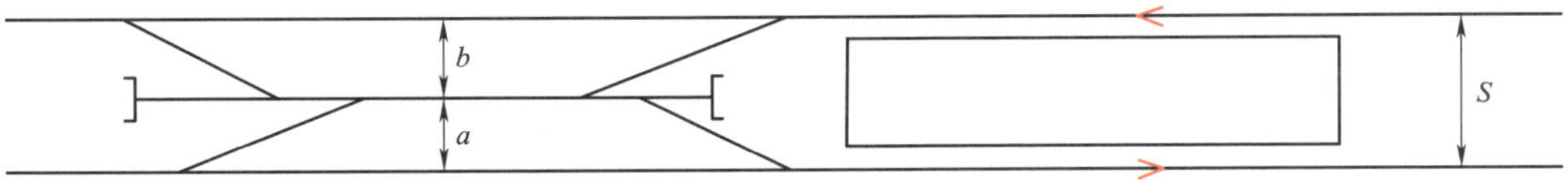

图5.2-22 岛式站台站后折返示意图

2)侧式站台

侧式站台车站两正线的线间距较小,在设有道岔的车站一般为4.6 m或5.0 m,以便于道岔的设置,否则线间距过小,道岔尚需进行特殊设计和加工,给运营、养护、维修造成一定的困难。停车线的设置有单方向和双方向两种,分别如图5.2-23和图5.2-24所示。这种停车线不具备折返线的功能,故较少采用。

图5.2-23 侧式站台车站单方向设停车线示意图

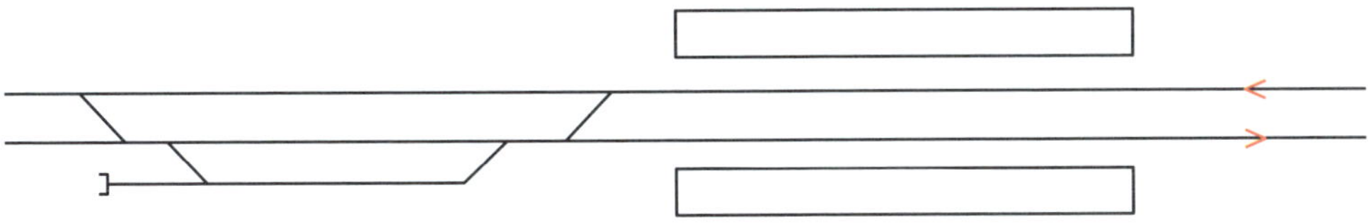

图5.2-24 侧式站台车站双方向均可进入停车线示意图

3)一岛一侧式站台

一岛一侧式站台是在车站长度方向受到限制,而宽度方向有余地的情况下采用,也有道岔三个方向和四个方向的设置问题(虚线),如图5.2-25所示。考虑到运营的灵活性,四个方向更好,但车站长度和投资均要增加。

岛式站台的宽度宜不小于8 m,若宽度小于8 m,会给使用带来诸多不便。

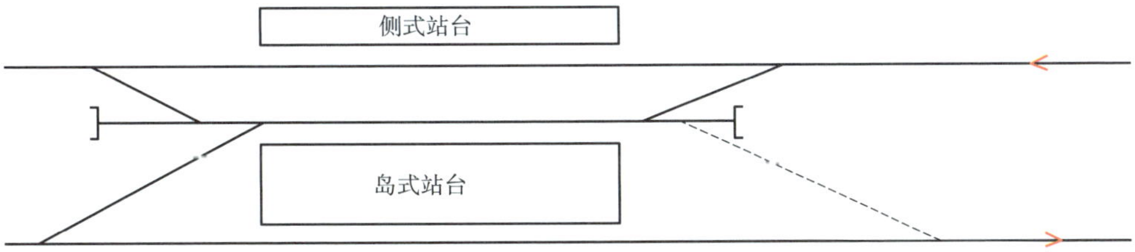

图5.2-25 一岛一侧式停车线示意图

4)侧式站台、两正线间设停车线

这种设计方案停车线功能较差,故障车需在正线停车清客后再进入停车线,占用正线时间较长,但车站长度可以缩短,车站的宽度较一岛一侧车站缩小,投资较省,如图5.2-26所示。采用何种方式,要根据车站周边的具体情况而定。

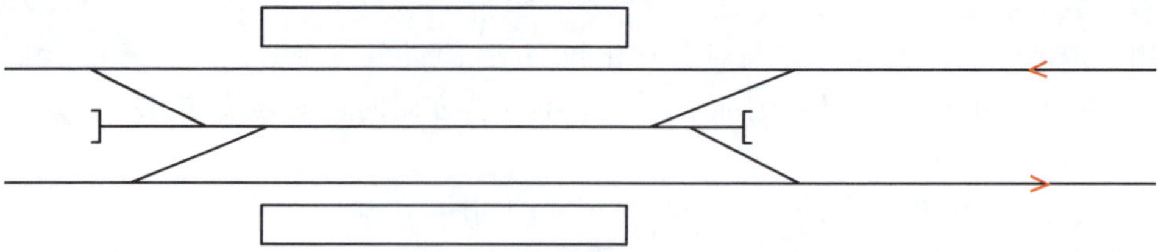

图 5.2-26　两正线间设停车线示意图

5)支线站、接轨站方案比选

支线与正线接轨的车站应设置平行进路。正常运营时,应按两线均在正线停车及上、下客流考虑。两线站台中间的配线仅仅是在特殊情况下使用,上、下行线双方向使用(如图 5.2-27 所示)。

图 5.2-27　支线站线路布置(方案一)

如果考虑上、下行线各设置一条平行进路,以更便于行车指挥,可考虑如图 5.2-28 所示方案。这种方案在车站二线分别设置平行进路,便于管理和运营安全,但车站的宽度增加、投资增加。

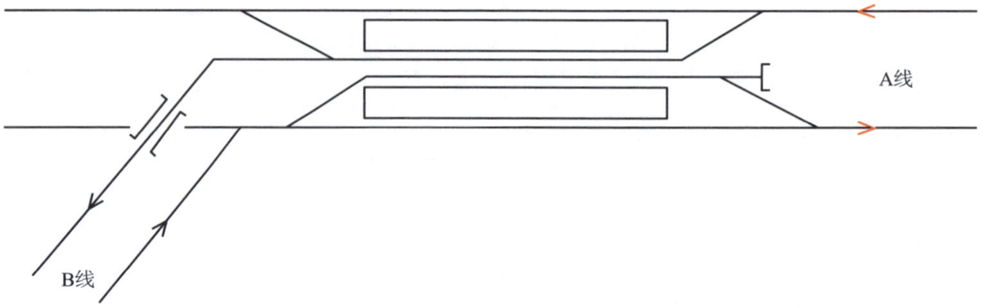

图 5.2-28　支线站线路布置(方案二)

上述两个方案应视具体情况综合分析确定。

(5)越行站方案比选

根据每条线的客流需求特征、时间目标值要求及工程条件,市域铁路和城际铁路有的需设越行站。行车交路开行大站快车和站站停两种交路模式的运输组织,可考虑侧式站台和岛式站台方案。

①侧式站台方案:工程量较小但不能与停车线合用,如图 5.2-29 和图 5.2-30 所示。

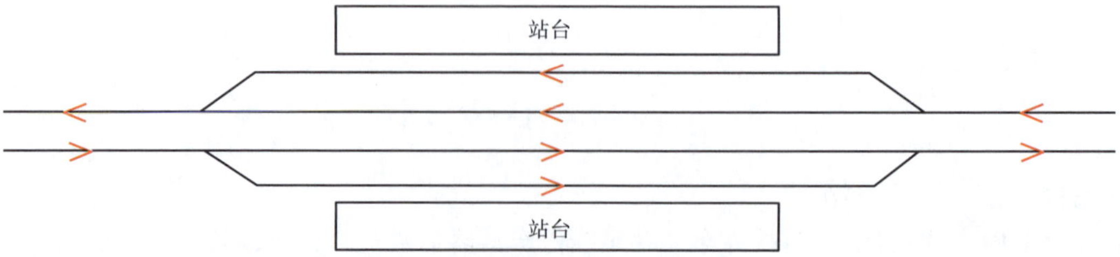

图 5.2-29　侧式越行站平面布置

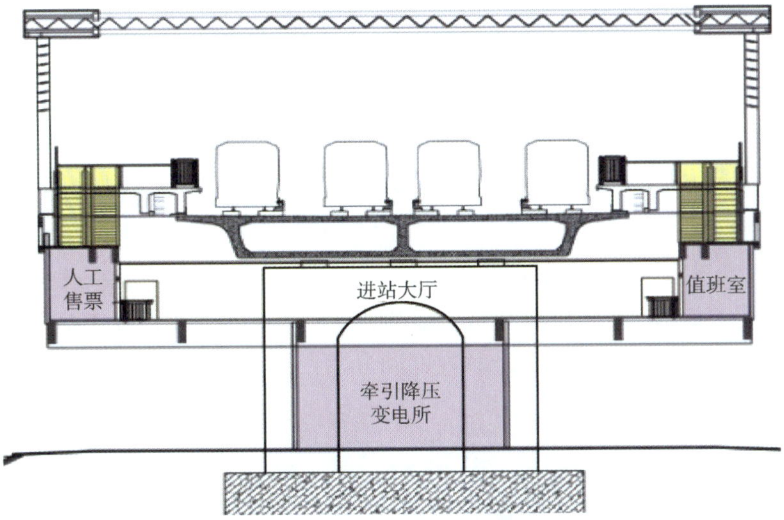

图 5.2-30 侧式越行站剖面示意图(高架)

②岛式站台方案:功能完善,但工程量较大,如图 5.2-31 和图 5.2-32 所示。越行站一般是在高架线或地面线设置,特别需要在地下站设置时也要认真进行技术经济比较后确定。

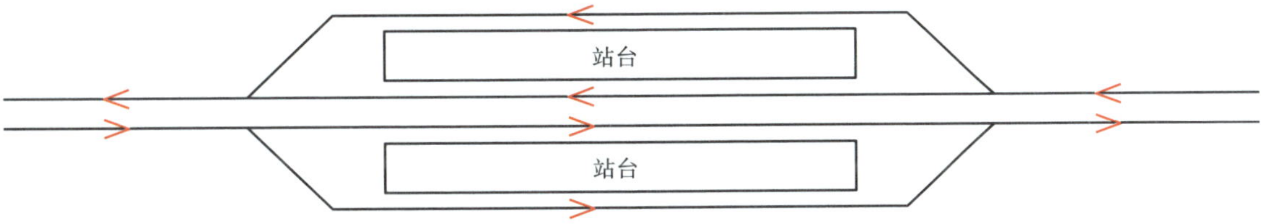

图 5.2-31 岛式越行站平面布置

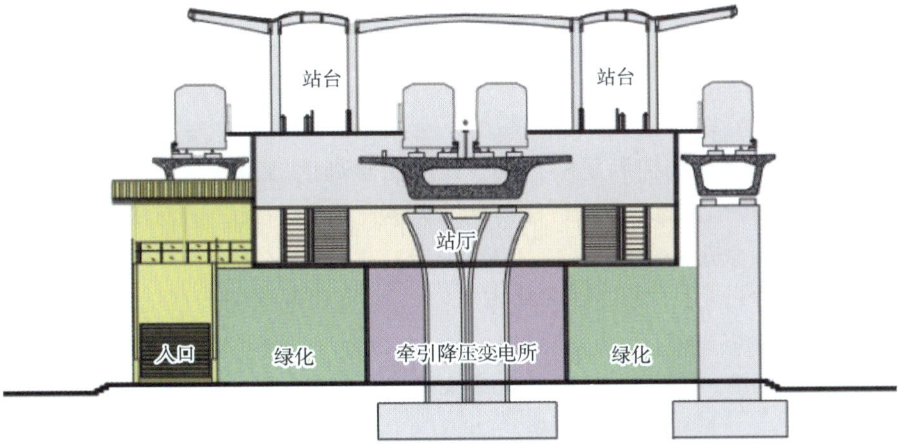

图 5.2-32 岛式越行站剖面示意图(高架)

当然以上工作不是一蹴而就,需要多次反复、多次协调后才能最终做到线路方案的稳定。线路初步方案拟定并经各专业同意后,还要经业主同意,然后广泛向市规划、环保、交通管理、文物、园林等单位和重要建筑物业主征求意见,进行协调。并根据协调意见对线路进行调整,以最终稳定线位及站位。

5.3 线路纵断面设计

线路纵断面设计应结合城市现状和规划,遵照"在中心城外有条件的地方,地铁宜采用高架或地面线路”的原则，认真对线路的敷设形式进行研究。同时，结合工程地质、水文地质情况、施工方法、区间风井、排水泵站、进出站坡度，以及与其他线路换乘、穿越地下建(构)筑物、地下管线、河流等因素综合研究确定。但线路的敷设形式不可变化过多，以免对地面交通影响过大。

线路敷设方式历来就是各城市、各条线、各方面争论的焦点之一。许多城市即使在城市外围道路非常宽的情况下也要求设地下线，致使轨道交通的建设成本不断攀升。

敷设方式与城市的现状和规划十分密切，在研究线路敷设方式时，一定要坚持实事求是的原则，不能一味地否定高架线的敷设方式。有些城市道路的宽度 60 m 以上，周边居民楼距道路也在 50 m 以上，可就是要按地下线敷设，这是非常不负责任的。高架线工程造价相当于地下线的 1/2～1/3，施工工期短，运营成本低，而且节能、环保。如果高架站、高架桥能与城市景观融为一体，则会形成一条亮丽的风景线。上海地铁 3 号线穿过的漕溪路彩虹桥就是上海西南部的一景，如图 5.3-1 所示。

图 5.3-1 上海漕溪路彩虹桥

5.3.1 主要设计原则

(1)线路敷设方式应根据城市总体规划和地理环境条件，因地制宜。在城市中心区，宜采用地下线；在中心城区以外地段，宜采用高架线；有条件地段也可采用地面线；高架线、地下线的过渡段一定要选好，最好不切断既有道路，若必须切断既有道路时，应进行道路改移，或修建道路跨越(穿越)轨道交通的桥梁或隧道并纳入设计。

(2)地下线路埋设深度，应结合工程地质和水文地质条件，以及隧道形式和施工方法确定。隧道顶部覆土厚度应满足地面绿化、地下管线布设和综合利用地下空间资源等要求。

(3)高架线路应注重结构造型和控制规模、体量，并应注意高度、跨度、宽度的比例协调。其结构外缘与建(构)筑物的距离应符合现行国家标准《建筑设计防火规范》(GB 50016)的有关规定。高架线应减小对地面道路交通、周围环境和城市景观的影响。

(4)地面线应按全封闭设计，并应处理好与城市道路红线及其道路断面的关系。地面线应具备防淹、防洪能力，并应采取防人和防偷盗措施。

地面线的采用一定要慎重，占地多，对周边影响大，对应设置地面线而产生的附属工程(改移公路、道路、路基排水、绿化等)较多。对采用地面线而引起的附属工程应一并纳入设计，费用纳入概算。

(5)车站宜布置在纵断面的凸型部位上，可根据具体条件，按节能坡理念，设计合理的进出站坡度和坡段长度。

5.3.2 主要技术标准

线路坡度设计应符合下列规定：

(1)地铁线路和市域铁路正线的最大坡度宜不超过 30‰，困难地段最大坡度可采用 35‰。

(2)联络线、出入线得最大坡度不超过 40‰。

(3)区间隧道的线路最小坡度宜采用 3‰，困难条件下可采用 2‰。区间地面线和高架线，当具有有效排水措施时，可采用平坡。

(4)车站及其配线坡度设计应符合下列规定:

1)车站站台范围内的线路应设在一个坡道上,坡度宜采用2‰。当具有有效排水措施或与相邻建筑物合建时,可采用平坡。

2)具有夜间停放车辆功能的配线,应布置在面向车挡或区间的下坡道上,隧道内的坡度宜为2‰,地面和高架桥上坡度不应大于1.5‰。

3)道岔宜设在不大于5‰的坡道上。在困难地段应采用无砟道床,尖轨后端为固定接头的道岔,可设在不大于10‰的坡道上。

4)车场内的库(棚)线宜设在平坡道上,库外停放车的线路坡度不应大于1.5‰,咽喉区道岔坡度不宜大于3.0‰。

(5)坡段与竖曲线设计应符合下列规定:

1)线路坡段长度不宜小于远期列车编组长度,并应满足相邻竖曲线间夹直线长度不小于50 m的要求,以满足一列车运行线路不会出现两种以上坡段、坡度及竖曲线,改善列车运行条件。其中,50 m夹直线就是相当于振动衰减的时间距离。

2)两相邻坡段的坡度代数差不小于2‰时,应设圆曲线型的竖曲线连接。竖曲线的半径不应小于表5.3-1的规定。

表5.3-1　竖曲线半径(m)

线别		一般情况	困难情况
正线	区间	5 000	2 500
	车站端部	3 000	2 000
联络线、出入线、车场线		2 000	

3)车站站台有效长度内和道岔范围内不得设置竖曲线,竖曲线离开道岔端部的距离应符合表5.3-2的规定。

表5.3-2　道岔两端与竖曲线端部的最小距离

项目	至竖曲线端	
	正线	车场线
道岔型号	60 kg/m-1/9	50 kg/m-1/7
道岔前端/后端	5/5 m	3/3 m

注:道岔后端至站台端位置应按道岔警冲标位置控制。

(6)正线坡度大于24‰,连续高达16 m以上的长大陡坡地段,应根据线路平纵断面和气候条件,核查车辆的编组及其牵引和制动的动力性能,以及故障运行能力。长大坡段不宜与平面小半径曲线重叠;同时应对道床排水沟断面进行校核。

(7)纵断面设计的最低点位置,应兼顾与区间排水泵房和区间联络通道位置结合,当排水管采用竖井引出方式时,地面应具有竖井实施条件。

(8)竖曲线与缓和曲线或超高顺坡段在有砟道床地段不得重叠。在无砟道床地段,竖曲线与缓和曲线重叠时,每条钢轨的超高顺坡率不得大于1.5‰。

5.3.3 线路纵断面设计主要内容

1. 合理选择敷设方式

合理选择城市轨道交通的敷设方式,是保持轨道交通可持续发展的重要环节。《城市轨道交通工程项目建设标准》(建标104—2008)规定:"线路敷设方式应根据城市总体规划和地理环境条件,因地制宜地选择。在城市中心区外围且街道宽阔地段,宜首选高架"。现行的《地铁设计规范》(GB 50157)对此也有明确规定。高架线路在节省投资、缩短工期、节能减排,保持城市轨道交通可持续稳定发展方面具有很大优势。

2. 竖曲线(如图5.3-2所示)

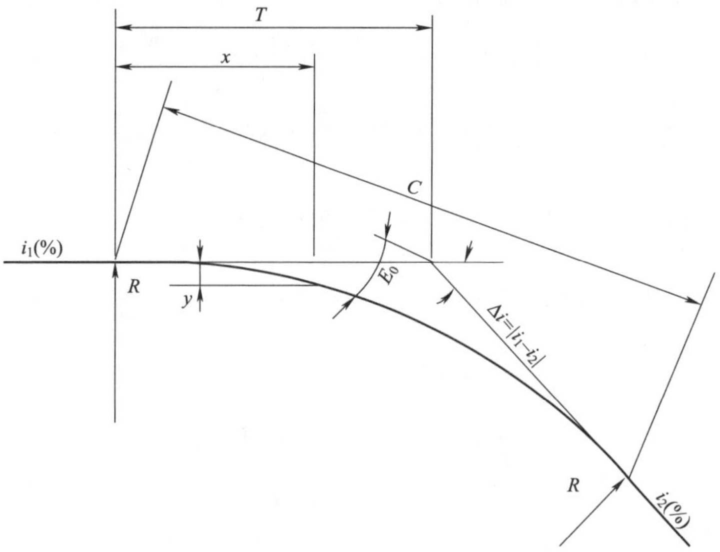

图 5.3-2　竖曲线示意图

两相邻坡度代数差不小于 2‰时，应以圆曲线型竖曲线连接。

竖曲线切线长度 T(m)按式(5.3-1)计算：

$$T=\frac{R}{2\,000}\Delta i \tag{5.3-1}$$

式中，R——竖曲线半径；

Δi——相邻坡段坡度代数差的绝对值，$\Delta i=|i_1-i_2|$。

竖曲线长度 C(m)按式(5.3-2)计算：

$$C\approx 2T \tag{5.3-2}$$

竖曲线纵距 y(m)按式(5.3-3)计算：

$$y\approx\frac{x^2}{2R} \tag{5.3-3}$$

式中，x——竖曲线横距(m)。

竖曲线外矢距 E_0(m)按式(5.3-4)计算：

$$E_0=\frac{T^2}{2R} \tag{5.3-4}$$

竖曲线高程 H(m)按式(5.3-5)计算：

$$H=h+y \tag{5.3-5}$$

式中，h——计算点的路肩设计高程(m)；

y——竖曲线上计算点的纵距(m)，凹型竖曲线取"＋"号，凸形竖曲线取"－"号。

3. 车站纵坡长度

《地铁设计规范》(GB 50157—2013)规定："车站站台计算长度段线路应设在一个坡度上。站台计算长度内和道岔范围内不得设置竖曲线，竖曲线离开道岔端部的距离不应小于 5 m，地下车站站台计算长度段线路坡度宜采用 2‰，地面和高架桥上的车站站台计算长度线路宜设在平坡道上"。

根据上述要求，车站的设计坡度在满足规范要求的前提下不宜太长，以免造成排水困难。

(1)无道岔和配线的车站坡段长度＝远期列车编组长度＋两端竖曲线的长度车站部分的影响范围＋10 m(两端各 5 m)。

(2)有道岔的地下车站坡段长度＝远期列车编组长度＋道岔全长＋两端竖曲线影响范围＋10 m(两端各 5 m)。

(3)有配线的地下车站坡段长度＝远期列车编组长度＋配线全长＋两端竖曲线影响范围＋10 m(两端各 5 m)。

不把车站的坡度设置过长的原因是考虑到 2‰的坡度和平坡对排水均不利。为了加强线路的排水功能，车站的坡度不宜伸入区间。

如果配线过长，也可考虑在配线中间改变坡度，但"竖曲线不能伸入道岔范围，道岔应设在不大于 5‰的坡道上；折返线和停车线应布置在面向车挡或区间的下坡道上"等有关规定必须执行，且应与车站排水系统有机地结合起来，确定车站的坡度设计。

4. 进出站节能坡

《地铁设计规范》(GB 50157—2013)规定："地下站宜布置在纵断面的凸型部位上，可根据具体条件按节能坡理念设计合理的进出站坡度和坡段长度"。

在线路纵断面设计中应遵照以上规定，应当将有条件的车站设计成节能坡，但节能坡度和长度多大为宜是值得进一步探讨的问题。它不仅是进站减速、出站加速的问题，还要结合行车和运营安全、区间工程造价综合考虑。因此，进出站的节能坡应进行牵引计算并综合考虑其他因素再确定，一般以 20‰～22‰为宜。

5. 地质

地质是线路纵断面设计的重要资料，纵断面设计一定要结合地质情况进行。一般应将地下结构设在较稳定且方便施工的地层中，尽量避免将盾构设在上软下硬的地层中，以免给盾构推进造成困难。

6. 区间风井和联络通道、排水泵站

《城市轨道交通工程项目建设标准》(建标 104—2008)规定："在长大区间隧道内，应充分研究最不利情况下的救援和疏散模式，按设计运行密度计算，出现在同一区间、同一方向上有 2 列或 3 列车同时运行时，应在区间中间设置中间风道或直通地面的专用疏散出口"。很多延伸到市郊的地铁线路站间距超过 1.8～2.0 km 时，就可能出现上述情况，这就需要设置区间风井。区间风井的设置，地面上要有位置，而且埋置深度越浅越好。一般 W 形的区间纵断面最高处较好，但还应结合排水泵站、联络通道考虑。排水泵站应设在区间最低处，两线最低点最好对齐，否则应在两线最低点中间位置设置排水泵站。联络通道不超过 600 m 设一处，而且线间距尽可能在满足规范的前提下进行压缩，以减少施工和运营的风险。因此，设置区间风井、泵站、联络通道必须综合考虑，反复比选。结合地面情况和地质情况，对线路平面、纵断面进行反复优化后确定。

7. 纵断面和施工方法

纵断面设计与施工方法有密切的关系。如区间采用盾构法或矿山法施工，则车站尽可能做成进站上坡、出站下坡的节能坡。如果区间采用明挖法施工，则区间就要考虑在满足各方技术条件要求的情况下尽可能地浅埋，以降低造价、节省工期。进出车站的坡度就无法做成凸形的节能坡，而只能做成凹形的反节能坡。因此，在研究纵断面时，一定要与施工方法密切结合，合理地确定进出站坡度设计。

8. 换乘线路的纵断面设计

如前所述，轨道交通的换乘设计是非常重要的设计内容之一。它不仅在平面上要搞好设计，纵断面上也要认真研究，反复推敲。

(1)两线交叉换乘

两线交叉换乘时，哪条线在上，哪条线在下，要通过对两条线的综合研究确定。《地铁设计规范》(GB 50157—2013)规定"换乘车站应结合换乘方式，拟定线位、线间距、线路坡度和轨面高程；相交线路临近一站一区间宜同步设计"。

(2)两线平行换乘

站内两线平行等高、同台换乘。不管是双岛四线还是一岛两侧换乘形式，车站两端的区间正线都要交叉，对交叉点前后区间及两线纵断面要认真研究，做好设计，如图 5.3-3 和图 5.3-4 所示。

(3)三线以上的换乘枢纽

对于三线以上的换乘枢纽，要在上述的基础上对各条线的平面、纵断面详细研究，认真对涉及地区的地下管线、地下建(构)筑物进行调查，反复优化，最终确定合理的换乘方案。

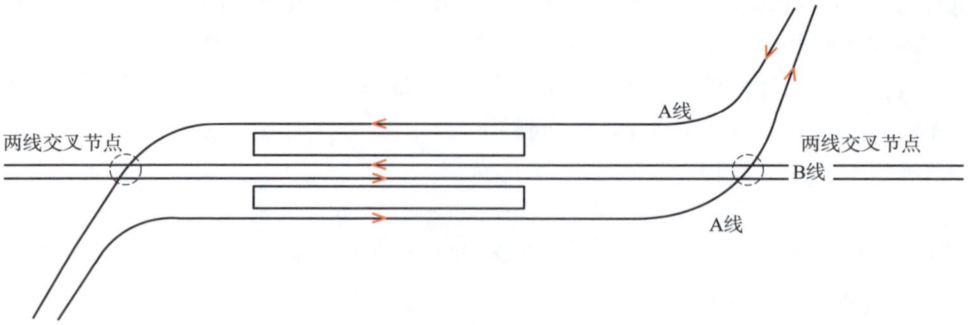

图 5.3-3　双岛平行换乘

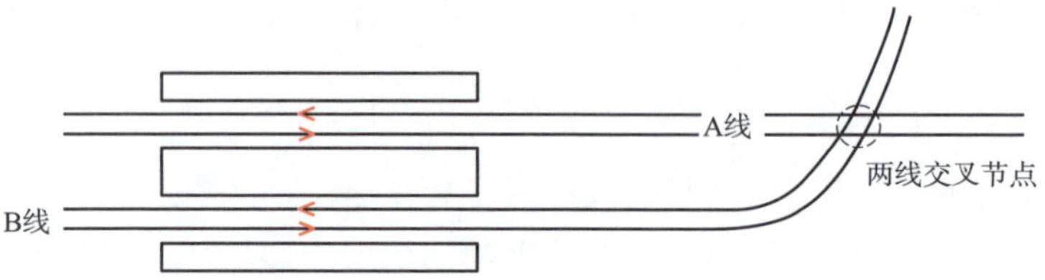

图 5.3-4　一岛两侧平行换乘

5.4　问题及思考

5.4.1　主要技术标准的确定

随着我国城市轨道交通的发展，不同类型和作用不同的各类轨道交通应运而生。除高铁、动车外，城际铁路、市域铁路就是介于城市轨道交通和国铁之间的运输工具。它们的起点一般都是城市内，与城市轨道交通不同的仅仅是其运输的范围更长、更广，速度更快。因此，在制定技术标准和车辆选型、供电制式的选择时，一定要结合具体情况进行认真地分析研究后再确定。

在线位、站位基本确定之后，应先对本线的功能定位和速度目标值进行研究，作为确定本线主要技术标准的依据。

城际铁路、市域铁路和地铁的作用是一致的。但由于地处的区域不同就出现了不同的规范，但三者之间又有重叠和交叉。三种轨道交通制式的主要技术参数比较详见表 5.4-1。

表 5.4-1　不同轨道交通制式主要技术参数比较表

类别 项目	城际铁路	市域铁路	地铁
定义	专门服务于相邻城市间或城市群，旅客列车设计速度 200 km/h 及以下的快速、便捷、高密度客运专线铁路	位于中心城区或其他组团间，组团式城镇之间或与大中城市具有同城化需求的城镇间服务通勤、通学、通商等规律性客流，设计速度 100～160 km/h 快速、高密度、公交化的客运专线铁路	在城市中修建的快速、大运量、用电力牵引的轨道交通。列车在全封闭的线路上运行，位于中心城区的线路基本设在地下隧道内，中心城区以外的线路一般设在高架或地面上
最高运行速度	200 km/h、160 km/h、120 km/h	160 km/h、140 km/h、120 km/h、100 km/h	100 km/h、80 km/h(120 km/h 也有)
设计年度	(1)近期：交付运营后 10 年； (2)远期：交付运营后 20 年	(1)初期：交付运营后 3 年； (2)近期：交付运营后 10 年； (3)远期：交付运营后 20 年	(1)初期：试运营后 3 年； (2)近期：试运营后 10 年； (3)远期：试运营后 25 年
车辆	CRH 型	市域 A 型车(宽 3.0 m)，市域 D 型车(宽 3.3 m)，CRH 市域车(宽 3.3 m)	A 型车(宽 3.0 m)，B1 型车(三轨授电，宽 2.8 m)，B2 型车(接触网授电，宽 2.8 m)
供电制式	交流 2.5 kV 架空接触网	交流 2.5 kV 架空接触网	直流 1 500 V/750 V 架空接触网/三轨
乘客站立标准	—	4 人/m^2	(5～6)人/m^2

续上表

类别 项目	城际铁路	市域铁路	地铁
系统设计能力	20 对/h	24 对/h	30 对/h
最小行车间隔	3 min	3 min	2 min
行车组织	站站停和大站快车越行模式。左侧行车	站站停和大站快车越行模式。左侧行车，亦可右侧行车	站站停右侧行车
车辆购置费	按交付运营后 5 年运量进行设计	按初期（交付运营后 3 年）运量进行设计	按初期需要配置车辆
运营配线	始发站两端咽喉应各设两条单渡线组成八字渡线；每 3～5 个车站或 20～30 km 有一个车站应设置配线和渡线。160 km/h 及以下线路困难条件下八字渡线可采用交叉渡线	6～9 km 设渡线，15 km 设故障车停车线，交路折返处设折返线	每隔 5～6 座车站或 8～10 km 设停车线，每隔 2～3 座车站或 3～5 km 设渡线，起终点和中间折返站设置折返线，安全线按要求设置，长度不小于 50 m
线路平面	最小曲线半径根据选用的最高运行速度确定： (1)V_{max}=100 km/h 时，R_{min}=600 m，困难 500 m； (2)V_{max}=120 km/h 时，R_{min}=900 m，困难 800 m； (3)V_{max}=160 km/h 时，R_{min}=1 500 m，困难 1 300 m； (4)V_{max}=200 km/h 时，R_{min}=2 200 m，困难 2 000 m	最小曲线半径根据选用的最高运行速度确定： (1)V_{max}=100 km/h 时，R_{min}=600 m，困难 500 m； (2)V_{max}=120 km/h 时，R_{min}=800 m，困难 700 m； (3)V_{max}=140 km/h 时，R_{min}=1 100 m，困难 1 000 m； (4)V_{max}=160 km/h 时，R_{min}=1 400 m，困难 1 300 m	(1)A 型车：一般 350 m，困难 300 m； (2)B 型车：一般 300 m，困难 250 m (3)车场线均为 150 m
	圆曲线或夹直线最小长度： (1)V=200 km/h 时，一般 120 m，困难 80 m； (2)V=160 km/h 时，一般 100 m，困难 70 m； (3)V=120 km/h 时，一般 80 m，困难 50 m	圆曲线或夹直线最小长度： (1)V=160 km/h 时，一般 100 m，困难 65 m； (2)V=140 km/h 时，一般 85 m，困难 60 m； (3)V=120 km/h 时，一般 75 m，困难 50 m； (4)V=100 km/h 时，一般 60 m，困难 40 m	(1)圆曲线最小长度：A 型车 25 m，B 型车 20 m，困难地段不小于一节车辆全轴距； (2)夹直线最小长度：一般不小于 0.5v，困难地段 A 型车 25 m，B 型车 20 m
	车站平面：宜设在直线上，困难时宜采用较小偏角，半径不小于相应路段最小曲线半径，且不小于 600 m	车站平面：宜设在直线上，设于曲线上 $R \geq$1 000 m，困难地段不小于 600 m；折返线曲线半径地段不小于 600 m；停车线曲线半径地段不小于 400 m	车站平面：站台宜设在直线上。设曲线上时：A 型车 800 m/1 500 m，B 型车 600 m/1 000 m（"/"前面表示不设站台门，后面表示设站台门）。 折返线、停车线宜设在直线上，困难可设曲线上，不设缓和曲线，超高 0～15 mm，车挡前应保持不少于 20 m 的直线段
线路纵断面	一般 20‰，困难 30‰	一般 20‰，困难 35‰	一般 30‰，困难 35‰
	竖曲线：设计速度 160 km/h 及以上的正线线路，$\Delta i \geq$1‰时，采用圆曲线型竖曲线连接；160 km/h 及以下正线，当 $\Delta i \geq$3‰时，采用圆曲线型竖曲线连接。 竖曲线最小半径： (1)V=200 km/h 时，一般 15 000 m，困难 10 000 m (2)V=160 km/h 时，一般 15 000 m，困难 8 000 m (3)V=120 km/h 时，一般 10 000 m，困难 5 000 m	竖曲线：区间相邻坡度代数差不小于 3‰时，采用圆曲线型竖曲线连接 (1)V=160 km/h 时，一般 10 000 m，困难 8 000 m (2)V=140 km/h 时，一般 8 000 m，困难 6 000 m (3)V=120 km/h 时，一般 6 000 m，困难 5 000 m (4)V=100 km/h 时，一般 5 000 m，困难 3 000 m	竖曲线：两相邻坡度代数差不小于 2‰时，应设圆曲线型竖曲线连接。 区间：一般 5 000 m，困难 2 500 m。车站端部：一般 3 000 m，困难 2 000 m。 竖曲线与缓和曲线在有砟道床地段不得重叠，无砟道床地段钢轨超高顺坡率不超过 1.5‰
	车站：应设在平坡上，当需设在坡道上时，坡度不超过 1‰，地下站可设在不超过 2‰坡道上，困难无配线站可设在不超过 6‰坡道上	车站：同城际铁路	车站：站台应设在一个坡道上，坡度宜采用 2‰，也可采用平坡。道岔宜设在不超过 5‰坡道上，困难不超过 10‰

续上表

类别 项目	城 际 铁 路	市 域 铁 路	地　　铁
轨　道	(1)正线轨道按一次铺设跨区间无缝铁路； (2)正线钢轨：60 kg/m； (3)无砟轨道主体结构设计使用年限为 60 年； (4)轨枕：1 667 根/km	(1)正线轨道宜按一次铺设跨区间无缝铁路； (2)正线钢轨：60 kg/m； (3)轨枕：无砟(1 600～1 680)根/km，有砟(1 667～1 840)根/km	(1)无砟轨道主体结构及混凝土轨枕的设计使用年限不低于 100 年； (2)地下线 $R>300$ m 地段，高架线、地下线 $R>400$ m，有砟道床 $R>600$ m 地段，以及试车线应按无缝线路设计

通过对三种轨道交通制式的主要技术参数的比较，不难发现，城际铁路和市域铁路所经过的地区大部分是由城区→郊区→城区，而地铁初期是建在城区。但随着城市化的进程不断加快、城市规模不断扩大，地铁的 TOD 效应不断显现。地铁的线路不断向外延伸，三种轨道交通的制式选择就出现交叉的情况比较多，且三种规范的相同条件下技术标准不完全相同，因此如何制定该线的技术标准需要认真研究和仔细推敲，相关实例简介如下：

(1)浙江省金义东城际铁路是连接金华、义乌、东阳三个城市的城际铁路，如图 5.4-1 所示。正线全长 103.86 km，设站 29 座，平均站间距 3.58 km，符合城际铁路的特征，是典型的城际铁路。但它在金华、义乌、东阳三个城市城区中又兼顾地铁的功能。

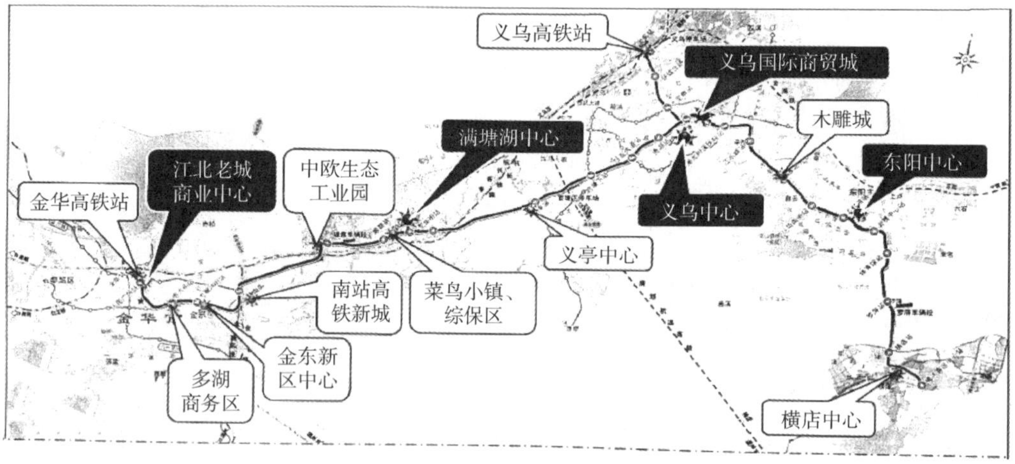

图 5.4-1　金义东城际铁路示意图

金义东城际铁路将承担金华市区、义乌市区和金义都市新区、东阳市区、横店影视城及沿线地区区间居民出行的公交骨干功能：

1)它是金义东同城化的重要支撑、金义都市新区轨道交通核心骨架线路。

2)它是义乌—东阳发展轴的重要支撑，也是东阳沟通沪昆高铁、杭金衢城际等对外轨道交通的重要途径。

这条线的主要技术标准：最高速度 120 km/h；B 型车，6 辆编组，DC 1 500 V 三轨供电。

(2)杭州对周边的城市群均进行了轨道交通线网规划的研究和实施，杭州至临安、杭州至富阳、杭州至海宁、杭州至绍兴等城际线均采用的是地铁标准和制式。

(3)江苏省南京市的宁合、宁溧、宁天等城际线也是采用的地铁标准和制式。

(4)温州市域铁路 S1、S2 线则采用的是 2.5 kV 的 CRH6 型市域铁路制式。

5.4.2　线路敷设方式比较

目前，我国绝大多数省会级以上(个别地级市)的城市都在规划或建设轨道交通，数量越来越多，里程越来越长，理念越来越新。从一个侧面反映出我国现代化建设步伐的加快，但也存在一个不可忽视的问题，不管建设在城区的繁华区，还是延伸到市郊尚未开发的区域，大部分都规划为地下线路。线路敷设方式应因地制宜合理选择。

1. 地下线

表 5.4-2 为各主要城市轨道交通的地下线投资比较表。

表 5.4-2 各主要城市轨道交通投资比较表(地下线)

项 目	建设规模(km)	总投资额(亿元)	正线投资(亿元/km)	备 注
北京地铁 1 号线(东段)	13.5	69	5.11	1999 年建成
北京地铁 4 号线	28.2	150.91	5.35	2007 建成通车
北京地铁 5 号线	27.7	137.1	4.95	2007 年建成开通运营
上海地铁 1 号线(一期)	16.365	62	3.79	1995 年建成通车
上海地铁 2 号线(一期)	16.3	130	7.97	2000 年建成通车
上海地铁 8 号线	23	143.8	6.25	2007 年建成通车
上海地铁 9 号线	30.687	119.5	3.9	2007 年建成通车(高架 15.3 km,地下 14.2 km,地面 1.2 km)
广州地铁 1 号线	18.48	128.4	6.95	1999 年建成投入运营(多采用国外设备)
广州地铁 2 号线	23.3	118	5.06	2002 年开通试运营
深圳地铁 1 号线(一期)	19.5	105.85	5.42	2004 年建成通车
南京地铁 1 号线	21.7	85	3.92	2005 年建成通车(地下 14.3 km,其余为高架线和地面线)
沈阳地铁 1 号线	28	117.5	4.2	2010 年建成通车
天津地铁 1 号线	26.2	92.2	3.52	2006 年建成通车(利用既有 7.4 km)
天津地铁 5 号线	34.831	253.83	7.29	2018 年建成
天津地铁 6 号线	56.15	406.05	7.23	2016 年建成

从表 5.4-2 可以看出,2010 年前的地铁建设投资地下线基本上正线 5 亿元/km～6 亿元/km。而 2010 年以后建设的地铁线路,正线投资为 6 亿元/km～7 亿元/km,有的城市甚至超过 10 亿元/km。地下线造价越来越高。

2. 高架线

表 5.4-3 为部分城市轨道交通的高架线投资比较表。

表 5.4-3 部分城市轨道交通投资比较表(高架线)

项 目	建设规模(km)	投资额(亿元)	正线投资(亿元/km)	备 注
上海地铁 3 号线(明珠一期)	25	92	3.68	与 4 号线共线 8 站 8 区间,2000 年建成通车
上海地铁 5 号线(莘闵线)	17.16	35.5	2.07	2003 年建成通车
北京地铁八通线	18.93	33.97	1.79	2003 年建成通车
天津津滨快轨	46.4	61.66	1.33	2004 年建成通车

高架线路不仅节约工程费用,还节约大量电能。根据 2011 年 6 月建成通车的深圳地铁 3 号线资料显示:正线全长 32.86 km,全线地下线 8.53 km、高架线 21.73 km、地面线 2.6 km,概算总额 113.18 亿元,平均正线投资 3.44 亿元/km。其中:地下车站工程费 11 330 万元/站,高架车站工程费 2 476 万元/站;地下区间土建费 9 800 万元/km,高架区间工程费 5 970 万元/km;地下车站电费 638 万元/年,高架典型车站电费 216 万元/年。

由此可见,高架线路在节约投资、节能环保、保持轨道交通可持续发展方面是具有很大的优势的。当然,不是说地下线不好,应因地制宜设置地下线或高架线。但高架线和地下线连接处的过渡段要注意选择合理的位置,同时由于敞口段的设置所引起的附属工程要纳入工程考虑范围。

不赞成设置高架线的主要误区如下:

(1)振动噪声超标

轨道交通高架线在运营过程中确实产生一定的振动噪声,市民反映不好,但噪声来源是多方面的。城市道路日夜行驶的各类车辆产生的噪声远远大于高架线路产生的噪声值，各种噪声叠加后超标是有可能的。但随着技术的发展，采取轨道减振降噪措施及采用声屏障后，能有效解决高架线振动噪声超标问题。

(2)高架线会影响城市景观

高架线桥穿越城市会对城市的整体效果有所阻隔，但高架线路双轨桥梁宽度小于城市高架路面四车道的宽度时，如能结合城市道路的周边环境优选适宜的梁柱形式，精心设计、精心施工，体现出桥梁的建筑艺术和环境协调的标志性建筑物，市民是会赞同的。如上海地铁3号线的漕溪路桥，由于桥的造型富有生命张力，其色彩与周边建筑协调，成为该地区的一大景观。上海地铁9号线松江段高架线有绿化相伴，给乘客带来很好的视觉享受，如图5.4-2所示。

图5.4-2　上海地铁9号线松江段高架段

(3)地下空间资源成本低廉，可以随便使用

在以往的城市工程建设中，误认为地下空间资源不涉及产权，没有土地成本，可不经过规划与审批使用。其实地下空间资源的开发利用早已进入合理控制、综合开发利用的时代，不能随意使用。地下线路的埋深也应纳入地下空间规划标准的统一要求(特别在中心城区的重点开发区)，不然会造成连通性的阻碍，给地下空间网络化发展带来诸多困难。

(4)地下线可以使土地大幅度升值

地下线上盖的房地产确实较高架线的土地大幅升值，但要从规划大局出发，从地下资源利用的全局出发确定敷设方式。

5.4.3　联络线、停车线和折返线

1. 联络线

联络线分为地铁之间的联络线和地铁与国铁的联络线。

(1)地铁与地铁之间的联络线

地铁之间联络线的主要作用是实现地铁各线之间的互联互通，形成网络，增加运营的灵活性和抵御不可抗力灾害的功能，实现网络中的资源共享，车辆的厂、架修及地铁车辆和大件设备的运输等。

根据地铁网络及工程条件的不同，设置方式可分为：

1)渡线方式：以渡线连接两线(或三线)实现地铁的过轨运营。应注意的是设置过轨渡线的两条线的运行方向应该是同方向，否则将对运营产生影响，如图5.4-3所示。

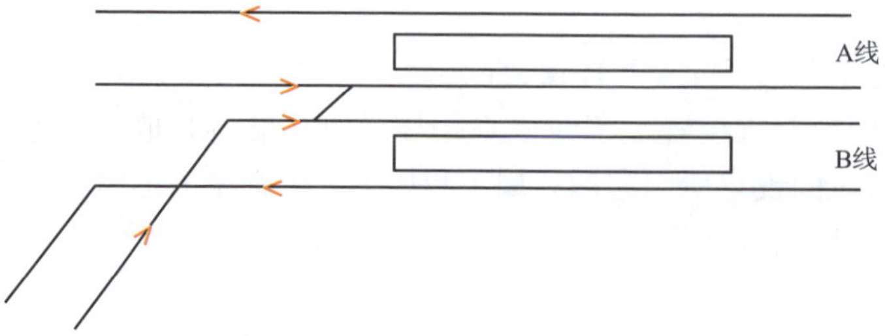

图5.4-3　渡线方式设置联络线

2)线路连接:以线路连接两条线的站端(或区间)实现两条线的连接、两线不进行连通运营的仅设单线,同时应配置必要的渡线(如图 5.4-4 所示),如近期实现连通运营的应设置双向联络线(虚线)。联络线的技术标准应尽量与正线一致,线路尽可能短,以减少工程投资。一般情况下,平面曲线半径可选用 250 m(A 型车)和 200 m(B 型车),困难情况下可选用 150 m,最大坡度可采用 40‰,但兼作运营线的双联络线的标准应与正线一致,如图 5.4-5 所示。

联络线的设置除应根据运营需要和网络资源共享的要求外,还应结合当地的工程地质和水文地质条件,以及地面建筑物和地下构筑物的情况综合比较确定。

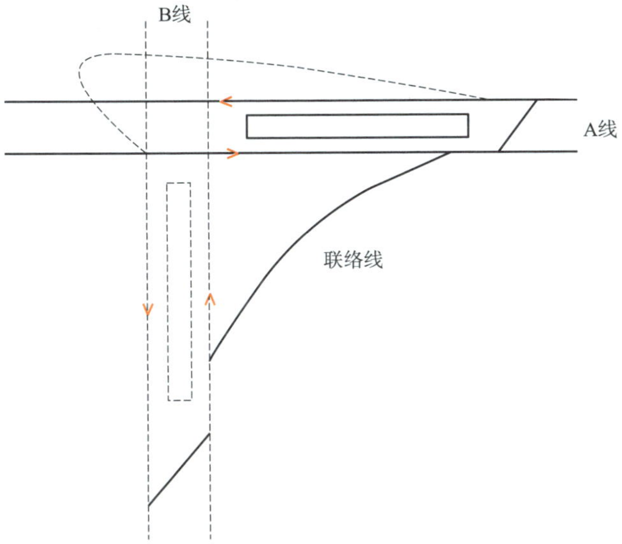

图 5.4-4 “L”形换乘站设置联络线

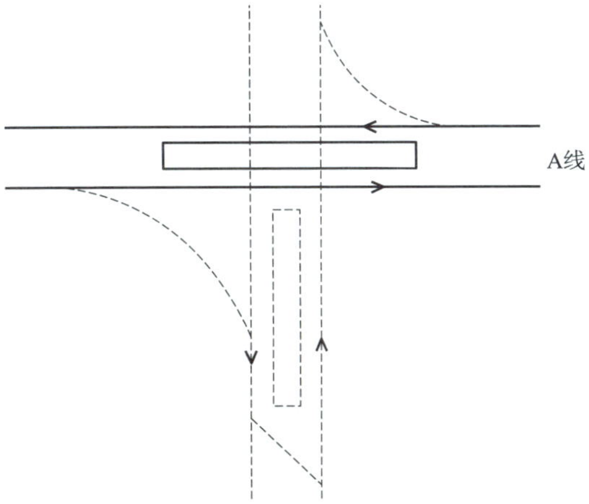

图 5.4-5 “十”字形换乘站设置联络线

(2)地铁与国铁的联络线

为运送地铁车辆及大件的机电设备,在有条件的地方,宜设置地铁与国铁的联络线,联络线与国铁的接轨点应选在国铁车站次要站线或车站货物线,以免影响国铁运营和引起国铁车站大的改建工程。具体标准和增加的工程应与铁路局共同协商确定,由于接轨引起的国铁车站的改建,费用应纳入地铁工程。

2. 停车线

《地铁设计规范》(GB 50157—2013)规定:“正线应每隔 5~6 座车站或 8~10 km 设置停车线……停车线应具备故障车待避和临时折返功能。其有效长度为远期列车编组长加 50 m(尽端式)或 60 m(贯通式)”。

但有的城市《地铁设计规范》提出“当线路长度大于 40 km,且车辆综合基地与停车线均设置在线路末端时,宜在全线中间地段的车站,根据线路条件,配置一线两列位的停车线或双线停车线。”

轨道交通网路形成后,一条线出现故障有可能影响到局部甚至整个网络的正常运营。因此,在长大线路中间设置一线两列位故障停车线,对于缩短救援作业时间、减少对乘客的影响是必要的。

(1)一线一列位故障停车线,无法满足救援车与被救援车同时停放的要求。当故障列车被救援至一线一列位故障停车线时,只能允许救援车进行解钩作业。这个过程应进行如下作业:行车调度办理进路作业→故障车被推进至故障停车线进行解钩作业→救援车反向运行至站台→等待调度命令。整个作业需要 15 min 左右。如果在早晚高峰发生这类事故,对整条线的运营影响极大。如果是一线两列位的停车线,当故障车被救援至此时,可直接将故障车与救援车暂存于此,待高峰过后再另行处置,从而减小故障影响。因此,一线两列位故障停车线的设置是缩短故障时间非常有效的途径。

(2)目前国内地铁运营公司车辆运行为单司机制的模式,即一列车一名司机。而两列车的解钩作业至少需要 3 人,若需要进行此项操作,还需从车站临时调专业人员支援,这样也会延长故障处置时间。地铁救援车的推进运行速度为 25~30 km/h,救援车长期占用正线,严重影响正线的运营秩序。若列车故障发生在线路任何位置,救援列车可根据救援线路长短选择救援至线路两端的车辆段、停车场或处于中间的一线两列位故障停车线,从而缩短救援车的推进距离,以减少救援车对正线的影响。因此,在长大线路中部设置一线两列位的停车线非常必要的。虽然如此，但一线两列位停车线工程量大、投资高，且对地面道路交通影响大，所以一定要慎重考虑。

3. 折返线

《地铁设计规范》(GB 50157—2013)规定："折返线应根据行车组织交路设计确定，起、终点站和中间折返站应设置列车折返线……折返线布置应结合车站站台形式确定，可采用站前或站后折返形式，并应满足列车折返能力要求"。但有的观点认为：

(1)近期开通运营线路折返线的实际折返能力与设计的折返能力存在差距，很难达到30对/h的设计要求。

(2)站前折返在故障时不利于运营组织。

站前折返只有渡线，在转辙机无法正常使用时，列车无法进站，对整个线路运营秩序带来很大影响。站前折返为单渡线。这种折返方式不但折返作业复杂、时间长，而且当道岔故障时列车无法进行折返作业，全线须停运。站后折返由于站前站后均可以设置渡线，即便是站后折返出现问题，也可通过站前的渡线完成进站作业，维持正常的运营。所以站后折返形式比站前折返形式，在故障的应急处理上具有较强的应变能力。

(3)在大断面客流点不宜设置终点站

影响折返能力的因素较多，终点站清人是其中因素之一，用时多少直接影响折返能力。北京地铁5号线天通苑北站、昌平线的西二旗站、亦庄线的宋家庄站和上海地铁1号线上海火车站的折返都设置在大断面客流点上，清人作业耗时较多，对折返能力产生较大影响。

鉴于以上分析，为了提高运营效率和确保正常的运营秩序，建议在新建线路设计中：

1)应保证线路条件与其他设备系统匹配，以满足系统的最大设计能力。

2)在新线建成时，应模拟实际运营条件进行折返能力的测试。

3)在终点站优先采用站后折返形式，并在站前设置单渡线。

4)新线终点站应避免设置在大断面客流的断面点上。

本章参考文献

[1] 地铁设计规范：GB 50157—2013[S]. 北京：中国建筑工业出版社，2013.

[2] 市域铁路设计规范：T/CRS C0101—2017[S]. 北京：中国铁道出版社，2017.

[3] 城市轨道交通技术规范：GB 50490—2009[S]. 北京：中国建筑工业出版社，2009.

[4] 地铁与轻轨系统运营管理规范：CJJ/T 170—2011[S]. 北京：中国建筑工业出版社，2011.

[5] 城市轨道交通试运营基本条件：GB/T 30013—2013[S]. 北京：中国标准出版社，2013.

[6] 地铁安全疏散规范：GB/T 33668—2017[S]. 北京：中国标准出版社，2017.

[7] 城市轨道交通公共安全防范系统工程技术规范：GB 51151—2016[S]. 北京：中国建筑工业出版社，2016.

[8] 城际铁路设计规范：TB 10623—2014[S]. 北京：中国铁道出版社，2014.

[9] 跨座式单轨交通设计规范：GB 50458—2008[S]. 北京：中国建筑工业出版社，2008.

[10] 上海城市轨道交通工程技术标准：STB/ZH-000001[S]. 2010.

[11] 城市轨道交通工程设计规范：DB11/995[S]. 2013.

6 环境保护

6.1 工程环保选线选址

环境是人类生存的重要载体，工程建设应兼顾环境保护。轨道交通建设选线设计需遵循“环保选线”设计理念。工程选线、选址应符合城市和区域环境保护相关规划，合理布设线路走向及敷设方式。

工程选线、选址尽量绕避环境敏感区。工程须绕避自然保护区核心区和缓冲区、风景名胜区的核心景区、世界文化和自然遗产地、饮用水水源一级保护区以及文物保护建筑等需要特殊保护的区域。在饮用水水源二级保护区不得设置排放污染物的生产设施。宜绕避自然保护区的实验区、风景名胜区核心景区外的其他景区、森林公园、地质公园、重要湿地等环境敏感区域。对经论证无法绕避敏感区，应反复论证、综合比选，合理确定建设方案，并采取相应的环境保护和恢复措施。同时，积极配合相关主管部门落实法律法规等要求，办理相关行政许可，为后期工程建设提供可行性支撑。

工程选线、选址应密切结合沿线土地利用规划，宜饶避文教区、医院、敬老院等特别敏感的社会关注区域，地下线宜绕避下穿环境敏感建筑。线路穿越城区等已建、拟建居住、医疗、文教区时，应采用地下线方式，穿越中心城区以外区域宜采用高架方式，并尽量沿既有道路或规划道路布置线位，尽可能减小对周边环境影响，并根据工程环境影响评价报告书确认的环境噪声、振动等标准的规定，满足与敏感建筑物的防护距离标准要求。

6.2 工程环境保护要求

城市轨道交通工程的线位、站位、风亭、冷却塔、110 kV 及以上电压等级的变电所、车辆基地及停车场等的选线选址，应按照环境保护要求，结合工程项目特点、沿线环境条件、工程环境影响评价报告书及批复意见，确定工程线位、选址及环境保护防护距离。

6.2.1 地上线环境保护要求

地上线车辆运行不可避免的会对周边环境产生噪声影响，线路以地上线形式穿越居民区、文教区时，线路两侧敏感点环境噪声应满足国家标准《城市区域环境振动标准》GB 10070 规定，见表 6.2-1。

表 6.2-1 地上线敏感点环境噪声限值

声环境功能区类别	各环境功能区敏感点	噪声限值(dBA)	
		昼　间	夜　间
0 类	康复疗养区等特别需要安静的区域的敏感点	50	40
1 类	居住、医疗、文教、科研区的敏感点	55	45
2 类	居住、商业、工业混合区的敏感点	60	50
3 类	工业区的敏感点	65	55
4a 类	城市轨道交通两侧区域(地上线)的敏感点	70	55

6.2.2 地下线环境保护要求

列车作为移动荷载对钢轨作用产生的振动，通过道床、隧道结构、岩土或桥墩传递到地表及建筑物内对其产生影响。

1. 线路以隧道形式穿越居民区、文教区时，应使线路上方及两侧敏感点环境振动达到国家标准《城市区域环境振动标准》GB 10070 的有关规定，见表 6.2-2。

表 6.2-2 地下线敏感点环境振动限值

环境功能区敏感点类型	建筑物类型	噪声限值(dBA)	
		昼　间	夜　间
居民、文教区、机关敏感点	Ⅰ、Ⅱ、Ⅲ类	70	67
商业与居民混合区、商业集中区、交通干线两侧敏感点	Ⅰ、Ⅱ、Ⅲ类	75	72

2. 沿线建筑物市内二次辐射噪声应符合现行标准《城市轨道交通引起建筑物振动与二次辐射噪声限值及其测量方法标准》JGJ/T170 的有关规定，见表 6.2-3。

表 6.2-3 地下线敏感点环境振动限值

区　域	昼间(dBA)	夜间(dBA)
0 类	38	35
1 类	38	35
2 类	41	38
3 类	45	42
4 类	45	42

3. 沿线文物建筑物的振动应符合现行国家标准《古建筑防工业振动技术规范》GB/T 50452 的有关规定。

6.2.3 车辆基地及停车场环境保护要求

1. 车辆基地布局时结合周边环境现状，试车线的选址应避开居民区等敏感建筑，噪声排放应满足国家标准《城市区域环境振动标准》GB 10070 规定。车辆基地及停车场厂界噪声应符合现行国家标准《工业企业厂界环境噪声排放标准》GB 12348 的有关规定。

2. 车辆段、停车场会产生生活污水和生产废水，主要污染物为 BOD(生化需氧量)、COD(化学需氧量)、SS(悬浮物)、氨氮、石油类、洗涤剂 LAS(阴离子表面活性剂)等。生产废水、生活污水的排放，应满足国家标准《污水综合排放标准》GB 8978 和地方水污染排放标准的有关规定。车辆冲洗用水应该符合国家现行标准《城市污水再生利用 城市杂用水水质》GB/T 18920 等规定。

3. 车辆基地热源优先选用电能等清洁能源。生产锅炉所需功率较大，大气污染物排放应符合国家现行标准《锅炉大气污染物排放标准》GB 13271 的有关规定。

4. 车辆段、停车场产生的固体废物主要是办公生产人员产生的生活垃圾，生产过程中产生的废蓄电池、废油、废水等，均须进行无害化处理。

6.2.4 风亭、冷却塔环境保护要求

风亭、冷却塔运行会产生噪声，排风亭、活塞风亭、新风亭设置消声器噪声大小也不同。地上风亭、冷却塔与敏感建筑之间的噪声防护距离应符合表 6.2-4 的规定。

表 6.2-4 风亭、冷却塔距敏感建筑物的噪声防护距离

声环境功能区类别	各环境功能区敏感点	风亭、冷却塔边界与敏感建筑物的水平距离(m)	噪声限制(dBA)	
			昼间	夜间
1 类	居住、医疗、文教、科研区的敏感点	≥30	55	45
2 类	居住、商业、工业混合区的敏感点	≥20	60	50
3 类	工业区的敏感点	≥10	65	55
4a 类	城市轨道交通两侧区域的敏感点	≥10*	70	55

注：* 在有条件的新区，宜不小于 15 m。

6.2.5 车站环境保护要求

1. 车站站台内列车进出站噪声应符合现行国家标准《城市轨道交通车站站台声学要求和测量方法》GB 14227 的有关规定。车站在无列车的情况下，其站台、站厅环境噪声不得超过 70 dBA。

2. 车站会产生一定数量的生活污水，来源于各站的办公房屋及旅客洗手间，主要污染物为 BOD、COD 等，车站污水排放应满足国家标准《污水综合排放标准》GB 8978 和地方污水排放标准的有关规定。

3. 车站采暖可能会产生大气污染物，须达标排放。

4. 车站产生的固体废物主要是车站办公人员产生的生活垃圾、沿途各车站产生的旅客携带的生活垃圾。

6.2.6 变电所环境保护要求

变电所内的变电设施、整流设施也会产生一定量的电磁影响。

110 kV 及以上电压等级的变电所工频电场、工频磁场电磁环境，应符合现行标准《500 kV 超高压送变电工程电磁辐射环境影响评价技术规范》HJ/T24 的有关规定。地面设置的 110 kV 及以上电压等级的变电所宜远离居民区等敏感建筑，其边界与敏感建筑的水平间距宜大于 30 m，困难情况下不应小于 15 m。

6.2.7 环境保护其他要求

地铁各类管理用房的环境噪声应符合现行国家标准《工业企业噪声控制设计规范》GB J87 的有关规定。

列车及设备运行噪声影响应符合现行国家现行标准《声环境质量标准》GB 3096 的有关规定。车辆选型应符合现行国家标准《地铁车辆通用技术条件》GB/T 7928 有关噪声的规定。车辆司机室、客室内噪声应符合现行国家标准《城市轨道交通列车噪声限值和测量方法》GB 14892 的有关规定。

车辆段及停车场、车站、变电所等地面建筑物，应采取植物绿化等生态保护。

6.3 工程环境保护措施

工程环境保护措施遵循统一规划、合理布局、综合治理、防治结合的原则，根据建设项目环境影响报告书及环境保护主管部门批复意见确定。

6.3.1 地上线环境保护措施

轨道采用 60 kg/m 钢轨无缝线路，减少钢轨接头，有利于线路噪声控制。车辆基地停车场出入线一般为地面线，对周边超标噪声敏感点采取噪声控制措施。地面及高架线列车运行噪声影响采取轨道减振降噪措施，必要时增设声屏障。

1. 声屏障设计要求

(1)对于高架线沿线既有声屏障保护目标，应根据环评要求的地点和位置设置声屏障。对于规划的声屏障保护目标，应预留声屏障设置条件。

(2)声屏障设计应符合现行行业标准《声屏障声学设计和测量规范》HJ/T 90 的有关规定，并应符合声学性能、安全性、稳定性及耐候性等要求。

(3)声屏障的降噪效果应使声环境保护目标达到现行国家标准《声环境质量标准》GB 3096 规定的相应环境功能区昼、夜间环境噪声限值标准的要求。

(4)声环境设计目标值应由声环境保护目标处的列车运行噪声昼间等效声级夜间运营时段等效声级预测值(不含背景噪声)，与所在环境功能区昼、夜间环境噪声限值的差值确定。

(5)声屏障声学构件的隔声性能设计，应符合现行国家标准《声学 建筑和建筑构件隔声测量》GB/T 19889 的有关规定。

(6)声屏障声学构件的吸声性能设计，应符合现行国家标准《声学 混合室吸声测量》GB/T 120247 的有关规定。声屏障设计应在朝向声源一侧采取吸声结构。

(7)声屏障构件之间、声屏障与桥梁或挡土墙之间不得有缝隙或孔洞。声屏障应满足限界要求。

(8)声屏障材质的选用应防止由于温度变化引起的变形、阳光或灯光照射而造成的眩光影响，并应防止其受到撞击后破碎坠落。声屏障构件应进行排水设计。吸声材料应具有不吸水、不渗水的防水(潮)性能。声屏障的形式、材料、色彩等设计应与沿线城市景观相协调。

2. 声屏障设计形式

声屏障设置根据不同线路形式，分为路基段声屏障和桥梁段声屏障。声屏障材质有金属和非金属，安装上分为插板式和非插板式声屏障。声屏障的形式应根据线路特点及敏感点特征选定，可为直立形、折版形、弧形、T形，以及半封闭式或全封闭式等。声屏障长度设置不小于远期列车编组长度。一般选用直立式较多，见图6.3-1和图6.3-2。

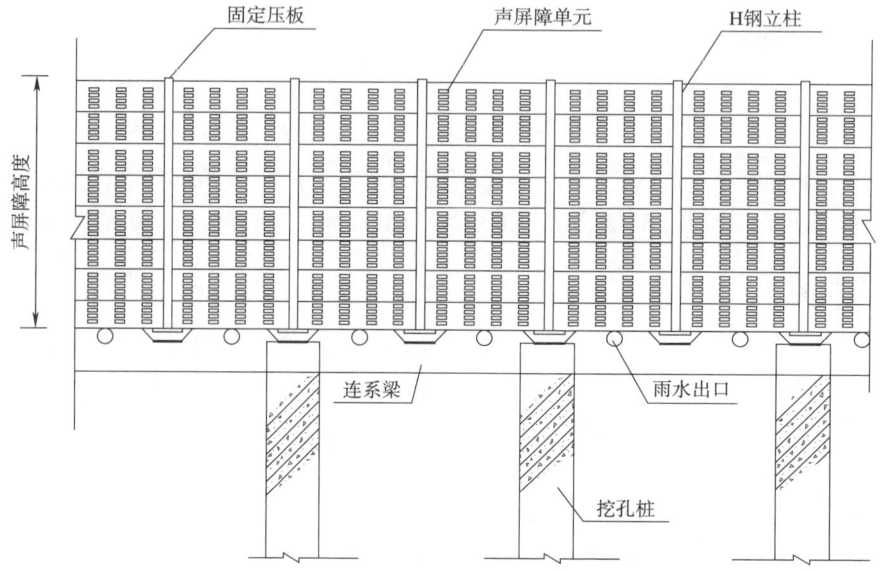

图6.3-1 路基段直立式声屏障示意图

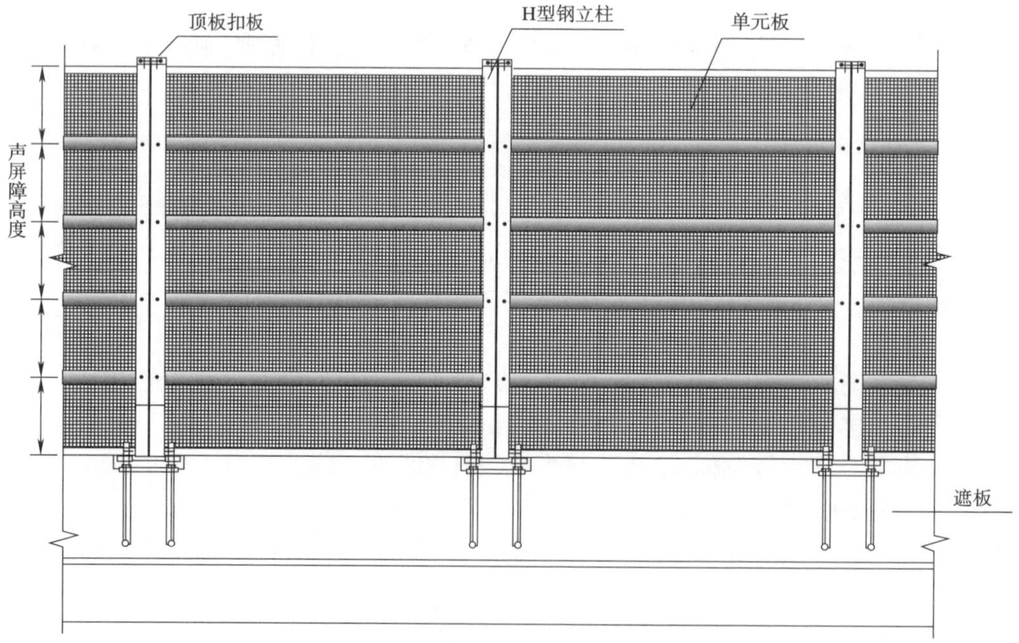

图6.3-2 桥梁段直立式声屏障示意图

6.3.2 地下线环境保护措施

1. 减缓振动措施

选用具有良好悬挂、转向和制动性能的地铁车辆，小曲线钢轨采取涂油措施，对减缓振动效果显著。减缓振动措施有：轨道采用无缝线路；对钢轨定期打磨，对小半径曲线钢轨侧面要经常进行涂油；针对不同地段采用不同的减振扣件和其他综合减振措施。

2. 轨道减振要求

轨道减振措施的效果应使振动环境保护目标达到现行国家标准《城市区域环境振动标准》GB 10070 规定的昼、夜间环境振动限值标准要求。

轨道减振措施的设计目标值应根据振动环境保护目标处的列车运行振动级预测值与所在环境区域昼、夜振动限值的差值确定。

轨道减振措施根据列车通过时段的最大振动级的预测超标量进行设计，长度应大于环境保护目标长度，且不应小于远期列车编组长度。

对于环境要求较高的线路高架路段，应同时采取桥梁及轨道综合减振设计。

6.3.3 车辆基地及停车场环境保护措施

1. 车辆基地试车线、车辆基地及停车场厂界噪声不能达标排放时，采取增设声屏障或围墙。声屏障高度、材质等可根据项目敏感点特征选定，一般选用直立式声屏障。

2. 车辆段及停车场内生活污水经化粪池处理，含油废水一般经隔油—沉淀—气浮—过滤处理，含酸碱废水经中和处理，车辆洗刷库及转向架清洗后的部分污水，废热水经降温处理后优先排入市政排水管网，进入污水处理厂。不排入市政污水管网污水，采用污水处理工艺达到国家或地方排水标准和环保要求后进行排放。

3. 车辆基地生产生活所需热源优先选用电能等清洁能源，若需配置锅炉，锅炉大气污染物排放须满足《锅炉大气污染物排放标准》GB 13271 的有关规定。

4. 车辆段产生的生活固体废物于指定地点存放，交由环卫部门集中处理。必要时，车辆段设置垃圾转运站，配备垃圾自卸车等，将生活垃圾收集后交由环卫部门集中处理。污水处理站产生的污泥集中干化后用作肥料或运送至环卫部门指定地点。废蓄电池由生产厂家更换回厂家统一处置，废油、油泥集中回收，交有资质的单位进行无害化处理。危险废物临时堆放区须进行防渗设计，满足防渗相关要求。

6.3.4 风亭、冷却塔环境保护措施

设备选型应选用符合国家现行标准《工业通风机 噪声限值》JB/T 8690 和《玻璃纤维增强塑料冷却塔》GB 7190 有关噪声限值的风机和冷却塔的规定。选用低噪声或超低噪声型空调机组或冷却塔以降低空调室外机组的噪声。冷却塔噪声防护距离不能满足要求时，应采取消声、隔声等综合降噪措施。

风亭、冷却塔距离敏感建筑的噪声防护距离严格按照《地铁设计规范》GB 50157—2013 执行，最小距离不应小于 15 m，并应尽量远离。当风亭防护距离不能满足要求时，应在常规消声、降噪设计的基础上强化噪声防护措施，如采取加长消声器、在风道内设置消声器等措施，有效降低噪声排放。

6.3.5 车站环境保护措施

1. 车站污水排放优先排入市政污水管网，进入污水处理厂；若无法接入市政污水管网，应设置必要的设施、采用污水处理工艺等，满足环保要求，达到排放标准或采用污水外运等措施。

2. 车站热源设计基本采用电力供暖或清洁能源，不会产生大气污染物或大气污染物能够达标排放标准。

3. 车站及旅客列车产生的生活垃圾设指定地点存放，交由市政环卫部门集中处理。

6.3.6 变电所环境保护措施

地面设置的 110 kV 及以上电压等级的变电所距离居民区等敏感建筑，水平间距宜大于 30 m，困难情况下不应小于 15 m，且宜采用户内或地下建筑形式。

主变电所对周边产生的电磁影响，根据对既有城市轨道交通主变电所电磁影响的监测，主变电所厂界外工频电场、工频磁感应强度均远低于相应标准要求。

6.3.7 环境保护其他措施

景观要求较高的区域，应进行绿化设计，并与周围景观相协调。

绿化栽植或播种前，应对该地区土壤进行理化性质分析，采取相应的土壤改良、施肥及置换客土等措施。树种选择当地乡土树种，搭配适用当地园林绿化植被。树木栽植应根据树木品种的习性和当地气候条件，选择适宜的栽植期栽植。

本章参考文献

[1] 地铁设计规范：GB 50157—2013[S]. 北京：中国建筑工业出版社，2013.
[2] 铁路工程环境保护设计规范：TB 10501—2016[S]. 北京：中国铁道出版社，2016.
[3] 声屏障结构技术规范：GB/T 51335—2018[S]. 北京：中国建筑工业出版社，2018.
[4] 环境影响评价技术导则 城市轨道交通：HJ453—2008[S]. 北京：中国环境科学出版社，2019.
[5] 刘立斌. 自然保护区铁路选线. 铁道工程学报. 2007：12.
[6] 陆书玉，栾胜基，朱坦. 环境影响评价[M]. 北京：高等教育出版社，2001.
[7] 郭利峰. 武汉地铁2号线北延线对马家湖影响分析[J]. 山西建筑，2015：4.
[8] 吕红亮，杜鹏飞. 城市快速路景观影响评价方法探讨[J]. 保护科学，2005.

7 工程筹划

7.1 工程概况

工程概况要具体阐述项目线路起终点，沿途经过区域，沿线地形地貌，线路全长及敷设方式，车站分布情况，换乘站位置和数量，平均站间距，车辆段及停车场位置和数量，控制中心位置，主变电所位置和数量，铺轨基地位置和数量，车辆段、停车场、控制中心及主变电所等资源共享情况等。

7.2 工程建设各阶段策划

城市轨道交通工程是一项多专业、多系统、建设参与方众多的大型基础设施建设工程，工程建设涉及诸多政府部门，与居民生活息息相关，如何统筹考虑影响工程建设的关键因素并预先提出解决方案和应对措施，是工程能否达到安全、质量以及工期目标的前提。下面对工程建设各个主要阶段进行全面分析和策划。

7.2.1 前期准备工作

为使工程能够按时进入正式施工阶段，应尽早组织开展工程前期工作，建设机构需负责工程组织与实施，统筹协调与市行政主管部门、周边环境的关系，落实规划、消防、交通疏解、管线迁移、征地拆迁等条件，统筹处理设计、施工中的重大问题，落实建设资金计划，编制材料、土建工程、盾构、机电设备、车辆等供应、建设计划以及工程招、投标等工作。为此，应做好技术准备、施工准备和组织工作。

1. 技术准备

技术准备是工程设计工作开展的基础，主要包括以下内容：

(1)城市轨道交通工程的环保评估。

(2)城市轨道交通工程的控制测量网。

(3)根据各设计阶段的要求，完成沿线的工程地质勘探，编制工程地质勘察报告。

(4)沿线地形图的补测及修测。

(5)进行工程影响范围内地上、地下管线调查及资料收集工作。

(6)进行相关建筑物、构筑物的调查及资料收集等工作。

(7)应加强与城市规划部门、消防部门、交通部门、环保部门、管线主管部门、供电部门及地方政府的联系，协调处理相互间的关系，办理工程项目的申报、报建工作。

2. 施工准备

施工前期的准备工作主要围绕施工现场的“三通一平”和征地拆迁、管线迁移开展。为保证工程按期开工，要切实做好施工前的准备工作，应该在沿线地方有关部门的密切配合下，按工程策划的进度要求提前组织实施。主要包括以下几项工作：

(1)征地、拆迁

土地征用主要为了满足轨道交通车辆段、车站风亭、出入口、站前广场等永久用地的需求；房屋拆迁主要为工程实施建设前，对影响工程实施的现状建、构筑物实施的拆迁。

征地拆迁工作是一项复杂而繁琐的工作，它直接关系到正式工程能否按时开工。为了能使这项工作顺利进行，建议在市政府的直接领导下成立专门的工作组，统一规划、统一协调、统一安排实施。

(2)施工临时用地

地铁沿线经过的市区一般用地均比较紧张，工程的施工势必对道路交通、人们出行和商业经营、周边环境等产生一定的影响。本着节约用地的原则，施工临时用地应尽量占用本工程永久用地及道路两侧或中央绿地，以减少临时占地面积及地面拆迁工程。

1)地下车站：考虑施工临设、材料存放及加工、施工机具停放、土方存放场地等因素，车站主体施工用地面积应尽量控制在 3 000 m^2以内(不含车站主体基坑面积)，应尽量利用车站周围的拆迁空地和公共绿地。

2)明挖区间：施工围挡距基坑边缘的距离不应小于 3 m，设置施工运输通道一侧不应小于 8 m。

3)暗挖区间：施工竖井应设在空地或拆迁少的地段，施工围挡面积控制在 1 500 m^2/处左右。

4)盾构区间：始发井施工场地不应小于 2 500 m^2，接收井施工场地不应小于 1 000 m^2。盾构井应尽量结合车站或明挖区间施工场地，用地面积统筹考虑。

5)高架区间：现浇结构按桥面两侧用地不小于 3 m 用地考虑，预支吊装按桥面两侧用地不小于 5 m 考虑。

6)车辆段与综合基地：全部利用车辆段与综合地基的规划用地，不再征用其他用地，同时考虑作为设备的存放场地。

7)铺轨基地：根据项目特点，一般安排在车辆段或停车场内，不足的在区间适当位置增加，每处铺轨基地的面积大约需要 3 000 m^2。

8)制(存)梁场：在靠近高架段附近设置，占地约 30 000 m^2。

(3)施工期间的水电供应

土建工程施工用电、用水容量较大，应对线路经过地区供电、供水现状进行调查。工程开工前，应提前与有关部门联系，确定管线接引方案，并提前做好临时管线的接引。对于局部容量不足地段，应提前与管理部门协调，做好水电管线的改造。重点施工地段，为防止临时停电影响施工，施工单位应配置一定数量的自发电设备。

(4)管线改移

工程施工所涉及到的道路、各种管线及其他市政工程改移也应同有关部门协商解决，并结合本地区的经济发展及总体规划确定迁改方案，尽量减少对居民正常生活秩序的影响。

1)规划管线的处理措施

首先应积极与规划部门进行沟通协商，必须将轨道交通工程与其他市政管线同步考虑，才能为顺利实施创造条件。为此应向规划部门、道路建设管理单位及管线业主单位了解工程周边规划管线的布置及建设情况，掌握控制性规划管线的埋深并结合轨道交通工程自身的特点协调解决，将各方的意见及时反馈到设计中，综合规划管线、规划道路以及轨道交通建设各个方面的意见，从设计阶段避免规划管线与轨道交通建设的矛盾。

2)既有地下管线的处理措施

既有管线处理措施一般分为临时或永久迁改措施、悬吊保护措施等。

3)既有地上架空线的处理措施

地上架空线主要以电力、电信为主，在轨道交通施工期间必须迁改出轨道交通施工范围，以保证施工安全及架空线安全。

(5)淤泥渣土排放场地的落实

车站、区间、车辆段土石方量较大，需全线考虑统一调配，以减少土方调运，节省工程投资。车站、区间开挖土方大部分需设置临时弃土场集中堆放，以备填方及区间、车站回填利用，剩余部分根据土石成分情况，考虑车辆段综合利用，不能利用的土方弃至有关部门指定地点。

(6)大型临时工程设置

轨道交通工程铺轨基地应利用土建施工单位的施工场地，地下线的轨排井一般在明挖车站、区间预留或利用中间风井、盾构始发井、接收井、地下线与地面线交接位置的 U 型槽，高架线铺轨基地的选择，应考虑场地及运输条件。铺轨基地间距一般在 8～10 km 为宜。

大宗物资及设备利用车辆段及停车场进行存放，不另占地。为保证盾构工程的质量及施工进度，盾构管片应由盾构施工承包商负责管片生产(应提前预制)。

3. 组织准备

城市轨道交通工程规模大、系统多且复杂，应组建相应的组织机构来完成工程的“质量控制、进度控制、投资控制、合同管理、信息管理、组织协调(简称三控两管一协调)”任务。应从承担过城市轨道交通工程设计、施工、监理的单位中选出佼佼者,按照国家、省市政府制定的工程招、投标制度,选择较好的设计、施工、监理、科研单位来完成地铁工程建设任务。同时应组织准备相应的合同文件,制定完善的管理制度、管理办法和工作流程,确保工程依据规章制度、工作流程顺利进行。

7.2.2 工程招标及采购

1. 招标范围

城市轨道交通工程招标及采购主要包括勘察、设计、土建工程施工、轨道工程施工、建筑装修、设备安装及调试、工程监理、设备及材料采购等几个部分。

2. 招标原则

(1)严格遵守《中华人民共和国招投标法》,采用公平、公正、公开的原则,进行本工程的招标工作。

(2)个别既有专业技术保密范畴的工作,须向有关部门申请,采取邀请招标形式。

3. 合同标段划分

根据工程项目的建设规模、工程投资、专业特点、工程位置、工期计划等因素,结合国内各城市地铁工程的招投标经验,对工程项目进行项目分解和标段划分。具体标段划分及工作内容如下:

(1)工程勘察:按勘察内容和勘察阶段可分为地形修测和管线调查、水文调查、岩土初勘及详勘、建(构)筑物调查等标段,可按1～2个标段进行划分。

(2)工程设计:城市轨道交通工程建设周期长,应选择一家有城市轨道交通设计经验、设计力量雄厚的甲级设计单位来承担总体总包工作。工点、系统工程的设计,根据实际情况,选择综合实力较强且具有城市轨道交通设计经验的几家设计单位承担,土建工点设计标段与施工标段划分应尽量一致,以便于管理。

(3)土建工程:土建工程占投资比重最大,是工程实施的关键,其组织好坏,将直接影响项目的总工期、工程质量和工程造价。综合考虑各个土建工程的施工方法、周边环境、投资规模以及专业差异等工程特点,根据总工期安排以及各单位工程的开竣工时间,来划分土建工程标段。

土建标段不应划分太小,尽量把相关联的单位工程组合成一个标段,以便减少业主建设期间的协调工作,简化建设管理层次。

(4)轨道工程:全线轨道工程一般划分为1～2个标段。

(5)设备安装工程:设备安装涉及专业多、工序繁杂,设备进场多数通过轨道运输来完成,受轨道铺设等因素的限制,作业面少,作业时间相对集中,相互间干扰较大,所以设备安装必须组织协调好,有些设备安装应尽量合并为一个标段,尽量减少施工单位数目。同时要尽量协调好设备安装和车站装修之间的关系。

(6)工程监理:监理标段与施工标段划分应尽量一致,减少接口,便于管理。也可采用2～3个施工标段作为一个施工监理标的划分原则。

(7)车站设备、系统设备的采购招标,影响到机电设备系统的设计稳定,也影响与土建工程的接口,即土建工程设计的稳定,为此应提早确定机电设备,争取改变机电设备滞后影响土建、其他专业设计条件不稳定情况,也是土建工程规模控制、投资控制的有效方法。

1)供电、环控等系统设备选型将影响车站的建设规模,在施工图设计开始前,供电、环控等大的系统设备必须定型。

2)根据施工作业特点,车站装修往往和站内一些设备安装穿插进行,为减少装修和设备安装作业之间的相互干扰和影响,在招投标过程中应进行合理安排。

3)确定了车辆类型后,车辆招标应提前开始,业主应尽早确定生产厂家,使车辆制造厂商有较充足的时间来消化有关技术参数以及和配件供应商谈判,保证车辆按期到货。

4. 招标组织形式

招标组织形式根据实际情况采用业主自行组织以及委托招标两种,一般勘察、设计、土建施工、机电安装、监理、车辆、信号、装修等采用委托招标或自行招标方式,设备及部分材料采购采用业主自行组织形式。

5. 招标方式

(1)除有特殊要求的项目外,所有工程设计、土建工程施工、设备安装、建筑装饰、系统安装、设备采购等均按照国家招投标法，采用公开招标方式，确定设计、施工、监理、设备生产单位。

(2)部分项目需要一定的特殊技术和较高的资质单位完成，采用邀请招标方式。

7.2.3 工程设计阶段工作

设计阶段的工作是工程建设环节中极其重要的一环，据有关统计，70%的工程质量问题是在设计阶段产生的，因此制定合理、有效的设计方案成为决定工程实施的关键。

设计阶段工作内容主要为总体设计、初步设计、施工图设计。

1. 总体设计

总体设计文件是开展初步设计的指导性文件。

(1)工作目标：总体设计的主要目标为落实外部条件，稳定线位、站位和敷设方式，确定工程规模和各系统功能及设备配置，控制工程投资总额，确定运营管理模式和服务水平，全面做好工程筹划工作

(2)工作重点

1)编制《总体设计原则与技术要求》《总体设计文件组成与内容》《总体设计文件编制统一规定》等总体指导性文件，并在本阶段中贯彻执行。

2)依据外部条件、沿线及站位环境条件，通过多方案的经济技术比较，基本稳定线位、站位及敷设方式，确定工程规模和工程投资。

3)较好地协调与市规划、消防、人防、环境等部门接口工作，编制初步设计接口要求。

4)确定各系统的设计原则、标准与功能，提出各系统的技术方案。

5)本阶段应组织开展重大技术方案专题研究，提交专题研究初步报告。

2. 初步设计

初步设计是工程从前期准备转入实施阶段的重要标志，是工程实施阶段的前期技术决策阶段。它是方案设计的技术深化，是从宏观控制研究阶段转入具体实施设计阶段的过程。

(1)工作目标

初步设计通过对具体工点和设备系统的设计，进一步落实边界条件，确定线路敷设方式和空间位置；确定车站主体和附属工程的布置方案，并初步确定其结构形式、结构尺寸和施工方案；在总体设计的基础上深入优化，确定各系统的功能、制式、系统构成、系统设备、材料配备，并初步完成设备和管线布置；通过系统接口设计的相互配合与整合，使整个地铁系统达到安全可靠、功能完整、技术先进适用、标准适度、经济合理，各系统间相互协调、匹配、均衡的目标；初步完成主要工程数量、主要材料、设备数量的计算，以及征地拆迁数量的统计计算，落实工程投资额度，全面做好工程筹划工作。

(2)工作重点

1)编制《初步设计技术要求》《初步设计文件组成与内容》《初步设计文件编制统一规定》《技术接口文件》等总体指导性文件，并在本阶段中贯彻执行。

2)提出标准化、模块化设计清单，编制通用图目录及设计大纲，组织通用图、标准图编制工作，组织标准化设计，在全线设计中推动标准化工作。

3)初步设计阶段应稳定所有工程技术方案，确定工程建设规模和工程投资概算，并能准确按照投资估算进行限额设计，严格控制工程数量和设备标准及数量。

4)对具体工点和设备系统的设计，进一步落实边界条件，进行多方案的技术经济比较，确定线路敷设方式，完成线路平、纵断面设计；确定车站的位置及其埋设要求，完成车站主体和附属工程的布置方案，初步确定其结构形式、结构尺寸和施工方案，完成全线所有工点、系统的初步设计文件并提交审查，并根据审查意见完成修改初步设计。

3. 施工图设计

施工图设计的开展标志着本项工程建设进入实质性实施阶段。施工图设计的工作特点是设计周期长，内容翔实具体，任务繁重。根据这些特点，应确定施工图设计工作的指导思想，确保设计质量、设计进度、投资限额及设计安全。

(1)工作目标

施工图设计应根据初级设计阶段确定的原则和方案,紧密围绕施工图进行标准化与限额设计,完成全线通用图、标准图的编制工作,并开展配合施工与后续服务,延伸设计工作内容,在配合施工的同时对设计内容进行自查与改进。

(2)工作重点

1)编制《施工图设计技术要求》《施工图设计文件组成与内容》《施工图设计文件编制统一规定》《施工图技术接口文件》等总体指导性文件,在本阶段中严格贯彻执行。

2)编制施工图设计详细工作计划,严格控制施工图设计的进度、设计文件的深度和质量,总体单位全面负责施工图设计的协调、管理工作,组织通用图、标准图编制工作。

3)严格按照批复的初步设计概算及工程数量进行限额设计,并进一步优化设计,控制投资。

4)保证提交的设计图纸、文件满足施工用图与施工进度要求,设计接口处理恰当、合理。

5)严格执行"工程变更管理办法"等有关规定。

6)设计单位与施工单位进行设计交底,协助确定合理的施工方案,并提供后续服务,在配合施工的同时对设计内容进行自查与改进。

7.2.4 工程施工组织

城市轨道交通工程的关键工程为土建施工、轨道铺设和供电系统送电,特别是地下车站,周边环境复杂,外部不确定因素较多,在设计、实施过程中须高度重视。工程以"四通"——洞通、轨通、电通和车通为控制点;以"三线"——区间贯通、轨道铺设和供电系统送电,为关键路线。

在工程建设中,各单项工程应尽可能安排平行实施,交叉作业,做到空间占满、时间排满。

1. 车站土建工程

车站施工应尽可能减少对地面交通、商业等方面的干扰,减少施工占地。应详细全面调查车站施工影响范围内的各种管线类型、规格、标准等技术资料,与管线产权单位协商,落实切实可行的管线改移方案。应详细全面调查周边建筑物的结构、基础等技术资料,与交管部门密切协调,落实切实可行的交通疏解方案。应与车站所属地块的产权单位协调,落实临时占地、永久占地及商业补偿等方案。在上述基础上,对多方案进行安全、技术、经济等综合比较分析,确定最优的设计、施工方案。

对于施工工期长、施工难度较大的换乘站,需多条线协调一致,保证车站能顺利实施。

2. 盾构区间工程

盾构施工顺序安排将涉及相关车站的开、竣工时间,是控制全线贯通的重要因素,其推进顺序安排的合理与否将直接影响到采用盾构机的数量、全线的进度和工程造价。要综合考虑盾构机掘进的进度,盾构机掘进的最佳经济长度,盾构机的始发、接收的条件,最终满足工程总工期的要求。

盾构推进在地铁工程施工中起着决定性的作用,由于盾构需进行采购、运输等环节,所以要尽早进行招标工作,以满足工程的需要。

全线的盾构施工顺序安排是否合理,如何控制盾构机的数量,最大程度发挥盾构机的潜力,对于整个工程的工程进度、工程造价,均起到关键性的控制作用。盾构推进长度的均衡与否,会对盾构机的能力发挥及使用寿命均造成很大影响。因此在盾构工法设计中,要充分考虑到盾构推进的长度及施工顺序的合理安排,其始发、过站、调头、接收直接影响到车站、区间的设计要求,往往会造成车站的规模加大,并对车站施工造成很大的影响。

盾构掘进安排,尽量不考虑较长区间的盾构调头,避免出土运料以及盾构施工用电等方面的困难,如果做盾构二次始发,盾构始发条件的代价很高,在此情况下推荐在原盾构始发车站做盾构的二次始发考虑。

3. 轨道工程

轨通是地铁工程的重要里程碑时间点,轨道铺通可为设备运输提供较好的条件。要确保轨通按照计划实现,优化组织轨道施工尤为重要。根据工程的具体特点、总工期要求和场地条件,合理设置铺轨基地位置及数量。工程建设期间可利用车辆段、停车场等地面工程作为临时铺轨基地,在适宜的车站预留轨料下料口,应在土建工点设计时应给予充分考虑。

4. 装饰装修工程

地铁工程涉及专业较多，装饰装修工程是该类工程后期阶段的分部工程，所以涉及与装饰装修工程交叉施工的单位就非常多，而且交叉施工对工期与质量也会产生非常重要的影响。与装饰装修工程产生交叉施工的专业有：暖通、机电、动照、通信、水消、气消、PIS、AFC、FAS、BAS、垂直电梯、自动扶梯、信号、综合监控、屏蔽门、绝缘层、弱电、导向、市政、供电等。由此可见，交叉施工管理是装修施工的重点。

应根据施工进度总计划，细分施工进度计划，做好详细的材料准备工作和采购计划，同时规划好材料堆放场地，积极做好与其他单位的交叉作业施工配合，尤其是材料运输口通道使用上的配合工作，不能因为材料的运输以及堆放场地而影响到施工进度。积极与材料供货商互相沟通，做到不积料、不浪费、不耽误工期。

车站装修应分区域施工，先设备机房及管理用房区域，为强电和各弱电系统的车站设备安装提供条件，公共区部分穿插作业，同时积极配合土建与安装单位施工。各车站变电所内装饰装修施工原则上控制在本车站轨通前完成。

5. 机电安装工程

地铁机电安装工程属地下作业，工作环境比较复杂，协调工作量多，材料的运输难度比较大，发生安全事故的风险大，工期较为紧张，材料运输困难，涉及设备、系统安装施工单位较多，如土建、暖通、给排水（含消防）、强弱电、通信、通号、气灭、AFC、屏蔽门等施工单位，所涉及的二十多个专业工种同在一起施工作业，施工质量标准高，施工工艺复杂，多专业长时间的交叉作业带来的不确定的安全隐患，以及各系统普遍面临的施工成品保护纠纷，也给施工现场安全管理造成了不小难度。因此，为确保工程按期、保质、安全、顺利竣工，在加强工序施工质量控制的同时，必须协调好与各专业工种之间的工作。

做好机电安装工程的施工，且保证质量过关，需要做到以下几点：

(1)材料要求选择腐蚀性能好、防火要求高，在兼顾投入成本、工程质量的前提下使二者统一，严格核实其种类、规格是否符合要求，是否具有出厂合格证书或质量鉴定文件。

(2)对设备应进行严格的验收，以便能事先发现问题，予以处理。设备运至基础附近后，按设备技术资料文件及装箱清单拆箱验收，对暂时不能安装的设备和零部件要放入临时库房并建档挂牌，并封闭管口及开口部位，以防掉入杂物等。

(3)根据施工现场的具体环境特点，对施工区、运输通道、卫生间、加工场地、材料堆放场地和生活场地等进行合理的规划和布置，同时合理编制临水、临电方案，确保工程的正常运行。

(4)地铁机电安装工程是地下作业，设备材料的运输通道狭窄，一些大型设备配电柜、冷水机组、扶梯、隧道风机等运输就比较困难，设备材料必须在满足安装要求的情况下合理分段，减少运输难度。

6. 车辆段与综合基地及车辆工程

(1)车辆段与综合基地

车辆段工程涉及专业多，工程接口多，工期较长，应及早开工建设，可以为铺轨工程和设备安装工程提供场地和运输条件，有利于加快工程进度。

(2)车辆工程

应阐述工程采用的车型、车辆招标形式等内容。

地铁车辆集中了大量的系统设备，设计制造周期较长，从合同签订至首列车到达约需 24 个月。车辆招标工作应尽可能提前，通过招标，与中标单位签订车辆采购合同，并明确首列车到达车辆段的时间。

7. 道路、绿化等环境恢复工程

地铁车站、区间在回填完成后，应立即与道路、园林绿化主管部门联系，确定道路、绿化等环境恢复工程的施工时间，尽早完成道路、绿化等环境恢复工作。

7.2.5 施工期间的交通疏解

国内外城市建设经验表明，轨道交通大规模建设将会对城市现状交通产生较大的影响，城市交通将有一段困难期。为此，必须做好施工期间交通疏解工作，尽可能减少施工对居民出行的影响。

1. 交通疏解的必要性

地铁建设周期长，施工期间需占用大量的城市道路资源，为保障地铁施工期间城市生活、生产的顺利进行，必须切实组织好施工期间的交通疏解工作。

2. 交通疏解工程的特点

(1) 疏解工程涉及面广

交通疏解工程具有区域协调性、系统性等特点，涵盖城市交通、城市规划、道路、结构、桥梁、市政管线、工程经济等多个专业，是一项综合性技术服务工作。

(2) 施工点分布范围广

地铁施工一般跨越多个行政区，各施工点所处区域的不同，交通特征也有所差别，交通疏解工程需要在收集大量的基础资料和现状调研基础上，科学、合理地提出疏解方案，工作强度较高。

(3)协调工作量大

交通疏解工作涉及各区政府、发改委、规划、国土、交警、交通、城管、审计等多个职能部门，以及水务局、燃气集团、电力公司等多个用户单位。交通疏解工程需要综合协调各部门之间的不同意见，工作难度较大。

(4) 疏解工程具有临时性

由于交通疏解相当一部分工程是仅针对施工期间的临时性疏导工程，随着某施工阶段的结束，所采取的临时措施将取消，这就要求在制定交通疏解方案时应考虑其经济适用性，在临时工程施工完成后及时做好验收及审计等工作。

3. 交通疏解的工作思路与方法

交通疏解工程是系统性工程，由于多个施工点同时开工，交通影响面较大，范围较广。因此，交通疏解工作首先要从宏观上进行总体影响分析及评估，才能有效指导具体的交通疏解工作，提出合理可行的交通疏解方案。

(1)交通疏解总体影响评估

该项工作是整个交通疏解的重点及核心内容。

1)区域现状评价

大城市建设城市轨道交通多是为缓解城市交通压力而采取的措施。在建设城市轨道交通之前，城市交通本身就存在一定问题，因此，首先需要对现状交通进行全面评价，测试路网容量和承受能力。

2)施工占道对城市交通影响分析

城市轨道交通工程线路一般沿既有道路走廊敷设，城市轨道交通车站主体受施工技术、建设周期和建设资金等因素制约，常采用明挖施工，对城市既有道路交通造成较大影响。交通影响评价需要根据具体的施工占道影响范围，通过定性与定量相结合的方法，分析对既有城市交通的影响程度。

3)建设期间交通增长预测

城市轨道交通工程是大型基础设施工程，具有投资资金大、建设周期长的特点。一般工程建设期长达4～5年之久，而城市内机动车保有量每年都高速增长。而且，随着生活水平的提高，居民的出行次数也在不断增长，在交通评价中，需要充分考虑建设期交通的自然增长量。

(2) 交通疏解总体对策

1)优化施工方法

城市轨道交通工程设计及施工单位提出的施工方法往往从车站本身施工经济、方便的角度出发，而对城市交通的影响因素考虑不足。但当施工方案对城市交通影响较大，交通疏解代价较高时，就必须进行综合的比选，根据交通疏解的要求，优化施工方案。

2)优化完善道路网络，提高路网容量

通过交通预测分析，在轨道交通建设期间，如果现有道路网络整体运行处于饱和状态，无法有效进行交通疏解时，则需考虑增加道路网密度建设的策略。

3)调整主要交叉口交通组织，提高运行效率

交通疏解仅靠个别施工点条件的改善很难达到全面疏解的效果，需要对整个路网进行有效引导，合理分配交通流。

4)加强交通管理，保证交通疏解方案的顺利实施

任何疏解方案的实施都需要交通管理措施作为保障，施工期间通过加大执法力度可以维持道路有效的

运行秩序。同时，在施工期间设置必要的交通警告、指路标志设施，有效引导社会车辆进行分流。

5)加大宣传力度，取得市民的理解和广泛支持

地铁交通疏解对原有的居民出行有一定的影响，如公交站台位置改移、公交线路的调整、道路交叉口组织形式的变化等，都需要广泛宣传，取得民众的理解和支持，为施工创造和谐的社会环境。

6)新建疏解通道，保证既有交通通畅

该项措施是交通疏解工程常采用的方法。轨道交通规划线路一般沿客流集中走廊方向选择，而这决定了轨道交通线路周边单位均是人流、客流的发生地或集散地。轨道交通断道施工方案势必影响周边人员的出行，因此新建疏解道路，保证既有交通的连续极为必要。

(3) 相关交通疏解工程设计

根据制定的交通疏解总体方案，通常需要建设一些相应的交通疏解工程，主要包括：施工临时道路工程，市政管线改移工程，施工期间交通标志、标线的设置以及轨道交通施工完毕后相应市政设施的恢复工程等。这些工程作为交通疏解工程配套组成部分，也应由交通疏解编制单位按照市政工程设计的一般步骤进行初步设计、施工图设计，提出交通疏解工程的总概算，以便于政府有关部门进行计划立项、控制轨道交通总体投资建设的规模。

7.2.6 工程施工监理

为了更好地保证工程质量，控制工期和划拨工程款，应通过招标选择有类似工程监理经验的资深监理单位，负责控制工程进度，监督工程质量，分项工程核验，隐蔽工程的检查和最后竣工验收以及施工过程中的变更等事宜。工程施工监理是工程建设不可缺少的一部分，是工程施工过程中设计、施工、业主三者之间关系的协调者，并根据建设项目要求进行“质量控制、进度控制、投资控制和安全控制”以及“合同管理、信息管理、组织协调”等工作。因此，施工监理是项目全过程重要组成部分，这就必须建立健全的、独立的工程施工监理组织，委托具有相应资质的监理单位承担。施工监理单位应在工程招投标确定施工单位前确定，以便施工监理协助业主进行标书编制、合同草拟，将工程管理行为细化在合同中明确，提高监理在工程实施管理中的地位。

7.3 工程建设进度筹划

7.3.1 编制原则及技术要求

1. 工程筹划应结合工程总体计划安排，遵循“节约用地、合理拆迁、合理搭接、综合平衡”的原则进行设计。

2. 工程筹划设计应考虑工程管理模式、施工机具和施工水平等因素。

3. 应根据不同阶段的任务种类和任务强度，找出关键路径和工程合理搭接关系，并应明确主要工程和工序的里程碑时间。

4. 工程筹划应充分考虑到不确定因素可能带来的影响，工期安排宜前紧后松。

5. 科学地安排雨、冬季施工，保证全年生产的均衡性和连续性。

6. 科学布置施工用地，尽量减少临时设施，节约施工用地，减少地面建筑、地下管线的拆改。施工用地尽量利用城市公共用地，力求和沿线开发地块相结合，利用已拆迁的开发空地。

7. 对工程施工影响到的管线应按照市政管线部门所规定的要求进行处理，可采取悬吊、改移、特殊保护等措施。对于不同管线应根据管线的种类、管线状况、影响程度和危害程度分别采取不同的处理方法。

8. 一般沿基坑纵向布设的管线均需改移，垂直基坑方向的管线，原则上混凝土、砖砌材质的管线需改移，对于钢(铁)质等抗变形能力强或电信等柔性材质管线，可采取悬吊保护措施。对于改移困难的雨、污水管线，可采取置换导流措施。

9. 管线处置方案需报市政管线部门进行审批，涉及永久改移的管线位置应报规划部门审批。

10. 工程筹划设计及应充分调查工程场地附近及周边的道路和交通状况，分析施工可能给周边交通环

境带来的影响，在条件允许的情况下，工程施工应尽量少占市政道路，施工车辆应尽量安排夜间进出。

11. 工程筹划设计应根据工程建设不同阶段，分别提出交通疏解方案。

12. 交通疏解方案需上报交通主管部门进行审查。

7.3.2 工程建设总工期

工程建设总工期包括工程勘察设计、施工前期准备、工程招投标、土建工程、设备安装调试和通车试运营6个阶段。

根据国内外轨道交通项目的建设经验，并结合工程本身实际情况，一般以高架敷设方式为主的工程建设施工总工期约2.5～3.5年，地下敷设方式为主的约4～5年。

7.3.3 工程设计进度指标

前期工作和各阶段设计应按以下程序进行，其编制、设计的工作周期，主要按照当地业主要求的时间完成并可参考下列指标：

1. 城市轨道交通线网规划8～10个月。
2. 项目建议书5～6个月。
3. 可行性研究6～8个月。
4. 总体设计5～6个月。
5. 初步设计6～9个月。
6. 施工图设计10～12个月。

7.3.4 工程建设进度指标

各项工程的建设工期，应根据工程规模、地面环境、地质条件和施工方法来确定。主要项目工期见表7.3-1。

表7.3-1 主要项目工期表

序号	工程名称	进度指标
1	全明挖地下两层车站	18～22个月
	全明挖地下三层车站	22～28个月
	地下盖挖二层车站	22～30个月
	矿山法车站	26～32个月
	地面车站	12～14个月
	高架车站	14～18个月
2	明挖区间	60～80延米/月·工作面
	盾构区间	160～240延米/月·工作面
	盾构组装调试	1～2个月/台次
	盾构调头	1个月
	盾构转场	1.5个月/台次
	盾构过站	1个月
	暗挖区间	40～60延米/月·工作面
	高架区间	240～300双延米/月
	施工竖井和通道	4～6个月
3	车辆段	24～36个月
4	轨道(整体道床，含道岔)	40～60延米/天·工作面
5	车站装修与设备安装	10～15个月
6	通信、信号及其他机电系统安装	8～12个月

续上表

序号	工 程 名 称	进 度 指 标
7	全线系统设备调试	3～6个月
8	试运行	3个月

7.3.5 试 运 行

为了确保工程建成后立即投入试运行，发挥项目的效益，应采取一定措施来保证试运行计划的完成。

建设单位应派不同人员跟踪工程各阶段，从初步设计、施工图设计以及土建施工到机电设备安装工程，以了解设计意图、掌握隐蔽工程实施情况，并根据设计意图及运营管理经验，制定运营模式，编制运营管理规章制度，参加设备调试、大联调工作，为工程移交做好准备工作；提前做好人员培训、机构配置工作，通过全方位培训，使运营人员达到上岗要求。

7.4 重点、难点工程及应对预案

1. 综合换乘枢纽站的设计与实施

一条城市轨道交通线会与多条线形成多个换乘点。由于各条轨道交通项目建设时序的差异，增加了换乘站的设计与施工难度，应结合换乘线路的实际情况，做好这些车站的方案设计、研究，以降低工程难度，并尽最大可能建立良好的换乘关系。在这些换乘节点应考虑如何减少重复施工对周边环境的影响，要统筹安排工程实施引起的二次拆迁，节省综合工程投资。

2. 地下区间穿越建筑物、构筑物、河流等技术措施

地铁线路一般都会穿越城市的繁华闹市区，线路在密集的建筑群中穿越，无法避免下穿房屋、市政桥梁，有些线路还会下穿铁路、河流、高速公路、既有地铁、古文物等，这些区间施工时要加强施工监测，并采取有效的加固措施，确保既有工程的安全及正常运营。

3. 沿线建(构)筑物、管线繁多

车站周边环境复杂，建(构)筑物及管线繁多，拆迁工作困难，地下管线密集，往往影响工程正常施工。这些工点设计和施工时应尽量考虑周全，在初步设计阶段，对于车站站位的选择，应尽量减少对房屋的拆迁，避开高压燃气、高压电缆、箱涵等重要管线。如因各种原因确实无法避绕重要管线时，对管线充分考虑悬吊、支托等方案。管线改迁与主体结构施工统筹考虑，尽量减少管线改迁的工序。当车站与远期车站有换乘关系时，管线的改迁应统筹考虑。

4. 加强对交通疏解困难地段的方案研究

施工场地占道程度对城市交通有很大的影响，轨道交通走向基本上是沿着城市道路的走向布线，因此沿线车站、区间的施工不可避免地会占用城市道路。根据其施工占用道路的状况分为四种情况，具体见表7.4-1。

表7.4-1 车站及区间施工占用道路处理方式汇总表

编号	车站或区间	占用道路型式	处 理 方 式
1	明挖法车站及区间	施工完全占用道路	交通组织须进行专题研究，利用临近道路疏散车辆行人通行，必须取得市交管部门同意
2	盖挖法车站	施工短期占用部分道路	特别困难地段，征得交管部门同意可考虑适当减少机动车道
3	暗挖法车站及区间	施工基本不占用道路	
4	高架区间及过渡段	施工长期占用部分道路	交通组织须进行专题研究，利用临近道路疏散车辆行人通行，必须取得市交管部门同意

交通疏解复杂的重点车站在设计和施工中应综合考虑。若在主干道，为了保证交通的畅通，车站要充分考虑采用盖挖或半盖挖的施工方式。如果交通疏解存在问题，施工围挡应合理分期施作，交通疏解要和轨道交通施工、管线改迁统一考虑。

5. 与铁路、公路密切关联节点的设计与实施

当轨道交通施工涉及既有的铁路、公路时，设计与施工都应与铁路、公路相关部门密切配合，多方协调，以保证工程的顺利实施。

6. 施工工艺复杂、接口多

轨道交通施工专业众多，接口复杂，土建施工主要有盾构隧道与车站的接口，联络通道与盾构隧道的接口，土建工程与装修、安装工程的接口等，要合理地制定各部分的施工组织方案，科学有序地施工。

7. 机电安装、综合管线布置复杂

轨道交通机电安装施工过程中，设备区与公共区交界走廊等部分管线布置密集，土建主体结构施工后，结构主体尺寸与安装图纸往往存在偏差，机电安装综合管线布置图纸为理想状态下的设计，主体结构尺寸与安装图纸结构尺寸不统一使得综合布线存在难题。因此应提早对现场管线预留孔洞进行排查，及早发现问题并协调相关单位依照现场情况对综合管线布置图重新深化设计与管线重新布置，在安装、装修及系统单位共同审议后，形成最终的节点综合管线布置图，用于指导现场施工。

8. 设备运输通道狭窄

根据各站大型设备所处的位置，在砌体开始前，考察大型设备从地面吊至站台层、站厅层的位置，依照吊下位置至安装位置的运输路线详细规划，绘制出运输路线图，依据设备尺寸与运输路径，明确砌墙位置，待设备运输到安装位置后、不受影响时再行砌筑。

总之，城市轨道交通工程涉及专业众多，周边环境、地理条件复杂。在施工过程中，应充分考虑周边影响因素、各专业间的接口关系，制定合理的施工组织方案，分析项目的重、难点及影响工期的工程，提早发现问题、解决问题，以保证工程顺利进行，按时完工。

本章参考文献

[1] 地铁设计规范：GB 50157—2013[S]. 北京：中国建筑工业出版社，2013.

[2] 城市轨道交通技术规范：GB 50490—2009[S]. 北京：中国建筑工业出版社，2009.

[3] 城市轨道交通工程项目建设标准：建标 104—2008[S]. 北京：中国计划出版社，2008.

8 工程经济

8.1 费用组成及章节划分

8.1.1 费用组成

建设项目总估(概)算是为完成工程项目建设并达到使用要求或生产条件,从筹建到竣工验收以及试运行结束的整个建设期内预计或实际投入的全部费用总和。包括整个项目的建筑工程费用、设备及安装工程费用、工程建设其他费用、预备费、车辆购置费、建设期贷款利息和铺底流动资金等全部费用。

8.1.2 章节划分

现行的《城市轨道交通工程设计概算编制办法》将城市轨道交通工程费用划分为:第一部分工程费用、第二部分工程建设其他费用、第三部分预备费及第四部分专项费用共 4 个部分,并规定了统一的概算章节表,见表 8.1-1。

表 8.1-1 城市轨道交通工程概算章节表

章号	节号	名 称	章号	节号	名 称
第一部分 工程费用				21	动力与照明
第一章		车站	第七章	22	综合监控
	1	地下车站	第八章		火灾自动报警、环境与设备监控
	2	高架车站		23	火灾自动报警(FAS)
	3	地面车站		24	环境与设备监控(BAS)
	4	其他房屋	第九章	25	安防与门禁
第二章		区间	第十章	26	通风、空调与采暖
	5	地下区间	第十一章		给排水与消防
	6	高架区间		27	车站给排水与水消防
	7	地面区间		28	区间给排水与水消防
	8	特殊线段区间	第十二章	29	自动售检票(AFC)
第三章		轨道	第十三章		站内客运设备、站台门
	9	正线		30	站内客运设备
	10	车辆基地		31	站台门
	11	线路有关工程	第十四章	32	运营控制中心
第四章	12	通信	第十五章	33	车辆基地
第五章	13	信号	第十六章	34	人防
第六章		供电	第二部分 工程建设其他费用		
	14	主变电所	第十七章		工程建设其他费用
	15	变电所		35	前期工程费
	16	环网电缆		36	其他费用
	17	牵引网(接触轨)	第三部分 预备费		
	18	电力监控 动力照明	第十八章	37	预备费
	19	杂散电流防护与接地系统	第四部分 专项费用		
	20	供电车间及其他系统	第十九章	38	专项费用

8.2 编制依据、采用的定额和取费标准

8.2.1 编制依据

1. 估算编制依据

(1)建设部建标〔2017〕164 号文发布的《市政工程可行性研究投资估算编制办法》。

(2)建设部建标〔2017〕89 号文发布的《城市轨道交通工程设计概预算编制办法》。

(3)类似工程技术经济指标。

(4)国家及当地政府相关部门发布的有关文件及规定。

(5)可行性研究图纸及工程数量。

2. 概算编制依据

(1)建设部建标〔2017〕89 号文发布的《城市轨道交通工程设计概预算编制办法》。

(2)国家及当地政府相关部门发布的有关文件及规定。

(3)可行性研究报告批准文件、有关文件及纪要等。

(4)总体设计评审专家意见。

(5)初步设计技术接口文件。

(6)初步设计技术要求。

(7)初步设计文件组成与内容。

(8)初步设计文件编制统一规定。

(9)初步设计图纸及工程数量。

8.2.2 采用定额及工程费用取费标准

1. 采用国家《城市轨道交通工程概算定额》或省、市《城市轨道交通工程概预算定额》，或省、市《城市轨道交通工程单位估价表》。

2. 当采用《城市轨道交通工程预算定额》或《城市轨道交通工程单位估价表》时，应考虑 3%～5%的定额幅度差。

3. 主变电站工程采用电力行业相应定额。

4. 房屋建筑和装饰工程采用建设项目所在地省、市定额。

5. 编制概算时，定额中缺项或采用新技术、新工艺、新材料、新设备，或采用定额中的施工条件等与建设项目所在地区的同类工程定额，在消耗量上存在较大差异时，应按定额编制原则，调查、收集有关资料，结合工程实际情况，补充单价分析，并随概算文件一并送审。

6. 工程费用取费标准，采用与定额配套的费用定额。

8.3 费用内容及标准

8.3.1 建筑安装工程费

建筑安装工程费按照费用构成要素划分，由人工费、材料费、施工机具使用费、企业管理费、利润、规费和增值税组成。其中人工费、材料费、施工机具使用费、企业管理费和利润包含在分部分项工程费、措施项目费、其他项目费中。

8.3.2 设备购置费

设备购置费由设备原价和设备运杂费两部分组成，即：设备购置费＝设备原价＋设备运杂费。

设备原价：国产设备按设备出厂价计算，进口设备按设备到岸价(CIF)计算。编制概算时，应采用包含备品备件费的设备原价。若设备原价不含备品备件费，其备品备件费按设备原价(不含软件费)的 3%～5%计算。

设备运杂费指除设备原价之外的关于设备采购、运输、途中包装及仓库保管等方面支出费用的总和。

8.3.3 工程建设其他费

工程建设其他费用包括前期工程费和其他费用。

1. 前期工程费

前期工程费包括土地征用及补偿,临时占地,建(构)筑物拆迁补偿,树木及绿化赔偿,道路恢复,道路破复,管线迁改、加固及悬吊,交通疏解等发生的费用。

一般按项目所在地省(自治区、直辖市)人民政府颁发的各项规定和标准计列。

2. 其他费用

其他费用包括场地准备费、项目建设管理费、建设工程监理与相关服务费、招标代理服务费、招标交易服务费、前期工作费、研究试验费、勘察设计费、咨询费、引进技术和引进设备其他费、综合联调及试运行费、专利及专有技术使用费、生产准备及开办费、工程保险费、特殊设备安全监督检验费、安全生产保障费、配合辅助工程费,以及其他费用等。

(1)场地准备费

场地准备费:是指建设项目为达到工程开工条件所发生的场地平整和对建设场地遗留的有碍于施工建设的设施进行拆除清理的费用。一般应根据实际工程量估算,也可按工程费用的1%~2%计列。

(2)项目建设管理费

项目建设管理费:是指项目建设单位从项目筹建之日起至办理竣工财务决算之日止发生的管理性质的支出。包括:不在原单位发工资的工作人员工资及相关费用、办公费、办公场地租用费、差旅交通费、劳动保护费、工具用具使用费、固定资产使用费、招募生产工人费、技术图书资料费(含软件)、业务招待费、施工现场津贴、竣工验收费和其他管理性质开支。按工程费用和管线迁改费用之和的2%~2.5%计列。

(3)建设工程监理与相关服务费

建设工程监理与相关服务费:是指监理单位接收建设单位委托,提供建设工程施工阶段的质量、进度、费用控制管理和安全生产监督管理,合同、信息管理及相关各方协调管理服务,以及勘察、设计、保修等阶段的相关服务所收取的费用。按工程费用的1.6%~1.8%计列。

(4)招标代理服务费

招标代理服务费:是指招标代理机构接受招标人委托,从事编制招标文件(包括编制资格预审文件和标底),审查投标人资格,组织答疑、开标、评标以及提供招标前期咨询、协调合同签订等所收取的费用。按工程费用的0.2%计列。

(5)招标交易服务费

招标交易服务费:是指工程建设期间,项目所在地建设交易部门为工程招投标工作提供交易场所和为招投标服务而收取的费用。按建设项目所在地省(自治区、直辖市)有关规定计列。

(6)前期工作费

前期工作费:是指建设项目前期工作支付的咨询服务费用,包括建设项目专题研究、编制和评估项目建议书、编制和评估可行性研究报告,以及其他与建设项目前期工作有关的咨询服务费用。

包括项目可行性研究费、环境影响评价费、客流预测报告编制费、地震安全性评价费、地质灾害危险性评价费、节能评估费、社会稳定风险评估费、防洪评价费、文物勘探及保护费及其他前期工作费。按委托合同计列,或按建设项目所在地省(自治区、直辖市)有关规定计列。

(7)研究试验费

研究试验费:是指为建设项目提供或验证设计数据、资料等进行必要的研究试验及按照设计规定在建设过程中必须进行试验、验证所需的费用。包括自行或委托其他部门研究试验所需人工费、材料费、试验设备及仪器使用费等。根据设计提出的具体研究试验项目,按研究试验内容和要求计列所需的费用。

(8)勘察设计费

勘察设计费:是指建设单位委托勘察设计单位进行工程地质和水文地质勘察、工程设计所发生的各项费用。

1)勘察费:是指为工程设计提供工程地质、水文地质资料、地下管线、地下构筑物资料等的勘察及相应的试验、工程测量等所发生的费用。按勘察委托合同计列,或按工程费用的0.6%~0.8%计列。

2)设计费:是指设计单位根据建设单位委托,提供编制建设项目初步设计文件、施工图设计文件、非标准设备设计文件、BIM设计等服务所收取的费用,包括基本设计收费和其他设计收费。按设计委托合同计列,或按工程费用的3.5%~4.0%计列。改扩建工程项目另行计列。

(9)咨询费

咨询费包括设计咨询费和工程造价咨询费

1)设计咨询费

设计咨询费:是指建设单位委托咨询机构对设计单位设计工作成果进行审查所需的费用。按设计咨询委托合同计列,或按工程费用的0.3%~0.4%计列。

2)工程造价咨询费

工程造价咨询费:是指工程造价咨询企业接受建设单位委托,从事投资估算、工程概算、工程量清单、招标控制价、工程结算、竣工决算的编制与审核,各设计阶段的工程造价控制等与工程造价业务有关的咨询服务,并出具工程造价咨询成果文件等业务活动所收取的费用。按工程造价咨询委托合同计列,或按工程费用的0.3%~0.4%计列。

(10)引进技术和进口设备其他费

引进技术和进口设备其他费是指引进技术和设备发生的但未计入设备购置费的费用。包括引进项目图纸资料翻译复制费、备品备件测绘费、出国人员费用、来华人员费用、银行担保及承诺费。为简化概算编制,按引进设备费的1.0%~1.5%计列。

(11)综合联调及试运行费

综合联调及试运行费:是指新建城市轨道交通项目在交付运营前,按照批准的设计文件所规定的工程质量标准和技术要求,在综合联调及试运行期间对整个系统进行综合联调及试运行所发生的费用。综合联调及试运行费包括综合联调及试运行所需原材料、燃料及动力消耗、低值易耗品、其他物料消耗、工具用具使用费、机械使用费、保险金、人员工资以及专家指导费等。不包括应由设备安装工程费开支的调试费,以及在综合联调及试运行中暴露出来的因施工原因或设备缺陷等发生的处理费用。

1)综合联调费:按设备购置费和车辆购置费之和的1.0%~1.5%计列;

2)试运行费:按正线公里数×试运行期(月)×10万元/(正线公里·月)计列。

(12)专利及专有技术使用费

1)国外设计及技术资料费、引进有效专利、专有技术使用费和技术保密费。

2)国内有效专利、专有技术使用费。

3)商标权、商誉和特许经营权费等。

(13)生产准备费及开办费

生产准备及开办费:是指在建设期内建设单位为保证正常运营而发生的人员培训费、提前进厂以及投产使用必备的生产办公、生活家具用具及工器具等的购置费用。包括:

1)生产职工培训费:按设计定员人数的60%×30 000元计列。

2)生产办公、生活家具用具购置费:按设计定员人数×9 000元计列。

3)工器具购置费:按设计定员人数×4 500元计列。

(14)工程保险费

工程保险费:是指为转移工程项目建设的意外风险,在建设期内对建筑工程、安装工程、机器设备和人身安全进行投保而发生的费用。包括建筑安装工程一切险、人身意外伤害险和引进设备财产保险。按工程费用的0.4%~0.7%计列。

(15)特殊设备安全监督检验费

特殊设备安全监督检验费:是指安全监察部门对在施工现场组装的压力锅炉及压力容器、压力管道、消防设备、燃气设备、电梯等特殊设备和设施实施安全检验验收所收取的费用。按照项目所在地省(自治区、直辖市)安全监察部门的规定计列。无具体规定的,可按受检设备安装工程费的比例估算。

(16)安全生产保障费

安全生产保障费：是指为保障工程项目施工安全而发生的费用。包括第三方监测费、第三方检测及评估费等费用。按建筑安装工程费的0.8%～1.0%计列。

(17)配合辅助工程费

配合辅助工程费：是指全部或部分投资由本项目支付修建，而建成后的产权不属于本项目的工程费用，如110 kV电力进线工程(产权归电力部门时)、城市道路立交桥工程等。配合辅助工程应作为独立的其他费用编制单元编制全费用概算(含工程建设其他费用、预备费、建设期贷款利息)。

(18)其他

指上述费用之外，一般建设项目很少发生或具有明显行业和地区特征的工程建设其他费用项目，如移民安置费、水资源费、水土保持费、河道占用补偿费、超限设备运输措施费、航道维护费、白蚁防治费、环境保护专项费、专项验收费等必须纳入设计概算的其他费用，按照国家、有关行业部委和建设项目所在地省(自治区、直辖市)有关规定计列。

8.3.4 基本预备费

1. 基本预备费

基本预备费：是指针对项目实施过程中可能发生难以预料的支出而事先预留的费用，又称工程建设不可预见费，主要指设计变更及施工过程中可能增加工程量的费用，基本预备费一般由以下四部分组成：

(1)在批准的初步设计范围内，施工图设计及施工过程中所增加的工程费用；设计变更、工程变更、材料代用、局部地基处理等增加的费用。

(2)一般自然灾害造成的损失和预防自然灾害所采取的措施费用。实行工程保险的工程项目，该费用应适当降低。

(3)竣工验收时为鉴定工程质量，对隐蔽工程进行必要的挖掘和修复费用。

(4)超规超限设备运输增加的费用。

基本预备费=(建筑安装工程费+设备及工器具购置费+工程建设其他费)×基本预备费费率。基本预备费费率可行性研究为8%～10%，初步设计为5%。

2. 价差预备费

价差预备费：是指为正确反映建设项目的概算总额，在设计概算编制年度到项目建设竣工的整个期限内，因形成工程造价诸因素的正常变动(如人工、材料、设备价格的上涨，其他有关费用标准的调整及利率、汇率等因素的变化)，导致必须对该工程项目所需的总投资额进行合理的核定和调整而需预留的可能增加的费用，又称价格变动不可预见费。本项费用应根据建设项目工程筹划设计安排，以其分年度投资额及不同年限，根据国家公布的工程造价年上涨指数计列。计算公式为

$$E=\sum_{i=0}^{n}[F_i(1+P)^{c+i}-1] \tag{8.3-1}$$

式中 E——价差预备费；

N——施工总工期(年)；

F_i——施工期第 i 年的分年度投资额；

P——工程造价年长涨指数；

c——编制年至开工年年限(年)；

n——开工年至结(决)算年年限(年)。

8.3.5 专项费用

1. 车辆购置费

车辆购置费(含车辆监造费)：按设计确定的初期车辆配置数量及车辆市场价格信息计列。

2. 建设期贷款利息

建设期贷款利息：是指在建设期内发生的为工程项目筹措资金的融资费用及债务资金利息。

建设期贷款利息分为建设期国内贷款利息和建设期国外贷款利息。

(1)建设期国内贷款利息

建设期国内贷款利息:指工程项目中分年度使用国内贷款,在建设期应归还的贷款利息。

计算公式为:

$$建设期贷款利息 = \sum(年初付息贷款本金累计 + 本年度付息贷款额\div 2)\times 年利率$$

即:

$$S=\sum_{n=1}^{n}\left(\sum_{m=1}^{n}F_m\times b_m-F_n\times b_n/2\right)\times i \tag{8.3-2}$$

式中 S——建设期贷款利息;

N——建设总工期(年);

n——施工年度;

m——还息年度;

F_n,F_m——在建设年度的第 n、m 年的分年度资金供应量;

b_n,b_m——在建设的第 n、m 年份还息贷款占当年投资比例。

i——建设期贷款年利率。

(2)建设期国外贷款利息

建设期国外贷款利息的计算中,还应包括国外贷款银行根据贷款协议向贷款方以年利率的方式收取的手续费、管理费、承诺费,以及国内代理机构经国家主管部门批准的以年利率的方式向贷款方收取的转贷费、担保费、管理费等。

对分期投资的建设项目,应根据不同时期的工程范围和分年度使用贷款额,计算不同时期建设期贷款利息。

3. 铺底流动资金

铺底流动资金:是指为保证新建工程项目投产初期正常运营,按规定应列入工程项目总投资的铺底流动资金。主要用于购买原材料、燃料、动力,支付职工工资和其他有关费用。一般按流动资金的30%计算。

为简化计算,按设计确定的初期车辆配置数量,每辆10万元计列。

8.4 城市轨道交通工程指标影响因素分析

8.4.1 综合性指标分析

1. 影响因素分析

影响城市轨道交通工程指标因素很多,如线路敷设方式、物价水平、车站数量、车站规模、征地拆迁等前期工程、取费标准等对造价或综合性指标影响较大。以下对这几个方面分别进行影响因素分析。

(1)线路敷设方式

由于轨道交通线路敷设方式不同,地下线、高架线的综合技术经济指标相差很大。以地下线为主的建设项目,各地区综合平均指标一般为7亿元~8亿元/正线公里左右;以高架线为主的建设项目,各地区综合平均指标一般为3亿元~4亿元/正线公里左右;一条线中既有高架段也有地下段的情况,二者所占比例的大小,也影响指标的大小。因此,敷设方式对轨道交通造价的影响是决定性的。

(2)物价水平

人工、材料及设备价格的变化,是影响工程造价指标增加的主要因素之一。

(3)施工方法

地下线路指标的高低还受地质条件不同、施工方法不同等因素影响。北京地区暗挖车站和暗挖区间比较多,上海、杭州、南京、天津等地区采用地下连续墙围护结构等都是导致全线指标偏高的原因。

(4)站间距

各条地铁线设站密度不同,直接导致综合指标高低不同。

(5)车站规模、车辆编组

车辆编组的不同，导致车站、车辆段等规模均不相同，规模大的工程指标自然比较高。一般情况下，在满足运营要求的情况下，减小车站规模，压缩用房面积，能大幅度降低车站造价。

(6)前期工程费用的影响

前期工程费用包括征地、租地、房屋拆迁、管线改移、绿化补偿、道路恢复、三通一平、交通疏解等费用。合理选择线路走向，优化线、站位方案可尽量减少前期投资。

(7)取费标准

各地取费标准的不同也会使造价指标存在一定的差异，体现在工程费用取费标准和其他费用标准两方面。前者，由于各地计价体系的不同，编制概算时采用的定额有概算定额和预算定额之分，同样都是选取预算定额时，在个别概算取费上也有差别，如零星工程费是否计取、计取的费率也不完全一样等等，从定额基价到税后价目前的系数大概为1.2～1.3。后者，指工程建设其他费用中不含前期工程费用以外的费用，在其他费用项目内容和计费标准上也有所不同，如对于建设单位管理费、工程保险费、造价咨询费、联合调试费、生产准备及开办费的计取，差异较大，目前其他费用占工程费用的比例范围大概为12%～15%。

2. 推荐指标及建议

通过以上影响因素分析，根据当前的价格水平，城市轨道交通综合性指标，推荐指标见表8.4-1。

表8.4-1 城市轨道交通综合性指标(推荐)

序号	名　称	综合指标(亿元/正线公里)	工程费用指标(亿元/正线公里)
1	以地下线为主的市内线	7.5～11	4.5～6
2	以地下线为主的市郊线	6.5～8.5	4.0～5.5
3	以高架线为主的市郊线	3.5～6.0	2.0～4.5
4	以高架线为主的城际线	2.5～5.0	1.5～3.5

8.4.2 车站指标影响因素分析

1. 明挖车站

明挖工法地下车站经比较，除因价格涨幅因素影响指标较大以外；在价格水平持平的情况下，车站主体的围护结构的投资额，约占车站土建工程总投资额的50%～60%，因此明挖车站采用的围护结构形式为影响指标的主要因素。

地下车站围护结构的形式主要有：地下连续墙、钻孔灌注桩、SMW工法等围护结构。

(1)地下连续墙

地下连续墙施工工艺适用于软弱地层，施工时振动小、噪声低，能在建筑物、构筑物密集地区施工。地下墙的刚度大，能承受较大的水平侧向荷载，在深基坑工程中应用广泛。其基坑开挖时变形较小，周围地面的沉降少，能够较好地控制和减少对邻近建(构)筑物和地下管线的影响，无需设置围檩体系，具有安装速度快、施加预应力方便等优点，缺点是造价较高。

(2)钻孔灌注桩加止水帷幕

钻孔灌注桩刚度大，对地层条件适应性强，机具简单，应用广泛，作为围护结构在天津地区的基坑工程中应用非常普遍，施工经验丰富。

钻孔灌注桩作为基坑围护结构时需配套设水泥搅拌桩或旋喷桩做止水帷幕封堵地下水。因搅拌桩帷幕的施工深度受到限制，一般应用于基坑深度＜13 m埋深较浅的地下车站、车站附属结构和通道；采用旋喷桩止水帷幕可应用于基坑深度较大的地下二层或更深的车站深基坑，但其价格优势与地下连续墙相比已不明显。

(3)钻孔咬合灌注桩

钻孔咬合灌注桩为钢筋混凝土灌注桩与素混凝土桩间隔布置，钻机为全套管钻机。该种围护结构与钻孔灌注桩加水泥搅拌桩止水帷幕相比，可以省掉止水帷幕，适用的基坑深度可以加大；与地下连续墙相比，造价相对较低，但对施工精度要求高。

(4)SMW 工法水泥土搅拌桩

SMW 工法为水泥搅拌桩内插 H 型钢作围护结构,同时具有挡土承载、防渗止水作用。待内部结构施工完成后,可根据具体情况回收 H 型钢,因此工程造价较低。SMW 工法水泥搅拌桩一般可用于开挖深度<12 m 的地下车站、车站附属结构和通道等。

除以上阐述的影响因素外,车站出入口、风道的投资约占车站总投资的 30%左右,其施工方案及围护结构形式亦会对整个车站投资产生较大的影响。

2. 暗挖车站

暗挖工法的地下车站,在价格水平持平的情况下,车站主体土石方开挖及初期支护投资额,约占车站土建工程总投资额的 40%~50%,因此是影响指标高低的主要因素。

3. 高架车站

高架车站可以分为道路路中、道路路侧两大类,位于路中时车站一般采用三层形式,主要占用中央绿化带,而路侧则基本采用两层的落地形式。就结构而言,车站基本上以建桥合一的形式为主,站台层及以下结构采用现浇钢筋混凝土框架结构,横梁搁置轨道梁,上部采用刚架结构,基础一般采用桩基础。

高架车站上部结构混凝土用量变化幅度不大,上部结构对于车站指标差异的影响较小。装修标准根据每个地区对线路本身的功能定位不同,对车站装修的标准也不尽一致,有的侧重于时尚、豪华,有的则更专注于实用、简约,因此受人为因素影响较大,装修指标可高可低,对车站指标差异也存在一定影响,但是有限。车站下部结构混凝土指标,变化幅度相当大。高架站总指标基本是随着下部结构混凝土指标的变化而变化,下部结构是造成高架车站指标差异的决定性因素。

8.4.3 区间指标影响因素分析

1. 地下区间

明挖区间在埋深较深的情况下,围护结构投资所占比重较大,工程造价高于暗挖及盾构区间,适用于埋深较浅的任何地层。盾构区间的指标比较中,在松软含水及地层构造均匀的区间盾构指标偏低。暗挖工法的地下区间,在价格水平持平的情况下,根据地质条件的好坏,初期支护的工程量大小是影响指标高低的主要因素。

2. 高架区间

高架线在景观及视觉效果上具有明显的优越性。其上部结构主要采用的是现浇预应力混凝土连续箱梁,下部多采用桩基础。高架桥由上部结构(含附属)、下部结构两部分组成,在多数情况下,桥梁上部结构在整个桥梁指标中所占的比例较大,但由于梁型比较固定单一,形式趋于统一,所以上部结构指标基本稳定,下部结构,虽然比重一般占得较小,但是变化幅度比较大,高架区间总指标的走势也是伴随着下部结构在变,所以下部结构是造成桥梁指标差异的决定性因素。

8.4.4 轨道指标影响因素分析

轨道结构是地铁和轻轨交通的重要组成部分,一般由钢轨、扣件、轨枕、道床、道岔及其他附属设备等组成。

轨道减振设施在结构上可以大致分为三大类:一是扣件类减振;二是弹性轨枕类减振;三是浮置板道床类减振。而扣件类减振又可分为剪切型减振扣件和压缩型减振扣件;弹性轨枕类减振可分为弹性短轨枕、弹性长轨枕和梯型轨枕;浮置板道床类减振可分为橡胶浮置板和钢弹簧浮置板。

从减振类型来说,一般减振地段,主要为弹性扣件,轨底及铁垫板下设减振垫板;中等减振地段,主要有弹性短轨枕、减振器扣件、LORD 扣件、ZG 型扣件等几种型式;高等减振地段主要有 Vanguard 新型减振扣件、梯形轨道和中等钢弹簧浮置板等型式;特殊减振地段主要有钢弹簧浮置板道床和橡胶浮置板道床两种型式。

目前轨道系统编制概算时在采用定额上有三种做法:一是采用地方市政定额;二是采用全国统一定额;三是采用铁路定额。采用定额的不同也会使概算编制的结果造成一定的影响。

除采用定额及取费标准不同外,影响轨道系统指标的主要因素有钢轨、道岔、扣件等材料的单价、高等及特殊减振地段等不同减振地段所占总铺轨长度的比例等。

8.4.5 通信系统指标影响因素分析

地铁通信是构成地铁各部门之间有机联系、实现运输集中统一指挥、行车调度自动化、列车运行自动化、提高运输效率的必备工具与手段。地铁通信是既能传输语言，又能传输文字、数据、图像等各种信息的综合数字通信网。

地铁通信系统按使用主体一般为为专用通信系统、民用通信系统和警用通信系统三大部分。

按信息传输的媒介可分为有线通信和无线通信，有线通信又可分为光缆和电缆通信。

影响通信系统指标的因素主要为专用通信系统的高低，其占整个通信系统的比重为60%以上，另一个因素就是设备价格的高低，安装工程费与设备费的比例大致为3∶7。此外还有站间距的影响。

8.4.6 信号系统指标影响因素分析

信号系统是一个集行车指挥和列车运行控制为一体的非常重要的机电系统，它直接关系到城市轨道交通系统的运营安全、运营效率以及服务质量。它具有保证乘客和列车的安全，实现列车快速、高密度、有序运行的功能。

信号设备主要包括信号装置、联锁装置、闭塞装置等。信号装置是指示列车运行条件的信号及附属设备；联锁装置是保证在车站范围内，行车和调车安全及提高通过能力的设备；闭塞装置是保证在区间内行车安全及提高通过能力的设备。

影响信号系统指标的因素主要为闭塞方式、设备价格的高低、列车追踪间隔及配车数量等。

8.4.7 供变电系统指标影响因素分析

供电系统包括主变电所、外电源、变电所、牵引网、环网电缆、电力监控、杂散电流防护、综合接地及动力照明等。

1. 主变电所

主变规模与负荷容量、设备选择等因素密切相关。

2. 外电源工程

电缆线路的外线工程包括电缆本体、电缆地下敷设工程。外线工程受地形、地质条件的影响很大，因此选择合理的路径是非常重要的，其造价与电缆本体及其相关的土建工程密切相关。

3. 变电所

变电所工程造价指标的差异主要由其土建规模大小、负荷容量、设备是否进口等多种因素决定。

4. 牵引网

接触网（或接触轨）设计应能满足电气条件、路线条件、气象条件、限界要求、绝缘距离及受电弓滑板宽度要求，并保证机车的正常取流。架空接触网和接触轨（第三轨），因其不同的特点而实用于不同的城市线路，都是安全可行的牵引接触形式。仅从造价的角度考虑，接触网的造价要优于接触轨。

5. 环网电缆

系统电缆包括所间联络环网电缆和直流双边联跳控制电缆等。根据地铁规范要求，供电系统电缆的敷设路径在行车方向的左侧，其具体敷设路径根据车站和区间土建的结构形式确定。

环网电缆指标主要用供电方案、供电分区长度、电缆截面、支架数量、原材料价格等因素密切相关。

6. 电力监控

电力监控系统的作用是保证在控制中心对供电系统中的主变电所、牵引变电所及降压变电所的供电设备及接触网电动隔离开关的运行状态进行监视、控制及数据采集。包括主机、远程控制终端、信息通道。

电力监控指标主要由监控规模及主机、远程控制终端、信息通道等设备、材料选型等因素决定。

7. 杂散电流防护

杂散电流的指标主要与土建形式、区间长度等因素相关。

8. 综合接地及动力照明

地铁动力照明的造价主要与车站建筑形式及车站规模及车站服务水平等密切相关。

供电系统电源通常取自城市电网，通过城市电网一次电力系统和地铁供电系统实现输送或者变换，然后以适当的电压等级供给地铁各类设备。根据用电性质的不同，地铁供电系统可以分为两部分：有牵引变电所组成的牵引供电系统和以降压变电所为主组成的动力照明供电系统。牵引供电系统主要由主变电所、牵引变电所、接触网(接触轨)、电力监控、供电缆网等组成，提供地铁车辆的牵引动力电源。动力照明供电系统主要由降压变电所、低压母线排、配电设备、线缆、用电设备等组成，提供地铁机电设备动力电源和照明电源。

供电系统涉及的内容较多，供电方式的选择、牵引电压的选择、机车标准、线路服务水平、网轨选择等诸多因素均能影响到供电系统的造价。

8.4.8 综合监控、防灾报警、环境与设备监控系统指标影响因素分析

目前国内地铁综合监控系统的建设趋势是把主要对机电设备监控的系统进行集成，其他系统与综合监控系统互联。

BAS 系统的作用是对车站、区间的通风、空调、给排水、照明及自动扶梯等设备进行自动化管理，一般由中央控制室、车站控制室、就地控制室三部分组成，其主要作用就是对所控设备进行有效、安全、可靠的监控。FAS 系统负责全线的消防及报警系统的组织、协调、监督、管理，根据其功能可以分为防灾报警、防灾控制、防灾通信，主要设备及主材包括感温光纤、各类火灾控制器、控制盘等。发生火灾时，FAS 系统直接向 BAS 系统发送火灾模式命令，并向综合监控系统发送火灾模式。两个系统都基本分为站级、中心级、场段级(另外还可能有变电所等)，站级指标应作为造价对比的主要内容。

8.4.9 门禁系统指标影响因素分析

门禁系统的设计应符合当地网络化运营与管理的要求，切合实际，各线标准须统一。

8.4.10 安检系统指标影响因素分析

按照“逢包必检、液体必检、人机结合”的思路，实现地铁安检需求的“机检”“人检”二检一体的安检模式，即对大型行李使用固定式“X 光行李检查机”进行逐一检查，防止大容量危险品进入地铁；对乘客随身携带的小件物品进行检查，增加安检系统的严密程度；对检查出的可疑物品，使用爆炸物探测器等仪器确定具体性质。

安检点设置数量需结合车站建筑类型、规模、客流组织、AFC 检票机布置方案等因素综合考虑。

8.4.11 通风、空调与采暖指标影响因素分析

通风空调与采暖系统是城市轨道交通车站和区间与外界联通，保持局部温度、湿度环境的设备，可分为开式系统、闭式系统、屏蔽门系统。通风空调与采暖系统造价与其系统类型、线路所在地气温等因素有关。

地面站、高架站相对比较简单，而地下站比较复杂，它主要由车站隧道通风系统、车站公共区通风空调系统、设备管理区通风空调系统构成，在分析指标时，应合理地劈出各系统之间工程造价的关系。特别是将车站端头的区间通风系统与车站通风空调系统分开，更准确地分析指标合理性。

另外，在不设采暖的情况下，部分南方城市的空调通风工程指标仍然与北方地区接近或略高，主要是设计受晚高峰小时客流量和受冷荷面积的影响，简单来说，客流大、车站大、受冷荷面积和功能要求就大，相应的设备等级标准及主材工程数量都会提高，因此，不能简单地以地区温度来衡量平米指标合理性。

8.4.12 给排水及水消防指标影响因素分析

车站的给排水及水消防系统主要包括室内给水、排水系统和室外给排水工程，它的投资构成包括潜污泵、污水密闭提升装置、各种阀门、给水管、排水管等安装费用，设备及主材费用。分析车站给排水及水消防指标，一般来说受车站形式、建筑面积、功能要求等影响。

区间给排水系统一般来说相对稳定，为全线地下区间消火栓系统及排水系统的工程量，包括区间雨水泵站和废水泵站的配套设计以及排水出路。区间隧道内上下行一般各设一条消火栓给水干管，消火栓干管固定在隧道主体结构上，区间隧道消火栓干管按间距设消火栓。一般来说，不设消防箱和配套设施，配套的水龙带和水枪放在临近车站端部的专用消防箱内。因此，其指标主要受各类管材、阀门价格的影响。

8.4.13 气体灭火指标影响因素分析

气体灭火系统主要是地下车站和地下区间跟随所的气体灭火系统管网部分的设备及安装工程。地下车站的通信设备室、信号设备室、环控电控室、AFC中心机房、屏蔽门控制室、车站控制室、公安通信机房等重要电气设备房间，以及各地下区间跟随所，原则上均应设置清洁气体灭火系统来保护。

8.4.14 自动售检票指标影响因素分析

自动售检票系统，简称AFC，是现代地铁普遍采用的票务管理模式，主要由中央计算机、车站计算机、自动售票机、半自动售票机、自动进出站检票机和编码分拣机等设备组成。

AFC的投资构成主要是站级、中心级、场段培训系统级三个部分，其中站级系统及设备占投资比重较大。

站级AFC系统的投资主要受售票机、检票机等设备的数量和单价的影响，计算机系统和线缆主材的费用所占比例相对较小，售票机数量与车站功能、客流要求等有关，闸机数量主要与车站功能、客流要求、建筑布置有关。

8.4.15 站内客运设备、站台门指标影响因素分析

站内客运设备主要包括自动扶梯、垂直电梯、屏蔽门及安全门。造价组成主要由设备购置费和安装工程费构成。

自动扶梯主要包括梯级、梳齿板、扶手带、传动链、梯级链、内外装饰板以及传动机构等，它的造价主要由数量和单价决定。数量主要取决于车站建筑布置、功能要求、服务水平等因素影响。单价则主要受扶梯功能水平和提升高影响，原则上同一类型的扶梯提升高度越高，单价越高。

垂直电梯与自动扶梯类似，其造价主要受数量和单价的影响。数量取决于功能要求和具体的建筑布置，而单价主要受类型和提升高度的影响，同一类型的电梯提升高度越大，单价越高。另外，具有观光功能的透明梯等原则上造价偏高。

屏蔽门及安全门主要由机械部分、控制部分、管线部分、资料与软件四部分组成，影响造价的主要因素是机械部分，即门机、传动装置、固定门、滑动门、门控器等，约占其设备购置费的90%。另外，各地区屏蔽门及安全门的指标差异的另一个主要因素是车辆编组、车辆选型和车站形式。

8.4.16 人防指标影响因素分析

人防防护设备综合单价以市场询价后的价格为基础。主要的设备为人防门、防淹门或具有防淹功能的隔断门等，占投资比例较大，单价也从几万到十几万不等，具体要根据人防设计与建筑功能设计要求并结合经济性比选最终确定设备型号。

8.4.17 车辆指标影响因素分析

车辆总成本由车辆数量和车辆单价决定。配车数量则取决于线路的初期车辆编组、发车间隔等因素，根本上是由线路客流水平决定。

1. A、B两种类型的车辆，因其各种参数、性能的差异，致使造价差别较大。但是同等条件下，车辆造价与其大小有直接关系，在用材、国产化率、传动方式等条件相同情况下，A型车造价高，B型次之。

2. 车体材料对车辆单价具有一定的影响。

3. 国产化率也对车辆单价有一定的影响。理论上分析，国产化率越高，车辆单价越低。

8.4.18 车辆段与综合基地指标影响因素分析

车辆段的规模及功能直接影响到造价，一般由车辆段、综合维修中心、物资总库、培训中心和必要的生活设施等组成，是地铁系统各项设备、设施维护保养，材料、器材管理和对职工进行技术教育的重要基地。

车辆段主要分为生产及办公房屋、工艺设备、附属工程等几项，而附属工程又包含检查坑、地基处理、边坡加固及防护、土石方、场区道路、桥梁、涵洞、室外综合管线、场区绿化、围墙大门等工程。

车辆段房屋及工艺设备投资受其规模、功能、车辆编组等多种因素影响。附属工程投资受检查坑类型、地质条件、场坪标高等因素影响。

根据路网规划，各个城市决定车辆段与综合基地的规模和功能，其规模及功能定位直接影响到工程造价。我国国土资源面积有限，从设计角度应该考虑如何在节省占地规模的情况下，满足车辆段与综合基地的功能要求，从而降低设计成本。车辆段、停车场的资源共享可以有效降低工程造价的，为了实现资源共享功能，各城市应该在线网规划阶段考虑这个问题。如果在具体线路设计建设阶段才考虑资源共享，往往难以达到目的。其次，资源共享是个复杂的系统工程，要在规划和设计时全盘考虑，规划人员和设计人员要站在全局的高度，综合考虑各个专业的条件，把资源共享的理念融入到规划和设计中，从而实现降低建设成本的目标。

8.4.19 控制中心指标指标影响因素分析

控制中心是对地铁全线所有运行车辆、区间和车站及乘客进行总的监视、控制、协调、指挥、调度和管理的中心，它应满足运营的各种功能要求，为各系统和设备及运营管理人员提供良好的运行环境和工作环境。

控制中心的建设规模、位置选择及功能定位应依据轨道交通线路(网)的总体规划来确定，应考虑管理架构和管理模式、岗位设置、设备维修模式、各系统核心中央级设备的设置、异地安全备份、预留和扩展接口以及控制中心其他辅助设施等。

控制中心宜选择在靠近城市道路干线、靠近地铁车站、接近监控管理对象的中心地带，能兼顾多条线路，方便地铁运营管理；应尽量缩短与地铁线路的距离，降低工程和管线投资及运营管理成本，便于在紧急情况下组织事故抢修及事件的处理；也可根据实际情况选择在车辆段内，或与管理中心集中统一设置。

控制中心投资一般包括土建、风水电及电梯等投资，其中土建指标占比较大，房屋土建工程由基坑土方及支护、基础、土建结构、装修等组成。房屋土建指标高低差异的主要原因是建筑结构形式的不同以及装饰的规格档次不同。

8.5 投资估算、概算出现的问题及解决方案

8.5.1 投资估算、概算出现的问题

1. 设计方案变化问题

设计方案的选择对投资的确定起了决定性的作用，在可研、初步设计阶段，设计单位往往会选取多个方案进行技术经济比较，并选择最优方案作为推荐方案。但随着收集资料的完善、外界条件的影响、规范的变化等多方面因素影响，往往实施方案与之前设计方案会有较大调整，甚至推翻之前的设计方案，导致投资偏差较大。

2. 定额及指标选用问题

在编制城市轨道交通概算时，部分城市尚无轨道交通定额，因此需采用项目所在地的市政定额进行编制。然而市政定额与轨道交通定额又存在着较大的差别，甚至诸多新工艺、新工法目前没有定额，只能进行单价分析或采用指标进行估算，如：RJP 桩、顶管法施工出入口等，目前大多数城市采用指标进行估算。

3. 市场价格问题

轨道交通工程从立项到实施一般需要几年的时间，在此期间，大宗材料价格的波动影响投资的准确性，估算过高，政府审批难度加大，估算偏低就会造成日后投资超限，影响工程正常实施。

4. 前期工程投资的不稳定性

编制可研估算或初步设计概算时，往往出现前期勘察深度不足的问题，到实际施工时，管线切改、交通疏解等工程数量经常与设计时数量存在较大偏差，导致投资控制不准确。国内很多城市房价的飙升也导致对由于建设轨道交通而引起的房屋拆迁投资的影响巨大，往往出现拆迁投资估算不足的现象。

5. 各专业之间沟通不足

地铁工程涉及专业较多，而工经专业与其他专业都存在上、下序关系。各专业之间的沟通不足，往往会导致出现差、错、漏、碰等现象。如：在编制车站概算时，建筑专业负责提供主体、附属工程的建筑面积，而结构专业负责提供各构件混凝土、钢筋等工程数量，往往建筑、结构两个专业会出现主体、附属分界不一致的现象，导致指标不合理。再比如，工务设备的投资，往往车辆段工艺专业会与轨道专业出现漏列或重复计列的现象。

6. 工经专业不熟悉图纸及设计方案

在编制投资估算、概算时，要求工经专业必须熟悉设计方案、设计图纸，否则在套用定额时会出现漏项，选取定额不准确。比如在钻孔桩的定额套用中，不同的地质条件施工过程是不一样的，有的地质条件需要回旋钻机，而有的则是需要冲击钻机。

8.5.2 解决方案及改进措施

1. 加强前期方案研究

在编制可研、初设文件时，应多收集资料，与各部门多沟通、多协调、多汇报，且勘察单位提前进场开展工作，尽量保证方案的合理性、经济性和可实施性，减少后期调整和变更。

2. 加快地铁审批及建设

地铁工程立项后，应加快可研、初设和施工图的设计和相关审批工作，尽快组织施工准备并开工建设，合理确定施工组织方案，并按计划实施，尽量降低因工期延长导致投资超限的风险。

3. 加强各专业之间的沟通、提高专业水平

地铁工程涉及专业繁多、接口复杂，各专业间应加强沟通，上、下序专业间应根据要求加强配合，保证方案的一致性、准确性。工经专业也应对各专业设计方案和设计图纸进行充分的了解和研究，保证投资与方案相对应。

8.6 “国办发〔2018〕52 号”概要

2003 年 9 月，国家出台了《关于加强城市快速轨道交通建设管理的通知》(国办发〔2003〕81 号)(以下简称“81 号文”)文件。在此文件的指导下，我国城市轨道交通行业进入快速发展阶段，取得了显著的成就，积累了宝贵的经验。但随着时间推移及城市经济社会的发展，“81 号文”中有些内容已不能适应当前的发展需求，需要进行适时调整。于是在 2018 年 7 月 13 日国家又发布了新的《关于加强城市轨道交通规划建设管理的意见》(国办发〔2018〕52 号)(以下简称“52 号文”)的通知，相比“81 号文”，“52 号文”对申报地铁城市的人口、公共预算收入、政府债务等 12 道“门槛”进行了提高。详见表 8.6-1。

表 8.6-1 “81 号文”与“52 号文”对比表

对比项目	〔2003〕81 号文	〔2018〕52 号文
人工计数范围	城区人口 300 万	市区常住人口 300 万
地区生产总值(地铁)	1000 亿	3000 亿
地区生产总值(轻轨)	600 亿	1500 亿
一般公共预算收入(地铁)	100 亿	300 亿
一般公共预算收入(轻轨)	60 亿	150 亿
初期客流负荷强度(地铁)	无	0.7 万人/(日·公里)
初期客流负荷强度(轻轨)	无	0.4 万人/(日·公里)

续上表

对比项目	〔2003〕81号文	〔2018〕52号文
政策财政性资金比例	无	除规划明确采用特许经营项目外,财政资金不低于40%,严禁以各类债务资金作为项目资本金
规划期限	无	5～6年
编制建设规划调整情况	15%	线路里程、地下线长度、直接工程投资增幅超20%要重新申报建设规划
新编建设规划要求的条件	无	实施最后一年或完成投资70%
有轨电车审批部门	无	省级发改部门负责审批
地方政府债务	无	严禁通过融资平台公司或以PPP等名义违规变相举债,列入政府债务风险的城市,暂缓审批新项目
轨道交通企业债务	无	负债率过高,暂停开工新项目
责任主体	无	国家统筹、省负总责、城市主体

根据“52号文”中的要求,在规划实施过程中,因城市规划、工程条件、交通枢纽布局变化等因素影响,城市轨道交通线路功能定位、基本走向、系统制式等发生重大变化的,或线路里程、地下线路长度、直接工程投资(扣除物价上涨因素)等较建设规划增幅超过20%的,应按相关规定履行建设规划调整程序。已审批(核准)建设城市轨道交通项目的城市要合理把握建设节奏,着力优化项目设计,合理控制工程造价,有效降低工程总投资。

因此,在编制轨道交通工程投资估、概算时,要有效控制好投资,可以通过限额设计等措施保证投资的合理性、经济性。

1. 限额设计要点

(1)限额设计要贯穿工程设计的各个阶段,从可行性研究、初步设计、施工图设计都要有明确的限额目标。

(2)要严格控制设计变更,并把设计变更尽可能控制在工程设计阶段,使工程造价得到严格、有效的控制。

2. 限额设计手段

(1)提高开展限额设计的思想认识,严格执行概算编制的有关规定和费用标准,提高概算编制的质量和水平,提高工程设计的技术先进性和经济合理性。

(2)努力做到概算准确、完整,防止出现缺项、漏项,合理分配投资,对非正常原因超出限额指标的单位要进行批评直至处罚,由总承包或总体总包设计单位进行考核。

(3)各设计单位要对限额指标进行分析了解,发现有可能超限额的情况应及时向总承包或总体总包单位汇报;对出现设计方案发生重大变化(如敷设方式、工法、系统设备选型、功能变化等)的情况,要对原因分析进行详细说明,并及时进行汇报,以便总体单位宏观控制投资变化趋势。

(4)要对设计方案、工艺、设备等进行全面的评价,在满足功能要求的前提下,采用技术合理、工程投资经济的方案。

(5)优化车站规模:对站厅层、站台层及设备用房应进行合理布置,在不影响使用功能的前提下尽量减小车站建筑面积。

(6)施工方法选择:根据工程所处地段地质条件和周边环境,对不同围护结构应进行对比分析。在保证施工安全的情况下,要选择经济合理的围护结构形式,同时严格控制地基加固费用。

(7)应加强标准化设计,对结构尺寸、钢筋含量等进行统一规范,避免盲目设计,避免浪费和功能过盛。

(8)对估、概算质量进行量化管理,出现异常指标要进行分析比较,查找原因,进行调整。

(9)不同设计专业之间要进行相互协调,出现异常情况相互沟通,避免出现错误。

(10)建立限额设计的各级经济责任制,实行谁设计、谁负责,谁报价、谁负责。

(11)概算编制人员要掌握设计方案,核查主要工程数量和含钢量指标,把握住主要经济指标。

城市轨道交通工程是个庞大的系统工程,具有一次性投资大、运行费用高等特点。结合“52号文”的要求,要保证投资的合理性、经济性,有效控制好项目投资,就要把重点放在工程的设计阶段。使限额设计贯穿于每个设计环节，由可研的投资估算至初步设计概算再到施工图预算，做到层层控制，在满足轨道交通使用功能的同时，控制建设规模，实现投资最小化。

本章参考文献

[1] 地铁设计规范：GB 50157—2013[S]. 北京：中国建筑工业出版社，2013.

[2] 城市轨道交通技术规范：GB 50490—2009[S]. 北京：中国建筑工业出版社，2009.

[3] 城市轨道交通工程项目建设标准：建标 104—2008[S]. 北京：中国计划出版社，2008.

[4] 中铁第五勘察设计院集团有限公司，等. 城市轨道交通工程设计概算编制办法[M]. 北京：中国计划出版社，2017.

第 2 篇

车辆及车辆基地

9 车　　辆

9.1 概　　述

我国轨道交通项目(客运)根据功能定位、服务对象、客流特点及线路长度的不同可以分为4个层次,详见表9.1-1。

表9.1-1 轨道交通项目层次划分

层　次	连接范围	运行速度
干线高速铁路	全国范围内各区域的长大干线客运铁路	250 km/h以上
城际铁路	经济区域、城市群内部城市	160 km/h以上
市域(郊)铁路	区域核心城市主城与新城、卫星城及周边中小城市	以100～160 km/h为宜
城市轨道交通 (含地铁、轻轨、有轨电车、磁悬浮、跨座式或悬挂式等)	城市主城区内部 (短距离、高密度出行)	一般为70～120 km/h

9.1.1 地　　铁

一般而言,世界各地地铁车辆车型没有统一标准。目前,我国地铁车型分为A、B、C三种型号及L型(直线电机),详见表9.1-2。

表9.1-2 目前国内地铁车型表

车型	车长(m)	车宽(m)	代表车型
A	22 (22.8)	3	上海、广州、北京、石家庄等地均有此种车型
B	19 (19.55)	2.8	北京、天津、大连、沈阳等许多城市轨道交通采用该车型
C	19	2.6	上海地铁5、6、8号线等
L	16.84	2.8	广州地铁4、5、6号线等

注:()内的数值为车辆两端车钩连接中心点之间的距离。

9.1.2 城际列车

城际列车,又称城际专列,是指往返于相邻重要城市或城市群之间的客运列车,一般全程运行距离较近、乘车时间较短、途经城市较少。

城际列车的供电制式可分为交流2.5 kV和直流1 500 V两种,根据具体情况和要求确定,选用直流1 500 V供电的一般采用地铁A型车或B型车,选用交流2.5 kV供电的采用CRH型动车组列车,编组长度一般为6～8辆。

9.1.3 有轨电车

有轨电车是采用电力驱动并在轨道上行驶的轻型轨道交通车辆。有轨电车是一种公共交通工具,亦称路面电车或简称电车,属轻轨的一种。由于有轨电车以电力为动力,车辆不会排放废气,因而是一种无污染的环保交通工具。

现代有轨电车与旧式有轨电车的不同之处主要是，它不但具有鲜明的现代化外貌色彩，而且车辆重量轻、速度快（轴重仅 9 t 左右），车厢内设有空调。现代有轨电车系统一般包括普通电车、铰接电车、双铰接电车，宽度分别为 2.3 m、2.4 m、2.65 m。有轨电车的车辆宽度通常受城市道路可容纳性的限制。车辆基本长度：高地板车 15～23 m，低地板车 30～36 m。

9.1.4 磁悬浮列车

磁悬浮列车由于其轨道的磁力使之悬浮在空中，行走时不需接触地面，因此只受来自空气的阻力。磁悬浮列车的运行速度可达 500 km/h 以上，比轮轨高速列车的 300 多 km/h 还要快。早在 1922 年，德国工程师赫尔曼·肯佩尔就提出了电磁悬浮原理。1970 年以后，随着世界工业化国家经济实力的不断加强，为提高交通运输能力以适应其经济发展的需要，德国、日本等发达国家及中国都相继开始筹划进行磁悬浮运输系统的开发。

我国第一条高速磁悬浮线 2003 年 1 月开始在上海龙阳路至浦东机场间运行，最高运行速度达到 430 km/h。2015 年 10 月，中国首条拥有完全自主知识产权的中低速磁浮线路——长沙磁浮快线成功试跑。

9.1.5 单 轨 车

单轨车辆的走行系统不同于传统的轮轨交通，因此车辆和轨道结构均具有独特的构造形式。单轨车主要有跨座式和悬挂式两种走行方式，两者之间也有许多差别。

1. 悬挂式空中列车

悬挂式空中列车是一种轻型、中等速度、中等运量的公共交通车辆，各参数如下：

(1)行车速度：50 km/h（车辆构造速度：65 km/h）。

(2)平面最小曲线半径：30 m。

(3)最大纵坡：6°(10.47%)。

(4)轨道：利用轨道梁。

(5)车辆结构尺寸（如图 9.1-1 所示）：车辆长度 8 232 mm，车辆宽度 2 244 mm，车辆高度 2 623 mm。

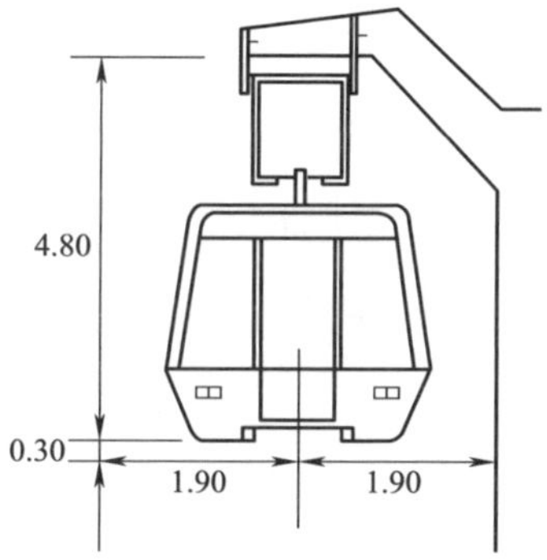

图 9.1-1 车辆结构尺寸（单位：m）

悬挂式空中列车具有用地少、造价低、施工简单、灵活可拆卸、舒适度高、安全保障大、造型美观、环保低噪声等优点。其特别适用于大城市轨道交通的补充线、接驳线，中小城市轨道交通的干线，景观要求高的城区、景区，机场航站楼间的接驳线，旅游区、主题乐园等往返线或景点间环线，高铁、城际铁路、长途汽车站、机场、码头联络线，大型商务区、开发区、功能场馆内部交通线等线路。

2. 跨座式单轨车辆

跨座式单轨车辆是跨骑于轨道梁上行驶，车辆上部乘坐乘客的厢体与一般轨道交通的车辆构造基本相同，只是车辆根据客运要求选定的尺度大小有所区别。

9.1.6 动 车 组

动车组有内燃动车组和电动车组。内燃动车组速度一般在 200 km/h 以下。电动车组速度可达 300 km/h 以上。

9.2 车辆技术要求

9.2.1 车型计算分析

针对不同车型，车辆计算分析大同小异，综合来看，大概包括以下 11 类，共计 106 项计算分析。

1. 限界计算

限界计算包括静态限界计算和动态限界计算，满足现行《标准轨距铁路机车车辆限界》(GB 146.1)及

《客运专线机车车辆限界暂行规定》。

2. 空气动力学计算

通过气动特性研究进行减阻优化设计。

3. 声学计算

针对车辆内外部静态及动态噪声进行计算分析，通过噪声性能分析、试验，进行噪声特性优化设计。

4. 司机室人机工程分析

主要针对座椅分析、视野分析、腿部空间及仪表视野进行计算分析，满足标准 UIC 651 要求。

5. 动力学计算

预测车辆在线路上运行时，车辆在通过曲线和道岔时的相互作用力、车轮冲角、脱轨系数、磨耗功率和磨耗指数等各项安全、阻力、寿命有关的指数。研究车辆蛇形运动，确定车辆蛇行运动失稳的临界速度。研究车辆所采用的零部件对车辆各项运行性能的影响和优化车辆性能。研究车辆运行时对人员及特殊设备的影响。研究车辆运行时车辆外形的包络线与车辆限界的关系等。

6. 重量管理

针对整车重量进行管理分配，满足整车车重、轴重等要求。对车辆设备进行调整安置，保证车辆重心满足要求。

7. 制动性能计算

针对车辆运行阻力和制动力、制动距离、制动限速，以及列车需要最小制动率进行计算分析，保证车辆安全运行。

8. 电气性能计算

电气性能计算包括牵引/电制动基本特性曲线和仿真计算、辅助容量计算、蓄电池容量计算、中低压负载计算、牵引计算等。

9. 空调导热计算分析

针对空调制冷量及制热量进行计算分析，满足相关标准及用户需求。

10. 模态计算

模态计算主要目的在于防止车辆各系统发生共振，保证车辆运行安全。

11. 车体强度计算

车体强度计算包含车体刚度、车体静强度计算分析、焊缝疲劳强度计算分析及稳定性计算，满足标准 EN 12663 要求。针对计算结果对车体结构、车体材质选型进行改进，以满足车辆强度设计要求。

9.2.2 地铁车辆主要参数

地铁车辆主要参数详见表 9.2-1。

表 9.2-1 地铁车辆主要参数表

运用环境	环境温度	−25 ℃～+40 ℃
	相对湿度	≤90%（平均最低温度为 25 ℃）
	海拔高度(m)	≤1 200
	最大风速(m/s)	38
	自然环境	车辆可在大风、雾霾、雨雪、日晒、大气腐蚀等自然条件下可正常工作
线路条件	轨距(mm)	1 435
	最小曲线半径(m)	A 型车：正线 350，困难 300，联络线 250； B 型车：正线 300，困难 250，联络线 200； 车场线均为 150
	最大坡度	正线：30‰，困难 35‰；联络线，出入线：≤40‰
	竖曲线半径(m)	区间 5 000，困难 2 500；车站端部 3 000， 困难 2 000；联络线，试车线 2 000
	轨面距站台面高度(mm)	A 型车为 1 080；B 型车为 1 050

续上表

编组形式			通常为2、3、4、6、8辆编组		
车体材质			铝合金/不锈钢/低合金耐候钢		
车辆定距(mm)			A型车为15 700;B型车为12 600;C型车为12 600		
轮径(mm)			均为840		
供电制式	架空接触网供电	供电电压	DC 1 500 V		
		网压变化范围	DC 1 000～1 800 V		
		线路最高电压(不超过5 min)	DC 1 950 V		
		地下正线接触网高度(mm)	4 040		
		地下正线接触网最小高度(mm)	4 000		
		地上正线接触网最小高度(mm)	4 400		
	接触轨供电	供电电压	DC 750 V、DC 1 500 V		
		供电方式	上接触式授流,下接触式授流 侧接触式授流		
		网压波动范围	DC 750 V为DC 500 V～DC 900 V DC 1 500 V为DC 1 000 V～DC 1 800 V		
		非持续最高电压	DC 750 V为DC 950 V DC 1 500 V为DC 1 950 V		
		授流皿工作点至转向架中心线水平距离(mm)	DC 750 V下部授流为1401 DC 1 500 V下部授流为1470		
	储能装置	供电电压	DC 750 V		
		储能方式	超级电容、车站区授电,无架空接触网		
车辆基本长度(mm)	车辆类型		A型车	B型车	C型车
	单司机室车辆		23 600	19 600	18 600
	无司机室车辆		22 000	19 000	
车辆基本宽度(mm)			3 000	2 800	2 600
车辆最大高度(mm)	受流器车		有空调3 800, 没空调3 600	有空调3 800, 没空调3 600	3 700
	授电弓车(落弓高度)		≤3 810	≤3 810	≤3 700
	授电弓工作高度		3 980～5 800	3 980～5 800	3 900～5 600
每侧车门数			5	4	4
车辆轴重(t)			≤16	≤14	≤11
最高运行速度(km/h)			80～120	80～120	80
车辆构造速度(km/h)			90～140	90～140	—
启动平均加速度(m/s^2)			0.83～1.0	0.83～1.0	0.85
常用制动减速度(m/s^2)			1.0	1.0	1.1
载员(人)	座席/定员	单司机室车辆	56/310	36/230	32/242
		无司机室车辆	56/310	46/250	
	超员	单司机室车辆	432	327	—
		无司机室车辆	432	352	

续上表

主要性能参数	牵引性能	在额定 AW2 负载，平直干燥轨道，车轮半磨耗轮情况下(最高速度 80～120 km/h)： (1)0～50 km/h 平均加速度不小于 1.0 m/s^2； (2)0～120 km/h 平均加速度不小于 0.8 m/s^2； (3)0～40 km/h 平均加速度不小于 1.0 m/s^2； (4)0～80 km/h 平均加速度不小于 0.6 m/s^2。 电制动满足 5～100 km/h，平均减速度不小于 1.0 m/s^2
	制动性能	在额定载员情况下，平直干燥线路上，车轮半磨耗状态，列车在最高运行速度 80～120 km/h 时，从给制动指令到停车时，常用制动平均减速度不小于 1.0 m/s^2，紧急制动平均减速度为 1.2～1.4 m/s^2(基于黏着系数 0.16)
	最小发车间隔	无人驾驶：最小发车时间间隔 100 s
	运行安全性	(1)脱轨系数小于 0.8，轮重减载率小于 0.6； (2)安全监控对轴温/转向架振动加速度进行控制横向失稳/车厢倾角等； (3)列车纵向冲击率：不超过 0.75/s^3
	结构安全性	(1)车体强度满足 EN 12663 PⅢ级及相关国家标准； (2)压缩/拉伸载荷 1 200 kN/1 000 kN (A 型车)和 800 kN/640 kN(B 型车)
	转向架强度	(1)构架强度满足 UIC 615(动车)/UIC 515(拖车)及相关国家标准； (2)车轴强度满足 EN 13104(动轴)/EN 13103(非动轴) 及相关国家标准； (3)车轮强度满足 EN 13260，EN 13979-1 及相关国家标准
	被动安全性	(1)防火性能满足 EN 45545 要求，目前多采用 DIN5510 及 BS6853； (2)碰撞被动安全：符合 EN15227 C-Ⅱ要求
	舒适性指标	(1)车内噪声(静止)：67 dB(客室)；70 dB(回风口和贯通道)； (2)车内噪声(车辆在地面线路道砟轨道上运行时)：客室内噪声不超过 72 dB，回风口、贯通道 73 dB；司机室不超过 75 dB，车辆噪声按照 ISO 3381 和 ISO 3095 及相关国家标准执行
	可靠性指标	可靠性 MTBF：清客下线故障 10 000 h ；3 min 以上延误故障 10 000 h；维修故障 200 h
		可维修性 MTTR：在线更换单元 0.5 h ；修复性维修(不抬车)3 h ；修复性维修(抬车)6 h
		可用性：97%(状态修)。维修、检修停用共计 11 d/年

9.2.3 其他各类车辆主要技术规格

1. 城际列车

适用于干线铁路的最高速度为 160 km/h 城际列车的主要技术规格详见表 9.2-2。

表 9.2-2 最大速度为 160 km/h 城际列车主要技术规格

技 术 指 标	参 数
编组形式	4 节/列：两动两拖
车体材质	铝合金/不锈钢/低合金耐候钢
车体长度(辆)	25 000 mm
车体最大宽度	3 360 mm
车辆最大高度	4 050 mm
地板面高度	1 260 mm
车辆定距	17 800 mm
轮 径	920 mm
轨 距	1 435 mm
轴 重	17 t
供电电压	AC 25 kV
供电方式	架空接触网供电
最大速度	160 km/h

2. 有轨电车

有轨电车的主要技术规格详见表 9.2-3。

表 9.2-3 有轨电车主要技术规格

技术指标	标准车型	非标准车型
车体材质	铝合金/不锈钢/低合金耐候钢	
车体长度	32 050 mm	23 830 mm
车体宽度	2 650 mm	2 550 mm
车辆高度	3 440 mm	3 540 mm
车钩高度	350 mm	660 mm
地板面高度	350 mm，100%低地板面	400 mm，100%低地板面
车辆定距	11 100 mm	12 400 mm
轮　径	656 mm	656 mm
轨　距	1 435 mm	1 435 mm
轴　重	12.5 t	12 t
供电电压	DC 750 V	DC 600 V
供电方式	接触网/地面供电/超级电容	架空接触网供电
最大速度	70 km/h	70 km/h
额定载荷（6 人/m^2）	280 人/列	190 人/列

3. 中低速磁浮列车

中低速磁浮列车主要技术规格详见表 9.2-4。

表 9.2-4 中低速磁浮列车主要技术规格

技术指标	参　数
编组形式	3 节/列
车体材质	铝合金
车体长度（辆）	15 500/15 000 mm
车体宽度	2 800 mm
车辆高度	3 850 mm
车内净高	2 100 mm
轨　距	1 900 mm
最小水平曲线	50 m
最大坡度	100‰
悬浮模块长度	2 800 mm
单车悬浮架数	5 个
悬浮间隙	8 mm
供电电压	DC 1500 V
供电方式	第三轨供电
最大速度	120 km/h
额定载荷（6 人/m^2）	381 人/列

4. 单轨车

单轨车主要技术指标详见表 9.2-5。

表 9.2-5 单轨车主要技术指标

技术指标	悬挂式空中列车	跨座式空中列车
编组形式	2 节/列:全动车	2~8 节/列,灵活编组
驾驶方式	无人驾驶	
车体材质	铝合金	
车体长度(辆)	8 230 mm	头车 23 830 mm,中间车 10 800 mm
车体宽度	2 300 mm	2 951 mm
车辆高度	3 000 mm	3 019 mm
地板面距轨道梁高度	—	450 mm
车辆距地面最小高度	4 500 mm	660 mm
车辆定距	5 700 mm	9 120 mm
轮 径	520 mm	—
轴 距	1 730 mm	—
轮对中心距	350 mm	—
转向架制式	—	单轴式转向架
基准梁宽度	—	800 mm
轴 重	5 t	14 t
供电电压	DC 750 V	
供电方式	刚性接触网供电	
最大速度	55 km/h	80 km/h
额定载荷(6 人/m^2)	194 人/列	282 人/列(2 节编组)

5. 内燃动车组

动力分散式内燃动车组主要技术指标详见表 9.2-6。

表 9.2-6 动力分散式内燃动车组主要技术指标

技术指标	动力分散式内燃动车组
编组形式	采用 2 节或 3 节编组,全动配置
车体动力	内燃动力包驱动
最大速度	2 节编组时为 135 km/h,3 节编组时为 160 km/h
额定载荷(6 人/m^2)	192 人/列(2 节)

9.2.4 列车编组

灵活编组应符合客流潮汐变化需求,基本编组由两个动拖车单元组成,兼顾轻量化、成本、能耗、运营服务水平等要求。

灵活编组时,在中间增加动车或拖车(动车为独立动力模式),可实现 6~8 辆灵活编组形式,维持牵引性能和制动性能基本不变,满足广泛适应性。采用 6~8 节车的灵活编组,基本编组为 6 节编组,通过中间增加动车和拖车适应不同客流扩展的需求。

灵活编组方式如下:

基本编组形式:+Tc—Mp—M=M—Mp—Tc+

灵活编组: +Tc—Mp—M=Mp=M—Mp—Tc+

+Tc—Mp—M=Mp=T=M—Mp—Tc+

+Tc－Mp－M＝Mp＝T＝M＝M－Mp－Tc+

符号及其含义：T表示拖车，Tc表示带驾驶室拖车，M表示动车，Mp表示带受电弓动车，＝表示全自动车钩，+表示半自动车钩，－表示半永久车钩。

根据目前国内车辆类型，每列车编组形式详见表9.2-7。

表9.2-7 车辆编组形式

车辆类型	每列车编组形式（节）	
地铁车辆	2、3、4、5、6、8	
城际列车	3、4、8	
有轨电车	3、5	
中低速磁浮列车	3	
单轨车辆	悬挂式列车：2	跨座式列车：2～8
内燃动车组	2或3	

9.2.5 车体各系统安全应急设施

1. 车体系统

(1)撞车保护的安全性分析

发生撞击时，车体采用四级吸能结构，第一级为车钩缓冲装置缓冲器，第二级为缓冲装置中的压溃管，第三级为过载保护装置，第四级为带驾驶室拖车前端底架的吸能区。

第一级：当一列车以小于7 km/h速度与一列停止的列车联挂时，车钩通过自动对中功能联挂，车辆车钩缓冲器能有效地将该部分能量吸收，使车体和车钩缓冲装置不产生任何永久变形。

第二级：当一列车以大于7～15 km/h的速度与一列停止的列车相撞时，车辆车钩缓冲器（气液缓冲器和EFG3缓冲器）均压缩至最大行程。此时车辆车钩缓冲器不再吸收能量，车钩缓冲装置中的变形压溃管压溃开始吸收能量。

第三级：当钩缓装置在正常顶推状态，纵向压缩力通过缓冲器传递到过载保护螺栓，通过过载保护螺栓传递给缓冲器壳体，最终通过安装座传递到车体。

第四级：车钩缓冲器、车钩压溃管、过载保护装置吸能后，两列车防爬器以小间隙对撞咬合，力通过防爬器传递到带驾驶室拖车的前端底架上。前端塑性吸能区由吸能构件组成。在吸能区后端安装刚度较大的梁件，它们与底架的刚性大横梁等共同组成空间框架结构，形成刚度强大的吸能止挡区，保证客室不损坏。

(2)乘客的安全性分析

在正常行驶中车辆配备充足的设备保证乘客的乘车安全，如扶手、轮椅固定器、橡胶地板布等，均能保证乘客在乘车过程中避免意外的发生。

在紧急状态下，车辆配备紧急对讲、车门紧急解锁、灭火器等设备供乘客在紧急状态下使用，同时车辆启动应急照明、紧急通风等，保障紧急状态下的车内环境，减少乘客的恐慌情绪，稳住乘客，最大限度地保证乘客安全。

1)车厢内外设置车门紧急解锁装置

①车内紧急解锁装置

每个车门都设置有一个手动操作的车内紧急解锁装置。紧急情况下可在车内将所有锁门机构打开（不包括已隔离状态的门），但必须在车辆有零速信号时，解锁的车门才可以打开。

②车外紧急解锁装置

每辆车的每侧有一个车门设有一个供乘务员和维修人员使用的车外紧急解锁装置，对角布置，使车门具有在车辆外侧解锁功能，并可在断电情况下操作。

2)紧急疏散

车辆司机室前端设置紧急疏散门，由于突发原因必须对乘客实行紧急疏散情况下，乘客可借助该系统实现从两端司机室到轨道面的快速、安全的逃生。目前有些城市在洞体加设疏散平台，可采用疏散平台紧急疏散。

3)车辆信号及警示设备

①司机室内设有客室侧门开闭状态显示灯和车载信号显示装置。

②司机室前端设有前照灯和高亮度 LED 防护灯。

③车辆侧壁设有显示车门开关的指示灯。

④列车设有鸣笛装置。

⑤列车设有各种警示标识,包括高压电气设备、消防设备,以及电器箱内的操作警示标识等。

⑥监控系统显示器有声光报警故障提示功能,并具有操作指引等。

4)火灾报警系统

列车设置主动吸气式早期火灾预警装置。每辆车客室内(包括司机室)安装具有地铁列车装车运用业绩并被证明成熟可靠的火灾预警装置,能对客室车顶、司机室车顶、空调回风口及车内电气设备柜等进行有效探测。装置通过自身网络,实现集中监控管理,并可与列车管理系统(TCMS)进行数据交换,并能够在司机室监控显示屏上显示装置运行的状态信息、故障信息、报警信息等。

该装置具有较强的环境适应能力,灵敏度可根据车厢内的背景烟雾值进行灵活设定,并具有较高的防误报能力。装置具有多级报警(预警、行动、火警等)的能力。列车上设置的火灾自动报警系统,应能通过无线网络等方式将列车上发生火灾的部位信息传输给消防控制室。

5)车辆所用材料及结构的防火性能

车辆所用材料防火性能:车辆的设计具有良好的防火性能,车辆材料的选用应符合标准 BS6853、DIN5510 或 EN45545 的防火、防烟及防毒要求。

车辆采用超薄型防火涂料,喷涂在底架、侧墙等结构表面,使得材料的耐火极限大于 1 h,满足车体结构的防火要求。

2. 电气系统

(1)电气绝缘及雷击的安全性

1)电气设备及线缆绝缘性

车辆的电气绝缘性能的好坏关系车辆的性能及整个车辆的运行安全。

将从以下几个方面考虑,以保证车辆的绝缘性能。

①车辆所采用的电气设备均满足现行标准《铁路应用　机车车辆电气设备》(TB/T 1333)的要求,装车前各电气设备均按此标准进行检验及动作试验,试验通过后方可装车。

②车辆上所有的电气分线盒,接线箱及电器柜等电气设备均具有足够的电气强度,车辆线路均需进行介电强度试验,以保证整车介电强度要求。

车辆所采用的线缆均符合现行标准《铁道机车车辆用绝缘电缆订货技术条件》(TB/T 1484.1)的有关规定。

2)电气接地处理

车辆所有的电气设备均设有可靠的接地,确保安全。

①保护接地

车辆所有电气设备金属外壳均有可靠接地,以防止电气设备漏电伤人。对于电流较大的电气设备金属外壳需在车底架进行接地处理,以防一旦设备漏电会有电流通过车体流向负端,保证安全。如车顶端的空调机组、避雷器等设备的壳体需通过电缆沿车体端墙或侧墙引到车架接地。

②电气回路接地

车辆 DC 1 500 V 高压回路负端、DC 110 V 及 DC 24 V 控制回路负端、AC 380 V 电压中性点均接到与车体绝缘的接线端子,然后再通过各绝缘端子分别接至转向架的接地装置上,这样可以确保车体不会有回路电流通过。

3)电气系统遭雷击分析

电气系统遭雷击的可能性,主要来自接触网遭雷击。当接触网遭雷击后,在雷击点附近的车辆,会受到高压的冲击。此时,受电弓附近的避雷器感应到高电压就会动作,将电流导向壳体接地,通过车辆壳体导入铁轨，最终流入大地。根据法拉第笼原理，人员和设备在良好接地的金属体内部是绝对安全的，因为人员和设备与金属体等电位。

(2)过电压及欠电压保护的安全性分析

1)过电压安全性分析

除雷击造成的外部过电压(大气过电压)之外，系统面临的主要过电压威胁为内部过电压，即系统供电网过电压。供电网络过电压时，往往会造成牵引、辅助系统的供电模块工作电压远远超过额定电压。如果短时间且超过额定电压的幅度较小，则可能影响供电模块的使用寿命。如果超过额定电压很大，则可能烧毁供电模块。

针对上述问题，牵引系统设备在供电回路上配置熔断器及高速断路器。高速断路器对过电压有一定的保护能力，且在牵引设备的输入端还设置有电压检测装置。当检测到过电压时，牵引设备将切断本车的主电路开关，保护本车设备。

2)欠电压安全性分析

当电网电压低于最低工作电压时，就可以认为设备处于欠电压状态。此时，由于设备工作电压过低，就会造成工作电流增大，设备长时间运行后会造成烧毁等事故。在牵引设备内部设置有欠电压保护装置，当电压低于工作电压后，保护装置将切断电路开关，从而保护设备。

从低压电源来说，一般电压不会低于100 V。仅在使用蓄电池供电时，有可能端电压低至83 V。车辆额定DC110 V设备的低压工作范围为77 V，因此不会出现低压保护的现象。在低于工作电压后，蓄电池的低压保护装置会自动切断蓄电池两端，防止设备在低于工作范围的低电压下工作。

3. 制动系统

(1)风源安全保护

空压机采用主/辅控制方式，每列车设置两台空压机，在正常情况下，每台空压机都能满足列车的供风。其中一台设置为主空压机，另外一台空压机设置为辅助空压机，主/辅空压机每日轮换。

空压机启动采用TCMS控制和压力开关控制两种模式，由压力传感器采集总风压力，传输给TCMS，TCMS根据压力控制空压机的启停。当TCMS出现故障时，由压力开关控制空压机的启动/停止，保证系统供风正常。

在空压机组中设置安全阀，在风压为1.2 MPa时动作。在空压机组总风出口处设置安全阀，在风压为1.05 MPa时动作，保护系统风压不过大。

(2)总风压力低保护

在总风管路中设置总风压力低压力开关，当总风压力低于0.6 MPa时自动断开，紧急制动环路失电，系统实施紧急制动。

(3)断钩分离保护

车辆发生断钩事故时，系统紧急制动环路失电，实施紧急制动。

(4)制动不缓解保护

制动系统输出制动不缓解硬线信号，在收到这个信号时，列车不允许牵引，以防止出现带闸运行状态。

(5)停放制动保护

制动系统通过压力开关，输出每节车的停放制动状态，任意一节车停放制动施加时，不允许列车牵引运行。

(6)制动施加/缓解指示

制动系统会输出制动施加/缓解状态，司机可通过指示灯获知空气制动的施加/缓解，了解列车运行状态。

(7)紧急运行模式保护

正常情况下，制动系统采用TCMS标准指令进行制动力的施加/缓解。当制动系统EBCU探测到与TCMS通信故障时，会采用硬线牵引/制动指令进行空气制动力的施加/缓解，保证列车的安全。

(8)控制备份

在架控系统中，制动系统在每个制动单元中会设置两个主控制阀，两个主控制阀互为备份，当一个主阀出现故障时，另外一个即刻取代其功能，完成通信、输出信号控制、制动力控制等功能。

(9)网络结构备份

在制动系统内部网络中，设置两个完全相同的网络作为备份，如果一个网络线路出现故障，另外一个网络也能够起到完全的功能，保证制动系统的安全有效。

(10)控制部件故障

当一节车或一个转向架制动控制单元失电或出现大故障时，在常用制动时，该车/转向架空气制动处于缓解状态，保证列车的正常运行；在紧急制动时，该车/转向架会施加紧急制动，保证列车的安全。

(11)停放制动/常用制动防叠加

在停放制动施加时，常用制动缸的压缩空气会通过管路进入停放制动缸内，防止停放制动和常用制动都完全施加；当系统失风时，停放制动会随着风压的降低逐渐施加，以保证列车完全失风时的停放安全。

(12)保持制动

制动系统具有保持制动功能，列车站停时会自动施加以保证列车在坡道上的停放安全；列车启动时，当牵引力足够大时，保持制动才会缓解，保证列车在坡道启动时不溜车。

(13)空簧破裂保护

在每个转向架两个空气弹簧之间设置溢流阀，当两个空气弹簧的压力差达到一定程度(如 100 kPa 时)，连通两个空气弹簧，防止两个空气弹簧压力差过大造成车辆倾斜。当一个空气弹簧压力异常时，制动系统采用其所在转向架另外一个空气弹簧的压力进行载荷的计算；如果同一个转向架两个空气弹簧压力异常时，将采用同一节车另外一个转向架空气弹簧压力进行载荷的计算。

(14)空气弹簧用风压力限制

在总风向空气弹簧供风的管路上增加溢流阀，当总风压力超过一定值时(0.68 MPa)，总风向空气弹簧进行供风；当总风压力低于一定值时(0.68 MPa)，溢流阀关闭，总风不能向空簧进行供风，以在空簧及其管路出现泄漏时，保证制动系统的用风安全。

4. 转向架系统

(1)防止脱轨的安全性定量分析

车轮脱轨不仅与车辆本身的结构参数有关，而且也与线路状态及其运用情况密切相关。为了提高车辆运行的安全性，合理地选择转向架的结构参数和悬挂参数，使其在各种不利条件组合下减小轮缘侧向力和轮重减载量，防止脱轨。

转向架设计时进行动力学分析计算，在各种最不利的线路条件和运行条件下对防止脱轨做更具体的安全性分析，提供分析报告，确保车辆运行的安全。

(2)转向架强度

采用有限元分析法，详细计算转向架零部件的强度，并进行相关部件的强度试验，保证在任何工况下其应力均不超过许用应力和疲劳强度。转向架构架设计充分考虑影响车辆安全运行的各种不利因素，确保在线路规定的运行条件(轨道条件和操作条件)下列车安全运行的强度要求；按 UIC 615-4 和 JIS E 4208 标准进行构架的静强度试验及疲劳强度试验，提供静强度及疲劳强度试验报告。

(3)空气弹簧过充保护

当空气弹簧处于过充状态，高度调整阀、压差阀同时处于故障状态时，由安全钢索将车体和构架相对限位，限制空气弹簧的高度，保证车辆与限界之间的有效安全距离，保证车辆的行车安全。

(4)防止车辆倾覆的安全性分析

车辆倾覆不仅与车辆本身的结构参数有关，而且也与线路状态及其运用情况密切相关。为了提高车辆运行的安全性，应尽量降低车辆重心、增大角刚度(在转向架上安装抗侧滚扭杆装置)，防止倾覆。

转向架设计时进行动力学分析计算，在各种最不利的线路条件和运行条件下对防止倾覆做更具体的安全性分析，提供分析报告，确保车辆运行的安全。

9.3 车辆选型及构造常见问题及其解决措施

车辆选型需要考虑环境、经济、社会、技术等多方面，表 9.3-1 列出了轨道车辆选型的一般要素，在实际应用中需要进行适当调整。

表 9.3-1 轨道车辆选型的一般要素

准则	指　标	说　明
运营要求	乘客舒适性	车内噪声、振动、冲击、拥挤度、空调温度等(定性和定量)
	旅行速度	车辆最高运行速度及实际的旅行速度
	发车间隔	列车的行车间隔,关系到乘客的等待时间
	列车运能	高峰小时最大断面客流量
环境要求	车辆噪声	车辆在运行过程中产生的各种噪声
	景观	车辆及相关设备与周围景观的协调性
	车辆限界	车辆外轮廓线对周围环境的影响
技术要求	安全性	车辆故障通过率等
	车辆动力学性能	包括临界速度、平稳性指标、振动加速度、脱轨系数、轮重减载率、曲线通过性等一系列动力学性能
	车辆强度性能	车身、转向架及其主要部件的强度性能
	疲劳特性	车辆及其零部件的抗疲劳性能
经济要求	车辆购置成本	车辆及相关设备的购置费
	土建成本	与车辆相协调的线路、车站、基础设备等费用
	资源能耗	运行能耗、土地及能源占用
	全寿命周期成本	车辆及相关部件的维护费用及人力耗费
	车辆国产化率	车辆及关键技术的国产化率关系到成本高低
资源共享	设备共享性	与其他线路段变电站所、控制中心的共享性
	技术共享性	与网络中其他车辆和设备维护技术的共享性

目前,车辆选型及构造出现的常见问题及其解决措施大致分析如下:

1. 运营方面

采用灵活编组方案可以提高城市地铁的行车速度,减少列车编组,可以达到缩小土建规模、降低工程投资、节省运营费用、提高服务水平的目的。而这一切的实现都依赖于在车辆设计制造中,需要合理安排转向架牵引系统、受电系统、司机室等,使之能够兼顾近期及远期的车辆编组要求。

2. 经济方面

国产化对车辆制造本身具有重要意义,对整个车辆系统工程造价的降低具有重要意义。

3. 环境方面

对于车辆噪声的降低主要通过模态计算分析,保证车辆各部分设备振动频率达到标准,防止产生共振。还需要通过设置隔音材料降低噪声。

4. 技术方面

通过车体强度计算分析对车体结构进行设计改进,保证车体静强度、刚度、疲劳等性能满足设计要求。通过动力学计算分析及试验保证车辆具有良好运行状态,满足车辆运行要求。

5. 检修资源共享

车辆日常维修保养的条件及水平需进一步提高,每条运营线设置大架修设施,势必造成设备利用率低,专业化水平低,不利于提高运营经济效益和车辆检修质量的提高。因此,对于一个城市的车辆系统来说,在同类型的轨道交通线网上,各运营应有联络线互通,有利于车辆的维修管理,以及车辆及检修资源的共享。

9.4 车　　体

9.4.1 概　　述

车体结构设计符合铁道车辆车体结构的相关标准的要求。

为保证车体自身固有振动频率与转向架的固有振动频率错开,同时避开车下吊装电器设备频率的整数倍点及空压机等产生振动的频率点,车体结构设计时,首先要通过计算出车体的频率优化车体的设计,后对电器吊挂件及空压机部件通过改变车体梁件局部的布置位置(避免等距及对称布置)、局部增加刚度等方式以防止产生共振。

车体结构是由底架、侧墙、端墙、车顶和司机室(Tc 车)等构成的薄壁筒型整体承载焊接结构,能够承受垂直、纵向、扭转、自重、载重、牵引力、横向力、制动力等动、静载荷及作用力;在其使用期限 35 年内能承受正常载荷的作用而不产生永久变形和疲劳损伤;具有足够的刚度和强度,满足维修和纠正脱轨等要求;并能承受与另一列列车以 7 km/h 的速度进行列车联挂时产生的冲击力;车体可承受的纵向压缩和拉伸静载荷分别不低于 800 kN 和 640 kN。

车辆的所有技术接口工作的顺利进行是确保列车线路上机电设备各系统中安全可靠地运行的重要保障。

9.4.2 车体结构

1. 车顶

顶棚钢结构是由两根上弦梁、数根弯梁、空调机组平台、侧顶板、波纹顶板等组焊在一起。波纹顶板采用缝焊焊接,其余板梁间均采用点焊焊接。在车顶组件内侧设有刚性连接梁及吊座装配,用于安装车内顶板、灯具、扶手和空调系统的送风道等部件,安装牢固可靠。

空调平台均采用模块化设计,整体与车顶边梁组焊,设计时充分考虑到整个平台的强度和刚度,保证平台平整,确保空调机组设备的正常使用。平台内侧梁柱点焊成框架结构,具有足够的刚度和强度。框架结构再同外板点焊在一起,必要处进行弧焊,确保平台的气密性和水密性。车顶能承受所支撑的负载及设备保养人员。

2. 底架

底架组件为无中梁结构,由边梁、辅助横梁、主横梁、波纹地板和端底架组件焊接而成。底架骨架由两根通长的冷弯滚轧不锈钢边梁与不锈钢主横梁及端底架组焊而成,骨架上面铺设不锈钢波纹地板。牵引梁是承受和传递牵引力、制动力与冲击力的主要部件,由上盖板、下盖板、立板、腹板焊接成箱形结构。枕梁是转向架和车体的连接机构,由上盖板、下盖板、立板及加强板焊接成箱形结构,枕梁与转向架上的空气弹簧安装座相连。枕梁和牵引梁均采用耐候钢材料。底架边梁为通长的 HT 级不锈钢冷弯型钢,边梁与横梁之间用高强度不锈钢连接板连接成框架结构,连接板与不锈钢梁之间采用点焊焊接。所有横梁均采用不锈钢压型槽钢,梁上开长圆孔,用来安装电线管和制动管。端部底架的枕梁、牵引梁和内层边梁、内层端梁均采用耐候结构钢,内衬碳钢与外部不锈钢采用塞焊焊接。枕梁、牵引梁和内层边梁及内层端梁采用高耐候结构钢,确保 35 年不用挖补修理。底架结构设计制造时预留上挠度。

牵引梁、枕梁、边梁端部在内的端部底架结构,直接承受列车救援、调车、回送、列车冲撞时由车钩或车体直接接触传递的巨大纵向冲击载荷,均采用由厚板耐候钢组成的大断面框架弧焊结构,确保能够承受巨大的冲击载荷。端部底架组焊完成后再与不锈钢边梁、端梁通过塞焊连接成一体。

在底架主横梁的侧立面上开有圆孔和长圆孔,用于安装线槽和空气管路;在主横梁的小翻边上开有螺栓安装孔,可以将线槽和管路及配件固定在底架上。

在底架边梁枕内侧设有用于架车、顶车的专用支撑点,并且对此位置进行补强,保证此处具有足够的刚度和强度,在架车、顶车时,保证车体不出现塑性变形现象。支撑点满足车辆拆卸、组装、检修、吊运和救援、复轨等作业要求。每个架车支撑点处设有定位点,架/吊车点处设有标记以指导作业。

在枕梁装配中设有与转向架连接的空气弹簧安装座、中心销安装座、抗侧滚扭杆座、高度阀座等接口,保证车体与转向架间的连接可靠、安全,同时保证车体与转向架之间留有足够的安全空间,并且方便设备的安装和维修。

车下设备吊装在底架主横梁下面,同时在主横梁内侧或外侧设有补强筋板,提高局部刚度和强度,保证设备吊装牢固可靠。

底架上安装的所有设备均安装在底架或底架过渡件上,具有足够的支撑强度,确保安全可靠。

3. 侧墙

侧墙组件由侧墙骨架(包含下边梁、门立柱、窗立柱、窗横梁、补强梁等)、墙板、门框、门上连接件等组成。窗框与门框均采用模块化设计。侧墙板采用具有装饰性的 BG 拉丝平板,不带波纹和压筋。侧墙骨架梁柱以高强度不锈钢材料为主，断面选用盆形，与外墙板点焊后形成箱形，从而加大断面矩提高抗弯刚度。为防止在门区及端部出现蒙皮外板褶皱现象，增加内衬补强板与梁柱、蒙皮点焊一体。

侧墙门角和窗角为应力集中区，窗口四边用盆形梁点焊成封闭的四边形框架结构，再在窗角区域采用高强度级板补强。门口采用高强度板厚不小于 4 mm 的门框，将侧墙各大部件牢固地连接成整体，保证车体在纵向、垂向、扭转等载荷作用下，强度、刚度满足要求，门开、关运动自如。

4. 端墙

端墙框架满足联挂载荷和吸收能量的要求。

端墙采用板梁点焊结构。端墙由不锈钢外板、立柱、横梁和贯通道加强梁组成框架结构，蒙皮与钢结构骨架焊接方式采用点焊方式连接，整个框架能够满足列车连挂载荷和能量吸收的要求。端墙和底架、侧墙、顶棚组焊为一体后，有效地防止列车相撞时客室的受损变形，保证乘客安全。当车体发生扭转变形时，由于通道门角处应力比较集中，设计时充分考虑通道门角处的强度要求，采用加强板对门角处进行补强。端墙下部门槛横梁与底架端梁塞焊，形成刚性连接，渡板装置通过螺栓安装在此刚性结构上，同时所受载荷也可从此端部刚性结构向底架边梁上传递。在贯通道安装位置的端墙内部设有立柱具有足够的刚度和强度的，确保贯通道安装牢固可靠。地板的结构可支撑渡板，并将载荷从端墙结构传递到底架边梁上。

5. 司机室

司机室玻璃钢外罩内预埋钢骨架，玻璃钢与钢骨架组成整体结构。司机室前端骨架结构与前端底架采用螺栓连接，车顶和司机室侧墙等部件通过连接件组焊在一起；司机室前端底架上设有吸能区，可以吸收列车冲撞过程中的巨大冲击能量，保护客室部分不损坏。玻璃钢罩板需加强的部位预埋钢板，整体玻璃钢罩既有利于流线型司机室的实现，也有效地减轻了车重。

车辆公司在车辆设计阶段，将根据具体前端造型，进一步细化具体设计方案，提交业主确认。

9.4.3 转向架（以速度 80 km/h 的 B 型车为例）

1. 概述

转向架分为两种结构相似的动力转向架和非动力转向架，均为无摇枕结构形式。转向架主要包括构架组成、装有降噪阻尼环的轮对、轴箱装置、一系悬挂、二系悬挂、牵引装置、基础制动装置（包括转向架配管）等。动力转向架和非动力转向架的主要区别是动力转向架装有驱动传动装置（牵引电动机、齿轮传动装置、联轴节等），非动力转向架没有安装驱动传动装置。动力转向架结构如图 9.4-1 所示，非动力车转向架结构如图 9.4-2 所示。

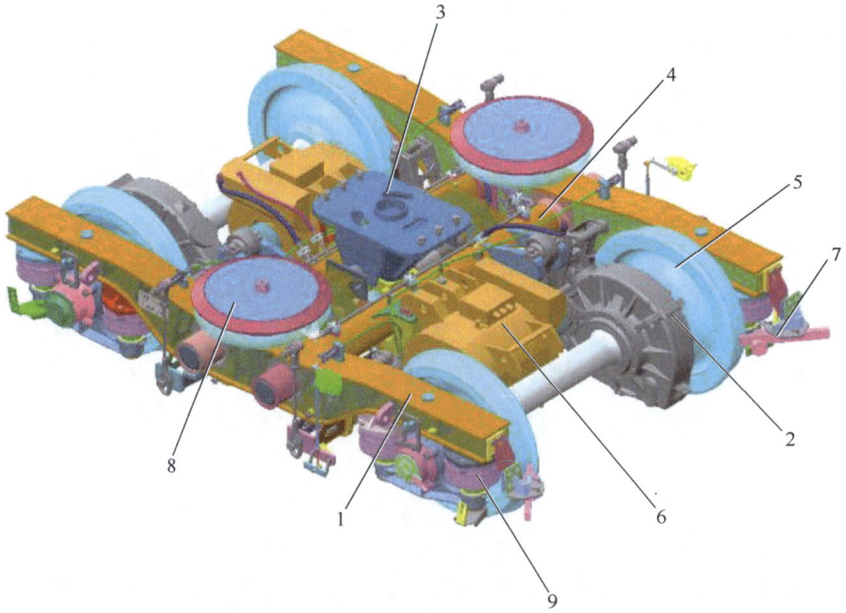

1—构架；2—齿轮箱装配及联轴节；3—中央牵引装置；4—基础制动装置；5—轮对及降噪阻尼环；6—电机悬挂；7—干式轮缘润滑装置；8—二系支承组成；9—轴箱装配及一系悬挂

图 9.4-1 动力转向架

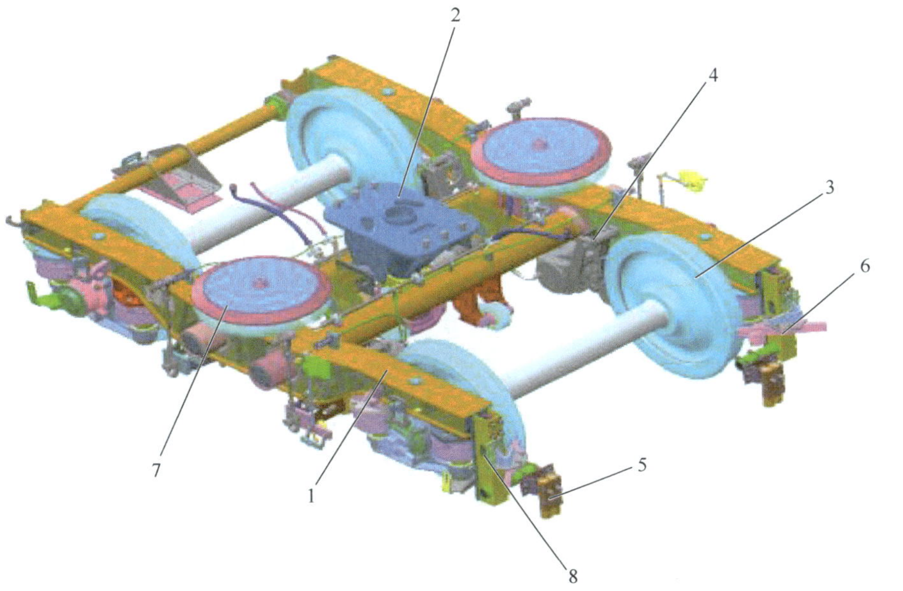

1—构架；2—中央牵引装置；3—轮对及降噪阻尼环；4—基础制动装置；5—排障器；
6—干式轮缘润滑装置；7—二系支撑组成；8—轴箱装配及一系悬挂

图 9.4-2 非动力转向架

2. 主要技术参数(详见表 9.4-1)

表 9.4-1 转向架主要技术参数

项　　目	动力转向架	非动力转向架
轨距(mm)	1 435	
最高运行速度(km/h)	80	
固定轴距(mm)	2 200	
车轮直径(mm)	840^{+4}_{0}(新)/770(全磨耗)	
轮对内侧距(mm)	1 353±2	
最大长度(mm)	约 3 500(装有排障器、ATP 线等设备)	
最大宽度(mm)	约 2 500	
空气弹簧上面距轨面高度(mm)	895	
空气弹簧横向间距(mm)	1 860	
牵引点高度(mm)	290	
基础制动装置	单侧踏面单元制动	
运行平稳性指标	≤2.5	
轴重(t)	≤14	
每台转向架重量(t)	约 7	约 4.6

3. 转向架结构

(1)构架

构架分为动力转向架构架和非动力转向架构架，均为 H 型焊接构架。两者的主干结构相同，主要差别在于动力构架上设有电机吊座、齿轮箱吊座，而非动力构架没有。构架的侧梁为四块板箱形焊接结构，侧梁上下盖板为钢板压型结构，板材选用低合金结构钢，侧梁内部补强板的位置根据受力情况而设定，以保证侧梁体的抗弯、抗扭性能；横梁由两根无缝钢管和两根横梁连接梁(由钢板组焊成箱形)组焊而成，在简化构架结构的同时，减少了焊缝数量，有利于提高横梁上各吊座与横梁的连接强度，有效地提高了构架的可靠性；同时，横梁连接座的使用减小了焊接量，避免了焊缝在应力集中区域。在电机吊座、齿轮箱吊座扭矩作用下，横梁应力分布均匀，受力好，无缝钢管经过剥皮磁粉探伤处理，确保其承载的安全性，保证车辆运行安全。横梁上焊有牵引拉杆座等，动力构架横梁上还焊有电机吊座和齿轮箱吊座。构架组焊后经焊缝机械处理、回火热处理、整体抛丸处理，最后进行整体加工，保证构架的四角对称度、吊座位置度等精度要求。

动力转向架构架如图 9.4-3 所示，非动力转向架构架如图 9.4-4 所示。

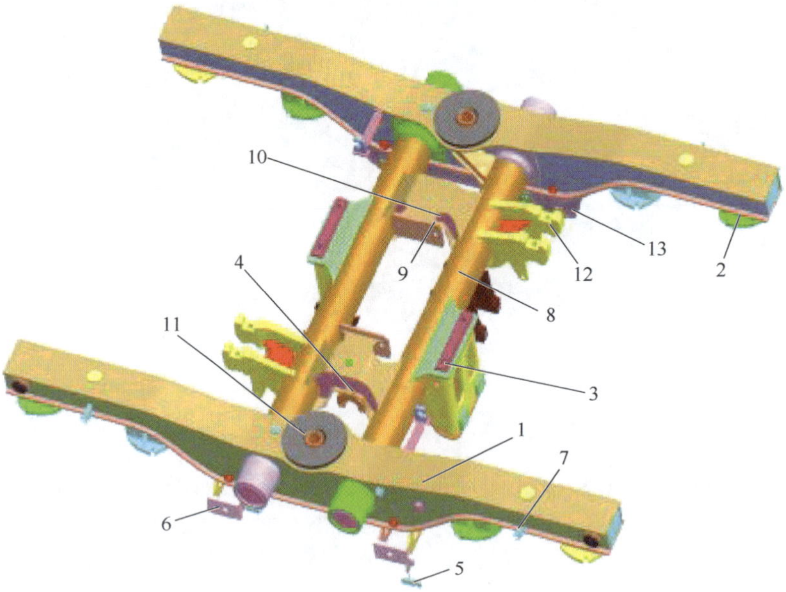

1—侧梁；2—圆锥金属橡胶弹簧座；3—电机吊座；4—横向油压减振器座；5—高度阀调整杆座；6—安全钢索座；7—轴箱吊装座；8—横梁；9—横向止挡座；10—横梁连接梁；11—空气弹簧座；12—齿轮箱吊座；13—制动单元吊座

图 9.4-3　动力转向架构架

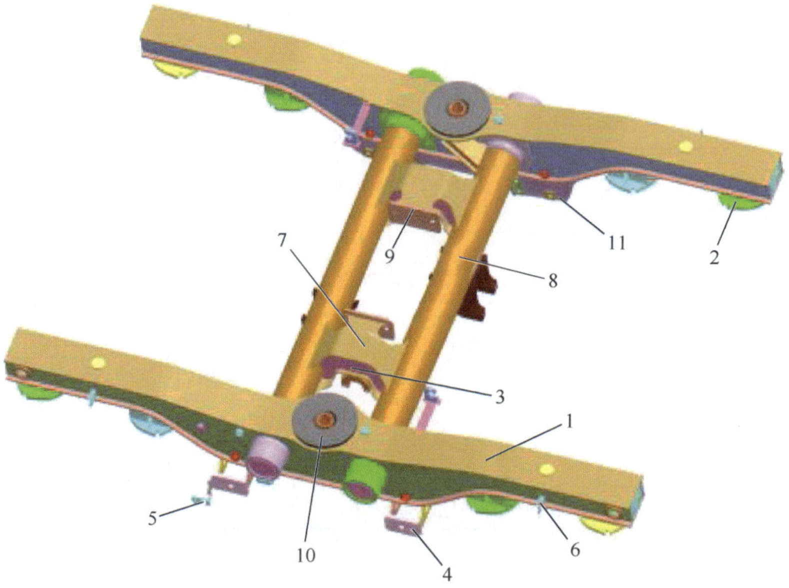

1—侧梁；2—圆锥金属橡胶弹簧座；3—横向油压减振器；4—安全钢索座；5—高度阀调整杆座；6—轴箱吊装座；7—横梁连接梁；8—横梁；9—横向止挡座；10—空气弹簧座；11—制动单元吊座

图 9.4-4　非动力转向架构架

(2)轮对

每台转向架设有两个轮对。轮对由车轮、车轴和降噪阻尼环组成，采用注油压装方式将车轮压装到车轴上。动力轮对上还装有驱动大齿轮及轴承、滑动环和轴承压盖等零件，均采用热装方式与车轴进行装配。

车轮采用全加工整体辗钢车轮，符合《铁路货车用辗钢整体车轮》(TB/T 2817—2018)的要求。

在车轮的轮辋上装有降噪阻尼环，以吸收噪声，达到降噪的目的。车轴按 14 t 轴重设计，动力车轴还需承受由牵引产生的额外负载。车轴设计按《机车车轴　第 2 部分：车轴》(TB/T 1027.2—2015)标准要求，材质为 JZ。轮对装配如图 9.4-5 所示。

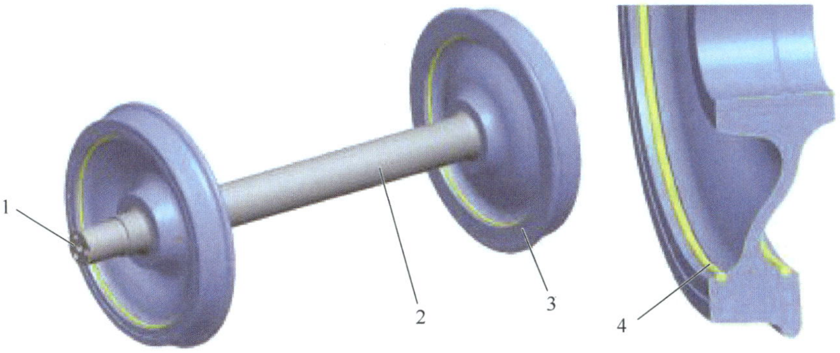

1—螺堵；2—车轴；3—车轮；4—降噪阻尼环

图 9.4-5　轮对装配

(3)轴箱及一系悬挂装置

1)轴箱装置

轴箱装置主要由轴箱体、轴承、防尘挡圈、前盖、压盖等组成。轴箱装置分解后如图 9.4-6 所示。

轴箱采用铸钢箱体、迷宫式防尘结构，具有优良的密封性能。动力轴端安装有制动系统防滑速度传感器、接地装置，非动力车轴端安装有 ATP 系统的测速速度传感器(Tc 车安装)、制动系统防滑速度传感器、接地装置。

轴箱轴承采用进口产品，轴承的形式为双列圆柱、自密封结构。轴承无需现场润滑，其检修周期大于 6 年或 80 万 km，使用寿命大于 200 万 km。该轴承是已在电气化铁道系统中经过运用验证的成熟产品。

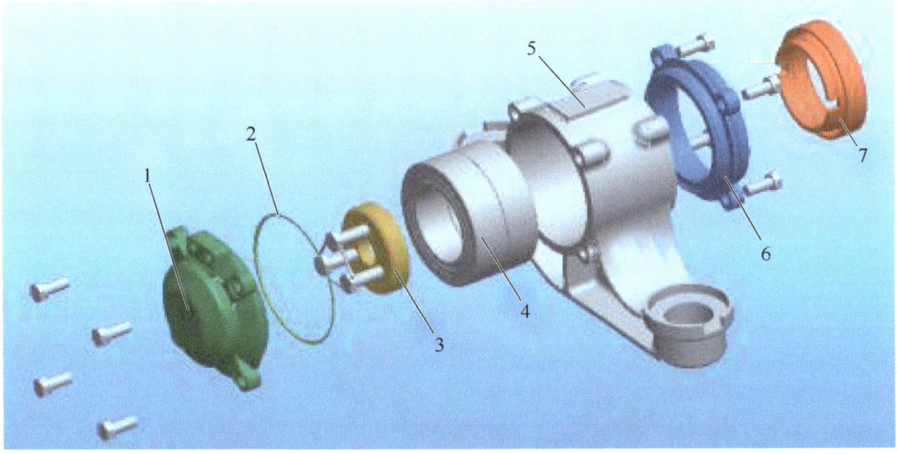

1—端盖；2—密封圈；3—压盖；4—整体单元轴承；5—轴箱体；6—后盖；7—防尘挡圈

图 9.4-6　轴箱装置

2)一系悬挂装置

轴箱和构架之间安装有一系悬挂装置。一系悬挂装置由圆锥金属橡胶弹簧、调整垫、托板和吊环组成。圆锥金属橡胶弹簧用螺栓、托板等固定在轴箱和构架上，并用调整垫调整工作高度。一系悬挂装置结构如图 9.4-7 所示。

圆锥金属橡胶弹簧结构，使轴箱在纵向、横向和垂直方向实现无间隙、无磨耗的弹性定位，并承受三个

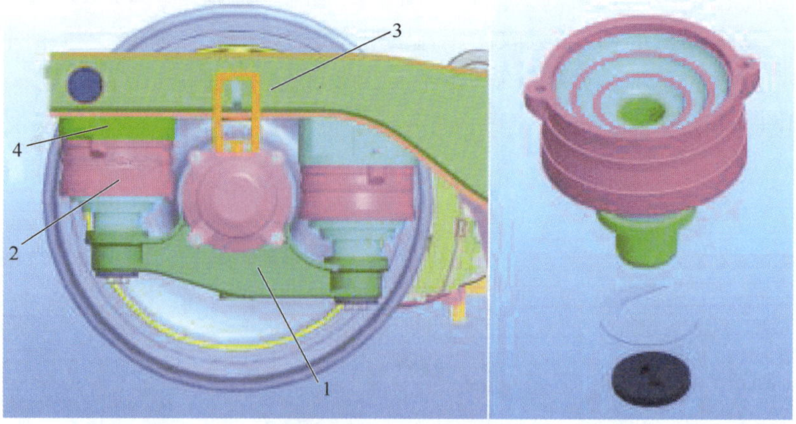

1—托板；2—圆锥金属橡胶弹簧；3—吊环；4—调整垫

图 9.4-7 一系悬挂装置

方向的荷载。车辆公司将结合现有运用成熟的B型地铁车辆转向架的悬挂参数，与西南交通大学机辆所合作，对车辆的悬挂系统进行了综合性的优化分析，选择合理的悬挂参数匹配，使其具有了较高的临界速度和较好的曲线通过能力。

圆锥金属橡胶弹簧特点如下：

①圆锥金属橡胶弹簧基本材料为橡胶，具有一定的阻尼，对减振和降噪极有好处；在径向开挖缺口槽，可实现纵向和横向不同的定位刚度，以适应动力学对两个方向刚度的不同要求。

②垂向刚度随载荷增大具有一定的非线性，可有效减少空重车载荷对垂向挠度的过大影响。

③结构简洁，安装方便，可方便调整(加调整垫)因弹簧蠕变造成的一系定位高度下降。

④车辆公司采用在轨道车辆中运用成熟的圆锥金属橡胶弹簧产品，提高产品的可靠性，保证车辆运行的安全，同时也降低车辆一系悬挂的维护工作量。

(4)二系悬挂系统

二系悬挂系统位于转向架和车体之间。二系悬挂由空气弹簧、二系横向油压减振器、自动高度调整阀、调整杆、横向止挡、安全钢索和调整垫等组成。二系悬挂系统结构如图 9.4-8 所示。

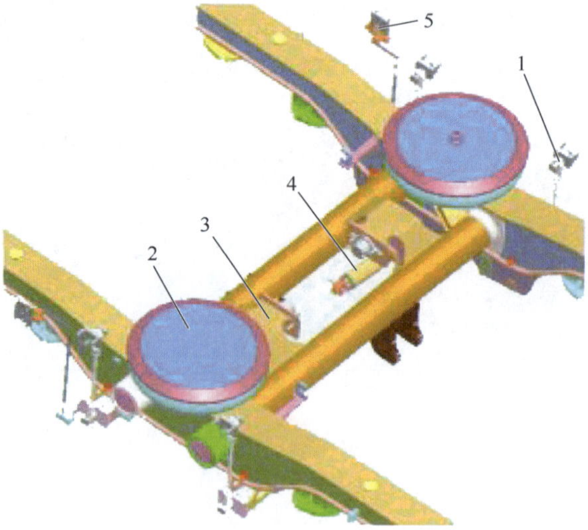

1—安全钢索；2—空气弹簧；3—横向止挡；4—二系横向油压减振器；5—高度调整阀及调整杆

图 9.4-8 二系悬挂系统

设计时在经过动力学性能优化后，合理确定二系悬挂中空气弹簧、二系横向减振器等特性参数，确保一、二系悬挂参数的匹配，使车辆具有更良好的运动性能和乘坐的舒适性。

1)空气弹簧

二系悬挂采用低横向刚度的、有效直径为 ϕ540 mm 的空气弹簧,能改善乘坐的舒适性和曲线通过性能。空气弹簧由上盖、胶囊、紧急橡胶堆和 O 形圈等组成,是已大量应用于地铁车辆的成熟结构。

空气弹簧的结构如图 9.4-9 所示。

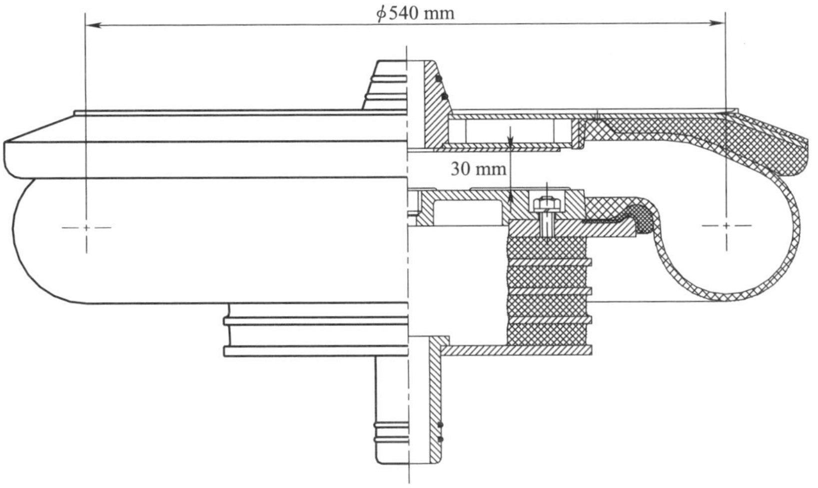

图 9.4-9 空气弹簧

有效直径为 ϕ540 mm 空气弹簧特点如下:

①水平位移可达±110 mm,保证满足车辆曲线通过位移要求。

②可以通过高度调整装置保证空、重车地板面高度不变。

③隔绝高频振动和噪声。

④低横向刚度。

⑤增强乘坐舒适性。

⑥承载能力和刚度大致与内压成正比的特性,保证固有频率不受空重车的影响而保持一致。

⑦结构紧凑,组装和维修方便,重量轻。

⑧当某一空气弹簧失效时,车辆地板面的下降高度不超过 30 mm。

⑨采用横梁作为空气弹簧的附加空气室,附加空气室的容积足够大,可以保证空气弹簧得到正常的和短时间的气压补充需求,保证空气弹簧刚度特性的稳定。

2)自动高度调整阀及调整杆

每个转向架设有两个自动高度调整阀。当车辆负载发生变化时,高度阀可调节空气弹簧的充气和排气,从而调整车辆由于负载变化而引起的高度变化,使车体地板面处于稳定的高度,但不能用于补偿车轮和转向架等零件的磨损。停在平直轨道上的车辆,高度阀能够自动补偿由于乘客重量的变化而产生的高度差,有效地控制邻近转向架的车门地板面的高度差在±10 mm 范围内。高度阀调整杆和高度调整阀的水平杆同时作用,将车辆负载引起的高度变化信息,准确地传递给高度调整阀。调整杆两端使用球形关节轴承,能满足车体与转向架间足够的相对位移。

3)横向油压减振器

横向油压减振器设置在构架和牵引装置之间,能衰减车辆的横向振动,提高抗蛇行运动的稳定性能,以满足车辆的运行平稳性的要求。横向油压减振器采用在国内外地铁线路中运用广泛的知名品牌产品,性能可靠。

4)横向止挡

横向止挡采用金属橡胶缓冲结构,由橡胶和金属板硫化而成,用来限制车体横向摆动,其中包括 10 mm 的自由摆动量加 15 mm 的弹性限位量,从而提高横向的乘坐舒适性。横向止挡结构及其特性曲线如图 9.4-10 所示。

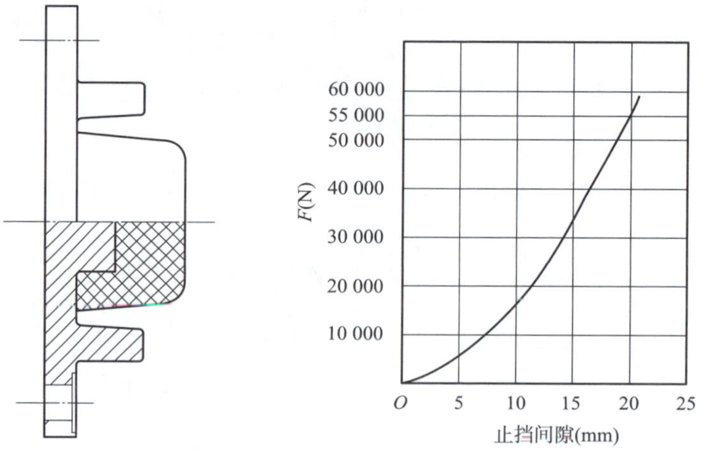

(a) 结构　　(b) 特性曲线

图 9.4-10　横向止挡结构及其特性曲线

5）安全钢索

在构架的两外侧，各有两根安全钢索，当车辆出现异常状态时，其作用如下：

①空气弹簧处于过充状态，高度调整阀处于故障状态时，由安全钢索将车体和构架相对限位，限制空气弹簧的高度，保证车辆与限界之间的有效安全距离，从而达到保证车辆的行车安全。

②车辆掉道发生倾斜时，能保证车辆在隧道内最小空间范围车体复位，保证乘客安全。在紧急救援整车起吊时，能做到在吊起车体的同时，通过安全钢索将转向架连同车体一起被吊起，而无需松开牵引装置中心销的连接。

6）二系调整垫

车轮直径由于磨耗或旋轮加工造成车辆高度降低时，可在空气弹簧下加调整垫来补偿，确保车体地板面与站台之间的高度保持相对稳定。加垫的同时需要调整高度阀杆的长度，该调整不需要特殊工具即可操作，二系加垫调整如图 9.4-11 所示。

(5)牵引装置

每台转向架均设有一套牵引装置。牵引装置为中央牵引销方式，设于转向架中部，连接着车体与转向架。它由上牵引体、中心销、下牵引装置等组成。下牵引装置由下牵引体、橡胶球关节、牵引拉杆等组成。该牵引装置具有结构简单、轻量化、无间隙、无磨耗的柔性连接特性，便于组装和分解等特点。牵引装置结构如图 9.4-12 所示。

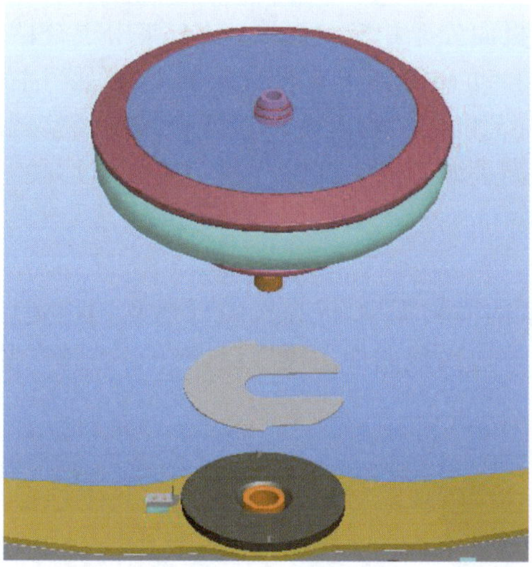

图 9.4-11　二系加垫调整

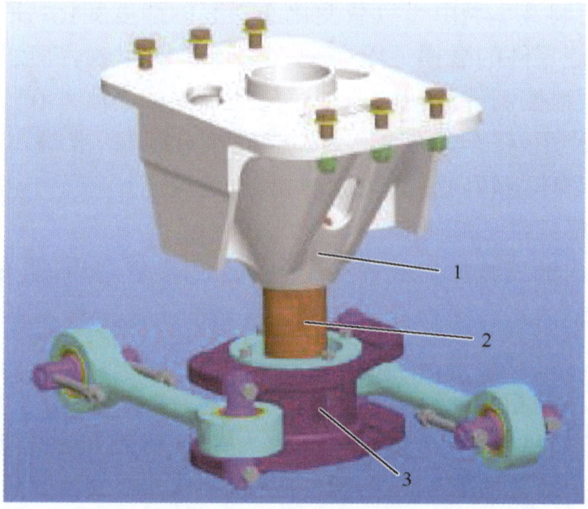

1—上牵引体；2—中心销；3—下牵引装置

图 9.4-12　牵引装置

"Z"形牵引拉杆的两端装有橡胶球关节，实现了车体与构架之间垂向的相对运动。上牵引体的上端通过定位脐和六个螺栓固定在车体的枕梁中心，中心销下端插入下牵引体内，通过橡胶球关节将中心销与下牵引体连接在一起。由于采用了橡胶球关节，缓和了纵向牵引和制动时的冲击，提高了列车牵引和制动时的运行舒适性。

牵引装置的上牵引体与构架之间有横向弹性止挡，保证车体的横向弹性限位。

某地铁 9 号线一期工程车辆的牵引装置，已在国内外动车组上运用多年，在大连金州线 B 型城轨车上也有运用。运用实例证明：该牵引装置运用安全、成熟可靠，寿命期内免维护。

(6)转向架基础制动装置

转向架基础制动装置采用踏面制动单元制动，每个转向架安装有四个制动单元，其中 2 个带停放制动功能。带停放制动功能的制动单元，具有手动缓解的功能，且在车体两侧均能方便地缓解。转向架基础制动装置结构如图 9.4-13 所示。

制动单元可靠地悬挂在转向架构架制动装置安装座上。构架制动装置安装座上设有止挡，可防止踏面制动装置安装螺栓受剪切力，保证踏面制动装置安装牢固、可靠。踏面制动单元及安装在构架上的空气管路便于检查维护。

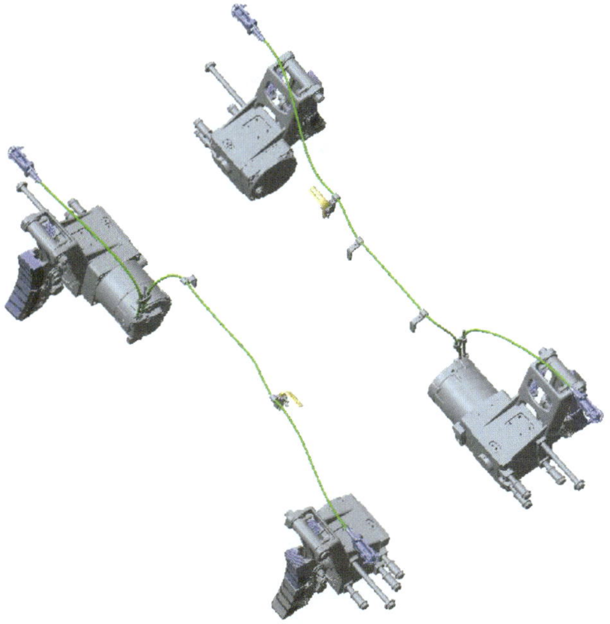

图 9.4-13 转向架基础制动装置

1)制动单元

每轴安装两个制动单元，其中一套具有停放制动功能。停放制动缸所产生的停放制动力能满足列车在最大的超员情况下，停放在最大坡道上不溜车，具有手动缓解功能。手动缓解把手安装在车体的外侧方便缓解，且在两侧均能对一个转向架的停放制动进行缓解。

制动单元内设有闸瓦间隙自动调整器，可根据闸瓦和车轮的磨耗情况自动调整它们之间的间隙到规定的数值，也具有手动调整功能，用于更换闸瓦后的调节。

制动单元安装孔是采用数控加工设备整体加工，确保安装位置准确，合理计算同轴的两个闸瓦间距尺寸，确保不会引起闸瓦的偏磨。制动单元通过四个螺栓安装在构架制动座上，安装牢固可靠。

2)制动闸瓦

闸瓦为高摩合成闸瓦，不含石棉等对人体有害的化学成分。基础制动装置的牢靠安装，保证横向定位，避免闸瓦偏磨。闸瓦是通过闸瓦钎、开口销定位的，便于更换。

3)制动管路和管卡

合理布置制动单元管路。固定卡座采用滑槽结构，便于调整钢管的位置，能有效提高管路连接的工艺性。钢管的固定采用双半月形尼龙管卡，便于安装和检修。

(7)驱动传动装置

1)概述

驱动传动装置由牵引电动机、联轴节、齿轮箱装置组成。每个动力转向架上装有两套驱动传动装置。牵引电动机采用架悬式，通过螺栓固定在转向架构架上。联轴节为 WN 齿式联轴节，能吸收偏差、角位移，以及转向架上牵引电机和车轴上齿轮传动装置之间的相对运动，且在性能上充分满足运行时牵引电动机的最大转速、最大转矩要求，能承受列车启动、制动及由于轨道条件产生的振动和冲击。齿轮箱为平行轴式齿轮箱，采用球墨铸铁分箱体式结构。齿轮采用高强度合金钢制成。小齿轮轴承及齿轮箱悬挂用轴承均为圆锥滚子轴承，采用进口耐磨轴承。牵引电机、齿轮箱、联轴节组件均可互换。

2)牵引电机、联轴节、齿轮传动装置在转向架整体安装方案牵引电机、联轴节、齿轮箱在转向架上的安装如图 9.4-14 所示。具体的安装接口在设计联络阶段确定。

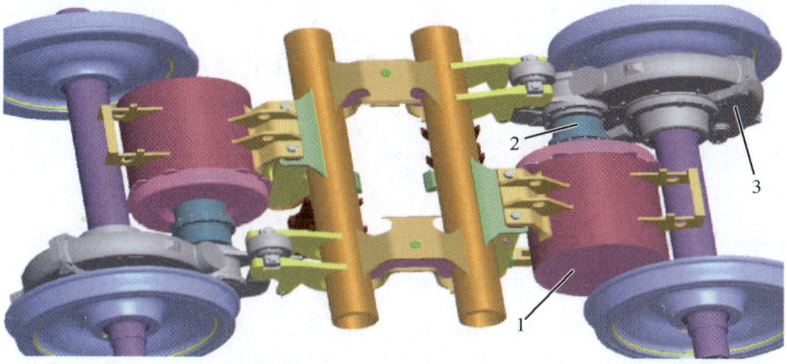

1—牵引电机；2—联轴节；3—齿轮箱

图 9.4-14　驱动传动装置在转向架上的安装

①牵引电机与转向架构架

转向架构架横梁上设置有电机吊座。牵引电动机采用架悬式，通过四个安装螺栓紧固在构架的电机吊座上。安装螺栓通过弹簧垫圈、螺纹锁固胶以及紧固力矩的共同作用，达到防松效果。

②齿轮箱与转向架构架

转向架构架横梁上设置有齿轮箱吊座。齿轮箱通过吊杆和两个安装螺栓弹性地吊装在转向架构架上。齿轮箱吊杆的球关节结构可以缓冲驱动装置的振动，提高了舒适性。

③齿轮传动装置与动力车轴

动力车轴设置有齿轮座及轴承座等，齿轮箱体与动力车轴通过大齿轮、轴承与车轴的过盈配合组装在一起。

④联轴节的组装

两半联轴节通过过盈配合分别组装在电机轴与齿轮箱的小齿轮轴上，在牵引电机和齿轮箱组装在构架上之后，通过联轴节螺栓将两半联轴节连接在一起。在初始安装时预留一定的偏心量，以保证在车辆运行中，转向架一系挠度变化而引起两半联轴节的轴心偏移能在合理的范围内。联轴节螺栓通过弹簧垫圈、防松螺母、螺纹锁固胶及紧固力矩的共同作用，防松效果良好。

(8)接地装置

接地装置安装于轴箱上。动车每轴设一套接地装置，拖车每个转向架设一套接地装置，保证列车接地电路及车体接地良好，其通流能力与主回路参数相匹配，不会造成车辆轴承的电蚀。接地装置使用寿命与齿轮减速装置相同，且其结构便于检修和拆装。

接地装置采用在电气化铁路系统中经过运用验证的成熟产品。

(9)轮缘润滑装置

车辆公司在每节车车轴数 25%的轮对(特别是导向轮)上安装干式或湿式轮缘润滑减磨装置。轮缘润滑装置的布置如图 9.4-15 所示。

图 9.4-15　轮缘润滑装置的布置图

(10)排障器和 ATP/ATO 装置

1)排障器

排障器安装在 Tc 车一位转向架的一位端，位置可以根据车轮磨耗情况进行调整。排障器下端安装柔度和刚性适中的橡胶管，使排障器下平面距轨面最小距离可达 30 mm，能清扫轨面上小的障碍物。

2)ATP/ATO 装置

ATP/ATO 天线可安装在 Tc 车一位转向架构架端部,具体安装位置由车辆公司与信号专业商定。

(11)转向架和车体的连接

1)转向架和车体采用中心销弹性关节 Z 形拉杆连接的低位牵引装置,能做到在吊起车体时,同时能吊起转向架,而不需要松开中心销的连接。

2)转向架的中心销,其设计的安全系数不小于 2。基本强度符合 UIC 515 标准要求。

3)转向架的中心销,其设计的位置,考虑转向架万一在低速脱轨时,损坏的可能性最小。测速装置安装在轴端处。

9.4.4 牵引系统

1. 简介

目前生产牵引系统厂家较多且各有特点,不同供货商根据业主需求不同采用的方案是不同的。本文取某一项目为例介绍,仅供参考。

对于不同功率等级、不同冷却方式(水冷、强迫风冷)的所有变流器沿用统一的模块化结构设计:自下而上依次叠装了带有 IGBT 功率半导体的散热器、中间直流电容、门极驱动单元和牵引辅助控制单元。牵引辅助变流器模块可以进行预装配、预测试,简化了装配、测试和维护的流程。该项目采用的方案特点如下:

(1)模块化的系统设计。采用得到实践验证的标准化产品,具有体积小、重量轻、易维护的优点。

(2)通过优化的系统设计和采用重量轻的铝结构材料,实现了无与伦比的功率和重量比,大大降低了车辆的成本和重量。

(3)完整的系统仿真和工厂测试系统,缩短了调试时间并提高了可靠性。

(4)采用紧凑设计带来的高功率密度,为其他重要设备节省了空间。

(5)广泛的项目应用中取得了丰富的处理电磁干扰的技术经验,并且使用了成熟的仿真工具,降低了整个项目电磁干扰的风险。

(6)变流器采用的微机控制器具有通用性好、鲁棒性强的特点。微机控制器可用于预服务仿真,并可加载各种变流器的应用程序。

(7)丰富的 RAMS 和 LCC 知识保证了系统设计可靠性,降低了生命周期成本。产品设计遵从易接近性原则,系统具有故障记录和自测试功能,大大简化了维护工作。

(8)箱体采用抗腐蚀性的铝合金材料,关键连接处采用不锈钢连接,系统的设计寿命达到了 30 年。

(9)秉承超越现今环境要求的节能理念,系统选用了高质量、高可靠性和高工艺要求的材料。

(10)精益生产理念在准时交货的同时保证了卓越的质量水平。

(11)辅助电源的完全冗余保证了辅助负载的最大可用性,系统提供了 4 个独立的辅助变流器。这保证了即使在一个变流模块失效的极端情况下,整列车的辅助负载也不需要任何降级,仍能正常运行。

2. 系统设计概述

建议的牵引和辅助方案包含高压系统、牵引系统、辅助电源系统和机械驱动系统(牵引电机)。牵引和辅助系统电路图如图 9.4-16 所示。

牵引系统的主要目的是将直流电压转换成变频变压的三相电压,用于控制牵引电机。

高压系统通过受电弓从直流电网上取电,再分配到牵引系统和辅助电源系统。

线路滤波器降低了中间直流环节中的电压波动及谐波。每个线路滤波器包含一个线路电抗器,以及一个分别置于牵引变流器或辅助变流器内的输入滤波电容器。

牵引变流器产生一个变频变压的三相电压以驱动牵引电机。当切换到制动模式时电能方向反转且牵引电机作为发电机工作。此时机械能转换成电能,并通过牵引变流器反馈回接触网用于其他列车供电。

辅助变流器通过直流线路滤波器和一个预充电回路直接连接到中间直流环节。它将中间直流环节电压转换成三相电压给列车辅助负载供电。输出三相滤波器削弱了谐波并使标准电机同样可以连接到辅助系统。蓄电池充电机集成在辅助充电箱(AB 箱)中放置于拖车上。

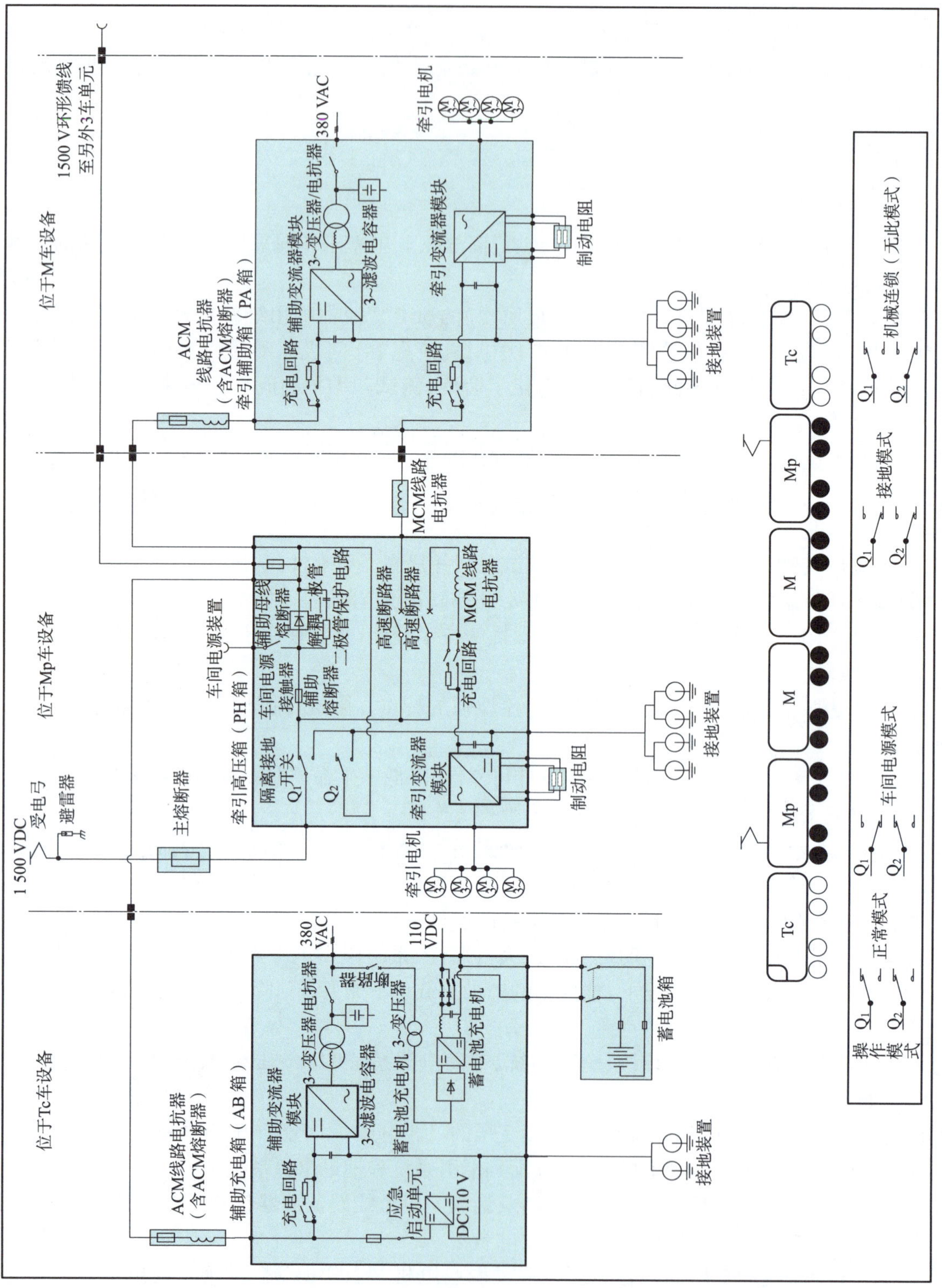

图 9.4-16 牵引和辅助系统电路图

牵引和辅助变流器采用相同硬件的 MITRAC CC 驱动控制单元(DCU2)进行控制。DCU2 通过标准多功能车辆总线(MVB)与列车控制管理系统(TCMS)实现通信。

牵引变流器和辅助变流器采用强迫风冷。

3. 高压系统

高压系统的主要功能是将牵引及辅助供电系统连接到直流供电接触网上。高压系统由高速断路器、隔离接地开关、去耦二极管、线路电压检测、辅助熔断器等部件组成。这些部件布置在牵引高压箱(PH 箱)的高压部分。

(1)高速断路器(HSCB)

高速断路器具有一个内置的过流线圈。如图 9.4-17 所示的直流高速断路器为电磁驱动型,并且遵从安全导向原则工作,例如:一旦切断控制电源,高速断路器将断开。每一台牵引变流器连接一个高速断路器,驱动 4 个牵引电机工作。

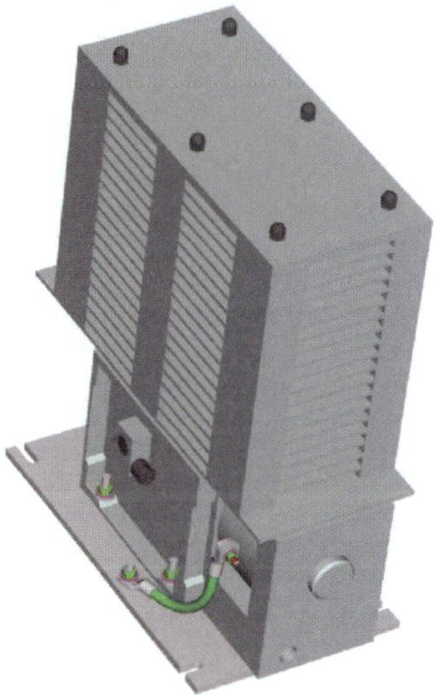

图 9.4-17 高速断路器

(2)隔离接地开关(IES)

隔离接地开关保证了在对牵引和辅助设备做维护工作时的电气安全,将高速断路器的原边接地。

在与接触网断开以后,线路滤波电容需要进行放电。线路滤波电容通常通过过压斩波器进行放电。如果斩波器出现异常,滤波电容可通过直流环节的放电电阻放电。

1)运行模式

高压系统可以通过隔离接地开关提供以下 3 种不同的运行模式:

①标准模式

牵引高压箱(PH 箱)通过受电弓受电,每个 3 节车单元的受电弓同时给本单元的 2 个牵引变流器、2 个辅助变流器和环形馈线供电。当 1 个受电弓故障或者通过无电区间时,受电弓故障单元的 2 台辅助变流器通过环形馈线供电,保证所有辅助逆变器正常工作,如图 9.4-18 所示。

②车间供电模式

车间供电模式仅用于给辅助系统供电,辅助变流器、蓄电池充电机和环形馈线都可以通过位于高压箱的车间电源插座供电。车间供电模式下高速断路器处于断开状态,保证牵引变流器不得电,如图 9.4-19 所示。

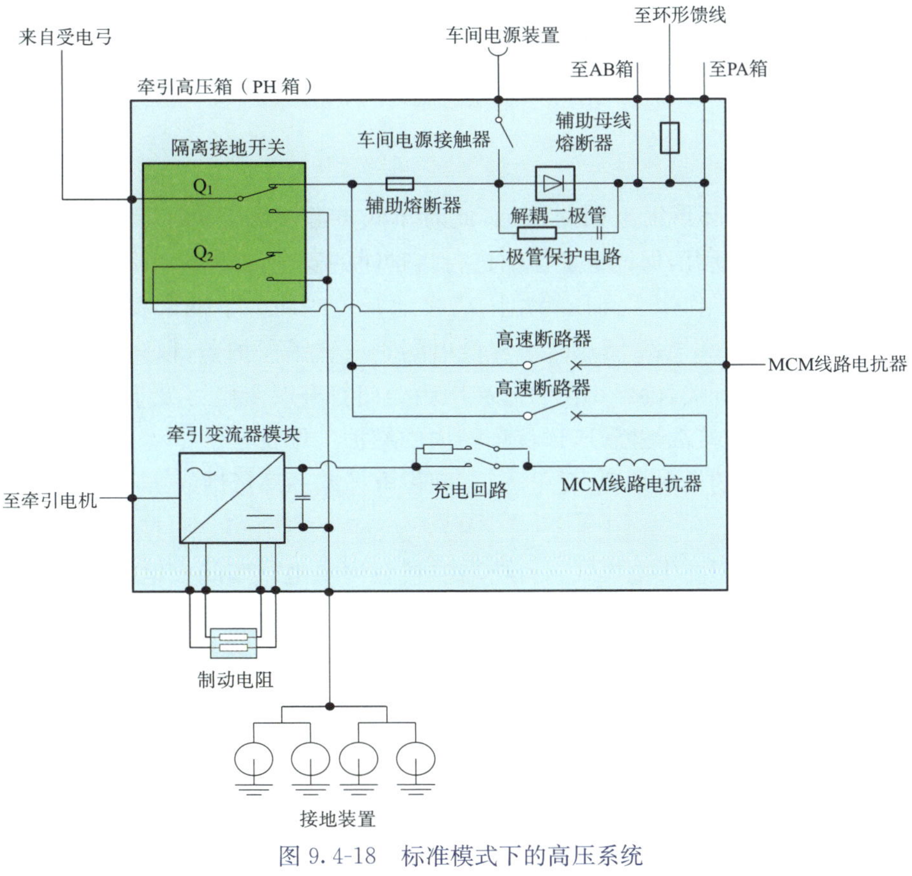

图 9.4-18 标准模式下的高压系统

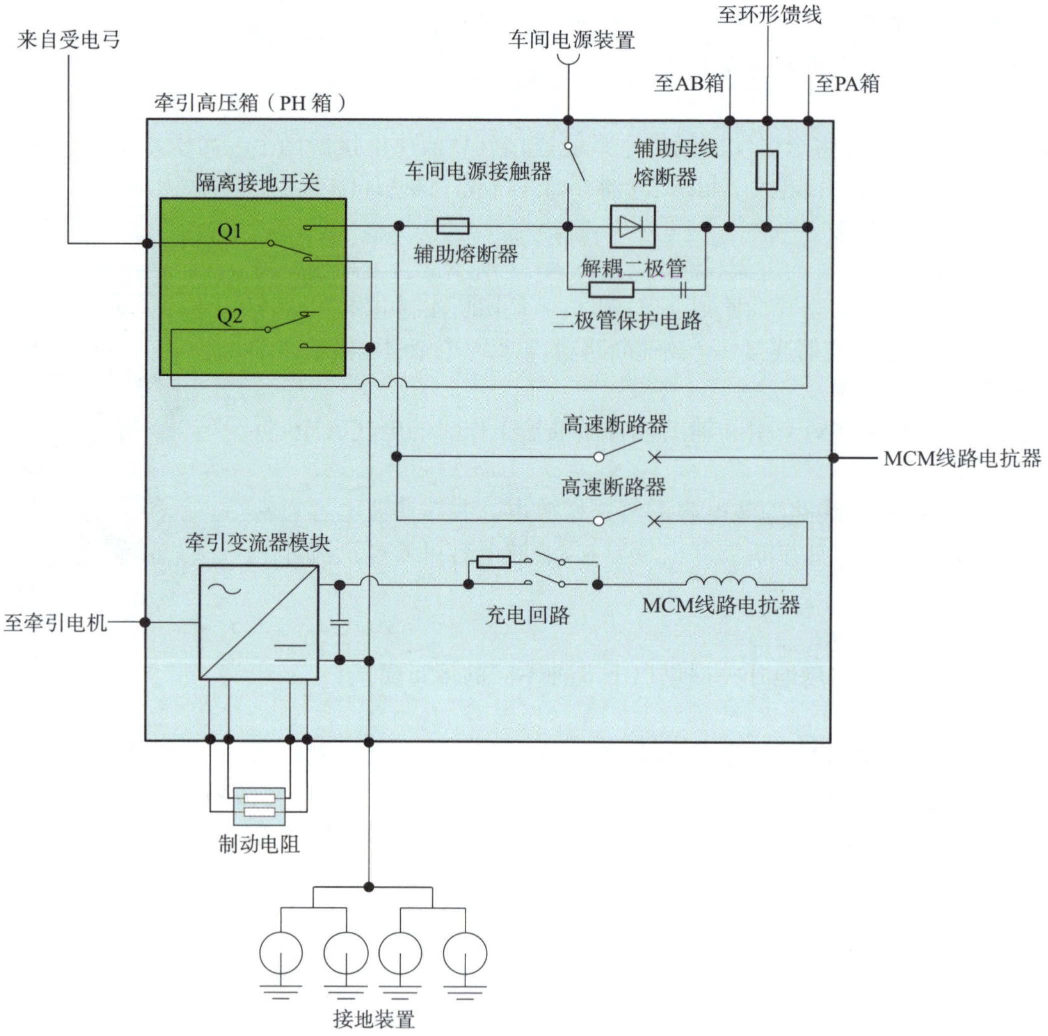

图 9.4-19 车间供电模式下的高压系统

③接地模式

接地模式用于将受电弓和环形馈电回路接地，此时车间电源接触器处于断开状态，车间电源不可用。此模式把所有的电源接地或者断开，保证了变流器进行维护时的安全，如图 9.4-20 所示。

三种不同的模式选择通过操作牵引高压箱里隔离接地开关的两个手柄来实现的。通过高压箱前部的小窗口可以方便操作手柄，如图 9.4-21 所示。小窗口里同时设置了保护盖，以防止操作手柄时可能触碰到高压元器件。小窗口带有行程开关，确保小窗口或高压箱盖门打开时受电弓处于降弓状态并且车间电源接触器断开。因而，所有的电源连接都被断开，以保证箱内的维护工作安全。

辅助供电系统有三个不同的供电来源：受电弓、车间供电插座和环形馈线。

2)功能

隔离接地开关实现了三种不同供电模式：标准模式（接触网供电）、车间供电模式（通过车间供电插座供电）和系统接地模式。

开关结构为双刀双掷，每个刀片上有一个手柄，两个刀片机械地连接在一起，开关的组合位置对应三种不同的供电模式。刀片之间的机械互锁使它不可能提供第四种（机械联锁）组合位置。刀片组合模式位置如图 9.4-22 所示。

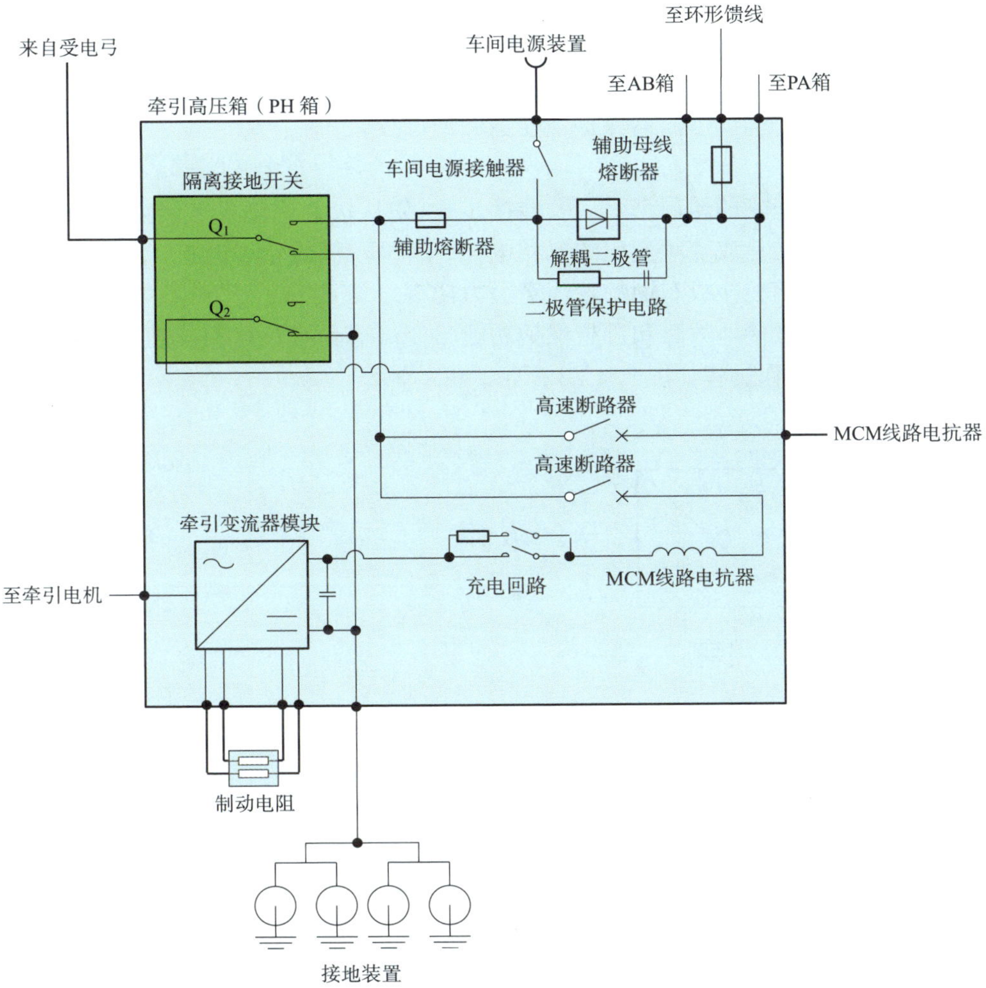

图 9.4-20　接地模式下的高压系统

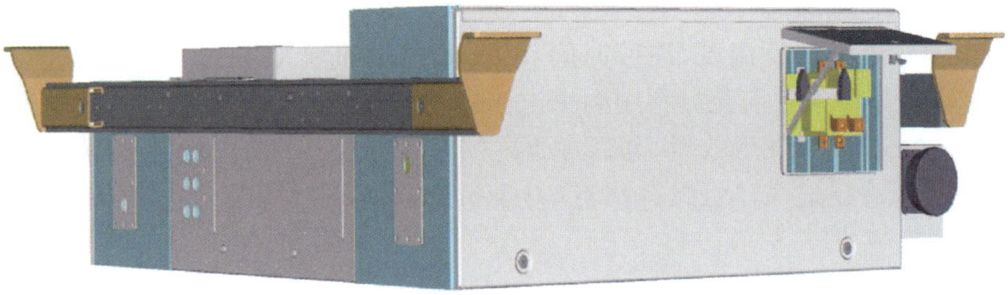

图 9.4-21　操作隔离接地开关的小窗口

(a) 正常模式　(b) 车间电源模式　(c) 接地模式　(d) 机械连锁（无此模式）

图 9.4-22　隔离接地开关刀片组合模式位置

(3)去耦二极管(DD)

去耦二极管用来防止牵引变流器、车间电源插座和受电弓从环形馈线得电。此二极管安装在牵引高压箱内的散热板上，由 RC 缓冲电路保护反向尖峰电压冲击。

(4)线路电压检测(LVM)

在隔离接地开关和高速断路器之间安装电压继电器，用它来检测线路电压。当线路电压低于一个设定的值时，继电器将发出数字信号给数字量输入输出单元。

(5)熔断器(AF)

在牵引高压箱内设置1个辅助熔断器保护逆变器辅助母线。

4. 牵引系统

牵引系统将电能转换成车辆的轮周牵引力。转换步骤：先从接触网输入电能供给牵引变流器(MCM)，然后牵引变流器将直流电压转化成变频变压的三相电压(VVVF)供给牵引电机，最后牵引电机将输入的电能转化成机械能并通过齿轮箱转换成车辆的轮周牵引力功率。

牵引系统具有过压、过流、接地故障和过热保护功能。变流器具有短路保护功能，即输出侧的短路对变流器不会造成任何损伤，其工作过程如图9.4-23所示。

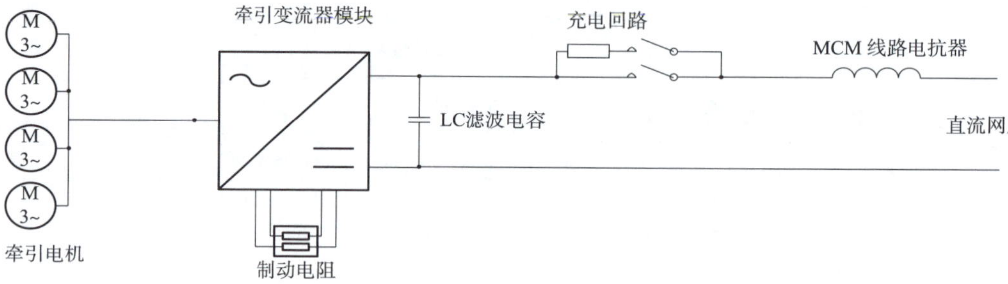

图9.4-23　牵引变流器工作示意图

(1)直流线路滤波电容(LC)

线路电抗器(LI)和内置在牵引逆变模块中的滤波电容(LC)一起构成线路滤波器。线路滤波器可防止由变流器所产生的谐波干扰电网。此外，它还构成了VVVF变流器的一个低阻抗电压源。

在牵引系统正常关闭的情况下，该波滤电容通过斩波器自动放电。同时，该电容还配备了一个供自放电的电阻，作为额外的安全措施。

(2)制动电阻(BR)

为检测主电路过压保护故障，IGBT两端电压被监控。任何IGBT触发命令与检测到的电压之间的不一致将导致故障指示。

制动电阻的温度通过外部环境温度、连接时间和DC侧电压等差数计算和监控。过温作为警告通报。MCM的过压保护在牵引系统失效前充分利用两个电阻的热容量。DC环节电容的放电通常通过过压斩波将能量消耗在制动电阻上。如果发生故障，电容将通过位于电容上部的放电电阻放电。

制动电阻采用强迫风冷。进风口将配有网罩(易于拆卸与清洁)，用于防止线路上杂物进入，如落叶和碎纸等。

(3)接地故障检测(EFD)

接地故障检测装置可检测到在牵引变流器输入输出侧发生的任何接地故障。

在工作时，从电网一直到牵引电机定子线圈的接地故障均能得到检测。

接地故障检测传感器安装在牵引变流器的正、负直流输入端，通过比较流入和流出变流器的直流电流差值来检测接地故障，如果此差值超过限定值，则判断有接地故障发生。

(4)牵引逆变模块(MCM)

牵引逆变模块(MCM)的主要任务就是将输入直流网压转换成3相变频变压的电源并提供给牵引电机。牵引逆变模块被设计为同时向4台并联的异步牵引电机供电。

功率单元采用基于微机逻辑控制的IGBT功率器件。牵引逆变模块包括了4个IGBT桥臂，其中3个用作逆变，1个用作过压斩波。

牵引变流器给牵引电机提供变频变压(VVVF)电源。在电制动时，电能反向，此时牵引电机作为发电机工作，并通过牵引变流器向接触网回馈电能。

变流器用于逆变的三相桥臂采用空间矢量调制方式控制。然而，在基速以上时，为了提高输出功率，采用了方波调制控制。变流器的开关频率将调整到避开信号系统的重要频率。

由于变流器使用的开关频率范围为 500～1 000 Hz，从而降低了其输出三相正弦波电流的纹波，减少了牵引电机的能量损耗和转矩波动。直流线路滤波电容和 IGBT 功率模块之间采用多层母排连接，实现了低电感连接，因此不需要采用缓冲电路。

斩波器的作用是过压控制和保护。当直流线电压上升到一定水平时，斩波器的 IGBT 被触发，并将能量传输到过压吸收单元上。当电压回降到允许水平以后，斩波器将关闭。当关闭变流器时，斩波器还用来对直流环节进行放电。

牵引变流器的控制通过基于微机处理的牵引控制单元(MITRAC CC DCU2/M)实现，其模块简化电路如图 9.4-24 所示。

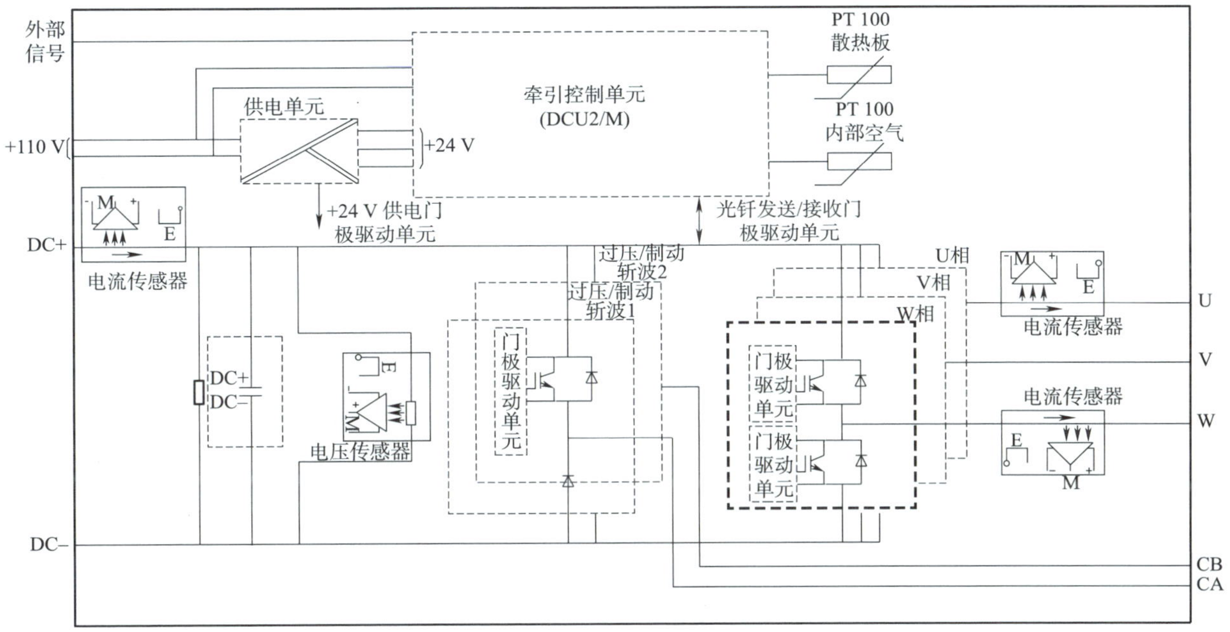

图 9.4-24　牵引变流器模块简化电路图

(5)充电回路(CC)

充电回路将牵引系统和电网相连，其目的在于限制瞬间大电流。在充电时，充电接触器吸合，当滤波电容充电达到设定值时，分离接触器吸合，充电接触器断开。

牵引控制单元(MITRAC CC DCU2/M)对充电回路进行控制。

(6)线路电抗器(LI)

线路电抗器(LI)和内置在牵引逆变模块中的滤波电容(LC)一起构成线路滤波器。线路滤波器防止由变流器所产生的谐波干扰接触网。此外，它还构成了 VVVF 变流器的一个低阻抗电压源。

5. 辅助电源系统

辅助电源系统对于列车功能至关重要，用于给其他重要的系统，如空气压缩机、牵引设备风机及空调等设备系统供电。为保证辅助供电系统的最大可用性，6 节编组列车配备 4 台辅助变流器和 2 台低压电源兼作蓄电池充电机，4 台辅助逆变器采用先进的并网供电方案。这保证了即使在一个变流模块失效的极端情况下，整列车的辅助负载不需要任何降级。

辅助变流器作为空调、空气压缩机、照明等设备的三相 AC 380 V，50 Hz 电源。低压电源兼作蓄电池充电机，为蓄电池和所有的控制电路及 TCMS 系统等提供 DC 110 V 电源。

(1)辅助变流器熔断器(ACM 熔断器)

辅助变流器由辅助变流器熔断器提供保护，每台辅助变流器配置 1 个辅助变流器熔断器保护。

(2)线路滤波器(LF)

每套辅助电源系统包含 1 个线路滤波器，用来抑制辅助变流器产生的谐波电流。

(3)充电电路(CC)

辅助变流器的充电电路与牵引变流器的相同，由 1 个充电接触器、1 个充电电阻和 1 个分离接触器构成。充电回路控制和监控通过 DCU2/A 的数字输入和输出接口实现。

(4)三相输出滤波器(OF)

辅助变流器的输出电压为方波 PWM-电压(脉宽调制)。辅助逆变器输出电压需要滤波以达到充分的正弦电压来给列车上的三相负载供电。

三相滤波器置于辅助变流器的输出端。它由 1 个三相电抗器及 1 个三相电容组成，它们形成 1 个低通滤波器用以消除 PWM 输出电压中的大部分谐波。

(5)三相输出变压器(OT)

三相变压器将辅助变流器的输出电压转换到适当的电压等级并在高压系统与三相辅助总线间提供电气隔离。变压器为 Δ-Y 连接，输出为 3 相 4 线制(带中性线)。

(6)低压电源兼作蓄电池充电机变压器(BCT)

低压电源(LVPS)兼作蓄电池充电机，由 1 台独立三相变压器供电。

(7)辅助变流器模块(ACM)

辅助变流器模块是一个完整的变流器模块直接连接到中间直流回路电压。

辅助变流器模块包含了其必要的电子控制单元。电子控制单元由 DC 110 V 电源系统供电。

辅助变流器额定输入电压：DC 1 500 V。

辅助变流器模块包含了一个过压保护斩波器和一个 6 脉冲变流器。

过压保护功能用于消除由网压突变或短路引起的过电压，从而保护设备不受损坏。

辅助变流器模块对温度、电流和电压进行测量以实现监测和控制功能。

辅助变流器模块由辅助控制单元(DCU2/A)、DC/DC 变换器[用于辅助控制单元及门极驱动单元(GDU)供电]、门极驱动单元、电压传感器、直流滤波电容、IGBT 模块和散热片单元组成，如图 9.4-25 所示。

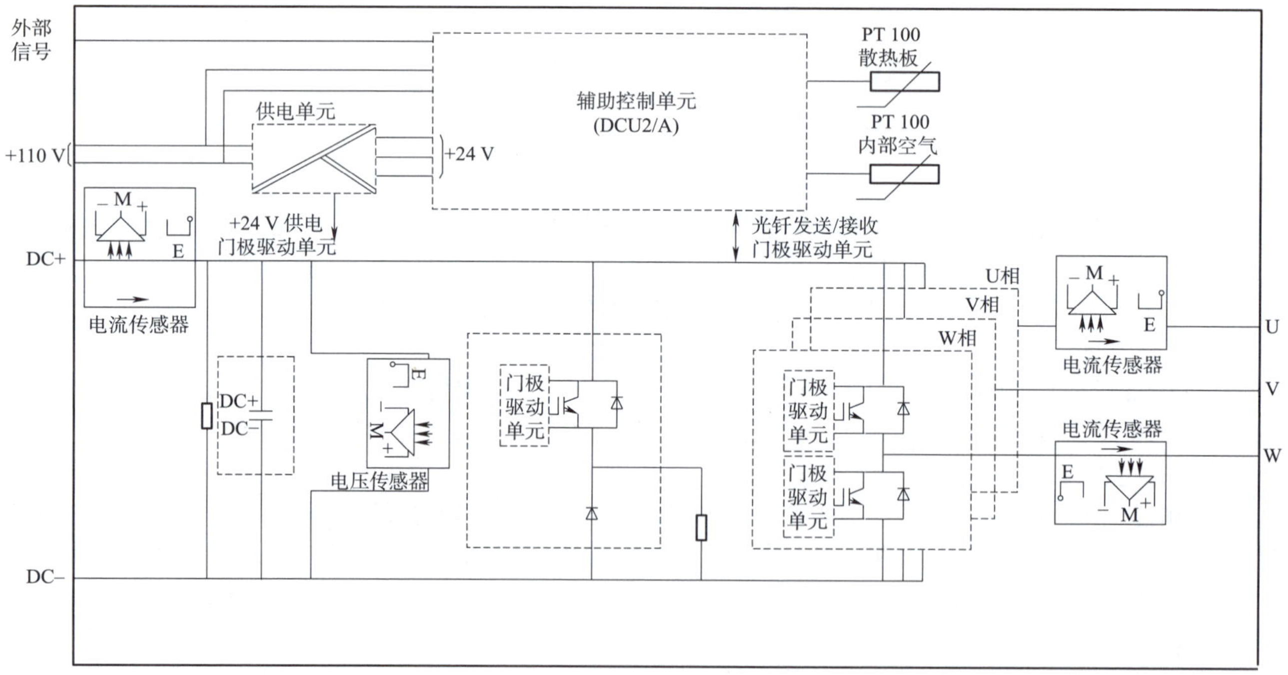

图 9.4-25　辅助变流器模块简化电路图

辅助变流器模块的冷却设计为安装于机箱内的风冷模块。冷却风机与机箱内的其他元件共用。

IGBT 的控制信号通过光纤从辅助控制单元(DCU2/A)传递到门极驱动单元(GDU)，从而对 IGBT 发送通断指令。

辅助变流器模块通过多功能车辆总线(MVB)与车辆控制管理系统(TCMS)进行通信。

(8)低压电源兼作蓄电池充电机模块(LVPS)

低压电源兼作蓄电池充电机模块集成在辅助充电箱中,并通过独立的三相变压器从三相中压母线取电,其模块简化电路如图 9.4-26 所示。某个辅助变流器发生故障,不影响蓄电池充电机的持续供电。

来自蓄电池充电机变压器的三相电压通过 6 脉冲二极管整流桥整流后再通过升压斩波器调节到设定直流电压值。这实现了在一定范围内对蓄电池充电机输出电压进行独立控制。IGBT 斩波器通过辅助控制单元(DCU2/A)进行控制。若蓄电池充电机的斩波器控制出现故障,则蓄电池充电机将会作为被动整流桥工作并给直流负载提供电能,输出电压将低于斩波器正常工作时。

低压电源兼作蓄电池充电机为低压负载和蓄电池提供高质量的电能。

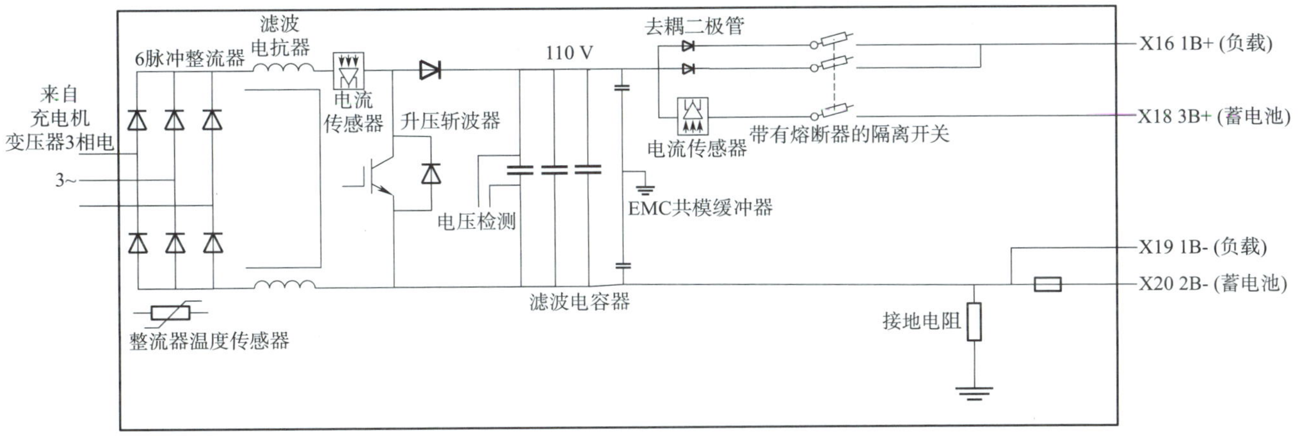

图 9.4-26 低压电源兼作蓄电池充电机模块简化电路图

(9)应急启动单元(DBST)

作为蓄电池充电机的补充,辅助电源系统还配置了当蓄电池欠压时使用的应急启动单元。应急启动单元在蓄电池欠压时直接连接到 DC 1 500 V 电网上,并输出 DC 110 V 给必要的负载供电,实现列车的应急启动。

应急启动单元含有蓄电池电压检测控制板。如果蓄电池电压下降到标称值 70%以下时,蓄电池电压太低不足以启动列车。这时应急启动单元的 DC/DC 变流器将 DC 1 500 V 网压转换成 DC 110 V 为辅助变流器的必要负载供电。

当辅助变流器和蓄电池充电机启动后,并且蓄电池电压达到足够高的水平(80%的标称值)应急启动单元将停止对辅助变流器供电。

应急启动单元由熔断器保护,防止瞬态电压、短路和过载对其带来损害。

应急启动单元至少可运行 2 min。温度传感器监控内部温度,如果温度过高,应急启动单元将自动停止工作,当内部温度降到足够低的水平时将重新启动。

6. 变流器设计

变流器的设计基于 TC1100 的模块化设计理念,牵引变流器模块、辅助变流器模块、低压电源兼作蓄电池充电机模块及高压设备分别分布于 3 种或 4 种箱体内。高度集成化、模块化的设计减少了箱体的数量和种类,便于安装和维护。

(1)牵引高压箱(PH 箱)

箱体由经表面处理的铝合金制成,由高压部分、中间部分和牵引变流器部分三个部分组成,如图 9.4-27 所示。这三个部分用两根铝合金横梁组装在一起,固定吊座位于横梁上,以简化与车体下梁的接口。

1)高压部分

箱体内主要高压设备有隔离接地开关、2 台高速断路器、去耦二极管、辅助熔断器、车间电源接触器和数字输入/输出单元等。

2)中间部分

中间部分主要设备有冷却风机和牵引变流器电抗器等。

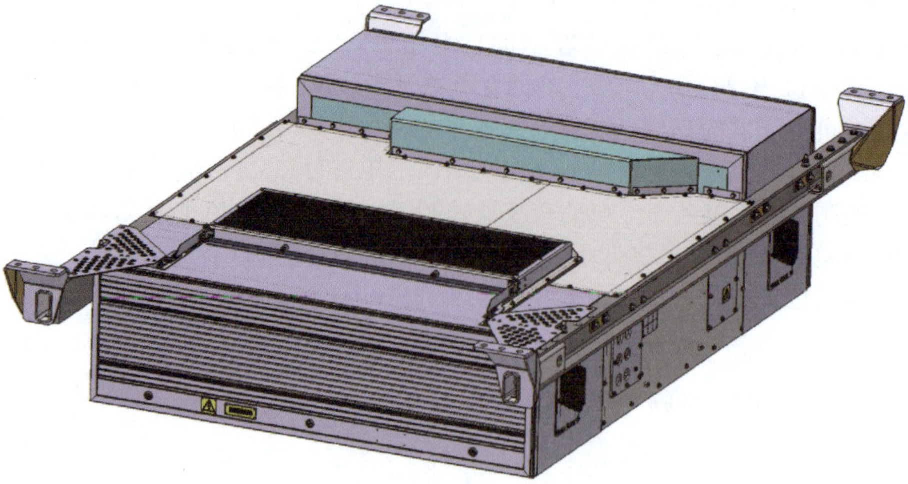

图 9.4-27　牵引高压箱（PH 箱）

3)牵引变流器部分

牵引变流器部分主要设备有牵引变流器模块、充电回路、内部风扇和接地故障传感器。

(2)辅助充电箱(AB 箱)

箱体由经表面处理的铝合金制成，由辅助变流器部分、中间部分、低压电源兼作蓄电池充电机部分三个部分组成，如图 9.4-28 所示。这三个部分用两根铝合金横梁组装在一起，固定吊座位于横梁上，以简化与车体下梁的接口。

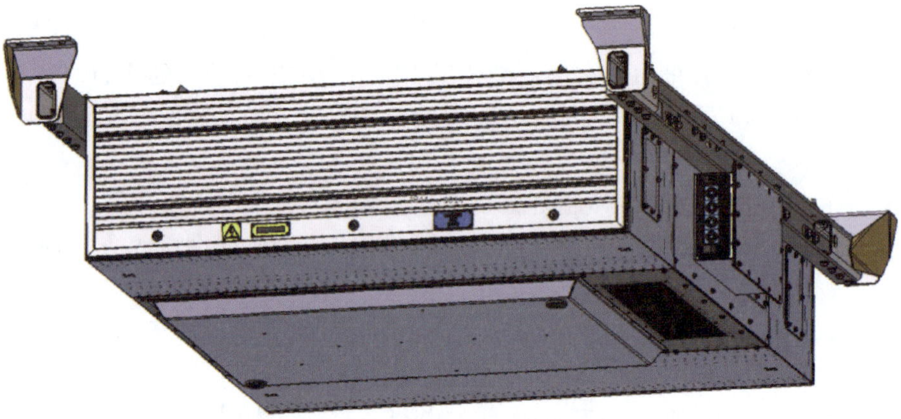

图 9.4-28　辅助充电箱(AB 箱)

1)辅助变流器部分

辅助变流器部分主要设备有辅助变流器模块、内部风扇和充电回路等。

2)中间部分

中间部分的主要设备有辅助三相变压器、三相电抗器、蓄电池充电机变压器、冷却风机和输出接触器等。

3)低压电源兼作蓄电池充电机部分

低压电源兼作蓄电池充电机部分的主要设备有内部风扇、三相滤波电容和蓄电池充电机模块等。

(3)牵引辅助箱（PA 箱）

箱体由经表面处理的铝合金制成，由辅助变流器部分、中间部分、牵引变流器部分三个部分组成，如图 9.4-29 所示。这三个部分用两根铝合金横梁组装在一起，固定吊座位于横梁上，以简化与车体下梁的接口。

1)辅助变流器部分

辅助变流器部分主要设备有辅助变流器模块、内部风扇和充电回路等。

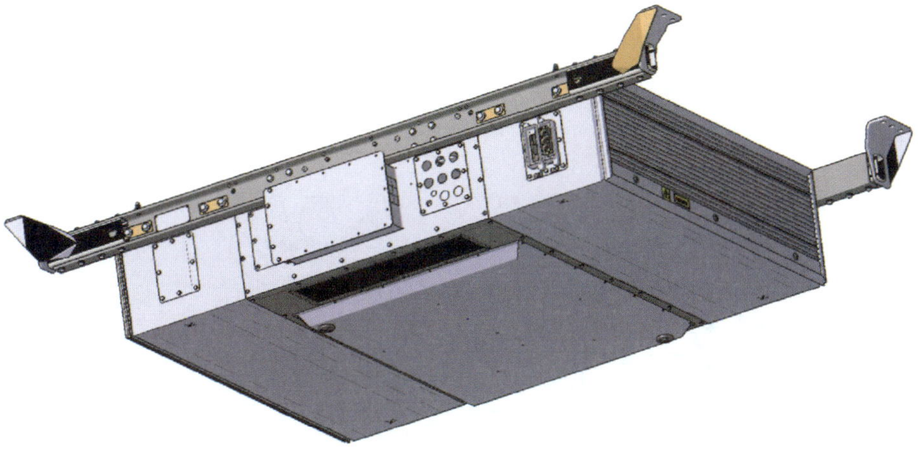

图 9.4-29 牵引辅助箱(PA 箱)

2)中间部分

中间部分主要设备有辅助三相变压器、三相电抗器、冷却风机和输出接触器等。

3)牵引变流器部分

牵引变流器部分主要设备有牵引变流器模块、充电回路、内部风扇和接地故障传感器等。

(4)变流器冷却设计

牵引/辅助变流器箱体由两种风机进行冷却,系统示意图如图 9.4-30 所示。外部冷却风机利用箱体外部空气对散热器进行冷却。内部风机用于加强密封箱体内的空气循环流动以避免局部过热。

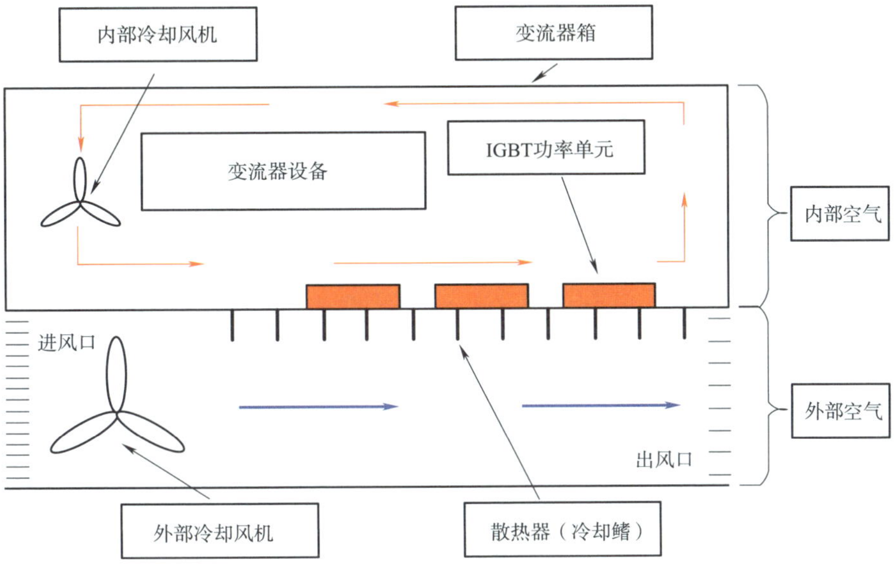

图 9.4-30 变流器冷却系统示意图

冷却系统易于维护且维护工作量低。外部风机轴承每隔 20 000 h 左右更换一次,冷却系统寿命为 30 年。更换轴承所需时间为 0.5~1 h。

1)外部冷却风机

外部冷却风机可以在两种不同的转速状态下工作:全速状态和半速状态。

如果散热器温度较高,则风机工作在全速状态。如果散热器温度较低,则风机自动切换至半速状态甚至停止工作(当温度很低而无需额外冷却时),以降低变流器的噪声。

风机的全/半速状态通过三个风机接触器控制。接触器由牵引和辅助控制单元进行控制和监测。

2)内部冷却风机

内部冷却风机用来均匀分布密封箱体内的热量。密封箱体不设进风口,通过密封的循环系统来保护箱体内的元器件,免受污垢和潮湿带来的影响。内部风扇由 DC 110 V 供电,正常时一直保持运行状态。

7. 牵引电机

(1)概述

本牵引电机是三相鼠笼异步电机，在牵引模式下将电能转变成机械能，在制动模式下将机械能转换成电能，结构如图 9.4-31 所示。

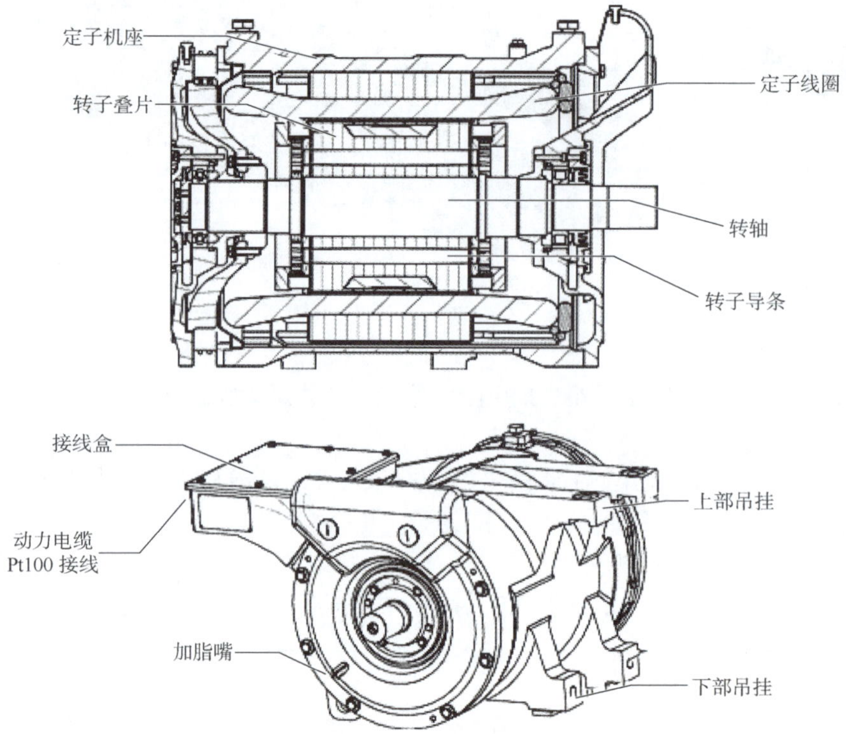

图 9.4-31 牵引电机结构示意图

牵引变流器和电机之间须设置接线盒以便于维护。接线盒由车辆公司提供。牵引变流器至接线盒的电缆采用非屏蔽电缆，接线盒至牵引电机的电缆采用屏蔽电缆。

(2)冷却

牵引电机为开放式，自通风型，并由其自带风扇冷却(IEC 34-6：IC 01)。冷却空气流动示意图如图 9.4-32 所示。

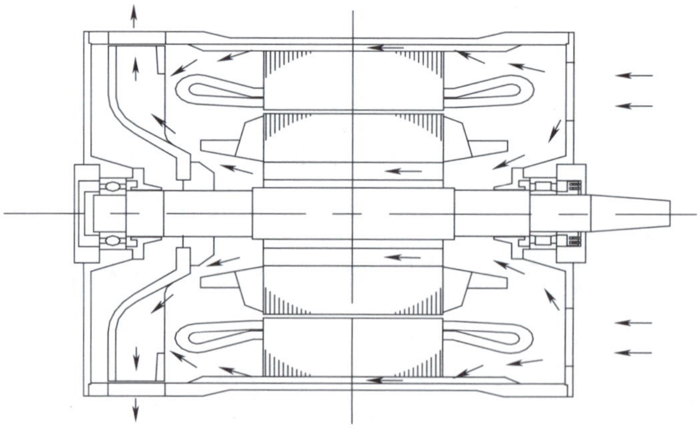

图 9.4-32 冷却空气流动示意图

风扇安装在电机转轴上，冷却强度与电机转速成正比。冷却空气对牵引电机零部件，如定子线圈、定子叠片、转子及轴承等进行冷却。

(3)保护

牵引变流器对牵引电机的保护包括：接地故障保护、过温保护(Pt100 温度传感器置于定子绕组内)、过电流保护、过载保护(转矩限制)、超速保护、机械驱动系统堵转保护和相序保护等。

(4)功能故障

功能故障包含电力故障(线圈匝间短路,各相间短路或接地故障)和机械故障(振动或轴承损坏)。

故障分类如下:

1)导致牵引变流器封锁的故障

①电机电源故障;

②接地故障导致的电机故障;

③电机组中所有速度传感器故障;

④电机组中速度差异过大;

⑤某一电机温度超过最高允许值;

⑥至少一个电机超速。

2)导致性能临时降低的故障

①电机组中各电机速度差异较大(但没有超过限定值);

②电机超过特定温度值,转矩将会受限,直至电机降至正常温度。

(5)试验

电机将按照现行标准 IEC 60349-2 相关规定进行型式试验。

所有电机在交付前均将按照现行标准 IEC 60349-2 相关规定进行例行试验。

(6)电机设计

电机设计的目的是精简牵引电机的零部件数量,从而减少维护的次数并增加电机的可靠性。

电机针对变流器供电作了特殊设计,从而能将脉动转矩、损耗及噪声降低至最低水平。

1)定子

定子包含机壳和定子叠片铁芯。定子叠片铁芯经过预绕线圈和浸漆后压入机壳。

优点包括:由很少的独立元件组成,低漏磁的机壳设计,只须通过简单方法即可将整个定子铁芯压出,方便绕组的重制或者重新放入一只新的铁芯(重新绕线时)。

2)定子叠片

定子铁芯的导磁叠片采用绝缘、高导磁率的硅钢片通过焊接或者压接在一起,如图 9.4-33 所示。

3)定子绕组

在压入机壳之前将绕组安置于定子叠片之中,这将提高绕线工作的便利性和电机质量,如图 9.4-34 所示。定子绕组采用 C 级或 200 级绝缘。

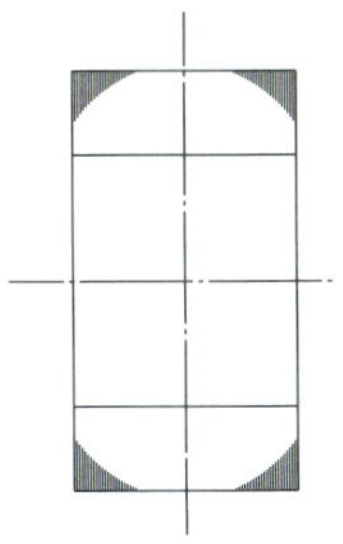

图 9.4-33 导磁叠片

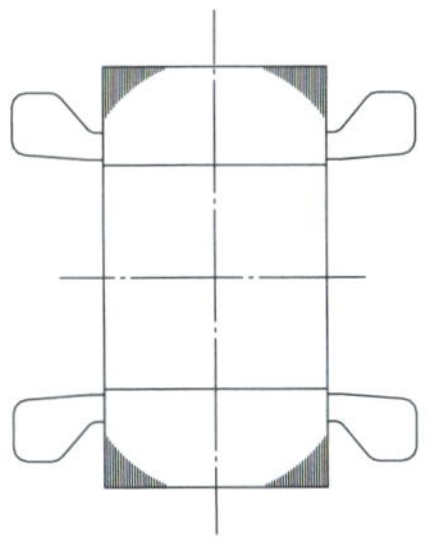

图 9.4-34 定子绕组

线圈末端缠绕额外的玻璃聚酯带,防止灰尘和潮气的进入,在浸漆过程中,玻璃聚酯带会收缩从而提高电机的绝缘性能。

线圈末端用毛毡紧紧扣牢。

2 个温度传感器(Pt100)安装在定子绕组上,持续对运行中的绕组温度进行测量。只有一个投入使用,另一个用作冗余。

整个带有线圈的定子铁芯使用无溶剂硅树脂漆真空压力浸漆(VPI)。

烘烤过程中定子铁芯不断旋转以防止漆膜在凝固前滴落。

4)定子机壳

机壳为球墨铸铁件。这种坚固耐用的设计可以有效降低运行时的噪声和振动。同时，最优化的设计有利于材料用量最少化和降低磁场的泄漏，如图 9.4-35 所示。

经绕线并浸漆过的定子叠片将压入机壳。采用这种设计，绕线定子叠片和机壳可以同时加工制造。

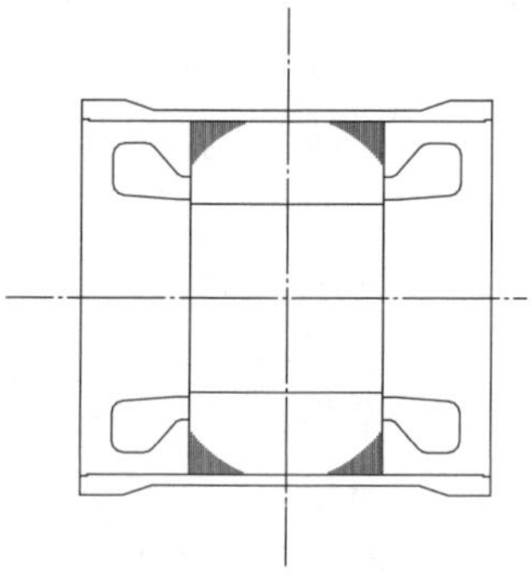

图 9.4-35　定子机壳

5)转轴

联轴节与电机转轴的锥形末端紧配在一起。可通过压力注油的方法拆卸联轴节。转轴如图 9.4-36 所示。

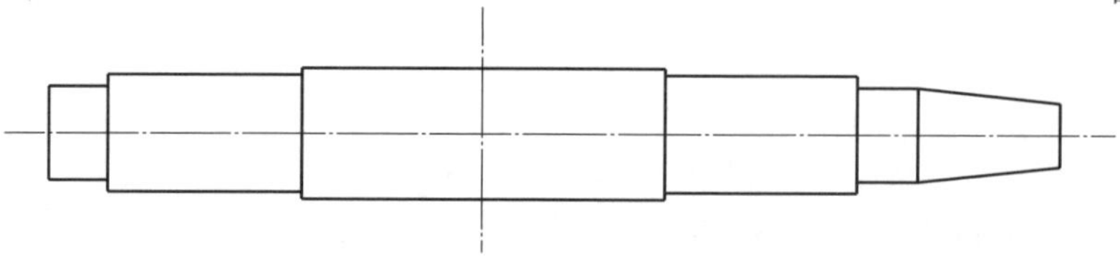

图 9.4-36　转轴

6)转子

鼠笼式转子具有散热结构。转子叠片缩装于转轴上，如图 9.4-37 所示。

鼠笼的设计能提供足够大的转差率使得几台电机能并联在同一个变流器上平稳协调地工作。

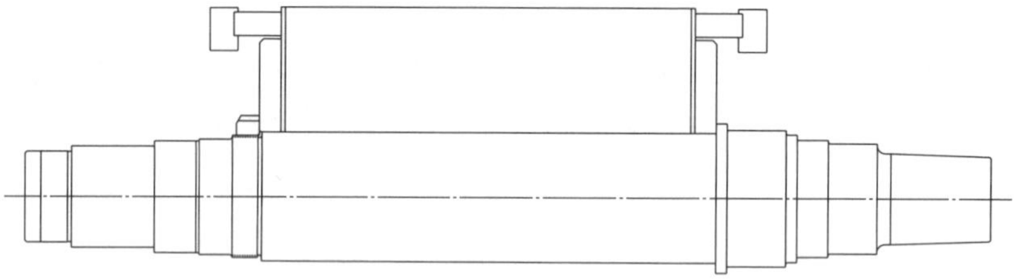

图 9.4-37　转子

7)轴承

电机安装有耐磨轴承，如图 9.4-38 所示。驱动端(D-bearing)安装的滚柱轴承能承受因热膨胀而引起的轴向窜动。非驱动端(ND-bearing)安装有起定位作用的球轴承。轴承室带有注油嘴便于向已经安装在转向架上的电机补充一定量的润滑脂。轴承室另外还带有储存废油脂的密封油袋。油袋设计成能容纳轴承大修间隔内所有多余的油脂。如必要可以打开油袋，并取出废油脂或溢出的油脂。

驱动端和非驱动端都采用绝缘轴承。防护物由氧化铝组成，喷涂到轴承上。陶瓷防护有很高的机械强度并足够薄，以使轴承至轴承室的热传递无明显的影响。轴承使用标准尺寸和公差。

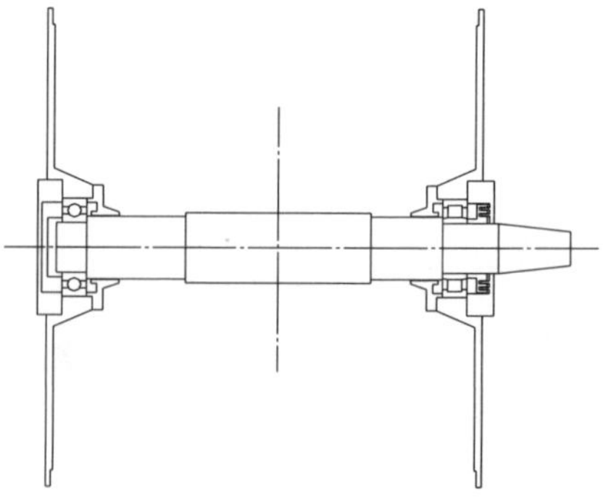

图 9.4-38　电机轴承

8)端盖

端盖材质为球墨铸铁。最小化的端盖尺寸及过渡圆角能增强零件的强度。

9)接线

电机上带有接线盒，内含 3 根螺栓用于连接动力电缆的 3 相。

接地连接同样连接在接线盒中的一根螺栓上。位于定子绕组上的 2 个温度传感器(Pt 100 元件)在接线盒内设置对应的连接端子。

10)风扇

风扇采用铝合金铸造,安装于转轴上。

每个风扇都经过单独的动平衡测试,在互换或更换新的风扇后无需对转子再进行平衡试验。

风扇采用低噪声型,且消除了特殊噪声。

(7)速度传感器

每根动轴配置1套速度传感器并安装于齿轮箱小齿轮端,用于检测电机轴速及转轴旋转方向。速度传感器使用屏蔽电缆连接至牵引变流器用于检测和控制。

动轴上的速度传感器提供双脉冲信号,在一个周期内产生四分之一的相位移动。正的相位移表明车辆在向A方向移动,负的相位移则表明车辆在向B方向移动。转速通过两个脉冲产生的时间间隔来计算,用于计算脉冲的数量则取决于车辆的速度。每个轴的轴速都会被检测,同时将计算所有轴的平均轴速及线速度,此计算基于轮径及传动比。牵引变流器从列车控制和管理系统获得列车"参考速度"信号并将其作为列车速度,用于进行牵引系统的防滑防空转控制。

8. 技术参数

(1)初步电气参数

①系统参数

环境温度:−25 ℃—+40 ℃;

标称网压(牵引):1 500 V;

网压(制动):1 800 V;

最低网压(停机):1 000 V;

被动放电时间(小于50 V):5 min。

②牵引变流器模块

变流器型号:MITRAC CM-I2;

最大直流网压(停机):2 000 V;

连续输出功率:900~1 500 kV·A;

最大短期输出功率:1 800 kV·A;

IGBT额定值:3.3 kV / 1 500 A。

③辅助变流器模块

变流器型号:MITRAC CM-C;

满负荷运行时最低电压:DC 1 000 V;

最大直流网压(停机):2 100 V;

标称三相输出电压3×AC 380(1±5%) V;

三相输出频率:50(1±1%) Hz;

总谐波失真(THD):< 3 %(不含充电机);

三相输出额定功率:120 kV·A,$\cos\phi \geq 0.85$;

三相最大持续输出功率:150 kV·A,$\cos\phi \geq 0.85$;

IGBT额定值:3.3 kV/800 A。

④线路接触器

质量:11 kg;

额定电压:2 000 V;

额定电流:1 000 A;

最大分断能力:5 kA。

⑤充电接触器

质量:1.6 kg;

额定电压:2 000 V;

额定电流:40 A;

标准:IEC 60077;
最大分断能力:160 A;
⑥低压电源兼作蓄电池充电机
输出电压(根据温度变化):108.5～128.5 V (±1%);
输出功率:25 kW;
DC/DC 变流器:110 V-24 V;
额定输入电压:DC 110 V;
额定输出电压:DC 24 V;
最大输出电流:80 A;
最大输出功率:2 kW。
⑦制动电阻
阻值(标称值):2×2.4 Ω;
平均负载:2×109 kW;
额定电压:1 800 V。
⑧牵引变流器线路电抗器
额定输入电压:DC 1 500 V;
电抗值:5 mH;
电抗器额定电流:510 A。
⑨辅助变流器线路电抗器
额定输入电压:DC 1 500 V;
电抗值:5 mH;
电抗器额定电流:210 A。
⑩高速断路器
型号:UR10;
标称电压:2 000 V;
额定电流:1 000 A;
脱扣电流:1 800 A;
分断能力:30 kA/15 ms。
⑪隔离接地开关
最大供电电流:1 800 A、30 s;
持续供电电流:950 A;
车间电源供电模式持续电流:300 A。
⑫牵引电机
型号:MJC220;
标准:IEC 60349-2;
自通风 (根据 IEC 34-6):IC 01;
相数:3;
极数:4;
温度传感器:Pt100;
绝缘等级:200;
频率;81 Hz;
基本速度:2 400 r/m;
电压:1 170 V;
电流:116 A;
输出功率:180 kW;

传动比：7.071。

⑬避雷器

最大持续工作电压：2.0 kV；

额定放电电流：10 kA(8/20) μs；

爬电距离：165 mm。

(2)系统主要设备重量(详见表 9.4-2)

表 9.4-2 牵引系统主要设备重量

产 品	单位质量(kg)
线路滤波电抗器(含熔断器)(ACM)	约 190
线路滤波电抗器(MCM)	约 425
PH 箱	约 1 050
PA 箱	约 1 200
AB 箱	约 1 210
制动电阻	约 350
牵引电机	约 577

(3)控制系统的响应时间

加速响应时间(从牵引控制设备收到给定参考值到牵引电机被磁化)：0.2 s；

牵引冲击极限：0.75 m/s^3；

制动冲击极限：0.75 m/s^3；

电制动启动响应时间(如果电机已磁化，电制动启动响应时间主要取决于上述冲击极限和启动时要求的制动力)：0.2 s；

电制动启动时的冲击极限：0.75 m/s^3；

电制动减少时的冲击极限：0.75 m/s^3。

(4)电磁干扰 (EMI)

线路滤波器按照欧洲标准 EN 50121 设计以保证系统的稳定。由于暂时没有得到诸如特殊轨道信号系统之类的要求，故此处未考虑 50 Hz 滤波器的特殊要求。在得到详细的 EMI 要求后，可以采取特别的措施以避开安全临界频率。

9.4.5 空调系统

每节车厢将配有 2 台薄型单元式空调机组用于客室的通风、制冷、制热、除湿、除尘及摄入新风。每台空调机组具有两个制冷回路，使用卧式涡旋压缩机。空调系统通风风机推荐选用小能耗风机，具有较高的效率。客室新风从设于空调机组上的新风口吸入，与来自客室的回风混合，经过滤、冷却，通过风道均匀地送至客室。

1. 空调系统组成*

空调系统主要部件包括：空调机组、风道、送风格栅、司机室送风单元、排气装置等。

2. 气流组织分布

(1)概述

每辆车设 2 台顶置单元式空调机组，车辆公司推荐采用上出风下回风空调机组送回风形式。空调机组在靠近车顶两端布置，机组送风口布置在车顶约 1/4 及 3/4 处。风道安装在车辆客室内顶板上方的空间内，车体通长范围内对称布置送风风道，降低了风道断面风速、风量及风压，实现了均匀送风。每辆车顶部设有 4 个排风装置，沿车体中心对称分布，将废气经排气装置排出车外，保证客室排风及室内正压 30～50 Pa，如图 9.4-39 所示。

---

* 取之某项目采用的空调方案，不同需求方案略有区别。

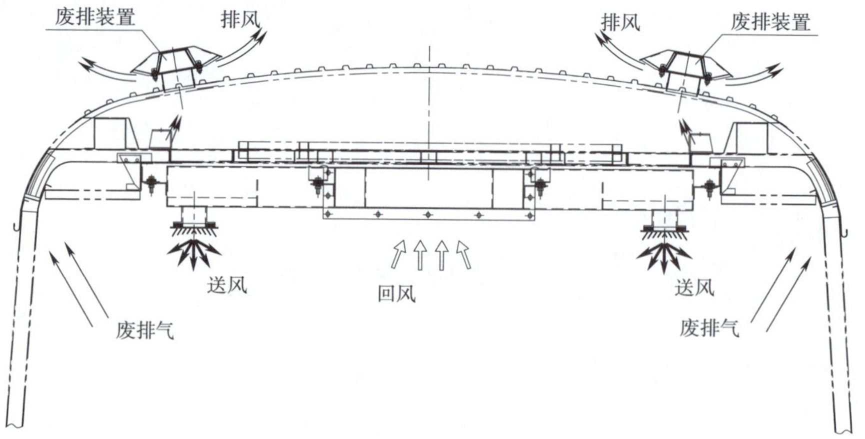

图 9.4-39　车辆断面气流组织分布示意图

(2)气流组织分布图

当空调机组开始运转后，外部新风通过空调机组两侧新风口，经过滤后与回风口过滤后的回风混合，由蒸发器冷却后通过送风风机送入主风道，通过风道沿客室的整个长度方向均匀地送到客室中。在吸收客室内了空气后，一部分空气由排气装置排出车外，另一部分空气由空调机组底部的回风口吸入空调机组内，与从机组新风进口吸入的新鲜空气混合，再经蒸发器冷却除湿循环。不同车型的气流组织分布如图 9.4-40～图 9.4-42 所示。

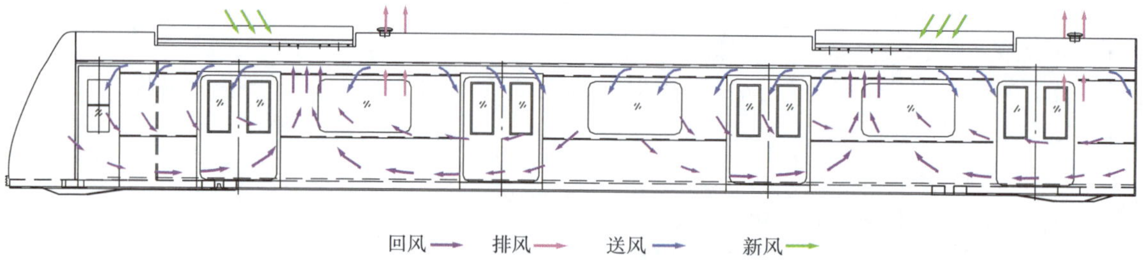

图 9.4-40　Tc 车气流组织分布示意图

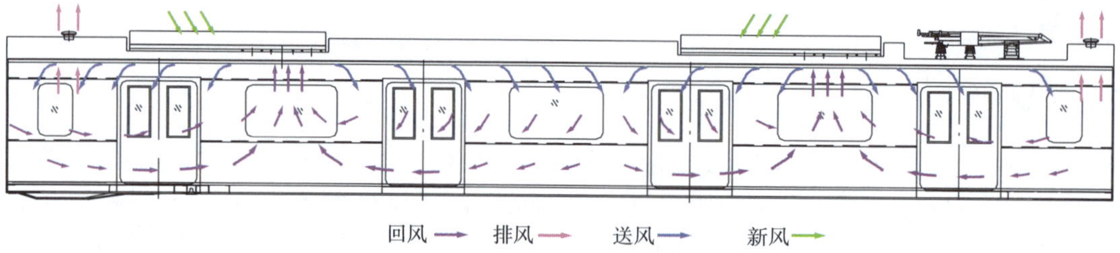

图 9.4-41　Mp 车气流组织分布示意图

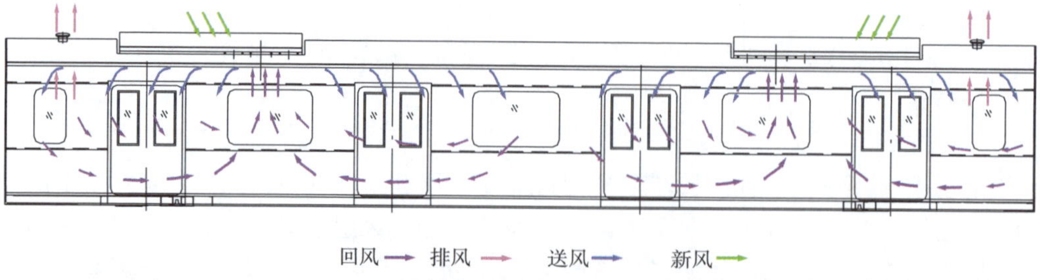

图 9.4-42　M 车气流组织分布示意图

(3)新风

空调机组自带新风口。新风口设新风调节阀及空气净化装置。新风阀根据载荷量大小自动调节空调机组在预冷、制冷、加热、通风及紧急通风时新风量的大小。

(4)送风

新鲜空气从空调机组的新风口吸入,与客室内回风在空调机组内部混合,经空调机组调节,通过送风风道,送入客室内。

(5)排风

车辆的废排装置设置在车体的两端,排风风量与新风风量应保持一致,以维持客室内气压的恒定。

(6)回风

客室内的回风设置在空调机组下方的客室内顶板上,送风经过与客室内乘客及各种热源的热交换,除去排风,其余均集中由回风口吸入空调机组,与新鲜空气混合后,经空调机组调节,再送入客室内。

3. 客室空调机组配置

(1)空调机组的技术参数(详见表 9.4-3)

表 9.4-3 空调机组的技术参数

机 组 形 式	车顶单元式(平底下出风下回风)
电源主回路	三相交流 380 V 50 Hz
电源控制回路	DC 110 V
制冷量	29 kW
制冷功率	13 kW
通风量	4 000 m^3/h
新风量(可调)	不小于 1 468 m^3/h,根据载荷信号调节
紧急通风量	不小于 2 540 m^3/h
紧急通风功率	0.65 kW
额定制热量	25 kW(暂定)
额定制热功率	12 kW
新风预热功率	9 kW
制冷剂	R407C
质量	≤680 kg
构架材料	不锈钢
外形尺寸(不含安装座尺寸)	3 400 mm×1 600 mm×300 mm

(2)空调机组的构成

空调机组各部件组装在一个不锈钢板制成的箱体内,加盖板后形成一个单元式整体。空调机组的主要部件包括:压缩机、换热器(包括蒸发器、冷凝器)、送风机、冷凝风机、节流装置、干燥过滤器、高压和低压压力开关、变频控制器、新风和回风系统、温度传感器、车控器、机壳等。

1)压缩机

形式:变频卧式涡旋压缩机。

压缩机是将低温低压制冷剂压缩成高温高压气体,并输送到冷凝器。它是制冷剂循环动力的来源,被称为系统的"心脏"。压缩机连续工作时间不少于 50 000 h。选用变频卧式涡旋压缩机,无极变频控制方式,零电流变频起动,低噪声、低振动、高可靠性,其工作寿命大于 50 000 h,期间无需大修。其在抗震动、抗冲击及耐频繁起停等方面比传统压缩机具有很大的优势。压缩机电机及其控制系统设有过热、短路、过载、缺相及高、低压压力等保护功能。

2)换热器

①蒸发器

蒸发器采用铜管套亲水膜铝翅片结构。低温低压的气液混合制冷剂在蒸发器内蒸发。当车内循环空气和新鲜空气混合后，通过蒸发器进行热交换。这时，空气中的热量被蒸发器内的制冷剂吸收，温度降低。

②冷凝器

冷凝器具有足够的强度和刚度，框架采用具有高强度及刚度的不锈钢材料。冷凝器采用铜管套亲水膜铝翅片结构。高温高压的R407C气体，通过冷凝器时，在外界空气的强制冷却下，变成常温（约50 ℃）高压的冷媒液体。

3）送风机

送风机采用直联多叶片离心风机，具有效率高、噪声低、运转平稳的特点。通过装车前空调机组与风道的配套试验确定送风机的风量、风压等参数，在保证风量的前提下尽可能降低噪声。紧急通风时送风机可降频降压运行。

风机电机为三相异步电机，分挡变频控制方式，设有高压保护、低压保护、温度保护，并自动控制保护的开、关。

4）冷凝风机

冷凝风机为轴流式风机，采用防水结构以适应湿热环境下工作，防护等级为IP55，绝缘等级为F级。

冷凝风机的作用是强化制冷剂在冷凝器中的凝结放热过程。

风机电机为三相异步电机，分挡变频控制方式，设有高压保护、低压保护，并自动控制保护的开、关。

5）节流装置

节流装置的作用是将冷凝后的常温高压液体节流降压，变为低温低压的液体后送入蒸发器，实现制冷循环。

系统节流部件选用电子膨胀阀，可以满足适时优化系统冷媒流量、压力卸载等功能。

6）干燥过滤器

系统中装有干燥过滤器，用于过滤制冷系统中的残余杂质，并吸取制冷剂中的残留水分和酸，以防止金属表面锈蚀，以及油和制冷剂分解，并可防止电机烧坏。同时过滤杂质和微粒，从而降低压缩机的磨损，延长压缩机使用寿命。

7）高、低压压力开关

系统中设置高、低压压力开关。当制冷系统的排气压力过高或吸气压力过低时，停止压缩机的运转，以保护压缩机。高、低压压力开关的复位方式为自动复位。

8）变频控制器

输入参数：DC 540(1±10%) V(AC 380V整流)。输出参数：20～100 Hz，最大峰值保护电流50 A，频率可无级调节。

控制方式：采用高精度单片机和先进变频IPM模块，实现直-交的变频输出控制。变频器根据空调机组需求，对IPM进行输出控制，实现变频控制。变频器具有电源过高、过低保护，以及IPM过流、过热保护。

9）新风和回风系统

空调机组的新风口位置设在空调机组两侧，新风口足够大，可在车辆载员较大时为乘客提供充足的新鲜空气。空调机组设有单独的新风腔，且每个新风入口均设有过滤器，可防止雨雪进入客室。在2个新风入口均采用了可调式电动调节阀，风阀控制系统可在接收到车辆载荷较小时，调小或关闭风阀开度，从而降低或关闭新风量。紧急通风时，空调机组的电动回风阀全部关闭，电动新风阀全部打开，保证单台空调机组新风量不小于2 540 m^3/h。根据业主要求可在车内回风口处或空调机组内部设置回风过滤网，过滤车内的循环空气。

10）温度传感器

空调机组内设回风温度传感器、送风温度传感器和新风温度传感器，分别检测空调机组的回风温度、送风温度及外部环境温度。

11）车控器

集电控与手动功能一体，触摸屏智能显示，美观大方。

12)机壳

空调机组的壳体及构架用 SUS304 不锈钢材料制造,壳体及构架有足够的强度和刚度,使用寿命为30 年。

(3)空调机组的工作原理

空调机组制冷时,高温高压的 R407C 蒸气,进入冷凝器,经外界空气的强制冷却,冷凝成常温高压的液体,进入电子膨胀阀节流降压,变成低温低压的气液混合冷媒,然后进入蒸发器,吸收流过蒸发器的空气的热量,蒸发成低温低压的蒸气,再经过气液分离器,被压缩机吸入,完成一个制冷循环。压缩机不断工作,达到连续制冷的效果。

车内的循环空气及由新风口引入的新鲜空气,由机组的通风机吸入,在蒸发器前混合,通过蒸发器得到冷却,并由机组底部出风口送入车顶通风道,通过送风格栅向车内吹出冷风。车内的空气通过蒸发器时,空气中的水分冷凝成水滴,被引到车外而起除湿作用。在制冷系统连续工作下使车内温度逐渐降低,并由温度调节器在一定范围内自动调节车内空气温度。冷凝器的冷凝借助于轴流风机,从机组上方吸进外界环境空气,经过冷凝器后,向两侧排出。

空调机组制热时,压缩机排出过热气态冷媒通过四通阀进入室内热交换器,在室内热交换器中利用室内侧风机降温,变成过冷液态冷媒流出(室内侧风机将通过室内侧换热器加热的循环风送到车内);经过电子膨胀阀的节流,液态冷媒进入室外换热器中蒸发吸热,变成低温低压气态冷媒回到压缩机,完成制热过程。

4. 控制方式

空调机组工作模式分为集控和车控两种方式。每个车厢装有一台车控器 LAC,通过列车总线和 TCMS 通信,车控器将 TCMS 下达的命令传达给两台空调机组。通过车控器也可对本节车厢的两台空调机组进行单独控制。

(1)集控方式

1)车控模式是通过车控器对单节车厢两台空调机组进行模式和温度设定控制。

2)集控模式下设有手动、自动、通风、停机模式。

3)“停止”模式通风机、压缩机、冷凝风机均不工作。

4)温度设定:通过 TCMS 设定车厢内的目标温度。

(2)车控方式

1)车控方式是不接受 TCMS 的指令,通过车控器仅对单节车厢的两台空调机组进行模式和温度设定控制。

2)车控模式下,设有“用户模式”“测试模式”“集控模式”“功能设定”。

3)“用户模式”中设有“预冷”“全冷”“半冷”“预热”“全暖”“半暖”“通风”“自动”“除湿”“停止”等多个工作模式。

4)“测试模式”设置有“应急制冷”和“应急制暖”。选择“应急制冷”或“应急制暖”模式后,空调机组不判断外界环境温度和设定温度,强制运行,空压机运行固定频率。

5)“集控模式”时,车控器接收 TCMS 的指令,空调根据 TCMS 指令运行。

6)“功能设定”设置有“故障查询”“温度显示”等功能。

5. 空调机组盖板的二次锁闭

以往空调机组盖板都采用拉紧锁+插销方式固定,这种固定方式虽然比较牢靠,但是工人维修完毕后,如若拉紧锁+插销同时忘记锁闭或者发生意外时,蒸发腔盖板弹开容易超限界或触碰电网引发安全隐患。为防止空调活动盖板意外开启,增加机械锁钩,具体如下:

(1)图 9.4-43 为拉紧锁示意图,图 9.4-44 为机械锁钩示意图,打开盖板时,先将拉紧锁用四角钥匙打开,将盖板打开一定角度,然后手从图 9.4-45 中扣手位置处扳动图 9.4-46 中拨片,锁钩随着拨片转动即可从卡环中释放出来,从而打开盖板;如若检修时或意外情况导致拉紧锁未锁闭情况,图 9.4-46 中锁钩依靠盖板自重会自动弹进卡环内,保证盖板锁闭,不会发生意外。

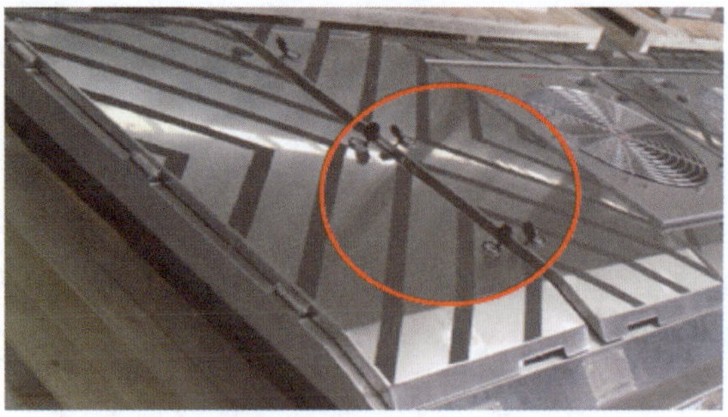

图 9.4-43　室内侧顶盖拉紧锁处理

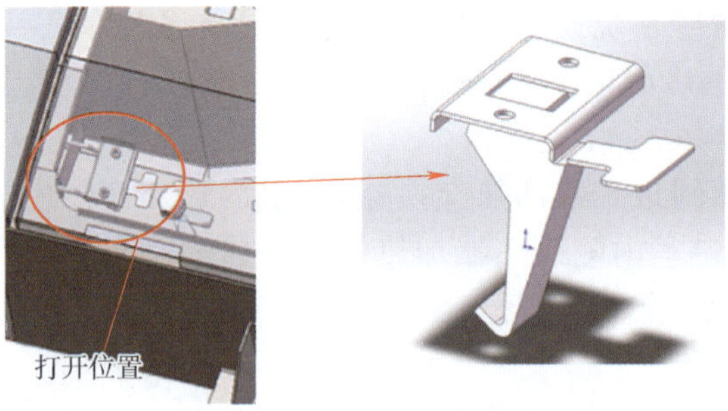

图 9.4-44　室内侧二次防护处理

图 9.4-45　室内侧二次防护打开图示

图 9.4-46　冷凝风机固定及二次防护图示

(2)冷凝风机盖板:采用拉紧锁固定,并增加插销式 2 次防护。目前变频空调已推出。

9.5　全自动无人驾驶车辆

9.5.1　定　　义

自动驾驶模式(Automatic Mode,简称 AM)又分为有人驾驶的自动化运行方式(Semi automatic Train Operation,简称 STO)、无人驾驶的有人跟车的自动化运行方式(Driverless Train Operation,简称 DTO)和全自动无人驾驶的自动化运行方式(Unattended Train Operation,简称 UTO)。

全自动无人驾驶(FAO)城轨列车实现 UTO 模式,GOA4 等级。

9.5.2　发展全自动驾驶轨道交通的必要性

我国城市轨道交通发展迅速,截至 2018 年末,全国城市(不含港、澳、台)轨道交通运营里程达到 5 766.6 km。随着线网的加密,客流负荷增大,对轨道交通的建设、运营提出了更高的要求,跟踪、发展全自动驾驶技术具有现实的必要性和迫切性。无人驾驶技术具备以下优点:

(1)提高运能;
(2)提高整体自动化水平,减少人为误操作;
(3)降低运营人员劳动强度,提升服务质量;
(4)提高运营组织的灵活性;
(5)节能减排。

9.5.3 使用的标准规范

使用标准的目的:完成列车自动化水平、安全要求。
使用的相关标准规范如下:
(1)《铁路应用——城市指导运输管理和命令/控制系统》(IEC 62290);
(2)《铁路应用——城市轨道交通自动化安全需求》(IEC 62267);
(3)《E/E/PE(电气/ 电子/可编程电子)安全相关系统的功能安全》(IEC 61508);
(4)《铁路应用——可靠性、可用性、可维护性和安全性(RAMS)规范和说明》(EN 50126)。

9.5.4 全自动无人驾驶列车与自动驾驶列车的比较

1. 全自动无人驾驶列车高于自动驾驶列车的要求

全自动无人驾驶(FAO)与自动驾驶(ATO)列车的区别是,列车操控全部由运营控制中心(OCC)和信号系统来进行。因此,需要列车和信号系统具备更加高的冗余性、可靠性和功能性;要求综合监控系统具有高可靠性、实时传输功能等;要求列车网络的功能性、诊断性更强。针对 UTO 系统,无论设备配置或者是控制、逻辑都采用冗余备份的方案。同时,考虑在设备故障后能够远程控制或自动降级,从硬件和软件方面需进行相关补充或补偿,以保证列车运行安全可靠。

2. 自动驾驶列车(ATO)和无人自动驾驶(FAO)列车功能控制路径对比

自动驾驶列车(ATO)和无人自动驾驶(FAO)列车功能控制路径对比详见表 9.5-1。

表 9.5-1 两种模式下列车功能控制路径对比

序号	列车功能	ATO 模式列车	FAO 模式列车
1	驾驶列车	司机/信号系统	信号系统、运行控制中心
2	唤醒/睡眠	司机	信号系统、运行控制中心
3	司机室切换	司机/信号系统	信号系统
4	开/关门	司机/信号系统	信号系统
5	启动列车	司机	信号系统
6	停车控制	司机/信号系统	信号系统
7	乘客通信	司机	运行控制中心
8	视频监控	运行控制中心/综合监控中心	运行控制中心/综合监控中心
9	救援疏导	司机	运行控制中心/综合监控中心
10	照明控制	司机/自动	运行控制中心
11	空调控制	司机/自动	运行控制中心
12	火灾系统	有	有,综合监控中心连锁
13	脱轨检测	无	有,运行控制中心连锁
14	折返	司机/信号系统	信号系统

9.5.5 全自动无人驾驶地铁列车功能

1. 总体要求

根据ATC的地面指令(可以采用基于无线通信的信号控制系统,也可以采用漏泄同轴电缆,传送车—地间指令),自动激活、起动停靠于停车场或正线的列车。

自动完成发车前的系统自检,如列车制动控制、车门控制、空调、车载通信、基础制动装置等,并向控制中心发送自检结果和列车准备就绪状态报告。

接收来自控制中心的列车识别信息。

根据接收到的地面固定和可变信息,在考虑与安全有关的各种限制和规定要求的前提下(包括曲线、站台以及列车限速、安全及运营停车点防护和保持列车间的安全追踪间隔等),自动控制列车的加速、减速、制动等工况。

到站后,自动控制列车安全、精确地停车,并控制车门和屏蔽门(或安全门)的开、关,设定停站时间。启动折返运行模式进入全自动运行自动折返。

通过车—地间高速安全的信息传输,车载故障诊断系统不断地记录运行和维护数据,并向控制中心传送这些数据,接收并响应远程控制指令。

由停车场运转控制中心自动控制列车在停车场全自动运行区内的走行。

出现故障不能正常运营时,可采用降级运行模式,由控制中心或邻近车站向列车发出远程“爬行”控制指令,使故障列车以缓慢的速度运行至规定的停车位置。

全自动运行车辆要求采用冗余互备技术,并实现主、备系统的“无缝”切换。

在无人驾驶模式下,对某些设备和功能,应能由控制中心进行故障远程复位和控制,应在设计阶段列出控制中心可进行远程复位和控制的清单。

列车能适应无人驾驶、ATO人工驾驶、ATP保护下的人工驾驶,以及ATP切除条件下的完全人工驾驶运行。应确保车辆性能与ATC的停车精度相适应,并且所有列车性能基本一致,性能偏移不能影响ATC停车精度和控制精度。

2. 无人驾驶地铁列车功能

列车除具有目前已经具备的自动控制功能外,还需根据运营需要专门进行功能开发设计,列车要具备自动唤醒、休眠、自检、自诊断、冗余系统自动无缝切换等,并能进行远程启动、复位操作。在保障运行安全方面要具有障碍物探测、侵限检测等功能。同时具备自动开启和关闭列车照明、通风、空调、加热装置等功能;具有安全、可靠、抗干扰的车地无线通信进行数据双向传输,用于控制中心发布各项控制指令,并将列车状态信息实时传送到控制中心。

9.6 新技术应用

目前,随着运营水平和运营安全要求不断提高,以及供货商制造能力及科研水平的提升,一些新技术不断在车辆上采用。

永磁电机、蓄电池应急牵引、智能维修等技术已在某些城市地铁进行装车试验,经过不断改进,在今后肯定会得到更全面的推广和应用。

本章参考文献

[1] 地铁设计规范:GB 50157—2013[S]. 北京:中国建筑工业出版社,2013.
[2] 城市轨道交通技术规范:GB 50490—2009[S]. 北京:中国建筑工业出版社,2009.
[3] 地铁车辆通用技术条件:GB 7928—2003[S]. 北京:中国标准出版社,2003.

[4] 轨道交通 机车车辆设备 冲击和振动试验:GB 21563—2018[S]. 北京:中国标准出版社,2018.
[5] 轨道交通可靠性 可用性 可维修性 安全性规范及示例:GB 21562—2008[S]. 北京:中国标准出版社,2008.
[6] 机车车体静强度试验规范:TB/T 2541—2010[S]. 北京:中国铁道出版社,2010.
[7] 中国交通运输协会城市轨道交通专业委员会. 城市轨道交通车辆 A/B 型电动客车用户需求书范本[S]. 2012.

10 车辆基地

10.1 概　　述

车辆基地是保证地铁正常运营的后勤基地，车辆基地的设计范围包括车辆段、停车场、综合维修中心、物资总库和培训中心以及必要的办公、生活设施等，是地铁正常运营所必需的设备和设施。车辆段是车辆停放、检查、整备、运用和修理的管理中心所在地。综合维修中心、物资总库和职工技术培训中心等基地负责对轨道交通供电、通信、信号等系统以及自动化、机电等设备，工务和建筑等设施进行维护保养、检修和管理。上述各种设备、设施性质相近，有着较紧密的联系，目前国内大多数城市根据自身工作特点需要，已将综合维修中心与车辆段规划及建设在一起，形成综合体，既可节约工程投资又方便集中统一管理。

10.1.1 车辆基地分类

车辆基地按照线网规划以及所设计线路担当的任务、资源共享等情况，分为：大架修车辆基地、定修车辆基地、停车场。其主要组成如图 10.1-1 所示。

地铁车辆基地一般由车辆段、综合维修中心、物资总库、培训中心和必要的办公、生活设施等组成，如图 10.1-2 所示。若运行线路较长(线路长度超过 20 km)，为了有利于运营和分担车辆的检查清洗工作量，可在线路的另一端设停车场，当技术经济合理也可以两条或两条以上线路共设一个车辆段。

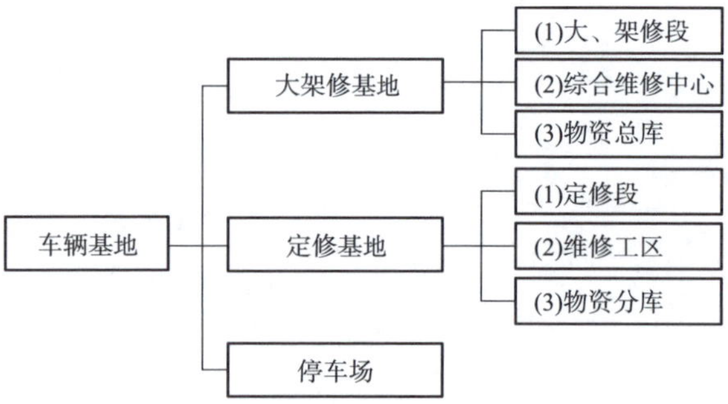

图 10.1-1　车辆基地分类

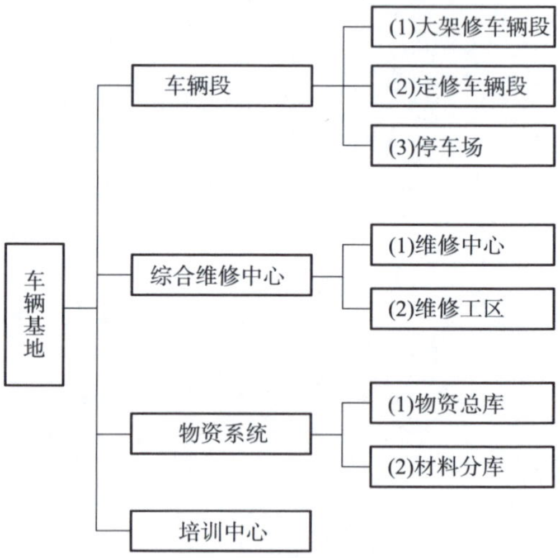

图 10.1-2　地铁车辆基地组成

10.1.2 车辆基地设计思路及原则

1. 设计思路

车辆段与综合基地、停车场在轨道交通项目中具有十分重要的支撑作用。车辆运用维修设施的分布、规模与轨道交通线网的建设时序、运营组织方案、车辆制式、车辆段与综合基地的用地条件、联络线设置条件、与城市总体规划的协调等因素，同时因其与土建、车辆及通信、信号、供电等各机电、设备系统均存在接口，所以车辆段与综合基地的工程设计具有较强的系统性、综合性和复杂性。

车辆段与综合基地设计关系到工艺流程的顺畅、合理，运营功能的全面完善；关系到节能降造，降低运营成本；关系到规划、消防、劳动安全卫生等方方面面。因此，应以下列设计思路开展设计：

(1)以实现资源共享最大化为目标，根据《城市轨道交通建设规划》、既有(在建)地铁车辆设备的状况和工程具体情况，对车辆段与停车场的功能、布局以及各项设施的配备进行重点分析、合理的定位，避免重复建设。

(2)以提高车辆运行效率和降低运营的综合成本为目标，对车辆段和停车场的分工、停车规模进行深化研究，合理确定车辆段和停车场的分工和设计规模。

(3)以提高修车效率和降低购车成本为目标，针对本线车辆的技术特征，充分考虑“状态修”和“在线修”等现代车辆维修理念和维修技术的发展，对车辆的检修体制和修程进行研究，合理确定本线车辆的检修体制和修程。

(4)以安全可靠为准绳，以提高作业效率、工艺流程合理顺畅便捷、布置紧凑、环境优美、减少拆迁工程和用地规模为目标，进行车辆段的总平面布置方案设计。

(5)以车辆参数为依据，合理设计各库房尺寸，减少投资。

(6)以优化工作环境、实现园林化设计为目标，贯彻“以人为本”的设计思想，对车辆段与综合基地的总平面布置和建筑风格进行研究和优化设计。

2. 主要设计原则

车辆段与综合基地的设计，应在充分利用所选段址的地形地貌和周围环境的基础上，根据本线的技术特征，在确保修车质量和生产安全、满足工艺要求的前提下，以提高作业效率、改善劳动条件、节省工程投资、降低生产和今后的运营成本、获取最佳综合效益为目的，确定主要设计原则及标准如下：

(1)结合《城市轨道交通建设规划》、轨道交通车辆检修运用技术的发展趋势、相关轨道交通车辆段与综合基地及各线联络条件的规划情况，以方便运营，提高车辆检修运用质量和效率为目标，结合城市规划，对本线车辆段的布局、分工进行研究，合理确定车辆段场的设计规模。

(2)车辆段的列车整备和检修设施的设计应符合《城市轨道交通工程项目建设标准》(建标 104—2008)、《地铁设计规范》(GB 50157—2013)和国家、省市有关技术规范、标准的规定。

(3)为提高车辆的利用率，减少配车数量，降低修车成本，根据车辆选型总体技术特征，并参考国内地铁车辆的运用检修经验，车辆检修在采用预防性计划检修制度的前提下，充分考虑“状态修”等现代车辆维修理念和维修技术。同时利用车辆车载信息系统、车辆段与综合基地运用管理系统等设施，提高检修效率。根据《城市轨道交通工程项目建设标准》(建标 104—2008)，兼顾《地铁设计规范》(GB 50157—2013)要求，确定本线车辆检修指标。

(4)车辆段与综合基地的设计，按照初、近、远期结合，统一规划，分期实施，车辆按初期运营需要配置，以后根据运营的需要逐步购置；土建设施和机电设备等按近期需要设计、按远期预留；用地范围按远景规模的基础上确定。

(5)车辆段与综合基地的设计应贯彻节约能源和环境保护，充分考虑水的循环使用，对产生的废气、废液、废渣和噪声等应进行综合治理，并符合现行国家和地方有关规范、标准的要求。环境保护设施应与主体工程同时设计、同时施工、同时投产。

(6)车辆段与综合基地的设计应有完善的消防措施，总平面布置、房屋建筑、设备和材料的选用等均应符合《建筑设计防火规范》(GB 50016—2014)的要求。车辆段与综合基地内应有运输道路及消防道路，并设置有不少于两个与外界道路相连通的出口。

(7)车辆段与综合基地的总平面布置设计应符合城市规划要求，并与周围环境相协调。在满足功能要求的前提下，尽量紧凑，最大限度利用土地资源。

(8)车辆段与综合基地场坪标高在满足防洪排涝要求的前提下，按最利于降低造价的原则确定。

(9)股道的配置应满足各种生产功能的要求，力求布置顺畅，避免车辆在段内迂回运行或互相干扰。

(10)车辆段与综合基地的布置宜将运用、检修部分与办公生活区、带电区与非带区分开布置，以人为本，保证安全。房屋及设备的布置应根据检修作业和生产性质按系统布置，同类房屋尽量合建，并综合考虑防火、道路、管道敷设及绿化、环保等的要求，力求布置齐整、紧凑、合理，为安全作业、文明生产创造条件。

(11)车辆段与综合基地设计应积极推广采用新技术、新工艺、新材料、新设备，积极推行车辆运用检修设备的国产化，有选择地引进国外先进技术和关键设备。设备机具宜采用国家标准系列产品，专用设备宜采用标准设备或技术成熟的非标设备，尽量采用节能产品。

(12)车辆段与综合基地的铸件、热处理件、锻件、电镀件、标准件、橡胶件等零部件均外协。车辆段与综合基地不设油库，内燃调机及轨道车加油考虑社会化。

10.1.3 车辆段的设计内容

1. 主要设计内容

一般车辆基地的设计范围和内容为：场段围墙内（含围墙）与车辆基地（停车场）功能相关的设计，主要包括车辆基地（停车场）、综合办公管理用房、物资总库、相关设备系统所需土建工程等各个阶段的设计。其具体设计范围包括：

(1)车辆基地（停车场）范围内道路设计。

(2)车辆基地（停车场）的车辆运用及检修工艺设计、物资总库的工艺设计。

(3)车辆基地（停车场）范围内房屋建筑、室内外构筑物设计，房屋建筑内、外部装修设计（不含精装修）以及预埋件和预留孔洞设计。

(4)车辆基地（停车场）范围内的线路平纵断面、轨道、路基（含地基处理）、道路、围墙、桥涵的设计。

(5)车辆基地（停车场）范围内的给、排水（含水处理）和水消防系统的工程设计。

(6)车辆基地（停车场）范围内的生产、生活、办公房屋采暖、通风、空调系统工程设计。

(7)车辆基地（停车场）范围内的电力工程设计，包括车辆基地的0.4 kV电力外线设计、道路照明设计；各单体建筑的动力配电、照明配电、防雷、接地安全设计等。

(8)车辆基地（停车场）范围内通信、信号等系统设计。

(9)车辆基地（停车场）围墙范围内的绿化设计。

(10)车辆段“三废”处理的措施。

(11)救援设备的选型与设计。

(12)车辆基地（停车场）范围内的管线综合设计，过轨电缆隧道的结构设计。

(13)车辆基地（停车场）行政区划分及定员设计等。

(14)车辆基地（停车场）的工程筹划设计及估算和概算。

2. 车辆段工艺主要设计工作

(1)车辆段工作量（任务量）计算：包括配属地铁车辆列数、检修工作量等。

(2)经过综合分析、方案比选，确定车辆段、停车场数量、规模、任务范围等。

(3)车辆段、停车场的段址选择，包括站段关系选择。

(4)与站场专业互相配合进行车辆段（停车场）出入线等股道布置的设计。

(5)车辆段、停车场总平面布置设计（含维修中心、物资中心等）。

(6)段内车库组合（包括运用车库组合、检修车库组合等）平面布置的设计；段内各生产车间平面布置的设计（含机械设备的选型与安装设计、除大型及特殊的机械设备基础设计）；段内办公房屋、生活房屋的平面布置等。

(7)室内外工艺管道（如：压缩空气管道、生产用蒸汽管道等）设计；车辆段、停车场室外综合管线的布置及总图设计等。

3. 车辆基地功能

地铁车辆基地一般由车辆段、综合维修中心、物资总库、培训中心和必要的生活设施等组成，是地铁系统各项设备、设施维护保养，材料、器材管理和对职工进行技术教育的重要基地。其功能主要有：地铁全线的铺轨基地、设备运输基地、物资储备基地、地铁车辆接收及调试基地、地铁运营准备基地。

(1)车辆的停放及日常保养功能。地铁车辆的停放和管理，司乘人员每日出、退勤前的技术交接，对运用列车的日常维修保养及一般性临时故障的处理，车辆内部的清扫、洗刷及定期消毒等。

(2)车辆的检修功能。依据地铁车辆的检修周期，定期完成对地铁车辆的各级计划性修理。

(3)列车救援功能。列车发生事故(如脱轨、颠覆)或接触网中断供电时，能迅速出动救援人员和设备起复车辆，将列车迅速牵引至临近车站或地铁车辆段，并排除线路故障，恢复行车秩序，或迅速恢复供电，保证列车的正常运行。

(4)设备维修功能。对地铁各系统，包括供电、通信、信号、防灾报警、自动售检票、环控、给排水、自动扶梯等机电设备和房屋、轨道、隧道、车站等建筑设施以及车辆段内设备和机具进行维护、保养和检修。

(5)材料供应功能。负责地铁系统在运营、检修过程中所需的各类材料、设备、备品备件、劳保用品以及非生产性固定资产的采购、储备、保管和发放工作。

(6)技术培训功能。对地铁系统的技术干部和生产人员进行技术培训。

另外，车辆基地在地铁建设期也具有重要的作停放及日常保养。

4. 各设计阶段工程数量计算规则、概算编制内容

项目的投资估(概)算应进行专业和系统的分项投资分析和评价，对各设计阶段的总投资的变化幅度应予控制，可行性研究阶段的总投资不宜超过预可行性研究(或建设规划)的15%；总体设计与初步设计均不得超过可行性研究阶段的10%。

(1)预可研阶段：按设计的车辆段、停车场数量及规模进行工程投资估算。

(2)可研阶段：根据车辆段、停车场数量及规模，按建筑工程、安装工程及设备购置费编制工程投资估算。

(3)初设阶段：按车辆段、停车场下属车间为单位编制工程概算的建筑工程、安装工程；设备购置费则按台(套)分项计算，然后汇总。

(4)总体设计与初设阶段类同。

(5)施工设计阶段：编制施工(投资)检算，即按初设审查意见及施工图设计工程数量(实际就是段、场、车间设置与设备核实数量)进行修改，编制施工投资检算。

5. 车辆段专业与其他专业的相互关系

城市轨道交通车辆段、停车场是城市轨道交通工程系统设计中较为独立的子系统。故车辆段专业与许多专业有着密切的配合关系、上下序关系、制约关系。

(1)行车专业

行车专业需向车辆段专业提供列车日开行对数，小时开行对数，列车编组辆数，载客人数，列车开行交路(含大、小交路)，旅行速度，区间运行时分，牵引计算技术资料等。

(2)地质专业

地质专业应向车辆段专业提供气象资料(含全年各月平均气温、全年最低气温等)、冻结深度、地震烈度等资料。

(3)线路专业

线路专业需向车辆段专业提供线路平、纵断面图(或缩图)。

(4)桥梁专业

车辆段、停车场室外穿股道的管廊、管沟和河道、沟渠上的桥涵需由桥梁专业设计，车辆段专业应将其相关技术资料提供给桥梁专业。

(5)站场专业

车辆段、停车场平面布置与站场专业的股道设计有着举足轻重的关系。车辆段、停车场内股道的布置与设计，应以工艺设计提出的站场要求为依据。车辆段专业向站场专业提供车辆段、停车场股道名称、有效长与其平面布置要求，用地要求，股道电化(挂网或铺设三轨)的范围等资料，并在站场专业提供的不带房屋站场图上布置房屋。

站场专业应向车辆段专业提供车站表、风玫瑰图。设计过程中还需及时向本专业提供不带房屋站场图。施工图设计中，站场专业还需提供车辆段、停车场横断面设计图，以及车辆段、停车场总平面布置图(1∶500)。

(6)房建专业

车辆段专业在勘测前需向房建专业提供组合车库、多层建筑物等需要钻探的建筑物设计要求及其位置，以便房建专业向地质专业提出钻探要求；设计中需向房建专业提供房建要求、定员要求、沟槽管洞(含室外生产工艺管道、管沟、检查井等)及大型设备基础等要求。

房建专业需向车辆段专业返回生产房屋及主要办公生活房屋的平、立、剖面图。

需要说明一点：轨道、供电、通信、信号、给排水等相关专业在提供维修中心内有关房屋(含生产房屋、办公房屋)时首先向车辆段专业提出，车辆段专业在综合后再向房建专业提出。在房建专业返回平、立、剖面图后，车辆段专业还要在站场图上布置房屋。

(7)暖通专业

车辆段专业根据工艺设计需要向暖通专业提出采暖、通风、空调等要求。

暖通专业应向车辆段专业提供车辆段、停车场室外供热管线布置及参数等设计资料。

(8)给排水专业

车辆段专业需向给排水专业提供车辆段、停车场的给排水要求和室内给排水要求。

给排水专业需向车辆段专业提供给水房屋、消防泵房、污水处理站等房屋的面积及位置地点，室外给排水管线平面设计资料，以便车辆段专业进行车辆段、停车场的平面布置和室外综合管线设计。

(9)环保专业

车辆段专业应按要求向环保专业提供所设计的车辆段、停车场产生的“三废”的情况及车辆段专业负责治理范围的措施等素材资料。

(10)通信专业

车辆段专业需向通信专业提供配属列车数及车辆段、停车场通信设备(含广播设备及计算机)的设置要求。

通信专业应向车辆段专业提供车辆段、停车场内室外通信线路布置设计资料。

(11)信号专业

车辆段专业需向信号专业提供配属列车数以及车辆段、停车场设置试车线、“转换轨”的技术要求等资料。

(12)电力专业

车辆段专业需向电力专业提供用电量及用电要求等，其中包括特殊用电要求以及接触网、三轨分段绝缘信号配电要求。

电力专业应向车辆段专业提供室外电力(动照)线路布置等设计资料。

(13)电气化专业

车辆段专业应向电气化专业提供电气化股道分段绝缘器隔离开关及与隔离开关联锁标志灯的设置数量和位置。

电气化专业应向车辆段专业提供室外供电电缆布置等设计资料。

(14)机械专业

机械专业负责车辆段、停车场锅炉房工艺设计，故应向车辆段专业提出供油、供燃气等管道敷设技术资料。

车辆段专业应向机械专业提供车辆段、停车场生产蒸汽用量的资料。

(15)燃(煤)气专业

车辆段、停车场的燃(煤)气供应及其管道设计，由于资质原因，由地铁所在地区城市煤气设计院负责。可由车辆段专业汇总暖通专业、机械专业提出的燃(煤)气消耗量后，提给煤气设计院的燃(煤)气专业。

燃(煤)气专业向车辆专业提供燃(煤)气调压箱位置和燃(煤)气管道走向及管径等资料。

(16)轨道专业

车辆段专业应向轨道专业提供停车列检库、检修库等轨道设置要求。

10.1.4 车辆检修制度及修程

地铁车辆是机电一体化的大型运用设备，包含大量部件的复杂动力设备，制定经济合理、切实可行的车辆检修制度(体制)，对确保地铁车辆的安全运行、降低运营成本和延长车辆使用寿命有十分重要的意义。

1. 车辆检修制度

车辆检修制度一般指车辆检修工艺的组织和运作的制度。一般应根据车辆的技术条件、车辆制造水平及工艺、线路条件、地区环境、运营条件以及运用、检修人员的技术水平和熟练程度、检修设备的先进性和管理水平等多方面因素确定，并在实际运用中不断调整和完善。从世界范围来看，车辆检修制度基本上分为预防性计划检修制度和技术状态检修制度两种。

(1)预防性计划检修

地铁车辆检修制度目前多为预防性计划检修制度，即按车辆的运行周期(走行公里)进行定期检修的车辆检修体制。随着车辆制造水平的提高和运用检修经验的丰富，可以部分地利用车辆故障诊断系统进行分析、检测，并依靠其提供结果进行检修。

(2)技术状态检修

技术状态检修是指根据通过检测、故障诊断等技术手段和检修经验，检测各部件的技术状态或预判可能出现的故障，并对车辆的各部件进行检修的检修体制。

严格意义上的技术状态检修，目前世界上任何国家都没有实现，但是技术状态检修是检修体制的一种改革，是检修体制的发展方向，各个国家和地区都在努力的探索如何向状态检修过渡。

目前，仅有少数几个发达国家的地铁维修基地部分实现技术状态检修制度，因为这种检修制度要求管理人员、维修人员都应具有极高的素质，检测、维修设备、手段也具有极高的科技含量，另外还要有可靠的无线传输设备，将诊断的故障结果准确无误地向检修段的检修调度中心报告，以便检修段及时安排工人和需要更换的配件。

(3)车辆的检修作业方式

车辆的检修作业方式主要有现车修和换件修两种。

现车修：是将待修车辆的零部件，经过修理，消除其缺陷后，仍安装在原车上的检修作业方式。这种作业方式，除报废零部件需更换外，其他零部件均需等待修理后装回原车。该方式的优点是：可以减少备用零部件的数量；缺点是：常因等待零部件的检修而延长了库停时间。

换件修(亦称互换修)：是先将待修车辆的零部件分解下车，然后将新零部件或已修好的零部件直接装车，待修车辆上分解下来的零部件经过修理，消除其缺陷后，作为备品再装在下批待修车辆上的检修作业方式。该方式的优点是：最大限度地缩短停修时间，提高修车效率；缺点是：不仅要求有足够的零部件，而且还要有一定数量的互换件。

综上所述，车辆检修制度一般采用预防性计划检修制度，逐步过渡到技术状态检修；同时为提高车辆的效率，又减少零部件的储备，合理的检修方式是将现车修与换件修相结合：即车辆检修宜采用大部件互换修为主，部分零部件现车修为辅的检修作业方式，在条件具备时，逐步扩大互换修的范围。

2. 车辆检修周期

(1)车辆修程及指标

车辆的检修修程及其指标是确定检修制度及检修规模的基础，一般由车辆制造厂商提供基础数据，而作为用户一般要根据车辆的运用情况进行修订，在确保行车安全的基础上实现更高的经济效益。

车辆的技术水平对车辆检修制度的确定有着重要的影响，这主要体现在：对于不同技术水平的车辆，其修程及各修程对应的作业内容甚至检修周期都会有所不同。目前许多城市地铁工程采用的国产化车辆，其车辆重要部件基本上都采用进口部件，因此车辆的检修修程及周期应结合国产化的具体水平，并结合当地的具体情况确定。

车辆日常维修和定期检修的修程和周期应根据车辆技术条件、车辆的质量和既有车辆基地的检修经验制定。新建地铁工程的车辆检修修程和周期应按《地铁设计规范》(GB 50157—2013)要求，并应符合表 10.1-1 的规定。

表 10.1-1 车辆修程及指标表

类　别	检修种类	检修周期		检修时间(d)
		里程(万 km)	时间(年)	
定期检修	大修	120	10	35
	架修	60	5	20
	定修	15	1.25	7

续上表

类别	检修种类	检修周期		检修时间(d)
		里程(万 km)	时间	
日常维修	三月检	3	3月	2
	双周检	0.5	6月	0.5
	列检	—	每天或2 d	—

(2)地铁车辆各检修修程内容

大修系将车辆全部解体:架车(或吊车体)、解体、检修。主要对转向架、车体等进行测量与整形;对牵引电机、电器、电气线路、轮对等部件全部进行分解、修理、调试和试验,使其完全恢复技术性能;对车辆重新进行油漆标记;大修应以配件互换为基础;对重新组装后的车辆进行静、动态调试。

架修:架车(或吊车体)、基本解体、检修。主要是对转向架、牵引电机、受电弓、制动系统、车钩缓冲装置、车门、各种电气控制装置等主要部件进行分解、检查、修理、互换、调试、试验,对仪器仪表进行校验,对车体及其余部件的技术状态进行检查修理,以保证车辆处于良好的运用技术状态,架修后应进行整列车辆的静调、动调。

定修:一般不架车,对车辆受电弓、转向架、电机、空气制动装置、空调设备、电气装置、控制装置、车钩缓冲装置、车门、车灯、蓄电池等主要部件的技术状态和功能进行检查、修理和必要的试验,更换易损易耗件,对影响行车安全的故障进行全面修理,必要时架车处理,修竣后列车需进行静、动态试验。

临修:对车辆临时故障检修,必要时更换须检修转向架及其他大型部件。

三月检:不架车,进行车辆重点部件及系统状态检查、保养和必要的试验,部件清洁、润滑、更换磨耗件,对影响行车安全的故障进行全面修理。

双周检:对易损件和磨耗件进行检查、对部件的空气滤尘器进行检查。及时处理影响行车安全的故障。

列检:对车辆受电弓、转向架、空气制动装置、空调设备、电气装置、控制装置、车钩缓冲装置、车门、车灯、蓄电池等主要部件进行日常性技术检查和保养,及时处理影响行车安全的故障。如果列车有故障指示,从诊断装置下载故障信息,并分析诊断数据。

3. 地铁检修模式具体案例

(1)香港地铁检修模式

以香港地铁为代表的检修模式,是许多发达国家目前正在采用或准备采用的检修模式,现对香港地铁的检修模式简述如下:

①停放库:仅是用于列车停放,不做列车检查作业(列检)。

②联合检查库:联合检查库分为一般检查和重要检查。

③工作制度:两班工作制。

④检修作业方式:列车在非高峰时段回段,即进行检修,此时的检修即为检查,其检修范围相当于列检、月检、定修,方式为各待检车辆作业同时进行,部分车进行列检作业、部分车做月检、部分车做定修(即为定检,无定修修程)。

⑤检修部件及周期:根据供货商提供的保养周期及方法,结合运营经验,预测部件可能出现的问题,进行保养。部分零部件在超过保修期便予以报废。

⑥检修理念:贯彻均衡修理念。加强车辆的保养、小修程的检修质量,尽量延长部件的使用寿命,使检修均衡化。

⑦厂架修:几条线共用一个厂架修库,尽量减少厂架修库的数量,尽量延长厂架修周期。

由上述可知,与传统的计划预防修模式相比,香港地铁检修模式最大的特点是:在地铁车辆质量有保证的前提下,取消了定修这级修程,通过加强故障诊断系统、地面检测系统等硬件系统,同时依靠技术工人、检修工程师丰富的经验,使车辆保养良好、小修程检修优良,从而达到使车辆的较大修程周期延长的目的。但从根本上讲,该检修体制仍为计划修,只是由于其发达的技术水平、完善的软件和硬件环境,使其修程得以延长,并逐步向状态修过渡。

目前，国内外地铁普遍采用按车辆检修周期进行定期检修的预防性计划检修制度。国内已经投入运营的北京、上海、广州地铁均采用这种检修制度。鉴于国内地铁车辆的检修尚缺乏强有力的技术支持，检修设备尤其是许多检测方面的非标设备技术及运用还不完全成熟，因此，地铁车辆检修建议采用预防性计划检修制度，近期以现车修为主，远期以互换修为主。随着技术水平及检修能力的提高，可以逐步过渡乃至发展为技术状态修制度。

另外，根据反馈和总结的经验，建议建设单位尽早考虑车辆招标事宜，早日稳定地铁车辆方案，最好在施工设计前完成各项技术谈判，以便车辆生产厂家能及时提供地铁车辆及各主要部件的检修规程等资料，使得车辆段检修工艺的针对性更强，设计规模更合理，检修更经济和实用。

(2)北京地铁 4 号线京港公司修程及马家堡车辆段简介

北京地铁 4 号线工程线路全长 33.6 km，由京港公司负责运营 30 年。根据运营需要研究拟设龙背村停车场和马家堡车辆段与综合基地各一处，其中马家堡车辆段与综合基地包括车辆段、综合维修中心两部分，分别担负车辆运用、检修、停放，全线各种机电设备的维修，以及物资材料存放。考虑到京港公司运营 30 年后，北京地铁 4 号线的运营权有可能将转交其他运营公司，因此车辆段的规模按近期工作量设置，预留远期发展的条件。

马家堡车辆段设厂架修线 2 列位，设临修 1 列位，架临修主库长×宽为 210 m×27 m，库内设有 3 股道，分别为临修、架修线。列检库由主库和辅助用房组成，主库由 2 个 28 m 跨组成，库长 150 m，每跨 4 股道，1 线 1 列位，共 8 个列位。停车库由主库和辅助用房组成，主库库长 270.0 m，由 2 跨组成，每跨 5 股道，1 线 2 列位，共 20 个列位，远期再扩建停车线 6 股 11 个列位。车辆检修修程见表 10.1-2。

表 10.1-2 车辆检修指标表

检修种类	修程周期(万 km)	停修时间(d/列)
大修	160	45
架修	40	14
B 列检	1.5	1.5
A 列检	0.5	0.5

1)车辆运用整备作业流程如图 10.1-3 所示。

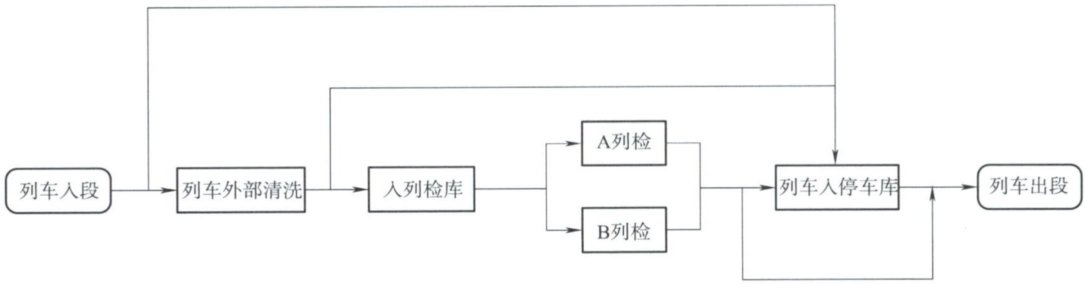

图 10.1-3 车辆运用整备作业流程

2)车辆检修作业流程如图 10.1-4 所示。

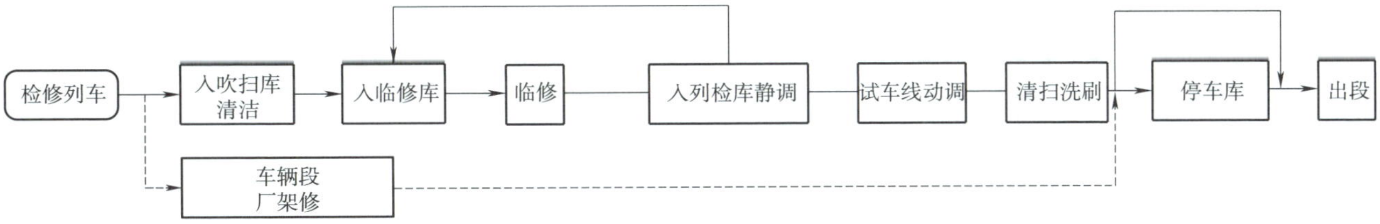

图 10.1-4 车辆检修作业流程

架修：车辆在列检库下部清洁→入架临修库→车辆全面清洁→部件分解下车→系统测试→检修、更换

→组装→入列检库静调→列车上试车线动调→验收、交车→洗车库外部洗刷→入停车列检库待班。

需要说明的是列检库的规模即列检股道数量是根据香港地铁近30年的运营经验确定的。京港公司的运营模式内容之一是停车和列检功能分开，停车库只停车不做列检，因此不设地坑。这样安排是考虑到停车库车辆出入频繁，且使用三轨供电方式（地面有高电压）对检修人员有危险。为此独立设置列检库，集周检、月检、静调、故障修复等功能于列检库，承担北京地铁4号线工程配属列车的A列检和B列检工作；负责架修、临修后列车的静态调试；负责架修、临修前列车走行部清洁工作。其8股道具体任务及工作范围如下：

①3条线进行常规的周检和月检（A、B类列检）

A列检：对关系到安全的车上重点部位进行检查，并负责车辆临时小故障的修复。

B列检：对车辆重点项目进行检修、测试及小零件的更换，并负责临时小故障的修复。

清洁：采用中央吸尘器、吸尘管道组成的吸附式系统对车下设备的灰尘进行吸附，之后再进入架临修库，以保证走行部各部件清洁，改善修车工作环境，提高修车质量，减少环境污染。

②2条线进行架修、临修车的静态调试

一般检查：对车辆各开关位置、导线连接、车辆的连挂、箱体的安装是否正确无误进行检查。

线路测试：在未通电情况下，对各有关设备、蓄电池组、接地电阻等进行测试，对各处零线及各断路器、熔断器状态是否接好正常进行测试。

耐压试验：根据车辆厂提供的有关数据，对各系统进行绝缘耐压测试。

通电调试：由车辆调试电源接口从静调电源柜电源接入直流电源，分别对照明线、各系统控制回路、辅助系统、报警、保护、故障显示、空调等系统进行检测调试。

经单元静调合格后，整列连挂对主回路、牵引系统进行检测确认合格后，出库上试车线动调。

③2条线重要进行车辆的故障修复工作

此两条股道和架修库的临修股道的区别是：临修股道是车辆发生较大的故障，需要架车作业时使用；列检库的这2股道是当车辆发生故障，不需要架车就能修复时使用（主要为车顶的空调设备，车底下的各种设备等故障修复使用）。

④1条线备用，当发现一些具有代表性问题时，需要对车辆做普检，以上股道可能不够用；另外临修需要架车分离时可以利用此股道作为调车中转使用。

10.1.5 车辆段运用、检修工作量及规模

1. 概述

车辆段工作量是车辆段专业设计中的一项基本工作，它是根据列车运行区间的长度、列车平均旅行速度、列车开行对数等原始资料及有关指标，分别计算出列车运用和检修工作量，根据这些工作量，并结合将来的发展等其他因素来确定车辆段、停车场规模和设备。

2. 车辆段工作量计算

(1)车辆配属列数的计算

配属列数包括运用列数、检修列数、备用列数等。

运用列数取决于列车运行区间的长度、运行交路、列车平均旅行速度、高峰小时列车开行对数等基础资料。运用车数量初步设计阶段应通过铺画列车运行图确定；可行性研究阶段可按各设计年度高峰小时列车对数、运行交路、旅行速度、折返时间等计算确定。设有大小交路时应分别计算，并宜采用小数进位取整原则确定该交路运用车列车的数量。

检修列数系大修、架修、定修、三月检在修列数的总合，以上各种修程的在修列数在检修工作量计算中取得，一般不超过运用列车总数的10%。

备用列数一般取运用车列数的6%～10%。

(2)地铁车辆检修工作量计算

根据地铁车辆全年走行公里、定检公里、停修时间（分在修时间与库停时间）和临修工作量计算确定。检修工作量计算可得到年检修列数（含大修、架修、定修、月检等，下同）、检修列位数（确定车辆段检修规模的主要依据）、在修列数（确定列数的一项）等。

(3)列检停留库规模(股道数、列位数)的计算

根据配属列数计算(主要是运用列数)。

(4)试车线长度(有效长)的计算

依据地铁车辆列车长度、最高运行速度(即动车试验时最高速度)、试验时加速、惰行、制动要求及安全距离进行计算确定。

3. 车辆段、停车场布局

城市轨道交通车辆段根据功能分为检修车辆段(简称车辆段)和运用停车场(简称停车场)。车辆段根据其检修作业范围分为大(架)修段和定修段。独立设置的停车场隶属于相关车辆段。

城市车辆段的设置应根据线网规划统一考虑。按具体情况(任务量、过轨条件等)可以一条线路设一座车辆段,也可几条线路合建一座车辆段。

车辆段除提供地铁车辆停放场地外,还承担地铁车辆的定期检修任务(大修、架修、定修、双周三月检等),这里需要说明的是大修设施投资大,利用率低,可考虑委外进行。如无委外条件,一般情况下也可考虑缓设,即预留发展场地。

当一条线路长度超过 20 km 时,可根据运营需要,在适当位置设置停车场。停车场主要提供地铁车辆的停放场所并承担车组的管理和日常维修保养(列检、小临修等)。

在较长运营线路上,距离车辆段或停车场较远的折返站上可设置列检所,利用折返站上的停放时间,对车组的重要部件进行技术检查,并处理危及行车安全的一般性临时故障。

10.2 车辆段总平面布置设计

10.2.1 车辆段总平面布置设计

1. 选址原则

(1)充分考虑城市轨道交通线网规划及其车辆运用检修设施在线网上的分布,合理选点,避免重复建设。

(2)符合城市规划要求和环境保护。

(3)应保证列车出入段时安全可靠、方便迅速、运行经济。

(4)避开工程地质及水文地质不良地段。

(5)有利于电力、供水、煤气的接入,方便与城市道路的连接。

(6)尽量减少房屋拆迁。

(7)场坪标高应满足所在地的防洪标高,并有良好的自然排水条件。

(8)留有足够的发展场地。

(9)充分考虑工程的可实施性。

综上所述,应结合系统实际情况进行车辆段与综合基地、停车场的选址,兼顾客流特点、运营、工程投资、周边环境等各种因素,还要综合考虑防水、防火等,满足规划及环保要求,并尽量靠近正线,与正线有较顺直的通路。

车辆基地可根据具体情况一条线路设置一座或几条线路合建一座。当车辆基地至终点站的距离大于 20 km 时,应在适当位置增设停车场或停车列检设施。

当车辆基地需进行物业开发时,建筑物布置在满足功能条件下应适当集中,在集约用地的前提下设置上盖开发,车辆基地与上盖物业应统筹设计、分别实施。宜根据车辆基地周边的城市总体规划和临近地区的用地性质及交通发展状况,在选址阶段综合确定车辆基地的开发内容、性质和规模,并进行技术经济比较和效益分析。

2. 总平面布置原则

在充分分析车辆段(停车场)的功能需求和充分利用所选段址的地形地貌和周围环境的基础上,以确保修车质量和作业安全,满足工艺要求为前提,以努力提高作业效率,改善劳动条件,节省工程投资为目的,确定主要原则如下:

(1)合理选择接轨站，优化出入段(场)线布置。各线出入段线不宜少于两条线，确保列车进出互不干扰。

(2)总平面布置应满足车辆段(停车场)的功能要求，统筹规划。功能分区明确、联络方便、交通顺畅、流程合理、布局紧凑、用地节省、服务设施完善、环境适宜、整齐美观、经济适用。

(3)车辆段(停车场)总平面布置应以车辆段为主体，统筹考虑综合维修中心、物资总库等各项设备、设施的工作性质和功能要求，按照有利于生产、确保安全、方便管理、方便生活的基本原则合理布置，力求工艺顺畅、作业方便。房屋设施适当集中布置。

(4)车辆段(停车场)的站场股道、房屋建筑、设备与设施的布置，应根据生产性质、作业要求，结合地形、地貌、地质、水文、气象条件，充分考虑消防、卫生、通风、采光、绿化、环境保护、城市规划等方面的要求。

(5)综合维修中心宜靠出段线侧集中布置，以利于房屋、设备的资源共享。

(6)物资总库的布置应便于汽车运输，应有相应的设备和材料的装卸、运输条件及场地，以便于设备、材料的运输和发放。

(7)车辆运用及洗车设备宜靠入段线布置。

(8)洗车机和旋轮机布置应避免干扰通行道路和其他作业，有条件时洗车线可按往复式布置。

(9)试车线应设于车辆段边缘，有条件时尽量近检修库侧布置。

(10)牵引变电所宜设于咽喉区附近。

(11)工程车库、平板车库、材料棚及料场宜集中，有条件时近出段线侧布置。

(12)动力设备、生活设施宜与车辆段共用。

(13)办公生活设施宜集中布置于主出入口附近。

(14)车辆段与综合基地内应有汽车运输及消防道路，并应有不少于两个与外界道路相连通的出入口。

3. 总平面布置相关规定

车辆基地总平面应合理布局、功能分区明确、节约用地、交通组织顺畅，并应符合下列规定：

(1)车辆基地总平面布置应以车辆段(停车场)为主体，并应根据车辆运用、检修的作业要求和段(场)址的地形条件，综合维修中心、物资总库、培训中心和其他生产、办公、生活设施的布局以及道路、管线、消防、环保、绿化等要求统筹安排和布局。

(2)车辆段生产房屋布置应以运用、检修库为中心，各辅助生产房屋应根据生产性质按系统布置；与运用和检修作业关系密切的辅助生产房屋宜分别布置在相关车库的侧跨内或邻近地点；性质相同或相近的房屋宜合并设置。当办公房屋与其他房屋合建时，应满足办公房屋的使用功能和环境要求，并应分区明确。

(3)车辆基地内消防车道的布置应符合现行国家标准《建筑设计防火规范》(GB 50016—2014)的规定，并应符合下列要求：

1)车辆基地内应设不少于两条与外界道路相通的消防车道，并应与基地内各建筑的消防车道连通成环形消防车道。

2)当运用库、检修库内每线列位在两列及以上且建筑长度超过 150 m 时，应在停车位之间设置穿越建筑内部的消防车道。

3)当车辆基地的停车库和部分检修用房设在地下时，应设地下环形消防车道。当设置环形消防车道有困难时，可沿车库的一个长边设置消防车道，并应设回车场。

(4)车辆基地根据线路条件可设置综合在线检测系统设施。综合在线检测系统设施可包括弓网关系检测设备，轮轴尺寸、踏面检测设备，轴承故障诊断设备，轴温检测设备等，其安装应符合下列规定：

1)弓网关系检测、轮对尺寸检测设备宜设置于车辆基地入段线上。

2)轮对踏面检测、轴承故障诊断、轴温检测等设备应设置在车辆基地与正线接轨站或接轨站附近车站处。

3)综合在线检测系统的控制终端应设在车辆基地的控制中心(DCC)内。

(5)车辆基地道路应符合下列规定：

1)应适应生产工艺流程需要，并应与线路、管系、绿化和环境等布置相协调，满足运输、消防、安全等方面的要求。

2)主要建筑物周围道路应形成环路，尽端道路应设置回车场地；主干道的路面宽度不应小于 7.0 m，转弯半径不应小于 12.0 m。停车场主干道的路面宽度不宜小于 4.5 m。

3)通行汽车的次要道路的路面宽度不应小于 4.0 m,转弯半径不应小于 9.0 m;其他道路的路面宽度宜为 2.0～2.5 m。

4)消防车道宽度不应小于 4 m,穿过建筑物门洞时其净高不应小于 4 m;尽端式消防车道应设回车场,回车场宜按 18 m×18 m 设计,困难时,不应小于 12 m×12 m。消防车道路面、扑救作业场地及下面的管道和暗沟应能承受大型消防车的压力。

(6)车辆基地应设围蔽设施,其设计宜结合当地的环境要求,选用安全、实用、美观的材料和结构形式;车辆基地出入线、试车线、洗车线和旋轮线及车场线群外侧,应设通透的隔离栅栏。全自动运行的车辆基地自动驾驶区域、接触轨制式作业区域应设隔离栅栏。环境敏感地带露天出入段线敞口段应设置安全防护及隔音设施。

(7)当车辆基地不具备铁路运输及联络线转运条件时应设置新车装卸线,可与轨道车停放线或材料装卸线兼顾使用,运输新车的大型汽车通道的转弯半径不宜小于 25 m,通行高度不宜小于 5 m,载荷应满足运输新车的要求。

(8)车辆基地应根据生产和管理的需要,配备相应的辅助生产房屋和乘务员公寓、食堂、办公楼、浴室、职工更衣休息室及卫生设施。当乘务员公寓与其他楼宇合设时,宜设置独立出入口。

(9)车辆基地根据所在地区面积、人口多少、社会情况和工作需要设立公安派出所时,应符合行业标准《公安派出所建设标准》建标 100-2007 的规定。

(10)车辆基地总平面设计应符合国家现行标准《工业企业总平面设计规范》(GB 50187—2012)和《无障碍设计规范》(GB 50763—2012)等的有关规定。

(11)用地面积应控制在规定指标范围内,大架修段 1 000 m^2/辆,定修段 900 m^2/辆,停车场 600 m^2/辆。

4. 全自动运行车辆基地总平面布置

全自动运行车辆基地总平面布置应根据自动运行和非自动运行功能要求划分区域,并预留物理隔断空间。当自动运行区域设置物理隔断时,相关通道应设置门禁,应避免司乘及相关作业人员长距离绕行,并应符合下列规定:

(1)全自动运行车辆基地应分为自动驾驶区域和非自动驾驶区域,两个区域划分界面清晰并配有物理隔离措施。

(2)对全自动运行区和非自动运行区的转换作业,在牵出线或检修库前配置转换区段。转换区段设于全自动运行区内,配套设置司机登乘平台,并具备司机上、下车安全措施。车辆由自动驾驶区域至非自动驾驶区域时必须经由信号转换轨实现驾驶模式的转换。信号转换轨长度不应小于 1 列车长加信号安全防护距离;转换轨区域应进行物理隔离,并应设置门禁。

(3)停车列检库除了停车功能外,还兼顾日检功能,按 100%列位设置检查地沟,防护分区 2～3 股道设置为一个防护分区,采用防护围栏分隔。

(4)停车列检库内应满足信号自动停车的安全防护距离和相关测试长度要求,既列车停车点至车挡(不含车挡长度)≥15 m,库内两列车间距≥20 m。

(5)对司机在停车列检库的上、下车作业,应配套设置司机登乘平台,司机通道与一般作业人员通道要严格分开,互不交叉。

(6)为保证工作人员进入停车列检库各分区的安全和便捷,需设置地下横向通道。

(7)洗车库设于全自动运行区域,并满足自动洗车要求。

(8)自动驾驶区域应包括出入线、牵出线、转换轨、洗车线、停车列检线及相关联络线群,该区域列车运行应实现全自动运行;试车线、周月检库线及相关联络线群可纳入自动驾驶区域。

(9)非自动驾驶区域应包括大架修线、定临修线、周/月检线、不落轮旋轮线、吹扫线、静调线、调车机车线、平板车停放线、工程车库线、材料线、检修牵出线、回转线、铁路联络线及相关联络线群,该区域列车运行应人工驾驶。

10.2.2 车辆段工艺设计

1. 车辆检修工艺

国内地铁车辆的检修工艺有两种:架车体和吊车体,主要是针对大、架修而言。

(1)架车体方案

待修车辆先进入吹扫库对走行部进行吹扫、清洁后，用调机将整列车推入设有固定式架车机的解体、组装台位上，对其进行解钩、架车，推出转向架，通过转向架转盘，将待修转向架推入转向架车间，解体后将相应部件运至各自的检修车间进行检修。将架车机上的车体落在工艺转向架(假台车)上，用牵车机将每一辆车通过移车台分别推送至主库内的固定检修台位(股道)，在这里对车体各部件进行全部解体，分解下的各部件运至相应的检修车间进行检修。地坑式架车机架车如图 10.2-1 所示。

图 10.2-1　地坑式架车机架车图

组装时，架修后的车体经移车台推至库内固定检修台位上，各修竣的零、部件安装在固定检修台位上的车体内，组装好的车体通过移车台运至设有固定式架车机的解体、组装台位上，架车后将工艺转向架(假台车)推走。同时各修竣的转向架在转向架车间组装好后依次推至解体、组装台位上相应车体的下部。将车体落在修竣的转向架上，修竣的车用牵车机通过移车台推送至油漆库。油漆后的车辆运至解体、组装台位上，修竣的两辆车进行车钩和电气连接，组成单元车组。用调机推入静调库，在静调库编组后进行静调试验。合格，上试车线进行动态试验。满足技术要求后即可投入运营。

架车体方案系定位修，这种方式各作业环节交叉干扰较少，作业顺畅，检修工作人员容易掌握，检修效率较高，但配备的固定式架车机、移车台、转向架转盘等属非标设备，投资较大。架车体方案为目前国内外现场采用较多的一种检修作业方式，特别是国内已经投入运营的城市轨道交通车辆段中广州地铁 1 号线车辆段、上海地铁车辆段均采用该检修方式，现场运用效果良好。

(2)吊车体方案

本方案检修时，车辆先进入解体组装线，然后用桥式起重机吊起车体，吊至停放在架修线的车体工艺转向架(假台车)上；之后对车体进一步解体，把分解下来的大部件送至各自的车间进行检修；同时把转向架运送至转向架及轮轴检修间，进行分解、检修。修竣后组装时，将架修后的车体吊运至解体组装线检修好的转向架上组装。装好的车辆由调机推送至油漆库进行油漆作业，之后对车辆进行编组。做临修时，车辆局部解体，用移动式架车机把待修车辆架起来，将转向架推出，吊至轨道电动平车上推送至转向架及轮轴检修间进行分解、检修，与此同时把车辆落在工艺转向架(假台车)上，局部进行分解，将分解下的部件运至各自的检修车间。组装时，将修竣的各部件重新组装在车辆上。把车体架起来后推出工艺转向架(假台车)，将修竣并组装好(或备用)的转向架吊至定修线上，推送至适当位置，进行电气连接，之后落下车体。定修在台位上对检修规程内的相应内容进行作业。将架、定修及临修组装好的列车送至静调库做静调试验，达不到要求，需对相关的零部件进行进一步检修。之后再做静调试验，试验后达到要求的车辆，需上试车线进行动调(即试车)，合格即可投入运营。

吊车体方案作业较为简捷，易于掌握。各修程车体的分解、组装在各自的股道上进行，界限分明。但是主库与边跨各分间的运输通道有一定的交叉干扰，要求库房净空较高(库房轨顶高为 10.2 m，而架车体库房轨顶高为 8.4 m)，另外吊车作业时工作人员的安全感稍差一些。由于该方案配备的主要起重运输设备为天车，为定型产品，造价较低，所以本方案投资较低。

目前架车体和吊车体两种检修工艺在国内不同地铁车辆段的检修中都有较成功的应用，对这两种工艺的选择主要与检修习惯有关。北京地铁早期的几个车辆段采用吊车体工艺，上海、广州等地的地铁项目则较多地采用架车体工艺，而且国内新建段普遍采用架车体工艺，如天津地铁1号线、北京地铁4号线等。从近年来国内外城市轨道交通车辆检修工艺发展来看，架车体方案应用更广泛，是今后的发展趋势。

2. 车辆运用检修工艺流程

(1)运用整备工艺流程

列车入段后，如需洗刷，直接进入并通过车辆洗刷线完成洗刷作业后通过牵出线进入双周三月检或停车列检库；如不需洗刷，则直接进入双周三月检或停车列检库。列车经过双周三月检、列检或停车待班后，按行车组织出段运行。车辆运用整备作业流程如图10.2-2所示。

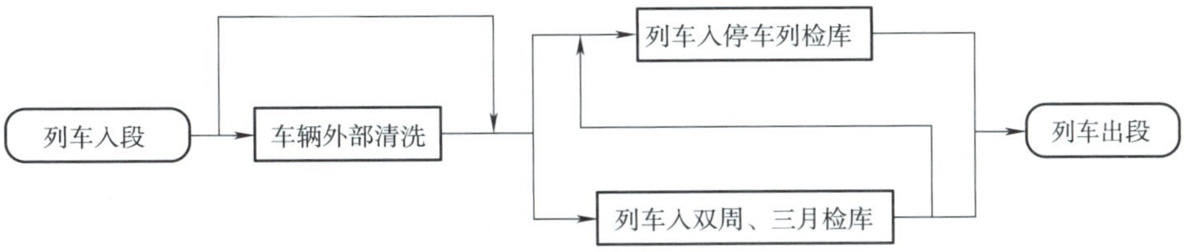

图10.2-2　车辆运用整备作业流程

(2)车辆检修工艺流程

按车辆检修计划，列车入段后，进入旋轮库线完成旋轮作业，或者用调机将车辆推入定(临)修线或厂架修线，进行检修作业。车辆检修作业流程如图10.2-3所示。

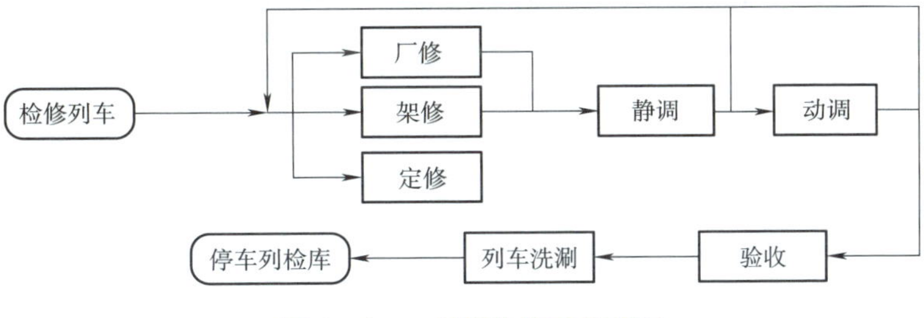

图10.2-3　车辆检修工艺流程

10.2.3　车辆基地设计实例

东北某城市地铁1号线车辆基地是我国最寒冷地区第一个完成设计并且建成投入运营的城市轨道交通车辆基地，设计中不仅充分考虑了车辆检修、运用工艺设计中的各个环节，也结合当地气候特点进行了全方位的技术分析和针对性设计。

1. 总平面设计

城市总体规划确定的一期工程车辆基地段址地理环境较为复杂，限定条件较多。

北面为铁路×××站，西面为×××市二级河道马家沟以及规划红旗大街，马家沟由南到北贯穿市区；南侧为平湖街，距其25 m左右设有变电所(220 kV)；东面为新江桥街。该场地呈长方形，长约1 100 m，宽约210 m，宽度方向最窄处只有170 m，用地非常狭窄。车辆段西端有220 kV高压线跨过，根据当地电业局要求220 kV高压线路的保护区域为线路两边各15 m，在保护区内不得兴建建筑物、构筑物。在满足厂架修功能的前提下，建筑整合及总平面布置非常困难。设计通过多方调研、考察，不断优化设计方案，最终完成总平面设计，很好地将生产与办公、生活分开，便于管理。由于地块狭长，检修库与停车列检库设计为逆向错列布置。车辆段出入段线与停车列检库顺向连接，列车进出段顺畅方便。出入段线分别从太平桥站、交通学院站接轨，采用“八”字形接轨方式，具备了列车调头功能，同时可以双向收、发车，提高运行效率及运行质量。车辆段用地范围如图10.2-4所示，场区高压线如图10.2-5所示。

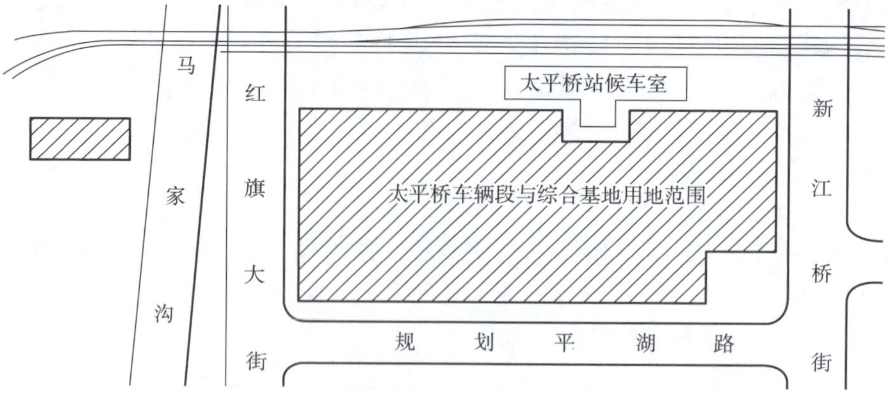

图 10.2-4 车辆段用地范围图

图 10.2-5 场区高压线图

2. 场坪高程设计

该车辆基地段址地理情况较为复杂，周边地势高度起伏较大，给设计带来了较大困难。经过若干次讨论以及详细分析后，最终采用的高程比原初步设计降低了 0.3 m，节省投资数百万元。

段址北邻国铁×××站，西临马家沟，东、西、南三面与三条规划路相邻。段址处地势低洼，标高主要在 116.5～118.5 m 之间。东侧为新江桥街、菜市场及部分住宅，路面高程为 119.35 m 左右；北侧为既有铁路，路肩高程主要为 119.75～121.15 m 之间；车辆段西侧为马家沟河，堤顶高程为 121.50 m 左右；南侧为居民区，地坪高程为 118.40～120.70 m 之间。

场坪高度的设计需要考虑以下要求：

(1)路基要求

马家沟是×××市内河，为河松花江干流南岸支流。车辆基地附近河堤标高约 121.5 m，并新增修 1.2 m 高的防洪墙，马家沟上游已修建防洪大坝。经采用该地区暴雨强度公式，按照地面雨水流量计算，并采用暴雨径流公式进行校核，计算出该区域 50 年一遇暴雨积水深度为 0.68 m。经分析，车辆段与综合基地车场线路肩标高不应低于 119.43 m。

(2)轨顶高度的限制

车辆段与综合基地车场线轨顶高度主要受三方面的限制。

1)出入段线。车辆基地出入段线分别自太平桥站、交通学院站接轨，采用“八”字形接轨方式。出入段线需下穿避让污水箱涵，箱涵离车辆段较近，从而对车场线高度有一定限制。

2)试车线。根据地铁设计规范要求，试车线应为平直线路。车辆基地试车线全长为 1 380 m，西端需跨越马家沟，同时根据桥梁相关要求，试车线轨顶标高不能低于 122.08 m。因坡度不宜过大，为合理降低场坪高度，对试车线联络线进行了修改，将长度从 70 m 调整为 140 m，原设计方案及修改后示意如图 10.2-6 和图 10.2-7 所示。

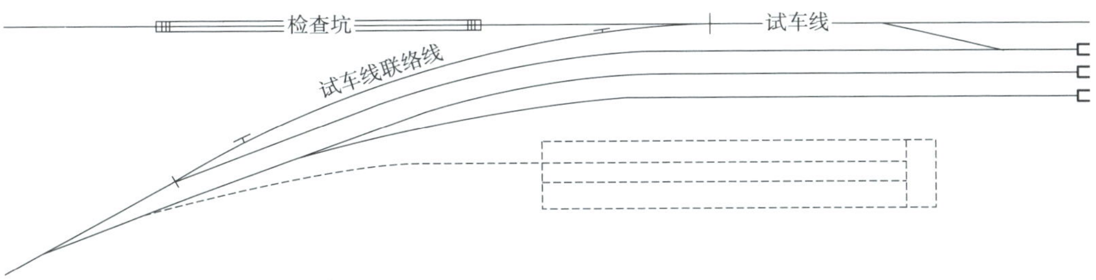

图 10.2-6 试车线联络线原设计方案

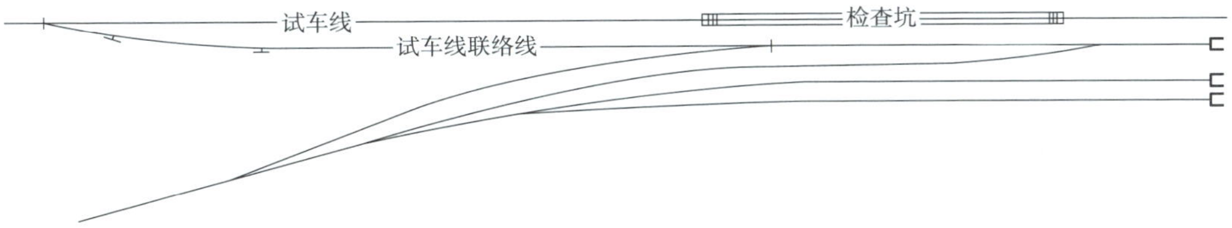

图 10.2-7 试车线联络线修改后设计方案

3)国铁联络线。由于车辆段毗邻×××站,因此规划中将太平桥站作为轨道交通一期工程的接轨站,×××站为铁路枢纽内无客货运作业的技术站。接轨方案为联络线由车站南侧西端咽喉引入Ⅰ道(滨江上行线)的安全线,安全线相应延长,与地铁车辆段试车线连接,并设置一条 200 m 长的平坡线路作为交接线。国铁线有效长为 330 m,既有国铁安全线接轨点处轨顶标高为 121.508 m,考虑当地冰冻天气的原因,线路纵坡不宜过大,因此对试车线的高度有一定限制。车辆段与国铁联络线设计方案示意如图 10.2-8 所示。

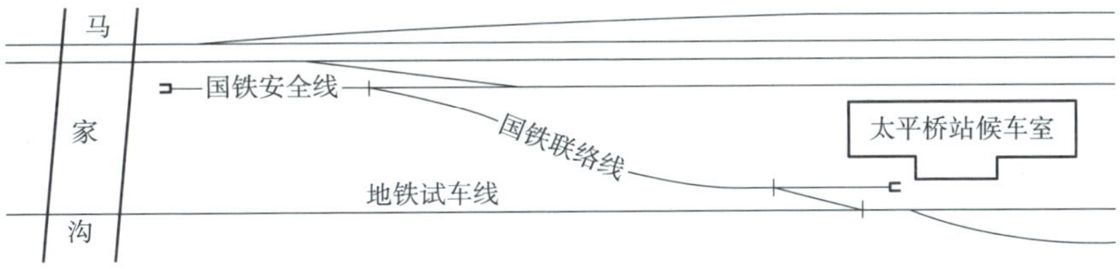

图 10.2-8 国铁联络线修改后设计方案

(3)市政道路方面的要求

车辆段与综合基地周边有三条市政道路,西侧为红旗大街,东侧为新江桥街,南侧为平湖路。其中,平湖路为车辆段周边主要道路。根据相关资料,规划平湖路高差较大,主要表现为西高东低,高度为 117.60～120.10 m 不等,与车辆段大门连接处高度大约为 119.50 m。根据相关经验及要求,车辆段场坪高度宜高于 119.00 m。

(4)其他方面

车辆基地南侧和东侧主要为居民楼,因此车辆段场坪的高度应考虑与其周边环境的协调与美观。另外,土石方工程及挡墙的工程数量也是一个重要考虑因素。

经过分析后,车辆基地车场线设计为平坡,轨顶高度为 120.38 m,试车线轨顶高度为 122.08 m,场坪平均高度设计为 119.50 m 左右,需填土约 40 万 m^3。考虑到局部地区低于用地外周边场区,因此需加强车辆段的雨水排放设计。场坪高度的设计综合考虑了各种因素,设计结果满足了各方面的要求。

10.2.4 车辆基地建设中需要注意的问题

1. 设计阶段

(1)车辆基地的室外综合管线较为复杂,涉及车辆工艺、站场、给排水、暖通、电力、供电、接触网、通信、信号等专业。施工前应与各专业一起加强与业主的沟通,协助业主做好工程进度筹划,制定分项计划。

(2)各专业在施工处理阶段应加强沟通,及时协调,并在设计中工艺专业增加协调次数,各专业均加强配合以及顾全大局意识，树立尽量为相关专业铺设创造便利条件的思想。

(3)为保证各种管线施工的协调，避免重复开挖，压缩空气管路宜与其他管线一并招标。

(4)为减少不同单位间的接口以及施工交叉或干扰甚至相互扯皮现象，管线招标中需进一步明确和细化室内\外管线的接口和分界点。

(5)设备专业对建筑专业提供图纸仔细研究，深入了解各部分功能，对本专业应作的设计有全面认识。

(6)针对建筑图进行施工设计时应尽量完善本专业设计方案，在给结构专业提供预留沟槽孔洞资料之前要尽量稳定本专业设计内容，做好设计和复核工作，从源头上避免遗漏。本专业的设计内容要注意放在自己的图层上，便于针对建筑图的修改做出相应调整，提高工作效率，最大限度地减小工作量。

(7)与相关专业密切配合，做好上、下序互提资料工作，尽量避免差错漏碰。

(8)设计人员要本着对设计负责的态度做好设计工作，各级复核人员要仔细认真，及时发现问题，提高出手设计质量，为施工和施工处理工作打下良好的基础。

2. 设备采购阶段

(1)用户需求书的编写一定要认真，各级审核要重视，因为用户需求书是招标文件的一个组成部分，其技术要求的内容、各种接口的内容以及供货、包装等要求都是容易出现争议的地方，一定要谨慎。

(2)对于有大型设备基础的设备，由于其基础大且深，可能会对大库基础有所影响，或者如洗车机由于工艺不同会对库房长度、宽度等均有影响，因此，这些设备宜在初步设计审查后、施工图开展前完成设备招标，以有利于施工图的顺利开展。

(3)由于车辆段的一些专业检修设备、试验设备与地铁车辆息息相关，车辆招标宜提前进行。由于车辆招投标以及供车周期时间长，车辆维护手册等资料缺乏，对车辆检修工艺设备的设计工作造成一定影响，初步设计(包括概算)中所配置的设备个别需要根据相关资料及维修内容等进行变更或调整。

(4)由于车辆段工艺设备许多为非标设备，其基础设计大多需要待设备订货乃至设计联络后方可落实，从而导致设备基础设计相对落后于房屋建筑土建的设计。今后应重视车辆段工艺设备实施的总体策划。

(5)设计联络是车辆段工艺设计重要的一环，尤其是对于非标设备或具有设备基础的设备。设计联络实施中应重点关注设备的全部接口和界面，如土建、电力、给排水、通信、信号、通风等接口以及施工界面。

(6)在合同以及投标文件中要求生产厂商列出各种工程接口是必要的，同时应明确最晚在设计联络阶段需确定最终的接口条件以及施工界面。

3. 施工配合阶段

设计施工配合环节重点是设计单位对工程施工单位、监理单位做好设计交底、施工图技术交底，让施工单位充分了解设计意图。及时组织设计单位到现场检查施工单位是否按图施工，是否按设计标准及要求进行施工，对施工过程中发现的各类技术问题及时解决。

(1)施工配合人员必须看懂图纸，了解清楚设计意图，这样才能及时解决现场发生的问题。

(2)图纸提供后的设计交底一定要重视，包括图纸会审，涉及多专业的在交底中各专业一定要沟通。

(3)设计人员尤其是专线和主要设计人员一定要经常到现场，及时了解工程进展，发现问题，尽量做到把问题消灭在萌芽阶段。

(4)处理问题要及时，现场发现问题施工配合人员一定要及时到达现场，及时解决问题，有些自己解决不了的问题要及时和原设计者、专线沟通汇报。

10.2.5 车辆段上盖物业开发

轨道交通地铁车辆基地是保证地铁正常运营的重要设施，同时也对城市的土地资源提出了更多需求。因此，如何减少车辆基地用地并增加上盖物业开发，在不影响车辆段停车、检修及土建建设等方面实现集约用地，利用地铁车辆基地上盖的空间资源进行城市开发，是一项有重要意义并有一定难度的工作。

1. 一般要求

(1)车辆基地和物业开发应统筹考虑、分别实施，根据车辆基地的城市总体规划和临近地区的用地性质及交通发展状况，在可研阶段应确定车辆基地的开发条件、开发性质和开发规模。

(2)物业开发与车辆基地之间应有明确的界面分割，相互独立、互不干扰；车辆基地总平面布置应在保证车辆基地功能和规模的基础上，对车辆基地的各项设备、设施与物业开发的内容进行统一规划，并应结合车辆基地内外道路的合理衔接及相关市政配套设施的规划，进行技术经济比较和效益对比分析；车辆基地和物业开发的投资应分开计列，各自承担。

（3）车辆基地应落实适应开发方案的总平面布置、站场、房屋建筑、供电、通风与空调、给排水、消防、安防监控和环境保护等设计方案；物业开发应明确总体开发方案、交通组织方案、消防方案，并应进行环境影响评价、技术经济比较、社会效益分析、车辆基地衔接和影响分析等。

（4）当对地面车辆基地进行上盖开发时，物业开发的道路系统及物业管理应与车辆基地分开；物业开发设计应尽量减少对盖下的采光、通风、消防、安全等方面的影响；物业开发与车辆基地的设备系统应分别设置、各自独立；物业开发和车辆基地建筑之间应解决好相互之间的结构关系；盖上绿化应采取植物根刺的防治措施，不应破坏屋面的防水层；物业开发和车辆基地建设应共同解决车辆的振动和运行噪声对环境的影响；当上盖物业开发工期与车辆基地工期不同步时，应采取屋面排水、防水等过渡措施，并应为物业开发预留施工条件。

（5）当车辆基地进行物业开发时，应做好车流与人流的交通组织，减少相互干扰。应设置消防扑救的道路和设施；车辆基地和物业开发的人员疏散出口应各自独立，互不干扰；物业开发的人员疏散通路不应经过基地设施范围进行疏散。

（6）当车辆基地进行物业开发时，上盖下部的空间宜采用自然通风、排烟，确有困难时应采用机械通风、排烟。通风井与上部房屋的间距应满足《建筑设计防火规范》（GB 50016—2014）和《地铁设计防火标准》（GB 51298—2018）的要求。

（7）车辆基地与上盖商业或住宅等开发的消防系统除消防水池可合建或共用外，其余部分应独立设置，互不干扰；但两者的消防控制中心应相互连通，当发生火灾时应信息互通；车辆基地和物业开发之间应建立有效的消防联动机制及应急预案。

下面以深圳轨道交通 1 号线前海车辆段（图 10.2-9）为例叙述上盖物业开发设计。

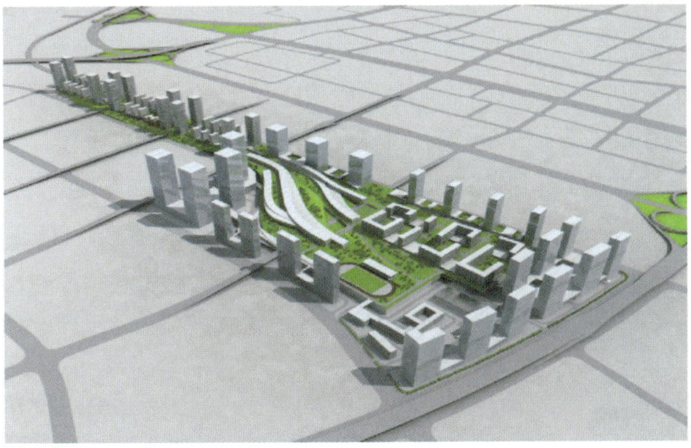

图 10.2-9　深圳轨道交通 1 号线前海车辆段鸟瞰图

2. 前海湾车辆段上盖物业总体规划说明

（1）项目概况

地铁前海湾车辆段上盖物业项目是深圳市地铁有限公司拟开发建设以居住为主并包含办公、商业、酒店等大型综合项目。项目总用地面积约为 47 公顷，其中车辆段上盖面积约 34 公顷。上盖物业开发分两期进行，其中初期开发 18.75 公顷，主要是车辆段咽喉区和停车列检库、厂架修库部分，二期开发 15.25 公顷，位于车辆段北端出入段线部分和车辆段东部，停车列检库以东区域。规划总建筑面积为 142.275 万 m^2（不计车辆段建筑面积），平均容积率为 2.8。

地块处于未来前海湾 CBD 区东南角，现状用地为填海用地。基地位于前海联检站南侧，平南铁路深圳西站西侧，南端为滨海大道，西侧空地规划为金融商务中心（CBD），北侧为规划一环快速通道。交通方便，有三条主要城市道路横穿基地从南至北分别是：学府路、桃源路、规划 7 号路，其中桃园路为南山区委到前海 CBD 重要空间联系轴，此三条东西向道路进一步加强了前海湾与后海东西向的连通性，也是城市重要的面海通道。

项目可分为两部分，一部分为相对标高 9 m 以上车辆段上盖部分，面积约 34 公顷。另一部分为周边 U 型地带，面积约 13 公顷。上盖部分物业开发以居住功能为主导，辅助有部分商业、商务等功能，并设有配套 9 年一贯制学校及 2 所幼儿园，其余部分将作为公共开放空间营造成城市绿化和休闲公园，北侧窄长条上盖部分有条件进行高强度开发。地铁西站周边区域为商务功能核心区，应进行商业、办公、酒店、公寓等功能综合开发，车辆段其余大部分区域为前海湾商务区的混合功能区，以居住功能为主导。

(2)交通流线设计

交通设计原则为：增加平台的可达性，提供多样化的路行、路径选择，强化街区公共特色。车辆集中在 9 m 停车层行驶和停放，15 m 物业平台只考虑消防车的通行和指定车辆规定行径，平台上以人行步道为主。

小区路：路面宽 6～9 m，建筑控制线之间的宽度≥10 m；

组团路：路面宽 3～5 m，建筑控制线之间的宽度≥8 m。

以双向两车道为主，辅以单向双车道、单向单车道，满足私家车、公务及商务车、出租车、中型货车、消防车的通行要求。

人流从 0 m 上至 15 m 平台方式：

1)通过周边商业和会所的自动扶梯或电梯、公共楼梯等。

2)从 9 m 停车层通过建筑内部竖向交通直接进入建筑。

3)通过定时发送的环保电瓶车送至居住及办公集中点。

4)由上盖平台周边均匀布置的楼梯或台阶、坡道上至 15 m。

5)乘坐公交到达学府路公交站点，通过大台阶和坡道上至 15 m。

车流从 0 m 上至 9 m 平台方式：

1)私家车及公务、商务车流从三条主干道上至 9 m 高度进入城市支路，再由支路进入停车库，或者从规划 12 号路进入小区入口再通过坡道直接进入停车库。

2)出租车流以三条主干道上至 9 m 停车层为主，以方便人流上至 15 m 平台和安全落客总共设置了 5 处候车点。

3)公交车流在 0 m 标高振海路上设置了公交换乘中心，解决高密度发展带来的商业人流疏散问题，在 9 m 标高学府路上设置了公交站点，方便外部人流到达平台和平台上人流的疏散。

4)环保电瓶车流建议采用能够方便有效解决上下 15 m 交通问题的手段。

5)货车流 0 m 标高层能通过小区环路到达建筑的背面货物出口，物业平台上可以通过货车行驶上至 9 m 停车层到达相应建筑交通筒旁，通过货梯运输。

消防车从 0 m 上至 15 m 平台方式：0 m 和 15 m 按满足规范要求设置了消防环道，从城市各个方向来的消防车能通过 6 条有效路径上至 15 m 物业平台。

(3)消防设计

车辆段 15 m 平台上区域设置了满足大型消防车双向通行的消防车环道，并与市政出入口相接；0 m 标高小区内主要道路至少有两个出入口；居住区内主要道路至少有两个方向与外围道路相连；机动车道对外出入口间距≥150 m。沿街建筑物长度超过 150 m 时，设置 4 m×4 m 的消防车通道，穿过高层建筑的消防车道，其净空高度≥5 m。当建筑物长度超过 80 m 时，在底层设置人行通道。上 15 m 物业平台的坡度≤10%，消防登高面消防车道宽度≥6 m 且坡度≤2%，消防登高面内边距建筑主体距离按深圳市规定设置。

地块道路最小转弯半径满足 12 m 消防车通行要求，与市政道路相接驳处转弯半径为 9～12 m。

(4)建筑消防设计

干路两侧的高层建筑由道路红线向后退 10～15 m。高层建筑之间防火间距≥13 m，高层建筑与其他一、二级民用建筑防火间距≥9 m，一、二级民用建筑之间防火间距 6 m。

沿建筑群四周设置了消防环路，高层建筑的底边至少有一个长边或周边长度的 1/4 且小于一个长边长度作为消防登高面。

3. 前海车辆段段内设计

(1)设计规模

前海车辆段为运营的 1 号线提供停车和维修服务，主要的规模由以下部分组成：

停车列检库:44 列位,其中 16 列位为远期预留;

洗车机;

双周检/季检库:3 列位,其中 1 列位为远期预留;

吹扫库:1 列位;

厂架修库:3 列位,其中预留 2、5 号线 1.5 列位;

临修库:1 列位;

静调库:1 列位;

试车线:满足 80 km/h 速度列车试车要求;

不落轮镟线:满足 1 列车旋轮要求;

内燃调机及特种车库:满足内燃调机及特种车辆的停放要求;

喷漆库:满足厂修车油漆作业;

空压机间:为各库提供压缩空气;

蓄电池检修间:为检修车蓄电池提供检修;

综合办公楼:段内办公场所;

司乘公寓:为列车司机清早发车而设。

(2)总平面设计

总平面布置(图 10.2-10)采取横列、尽端式布置,列车出、入段线采用双线布置,出入段线接出洗车线,设洗车机;出入段线接特种车走行线及平板车线,设特种车库;出入段线尽头为停车列检库、双周检/季检库。以停车列检库及双周检/季检库为主的运用库与以厂架修库为主的检修库呈横列式布置,其中运用库位于车辆段东端,检修库位于车辆段西端,厂前区位于车辆段总图的西北侧,布有综合办公楼、物资总库、司乘公寓等生活办公设施。东北侧为卸料场地及临时焊轨用地。

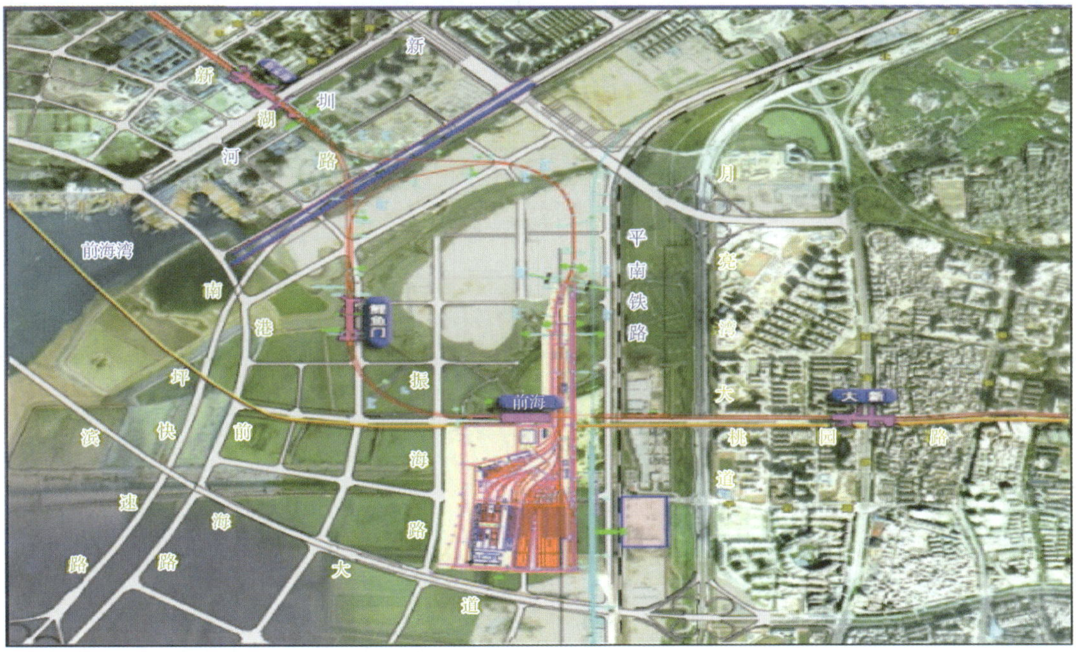

图 10.2-10　总平面布置图

车辆段(图 10.2-11)整体呈南北向布局,车辆段出入段线东侧设有与其平行的牵出线,出入段线西侧引出洗车线 1 股,特种车库线 2 股,平板车线 2 股。车辆出入段线北端由东至西依次布置有旋轮库线 1 股、双周检/季检库线 3 股、列检停车线 22 股(每股道停放 2 列车)。检修库位于车辆段西南侧,由东向西依次为吹扫库线 1 股、临修库线 1 股、静调库线 1 股、厂架修库线 6 股(3 列位)、路网性厂架修预留库及喷漆库。试车线设置在车辆段东侧。

图 10.2-11　车辆段内实景示例图

段内的房屋建筑是按功能分区布置的，各分区建筑平面布置原则：既要满足生产的使用要求，又要满足办公和生活的需要。生产区和办公生活区的布置力求分区明确，布局合理，联系方便简捷；整个区域设置三个对外出入口，区域内有环状道路；各类房屋间距、道路宽度等满足交通运输、敷设管道、消防通道的要求，并能满足绿化要求和体育活动的用地需要。停车列检库、咽喉区侧面示意及厂家修库剖面示意如图 10.2-12 所示。

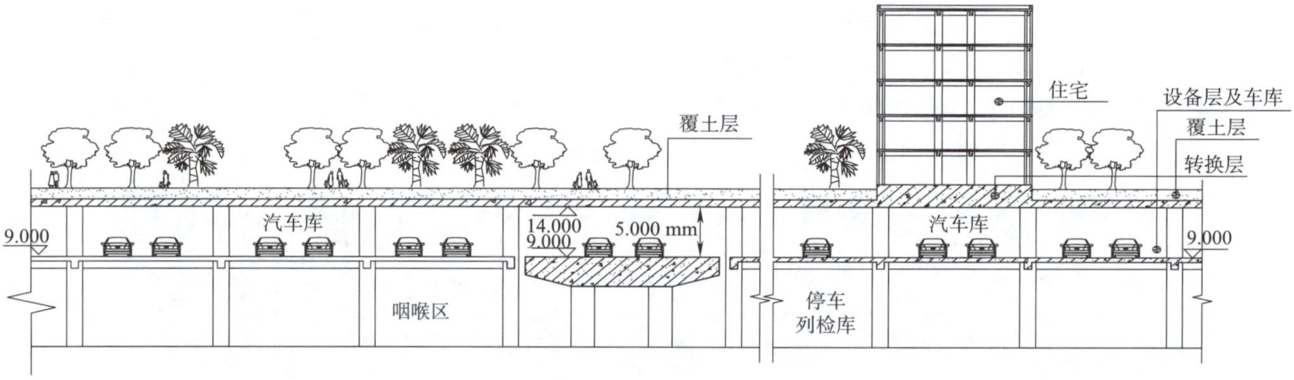

(a) 停车列检库处、咽喉区剖面示意图

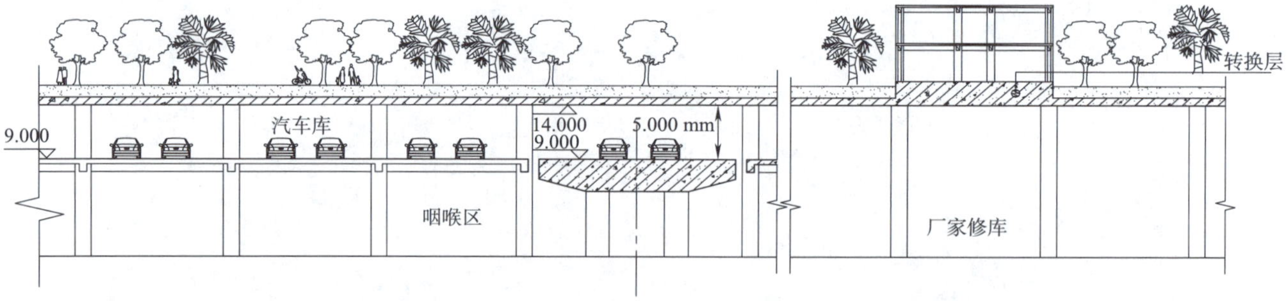

(b) 厂家修库处剖面示意图

图 10.2-12　停车列检库、咽喉区侧面示意图及厂家修库剖面示意图(单位:m)

(3)建筑结构

前海车辆段位于深圳市南山区平南铁路深圳西站西侧，规划振海路东侧。前海车辆段与 1 号线既有竹子林车辆段共同承担地铁 1 号线配属车辆停放、运用以及整备工作，前海车辆段定位为路网性的厂架修段，除担负 1 号线的厂架修段外，还将承担 2 号线、5 号线的厂架修任务。车辆段总占地面积 39.55 万 m^2。车辆段新建生产办公房屋(不含上盖物业平台)总建筑面积 140 064 m^2。主要房屋有：停车列检库、厂架修库、内燃调机及工程车库、洗车库、双周/季检库、综合楼及物资总库等。

段内三座市政上跨立交桥工程学府路、桃园路、规划 7 号路在前海车辆段用地范围内上跨立交桥(含东西两侧引桥）为市政府委托深圳市地铁公司的代建工程，建设费用不计入地铁总概算中。

上盖物业平台预留工程根据地铁长远经营要求，地铁公司提出前海车辆段轨行区上部均规划设计上盖物业平台项目，按计划分期实施。

上盖物业平台一期工程范围，包括桃园路以南轨行区咽喉区、停车列检库、厂架修库上部物业平台，总占地面积约 19.7 万 m^2，如图 10.2-13 所示。上盖物业平台二期工程范围，包含车辆段东侧旋轮线、试车线及桃园路立交桥以北出入段线及洗车线等区域，平台以上物业开发将建设市政府保障性住房。

图 10.2-13　上盖物业开发实图

上盖物业平台以上开发以居住功能为主，辅助有少部分商业、商务等功能，其余部分将作为公共开放空间营造城市绿化和休闲公园。

4. 主要技术难点和技术创新

前海车辆段工程设计具体形式是首层建筑作为地铁运营维修的各种厂房，二层及以上为多层、高层民用建筑的布局方式，同时引入三条城市道路穿越其间，为目前亚洲最大的交通设施覆盖物业发展平台，并与城市实现无缝衔接，如图 10.2-14 所示。本工程的特点是工程地区采用填海圈地的方式，在满足工业厂房的使用功能下，充分利用上部空间，开发各种形式的民用建筑，使土地获得最大使用率，其技术难点和技术创新点主要体现在以下几方面：

图 10.2-14　车辆段段内实景图

(1)柱网布置

充分考虑到车辆段停车列检及检修功能的需要，合理布置柱网间距。

(2)基础设计

在本工程的地面设计方面，由于生产工艺及使用功能的需要，地面下的地基需要进一步加固处理。由于本工程区域是利用回填土堆积而成，回填土层和以下的淤泥层较厚(淤泥土层厚度平均为 10 m 左右)，如果不经过地基加固处理，随着时间的增长将会产生较大的沉降，其结果是直接影响厂房的功能。所以，本工程设计方面根据不同的使用功能要求采用几种地基加固的处理方式，具体如下：

1)咽喉区场坪地基加固采用强夯或强夯置换的处理方式；这种处理方式的特点是施工时间短、简便快捷，属于经济、快速的处理方法。处理后的各项检验指标均满足工艺和使用功能的要求。实践证明，这种方式是经济而又行之有效的。主体结构基础采用钢筋混凝土冲孔桩形式。

2)对于停车列检库及架修库区域，由于本区域生产工艺和使用功能的标准较高，设计采用了水泥搅拌桩的加固处理方式。这种方式不仅大大增加了地基承载力而且减小了地面的沉降；对于严格控制沉降值的设备基础和工艺操作区域起到了较大的作用及保障。主体结构基础采用钢筋混凝土预制管桩形式。

(3)结构设计

1)本工程结构形式为框架结构形式；由于要满足地铁线路和工艺的要求，部分结构需要采用大跨度框架体系；因此，设计采用后张法有黏结预应力钢筋混凝土梁以解决大跨度问题。这种方法可以使得梁高大大降低，不但增加了厂房的使用空间，还相对减小了厂房的高度；使得建设费用大大降低。在结构刚度方面，相对于其他结构形式，整体刚度大大提高；对于二层以上的物业开发建筑提供了经济、安全的保障。

2)由于大盖面积很大，其中停车列检库及架修库的大盖面积约为 10 万 m^2，咽喉区大盖面积约为 8.66 万 m^2，在结构设计方面，除了按照规范要求设置后浇带以防止大面积混凝土施工后由于温度应力作用而产生的裂缝，还利用无黏结预应力钢筋来控制板体结构的温度裂缝。这些措施为消除或减少质量隐患起到了决定性的作用。

3)前海车辆段上盖平台在国内率先采用结构自防火构造，通过加厚混凝土保护层达到 4 h 耐火时间要求，增强了防火构造的安全性、可靠性和耐久性。

10.3 车辆段运用检修设施

10.3.1 主要运用设施及工艺设计

车辆基地应根据其功能设置运用、整备设施及运用整备配套和辅助设施。车辆基地运用整备设施应根据不同的地域气候条件、运营及生产需要配备停车库(棚)、列检库(棚)、双周/三月检库、列车清洗库(棚)和相应线路及其他设施。

1. 基本要求

(1)车辆段宜将停车、列检库(棚)和双周三月检库合建组成运用库；根据总平面布置具体情况，双周三月检库可以单独设置或与定修库等其他厂房合建。

(2)车辆段运用车间应配备停车列检库(棚)、双周三月检库和列车清洁洗刷设备及相应线路等设施，并根据生产需要配备办公、生活房屋。

(3)停车列检库设计总列位数应按本段配属列车扣除每天在修列车数和双周三月检列位数计算确定，其中列检列位数宜停车列检库总列位数的 50%设计。

(4)当库型为尽端式时，每条库线宜按远期编组辆数一列位布置，停车、列检线最多不应大于两列位。月检线应按一列位设计。当库型为贯通式时，每条库线宜按远期编组辆数两列位布置，停车、列检线最多不应大于三列位。月检线可按两列位布置。

(5)运用库各种库线均应根据车辆的受电方式设置架空接触网或地面接触轨。地面接触轨应分段设置并加装安全防护罩，列检库和月检线的架空接触网两列位之间和库前均应设置隔离开关或分段器，并均应设有送电时的信号显示或音响。

(6)双周三月检库的线路宜采用架空形式，并设车顶作业平台。股道内外作业面高度和车顶作业平台的结构尺寸，应根据车辆结构和作业要求确定。车顶作业两侧应设安全防护设施。兼作两线作业的车顶作业中间应设围蔽隔离栅栏。

(7)在列检库检查坑内两侧应设动力和安全照明插座。地坑内固定照明灯具不应影响作业。双周三月检库宜设调试用外接电源设备。

(8)停车、列检库(棚)应根据当地气象条件和运营要求设计。多雨地区宜设棚，寒冷地区或风沙地区应设库，当露天停放对运营和检车作业无影响时可露天设计。

(9)车辆段各种车库内的通道宽度和车库大门等部位的最小尺寸宜符合表10.3-1的规定。

表10.3.1 车辆段各车库有关部位最小尺寸(单位:m)

种类＼项目名称	停车库	列检库	双周三月检库	定/临修库	架(厂)修库	油漆库	调机车库
车体之间通道宽度(无柱)	1.6	2.0	3.0	4.0	4.5	2.5	2.0
车体与侧墙之间通道宽度	1.5	2.0	3.0	3.5	4.0	2.5	1.7
车体与柱边通道宽度	1.3	1.8	2.2	3.0	3.2	2.2	1.5
库内前、后通道净宽	4.0	4.0	4.0	5.0	5.0	3.0	3.0
车库大门净宽	$B+0.6$	$B+0.6$	$B+0.6$	$B+0.6$	$B+0.6$	$B+0.6$	$B+0.6$
车库大门净高	$H+0.4$	$H+0.4$	$H+0.4$	$H+0.4$	$H+0.4$	$H+0.4$	$H+0.4$

注：1. B为电动车辆或内燃机车的宽度。
2. 车库大门净高未考虑受电弓进库状态下的高度，H为电动车辆高度(受电弓电动车辆按受电弓落弓高度计算)或调车机车高度。
3. 调车机车库如为单线库，车体与侧墙(或柱)表面之间的距离应有一侧不小于2 m。
4. 静调库各部分尺寸参照定修库设计。

(10)运用库规模应按近期停车列检规模建设，按远期规模预留用地，预留时运用库应提供结构接口条件。当近、远期规模变化不大，厂房扩建对运营影响较大及上盖开发时，其厂房可按远期规模一次建成。

(11)车辆基地应根据列车日常维修作业的需要，设置车辆内部清扫、工具存放、备品存放和工作人员更衣等生产、办公、生活房屋。生产、办公、生活房屋宜设于运用库的侧跨内或邻近地点。

2. 列检、停留库线工艺流程

车辆检修工艺流程如图10.3-1所示。

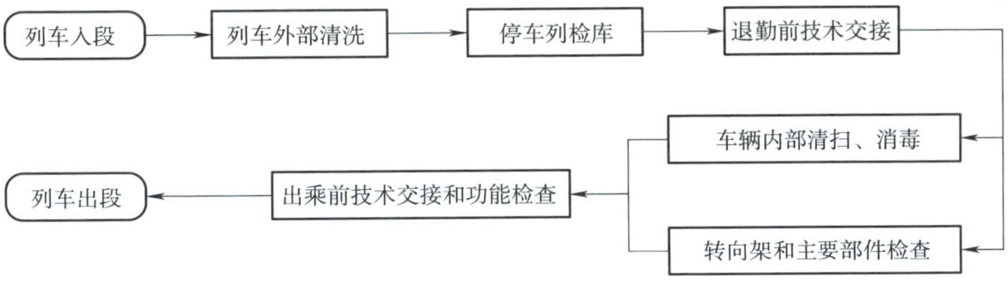

图10.3-1 车辆检修工艺流程

(1)列检、停留库任务

停车列检库承担配属车辆的停放、运用、列检、一般性故障处理和列车内部清扫及消毒工作。

(2)列检、停留库作业内容

①进行列车进出库的技术交接、检查和测试；

②进行列车一般故障的处理；

③列车的日常内部清扫；

④列车定期彻底清扫和消毒作业；

⑤全线折返站的列车检查，一般临时故障处理和清扫工作。

(3)列检检查坑计算

列检列位应设检查坑，检查坑深宜为1.2～1.5 m，应有良好的排水设施。其长度为：

$$L_j=L+4 \tag{10.3-1}$$

式中 L_j——列检检查坑长度(m)；

L——列车长度(m)；

4——停车误差1 m和检查坑两端阶梯踏步各1.5 m。

(4)列检库(棚)计算长度：

$$L_{jk}=(L+4)N_j+(N_j-1)8+9 \tag{10.3-2}$$

式中 L_{jk}——列检库长度(m)；

N_j——一条线上列检列位数；

8——列检列位之间通道宽度(综合考虑了信号和接触网分段器安装要求的间距)；

9——列检库两断横向通道宽度[考虑了列检列位距库两端墙各 4 m(至端墙轴线按 4. 5 m 计)];列检库检查坑两侧设宽作业面检查坑时，应再加上两端列位斜坡道各长 8 m。

(5)停车库(棚)计算长度

$$L_{tk}=(L+1)N_j+(N_j-1)8+9 \quad (10.3\text{-}3)$$

式中 L_{tk}——停车库长度(m)；

N_j——一条线上停放列位数。

(6)停车列检库形式

车辆段运用库的库型，一般可分为贯通式和尽端式两种。

①贯通式运用库。贯通式运用库线一般设计为每线贯通式 2(或 3)列位。两端咽喉通过走行线相连通。其优点是运用和检修作业顺畅方便；调车作业与出入段作业可平行进行；车辆走行距离较短。缺点是占地较多；工程量较大。

贯通式车辆段运用和检修作业顺畅方便，若条件许可，车辆段可设计为贯通式。尤其适合于狭长地形的车辆段或停车场。

②尽端式运用库。尽端式运用库线一般设计为每线 1(或 2)列位。运用与检修部分宜横列布置，有时由于规划用地的限制，运用与检修部分只能纵列式反向布置，运用与检修之间需“之”字形折返调车，车辆走行距离较长。其优点是占地较少，工程量较小。缺点是运用和检修作业不方便；调车作业与出入段作业有一定干扰。

(7)车库组成

停车列检库由主库和边跨辅助生产生活房屋组成。

停车列检库一般每股道停放 2 列车。每股道设置一个或两个检查坑，坑底标高－1. 4 m，采用架空形式。为便于检查作业，检查坑两侧设宽作业面检查坑，标高－1. 0 m。坑内设安全电压照明、安全电压照明插座及动力插座。

每条库线均设接触网分段绝缘器隔离开关、音响及标志灯，库顶部设置消防自动喷淋系统。柱间适当位置设拖布池，以方便车内清扫。

考虑列车司机上下列车需要，每停车列位适当位置设置登司机室平台。

停车列检库边跨设辅助生产生活用房，一般按两层设计。共设置：运转值班室、出乘室、派班室、车间主任室、技术室、电算室、资料室、计划统计室、列检班组用房、清扫班组用房、消毒用房、工具间、维修间、车载系统检修间、乘务员公寓、活动室、学习室、会议室、档案室、更衣室、浴室、卫生间等。

3. 双周三月检库线

(1)任务

双周三月检库承担配属车辆的月检作业。

(2)双周三月检库作业内容

对车辆进行全面技术检查和必要的检测，主要对受电弓、司机室电器、车载通信信号设备、转向架、控制系统、制动系统、辅助电源系统、牵引电机、空压机、蓄电池、客室设施、空调等进行全面检查、清洁，并对部分设备进行检测及更换易损件。进行蓄电池充放电作业。

(3)双周三月检库线的计算

$$L_{yk}=(L+1)N_y+(N_y-1)8+25 \quad (10.3\text{-}4)$$

式中 L_{yk}——停车库长度(m)；

N_y——一条线上停放列位数；

25——双周三月检库设计附加长度[考虑车库前后横向通道净空各 4 m(至端墙轴线按 4.5 m 计)，加上两端列位斜坡道各长 8 m]。

(4)车库组成

双周三月检库由主库和边跨组成。

主库内轨道采用桥架形式，一般每股道停放 1 列车，每股道设置检查坑，坑内设安全电压照明、安全电压照明插座及动力插座。

库内设置三层作业面，即库内地坪标高为－1.00 m（轨顶面标高为±0.00）及中层作业平台标高为＋1.10 m，车顶作业平台标高为＋3.50 m。

每条库线均设接触网分段绝缘器隔离开关、音响及标志灯。隔离开关的开闸、合闸动作与相应信号系统联锁，主库内和值班室均有声光报警显示，以确保作业安全。

双周三月检库可考虑车顶空调的更换作业。

双周三月检库为便于车辆检修部件的更换和运输，设有电瓶车和蓄电池搬运车；可根据作业需要设置 2 t 的伸臂式悬挂式起重机。

4. 洗车线

(1)任务

为保持列车外部清洁，定期进行外皮洗刷。

(2)基本要求

①车辆段应设机械洗车设施，配属车超过 12 列的独立停车场可设置机械洗车设施。

②洗车机宜采用通过式，其功能宜满足车辆两侧和端部（驾驶室）清洗及化学洗涤剂的洗刷要求；洗车线宜布置在入段线端运用库前咽喉区前部，并与入段线并联设计。当地形受限制时，洗车线可按尽端式布置；北方严寒地区及风沙地区应设洗车库。其他地区洗车机宜按露天设置，必要时可加棚。洗车库的长度、宽度和高度应根据洗车设备的要求确定；洗车线在洗车机前后一辆车长度范围应为直线；北方寒冷地区的洗车库应有采暖设施。

③运用车洗刷周期一般按每列车 3～7 d 洗刷 1 次考虑。

④洗车线应根据洗车设备要求配备辅助生产房屋。

⑤洗车线宜在适当的位置设人工洗车台，人工洗车台高度为 600～1 000 mm，长度不宜小于一个单元车长度。

(3)工艺流程

列车进库→预湿→喷药→前端部刷洗→侧壁刷洗→后端部刷洗→预清洗→最终清洗→擦干→出库。

(4)洗车线长度计算

洗车线有效长度应按下列公式计算确定：

①尽端式洗车线有效长度：

$$L_{js}=2L+L_s+10 \tag{10.3-5}$$

式中 L_{js}——尽端式洗车线有效长度(m)；

$2L$——洗车机设备前后各一列车长度(m)；

L_s——洗车机长度（包括联锁设备）(m)；

10——线路终端安全距离 10 m（参考《铁路技术管理规程》确定的）。

②贯通式洗车线有效长度：

$$L_{ts}=2L+L_s+12 \tag{10.3-6}$$

式中 L_{ts}——贯通式洗车线有效长度(m)；

12——信号设备设置附加长度 12 m。包括停车误差 2 m 和信号安装位置所需附加长度，每端各 5 m。

(5)洗车线的几种常用布置形式

①咽喉区通过式布置

咽喉区通过式布置的特点是洗车线与出入段线并列布置在运用库咽喉区前，列车入段时需要清洗的列车直接进入洗车线，洗车后通过咽喉区进入停车线（也包括列检、月线，下同），洗车工艺为通过式洗车，列车洗车作业只需要 1 次通过洗车机，且全过程不需要转换列车运行方向。咽喉区通过式布置虽然要求车辆段用地有足够的长度。但由于具有作业时间短、洗车效率高的优越性。因此采用这种布置形式的实例还是很多的。如北京地铁四惠车辆段、上海地铁梅龙车辆段、天津地铁 1 号线双林车辆段和武汉地铁 2 号线常青车辆段等。洗车线咽喉区通过式布置如图 10.3-2 所示。

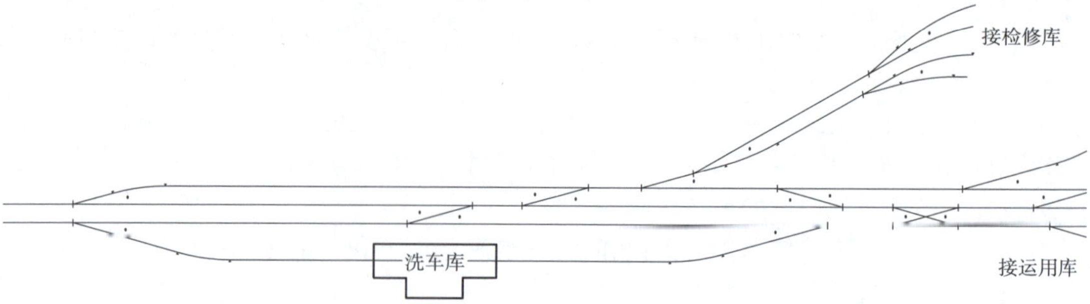

图 10.3-2　洗车线咽喉区通过式布置示意图

②尽头线往复式布置

尽头线往复式洗车机的布置位置比较灵活，一般并列布置在运用库一侧，如图 10.3-3 所示。列车入段时需要清洗的列车首先进入洗车线完成洗车作业后，转换运行方向，反向通过洗车机进入牵出线，在牵出线上再次转换运行方向后进入运用库。列车 2 次通过洗车机，因此称为往复式布置。从列车入段到洗车完毕进入运用库，也需要 2 次转换列车运行方向。

由于这种布置方案洗车效率低，一般只适用于小规模的车辆段（或停车场），或在用地条件确实无法实施其他方案时采用。国内地铁车辆段使用这种布置形式比较多，如宝钢车辆段，胶州北车辆段等。

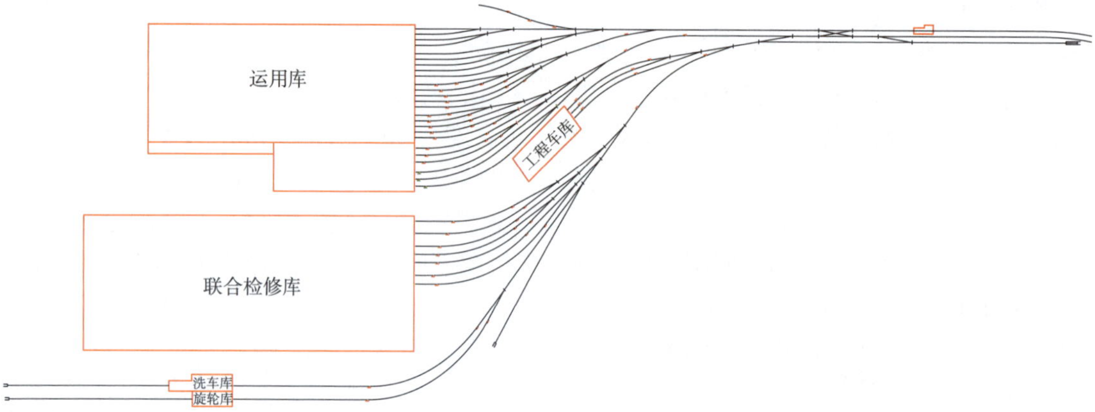

图 10.3-3　尽头线往复式布置示意图

③与运用库并列通过式布置

与运用库并列通过式布置形式只有在运用库为贯通式布置时才能成立。洗车线布置在运用库的一侧，列车入段时需要清洗的列车直接进入洗车线，洗车后进入牵出线，转换运行方向后通过运用库尾部咽喉区进入停车线，洗车工艺为通过式洗车，列车洗车作业 1 次通过洗车机，但需要在牵出线进行 1 次转换运行方向作业。

洗车线与运用库并列通过式布置同样要求车辆段有足够的用地长度。一般来说，可以采用这种布置形式的用地条件，也可以采用与运用库并列尽头式布置，洗车线咽喉区通过式布置的形式，其选择要综合考虑车辆段总平面布置的各种因素确定。广州地铁 2 号线赤沙车辆段采用这种布置形式。

④咽喉区八字线通过式布置

当车辆段用地长度受到限制不能满足通过式贯通布置形式的要求时，可以考虑采用本方案，如图 10.3-4 所示。洗车机布置在咽喉区一侧，列车入段时需要清洗的列车首先经岔 L2、L4 进入前洗车线，列车在前洗车线转换运行方向后，驶入洗车机完成洗车作业，然后全部进入后洗车线，在后洗车线再次转换运行方向后，经岔 L3、L1 进入运用库。列车 1 次通过洗车机，对洗车作业而言是通过式洗车；但从列车入段到洗车完毕进入运用库，需要 2 次转换列车运行方向。

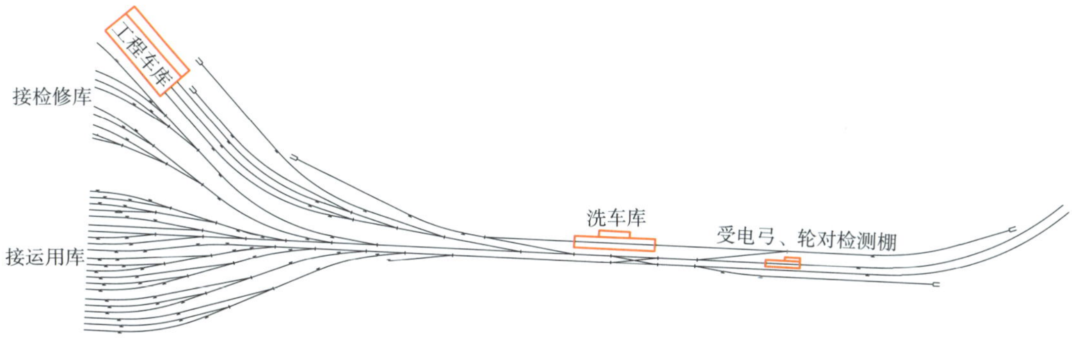

图 10.3-4　咽喉区八字线通过式布置

(6)房屋组成

某车辆段设贯通式洗刷库长 60 m、宽 10.2 m,并设有宽 6.3 m 边跨,内设控制室、水泵间、办公室等辅助用房。洗车库前后 10 m 不电化。

洗车库工艺设计可以采用列车自行洗车模式,也可以采用牵车机牵引洗车模式。其中:自行洗车模式列车以 3 km/h 的速度运行,通过洗刷库。洗车线接触网全线带电,设置隔离开关用于洗车设备检修时,切断电源。

5. 牵出线有效计算长度

车辆段应根据线路布置情况和调车作业需要设置牵出线,根据作业量确定牵出线的数量。

(1)任务

满足车辆段运用、检修作业的调车作业。

(2)牵出线长度计算

$$L_q = L_{qc} + L_n + 10 \tag{10.3-7}$$

式中　L_q——牵出线有效长度(m);

L_{qc}——通过牵出线的列车总长度(m);

L_n——调车机长度 (m);

10——线路终端安全距离 10 m(参考《铁路技术管理规程》确定)。

当牵出线仅供地铁列车转线使用,且可依靠列车自身动力行驶而不用调车机车牵引列车时,公式中调车机车长度 L_n可取消。

6. 地铁沿线存车线

当车辆段(停车场)之间或距未设停车场的线路终点站太远时,为了减少早晚出车、收车的空走时间,提高运输效率,根据地铁的线路状况、车辆段(停车场)的分布情况和运营的实际需要,在线路的另一端的终点站或折返站上设置存车线,存放部分过夜列车。

(1)基本要求

根据列车作业要求在地铁沿线宜设一定数量的尽端式存车线,存车线宜设检查坑、地上存车线两侧应设安全防护栏或围蔽结构。

(2)尽端式存车线的有效长度应满足安全距离、远期列车编组长度的要求。安全距离应根据信号要求确定,有效长度不应小于下式计算值:

$$L_c = L + L_d + 50 \tag{10.3-8}$$

式中　L_c——存车线长度(m);

L_d——车挡长度(m);

50——信号安全防护距离(m)。

(3)检查坑长度可参照公式 $L_j = L + 4$ 计算。坑内应设排水设施、交流 220 V 插座和固定照明。

(4)地上存车线两侧应设安全防护栏或围蔽结构,线路距相邻两侧构筑物的距离可参照列检库的相关尺寸设计。

(5)存车线相关车站应设有必要的生产、生活、办公房屋。

10.3.2　主要检修设施及工艺设计

车辆基地应根据网络规划设置车辆检修设施,车辆检修应以可靠性为中心,实行计划定期检修、单元部件换件修以及主要零部件专业化集中修相结合的模式。车辆大修及架修设施应集中设置在车辆检修基地，实现线网车辆检修资源的共享。

车辆检修设施应包括大架修库、定临修库、静调库、吹扫库、不落轮旋轮库、试车线等和辅助生产房屋及设施，并应根据其功能定位和检修工艺要求设置，配备符合工艺要求的分解组装、检修、检测、试验等设备。

检修设施的规模应按资源共享要求及近期需要确定，并应预留远期发展的条件。当近、远期规模变化不大或厂房扩建困难时，其厂房可按远期规模一次建成。

1. 基本要求

(1)车辆段检修车间应根据其功能和工艺要求设置下列主要的生产厂房和房屋：

①定修段应设定修库、临修库和静调库及相应的辅助生产房屋。

②架修段除设置上述定修段各种生产房屋外，尚应增设架修库、转向架等部件检修车间，并根据需要设置喷漆库。

③承担大修任务的车辆段尚应增设大修库、车体整修及车辆组装等厂房或车间(大修库一般与架修库合并设置)。

④车辆段应设置不落轮旋库。

⑤车辆段各检修车库、车间内的检修试验设备宜采用国内标准设备或成熟的专用非标准设备。

(2)架修库和大修厂房的规模应根据各修程的检修作业量、检修时间计算确定。厂房的布置和尺寸应根据厂房组合形式，并满足工艺流程和检修作业的要求。

(3)定修库、临修库、厂(架)修库均应设电动梁式或桥式起重机和必要的搬运设备；起重机的起重量应满足工艺和检修作业的要求；起重机走行轨的高度应根据车辆高度、架车方式、架车高度、车顶作业要求和起重机的结构尺寸计算确定。

(4)临修库、架修库和大修库均应根据作业要求设架车设备。

(5)各种车库的库前股道宜设一段平直线路，其长度应满足车辆进出库时车辆外侧各部距大门内框净距不小于 150 mm 的要求。

(6)转向架车间内或附近应设轮对存放房间。轮对存放房间内应设不小于 2 t 的电动起重机。轮对存放房间存放备用轮对的数量不应小于同时进行架修车辆所需轮对的两倍，待修轮对的存放数量应根据本段轮对加工能力确定。

(7)定修段应配置备用转向架存放场地，其数量应根据定、临修任务量确定。

(8)车辆基地维修模式宜采用大部件互换修、小部件现车修工艺模式。

(9)车辆段应设材料、备品仓库，并应配备起重机和运输设备。

(10)车辆基地所需锻件、铸件、标准件、橡胶件、电镀件、零部件热处理等宜按外协解决，特殊的机加工作业、部分计量作业、互换修所需部分备品、备件宜社会化。

2. 检修车库组合

大、架修车辆段一般都同时配置定修库、临修库，通常大都把车体检修间、转向架检修间、电机检修间、电机试验间、机加工间、熔焊间、轴承检修间、存轮间、空调检修间、电器检修间、电子检修间、受电弓或受流器检修间、钩缓检修间、空压机检修间、制动检修间、门窗座椅检修间、备品库、油漆库等各种车库组合成检修联合厂房。地铁车辆的大修和架修是车辆检修的高修程检修，均需要架车检修。车辆架修和大修的检修方式和工艺流程多种多样，随着科学技术的发展还会不断更新和发展，其厂房的组合和布置也存在多种方案。

组合车库及其他生产车间的工艺设计主要是进行各车间的工艺流程、平面布置(含剖面图)、设备选型、设备安装以及小型设备基础等项设计工作。在工艺设计中，应以大、架修库和定、临修库的修车工艺为核心，车库组合(含车库及边跨)的布置和尺寸、库高(起重机走行轨高度)均是工艺设计的主要内容。检修组合车库应根据厂房组合形式确定，并应满足工艺流程和检修作业的要求。厂房的高度应根据架车高度、吊运作业要求及起重机规格、型号等因素确定。

(1)主要设计原则

①大、架修库根据初、近、远期车辆编组情况和大、架修工作量需求，每条修车线按单元车组或整列车架

车设计，并考虑充足的部件互换周转场地。如果按单元组车架车设计，大修、架修车先解列，后入库。大、架修库的设计应为以后的扩建改造留有充分的条件。

②车辆大架修作业宜在专用的解体、组装作业线上进行车体与转向架的解体和组装作业；车体与转向架的解体和组装宜采用固定架车设备（亦称“地坑式架车机”）。当检修规模较小时，车体与转向架的解体、组装等作业可用其他方式。

③转向架和假台车由人力推送；车体的纵向移动由蓄电池牵引车牵送，横向移动由移车台完成。

④定修一般不架车，临修采用移动式架车机架车。如果条件允许，也可采用固定式架车机架车。

⑤大、架修库的组合应使工艺流程最短，减少往返运输，避免起重运输作业的相互干扰，并保证安全生产。

⑥修车库（或车体车间）应毗邻大、架修主库设置；其规模和检修台位应根据大架修任务量、作业方式和检修时间确定。车辆大架修时，不考虑车体的翻转探伤检查，仅对车体、底架关键受力部位宜采用便携式探伤设备进行检查。

⑦架修库的转向架检修车间应毗邻架修库设置。转向架检修车间规模和检修台位应根据转向架检修任务量、作业方式和检修时间计算确定。转向架检修宜采用流水作业方式，配件宜采用互换修。

⑧电机车间应邻近转向架车间设置，其中电机试验车间与其电源应毗邻设置，并应采取有效的降噪、隔声措施。有条件时，电机可外委专业工厂检修。

(2)检修车库组合形式示例

某车辆段的联合检修库由吹扫库、定临修库、架修、大修库及边跨联合组成。由北至南依次布置有吹扫库、定临修库、27 m 组合边跨；9 m 长边跨；18 m 边跨；大、架修 1，转向架轮轴间；24 m 边跨、车体车间、备品库；大、架修库 2，喷漆库，9 m 短边跨；车辆称重及喷淋库；预留大、架修库 3。车体的横向移动由移车台完成。洗车线与运用库并列尽头式布置如图 10.3-5 所示。

车辆段联合检修库按六辆编组 B 型车进行工艺设计，车辆主要参数详见表 10.3-2。

表 10.3-2 车辆段联合检修库车辆主要参数表

序号	名称		参数	附注
1	车体基本长度(mm)	无司机室车辆	19 000	
		单司机室车辆	19 600	
2	车辆长度(车钩中心距)(mm)	无司机室车辆	19 520	
		单司机室车辆	20 120	
3	列车长度(车钩中心距)(mm)		118 320	
4	车辆最大宽度(mm)		2 800	
5	车辆最大高度(mm)	受电弓车(落弓高度)	≤3 810	
		受电弓工作高度	3 980～5 800	
6	车内净高(mm)		2 100	
	地板面距轨面高(mm)		1 100	
7	车辆定距(mm)		12 600	
8	固定轴距(mm)		2 200	
9	车轮直径(mm)		ϕ840	新轮
10	每侧车门数(对)		4	
11	车门宽度(mm)		1 300	
12	车门高度(mm)		≥1 800	
13	车辆最高运行速度(km/h)		80	
14	平均启动加速度(m/s^2)		≥0.83	0～40 km/h
			≥0.5	0～80 km/h
15	常用制动减速度(m/s^2)		1.0	
16	紧急制动减速度(m/s^2)		1.2	

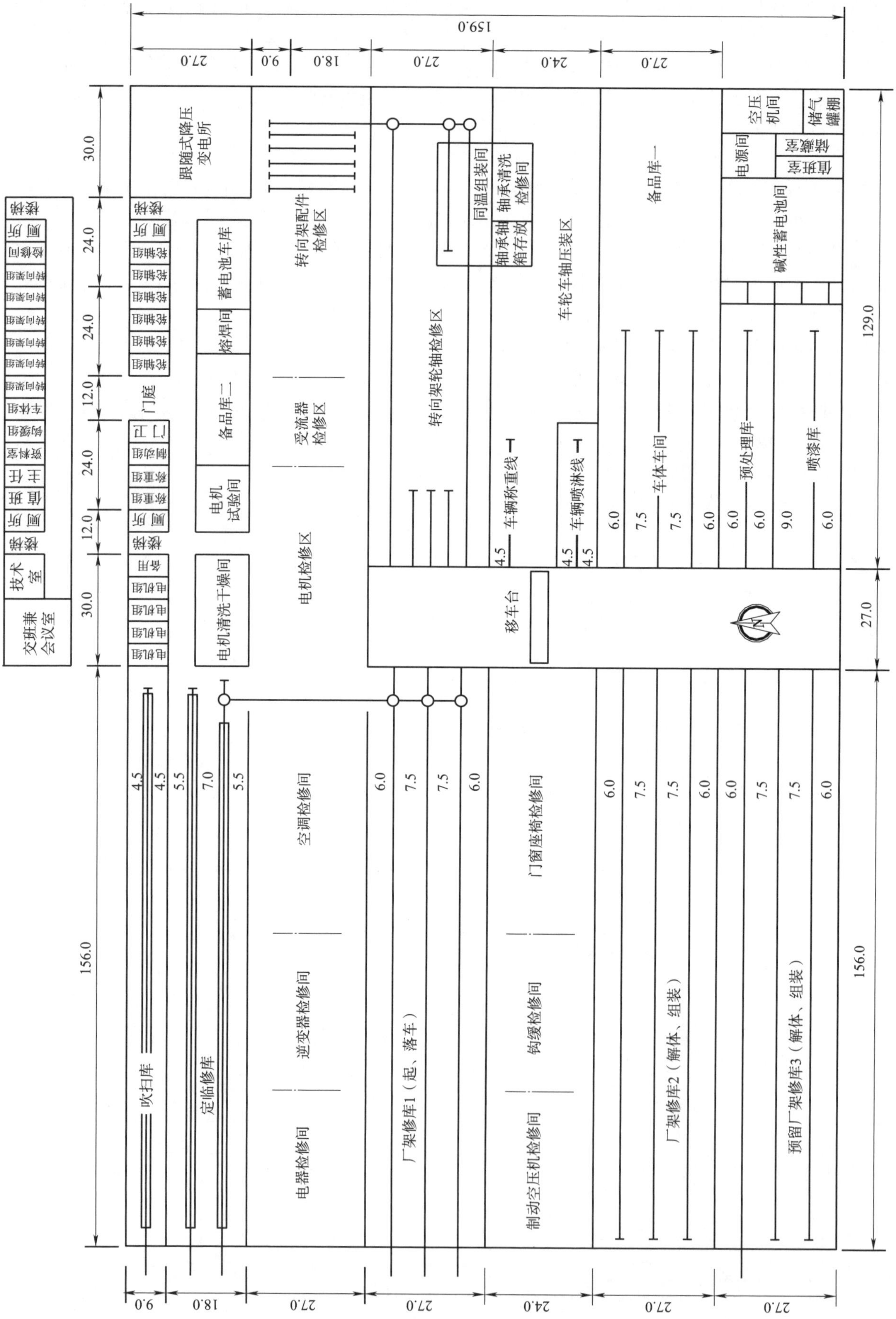

图10.3-5 洗车线与运用库并列尽头式布置示意图(单位:m)

厂架修联合检修库共设置:吹扫库,定临修库,大、架修1,大、架修库2,车体车间,转向架轮轴间,喷漆库,备品库,电机检修间,电器检修间,电子检修间,空调检修间,轴承检修间,受电弓检修间,门窗座椅检修间,制动空压机间,探伤间,蓄电池间等。

①大、架修1(起、落车)

主库长151.5 m、宽27 m;股道间距为6.0 m—7.5 m—7.5 m—6.0 m。大、架修线不设置检查坑。库内最北侧的一股道为起落车线,设有能起落6辆车的地坑式架车机1组,最南侧的一股道为预留起落车线,中间一股为工艺转向架存放和车辆解体组装线。

大、架修库1内设10 t和5 t电动双梁桥式起重机各1台、地坑式架车机1套(6车位)。

②大、架修库2(解体、组装)

主要负责大、架修车辆的解体、组装作业。架修作业的车体就在本车间作业,大修的车体到车体车间作业。

大、架修2(解体、组装)位于厂架修库1的南侧,长151.5 m ,宽27 m。库内设3股道,线间距为6 m—7.5 m—7.5 m—6 m。内设10/3.2 t电动双梁桥式起重机2台。

③车体车间

车体车间位于移车台的东侧,长129.0 m,宽27 m。库内设3股道,线间距为6 m—7.5 m—7.5 m—6 m。该车间负责对大修车体损坏的结构进行挖补、截换、焊修、补强、平整外观、调整底架、清除污垢,使车体外观良好。该车间内设有10 t电动双梁桥式起重机1台。

④定、临修库

主库长156 m、宽18 m;股道间距由北至南依次为5.5 m—7 m—5.5 m。定修线设置通长宽型检查坑,车辆走行轨顶面标高为±0.00,主坑标高为−1.4 m,侧坑标高为−1.0 m,临修线设置检查坑深为−1.2 m。

定修:对车辆进行全面的清洁、技术检查和测试,对重点部分如走行部分、空调、电气控制系统、牵引系统、制动系统、车体、车门及其控制系统、照明灯具等部件进行全面检查,对需要检修的零部件进行修理或更换;对蓄电池进行补液、充电或更换;对齿轮箱、轴箱等检查、补油、测试;修后对车辆进行静、动态调试。

临修:对本线配属车辆临时故障进行检查、修理。临修通过移动式架车机推出的转向架经转向架转盘送入厂架修库1,再通过移车台送入转向架间。

定、临修库内设10 t电动双梁桥式起重机1台、2 t电动单梁起重机1台、移动式架车机1套(6车位)等设备。

⑤吹扫库

吹扫库位于定临修库的北侧,长156 m、宽9 m。库内设吹扫线1股道,股道中间检查坑宽1.2 m、深1.4 m,股道两侧设宽作业面检查坑,深1.0 m。配有水冲洗设备等。

⑥转向架、轮轴检修间

转向架、轮轴检修间位于车辆厂、架库主库东侧,转向架间长129.0 m、宽27 m,轮轴检修间长66 m、宽27 m,转向架配件检修区长24 m、宽27 m,设有长33 m、宽12 m的同温组装间和长33 m、宽9 m的轴承清洗、检测间和轴承存放间。转向架、轮轴检修间与主库通过轨道和移车台相连,转向架通过轨道、移车台由人力推送。转向架间不设喷漆设施,转向架喷漆作业在喷漆库进行。

⑦电机检修间

电机检修间位于车辆厂架主库北侧27 m边跨内,轮轴检修间的西侧,长为72 m;此外,其北侧9 m边跨内设有电机清洗、干燥及试验间,长共42 m。电机及其零部件通过大车吊运或搬运平车运送。车间为开放式,车间内设有电机存放、电机检修等区域。为了方便使用,电机清洗、干燥间和电机试验间各设了1台起重量为2 t的电动单梁悬挂起重机。

⑧电器检修间、逆变器检修间

电器检修间位于车辆大、架修主库北侧27 m边跨内,长42 m。逆变器检修间位于车辆大、架修主库北侧27 m边跨内,电器检修间的东侧。牵引逆变器和辅助逆变器选用随车的便携式测试设备,试验台按预留考虑。

⑨其他车间

空调检修间位于大、架修主库北侧 27 m 边跨内，长 60 m；门、窗、椅检修间位于大、架修主库南侧 24 m 边跨内，长 60 m；钩缓检修间位于大、架修主库南侧 24 m 边跨内，长 42 m；制动空压机间位于大、架修主库南侧 24 m 边跨内，长 42 m。

3. 定修库

定修库规模应根据定修工作量和检修时间计算确定。其设计应符合下列规定：

(1)车辆定修宜采用定位作业，并宜以列位为计算单位，列位的长度可按单元车解钩的作业设计；

(2)定修列位宜设通长宽型检查坑，股道外侧坑深宜为 1.0 m，坑宽不宜小于车辆宽度加 1.0 m，股道内侧坑深宜为 1.2～1.5 m，坑内应有排水设施；

(3)定修库宽度应符合相关表格的规定；

(4)定修作业内容：对车辆进行全面的清洁、技术检查和测试，对重点部分如走行部分、空调、电气控制系统、牵引系统、制动系统、车体、车门及其控制系统、照明灯具等部件进行全面检查，对需要检修的零部件进行修理或更换；对蓄电池进行补液、充电或更换；对齿轮箱、轴箱等检查、补油、测试；修后对车辆进行静、动态调试。

(5)定修库长度计算：

$$L_{dk}=L+N_d\times1+16 \tag{10.3-9}$$

式中 L_{dk}——定修库计算长度(m)；

N_d——列车单元数；

1——列车单元解钩后车钩检修作业所需距离为 1 m；

16——定修库设计附加长度 16 m。包括：检修列位前后距车库前后端墙的通道各 5 m(距车库端墙轴线的实际距离为 5.5 m)，列车首尾车钩检修作业长度各 1 m 和检查坑前后阶梯踏步长度各 1.5 m。

4. 临修库

临修库设计应符合下列规定：

(1)临修列位应设检查地坑，坑深宜为 1.2～1.5 m，并应有排水设施。

(2)库内股道两侧应根据架车作业的需要设置块状或条状架车基础。

(3)临修库宽度应符合有关规定。

(4)对配属车辆的临时故障进行检查、修理。临修通过移动式架车机推出的转向架经转向架转盘送入厂架修库 1，再通过移车台送入转向架间。

(5)临修库长度不应小于计算：

$$L_{lk}=L+L_z+20 \tag{10.3-10}$$

式中 L_{lk}——临修库计算长度(m)；

L_z——转向架长度(m)；

20——临修库设计附加长度 20 m。包括：检修列位前后距车库前后端墙的通道各 5 m(距车库端墙轴线的实际距离为 5.5 m)；临修作业考虑推出一个转向架进行换轮作业的长度 6 m 和检查坑前后阶梯踏步长度各 1.5 m。其中转向架换轮作业的长度考虑分解后，轮对与转向架构架之间各 1 m，轮对与车体之间间距各 2 m。

(6)定临修库

一般车辆段考虑作业方便等原因，定修库和临修库均合并设置，某车辆段定临修库主库长 156 m、宽 18 m；股道间距为 5.5 m—7 m—5.5 m。定修线设置通长宽型检查坑，车辆走行轨顶面标高为±0.00，主坑标高为－1.4 m，侧坑标高为－1.0 m，临修线设置检查坑深为－1.2 m。

定、临修库内设 10 t 电动双梁桥式起重机、2 t 电动单梁起重机、移动式架车机(也有的车辆段设地坑式架车机)等设备，如图 10.3-6 所示，定、临修库检查车库组合如图 10.3-7 所示。

图 10.3-6 定、临修库内架车机示意图

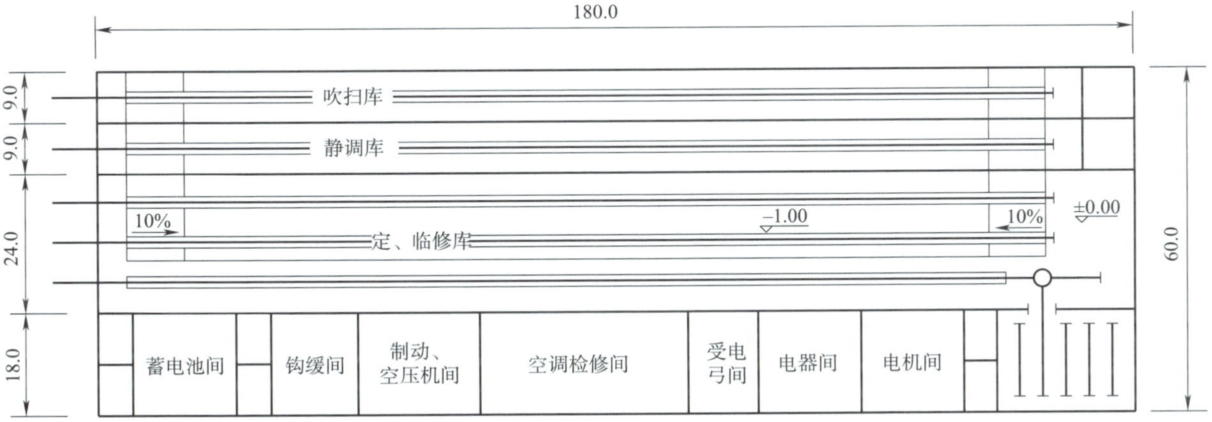

图 10.3-7 定临修库中检修车库组合示意图(单位:m)

车辆段定临修库按六辆编组 A 型车进行工艺设计。车辆主要参数详见表 10.3-3。

表 10.3-3 车辆段联合检修库车辆主要参数表

序号	名称		参数	附注
1	车体基本长度(mm)	无司机室车辆	22 000	
		单司机室车辆	23 600	
2	车辆长度(车钩中心距)(mm)	无司机室车辆	22 800	
		单司机室车辆	24 400	
3	列车长度(车钩中心距)(mm)		140 000	
4	车辆最大宽度(mm)		3 000	
5	车辆最大高度(mm)	受电弓车(落弓高度)	≤3 810	
		受电弓工作高度	3 980～5 800	
6	车内净高(mm)		2 100	
7	地板面距轨面高(mm)		1 130	
8	车辆定距(mm)		15 700	
9	固定轴距(mm)		2 500	
10	车轮直径(mm)		ϕ840	新轮
11	每侧车门数(对)		5	
12	车门宽度(mm)		1 400	
13	车门高度(mm)		≥1 800	
14	车辆最高运行速度(km/h)		80	

续上表

序　号	名　称	参　数	附　注
15	平均启动加速度(m/s^2)	≥1.0	0～40 km/h
		≥0.6	0～80 km/h
16	常用制动减速度(m/s^2)	1.0	
17	紧急制动减速度(m/s^2)	1.2	

5. 静调库

(1)任务

满足车辆在大修、架修和定修之后都要进行静调试验工作。

(2)作业内容

根据检修作业要求，地铁车辆的静调作业按单元车调试和整列车调试两步进行。

①单元车调试

一般检查：对车辆各开关位置、导线连接、车辆的连挂、箱体的安装是否正确无误进行检查。

线路测试：在未通电的情况下，对各有关设备、蓄电池组、接地电阻等进行测试，对各处连线及各断路器、熔断器是否接好、正常进行测试。

耐压试验：根据车辆厂提供的有关数据，对各系统进行绝缘耐压测试。

通电调试：采用地面静调电源柜电源与车辆调试电源接口相连，接入直流 750 V(或 1 500 V)电源，分别对照明、各系统控制回路、辅助系统、报警、保护、故障显示、空调等进行检测调试。

②整车调试

经单元车调试合格后，断开静调电源柜的接线，整列车连挂升受电弓对主回路、牵引系统进行检测。确认合格后，出库上试车线进行动调。

(3)基本要求

①静调库设计应满足列车整列作业的要求；

②库内检修列位上应设宽型检查坑，股道外侧坑深宜为 1.0 m，坑宽不宜小于车辆宽度加 1.0 m，股道内侧坑深宜为 1.2～1.5 m，坑内应有排水设施；

③静调库的宽度应符合定修库的有关规定，单线库一般取 12.0 m；

④静调作业线应设架空接触网或地面接触轨，库前应设隔离开关，库内应设外接调试电源设备；

⑤根据检修需要，可在静调线上的适当位置设限界监测装置。设有限界检测装置的线路应为零轨；

⑥应设置车顶作业安全防护设施。一般设单侧车厢作业平台，标高＋1.10 m；设单侧车顶作业平台，标高＋3.50 m。作业平台设防护栏杆。

(4)静调库的长度计算：

$$L_{jt}=L+14 \tag{10.3-11}$$

式中　L_{jt}——静调库计算长度(m)；

14——静调库设计附加长度 14 m，包括检修列位前后距车库前后端墙的通道各 5 m(距车库端墙轴线的实际距离为 5.5 m)和检查坑前后阶梯踏步长度各 1.5 m。

(5)调试设施组成

静调库内配备检查、测试工具、仪表和静调电源(电源柜应具有安全保护装置)等设备。静调线股道中间设检查坑，坑内设安全电压照明、安全电压照明插座及动力插座。

某车辆段静调库长 150 m、宽 9.6 m，库内设月检静调库线 5 股，股道间距为 4.5～5.1 m，静调库股道中间检查坑宽 1 200 mm，深 1 400 mm，股道两侧检查坑宽 1 m、深 1 m。库内及库前股道上方均设有接触网，进入库内接触网应设分段隔离开关，接触网两侧 1.5 m 处设防护网。

(6)零轨的技术要求

1)限界检测装置(图 10.3-8)前后的平直线路长度不应小于 1 个单元的车的长度加 1 台调车机车的长度。有条件时，平直线路轨道内侧加装护轮轨。

2)限界检测装置前后各一辆车长度范围内的轨道精度要求：

①轨距：$1\,435^{+0}_{-2}$ mm；

②左右两钢轨水平及高程允许偏差均不超过 1 mm；

③轨道水平方向在 18 m 范围内，无超过 1 mm 的三角坑；

④轨道方向：直线段用 10 m 弦量，允许偏差为 1 mm；

⑤轨道高低差：用 10 m 弦量不超过 1 mm。

图 10.3-8　限界检测装置

6. 不落轮镟库

(1)任务

在列车不解编、不解体情况下，承担配属车辆偏磨轮对、擦伤轮对的镟修工作。

(2)基本要求

①不落轮线的有效长度应满足列车所有车辆的轮对镟修工作的要求，设备前后应有一辆车长度直线段。

②不落轮镟库应结合总工艺流程和厂房组合情况合理布置，可单独设置，也可与检修厂房合并设置。当不落轮镟库与其他检修厂房合并设置时，宜以实体隔墙隔开。

③不落轮镟库的尺寸应满足设备安装和旋轮作业的需要，北方寒冷地区不落轮镟库宜考虑旋轮过程中全部车辆均在库内，库内应设有采暖设施。

④不落轮镟库应根据作业的需要配置列车牵引小车或其他牵引设备，目前一般多采用工铁两用车牵引，不宜采用架空接触网或地面接触轨供电作为旋轮作业的列车牵引动力。

⑤不落轮镟库宜根据作业要求设置专用起重设备。

(3)工艺流程

待旋轮列车由调机推到不落轮镟库前→牵引装置与列车连挂→由牵引装置牵引至车辆轮对定位→镟修轮对→列车全部轮对镟修完成→列车由调机牵引出库。

(4)车库组成

某车辆段不落轮镟库其跨度 9 m，库长 60 m，如图 10.3-9 所示。库内中部设置不落轮镟床，可设置旋臂起重机以完成车辆轮对定位、铁屑吊运的工作。

7. 调车机车库

(1)任务

承担调车机车的停放、运用、整备、日常维护工作。内燃调车机车维修保养作业内容有柴油机简单维修和日常整备工作。

1)柴油机简单维修主要是对机车柴油机及其辅助装置、传动装置、电机、电器、走行、制动及仪表等部分

图 10.3-9　不落轮镟床

进行一般性的检查和日常维护；清洗全部滤清器，互换喷油器，检查喷油泵、活塞连杆组。

蓄电池充电：内燃调机库内设充电间，对机车上蓄电池进行外观检查，测量电压，并进行不摘车的补充充电。蓄电池的摘车充放电、容量检查、调整电解液等检修工作统一在车辆段内蓄电池间完成。

2）日常整备工作

补充燃油：地铁车辆段内燃机车所需燃油供给有如下方案可供选择：

①车辆段内设油库，在内燃机车库外设柴油发放设备。

②段内不设油库，内燃机车库内设油脂存放间及移动式上油设备。

③段内不设油库，燃油供给利用社会力量协作完成，由油罐车利用高差直接给内燃机车加油，内燃机车库不再配设上油设施。

更换或补充冷却水：所需冷却水考虑由段内蓄电池间统一制备，或采取市购蒸馏水加软化剂的方法处理。

加砂：所需少量砂采用人工上砂方式解决。

（2）基本要求

①调车机车

调车机车的台数应能满足段内检修车辆或其他车辆（含交接场货车）调车作业的需要，并应有 1 台备用机车。调车机车数量一般为 2 台，少数大、架修段配 3 台，其作业量以段内架、定修及临修车的调车为主，同时承担事故救援，与国铁联络线取送车作业。

调车机车的牵引功率一般应根据具体地铁工程的车辆编组、线路平纵断面的实际情况确定。

调车机车应能承担地铁正线故障列车的救援牵引作业，其牵引能力应满足牵引远期一列车在空载状态下通过全线最大坡度地段的要求。调车机车应能承担综合维修中心检修作业时轨道车辆的牵引作业及其他作业。

②调车机车库

本着节约工程投资、资源共享的原则，只负责调车机车的日常保养和一般修理，调车机车的小修、中修和大修委外。

调车机车库的规模应按远期配备调车机车台数确定，库内宜有一个台位的检查坑和必要的检修设施。

（3）调车机车库长度计算

$$L_{dk}=(L_d+2)N_d+(N_d-1)\times 4+7 \tag{10.3-12}$$

式中　L_{dk}——调车机车库长度（m）；

L_d——调车机车长度（m）；

2——停车误差（m）；

4——两机车检修台位之间通道宽度（m）；

N_d——一条线上停放机车台数；

7——机车检修台位距车库前后横向通道宽度，距前后墙轴线各 3.5 m。

(4)车库组成

根据调查，目前我国各城市已经投入运营和在建地铁车辆段均设有调车车库和特种车库，车库具体布置形式大致分两种，一种是调车机车库和特种车库合建，如北京地铁 1 号线四惠车辆段，深圳地铁一期竹子林车辆段；另一种是根据作业需要，调车机车库和特种车库分开设置。下面结合特种车库介绍几种组合形式。

①联合车库之一：内燃调机库为尽端式 2 线库，1 线 2 列位，主库长 48 m、宽 15 m，内设 2 股道，股道间距为 4.5 m—6 m—4.5 m，两股道均设宽 1.2 m、深 1.2 m 检查坑，库内设 2 t 单梁桥式起重机 1 台。主库一侧设长 48 m、宽 6 m 的辅助边跨，内设办公室、维修间、充电间、油脂间等辅助车间，用于内燃调机的停放及日常保养、维修。

特种车库紧靠内燃调机库布置，尽端式 1 线 1 列位，主库长 36 m、宽 15 m，内设 2 股道，股道间距为 4.5 m—6 m—4.5 m，两股道均设宽 1.2 m、深 1.2 m 检查坑，主库一侧设长 36 m、宽 6 m 的辅助边跨，内设救援值班室、检修间、油脂间等辅助车间。

②联合车库之二：内燃调机库改为 1 线 1 列位，主库长 36 m，辅助边跨长度相应压缩为 36 m。两车库辅助生产车间同联合车库之一。

③联合车库之三：内燃调机库与特种车库合并为联合车库，尽端式 3 线库，1 线 3 列位，主库长 66 m，库内股道间距为 4.5 m—6 m—6 m—4.5 m，三股道均设宽 1.2 m、深 1.2 m 检查坑，库内设 2 t 单梁桥式起重机 1 台。主库一侧设长 66 m、宽 7.5 m 的辅助边跨，内设办公室、救援值班室、维修间、充电间、油脂间等辅助车间。

④联合车库之四：内燃调机库与特种车库合并为联合车库，尽端式 4 线库，1 线 2 列位，主库长 48 m，库内股道间距为 4.5 m—6 m—4.5 m+4.5 m—6 m—4.5 m，四股道均设宽 1.2 m、深 1.2 m 检查坑，存放调机的库内设 2 t 单梁桥式起重机 1 台。主库端部设长 30 m、宽 7.5 m 的两层辅助边跨，一层设维修间、充电间、油脂间等辅助生产车间，二层设办公室、救援值班室等辅助管理房间。

以上各种组合形式均按内燃调机库与特种车库合建考虑，实际工程设计中可结合车辆段平面布置及作业要求将两个车库分开设置，或在停车场仅设特种车库，据实而定。尽端式 66 m 长 3 线内燃调机库与特种车库组合示例如图 10.3-10 和图 10.3-11 所示。

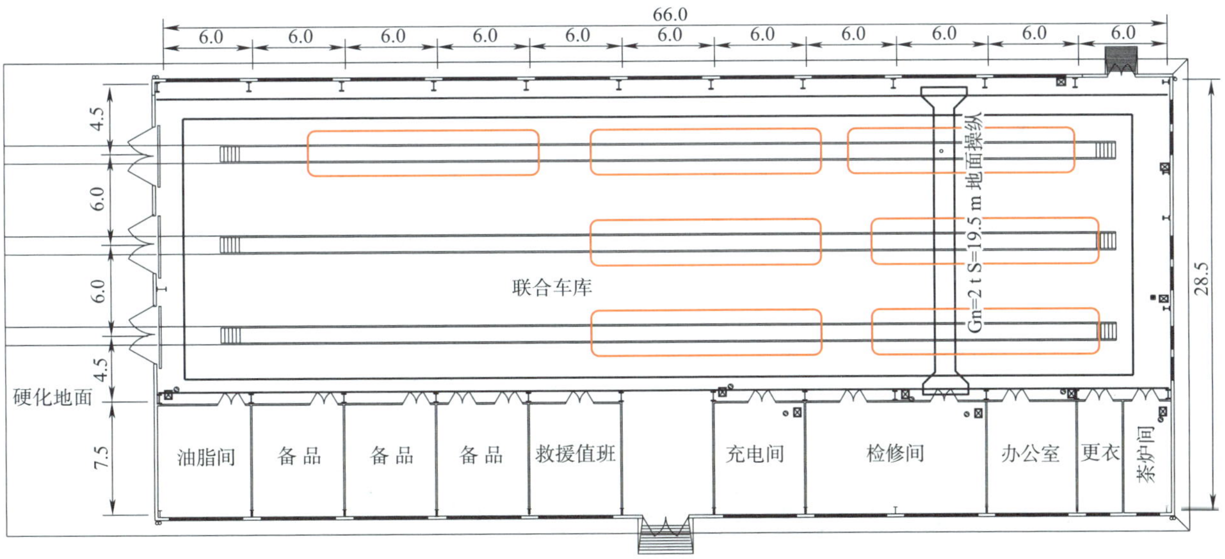

图 10.3-10　尽端式 66 m 长 3 线内燃调机库与特种车库组合平面示例图(单位：m)

8. 吹扫库

(1)任务

承担配属车辆检修前车底部分的清洗和吹干任务，以便提高车辆检修质量和改善工作条件，减少对环

图 10.3-11　尽端式 66 m 长 3 线内燃调机库与特种车库组合图

境的污染。

(2)基本要求

①车辆段宜设一条列车吹扫线，吹扫线长度应根据列车长度、吹扫作业方式和设备布置要求确定。

②吹扫线根据作业需要可设库。

③吹扫库按每次吹扫 1 列车考虑。

④库内检修列位上可设宽型检查坑，股道外侧坑深宜为 1.0 m，坑宽不宜小于车辆宽度加 1.0 m，股道内侧坑深宜为 1.2～1.5 m，坑内应有排水设施。

(3)吹扫库长度计算

$$L_{cs}=L+14 \tag{10.3-13}$$

式中　L_{cs}——吹扫库计算长度(m)；

14——吹扫库设计附加长度 14 m，包括检修列位前后距车库前后端墙的通道各 5 m(距车库端墙轴线的实际距离为 5.5 m)和检查坑前后阶梯踏步长度各 1.5 m。

(4)车间组成

某车辆段吹扫库，长 156 m、宽 9 m。库内设吹扫线 1 股道，股道中间检查坑宽 1.2 m、深 1.4 m，股道两侧设宽作业面检查坑，深 1.0 m。

吹扫库内设有混凝土擦洗平台，方便擦车作业，平台上设有水池、照明、插座等。该车间设有管道式压缩空气。吹扫库如图 10.3-12 所示。

清洗采用自来水系统，配有水冲洗设备等。吹扫采用压缩空气。

图 10.3-12　吹扫库示例图

9. 试车线

(1)基本要求

①承担定修及以上修程的车辆段应设试车线，其长度应满足列车高速运行性能试验要求。在困难条件下，因用地长度不足，试车线长度可按中速(50 km/h)运行试验，保证完成车辆动力项目试验，随后在指定地段的正线上完成高速运行性能和有关信号的试验。

②试车线应为平直线路，困难条件下允许在线路端部设部分曲线，其线路应满足列车试验速度的要求。试车线的其他技术标准宜与正线标准一致。

③大架修资源共享的车辆基地，试车线数量应根据基地工艺检修要求、试车工作量计算确定。

④试车线的有效长度应根据车辆性能、参数和车辆、信号车载设备检修后的性能试验要求计算确定，并应满足列车最高运行速度、惰行时间 5～10 s 的试验要求。试车线两端宜设缓冲滑动式车挡。

⑤试车线应在适当位置设置检查坑和试车房屋，试车线检查坑深应为 1.2～1.5 m、检查坑长度不小于 1/2 列车长度加 5 m。列车进检查坑作业分两次进行，增加 5 m 长度为列车停车误差 2 m 和检查坑两端阶梯踏步各 1.5 m 的总合。当然有条件时，为方便作业也可按列车总长度加 5 m 考虑。

⑥试车线通常为露天设置，因此检查坑内应有照明和良好的排水设施。

(2)作业内容

试车线承担建设期新车验收、调试(联调)中发生的临修和运营以后定修、架修、大修以及日常发生的重要的临修车辆的动态调试工作，试车线如图 10.3-13 所示。具体作业内容有：

①测加速度、减速度。

②测 ATP 系统。

③模拟坡度测试。

④再生制动试验。

⑤各部件动作试验。

(3)正线上指定区段的选取应符合下列规定

①正线试车区段应能满足车辆最高运行速度性能和与信号接口的试验要求。

②正线试车区段应靠近车辆基地选取平直线路，并宜靠近配线车站，以方便车辆试车后折返回段。

③正线试车区段的选取应尽可能只占用一个供电区段，并应避让站台区域。

(4)试车线信号系统应符合下列规定

①试车作业时，试车线操作员应与车辆基地值班员交接控制权。车辆基地与试车线的接口设计应保证试车作业与车辆基地作业互不影响。

②试车线信号设备的配置，应能完成信号系统车载设备功能的动态测试和双向试车的需要。

③不得干扰正线列车的运行。

图 10.3-13　试车线示例图

10. 喷漆库

(1)任务

大、架修车辆段宜根据车辆车体材质确定是否设置喷漆库，承担地铁车辆大、架修后的喷漆作业。

(2)基本要求

1)喷漆库可根据作业方式、设备能力及工作量计算确定，库内应设通风、给排水设施和压缩空气管路，并应有环保措施。库内电气设备均应采取防爆措施。油漆库的尺寸按工艺要求确定。

2)喷漆库及其预处理库宜单独设置，可设在检修库的靠外一侧、常年主导风向的下方，并应符合下列规定：

①采用耐火极限不低于 3 h 的防火墙等分隔；

②油漆存放间、漆工间、干燥间等房间应采用耐火极限不低于 3 h 的防火墙和甲级防火门；

③屋面或门、窗应保证泄压面积，地面应采用不发生火花的建筑材料；

④库内不得设置办公室、休息室或更衣室等用房；

⑤库内设置检修坑时，坑内应采取降低气雾浓度的措施。

3)喷漆库根据喷漆作业要求配备油漆铲除、喷漆、干燥设备。

4)当采用水性漆工艺，库内使用的水性漆各组成分闪点均大于 60 ℃时，喷漆库宜按丙类库房设计。

(3)工艺及车间布置形式

1)喷涂方法

根据车辆段喷漆作业工作量及选用的涂料产品，一般采用空气喷涂、高压无气喷涂、静电喷涂三种方法。其中空气喷涂是以压缩气作为雾化动力的喷涂方法，空气喷涂已有几百年历史，但仍在普遍使用；主要是因为其成本低廉，操作简单，喷幅随意可调，而且喷涂效果是所有喷涂方式中最好的；空气喷涂的缺点主要是油漆利用率低。高压无气喷涂的工作原理是通过增压泵使涂料增压，通过喷嘴将涂料雾化成细小的微粒，直接喷射到被涂物表面的一种喷涂方式；其特点为喷涂效率高、涂层寿命高。静电喷涂是可以和空气混气喷涂加以组合应用，并将各自的优点综合成一个新的喷涂方法；静电喷涂适合喷涂栅栏、管道、小型钢结构件、钢管制品、五金、眼镜架、饰品等几何形状复杂、表面积较小的工件，能方便、快捷地将涂料喷涂到工件的每一个地方，可以减少涂料过喷，节省涂料。目前轨道车辆车体整体喷漆采用高压无气喷涂方法。当然，采用哪种喷涂方法需要结合具体工程和建设单位意见选定。

2)喷漆工艺

车体入台位→车体清洁、修补腻子、打磨→修补面漆前准备→修补面漆→车体干燥→贴膜、标记、修补→交验。

3)喷漆设备

喷漆库采用自动喷漆和漆雾净化设备的工艺。自动喷漆和漆雾净化设备可进行自动和手动喷漆作业，并可对喷漆漆雾进行过滤、吸附，对车辆表面进行加热烘干。在喷漆库侧墙上安装有机械防爆通风机。主要设备包括：

①喷烘一体室

喷烘一体室设备用于轨道客车内外表面油漆的喷涂施工和油漆的强制加速干燥；供喷烘一体室加热的能源可为天然气；喷漆室送风必须全部取自室外新鲜空气，废气全部排到室外。

喷烘一体室采用干式漆雾净化处理，净化装置垂直布置在室内地坑一侧；采用上送下排风方式时，要用分段送、排风以节省能源。采用强制热风循环方式对车辆进行加热，室内气流组织要合理，以保证车辆各部位温度均匀。

每室配 4 台三维操作台，用于喷漆室内车辆的人工喷漆作业，以便操作者能完成车辆各个部位的喷涂施工。三维操作台与喷房一体设计，结构合理，安全可靠，操作维护方便。

所有设备设施的防火、防爆、安全、环保及防雷等要符合国家有关最新标准规定。

②腻子室

腻子室是腻子刮涂及打磨操作间的简称，主要用于腻子刮涂、腻子打磨等的施工。腻子室与喷烘一体室类似，腻子室除提供一个封闭的施工作业环境及适当的照明外，还要满足刮涂及打磨作业时通风换气的需要，保证操作间内的车厢内外空间的废气或飞散的粉尘能及时排走，并补充新鲜空气，同时还要配置三维操作台(每个台位两侧各 2 台)以便人工作业可达车辆的各个位置;每个台位各配 1 台送风空调、1 台排风机。送风空调和排风机布置在腻子间室体上方的钢平台上;配备磨腻子用中央集尘系统。

③中央集尘打磨系统

中央集尘打磨系统包括中央集尘系统及打磨机两大部分。打磨机用于铁道客车表面的腻子层和中间层等的打磨处理,以获得光滑的表面;中央集尘系统与打磨机配套,将打磨过程中产生的粉尘自动连续集中吸收,以改善作业环境,同时提高打磨效果。

中央集尘系统应包括中央集尘主机、集尘管路、悬挂系统。打磨机采用电力驱动,分别提供适合于大平面、圆弧面打磨的不同型号产品。

④侧面升降操作台

侧面升降操作台用于车体外表面进行车体表面处理施工时供操作者使用,以便完成较高位置的施工。该操作台只用于车辆侧面的施工。每个车辆作业台位每侧配 2 台,即每个作业台位共配 4 台;侧面升降操作台长度方向通过立柱固定到地上,高度方向能电动升降,采用丝杆传动;操作台的电器控制系统由控制箱、电缆电线、控制按钮等部分组成。

⑤自行走升降操作台

自行走升降操作台用于用户表面处理厂房内,供操作者进行车顶及车体端表面作业用,作业内容为涂装过程中的表面准备工作,包括车体表面除油、表面遮蔽、去遮蔽、修补、打磨等。用于车顶作业时只需借助该操作台使操作者能达到车辆顶部,端部作业则需始终站立在操作台上。设备操作平台具有横向或纵向平移功能,操作台的驱动行走及转向采用电动或液压驱动。

4)车间组成

喷漆库设有 1 线 2 辆位喷漆库一座,喷漆库采用设备为自动喷漆、漆雾净化设备;设有 1 线 2 辆位预处理库一座,喷漆前车体的除旧油漆、除锈、除油、化学预处理、打磨、除尘作业均在库内作业进行。

11. 蓄电池间

(1)任务

承担大、架、定修及临修车辆的碱性蓄电池箱,以及内燃调机、轨道车、公铁两用车、蓄电池叉车及搬运车等的酸性蓄电池的维护工作。

(2)基本要求

①蓄电池间的规模应满足车辆蓄电池充电和维护的需要,并应考虑电瓶叉车、蓄电池搬运车等设备充电的进出通道需要。

②蓄电池间承担车辆蓄电池的补液、充放电或更换工作,不承担蓄电池的分解检修和恢复容量的工作。

③蓄电池间应分隔设置电源间、充电间和储存间等,其中充电间应有通风、给排水和防腐设施;充电间内的电器及照明应按防爆设计。

④酸性蓄电池间宜独立设置,并宜布置在常年主导风向的下风位置。

⑤当蓄电池间与其他建筑合建时应靠外墙单层设置,并应采用耐火极限不低于 3 h 的防火墙与其他部位隔开。充电间不应有与相邻的值班室和配电室直通的门、窗。必须设置时,应采用甲级防火门、窗。

(3)作业内容

蓄电池检修的主要作业内容有检查清洗、补液、充放电等工作。检查清洗为外观检查,外部清洗、补充电解液;充放电为联成蓄电池组,视情况单充电或三充两放。

随着蓄电池技术的发展和相关产品的不断完善,目前车辆基地内地铁车辆所用碱性蓄电池以及轨道车、公铁两用车、叉车及搬运车等所用酸性蓄电池基本上均为免维护型,在正常运用中只需要补充蒸馏水,因此酸性及碱性电解液的需求量很少。可根据具体情况考虑手工配置或委托社会力量进行。

(4)车间组成

蓄电池间应设电源室、充电室、储藏室和值班室等。充电室应有通风、给排水和防腐设施,酸性蓄电池充电室应与其他房屋隔断并采取防爆措施。

12. 计量室

城市地铁维修工艺中的计量工作管理,客观地同地铁安全运输生产、作业标准化、经济效益和优质服务等均有着密切的关系,因此要严格按照上级标准,积极参照国家质量技术监督要求和国际惯例,自觉地优化好计量资源,有效减少人力、物力、财力的分散及重复、低水平投入;要通过合理减少管理环节,科学调整计量机构分布与计量技术资源配置，理顺计量工作在车辆段整体维修工艺中与其他部门的关系，从而为实现安全运输生产、为提高经济效益提供了坚实的技术保障。想把计量工作搞好，就要根据自身的生产情况、经济实力建立一个满足预期目标、相对独立、合理适宜、完整的计量检测体系。

(1)任务

①贯彻国家及上级计量机构颁布的各项计量制度及检定规范。

②对计量标准器具使用、保管和按期送上级计量机构检定。

③为保证产品的加工质量和测量精度，定期需将刃具、量具和量仪进行检定和校准，确定能否继续使用，进行修理或报废。

④负责编制段内计量技术管理制度。

⑤计量室为仪表间保存备用的标准仪表(如压力表、温度表、电流表、电压表)。

(2)基本要求

①长度基准的选定，以二级(四等)块规为基准，用立式光学比较法进行传递。计量室对房间要求恒温、恒湿、水磨石地面。

②仪表易损更换件外购。

③本室基准仪由市计量机构检定和修理。

④本段使用的量块、量具和部分热工仪表修理外协。

(3)管理体制及模式

首先应设置一个能与具体生产情况相适应的、满足生产工艺要求的计量检测机构，统管所有计量器具并监督计量数据的检测。

计量人员按工作分工不同可分为：计量管理、计量监督、计量技术、计量检定、计量维修等，要求熟悉有关的计量知识，经过培训熟悉企业计量规章制度和计量管理规定。

计量器具的管理包括：组织建立计量标准器具；根据使用部门的申请，审批计量器具的购置计划：制定计量器具的管理标准；建立计量器具管理台账；提出计量器具的保管、使用、周转、发放、降级、报废等的处理意见；将计量器具按专业划分，同时开展周期检定工作。对开展自检的计量器具要建立计量标准，但不能盲目地建立标准，要根据计量器具的多少、使用的频繁程度来开展自检，对量少又必须使用的计量器具进行委外检定。将强制检定的计量器具登记造册向质监部门申报，制定周期检定计划，属国家强制检定的应严格按照国家检定规程来确定，同时也要根据设备的使用情况，合理地确定计量器具的检定周期。做好施工现场的计量法规宣传，监督指导计量器具的正确使用和维护保养，确保器具处于良好状态。对在有效期内失准的计量器具，应立即组织修理、调整及校准，查明失准原因，所有记录报公司计量管理部门审核。封存的计量器具由计量员保存时，其保养工作由计量员完成，并做好相应记录。此外，制定详尽的计量工作岗位职责，督促每一名计量检定工作人员认真遵守。

(4)计量器具分类

①长度计量器具：铁路轨距尺、铁路支距尺、机车车辆轮径尺等铁路专用器具以及量块、水准标尺、千分尺、百分表、千分表、测微计、小孔内径表、刀口尺、粗糙度样板、经纬仪、水准仪、测厚仪、轴承检查仪等。

②热学计量器具：热电阻、电子电位差计、电子平衡电桥、高温毫伏计、温度指示调节仪、温度巡回检测仪、测温电桥。

③力学计量器具：称重传感器、密度计、压力计、压力真空计、气压计、压力表、压力真空表、微压表、压力变送器、压力傅感器、压力表校验仪、水表、煤气表、加速度计、测振仪、振动传感器、速度传感器、速度表、测速仪等。

④电磁学计量器具：标准电压源、标准电流源、标准电阻、电阻箱、标准电容、电阻测量仪、欧姆表、毫欧计、兆欧表、高阻计、毫安表、微安表、微伏表、电功率表、频率表、功率因数表、相位表、互感器校验仪、互感器校验仪检定装置、测量互感器。

⑤无线电计量器具：微电位计、高频电压表、高频毫伏表、高频微伏表、低频电压标准源、低频电压表、失真度仪检定装置、失真度仪、低失真信号发生器、音频分析仪、脉冲发生器、高频电容损耗仪、晶体管参数测试仪、电子管参数测试仪、示波器、示波器校准仪，半导体材料工艺参数测量标准、半导体材料工艺参数测量仪、集成电路参数测量标准、集成电路参数测量仪。

⑥时间频率计量器具：频率计、频率表、频率计数器、秒表检定仪、秒表、电子毫秒表。

⑦声学计量器具：声级计、杂音计、声学标准噪声源、超声功率计。

⑧光学计量器具：照度计、亮度计、光密度计、激光功率计、折射计、焦距仪。

⑨电离辐射计量器具：照射量标准装置、照射量计、照射量率标准装置、活化探测器。

⑩物理化学计量器具：电导仪、电位滴定仪、比色计、分光光度计、水质监测仪、测氧仪、气体分析仪、瓦斯计、测汞仪、测爆仪、水分测定仪、湿度计、黏度计。

(5)计量室的方案选择

①方案一：车辆段配属计量设施达到三级计量标准，可以满足设计规模要求。

根据计量检定室对环境条件的要求，应建在远离振源（铁路、机加工场所）、热源（锅炉房）、磁源（强磁场区域）以及散发腐蚀性气体的地方，同时也不应建在低洼、潮湿的地方。因化验检定可能涉及有毒有害气体或液体的排放，建议将化验检定房间设置于生产用房—厂架修库边跨局部三层，可细分为化验分析、化验操作、化验仪器、试剂药品、玻璃容器等分间，房屋面积总计约 120 m^2。

将长度、力学、电学、压力等检定间以及计量工作人员办公和仪器仪表检修房屋设置于段综合楼，可细分为计量化验办公、轨距尺、支距尺、扭矩扳子、示波器、电压电流表、电阻表、耐压及压力表、仪器仪表维修等分间，房屋面积总计约 280 m^2。计量检定间应安装空调，配温、湿度计，以保证恒温。工作台要牢固、耐用。属机械式的仪器应布置在靠窗、光线充足的地方；需用电源的仪器应布置在沿墙接近电源插座的地方。对仪器柜内待检、被检、报废、封存、借用的计量器具进行定置管理，并用标牌严格区分。计量标准器的放置要注意防潮、防尘、防震、防磁、防干扰、防腐蚀等，要用防尘罩盖住，并保持室内的环境卫生。计量工作的文件、档案、资料等要规范化，将其分类、分项，设置专门的文件柜、文件盒、文件夹等加以保管。总之，建立一个良好的工作环境才能更有利于计量工作的开展。

计量人员配属是根据企业计量器具总数和检修工作量大小以及检测所需的技术水平合理配备的。相关规范要求计量人员应占企业人工总数的比例要求，因地铁、轻轨等从属于铁道、交通类企业，按照计量标准考核规范要求不低于 0.8%～1.0%。

②方案二：结合地铁公司相关部门降低运营成本的要求，进一步增加计量资质。

将检测数量多，申请计量资质快，经济效益明显的建立计量资质，自行检测；将检测数量少，申请计量资质慢，经济效益不明显的按设计确定的模式委外送检，不建立计量资质。结合地铁工程的运营需求，除满足三级计量标准的设计内容外，考虑申请二级计量标准，并建立以下 9 个计量标准资质：油、水、润滑油等化验装置；精密压力表检定标准装置；数字多用表检定标准装置；交直流电流表/电压表检定标准装置；游标量具检定标准装置；兆欧表检定标准装置；接地电阻表检定标准装置；轨距尺检定标准装置；支距尺检定标准装置。增加计量标准资质后需要添置的相关检定装置设备单价都比较昂贵，设备投资额远远超过方案一资质设备购置费的数倍。检定间面积根据计量操作工序也需要由方案一的 400 m^2 增加至 800 m^2。

③方案三：结合地铁所在城市的实际情况，计量室只设置常用的长度计量器具的检定。其余计量器具的检定委托当地的计量检定部门。本方案只需要房屋约 200 m^2。

优缺点分析：方案一、二、三都满足现行设计工艺要求，方案一初期设备投资较少，占用房屋面积较少，但建成运营的成本较高；方案二初期设备投资较大，占用房屋面积较大，建成运营的成本较低；而方案三初期设备投资较最少，占用房屋面积较最少，但建成运营的成本最高。

综上所述，在满足设计工艺要求的前提下，考虑初期设备投资和占用房屋面积及运营成本等，综合比选确定。

10.3.3 车辆段设备维修

1. 任务及工作范围

车辆段设备车间包括设备维修车间和相应管理部门。承担全段机电设备的管理和中、小修程的检修工作；承担全段各生产工具的维修和管理工作；开展并实施段内技术更新改造和小型非标准设备的制作及检修。

2. 基本要求

(1)车辆段生产设备应采用统一管理、集中检修的原则。有条件时，设备的大修宜外委或外协进行。目前按以下原则进行设计：

①车辆段标准机械设备的中修和大修等工作外协；

②车辆段专用机械设备、起重运输设备、动力设备、管路设施的中修和大修等工作外协；

③车辆段非标设备的大修外协；

④车间所需的各种铸件、锻件、热处理件等外协；各种齿轮加工外协。

(2)车辆段设备维修车间应根据段内机电设备和动力设施维护、检修的需要，配备必要的金属切削、加工设备，电焊气焊设备，电器检测设备，管道维修设备和起重运输设备等。

(3)车辆段检修车间的通用加工设备与设备车间的通用加工设备应合并设置，并可承担综合维修中心机电车间的机加工任务。

(4)车辆段内较大型设备的日常维护、保养和小修一般以原安装地点进行检修为主，对一些要修理的零件或部件可在车间进行。

3. 车间组成

设备车间的设备维修车间一般由机加工间、钳工间、电力组、管道组、熔焊组等组成。

(1)机加工组：主要负责检修车辆待修零部件的机加工及车辆段内各种设备的日常维修和小修；

(2)管道组：主要负责车辆段内动力管线的日常维修和小修等工作；

(3)熔焊组：主要负责段内各种设备修理中的电焊和气焊等工作；

(4)电力组：主要负责段内电气设备及其电气线路的日常维修和小修等工作；

(5)主要设备选型：多种机床以及焊接、切割等设备。

设备车间还包括办公室、技术室、教育室和资料室等组成的管理部门以及备件间、工具维修间、工具发放间、更衣室等。

10.3.4 车辆段救援设施

1. 基本原则

(1)车辆救援分为故障救援、事故救援和灾害救援三类，应遵循救援队伍和救援设备必须以最快速度到达事故现场，抢救伤员、疏散乘客、抢修列车、事故列车退出正线，尽快恢复运营条件的原则。

(2)车辆救援应具备运行车辆的脱轨、挤岔、追尾、相撞、颠覆、脱钩、断钩、弓网故障、火灾、爆炸等中断运营的事故和灾害应急救援能力；应急抢修应具备钢轨断轨、挤岔、水害、火灾、爆炸、接触网断线、供电线路短路、供电绝缘子破损、信号系统故障等中断运营的事故和灾害应急抢修能力。

(3)车辆救援和应急抢修应同时具备通过公路和轨道两种途径进入事故现场进行救援和抢修的能力，救援用的轨道车辆宜利用车辆段和综合维修中心的车辆，并应根据救援需要统筹配备专用地面工程车、指挥车和相关救援、抢修等设施。

2. 基本要求

(1)车辆基地内应设救援办公室，并应配备相应的救援设备和设施。救援办公室负责救援和抢修、设施设备的日常管理、维护和检修及人员的培训和演练等工作，受地铁控制中心指挥。

(2)救援办公室设值班室，值班室应设电钟、自动电话和无线通信设备以及直通地铁控制中心的防灾调度电话。救援队和抢修队可按兼职或专职，按照“平战结合”的原则组成。

(3)救援用的轨道车辆宜利用车辆段和综合维修中心的车辆，并根据需要设置专用地面工程车和指挥车。

3. 救援设施

(1)根据车辆段总平面布置和便于集中管理，救援办公室及值班室应设置在调车机车库或特种车库的边跨内。救援设备间应设于一层，采用铁门，门高宽应能够满足电瓶车、叉车进出，提高救援应急能力，确保及时、准确地处理事故。也可以将救援办公室及值班室设在车辆段办公综合楼内，由段领导组织人员及时参加救援。

(2)利用车辆段和综合维修中心的车辆包括车辆段的调车机车和综合维修中心的接触网检修车等作为救援用车的一部分，可以充分利用既有设备，节约投资。

(3)根据需要设置专用地面工程车和指挥车。

(4)车辆救援设备宜配备地铁救援列车、救援汽车、指挥车、车辆复轨设备、牵引设备、强力扩张器、快速切割机、强力剪、轮对代行器、组装式轻便轨道小车、小型气割设备、小型焊接设备、小型发电机组、照明设施及其他救援器材等车辆及各种设备，负责其现场的故障排除；故障地铁车辆的牵引可由内燃机车或其他地铁车辆负责。

(5)应急维修抢修设备宜按照工务、供电、通信信号等专业配备相应抢修设备。

(6)救援起复设备、扶正设备等大型救援设备宜由线网统一确定。

10.3.5 车辆段其他生产、生活设施

1. 空压机间

(1)任务

为检修车库和清吹扫库供应压缩空气。

(2)基本要求

①空压机间应根据车辆运用、检修工艺设计需求确定；

②空压机间应设置在检修组合车库等负荷中心临近位置，也可与检修组合车库合建。

③空压机应选择低噪声、节能产品，其压力和容量应根据生产所需气量及用风设备的要求确定。

④空压机的容量应有足够的备用量，空压机数量不应少于2台。

⑤车辆段可采用移动式空压机，移动式空压机数量不应少于2台，宜结合空压机的选型配置干燥、净化、除油等装置。

(3)车间组成

空压机间由值班室、机器间、储气罐棚组成。在空压机组、管道及其建筑物上，应采取隔声、消声和吸声等降噪措施。

(4)主要设备选择

空气压缩机主要有活塞式空压机、双螺杆压缩机和蜗杆式空压机等。

活塞式压缩机的传动机构是曲轴连杆往复运动结构，零部件的数量多，零部件的损坏的概率大，产品的可靠性低，维修费用高。由于曲轴连杆往复运动的特性，限制了其转速的提高，致使机器笨重，同时，该运动结构所产生的惯性力难以平衡，剩余的惯性力会使机器产生振动、噪声以及零部件的不正常的损坏。所以活塞式振动大，机械性噪声大、可靠性低。

双螺杆回转式压缩机具有结构简单、紧凑、单位容积利用率高和无气阀组件等特点。

蜗杆压缩机除具有双螺杆回转式压缩机上述特点外还具备以下优点：

①单机容量大，无余隙容积

从蜗杆主机单螺杆上开有6个螺槽，由2个星轮将各螺槽分隔成上下两个空间，各自实现吸气、压缩、排气过程，而且是同步进行的，这是双螺杆压缩机无法做到的，也是在气流脉动、气流噪声方面无法比拟的地方。

由于两种形式的空压机转速可以完全相同，放在相同的转速下进行分析对比。由于蜗杆压缩机运行时，蜗杆每转一周，每一个蜗杆槽均工作两次(双作用)，使蜗杆空间得到充分利用，因此与双螺杆压缩机相比，两者结构尺寸相同时，蜗杆压缩机排气量较大；而当两者排气量相同时，则蜗杆压缩机结构尺寸较小。

此外，蜗杆的蜗杆槽深度随压力的增高而减少，在排气结束星轮齿脱离单槽时，深度为零，故不存在余隙容积。因而，蜗杆压缩机较双螺杆压缩机的容积效率要高。

②结构合理，具有理想的力平衡性

双螺杆压缩机主机的主要构件就是两个螺杆(俗称双螺杆)，蜗杆压缩机的主要构件是蜗杆(俗称单螺杆)。下面分析双螺杆、蜗杆的受力状况：双螺杆压缩机在压缩气体的过程中，必然受到气体的反作用力，该力在两个螺杆上形成很大的径向力与轴向力，并自然传递到轴承上，所以双螺杆压缩机即使是选用最好的进口轴承，其寿命一般也只在15 000 h左右。蜗杆压缩机在压缩气体的过程中，也同样必然受到气体的反作用力，该力也在蜗杆上形成很大的径向力和轴向力。蜗杆压缩机在蜗杆两端间开有引气通道，流至高压侧的气体将通过引气通道回流至低压侧，从而使蜗杆两端而上的气体力相互平衡。由于星轮在蜗杆轴线两侧对称布置，作用于蜗杆上的气体径向力平衡，作用于蜗杆槽内的气体轴向力也相互抵消，达到自身平衡。因此，蜗杆不受任何径向或轴向气体力的作用，且星轮片上所受的力也只是双螺杆压缩机的1/30左右，故蜗杆压缩机的主机能平衡，无振动地在高转速下运转，而无需特别的基础，仅需安放在水平地面上。蜗杆压缩机即使利用国产的普通轴承，其寿命也可以达到150 000 h。

③主机寿命长

由于蜗杆压缩机的高速轻载，啮合副型线的优化设计，间隙适当，容易在螺杆与星轮之间的间隙中建立流动体动力润滑油膜，从而有效地减少了星轮的磨损，降低了气体的泄漏，提高了机器的寿命与效率，保障

了运行安全可靠。

④维护简便，易损件少

世界上没有永不磨损的机器，无论双螺杆压缩机还是蜗杆压缩机，在若干年后，均需对主机进行维修保养。单就更换轴承而言，双螺杆压缩机的进、排气端 4 只重载轴承和 2 只四点轴承均需国外购进，成本昂贵；如若主、副转子出现磨损或者轴承走外圈，主副转子与机壳内壁发生摩擦，均无法在现场维修，须将主机运回生产厂，并花费巨额费用[约占整机售价的(1/4)～(1/3)]。而蜗杆压缩机则无此顾虑，在生产厂家技术人员的指导下，现场即能解决，其费用极低。

蜗杆压缩机既克服了活塞式空压机振动和噪声大、易损件多等缺点，又克服了双螺杆空压机主螺杆受力不平衡、磨损严重、维修困难等缺点。其优秀的技术性能，极大方便了用户的使用。因此，目前车辆段均采用蜗杆压缩机，而且根据车辆段的用气特点，结合运用、检修车库的组合形式，可以将空压机间并入车库组合中。

2. 备品库

(1)任务

备品库负责车辆检修需要的中小型备品、配件储存、保管和发放工作。

(2)基本要求

①根据检修工艺、检修工作量以及需要存放的备品、配件的种类、数量、供货情况等确定备品库的规模。

②不同性质的备品、配件应分区存放，并应根据需要配置运输设备，满足车辆检修备品备件的运输、储存和发放。

③备品库根据需要可采用自动化立体仓库。

3. 车辆基地控制中心(DCC)

(1)任务

车辆基地内应设车辆基地控制中心(DCC)，其功能应包括列车运转调度、检修调度、防灾调度等功能。

(2)基本要求

①车辆基地控制中心(DCC)应设有站场信号和正线行车调度作业的显示装置；

②当条件具备时，车辆基地控制中心(DCC)宜根据运营及运维一体化需求，与运营控制中心(OCC)合并设置；

③车辆段调度中心在车辆基地总平面布置中可单独设置，也可与办公楼等合并设置；

④自动驾驶车辆基地控制中心(DCC)应设置自动驾驶车辆基地管理所需的门禁控制、视频监控等设施。

4. 车辆基地综合办公楼

(1)任务

车辆基地综合办公楼应为车辆段、综合维修中心、培训中心及后勤管理等的办公人员所使用，其功能应满足使用需求。

(2)基本要求

①综合办公楼规模应根据办公定员运营模式及运营需求确定，其辅助房间及卫生间设置应满足现行行业标准《办公建筑设计规范》(JGJ 67—2006)的有关规定。

②综合办公楼在车辆基地总平面布置中宜设置在离车辆基地主出入口相近的位置，并应与厂前区景观相协调。

③综合楼宜坐北朝南布置。

5. 乘务员公寓

车辆基地内应设置乘务员公寓，乘务员公寓宜靠近停车列检库设置，其规模应根据所在车辆基地的远期运用车数及其定员、运转方式计算确定，并应符合下列规定：

(1)乘务员公寓宜按 2 人每间设计，应设置独立卫生间。每层宜设置 1～2 间乘务员住宿用品存放间，首层需设置 1 间值班室。

(2)当乘务员公寓与综合办公楼合并时，应设置独立出入口。

(3)乘务员公寓宜设置乘务员用餐条件。

6. 计算机综合信息管理系统

车辆基地内宜设置计算机综合信息管理系统，综合管理车辆运用、维护、检修、人员、调度、安全监控、仓储配送、设备管理等各种信息，并宜预留有与控制中心的传输通道。计算机综合信息系统应符合下列规定：

(1)车辆基地计算机综合信息系统应与城市轨道交通车辆段工程同步规划、同步设计、同步施工、同步验收、同步使用。

(2)车辆基地计算机综合信息系统应实现为运营、工作人员创造良好的信息环境，并宜提供快捷有效的信息服务。

(3)计算机综合信息系统的建设应根据车辆基地等的具体特点，选择合理的技术和设备配置。

(4)应具有开放、可扩充和使用灵活的特点，并应能改造和更新。

10.4 综合维修中心设计

1. 任务

综合维修中心是地铁系统各种设备和设施的维修管理单位。承担全线线路、路基、轨道、桥梁、涵洞、隧道、房屋建筑和道路等设施的维修、保养工作，以及供电、通信、信号、机电设备和自动化设备的维修和检修工作。

2. 功能

(1)承担全线的轨道、路基和地面线路防护等工务设施的维修和养护任务。

(2)承担全线地下隧道建筑、桥梁、涵洞和各种房屋建筑及室内附属设施、道路、车站装修，各种旅客引导设施的修缮和维护任务。

(3)承担全线通信、信号设备和车上广播设备等的维修任务。

(4)承担全线变电所、高中低压电气线路及接触网(或接触轨)的维护和检修任务。

(5)承担全线通风空调设备、屏蔽门、防淹门、水泵、电机、自动扶梯、电梯等各种机电设备和各种小型运输车辆的维修保养和检修任务。

(6)承担全线承担 EMCS、FAS、AFC 等各种自动化设备的维修和保养任务。

3. 基本要求

(1)综合维修中心应满足全线线路、路基、轨道、桥梁、涵洞、隧道、房屋建筑和道路等设施的维修、保养及供电、通信、信号、机电设备和自动化设备的维修和检修工作的需要。

(2)地铁线路、桥涵、房屋建筑、道路等设施和机电设备的维修宜利用社会资源，大修可对外委托当地专业队伍或工厂承担。

(3)综合维修中心根据其规模和工作范围可分为维修中心、维修工区和维修组。维修中心宜设于车辆段内，维修工区和维修组可设在停车场内。维修工区和维修组隶属于维修中心管理。

(4)每条线路宜设置 1 个综合维修中心，根据需要设置综合维修工区。当车辆基地共址合建时，相关线路的综合维修设施宜统筹设置集中为 1 个综合维修中心。

(5)综合维修中心的机构，宜根据各专业的作业性质和有利生产、方便管理的原则设置工务、建筑、供电、通信信号、机电和自动化等车间。

各车间的规模应根据各项设备种类、规格、数量和确定修理周期、设备复杂系数等进行计算，并结合检修工艺要求及总体要求确定。

(6)综合维修中心应根据生产的需要配备生产房屋、仓库和必要的办公、生活房屋。房屋的布置应根据作业性质结合总平面布置的具体情况合理布局，其生产房屋宜与检修综合楼和综合办公楼合建，生活房屋宜与车辆段同类房屋合并设置。

(7)设于车辆段内的综合维修中心，其变电所、空压机间和供热、热水设施宜利用车辆段相关设备和设施。

(8)综合维修中心应根据各专业的作业内容和工作量配备必要的设备。同时，尚应根据需要配备轨道探伤、轨道检测车、接触网检修车、磨轨车、轨道车和平板车等工程车辆和设备。各种工程车辆宜集中放置，统一管理。

(9)轨道检测车、接触网检修车、磨轨车和轨道车等工程车辆均应设停车库，并考虑必要的检修场地和设备。

4. 工务车间

(1)任务

工务车间负责地铁全线(含正线、折返线、车辆段内、停车场内线路)轨道、道岔、路基、隧道及其附属设施进行经常性的巡视、检查、养护及一般的紧急处理工作。对出现问题的地方及时维修，使线路保持良好状态，并兼备轨道设施小规模改造任务。

工务车间由养路工区、修配工区组成。

养路工区：承担线路的巡视、检查、探伤、养护维修工作以及隧道的巡检、清洗及堵漏修补。养路工区依据其地下现场作业的特点，配备轨道检测、探伤、养护、割焊、打磨等轨道维修设备和工具，以及必要的测量仪器仪表及运输设备等。

修配工区：承担线路维护所需部件的整备、修配以及养路机械及工器具、仪器仪表的检修。修配工区依据检修作业需要设置焊接、钳工及仪器仪表检修设备。

(2)基本要求

1)工务车间采用以现场巡视、检测、维修为主的原则。正常的养护应在夜间进行，但为防备白天可能出现的紧急故障，采用三班制。

2)采用人工养护方式，配以小型机械，负责全线的日常巡视、检查、养护和一般的紧急处理。较大规模的定期维护如线路的大修及辙叉的焊修工作委托有关铁路工务专业部门承担。

3)配属轨道车、平板车的日常维修由维修中心工程车队承担。

(3)房屋组成

工务车间在综合维修中心分别设有修配工区、养路工区、工具材料室及车间办公室。

养路工区设有工区办公室、工区用房及工具间。同时养路工区在沿线车站设适当的工务用房，用以存放工具材料及设备。

修配工区设在综合维修中心内设有工区用房。工务车间办公管理用房设在综合维修中内。

5. 机电车间

(1)任务

机电车间负责地铁机电系统的巡检、保养和维修工作，机电系统包括给排水系统、环控系统、屏蔽门系统及车站机电设备(电梯、扶梯)等。

机电车间由巡检工区和修配工区组成。

1)巡检工区

负责地铁系统机电设备的巡视、定期保养、现场检修、更换及事故抢修等任务，由于机电车间所负责的内容较多，专业性较强，因此巡检工区按设备划分专业工班进行作业，巡检工区有以下巡检工班组成：

①环控工班：负责地铁系统环控系统中通风、制冷设备日常保养和维护工作。

②给排水工班：负责地铁系统中给水、排水设备的日常保养和维护工作。

③电/扶梯工班：负责地铁系统中扶梯、电梯设备的日常保养和维护工作。

④屏蔽门工班：负责地铁系统中车站屏蔽门的日常保养和维护工作。

⑤车站电工班：负责地铁系统中车站照明等一般电器的保养和维修。

巡检工区依据各工班的特点及性质，以方便简单的小型工具及检测仪器仪表为主，并适当配备一定的应急工具。

2)修配工区

负责机电车间所属系统的部件修理和测试工作，并承担一些简单的配件制作工作，修配工区根据其工作性质设置以下检修班组：

①熔焊组：承担本车间所需的焊(割)接任务。

②机加工组：负责机电车间及综合维修中心各检修车间所需的机械部件修理。

③电机组：承担机电段所属系统的各类小型电动机的车间维修工作。

④电器组:承担地铁系统中照明、一般用电设施及机电车间各系统所包括的电器的日常保养和维护工作。

⑤仪表计量组:承担机电车间所属各系统仪表、仪器的检修、校验工作。

⑥钳工组:承担各种部件的钳工修理工作。

⑦油漆工班:负责地铁系统机电设备的保养油漆工作。

修配工区依据电机、电器的检修和试验的需要,配备电机试验、耐压试验、电热干燥以及必要的电器校验台等设备和一定的仪器仪表,配备电工、仪表检修必要的测试、校验设备。修配工区可不配备机加工设备,建议由车辆段设备车间负责。

(2)基本要求

1)机电车间只承担设备的一般性维修及中、小修,机电车间所承担的设备的大修工作委托有关专业单位承担。

2)电设备以现场检修(更换)为主,车间检修为辅。

3)机加工任务由车辆段设备车间负责。

4)自动扶梯及电梯设备维修模式采用“全部外协”方式。

5)生产中所使用的运输、检修车辆由维修中心工程车队统一调度使用。

(3)房屋组成

机电车间在综合维修中心内设修配工区、巡检工区用房、工具材料室,还在综合维修中心设办公用房。

6. 建筑车间

(1)任务

建筑车间负责全线房屋建筑、室内上下水设施、其他地面构筑物、人防设施以及车站建筑、站内装饰、导向标志、出入口设施、风亭等的巡检、维护和计划修理工作。

建筑车间由巡检工区和修配工区组成。

巡检工区:负责全线车站建筑和站内装饰、导向标志、出入口设施、风亭、站内上下水设施、人防设施及其他地铁建(构)筑物的巡检、维护、修理和部分安装工作。巡检工区的设备配备依据建筑设施的特点及性质,以方便简单的小型工具、升降、运输设备及工具为主。

修配工区:负责全线站内装饰、导向标志、门窗、办公设备等的车间修理、翻新、制作。修配工区依据作业的特点配备木工、钣金及水暖检修设备。

(2)基本要求

1)建筑车间采用现场修为主的原则,车间只考虑门窗、家具、办公设施及房屋、站内装饰、车站导向标志的修理和新制。

2)建筑车间维护所需机械加工作业由机电车间修配工区的机加工组承担,不再单独设立。

3)房屋建筑及构筑物的大修及翻建工作委托当地的专业施工队伍进行。

4)维修工作中所需使用的车辆由综合维修中心工程车队统一调度使用。

(3)房屋组成

建筑车间一般设有修配工区、巡检工区、工具材料室及车间办公室。巡检工区设有工区办公室、工区用房及工具室。修配工区设有木工间、钣金、水暖间。

(4)建筑车间的社会化

地铁工程全线房屋建筑、室内上下水、其他地面构筑物、人防设施以及车站建筑、站内装饰、导向标志、出入口设施等的维修结合地铁工程所在地的社会资源情况,可以考虑依靠社会力量完成。

在维修中心设置物业管理中心,为全线房屋建筑及其附属设施的管理、养护和维修提供快捷有效的服务。房屋建筑及构筑物的大修及翻建可委托专业施工队伍。

7. 供电车间

(1)任务

供电车间是地铁供电系统的基层维修和管理单位。它的主要任务是承担牵引供电系统设备的日常运行管理、维护检修、事故抢修、材料供应等工作,保证为地铁安全可靠和不间断的供电。负责组织地铁供电系统的运行、巡检、维修及编制维修计划的工作，负责供电系统中各种变压器、开关柜、变电所控制保护设备和仪器仪表等的定期检查试验和中、小修工作。

供电车间的工作分为：设备运营管理、巡视值班和日常维护、检修测试和事故抢修。

1)在供电车间调度室内设置供电复示终端，用以监视全线变电所设备、接触网开关的运行状况以及各迷流监测点监测电压，以便于维修调度及时了解现场设备运行情况，正确指挥供电系统的维修工作，提高处理事故的工作效率，缩短停电时间，并针对现场设备的运行状况制定科学的检修计划。特殊情况下也可以通过网络管理人员为供电车间工作人员授权接替调度员的权限，对全线或整个地铁供电网络的供电设施进行直接调度。

2)日常维护和巡视值班在地铁运行期间由当地值班或巡视人员负责，负责主变电所、牵引降压混合变电所、降压变电所内供电设备和电缆、接触网、电力监控设备、动力照明设施和地铁杂散电流防护设备运行管理和部分检修、检测工作。检修测试工作根据检修计划在不影响停电或夜间“天窗”时间进行。

3)根据电气设备周期检测状态修的原则，加强设备运行状态监测，为设备的维护、检测、试验工作提供依据，并利用检测数据分析设备运行状态，使设备始终具有正常性能，减少事故隐患。

4)负责变电所、接触网等供电设施的事故抢修工作。

供电车间由远动工区、变电工区和接触网工区组成。

远动工区：负责地铁全线 SCADA 系统的日常维护和故障处理工作。按系统单位的要求远动工区设在地铁控制中心内，不纳入综合维修中心。

变电工区：负责地铁工程全线变电设备及电缆的日常巡视检查、定期修理试验、计划检修和事故抢修工作。变电工区依据设备的性质及工作内容分设为巡检班组、电缆检修班组、设备检修班组和继电保护班组。

接触网工区：负责对地铁工程接触网设备的日常巡视检查、计划检修和事故抢修工作。接触网工区下设巡检班组和检修班组。

(2)基本要求

1)供电车间的规模按满足主要供电设备的中、小修和变电所电气设备、接触网检测的需要确定。供电设备的检修的修程和工作量，要结合线路技术标准和电气设备的技术要求核定。

2)电气设备检修、检测、试验以现场为主，回送车间检修为辅；接触网的维护、检修和检测以利用专业检修、检测车辆作业为主，人工巡检为辅。

3)变电检测设备的配备原则：能及时探测电气设备的潜在故障，了解和掌握供电设备的运行状态、设备的完好状况，出现故障时能及时分析原因，做出科学、合理的判断，并制定检修、抢修方案。

4)按照满足本线近期中、小修修程配置车间的检修、试验设备及仪器、仪表。为降低工程投资和避免设备闲置，对部分使用率较低的通用设备、运载车辆和起重设备、材料库房等，可与综合维修基地的其他车间共用。

5)车间的组织机构尽量简化，按满足本线近期运营和保证设备维护检修需要配备生产、管理人员。

6)车间的主要检修生产房屋按本线需要一次建成，并预留远期发展条件。

7)供电车间只承担供电设备的一般性维修及设备部件的中、小修，供电设备的大修外委。

8)供电设备以现场修检修(更换)为主，车间检修为辅。

9)供电车间所需的机械加工作业由设在维修中心机电车间的机械加工组承担，不再独立设置。生产中所需使用的运输、轨道车辆由综合维修中心工程车队统一调度使用。

(3)房屋组成

供电车间设高压试验间和电缆室、蓄电池、变电二次维护等房屋及材料储存等生产房屋和办公房屋，包括车间及下属工区的办公房屋。生产办公房屋可与其他办公楼房合建，但需考虑一层高压试验等生产条件。

为满足设备检修和试验要求，设独立的设备检修车间，包括高压试验间、电修室、开关检修室、电缆室、工具间。

8. 自动化车间

(1)任务

自动化车间负责地铁全线自动化系统的巡检保养和维修工作，自动化系统包括环境与设备监控系统(BAS)、火灾自动报警系统(FAS)、自动售检票系统(AFC)及办公自动化系统(OA)等。

自动化车间由 AFC 工区、BAS 工区及 FAS 工区组成。

AFC 工区:负责地铁系统机电设备的巡视、定期保养、现场检修换件及测试。

BAS 工区:负责地铁 BAS 系统部件修理、测试工作及清洁工作。

FAS 工区:负责地铁 FAS 系统部件修理、测试工作及清洁工作。

(2)基本要求

1)自动化车间只承担设备的一般性机械维修及联合调试;各系统的软件及办公自动化(OA)系统由控制中心承担,不纳入综合维修中心。

2)自动化设备以现场检查、更换为主,车间检修为辅。

3)自动化车间所需的机械加工工作委托维修中心机电车间进行,不再独立设置。

4)自动化系统的全面更新、改造工作委托有关专业厂承担。

(3)房屋组成

自动化车间由 AFC 工区、BAS 工区、FAS 工区组成。

自动化车间设在综合维修中心由 AFC 检修工区、BAS 检修工区、FAS 检修工区和办公室组成,该车间与通号车间合建。

9. 通号车间

(1)任务

通号车间负责地铁全线通信、信号系统的巡检、保养、维护及检修工作。

(2)基本要求

1)通号车间只承担设备的一般性硬件、机械维修,系统的更新、改造委托有关专业厂家进行。

2)通信、信号设备以现场修检修(更换)为主,车间检修为辅。

3)通号车间所需的机械加工工作委托综合维修中心机电车间进行,不独立设置。

通号车间由通信分车间和信号分车间组成。

通信分车间:负责地铁系统地面及车载通信设备的定期保养、现场检修换件及事故抢修等任务。按系统要求通信分检修车间分为巡检工区和检修所两部分;巡检工区设有通信工区、无线工区、光缆工区、自动化工区,检修所设有通信检修所、无线检修所。

信号分车间:负责信号地面及车载设备的定期监测和维护,并根据控制中心调度的命令及时处理一般性故障、更换坏旧设备,保障正常运营。按系统要求信号检修分车间设置巡检工区及中心检修车间。巡检工区根据需要设置,如车辆段工区(含信号楼、试车线);中心检修车间设有车载设备检修间、轨旁设备检修间、ATS 检修间、电源检修间及继电器检修间。

(3)房屋组成

通号车间在综合维修中心设信号分检修间、通信分检修间和办公室等。

10. 工程车队

(1)任务

工程车队承担综合维修中心配属的轨道车、平板车、特种车及汽车的用运、整备作业及日常保养工作。

工程车队下设轨道车班及汽车班。

轨道车班:负责配属的各类轨道车辆的运用、整备及保养工作。

汽车班:负责配属汽车、叉车等车辆的运用、整备及日常保养工作。

(2)主要车辆类型

综合维修中心工程车队设备围绕综合维修各维修车间的生产性质、用途选择配备各类车辆,主要配备以下几类车辆:

1)轨道车:轨道车主要用于牵引各类无动力车辆,按综合维修检修作业的需要,一般配备两辆轨道车辆。

2)平板车:由于综合维修所需的材料、设备的运输、装卸的需要,综合维修中心配备部分平板车及平板吊车,这些车辆考虑与材料总库共用,平板车的规格按载重量 20 t 考虑一般设置 2 辆,设备、材料的装卸考虑平板吊车 2 辆。

3)特种车:综合维修中心所承担的各固定设备系统需要机械化的维修作业,以提高劳动效率。依据地铁工程的固定设备检修的需要,综合维修中心一般配备以下特种车辆:

①轨道检查车:用于对线路的定期检查、测量以保证列车的行车安全,一般考虑设置1辆。

②磨轨车:用于对正线轨道的擦伤进行打磨,保证轨道处于完好状态,减少列车运营的振动、噪声及提高乘坐舒适度。一般设计考虑设置1辆。

③隧道清洗车:用于对正线隧道内的清洗作业,保持隧道内的清洁,减少对隧道内的机电设备及车辆的污染。一般设计考虑设置1辆。

④接触网作业车:用于接触网的检查和修理。一般按接触网系统的要求设置2辆。

4)汽车:综合维修中心所配汽车主要用于材料、设备运输及沿线检修、工程抢险的需要,根据需要一般配备中型、轻型载重汽车各1辆,工程车、抢险车、工具车各1辆,面包车1辆。

综合维修中心工程车队配备的轨道探伤、检测车和磨轨车多为进口设备,价格昂贵,各城市地铁车辆段多根据实际情况选配,并考虑资源共享,一般在路网性厂架修基地考虑配属;另外接触网检测车、放线车的配属也与地铁工程的供电制式紧密相关。因此,特种车库内车辆的配置数量需根据地铁工程具体实际需求配置,无统一标准。

(3)房屋组成

综合维修中心配属的轨道车辆、汽车分别停放于轨道车库、汽车库。

1)轨道车库:综合维修中心配属的轨道车与车辆段轨道车合用一座轨道车库。车辆段调车机车,综合维修中心的轨道车、特种车辆停放于轨道车库内。承担救援及线路维护轨道车、轨检车、供电检修用车等的运用、整备及日常维护保养。

地铁工程配属特种工程车辆种类虽然较多,但数量少。同时因承担任务量较小,各种车辆的走行公里指标相比国铁小很多,发生的检修工作量也较小,因此本着节约工程投资、资源共享的原则,地铁车辆段只负责特种车辆运用、停放、整备、检查、保养或承担简单维修,而定期检修(小修、中修、大修等)则通过社会化协作委托国铁内燃机务段或特种车辆生产厂家来完成。其他特种车辆的日常检查及保养按照车辆厂家的要求进行。

2)汽车库:汽车库一般与综合维修中心综合楼合建,位于在一层。根据需要设置停车位和值班及检修用房。

11. 设计示例

综合维修中心的设计是一项多学科、多综合技术、多专业参加的工作;他们互相有联系,又互相有影响,关系密切,是一个系统工程;涉及线路、路基、轨道、桥梁、涵洞、隧道、房屋建筑以及供电、通信、信号、机电和自动化等部门。目前的设置形式比较多,有多部门综合集中设置,也有按专业、部门分别设置。各有优势,取决于具体工程的特点、业主要求和统一规划等因素。下面介绍一个集中设置的设计示例。

某车辆段综合维修中心将供电检修车间、机电车间、工务及建筑车间、通信信号车间集中设置在长80.48 m、宽33.62 m的四层工字型建筑内。

一层内设工务修建车间材料室、工务工区工具室、桥梁工区工具室、机电车间修配间、建筑工区工具室、供电车间试验间、供电车间电修间、供电车间材料间、通信车间电缆库、信号综合材料库、机电修配检修间、弱电电缆间、配电间、机电修配加工间、机电修配办公室、消防控制室和公话引入配线室等,如图10.4-1所示。

二层内设桥梁工区、隧道工区、工务工区、建筑工区、环控工区、环控工区工具室、给排水工区、给排水工区工具室、配电间、机电修配检修间、信号ATC地面设备检修办公室、信号ATC地面设备检修间、信号车载设备检修间、弱电电缆间、信号车载设备检修办公室、信号机电修配办公室、信号综合检修间、信号综合检修办公室和信号培训室等,如图10.4-2所示。

三层内设桥梁工区、隧道工区、工务工区、建筑工区、车站设备工区、车站设备工区工具室、轨道工区、配电间、公用会议室、供电车间电缆库、供电车间保护、供电车间电力监控、供电车间电气、开关、接触网工区、供电车间仪表、供电车间高压试验、变电工区、信号工区材料库、信号工区、信号工区值班室、信号微机室、弱电电缆间、信号设备及电源室和备用房间等,如图10.4-3所示。

四层内设工务车间技术室、工务车间管理室、工务车间资料室、工务车间调度值班室、机电车间调度值班室、机电车间技术室、机电车间管理室、配电间、机电车间资料室、环控泵房、电力复视显示室、通号车间资料室、通信设备室、供电车间调度值班室、供电车间管理室、供电车间技术室、供电车间资料室、通号车间技术室、通号车间管理室、通号车间调度值班室、通信仪表及无线检修室、通信综合维修工区、弱电电缆间和行车值班室等,如图10.4-4所示。

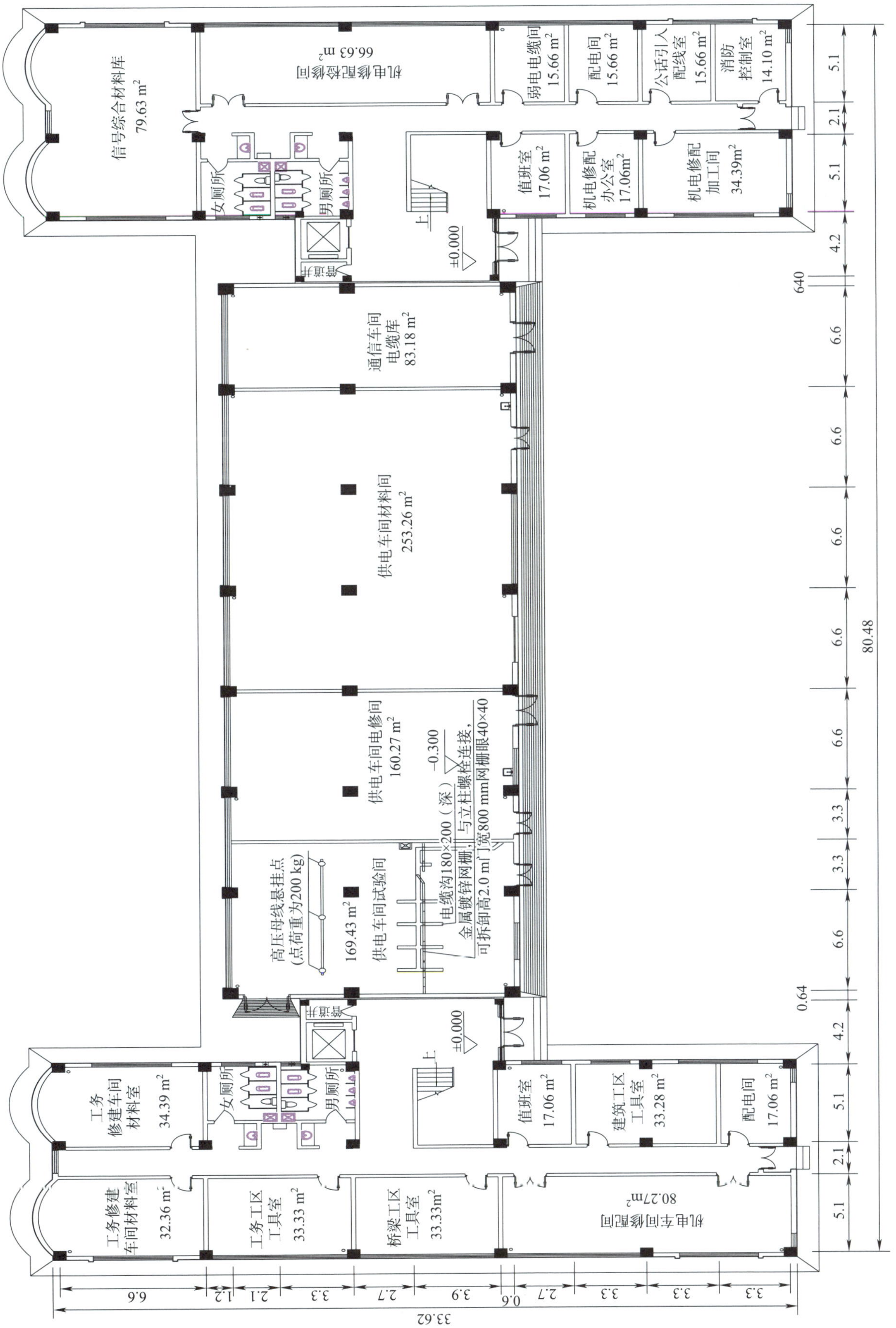

图10.4-1　综合维修中心综合楼集中方案一层平面示例图（单位：m）

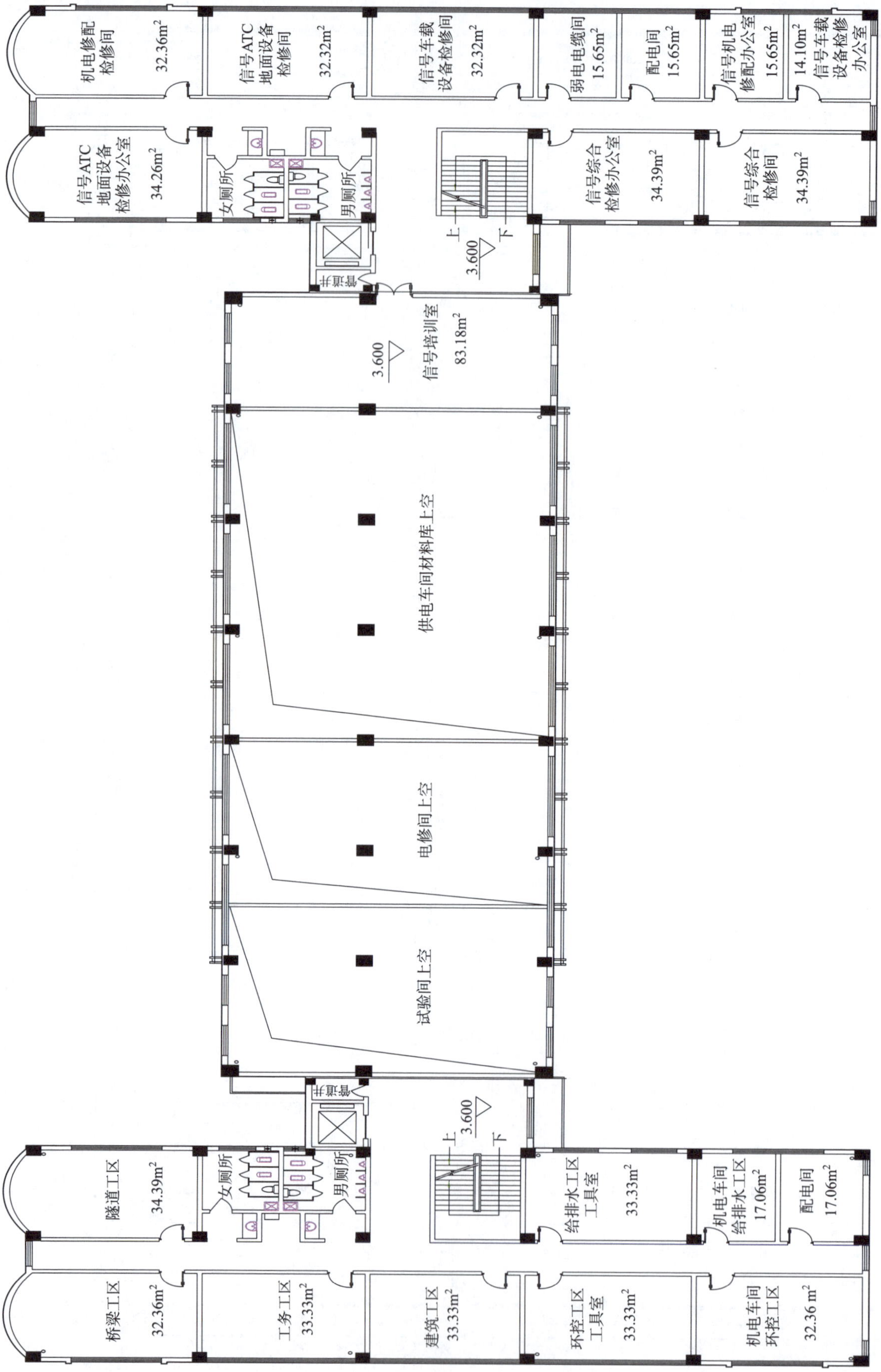

图10.4-2 综合维修中心综合楼集中方案二层平面示例图(单位:m)

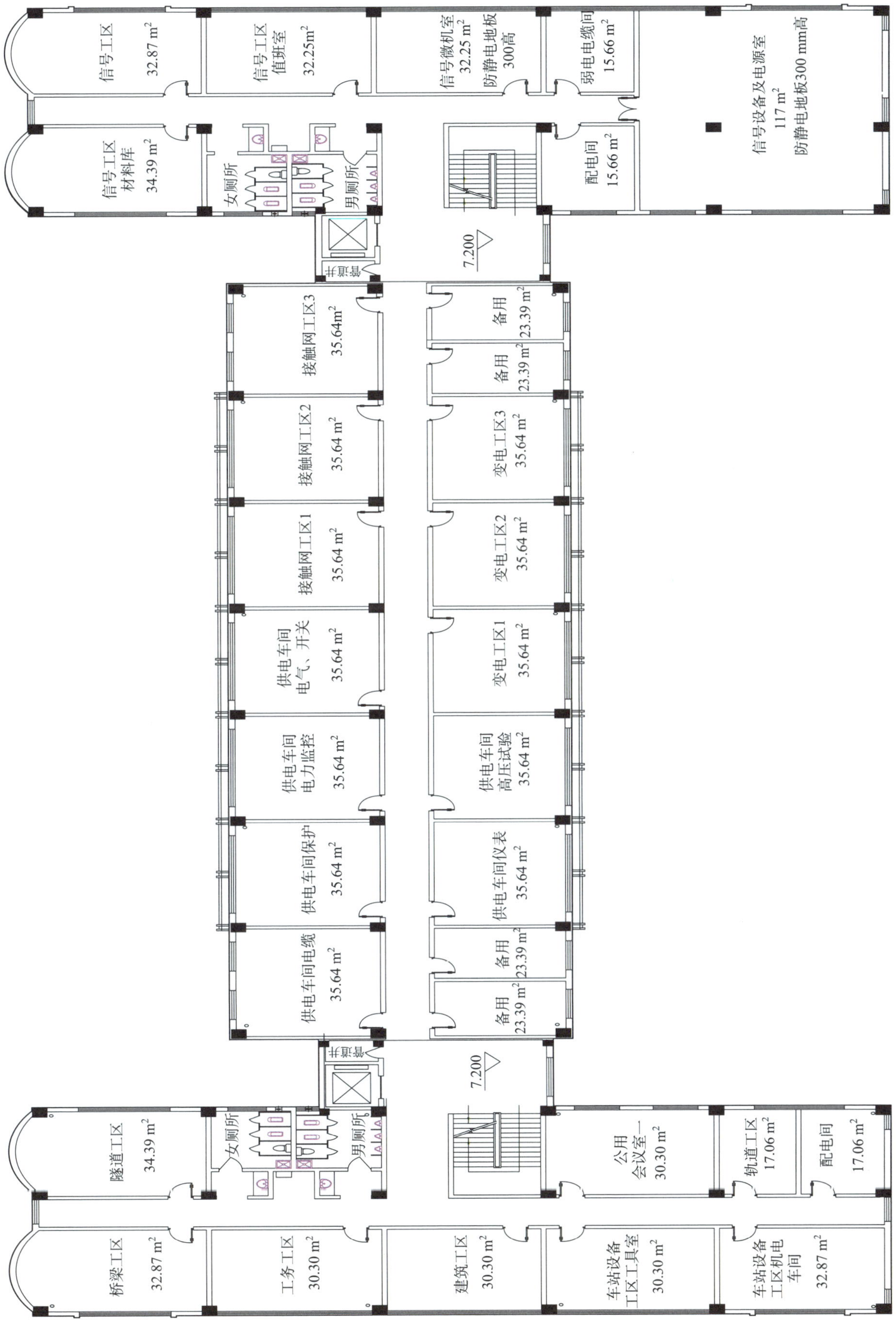

图 10.4-3 综合维修中心综合楼集中方案二层平面示例图(单位:m)

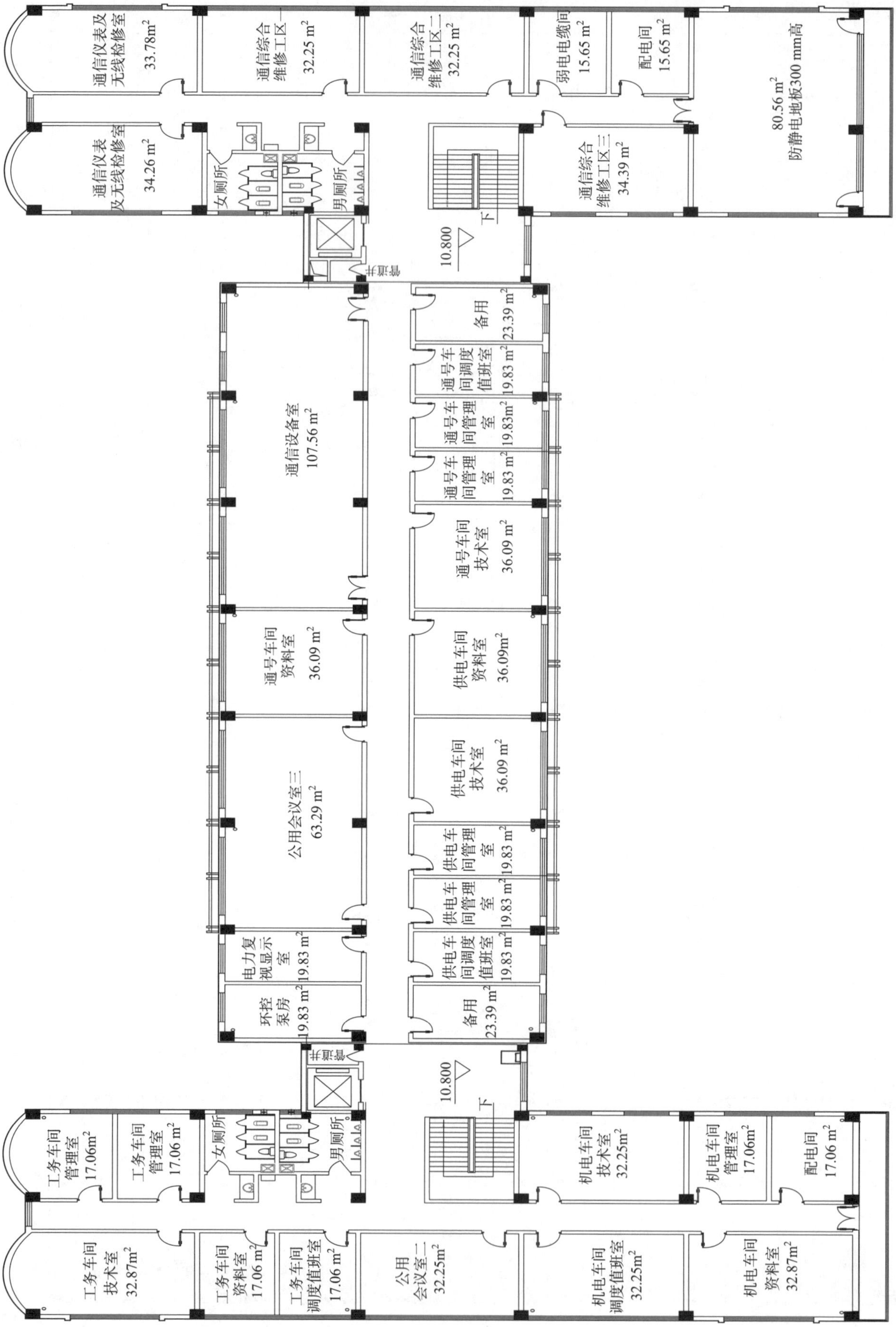

图 10.3-4　综合维修中心综合楼集中方案四层平面示例图(单位：m)

10.5 物资总库

物资总库是地铁运营及维护的重要基地，是车辆运用、检修所需的材料及物品的采购、保管、供应，各种机电设备和备品、配件、钢材、建筑材料、劳保用品的采购、保管、供应及回收的基地；也是工程建设期间各类设备和建设物资临时存放场所。物资总库宜设在大架修车辆段内，可在定修车辆段或停车场内设物资分库或材料库。

1. 任务

物资总库在工程建设期主要承担各类设备、建设物资临时存放、管理，以及提供临时焊轨基地；在正常通车运营后主要承担地铁系统运营、检修所需各种材料、配件、设备和机具及劳保用品等的采购、存放、发放和管理工作。

2. 基本要求

(1)物资总库的规模应根据运营线路中的设备和材料种类、数量确定。即物资总库各种库房的规模应根据需要存放的材料、备品、配件和设备的种类、数量经计算加以确定。

(2)物资总库应设有各种仓库、材料棚和必要的办公、生活房屋以及材料堆放场地。大架修资源共享的车辆基地及多线共址的车辆基地，物资总库可根据需要设立体仓储设备。

(3)各种仓库的规模应根据所需存放材料、配件、设备的种类和数量确定。材料堆放场地应采用硬化地面。

不同的材料、设备宜分库存放，对存储环境、温度、湿度有较高要求的备品备件，应单独设立房间保管。

(4)车辆基地存放易燃品的仓库宜单独设置。各类易燃品按分间存放，并应设置危化废弃物存放棚。易燃品仓库应符合现行国家标准《建筑设计防火规范》(GB 50016—2014)的规定；易燃品库宜远离生产、办公等人员密集区域设置。易燃品库设置还应符合下列规定：

1)易燃品仓库应符合防爆、防雷等安全要求，并应符合当地城市消防的规定。

2)易燃品仓库应设置围蔽设施，并应根据需要设置周界报警设施。

3)易燃品仓库宜有良好的通风设施，以降低室内温度。

4)易燃品库的分间宜根据不同存放物品的要求进行设计，物件运输和存放过程不应产生火花；室内地面应低于室外地面，以防止存放物品泄漏时流出室外。

5)易燃品库屋顶应设泄压设施，其泄压面积应按计算确定。泄压设施宜采用轻质屋面板、轻质墙体和易于泄压的门、窗等。

(5)物资总库宜靠近生产区域设置，物资总库应考虑对外运输条件，应有道路连接段内主要道路及外界道路。有条件时，可设材料运输线。

(6)物资总库应单独设置围墙或围蔽结构。根据车辆基地用地条件，可单独设置对外出入口。

(7)物资总库生活设施宜利用车辆段的设施。

(8)存放物资储备量：进口设备一般按两年需要的数量进行储存保管和发放，其余物资按运营和检修一年的需要量进行储存保管和发放。

其余物资包括钢材、建筑材料、辅助材料、五金机电设备、电线电缆、各种油料等可按运营和检修的实际需要量并结合所在地区及周边地区情况进行储存保管和发放。

(9)物资总库宜设置装卸收发区、仓储区、管理用房、叉车充电存放间和盥洗室等。仓储区宜包括常用物品仓储区、恒温物品仓储区、大件物品仓储区等。仓库大门及装卸区应满足 10 t 卡车和平板车的进出和装卸作业，起重机宜采用地面控制形式，起重量及作业区域应满足大件货物的起重运输作业需要。

(10)物资总库应设置物流计算机管理系统，具有对仓储物品进行编码、分类、统计、查询、报表等功能。

(11)物资总库、物资分库和材料库应有防盗，防止鸟类、鼠类等动物侵入的防护措施；地坪应有防滑、耐磨、防尘措施；仓库宜减少阳光照射，保持通风；物资总库的消防、卫生防疫应符合国家现行有关标准的规定。

(12)可燃、难燃的高架仓库、高层仓库应设自动喷水灭火系统。

(13)物资总库应配备物资装卸起重设备和汽车、蓄电池车等运输车辆。物资总库内的各种机电设备、运输车辆、起重设备等的大、中修均委外修理。

3. 立体仓库设备分析

物资总库立体仓库根据需要可选用高位叉车库和自动化立体仓库，而目前发展趋势来看，更多地采用自动化立体仓库，下面就这两种仓库的相关利弊做简要分析：

(1)在空间利用率上，堆垛机的巷道宽度只比一个货位的宽度多出 300 mm 左右，而即使是窄巷道的叉车的巷道宽度也要比货位宽度多出 1 m 左右；堆垛机的巷道长度一般在 60 m 左右，巷道越长，堆垛机的水平运行速度就越快，效率就越高，如果巷道长度超过 80 m，堆垛机的水平运行速度可达到 160 m/min。相比之下，自动化立体仓库的空间利用率要比叉车立体仓库的空间利用率高。但高位叉车库在狭小空间的情况下，使用较为灵活方便。

(2)在自动化程度上，堆垛机为全自动运行，定位准确(定位精度为±5 mm)，速度快，人为因素少，出错率低。而叉车是人工操作，定位精度由人的肉眼观察判断，因此自动化立体仓库要比叉车库自动化程度要高。

(3)在价格上，自动化立体仓库比高位叉车仓库高。

(4)在工人的劳动强度上，叉车司机精神较为紧张，司机需要仰头观察，时间一长容易产生疲劳。自动化立体仓库是全自动运行，操作人员仅需在中央控制室内操作电脑即可完成货物的出入库，劳动强度低。

(5)从管理软件上看，自动化立体仓库管理的数据可以做到实时更新，管理有序。而叉车库要想实现数据的实时更新，一般来说要增加车载无线终端和数据采集系统，与自动化立体仓库只是采用普通的电脑相比，成本增加。

综上所述，一般推荐物资总库的立体仓库采用自动化立体仓库。采用自动化立体仓库应符合下列规定：

(1)多线共址设置物资总库的车辆基地、资源共享的大架修车辆基地宜设置自动化立体仓库。

(2)自动化立体仓库应符合现行行业标准《自动化立体仓库　设计规范》(JB/T 9018—2011)的有关规定；货架应符合行业现行标准《立体仓库焊接式钢结构货架　技术条件》(JB/T 5323—2017)及《立体仓库组合式钢结构货架　技术条件》(JB/T 11270—2011)的有关规定；堆垛机设计应符合行业现行标准《巷道堆垛起重机》(JB/T 7016—2017)及《巷道堆垛起重机　安全规范》(JB/T 11269—2011)的有关规定。

(3)自动化立体仓库应具备控制功能、信息查询、报警功能、急停功能、称重功能、检尺诊断、信息采集、权限管理、停电保护等功能；具备手动、单机自动、在线三种操作方式。

4. 库房组成及主要设备

物资总库主要由材料库、设备库、物资库、易燃品库、办公综合楼、汽车库、材料装卸线和材料露天存放场、围墙、门卫等组成，设置载货汽车、门式起重机、电动单梁桥式起重机、自动化仓储设备、蓄电池搬运车、叉车等设备。

某车辆基地设物资总库长 60 m、宽 36 m，如图 10.5-1 所示；由轻型自动仓储区、重型自动仓储区、恒温物资仓储区、大型物资仓储区、配电间和办公、值班等组成；设置载货汽车、电动单梁桥式起重机、自动化仓储设备、蓄电池搬运车、叉车等设备。

5. 物资总库社会化分析

由于地铁系统在城市交通中的重要地位和作用，必须保证其运营的高度可靠性和安全性。从检修和维护的角度来说，必须要有供应及时的材料来源。随着经济的发展，虽然会逐步形成买方市场。但是，换件修需一定的备品备件量，而且当部分检修实现社会化时，备品备件需要量会加大。因此，现阶段还需要一定规模的物资总库。从以上可以看出物资总库内主要存放整个地铁的易耗品及备品备件，具有用量大、周转快、专业性强等特点，因此不宜完全进行社会化运作。

图 10.5-1 车辆基地物资总库示意图(单位：m)

目前国内物流业正逐步趋于完善，供应市场逐渐趋于规范且稳定。因此，可根据所在地区物流业的发展情况调整或减少某些社会来源广泛、供应及时的材料（如水泥、木材、钢材等）的备品量。

10.6 教育培训中心

1. 任务

培训中心负责组织和管理职工的技术教育和培训工作，是地铁内各个专业包括车辆、供电、环控、通信、信号、给排水、线路、行车以及控制中心等系统的职工、技术人员及管理干部进行再教育的基地。一般情况下一个地铁公司只设置一个培训中心。

2. 基本要求

(1)培训中心应以城市快速轨道交通线网规划为依据，进行合理规划，根据功能和任务确定建设规模。

(2)培训中心应根据当地地铁系统的实际需要设置。一个地铁公司应设置一个培训中心，经论证后，可对培训中心进行扩能或增设第二员工培训中心。

(3)培训中心可设于车辆基地内的适当地点，对职工的实作操作培训宜利用车辆综合基地的既有设施，生活设施应利用车辆基地的设施。必要时也可设于其他地区。

(4)首条接触网线路应在车辆基地设置接触网练兵线，练兵线应体现线路接触网的所有结构形式，并应能实现接触网不同的工作形式。

(5)培训中心应设教室、实验室、图书室、阅览室和教职员工办公及生活用房，必要的教学设备和配套设施。

(6)培训中心应设置车辆、工务、通信信号、供电、机电及自动化、检修等系统技能训练设施，可根据需要配置司机模拟驾驶装置。

3. 设计示例

位于某车辆段基地内的教育培训中心由长 60.6 m、宽 10.2 m 和长 36.0 m、宽 12.3 m 组成的 L 形六层建筑。内设标准教室、实习教室、教工办公室、休息室、实验教室、化验室、模型室、电化教室、会议室、备课室及行政管理办公室等。设有电教设备，实习专用设备，计算机培训系统设备，驾驶室模拟装置等教学培训设备。

10.7 站场、路基及轨道

1. 站场设计

车场线是车辆段、停车场内线路的统称，包括运用和检修库线、调机及工程车库线、试车线、洗车线、旋轮线、平板车停放线、待修车和修竣车存放线、走行线、出入线、牵出线、列车调头线及国铁联络线等线路。车场线的配备和布置应满足功能需要、工艺要求，并应做到安全、方便和经济合理。

(1)车辆基地调车、车辆作业速度应符合下列规定

1)出入线的作业速度：调车模式不宜大于 15 km/h；自动驾驶不宜大于 25 km/h。

2)段内运行速度：调车模式不宜大于 15 km/h；自动驾驶不宜大于 25 km/h。

3)连挂速度：3～5 km/h。

4)洗车库洗车作业速度：3～5 km/h。

5)出入库作业速度：不宜大于 5 km/h。

6)试车线试车速度：宜按车辆最高运行速度确定；当试车线长度不足时，应按可试验的最高试车速度确定。

(2)车场线的线路平面及纵断面应符合下列规定

1)出入线及国铁联络线应符合下列要求：

①最小曲线半径，A 型车不应小于 250 m，B 型车不应小于 200 m，困难时不应小于 150 m；

②曲线间的夹直线最小长度，A 型车可为 25 m，B 型车可为 20 m；道岔缩短渡线，其曲线间的夹直线可

缩短为 10 m；

③最大坡度一般不大于 35‰，困难时不大于 40‰；均不计各种坡度折减值；

④竖曲线半径不应小于 2 000 m。

2)试车线应为平直线路，困难时，在满足试车速度要求条件下可设适当曲线。

3)车场线的其他线路应符合下列要求：

①最小曲线半径不应小于 150 m，其中使用调机作业的牵出线最小曲线半径不应小于 300 m；

②曲线间的夹直线最小长度可为 3 m；

③车场线宜设在平坡道上，困难时库外线路可设在不大于 1.5‰的坡道上，咽喉区道岔坡度不宜大于 3‰。

4)圆曲线最小长度，在正线、联络线及车辆基地出入线上，A 型车不宜小于 25 m，B 型车不宜小于 20 m；困难情况下，不得小于一个车辆的全轴距，车场线不应小于 3 m。

5)正线及试车线上采用 9 号道岔，车场线采用 7 号道岔；道岔应设在直线地段，道岔前后两端至平、竖曲线端部的距离 9 号道岔不应小于 5 m，7 号道岔不应小于 3 m；车场线两组道岔之间插入直线段钢轨的最小长度一般地段不应小于 4.5 m，困难地段不应小于 3 m。

(3)车场线的线路设计

1)车辆基地出入线应符合下列要求：

①出入线应在车站端部接轨，并宜选在线路的终点站或折返站。列车从车辆基地出入线进入正线前应具备一度停车条件，当不能满足信号安全距离要求时，应设置安全线。

②出入线应连通上下行正线，当出入线与正线交叉时，应采用与正线立交的方式，其列车通过能力应根据远期线路的通过能力和运营要求计算核定。

③出入线应按双线双向运行设计。尽端式车辆段应采用双线出入线；贯通式车辆段应在两端分别接入正线，主要方向端应为双出入线，另一端可为单出入线。

④出入线宜根据车辆基地位置和接轨条件优先选择八字形两站接轨。

⑤困难条件下，规模不大于 12 列位的停车场出入线可按单线双向运行设计。

2)车辆基地应设材料线，并应与出入线顺接，材料线宜与综合维修中心、物资总库就近布置，并应设有便捷的运输道路，材料线在材料堆场一侧宜设置硬化地面；有效长度宜满足调车机车长度、装载 125 m 长轨的车辆联挂长度和安全距离 10 m 的要求。

3)待修车及修竣车停放线有效长度应满足远期检修列车编组长度加 1 台调车机车长度再加安全距离 10 m 的要求。

4)牵出线有效长度应满足远期列车编组长度加 1 台调车机车长度和安全距离 10 m 的要求；牵出线宜设在直线上，困难条件下，曲线半径不应小于 300 m。牵出线不应设在反向曲线上。

5)车辆基地各种库线的库门外宜设有长度不小于车辆定距的直线段，条件不满足时应加宽库门及采取相关措施，各类库线的站场布置应根据工艺要求和作业内容顺畅布置。

(4)轨顶及场坪高度

车辆基地是轨道交通不可缺少的一部分。随着城市的发展，用地越来越紧张，一些可用作车辆基地选址的较平坦地块大多在规划时已规划为收益较高的商业建设用地，车辆基地选址较为困难，很多车辆基地选址在山地或洼地，车辆基地土石方及周边支挡工程大为增加，工程投资也相应增加。

车辆基地场坪标高设计的控制因素较多，主要有以下几点：

1)100 年一遇洪水位(或潮水位)标高；

2)出入段线平纵断面设计；

3)周边道路坡度及标高；

4)车辆段站场排水；

5)重大管线迁改。

车辆段场坪标高设计应根据基地附近内涝水位、周边道路、土石方填挖平衡以及邻近河道洪水位等因素并考虑安全高度综合确定。主要从车辆段土石方填挖平衡及周边支挡工程角度方案比选，尽量减少土石方外运，以降低工程造价。如哈北车辆段场区原地面标高在116.2～119.9 m之间起伏，高差3.7 m，大致东部低西部略高，场区周围地势相对场区也比较平坦，场区南侧滨洲铁路路肩高程在车辆段范围内，在120.3～121.5 m变化。参考滨洲铁路路肩高程，综合场区各因素，确定场坪标高为120.5 m，轨面标高为121.13 m。

2. 路基设计

(1)路基一般设计原则

1)路基作为承托轨道的基础，应经常保持其平顺；在列车通过时能在容许的弹性范围内平稳、安全地运行。因此，路基必须填筑密实，使其具有足够的强度；在列车荷载的作用下，不致使其产生过大的沉降变形。同时还需满足列车规定的行车速度，减少列车动应力对路基的不良影响，防止路基产生病害、特别是基床病害。

2)路基要承受轨道和列车荷载以及各种自然因素的作用，还必须具有足够的稳定性，不致使其路基本体或基底产生破坏和位移，以保证行车的安全畅通。

3)路基是在多种复杂条件下工作的土工建筑物，各种自然因素随时会影响着它的强度和稳定性；如风、雨、雪、气温变化，水流及地震等，常会对路基造成破坏作用。因此，要采取适当的加固措施，使其具有在这些因素长期作用下的耐久性。

4)路基工程除遵循经济合理，方便施工，减少干扰等原则外；尚应尽量少占地，并采用美化、绿化环境的措施。位于繁华地段的路基支挡结构应采用与周围环境景观协调、配合的结构形式，并对墙面进行适当美化，尽量采用新型材料。

(2)主要技术标准

1)车场路基面采用锯齿形横坡，坡度一般为2%，每个坡面上线路数量一般不宜超过4股道。

2)车场线线路中心线至路基面边缘的宽度一般不小于3.0 m，试车线路基宽度为6.2 m，路基边坡为1∶1.5。

3)路基基床分为表层和底层两部分，路肩设计高程至其下0.5 m为基床表层，表层下1.1 m为基床底层。基床表层优先选用A、B组填料；基床底层可选用A、B、C组填料。

4)地基表层为人工杂填土时，必须清除换填。换填厚度为路基基床以上。

5)排水系统设计采用重力自流排水方式，站场内排水设备的横断面尺寸，按1/50洪水频率的流量设计。

6)纵向排水设备的坡度不小于2‰，在困难条件下不应小于1‰。穿越线路的横向排水设备的坡度不小于5‰，在困难条件下，可根据具体情况设置。

7)横坡最低点设纵向渣底式浆砌片石盖板排水槽。

8)道路上的排水系统均采用混凝土管道排水。

3. 轨道设计

(1)一般设计原则

1)轨道结构应具有足够的强度、稳定性、耐久性和适量弹性，确保列车安全、平稳、快速运行和乘客舒适。

2)轨道结构应具有良好的绝缘性以减少杂散电流。

3)轨道结构应采用成熟、先进的技术和施工工艺。

(2)主要设计标准

1)钢轨

出入线及试车线采用60 kg/m U75V钢轨，标准长度为25 m。车场线采用50 kg/m U71Mn钢轨，标准长度为25 m。

2)轨枕

车场线、试车线及出入段线统一采用钢筋混凝土枕，库内轨道采用混凝土短轨枕。

3)接头夹板及接头螺栓

出入线和试车线钢轨接头螺栓和螺母的强度等级应分别采用10.9级和10级并采用高强度平垫圈，车场线接头螺栓采用8.8级。

4)扣件

试车线及出入段线地面线路采用 60 kg/m 弹条Ⅰ型扣件，库外线碎石道床地段采用 DTⅣ1 型扣件。库内检查坑及整体道床地段采用弹性分开式扣件(DJK5-1 扣件)。

5)道岔

试车线、出入段线采用 60 kg/m 9 号道岔，车场线采用 50 kg/m 7 号道岔。

6)道床

试车线、出入段线地面段采用双层碎石道床，厚 0.45 m，路肩宽度不小于 0.4 m，道床边坡为 1∶1.75。

车辆段与综合基地库外线采用单层碎石道床，厚 0.25 m，道砟肩宽 0.2 m，道床边坡为 1∶1.5。

10.8 建　筑

1. 一般规定

(1)车辆基地设计应包括车辆段(停车场)、综合维修中心、物资总库、培训中心和其他生产、生活、办公等配套设施。车辆基地设计应初、近、远期结合，分期实施；应贯彻节约用地、节约能源和资源的方针。用地应与城市总体规划协调一致。

(2)车辆基地的选址应避免设置在火灾危险性为甲、乙类厂房附近，以及甲、乙、丙类液体，可燃气体储罐和可燃堆场附近。

(3)用地范围应在站场股道和房屋规划布置的基础上按远期规模确定。平面布置应以车辆段(停车场)为主体，根据功能需要及地形条件合理确定基地内各建筑的位置、防火间距、消防车道和消防水源等。

(4)车辆基地应与外界道路有良好的衔接条件，基地内应有运输道路及消防道路，并应有不少于 2 个与不同方向外界道路相连通的出口。

(5)总平面布置、房屋设计和材料、设备的选用等应符合现行国家标准《建筑设计防火规范》(GB 50016—2014)的有关规定。

(6)车辆基地设计应有完善的消防设施。基地内应设有防灾值班室和消防控制室。

(7)车辆基地的运用库、检修库、物资总库等生产用房、仓储用房的装修采用 A 级材料；其他生活、办公用房的装修材料应符合现行国家标准《建筑内部装修设计防火规范》(GB 50222—2017)的有关规定。

(8)车辆基地的结构设计应满足抗震要求。

2. 总平面设计

(1)车辆基地总平面布置应以车辆段或停车场为主体，并应根据车辆运用、检修的作业要求和段(场)的地形条件、维修中心、物资总库、培训中心和其他生产、生活、办公设施的布局，以及道路、管线、消防、环保、绿化等要求，结合当地气象条件，有利于生产、方便管理和生活的原则进行统筹安排、合理布置。

(2)车辆段生产用房布置应以运用及检修库为核心，各辅助生产房屋应根据生产性质按系统布置；与运用和检修作业关系紧密的辅助生产房屋宜分别布置在相关车库的侧跨内或相邻地点；性质相同或相近的房屋宜合并设置。

(3)车辆段空气压缩机间、变电所、给水所和锅炉房等动力房屋，宜靠近相关的负荷中心布置。

(4)产生噪声、冲击振动或易燃、易爆的车间宜单独布置；产生粉尘和有害气体的房间或设施宜布置在常年主导风向的下风侧，并宜远离生活、办公区；排出的有害气体、粉尘、废液和噪声应进行综合治理，环保设施应与主体工程同时设计、施工，并应符合国家现行有关环保及卫生标准的规定。

(5)车辆基地内出入线、试车线、洗车线和旋轮线及车场线群外侧，应设通透的隔离栅栏。

(6)车辆段、停车场应根据生产和管理的需要，配备相应的辅助生产房屋和乘务员公寓、办公、生活等配套设施。乘务员公寓宜靠近运用库附近设置，与其他楼宇合设时，房屋应隔开，单独设楼梯，并应做隔声处理。配套设施的房屋宜相应合并集中布置，少占用地，以提高绿化率和预留发展用地。

(7)车辆基地应设围蔽设施，其设计宜符合环境要求，选用安全、实用、美观的材料和结构形式，高度不应低于 2.2 m。

(8)总平面设计深度应遵循《建筑工程设计文件编制深度规定》(2016 年版)建质〔2016〕247 号文中相应不同设计阶段的有关规定。

(9)车辆基地内各建筑之间的防火间距应符合现行国家标准《建筑设计防火规范》(GB 50016—2014)的有关要求。

(10)消防车道除应符合现行国家标准《建筑设计防火规范》(GB 50016—2014)的规定外，尚应符合下列要求：

1)与外界相通的两条消防车道，应与基地内各建筑的消防车道联通形成环形主消防车道，消防车道不宜与列车进入咽喉区前的出入线平面相交；该消防环道宽≥7 m，转弯半径不应小于 12 m(利用公路运输地铁车辆入段的道路 R 不小于 20 m)。

2)消防车道与基地内的地铁线路平交时，应设置备用车道，且两车道之间的距离不应小于一列车编组的长度；当设置环形消防车道时，可不受此限。

3)车辆基地内建筑面积超过 3 000 m^2 的运用库、检修库、调机库、工程车库、物资总库及建筑面积超过 1 000 m^2 的危险品库周围应设环形消防通道。

4)单向行车的消防车道宽度和净空高度均不应小于 4.0 m；消防车道转弯半径不应小于 9 m；消防车道坡度不宜大于 8%；其他道路路面宽度宜为 2.0～2.5 m；尽头式消防车道应设置回车道或回车场，回车场面积不应小于 12 m×12 m(高层建筑时不小于 15 m×15 m)。道路宜采用混凝土路面。

(11)车辆基地需进行物业开发时，应明确开发内容、性质和规模。总平面布置应在保证车辆基地功能和规模的基础上，对车辆基地的各项设备、设施与物业开发的内容进行统一规划，并应结合车辆基地内外道路的合理衔接及相关市政配套设施的规划，进行技术经济比较和效益分析。

(12)车辆基地、上盖物业的消防系统除消防水池可合建或共用外，其余部分应独立设置互不干扰。

(13)车辆基地设计对产生的废气、废液、废渣和噪声进行综合治理，环保设施应与主体工程同时设计、施工。

(14)车辆基地、上盖物业开发的人员疏散出口应分别独立设置；上盖物业的人员疏散通道不应经过车辆基地，应独立进行疏散。

(15)总平面设计应充分利用地形、朝向合理、土方工程尽量做到填挖平衡或缩小差别。

(16)涉及既有河道、水利设施、道路、规划道路及重要管线迁改时，取得相关水利、水务、市政、供电部门的认可。

3. 建筑物分类及耐火等级和火灾危险性分类

(1)建筑物分类

1)厂房类

包括检修库[包括定修库、临修库、架修库、大修库、不落轮镟库、静调库、吹扫库(棚)、转向架间、电机间、钩缓间、受电弓间、空调修理间、制动间、蓄电池间等，并根据需要设油漆库以及辅助生产房屋]，运用库(包括停车列检库、双周/三月检库、列车清洗洗刷库以及办公、生活房屋)，工程车库，调机库，救援车库，洗车库(棚)。

2)仓库类

包括物资总库、材料库(棚)、汽车库、危险品库、油漆库、喷漆库。

3)辅助生产房屋

包括综合维修中心(维修中心、维修工区、维修组)、空气压缩机间、锅炉房、给水所、软水所、污水处理所、试车房、信号楼、牵引、降压混合变电所、培训中心。

4)办公房屋

包括综合办公楼、救援办公室、公安派出所、门卫。

5)生活类房屋

包括乘务员公寓、食堂、浴室、自行车棚、垃圾转运站。

(2)建筑物的耐火等级、生产和储存物品的火灾危险性分类

建筑物的耐火等级、生产和储存物品的火灾危险性分类见表 10.8-1。

表 10.8-1 建筑物的耐火等级、生产和储存物品的火灾危险性分类表

序号	建筑物名称	耐火等级	生产或储存物品的火灾危险性分类	附注
1	检修库	二级	丁类	
2	运用库(停车库)	二级	戊类	
3	喷漆库、油漆库	一级	乙类	
4	危险品库	一级	甲类	
5	工程车库、调机库	二级	丙类	
6	洗车库(棚)	二级	戊类	
7	不落轮镟库	二级	丁类	
8	物资总库(难燃品)	二级	丁类	
9	物资总库(不燃品)	二级	戊类	
10	物资总库(劳保用品)	二级	丙类	
11	材料库(棚)	二级	丁类	
12	汽车库	分三级	车库防火分类Ⅰ、Ⅱ、Ⅲ、Ⅳ类	
13	自行车棚	二级		
14	综合维修中心	二级	丁类	
15	空气压缩机间	二级	丁类	
16	给水所、软水所、污水处理所	二级	丁类	
17	锅炉房	二级	丁类	
18	试车房	二级		
19	信号楼	二级	丁类	
20	牵引、降压混合变电所	二级	丙类	
21	培训中心	二级		
22	综合办公楼	一级或二级		属于一类高层建筑时为一级,其余为二级
23	救援办公室	二级		
24	公安派出所	二级		
25	乘务员公寓	一级或二级		属于一类高层建筑时为一级,其余为二级
26	食堂	二级		
27	浴室	二级		
28	门卫	二级		
29	垃圾转运站	二级		

4. 各类主要建筑物设计要点

(1)运用库(停车库)

1)停车列检库(棚)、双周/三月检库和必要的办公、生活房屋组成运用库(停车库),可单独设置或与检修库合建组成联合检修库。

2)根据当地气象条件和运营要求,多雨地区宜设计棚,寒冷地区或风沙地区宜设计库。停车股道按露天设计时,应设司机上下车的道路和遮雨设施。

3)双周/三月检库内线路应设柱式(架空式)检查坑,车库两端和列位间横向通道、辅助生产房屋门前通道应为±0.00 m(以库内轨顶标高为±0.00 m,下同),并根据作业要求,设置车顶作业平台和中间作业平台。柱式检查坑深度钢轨内侧宜为 1.3～1.5 m,钢轨外侧宜为 1.1 m;两端设踏步或斜坡道,两端坡道为 8%～10%的斜坡与库内±0.00 m 横向通道相连。车顶和中间作业平台的结构尺寸,由车辆专业提供尺寸,作业平台两侧应设安全防护钢栏杆,高度 H=1.10 m。

4)运用库(停车库)根据车辆专业提供要求,配备车辆车载通信、信号设备的维修、车辆内部清扫、工具存放、备品存放和工作人员更衣休息等生产(如运转值班室、司机出乘室、客车清扫、消毒、车辆车载设备检

测、工具存放、备品贮存等）、办公、生活房屋。生产、办公、生活房屋设于运用库的侧跨内或邻近地点。此类房屋防火分区的划分、安全疏散、建筑构造等，可参照现行国家标准《建筑设计防火规范》（GB 50016—2014）中民用建筑章节相关部分执行。

5）运用库（停车库）一般为单层多跨钢筋混凝土或钢结构的框或排架的结构体系建筑，平面根据工艺布置而定，屋面为设采光窗的轻质屋面结构，屋面防水等级Ⅱ级，屋面排水为有组织的虹吸式内排水方式或其他排水方式。

6）运用库（停车库）根据不同的结构体系和平面尺寸，按建筑结构规范要求设置必要的变形缝。

7）运用库（停车库）平面尺寸纵向长度和横向跨度长超过 150 m 时，库内应设可通行消防车辆的消防通道，通过的库门净尺寸不小于 4.0 m×4.0 m，通道结构应符合要求。

8）运用库内轨面标高为±0.00，地面为混凝土地面，面层涂环氧树脂漆起到耐磨和防尘作用。

（2）检修库

1）车辆基地检修库包括定修库、大架修库、临修库、不落轮镟库、静调库、列车吹扫设施等和辅助生产房屋及设施。厂房的布置和尺寸应根据厂房组合形式并满足工艺流程和检修作业的要求确定。

2）检修库一般为单层多跨钢筋混凝土或钢结构的框或排架的结构体系建筑，多为联合形式的检修库，屋面宜为设采光窗的轻质结构，屋面防水等级Ⅱ级，屋面排水为有组织的虹吸式内排水方式或其他排水方式。

3）检修库一般边跨设有楼层辅助生产房屋和必要的办公、生活房屋。此类房屋防火分区的划分、安全疏散、建筑构造等，可参照现行国家标准《建筑设计防火规范》（GB 50016—2014）中民用建筑章节相关部分执行。

4）检修库根据不同的结构体系和平面尺寸按建筑结构规范要求设置必要的变形缝。

5）当油漆库、喷漆库及其预处理库等与检修库合并设置时，该部分应设于检修库的最外侧，并单独按乙类火灾危险性生产房屋划分防火分区；与检修库采用耐火极限不低于 4.0 h 的防火墙进行分隔；油漆存放间、漆工间、干燥间等房间应采用耐火极限不低于 4.0 h 的防火墙和甲级防火门分隔；库内不得设置办公室、休息室或更衣室等房间。

6）酸性蓄电池充电间与列检库合建时，应靠外墙单层设置，并采用耐火极限不低于 4.0 h 的防火墙与其他部位隔开。

7）充电间不应有与相邻的值班室和配电间直通的门、窗；当必须设置时，采用甲级防火门窗。

8）同一座厂房或厂房的任一防火分区内有不同火灾危险性生产时，厂房或防火分区内的生产火灾危险性的类别应按国家现行的《建筑设计防火规范》（GB 50016—2014）有关规定执行。

9）检修库平面尺寸纵向长度和横向跨长超过 150 m 时，库内应设可通行消防车辆的消防通道，通过的库门净空尺寸不小于 4.0 m×4.0 m，通道结构应符合要求。

10）库内柱式检查坑设计与运用库相同。

11）检修库内轨面标高为±0.00，地面为混凝土地面，面层涂环氧树脂漆，起到耐磨和防尘作用。

（3）洗车库（棚）

1）洗车库（棚）宜采用通过式，设于洗车线上。其功能满足车辆两侧和端部（驾驶室）的洗刷要求。北方寒冷地区洗车库应有采暖设施。其他地区可按洗车棚或露天设计。

2）洗车库（棚）的长度、宽度和高度应根据洗车机的作业要求由车辆专业确定。

3）应根据洗车设备的要求配备辅助生产房屋。洗车库（棚）为单层钢筋混凝土或钢结构框或排架结构体系建筑。

4）洗车库（棚）与水接触的部位，其建筑材料和构造应采用防水措施，并注重洗车库内的排水措施。

5）洗车库（棚）火灾危险性为戊类。

（4）危险品库

1）危险品库应独立建造，并应按存放的不同性质危险品分库存放。

2）危险品库储存物品的火灾危险性分类为甲类。

3）危险品库为单层建筑，承重结构为钢筋混凝土或钢框架，也可采用混合结构。

4）危险品库与其他建筑、铁路、道路等的防火间距应符合国家现行标准《建筑设计防火规范》（GB

50016—2014)的有关规定,宜远离生活办公区布置。

5)有爆炸危险的库房或库内有爆炸危险的部位应设置泄压屋面或门、窗,地面应采用不产生火花的材料,屋面宜采用轻质屋面,墙体采用轻质墙体和易于泄压的门、窗等。

6)外门采用甲级防火门、外开,窗为高窗设安全防护栏杆。

7)泄压面积应经计算决定。

(5)油漆库、喷漆库

1)油漆库、喷漆库宜单独设置,储存物品和生产作业火灾危险性分类为乙类。

2)独立建造时,一般为平房,承重结构宜采用钢筋混凝土或钢框、排架结构体系建筑。与其他建筑、铁路、道路等的防火间距应符合现行国家标准《建筑设计防火规范》(GB 50016—2014)的有关规定。

3)库房平面布置应便于疏散通风。办公室、休息室、更衣室等房间不得穿过库区进行疏散,应独立分区布置和安全疏散。

4)屋面或门、窗能保证泄压面积,地面应采用不发生火花的材料。油漆存放间、漆工间、干燥间等房间应采用耐火极限不低于 4.0 h 的防火墙和甲级防火门与一般房间进行分隔。

5)外门采用甲级防火门、外开;窗为高窗设安全防护栏杆。

6)库内设置检修坑时,坑内应采取降低气雾浓度措施。

(6)工程车库、调机库、救援车库

1)工程车库、调机库、救援车库的生产火灾危险性分类为丙类。

2)工程车库、调机库、救援车库一般为单层钢筋混凝土框(排)架结构体系建筑。

3)平面尺寸、房屋组成及技术要求,根据车辆专业要求而定。

(7)空气压缩机间

1)空气压缩机间属于为车辆段提供动力的辅助生产房屋,独立建造时为单层钢筋混凝土框架结构房屋,耐火等级为二级,火灾危险性分类为丁类。

2)空气压缩机间也可与综合维修中心或其他库房联合修建。

3)空气压缩机间宜靠近相关的负荷中心布置。

(8)给水所、软水所、污水处理所

1)根据车辆段、停车场所处地理位置和条件,以及生产、办公正常运转和生活必需,宜分别设置给水所、软水所或污水处理所等建筑。属于辅助生产房屋,耐火等级为二类,生产火灾危险性分类为丁类。

2)平面及工艺要求由给排水专业提出,为单层钢筋混凝土框架结构建筑,需要时设地下泵房或水池。

(9)试车线用房

1)车辆段试车线附近设置试车房供试车人员办公、作业时使用。

2)单层钢筋混凝土框架或混合结构建筑。

(10)信号楼

1)集中布置车辆段(停车场)场区内的车场线、道岔、信号灯控制设备及值班人员工作的建筑。一般为二~三层的钢筋混凝土框架结构建筑,耐火等级二级,生产火灾危险性分类丁类。

2)平面布置由信号专业提出,一般单独布置在车场线咽喉区便于瞭望的位置,设有室外瞭望平台,或与其他建筑物合建。

(11)锅炉房

1)车辆段、停车场热源集中供应处,多为燃油、燃气热媒锅炉。单层钢筋混凝土框架结构建筑,耐火等级二级,生产火灾危险性分类为丁类。

2)建筑规模平面布置由采暖专业提供,位于负荷中心附近。

3)平面中操作室、休息室应考虑安全疏散和防爆。

4)设计应遵守现行国家标准《锅炉房设计规范》(GB 50041—2008)的相关规定。

(12)综合维修中心

1)综合维修中心属于车辆基地辅助生产房屋,是为满足全线工务(线路、路基、轨道、桥梁、涵洞、隧道、道路)、建筑等设施的维修、保养,以及供电、通信、信号、机电设备和自动化设备的维修和检修工作需要而设的建筑物。

2)综合维修中心根据其规模和维修范围可分为维修中心(设于车辆段内)、维修工区和维修组(设于停车场)。根据各专业的性质分设工务与建筑、供电、通信和信号、机电和自动化等车间。

3)维修中心应根据生产的需要配备生产房屋、仓库和必要的办公、生活房屋。房屋的布置应根据作业性质结合总平面布置的具体情况合理布局。其生产房屋宜合建为综合维修楼;办公房屋宜与车辆段办公房屋合建为综合办公楼;食堂、浴室等生活房屋应与车辆段同类设施合并设置。

4)综合维修中心的变电所、空压机间和供热、供水设施,应利用车辆段相关设备和设施。

5)综合维修中心根据各专业的作业内容配备必要的设备和各类工程车辆,其所需房间和车库可在段内统一协调利用。大型工程车辆和车库应按资源共享原则配备。

6)一般为多层钢筋混凝土框架结构体系建筑,耐火等级为二级,火灾危险性分类为丁级,防火分区划分、安全疏散、建筑构造等可参照现行国家标准《建筑设计防火规范》(GB 50016—2014)中民用建筑章节相关部分执行。

(13)物资总库

1)物资总库是承担地铁系统材料、配件、设备和机具及劳保用品等的采购、存放、发放任务和管理工作的建筑,与综合维修中心临近设置。

2)物资总库设于大、架修车辆段内,停车场内设物资分库或材料库。

3)物资总库、物资分库设有各种仓库、材料棚和必要的办公、生活房屋,并应设有材料堆放场地。大、架修车辆段内的物资总库宜设立体仓储设备(立体多层存放、设垂直运输和起重设备)。

4)仓库规模、平面尺寸及存放材料种类根据车辆专业要求而定。不同性质的材料和设备按分库存放设计。

5)物资总库、物资分库应按不同储存物品的火灾危险性分类、办公、生活房屋来划分不同的防火分区和安全疏散设计。

6)库房火灾危险性分类,存放不燃物品时为丁类,难燃物品时为戊类,易燃的劳保用品时为丙类。

7)物资总库、物资分库为单或多层建筑,办公及生活房屋设于库区一侧,仓库地面应为硬化地面。承重结构多为钢筋混凝土或钢结构框架结构体系建筑。

8)库房外门应能通行货运汽车及起重机械(车辆)的出入。

(14)综合办公楼

1)车辆段、停车场附属办公房屋宜相对集中设置。

2)为节约用地,办公楼或裙房亦可与培训中心、救援办公室、公安派出所、乘务员公寓、食堂、浴室等组合成综合办公楼。

3)根据组合后建筑物的建筑高度和层数,可设计成单、多层民用建筑和高层民用建筑。

4)建筑物耐火等级按建筑高度划分一或二类。

5)建筑物的设计应遵守现行国家标准《建筑设计防火规范》(GB 50016—2014)和其他组合相关的办公、公安、住宿、食堂、浴室等现行国家标准。

6)汽车库设计应遵守现行国家标准《汽车库、修车库、停车场设计防火规范》(GB 50067—2014)。

7)综合办公楼位于生活、办公区,周边宜设绿化带与场区、铁路分隔,宜集中设置办公、生活区的小型广场,并与车辆段、停车场主出入口相通。

8)车辆基地或停车场绿化设计应在总平面图设计时统一考虑,全面规划。绿化率应符合有关部门规定。重点绿化处为办公区、主要出入口以及主要道路两侧;计量室、空压机间附近,锅炉房、污水处理场所;产生噪声、粉尘场所附近;乘务员公寓、食堂等生活福利设施附近以及职工室外活动较多的场所。

9)综合办公楼属于公共建筑,应按《公共建筑节能设计标准》(GB 50189—2015)进行节能设计。

10.9 动力照明

1. 主要设计原则

(1)动力照明配电满足安全、可靠、环保、节能、经济的要求。

(2)降压变电所宜靠近负荷中心布置，当单体建筑负荷容量较大且没有降压变电所时应设置配电室。

(3)动力照明配电采用交流 220/380 V 电压，安全电压照明系统采用交流 36 V 或 24 V 电压。

(4)建筑物内附设变电所时，建筑物系统接地形式采用 TN-S 系统；建筑物内没有变电所时，建筑物系统接地形式宜采用 TN-C-S 系统；室外路灯宜采用 TT 系统接地形式；有上盖区域的照明接地形式宜采用 TN-S 系统。

(5)单体建筑的供电范围应按建筑物的防火分区划分，以满足火灾时切除非消防电源的要求。

(6)大型车库、物资总库、综合维修工区、综合办公楼的动力照明配电系统宜设置消防设备电源监控系统和电气火灾监控系统。

2. 负荷分类

根据车辆基地用电设备的重要程度，动力照明负荷一般划分为三级，具体如下：

一级负荷：通信系统设备、信号系统设备、变电所操作电源、自动售检票系统设备、电力监控系统设备、火灾自动报警系统设备、环境与设备监控系统设备、消防系统设备及消防水管电保温设备、气体自动灭火系统设备、防排烟风机及各类防火排烟阀、消防电梯、安防系统设备、雨水泵、应急照明、供暖区的锅炉房设备等。其中火灾自动报警系统设备、环境与设备监控系统设备、变电所操作电源、通信系统设备、信号系统设备、应急照明应为一级负荷中特别重要负荷。

二级负荷：房间正常照明、室外照明、一般风机、重要设备机房的空调设备、污水处理站、非消防疏散用电梯等。

三级负荷：空调制冷及水系统设备、广告照明、清洁设备、电热设备、检修设备、各类系统培训及模拟系统设备、检修设备、检修电源插座等。

3. 室内动力照明设计

(1)照明设计

1)根据工作场所的要求设置一般照明、应急照明和局部照明。

2)一般照明采用单电源供电；应急照明电源取自由带逆变装置的应急照明装置，单体较小时可采用单灯自带蓄电池。

3)照明质量应满足《城市轨道交通照明》(GB/T 16275—2008)和《建筑照明设计标准》(GB 50034—2013)规定的要求。

4)大库检查坑内应设置安全照明灯具；检修平台应设置局部照明且宜采用安全电压。

5)一般办公房间采用节能型荧光灯光源或者 LED 光源，高净空大库内采用金属卤化物灯或者 LED 灯具。办公房间及车库均采用 LED 灯具是目前的发展趋势。

6)一般房间灯具根据装修方案选择格栅灯具、吸顶灯具等；高净空大型车库采用敞开型灯具；危险品库、喷漆库内等易燃易爆场所采用防爆灯具。

7)根据防火分区设置一般照明配电箱和应急照明配电箱，照明配线不应跨防火分区配电。

8)大型车库内大面积照明采用分区域按停车列位进行控制，整个库房可采用智能照明控制；其余区域采用就地控制。

(2)动力设计

1)配电电源选择

一级负荷：采用双电源双回线路供电，电源分别由降压变电所的两段低压一二级负荷母线接引，互为备用，电源在末级配电箱处自动切换。对于一级负荷中特别重要负荷，除由两路电源供电以外，还应增设应急电源，并严禁其他负荷接入。

特别重要负荷的应急电源：弱电系统设备采用不间断电源 UPS 装置供电；变电所操作电源采用直流电源屏供电。

二级负荷：双电源单回线路专线供电，电源由降压变电所的任一段动力照明负荷母线接引。当单体建筑内未设置电源且进线电缆采用排管、直埋时，其二级负荷宜由双回线路配电至单体建筑内。

三级负荷：采用单电源单回线路供电，电源由降压变电所的一段负荷母线接引，当系统中只有一个电源工作时可切除三级负荷。

2)电压偏差允许值应符合用电设备端子处电压偏差允许范围，一般电动机为±5%额定电压。

3)消防及其他防灾用电设备应采用专用的供电回路。

4)配电变压器二次侧至用电设备之间的低压配电级数不宜超过三级。

5)各级配电开关设备宜预留备用回路，备用回路可按照15%～30%预留。

6)负荷性质重要或用电负荷容量较大的集中设备采用放射式配电。

7) 中小容量动力设备宜采用树干式配电，用电点集中且容量较小的用电设备可采用链式配电，链接的设备不宜超过5台，其总容量不应超过10 kW。

8)容量较大、负荷平稳且经常使用的用电设备，宜单独就地设置无功率补偿或谐波滤波装置。

9)独立设计锅炉房时，其动力配电应符合《锅炉房设计规范》(GB 50041—2008)的相关规定；危险品库等爆炸场所设计应符合《爆炸危险环境电力装置设计规范》(GB 50058—2014)的相关规定。

10)大库检查坑内应设置检修插座。

11)变电所房间设置检修插座箱，电源宜取自变电所交流屏或双电源切换箱。

12)动力设备的控制可采用就地控制和远方控制，可根据需要由BAS对各用电设备进行监控。

13)环控设备采用两级控制方式，即BAS控制和就地手动控制；与风机联锁的通断阀与对应风机共用配电及控制回路。监视信号包括设备状态信号和事故信号。

14)消防专用风机、消防泵等消防设备就地手动控制、FAS自动控制和IPB盘硬线控制。消防泵和防烟、排烟风机的电机过载保护只动作于信号不动作于跳闸。监视信号包括设备状态信号和事故信号。

15)污水泵、局部排水泵采用液位自动控制和就地控制。排水泵、雨水泵采用液位自动控制、就地手动控制和BAS远程强制启动。监视信号包括设备状态信号和故障信号。

16)末端配电箱保护及测量

末端配电箱设短路瞬时保护、过载保护。插座回路设漏电保护，动作电流不大于30 mA。

17)消防泵和防烟、排烟风机在火灾模式时应直接启动。

4. 室外动力照明配电设计

(1)根据场段功能区域划分，室外用电负荷就近接引电源。

(2)室外应设置正常照明，一般道路设置路灯照明，道岔集中区域设置升降式投光灯塔。

(3)室外路灯宜采用LED光源，条件允许时可采用光伏电源。

(4)室外照明可采用手动控制和自动控制，自动控制可根据光照或时间控制。

(5)室外设备安装严禁侵入设备限界，设备防护等级不得低于IP65，接线处采取防水处理。

(6)室外综合电缆隧道内应设置照明和检修插座。

(7)室外电力电缆宜与其他管线共用路径，同时满足《电力工程电缆设计规范》(GB 50217—2018)的要求。

(8)单体建筑电源进线电缆的压降宜控制在3%以内。

(9)有上盖室外区域的照明设计主要原则：

1)照明配电的接地形式宜采用TN-S系统。

2)照明平均照度值不宜低于50 lx，其中人行通道区域设置疏散照明，照度值不应低于5 lx，全部照明宜采用LED照明灯具。

3)上盖的房屋区人行通道照明灯具宜采用吸顶安装；上盖咽喉区域照明灯具宜采用结构柱壁装或吸顶安装，灯具安装应避开接触网的正上方。

5. 缆线选型及敷设方式

(1)动力照明配电系统的配电线缆均采用防蚁、低卤、低烟阻燃电线和电缆；重要信号回路的控制电缆采用金属屏蔽电缆，防止电磁干扰。

(2)消防配电箱、应急照明配电箱等消防供电回路，当满足敷设条件时，宜优先选择耐火铜芯电缆；其余配电箱进线电缆可采用阻燃电缆。

(3)室内采用无铠装电缆；室外采用铠装电缆。

(4)电缆敷设方式应根据电缆形式、数量、工程条件等因素，并满足长期运行的可靠性、便于维修、减少投资等综合要求进行选择。

(5)同一径路敷设的电缆根数在 6 根及以下时宜采用直埋;同一径路敷设的电缆根数在 6 根以上 12 根以下时宜采用排管敷设;同一径路敷设的电缆根数在 12 根以上时宜采用电缆沟敷设或电缆隧道敷设。

(6)室外路灯供电的馈线开关应设置漏电保护,漏电电流设定值不应小于 100 mA。

6. 防雷、接地及等电位联结

(1)各单体建筑根据《建筑物防雷设计规范》(GB 50057—2010)的规定确定防雷等级并采取相应的防雷措施。在个别带有馈线至室外回路的配电箱的进线处装设电涌保护器 SPD 保护,以防止雷击电磁脉冲引起的过电压现象从而保护配电设备;利用建筑物主体钢筋做局部等电位联结。

(2)单体建筑宜设置综合接地装置。

(3)Ⅰ类电气设备金属外壳均可靠接地;插座回路、插座箱回路设漏电开关。

(4)单体内特低压系统均采用 SELV 系统,其设备外露可导电部分不与地、其他回路的保护导体或外露可导电部分、装置外可导电部分相连接。

(5)利用建筑物主体钢筋做等电位联结,并在适当位置焊接引出预留钢板,以备局部等电位联结箱的接引。此外,在建筑物卫生间、风机房、水泵房等房间内均设置局部等电位联结箱。所有配电箱、电控箱的 PE(含插座的 PE 线),公共设施的金属管道及建筑金属结构均与局部等电位端子箱相联结。

10.10 车辆基地采暖、通风与空调

车辆基地通风、空调与供暖系统设计范围包括通风系统、防排烟系统、空调系统、室内采暖系统(供暖地区)、锅炉房(换热站)设计和室外热水管网系统设计等。

1. 供暖系统

累年日平均温度稳定低于或等于 5 ℃的日数大于或等于 90 d 的地区,宜采用集中供暖。

符合下列条件之一的地区,有余热可供利用或经济条件允许时,可采用集中供暖:

(1)累年日平均温度稳定低于或等于 5 ℃的日数为 60 d～89 d。

(2)累年日平均温度稳定低于或等于 5 ℃的日数不足 60 d,但累年日平均温度稳定低于或等于 8 ℃的日数大于或等于 75 d。

严寒地区和寒冷地区的车辆基地,在非使用时间内,当室内使用温度需保持在 0 ℃以上时,利用房间蓄热量不能满足要求时,应按 5 ℃设置值班供暖,或按工艺要求确定值班供暖温度。

位于严寒地区、寒冷地区的车辆基地,其经常开启的外门,不设门斗和前室时,宜设置热空气幕。热空气幕的送风温度应根据计算确定,不宜高于 50 ℃;对于高大的外门,不应高于 70 ℃。

2. 通风、空调系统

通风空调系统应根据车辆基地各功能区不同的室内环境要求,以“个性化空调,按需通风”的原则进行系统和运行模式的设计;当负荷(风量、冷量)变化较大时,空调通风系统宜具备随负荷变化调节供冷(风)的能力。

车辆基地厂房宜优先采用自然通风。当自然通风不能满足卫生、环保或生产工艺要求时,应采用机械通风或自然与机械的联合通风方式。

车辆基地内停车库、列检库、洗车库、周月检库等运用和检修厂房采用机械通风时,当厂房高度小于或等于 6 m 时,其排风量按不宜小于 1 次/h 换气计算所得的风量;当厂房高度大于 6 m 时,排风量可按 6 $m^3/h\cdot m^2$ 计算。

车辆基地内油漆库、杂品库、酸性蓄电池充放电间等场所,应根据工艺设计要求设置事故通风系统;事故通风量宜根据工艺设计条件计算确定,且换气次数不应小于 12 次/h。释放含酸碱物质或易燃易爆物质的房间的机械通风装置要求防酸碱腐蚀、防爆。

车辆基地内周月检线、定修线、静调线、大架修等区域,宜设局部环境改善措施;对于夏热冬冷和夏热冬暖地区,可设岗位空调;当大架修区域的岗位空调无法满足环境需求,或设置困难时,可采用分层空调。

高大库房除设置全面通风外,还可考虑设置移动风扇,满足局部检修作业的要求。

燃气锅炉间、燃气调压间和按换气次数≥12 次/h 设置事故通风,平时排风换气次数按≥6 次/h。通风

装置均防爆并设有导除静电的接地装置。锅炉房内燃气锅炉间、燃气调压间通风装置均防爆。

混合变电所、跟随变电所等设备用房的通风量按排出室内设备余热量计算确定。地面变电所进排风口应采取防止雨水飘入设备房间内的措施，不宜在设备房屋顶设置进排风孔，必须设置时应避开设备正上方。

厨房操作间全面通风采用设置轴流排风机的方式，灶具上排风罩的局部排风经排油烟净化设备净化后排出室外。

在设置机械排风的房间，应考虑设置补风设施，满足补风要求。

3. 防排烟系统

车辆基地各单体建筑发生火灾时应优先采用自然排烟方式，当自然排烟达不到要求时，应设置机械排烟系统及时排除烟气。

车辆基地设置上盖开发时，盖下建筑与盖上建筑防排烟系统方案各自独立，分开设置，如图 10.10-1 所示。

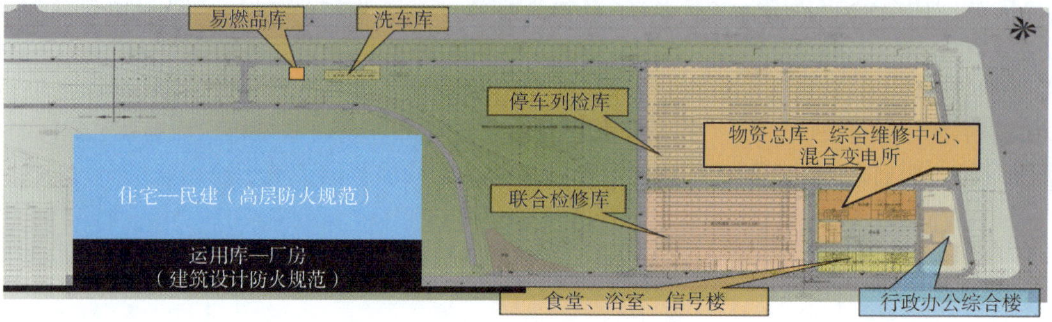

图 10.10-1　车辆段上盖物业后盖上盖下分开执行对应的防火规范

盖下围合建筑外咽喉区、试车线和道路等场所，可按室外消防标准设计。盖下外围整体规划方案尽量不做实体外墙封闭，保证盖下非围合建筑区域的通透，尽量利用自然条件解决这些区域的通风和排烟问题。车辆段上盖物业后室外开孔如图 10.10-2 所示。

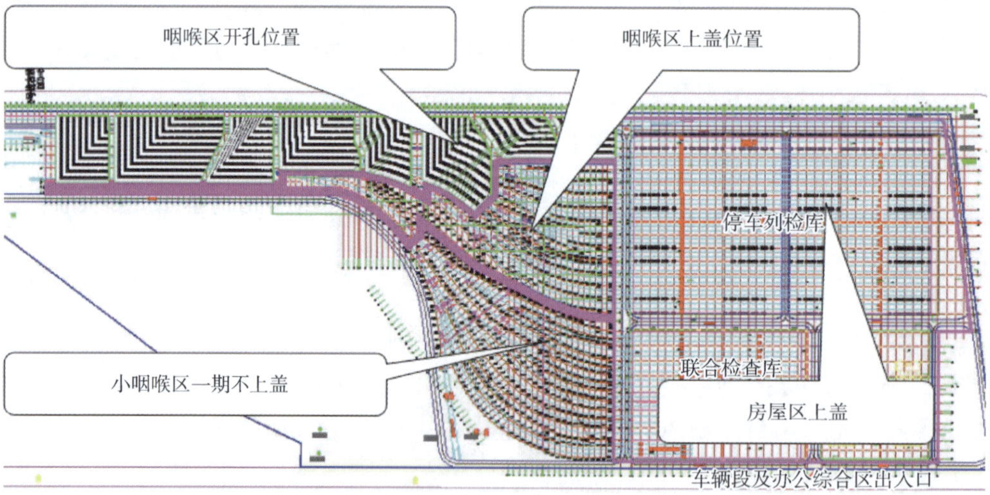

图 10.10-2　车辆段上盖物业后室外开孔示意图(开孔率≥25%)

如车辆基地内设置集中锅炉房，锅炉房应设置在上盖范围以外，并满足相关的防火间距要求。如上盖保证了比较良好的自然通风条件，经与消防部门确认后，盖下建筑物可视为地上建筑；否则，应以地下建筑标准执行相关的条文。室外建筑间的消防通道如无法保证自然通风或排烟，需增设机械排烟。

10.11　给排水及水消防系统

1. 设计原则

(1)给水设计必须贯彻节约用水，综合利用的设计原则。

(2)给水采用城市自来水。

(3)生产、生活给水系统与消防给水系统分开设置,形成独立的安全可靠的供水系统。满足各用水点对水量、水压和水质的要求。生活、生产系统管道设为枝状,消防系统管道为环状。

(4)根据车站建筑平面的布置,配置建筑灭火器,以迅速扑灭各类火灾。

(5)给排水设备的选型,采用技术先进、安全可靠、经济合理并经过实践运营检验的国产化产品,规格尽可能统一。

(6)污水排放应满足各项排水要求,污废水水质符合相应的排放标准。有城市污水管网的车站,执行《污水排入城镇下水道水质标准》,当车站周边无城市污水管网,执行《污水综合排放标准》(GB 8978—1996)一级标准。

(7)车辆基地按同时发生一次火灾来考虑。

2. 给水系统

(1)给水系统构成

车辆基地给水系统主要由车辆基地范围内生产生活给水、中水、生活热水、开水供应及消防系统组成,包括储水设备及加压供水设备。

(2)供水方式

室外管网采用生产、生活和消防分开的管路系统,室内消防系统与生产、生活给水系统分开设置。生产生活用水由市政管直接供水至各用水点,局部水压不足处设置二次给水加压设施,以满足车辆段与综合基地生产、生活用水的水量、水质、水压要求。在段内设消防水池和水泵房,以满足段内消防用水需求。

(3)用水量标准

1)办公人员及职工生活用水为:50 L/(班·人),小时变化系数为2.0;

2)职工淋浴用水为:40 L/(班·人);

3)食堂用水:25 L/(次·人);

4)消防用水:按规范规定;

5)路面养护:1 L/(m^2·d);

6)绿地用水:1 L/(m^2·d);

7)生产用水根据选用的洗车设备、工艺维修设备的用水量核算后确定;

8)不可预见用水量按段内最高日用水量的15%考虑。

3. 水消防系统

车辆段按同一时间内发生一次火灾考虑,运用组合车库、列检停车库、物资总库、综合办公楼等建筑均按规范要求设置消火栓灭火系统。段办公楼、综合维修办公楼等设有中央空调系统的建筑一般设置自动喷水灭火系统。

室内外消火栓系统采用临时高压消防给水系统,自动喷淋单独设置加压系统,消火栓给水系统室外管网布置成环状,室外消火栓的间距不超过120 m。室内外消火栓加压系统和自动喷水灭火系统共用消防水池。

消防泵房内设消火栓给水泵组一套、自动喷水灭火系统给水泵组一套。消防水池储存自动喷水灭火系统水量和消火栓灭火系统火灾延续时间内的消防水量。在最高建筑(高层建筑除外)屋顶设置消火栓系统和自动喷水灭火系统合用的高位消防水箱,储存初期火灾消防用水量;并于屋顶消防水箱间内为消火栓系统和自动喷水灭火系统各自设稳压装置;在屋顶消防水箱设液位计显示水箱的水位,系统的每个消火栓箱内设消防报警按钮与消防泵房和消防值班室联动。

车辆段站管理用房、设备用房、通信信号、电力专业用房等建筑内设置手提式磷酸铵盐干粉灭火器,灭火器的数量及布置按《建筑灭火器配置设计规范》(GB 50140—2005)的规定执行。

4. 排水系统

(1)排水系统构成

排水系统由污水排放系统、废水排放和雨水排放系统构成。生活污水主要来源于厕所粪便污水及卫生间产生的其他污水，废水主要来源于消防、结构渗漏、车站地面冲洗，雨水主要来源于因敞口风亭、出入洞口等引发的雨水。

(2)排水量标准

1)生活排水量按用水量的95%计算。

2)公厕排水量根据卫生器具数计算确定。

3)生产设备排水量按工艺要求及排水方式确定。

4)冲洗、消防排水量和用水量相同。

5)车辆段雨水管网雨水量按重现期为5年一遇的暴雨强度计算。

(3)排水方案及排出口

车辆段内生产废水、生活污水采用分质处理，集中排放至市政管道或附近沟渠。对车辆段内含油生产废水进行隔油、沉淀、气浮、过滤等工艺处理达到排放标准后排放。

车辆段与综合基地内粪便污水经化粪池预处理，食堂含油污水经隔油池预处理后纳入段内污水收集系统，生活污水经一体化污水处理设备处理达标后，就近排入城市排水系统。

车辆段洗车废水经自带设备处理后循环使用，洗车设备少量排水与场内的其他生产废水经生产废水处理站处理达标后就近排入城市排水系统。污泥经浓缩后直接排至污泥干化场干化后外运。

车辆段场地及道路排水由雨水管道收集，股道间的雨水由排水沟收集，汇入排水管道。大库屋面雨水由雨水管道收集，汇入雨水管网。雨水管道的设计原则是，结合地形，能自流排入附近沟渠的则自流排放，不能自流排放的，设泵站抽升排放，排入车辆段附近城市排水系统。

本章参考文献

[1] 地铁设计规范：GB 50157—2003[S]. 北京：中国建筑工业出版社，2003.
[2] 城市轨道交通技术规范：GB 50490—2009[S]. 北京：中国建筑工业出版社，2009.
[3] 地铁设计防火标准：GB 51298—2018[S]. 北京：中国计划出版社，2018.
[4] 建筑设计防火规范：GB 50016—2014[S]. 北京：中国计划出版社，2014.
[5] 供配电系统设计规范：GB 50052—2009[S]. 北京：中国计划出版社，2009.
[6] 低压配电设计规范：GB 50054—2011[S]. 北京：中国计划出版社，2011.
[7] 城市轨道交通照明：GB/T 16275—2008[S]. 北京：中国计划出版社，2008.
[8] 建筑照明设计标准：GB 50034—2013[S]. 北京：中国建筑工业出版社，2013.
[9] 建筑物防雷设计规范：GB 50057—2010[S]. 北京：中国计划出版社，2010.
[10] 建筑物电子信息系统防雷技术规范：GB 50343—2012[S]. 北京：中国建筑工业出版社，2012.
[11] 通用用电设备配电设计规范：GB 50055—2011[S]. 北京：中国计划出版社，2011.
[12] 电力工程电缆设计规范：GB 50217—2018[S]. 北京：中国计划出版社，2018.
[13] 民用建筑电气设计规范：JGJ 16—2008[S]. 北京：中国建筑工业出版社，2008.
[14] 交流电气装置的接地设计规范：GB/T 50065—2011[S]. 北京：中国标准出版社，2011.
[15] 电力装置的电测量仪表装置设计规范：GB/T 50063—2017[S]. 北京：中国计划出版社，2017.
[16] 建筑机电工程抗震设计规范：GB 50981—2014[S]. 北京：中国建筑工业出版社，2014.
[17] 城市轨道交通机电设备节能要求：GB/T 35553—2017[S]. 北京：中国标准出版社，2017.
[18] 民用绿色建筑设计标准：JGJ/T 229—2010[S]. 北京：中国建筑工业出版社，2010.
[19] 公共建筑节能设计标准：GB 50189—2015[S]. 北京：中国建筑工业出版社，2015.
[20] 建筑地基基础设计规范：GB 50007—2011[S]. 北京：中国计划出版社，2011.
[21] 锅炉房设计规范：GB 50041—2008[S]. 北京：中国计划出版社，2008.
[22] 工业企业总平面设计规范：GB 50187—2012[S]. 北京：中国计划出版社，2012.

第 3 篇

土建工程

11 路　　基

11.1 概　　述

城市轨道交通根据其特殊性，区间线路主要采用地下或高架的结构形式，一般不会存在长大的地面线路（路基）。区间正线路基一般以过渡段的形式出现，线路由地下至高架或由高架至地下，结构形式的过渡称为路隧过渡段或路桥过渡段。在特殊情况下，受地形、地貌、地物及周边环境影响，正线也会采用地面线路形式。例如天津地铁 2 号线国山路站—空港经济区站—滨海国际机场站段落，为满足空港经济区站与公交系统平面换乘，且周围为空地，空港经济区站设为地面站。该段落整体组成为：地下线＋敞开段＋地面线＋地面站＋地面线＋敞开段＋地下线。又如上海地铁 9 号线一期佘山站—泗泾站区间，下钻高压走廊，受净空影响，起桥高度不足，采用地面线路形式通过。路基在城市轨道交通另一种普遍存在的形式为车辆段（停车场）内的场段路基。

11.2 常见的路基形式及其设计原则

11.2.1 地下结构至地面的过渡段设计原则

地下结构至地面的过渡段常见于区间正线由地下过渡至地面然后过渡至高架中、地下至地面段的过渡形式，以及出入段（场）由地下过渡至车辆段（停车场）地面的过渡形式。

地下结构至地面通常采用钢筋混凝土 U 形整体结构形式（简称 U 型槽）过渡，如图 11.2-1 所示。

图 11.2-1　地下结构至地面过渡段（U 型槽）

1. U 型槽一般设计原则

（1）结构的尺寸应满足建筑限界、各种设备使用功能及施工工艺的要求，并考虑施工误差、结构变形和位移等因素的影响。

（2）结构在施工及使用期间应具有足够的强度、刚度、稳定性及耐久性。结构设计分别按施工阶段和使用阶段可能出现的最不利荷载组合，进行承载力极限状态和正常使用极限状态验算，并采取有效措施满足地铁 U 型槽的耐久性要求。

2. U 型槽技术标准

（1）结构主要构件（底板、侧墙等）设计使用年限为 100 年。

（2）结构永久构件安全等级为一级，结构重要性系数为 1.1。

(3)结构主要受力构件防火等级为一级。

(4)U 型槽结构设计按最不利情况进行抗浮稳定验算。在不考虑侧壁摩擦阻力的情况下，抗浮安全系数 $K_f \geqslant 1.05$；当考虑侧壁摩擦阻力的情况下，抗浮安全系数 $K_f \geqslant 1.1$。

(5)计算方法及荷载取值

U 型槽主体结构按作用在弹性地基上平面框架进行内力分析。

1)永久荷载

①结构自重：钢筋混凝土重度 $\gamma = 25\ kN/m^3$。

②浮力：按最高地下水位的全部水浮力计。

③侧向水土荷载：采用朗肯土压力理论，施工阶段与使用阶段均按水土分算。

2)可变荷载

①地面超载：一般取 20 kN/m^3。

②施工荷载：施工机具、地面堆载、材料堆载不应超过 20 kN/m^3。

③偶然荷载、地震荷载等。

3. 结构设计

(1)根据基坑深度和环境，确定基坑安全等级和环境保护等级。

(2)围护结构形式选择：根据基坑深度、地层条件、周围环境及经济可靠性，选择围护结构形式，通常采用钻孔灌注桩、咬合桩、水泥土搅拌桩(SMW)等围护形式。

(3)结构耐久性设计要求和措施：根据所处环境，确定 U 型槽的作用等级，耐久性要求按《混凝土结构耐久性设计规范》(GB/T 50476—2008)中相关规定执行，主要构件设计使用年限为 100 年。

(4)根据地下水位情况和地下水性质，基坑选用适宜的降水措施。

(5)为了在施工中控制围护结构的变形，以及及时预报施工中出现的异常情况，从而指导工作，需要建立严格的监测系统。

(6)根据防水等级要求，进行 U 型槽主体结构、施工缝、诱导缝或变形缝的防水设计。

11.2.2 地面至高架的过渡段设计原则

地面至高架的过渡段常见于区间正线由高架过渡至地面然后过渡至地下中、高架至地面段的过渡形式，以及或出入段(场)由高架过渡至车辆段(停车场)地面的过渡形式，如图 11.2-2 所示。

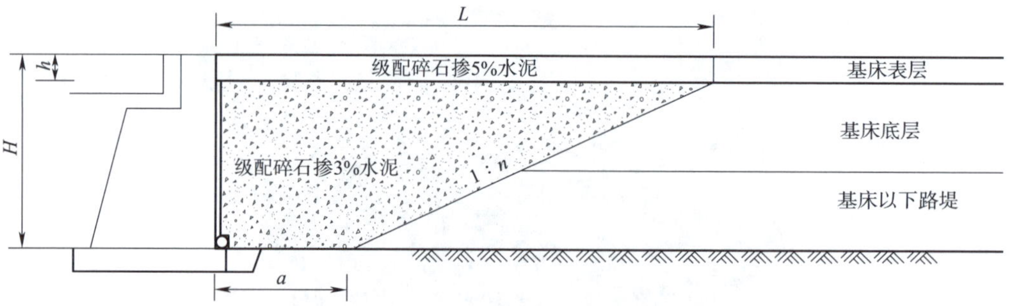

图 11.2-2 地面至高架过渡段

过渡段长度按式(11.2-1)计算，且不小于 20 m

$$L = a + (H - h) \times n \tag{11.2-1}$$

式中，a——常数，一般取 3～5 m；

H——台后路堤填高；

h——基床表层厚度；

n——常数，取 2～5。

过渡段路基基床表层填筑级配碎石，并掺入 5％水泥。基床表层以下倒梯形部分分层填筑掺入 3％水泥的级配碎石，压实标准应满足压实系数 $K \geqslant 0.95$、地基系数 $K_{30} \geqslant 150$ MPa/m、动态变形模量 $E_{vd} \geqslant 50$ MPa。

若受线路纵坡影响，地面至高架的过渡段长度大于上述计算值，超出部分按地面线路基设计，具体设计原则见 11.3 节。

11.2.3 车场线路基设计原则

车场线路基为车辆段(停车场)内的车场线路基。

1. 车场线路基面设计高程的确定

(1)路基面设计高程应根据周边河道、道路(含规划道路)、建(构)筑物,以及规划高程、地面标高等因素综合确定。

(2)一般地区路基面设计高程应大于所处场地百年一遇频率内涝水位加 0.5 m,且略高于周边道路(含规划道路);沿海或江河附近地区路基面设计高程应大于百年一遇洪水频率标准的潮水位加波浪爬高值加 0.5 m,且略高于周边道路(含规划道路)。若车辆段(停车场)多线共址,可参考既有车辆段(停车场)路基面设计高程确定。

2. 路基面形状和宽度

车场线一般线路中心线至路基边缘宽度不小于 3.0 m,牵出线路基半宽为 3.5 m。路基面形状采用锯齿形,排水横坡一般为 2%,一个坡面的线路数量不超过 3 条。

3. 路基基床结构形式、填料规格及其压实标准

(1)基床结构形式

基床由表层与底层组成。基床表层厚 0.5 m,基床底层厚 1.0 m。

(2)基床表层填料规格及压实标准

1)基床表层优先选用 A 组填料,其次为 B 组填料,也可选用改良土,粒径不超过 150 mm。

2)基床表层压实标准应符合表 11.2-1 的规定。

表 11.2-1 基床表层压实标准

填 料	压实标准		
	压实系数 K	地基系数 K_{30}(MPa/m)	相对密度 D_r
细粒土、粉砂、改良土	≥0.91	≥90	—
细砂、中砂、粗砂、砾砂	—	≥100	≥0.75
碎石类土	—	≥120	—

(3)基床底层填料规格及压实标准

1)基床底层可选用 A、B、C 组填料或改良土。当 C 组填料中细粒土含量大于 30%时,在年平均降水量大于 500 mm 地区,其塑性指数应不大于 12,液限含水率不大于 32%。

2)基床底层压实标准应符合表 11.2-2 的规定。

表 11.2-2 基床底层压实标准

填 料	压实标准		
	压实系数 K	地基系数 K_{30}(MPa/m)	相对密度 D_r
细粒土、粉砂、改良土	≥0.89	≥80	—
细砂、中砂、粗砂、砾砂	—	≥80	≥0.7
碎石类土	—	≥100	—

4. 基床以下路堤填料规格及压实标准

(1)宜选用 A、B、C 组填料或改良土,采用 D 组填料时应进行改良或采取加固措施。

(2)基床以下路堤压实标准应符合表 11.2-3 的规定。

表 11.2-3 基床以下路堤压实标准

填 料	压实标准		
	压实系数 K	地基系数 K_{30}(MPa/m)	相对密度 D_r
细粒土、粉砂、改良土	≥0.86	≥70	—

第3篇 土建工程

续上表

填　料	压实标准		
	压实系数 K	地基系数 K_{30}(MPa/m)	相对密度 D_r
细砂、中砂、粗砂、砾砂	—	≥70	≥0.65
碎石类土	—	≥80	—

5. 车场线路基地基加固原则

(1)车场线路基通常由库外一般有砟轨道路基、咽喉区有砟轨道路基和库内无砟轨道路基组成。其中有砟轨道路基与无砟轨道路基间需设过渡段，例如：库外有砟轨道至库内无砟轨道间（含库前平过道）、试车线检查坑无砟轨道与两端有砟轨道间。

(2)上述不同的路基段落分别有不同的沉降控制标准，因此需分区域加固。根据轨道专业提出的不同区域的沉降控制要求，分别检算后，选用适宜的地基加固措施。

(3)常用的加固措施

一般地段车场线路基通常可采用重型碾压、冲击碾压、强夯、挖除换填、垫层夹筋（土工格栅）等加固措施。

咽喉区路基在上述加固措施不能满足要求时，可选用复合地基加固，如搅拌桩、旋喷桩、CFG 桩等。

库内无砟轨道，以及有砟轨道与无砟轨道间的过渡段，在上述措施仍不能满足要求时，可选用刚性桩加固，如预应力管桩、灌注桩等。

11.3 地面线路基设计原则

城市轨道交通中，在特殊情况下，如受地形、周围环境、净空、线路纵坡等因素影响，或有特殊要求时（如物业开发、公交换乘等情况下），可能会设地面站和地面线路。

11.3.1 设计原则编写的注意事项

(1)关于轨道类型的说明。

(2)按照现行的《地铁设计规范》(GB 50157)路基篇中，所有条文规定的前提是有砟轨道路基，缺少无砟轨道路基的相应内容，本文对无砟轨道路基进行了补充。

(3)关于路基填料分类及粒径的说明。

(4)现行的《地铁设计规范》(GB 50157)路基篇中，路基填料分类及粒径是参照《铁路路基设计规范》(TB 10001—2005)执行的。本文按最新《铁路路基设计规范》(TB 10001)2016 年版进行了修改和细化。

11.3.2 区间正线[含与正线处于同一路基的配线、出入段（场）线、试车线]技术标准

1. 路基面宽度和形状

路基面宽度根据轨道类型、正线数目、线间距、限界要求、电缆槽埋设要求、基础网立柱基础埋设要求、声屏障基础埋设要求、养护维修等因素综合确定。养护维修通道设于曲线外侧，宽不小于 0.5 m，就不再考虑曲线加宽问题。路基面宽度参考值详见表 11.3-1。

表 11.3-1　区间正线直线地段路基面宽度参考表

项　目		有砟轨道		无砟轨道
双线线间距(m)		3.8、4.0、4.2		3.8、4.0、4.2
道床结构（层）		单	双	—
道床厚度(m)		0.30	0.45	—
路基面宽度	单线(m)	7.3	7.6	6.1
	双线(m)	12.6、12.8、13.0	12.6、12.8、13.0	11.4、11.6、11.8

注：线间距值是根据车型确定，曲线地段或线间设有疏散平台、电缆隔墙等构筑物时，根据曲线加宽计算和构筑物布置宽度另行确定路基面宽度。

无砟轨道支承层底部范围内路基面水平设置，支承层外侧路基面两侧设置 4%横向排水坡。有砟轨道路基面形状设计为三角形路拱，由路基中心线向两侧设 4%的人字形排水坡。

2. 路基基床结构形式、填料规格及其压实标准

(1)基床结构形式

地面正线路基基床由表层与底层组成。其中无砟轨道基床表层厚 0.3 m、有砟轨道基床表层厚 0.5 m，基床底层厚 1.5 m。基床分层填筑的上下层填土的颗粒应符合式(11.3-1)：

$$D_{15}<4d_{85} \tag{11.3-1}$$

式中，D_{15}——较粗一层土的颗粒粒径，小于该粒径的土重占总土重的 15%；

d_{85}——较细一层土的颗粒粒径，小于该粒径的土重占总土重的 85%。

当不符合时，应采取过渡措施，或铺设起反滤和隔离作用的土工合成材料，填料为化学改良土时，可不受此限制。

(2)基床表层填料规格及其压实标准

1)有砟轨道基床表层优先选用砾石类、碎石类中的 A1、A2 组填料，其次为砾石类、碎石类及砂类土中的 B1、B2 组填料，有经验时可选用化学改良土，粒径不超过 100 mm。无砟轨道采用级配碎石，粒径不超过 60 mm。级配碎石材料由开山块石、天然卵石或砂砾石经破碎筛选而成，其材料规格及压实标准应符合下列规定：

①级配曲线应接近圆滑，某种尺寸的粒径不应过多或过少，不均匀系数 C_U 不小于 15，曲率系数 C_c 为 1～3。

②非冻土地区选用Ⅰ型级配碎石，冻结深度大于 0.5 m 的冻土地区及多雨地区选用Ⅱ型级配碎石。

③Ⅰ型级配碎石 0.02 mm 以下颗粒质量百分率不应大于 3%；在压实系数 $K\geqslant 0.97$ 的情况下，其渗透系数小于 1×10^{-6} m/s。

Ⅰ型级配碎石粒径级配应符合表 11.3-2 的规定。

表 11.3-2 Ⅰ型级配碎石粒径级配

方孔筛孔边长(mm)	0.075	0.5	1.7	7.1	22.4	31.5	45
过筛质量百分率(%)	0～7	19～32	33～46	53～75	79～91	89～100	100

④Ⅱ型级配碎石 0.007 5 mm 以下颗粒质量百分率不应大于 3%；压实后 0.075 mm 颗粒含量不得大于 5%，细颗粒含量采用洗筛的方法测试；持水率不应大于 5%，渗透系数应大于 5×10^{-5} m/s。

Ⅱ型级配碎石粒径级配应符合表 11.3-3 的规定。

表 11.3-3 Ⅱ型级配碎石粒径级配

方孔筛孔边长(mm)	0.075	0.5	1.7	7.1	22.4	31.5	45	60
过筛质量百分率(%)	0～3	8～20	16～33	37～53	63～79	73～89	85～100	100

⑤颗粒中细长及扁平颗粒含量不应超过 20%，压碎指标应小于 16，黏土团及有机物含量不应超过 2%。

⑥粒径大于 1.7 mm 的颗粒的洛杉矶磨耗率不大于 30%，硫酸钠溶液浸泡损失率不大于 6%，粒径小于 0.5 mm 的细颗粒的液限不大于 25%，塑性指数小于 6。

2)基床表层压实标准应符合表 11.3-4 的规定。

表 11.3-4 基床表层压实标准

轨道类型	填料		压实标准			
			压实系数 K	地基系数 K_{30}(MPa/m)	动态变形模量 E_{vd}(MPa)	7 d 饱和无侧限抗压强度(kPa)
有砟轨道	A1、A2 组	砾石类、碎石类	≥0.95	≥150	—	—
	B1、B2 组	砾石类、碎石类	≥0.95	≥150	—	—
		砂类土(粉细砂除外)	≥0.95	≥110	—	—
	化学改良土		≥0.95	—	—	≥500
无砟轨道	级配碎石		≥0.97	≥190	≥55	—

(3)基床底层填料规格及其压实标准

1)有砟轨道基床底层应采用砾石类、碎石类及砂类土中的A、B、C1、C2组填料或化学改良土，粒径不超过200 mm。

无砟轨道采用砾石类、砂类土中的A、B组填料或化学改良土，粒径不超过60 mm。

2)基床底层压实标准应符合表11.3-5的规定。

表11.3-5 基床底层压实标准

轨道类型	填料		压实标准			
			压实系数K	地基系数K_{30}(MPa/m)	动态变形模量E_{vd}(MPa)	7 d饱和无侧限抗压强度(kPa)
有砟轨道	A、B、C1、C2组	砾石类、碎石类	≥0.93	≥130	—	—
		砂类土、细粒土	≥0.93	≥100	—	—
	化学改良土		≥0.93	—	—	≥350
无砟轨道	A、B组	粗砾土、碎石类	≥0.95	≥150	≥40	—
		砂类土(粉细砂除外)	≥0.95	≥130	≥40	—
	化学改良土		≥0.95	—	—	≥350

3. 基床以下路堤填料规格及其压实标准

有砟轨道采用A、B、C组填料或化学改良土，采用D组填料时应进行改良或采取加固措施，填料粒径不应大于摊铺厚度的2/3，且不应大于300 mm。

(1) 无砟轨道采用A、B、C1、C2组填料或化学改良土，填料粒径不应大于75 mm。

(2)渗水性土填在非渗水性土上时，非渗水性土层顶面应向两侧设4%的人字形排水横坡。

(3)上下层填土的颗粒不满足$D_{15}<4d_{85}$时，应在分界面设置隔离垫层，下层填料为化学改良土时，可不受此限制。

(4)基床以下路堤压实标准应符合表11.3-6的规定。

表11.3-6 基床以下路堤压实标准

轨道类型	填料		压实标准		
			压实系数K	地基系数K_{30}(MPa/m)	7 d饱和无侧限抗压强度(kPa)
有砟轨道	A、B、C组	砂类土、细粒土	≥0.90	≥80	—
		砾石类、碎石土	≥0.90	≥110	—
		块石类	≥0.90	≥130	
	化学改良土		≥0.90	—	≥200
无砟轨道	A、B、C1、C2组	砂类土及细砾土	≥0.92	≥110	—
		碎石类及粗砾土	≥0.92	≥130	—
	化学改良土		≥0.92	—	≥250

11.3.3 地面线路堤设计[含区间正线、出入段(场)线、试车线]

路堤边坡高度小于基床厚度时，天然地基承载力不小于150 kPa，且土质和天然密实度符合相同基床部位的填料和密实度要求的可不处理；若土质符合要求、密实度不符合要求时，采用翻挖回填或碾压夯实；若土质和密实度均不满足要求时，采用换填或加固措施处理。

路堤边坡高度大于基床厚度时，应先平整场地。当稳定横向斜坡地面缓于1∶5时，清除草皮及植物根茎等腐殖物进行基底整平。当稳定横向斜坡地面陡于1∶5时，原地面挖台阶，台阶宽度不小于2 m，高度不大于0.6 m。

路堤边坡坡率：边坡高度为0～8 m时，坡率为1∶1.5；边坡高度大于8 m时，坡率为1∶1.75；边坡高度大于12 m时，在8 m处设2 m宽边坡平台，平台上设4%横向排水坡。通常情况下为节约土地，填高6～8 m时，常以桥梁形式敷设。

有砟轨道和无砟轨道双线路堤标准横断面分别如图11.3-1和图11.3-2所示。

第3篇 土建工程

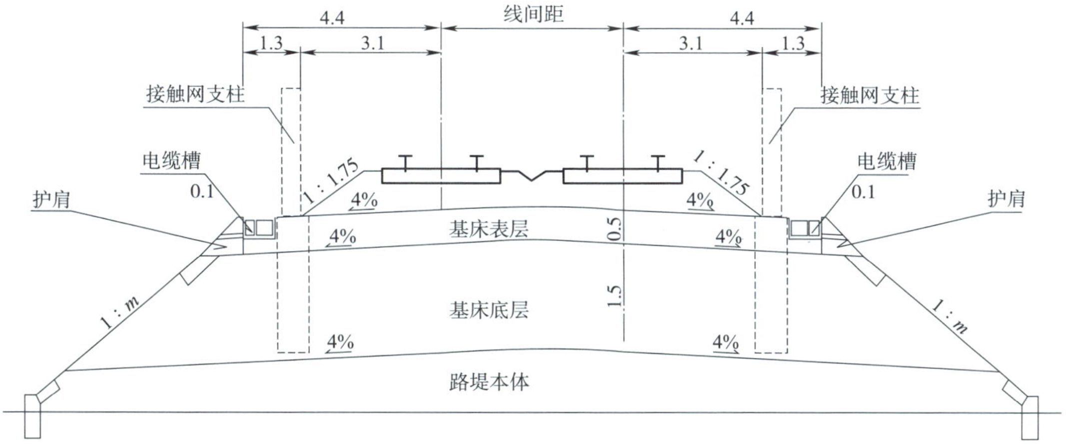

图 11.3-1　有砟轨道双线路堤标准横断面图(区间直线段,单位:m)

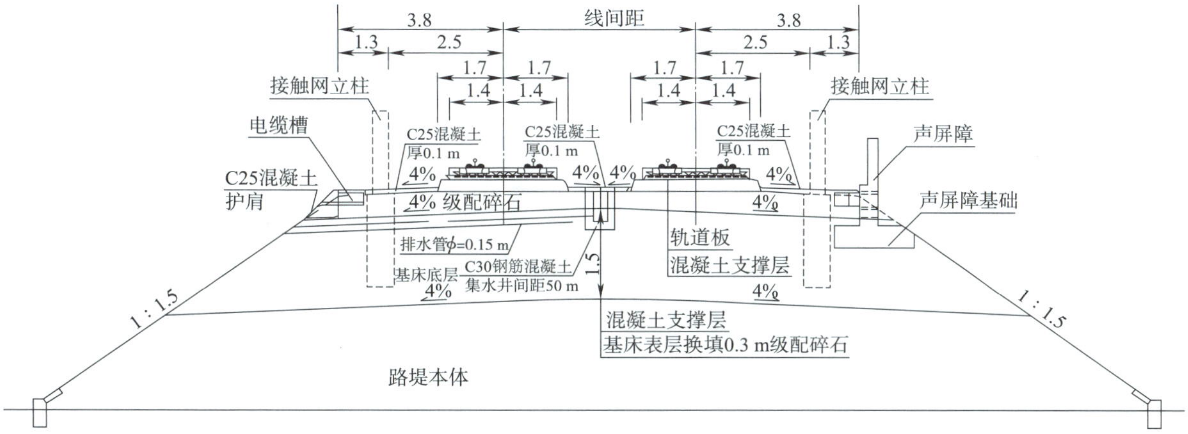

图 11.3-2　无砟轨道双线路堤标准横断面图(区间直线段,单位:m)

单线路堤可参照双线路堤形式布置,一般情况下,基础网立柱和电缆槽分侧设置,特殊情况下可设于一侧。

11.3.4　地面线路堑设计(区间正线通过丘陵、山坡等挖方地段时)

路堑可采用路堤式路堑的结构形式,线路两侧设置侧沟平台,平台宽不小于 2.0 m。

路堑边坡形式及坡率视岩性、风化程度、软弱结构面、边坡高度、地形等因素,并结合土石方调配原则,按《铁路路基设计规范》(TB 10001—2016)中有关规定进行设计或参照既有稳定边坡坡率确定。一般条件下土质边坡、软质岩及破碎硬质岩边坡高不超过 15 m,完整硬质岩边坡高不超过 30 m。

有砟轨道和无砟轨道双线路堑标准横断面分别如图 11.3-3 和图 11.3-4 所示。

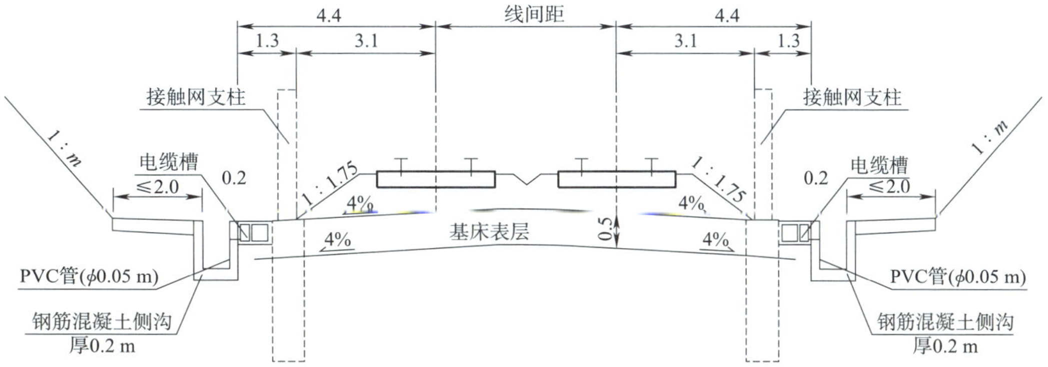

注：硬质岩路堑可不换填基床表层

图 11.3-3　有砟轨道双线路堑标准横断面图(区间正线直线段,单位:m)

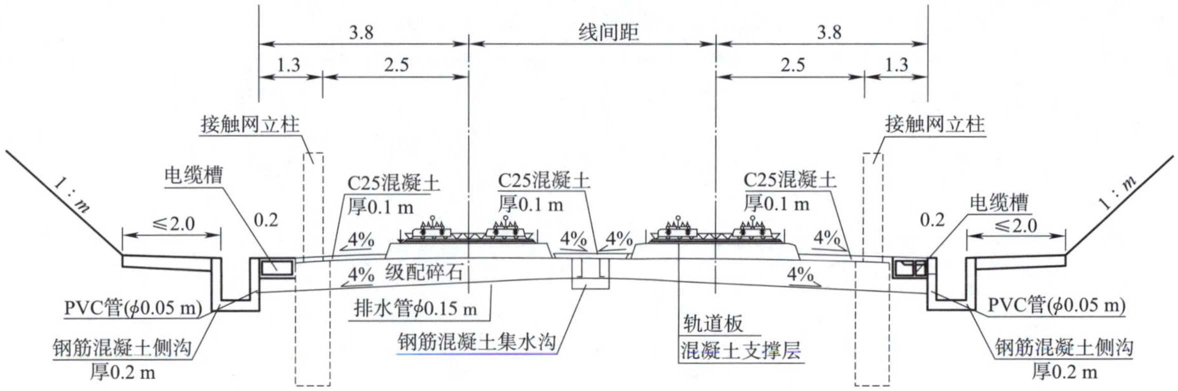

注：硬质岩路堑基床表层可不换填级配碎石

图 11.3-4　无砟轨道双线路堑标准横断面图(直线段,单位:m)

单线路堑可参照双线路堑形式布置，一般情况下，基础网立柱和电缆槽分侧设置，特殊情况下可设于一侧。

11.3.5　地面线过渡段设计

区间正线[含出入段(场)线、试车线]路堤与横向结构物(涵洞、框构等)、路堤与路堑、路堑与山岭隧道等连接处，由于刚度差异较大，均应设置过渡段，保证刚度和变形在线路纵向的均匀变化。

1. 路堤与横向结构物(涵洞、框构等)

当横向建筑物顶至路基面距离小于 1.0 m 时，在横向结构物顶面及两侧设置倒梯形过渡段。构筑物以上及边墙外各 20 m 长度范围内，基床表层填筑掺 5%水泥级配碎石，基床表层以下倒梯形部分分层填筑掺入 3%水泥的级配碎石。填筑级配碎石的范围为下宽不小于 2.0 m 的 1∶2 的倒梯形，如图 11.3-5 所示。

当横向结构物顶部距路基面的高度 $h>1.0$ m 时，在横向结构物两侧设置的倒梯形过渡段填筑级配碎石并掺 3%水泥。填筑级配碎石的范围为下宽不小于 2.0 m 的 1∶2 的倒梯形。

当横向结构物轴线与线路中线斜交时，首先采用级配碎石掺 3%水泥填筑斜交部分，然后再设置过渡段，以减小路基与横向构筑物横向刚度的差异。

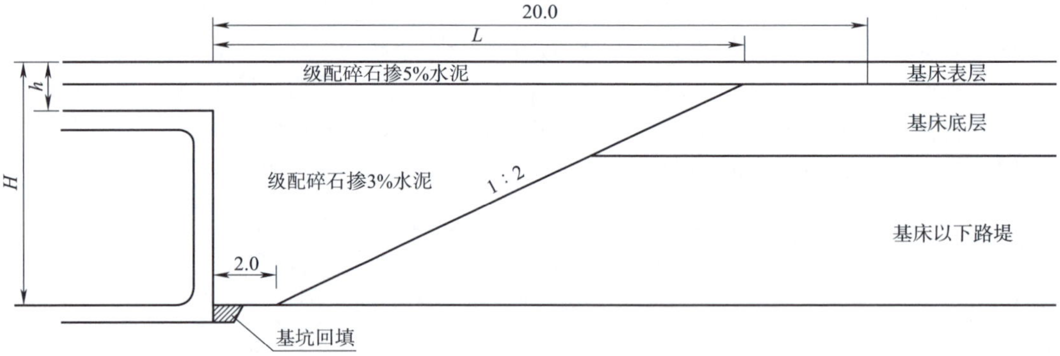

图 11.3-5　路堤与横向结构物处填筑级配碎石(单位:m)

2. 地面线路堤与路堑连接处(如图 11.3-6 所示)

当路堤与路堑连接处为硬质岩石路堑时，在路堑一侧沿原地面纵向设置台阶。每级台阶自原坡面的挖入深度不小于 1.0 m，台阶高度为 0.6 m 左右。并应在路堤一侧设置过渡段，填料采用级配碎石掺入 3%水泥。

当路堤与路堑连接处为软质岩石或土质路堑时，应顺原地面纵向开挖台阶。每级台阶自原坡面的挖入深度不小于 1.0 m，台阶高度为 0.6 m 左右，开挖回填部分的填料及压实标准与路堤相同。

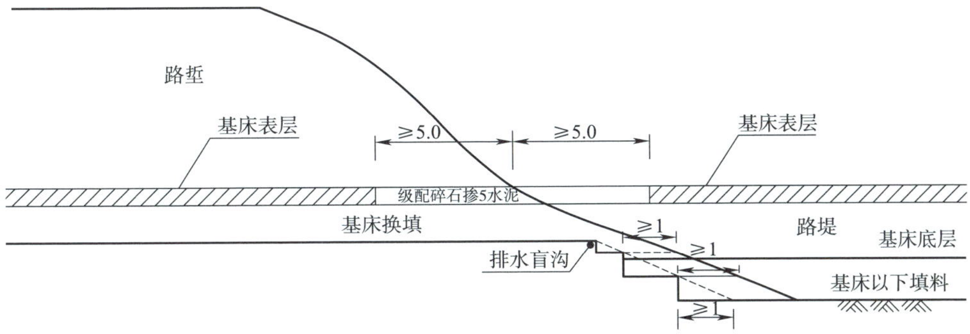

图 11.3-6　路堤与路堑连接过渡段示意图(单位:m)

3. 地面线路堑与山岭隧道过渡段

土质、软质岩及强风化硬质岩路堑与隧道连接地段设置过渡段,采用渐变厚度的混凝土或级配碎石内掺 5%水泥填筑,如图 11.3-7 所示。

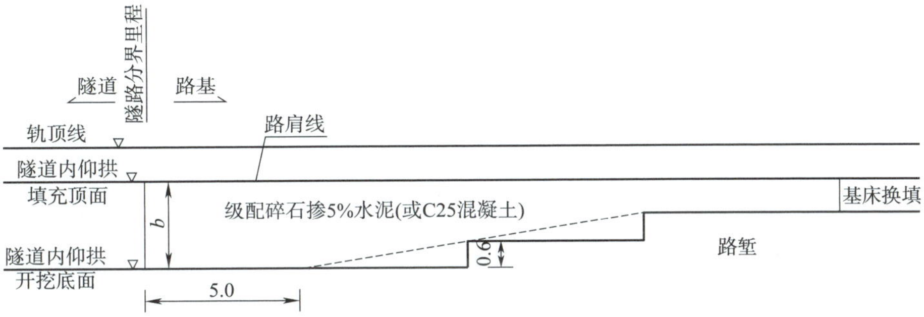

图 11.3-7　路堑与山岭隧道过渡段示意图(单位:m)

11.4　路基稳定及沉降控制标准

本节所述的路基稳定及沉降控制标准适用于 U 型槽、地面至高架过渡段、区间地面线路基、出入段(场)线路基、试车线路基。

边坡稳定性根据边坡类型和可能的破坏形式,采用圆弧滑动法、平面滑动法或折线滑动法计算分析。当破坏机制复杂时,结合数值分析法进行分析。

永久边坡、一般工况最小稳定安全系数为 1.15,地震工况最小稳定安全系数为 1.1,临时边坡最小稳定安全系数为 1.05。

无砟轨道路基工后沉降应满足扣件调整和线路竖曲线圆顺的要求。工后沉降不宜超过 15 mm。沉降较均匀并且调整轨面高程后的竖曲线半径 R_{sh}满足式(11.4-1)

$$R_{sh} \geqslant 0.4V_{sj}^2 \tag{11.4-1}$$

式中,R_{sh}——轨面圆顺的竖曲线半径(m);

V_{sj}——设计最高速度,km/h。

要求时,可允许的最大工后沉降量为 30 mm。路桥或路隧交界处的差异沉降不应大于 5 mm,不均匀沉降造成的折角不大于 1/1 000。有砟轨道路基工后沉降及沉降速率应满足表 11.4-1 要求。

表 11.4-1　有砟轨道路基工后沉降及沉降速率控制表

一般地段工后沉降(mm)	过渡段工后沉降(mm)	沉降速率(mm/年)
≤200	≤100	≤50

11.5 路基抗震设计

区间正线[含出入段（场）线、试车线]路基本体及支挡结构抗震设计可参照《铁路工程抗震设计规范（2009 年版）》（GB 50111—2006）中的 C 类工程标准设计。U 型槽参照《城市轨道交通结构抗震设计规范》（GB 50909—2014）中"隧道与地下车站结构"篇中的有关规定执行，如有特殊要求时，还需进行抗震专项设计。

（1）地面线路堤填料的选择，应符合下列规定：

1）路堤填料应符合现行铁路设计规范的有关规定，并应选用抗震稳定性较好的填料。C 类工程不应采用粉砂、细砂作填料。

2）路堤浸水部分的填料，应采用渗水土填料。C 类工程不应采用粉砂、细砂、中砂作填料。

（2）位于非液化土、非软土地基上的地面线路堤，边坡高度大于表 11.5-1 规定时，应将其边坡坡率放缓一级或采用土工合成材料加筋措施加固边坡。

表 11.5-1 抗震设防为 C 类的工程路堤边坡高度限值（m）

填　料	地震动峰值加速度 A_g			
	0.1g、0.15g	0.2g	0.3g	0.4g
用不易风化的块石土及 C 组细粒土填筑	10	8	6	4
用巨粒土（不易风化的块石土除外）、粗粒土（粉砂、细砂、中砂除外）填筑	6	4	3	2

边坡稳定性根据边坡类型和可能的破坏形式，采用圆弧滑动法、平面滑动法或折线滑动法计算分析。当破坏机制复杂时，结合数值分析法进行分析。

（3）U 型槽结构在不同的地震区或根据抗震专项设计成果，选用适宜的结构尺寸、配筋及钢筋类型。

11.6 路基耐久性设计

U 型槽及地面线支挡结构均应进行耐久性设计，设计使用年限按 100 年考虑，根据混凝土结构的使用年限级别和侵蚀性环境，参照现行《铁路混凝土结构耐久性设计规范》（TB 10005）及《混凝土结构耐久性设计规范》（GB/T 50476）要求，确定采用的混凝土等级及保护层厚度。

11.7 路基排水设计

区间地面线路基排水设施的纵向坡度不应小于 2‰，单面排水坡段长度不宜大于 400 m，必要时应增设横向排水设施引入自然沟渠、涵洞或市政排水管网。

车场线路基采用纵向和横向排水设备相结合的重力自流排水方式。一般采用锯齿形横坡，一个坡面的股道数量不宜超过 3 条线路，横向坡度一般为 2%～3%。线路以外的路基排水横向坡度一般不小于 0.5%。横坡最低点设纵向盖板排水槽，横穿线路的排水采用穿越线路横向钢筋混凝土盖板排水槽。纵向排水设备的坡度不小于 2‰，在困难条件下不应小于 1‰。穿越线路的横向排水设备的坡度不小于 5‰，在困难条件下，可根据具体情况设置。路基以外排水系统均采用暗管，路基排水槽接入暗管部分设检查井。

11.8 路基边坡防护设计

路基边坡防护适用于地面至高架过渡段、区间地面线路基、出入段（场）线路基、试车线路基、场段四周边坡。

11.8.1 植物防护

植物防护常用于高度不大于 3 m 的路基边坡防护。土质路基边坡宜采用灌草结合或植灌木防护，也可采用铺设预制空心块内植灌草防护，如图 11.8-1 所示。岩石路基边坡宜采用客土植草(灌木)、植生态袋植草(灌木)、喷混植生防护。如路堤采用三维生态袋防护，高度可大于 3 m。

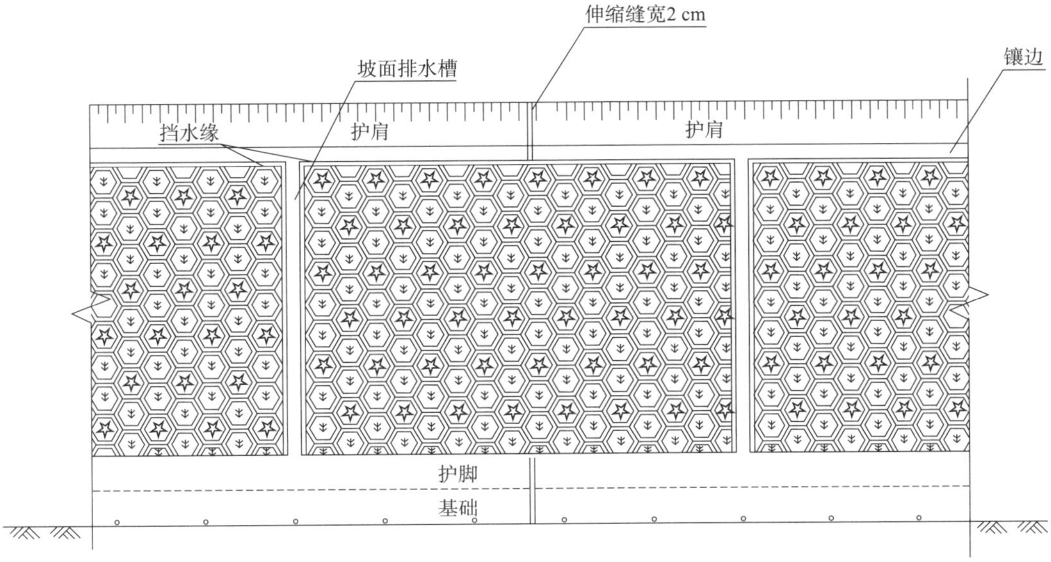

图 11.8-1 坡面空心块防护

11.8.2 骨架防护

骨架防护常用于高度大于 3 m 的路堤边坡和土质、全风化岩层和强风化软质岩路堑边坡防护，通常采用混凝土浇筑或预制件拼装，也可用片石砌筑。骨架常用样式有带截水槽的拱形、人字形、方格形等，嵌入边坡不小于 0.4 m，骨架内可植草(灌木)。拱形截水骨架护坡如图 11.8-2 所示。

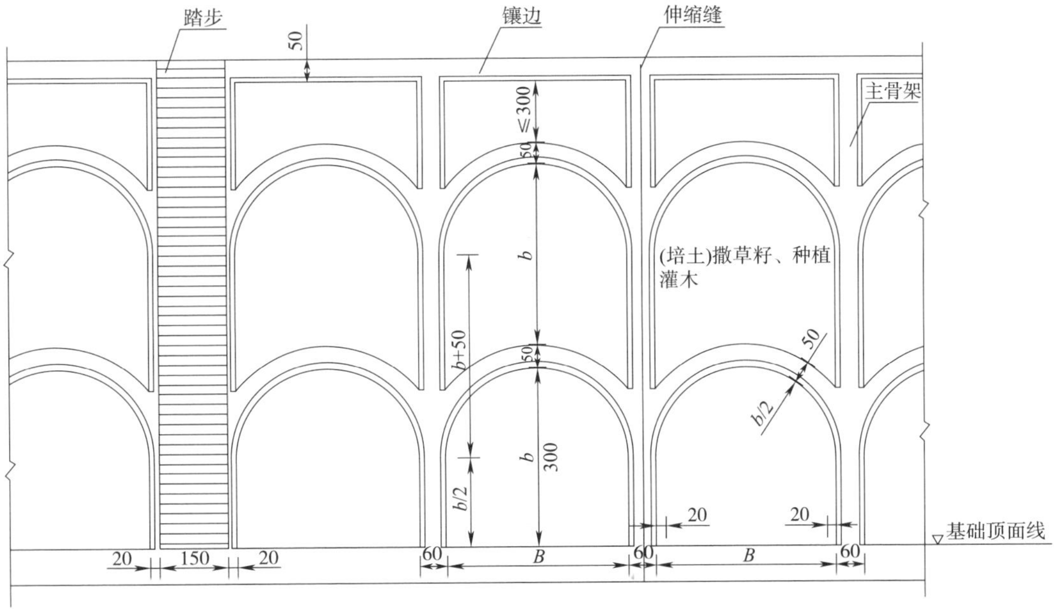

图 11.8-2 拱形截水骨架护坡(单位:cm)

11.8.3 实体护坡(墙)

实体护坡(墙)常用于浸水和受河流冲刷地段的路堤边坡，也可用于土质和易风化剥落的岩石路堑边坡。主要形式有干砌片石、浆砌片石或混凝土护坡(墙)，如图 11.8-3 和图 11.8-4 所示。

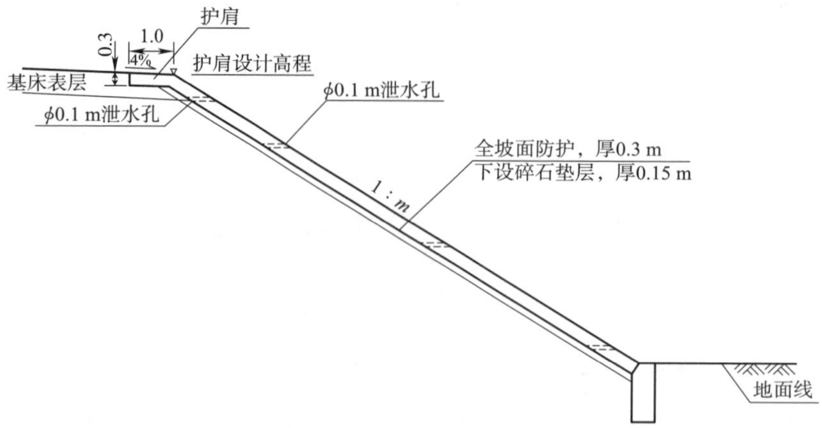

图 11.8-3　全坡面护坡防护(单位:m)

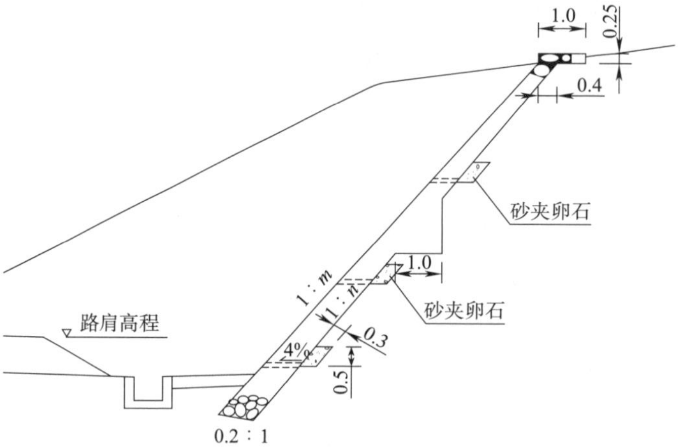

图 11.8-4　路堑单级护墙(单位:m)

11.8.4　孔窗式护坡(墙)

孔窗式护坡(墙)常用于易风化或风化破碎的岩石路堑边坡和坡面易受侵蚀的土质路堑边坡。主要形式有浆砌片石、混凝土预制块和现浇混凝土。孔窗内可喷混植生或植草(灌木)，如图 11.8-5 所示。

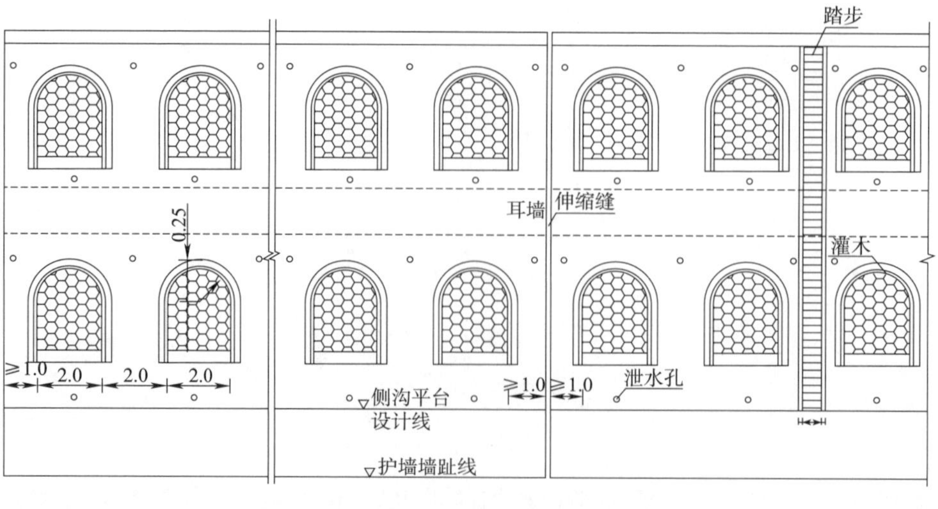

图 11.8-5　路堑坡面孔窗式护墙防护(单位:m)

11.8.5 锚杆(索)框架梁护坡

锚杆(索)框架梁护坡常用于土质、软质岩及风化硬质岩路堑边坡防护。框架梁采用钢筋混凝土现浇,常按正方形或菱形布置,锚杆采用直径不小 28 mm 钢筋,锚索采用预应力钢绞线,一般不少于 4 股。框架内边坡通常采用喷混植生、客土植生等植物防护形式,如图 11.8-6 所示。

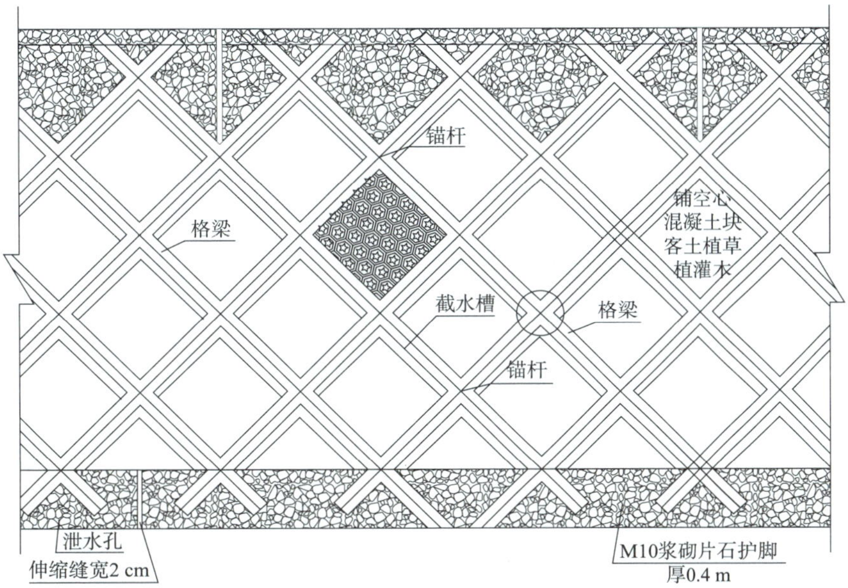

图 11.8-6　坡面锚杆(索)框架梁防护

11.8.6 喷射混凝土(砂浆)护坡

喷射混凝土(砂浆)护坡常用于风化破碎、节理裂隙较发育或较高陡的岩石路堑边坡,常与挂网植生结合使用,如图 11.8-7 所示。喷射砂浆厚度不小于 5 cm,喷射混凝土厚度不小于 7 cm。

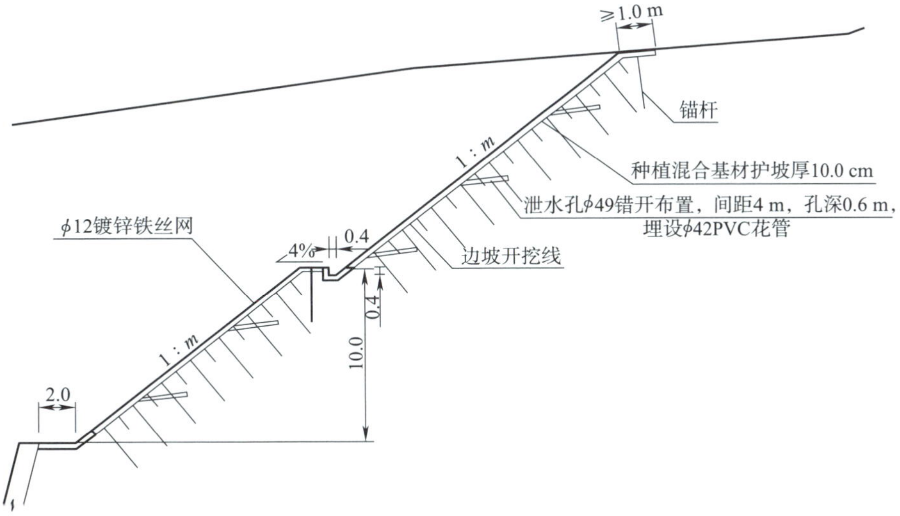

图 11.8-7　喷射种植混合基材植被护坡(单位:m)

11.9 路基支挡结构设计

一般用于地面至高架过渡段、区间地面线路基、出入段(场)线路基、试车线路基、场段四周边坡在受周围建(构)筑物、道路、用地边界控制时,或为减少用地,设支挡结构收坡。场段四周边坡设支挡结构常与四周围墙或护栏结合设计。

11.9.1 支挡结构的影响因素

支挡结构的选择应综合考虑以下因素：

(1)地形及工程地质条件。

(2)水文地质条件及冲刷深度。

(3)支挡结构高度及荷载作用。

(4)周边环境及临近建筑物影响。

(5)施工条件及基坑边坡临时稳定性。

(6)支挡结构施工工艺的可行性。

(7)施工工期及工程造价。

11.9.2 支挡结构的类型、特点及适用范围

支挡结构类型、特点及其适用范围详见表 11.9-1。

表 11.9-1 支挡结构类型、特点及其适用范围

结构类型	特　点	适用范围
重力式挡土墙	依靠墙身自重承受侧向土压力	适用于一般、地震地区的路堤边坡和路堑边坡，以及浸水地区的路堤边坡
衡重式挡土墙	利用衡重台上的填土重量及墙体自重共同抵抗土压力	适用于一般地区、浸水地区，可用于地震地区，不宜用于高速铁路；一般设置于地面横坡较陡的路肩地段
悬臂式挡土墙	由立臂板和底板组成，利用踵板上的填土重量及墙体自重共同抵抗土压力	适用于地面平坦、地基承载力较低的一般地区、地震地区，可用于浸水地区。一般设置于路堤边坡。墙高不宜大于 6 m
扶壁式挡土墙	抵抗土压力的机理与悬臂式挡土墙相同。不同的是在悬臂式挡土墙的纵向增加扶壁以减小立壁板的变形，以达到增大墙高的目的	适用于一般地区、浸水地区。不适用于地震地区。墙高不宜大于 10 m
槽型挡土墙	由钢筋混凝土底板和边墙组成，依靠自重、配重及抗拔桩抗浮	主要用于地下水丰富或地下水位较高的路堑或下穿地段
加筋土挡土墙	由墙面系、拉筋和填土组成。通过拉筋和填土间的摩阻力维持墙体的内部稳定；通过筋带和填土共同组成复合结构以自重抵抗土压力	适用于地面平坦、地基承载力较低的一般地区、地震地区。一般设置于路堤边坡
土钉墙	由土钉及墙面板组成。通过土钉与岩土间的摩阻力维持边坡的内部稳定；通过土钉和被加固岩土共同组成复合结构以自重抵抗土压力	适用于一般和地震地区。主要用于土质及破碎软弱岩质路堑边坡。一般和锚固桩联合使用
锚杆挡土墙	由墙面系和锚杆组成。通过锚杆抗拔力或拉力来维持稳定	适用于一般和地震地区。设置于岩质或土质路堑边坡
预应力锚索	采用高强度低松弛钢绞线制作，由锚固段、自由段及锚头组成。通过对锚索施加预应力维持边坡的稳定或改善结构受力状态	适用于一般和地震地区。锚固段应置于稳定地层中。常与桩、墙等组合使用
埋式桩	通过锚固段桩周岩土侧向抗力来抵抗悬臂段的土压力或滑坡下滑力	适用于一般、浸水和地震地区。设置于滑坡、路堤或路堑边坡
悬臂桩	由锚固桩和桩间挡土板组成	适用于一般、浸水和地震地区。设置于路堑和路堤边坡
桩基托梁挡土墙	由桩基、托梁及挡土墙组成	适用于地基承载力不满足要求的路堤地段
短卸荷板挡土墙	用以减小衡重式挡土墙下墙土压力，增加全墙抗倾覆稳定性的支挡结构	适用于一般地区地基承载力较高的路肩地段
预制拼装式生态挡土墙	墙面部分构件采用预制拼装式结构，并辅以绿化措施的支挡结构	适用于一般地区有景观要求的路堤和路肩地段
锚定板挡土墙	由墙面系、钢拉杆、锚定板和填土共同组成的支挡结构	适用于一般地区的路堤和路肩地段

续上表

结构类型	特　　点	适用范围
微型桩	由顶梁和微型桩组成，以抵抗滑坡推力或加固边坡的支挡结构	适用于滑坡抢险或边坡加固
垛式挡土墙	—	适用于一般地区对变形要求不高的路堤地段

几种常见的支挡结构示意图如图 11.9-1～图 11.9-10 所示。

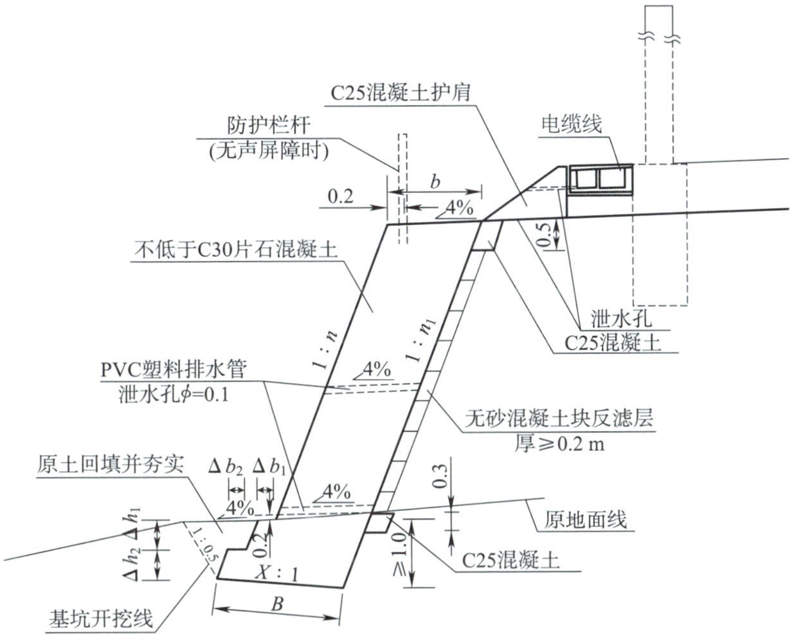

图 11.9-1　一般地区重力式路肩挡墙(单位:m)

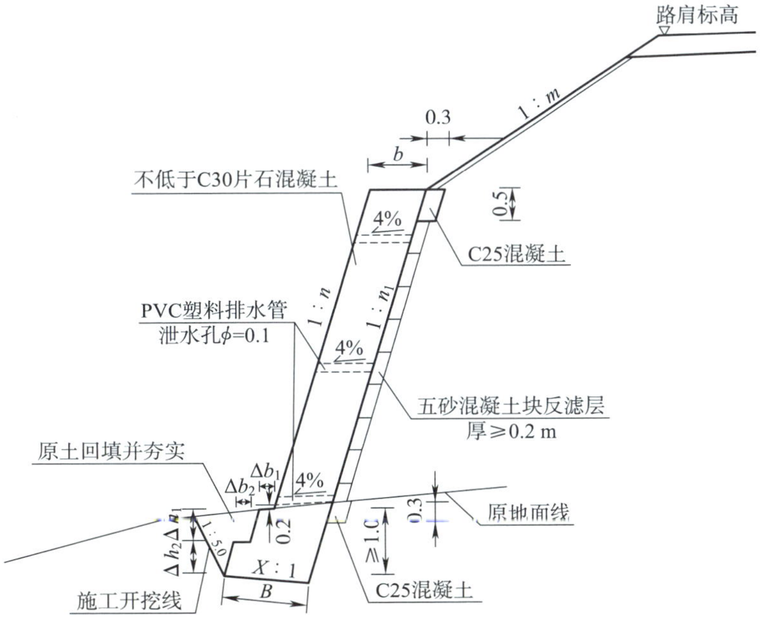

图 11.9-2　一般地区重力式路堤挡墙(单位:m)

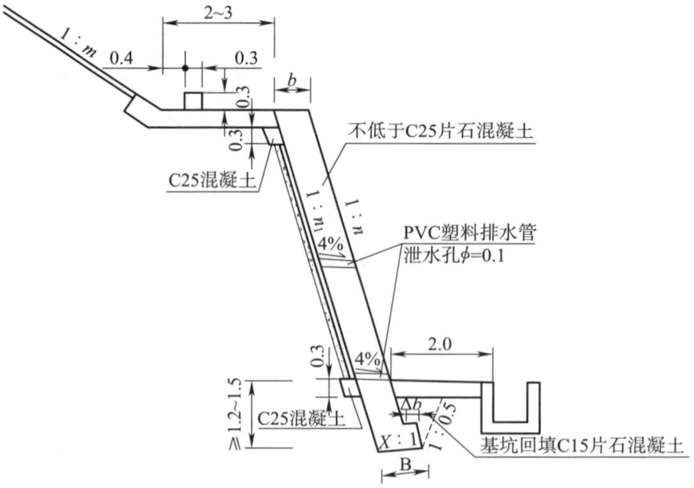

图 11.9-3　路堑挡墙(单位:m)

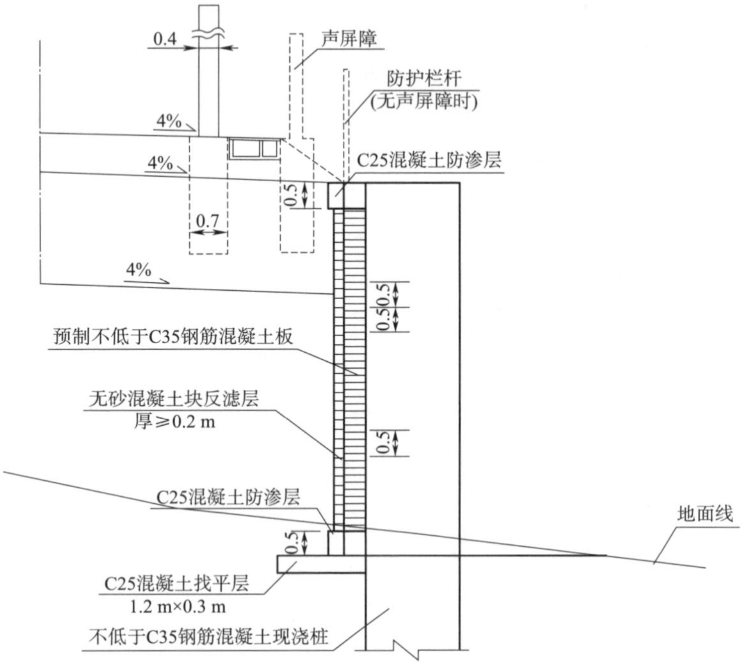

图 11.9-4　路肩式桩板墙(单位:m)

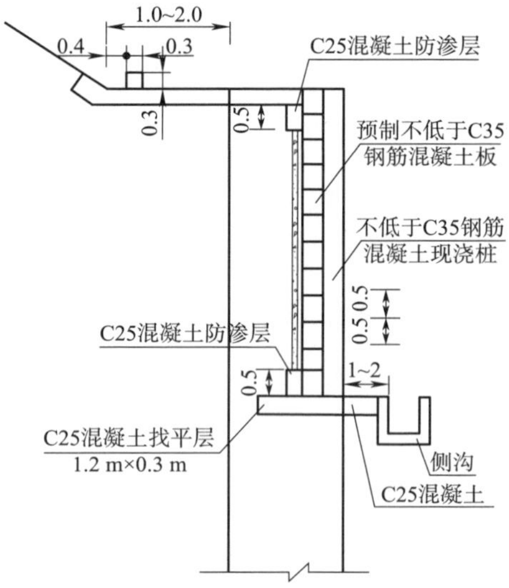

图 11.9-5　路堑桩板墙(单位:m)

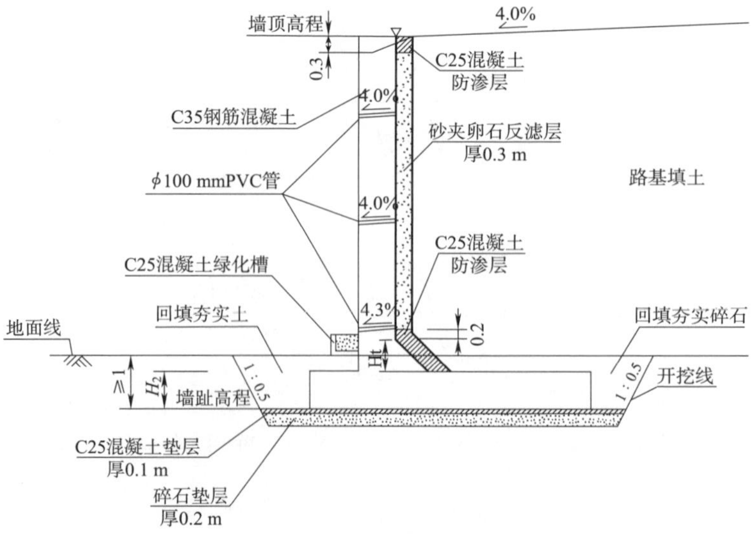

图 11.9-6　悬臂式挡土墙(路肩式,单位:m)

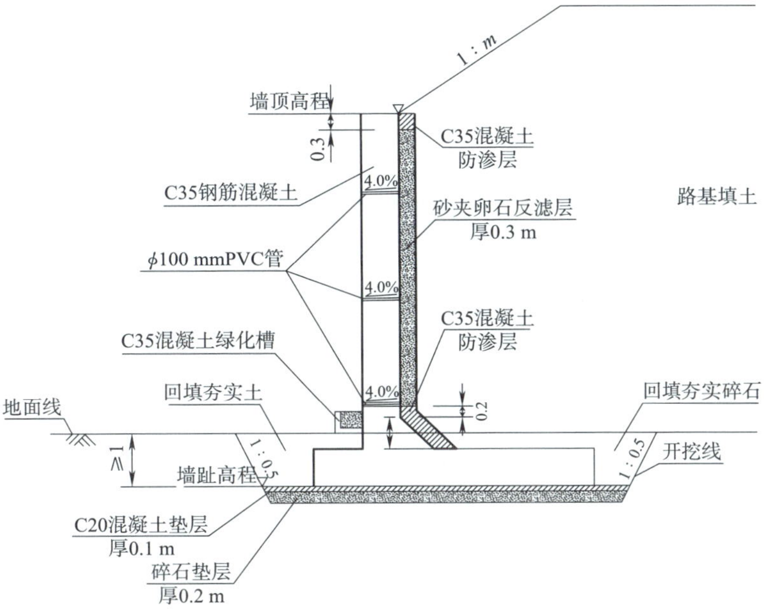

图 11.9-7　悬臂式挡土墙(路堤式,单位:m)

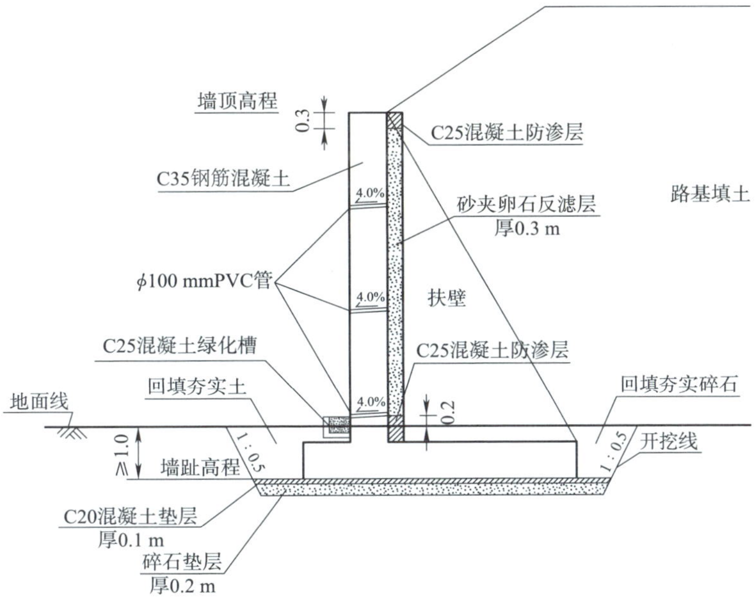

图 11.9-8　扶壁式挡土墙(单位:m)

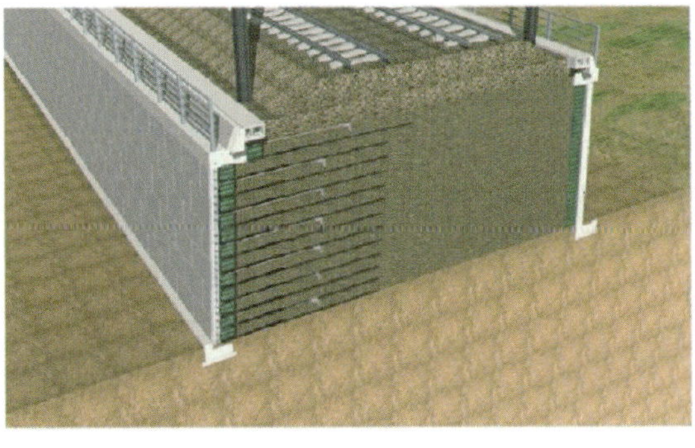

图 11.9-9　预制板+整体现浇组合面板包裹式加筋土挡土墙

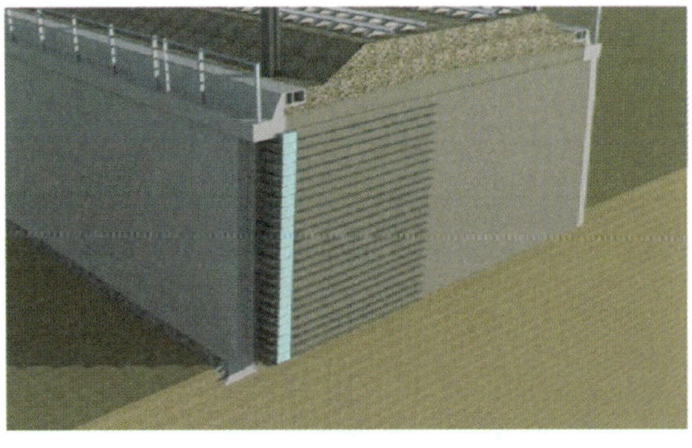

图 11.9-10　砌块式面板包裹式加筋土挡土墙

11.10 路基地基处理

路基地基处理的重点地段为地质不良地段和无砟轨道地段，例如U型槽、地面至高架的过渡段、车辆段(停车场)库内股道、试车线检查坑。其中，U型槽与地下结构接口处、地面线路基与高架桥台接口处为地基处理的重中之重。某地区早期某条地铁线U型槽采用无砟轨道与地下结构内轨道形式顺接，因只考虑了U型槽的抗浮设计对抗沉降，造成沉降超出扣件可调范围，严重影响了运营安全，不得已进行了大修改造，并规定本地区再建项目U型槽均采用有砟轨道。因轨道形式的不同，地下结构与U型槽在内槽宽度和底板高度均形成了错缝，属于治标未治本。

11.10.1 地基处理的基本原则

(1)地基处理措施应根据车辆和轨道类型、沉降控制标准、地质条件、环境、工期及造价等因素合理确定。

(2)构筑物分界处、地层变化较大的地段及不同地基处理措施连接处，应采取过渡措施，减少不均匀沉降。

(3)地基处理施工方法和工艺的选择应考虑振动、噪声、粉尘、泥浆等可能对环境产生的影响。

11.10.2 常见的地基处理措施

1. 换填垫层

换填垫层用于浅层软弱地基及不均匀地基的处理，常用砂砾石垫层、碎石垫层、灰土垫层、水泥土垫层。垫层内经常铺设土工合成材料加筋。一般地基路堤基底处理如图11.10-1所示。

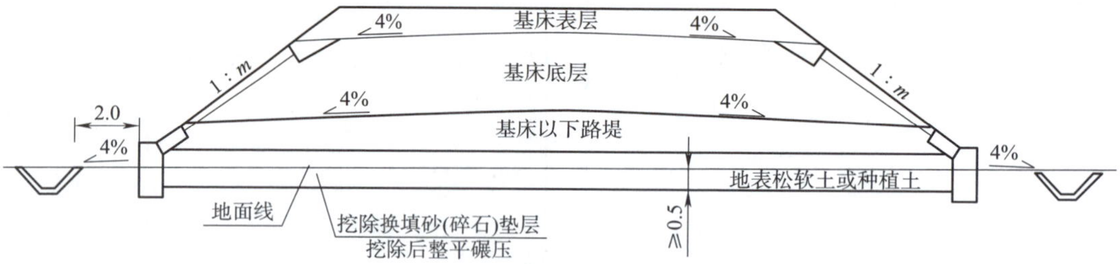

图11.10-1 一般地基路堤基底处理示意图(单位:m)

2. 冲击(振动)碾压

冲击(振动)碾压用于浅层碎石土、卵石土、砂土、低饱和度的粉土与黏性土、湿陷性黄土、素填土和杂填土的处理。冲击碾压处理深度不大于3 m，振动碾压处理深度不大于2 m，如图11.10-2所示。

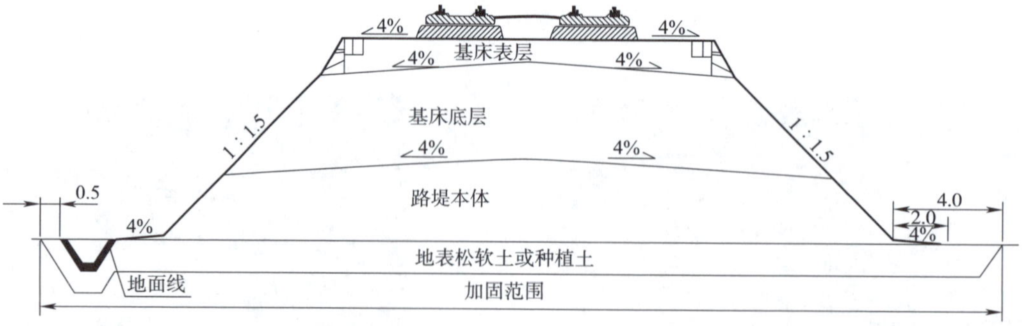

图11.10-2 路堤基底冲击碾压示意图(单位:m)

3. 强夯及强夯置换

强夯用于碎石土、砂土、低饱和度的粉土与黏性土、湿陷性黄土、素填土和杂填土的处理；强夯置换用于高饱和度粉土和软塑～流塑的黏性土的处理。强夯加固根据需处理的土层性质、深度来确定单击夯击能，如图 11.10-3 所示。强夯置换墩的深度应穿透软土层,到达硬土层上,如图 11.10-4 所示。邻近既有建筑物和居民区严禁采用强夯和强夯置换。

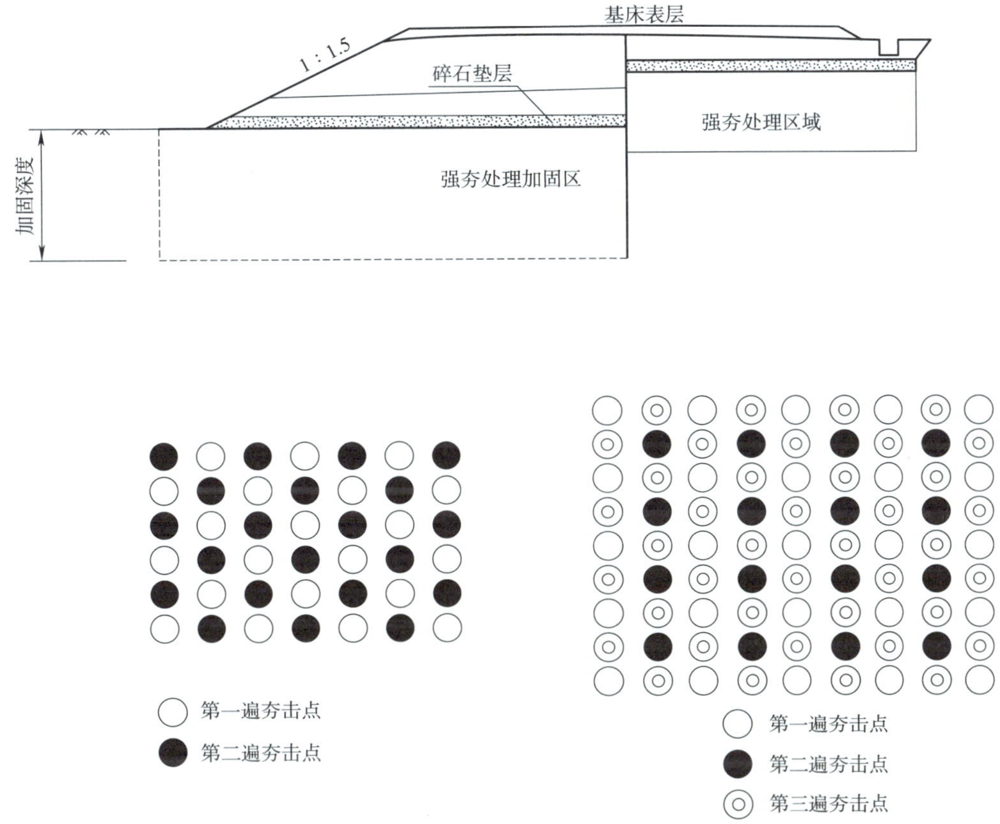

图 11.10-3 强夯加固示意图

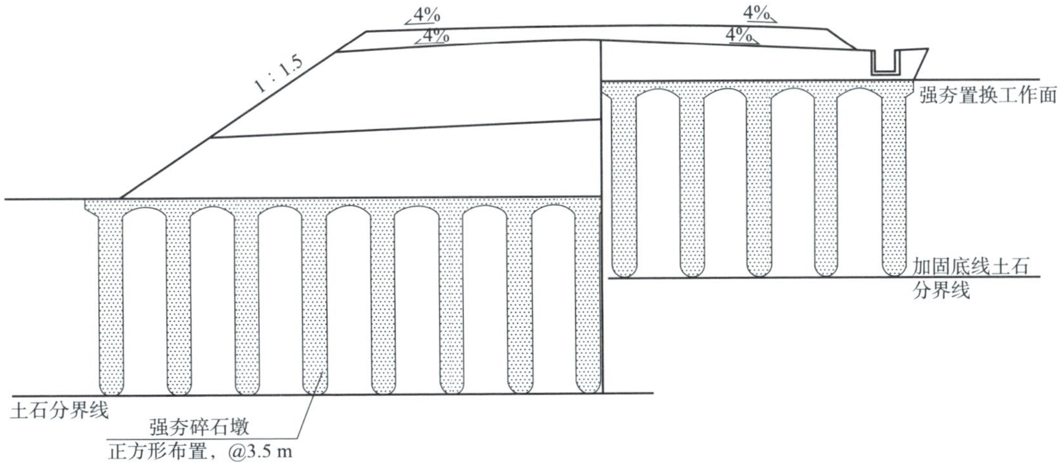

图 11.10-4 强夯置换夯点横断面布置示意图

4. 袋装砂井及塑料排水板

用于大面积场坪工程(例如车辆段、停车场)的淤泥质土、淤泥和冲填土等饱和黏性土地基的排水固结处理,不得用于区间正线(含出入段和出入场)的处理。袋装砂井及塑料排水板常用堆载预压、真空预压、堆载加真空联合预压的处理方法,最新技术为增压式直排真空预压法,如图 11.10-5 所示。

5. 散体材料桩复合地基

散体材料桩复合地基常用的桩型有碎石桩、挤密砂石桩、灰土(水泥土)挤密桩、柱锤冲扩桩等,桩顶须

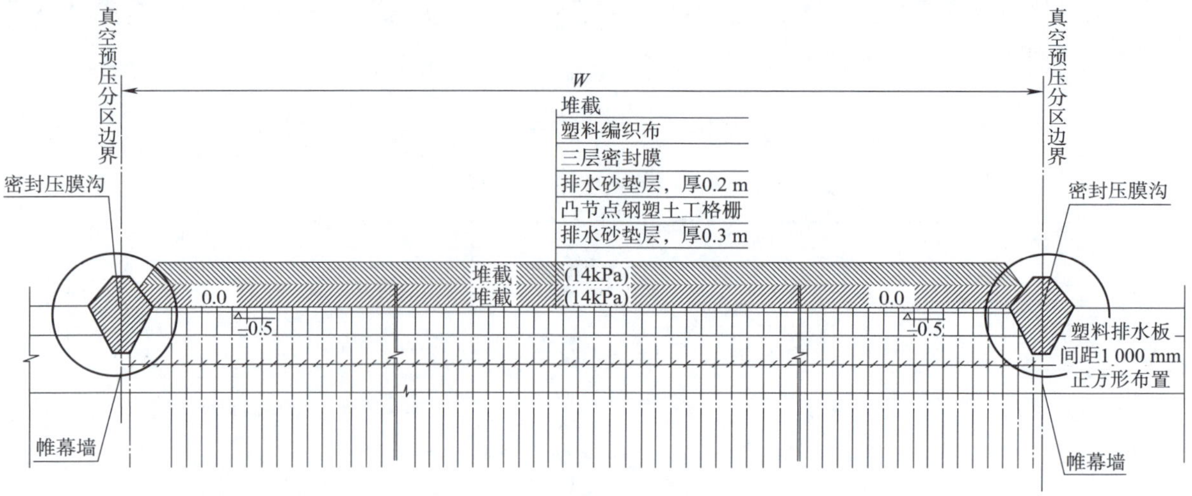

图 11.10-5　真空联合堆载预压示意图

铺设加筋垫层，如图 11.10-6 和图 11.10-7 所示。

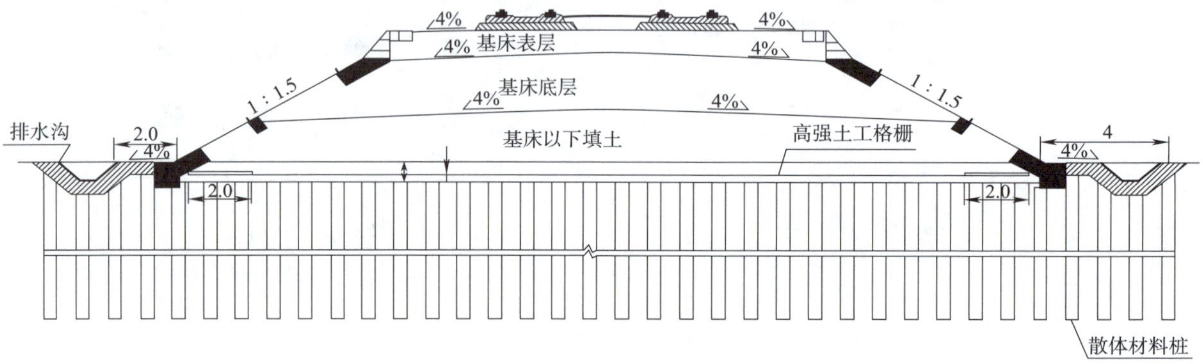

图 11.10-6　路堤基底散体材料桩加固横断面图（单位：m）

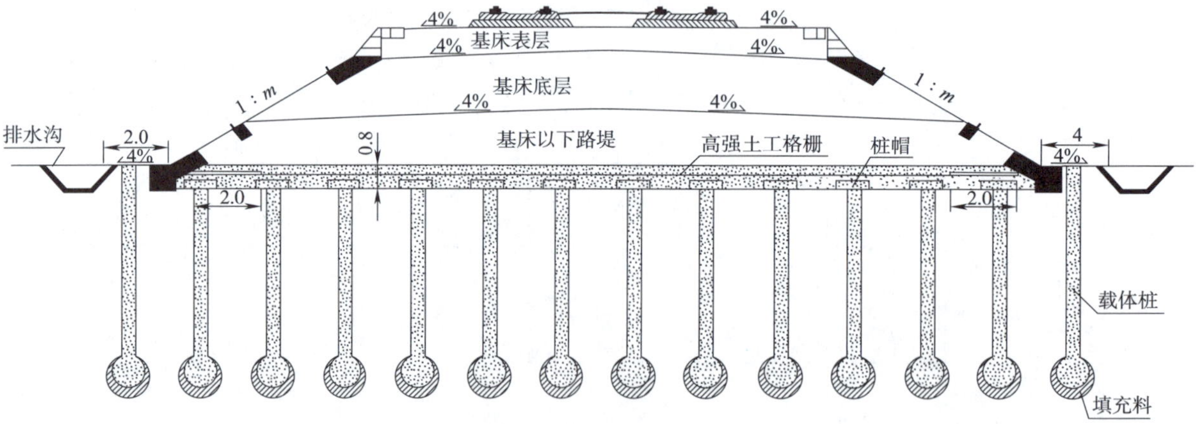

图 11.10-7　载体桩地基处理标准横断面图（单位：m）

碎石桩用于砂土、粉土、粉质黏土、松软土、素填土和杂填土，以及可液化地层的地基处理，不建议用于饱和黏性土的地基处理。

挤密砂石桩用于松散砂土及砾石土、粉土、素填土和杂填土，以及可液化地层的地基处理，不建议用于地下水位以下饱和松软土的地基处理。

灰土（水泥土）挤密桩用于地下水位以上的湿陷性黄土、素填土和杂填土的处理。以消除湿陷性为目的采用灰土挤密桩，以提高承载力控制沉降为目的采用水泥土挤密桩。

柱锤冲扩桩用于处理黄土、素填土和杂填土、粉土、黏性土的地基地理不建议用于饱和松软土的地基地理。

6. 柔性桩复合地基

柔性桩复合地基常用的几种桩型有水泥土搅拌桩、旋喷桩、水泥土搅拌桩衍生的双(多)向搅拌桩、双(三)轴搅拌桩、水泥砂浆桩、钉型桩等,桩顶须铺设加筋垫层,如图 11.10-8 和图 11.10-9 所示。

水泥土搅拌桩用于处理正常固结的淤泥、淤泥质土、粉土、饱和黄土、素填土、黏性土,以及无流动地下水的饱和松散砂土的处理。不建议用于泥炭土、有机质含量高的淤泥质土、塑性指数大于 25 的黏性土,以及夹有块石、卵石的地层。

旋喷桩用于处理淤泥、淤泥质土、黏性土、粉土、砂土、碎石土、黄土及人工填土等地基加固及防渗处理。个别施工机具受高度限制的地段也首选旋喷桩。不建议用于地下水流速过快和土中含有大粒径块石、大量植物根茎和有机质含量过大的地层。

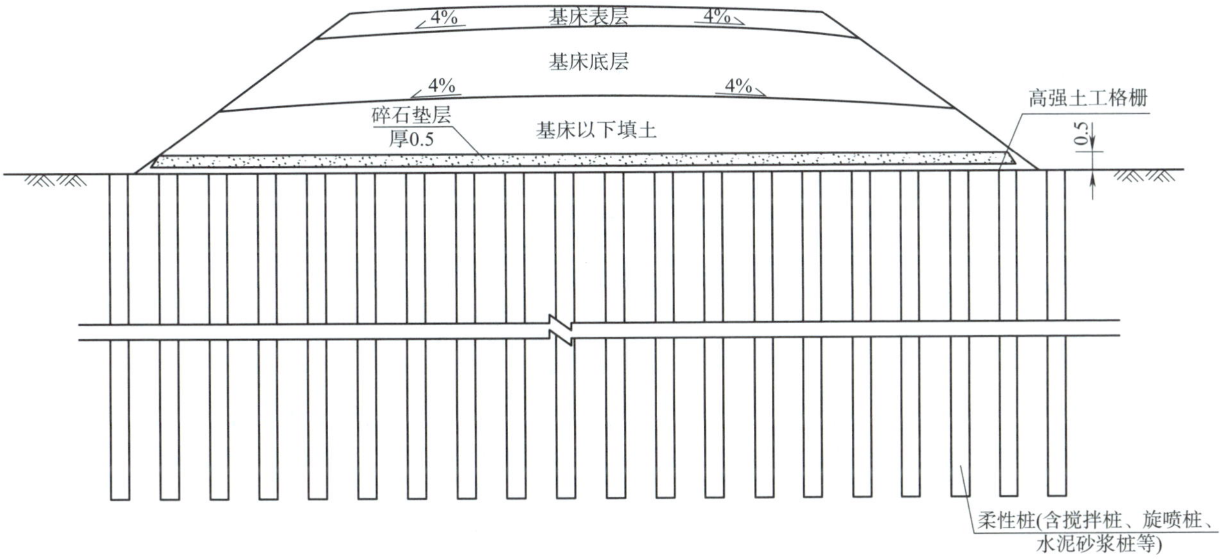

图 11.10-8 柔性桩地基加固横断面示意图(单位:m)

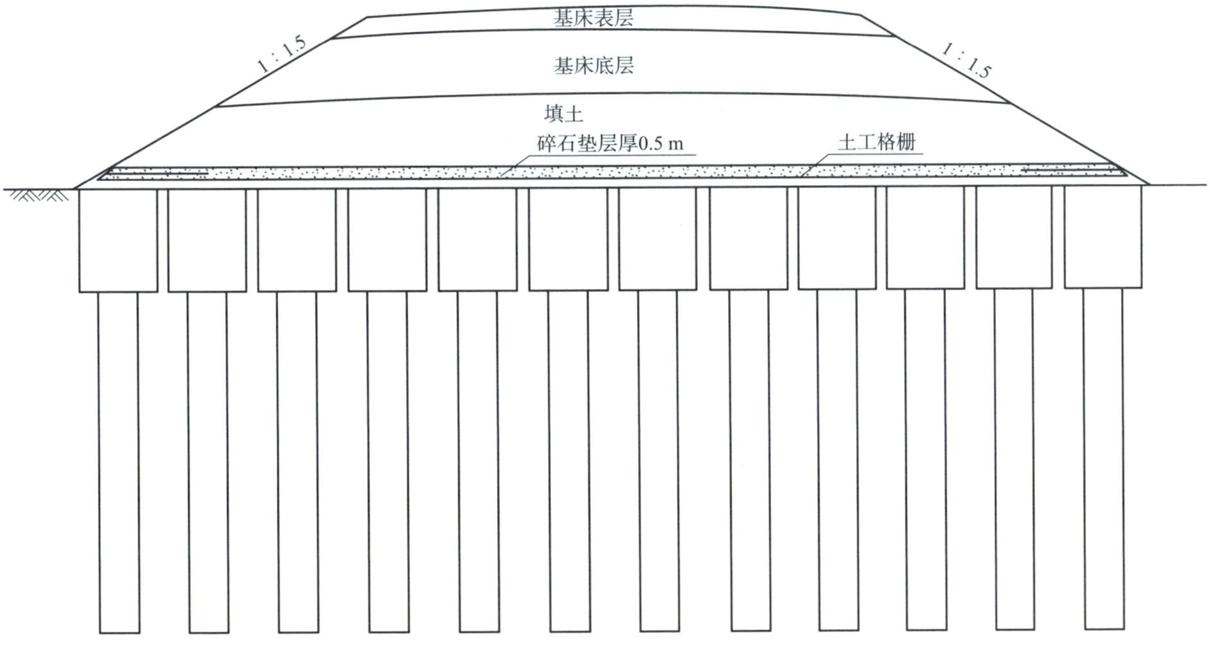

图 11.10-9 钉型桩地基处理断面图

7. 半刚性桩

半刚性桩常用的桩型有素混凝土桩和水泥粉煤灰碎石桩(简称 CFG 桩),以及 CFG 桩衍生的螺杆桩、螺纹桩，桩顶须设桩帽和加筋垫层，如图 11.10-10 所示。

素混凝土桩和 CFG 桩用于处理黏性土、粉土、砂土和已自重固结的素填土，不适用于淤泥、淤泥质土和泥炭土地基。对夹有块石或碎石、卵石层地基需经过现场试验确定。

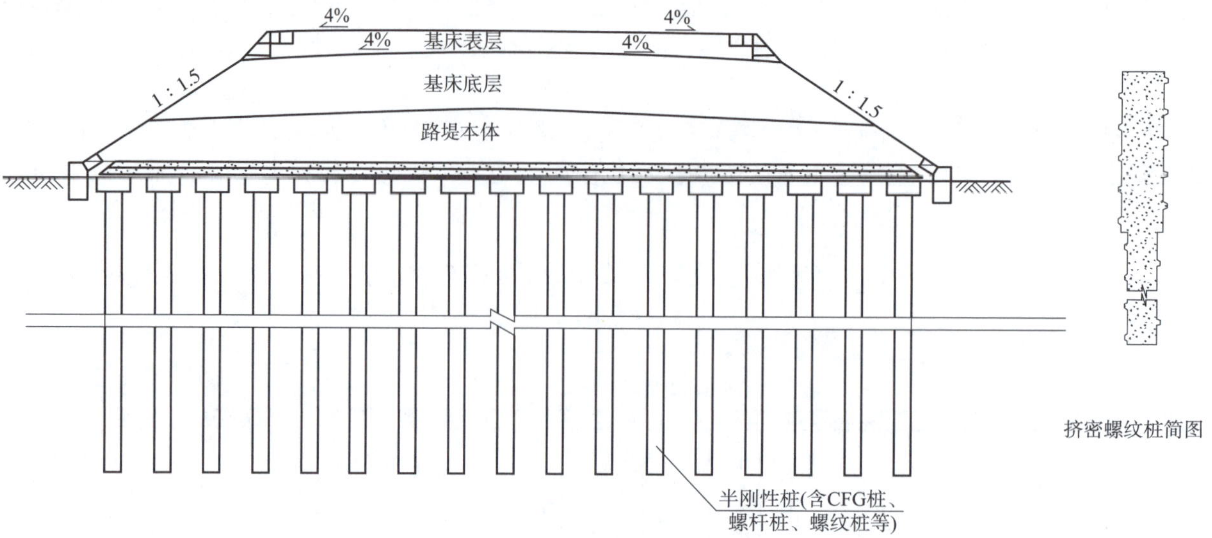

图 11.10-10　半刚性桩地基处理标准横断面图

8. 刚性桩

刚性桩常用的桩型有预应力管桩、预制方桩（很少用）、灌注桩。管桩加桩帽称为桩网结构，管桩加筏板称为桩筏结构，灌注桩加桩板称为桩板结构。桩网或桩筏结构用于基础变形控制严格的软弱地基加固，配合加筋垫层使用。桩板结构用于基础变形控制严格的深厚软弱地基、湿陷性黄土地基、桥隧间短路基、岩溶及采空区地基处理。

桩板结构形式分为桩加托梁加承载板、桩加承载板两种。桩板结构地基加固效果如图 11.10-11 所示。

图 11.10-11　桩板结构地基加固效果图

9. 注浆

注浆用于岩溶、人工坑洞的地基处理，也可用于地基处理后有缺陷的补强处理。

11.11　新型结构形式的探讨

线路由地下至地面或由地面至地下间的过渡形式，通常采用钢筋混凝土 U 型整体结构，简称 U 型槽。U 型槽通常与暗埋的矩形框架结构连接，因结构形式不同其受力分析也不同，导致结构尺寸不同，连接处不可避免地会出现错缝。因 U 型槽无顶板且边墙高度逐渐减小，接触网无处悬挂，需预埋接触网立柱基础，电缆支架因高度不足，需增设电缆槽。因此，U 型槽内部尺寸会加大，与暗埋段的矩形结构连接处错缝会加大。现处理方法为矩形结构至洞口处的一定范围内做成喇叭口与 U 型槽连接。矩形结构延伸至地面要想完全替代U型槽，首先需解决矩形结构顶部无覆土造成的土压力、浮力变化对结构的影响问题，解决方法可通过检算，合理设置抗拔桩或抗沉桩，与暗埋段矩形结构保持一致，最大限度地减少不均匀上浮或沉降。其次矩形结构较U型槽多了顶板、边墙高度也不会渐短，造成结构圬工数量增加，工程造价相应的会提高。因U型槽为悬臂结构，本身边墙和底板厚度要较矩形框架结构大。矩形结构出地面一定高度后，边墙和顶板可间隔状镂空，节省圬工数量，镂空处若嵌入钢化玻璃，还可起到雨篷的作用，缓解洞口处泵房的排水压力。另外光线也会由暗至明或由明至暗逐渐变化，增加旅客感受的舒适度。镂空处形状也可进行美观设计，与周围环境更加协调一致。由于结构形式和断面尺寸的无缝对接，解决了错缝问题，接触网悬挂和管线布置基本一致，无需变动。通常U型槽长度不会大于500 m，结构圬工数量不会差别太大。综合比较，矩形结构延伸至地面有一定的优势，值得推广。

地面至高架的路桥过渡段，通常做法是通过控制填料和压实度，以及提高地基加固措施来控制差异沉降，但毕竟路基是土工结构物，与高架的刚性结构物之间不可避免的会产生差异沉降。另外路基面和边坡组成的横剖面与连接处桥面宽度会出现宽度差，桥台需设椎体或端墙解决该问题，管线敷设需折角。城市轨道交通中路桥过渡段一般不会超过300 m，在工程造价提高有限的情况下，可考虑高桩板架空结构过渡，与桥台连接处的承载板与桥面等高且等宽，桥面系上构筑物可顺延至承载板，板下根据情况可设托梁或不设托梁，桩高出地面较多时设纵、横梁连接，增加结构的整体性和稳定性。路桥过渡段做到刚性过渡，彻底解决差异沉降问题，满足旅客的舒适度要求，减少养护维修工作量，且线型顺畅美观，管线敷设无需折角，减少占地，不影响地面横向排水，降低施工难度，避免了运土、填土对环境的影响，尤其在城市里具有极大的优越性，值得推广。

11.12 现行规范存在的问题及解决建议

现行《地铁设计规范》(GB 50157—2013)中的路基篇，是参考《铁路路基设计规范》(TB 10001—2005)中的部分条文编制的，规范中的某些条文还有“按《铁路路基设计规范》(TB 10001)中的规定执行”等文字。另外没有按车型、行车速度等细分路基基床、本体的填料要求和压实要求，也没有按正线路基和场段路基细分路基基床厚度等关键数据。作为城市轨道交通路基设计的依据，显得很粗糙。《铁路路基设计规范》(TB 10001—2016)中的路基设计关键数据，如：路基面宽度、基床厚度、填料要求及压实度要求，是按客货共线非电气化铁路(Ⅰ、Ⅱ级铁路)、客货共线电气化铁路(Ⅰ、Ⅱ级铁路)、高速铁路、城际铁路、重载铁路等不同用途的铁路类型按行车速度分别规定，其中高速铁路和城际铁路进一步区分为有砟轨道和无砟轨道。填料划分也从传统的A、B、C、D组，细分为A1、A2、B1、B2、B3、C1、C2、C3、D1、D2组。以作废的《铁路路基设计规范》(TB 10001—2005)作为编写依据的《地铁设计规范》(GB 50157—2013)路基篇，显然不能作为城市轨道交通中路基设计的依据，而地方标准的城市轨道交通设计规范中，各地方路基篇的差别较大，因此城市轨道交通路基设计中，出现了无据可依的现象。

鉴于城市轨道交通的特殊性，以及无切实可行的行业标准规范的现状，对于路基基床厚度、填料要求及压实度要求等关键数据，区间正线路基可暂借鉴《铁路路基设计规范》(TB 10001—2016)城际铁路中设计速度不大于120 km/h的相关规定，并按不同轨道类型(有砟、无砟)分别对应。场段路基可暂借鉴《Ⅲ、Ⅳ级铁路设计规范》(GB 50012—2012)中Ⅲ级铁路的相关规定，在此基础上，按车型、设计行车速度修改完善《地铁设计规范》(GB 50157—2013)中的路基篇。

当行车速度在120～160 km/h时，可参照《市域快速轨道交通设计规范》(T/CCES 2—2017)中的相关规定执行。

本章参考文献

[1] 地铁设计规范：GB 50157—2013[S]. 北京：中国建筑工业出版社，2013.
[2] 市域快速轨道交通设计规范：T/CCES 2—2017[S]. 北京：中国建筑工业出版社，2017.
[3] 铁路路基设计规范：TB 10001—2017[S]. 北京：中国铁道出版社，2017.

[4] 铁路车站及枢纽设计规范：TB 10099—2017[S]. 北京：中国铁道出版社，2017.
[5] 铁路路基支挡结构设计规范：TB 10025—2000[S]. 北京：中国铁道出版社，2009.
[6] 铁路特殊路基设计规范：TB 10035—2018[S]. 北京：中国铁道出版社，2018.
[7] 铁路工程地基处理技术规程：TB 10106—2010[S]. 北京：中国铁道出版社，2010.
[8] 铁路工程抗震设计规范：GB 50111—2006[S]. 北京：中国计划出版社，2009.
[9] 混凝土结构耐久性设计规范：GB/T 50476—2008[S]. 北京：中国建筑工业出版社，2008.
[10] 铁路混凝土结构耐久性设计规范：TB 10005—2010[S]. 北京：中国铁道出版社，2011.
[11] 建筑边坡工程技术规范：GB 50330—2013[S]. 北京：中国建筑工业出版社，2014.
[12] 建筑地基基础设计规范：GB 50007—2011[S]. 北京：中国计划出版社，2011.
[13] 建筑抗震设计规范：GB 50011—2010[S]. 北京：中国建筑工业出版社，2010.
[14] 建筑地基处理技术规范：JGJ 79—2012[S]. 北京：中国建筑工业出版社，2013.

12 轨　　道

12.1 概　　述

12.1.1 轨道特点及类型

1. 轨道特点

城市轨道交通(以下简称"城轨交通")轨道应满足的运营功能需要,具有足够的强度、刚度和稳定性,轨道结构设计应符合少维修的原则。

城轨交通中地铁是大运量的轨道运输系统,轻轨是中运量的轨道运输系统,运行速度为中低速,地铁与轻轨列车旅行速度一般在 35 km/h 及以下,设计最高运行速度为 80 km/h 或者 100 km/h,城轨交通轨道特点应根据其运营需要确定。

2. 轨道类型

城轨交通轨道类型如下:

(1)按其功能属性分为正线轨道、配线轨道和场段轨道。

(2)按其敷设方式分为地下线路轨道、过渡段线路轨道、高架线路轨道和地面线路轨道。

(3)按其道床形式分为整体道床轨道、碎石道床轨道、减振结构轨道、弹性过渡段轨道等。

12.1.2 轨道组成及功能

城轨交通的轨道与国家铁路轨道组成及功能基本一致。轨道由钢轨及配件、轨枕、扣件、道床、道岔及加强设备等主要部件组成。轨道的功能是引导车辆的运行,直接承受由车轮传来的动荷载,并把它传递给路基或桥隧建筑物。轨道是指路基面或者是桥隧建筑物基底面以上的部分。

钢轨(或者道岔)用于引导车辆的行驶,并将所承受的荷载均匀传递于轨枕。轨枕一般横向铺设在钢轨下的道床,承受来自钢轨(或者道岔)的压力,使之均匀分布于道床结构,同时利用扣件保持轨道的几何形位。道床是轨枕的基础,能将荷载传布于路基(或者桥隧建筑物)上,阻止轨排位移,保证轨道的弹性和稳定性,此外还可实现减振、排水、缓冲等功能。

12.2 轨道结构

12.2.1 轨道设计的基本原则

轨道是城轨交通运营设备的基础,直接承受列车荷载,并引导列车运行,因此轨道设计应符合以下主要原则:

(1)轨道结构应具有足够的强度、稳定性、耐久性及适量的弹性,以确保列车运行平稳、快捷、安全、舒适,并尽量减少养护维修工作量和延长使用寿命。

(2)轨道结构应根据环境保护对沿线不同地段的减振降噪要求,采用相应级别的减振轨道结构。

(3)轨道结构在满足以上功能的前提下,要求结构简单,部件种类精简,具有通用性和互换性,降低造价。

(4)钢轨是运行列车牵引用电回流电路,轨道结构应满足绝缘要求,以减少泄漏电流对结构、设备的腐蚀。

(5)轨道结构应采用先进和成熟、经过有资质部门鉴定通过的部件,使其技术先进、适用。

(6)采用先进的施工方法,确保施工质量和施工周期。

(7)考虑检测、养护维修的需要，配备必要的设备和备品、备件。

12.2.2 钢轨及配件

1. 钢轨选型

钢轨是轨道结构中的主要部件。它直接承受列车荷载，在列车动荷载作用下，钢轨产生弹性挠曲变形，因此钢轨应有足够的承载力、抗弯强度、断裂韧性及稳定性、耐磨性、抗腐蚀性。

目前国内城轨交通正线、配线、出入线及试车线一般均采用 60 kg/m U75V 热轧钢轨（北京市采用 60 kg/m U71Mn 热轧钢轨），车场线采用 50 kg/m U71Mn 钢轨。出入线 60 kg/m 钢轨与车场线 50 kg/m 钢轨用 60-50 异型轨连接。钢轨采用 1∶40 的轨底坡，在无轨底坡的两道岔间不足 50 m 地段，不宜设置轨底坡。钢轨生产车间如图 12.2-1 所示。

图 12.2-1　钢轨生产车间

2. 钢轨接头连接零件

(1)一般钢轨接头

一般钢轨接头配件由接头夹板、接头螺栓、螺母及垫圈组成。50 kg/m 和 60 kg/m 钢轨采用 10.9 级高强度接头螺栓、10 级高强度接头螺母和弹簧垫圈。无缝线路伸缩区的钢轨接头加设高强度平垫圈。

(2)特种钢轨接头

特种钢轨接头根据功能需要有异型接头、导电接头、绝缘接头、冻结接头、伸缩接头（即钢轨伸缩调节器）等，还有无缝线路（钢轨损伤用鼓包夹板）临时接头、减振接头等，如图 12.2-2～图 12.2-5 所示。

图 12.2-2　一般钢轨接头（导电接头）

图 12.2-3　异型钢轨接头

图 12.2-4　钢轨绝缘接头

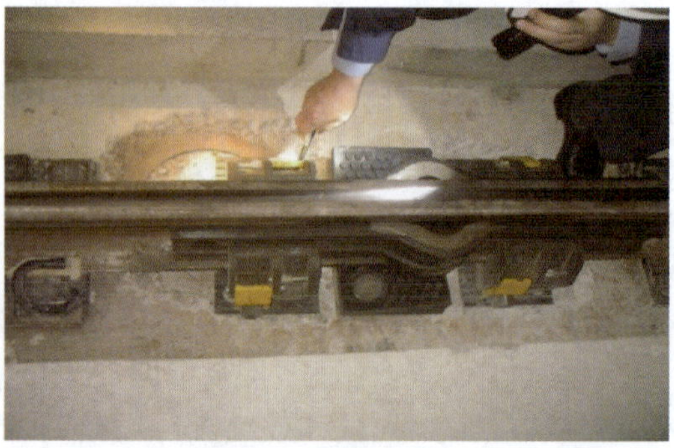

图 12.2-5　无缝线路临时接头

12.2.3 扣件、轨枕及道床

1. 扣件

扣件的作用是将钢轨固定在正确位置，阻止钢轨的纵向和横向位移，防止钢轨倾翻，提供适量的弹性和调整量，并将钢轨所受的作用力均匀传递给轨枕或道床。

(1)主要设计原则

1)扣件应有足够的强度，以抵抗钢轨的纵向力和横向力，其承受横向力不小于 40 kN，抗拔力不小于 60 kN，每组扣件防爬力不小于 8 kN。

2)扣件应具有较好的弹性，以减少列车荷载的冲击，使钢轨承受的荷载能均匀地传递到道床上，减振要求一般地段扣件节点垂直静刚度一般在 30～50 kN/mm。

3)扣件应具有良好的扣压力，每组扣件扣压力应大于 12 kN。同时，还应有满足实际需要的轨距和高低调整量。

4)扣件应具有良好的绝缘性能，以减少杂散电流泄漏。其绝缘部件的工作电阻应大于 100 MΩ。

5)扣件应尽量标准化，结构简单易铺设及维修。

6)扣件金属部件应做好防腐处理。

7)一座城市的城轨交通采用的扣件应尽量统一，以便于维修和管理。

(2)扣件类型

我国已建和在建城轨交通铺设的扣件，类型较多，除天津地铁 1 号线(原既有段西站站至新华路段，目前已拆除改建)曾铺设刚性扣板式扣件外，其他均铺设弹性扣件。城市轨道交通扣件，基本上是在国铁弹条扣件基础上设计的。扣件除刚性、弹性之分外，大致可分为有挡肩、无挡肩，分开式、不分开式，有 T 形螺栓、无 T 形螺栓几大类型。

城轨交通地下线常用扣件主要有 DTⅢ2 型扣件、DTⅥ2 型扣件、单趾弹条扣件、TSD1 扣件、ZX-2 扣件等。高架线常用扣件有 WJ-2A 型扣件、DTⅦ2 型扣件、TSG1 型扣件等。以上扣件都是专门为地铁研制的专用扣件，各有优缺点，并不断优化更新，均可采用，如图 12.2-6～图 12.2-11 所示。地面线常用扣件主要为国铁弹条Ⅰ型及弹条Ⅱ型扣件。

图 12.2-6 DTⅢ2 型扣件

图 12.2-7 DTⅥ2 型扣件

图 12.2-8 DTⅦ2 型扣件

图 12.2-9 弹条Ⅰ型扣件

图 12.2-10　ZX-2 型扣件

图 12.2-11　WJ-2A 型扣件

2. 轨枕及道床

道床形式主要有整体道床和碎石道床两大类型。整体道床具有线路平顺、稳定性好、整体性强、表面整洁美观等优点，与碎石道床相比，可减少维修工作量 50%～70%。在地下线路使用整体道床能减少隧道净空，改善维修人员劳动条件，以适应城轨交通维修作业时间短的特点。发生事故时，也可作为疏散乘客的临时通道。因此，地下线路及高架线路一般均采用整体道床，地面线路采用碎石道床。车场线采用混凝土枕碎石道床，车场库内线采用整体道床。各种道床形式如图 12.2-12～图 12.2-16 所示。

图 12.2-12　地下线整体道床

图 12.2-13　高架线整体道床

图 12.2-14　地面线碎石道床

图 12.2-15　车场线混凝土枕碎石道床

3. 整体道床与碎石道床过渡段

整体道床与碎石道床相连接时，由于整体道床刚性大，为提供刚度连续的承载基础，需设置弹性过渡段，长度不宜小于车辆的全轴距，以保证列车平稳运行。过渡段一般采用道砟逐渐加厚的方法，确保碎石道

图 12.2-16 立柱式检查坑整体道床

床边坡稳定性，如图 12.2-17 所示。不同减振地段间的过渡方式和长度应根据计算确定。

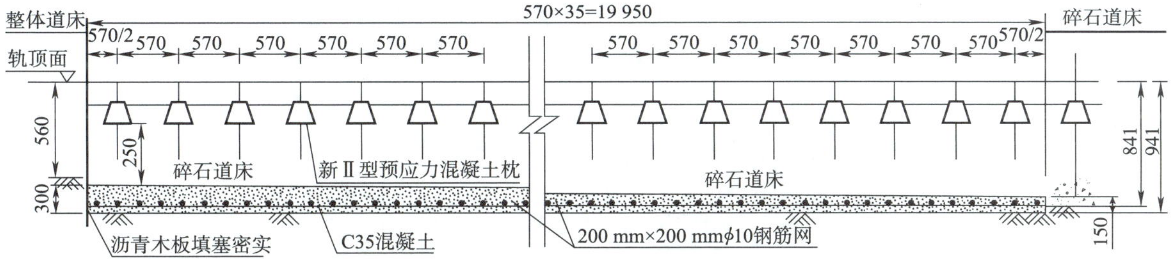

图 12.2-17 整体道床与碎石道床过渡段(单位:mm)

12.2.4 道岔及道床

1. 道岔形式及结构特点

(1)道岔功能及组成

机车车辆由一条线路进入或穿越另一条线路均依靠道岔来实现，城轨交通运营线路在正线及配线、试车线、车辆出入段、出入检修库等，均需设置道岔。道岔主要由转辙器、辙叉、护轨和连接部分组成。

(2)道岔的分类

城轨交通常用的有单开道岔、对称道岔、三开道岔、交叉渡线等。

(3)道岔号数

正线及配线上采用的道岔不得小于 9 号，车场线采用的道岔不得大于 7 号。

(4)尖轨类型选择

单开道岔有曲线尖轨和直线尖轨两种结构形式。

直线尖轨长度较短，跟端为间隔铁式活接头，冲击角大，列车进入道岔平顺性差。因尖轨较短且扳动灵活，需要一台转辙机，尖轨磨耗较曲线尖轨小。

曲线尖轨单开道岔尖轨根端坚固稳定，冲击角小，列车侧向通过动能损失少，进入道岔平顺性好。因尖轨较长又为固定接头，需要两台转辙机。

考虑到曲线尖轨具有侧向通过速度大，曲线尖轨冲击角小，侧向通过动能损失少，列车进入道岔平顺性好等特点，目前国内城轨设计速度 100 km/h 及以下的正线、配线均采用道岔 60 kg/m 钢轨 9 号曲线尖轨单开道岔及交叉渡线，如图 12.2-18 和图 12.2-19 所示。车场线采用 50 kg/m 钢轨 7 号单开道岔及交叉渡线，如图 12.2-20 所示。

2. 岔枕及道床

目前国内已开发钢筋桁架式的混凝土长岔枕，采用较小的预应力，通过钢筋桁架与道床实现牢固的连接，现场浇筑道岔道床，道岔组装速度快，施工方便。道岔道床混凝土等级与正线一致。

地面线路道岔采用混凝土岔枕碎石道床，道床铺设标准同正线。

图 12.2-18　地下线 9 号单开道岔

图 12.2-19　高架线 9 号单开道岔

图 12.2-20　车场线 7 号单开道岔

车场线路道岔采用混凝土岔枕碎石道床，道床铺设标准同车场线。

12.3　轨道减振结构

12.3.1　轨道振动的来源、传播及控制

1. 轨道振动的来源

城轨交通在列车运行时引起振动与噪声主要来自三个方面：

(1)是列车的轰鸣声和受电弓与接触网(受电刷与接触轨)的摩擦声。

(2)是列车产生的气流噪声。

(3)是轮轨间相互撞击所产生的振动与噪声。

轮轨振动的强弱主要取决于轮轨磨耗情况、轮轨破损程度、线路的几何状态、轨道结构稳定性诸方面因素。振动传播方式主要是由钢轨通过扣件和道床传递到隧道或高架结构，并由该结构传向大地，引发隧道或高架结构附近地面建筑物的振动。影响建筑物振动的因素有很多，包括车辆特性、轨道结构、隧道或高架结构、地质条件、建筑物本身结构等级及基础埋深等。

2. 轨道振动的传播及控制

振动与噪声是密切相关的，往往控制了振动的同时也治理了噪声，反之亦然。振动与噪声应从以下三方面进行控制：

(1)减弱或消除振动起源来削减振动。

(2)在传播过程中采用吸收或隔振措施，以削弱达到接受体的振动强度。

(3)接受体采取减振措施，减少对接受体的危害。

12.3.2　轨道减振设计原则及设计方法

1. 轨道减振设计原则

(1)以国家环保规范为准则

城市轨道交通在列车运行时引起环境振动影响应满足国家标准《城市区域环境振动标准》(GB 10070—1988)规定，详见表 12.3-1。其超标地段应采取减振措施以满足国家环保要求。

表 12.3-1 城市各类区域环境振动标准值 VLZ(dB)

类 别	适用地带范围	昼 间	夜 间
1	特殊住宅区	65	65
2	居民、文教区	70	67
3	混合区、商业中心区	75	72
4	工业集中区	75	72
5	交通干线道路两侧	75	72
6	铁路干线两侧	80	80

(2)以本工程《环境影响报告书》要求为依据

国家环保部门对本工程沿线振动敏感点进行环境振动现状调查、监测与评价，城市轨道交通在运营后引起环境振动影响加以预测，并对沿线振动超过国家环保标准地段及超标值提出要求。《环境影响报告书》经国家有关部门审批后，才可作为轨道减振设计的依据。

2. 轨道减振设计方法

《地铁设计规范》(GB 50157—2013)7.6 节减振轨道结构中，将减振轨道结构划分为三个等级，即中等减振、高等减振、特殊减振。

(1)中等减振轨道结构：减振扣件整体道床，如 GJ-Ⅲ扣件、LORD 扣件等，如图 12.3-1 和图 12.3-2 所示。

(2)高等减振轨道结构：线路中心距离住宅区、宾馆、机关等建筑物小于 20 m 及穿越地段，即在一般减振轨道结构的基础上，采用梯形轨枕、隔离式减振垫浮置板或者固体阻尼弹簧浮置板轨道结构，如图 12.3-3～图 12.3-5 所示。

(3)特殊减振轨道结构：线路中心距离医院、学校、音乐厅、精密仪器厂、文物保护和高级宾馆等建筑物小于 20 m 及穿越地段，即在一般减振轨道结构的基础上，采用浮置板整体道床或其他特殊减振轨道结构形式。

另外，减振轨道结构全线尽量统一结构形式，采用成熟、先进的技术和施工工艺，满足施工和维修工作量少且方便更换维修等需要。

图 12.3-1 GJ-Ⅲ扣件

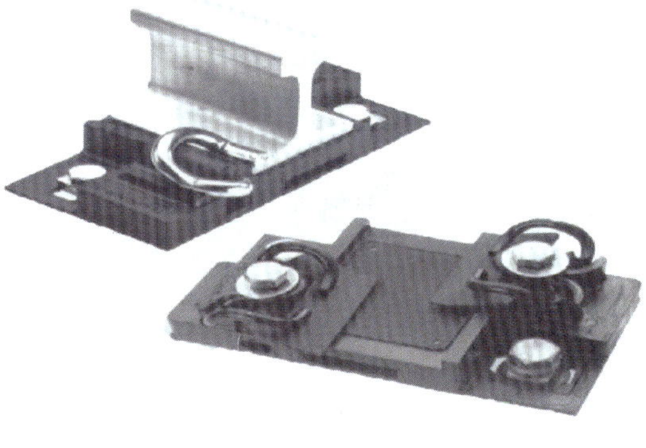

图 12.3-2 LORD 扣件

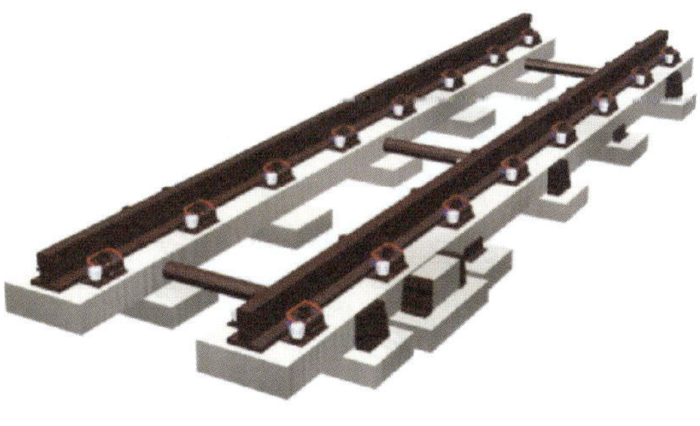

图 12.3-3 梯形轨枕轨道

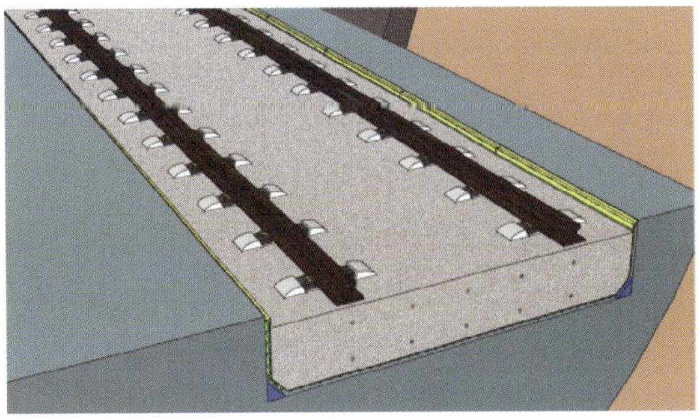

图 12.3-4 隔离式减振垫浮置板

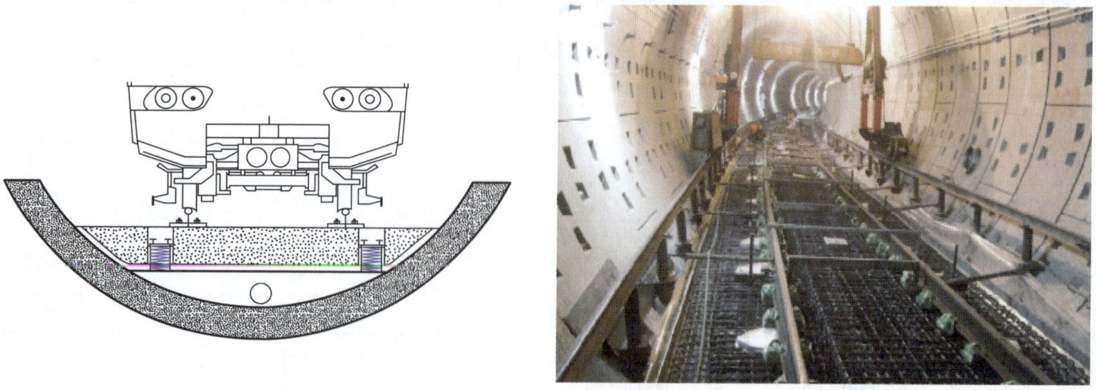

图 12.3-5　浮置板结构

12.4　无缝线路设计

12.4.1　无缝线路概述

钢轨接头是轨道三大薄弱环节之一，采用无缝线路可最大限度地消除钢轨接头，减少列车对轨道的冲击和振动作用。无缝线路具有行车平稳、延长设备使用寿命、减少维修工作量、降低维修费用、增加旅客舒适度等优点。

12.4.2　无缝线路设计

1. 无缝线路设计原则

(1)厂焊或基地焊采用接触焊，工地联合接头可采用移动式气压焊或铝热焊。

(2)单元轨节长度应根据线路条件、施工工艺和运输设备等因素综合考虑，一般取 1 000～1 500 m，不小于 200 m。

(3)相邻单元轨节间的锁定轨温差不应小于 5 ℃，同一区间内单元轨节的最高与最低锁定轨温差不应大于 10 ℃。左右两股钢轨锁定轨温差不大于 3 ℃。

2. 锁定轨温确定

设计无缝线路时，锁定轨温是决定钢轨温度应力水平的基准，应在保证轨道稳定性的条件下，力求减小钢轨内的温度应力，以满足轨道强度的要求。

3. 无缝线路设计要求

无缝线路可以最大程度地消除钢轨接头，增加轨道的平顺性，降低车轮动载对钢轨和道床的冲击作用，延长各轨道部件的使用寿命，减少养护维修工作量，节约养护维修费用，提高乘车的舒适度。

地下线直线、半径不小于 300 m 的曲线整体道床地段，高架直线及半径不小于 400 m 的整体道床地段，以及半径不小于 600 m 的曲线碎石道床地段应铺设温度应力式无缝线路。

12.4.3　无缝线路观测桩

普通无缝线路，每段设位移观测桩 5～7 对。固定区较长时，适当增加对数，保持桩间距离不大于 500 m。一般固定区中间点设 1 对，伸缩区始终点各 1 对，其余设置在固定区。

多个单元轨节焊联地段无缝线路，单元轨条长度大于 1 200 m 时，设置 7 对位移观测桩，分别在单元轨条起讫点、距单元轨条起讫点 100 m 及 400 m 和单元轨条中点各设置 1 对；单元轨条长度不大于 1 200 m 时，分别在单元轨条起讫点、距单元轨条起讫点 100 m 及 400 m 各设置 1 对位移观测桩。

12.5 轨道附属设备

12.5.1 车　　挡

为了保证运营安全，城轨交通各种线路的终端必须设置止挡设备。

正线、配线和试车线的末端一般采用液压缓冲滑动式车挡，车场库外线一般采用固定液压式车挡，库内线一般采用摩擦式车轮挡，分别如图 12.5-1～图 12.5-3 所示。

图 12.5-1　液压缓冲滑动式车挡

图 12.5-2　固定液压式车挡

图 12.5-3　摩擦式车轮挡

12.5.2 钢轨涂油设备

机车车辆在曲线上行驶时，导向轮（动轴外轮）往往存在两点接触，除踏面接触外，外轮缘与外轨的轨距线相互贴靠，导向轮就在这一点上冲击钢轨，钢轨也在该点产生对车轮的导向力。同时，轮轨接触点上的轮对运行方向与轨距线的切线方向形成一个冲角。轮轨之间导向力和冲角是曲线钢轨侧磨的主要原因。当轮轨之间存在有导向力时，轮缘与钢轨轨头侧面接触点上的压强很大。当压强超过钢轨的屈服应力，接触点顶部就发生塑性变形，同时车轮滚动，轮缘在钢轨轨头侧面产生滑动，形成了钢轨轨头侧面的磨耗。在轮缘与钢轨轨头侧面之间实施润滑，可以减缓曲线钢轨侧面磨耗。减磨效果取决于附着在钢轨侧面上润滑膜的附着能力、长效性和摩擦系数的大小。因此，推荐在小半径曲线上加装钢轨涂油器。

12.5.3 护　　轨

为防止列车在高架桥上脱轨倾覆和影响另一条线正常运营，高架桥上一定位置须设置防脱护轨。这种护轨在车轮万一爬轨时能使车轮复位，防止车轮脱轨。该护轨安装在钢轨内侧，与轨底联结，安装简便，如

图 12.5-4 所示。

高架桥线路在下列地段或全桥范围应设置防脱护轨：

(1)半径不大于 500 m 的曲线圆缓(缓圆)点两侧，其缓和曲线部分不小于缓和曲线长的一半并不小于 20 m、圆曲线部分 20 m 范围内，曲线下股钢轨旁。

(2)高架桥跨越城市干道、铁路及通航航道等重要地段，以及列车意外撞击时易产生结构性破坏的高架桥地段及其以外各 20 m 范围内，在靠近双线高架桥中线侧的钢轨旁。

(3)竖曲线与缓和曲线重叠处，竖曲线范围内两根钢轨旁。

(4)防脱护轨应设置在钢轨内侧。

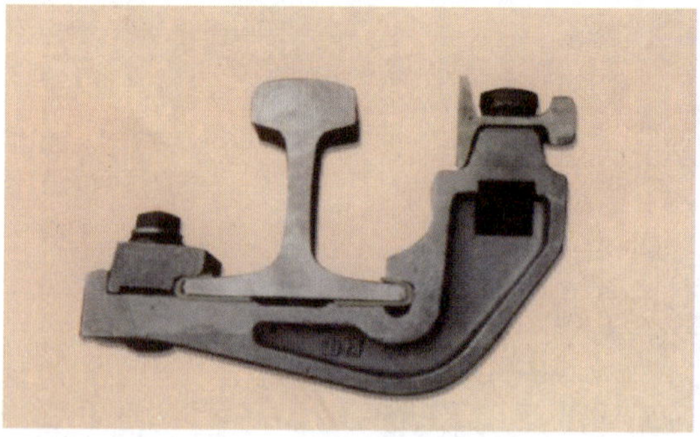

图 12.5-4 新型护轨

12.5.4 钢轨伸缩调节器

高架桥上无缝线路，除采用小阻力扣件外，还应在道岔前后和其他应当设置的位置铺设钢轨伸缩调节器。钢轨伸缩调节器应根据桥上无缝线路计算确定，并宜设置在直线地段。当必须设置在曲线地段时，应按伸缩调节器的适用范围选用，且不应设置在与竖曲线重叠处。

钢轨伸缩调节器基本轨应与相邻钢轨轨型和材质相同。这样既能保证轨道的稳定，又能保证最高轨温下不胀轨跑道、最低轨温下断轨的断缝不超过允许值。

12.5.5 线路及信号标志

线路标志有百米标、坡度标、曲线要素标、圆曲线和缓和曲线起终点标、竖曲线起终点标、道岔编号标和水准基点标、站名标、桥号标、水位标等。

信号标志主要有限速标、列车停车位置标、警冲标等。

百米标、坡度标、限速标、停车位置标、警冲标等供司机瞭望的标志应采用反光材料制作。警冲标设在两设备限界相交处，其余标志可安装在行车右侧司机易见的地方，如图 12.5-5 所示。

图 12.5-5 线路及信号标志

12.6 轨道施工

"轨通"即轨道工程贯通，是轨道交通工程完成的重要标志之一。轨道工程与四电、车站装修、设备安装等工程密切相关，为此，轨道工程施工必须统筹策划，并做好前期准备和后期协调工作。

12.6.1 施工方案的选择

轨道施工方案的选择要根据线路、轨道结构、施工机具、施工条件、工期等综合考虑。不同的施工方法不仅施工工艺不同，所需的设备也不同，进而影响施工的投资。

推荐地下线整体道床采用"轨排架轨法" 的施工方案，无缝线路采用"直铺法"的施工方案。该施工方法技术成熟，工程造价低。有条件时也可采用预制板轨道。

轨排架轨法大致做法如下：在轨排组装场或组装基地组装轨排，用专用机具运送至施工现场，在现场则同样采用钢轨支撑架进行架设钢轨、调整、浇筑道床混凝土。

不管采用什么方法施工，都是以走行轨-钢轨的设计几何形位为基准，进行的不同施工作业，从而达到地铁轨道结构设计要求。建议按工程的实际情况，施工组织设计方案应对工程工期、工程质量和工程成本三者充分考虑，以体现施工水平，追求更好的经济效益。

12.6.2 一次铺设施工方法

(1)地下线整体道床铺轨施工

在铺轨基地建成并形成生产能力后，将 25 m 钢轨与轨枕组装成轨排，并用专用工具进行扣件螺栓紧固，提高轨排组装的精度和均匀性；采用轨排架横向连接，使组成的轨排稳定性好，便于吊运、铺设。

为加快施工进度，现场设两个作业面，分左、右线采用"轨排架轨法"进行整体道床轨道施工，施工进度约 75 m/d。

(2)高架线整体道床铺轨施工

对于高架线，由铺轨基地及材料存放基地或由供应商直接采用汽车将 25 m 钢轨、轨枕、扣件、钢筋等轨道材料及施工机具运至桥下，待桥梁徐变完成后，采用"散铺架轨法"工艺进行架轨、调轨、放正短轨枕、立模、浇筑混凝土等工序，完成轨道铺装作业。有条件时，高架线也可采用"轨排架轨法"施工。

(3)预制轨道板施工

预制拼装轨道板在工厂内预制，加工精度高，可以实现自下而上的施工，按照现浇基底、铺装隔离层、绑扎自密实混凝土层钢筋、吊装轨道板、精调轨道板、灌筑自密实混凝土、道床养护修整、安装钢轨及扣件的顺序进行施工。

12.6.3 施工进度

按 50 m 作为流水施工作业段长度，分别进行清理基底、铺小龙门吊、绑扎钢筋、安装轨排、浇筑道床混凝土等工序。一般情况下长轨枕式整体道床施工进度约 75 m/d，如图 12.6-1 所示。单开道岔整体道床每组 6～8 d，交叉渡线整体道床每组 25～30 d，如图 12.6-2 所示。如需压缩工期，可增加龙门吊走行轨的铺设以延长作业段长度，可提高日进度。根据目前的施工工艺及机械设备情况，预制轨道板施工日进度较现浇长轨枕式整体道床慢一些，待工艺改进及设备提升后，有望实现更快的施工进度，如图 12.6-3 所示。

12.6.4 无缝线路施工

无缝线路是铁路技术进步的重要标志。我国铁路六次大提速及客运专线的建设，离不开无缝线路的改进和创新。无缝线路的发展为我国铁路进一步发展打下了坚实基础。

1. 钢轨的焊接

无缝线路钢轨焊接分为换轨铺设法的焊接和一次铺设法的焊接。随着一次焊接质量的提高，目前城轨项目广泛采用一次铺设法焊接。

图 12.6-1　长轨枕式整体道床施工

图 12.6-2　道岔整体道床施工

图 12.6-3　预制板轨道施工

一次铺设法如钢轨全部在洞内焊接时，应采用小型接触焊机，将两根待焊轨固定在焊机的两对夹钳内，向轨端通以强大的电流。由于对接钢轨之间有极大电阻，当电流通过时，接触面上会产生大的热能，将轨端加热到塑性状态后，以极快的速度予以挤压，把两根钢轨牢固地焊接在一起，如图 12.6-4 和图 12.6-5 所示。

图 12.6-4　高锰钢辙叉与钢轨闪光对焊

图 12.6-5　钢轨焊接现场

2. 无缝线路的铺设

长轨节拨入扣件铁垫板承轨台，进行联合接头焊接。联合接头的焊接在左右股交替进行，位置相对，相错量不大于 40 mm。联合接头距不同轨下基础交接处不得小于 2 m，铝热焊缝距轨枕边不得小于 40 mm。

焊接最后一个联合接头时，必须经过精确丈量，并根据预定的锁定轨温计算其长度，锯切超长部分再进行焊接。

联合接头必须经过探伤检查，不合格的必须重新焊接。

长轨始端落槽合龙后，应立即与缓冲区轨道连接，接头螺栓按规定拧紧，轨缝按设计设置。

长轨全部落槽终端合龙后，应立即整正轨距，并由两端相内两股同步锁定，同时在长轨上设置纵向位移观测的“零点”标记。

长轨始终端落槽时应在设计锁定轨温范围内，始终端正常落槽合龙时的平均轨温，可作为该段无缝线路的锁定轨温。左右股长轨的锁定轨温差不得大于 5 ℃，且曲线外股锁定轨温不得高于内股。锁定轨温与锁定日期应列入竣工资料。

放散、锁定线路的施工进度一般为 500 m/d。

无缝线路锁定后应立即按有关规定整正轨道，并开始观测长轨位移情况。

无缝线路铺设验收标准应符合现行《无缝线路铺设及养护维修方法》(TB/T 2098)有关规定。

如采用换轨铺设法施工时，其换铺长钢轨工程施工流程如图 12.6-6 所示。

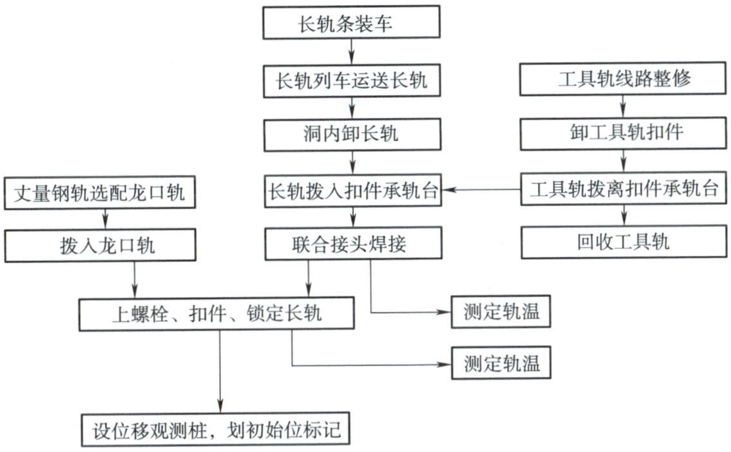

图 12.6-6 换铺长钢轨工程施工流程图

12.7 调线调坡设计

12.7.1 调线调坡工作的必要性

在早期的地铁建设中，还没有采用调线调坡设计。为满足限界要求，隧道结构断面设计得很大，造成很大的工程浪费。随着技术的发展，地铁隧道结构尺寸设计得越来越经济合理。为了防止车体与隧道结构或结构上的设备发生碰撞，就迫切需要进行调线调坡来解决上述问题，因此调线调坡显得越来越重要。

12.7.2 调线调坡的目的

调线调坡设计是在土建结构工程基本完成、铺轨工程尚未开始前开展的一项重要工作。在理想情况下，施工单位在地铁土建工程竣工后，即可按照原设计的线路平、纵断面施工图进行铺轨施工。但是在地铁修建过程中，由于地下工程不确定因素较多，不可避免地出现施工误差、结构不均匀沉降及变形等问题，导致隧道结构与原设计线路不能很好吻合，造成隧道结构侵入建筑限界，甚至侵入设备或车辆限界。这就需要地铁在土建修建完成后，对其进行隧道横断面竣工测量，针对施工中大的误差等问题进行调线调坡设计，消除侵限，以便满足各种限界要求。

12.7.3 调线调坡与测量

地铁隧道横断面测量是调线调坡设计工作的基础。设计者只有根据横断面实测情况才能开展调线调坡设计。

在调线调坡工作开展之前，线路专业应向测量单位提出调线调坡技术要求，以便测量单位根据调线调坡的要求进行测量工作。

1. 基本测量要求

(1)以施工图的设计线路中线为测量基准线，线路如需变更应以调整的线路中线为测量基准线，进行隧道结构净空断面和高架线路结构横断面测量。

(2)横断面方向，直线段必须与线路方向垂直；曲线地段，必须与该曲线点切线方向垂直。垂直度和切线方向要求控制在 90°±5′，如图 12.7-1 所示。

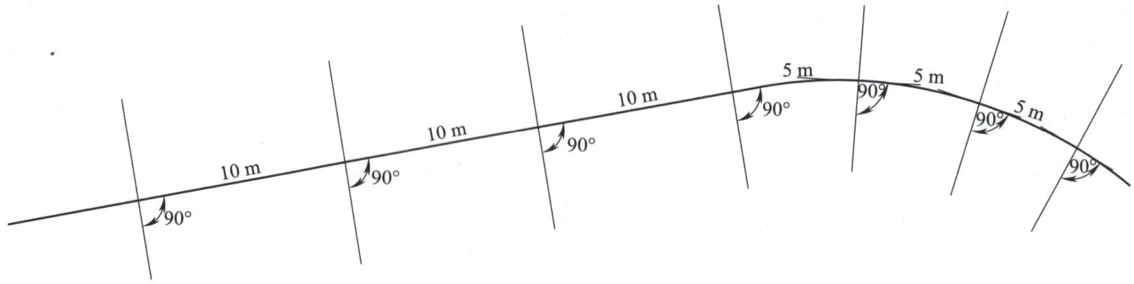

图 12.7-1　横断面调线调坡设计

(3)洞体断面变化处应设点，在点前后 0.5 m 范围内测量各横断面，用于检核接口情况，并注明接口点的里程。

(4)测点要求矩形、圆形、马蹄形计 8 点：底板面、顶板底各 1 点，左右侧各 3 点。

(5)沿里程方向，明挖段施工的直线段每 6 m、曲线段每 5 m 测量一个断面。盾构法施工的隧道当管片宽度为 1.0 m，直线段每 6 m(环片 6 环)、曲线段每 5 m(环片 5 环)测量 1 个断面。

2. 加测断面

(1)区间范围：曲线五大桩、区间隧道起、终点、隧道结构变化点、泵房中心点、隔断门、变坡点处。

(2)车站、联络线、渡线地段的结构变化点及控制点。

(3)车站起、终点(与区间隧道起、终点同一里程，但不同结构形式)，站台两端起、终点，站台面宽度变化点和站中心点。

12.7.4　平、纵断面调整步骤

平、纵断面调整步骤如下：

(1)检查线路平面测量资料，现场踏勘检查。

(2)找出控制点，提出横断面测量位置要求。

(3)理论与实际测量数值比较，得出侵限值。

(4)绘制平面图和放大纵断面图。

(5)进行平面调整，调整时兼顾前后曲线、直线、车站控制要素。

(6)进行纵断面修改调整设计。

(7)检查调整后的水平与竖直方向侵限情况。

(8)部分地段微调，达到设计要求。

12.7.5　常见调线工作

调线调坡是线路设计的最后一道工序。调线调坡及调线调坡测量、设计是一项系统性很强的工作，经过系统的调整线路中线和坡度能使列车运行于良好的“三维空间”，充分满足接触网限界和建筑限界的要求，通过调线调坡设计能充分解决施工误差等带来的侵限，并提出解决问题的办法。只有通过调线调坡测量及调线调坡设计，才能保证将来列车良好的运行。

调线调坡的项目主要分为以下几种情况：

(1)平面侵限不大，线路平面保持原施工图设计、纵断面进行微调。

(2)平面侵限很大，需要对线路平面进行拟合设计。

(3)纵断面侵限很大造成平面侵限，需要对线路纵断面进行拟合设计。

线路平面调整会影响纵断面侵限情况，反之，纵断面调整也会影响平面侵限情况。线路的调坡调线设计应按“先平面、后纵断面”的原则进行。

12.8 设计界面及常见问题

城市轨道交通工程共涉及线路、地质、建筑、地下结构、房建结构、桥梁、路基、轨道、站场、车辆、限界、主变电所、供电、变电所、接触轨、电力监控、杂散电流防护、动力照明、通信、信号、自动售检票、控制中心、环控通风、安全门、电(扶)梯、给排水及水消防、气体消防、防灾报警、乘客资讯、门禁、设备监控、主控、综合管线、人防、车辆段与综合基地、环境保护与安全防护、工程经济等近 40 个系统专业接口。为使各系统专业之间密切配合、所涉及的系统功能和要求能得到充分保证,使整个工程的设计成为一个完善的有机的整体,同时利于总体设计单位抓好接口管理和审查指导,轨道系统专业设计人员一定深入了解与相关系统专业设计的界面,并做好接口。相关专业设计中的常见问题及其解决通过以下 3 个方案进行说明,以供参考。

1. 道岔位于结构沉降缝、梁缝上(案例 1)

(1)问题描述

1)左线道岔转辙器位于结构沉降缝上。

2)站后停车线有一组道岔岔枕位于桥梁梁缝上。

(2)解决措施

1)建设单位、监理单位、设计单位、施工单位共同商议,将左线道岔以及相应的停车线处道岔往正线大里程方向平移 784 mm,使转辙器避开了沉降缝。限界、信号、线路、轨道等各专业核实后均能够满足规范要求,但富余量减小。

2)各方共同商议,将站后停车线道岔往大里程方向平移了 150 mm,岔枕避开梁缝,并在梁缝设置道床伸缩缝,如图 12.8-1 所示。各专业核实后,能够满足要求。

(3)案例总结

1)在设计时,轨道专业与地下结构、桥梁等专业在配合上存在一定欠缺,在后续设计中需要加强。

2)初设及施设时,轨道专业给地下结构及桥梁专业提供下序资料,明确道岔与结构沉降缝及梁缝的相对关系。

3)地下结构及桥梁专业出施工图时,需轨道专业会签。

2. 区间浮置板地段排水问题(案例 2)

(1)问题描述

某地铁工程区间浮置板地段排水沟为中心排水沟,结构专业在泵房处的泄水孔是按两侧排水沟进行打孔,造成泄水孔高于中心排水沟沟底标高,无法排水,如图 12.8-2 所示。

图 12.8-1 道岔平移示意图

图 12.8-2 排水沟积水

(2)解决措施

各方开会研究决定:按中心排水沟重新打孔,如图 12.8-3 所示。

(3)案例总结

本案例中区间浮置板地段排水问题是由于下序专业未按要求进行结构设计产生的。因此,轨道与地下结构专业间配合需要加强。

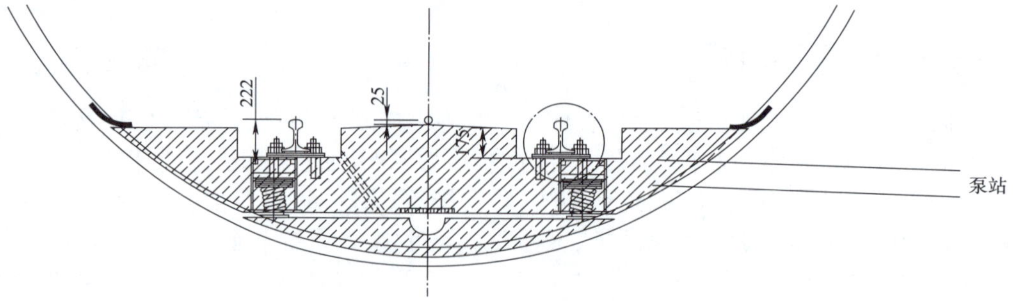

图 12.8-3　中心水沟打孔（单位：mm）

3. 超高问题（案例 3）

（1）问题描述

某地铁工程土建结构专业施工时发现，设计单位提供的两版图纸相比，两处圆曲线的隧道结构偏移值由 4.3 cm 变为 9.9 cm，该段已进行二衬仰拱施工，如图 12.8-4 所示。

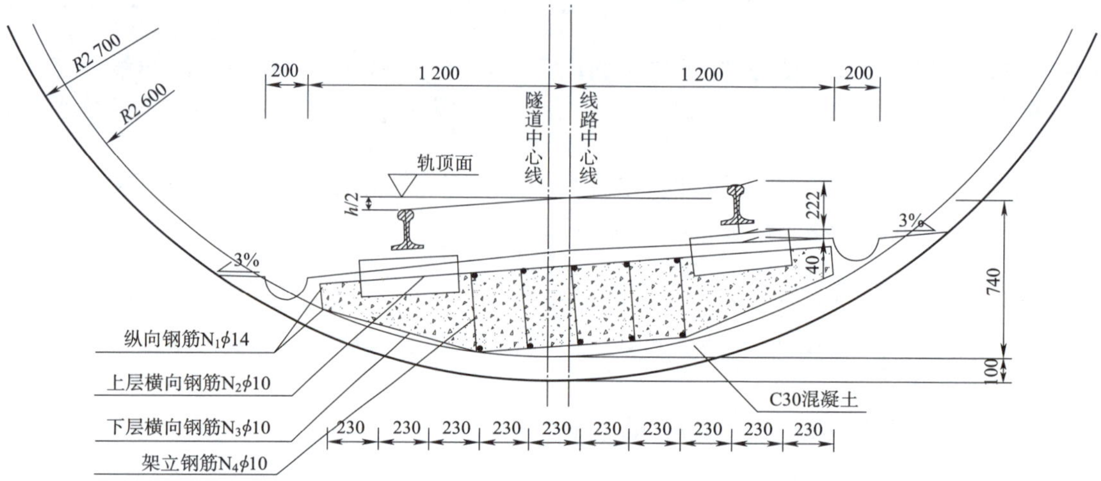

图 12.8-4　断面结构图（单位：mm）

（2）原因分析

前后两版线路图中曲线要素不变，但该区间的线路整体调整，导致行车速度曲线整体发生变化，从而使两版联系单中提供给分包单位的轨道超高值不一致。

下发联系单前，未与以前提供过的联系单进行对比；针对现场施工情况，没有主动与结构设计单位沟通。

结构专业接收到上序资料后，未及时核查现场情况及反馈。

结构设计专业在接到施工单位的反馈后，仍然未与上序专业及总体组沟通反馈。

（3）解决措施

经与线路、限界、结构等专业配合，校核在已施工的（超高按右线 50 mm，左线 32 mm）隧道结构情况下，超高按照 72 mm 设置，不存在侵限等问题，但会导致前后两段二衬隧道断面不圆顺即接缝处产生断面折线，如图 12.8-5 所示。

最后经主管院副总、总体及各专业负责人讨论，两处曲线超高维持原设计。

图 12.8-5　施工后的整体道床

本章参考文献

[1] 地铁设计规范：GB 50157—2013[S]. 北京：中国建筑工业出版社，2013.
[2] 城市轨道交通技术规范：GB 50490—2009[S]. 北京：中国建筑工业出版社，2009.
[3] 铁路无缝线路设计规范：TB 10015—2012[S]. 北京：中国铁道出版社，2012.
[4] 城市区域环境振动标准：GB 10070—1988[S]. 北京：中国标准出版社，2004.

13 车站建筑

城市轨道交通车站建筑，主要可分为两部分：一是车站建筑主体部分，具体包括站厅、站台、车站设备和管理用房等；二是车站附属建筑，具体包括出入口及通道、内部通风甬道、地面通风亭等。车站主体是列车在线路上停车点，既是供乘客集散、候车及上、下车的场所，又是地铁运营设备的设置和办理运营业务的地方。出入口及通道是供乘客进、出车站的建筑设施；通风道及地面通风亭的作用是保证地下车站具有良好的空气质量。地下车站必须具备以上内容。高架车站一般由车站及出入口通道组成，地面车站可以仅设车站及出入口。

地铁车站布置形式及其规模可根据线路敷设方式、配线设置情况、预测远期高峰小时客流量、分向客流量、地面建筑和规划、地下管线、远期车辆编组长度、运行交路、换乘方式及交通衔接情况等确定。

13.1 城市轨道交通车站类型

车站是城市轨道交通系统中的重要组成部分，车站串联区间形成完整路由，是轨道交通面向乘客的运营服务窗口，也是设备系统集中管理的重要场所，对地铁服务质量和安全运行起着关键作用。车站可以从诸多方面分类：建筑类型、使用功能、站台形式、换乘形式、地下车站施工工法等。

13.1.1 按建筑类型分

1. 高架车站

高架车站位于高架结构上，分为路中设置和路侧设置两种。当设备、管理用房均设置于两侧道路红线以外时，可在路中设置三层高架车站(如图 13.1-1 所示)地面层为道路，局部二层为过街通道，三层为站台层，乘客可在两侧设备、管理用房内完成售票、检票后通过天桥到达站台层上车。乘客也可以通过过街通道到对面站台上车。

当仅出入口设置于两侧道路红线以外时，亦可在路中设置三层车站，一层为地面层，二层为站厅层及设备管理用房层，三层为站台层。乘客可通过天桥到达站厅层公共区完成售票、检票后到达站台层上车。此种形式车站不占用道路两侧用地，车站设备管理用房相对集中，便于管理。站厅层亦可兼作过街通道(如图 13.1-2 所示)。

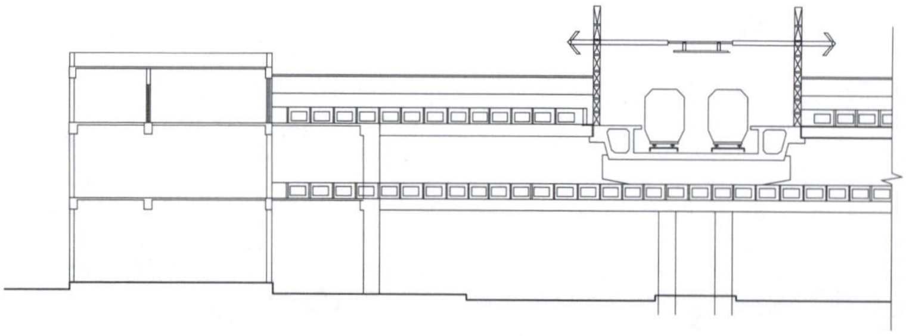

图 13.1-1　路中局部剖面三层示意图

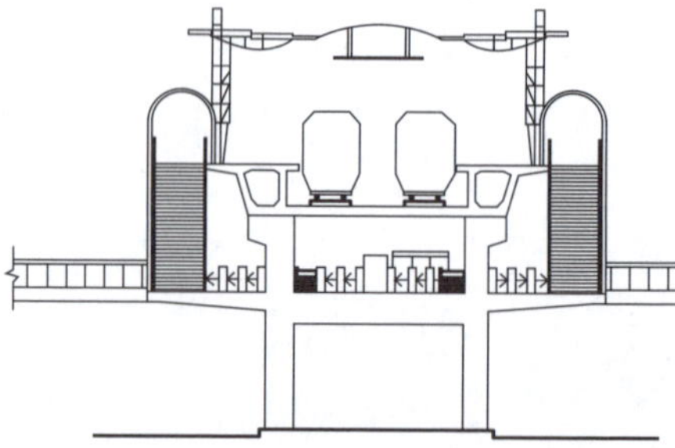

图 13.1-2　路中三层剖面示意图

当两条高架线路在路中实现平行换乘时，可在路中设置四层高架车站。一层为地面层，高架二层为 B 线站台，高架三层为二线合一站厅层，高架四层为A线站台层。天桥接入高架站厅层，乘客在站厅层完成售票、检票后分别到达A线、B线站台层上车。而换乘客流则需通过站厅层付费区进行换乘(如图13.1-3所示)。

当路侧绿化带较宽时，可在路侧绿化带设置路侧二层车站，站厅设置于地面层，二层为站台层。乘客可在地面层完成售票、检票到达站台层上车(如图13.1-4所示)。

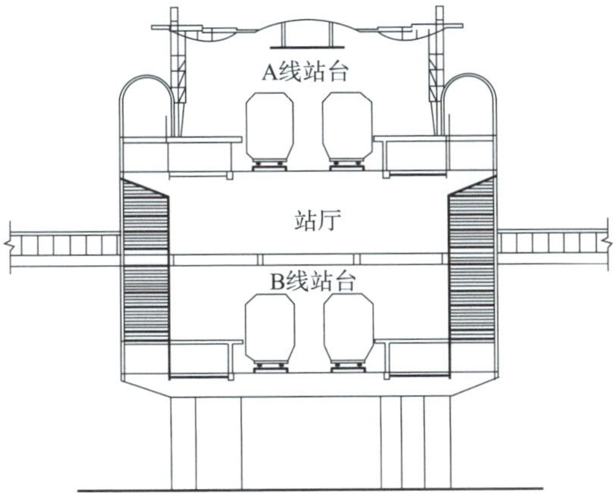

图13.1-3　路中四层示意图

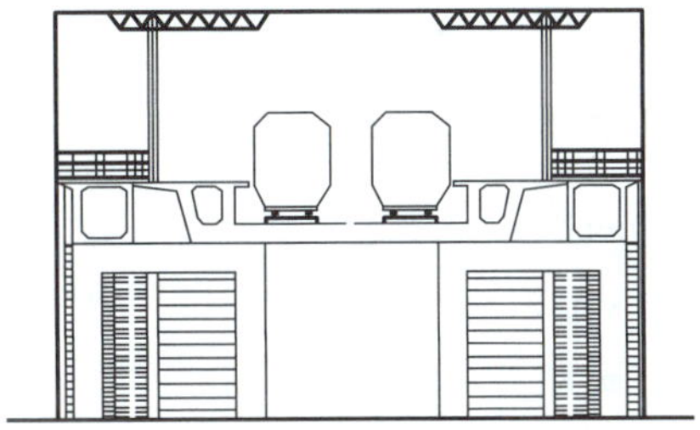
图13.1-4　路侧车站示意图

2. 地面车站

地面车站一般设置在路侧地面上，利用城市立交或人行天桥解决乘客过街问题。路堑式车站是地面车站特殊形式，宜设置在路侧绿化带地段，同样需要解决乘客过街问题(如图13.1-5和图13.1-6所示)。

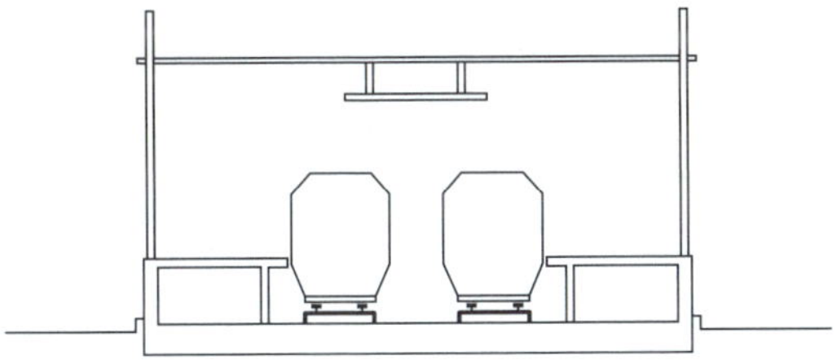
图13.1-5　地面车站示意图

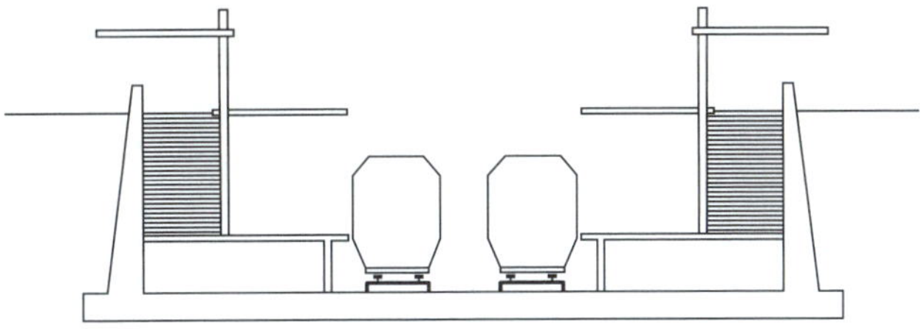
图13.1-6　路堑式车站示意图

3. 地下车站

地下车站结构位于地面以下，按其结构顶板覆土厚度可分为浅埋车站和深埋车站；也可按车站内轨道顶面至地面的垂直距离，划分为浅埋车站或深埋车站，一般以20 m为界限。当该距离大于20 m时为深埋车站，而小于20 m时则为浅埋车站，分别如图13.1-7和图13.1-8所示。

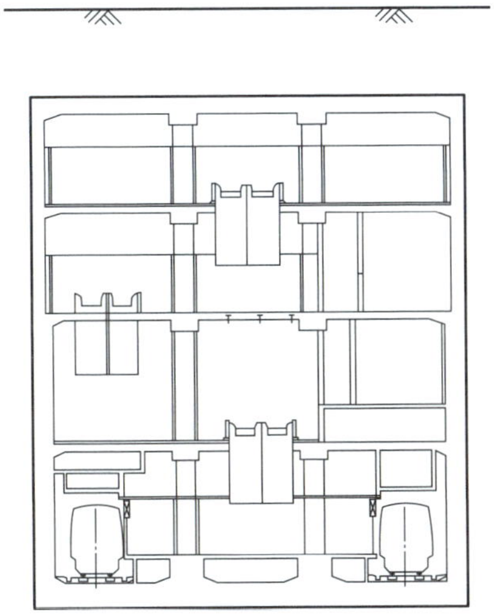
图13.1-7　深埋车站示意图

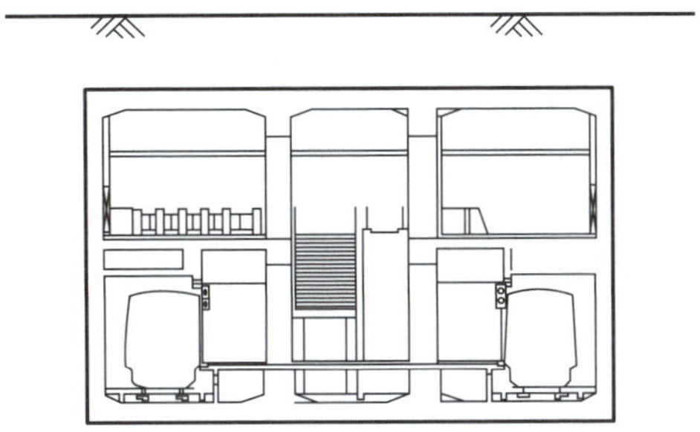
图13.1-8　浅埋车站示意图

13.1.2 按使用功能分

（1）中间站（又称一般站）：只供乘客乘降用，此类车站的数量最多。

（2）换乘站：一般是两条或以上地铁线路的交汇站，既用于乘客乘降又为乘客提供可以换乘其他线路的车站。

（3）起、终点站：地铁线路两端的车站，根据列车上、下行而言，终点站也是始发站。终点站设有可供列车折返的折返线和设备，也可供列车临时停留。

（4）折返站：设置在两种不同列车密度交界处的车站，站内设有折返线和设备，根据客流大小，合理组织列车运行，在两个折返站间形成小交路，提高线路运营效率，满足不同客流断面的运营需求。

（5）枢纽站：由两条或两条以上轨道交通线路和其他若干运输方式连接的运输线路交汇点。

13.1.3 按站台形式分

车站按站台形式分类如下：

（1）岛式站台车站：两线路的中间设站台，如图 13.1-9 所示。乘客乘车和中途折返比较方便，两根单线单隧道布线方式在城市地下工况复杂的情况下穿行具有较大灵活性。站台面积利用率高，机电设备和设备房间集中布置，便于运用和管理。

（2）侧式站台车站：线路外侧平行相对设站台，如图 13.1-10 所示。两侧站台客流换乘不同方向列车时，需通过过轨通道完成，侧式站台车站轨道集中布置，取消了车站两端的喇叭口，有利于高架区间线路顺直，少占道路，地下线可采用断面大的隧道或双圆盾构，具有一定经济性。常见于客流量不大的地下车站和高架中间站。根据环境条件亦可布置成平行错开式（如图 13.1-11 所示）、上下重叠式和上下错开式等形式。

（3）岛侧混合站台车站：一般采用一岛一侧、一岛两侧站台形式。一岛一侧站台常用于有支线的车站或设置故障列车停车线的车站，如图 13.1-12 所示；一岛两侧车站常见于客流较大较为繁忙车站，单侧通行更有利于客流组织，如图 13.1-13 所示。

（4）双岛站台车站：两个岛式站台合并而成的车站，如图 13.1-14 所示。此种站型多为两线交汇同台换乘车站，两边轨道为 A 线路双方向，中间两条轨道为 B 线路双方向。

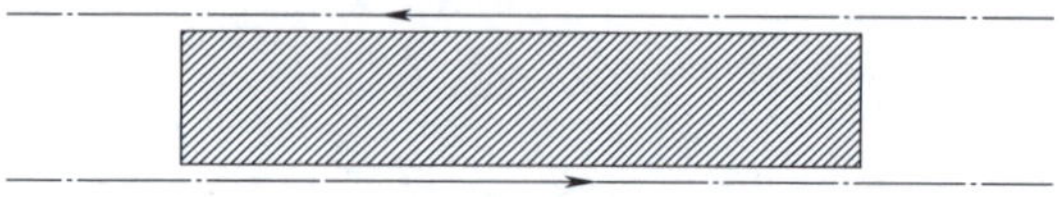

图 13.1-9 岛式站台

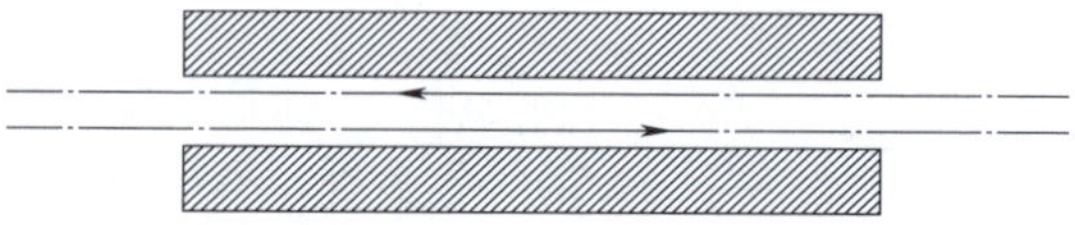

图 13.1-10 侧式站台

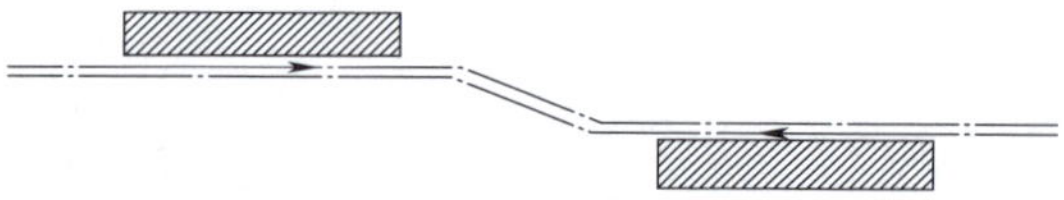

图 13.1-11 平行错开式站台

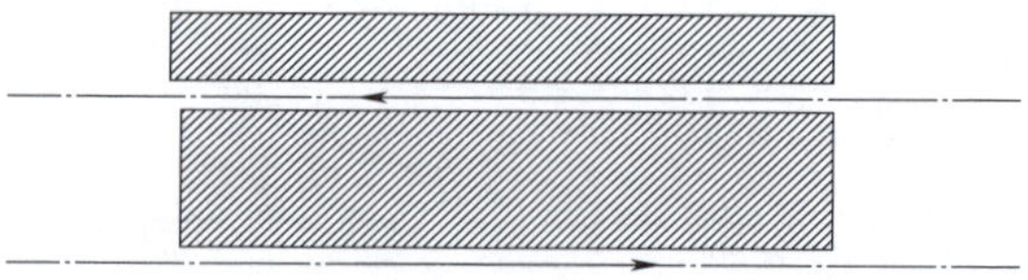

图 13.1-12 一岛一侧站台

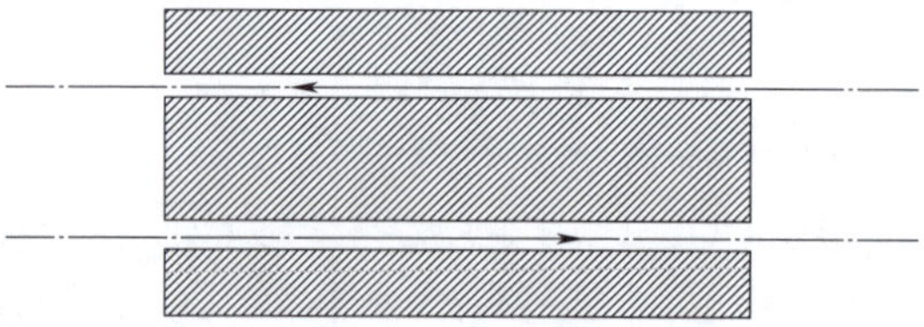

图 13.1-13 一岛两侧站台

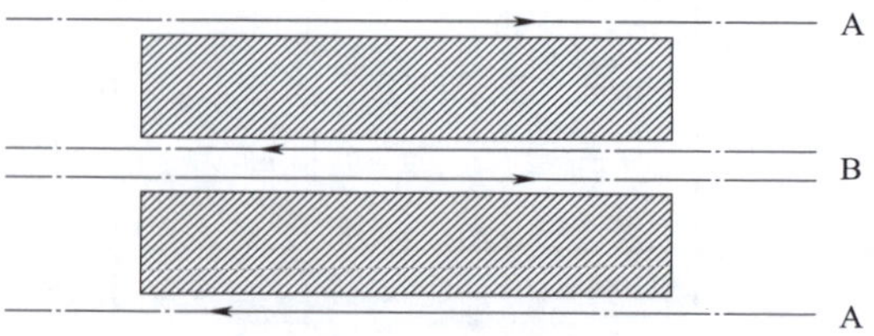

图 13.1-14 双岛四线站台

在实际应用中，站台平面形式结合线路走向和曲线等情况，派生出曲线式、双鱼腹式、双喇叭式、梯形式、单鱼腹式、单喇叭式等形式，如图 13. 1-15 所示。

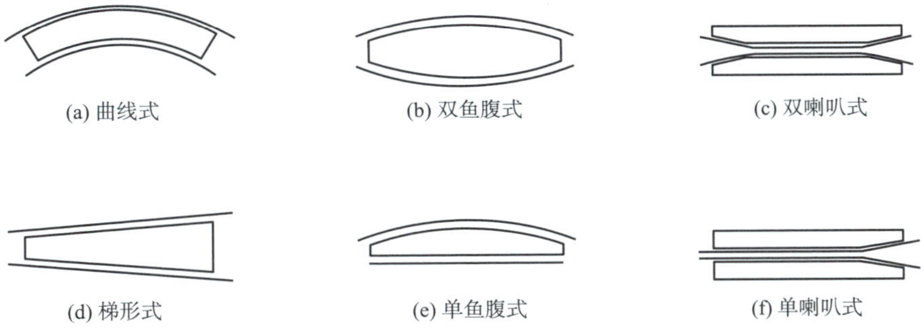

图 13. 1-15 站台派生形式

13. 1. 4 按换乘形式分

按站台形式划分，换乘车站主要有岛岛、岛侧和侧侧的换乘形式，换乘关系可以分为以下几种：

(1)十字换乘：两个车站中部相交，在平面上构成“十”字形组合，换乘距离近，但楼扶梯的通行能力有限，对客流组织不利，如高峰客流较大时，容易造成拥堵，如图 13. 1-16 所示。

(2)T 形换乘和 L 形换乘：T 形换乘为一条线的站台端部与另一条线站台中部相接，如图 13. 1-17 所示；L 形换乘为两线站台端部相接。这两种形式较十字换乘都对客流组织有较大改善，如图 13. 1-18 所示。

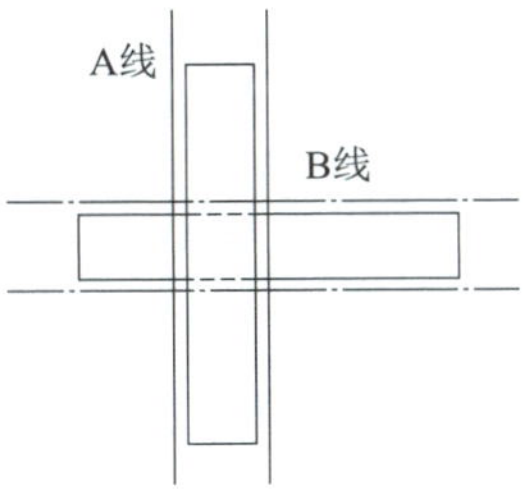

图 13. 1-16 十字换乘

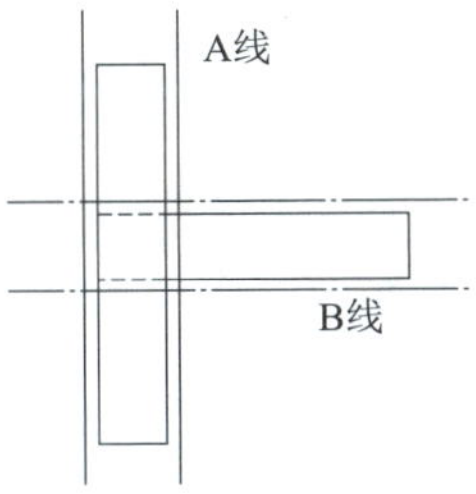

图 13. 1-17 T 形换乘

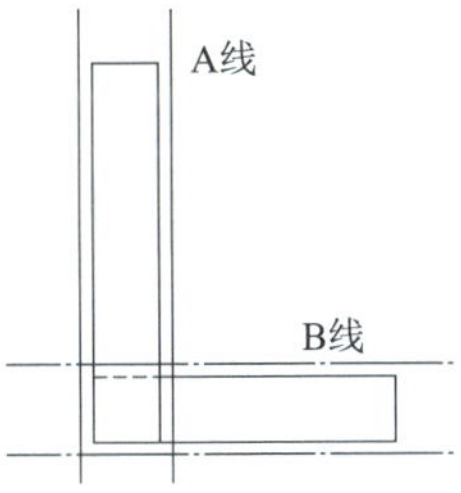

图 13. 1-18 L 形换乘

(3)通道换乘：其特点是换乘距离长，不便捷，但有利于大客流车站的客流疏导。车站布置较为灵活，对前、后期车站的建设有较大的适应性，如图 13. 1-19 所示。

(4)重叠岛式：同一线路的上、下行线路在同层，适用于两线平面位置重合但有一定高差处。这种做法较为节省场地，换乘距离短，但对站内客流组织有较高要求，对换乘客流大的车站不适用，且站台宽度一般要大于 14 m，如图 13. 1-20 所示。

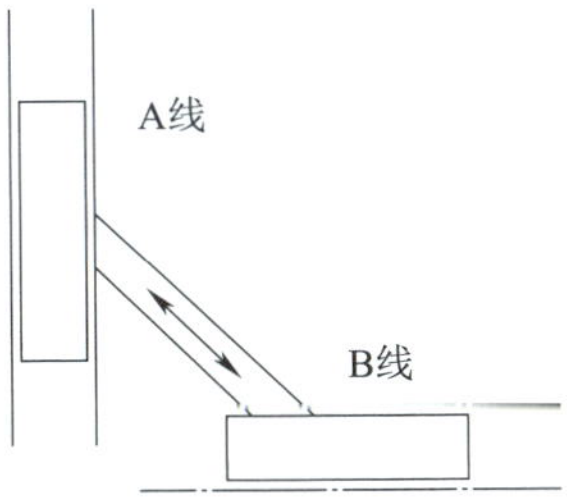

图 13. 1-19 通道换乘

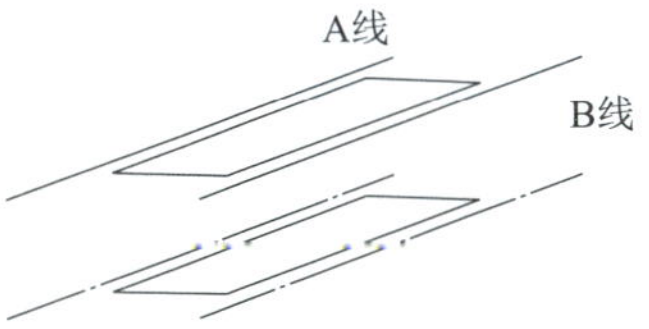

图 13. 1-20 重叠岛式

(5)同台换乘(双岛四线，叠落侧式)：可以通过站台的平行布置或重叠布置做到同台换乘。双岛四线的布置方式平面较大，对场地要求较高，如图 13. 1-21 所示。

双叠落侧式是重叠岛式的一种形式，由两个叠落侧式合并而成，如图 13. 1-22 所示。同一线路的上、下行线路重叠在站台同一侧的不同层。A 线的乘客可直接在同一站台的另一侧换乘 B 线。乘客换乘方便，但前后区间线路需有上下穿行关系，应结合线路走向及埋深综合考虑选用。

车站按换乘形式的分类详见13.8节换乘站设计。

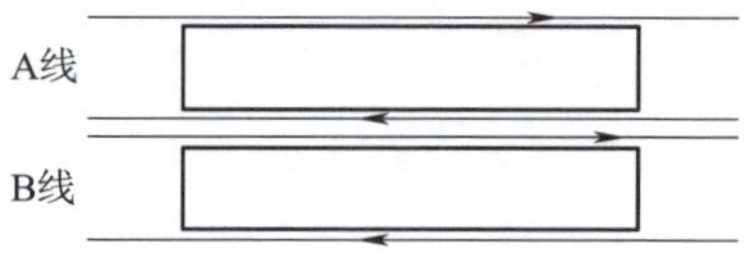

图13.1-21　双岛四线

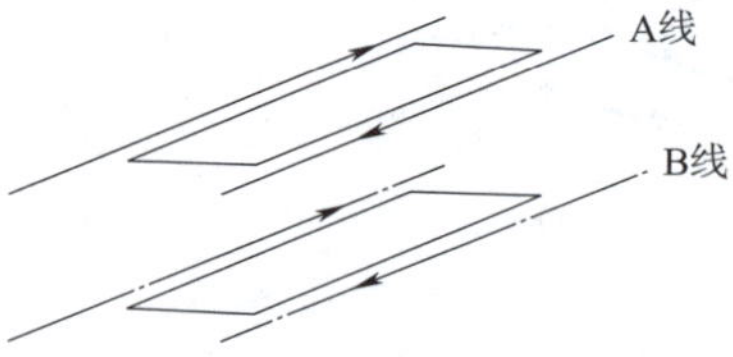

图13.1-22　双叠落侧式组合重叠岛式

13.1.5　地下车站按施工工法分

(1)明挖法车站：明挖顺做，盖挖顺做，盖挖逆作。主体横断面一般为矩形箱式建筑(如图13.1-23所示)，或因装饰和具体工程需要呈拱形。明挖法施工从单层到多层、从单跨到多跨均可应用，主要结合车站周边情况和地质情况确定。

(2)暗挖(矿山)法车站：浅埋暗挖法和盾构法。主体横断面一般为拱形(如图13.1-24所示)或圆形，其分支形式又有单拱和多跨连拱。单拱断面中间高两边较低，中部无柱尤显空间开阔，建筑效果较好。

(3)明暗挖结合法：根据实际工程需要工法结合实施，如图13.1-25所示。

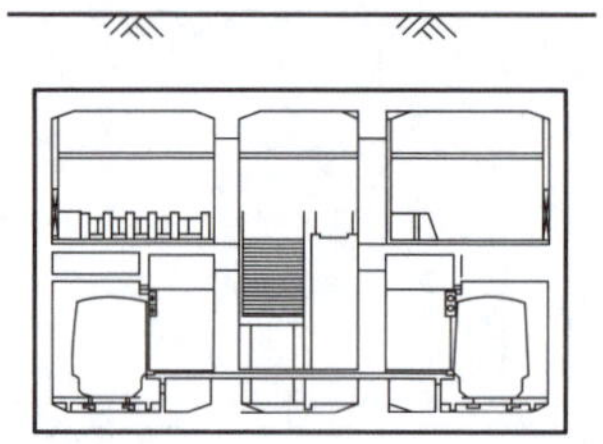
图13.1-23　明挖矩形箱式

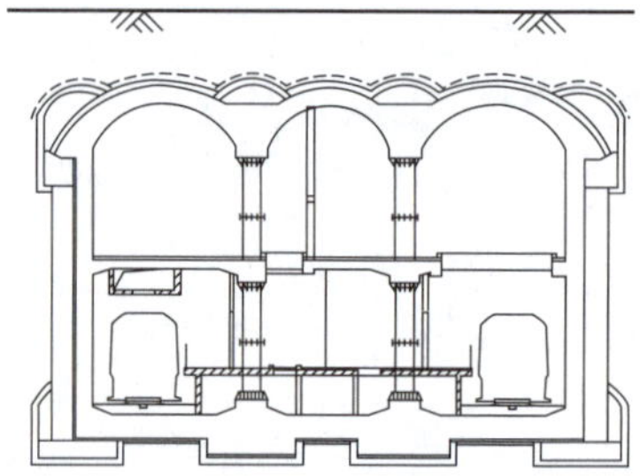
图13.1-24　暗挖拱形

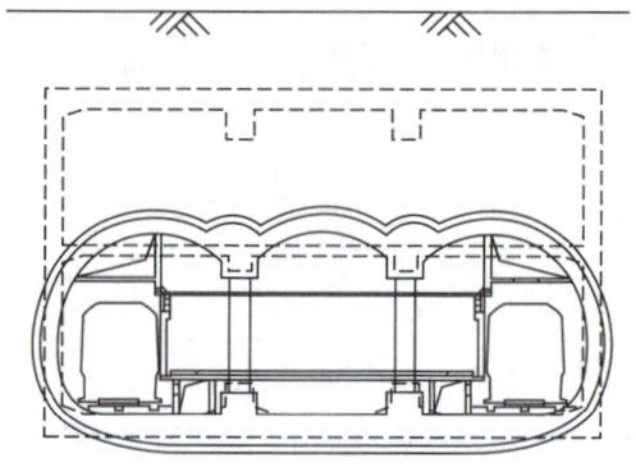
图13.1-25　明暗挖结合法

13.1.6　高架车站按结构体系分

(1)站、桥分离式车站：轨道梁与车站结构完全分开布置，形成独立轨道梁桥，如图13.1-26所示。结构设计分别按建筑、结构和桥梁结构规范进行。

(2)站、桥结合式车站：形成站、桥组合结构体系的车站，如图13.1-27所示。轨道梁支承或刚接于车站结构、站台梁等车站结构构件支撑或刚接于轨道梁桥上，形成“站-桥”组合结构体系的车站。其结构按现行《地铁设计规范》(GB 50157)相关规定执行。

(3)站、桥合一式车站：即车站部分框架结构作为行车道，列车直接在框架梁板上行走，如图13.1-28所示。

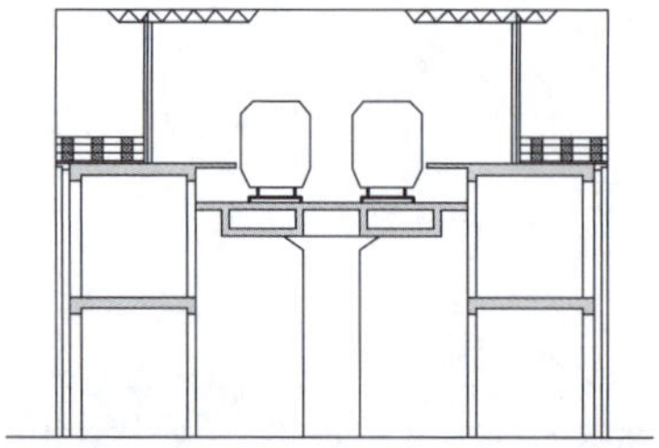
图13.1-26　站、桥分离式车站

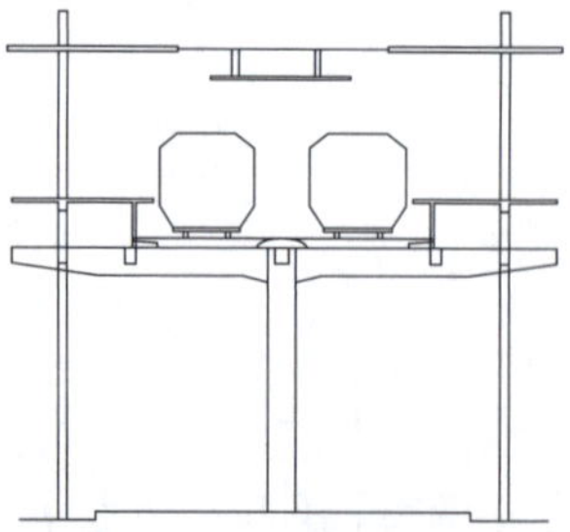
图13.1-27　站、桥结合式车站

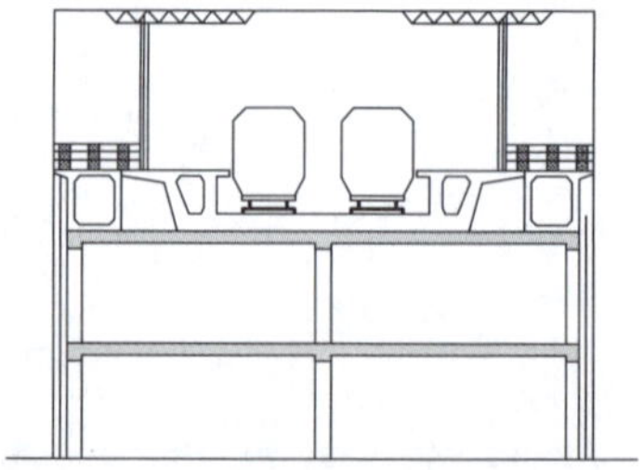
图13.1-28　站、桥合一式车站

13.2 车站设计的一般规定

(1)车站的总体布局应符合城市规划、城市综合交通规划、环境保护和城市景观要求，并应处理好与地面建筑(含规划建筑)、城市道路(含规划道路)、地下管线(含规划管线)、地下构筑物及施工时交通组织之间的关系，尽量减少房屋拆迁和管线改移。

(2)车站设计应满足客流需求，并应保证乘降安全、疏导迅速、布置紧凑、便于管理，同时应具有良好的通风、照明、卫生和防灾等设施。车站规模和通行、服务设施标准应根据预测客流、系统设计能力和车站分类，以及不同运营工况合理确定。

(3)换乘车站应根据线网规划、线路敷设方式和建设时序，结合客流特征选择便捷合理的换乘方式，重要、复杂的换乘车站或重点车站进行客流动态仿真模拟评价。

(4)车站宜与周边地区规划结合，综合利用地上、地下空间进行一体化设计。出入口宜与周边物业开发、地下通道、过街天桥相结合。

(5)当车站临近住宅、医院、学校、图书馆等有环境保护要求的区域时，应满足相关规范及本线路环境影响报告的要求。

(6)地上车站结构应综合采取防雨雪、遮阳、保温、隔热和防风措施，并应满足日常清洁维护要求。

(7)车站的站厅、站台、出入口通道、楼梯、自动扶梯和售、检票口(机)等部位的通过能力，应按该站超高峰设计客流量确定；出入口通道、楼梯和自动扶梯的通过能力应进行校核。超高峰设计客流量应为该站预测远期高峰小时客流量或客流控制期高峰小时客流量乘以超高峰系数(1.1～1.4)。

(8)车站设计应满足系统功能要求，合理布置设备与管理用房，并宜采用标准化、模块化、集约化设计。

(9)车站的地下、地上空间宜综合利用。

(10)车站应考虑无障碍设施。

(11)地下车站的土建工程不宜分期建设，并应预留必要的接口条件，地面、高架车站及相关地面建筑可分期建设。

(12)地铁车站应设安防设施，具体位置根据当地有关部门规定执行。

13.3 车站平面设计

13.3.1 车站类型分类

为便于分析车站规模和类型的不同对车站管理、设备用房产生的影响，需要针对地下车站类型进行分析阐述。从车站运营的角度，将车站类型大体分为一般站、折返站、换乘站和尽端站。

(1)一般站(即标准站)：一般站是车站类型里最基础的车站类型，形式和功能比较单一，规模相对较小，各个一般站设备和管理用房的面积和布置要求差别不大，是地铁线路里最常见的车站。

在轨道交通网络修建初期，多数车站为中间站，但随着线路数目的增多，在线路交叉点处的中间站，将要起到换乘的作用。故根据线网的规划，需要留有换乘条件，以备扩建，从而保证既有站在不影响或影响较小运营的前提下改建为节点换乘车站或通道换乘车站。

(2)折返站：根据运营的需要在站内设置折返线供列车折返。除具有一般站的功能外，还能供列车折返之用，相应的会增加一定数量的设备和管理用房。

(3)换乘站：换乘站是位于两条及两条以上线路交汇点上(交叉或平行集中于一处)的车站。它除具有中间站的功能外，更主要的是还为两线间需要换乘的乘客提供方便的换乘条件。换乘车站除供旅客进行本线的乘降外，还可供旅客由此站经楼梯、换乘通道等换乘另一条线的列车。有些换乘站根据资源共享的需要还在两线之间设联络渡线或联络线。

(4)尽端站：线路的起、终点站。除具有一般站的功能外，根据折返能力和列车作业的需要，还设置相应形式的折返线、出入段线、渡线、临时停车线，以供列车折返、停放之用。

13.3.2 城市轨道交通车站的组成

城市轨道交通车站地下站由车站主体（含站厅、站台、设备与管理用房）、出入口及通道、风道及地面风亭等三部分组成；高架站一般由车站、出入口及通道（天桥）组成；地面车站仅由车站及出入口组成。

乘客使用空间和为乘客服务的场所包括出入口、出入口通道、天桥、站厅售票处（机）、检票口、商业点、通信、咨询设备、楼扶梯、电梯、公共卫生间等。

车站运营管理用房包括车站控制室、站长室、警务室、安检休息室、多功能室（会议室）、更衣室、清扫工具室、卫生间、茶水间、站值班室、物业办公室、备品间、各类工区及库房等，一般布置在临近乘客使用空间的地方。

技术设备房间一般有环控通风机房、冷冻室、风道、降压或混合变电所、环控电控室、消防泵房、污水废水泵房、气瓶间、照明配电室、通信、警务通信机房、信号设备室、综合弱电机房、AFC 机房、票务室、屏蔽门控制室、强（弱）电缆井等。技术设备用房是车站运营的重要设备房间，一般与乘客无关，考虑安全位于离乘客较远处。

13.3.3 车站总平面设计

车站总平面设计主要解决在站位及线路走向确定后，根据站位周边的环境条件和规划部门要求，依据车站类型合理布设车站主体、出入口、通道、风亭、天桥等位置，协调好车站与周边既有和规划的建筑物、道路、地下管线、绿地、过街天桥与地道等的相互关系，使车站便于吸引周边客流进、出站，便捷、安全地进行运营。

（1）做好设计前期的调研和收集资料工作，包括本站站位、站型、埋深、线路配线及客流资料；城市交通道路、铁路车站、公交场（站）及站点、停车场、加油站、用地范围内的现状及规划建筑物、地下管线、地下建（构）筑物、高压线塔、文物古迹、河流、绿地等。

经现场核实完善资料内容后，与有关单位协商配合，解决影响方案的问题，并考虑初步设想方案。

（2）站位基本确定后，根据站型协调选定车站出入口、风亭、消防出入口、无障碍电梯厅等地面建筑物位置。这是一个涉及多方面关系的比选过程。确定位置后形成该车站总平面图，出入口和风亭设计详见 13.6 节和 13.7 节内容。

（3）一般站位可分为跨十字路口站位、偏路口一侧站位、两路口间站位和其他地块站位，如图 13.3-1～图 13.3-4 所示。

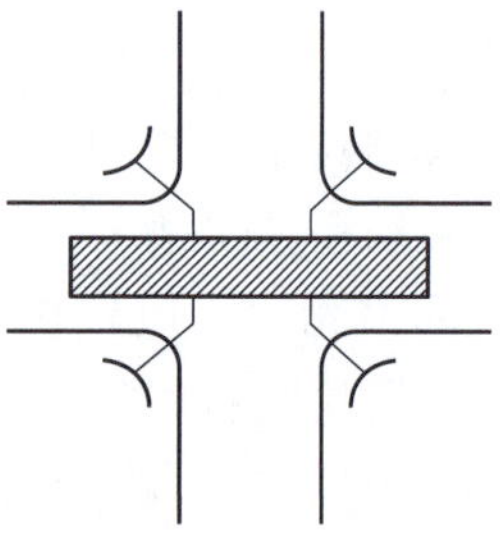

图 13.3-1 跨十字路口设置

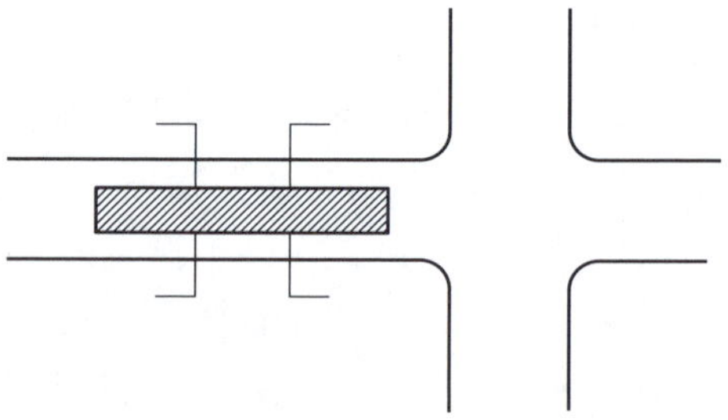

图 13.3-2 偏路口一侧设置

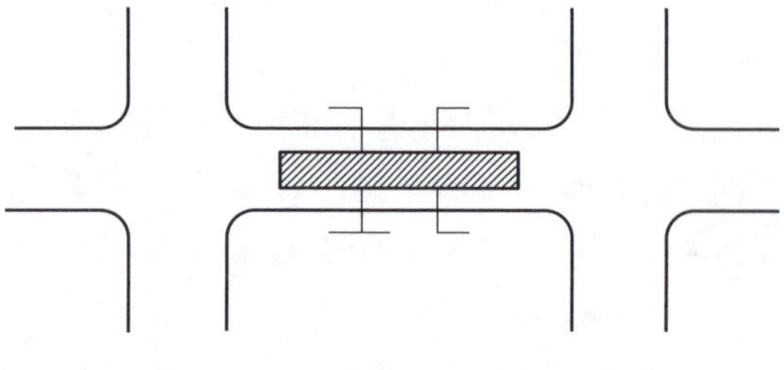

图 13.3-3 设置于两路口之间

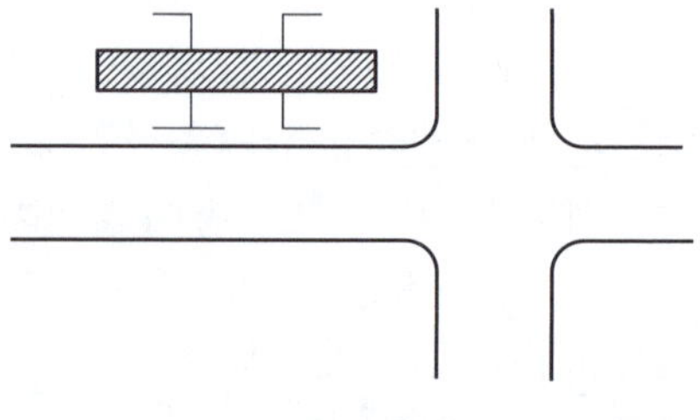

图 13.3-4 设置于道路红线外侧

(4)总平面应标注人防主(次)要出入口位置(宜对角布置)、人防通道口位置和各口部封堵做法。

(5)总平面应标注各类出入口、风亭(井)、冷却塔、膨胀水箱等位置和出入口开口方向、风亭风口方向等。

13.3.4 地下车站站厅层设计

1. 站厅层的功能

车站的站厅层是乘客上下车的过渡空间,将从出入口进入的乘客迅速、便捷、安全地引导至站台乘车,并将站台的乘客引导至出入口出站。站厅层起着客流组织的关键作用。

站厅层一般位于地下车站的上层(地下一层)。根据车站服务功能、车站埋深及周边环境因素影响,站厅布置有地面厅(用于线路埋深较浅的路侧车站),地下站厅(设置在车站两侧,地下一层侧式车站),端厅(站厅由于管线等原因在中心里程截断、车站两侧设单独站厅)等。

2. 站厅层的组成

站厅层根据使用功能,可分为站厅公共区与设备管理用房区两部分。站厅公共区一般设于站厅层中部,用栏杆或闸机划分为付费区与非付费区。一般情况下非付费区面积大于付费区面积。设备管理用房区一般分别设于站厅公共区的两端,一端为设备管理用房(有人区),另一端为设备区(无人区)。

(1)站厅公共区

付费区是指乘客购票、安检、检票后方可进入的区域,如图 13.3-5 所示。付费区内设置通往站台层的设施,换乘站设有通往另一条线车站站厅或站台的交通设施或换乘通道。

非付费区为除付费区外的公共区域,乘客可在本区域内自由通行,进行咨询、兑币、购票、安检、检票等活动,亦可在运营时段作为人行地下过街通道。

付费区与非付费区之间由闸机[包括进(出)站检票机、工作人员共用出入口、紧急疏散出口等]、客服设施及由距地高度不小于 1.1 m 透明式栏杆分隔。进(出)站闸机应分设在付费区与非付费区之间的分界线上,车站两端非付费区之间联系通道宽度一般不小于 2.5 m,如通道设进站检票口则宜不小于 4 m。公共区设计时应综合考虑站厅出入口、售检票机、安检设备、楼扶梯、换乘通道(口)等的位置,使乘客进、出站流线顺畅,尽量避免进出站客流的交叉。

非付费区的购票机、兑币机的前后应分别留有足够的活动和检修空间。在站厅公共区靠两侧外墙处地面上应留有足够的排泄、冲刷地面及消防水的地漏,地漏间距为 30~50 m。

地下车站主体结构位于淤泥软土地层和地下水丰富地区时,车站站厅公共区与乘客相邻的外侧墙内侧应设置内防水的离壁墙。墙内下端设集水排水沟,经地漏和排水管排至站台层轨行区排水沟内。

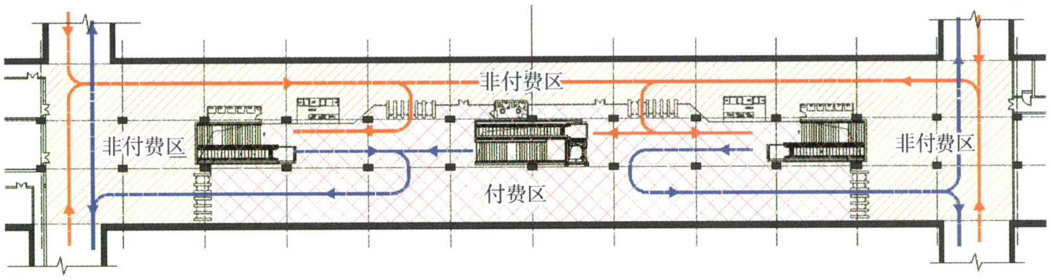

图 13.3-5 地下车站站厅层公共区示意图

(2)设备管理用房区

地下车站的内部功能用房,从工作人员使用频率上,可以将房间分为管理用房和设备用房。管理用房部分一般工作人员使用频率较高,停留时间较长,而设备用房则工作人员使用较少,仅在设备检修和更换时才进入操作。

对于标准车站,将管理用房及大部分设备用房集中布置于站厅层大端,小端布置必要的设备用房,具体要求如下:

1)地下车站管理用房应尽量集中在站厅层一端紧凑布置。管理区内通道及楼梯布置应满足车站防灾要求。

2)路侧高架车站管理用房宜与站厅层合建，路中高架车站管理用房宜放置于路侧。

3)考虑到节能问题，24 h有人值守的房间宜集中布置，并单独配备空调小系统。24 h值守的有人房间含车控室、警务室、安检人员休息室等。

4)对于地下车站除警务室外，所有有人房间宜设置在大端。

(3)设备用房的布置

1)根据弱电专业要求，一般情况下，布置车站设备房间时宜将强弱电设备房间分开布置。

2)设备用房的布置在满足工艺要求的基础上应规模合理、尽量紧凑，要充分利用空间，合理布置管线。

3)要根据设备工艺要求预留好各种孔洞，预埋好各种预埋件，合理布置各类设备基础和排水沟槽，并考虑主要设备至吊装孔的搬运通道。

4)车站设备用房由各专业或系统根据具体情况确定用房指标，大于40 m^2的地下用房，应根据相关系统专业提供的设备平面布置方式，并按照明确的建筑接口条件(如房间净高、装修标准、墙地面开洞、消防要求等)和设备工艺流程灵活合理地进行布置，平面图中需反映设备布置情况。

5)在建筑设计中应满足各专业所提出的各种土建和工艺要求，参照有关地面建筑设计规范和地铁设计规范的要求，以及地铁车站的特点进行设计。

6)有人值守的主要设备、管理用房应集中一端布置，并应在该端分类分区布置，便于日常管理及优化管线敷设条件。如站长室、车控室、多功能室、更衣室、员工卫生间等房间，尽量靠同一条走道两侧布置，设备用房集中布置于另一条走道处，便于日常联络及管线敷设。

7)主要设备管理用房端应设置联系站厅、站台的内部楼梯，便于上下层联系，同时设置直通地面的消防专用通道。

8)设备用房门应尽量与线路方向平行布置，避免门体两侧构造柱对管线敷设造成影响；平行于线路方向的墙体尽量平直且延续，减少对管线空间的分割，便于管线敷设。

9)主体与附属间围护结构形成的围合空间应加以利用。

10)环控机房一般宜设在站厅层两端，冷冻机房及制冷设备宜集中设置在邻近变电所的一端，不应设置于电力、通信、信号等设备房间的正上方。空调机房内需设置地漏，且根据可能出现的最大渗水量设计地漏的管径。当最大负荷热交换设备与变电所不在车站同一端时，也可布置在最大负荷热交换设备的一端，以减少传输损耗和热交换效率下降。

11)环控电控室宜设在环控机房附近。

12)任何给排水管不得穿过电气设备用房。

13)气瓶间设在被保护范围的适中位置，保护距离宜控制在40 m左右。

14)不应在伸缩缝等易出现墙体渗水的位置设置控制箱、风管、风机、风阀等设备。

15)除消火栓箱、气灭控制盘外的其他各专业、系统设备箱体应尽量设在有关房间内部，避免设在设备及管理用房区走廊的墙面上。消火栓箱、气灭控制盘应嵌墙暗装，嵌墙箱体厚度较大时，墙体应局部后退，留出箱体安装空间，墙体、圈梁、构造柱应预留线管、线槽等接线条件。

16)变电所的位置应靠近负荷中心，便于电缆出入和设备运输，且不宜与厕所、泵房等经常积水区相贴邻。

厅层设备大端和小端布置示意图分别如图13.3-6和图13.3-7所示。

13.3.5 站台层设计

1. 站台层的功能

站台是供乘客上、下车及候车的场所。地下车站一般情况下设于车站站厅层以下(高架车站时则反之)站台层布设有楼扶梯及部分设备管理用房。目前，国内车站站台形式以岛式和侧式站台居多。如图13.3-8所示为某站台层公共区域的示意图。

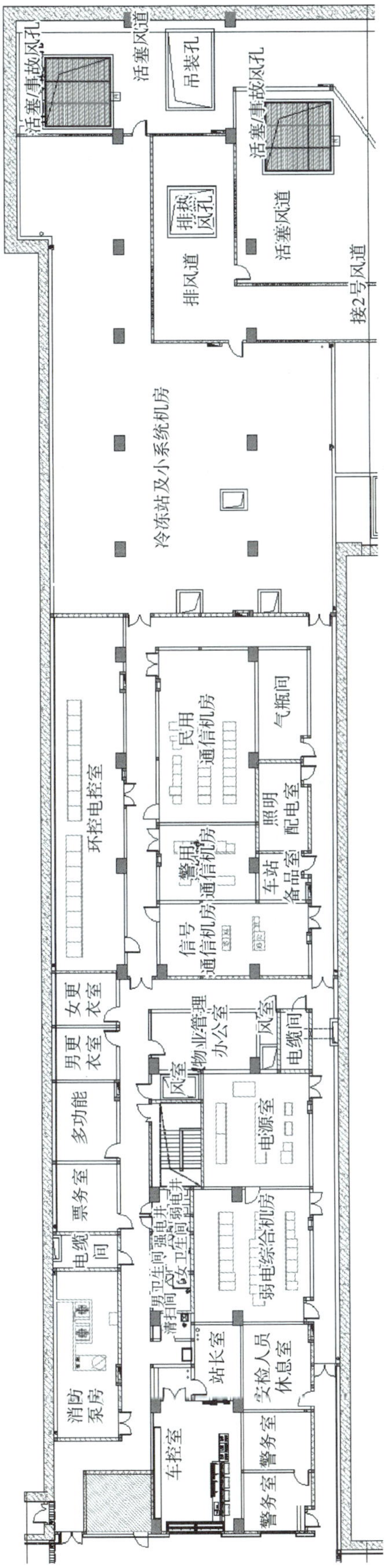

图 13.3-6 厅层设备大端布置示意图

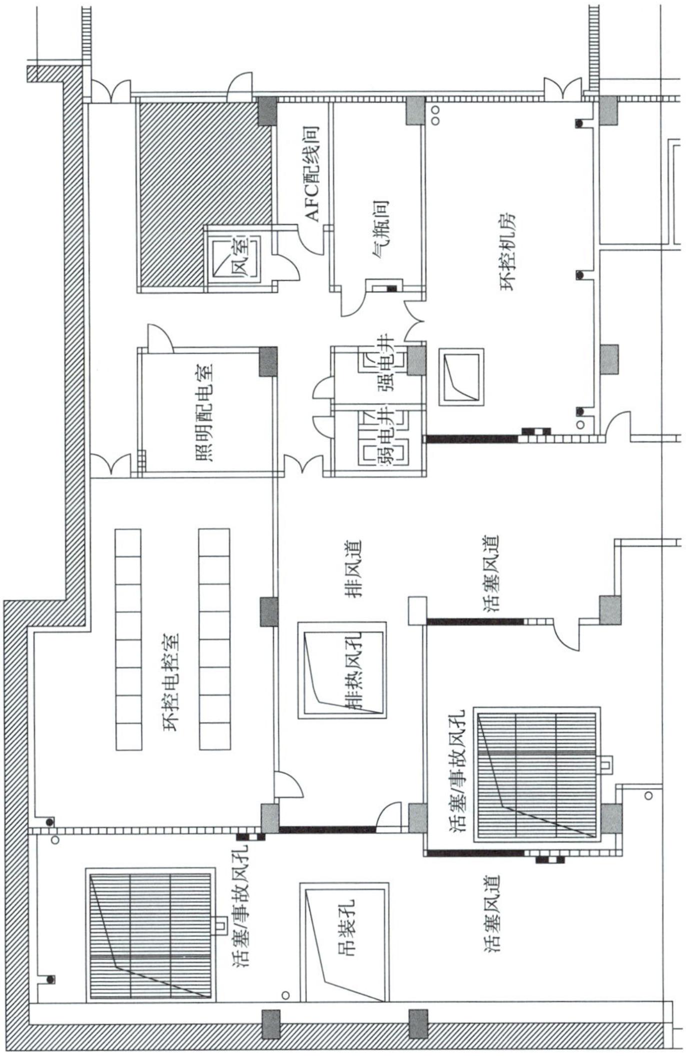

图 12.3-7 厅层设备小端布置示意图

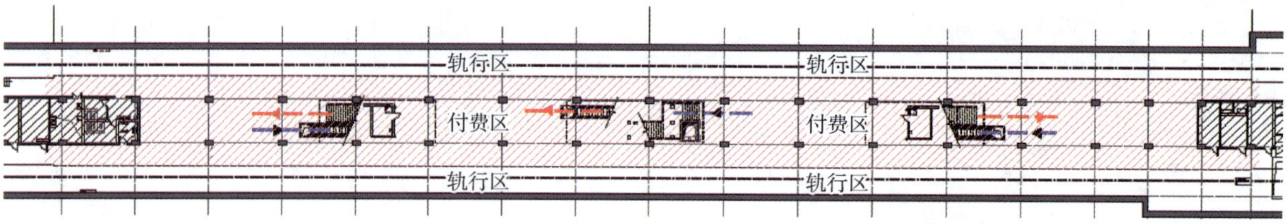

图 13.3-8　站台层公共区示意图

2. 站台计算长度

站台计算长度应采用列车最大编组数的有效长度与停车误差之和。

有效长度在无站台门的站台应为列车首末两节车辆司机室门外侧之间的长度；有站台门的站台应为列车首末两节车辆尽端客室门外侧之间的长度。

停车误差：当无站台门时应取 1～2 m；有站台门时应取±0.3 m 之内。

3. 站台宽度

站台宽度主要根据车站远期预测高峰小时客流量大小、列车运行间隔时间、结构横断面形式、站台形式、设备管理用房布置、楼梯及自动扶梯位置等因素综合考虑确定。

根据《地铁设计规范》(GB 50157—2013)要求，站台宽度按式(13.3-1)～式(13.3-4)进行计算：

岛式站台宽度：
$$B_d = 2b + n \cdot z + t \tag{13.3-1}$$

侧式站台宽度：
$$B_c = b + z + t \tag{13.3-2}$$

$$b = \frac{Q_{上} \cdot \rho}{L} + b_a \tag{13.3-3}$$

$$b = \frac{Q_{上、下} \cdot \rho}{L} + M \tag{13.3-4}$$

式中，b——侧站台宽度(m)，式(13.3-1)和式(13.3-2)中，应取式(13.3-3)和式(13.3-4)中计算结果的较大值；

n——横向柱数；

z——纵梁宽度(含装饰层厚度)(m)，或柱子结构宽度加 200 mm；

t——每组楼梯与自动扶梯宽度之和(含与纵梁间所留空隙)(m)；

$Q_{上}$——远期或客流控制期每列车超高峰小时单侧上车设计客流量(人)；

$Q_{上、下}$——远期或客流控制期每列车超高峰小时单侧上、下车设计客流量(人)；

ρ——站台上人流密度，取 0.33～0.75 m^2/人，一般取 0.5 m^2/人；

L——站台计算长度(m)；

M——站台边缘至站台门立柱内侧距离，无站台门时，取 0(m)；

b_a——站台安全防护带宽度，取 0.4，采用站台门时用 M 代替 b_a 值(m)。

岛式站台的最小宽度为 8 m，岛式站台的侧站台最小宽度为 2.5 m；侧式站台(长向范围内设梯)的侧站台最小宽度为 2.5 m，侧式站台(垂直于侧站台开通道口设梯)的侧站台最小宽度为 3.5 m。

4. 站台缝隙

站台边缘距静止车辆车门处的缝隙，直线段宜为 70 mm(内藏门或外挂门)或 100 mm(塞拉门)，曲线段应在直线段规定值的基础上加不大于 80 mm 的放宽值。

5. 设备用房的布置

对于标准车站，站台层主要布置站台值班室、屏蔽门控制室、车站变电所、污水泵房、废水泵房等必要的设备管理用房，具体要求如下：

(1)设置在站台层两端的设备和管理用房,必要时可伸入站台计算长度内,但不应超过一节车厢长度,且不得侵入侧站台计算宽度,并应满足距梯口或通道口的距离不小于 8 m。计算站台长度以外的通道净宽不小于 1.2 m,且在人员通行的范围内不得有突出物。

(2)车站两端的小站台在司机下车位置应设计活动护栏,地面做防滑处理。

(3)站台层设备用房集中端应在靠近内部楼梯间的附近设置横向走道,便于内部联系,方便管理。

(4)两层或多层的车站应在设备管理用房区内至少设一部供内部工作人员使用的楼梯,两层站设计为封闭楼梯间,当地下车站超过 3 层(含 3 层)时,应设置为防烟楼梯间,此楼梯宜设置在设备及管理用房人员较集中的一端,兼作消防楼梯使用,楼梯净宽不得小于 1.2 m,此宽度内不得布置任何障碍物和设备。此楼梯宽度不计入紧急疏散楼梯宽度。

(5)车站设备用房由各专业或系统根据具体情况确定用房指标,大于 40 m^2 的地下用房,应根据相关系统专业提供的设备平面布置方式,并按照明确的建筑接口条件(如房间净高、装修标准、墙地面开洞、消防要求等)和设备工艺流程灵活、合理的进行布置,平面图中需反映设备布置情况。

(6)处理好车站两端环控用房的设计,以使车站上、下排风道通畅及区间火灾事故的排烟功能充分发挥。

(7)车站变电所(降压变电所、牵引降压混合变电所)应尽量集中布置在车站站台层,变电所夹层高度不小于 1.5 m。若确有困难时,在考虑地铁运营期间内设备进出车站的条件下,可采取以下方式处理:

1)集中设置在设备层。

2)除高压配电室外其余配电部分可设在站厅层。但上、下两部分宜对齐。

3)集中设置在地面或车站外附近的地下空间内。

(8)任何给排水管不得穿过电气设备用房。

(9)站台层两端端头井的大小、立柱位置应满足区间施工工艺所需的尺寸和要求。

(10)综合平衡站台层两端及站台层设备房间的布置,合理控制车站长度。

(11)站台端部下轨行区的楼梯与前方障碍物的距离不应小于 1 200 mm。障碍物包括各类管线及支架、墙体、结构柱、人防门开启范围、设备箱体、凸台等。

(12)根据人防设计要求,车站一端的端墙上设置人防门。

(13)站台板下面近轨行区两侧布置排风道,两排风道中间布置电缆通道,电缆通道净高地下站台时不小于 1 300 mm,高架站时不小于 1 900 mm。

(14)站台板平面应设一定数量的电缆检查孔(平时封盖)。

(15)车站站台宜设在直线上。当设于曲线上时,其站台有效长度范围内的线路曲线最小半径,不设站台门时为 600 m(B 型车)和 800 m(A 型车);设站台门时为 1 000 m(B 型车)和 1 500 m(A 型车)。站台应设在曲线内侧。

(16)站台(屏蔽)门控制室设于车控室一端的下方,消防泵房下方设消防水池,厕所下方设污水池。

(17)车站标高最低端设废水泵房及废水池。

(18)地下站道床排水沟的纵向坡度宜与线路坡度一致。线路平坡地段,排水沟纵坡度不宜小于 2‰。

(19)道床的横向排水坡不宜小于 2.5‰,道岔道床横向排水坡宜为 1%～2%。

站台层设备大端和小端布置分别如图 13.3-9 和图 13.3-10 所示。

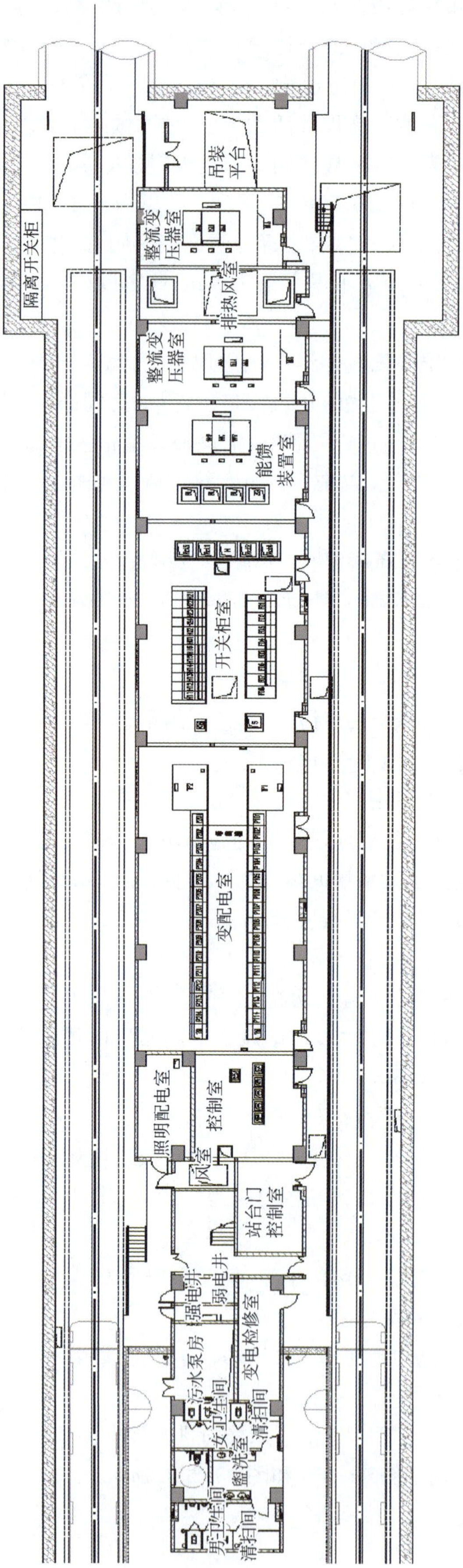

图 13.3-9　站台层设备大端布置示意图

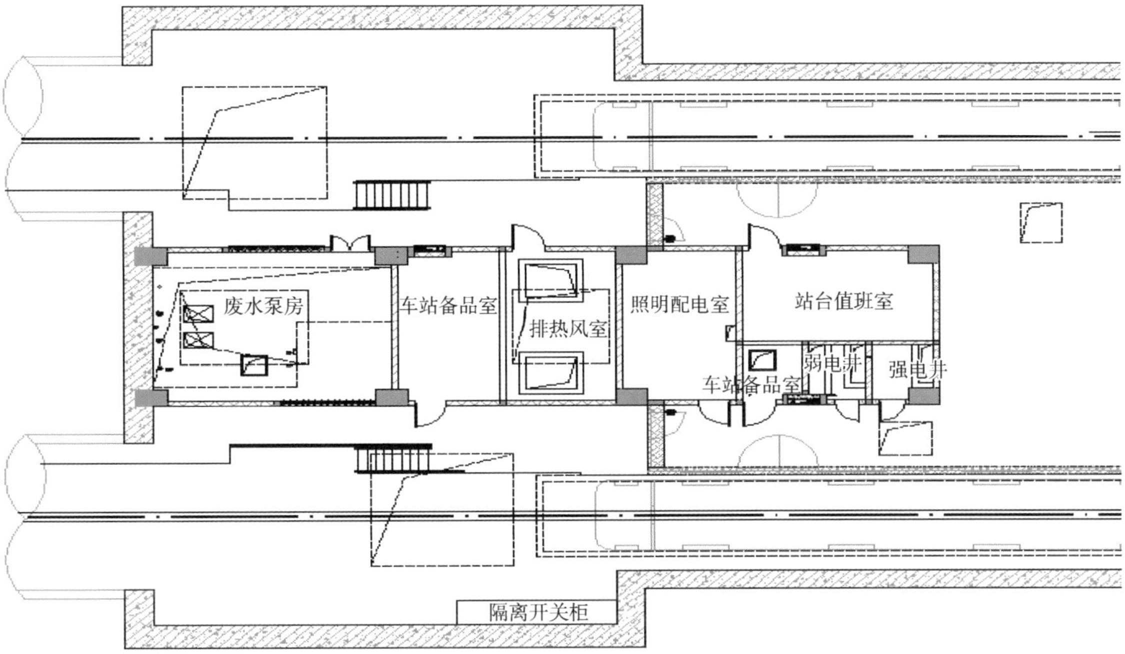

图 13.3-10 站台层设备小端布置示意图

设备管理用房相关参数详见表 13.3-1 所示。

表 13.3-1 设备管理用房参数表

房间类别	房屋名称	车站类别					
		标准站		换乘站		区域站(中心站/折返站)	
		面积(m²)	备注	面积(m²)	备注	面积(m²)	备注
管理用房	车站控制室	45	根据站的规模适当调整	65	是否共用站厅,根据站的规模适当调整	45	根据站的规模适当调整
	值班站长室	15		15		16/15	中心站为 16/折返站为 15
	站区长室(中心站办公室)	—		—		30	仅中心站设置
	警务室	15+15	分为两个套间布置	20+20	分为两个套间布置	20+20	分为两个套间布置,每条线单独设置
	多功能室	25		25		30	
	男/女更衣室	15×2		25×2		25×2	每条线单独设置
	清扫工具间	6×2	站厅站台各一个	6×2	站厅站台各一个	6×2	站厅站台各一个,每条线单独设置
	公共卫生间	50		50		50	每条线单独设置
	工作人员卫生间	8×2	分男女员工卫生间,设置于车控室一侧	8×2	分男女员工卫生间,设置于车控室一侧	8×2	分男女员工卫生间,设置于车控室一侧,每条线单独设置
	站台值班室	12		12		12	每条线单独设置
	物业办公室	20		20		20	每条线单独设置
	司机换班室	—		—		15	仅区域站设置
	车站备品间	20	有条件的车站可以适当增大或分为几个备品间布置	20	有条件的车站可以适当增大或分为几个备品间布置	20	有条件的车站可以适当增大或分为几个备品间布置,每条线单独设置
	安检休息室	15	有条件的车站设置	15	有条件的车站设置	15	每条线单独设置
设备用房	AFC 配线间	10		10		10	
	AFC 票务室	20		20		20	
	屏蔽门控制室	20		20		20	

续上表

房间类别	房屋名称	车站类别					
		标准站		换乘站		区域站(中心站/折返站)	
		面积（m^2）	备注	面积（m^2）	备注	面积（m^2）	备注
设备用房	信号设备室	40	根据站的规模适当调整	40	根据站的规模适当调整	80	根据站的规模适当调整
	商用通信机房	50		50		50	
	警用通信机房	30		30	根据换乘方式及规模适当调整	30	
	通号电缆间	8×2	上下轨行区各一个	8×2	上下轨行区各一个	8×2	上下轨行区各一个
	弱电电缆井	3×4	站厅站台每端各设一个	3×4	站厅站台每端各设一个	3×4	站厅站台每端各设一个
	强电电缆井	3×4	站厅站台每端各设一个	3×4	站厅站台每端各设一个	3×4	站厅站台每端各设一个
	照明配电室	15	站厅站台每端各设一个	15	站厅站台每端各设一个	15	站厅站台每端各设一个
	气瓶间	15～25	大于8个保护区时为25 m^2	15～25	大于8个保护区时为25 m^2	15～25	大于8个保护区时为25 m^2
	消防泵房	30		60		40	
	污水泵房	20		20		20	
	废水泵房	20		20		20	
	环控电控室	80×2	车站两端各设一个	80×2	车站两端各设一个	80×2	车站两端各设一个
	弱电综合机房	80		80		80	
	牵引降压混合变电所	满足设备布置要求		满足设备布置要求		满足设备布置要求	
	降压变电所	满足设备布置要求		满足设备布置要求		满足设备布置要求	
	通风空调机房（含通风空调机房、冷冻机房、隧道风机）	满足设备布置要求		满足设备布置要求		满足设备布置要求	
工区设备用房	供电维修间(工区)	—		20	结合运营需要	20	结合运营需要
	机电维修间(工区)	—		20	结合运营需要	20	结合运营需要
	工务间(用房)	15		20		20	
综合维修工区办公及物资库房	信号工区	—		—		25	终点站设置，工区尽量相邻，物资库房相邻
	信号物资库房	—		—		20	
	供电工区	—		—		25	
	供电物资库房	—		—		20	
	工务工区	—		—		25	
	工务物资库房	—		—		20	

注：—表示可以不布置该房间。

由于各城市设备管理用房房间名称及面积略有不同，本表仅供参考。

13.3.6 地下车站柱网

(1)明挖、暗挖工法地下车站主体结构中间支柱均为钢筋混凝土支柱，柱子断面位于公共区者为圆形、矩形、八角形、方形等，位于设备管理区则一般为长方形。

(2)纵向柱网

1)明挖车站

①公共区：一般为8.0～9.0 m，或按列车编组A或B型车门尺寸时分别为9.12 m或9.75 m。

②设备管理区：根据平面墙体布置确定，一般 3.0～6.0 m。

2)暗挖车站

①公共区：一般 6.0 m 左右。

②设备管理区：根据平面墙体布置确定，一般 3.0～6.0 m。

(3)横向柱网

对于明挖和暗挖车站来说，横向柱距的设置相同。

①岛式车站：站台宽 8.0～10.5 m 时，站台上设单柱、双跨；站台宽 11.0～14.0 m 时，站台上设双柱、三跨。

②侧式站台：根据侧式站宽度和线间距大小决定沿侧式站台是否设柱。

(4)地下车站一般情况下站台柱子设于站中部，侧站台是顺畅无柱的，但特殊情况下亦有柱子位于站台的侧站台边缘，应采取必要的措施，以保证运营安全。

13.3.7 技术要求和各部位通过能力

车站相关技术要求和各部位通过能力、最小宽度和高度详见现行国家标准《地铁设计规范》(GB 50517)和《城市轨道交通技术规范》(GB 50490)。

13.3.8 车站竖向设计

1. 车站竖向布置一般规律

(1)地下站、地面站

1)地下二层站：地下一层为站厅层，地下二层为站台层。

特殊情况：倒厅车站(地下一层为站台层、地下二层为站厅层)。

2)地下三层(四层、五层)站：地下一层为站厅层、地下二层(三层、四层)为设备层、地下三层(四层、五层)为站台层。

特殊情况：地下一层为商业开发或夹层，地下二层以下为车站功能区域。

3)地下一层站

①地下一层侧式站：地下一层兼顾站厅及站台功能，两侧站台外侧为非付费区，接出入口出地面。

②地下一层、地面一层站：地下一层为站台层，地面层为站厅层。

4)地面站：站厅站台同设地面层，设备及管理用房尽可能设于轨道一侧。

(2)高架站

1)高架二层站：地面层多为站厅层，地上二层为轨道层(路侧布置)。

2)高架三层站：地面层为架空层、变配电站，地上二层为站厅层，地上三层为站台层。

(3)路堑式车站

地面层为站厅层及设备管理用房，路堑内布置站台层及局部设备用房。

2. 车站竖向设计

(1)相对标高的确定

1)地下站相对标高：多以站台层装修完成面为±0.000。

2)地面站相对标高：多以地面层室内装修完成面为±0.000。

3)高架站相对标高：多以站台层装修完成面为±0.000。

(2)车站各部位最小高度

1)地下站厅公共区(地面装饰层面至吊顶面)最小高度：3 m。

2)高架车站站厅层公共区(地面装饰层面至梁底面)最小高度：2.6 m。

3)地下车站站台公共区(地面装饰层面至吊顶面)最小高度：3 m。

4)地面、高架车站站台公共区(地面装饰层面至风雨棚底面)最小高度：2.6 m。

5)站台、站厅管理用房(地面装饰层面至吊顶面)最小高度：2.4 m。

6)通道或天桥(地面装饰层面至吊顶面)最小高度：2.4 m。

7)公共区楼梯和自动扶梯(踏步面沿口至吊顶面)最小高度:2.3 m。

13.4 车站环境设计

13.4.1 概　　述

地铁车站内的空间环境设计,其实是空间设计下属的细化类别。确切地说是城市公共空间设计的一部分。随着现代生活节奏的加快以及人们审美水平的提高,对地铁车站空间环境的要求越来越高。因此现阶段的地铁车站空间环境设计要从多个方面,系统地加以规划和设计,以满足社会发展的需要。

车站环境的设计包含了建筑的外装修设计,室内环境设计(含减振、降噪措施),装修材料的选用,装饰施工工艺技术的选用,以及路引、导向、标志、广告等方面设计。

13.4.2 设计原则

(1)地下车站的环境设计应简洁、明快、大方,易于识别,装修适度,充分利用结构的天然美,体现现代交通建筑的特点,并兼顾城市的人文环境和地域特色。地面、高架车站应与周边环境相协调,并宜减少体量和使其具有良好的空透性。

(2)地下车站的装修设计,宜体现原有结构特点和空间形式。

(3)装修材料应采用防火、防潮、防腐、无毒、耐久、易清洁且放射性指标满足国家标准规定的环保材料,装饰品宜标准化、模数化和便于清洁维修,可能条件下兼顾吸声。地面和楼梯踏步材料应防滑耐磨。

(4)装修材料应符合现行国家标准《建筑内部装修设计防火规范》(GB 50222)及《地铁设计规范》(GB 50157)的要求。

(5)照明灯具应节能、耐久,宜采用深罩明露式,便于更换、清洁和保养。敞式风雨棚的地面和高架车站应选用防潮、防尘、抗风的灯具。

(6)有噪声源的房间,应采取隔声、吸声措施,房门应采用隔声门。当有防火要求时,应采用防火隔声门。

(7)车站内的各种导向、消防、安全疏散、服务乘客标志应符合下列规定:

1)标志应采用统一标准和规格,并应符合现行国家标准的规定。

2)导向标志应连续设置在车站公共区的站台、楼扶梯、站厅、换乘通道、出入口等处。其安装位置、表达方式及内容应全线统一,尺度应适度,高、宽比例及色彩应符合乘客的视觉要求。各线列车车辆和站台上开行方向的指示牌色带应符合既定的色彩。

3)各类标志系统所显示的信息应简明。系统内所有标志的用语、含义、字形、符号、颜色、配备及间距应与规范一致,并应提高各种标志字形、符号颜色与背景的对比度和分辨率;其大小、安装高度、颜色及显示内容应与车站空间及背景协调。

4)车站公共区内可适度设置广告,其位置、色彩不得干扰导向标志、消防安全疏散标志和服务乘客标志,各类标志系统的设置应优先于广告。功能性提示标志装置应与广告看板及展示的艺术品适度区分。

5)标志的构造应牢固,并应方便维修和更换。

6)导向系统的布置与照明灯具应协调统一,其安装高度应避免眩光和视线遮挡。

7)地面、高架车站的运营服务导向系统和公共服务导向可采用外置光源照明方式。

(8)消防安全疏散标志应符合下列规定:

1) 消防安全疏散标志应采用“安全出口”作为指示标志的内置灯光指示,并应采用不燃材料制成的保护罩。

2)消防安全疏散标志应设在醒目位置, 疏散标志的字形、颜色、大小应醒目、简洁、明确,清晰可辨,表达方式应统一。

3)消防安全疏散标志其要求应符合现行国家标准《消防安全标志》(GB 13495)、《消防应急照明和疏散指示系统》(GB 17945)和各城市地方标准。

(9)不设置封闭站台门的车站,车站轨道区应采取吸声处理。

(10)地面、高架车站应采取噪声、振动的综合防治措施。当采用声屏障时，应同时满足功能和城市景观要求。

13.5 垂直交通设施

乘客在车站内乘车过程中，不仅在水平方向，而且还需在垂直方向移动。因为车站的乘降站台，处于地下一定深度或地面以上一定高度，车站必须具有满足乘客需要的垂直升降设施。常用升降设施一般采用楼梯、自动扶梯、垂直电梯三种。

残障人士使用的乘降平台和水平自动运输扶梯在较少或特殊情况下使用。

13.5.1 楼　梯

地铁车站中人行楼梯是最常用的一种竖向交通形式。楼梯主要考虑的尺寸是踏步的高和宽。目前，楼梯采用的踏步高为 135～150 mm，踏步宽为 300～340 mm，楼梯每梯段不应超过 18 级，不得少于 3 级。休息平台长度为 1 200～1 800 mm，楼梯最小宽度单向通行时为 1 800 mm，双向通行时为 2 400 mm。当楼梯净宽度大于 3 600 mm 时，中间应设置栏杆扶手。踏步至顶板的净高不应低于 2 400 mm。楼梯水平栏杆的高度不宜小于 1 100 mm，梯段侧扶手高度为 900 mm。在车站设备用房区内，上下层之间至少应设一座内部疏散和消防楼梯。

站厅层至站台层供乘客使用的楼梯应设在车站付费区内。楼梯倾角一般采用 26°34′(踏步尺寸为 150 mm×300 mm)，内部楼梯踏步尺寸约为 160 mm×260 mm。

13.5.2 自动扶梯

车站中，自动扶梯是最便利、最迅速的垂直运输设备。扶梯的设置条件和标准应与地铁线路客流量大小及城市经济能力有关。车站出入口、站台至站厅层一般应设置上、下行自动扶梯，自动扶梯的倾斜角度一般为 30°或 27.3°，扶梯输送速度可采用 0.5 m/s 或 0.65 m/s。有效净宽为 1.0 m，设计通过能力按相关规范考虑。站厅层供乘客至站台层使用的自动扶梯应设在付费区内。出入口处暴露在室外环境下时，自动扶梯应采用防水型自动扶梯，并宜加设顶棚和维护装置。

13.5.3 楼扶梯的设置

1. 车站公共区站台至站厅的楼扶梯设置要求

(1)地下二层车站及站厅设于地下二层的三层车站，站台上的楼扶梯宜按 2 节车厢对应一组楼扶梯均衡设置，站台至站厅的楼扶梯数量不宜小于 2 部。

(2)提升高度不小于 5.1 m 时，应设上、下自动扶梯。

(3)与一部上行或下行扶梯并列设置的楼梯净宽不宜小于 2.4 m。

(4)两自动扶梯相对布置时，自动扶梯工作点间距离不小于 16 m。自动扶梯工作点至墙的距离：站厅层不小于 8.5 m，出入口不小于 6 m。自动扶梯与楼梯相对布置时，其间距不宜小于 12 m。自动扶梯工作点距检票口的距离不应小于 10 m。

(5)站台至站厅层应至少设一处上、下行自动扶梯。

2. 车站出入口楼扶梯的设置要求

出入口应设置上下行自动扶梯及 1 部净宽不小于 1.8 m 的楼梯。当条件受限制时，应设上行自动扶梯和净宽不小于 2.4 m 的楼梯。楼扶梯的位置应符合进出站流线要求。在设置双向自动扶梯困难且提升高度不大于 10 m 时，可仅设上行自动扶梯。每座车站应至少有一处出入口设上、下行自动扶梯。

13.5.4 垂直电梯与无障碍通道

《地铁设计规范》(GB 50157—2013)规定，地铁车站为乘客服务的各类设施，均应满足无障碍通行的要求，为残障人士乘坐地铁提供便利。车站公共区站台至站厅、站厅至地面应设置无障碍电梯。无障碍电梯宜设置于付费区内，检票口应满足无障碍通行的需要。无障碍电梯门前等候区设置安全栏杆，且深度不宜小于 1.8 m，当条件困难时等候区门可正对轨道区，但门前等候区不得侵占站台计算长度内的侧站台宽度。

无障碍电梯井出地面部分应采取防淹措施。电梯平台与室外地面高差处应设置坡道，并应符合现行国家标准《无障碍设计规范》(GB 50763)的有关规定。

13.6 出入口设计

车站出入口是连接车站与外界的建筑物，是乘客出入车站集散和换乘的通道。因此，地铁车站出入口的设计非常重要。

车站出入口的位置的确定，取决于车站周边的地形和所处区域的具体条件，并应满足城市规划和交通要求，宜尽量减少地面建筑物的拆迁和既有管线的改移。

车站地面出入口常见的形式有全封闭、半封闭和敞口等形式，又分独建和合建。出入口形式的选定和造型，应根据车站周边环境和周边的建筑物相呼应而定，全线宜具有共性。车站出入口布置首先应保证地下通道的顺畅，另一方面应与主客流方向相一致，以尽量多地吸引地面客流。与地面交通换乘方便的地方，宜与过街天桥、过街地道、地下街、邻近公共建筑物相结合或联通，统一规划，同步或分期实施。

车站出入口兼作过街地道或天桥的通道宽度，以及站厅非付费区的相应部位应计入客流量，并进行通过能力计算。出入口通道与过街地道、地下街或邻近建筑连接时，应采取夜间停运时的隔离措施。

车站出入口的数量，应根据分向客流和疏散要求设置，每座车站一般设 3 或 4 个出入口。当车站客流较小或设置条件困难的情况时，可酌情减少，但不应少于 2 处。2 个出入口时，则必须在车站内设置为对角方式。

车站每个出入口通道的宽度应按远期或客流控制期分向设计客流量来计算。根据车站性质及周边情况乘以 1.1～1.25 的不均匀系数计算确定。当某一方向出入口宽度不能满足分向客流要求时，应调整其他出入口的宽度，以满足设计客流量的通过。兼有过街通道功能时，其宽度计算应考虑过街客流。

地面出入口建筑位置应有利于吸引和疏散客流。独立地面出入口建筑应符合城市规划部门对景观要求。全线建筑形式应统一，并有良好的标识性。设于城市建成区以外的地面出入口建筑应退出道路红线外不小于 3 m，条件困难时，可压道路红线设置。

设于道路两侧地面建筑宜平行道路红线设置，当地面出入口建筑开口方向垂直于主干道设置时，开口平台前缘与路缘石边缘的最小距离不应小于出入口宽度的 1.2 倍，且不得小于 6.0 m；设在城市主干道交叉路口的出入口地面亭，其开口不宜朝向道路交叉口。条件困难必须设置时，可退入道路红线，并应征得有关部门的同意。

出入口通道设计应便捷、顺直，通道的弯折不宜超过 3 处，内折角不宜小于 90°，小于 90°时，应采取抹角等扩大空间措施，有利于客流的疏散。当通道长度超过 100 m 时，应在中间加设消防出入口和必要的通风排烟措施，以满足消防疏散要求。同时，也可考虑设置自动人行道，当设置水平自动运输扶梯时，应保留人行道同时存在。

出入口通道地面纵坡宜平缓，条件受限时，纵坡不得大于 5%，且水平连续长度不得超过 30 m，超过时应设长度不小于 3 m 的平坡段。位于人防门开启的地坪宜为平坡或向门扇开启方向找坡。出入口通道内不宜设置台阶，无法避免时，台阶数不得少于 3 级。出入口楼、扶梯下端应设置截水沟，通道地面应向截水沟方向找不小于 0.3%纵坡。截水沟两端应设挡水墙，其长度应超出截水沟 0.5 m。

长度小于 60 m 的地下车站出入口通道，吊顶内的净空应满足设备管线和照明器的敷设要求。出入口通道长度大于 60 m 时，应采取通风排烟措施，水平通道和楼、扶梯段斜通道的吊顶内净空应满足排烟风管敷设要求。

地下车站地面出入口建筑、消防出入口和无障碍电梯地面厅的标高，应高出室外地面 300～450 mm。标高应根据规划道路标高确定，并应满足当地防淹要求。当无法满足当地防淹要求时，应设防淹闸槽。闸槽可根据当地最高积水位确定。

车站出入口和地面建筑合建时，在出入口和地面建筑之间应采取防火分隔措施，以确保乘客的疏散。独立建的出入口地面建筑与周围建筑物之间的距离应满足防火、环保（噪声和空气污染）要求。

地面出入口建筑周边应设置自行车存放、绿化、集散场地。

地面出入口建筑应能防雨、飘雨进入，敞开式出入口应采取防滑、雨水集水、泄水功能。

13.7 风亭设计

13.7.1 车站风亭

车站风亭是地下车站及区间与外界进行空气交换的端口，是地铁通风、空调系统不可缺少的部分。地下车站按通风、空调工艺要求，一般需设活塞风井、进风井和排风井。由于风井体量较大，个数也多，其总图设计时不容忽视。

为了城市景观要求，在满足功能的前提下，根据地面建筑的现场条件或规划要求，风亭可集中或分散布置，且尽量与地面建筑相结合。但被结合建筑物应满足地铁风亭的技术要求。处于景观要求较高的地区，其风亭应做成顶部敞口式的低风亭，并考虑风井和排水设施。风亭应设检查门，井内应设置供维修用的铁爬梯。

风亭的设计应满足如下要求：

(1)风亭的位置应选择在地形开阔、空气流通、外界环境污染不超标，亦不阻塞交通的地方。风亭露出地面时要加强景观设计。地面新风亭应设在空气洁净的地方，风口周围 30 m 范围内不得设置垃圾收集站或公共厕所。周围 100 m 范围内不得设置产生有毒、有害气体和恶臭气体的烟尘、粉尘、污水等排放点。

下沉广场内不宜采用风口向上的敞口低风亭，应利用地坪高差在侧墙上设置风口。

排风亭、进风亭及出入口的布置宜符合城市主导风向，进风亭的风口和出入口地面亭的门窗洞口宜设在排风口的上风侧，排风口宜避开西北方向。

(2)顶面敞口低风亭应符合下列规定：

1)排风井、活塞风井与进风井和车站出入口之间的水平距离不应小于 10 m。

2)活塞风井风口之间以及排风井与活塞风井风口之间的水平距离不得小于 5 m。

3)风井下沿距地面最低高度应满足防淹要求且不得低于 1.1 m。

4)风井应采取防坠落和防盗措施，风井四周应设不少于 3 m 宽的绿化隔离带，风井底部应设集水排水设施。

5)采用敞口低风井的排风井和活塞风井，宜设置在地下车站出入口、进风井的常年主导风向的下风侧。

(3)高风亭采用侧面开设风口风亭时应符合下列规定：

1)进风、排风、活塞风口之间的水平净距离不应小于 5 m，且进风与排风、进风与塞风口应错开方向布置，或排风、活塞风口高于进风口的垂直高度不宜小于 5 m。

2)距离风亭风口 5 m 范围内不应有障碍物阻挡风口。

3)风口设于路边时，风口格栅底部距地面高度不应小于 2 m。当布设在城市绿地内时，高度不应小于 1.1 m，并应满足防淹有关要求。

当风亭在事故工况下用于排烟时，其风亭的排烟口与进风口，以及出入口地面亭门窗洞口的水平距离不小于 10 m；当直线距离不足 10 m 时，排烟风亭的排烟口宜高于进风口及出入口地面亭门窗口 5 m。

风亭与地块建筑结合时，风亭宜设置在建筑物的顶层或转角处。风亭的井道与结合的建筑应用耐火极限不低于 2 h 的实体墙分隔。建筑物外墙在车站风口周围 5 m 以内不得开门、窗洞口，必须开设窗时，外窗应设固定乙级防火窗。

风亭口部与其他建筑物口部之间的距离应满足防火及环保要求。

13.7.2 区间风亭

在长大区间隧道内，按照设计行车密度计算，出现在同一区间、同一方向上有 2 列或 3 列车同时运行时，应在区间中间设置中间风道。地下部分由风机房、垂直风井、疏散楼梯间、区间联络通道、下区间平台及小楼梯等组成；地上建筑由排风井、出入口、楼梯间等组成。区间风亭建筑设计要求如下：

(1)地下风井建筑耐火等级为一级，地下建筑物的墙体、楼板、楼梯采用钢筋混凝土材料。

(2)上、下行线路之间的联络通道内设宽度不小于 1 200 mm 的并列反向开启的甲级钢质防火门，门扇的开启不得侵入限界。

(3)风机房的平面组成和面积，应根据通风工艺要求而定，风机房设钢质防火密闭门。平面中各防火门开启方向均应双向开启。风机房、风井地面设排水沟或集水坑，风井壁设检修铁爬梯。

(4)下轨道的平台、楼梯设 1 100 mm 高水平栏杆，楼梯宽不小于 1 100 mm，梯段斜栏杆高 900 mm，踏步尺寸(240～280) mm×(160～180) mm(宽×高)，梯段下端第一级前应保持 1 200 mm 深度内无障碍物(含电缆)。

(5)地下风机房通向地面风亭的楼梯间应设有防烟前室。楼梯间每层均应设防烟前室，并正压送风。

(6)地面风亭建筑耐火等级不低于二级。墙体可为砌体结构，钢筋混凝土屋面，入口外开防火门。室内外高差不小于 450 mm，并设有防淹措施。外墙四周设混凝土散水。

(7)地面风亭一般选址在地形较高，无水淹浸泡地点。入口处应有疏散道路与城市相通。风亭周边应设安保防护栏杆，防止无关人员靠近。向上开口的风井应加设安全防护网。

13.7.3 冷却塔

(1)冷却塔应设在通风良好的地方，并不宜采用下沉式。当条件受限或有特殊景观要求时，可采用下沉式，但应满足通风、防水、排水和防止人员跌落要求。

(2)冷却塔的造型、色彩、装饰材质及位置应符合城市规划、景观及环保要求。

(3)安装在室外的冷却塔周围应设护栏，护栏与冷却塔之间的距离不应小于 1.0 m。

(4)安装在楼房屋顶上的冷却塔周围应有安全检修和维护空间，冷却塔的检修口不应朝向屋顶悬空处，塔体外侧与屋面边缘女儿墙或护栏的水平距离不宜小于 2 m。

(5)冷却塔的位置应避开城市环境敏感区，与建筑物的控制距离应符合有关规定。当冷却塔与建筑物的控制距离不能满足要求时，应根据环评要求采取相应措施。

13.8 换乘站设计

换乘站是线网构架中各条线路的交织点，是提供乘客转线换乘的车站。换乘方式对轨道交通线网的整体影响巨大。换乘方式的选择首先取决于线路的走向和相互交织形式。换乘形式主要有平行换乘(含站厅平行换乘和同站平行换乘)、站台点式换乘(含“十”字形换乘、“T”形换乘、“L”形换乘)、通道换乘、组合换乘、站外换乘等。

车站换乘形式应根据规划线网的走向及线路敷设方式确定。换乘设施的通过能力应满足超高峰设计换乘客流量的需要，且换乘车站应采用付费区内换乘。

对预留的换乘节点，相邻车站及相应的区间的线位、站位应稳定，预留换乘节点两侧应留出不小于 500 mm 的余量。

对于同步实施的换乘车站，车站内用房、设备和设施等资源应共享。

换乘站应结合换乘方式，拟定线位、线间距、线路坡度和轨面高程；相交线路临近一站一区间宜同步设计，为后期车站的建设创造条件。

13.8.1 “十”字形换乘

“十”字形换乘是节点换乘的一种形式，分为岛岛、岛侧、侧侧三种布局，如图 13.8-1 所示。

1. 岛岛“十”字换乘

两个岛式站台车站平面呈“十”字相交，共用站厅，两站的岛式站台呈“十”字交叉状。换乘点位于“十”字单交叉中心的一点。

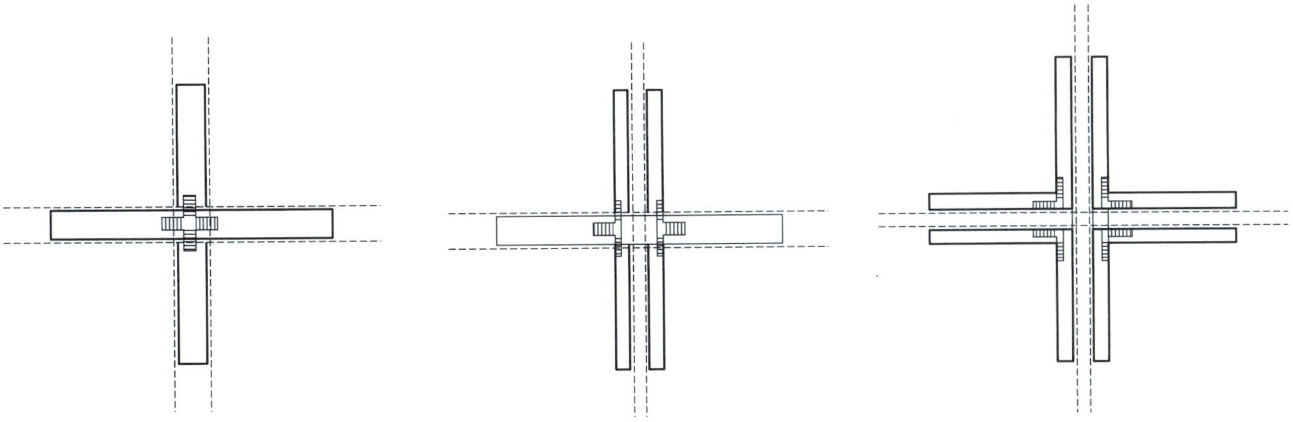

(a) 岛岛换乘示意图 (b) 岛侧换乘示意图 (c) 侧侧换乘示意图

图 13.8-1 “十”字形换乘

2. 岛侧“十”字换乘

一个岛式站台车站和一个侧式站台车站平面呈十字相交，共用站厅，换乘点位于岛式站台与侧式站台呈“十”字双交叉的两点。

3. 侧侧“十”字换乘

两个侧式站台车站平面呈“十”字相交，共用站厅，两站的侧式站台呈“十”字交叉状。换乘点位于“十”字交叉点的四点。

“十”字形换乘的特点：两车站平面呈“十”字形相交，换乘楼梯位于站台“十”字交叉处，乘客通过换乘楼梯在付费区中心附近进行换乘。其中岛岛换乘集中在一点，仅一点换乘，通过能力有限；岛侧换乘为两点换乘，对换乘较为有利；侧侧换乘为四点换乘，换乘容量大。但是由于侧式站台车站的设置受到线路等多方面因素控制，所以岛侧换乘和侧侧换乘较少采用。

“十”字形换乘车站换乘距离较近，由于受换乘楼梯通过量的限制，换乘量有一定局限，容易瞬间造成换乘节点的客流拥堵。对于客流量较大，高峰客流、突发客流较为集中的车站应慎重采用这种换乘形式。也可以考虑换乘节点只进行单方向换乘，另一方向换乘在站厅进行。

13.8.2 “T”形换乘

“T”形换乘也可分为岛岛与岛侧换乘等形式，站台形式与“十”字形换乘类似，如图 13.8-2 所示。两线相交，同期实施，其一条线路的车站有效站台端部与另一条线路车站有效站台中部衔接形成“T”形换乘形式。

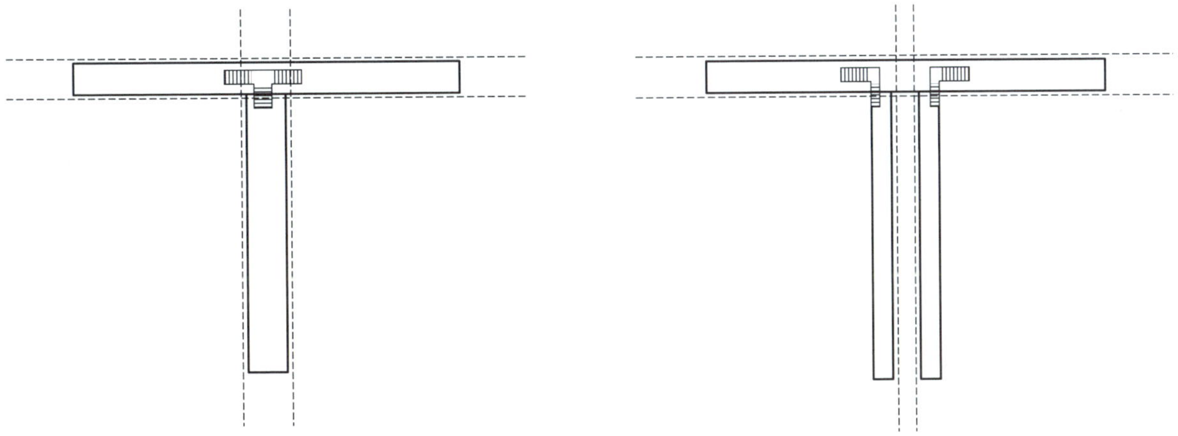

(a) 岛岛换乘示意图 (b) 岛侧换乘示意图

图 13.8-2 “T”形换乘

“T”形换乘的特点：与“十”字形换乘相同，乘客通过楼梯进行换乘。有效站台“T”形相交，换乘楼梯“T”形设置，相对于“十”字形换乘，其换乘距离稍远，具有一定的客流缓冲空间。这种换乘方式在实际运用当中通常采用单向换乘，合理设置楼扶梯，做好换乘导向标识，控制换乘客流，可满足较大换乘车站的需求。“T”形换乘楼梯宜设置在有效站台长度之外，呈脱离式换乘，这样可以尽量将换乘通道做宽。

13.8.3 “L”形换乘

两线相交，同期实施，其一条线路车站有效站台端部与另一条线路车站有效站台端部衔接形成“L”形换乘形式，如图 13.8-3 所示。

“L”形换乘的特点：与“十”字形换乘相同，换乘高差一般为 6 m 左右，乘客通过楼梯进行换乘。有效站台“L”形搭接，换乘楼梯“L”形设置，相对于“十”字形换乘其换乘距离较远，具有较大的客流缓冲空间。

这种换乘方式在实际运用中通常采用单向换乘，合理设置楼扶梯，做好换乘导向标识，控制换乘客流，可满足较大换乘车站的需求。与“十”字形、“T”形换乘相同，当某线暂缓修建时，节点换乘的车站由于受预留线路的限界、净空及线路位置的制约，要求对预留线要有必要的研究并达到一定的设计深度，并须做好站台交叉处的节点预留，为后期车站的建设创造条件。

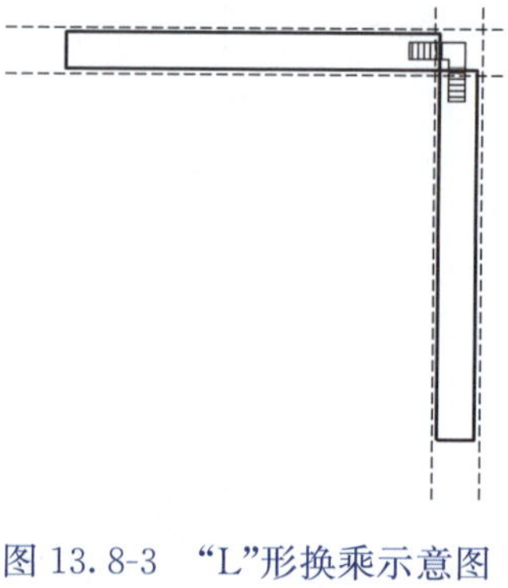

图 13.8-3 “L”形换乘示意图

13.8.4 同台换乘

同台换乘有重叠侧式同台换乘和平面换乘两种形式。

1. 重叠侧式同台换乘

这种换乘方式的一条线车站为上下两层重叠侧式。两条重叠侧式车站合为上下重叠的岛式站台车站，共用站厅层，同侧上下层为同一条线的上下行线，同一平面的两条路线一个方向可以十分方便地进行换乘，换乘直接距离短，换乘量大，换乘便捷，如图 13.8-4 所示。

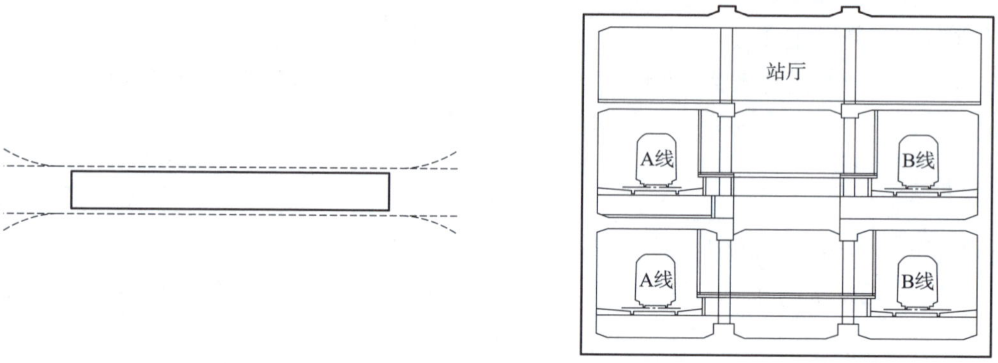

(a) 平面示意图 (b) 剖面示意图

图 13.8-4 重叠侧式同台换乘

车站的横向换乘客流会与从站厅层下来的换乘客流产生纵横交叉，客流容易在站台层拥堵，如采用这种换乘形式宜将换乘客流量大的方向设置在地下三层。因为地下三层楼扶梯对公共区面积的影响比较小。若采用该种换乘方式，为了满足蓄客的要求以避免拥堵，站台宽度应适当加大，建议不小于 14 m。

2. 平面换乘

共用站厅层进行换乘或将各站厅层相互连通进行换乘，乘客需各上下一次楼扶梯。两线站台水平平行的换乘方式有两种换乘形式，可以为双岛式站台（如图 13.8-5 所示），也可以为岛侧式站台（如图 13.8-6 所示）通过站厅层来换乘，可以两线或多线换乘。客流组织简单，换乘速度快，对引导标志的设置要求较高。

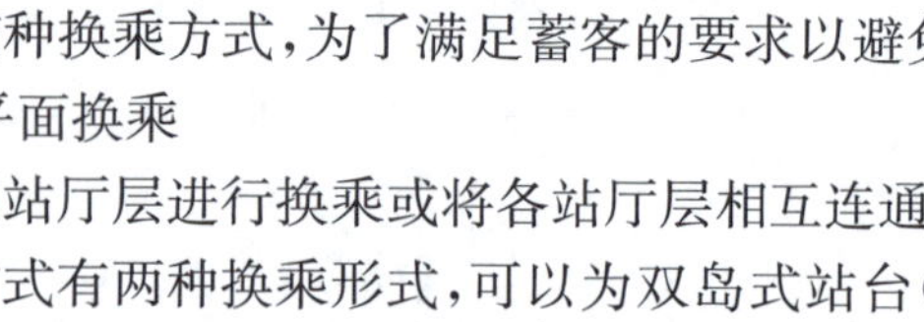

图 13.8-5 双岛换乘示意图

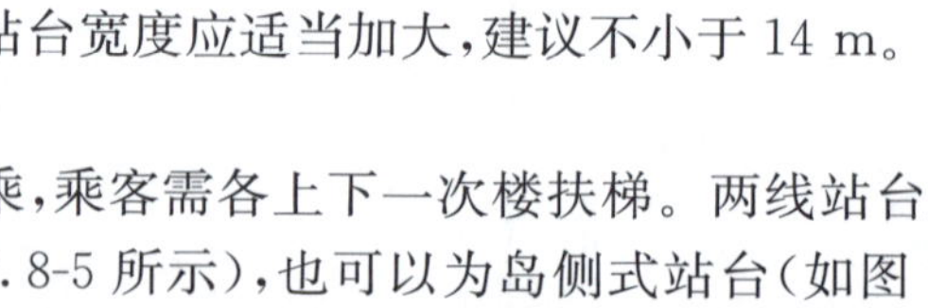

图 13.8-6 岛侧换乘示意图

13.8.5 重叠岛式上下换乘

换乘的两条线均为岛式站台，上下重叠，换乘客流通过楼扶梯上下换乘，站厅层需设置直达地下三层的楼扶梯，如图 13.8-7 所示。此种换乘形式不需要将区间线路由平面布设改为立体重叠布设，但换乘客流均集中在站台进行，对站台宽度的要求较高，一般不小于 14 m，对换乘集中的车站慎用。

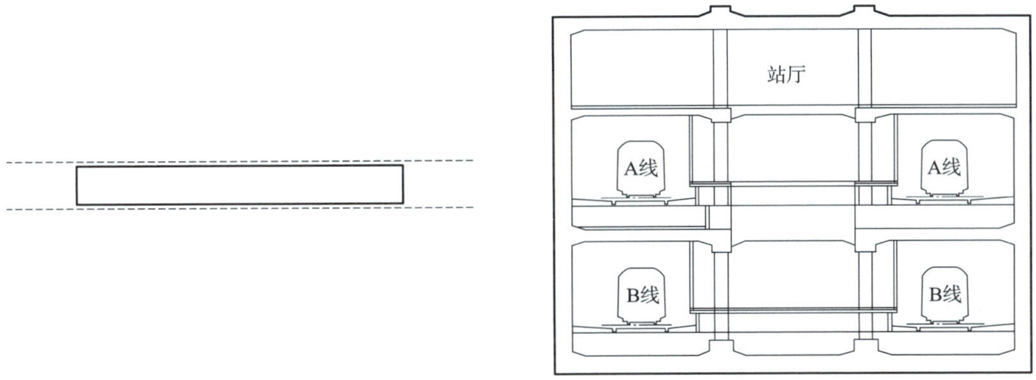

(a) 平面示意图　　(b) 剖面示意图

图 13.8-7　重叠岛式上下换乘

13.8.6 通道换乘

两线区间相交，分期实施，两线间通过站厅间的通道衔接形成通道换乘形式，如图 13.8-8 所示。

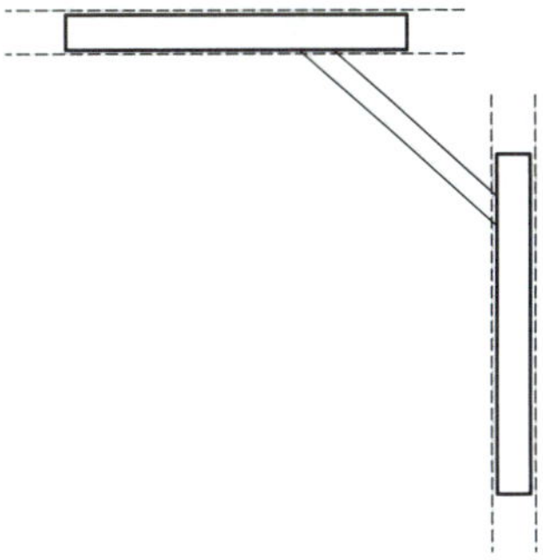

图 13.8-8　通道换乘示意图

通道换乘可分为两个方向的换乘人流使用同一通道的单通道换乘和两个方向的换乘人流分离的双通道换乘，或多通道把两个或多个车站连通达到付费区换乘。

通道换乘通常是对已建线路进行换乘所采取的一种较便捷的补救措施，或对于远期线路在线路走向不确定因素情况下和受地形控制不能采用节点换乘时，也采取此形式。其特点是换乘间接、换乘距离长、不便捷、换乘能力有限，但也有自身的优势。

不同线路车站多呈“T”“L”“H”形或其他组合形式。

对于大客流车站，通道换乘有利于对客流的疏导，缓冲大客流；且车站布置较为灵活，对前、后期车站的建设有较大的适应性；施工方便，造价较低。因此，对于建设年限相差较远的线路间的换乘，为避免初期投资风险和远期线路的灵活性可采用通道换乘，但通道长度不能太长（一般不超过 100 m）。

13.8.7 站外换乘

站外换乘指无专用换乘设施，在车站付费区以外进行的换乘，乘客需增加一次进出站手续，可适合两线或多线换乘。站外换乘步行距离长，各种客流混合，这是由路网规划缺陷造成。

综上所述，轨道交通各种换乘方式汇总比较详见表 13.8-1。

表 13.8-1　轨道交通换乘方式比较表

换乘形式			功能特点	适合换乘线路数量	优缺点
结点换乘	“十”字形	岛式与岛式	通过一次上下楼梯或扶梯，在站台与站台之间直接换乘	两线换乘	一点换乘，换乘容量小
		岛式与侧式			两点换乘，换乘容量中
		侧式与侧式			四点换乘，换乘容量大
	“T”“L”“Y”形换乘				相对“十”字形换乘，步行距离长

续上表

换乘形式		功能特点	适合换乘线路数量	优缺点
平行换乘	同台换乘	沿线路方向在同一站台内换乘，其他方向需通过通道、楼梯或站厅换乘	两线换乘	换乘直接、换乘量大
平行换乘	站厅换乘	通过各线共用站厅换乘，或将各站厅相互连通进行换乘，乘客需各上下一次楼扶梯	两线或多线换乘	客流组织简单，换乘速度快，但引导标志设置重要
通道换乘	“T”“L”“H”“C”形站位	通过专用通道进行换乘	两线或多线换乘	换乘间接，步行距离长，换乘能力有限，但布置灵活
组合换乘		结点换乘、同站台换乘、站厅换乘以及通道换乘中两种或两种以上方式的组合	两线或多线换乘	保证所有方向的换乘得以实现
站外换乘		没有设置专用换乘设施，在付费区以外进行的换乘，乘客需增加一次进出站手续	两线或多线换乘	步行距离长，各种客流混合由路网规划的系统缺失造成

13.9 平坡站设计

根据《地铁设计规范》(GB 50157—2013)规定：“车站站台范围内的线路应设在一个坡道上，坡度宜采用2‰。当具有有效排水措施或与相邻建筑物合建时可采用平坡车站。”

在地铁车站设计中，绝大部分城市在车站设计时，都按照常规做法：地铁地下站一般都设有2‰的坡度，能较好地解决车站排水问题。但这种设计方案给设计接口、施工安装及与周边地下空间的对接带来不便。而车站采用平坡设计则可很好地解决这一系列问题。目前，国内已有部分城市在车站设置平坡方面进行了有益的探索。根据初步了解，香港地铁一般采用的都是平坡；深圳地铁3号线、4号线、苏州轨道交通1号线等线路在车站设计时均采用了平坡，且一部分地铁线路已投入运营。

13.9.1 车站设坡的不利影响

1. 对土建接口的影响

换乘站的不同方向的板采用2‰的坡度，造成标高衔接不便，两条线在换乘节点就会出现坡度重合的情况，节点处变成扭曲面。此处土建接口一般需在施工中采取渐变方式进行处理。

车站主体和出入口通道的衔接处，需要调整通道的垫层来消除主体的坡度和水平通道之间的接口高差。设备安装时也存在一米线标准混乱的现象，容易产生高程不统一的问题。

车站设坡对土建影响最大的是与周边物业开发的结合。由于民用建筑均为平坡，地铁与周边物业连通时，导致车站与物业连接的接口处产生夹角，需对接口进行相关处理。

2. 对设备系统的不利影响

由于车站内自动扶梯角度一定，但车站设坡之后，站内公共区相对布置的扶梯提升高度不一，造成扶梯安装孔洞尺寸不一样，给设计、施工带来不便。若不注意，严重的会导致扶梯踏板倾斜，降低服务功能。另外相同层高的扶梯，参数不一致，影响设备标准化，采购不便。

站台门在安装过程中，其门槛面应与站台板纵坡一致，门体结构应该与站台面垂直安装。但由于站台面有2‰的坡度，站台门不能设计成标准的矩形结构，而站台门导轨安装、滑动门开关过程均需考虑站台坡影响，门体在平面运动中加大了摩擦力，导致受力不均。考虑这方面影响，在系统设计时，就需要加大电机功率，以克服坡度影响。

对于高低压开关柜等供电设备，由于安装、检修需要，设备基础及装修完成面要求必须水平。由于2‰的坡度的存在，需要安装和装修两家单位紧密配合，待设备固定在结构面后，再进行地面铺装，才能保证设备基础水平。若工期紧，装修及设备安装不同步，往往地面做好后才进行基础施工，导致后期需要局部凿除地面并进行二次铺装，造成返工浪费，现场协调难度较大。

3. 对装修的影响

在地铁车站的装修过程中，地面和墙面理论上应该利用铅垂和水平尺的辅助进行铺装。但是，由于地面有 2‰的坡度，建筑地面完成面和铅垂线不垂直。不同的接口部位标高都不一致，装饰面板的水平缝无法平齐，设备箱门下方和装饰面板之间的间隙大小不一，给装修收边工作造成困难，直接影响了装修效果。

13.9.2 车站平坡方案分析

车站排水需求是地下车站采用 2‰纵坡设计的重要因素。车站平坡设计，就必须解决车站内的废水排放问题。地铁地下车站的废水来源主要有结构渗漏水、空调运行季节的通风空调系统产生的冷凝水、冲洗过滤器的废水及水处理器的排污废水、火灾时的消防废水等。地下车站采用平坡后，需要有效地组织建筑排水、道床排水、排水泵房的设计，确保排水标准不低于设坡车站并尽量减少投资。

1. 公共区及设备区排水方案

车站设平坡后，站厅层、站台层公共区地面需向排水地漏处找坡，在建筑设计时应注明汇水方向，地漏间距需根据垫层厚度及汇水距离、汇水坡度要求适当缩短。公共区及设备管理用房侧墙设置离壁墙内排水沟应适当加大坡度。

2. 站台板下排水方案

站台板下排水方案是制约车站平坡的关键因素。由于带配线车站及设置浮置板道床需要减振的车站，道床排水较为复杂，建议车站底板设坡。标准站可采取适当降低底板的分段排水方案，即车站横向找坡，在车站两端设置泵房，车站中部设置中间集水坑方案。

带配线车站一般较长，500 m 左右长车站亦多见，车站底板设计成“人”字坡向两端排水，并在两端设置排水泵房。

13.9.3 平坡车站设计方案

1. 方案一

车站顶板、中板、站台、轨道均为平坡，底板按 2‰的坡度找坡，用于长度较短的车站，如标准车站等。车站底板采用“一”字形单面坡，轨行区排水采用与底板方向一致的单面坡度，将水汇集至车站一端的排水泵房，如图 13.9-1 所示。

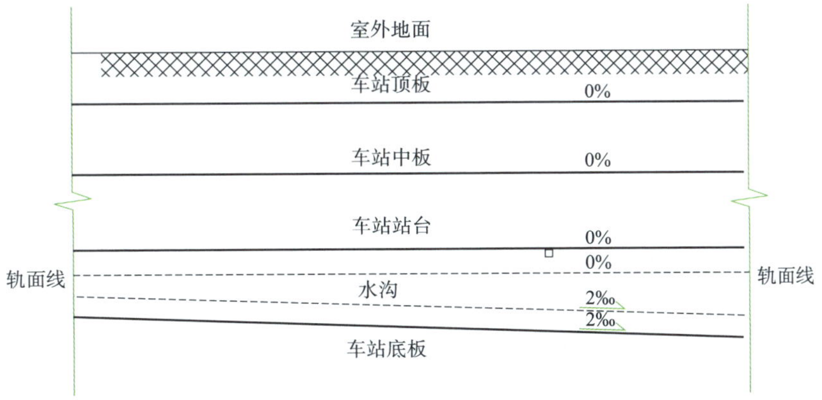

图 13.9-1 车站平坡设计方案一

2. 方案二

车站顶板、中板、站台、轨道均为平坡，底板按 2‰的坡度找坡，用于长度较长的车站，例如带配线的车站等。底板采用“人”字形双面坡，变坡点一般设置在车站中部，轨行区排水沟同样采用 2‰的“人”字形双面坡，从车站中部向两端找坡，将水分别汇集至车站两端的排水泵房，如图 13.9-2 所示。

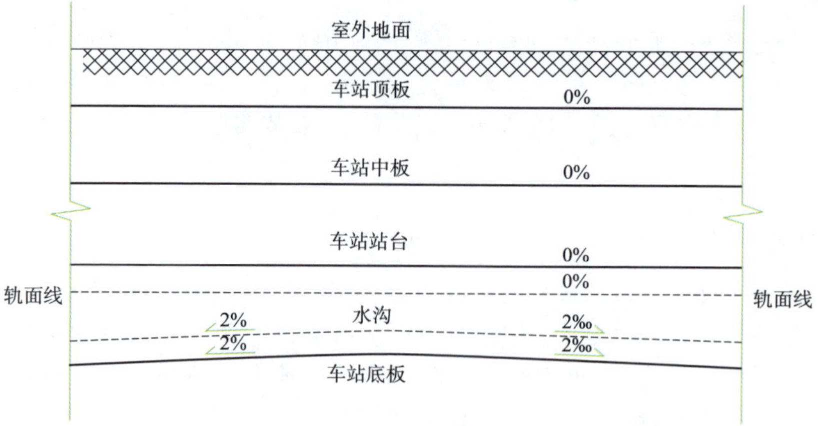

图 13.9-2　车站平坡设计方案二

3. 方案三

车站顶板、中板、站台、轨道、底板均为平坡，轨行区排水采用 2‰的单面坡(或双面坡)汇集至车站一端(或两端)的排水泵房。本方案简化车站底板的设计，但车站地板需适当降低，在解决车站排水问题的同时加大了轨行区混凝土的填方量，如图 13.9-3 所示。

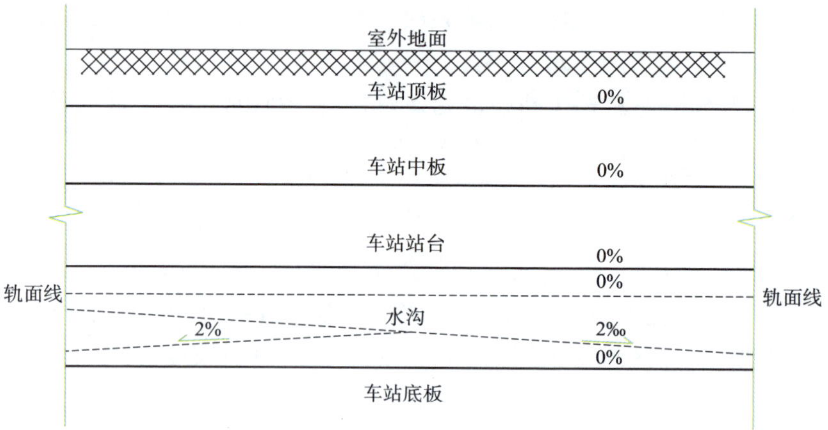

图 13.9-3　车站平坡设计方案三

13.9.4　平坡车站优点和缺点分析

1. 优点

(1)地铁车站采用平坡方案设计时，车站的顶板、中板、站台板、轨顶均为平坡，车站范围内各自高程保持一致，简化了线路、建筑、结构、综合管线、装修等专业设计。土建施工时，现场高程保持了一致性，各层控制点高程确定后，只需水平面进行控制，大大减少了施工时车站高程方面出错的概率。

(2)在车站的机电设备施工安装中，站台门安装后与站台面方向垂直，避免了在常规设计中由于站台面高差的存在，站台门相邻各扇之间竖向上形成一种阶梯形的锯齿状高差，减少了长期运营中站台门故障发生。对于车站的自动扶梯的安装，水平的站台层和站厅层也有利于自动扶梯的标准化制造和安装。

(3)在地铁车站与周边地下空间物业开发空间对接过程中，由于物业开发建筑、地铁车站站台层和站厅层均采用平坡设计，消灭了常规设计中由于车站与物业开发建筑所采用的坡度不一致，导致二者在衔接处竖向上出现的“剪刀差”，使两者可平稳对接。

(4)车站采用平坡设计，站厅层地面为平坡与站厅侧墙水平线成平行关系。墙面装修底边与地面装修面缝隙宽度保持一致，很好地解决了装修收边困难的问题。

2. 缺点

车站采用平坡设计轨行区部分的道床填方数量会有所增加。排水泵站和排水管路要根据具体情况增加。由于车站站台层、站厅层采用平坡，在有清洁水冲洗、消防水及其他水灾情况下，采用平坡时车站其排水较常规车站稍差。水量较少的情况可任其自然挥发，水量多则需采用人工清扫的方式予以解决。

13.10 地铁车站与物业开发结合

地铁车站与物业开发结合的模式，指的是合理利用相关资源，使地铁站点及其周边用地实现同步发展。具体来讲就是，城市在地铁建设过程中，能够利用自身的区位优势，对地铁站点周边的土地实现集约式发展，实现土地的增值，使其经济效益和社会效益得到充分的体现。这不仅可以实现轨道交通建设成本的平衡，还能对运营亏损进行一定程度的弥补，实现地铁运行的良性循环。

在地铁开发建设过程中，可以根据地铁站点与物业开发空间的位置的关系，把对地铁结合物业开发分为站内物业开发和站外物业开发两种模式。从国内外地铁车站与物业开发结合的案例看，大致可分为三大类：车站内物业开发、车站周边物业开发、地铁上盖物业开发。

13.10.1 车站内物业开发

车站内商铺以及与地下商业等非地铁功能的场所相邻的车站设置，应符合现行国家标准《地铁设计防火标准》(GB 51298)的相关规定。

1. 利用地铁站厅空余区域布置商业店铺

利用地铁站厅空余区域布置商业店铺，在保证不影响客流正常使用的前提下的空间再开发，在站厅非付费区划分部分空间设置小型商铺。国内许多城市在地铁设计中多采用这种方式。如北京地铁设计中要求车站内非付费区设置两处小型商业用房，每处不大于 50 m^2，作为书报亭、小型银行等，为乘客提供便捷服务。

商铺为独立的防火单元，面向车站公共区采用防火卷帘门分隔。

2. 带配线车站的物业开发

由于地铁行车需要，部分车站站台层需要加长，以满足折返线、停车线、渡线设置。车站配线范围的施工大多采用明挖施工。相应的地下一层空间保留作为物业开发空间，与回填土相比，投资增加不多。若预测后期开发效益高，此类方案可以得到实施。

地下一层物业开发空间，遵照现行《建筑设计防火规范》(GB 50016)中地下商业内容划分防火分区。每个防火分区面积不应大于 2 000 m^2，每个防火分区设置一个直通地面出入口。

北京地铁大兴线高米店北站，是大兴线中间站，位于香园路与兴华大街交口北侧，如图 13.10-1 所示。路口东北角现状有郁花园小区，东北角、西北角为规划待开发地段。由于车站内部设置一条停车线及岔线，车站主体长度约为 463 m。停车线及岔线上方设置物业开发区域，并与车站公共区采用通道连接。开发部分设置 4 处独立出入口与车站西侧地块进行开发结合。

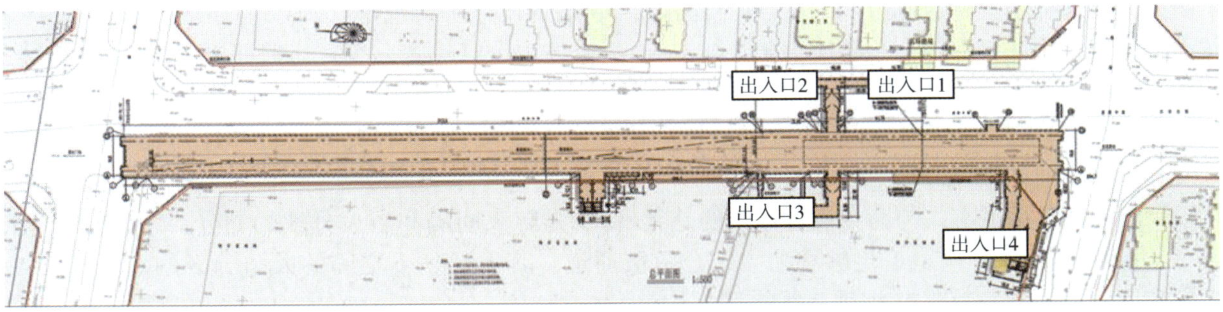

图 13.10-1 高米店北站平面示意图

3. 拓宽出入口通道进行物业开发

当车站出入口通道过长时，在满足交通功能的同时，适当增加通道宽度，在通道两侧设置商业设施，减少狭长通道给人带来单调乏味的感觉。但是受地铁出入口数量和位置的影响，开发空间比较分散，商业开发效果一般。

通道两侧的商业用房各划分一个防火单元，商铺间用防火墙分隔，口部设置防火卷帘门、挡烟垂壁，并就近设置消火栓。

13.10.2 车站周边物业开发

1. 通道连接物业开发空间

地铁建设阶段，周边地块也处于开发阶段，如周边为商业、办公等公共建筑物，出入口通道可接入建筑地下室与其同步结合设计。这种结合方式在设计时需注意，通道在接到车站主体范围以外的物业地下室的同时，还应该有直接接到室外地面的楼梯和扶梯。通常用防火墙或防火卷帘门分割两者空间，以满足车站防火疏散要求，避免双方因营业时间不同受到影响。

2. 地铁站厅与周边物业开发直接相连

当地铁车站两侧具备可开发的地下空间或与两侧地下商场直接连接时，可以将地铁车站站厅两侧墙体取消，或是增加连续的通道门洞，将地铁车站非付费区连接起来。北京地铁大兴线高米店南站，车站北侧规划小块商业用地，车站设计时将商业用地与车站站厅一并设计，将站厅扩大设置商店用房，如图 13.10-2 所示。

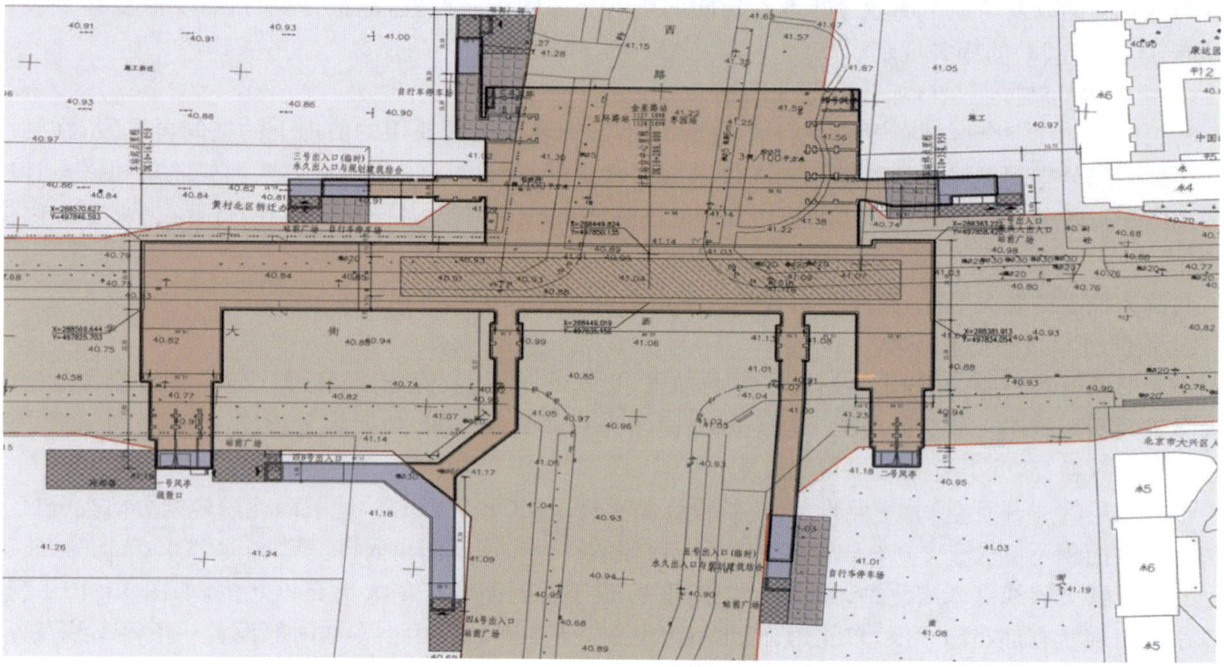

图 13.10-2 高米店南站总平面

商店用房部分防火分区划分，应遵照现行国家标准《建筑设计防火规范》(GB 50016)中地下商业内容划分防火分区。每个防火分区面积不应大于 2 000 m²，每个防火分区设置一个直通地面出入口，或与车站出入口共用。

这种模式兼具交通和商业功能，客流经商场可快捷出入车站，地铁客流的通过和停留又增加了地下空间开发利用的商业回报。

设计时需注意地铁车站与商场设计标准的差异，特别是防火间隔和防火分区的划分。首先应保障的是地铁车站在特殊情况下，应具有足够和独立安全疏散通道。其次是地下空间的人防分区的划分，人防封堵的要求和商业空间的开敞要求做到一个合理的平衡。

设计中宜统一规划，使得商场与地铁站厅尽可能处于同一高程，使商业开发取得较好的效果。

3. 通过城市下沉广场连接地铁车站与周边物业

一般对于大型综合体或城市广场的地下商业，可能会设置下沉式商业广场。把地铁与两侧物业开发结合，建立地下空间与地面的有机联系，使之成为地面开发的连续。

设计中通常把地铁车站站厅设置在地下一层，高程相当于两侧物业开发的地下二层，两者高程尽量统一。车站在满足各项规范的前提下，非付费区尽量向下沉广场敞开，或者采用玻璃幕墙等通透的介质予以隔断，给人们在视觉上的通透性，从而摆脱以往地下空间给人的压抑、局促的感觉。下沉广场的设计，使通常情况下点对点的介入，变成了现在面对面的交流，使得地铁客流与商业客流之间转换更加便捷，在方便市民出行的同时，也大大地提升了周边地块的商业价值。

13.10.3 地铁上盖的物业开发

地铁上盖的物业开发主要是在地铁车站上部及周围的物业开发，以住宅、商业街、商业中心、大型商业综合体等形式与地铁车站结合。香港地铁上盖物业是比较典型的代表。目前，香港运营的轨道交通线路覆盖了香港主要商业街和居民区。在繁华的商业街区，地铁车站的覆盖区已经连接起来。也就是说各个地铁站都与周边的商业和居住区有紧密的联系，成为一个综合建筑体。

在我国内地，例如北京、上海、武汉及广州等地，在地铁与物业开发结合方面也已经取得了一些成绩。如杭州地铁长虹路西站上盖物业开发，效果图如图 13.10-3 所示。长虹路西站地处滨江高新科技园区，该区地块沿江依桥，交通便捷，站位斜跨滨康路、长河路、聚才路、江二路围合地块中心，面积约 6 万 m^2。该地块周边区域地块主要为工业研发用地和住宅用地，是大型的高科技互联网公司的办公集聚地。

该站以地铁建设为契机，成为融交通、商业办公、行政文化、娱乐及生态居住等多种功能于一体的区域型公共活动中心。

地块开发主要功能分为地上和地下两部分：地上建筑主要为酒店、大型商业、金融办公等建筑，总建筑面积约 20 万 m^2；地下建筑主要为地铁车站、商场及地下车库，总建筑面积约 10 万 m^2。地块内所有物业都可与地块中心的下沉广场和地铁有效衔接。

其中地铁车站为标准的地下二层岛式车站，站厅层与地下一层商业及下沉广场地面齐平。地铁站共有四组出入口，其中 B、C 号出入口设于地块东南角，直接通向地面道路。A、D 号出入口设于地块中心与下沉广场联通，人流可以通过广场内多部自动扶梯出地面或者通过商业通道从物业楼内上地面。地铁出入的人流与地块商业在空间和交通上，能够很自然转换，达到地铁客流与商业开发最大程度上交融。这样既可以提高地下一层的商业购物、休闲娱乐的通达性，又使其商铺的价值大大提升。

图 13.10-3 杭州地铁长虹路西站上盖物业开发效果图

13.11 车站管线综合设计

13.11.1 管线综合概念

综合管线图是各个专业施工图管线和设备布置设计的综合汇总，是各专业之间设计协调平衡的体现。其目的在于使车站空间获得充分、合理、有效的利用，以便施工安装及运营维护，同时综合管线图又是建筑装修设计的基础资料。

综合管线图是一个具有综合性和指导性的设计文件。综合性是指它对多个专业的管线位置经过协调和平衡后，再以简化的形式汇总。指导性是指各个专业的管线设计和施工安装都必须服务从于综合管线设计图的整体安排。

各专业（或系统）的施工安装均须依据本专业的施工设计要求推进，同时又要参照综合管线图与其他相关专业互相配合、统一安排、协调一致。各专业的施工图若与综合管线图设计不相吻合或不一致时，应按照综合管线图的总体要求，修改专业设计文件。若综合管线图中空间分配不够合理或存在其他问题时，则需要与相关专业再次进行协调，合理分配空间。

13.11.2 管线综合的范围

车站管线综合的范围如下：

(1)车站站厅、站台层吊顶以上管线综合。

(2)车站站台板下、站台附属用房侧墙外侧及车行道外侧墙面内的管线综合。

(3)出入口通道和换乘通道吊顶上及侧墙内管线综合。

13.11.3 管线安排要求

1. 对管线布置空间要求

(1)车站管线综合安装高度（含支、吊架所占用空间）必须在装修吊顶上皮高程以上。所有管线的布置高度应综合协调考虑，在可能的条件下应尽可能布置于高处。同时，所有管线的布置应避开构造柱、圈梁、楼扶梯、设备吊装孔、设备运输预留门洞，以满足运营期间设备检修和更换运输的要求。

(2)在变电所大型设备用房及设备运输通道上，所有管线安装完毕后，管线下净空应不低于运输通道相连通的运输门高。当岛式站台车站轨行区外侧设有变电所时，为满足变电所设备运输，变电所靠轨道侧预留运输门洞处的弱电管线，须与限界专业协商该处管线进行适当的降低或抬高。降低时应低于变电所设备用房装修完成地坪，抬高时应不低于设备运输门洞。当车站采用侧式站台时，设备用房均位于线路外侧，在车站范围内，高压电缆由行车方向左侧敷设改为行车方向右侧敷设，站台板外沿下需敷设供电系统电缆，若此时仍有弱电系统电缆经过时，弱电系统管线应与车站设计单位协商解决。

2. 管线间相对位置布置原则

(1)在地下车站站厅、站台公共区的吊顶内，综合管线相对位置的布置原则主要遵守平行设置的原则，即通风干管、共用电缆桥架及共用水管支架采用平行布置方式，各种管线之间的距离应满足各个专业设计规范要求。

(2)在设备管理用房走道区吊顶内，综合管线相对位置的布置原则主要遵守风上、电/水下的原则，即送风管、排风管道布置在上层，共用电缆桥架、共用水管支架布置在下层。

(3)其共用电缆桥架布置在车控室、弱电竖井、环控电控室、照明配电室一侧走道上方，共用水管支架布置在另一侧走道上方。

3. 管线与设备相对位置布置原则

(1)所有与设备无关的管线应避开设备的正上方布置，特别是变电所、低压设备用房、弱电设备用房内的风管、空调送风口不应在设备正上方布置。

(2)对大发热量房间的通风采用下送上排方式时，其下部送风口的位置应避开巡视、设备运输道，风管与变电所设备间的水平距离应不小于 0.8 m。

4. 管线穿越房间的原则

(1)任何高、低压及弱电设备用房内严禁穿越各类水管，弱电用房当采用风机盘管必须置于房间内时，其风机盘管和接水管应远离设备。

(2)车站控制室和气瓶室内一般不应穿越与之无关的各类管线，特别是风管只能进入该房间空调通风的末端支管。

(3)供电系统和低压电缆一般情况下不宜穿越弱电系统的设备用房。

(4)设备管理用房区走道上空的管线综合宜采用综合支架方式，管线之间、管线与墙体之间以及叠落管线上下应留足够的安装和检修空间，各类管线宜靠向主要用户一侧布置。

5. 管线的维修和检修要求

(1)车站内布置的所有管线均应考虑其维修和检修要求。当管线的宽度不大于1.2 m时，可考虑从单侧进行维检修；当管线的宽度大于1.2 m时，应考虑从两侧均可以进行维检修。维检修的空间一般应满足0.6 m，困难情况下不应小于0.4 m。

(2)风阀、水阀、风机盘管及挡烟垂壁控制箱等设备在吊顶内时，应在设备下方开设检查口。检查口尺寸不应小于600 mm×600 mm，其他管线不得遮挡检查口。

6. 排烟管及下伸排烟口布置要求

当排烟风管没有条件布设在走廊吊顶的下层，而布置在上层时，排烟口考虑从走廊吊顶内检修空间处下伸，此时应注意排烟口下伸安装空间余量。

7. 各系统管线相互间距

各系统管线相互间距应满足各专业的具体要求，当局部条件不能满足具体要求时，应经过相关专业确认。

13.11.4 其他要求

1. 在轨行区管线布置应必须满足行车限界要求。

2. 在有吊顶区域内，各设备专业管线布置均应在吊顶内通过，应充分利用结构空间紧凑布置；在满足各专业技术要求的前提下减少对吊顶上空间的浪费，将吊顶下的空间抬至最高或局部抬高。

在无吊顶区域，各设备专业管线布置也应充分利用结构空间布置。

各设备专业管线应尽量少交叉或不交叉。

如各设备专业管线不得不交叉时，管线布置的原则从上至下的顺序依次为：

(1)环控专业通风管线。

(2)动照电缆线槽。

(3)弱电电缆线槽。

(4)各类水管。

各专业管线在穿过防火墙及防火楼板时应采取防火隔离措施，电力电缆穿过普通墙体、普通楼板时也应采取防火封堵。

综合管线平面图基本上从上向下俯视的原则绘制，平面图的比例尺宜为(1∶50)～(1∶100)，剖面图比例尺宜为1∶50。

综合管线设计说明应详列各专业的图例符号，并应与图纸中一致。

13.12 防灾疏散及消防设计

13.12.1 防灾重要性及原因分析

城市轨道交通作为城市基础设施重要组成部分，具有人流集中的典型特征，如果发生自然灾害或者人为灾害等突发状况，容易对人身财产安全造成损坏，甚至会严重影响社会治安。根据国内外有关资料统计，地铁可能发生的灾害事故有火灾、水淹、地震、冰雪、风灾、雷击、停电、停车事故及人为事故，但发生火灾事故最多，而且人员伤亡和经济损失最严重。

1995年10月28日夜，阿塞拜疆首都巴库的一列地铁列车失火，造成558人死亡，269人受伤。

2003年2月18日，韩国大邱市地铁中央路站发生火灾，造成198人死亡，146人受伤，298人失踪。

2015年1月12日，美国华盛顿市中心兰芳广场站一地铁车厢突然起火并冒出浓烟，事件导致一名女性丧生，多人受伤，其中至少两人伤势严重。

19世纪以来，法国、加拿大、瑞典、俄罗斯、美国、葡萄牙、德国、英国、日本、韩国、中国等多个城市的轨道交通发生过数次火灾，导致了严重的人员伤亡和经济损失。地铁的地下车站和区间可视为封闭空间，且一般埋深较深，更会由于地质、地上构筑物、管线或与既有线换乘制约等因素，出现地下四层、五层、倒厅、多线换乘等非标准车站。一旦发生火灾，乘客需要从公共区任意一点疏散至地面安全区域，安全逃生困难较大。

除疏散形式单一，均靠通道疏散外，地铁密闭条件好导致热量不易散出、燃烧产生大量烟雾等有害气体，也是地铁火灾伤亡产生的主要因素。故除建筑防火外，采用比较全面、先进和可靠的防火灾设施也是重中之重。

地铁针对火灾应贯彻"预防为主、防消结合"的方针。一条线路、一座换乘车站及其相邻区间的防火设计应按同一时间发生一次火灾计。

13.12.2 建筑防火

(1)地铁各建(构)筑物的耐火等级应符合下列规定：

1)地下的车站、区间、区间风井及风道、变电站等主体工程及出入口通道、风道的耐火等级应为一级。

2)地下车站地面出入口、风亭等附属建筑，地面车站、高架车站及高架区间的建(构)筑物，耐火等级不得低于二级。

地铁的地下工程是人流密集的封闭空间，出入口是安全疏散通道，通风亭是火灾时组织通风排烟的咽喉。以上规定是参照下列规范规定的：

①《建筑设计防火规范》(GB 50016—2014)规定：建筑物地下室，其耐火等级应为一级。

②《人民防空工程设计防火规范》(GB 50098—2009)规定：人防工程的耐火等级应为一级。

(2)防火分区的划分应符合下列规定：

1)地下车站站台和站厅公共区应划为一个防火分区，设备与管理用房区每个防火分区的允许使用面积不应大于 1 500 m^2。

2)地下换乘车站当共用一个站厅时，站厅公共区面积不应大于 5 000 m^2。

3)地上车站的设备与管理区应与站厅、站台公共区划分为不同的防火分区，每个防火分区的允许建筑面积不应大于 2 500 m^2。对于建筑高度大于 24 m 的高架车站，其设备管理区每个防火分区的允许建筑面积不应大于 1 500 m^2。

但是根据近些年各地消防部门的要求，尽量减少消防性能化设计分析或原则上不进行消防性能化设计分析。针对公共区超 5 000 m^2 的换乘站，若当地消防部门不同意进行消防性能化设计分析，建议采取如下措施：

①将车站公共区划分不超过 5 000 m^2 的防火分区，防火分隔应采用可靠的防火隔断措施，且每个防火分区均需满足安全疏散距离要求。

②防火分隔建议采用防火墙、防火门或特级防火卷帘。防火墙与防火卷帘的比例且可参照《建筑设计防火规范》(GB 50016—2014)要求"除中庭外，当防火分隔部位的宽度不大于 30 m 时，防火卷帘的宽度不应大于 10 m；当防火分隔部位的宽度大于 30 m 时，防火卷帘的宽度不应大于该部位宽度的 1/3，且不应大于 20 m"。或参照北京市地方标准《城市轨道交通工程设计规范》(DB11/995—2013)"站厅应用耐火极限不低于 2 h 的防火隔墙和防火卷帘，将站厅分隔成建筑面积不大于 5 000 m^2 的防火分隔区。防火卷帘和防火隔墙的比例可不受限制……对大于 5 000 m^2 的共用站厅进行防火分隔，可以有效分隔空间，起到防止火势蔓延和阻止烟气流动，提高站厅楼扶梯口风速，确保乘客安全疏散。由于共用站厅和站台互相连通，防火卷帘只起到防火分隔作用，因此将防火卷帘的耐火极限定为不低于 2 h。考虑到共用站厅的视觉空间要求，防火卷帘和分隔墙的比例可不受限制，但对于防火分隔处有条件设置墙体的地方，设计应尽量采用实体墙分隔。为了确保火灾时能有效地起降，运营管理单位应对防火卷帘进行定期维修和保养"。

③本分隔措施仅为建议，具体措施以当地消防部门批复为准。

④地上的车站站厅公共区采用机械排烟时，防火分区的允许建筑面积不应大于 5 000 m^2，其他部位每个防火分区的允许建筑面积不应大于 2 500 m^2。

⑤地下车站防火分区面积按使用面积计，即外墙和围护结构的面积可扣除，地上车站仍按建筑面积计。

(3)车站安全出口设置应符合下列规定：

1)车站每个站厅公共区安全出口数量应经计算确定，且应设置不少于 2 个直通地面的安全出口；当一座车站设置分离式的 2 个或多个站厅时，每个站厅应分别设置 2 个直通地面的出口。

2)地下单层侧式站台车站，每侧站台安全出口数量应经计算确定，且不应少于 2 个直通地面的安全出口。

3)地下车站的设备与管理用房区域安全出口的数量不应少于 2 个。因为如果仅设 1 个出口，一旦出口在火灾中被烟火封住易造成严重的伤亡事故。有人值守防火分区应设置一处直通地面的安全出口。无人值守的设备用房区亦应设 2 个安全出口与站厅层公共区连通。

4)安全出口应分散设置，当同方向设置时，两个安全出口通道口部之间净距不应小于 10 m；出入口当同方向设置时，若两个出入通道口部之间净距太近，将造成疏散人员拥堵现象，从而易造成严重的伤亡事故。

5)竖井、爬梯、电梯、消防专用通道以及设在两侧式站台之间的过轨地道不应作为安全出口。竖井、爬梯、电梯、消防专用通道，在火灾状态下，使用时疏散能力过低，易发生阻塞和踩踏等安全事故，故不能作为安全疏散出口使用；消防专用通道火灾时需供消防人员进入车站进行火灾扑救，故也不能作为安全出口；设在两侧式站台之间的过轨地道，由于处于同一个防火分区内，故不能作为安全出口。

6)地下换乘车站的换乘通道不应作为安全出口。地下车站的换乘通道一般不设置直通室外的安全出口，且通过换乘通道疏散对通道另一侧的乘客疏散会造成较大冲击。

(4)两个防火分区之间应采用耐火极限不低于 3 h 的防火墙和甲级防火门分隔，在防火墙设有观察窗时，应采用甲级防火窗。防火分区的楼板应采用耐火极限不低于 1.5 h 的楼板。

(5)消防泵房、污水泵房、废水泵房、厕所、盥洗室等面积可不计入防火分区面积。

(6)站台和站厅公共区内任一点，与安全出口疏散的距离不得大于 50 m。国家标准《建筑设计防火规范》(GB 50016—2014)规定，其他类型公共建筑公共区域位于两个安全出口之间的疏散门至最近安全出口距离不应大于 40 m，考虑地铁车站站厅公共区内已经采取了限制装饰材料燃烧性能等级、设置明确的事故疏散导向标志、事故通风、应急照明和火灾自动报警系统等防灾安全措施的前提下，结合地铁车站出入口设置的实际情况，规定站台公共区内任一点到梯口或通道口和站厅公共区内任一点到通道出口距离不得大于 50 m。

对于 8B 编组或 8A 编组的车站，由于公共区较长，为满足公共区疏散 50 m 的要求，在总平面布置的时候需统一考虑近期实施出入口的数量及位置。

(7)公共区内设于付费区与非付费区之间的栅栏应最少设 2 个栅栏门，检票口和栅栏门的总通行能力应与站台至站厅疏散能力相匹配。

(8)车站的装修材料应符合下列规定：

1)地下车站公共区和设备与管理用房的顶棚、墙面、地面装修材料及垃圾箱，应采用燃烧性能等级为 A 级的不燃材料。

2)地上车站公共区的墙面、顶棚的装修材料及垃圾箱，应采用 A 级不燃材料，地面应采用不低于 B1 级难燃材料。设备与管理用房区内的装修材料，应符合现行国家标准《建筑内部装修设计防火规范》(GB 50222)的有关规定。

3)地上、地下车站公共区的广告灯箱、导向标志、休息椅、电话亭、售检票机等固定服务设施的材料，应采用不低于 B1 级难燃材料。装修材料不得采用石棉、玻璃纤维、塑料类等制品。

4)疏散通道和疏散楼梯的地面应具有防滑特性。

5)车站内使用的玻璃应全部使用安全玻璃。

(9)设备与管理用房区房间单面布置时，疏散通道宽度不得小于 1.2 m，双面布置时不得小于 1.5 m。设备与管理用房直接通向疏散走道的疏散门至安全出口的距离，当房间疏散门位于两个安全出口之间时，疏散门与安全出口的距离不应大于 40 m；当房间位于袋形走道两侧或尽端时，其疏散门与安全出口的距离不应大于 22 m。

(10)地下出入口通道的长度不宜超过 100 m，当超过时，应采取满足人员消防疏散要求的措施。

(11)站台至站厅或其他安全区域的疏散楼梯、自动扶梯和疏散通道的通过能力，应保证在远期或客流控制期中超高峰小时最大客流量时，1 列进站列车所载乘客及站台上的候车乘客能在 4 min 内全部撤离站台，并应能在 6 min 内全部疏散至站厅公共区或其他安全区域。

乘客全部撤离站台的时间 t 按式(13.12-1)计算，且 $t\leqslant 4$ min：

$$t=\frac{Q_1+Q_2}{0.9[A_1(N-1)+A_2B]} \tag{13.12-1}$$

式中，Q_1——远期或客流控制期中超高峰小时最大客流量时 1 列进站列车的载客人数(人)；

Q_2——远期或客流控制期中超高峰小时站台上的最大候车乘客人数(人)；

A_1——1 台自动扶梯的通过能力[人/(min·台)]；

A_2——单位宽度疏散楼梯的通过能力[人/(min·m)]；

N——用作疏散的自动扶梯的数量(台)；

B——疏散楼梯的总宽度(m)(每组楼梯的宽度应按 0.55 m 的整倍数计算)。

一般情况下，远期超高峰小时最大客流量大于初、近期超高峰小时客流量，但当线网未形成前，已通车的线路往往近期超高峰小时最大客流量会大于本线远期超高峰小时客流量。因此，提出按远期或客流控制期中超高峰小时最大断面客流量计算 1 列车进站所载乘客量。

站厅公共区内的可燃物极少，且封闭的地下车站均设置事故通风和排烟系统，当站台层或区间隧道发生火灾时，站厅公共区在一定时间内能为站台层上的人员疏散提供较高的安全保障。当站台层直接连接室外开敞空间时，该空间自然成为安全区。

式(13.12-1)是计算配置站台与站厅公共区之间楼扶梯组数和总输送能力的公式，其中 N 为用作疏散的自动扶梯数量(台)，在火灾工况时逆向运转的自动扶梯不能计入疏散用。

(12)车站站台公共区的楼梯、自动扶梯、出入口通道，应满足当发生火灾时，能在 6 min 内将远期或客流控制期超高峰小时列进站列车，所载的乘客及站台上的候车人员全部撤离站台，并到达安全区的要求。

(13)地下车站消防专用通道及楼梯间，应设置在有车站控制室等主要管理用房的防火分区内，并应方便到达地下各层。地下超过三层(含三层)时，应设防烟楼梯间。

(14)地下车站的地面出入口、风亭等附属建筑，以及地上车站、区间和附属建筑与相邻建筑的防火间距，应按现行国家标准《建筑设计防火规范》(GB 50016)的有关规定执行。与汽车加油加气站的防火间距应符合现行国家标准《汽车加油加气站设计与施工规范》(GB 50156)的有关规定。

(15)地上车站建筑的周围应设置环形消防车道，确有困难时，可沿车站建筑的一个长边设置消防车道。

(16)防火卷帘与建筑物之间的缝隙，以及管道、电缆、风管等穿过防火墙、楼板及防火分隔物时，应采用防火封堵材料将空隙填塞密实。

(17)重要电器设备用房应以耐火极限不低于 2 h 的隔墙和耐火极限不低于 1.5 h 的楼板与其他部位隔开。

(18)地上车站的消防泵房宜布置在首层，当布置在其他楼层时，应靠近安全出口；地下车站的消防泵房应布置在站厅层及以上楼层，并宜布置在站厅层设置管理区内的消防专用通道附近。

13.12.3 车站防淹

由于近些年国内各地台风、暴雨等气象灾害频发，故地铁车站防淹措施必不可少。在结合现行《地铁设计规范》(GB 50157)等相关规范要求前提下，针对车站防淹提出以下要求及建议：

(1)出入口的选址位置应结合规划和现状的地坪高程综合分析，设置在地势较高处。

(2)出入口应采用有盖形式，遮挡雨雪，便于管理。当特殊情况下采用敞口形式时，应充分论证，进行特殊设计。

(3)一般的地下车站出入口平台距离室外地坪三个踏步 450 mm 高差，平台向室外找坡不小于 1%；出入口平台应设置防淹挡板插槽，高度不小于 750 mm，总防淹高度距室外地坪不小于 1 200 mm。地下车站残障人士地面电梯厅、地面消防出入口和疏散出入口、单独物业出入口、地面及高架车站各出入口等，亦应考虑出入口平台与室外地面的高差和防淹问题。

(4)一般情况下，地下车站的出入口通道楼扶梯下端地面设置第一道横截沟和集水坑连通市政雨水排水系统。出入口通道如设有提升段，在提升段的楼扶梯下端设置第二道横截沟及集水坑，与市政雨水排水系统连接。车站主体与出入口通道交界处的主体一侧设置第三道横截沟，沟内设置集水地漏落水管与站台层排水沟连接，将水排至废水泵房。

(5)站内出入口通道、风道、站厅和站台公共区和设备区各房间内的地漏、水沟和集水坑应保证设计合理、排水顺畅。与主体相通的风道、通道宜由人防段向集水坑、截水沟方向找坡，避免积水。

(6)高架、地面站的外窗窗口距室外地坪不宜小于 1 200 mm，窗台向室外找坡并在设计中加强所有外窗、外檐的防雨防渗漏措施。

(7)一般敞口风井的防淹高度距室外地坪按当地 50 年一遇的内涝水位加 500 mm 的安全值确定，但不得小于 1 200 mm，风井周边设置向室外找坡的散水。各具体点位应充分与地下结构、风井上部建筑构件、装修等专业进行配合，满足总防淹高度的要求。

(8)风亭在地面设置检修门时应考虑防淹设计。

本章参考文献

[1] 地铁设计规范：GB 50157—2013[S]. 北京：中国建筑工业出版社，2013.
[2] 城市轨道交通技术规范：GB 50490—2009[S]. 北京：中国建筑工业出版社，2009.
[3] 地铁设计防火标准：GB 51298—2018[S]. 北京：中国计划出版社，2018.
[4] 建筑设计防火规范：GB 50016—2014[S]. 北京：中国计划出版社，2014.
[5] 地铁安全疏散规范：GB/T 33668—2017[S]. 北京：中国标准出版社，2017.
[6] 建筑内部装修设计防火规范：GB 50222—2017[S]. 北京：中国计划出版社，2017.
[7] 消防安全标志　第 1 部分：标志：GB 13495. 1—2015[S]. 北京：中国标准出版社，2015.
[8] 消防应急照明和疏散指示系统：GB 17945—2010[S]. 北京：中国标准出版社，2011.
[9] 人民防空工程设计防火规范：GB 50098—2009[S]. 北京：中国计划出版社，2009.
[10] 无障碍设计规范：GB 50763—2012[S]. 北京：中国建筑工业出版社，2012.
[11] 民用建筑设计统一标准：GB 50352—2019[S]. 北京：中国建筑工业出版社，2019.
[12] 城市轨道交通工程设计规范：DB 11/995—2013[S].
[13] 施仲衡. 地下铁道设计与施工[M]. 西安：陕西科学技术出版社，2006.
[14] 彭立敏，施成华. 地下铁道[M]. 长沙：中南大学出版社，2016.
[15] 王华兵. 地铁车站采用平坡相关问题探讨[J]. 城市轨道交通研究，2013，16(11)：127-129，133.

14 车站装修

14.1 概　　述

城市轨道交通是一个城市国际化的标志，是都市文明的一种象征。它是穿越城市的快速通道，是城市活力的代表；它既缩短了城市之间人们的距离，又寄托着城市快速发展的梦想，同时也展示了一个城市独特的风貌，是人类文明智慧的结晶。

我国由于城市化的快速推进，城市交通拥堵已经成为制约城市发展的"顽疾"。城市轨道交通系统中地铁是许多城市用以解决交通堵塞问题的有效方法。

地铁建设涉及诸多部门和专业，地铁车站是一种相当特殊的建筑类型，具有与一般公共建筑和交通建筑不同的特点。地下建筑的空间形式受到结构、施工、投资等因素的制约，所以在满足使用功能的前提下越简单越好。地铁车站的装修设计通常分为车站公共区装修设计，车站设备管理区装修设计和车站地面 4 小件（车站出入口、风亭、冷却塔、地面无障碍电梯）装修设计三个部分。

14.2 建筑装修设计原则及标准

14.2.1 装修设计原则

在对地铁车站进行装修设计时，应就当地相关地域文化特色进行充分的体现，还应对其便捷性、舒适性、美观性、经济性、适用性以及安全性能等进行充分的考虑，同时对车站的历史背景、具体布置以及周围和整条线路的环境、氛围进行一定的考虑，然后再融入一定的艺术创作手法，对地下空间的压抑感和沉闷感进行有效缓解，这样车站就具有更加鲜明的独特性。

车站导向系统要求简明、方便指引乘客在车站内的行动方向准确，使他们无论在紧急状态还是正常情况都可以对轨道交通工具进行正常使用，对乘客的进站和出站可以进行很好的视觉引导，同时还在一定程度上提升了我国轨道交通在运营过程中的管理服务水平和管理效率，进一步使得地铁交通运输工具发挥更大的作用，更好地服务于人民群众。因此，导向标识系统在装修中的位置是第一位的。地铁工程导向标识系统主要包括资讯标识、确认标识、安全标识、导向标识以及无障碍标识等。其字体、颜色和符号应特别醒目，大小适中，在具体设计过程中还应和车站的整体装修风格相一致，从而可以更好地融为一体。

车站共性设计：要求醒目、方便使用。包括座椅、垃圾箱、报箱、客服中心、车站控制室桌子等。

车站壁画设计：要注重与整条线的风格进行创造，要注意历史与现实的结合，运用不同手法进行壁画设计，做到整体效果最佳。

装修材料：在对地铁车站装修材料进行采购时，一定要选择完全符合国家相关规定和标准的，具有很好的耐久性、防辐射性和抗腐蚀性，还应不易燃、防吸尘、无毒无味且防潮防静电，对其强度和硬度也具有一定的要求，并且容易清洗，从而更加方便施工。

14.2.2 装修设计标准

地铁车站装修标准是根据建设期国家的方针政策、经济情况和城市的具体条件来确定的，就具体车站而言，装修标准是基于车站的规模来制定的；规模大小是根据车站所处区域繁华程度、客流量大小等客观条件来确定车站的等级，一般分为三级：

1 级站：客流量大，地处市中心区的大型商贸中心、大型交通枢纽中心、大型集会广场、大型工业区以及位置重要的政治经济中心地区；

2 级站：客流量大，地处繁华的商业区、中型交通枢纽中心、大中型文体中心、大型公园游乐场、较大的居住区及工业区；

3 级站：客流量小，地处郊区各站。

装修标准 1 级站档次稍高，2 级站档次一般，3 级站档次稍低。

14.2.3 总体定位与设计理念

在车站的装修设计中如何才能设计出一个好的装修方案，首先应从装修概念方案的总体定位和设计理念着手：

1. 国外地铁调研与分析

迪拜地铁——最奢华形象的科技地铁，是全世界最奢华、最长无人驾驶的地铁，是全中东最完善的运输系统，迪拜地铁站结合了科技和现代的设计风格，如图 14.2-1 所示。

(a) (b) (c)

图 14.2-1 迪拜地铁

伦敦的金丝雀码头地铁站——日均容纳 7 万人次的地铁站，该站点弯曲的华盖和颇具未来艺术风格的入口都表明这是个现代建筑物。第一次来这里的人们几乎想不到地下会有如此广阔的空间，如图 14.2-2 所示。

(a) (b)

图 14.2-2 伦敦金丝雀码头地铁站

意大利那不勒斯 Toledo 地铁站——走进地铁，宛如梦中画面。内部的墙面和地面都覆盖了一层不同深浅的蓝色 Bisazza 马赛克，这个设计是意大利那不勒斯市地铁艺术环线项目的一部分，邀请艺术家们在地铁站创作一系列艺术装置作品，如图 14.2-3 所示。

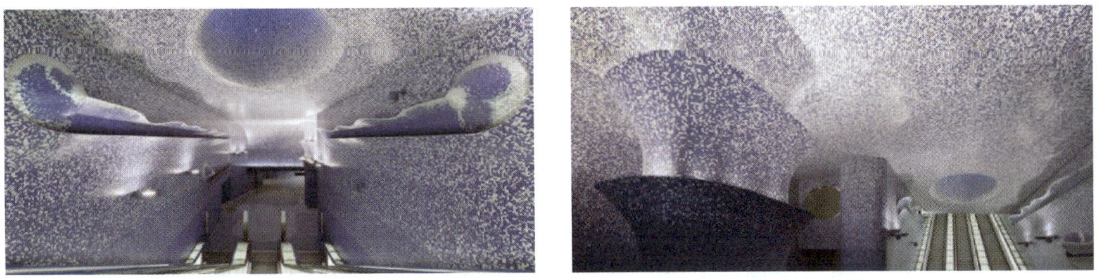

(a) (b)

图 14.2-3 意大利那不勒斯 Toledo 地铁站

第3篇 土建工程

意大利那不勒斯大学地铁站——数字时代的地铁站，设计者采用了创新的设计概念和语言，实现了在地铁站的第三次技术革命。那不勒斯不仅仅是历史性城市，也是一座富有知识性的信息天堂。因此，该地铁站是这种新形势的一种隐喻，尤其是站台的设计，反映出了先进的设计策略，如图 14.2-4 所示。

(a) (b)

图 14.2-4　意大利那不勒斯大学地铁站

新加坡地铁站——以中庭建筑空间为特色，注重绿色和自然光的引入，相对宽敞明亮，装修设计多采用白、灰色铝板和不锈钢结合。各专业末端采用综合设备带接口，强调标准化、模式化设计，体现工业感。各站点根据周边人文，或在地面或在立面设置公共艺术品供乘客鉴赏，如图 14.2-5 所示。

(a) (b)

图 14.2-5　新加坡地铁站

东京饭田桥站——利用绿色长条状灯具来消弭地下空间的压迫感和单调感。绿色灯管犹如四处攀爬的藤蔓植物，充满流动感。通往站台的棚顶和绿色荧光柱子营造出一种奇异世界的美妙氛围。在低矮的建筑空间形象中，通过材质、简单的造型、照明和色彩营造出地铁空间的精美和严谨氛围，如图 14.2-6 所示。

(a) (b)

图 14.2-6　东京饭田桥站

德国慕尼黑地铁站——受超现实主义艺术的影响而来的灵感。简洁而理性的设计，在梦幻灯光和色彩下绽放出强大的生命力。慕尼黑地铁系统于 1972 年运营。早期的地铁设计相对简单，后期的地铁建筑更具特点和艺术性，如图 14.2-7 所示。

国外地铁装修设计趋势大部分以人的需求为出发点，营造多元的交通空间。

(1)一体化的设计思路，完成建筑、装饰、人性化设施、建筑结构设备系统、导向和艺术的整体设计。

(2)新建地铁更注重科技和文化地域特点，地铁呈现代、科技和自然的文化特点。利用灯光科技手段，与各种材料的搭配，营造出现代特色的空间感，同样不失人性化的功能特点，实现交通建筑的引导功能。

(a) (b)

图 14.2-7 德国慕尼黑地铁站

(3)注重人的感受,营造比较宏大的建筑空间,更多追求地铁交通建筑的个性化和城市文化的特色。

(4)设置大型商业设施的较少,更注重大型购物中心的衔接。

2. 国内地铁调研与分析

北京地铁——北京是中国第一个开通地铁的城市,新建地铁对功能和实用性的把握更为成熟,风格较为整体。主题线路、重点站风格多样化,古老和现代的文化符号、设计手法在这里碰撞和交融。但北京地铁建筑造型较为复杂,实施难度较大,造价较难控制,不易维护,在细节处理方面还有待完善,如图 14.2-8 所示。

(a) (b) (c) (d) (e) (f)

图 14.2-8 北京地铁

上海地铁——体现上海的城市文化内涵,海派文化与城市形象结合较好,有站点视觉冲击力,空间形态简洁大气,展现了国际大都市应有的形象。上海地铁导识性强,但有些过于追求标准化,细节处理有待完善。新线建设更注重文化、艺术表达和人文互动设计的注入,如图 14.2-9 所示。

(a) (b)

图 14.2-9 上海地铁

香港地铁——以功能为主,全线标准化,较重视共性元素与车站整体空间的协调,为强调各项功能设施,方便乘客识别和使用,在色彩、造型上突出强化,并全线统一形成强烈识别性,其人性设施完善,如图 14.2-10 所示。

(a) (b)

图 14.2-10 香港地铁

广州地铁——装饰以色彩简单区分,学习香港标准化经验,风格简洁实用、材质模数化,易实施维护及运营。因只采用一种模式,过于追求标准化,导致各站之间缺乏地域文化特征,细节处理方面还有待完善。新线设计已经开始引入文化艺术主题,如图 14.2-11 所示。

(a) (b)

图 14.2-11 广州地铁

深圳地铁——由于毗邻香港,地铁站点设计受其影响较深,侧重简单实用原则,注重功能完备及标准化的务实设计理念,易实施、易维护并方便运营。但过于追求标准化,细节处理方面有待完善,现在新线设计已经开始注重文化策展和人文互动,如图 14.2-12 所示。

国内地铁装饰设计趋势为各城市对地铁线路站点的室内设计要求实现"一线一景与一站一景结合",注重文化策展和人文互动的设计注入。

(1)现在所有新建线越来越注重文化艺术策展与人文互动的设计。

(2)我国已开始进入老龄化社会,地铁作为公共交通工具设施,设计上应更多地考虑、重视老年群体的需求。香港地铁的人性化设施设计已经达到国际先进水平,值得借鉴。

(a) (b)

图 14.2-12 深圳地铁

(3)国内地铁站建筑空间结构因受地铁建造设备、技术、材料工艺等条件的制约，几乎是千篇一律，千站一面的状况，要改变这一状况，为乘客带来舒适愉悦的乘车环境，在车站装修设计中注入文化艺术、科技元素就显得非常重要。

(4)地铁商业在国内发展时间较短，地铁商业空间的开发专业程度、要求都很高。目前多地方、多城市还缺乏这方面的开发经验，在商业定位各商业组合上存在一定的不合理规划。地铁商业空间需考虑的因素特别多，如消防、反恐形势等，是着重考虑与大型商业空间的衔接还是着重考虑与地铁连接的地下商业开发，目前还处在争议之中。

3. 新建线路区域环境、文化分析

对新建线的城市所处的地理位置、经济状况、城市历史文化风貌及城市建筑历史进行调研分析。

例如：一说起杭州自然想起水，水是杭州人文景观的重要标志，京杭大运河、西湖、钱塘江、西溪湿地，都是杭州闪亮的名片。杭州是浙江省省会和经济、文化、教科中心，长江三角洲中心城市之一，是国家历史文化名城和重要的风景旅游城市。杭州地铁的开建，对杭州从"三面云山一面城"的单核城市，向"一主三副六组团"的大都市形态发展，提供了不可替代的历史机遇。其中，杭州地铁 1 号线工程双"Y"线，串起了"一主三副"的城市大格局。

4. 线网功能分布

对新建线的线路走向及沿线分区、周边环境、站点进行分析。

例如：杭州地铁 1 号线 1 期工程穿越了主城区、江南城、下沙城和临平城四个规划城区，形成独特的"Y"字形线路，它是杭州市地铁规划"新型枢纽性放射状"地铁线网的主动脉。线路南起湘湖杭州乐园，路经滨江城区，穿过钱塘江进入主城区，至客运中心站后分奔直至下沙城区的下沙江滨站和临平城区的世纪大道站。

5. 设计理念确立

杭州地铁 1 号线经过对新建线路区域文化及线网功能分布等分析，最后确立了装修设计概念主题——"水路天成"，如图 14.2-13 所示。

(a) (b)

图 14.2-13 杭州地铁 1 号线

第3篇 土建工程

北京是中国的首都，历史悠久，文化灿烂，是国家政治文化中心，国际交往中心，北京地铁 4 号线纵贯北京西部城区南北，途经大兴区、丰台区、西城区和海淀区四个行政区，南起丰台马家堡西路南段，北至海淀区安河桥。

通过调研分析，确立了北京地铁 4 号线的装修设计概念主题——“人文北京、科技北京、绿色北京”，如图 14.2-14 所示。

(a) (b) (c)

图 14.2-14 北京地铁 4 号线

上海是国家中心城市，沪杭甬大湾区核心城市，国际经济、金融、贸易、航运、科技创新中心。上海地铁 9 号线一、二期工程（松江新城—杨高中路）已经建成运营。为进一步发挥线路功能，结合沪通铁路曹路站的设置，新规划的地铁 9 号线东延伸段起自杨高中路站，终至曹路站。

通过对站点周边区域进行分析，并结合当今装修设计潮流，最终确立了上海地铁 9 号线三期东延伸段的装修设计概念主题——“开放自由、还原本质”，如图 14.2-15 所示。

(a) (b) (c)

图 14.2-15 上海地铁 9 号线

14.3 车站公共区装修设计

车站公共区装修设计在符合国家现行规范、标准的同时，应做到简洁、明快、大方、易于识别、适度装修、充分利用结构美，体现现代交通的特点。

设计原则以功能便捷为前提，人性化为基础，各项功能和装修材料均应满足现行设计规范的要求，如盲道《无障碍设计规范》(GB 50763—2012)、警务站《公安派出所建筑外观形象设计规范》的设计等；车站的装修材料要用不燃、防潮、防腐、耐久性强，无辐射、无毒、易清洁的环保材料，便于施工与维修，方便运营维护，减少运营成本的支出。

在车站的装修设计中要做到集成化的设计管理，即从色彩、材料、灯光、装饰接口、广告、导向、文化艺术以及附属建筑各个控制系统的设计进行管理，以使车站的设计方案达到最佳的效果。

1. 平面方案设计

平面设计以功能为主，反映车站平面功能分区。一般分为付费区和非付费区两部分，付费区为站厅层公共区和站台层，非付费区包括出入口、通道（换乘站含换乘通道）、便民商铺或过街通道及物业开发区等部分。

平面设计方案中首先对车站功能进行优化及客流分析（图 14.3-1、图 14.3-2 为标准站站厅层、站台层客流分析；图 14.3-3、图 14.3-4 为换乘站站厅层、站台层客流分析），然后再对车站进行平面方案的设计。平面方案反映的内容包括所有设施的位置：地坪铺装方式、站内无障碍电梯、自动扶梯、警务站、便民服务间、客服中心、安检、AFC 闸机、分区栏杆、围廊栏杆、艺术墙、盲道、蓄光型紧急疏散标识、自助售票机、自助充值机、自助查询机、人防门及盖板、排水篦子、售卖机、银行柜机、艺术座椅、垃圾桶、地面设备检修口，墙面部分广告灯箱、导向、机电设备箱、给排水和消防设施等。站台层站台门向站台内 1～2 m 范围和端门靠设备区敷设绝缘层，绝缘层宽度自站台门边缘起向内 1 000 mm，此宽度可根据装修模数进行调整；其中警务站的设计应满足工作需要和相关规范要求，盲道的设计需满足《无障碍设计规范》(GB 50763—2012)的要求。

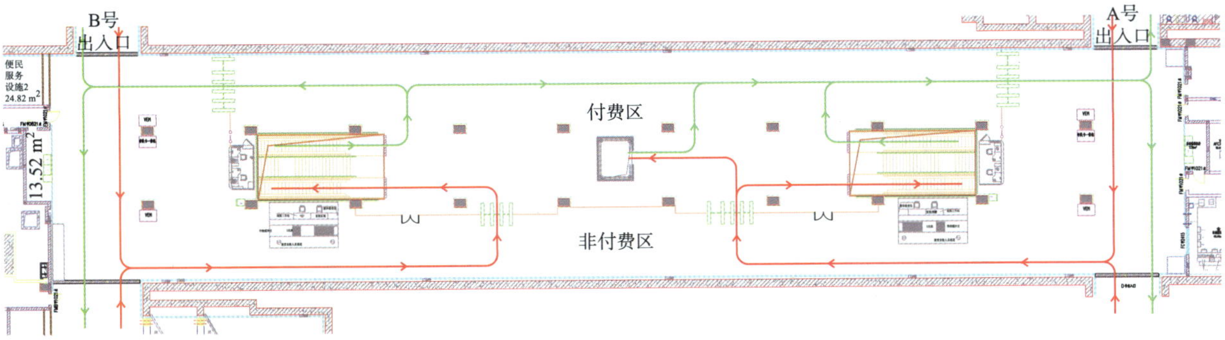

图 14.3-1　标准站站厅层客流分析

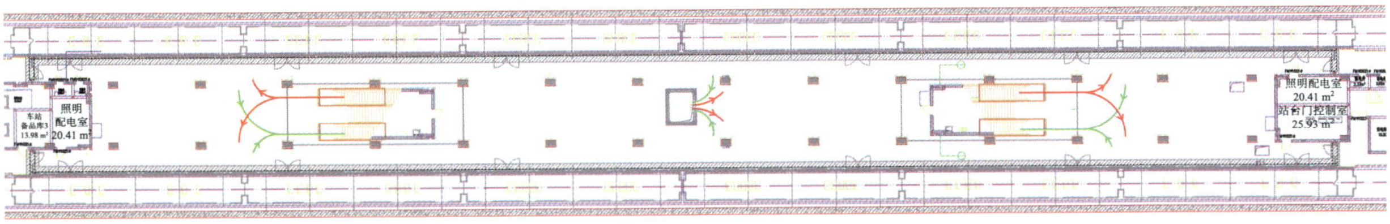

图 14.3-2　标准站站台层客流分析

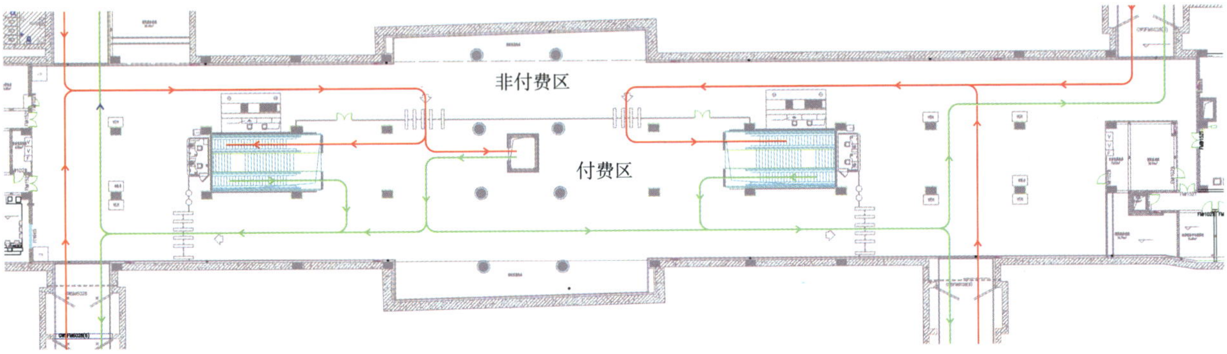

图 14.3-3　换乘站站厅层客流分析

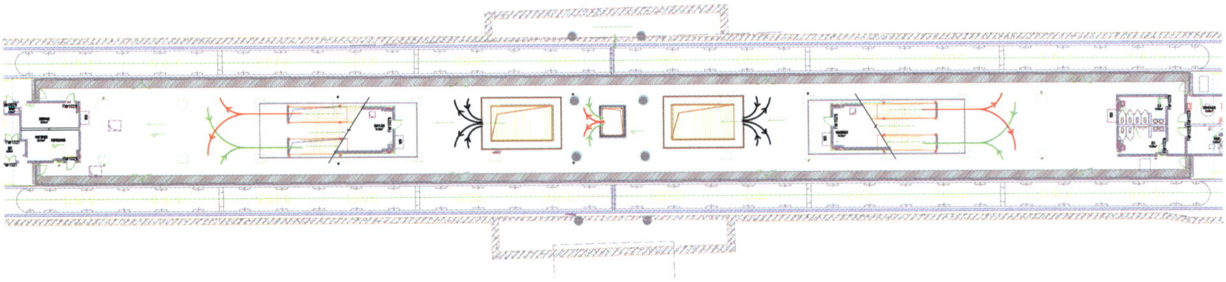

图 14.3-4　换乘站站台层客流分析

图例　进站客流——；出站客流——；换乘客流——

警务站平面设计：根据地铁警务站的通常情况，一般把警务站分割为公安值班室和公安通信设备室两大间，如图 14.3-5 所示。

因实际工作需要，地铁公安警务站设置应分成三块区域：公安工作室(接待群众报案、日常工作场所)；防爆反恐装备室(部分重要应急设施设备存放、监控操作区域)；公安通信机房(涉及地铁公安通信设施)。

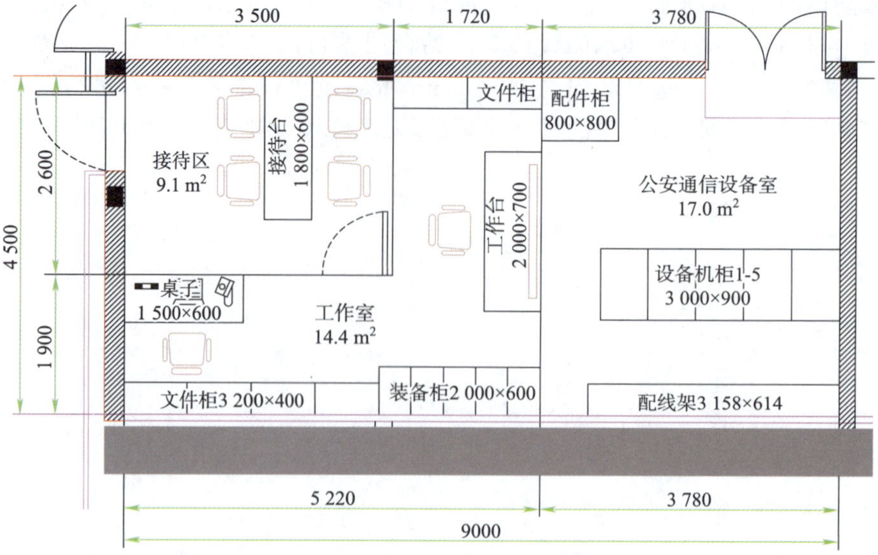

图 14.3-5　警务站平面布置图示意一(单位:mm)

故有条件的车站应根据工作需求进行平面设计，如图 14.3-6 所示。工作室最小面积 13.5 m²，机房和装备室最小面积 27 m²，车站警务站最小面积需求为 40.5 m²。

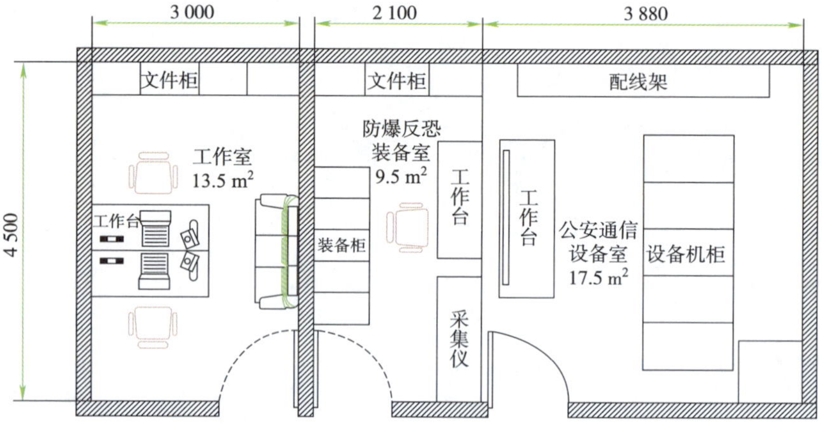

图 14.3-6　警务站平面布置图示意二(单位:mm)

2. 立面方案设计

立面设计反映车站墙面板块形式及所有墙面设备的分布位置(门窗洞口、艺术墙、站名墙、广告灯箱、消火栓箱门、设备箱门、墙面导向、手动报警装置等)。

警务站立面设计：警务站的外观形象基本色彩和要素需符合《公安派出所建筑外观形象设计规范》。外观形象基本颜色为警蓝和白色，基本要素是外立面墙。外立面墙从底部向上，按一定的比例分配为警蓝、白条、警蓝、白色，如图 14.3-7 所示。

图 14.3-7　警务站立面图

3. 天花方案设计

天花设计反映车站天花形式及各种设施位置。天花方案反映的内容包括天花的造型形式及所有设施的位置(灯具、风口、挡烟垂壁、吊挂导向牌、摄像头、烟感、广播、PIS 屏、时钟、检修口等)。以往天花图案设计通常是提供虚(少)实(多)结合的形式、适当布置检修口，天花高度一般≥3 m，局部裸露的顶板与综合管线做喷黑处理。现今国内地铁建设新建线越来越多的在地铁车站的天花设计中采用了半裸装和全裸装的方式，形成了风格各异的天花造型，结构顶板与综合管线根据各站设计理念做喷色处理，或者混凝土顶板做压光处理。吊顶方案设计通常中间部位作为个性区域，周边部分作为共性区域。如图 14.3-8～图 14.3-17 所示为国内部分城市在地铁车站天花装修设计中采用半裸装和全裸装的方式。

图 14.3-8　上海 13 号线金沙江路站

图 14.3-9　上海 16 号线滴水湖站

图 14.3-10　上海 9 号线芳甸路站

图 14.3-11　上海 9 号线金海路站

图 14.3-12　上海 9 号线蓝天路站

图 14.3-13　上海 9 号线蓝天路站

图 14.3-14　上海 9 号线复兴岛站

图 14.3-15　合肥 2 号线王岗站

图 14.3-16　合肥 2 号线科学大道站

图 14.3-17　合肥 2 号线汽车西站

地铁车站天花裸装的优点为可以根据需要设计成各种风格的造型、增加净空高度，提升了车站的空间感，同时可以把综合管线根据功能细分涂上不同的颜色，井然有序的排布，保持整洁美观，显得有趣、灵动，既节约了装修材料，减少了成本，又缩短了施工工期，更有利于成本的控制、设备的检修和运营的维护。缺点是如施工中喷色处理不到位，会形成花斑，影响整体视觉效果(天花喷色到位是效果的保证)。

4. 地面及立柱装修

(1)地面装修

根据车站的不同区域和各种不同服务房间要求不一致，对地面有不同的建筑要求。一般要求地面耐磨、防滑、易清洁、易修复、防潮、美观且具有光泽。

在地面装修中，常用的装饰材料有大理石、美术水磨石、缸砖、瓷砖、马赛克等。

(2)柱面装修

地下车站的站台层、站厅层一般设有立柱，通常采用钢筋混凝土或钢管柱，其形状有圆形、矩形、方形、正多边形等几种。从车站建筑艺术整体要求出发，柱的表面应进行装饰处理。

柱面装饰一般采用外贴大理石或搪瓷钢板、喷刷美术漆的方式进行处理。对于柱的体积相对比较大，在装修处理中，为减轻笨重的感觉，可采用以下几种方法进行装饰处理：用同一种色彩的大理石或水磨石装修柱子的 4 个平面，而 4 个柱角处，采用别的色彩来对比，镶边点缀；4 个柱面用线条竖向分割，使柱子显得纤细些；柱的正背两面，用质感效果较好的大理石或水磨石来装修，而柱子的两侧面用马赛克或喷涂处理，以造成正、背面与侧面在质感和色彩上形成鲜明的对比，来减轻柱笨重的感觉。

(3)墙面装修

墙面装修是指车站人行通道的侧面墙、中间站厅的内墙以及站台部分的侧墙面的装修。通常采用搪瓷钢板墙面或水磨石及大理石墙面、马赛克墙面、外露混凝土墙面，喷涂墙面等形式。

5. 站内盲道设计

盲道设计原则：盲道分为行进盲道及提示盲道，单位尺寸通常为 300 mm×300 mm。地铁空间内的盲道应设在出入口、通道、站厅及站台公共区部位。

盲道布置：设置盲道的位置和走向，应方便视残者安全行走和顺利到达无障碍设施位置，尽量减少转弯，尽量避开检修口铺设，L 字形走向的转角应大于等于 90°。设计方式可做一定的微调。在通道出入口、楼梯、升降梯、站台等候区等位置应设提示盲道，告知视残者需要到达的目的地和位置，方便视残者继续行进、就地等候或进入使用等。

在站内盲道设计中，站厅层盲道行进路线分为至服务中心售票窗口处和通过宽闸机通道延至站内无障碍电梯处。站台层盲道由无障碍电梯分别通向站台两边，站台前的盲道离站台门距离≥1.3 m，盲道整个长度介于两个端门之间。

6. 车站文化艺术墙设计

地铁是一个有机的整体。艺术墙设计是无数细节和丰富多样的历史文化、现代文化的有机结合，是设计标准和文化品质的和谐统一。结合新建线的设计理念，在车站的艺术墙上把当地的山水、人文构成的故事反映出来。

(1)杭州地铁 1 号线武林广场站——墙面、柱面全景式演绎主城区的文化主题《阳光·葵园》

通过青铜材质的壁画、浅浮雕《葵园四季》四幅(春阳、夏日、秋艳、冬暖)和琉璃(中央八柱)、青铜柱雕

(周围 24 柱)《向日葵园》，用春夏秋冬四季体现杭城历史、收获和繁华都市形象，如图 14.3-18 和图 14.3-19 所示。

图 14.3-18 《向日葵园》

图 14.3-19 《葵园四季》

(2)杭州地铁 1 号线城站——浮雕《城站变迁》

用滚动的车轮，叙述如歌的岁月，由镶嵌在车轮上的城站各时期浮雕建筑，反映城站变迁的历史，如图 14.3-20 所示。

(a) (b)

图 14.3-20 《城站变迁》

(3)北京地铁 4 号线圆明园站——浮雕《西洋楼》

圆明园车站大厅墙面的浮雕画面以代表性的圆明园建筑(西洋楼)残柱为背景，以御题《圆明园四十景》的文字形式为内容，加上建园、毁园、烧园三个历史年号，形成形象、文字、符号等造型语言和历史要素结合的现代空间构成形式，给人铭刻于心的视觉心理作用，如图 14.3-21 所示。

图 14.3-21 《西洋楼》

(4)北京地铁 4 号线动物园站——壁画《儿童涂鸦》

动物园站出口的装饰墙完全采用儿童画的动物造型、色彩，甚至完全模仿儿童画没有规则、极其随意的构图模式，如图 14.2-22 所示。

(5)上海地铁 17 线朱家角站——釉画《朱家角风情——古桥风》

闻名遐迩的江南古镇朱家角，36 座古桥星罗棋布地散落在河港交错的朱家角各处，最负盛名的当数放生桥。放生桥长如玉带，状如彩虹。远远看去，在平静如镜的河水倒映下，5 个半圆形桥孔变成了完整的圆孔，相映成趣，别有洞天，旧称“井带彩虹”。釉画作品《朱家角风情——古桥风》造型即以放生桥的圆形桥东为主体，水波涟漪。在釉色的晕染下，蜿蜒清丽，把朱家角独特的古桥风韵呈现在地铁朱家角站，如图 14.3-23 所示。

图 14.3-22 《儿童涂鸦》

图 14.3-23 《朱家角风情——古桥风》

7. 站厅层、站台层效果图

站厅层、站台层效果图分别反映站厅层、站台层主要空间的视觉效果，如图 14.3-24 和图 14.3-25 所示。

图 14.3-24 站厅层

图 14.3-25 站台层

主要空间色彩定位：国内外大型车站通常采用白色作为公共区色彩基调，能营造出一个清雅的车站空间。地下空间较为沉闷用白色作为基调可以调和各种色彩来活跃气氛。

例如：杭州地铁 1 号线所有站点的空间营造以明亮、淡雅为原则。因此空间的主色选用中高明、低艳度的浅色系为主，以浅灰色为公共区色彩基调。以海棠红色作为线路色，在墙面、站台屏蔽门上方等处应用，突出线路的指引性，如图 14.3-26 和图 14.3-27 所示。

图 14.3-26 杭州地铁 1 号线站厅层

图 14.3-27 杭州地铁 1 号线站台层

上海地铁全面实施一线一色，无论悬挂的标志还是地面的标志皆“一色”了然。以淡白色作为公共区色彩基调，以各线路的导向标识色作为识别色，通过导向色在公共区域，如门套、墙面、地面等处应用，突出线路的明显指引性，如图 14.3-28 所示。

(a)　(b)　(c)

(d)　(e)　(f)

图 14.3-28　上海地铁站厅层和站台层

南京地铁 2 号线以瓷白色作为公共区主色调，以岱青色作为形象色（线路色），以蓝灰色作为功能色，营造出非常清雅的空间感，如图 14.3-29 所示。

(a)　(b)　(c)

图 14.3-29　南京地铁 2 号线站厅层和站台层

8. 车站导向系统设计

(1)车站导向系统设计六项原则

1)安全原则

导向标识系统提供全面、清晰的信息，引导乘客进站乘车和出站。避免乘客滞留在车站内，引起拥挤、混乱和推撞，从而影响安全。因此，车站导向标识系统设计需作详尽考虑。

2)系统化、标准化和规范化原则

在所有车站内采用系统化、标准化和规范化的导向标识系统。

3)客流流线设置原则

在客流流线上的主要地点提供有效、易于识别的导向标识，使车站内乘客能安全及高效的流动。

4)使用对象原则

导向标识系统的使用对象是指地铁的乘客，包括新建线本市的市民、国内其他地方的旅客及外国旅客。导向标识系统必须把相关信息提供给乘客。

5)优先设置原则

导向标识系统的设置是首要的，应优先于商业广告及商铺的招牌等。

6）方便运营管理及维护原则

导向牌应便于运营管理，同时便于车站工作人员的维护。

（2）线路色的确定

地铁导向系统是地铁车站设计的重要部分，线路色是导向系统的基础。对国内成熟地铁线路进行考察，并结合新建线站内设计指导思路，从色彩导向的指引方面对地下交通进行分析说明。

导向线色彩定位：根据国内成熟地铁线路色彩分析，确定一个城市各条地铁线的线路色。例如：杭州 10 条地铁线线路色如图 14.3-30 所示，南京 8 条地铁线线路色如图 14.3-31 所示，上海 18 条地铁线线路色如图 14.3-32 所示。

图 14.3-30　杭州地铁线线路色

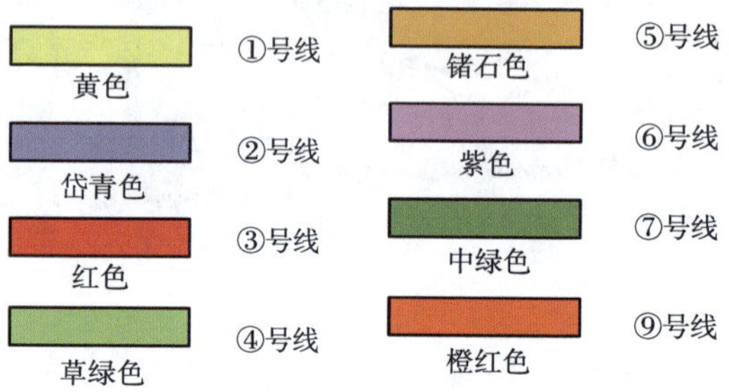

图 14.3-31　南京地铁线线路色

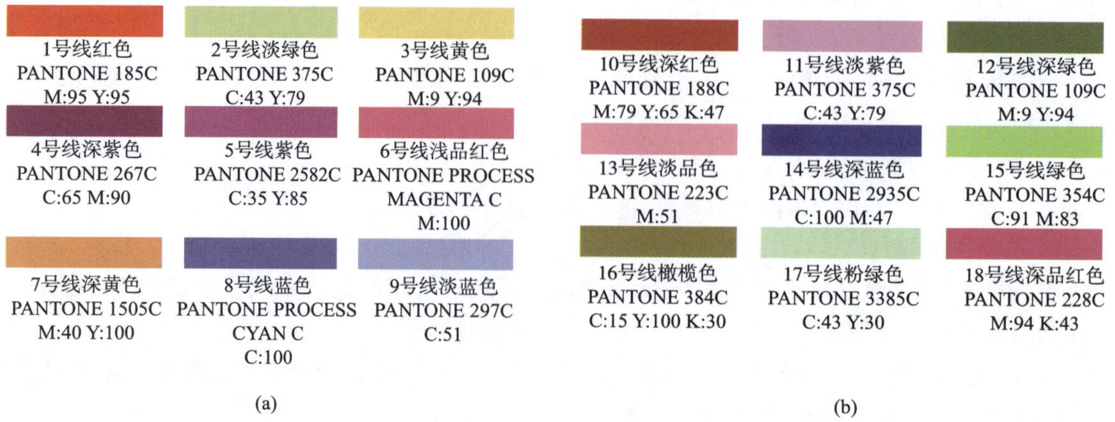

图 14.3-32　上海地铁线线路色

(3)地铁车站导向标识类型

按标识功能分类:确认标识(包括三角区)、导向标识(包括导向信息带)、资讯标识(地图等)和辅助导向标识(地面导向、多媒体导向、墙面导向等);

按设置方式分类:悬挂式、嵌入式、站立式、贴附式;

按显示形式分类:发光、不发光、灯箱、反光、自然光。

在导向标识设计中警务站的标识设计要符合《公安派出所建筑外观形象设计规范》,如图 14.3-33 所示。

图 14.3-33 警务站标识

(4)地铁标志

地铁标志作为城市地铁的形象和符号,出现在城市的每个角落,它代表城市的特色,是城市精神的物化。从侧面来展示城市文化地域特色,同时也是城市实力的一种展示。

杭州地铁标志如图 14.3-34 所示,标志以地铁隧道为主体造型元素,同时以"hzm"上字母相融合,代表杭州地铁,视觉主体以 m 为中心,与国际惯用元素一致,充分体现了地铁的名称和行业特征,同时还体现了国际大都市的风范。左上和左下的尖头,暗喻地铁的双向运营模式。同时给人以顺时针旋转的运动感,充分体现了杭州地铁"安全、快捷、方便、舒适"的特点,同时也表现了杭州地铁奋发向上,与时俱进的人文精神。

上海地铁标志如图 14.3-35 所示,由英文字母 S 和 M 组成,其中 S 代表上海,M 表示地铁,而圆弧状形似地铁的圆形区间隧道,M 又像在隧道内相向行驶的两列地铁列车。图案抽象精炼,寓意深远。

图 14.3-34 杭州地铁标志图

图 14.3-35 上海地铁标志图

(5)导向标志

导向标志版面尺寸应模数化和标准化,设计的图形符号、箭头、文字、标识色彩使用应规范化;标识中的箭头、图形符号、中文、英文和数字宜按重要程度从左到右,横排横写,中文在上,英文在下。只有当箭头向右时,标识中的箭头、图形符号、中文、英文和数字才按重要程度从右到左。设置导向信息、导向的位置以及导向的高度要以人体工学设计为标准。导向版面信息务必简洁清晰,最大程度的满足乘客的需求,引导乘客高效的进出地铁车站,如图 14.3-36 和图 14.3-37 所示。

图 14.3-36 杭州地铁乘车信息

图 14.3-37 杭州地铁进站信息

(6)指示标志

指示标志在地铁车站中起着人流疏导的作用。乘客跟着指示方向有序的进出车站。通常有悬挂、墙贴和地贴的方式。

(7)疏散指示

紧急疏散标识需满足功能性、安全性、可靠性、环境适应性等要求,需符合相关设计标准。

紧急疏散标志牌所使用的各种材料应能适应尘土、高温、潮湿、振动、静电等恶劣环境；并应满足防火、防潮、防酸碱和防水的要求。

按规范要求进行设置疏散指示标志，形式分为电光型和蓄光型两种，通常电光型的设于安全出口、楼梯平台上方和墙面、柱面上，蓄光型紧急疏散标志则贴附于地面、楼梯梯面或踏面上(高架站)，并保持连续性。

(8)站外路引

车站站外路引是指在地铁车站方圆 500 m 范围内的指示牌，是告知地面准备乘坐地铁的人员跟着指示牌尽快找到地铁车站，通常设置在道路交叉口部位(视主次干道宽度增加布点数量)。

站外 500 m 路引标牌均以将乘客导向就近车站的直出地面的出入口为前提进行设置考虑。路引标牌的布点主要思路以平行于人流动线设置路引标牌，局部适当地运用垂直于人流动线设置路引标牌。当两车站间距不足 1 km 时，牌体以引导至最近的车站出入口为前提进行设置。

路引标牌尽量安装在人行道靠慢车道边缘或花坛中，不破坏市政道路；开挖基础时需注意地下水管及电缆管线；与路面其他立杆设施相避让，若不可避让时则根据情况结合现场已具备安装条件立柱设置车站路引标志牌，结合方案需征得相关单位同意后实施。

9. 广告灯箱设计

广告灯箱规格尺寸应符合装饰界面的模数，设置于站厅的墙面上，可单个设置，也可连续几块设置成大的广告屏，增加注目度。设置在通道的墙面可做成广告灯箱，或做成满幅墙贴，也可以两种结合。站台一般采用多媒体 LED/LCD 屏，或结合临时性粘贴广告等。轨行区一般采用外挂式灯箱，可连续设置；端头一般为了安全而设置静态广告。广告灯箱常用规格为 4 封和 12 封。

10. 公共区装修材料的选择

(1)设计取材标准

站内装饰用材，通过对天花、地面、墙面、柱体、栏杆等装饰面及设施物的选材分析说明，新建线室内装饰应达到以下标准：

1)选取材质的经济投入标准，不以眼前建设时期的投入作为唯一依据，要求用持续发展的眼光，一并考虑后期运营管理时期将投入的维护清洁成本，将材料的耐久性作为考虑的综合因素。

2)整体装修材质边界采用镶拼方式，减少振动，降低噪声。

3)材料选择绿色环保、无放射性，关注人群健康问题。

(2)公共区装修主材选用

1)地面材料

地面材料通常要求坚硬、耐酸、耐磨、吸水性小、抗压强度高、耐冻性强、耐久性强、无辐射、无毒。常用的有天然石材、人造石、陶瓷砖。

天然石材如图 14.3-38～图 14.3-41 所示。

天然石材优点：结构细密，性能坚硬，耐酸，耐磨，吸水性小，抗压强度高，耐冻性强(可经受 100～200 次以上的冻融循环)，耐久性强(一般耐用年限为 75～200 年)。

天然石材缺点：重量大，污渍渗透难清理，弹性不足，如遇重击会裂缝，天然石材存有辐射，无修复性。

图 14.3-38 深色天然石材

图 14.3-39 浅色天然石材

人造石材如图 14.3-42～图 14.3-45 所示。

人造石材优点：结构细密，抗破裂龟裂能力更强，抗污垢，易清洁，具有高耐热性，阻燃性能好，有极强的可修复性，严重的损伤可以通过打磨修复便可长久使用，无辐射，无毒。

人造石材缺点：造价比天然石材相对较高，色彩纹理选择不如天然石材丰富。

图 14.3-40　杭州地铁地面应用天然石材

图 14.3-41　上海地铁地面应用天然石材

图 14.3-42　深色人造岗石

图 14.3-43　浅色人造岗石

图 14.3-44　北京地铁地面应用人造石材

图 14.3-45　深圳地铁地面应用人造石材

陶瓷砖如图 14.3-46～图 14.3-48 所示。

陶瓷砖优点：厚度仅为 3 mm，最大规格 1 m×3 m 的产品尺寸，超清洁表面；坚固、耐腐蚀、易清洁；耐火、耐高温、耐磨、防水防冻、不褪色；环保可回收；轻、薄、软、透光性、易切割、多种色彩多种设计选择。

陶瓷砖缺点：需专业人员指导安装。

图 14.3-46　陶瓷砖样板

图 14.3-47　陶瓷砖实例 1

图 14.3-48　陶瓷砖实例 2

2）墙面材料

墙面材料通常要求坚固、耐腐蚀、易清洁；耐火、耐高温、防水防冻、无毒、无辐射。通常选用搪瓷钢板、陶瓷墙砖、天然石材、人造石材等。

搪瓷钢板如图 14.3-49～图 14.3-51 所示。

搪瓷钢板优点：刚度大，耐刮擦。大小、形状、色彩可视设计而定，表现力强。工业化生产，大面积无色差。板背面采用消声材料，杜绝人为敲击和地铁进出站时产生的噪声、回音。表面不易吸附灰尘，易清洗。

搪瓷钢板缺点：使用年限 20～25 年。

图 14.3-49　搪瓷钢板样板

图 14.3-50　杭州地铁墙面应用搪瓷钢板

图 14.3-51　广州地铁应用搪瓷钢板

天然石材、人造石材、陶瓷墙砖的优缺点同地面材料。天然石材墙面如图 14.3-52 和图 14.3-53 所示，陶瓷墙砖墙面如图 14.3-54 所示，人造石材墙面如图 14.3-55 和图 14.3-56 所示。

图 14.3-52　深圳地铁墙面应用天然石材

图 14.3-53　南京地铁墙面应用天然石材

(a)　(b)　(c)

图 14.3-54　意大利米兰地铁墙面应用陶瓷墙砖

图 14.3-55　北京地铁墙面应用人造石材

图 14.3-56　深圳地铁墙面应用人造石材

3)柱体材料

柱体材料要求坚固、耐腐蚀、易清洁；耐火、耐高温、防水防冻，无毒、无辐射。通常选用搪瓷钢板、人造石材、钢化烤漆玻璃、马赛克(玻璃马赛克)、混凝土等。在一个车站的装修设计中,柱体材料可以选用与墙面一样的材料,也可以根据设计需要单独选用一种装修材料。

搪瓷钢板、人造石材作为柱体装修材料在车站装修中经常使用,而钢化烤漆玻璃、马赛克(玻璃马赛克)、混凝土则使用的相对较少,在当今提倡环保、节约的时代,清水混凝土(或根据空间色彩要求面刷涂料)的设计将会成为车站装修发展的一个趋势(缩短施工周期,增加视觉效果,节约成本,有利于成本的控制)。

钢化烤漆玻璃如图 14.3-57～图 14.3-59 所示。

钢化烤漆玻璃优点:耐水、耐酸碱,涂料属于环保材料,健康安全,附着力强、不易脱落,防滑性能优越。抗紫外线,抗颜色老化性强。色彩丰富选择性强,抗污易清洗。

钢化烤漆玻璃缺点:容易受撞击,易碎。

图 14.3-57 钢化烤漆玻璃样板

图 14.3-58 深圳地铁柱体应用钢化烤漆玻璃

图 14.3-59 国外地铁柱体应用钢化烤漆玻璃

马赛克(玻璃马赛克)如图 14.3-60～图 14.3-62 所示。

马赛克(玻璃马赛克)优点:不透色,吸水性能好。黏结强度高,耐酸碱性。色彩丰富,可选性多,且长时间不褪色、不变色,有极强的遮盖力,安装简便、无辐射、无毒,不受造型限制。

马赛克(玻璃马赛克)缺点:不同批次生产有少许色差。

图 14.3-60 马赛克(玻璃马赛克)样板

图 14.3-61 深圳中铁柱体应用马赛克(玻璃马赛克)

图 14.3-62 济南中铁柱体应用马赛克(玻璃马赛克)

混凝土(面刷涂料)如图 14.3-63 所示。

(a) (b)

图 14.3-63 上海地铁柱体应用混凝土(面刷涂料)

(3)其他材料选用

1)扶手栏杆

主要为车站出入口踏步台阶消防分区栏杆、站厅分区栏杆、站厅通往站台的楼梯栏杆、防撞栏杆等。出入口踏步台阶消防分区栏杆(无玻璃)、站台层分区栏杆、回廊栏杆、楼梯及分区栏杆(夹胶安全玻璃)、防撞栏杆通常选用不锈钢材料，一般要求在拐角部位增加不锈钢立杆。

2)盲道砖

主要位于出入口、通道、站厅、站台等处，与室外盲道相连，成为完整的无障碍设施。凸起部分低于5 mm，凸起部分表面应做防滑处理。通常选用天然石材、人造石材、陶瓷砖。

3)防火、防盗卷帘门

包括车站防火分区的卷帘门，与物业相连通道处的防火、防盗卷帘门，各车站无盖出入口的防盗卷帘门。

防火卷帘门：帘板为复合热镀锌防火板，板厚不小于0.8 mm，腹腔内防火材料填充致密；防火门楣设有防漏烟、防串火装置，为防火型专用导槽。车站防火分区的卷帘门一般选用4J双轨无机布基特级卷帘，耐火极限3 h。

普通卷帘门：帘板为热镀锌彩钢板，单片帘板厚1.2 mm，普通抗风型。车站防盗卷帘门一般选用2～6 m宽防盗型电（手）动卷帘门。

4)挡烟垂壁

公共区的防烟分区采用挡烟垂壁。挡烟垂壁设置位置：公共区防烟分区处、楼扶梯周边。换乘通道分界处要求在挡烟垂壁5 m范围内，吊顶镂空率达到50%以上，挡烟垂壁应该做到楼板往下500 mm；吊顶上方采用防火板，吊顶下采用防火玻璃，所有穿越管线要做防火封堵。防火板、防火玻璃的厚度为10 mm，耐火极限为1 h。

5)卫生间隔断

主要位于部分站厅、站台、商业区等空间的卫生间。应防磨、防火、防酸，防火达难燃性B1级、甲醛达E0级、耐消毒液腐蚀(通过ISO认证、绿色环保认证)，通常选用表面是石英亚光面的酚醛树脂板。

6)休息座椅

休息座椅应造型美观、舒适。重点站的休息座椅造型要与重点站的艺术设计匹配，标准站的座椅造型统一。材料应耐磨、环保、防火达A2级以上。通常选用不锈钢或人造石。

总之，地铁车站选用的所有装修材料均要求满足国家规定，且均须防火、防潮、防蚀、耐久、无毒、无异味、其放射性指标应满足国家相关要求，便于施工、维修和清洁。材料色彩要与周边环境相协调。

14.4 车站设备管理区装修设计

14.4.1 车站设备管理区装修范围

车站设备管理区室内装修包括地面(含面层铺贴找平层等)、墙面、吊顶及楼梯的装修设计，栏杆扶手、门窗等的装修；主要是管理用房和设备用房及其设备区走道的室内吊顶、地坪和墙面布置(包括离壁墙)的设计。还包括废水泵房、污水泵房、消防泵房、车站紧急疏散口内部装修，车站风井的内装修(含低风井所设的防坠网)，电梯井的内井道涂面，楼扶梯三角房内和轨行区顶部喷涂装修，站台板下的地面和墙面的装修等。

14.4.2 车站设备管理区装修设计标准

设备管理区装修涉及二次结构砌体工程，所有设计均应满足国家现行规范、规定，国标图集的要求。涉及的中基层材料需做防腐、防火处理；天花以上的结构面和管线根据设计需要喷涂防潮、防霉各色涂料。

设备管理区天花标高均为装修完成标高，综合控制室内装修完成标高须保证不低于2 800 mm，设备安装标高应不低于3 550 mm；走廊装修完成标高应保证不低于2 400 mm，设备安装标高应保证不低于2 600 mm；其他有装修吊顶房间装修完成标高应保证不低于2 400 mm，设备安装标高应保证不低于2 600 mm。

防火门和公共走廊上疏散的平开防火门应设闭门器，双扇平开防火门须安装闭门器和顺序器，常开防火门须安装信号控制关闭和反馈装置。配电、通信、信号、变电所等房间门前应设置挡鼠板。对于车站卫生间和风道等需做防水处理。

14.4.3 设备管理区装修材料的选择

设备管理区的地面基本为磨光通体地砖地面、细石混凝土地面、防静电架空地板、防静电预制水磨石地面、高强度等级水泥砂浆地面；墙面基本为穿孔预涂板墙面、瓷砖墙面、水泥砂浆墙面、增强纤维加压水泥板墙面(用于离壁墙部位)、涂料墙面；吊顶形式通常为铝合金方板吊顶、铝合金条形。

所有装修材料，其燃烧性能等级均为 A 级不燃材料。材料颜色选用同公共区。

1. 磨光通体地砖

优点：强度高、防滑、耐磨、防划痕、适用于潮湿地面。

缺点：需专业人员指导安装。

一般用于设备管理区的管理区通道、站务室、会议室、安全室、更衣室、值班室等。

2. 防静电水磨石

优点：水磨石表面硬度达 6～8 级；可随意拼接花色，颜色均可自定义配置；不开裂、不怕重车碾轧、不怕重物拖拉、不收缩变形；洁净度高，不起尘；不燃、不发火、耐老化、耐污损、无异味没有任何污染。

缺点：重量大；易风化、易腐蚀、寿命短；不防水、渗透性强。

一般用于设备管理区的变电所、控制室、整流变电室等房间。

3. 防静电架空地板

优点：地板表面不反光、不打滑、耐腐蚀、不起尘、不吸尘、导电性好。

缺点：防静电地板在基材的生产过程中要使用胶黏剂，地板中通常会含有甲醛。

随着生产工艺的不断改进，现在通常选用防静电胶铝合金板架空地面板(以铝合金压铸而成)，具有防腐蚀、高强度，尺寸精度高、导电性能好、防磁、不易变形，性能稳定、无污染、无辐射的环保产品，安装速度快且美观的优点。

一般用于设备管理区的车站控制室、站长室、公安室、信号值班室、综合监控设备室等房间。

4. 穿孔预涂吸音板

优点：基材中 100%无石棉成分，不含放射性元素，无苯、无甲醛等有害物质；产品轻质，有利于减少建筑物基础的承重及抗震；尺寸稳定、防水性良好；耐酸碱耐药品类侵蚀，耐污染性优越、不起尘、抗菌；隔音、隔热；成本较低，易施工。

缺点：处理后的板块间隙易开裂。

一般作为离壁墙使用。

14.5 车站地面 4 小件装修设计

14.5.1 车站地面 4 小件装修范围

车站地面 4 小件装修设计包括车站出入口、地面无障碍电梯、风亭、冷却塔及周边景观的设计。

14.5.2 地铁出入口、地面景观、通用元素共性应用和个性分析

由于新建线各站点所处环境不同，其个性化定位也不同。根据各站点所处环境的特点，站点出入口和地面景观设计共性应用应体现以下方面：

(1)出入口构筑物应时尚、简洁，符合新建线城市的特色，融入创意元素，以安全识别性强、美观为基本原则；

(2)通过城市设施艺术化的设计手法，充分展现新建线城市特色，与地铁站地下空间公共艺术设计统一协调；

(3)地面景观设计结合出入口方案及具体车站特点，注重与周边环境的和谐统一；

(4)设计中重点强化交通引导元素，弱化风井、冷却塔等构筑物设施，将一些构筑物设施考虑结合商业

广告功能或将其包装成城市艺术小品成为城市风景的一部分。

通用元素共性应用：造型、材质、色彩应以概念设计为基础，与车站装修风格协调一致，并使通用元素成为强化地铁识别性的重要因素。应体现经久耐用、舒适大方和便于维修管理的特点；所有通用元素除了本身构造安全外，还应在使用过程中不致影响乘客安全和运营安全；应选材恰当，选用绿色环保型材料，符合耐用、美观、防火、防腐蚀、易清洁、方便施工、工艺精美、质量可靠、价格合理的特点，并符合相关技术标准要求等。

出入口和地面景观设计个性分析：各出入口方案根据站点文化背景特色，考虑是用传统方式，还是现代风格的出入口构筑物。每个站点出入口环境不同，人流量也不同，各站点出入口对面的景观边线距离应根据人流量和导向不同，设计不一样的界线距离，广场花坛、树池的布置也应根据广场大小和使用功能而减少或增加，甚至不考虑，始终把强化交通功能放在首位。

通用元素个性分析：导向标识牌应根据各站点和功能不同，相应的色彩和形态也有所不同，例如盲道的颜色、栏杆的造型、广告灯箱形状等。

14.5.3 通用元素、出入口方案、地面景观设计的创意构思和设计理念

1. 有盖出入口设计

例如杭州地铁 1 号线有盖出入口，采用现代元素的设计手法，采用顶面“H”型的钢化玻璃构架、侧面三角形玻璃构架和三角形植物造景相结合的构筑样式，顶部可装太阳能光伏板，透光又节能，侧面看去犹如一个大写的“M”型斜插于地面，寓意地铁英文“Metro”，玻璃构架透光部分采用荷花图案模纹，整体造型简约大气，具有视觉冲击，如图 14.5-1～图 14.5-3 所示。

图 14.5-1 杭州地铁 1 号线有盖出入口实景图

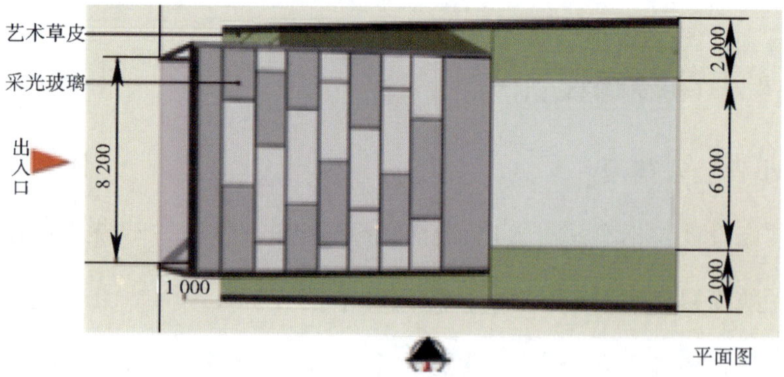

图 14.5-2 杭州地铁 1 号线有盖出入口平面图(单位：mm)

最后经过多次对有盖出入口设计方案进行优化，杭州地铁 1 号线有盖出入口装修施工完成后的构筑物形式如图 14.5-4 所示。

2. 无盖出入口设计

例如杭州地铁 1 号线无盖出入口三面防护墙周边采用“H”型的钢化玻璃构架防护栏，间断式白墙黑瓦模式，和红色的荷花抽象图案的漏窗组合，将地铁元素的海棠红、黑、白、灰运用其中，防护墙三面设置成宽

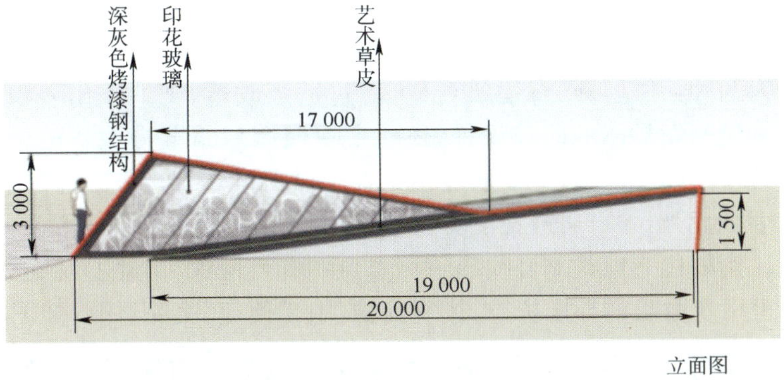

图 14.5-3 杭州地铁 1 号线有盖出入口立面图(单位:mm)

度 800～1 200 mm 的绿化隔离带,美化和安全防护兼顾,如图 14.5-5 所示。

经过多次实地勘察、分析和优化设计方案,最后杭州地铁站的无盖出入口装修施工完成后的构筑物形式如图 14.5-6 所示。

图 14.5-4 杭州地铁 1 号线有盖出入口装修完工图

图 14.5-5 杭州地铁 1 号线无盖出入口实景图

图 14.5-6 杭州地铁 1 号线无盖出入口装修完工图

3. 通用元素设计——出入口建筑标志

由于大部分城市道路两侧建筑物密集，出入口单独设置困难较大，因此很多出入口与建筑物结合在一起设计。合建的形式分为两种：一是与既有建筑合建，通过适当改造，把地铁出入口功能赋予既有建筑，这种合建的前提是要对原有建筑做具体的研究论证，还要变更既有建筑部分面积的使用功能，协调有一定难度；二是与周边建筑统一设计、同步建设，这要求建设工期上做到同步，施工工序紧密协调和配合，合建出入口对城市景观的影响最小，地下出入口通道长度不宜超过 100 m，超过时应采取措施，满足消防疏散要求，有条件的可设自动人行道。例如杭州地铁 1 号线建筑标志，在“杭州地铁”构架下设置醒目的标识导向指示牌，有盖口附近花坛或广场上设置醒目的导向标志，用材简洁、施工便捷、言简意赅，如图 14.5-7 所示。

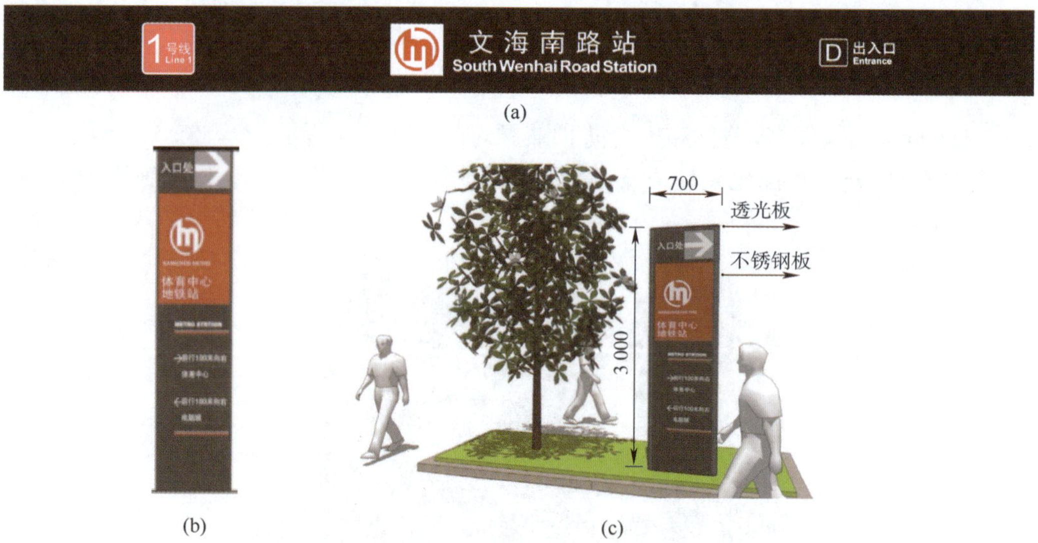

图 14.5-7　杭州地铁 1 号线建筑标志

4. 无障碍电梯设计

无障碍电梯服务对象是残疾人员，在满足符合残疾人设施规范和要求前提下，对残疾人电梯做公共艺术化设计，首先要确保安全性、识别性和导向性，结合具体功能将设计立意运用其中。

例如杭州地铁 1 号线将荷花墨韵图案通过膜纹材料和光影效果覆盖于无障碍电梯周围，四面醒目的地铁无障碍导向标志设置其中。电梯离地面 800 mm 以下采用花岗岩贴面，防止周边行为对电梯的破坏，如图 14.5-8 和图 14.5-9 所示。

图 14.5-8　杭州地铁 1 号线无障碍电梯设计方案

图 14.5-9　杭州地铁 1 号线无障碍电梯设计实例

5. 风亭设计

风亭是地铁出地面的必然构筑物，也是城市景观的一部分，需反映其存在的地域性和时代性。根据所处环境不同，可以将风亭归纳为两种形式：一是位于绿化带中，二是位于站前广场上。所处环境不同，其所表现的形式也不同。

风亭的建筑风格、色彩设计，应因地制宜，结合环境，尽可能使其融入到城市的景观当中，可以采用立体绿化的处理方式。

与出入口相结合的风亭，建筑体形应规整、简洁，将其作为出入口的背景和城市景观小品，考虑结合商业广告设施，发挥其更多的延伸功能，如图 14.5-10 所示。

(a) (b)

图 14.5-10 风亭设计图(一)

风亭的主要功能是确保一定量的空气进出，同时应用新型材料和工艺，降低其产生的噪声和污浊的空气。在设计中风亭主要功能是设计的基本条件，在此基础上结合设计创意将风亭的其他形式艺术化和功能化，如图 14.5-11 所示。

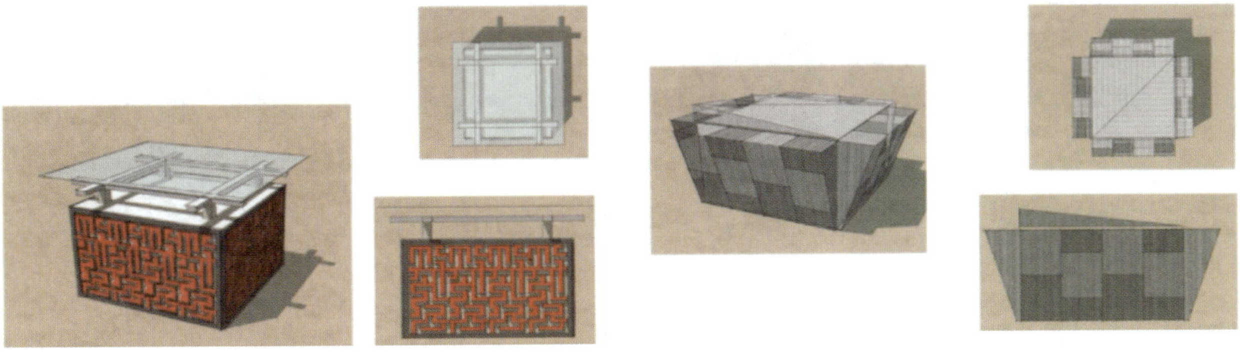
(a) (b)

图 14.5-11 风亭设计图(二)

6. 冷却塔设计

在设计中首先重点考虑冷却塔的主要功能是冷却，故要确保周边换气空间，降低所产生的噪声和污浊空气。

位于工程中的冷却塔，采用以城市小品的形式表现，结合设置广告灯箱等商业设施，延展其他功能，如图 14.5-12 所示。

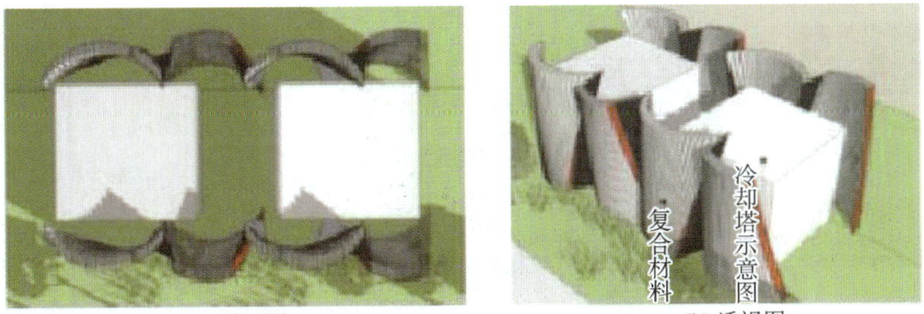

(a) 平面图 (b) 透视图

图 13.5-12

(c)

图 14.5-12　冷却塔设计图

位于绿化带中的冷却塔，结合立体绿化形式隐蔽于绿化中，同时绿化植物也是很好地降低噪声和净化空气的元素，如图 14.5-13 所示。

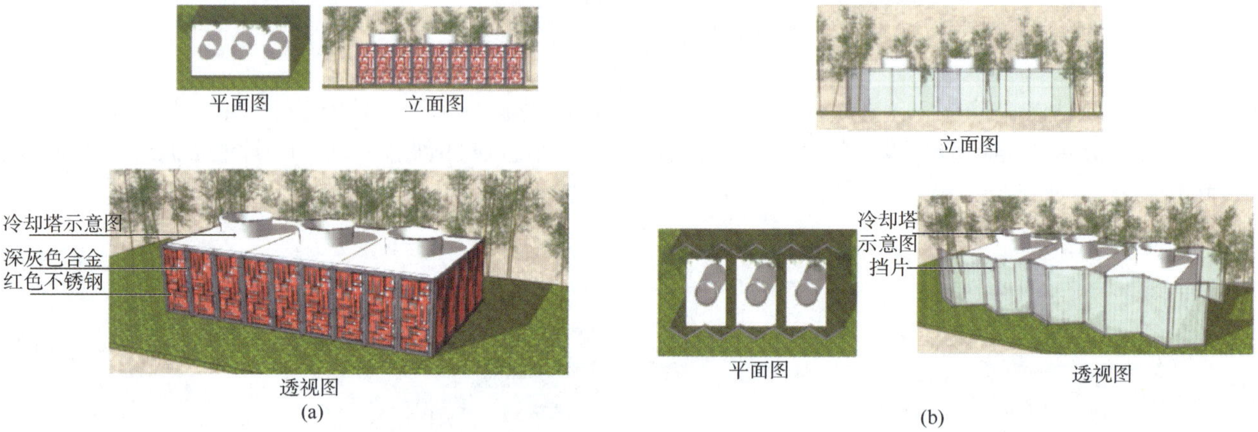

图 14.5-13　绿化带中的冷却塔

7. 标识牌设计

地铁站标识牌起到方便路人寻找地铁站出入口和其他设施引导的作用。指示系统采用地上指示牌、地面图案式导向标识和声光导向相结合的多维空间立体导向，让行人最大限度地接收到快速便捷的导向指示。无障碍电梯口处均设有与周围环境有明显区别，且颜色鲜明的警示性标志或者提示性设施。在设置残疾人通道设施方面，尽量以安全实用、便捷为原则，例如运用听觉和触觉引导法，考虑语音导向系统。在铺装的盲道设计时，采用防滑、醒目的铺装样式和颜色，让整个导向指示系统发挥其最大功能，并兼顾考虑与周边城市环境景观及城市指示系统的衔接，如图 14.5-14 所示。

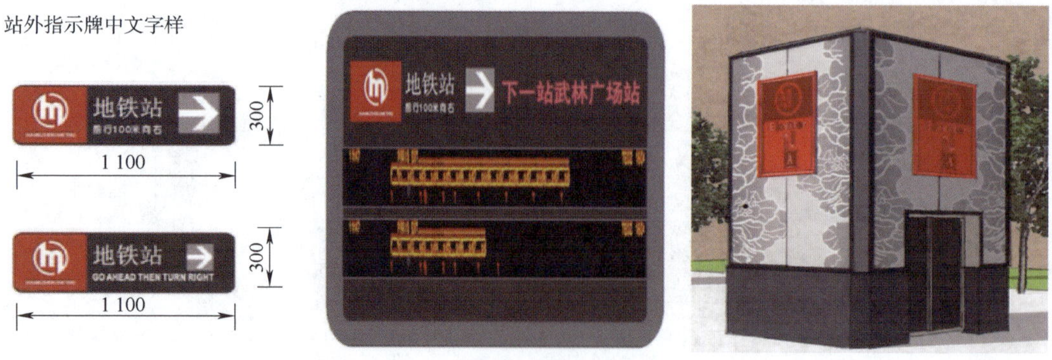

(a)　(b)　(c)

图 14.5-14　标识牌设计（单位：mm）

8. 其他通用元素设计

(1)设计形态的统一

例如杭州地铁 1 号线从立体空间到平面形态的“H”形设计元素统一应用。从地铁站出入口处建筑、站内公共空间到一切相关使用设施形态上都保持和运用了“H”形，如图 14.5-15 所示。

(2)各线路色彩体系的统一

例如杭州地铁 1 号线的专属色彩海棠红和副色黑白灰贯穿于整条线路始终，易于识别，如图 14.5-16 所示。

图 14.5-15 杭州地铁 1 号线“H”形设计

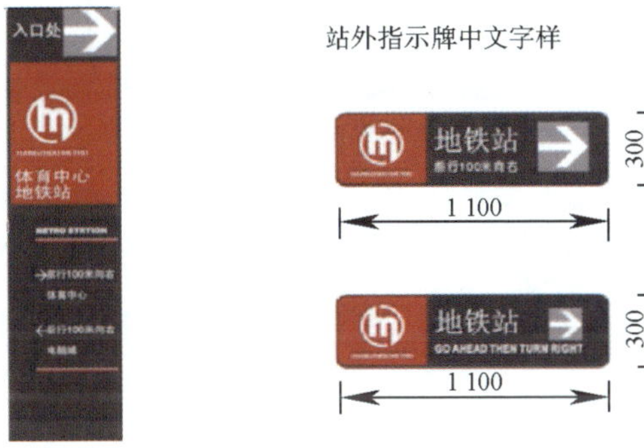

(a) (b)

图 14.5-16 杭州地铁 1 号线色彩体系(单位:mm)

9. 车站地面 4 小件装修材料选材原则

所有材料均要求满足国家规定，且均须防火、防潮、防蚀、耐久、无毒、无异味，其放射性指标应满足国家相关要求，便于施工、维修和清洁。材料色彩与周边环境相协调。

14.6 BIM 技术在精装修设计中的应用

BIM 技术在建筑外部设计或者建筑设计上带来的便利是毋庸置疑的，同样在精装修的设计中起到不可估量的作用。

在精装修的设计中，通过 BIM 技术，室内设计和原有的设计工作相比，BIM 能进行室内精装修参数化设计(三维建模)，虚拟现实展示、管线碰撞的检测和主材统计等一体化应用，提高了室内装修设计的效率，减少了错漏的风险，最大可能地保证了施工的可行性和工程质量。

在地铁车站室内设计中，应用 BIM 技术的协同设计、可视化、设施管理、分析模拟等功能，方便快捷地进行地铁车站的个性化设计，通过相关软件对 BIM 模型中的数据进行处理，能够实时生成地铁车站装修后的三维模型，充分表达个性化的设计成果，实现所见所得。模型图片如图 14.6-1 和图 14.6-2 所示。

图 14.6-1 BIM 站厅层模型图

图 14.6-2 BIM 站台层模型图

应用 BIM 技术，可通过碰撞检测功能，精确定位预留孔洞，优化综合管线的排列，可以提升净高和整体空间感。

我们将 BIM 技术应用到装修设计中，对墙面、地面、吊顶设计，都进行了详细的记录，并且可以对已经完成部分的主材，如地面石材、墙面搪瓷钢板、吊顶铝合金等工程量进行统计。BIM 模型也可以方便地导出施工需要的相关图纸、材料消耗量明细表和初步成本汇总表等所有与项目相关的资料，既保证了设计质量，又大大提高了设计出图的效率，如图 14.6-3 和图 14.6-4 所示。随着 BIM 技术的不断发展，在地铁车站的装饰装修设计中也将会得到更广泛的应用。

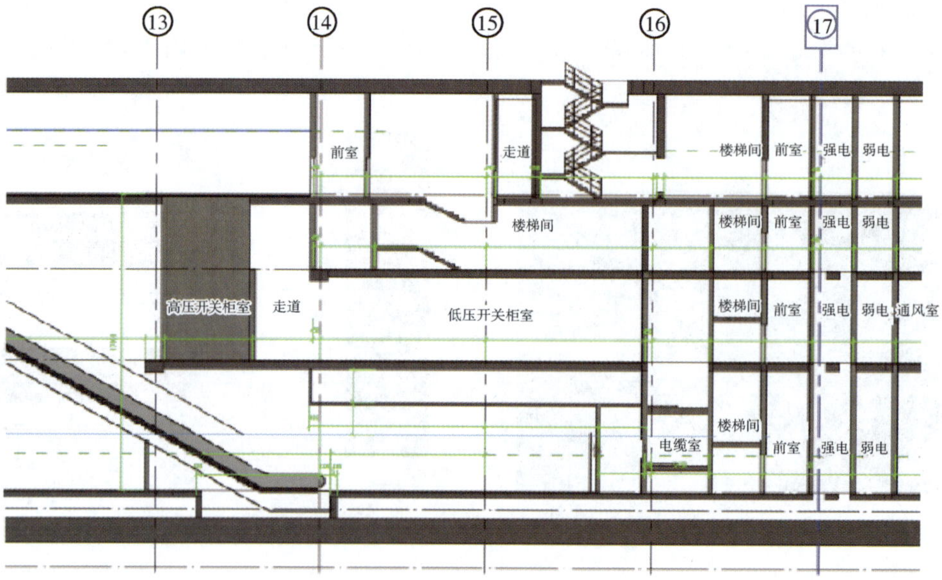

图 14.6-3　BIM 导出局部剖面图

<B_楼板明细表>

A	B	C	D	E	F
族与类型	标高	周长	容积	面积	说明
楼板：公共区		147 686	25.81 m³	258.11 m³	
楼板：建筑板-站台层-80 mm	站台层	97 908	4.55 m³	56.88 m³	
楼板：建筑板-设备房屋顶-50 mm	二层	460 809	46.31 m³	926.28 m³	
楼板：建筑板-设备电缆夹层-100 mm	一层	18 860	2.03 m³	20.27 m³	
楼板：楼1		1 567 272	149.22 m³	1492.17 m³	
楼板：楼1(防滑)		148 801	5.71 m³	114.21 m³	
楼板：楼2		84 941	3.98 m³	79.59 m³	
楼板：楼3	二层	36 204	1.62 m³	32.31 m³	
楼板：楼5	二层	149 750	5.43 m³	271.32 m³	
楼板：楼5民用通信机房	二层	40 600	3.00 m³	60.07 m³	
楼板：楼梯板	一层	26 439	6.09 m³	13.09 m³	
楼板：水平搪瓷钢板		9 691	0.05 m³	0.93 m³	
楼板：结构板-设备房一层-150 mm	二层	15 550	2.09 m³	13.94 m³	
楼板：装修版-站厅层-120 mm	站厅层	597 501	218.23 m³	1818.56 m³	
楼板：装修版-站台层-80 mm	站台层	813 599	126.21 m³	1577.61 m³	
楼板：雨棚	一层	87 241	5.74 m³	57.44 m³	
总计：142		4 271 853	606.06 m³	6792.78 m²	

图 14.6-4　BIM 导出楼板明细表

本章参考文献

[1] 地铁设计规范：GB 50157—2013[S]. 北京：中国建筑工业出版社，2013.

[2] 城市轨道交通技术规范:GB 50490—2009[S]. 北京:中国建筑工业出版社,2009.
[3] 地铁设计防火标准:GB 51298—2018[S]. 北京:中国计划出版社,2018.
[4] 建筑设计防火规范:GB 50016—2014[S]. 北京:中国计划出版社,2014.
[5] 地铁安全疏散规范:GB/T 33668—2017[S]. 北京:中国标准出版社,2017.
[6] 建筑内部装修设计防火规范:GB 50222—2017[S]. 北京:中国计划出版社,2017.
[7] 消防安全标志:GB 13495. 1—2015[S]. 北京:中国标准出版社,2015.
[8] 消防应急照明和疏散指示系统:GB 17945—2010[S]. 北京:中国标准出版社,2010.
[9] 人民防空工程设计防火规范:GB 50098—2009[S]. 北京:中国计划出版社,2009.
[10] 无障碍设计规范:GB 50763—2012[S]. 北京:中国建筑工业出版社,2012.

15 高架结构

15.1 概　　述

高架结构分高架车站与高架区间。

高架车站从使用功能上分岛式车站、侧式车站，从车站位置上分路中车站、路侧车站，从结构形式上分建桥合一车站、建桥分离车站。

岛式车站一个站台可以上下行列车共用，方便乘客乘车，但是车站与高架区间要有喇叭口衔接，在路中设置不便，需要局部改造地面道路断面；侧式车站上下行列车分别在两侧站台上车，乘客在站厅层需要预判上下行列车方向再上站台乘车，乘车略有不便，优点是车站轨行区与高架区间顺接，没有喇叭口。

岛式车站采用建桥合一结构较多，车站站房结构与轨道梁结构合并设置，结构计算需要同时满足建筑结构和桥梁结构规范要求，结构分析计算略为复杂；侧式车站采用建桥分离结构形式较多，车站轨道梁与区间高架结构顺接，均采用桥梁结构形式，车站轨道梁两侧设置站台与站房，即所谓桥梁结构与站台站房结构分离设置，采用各自设计规范，结构计算分析较为简单明了。

高架区间结构又分标准桥跨结构和节点桥跨结构。

标准桥跨结构是本章重点后续介绍，节点桥跨结构属于高架区间跨道路路口、河流、铁路、立交桥等特殊地点的桥梁，结构形式多种多样，连续梁、连续刚构采用较多，也有其他特殊结构桥梁形式，如斜拉桥、钢桁架桥等。

1. 主要河流水系特征及地形地貌、水文气象、工程地质、地震动参数等自然情况

(1)主要河流水文特征

主要地表河流，地下水、地表水、河水之间相互转换的途径和渠道。

沿线河流，尤其是流经城区段落，基本已受到人为改造，河床深度、流量以及洪水位等均已受到人为控制。

(2)地形地貌

工程场地范围地势状态，地貌单元描述，地面高程及相对高差。

(3)水文气象特征

场地所属气候区，雨量、气温、相对湿度、日照时间、风速、风向等。

(4)工程地质

自然条件与工程地质、水文地质情况。

(5)地震动参数

地震动参数宜以工程地震安评报告为准；应有抗震设防烈度。

2. 沿线农田排灌、水利工程及水工建筑物、水源保护区等对桥梁的影响和要求

桥梁孔跨布置以不影响既有农田排灌设施、不破坏既有水利工程和水源保护区为原则。特殊情况下，征得产权管理部门同意，可考虑改渠改沟，纳入本工程统一实施。

3. 沿线水陆交通、地下管线现状及规划对桥梁的影响和要求

桥跨布置时尽量避免迁改高压线铁塔及抬升高压线。其他城市道路及地下管线与线路交叉处，桥梁孔跨布置原则上以跨越为主，跨越困难处结合涉及的行业主管部门及地方要求选择合理的方案。

4. 城市规划对桥梁布设及建筑的要求

高架区间结构的设置应综合考虑城市总体规划，原则上应首先满足现状要求，同时兼顾远期发展需要。对于近期实施的道路，应结合道路规划和线路走向，加强与相关部门沟通，尽可能在道路实施前预留条件，避免预留不足和不同期施工造成废弃工程。

15.2 主要编制原则与技术标准

15.2.1 车站主要编制原则与技术标准

1. 主要编制原则

(1)结构设计应遵照“结构为功能服务”“以人为本”的原则，满足城市规划、行车运营、环境保护、抗震、防灾、防水、防火、防腐蚀及主体施工等对结构的要求，同时做到安全可靠、技术先进、经济合理。

(2)结构设计应满足承载能力极限状态和正常使用极限状态的计算要求，分别按施工阶段和使用阶段进行强度、变形、稳定性计算，并进行裂缝宽度验算，同时满足结构耐久性要求。对于车站长悬臂构件，还应满足其竖向自振频率不小于 10 Hz 的要求。

(3)结构设计应以地质勘察资料为依据，根据现行国家标准《城市轨道交通岩土工程勘察规范》(GB 50307—2012)按不同设计阶段的任务和目的确定工程勘察的内容和范围，考虑不同施工方法对地质勘探的特殊要求，并通过施工中对地层的观察和监测信息进行验证。

(4)高架结构的设计应根据沿线不同地段的工程地质和水文地质条件及城市总体规划要求，考虑对城市景观、周边环境、城市交通影响，结合道路路幅、周边环境，选择经济合理的结构形式和施工方法，确保周边建构筑物的正常使用功能或结构安全，并考虑城市规划引起周围环境的改变对车站结构的不利作用。

(5)对临近既有建(构)筑物保护时，须对施工工艺、施工工序进行严格控制，并对临近既有建筑物进行跟踪监测。

(6)结构设计应根据施工方法、结构或构件类型、使用条件及荷载特性等，选用与其特点相近的结构设计规范和设计方法。当受力过程中受力体系、荷载形式等有较大变化时，宜根据构件的施作顺序及受力条件，按结构的实际受载过程进行分析，考虑结构体系变形的连续性。

(7)结构应满足供电、通信、信号、轨道、给排水、声屏障等有关工种工艺设计及埋件设置等要求。

(8)车站结构的净空尺寸除应满足限界、建筑设计、施工工艺及其他使用要求外，尚应考虑施工误差、测量误差、结构变形与后期沉降的影响，预留一定的净空余量。

(9)车站高架结构中轨道梁、支承轨道梁的横梁、支承横梁的柱等构件及柱下基础的结构设计，均按现行铁路桥涵设计相关规范执行。车站高架结构中其他构件的设计按现行建筑设计规范执行。

(10)根据《中国地震动参数区划图》(GB 18306—2015)《中国地震动峰值加速度区划图》、《中国地震动反应谱特征周期区划图》及《建筑抗震设计规范》(GB 50011—2010)，确定地震动峰值加速度、地震动反应谱特征周期、抗震设防烈度。

(11)结构设计除满足现行的国家标准、规范、规定外，尚应满足地方的有关规范、规定。

2. 主要技术标准(以实际工程技术要求为准，以下为示例)

(1)车站主体结构安全等级为一级，其结构耐久性设计符合结构设计使用年限为 100 年的要求；分立式车站附属用房、天桥、车站雨棚的结构安全等级为二级，其结构耐久性设计符合结构设计使用年限为 50 年的要求。

(2)车站主体结构基础设计等级为甲级；车站附属用房、天桥的基础设计等级为乙级。

(3)抗震设防类别：重点设防类(乙类)。

(4)框架抗震等级：地上三级。

(5)建筑结构耐火等级：二级。

(6)建筑结构防水等级：一级。防水范围为轨道下方梁板区域和屋面，电缆夹层和电梯扶梯基坑的底板、侧壁。

(7)结构计算荷载应满足《地铁设计规范》(GB 50157—2013)中高架区间结构章节和《建筑结构荷载规范》(GB 50009—2012)及与车站设计的相关专业提资执行。

基本风压标准值：0.60 kN/m^2(设计使用年限=100 年)；0.50 kN/m^2(设计使用年限=50 年)。

基本雪压标准值：0.35 kN/m^2(设计使用年限=100 年)；0.30 kN/m^2(设计使用年限=50 年)。

站厅、站台、楼梯人群活载：4.0 kN/m^2。

地铁车辆轴重：≤160 kN。

车站控制室、通信设备室、信号机械室：5.5 kN/m^2。

厕所、盥洗室：2.5 kN/m^2。

人行天桥桥面人群荷载：4 kN/m^2。

其他设备用房楼面：根据设备实际重及工作状态决定且不得小于 3 kN/m^2。

接触网支柱荷载取值，按接触网专业正式提供资料为准。

(8)钢筋混凝土结构的最大计算裂缝宽度允许值应根据结构类型、使用要求、所处环境和防水措施等因素，按照《混凝土结构耐久性设计规范》(GB/T 50476)确定。对钢筋混凝土结构，按荷载准永久组合并考虑长期作用影响计算最大裂缝宽度。

15.2.2 区间主要编制原则与技术标准

1. 主要编制原则

(1)在满足使用功能的前提下，结构设计应遵循安全适用、经济合理、美观耐久、施工便捷的总体原则。

(2)区间桥梁应满足列车安全运行和乘客乘坐舒适度的要求，结构除应满足规定的强度外，要有足够的竖向刚度和横向刚度，并保证结构的整体性和稳定性。

(3)区间桥梁应满足耐久性要求，桥梁主体结构设计使用年限为 100 年，其他损坏、修复不影响轨道交通正常运营的结构设计使用年限为 50 年。钢结构防腐体系使用年限为 20 年。

(4)区间桥梁应受力明确、构造简洁，力求标准化。一般地段宜采用等跨简支梁式桥跨结构。宜推广采用预制架设的设计、施工方法。区间桥墩类型宜分段统一。

(5)区间桥梁的设计与施工应采取有效措施，控制梁的后期徐变和施工后沉降，以满足整体道床无缝线路的要求。道岔全长范围宜设在连续的桥跨结构上，当不能满足时，梁缝位置宜避开道岔尖轨和心轨位置。

(6)高架结构墩位布置应符合城市规划要求并考虑桥墩防撞要求。跨越公路、道路时桥下净空应满足相应限界要求并预留结构沉降量或公路路面翻修高度；跨越排洪河流时，应按河道的防洪标准规定的洪水频率进行设计。

(7)高架结构设计应根据相应的功能、使用要求及条件，结合沿线的地貌、城市规划、道路交通、地下管线及工程地质、水文地质条件等对桥跨结构及施工方法的选择进行充分论证。

(8)高架结构基础设计应根据上部结构类型、工程地质、水文地质、环境要求等因素，选择合适的基础类型和持力层。桩基设计时，沉降应作为控制因素之一，宜将不同桩基桩尖持力层设在同一地层中，以减少相邻桥墩间的差异沉降，施工桩机具及工艺应考虑对周边环境的影响。

(9)高架结构采取必要的构造措施满足防水、防迷流、防雷接地、防腐等要求，配合供电、通信、信号、轨道、给排水、声屏障等工艺设计及预埋件设置。桥面上轨道、电缆支架、声屏障、接触网立柱、护板等附属设施应与主体结构有可靠的连接，并满足限界要求。

(10)高架结构应满足抗震要求，区间桥梁按现行铁路抗震规范进行抗震设计及设防，进行能力保护设计。

2. 主要技术标准(以实际工程技术要求为准，本案以 A 型车 6 辆编组为例)

(1)设计最高运行速度：80～100 km/h(超过地铁设计规范的设计时速需要另外考虑)。

(2)线路

地铁线路为右侧行车的双线线路，采用 1 435 mm 标准轨距。

1)最小曲线半径：

区间正线：一般 700 m，困难条件下 350 m；

辅助线：一般 250 m，困难条件下 150 m；

车场线：150 m；

车站：1 500 m。

2)线路最大坡度

正线:一般 30‰,困难 35‰。

出入场线、联络线:一般 35‰,困难≤40‰。

(3)车型及编组

A 型车,采用 6 辆编组,列车轴重≤160 kN。

供电方式:DC 1 500 V 架空接触网供电。

(4)轨道

高架桥上轨道采用支承块式承轨台整体道床及梯形轨枕式整体道床。道床高度 540 mm。正线、辅助线及试车线采用 60 kg/m 钢轨。

(5)在列车静活载作用下,桥跨结构梁体竖向挠度不应大于表 15.2-1 的规定。

表 15.2-1 梁体竖向挠度的限值

跨度(m)	挠度容许值
$L \leqslant 30$	$L/2\ 000$
$30 < L \leqslant 60$	$L/1\ 500$
$60 < L \leqslant 80$	$L/1\ 200$
$L > 80$	$L/1\ 000$

注:L 为梁的跨度(m)。

跨度超过 100 m 的桥梁,按实际运行列车进行车桥系统耦合振动分析后,梁体竖向挠度可低于表 15.2-1 规定。分析得出的列车安全性及乘客乘坐舒适性指标应满足下列规定:脱轨系数 $Q/P \leqslant 0.8$,轮重减载率 $\Delta P/P \leqslant 0.6$,其中 Q 为轮对一侧车轮的侧向压力;P 为侧车轮轴重;ΔP 为侧车轮减载量。车体竖向加速度 $a_z \leqslant 0.13g$(半峰值)(g 为重力加速度),车体横向加速度 $a_y \leqslant 0.10g$(半峰值)。

(6)在列车静活载作用下,有砟轨道桥梁梁单端竖向转角不应大于 5‰,无砟轨道桥梁梁单端转角不应大于 3‰。无砟轨道梁单端竖向转角大于 2‰时,应检算端处轨道扣件上的上拔力。

(7)在列车横向摇摆力、离心力、风力和温度力作用下,桥跨结构梁体水平挠度应小于或等于计算跨度的 1/4 000。

(8)梁式桥跨结构的横向自振频率不小于 $90/L$,L 为桥梁跨度(m)。

(9)在列车活载作用下,桥跨结构同一横断面上两根钢轨竖向变形差形成的两轨动态不平顺度不应大于 6 mm。

(10)铺设无缝线路及无砟轨道桥梁的桥墩纵向水平线刚度应符合下列规定:

1)桥墩线刚度限值应根据工程条件经钢轨动弯应力、温度应力、制动应力和制动附加应力的计算确定。

2)如不做计算,双线及多线简支梁桥墩墩顶纵向水平线刚度限值当不设钢轨伸缩调节器时,可按表 15.2-2 采用。单线桥梁桥墩水平线刚度取用表中的 1/2 值。

表 15.2-2 桥墩墩顶纵向水平线刚度限值

跨度 L(m)	最小水平线刚度(kN/cm)
$L \leqslant 20$	240
$20 < L \leqslant 30$	320
$30 < L \leqslant 40$	400

梁跨大于 40 m 简支结构,其桥墩纵向水平线刚度可按跨度与 30 m 比增大的比例增大。

不设钢轨伸缩调节器的连续梁,当联长小于列车编组长度时,可以联长为跨度,按跨度与 30 m 比增大的比例增大刚度;当联长大于列车长度时,可以列车长为跨度,按跨度长与 30 m 比增大的比例增大刚度。

连续刚构可采用结构的合成纵向刚度。

(11)区间桥梁墩顶的弹性水平位移应符合下列规定:

顺桥方向:$\Delta \leqslant 5\sqrt{L}$;横桥方向:$\Delta \leqslant 4\sqrt{L}$。式中,$L$ 为桥梁跨度(m),当为不等跨时采用相邻跨中的较小跨度;当 $L < 25$ m 时,L 按 25 m 计。Δ 为墩顶顺桥或横桥方向水平位移(mm),包括由于墩身和基础的弹性

变形及地基弹性变形的影响。

(12)区间桥梁墩台基础的沉降应按恒载计算。跨度小于等于 40 m 梁的相邻桥墩，其工后沉降量之差不应超过下列容许值：有砟桥面为 20 mm，无砟桥面为 10 mm。

对于外静不定结构，其相邻墩台不均匀沉降量之差的容许值还应根据沉降对结构产生的附加影响来确定。

(13)桥下净空

跨越城市快速道路及主干道不小于 5.0 m；跨越城市次要干道不小于 4.5 m；跨越非机动车道不小于 3.5 m。桥下净空除满足上述建筑限界规定外，需预留结构沉降、公路路面翻修高度、桥梁施工工法及施工机具、施工误差。分隔带上要考虑安全宽度，防撞设施要根据重要程度进行设置。

(14)抗震设防类别烈度为 7 度，设计基本地震加速度值为 0.10g。

(15)设计使用年限：桥梁主体结构 100 年。

(16)高架结构设计荷载见表 15.2-3。

表 15.2-3　高架桥结构荷载分类表

荷载分类		荷载名称
主力	恒载	结构自重
		附属设备和附属建筑自重
		预加应力
		混凝土收缩及徐变影响
		基础变位的影响
		土压力
		静水压力及浮力
	活载	列车竖向静活载
		列车竖向动力作用
		列车离心力
		列车横向摇摆力
		列车竖向静活载产生的土压力
		人群荷载
	无缝线路纵向水平力	伸缩力
		挠曲力
附加力		列车制动力或牵引力
		风力
		温度影响力
		流水压力
特殊荷载		无缝线路断轨力
		船只或汽车的撞击力
		地震力
		施工临时荷载
		列车脱轨荷载

(17)列车活载：按 6 节编组 A 型车，轴重 160 kN，如图 15.2-1 所示。

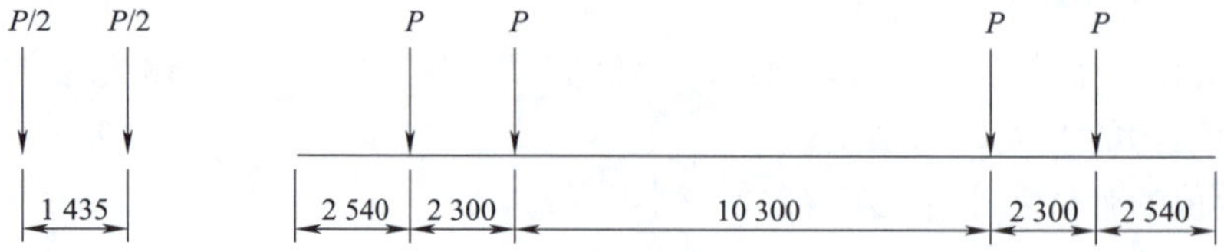

图 15.2-1　列车活载示例图(mm)

(18)结构计算:

高架区间桥梁的材料选取、安全系数、计算方法及构造要求应符合现行《铁路桥涵混凝土结构设计规范》(TB 10092—2017)的规定。

区间桥梁基础设计,应符合现行《铁路桥涵地基和基础设计规范》(TB 10093—2017)的规定;地基的物理力学指标应符合现行《铁路桥涵地基和基础设计规范》(TB 10093—2017)的规定。当特殊荷载(地震力除外)参与荷载组合时,地基容许承载力[σ_0]和单桩轴向容许承载力的提高可按上述规范的相关规定执行。地震力参与组合时,材料、地基容许应力和单桩轴向容许承载力的提高,按现行国家标准《铁路工程抗震设计规范》(GB 50111—2006)的相关规定执行。

桥墩抗震设计时,盖梁、结点和基础应作为能力保护构件,按能力保护原则设计。

15.3 高架车站结构

15.3.1 结构形式

车站结构是建筑结构与桥梁结构融合在一起的结构体系,根据直接承受列车荷载的轨道梁和建筑结构的连接方式的不同,分为不同形式。

1. 桥建分离岛式高架车站

(1)结构特点

桥建分离岛式高架车站一般采用普通钢筋混凝土或预应力钢筋混凝土框架结构跨越桥梁结构,形成车站包裹桥梁的结构形式。

(2)适用条件

由于其占地面积较大,一般适用于作为路侧高架车站。当车站周边地势开阔,地价较低,无拆迁或少拆迁,且对车站振动敏感,舒适度要求很高时,可采用此站型。另外,若存在车站上盖开发,对舒适度要求较高时,也可优先选用此站型。

(3)主要优点

1)桥梁与车站结构完全脱开,车站不承受列车动荷载,乘客不会感受到列车振动,舒适性好;

2)车站结构为普通框架结构,其受力简明,计算方法成熟,结构构件轻巧。

(4)主要缺点

1)由于桥梁与车站分离,因此车站建筑竖向构件与桥梁桥墩布置密集,地面一层建筑效果较差;

2)占地面积较大,不适用于城市建筑密集区域;

3)由于桥、建构件分离,柱网及基础密集,工程投资较大;

4)车站内设置大量悬挑构件且需跨越正线浇筑混凝土,施工期间脚手架密布,作业面狭窄,施工周期相对较长。

2. 桥建部分合一高架车站

所谓桥建部分合一高架车站,实质上也是广义桥建合一高架车站的一种,其与桥建合一高架车站的区别在于轨道梁、站台板是通过专用支座与车站主体结构相连的,可适用于路侧及路中高架车站。

(1)结构特点

桥建部分合一高架车站中,无论路侧或路中车站,轨道梁、站台板、支撑轨道的墩柱、横梁及基础均按桥梁结构设计计算,其余构件按房屋建筑设计计算。轨道梁、站台板通过支座与车站主体结构铰接。

(2)适用条件

桥建部分合一高架车站使用非常广泛,可以适用于各类路侧及路中车站,目前国内绝大多数高架车站均采用该形式。但当作为路中带长悬臂桥建组合结构体系高架车站时,若绿化带宽度较小,则悬臂自振频率难以控制。一般情况下,当绿化带宽度大于 9 m 时,悬臂竖向振动是可以得到有效控制的,可作为岛式车站。

(3)主要优点

1)可以适用于各类路中及路侧高架车站,站位选择灵活;

2)列车移动荷载通过支座缓冲间接传递给车站主体结构，车站振动激励较小，舒适感较好；

3)列车荷载以支座节点力的形式间接传递给车站主体，结构受力明确，结构计算相对简单。

(4)主要缺点

1)轨道梁与车站主体为铰接连接，车站结构纵向整体性较差，结构构件尺寸较大；

2)受轨道梁梁高制约，站厅至站台提升高度较高，对工程造价有一定影响。

3. 桥建合一高架车站

桥建合一高架车站，是近年来随着计算机计算能力的逐步提高，发展应用的结构形式。其不再区分房建与桥梁结构，轨道直接敷设在车站承轨层梁板结构上，车站主体框架直接承受列车移动荷载，因此不再需要设置专门的轨道梁及专用支座。

(1)结构特点

桥建合一高架车站中，承轨层所有结构构件、支撑承轨层的竖向构件及基础均需同时按桥梁、房建计算方法进行包络设计，并满足相关桥梁、房建规范所规定的构造措施。其他构件可按房建计算设计方法进行设计。

(2)适用条件

桥建合一高架车站近年来在国内使用越来越多，可以适用于大多数路侧及路中车站。但由于车站主体直接承受列车动荷载，振动影响不容忽视，因此当对舒适度要求较高时，不建议采用此站型。当作为路中带长悬臂桥建组合结构体系高架车站时，若绿化带宽度较小，则不宜作为岛式车站。一般情况下，当绿化带宽度较大时，悬臂竖向振动得以控制，则可作为岛式车站。

(3)主要优点

1)可以作为路中及路侧高架车站，站位选择灵活；

2)采用纵横向框架结构，车站整体性好，抗震性能较好；

3)框架结构为多次超静定结构，构件性能发挥充分，结构构件尺寸相对较小；

4)由于不需设置专用轨道梁，工程投资相对较低；

5)不受轨道梁高度制约，站厅层层高可大幅度降低。

(4)主要缺点

1)列车荷载直接作用于车站主体结构，振动激励比较明显，若车站竖向刚度控制不佳，则会导致乘客舒适度体验较差；

2)车站需同时满足建筑及桥梁相关设计方法及规范要求，结构计算量巨大，计算方法复杂；

3)由于采用框架结构，纵向柱距一般不超过 12 m，不适用于跨路口车站。

4. 小结

综上所述，桥建合一和桥建部分合一高架车站在适用性、工程造价及土地利用率方面均占有一定的优势，综合设计难度及乘客舒适度考虑，桥建部分合一高架车站具高性价比，为推荐方案。对于单体工程而言，具体的比选采用原则如下所述：

(1)路中高架车站结构形式只可选用桥建部分合一或桥建合一，桥建分离不适用于路中车站。综合设计难度及乘客舒适度考虑，桥建部分合一高架车站具高性价比，为推荐方案；

(2)路中带长悬臂桥建组合高架车站无论采用何种结构形式，当绿化带宽度大于 9 m，车站竖向自振频率可得到有效控制时，可作为岛式车站；

(3)从节约用地、建筑效果及工程造价等多方面综合考虑，路侧高架车站可优选桥建合一(图 15.3-1)或桥建部分合一的结构形式。当存在车站上盖开发要求或对舒适度要求极其严格时，可选用桥建分离高架车站。线路位于主辅分隔带岛式车站剖面如图 15.3-2 所示，线路位于中央分隔带侧式车站剖面如图 15.3-3 所示。

15.3.2 高架车站结构形式选择及施工方法

根据具体工程的建筑平面功能布局和建筑布置的特点、场地条件、车站站台形式、客流情况的考虑，高架车站主体结构方案可推荐采用桥建合一结构形式，设备用房采用钢筋混凝土框架结构，雨棚采用钢结构。

车站内力分析按框架体系计算。支撑轨道的框架梁、框架柱及基础按现行《铁路桥涵设计规范》(TB 10002—2017)设计,同时满足民用建筑结构设计规范要求,抗震计算及构造措施满足《建筑抗震设计规范》(GB 50011—2010)和《铁路工程抗震设计规范》(GB 50111—2006)要求,根据上述计算结果进行包络化设计。其余部分的梁、板按民用建筑结构设计规范进行设计。

车站采用现浇混凝土施工工艺,主要施工步序为:先施工桩基础、承台和地梁,再施工框架柱、框架梁和楼板,待框架结构达到设计强度后施工站台板,最后进行钢屋架的安装施工。

根据车站施工方法及施工顺序,分别按施工各阶段和使用阶段时最不利组合进行结构强度、刚度和稳定性计算。对于钢筋混凝土结构,尚应对使用阶段进行裂缝宽度验算,最大计算裂缝宽度允许值应根据结构类型、使用要求、所处环境和防水措施等因素,按照《混凝土结构耐久性设计规范》(GB/T 50476—2008)确定。

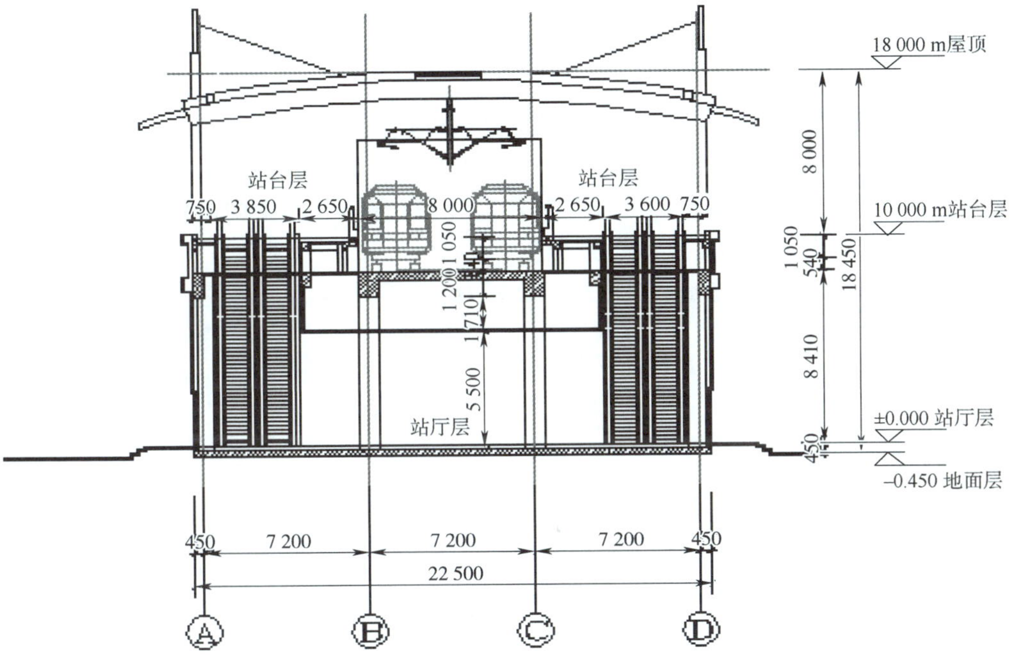

图 15.3-1 线路位于路侧侧式车站剖面图示例(单位:mm)

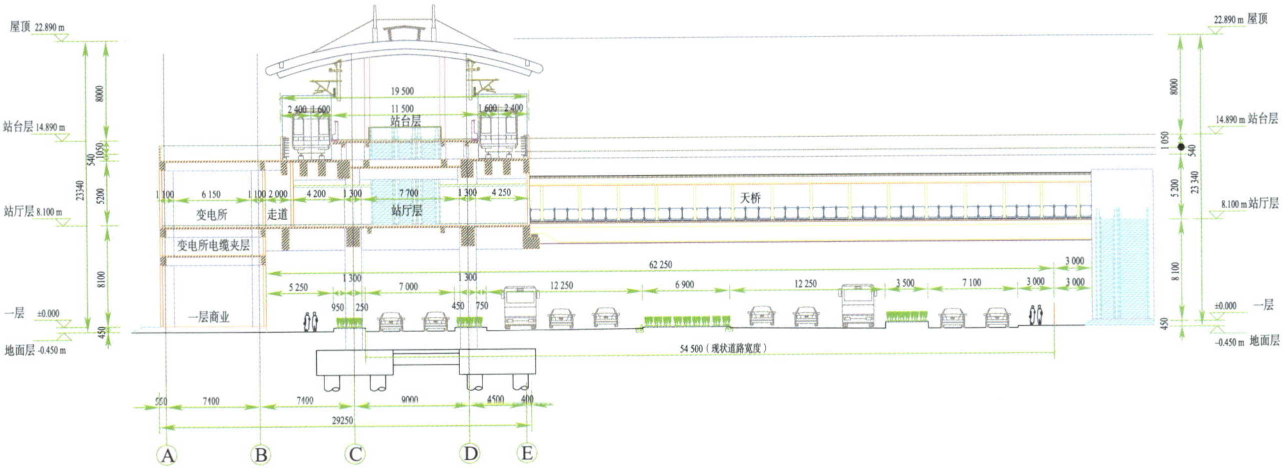

图 15.3-2 线路位于主辅分隔带岛式车站剖面图示例(单位:mm)

15.3.3 地基与基础(示例)

鉴于工程所处地质情况,推荐桩基础作为高架车站的基础形式,桩底需置于下部承载力较高土层中,在

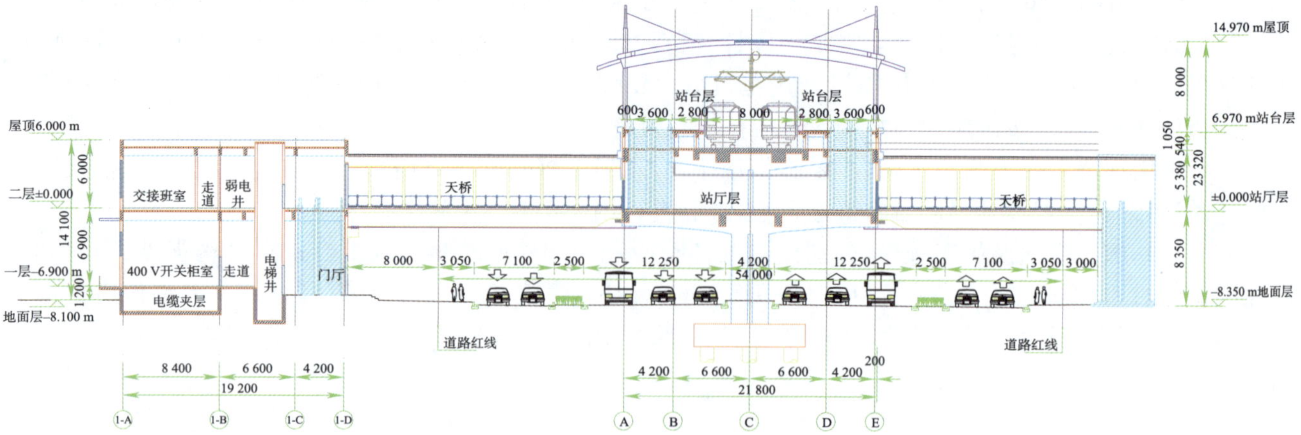

图 15.3-3　线路位于中央分隔带侧式车站剖面图示例（单位：mm）

沉降变形较高地段，桩基需要进入岩层。采用钻孔灌注桩，桩直径可选 1.0～1.5 m。

地下水对混凝土有中等溶出型（碳酸型）侵蚀性，对钢筋混凝土中的钢筋无腐蚀性，对钢结构有弱～中等腐蚀性。地表水对混凝土有中等溶出型（碳酸型）侵蚀性，对钢筋混凝土中的钢筋无腐蚀性，对钢结构有弱腐蚀性。根据《铁路混凝土结构耐久性设计规范》（TB 10005—2010）规定钻孔灌注桩浇筑混凝土等级为 C40，混凝土最大水胶比 0.45，最小胶凝材料用量 320 kg/m^3。

15.4　高架区间结构

15.4.1　标准桥跨结构方案及工法

1. 国内轨道交通桥梁应用实例

为满足城市公共交通需求，国内各大主要城市纷纷修建轨道交通，开通含有高架的运营线路已达数十条。现列出一些采用区间高架结构的线路，对比其采用的标准梁型和施工方法，以供参考，见表 15.4-1。

表 15.4-1　国内主要城市轨道交通高架桥汇总表

序　号	项目名称	线路长度（km）	高架长度（km）	现　状	区间标准梁型	施工方法
1	上海地铁 3 号线一期	24.97	24.97	运营	30 m 简支箱梁	现浇
2	上海地铁 5 号线	17.2	17.2	运营	30 m 简支箱梁	现浇
3	上海地铁 1 号线北延	12.46	8.25	运营	30 m 简支箱梁	现浇
4	上海地铁 9 号线一期	30.98	15.55	运营	30 m、25 m 简支组合小箱梁	预制吊装
5	杭州地铁 1 号线	10.89	6.6	运营	30 m 简支箱梁	现浇
6	南京地铁 1 号线	16.9	4.25	运营	3×25 m 连续箱梁	现浇
7	南京地铁 2 号线	25.15	8.26	运营	30 m 简支箱梁	现浇
					25 m 简支 U 型梁	预制吊装
8	南京城际宁溧线	30.525	25.185	运营	30 m 简支小箱梁	预制吊装
9	无锡地铁 1 号线	29.42	7.157	运营	30 m 简支箱梁	现浇
10	无锡地铁 2 号线	26.6	10.16	运营	35 m 简支箱梁	现浇
11	广州地铁 4 号线	46.4	30.14	运营	30 m 简支箱梁	节段拼装/预制吊装
12	广州地铁 6 号线	42	16	运营	30 m 简支箱梁	节段拼装
13	北京地铁 13 号线	40.9	12.3	运营	3×25 m 连续箱梁	现浇
14	北京地铁八通线	18.96	11.05	运营	25 m I 形简支组合梁	预制吊装

续上表

序 号	项目名称	线路长度 (km)	高架长度 (km)	现 状	区间标准梁型	施工方法
15	北京地铁 5 号线	27.7	10.7	运营	25 m I 形简支组合梁	大部分是现浇连续梁，仅有跨五环为预制 T 梁
16	北京机场线	28.1	23	运营	30 m 简支箱梁	预制架设
17	天津津滨轻轨	45.41	39.7	运营	3×25 m 连续箱梁	现浇
18	天津地铁 1 号线	26.19	8.74	运营	3×25 m 连续箱梁	现浇
19	大连快轨 3 号线	46.45	14.21	运营	25 m 连续箱梁/组合槽型梁	预制吊装/现浇
20	武汉轨道交通 1 号线一期	10.27	10.27	运营	25 m 简支箱梁	预制吊装
21	重庆单轨较新线	14.28	8.8	运营	25 m 简支 PC 轨道梁	预制吊装
22	宁波奉化线	21.8	20.622	在建	35 m 简支箱梁	现浇

由表 15.4-1 可知，国内轨道交通高架桥中较多的采用了整孔箱梁，少数也用到组合箱梁及 U 形梁等截面形式；施工方法以现浇和预制吊装为主。北京轨道交通在机场线之后，亦庄线、房山线、昌平线、15 号线、燕房线高架区间均采用整孔预制架设。

2. 梁型比选

(1)城市轨道交通高架中常用的几种梁型对比

1)大箱梁

大箱梁外观简洁，是目前国内城市轨道交通和客运专线铁路应用最广泛的梁型。它具有闭合断面、截面抗弯及抗扭刚度大，整体受力性能和动力稳定性好等特点。大箱梁可采用整体预制架设、现浇施工等，工法较灵活，并可满足小半径曲线桥梁运架施工条件。此外，大箱梁底板横向宽度较窄，与之匹配的桥墩尺寸亦小，桥梁整体景观及经济性均较好，如图 15.4-1 所示。

箱型截面梁是桥梁结构中广泛采用的截面形式，适用面很广，在我国大、中、小跨度公路、铁路桥梁均有成熟的技术。区间可采用单线单箱或双线单箱形式，下部外形还可以设成圆形或弧形，外形美观，城市景观好。箱型截面属闭合结构，抗扭抗弯等结构整体受力性能好，动力稳定性好，外观简洁。

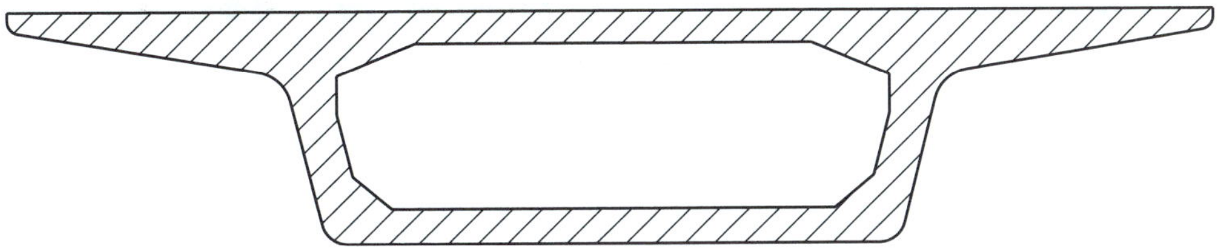

图 15.4-1 大箱梁断面

2)小箱梁

小箱梁受力清晰，施工工艺成熟，经济性能较好。采用分片预制，对吊装设备起吊能力要求低，可以采用小型架桥机桥上运架，也可采用桥下运输、整孔吊装的架设方法，但施工中桥梁架设完毕后，须部分现浇桥面板，如图 15.4-2 所示。

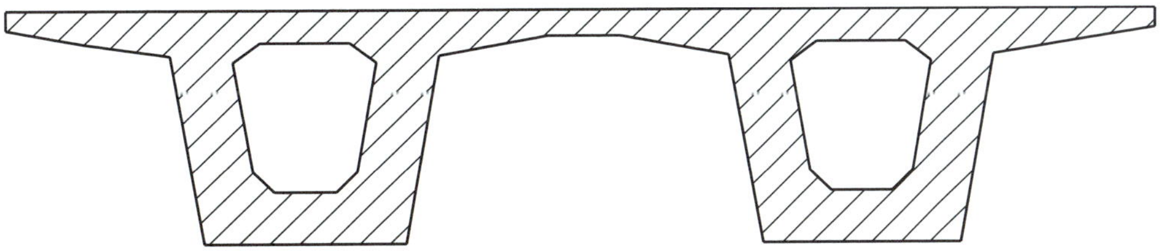

图 15.4-2 小箱梁断面

3)U 型截面

单线分离式 U 型梁，双线并置，可以适当减少自重，降低主梁高度，结构体量轻巧，混凝土用量较经济，可适应岛式车站线路分离的要求，保证站内与站外桥梁协调一致，如图 15.4-3 所示。单线 U 型梁邻线噪声控制较好；但分离式的两个 U 型梁，线间距须加宽，国内已经实施的均为单线 U 型梁，对于道岔区及大跨节点工程，其适应性、细节处理等方面仍然受到一定限制。

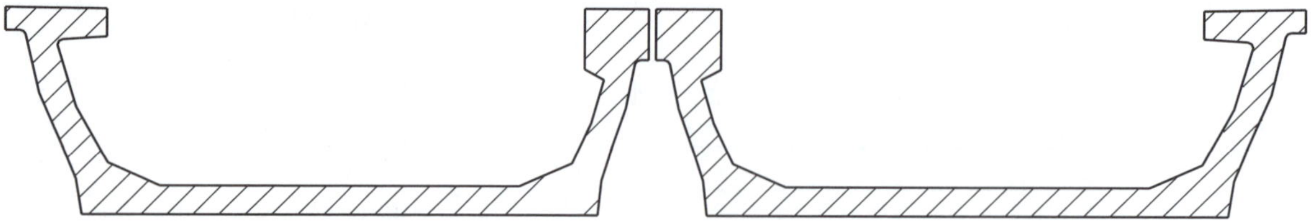

图 15.4-3　U 型梁断面

(2)梁型景观比较

1)大箱梁截面

大箱梁整体造型简单，梁身侧面分面的效果同样也有助于强化梁身的水平线条，如图 15.4-4 所示。

2)小箱梁截面

小箱梁体量轻盈，路中走线梁底视觉效果一般，如图 15.4-5 所示。

图 15.4-4　大箱梁断面

图 15.4-5　小箱梁断面

3)U 型梁截面

U 型梁整体造型简洁现代，腹板可以兼做栏板，因此整体结构高度较低，但底宽较宽，如图 15.4-6 所示。

图 15.4-6　U 型梁断面

总体而言，高架区间不在都市城市核心区域，如果基本沿路中敷设，桥梁景观仍需要具备一定的景观需要，服从所在区域现代、简洁的总体风貌。梁型比较见表 15.4-2 和表 15.4-3。

表 15.4-2　梁型比较表

比较项目		大箱梁	小箱梁	U 型梁
结构特性	力学性能	整体刚度好，结构动力性能好	横向整体性略差	开口薄壁截面，抗扭性能较差
	材料指标系数	1.03	1.06	1
景观、功能及协调性	景观	整体造型简洁，整体体量大，但底宽较窄	造型简洁，体量小，但底部视觉较复杂	结构高度低，造型现代，底宽、盖梁较宽
	桥面系布置	桥宽在 9～10 m 间选择，布置较灵活	适合较窄桥宽，接触网处加宽	适合等宽布置，桥宽较宽
	节点桥适应性	好	好	一般，常规跨度连续梁可采用连续 U 梁
	配线线路适应性	好	好	一般，用箱梁、板梁代替
	与车站衔接适应性	适用侧式车站，对岛式车站，需要用单线小箱梁衔接	对侧式车站、岛式车站均适用	对侧式车站、岛式车站均适用
减震降噪	降噪特性	结构噪声较小，采用降噪措施后降噪效果较明显	结构噪声较小，采用降噪措施后降噪效果较明显	二次辐射噪声略高，但腹板阻隔一定轮轨噪声
	环评影响	对敏感点范围及声屏障设置影响不大	对敏感点范围及声屏障设置影响不大	对敏感点范围及声屏障设置影响不大
施工难度	适宜施工方法	可现浇、可整孔预制架设、可节段拼装	整孔预制架设、预制吊装	整孔预制架设、预制吊装
	预制梁运输	整孔架设桥上运输、节段拼装桥上桥下均可运输	整孔架设桥上运输；预制吊装桥下运输	整孔架设桥上运输；预制吊装桥下运输
	质量工艺控制	施工工艺、质量管控措施成熟	施工工艺、质量管控措施成熟	有一定施工难度，对施工工艺、质量管控有较高要求
经济指标(元/延米)		50 251～54 145	51 125	50 065

表 15.4-3　单箱单室与单箱双室比较表

类型	优　点	缺　点	造价 万元/一孔
单箱单室	(1)悬臂长度大，箱梁底板较窄，与之匹配的桥墩较小； (2)结构简洁，钢筋绑扎和内模脱模方便； (3)在轨道交通中应用广泛	(1)桥面有效分布宽度较小； (2)需增大顶板厚度	86.5
单箱双室	由于增加了中腹板，受力性能好，桥面有效分布宽度更大	(1)悬臂长度变短，增大了梁底板宽度，需采用横向宽度更大的桥墩匹配； (2)结构较复杂，钢筋绑扎和内模脱模较困难	87.8

综合比较几种梁型，轨道交通高架区间标准梁型一般建议采用单箱单室的大箱梁。但是，桥梁梁型比选是一项综合考量，每条线、甚至每个区段都有与之匹配的梁型，应针对线路和区段做出判别，结合施工机具及业主需求、景观要求等，综合经济比选后采用最适用的梁型。

(3)简支梁常用跨度比选

城市轨道交通高架桥跨越的城市道路、河道较多，为便于稳定桥跨布置方案，常用跨度简支梁一般采用 25 m、30 m、35 m 系列。经济跨度根据梁部制架方案及地质条件比较确定，地质条件较好的地区桥梁基础工程投资相对较小，常采用 25 m、30 m 作为标准跨度(如：武汉、天津、南京等地)；深厚软土地区，桥梁基础工程投资相对较大，常采用 35 m 作为标准跨度(如：无锡、温州等地)；北京、上海地区的城市轨道交通桥梁，25 m、30 m 跨度简支梁的经济性差别不大，这两种跨度都有选用。

根据具体工程，若沿线相交叉的道路、河道较多，控制线路走向的建筑物也较多，为便于稳定桥跨布置方案，常用跨度简支梁建议采用 25 m、30 m、35 m(均含梁缝)系列。

依据城市轨道交通标准简支梁常用跨度形式，对 30 m、35 m 跨径箱梁分别按 10 m、15 m 墩高下的工程造价进行比较，相同墩高下，30 m 跨度的简支梁桥经济性较好。

(4)建议标准跨度

由于高架区间桥梁大部分路中分隔带或主、辅道分隔带走行，考虑到如果区间桥梁高度太小，会给人带来一种压抑感，景观较差。研究认为桥高：桥宽：桥跨的比例为 1：1：3 比较合适。高架简支箱梁的标准跨度建议采用 30 m，另根据工点情况（立交、河道、航道等）可采用 25 m、28 m 梁进行局部的孔跨调整。

（5）常用跨度简支梁部施工方案研究

梁部的施工方法主要有整孔预制方案和现浇法，两者间的对比见表 15.4-4。

表 15.4-4 简支箱梁施工方法比较表

施工方案	方法概要	主要优点	主要缺点	施工速度	经济比较	使用情况
现浇法	满布支架或移动模架现场施工	（1）整体性好，可适应各种梁型； （2）可多段同时开工； （3）无须大型设备； （4）对连续结构施工无体系转换	（1）对城市环境、桥下交通影响较大； （2）需大量支架； （3）施工场地占地多； （4）施工期较长	施工速度慢。每孔梁当采用支架现浇大约需 15～20 d；当采用移动模架施工大约需 10～15 d	由于不需要投入大型造桥或架桥设备，对于中短距离桥梁施工费用最省	适用于项目量少的中小桥或斜弯桥
整孔预制法	在预制场整孔预制，运至现场架桥机架设	（1）对城市环境、交通影响较小； （2）施工场地占地少； （3）利于大规模生产，质量外观好； （4）上下部结构可同时施工，施工速度快； （5）节省大量模架	工程施工前期投入较大	施工速度最快。每天可架设 2 孔梁	前期投入预制场的费用较高，梁体本身施工成本可降低，对长大桥梁有优势	适用于大规模中小桥简支梁工程

以高架为主工程，线路整体走向沿城市主干道路敷设。高架桥梁范围大，考虑整个项目的环保节能施工方式，标准跨度简支梁推荐采用预制架设法施工，同时沿线如遇高压线需改造，方能满足架桥机通行。

（6）常用跨度简支梁墩台及基础的选择

1）桥墩设计

墩柱除满足通常的强度要求外，还要满足轨道交通荷载的特殊要求，即水平刚度要求。在此前提下，要结合上部梁型，充分考虑美观。

区间标准段采用大箱梁，由于示例工程基本为路中走线，考虑到景观协调，相应配合采用 Y 形桥墩，断面采用单矩形截面，如图 15.4-7 所示。

图 15.4-7 简支梁 Y 形桥墩

2）基础设计

根据沿线工程地质条件，高架段基础类型一般采用扩大基础或桩基。基础基坑开挖深度小于 6 m 且基本承载力≥0.6 MPa（此为示例，根据地方规范和惯例的实际工况取值）的岩石地基，无地下水或地下水较少，可采用明挖扩大基础，其余地段采用桩基础，桩底进入稳定的中微风化持力层，桩直径可选 1.2～2.0 m。标准段桥梁一般采用 4 根桩基础，对于墩高 15 m 以上高墩及节点桥桥墩根据计算需要综合比选确定桩基础数量和直径。

15.4.2 桥梁布置原则与布置方案

1. 桥梁布置原则

桥梁设置满足河流水文、水利、通航与道路交通要求，桥长由路桥分界路基填土高度确定；设置以尽量不改变原有交通、灌溉及排水系统为原则，并适当考虑远期发展；设置在满足功能前提下，兼顾考虑城市景观要求。

2. 布置方案研究

轨道交通与公路并行段的高架桥梁，根据线位关系，可考虑设于公路之间，或与公路并行各走一侧。

15.4.3 桥面布置

城市轨道交通工程是涉及多专业的系统工程，包括机车车辆系统、轨道系统、电力系统、通信信号系统。在线路高架地段，这些系统的设备均需设置在桥梁结构上，桥面宽度及其布置形式不仅要满足限界要求，还要满足桥面构造设施。

轨道交通采用接触网供电较多，在限界范围内布置各种电力系统、通信信号系统时，桥面两侧还要布设挡板、栏杆、声屏障以及接触网立柱，在挡板内侧布设电缆支架，挡板上方根据环评需要安装栏杆或者声屏障。

由分析研究可以得出，无接触网的标准桥面宽采用 9.2 m(示例线间距 4.6 m)即可满足在桥面范围内布设各种电力系统、通信信号系统等设施，有接触网的地方，结合在建及已运营项目经验，桥面单侧局部加宽 0.7 m 即可满足结构要求，即桥面加宽至 10.6 m。桥面布置情况如图 15.4-8 所示。

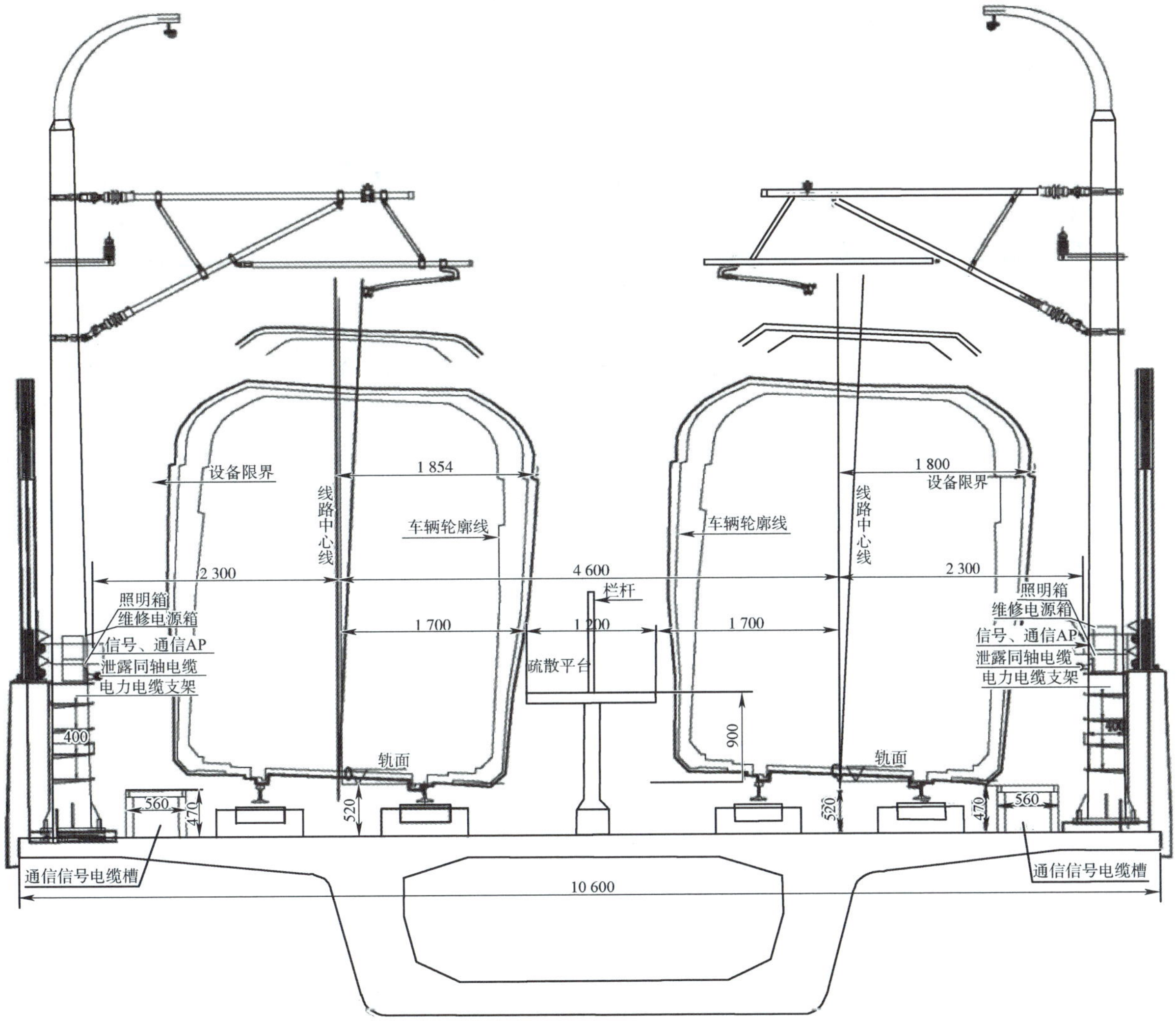

图 15.4-8　桥面布置示例图(单位：mm)

15.4.4 桥梁景观设计原则

高架桥作为永久性城市建筑，景观效果应在设计中重点考虑。现代的桥梁不仅需要满足功能要求，对城市景观的要求也越来越高。桥梁景观设计是对桥梁的线形、造型、平面布局在满足功能、安全、经济的前提下进行自然景观、城市景观、历史文化景观及美学方面的综合考虑和组织，以最大限度地实现桥梁力学上的合理性、功能上的优越性及与周边环境的协调性，同时反映出不同地域、不同传统文化的独特性，力图达到桥梁在功能、安全、经济、美学等方面的协调与和谐。

桥梁结构要满足人们的视觉效果，视线通透、无压抑感。桥墩排列密度大时，桥梁对于人的侧向视线有明显的屏蔽作用。桥墩排列密度越大、跨度越大，视线穿过桥梁底部所看到的区域越大。当桥梁的跨度越大时，桥梁对于人的视线遮挡的影响就越小，对于提高视线的通透程度就越好。桥下视觉效果如图 15.4-9 所示。

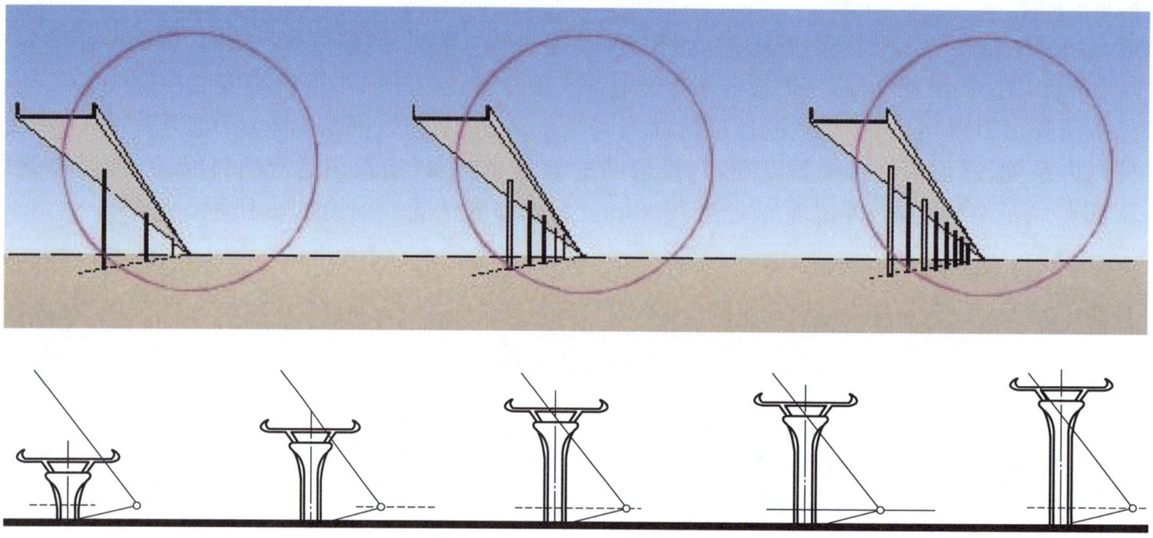

图 15.4-9　桥下视觉效果示意图

由图 15.4-9 可以看出，人们在远眺高架桥时，合适的高跨比例给人以平衡、稳定、协调的美感。城市高架道路和轨道交通高架线的实践表明，这个比例为(1∶2.4)～(1∶4)。对于墩高 10 m 的桥梁，25～35 m 跨度是较合适的。以某工程为例，其墩高超过 10 m 的高架桥长度占全部高架的 70%以上，墩高超过 15 m 的高架桥长度占全部高架的 15%以上，采用 30 m 跨度比较合适。较大的跨径，给人以线条流畅、视野通透、舒适协调的感觉，再者区间基本位于三层高度，墩高较高，适当增大桥梁跨径，将减少桥墩数量，使景观效果更佳。

15.4.5　节点桥梁方案

1. 高架区间由路侧到路中的过渡段节点

轨道交通与城市道路并行段的桥梁，根据线位关系，可设置于主车道与辅车道的分隔带上，或者设置于公路行车道的中央分隔带上。

(1)轨道交通桥梁于主辅分隔带处走行(图 15.4-10)

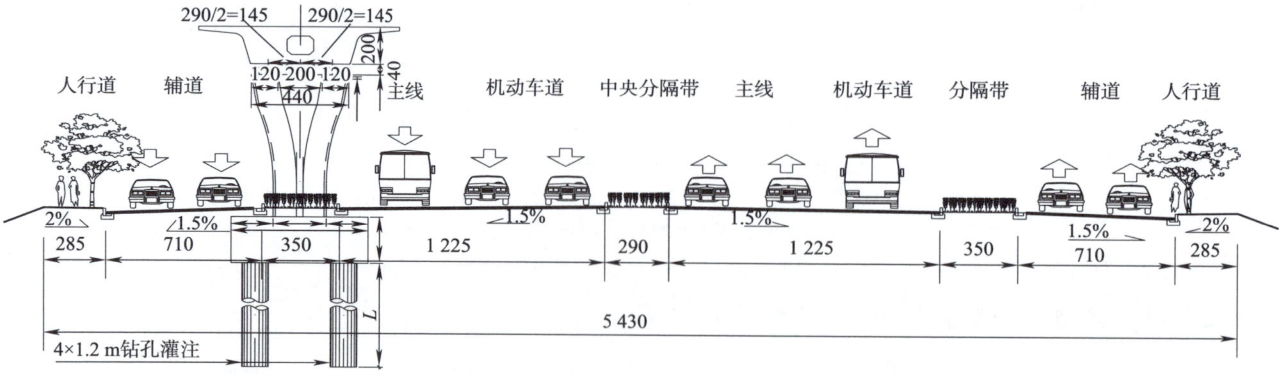

图 15.4-10　线路敷设于城市道路主辅分隔带示例(单位:cm)

(2)轨道交通桥梁由主辅分隔带过渡至路中走行(图 15.4-11)

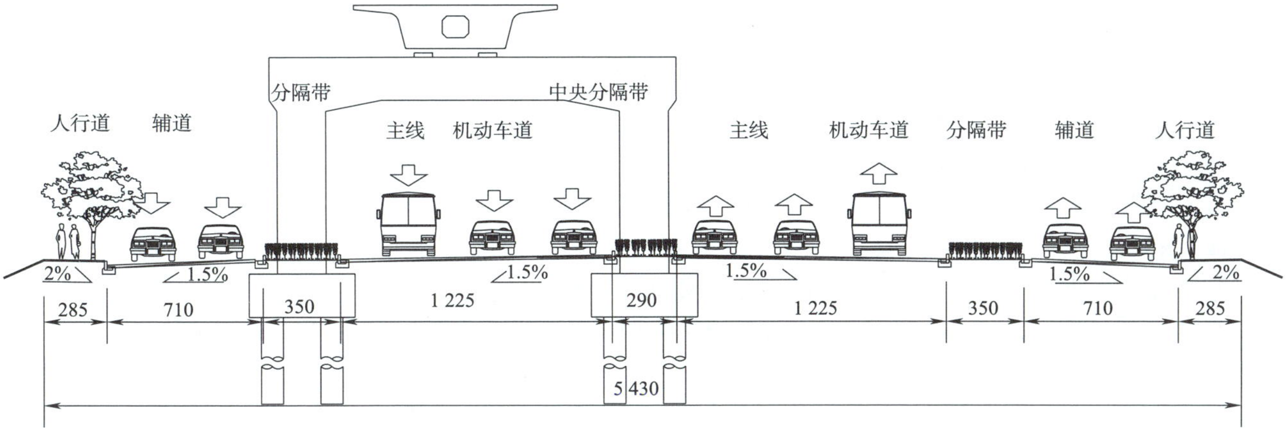

图 15.4-11　线路敷设由城市道路主辅分隔带往路中央分隔带过渡示例(单位:cm)

(3)轨道交通桥梁沿路中走行(图 15.4-12)

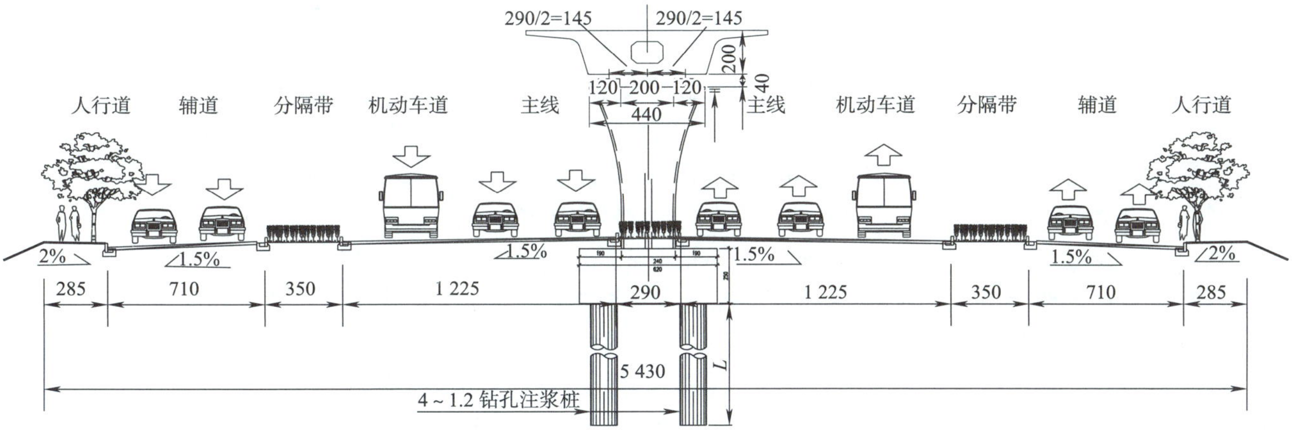

图 15.4-12　线路敷设与城市道路中央分隔带示例(单位:cm)

2. 跨一般路口节点

如高架区间基本沿城市道路路中或主辅路分隔带走行,沿途要上跨众多既有和规划道路路口,设计可采用不同跨度的钢筋混凝土连续梁上跨方案。

3. 上跨河流节点

高架区间沿线如有跨越河流的桥跨,一般桥跨布置宜等于或大于附近既有道路桥跨,并对孔布置,桥跨设计方案还需获得河流相关主管部门的审查批复。

本章参考文献

[1] 城市轨道交通工程项目建设标准:建标 104—2018[S]. 北京:中国计划出版社,2008.
[2] 地铁设计规范.GB 50157—2013[S]. 北京:中国建筑工业出版社,2013.
[3] 城市轨道交通技术规范:GB 50490—2009[S]. 北京:中国建筑工业出版社,2009.
[4] 地下铁道工程施工及验收规范. GB 50299—2018[S]. 北京:中国建筑工业出版社,2018.
[5] 建筑结构荷载规范:GB 50009—2018[S]. 北京:中国建筑工业出版社,2012.
[6] 建筑结构可靠度设计统一标准:GB 50068—2018[S]. 北京:中国建筑工业出版社,2018.
[7] 混凝土结构设计规范:GB 50010—2010[S]. 北京:中国建筑工业出版社,2010.
[8] 混凝土结构工程施工质量验收规范:GB 50204—2015[S]. 北京:中国建筑工业出版社,2015.

[9] 地下工程防水技术规范:GB 50108—2008[S]. 北京:中国计划出版社,2008.
[10] 地下防水工程质量验收规范:GB 50208—2011[S]. 北京:中国建筑工业出版社,2011.
[11] 钢结构设计规范:GB 50017—2017[S]. 北京:中国建筑工业出版社,2017.
[12] 建筑抗震设计规范:GB 50011—2010[S]. 北京:中国建筑工业出版社,2016.
[13] 建筑工程抗震设防分类标准:GB 50223—2004[S]. 北京:中国建筑工业出版社,2004.
[14] 建筑地基基础设计规范:GB 50007—2007[S]. 北京:中国计划出版社,2011.
[15] 建筑地基处理技术规范:JGJ 79—2012[S]. 北京:中国建筑工业出版社,2012.
[16] 建筑桩基技术规范:JGJ 94—2008[S]. 北京:中国建筑工业出版社,2008.
[17] 建筑设计防火规范:GB 50016—2014[S]. 北京:中国计划出版社,2015.
[18] 铁路工程结构可靠度设计统一标准:GB 50216—1994[S]. 北京:中国计划出版社,1994.
[19] 铁路桥涵设计规范:TB 10002—2017[S]. 北京:中国铁道出版社,2017.
[20] 钢筋机械连接技术规程:JGJ 107—2016[S]. 北京:中国建筑工业出版社,2016.
[21] 城市轨道交通结构安全保护技术规范:CJJ/T 202—2013[S]. 北京:中国建筑工业出版社,2013.
[22] 铁路工程抗震设计规范:GB 50111—2006[S]. 北京:中国计划出版社,2006.
[23] 建筑基坑工程技术规范:YB 9258—1997[S]. 北京:冶金工业出版社,1997.
[24] 地铁杂散电流腐蚀防护技术规程:CJJ 49—1992[S]. 北京:中国建筑工业出版社,1992.
[25] 混凝土外加剂应用技术规范:GB 50119—2013[S]. 北京:中国建筑工业出版社,2013.
[26] 混凝土结构耐久性设计规范:GB/T 50476—2008[S]. 北京:中国建筑工业出版社,2008.
[27] 铁路混凝土结构耐久性设计规范:TB 10005—2010[S]. 北京:中国铁道出版社,2010.
[28] 建筑基桩检测技术规范:JGJ 106—2014[S]. 北京:中国建筑工业出版社,2014.
[29] 城市轨道交通结构抗震设计规范:GB 50909—2014[S]. 北京:中国标准出版社,2014.
[30] 铁路无缝线路设计规范:TB 10015—2012[S]. 北京:中国铁道出版社,2013.
[31] 城市桥梁抗震设计规范:CJJ 166—2011[S]. 北京:中国建筑工业出版社,2011.
[32] 城市道路设计规范:CJJ 37—2012[S]. 北京:中国建筑工业出版社,2012.
[33] 城市桥梁设计规范:CJJ 11—2011[S]. 北京:中国建筑工业出版社,2012.
[34] 铁道部经济规划研究院. 铁路工程建设标准局修订条文汇编(第 2 版)[M]. 北京:中国铁道出版社,2016.

16 地下结构

16.1 地下区间隧道衬砌结构类型

地下区间结构为连接两个地下车站之间的建筑物，应根据沿线的工程地质和水文地质条件、埋深、城市规划以及工程投资等具体条件来选择相应的施工方法和结构形式。修建地下区间结构一般采用的方法有浅埋暗挖法、盾构法、明挖法；而对应的结构形式有拱形、圆形、矩形和U形等。

16.1.1 明挖法修建的隧道衬砌结构与构造

地铁区间隧道明挖法一般用于场地较开阔的地段，要求该地段地面建筑和地下管线少，对道路交通影响小，或道路交通量小，或有条件进行交通疏解，或对拆迁影响小，或结合市政工程的建设进行明挖施工。

结构形式一般为整体浇筑钢筋混凝土矩形框架结构，如图16.1-1所示，可设中隔墙或根据线路要求采用单跨结构，隧道出地面后为钢筋混凝土U型槽结构，如图16.1-2所示。顶板上可敷设城市地下管网和设施。

明挖法施工作业相对简单，施工工期短，造价相对较低。但施工对周边环境、地下管线和交通的影响较大。在地质条件较差、隧道埋深较深的情况下，明挖施工时，基坑围护的工程量大，此时明挖施工的综合造价较高。

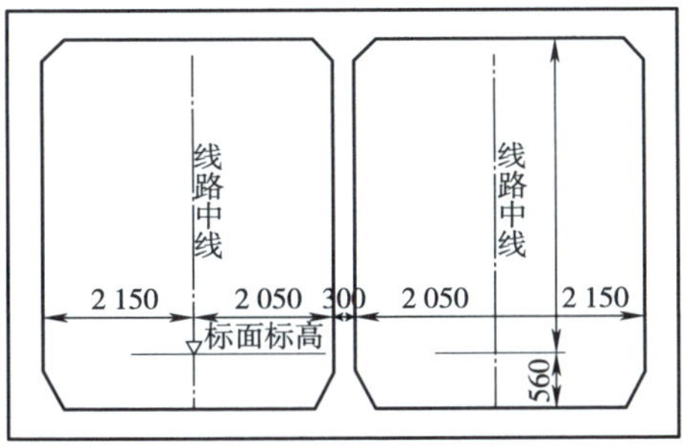

图16.1-1 矩形隧道结构(单位:mm)

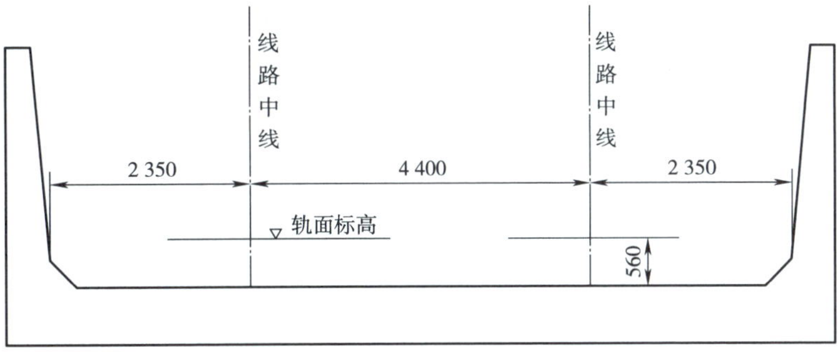

图16.1-2 敞开段U形结构(单位:mm)

16.1.2 浅埋暗挖法修建的隧道衬砌结构与构造

采用浅埋暗挖法修建的区间隧道一般为单跨拱形，如图16.1-3所示为南京地铁1号线珠江路站—鼓楼站区间隧道断面形式，如图16.1-4所示为北京市地铁复兴门折返线断面形式。当区间隧道存在过渡线时，也可以采用连拱隧道，如图16.1-5所示为渡线范围内浅埋暗挖法区间隧道的剖面形式。

16.1.3 盾构法修建的隧道衬砌结构与构造

盾构法是在盾构机刚壳体保护下，依靠其前部的刀盘或挖掘机开挖地层，并在盾构机壳体内完成出渣、管片拼装、推进等工作。采用盾构法修建的隧道一般为单圆或多圆隧道。目前国内采用较多的是单圆盾构隧道，如上海、广州、南京、深圳等地的地铁区间隧道，如图16.1-6所示。上海轨道交通8号线，采用了双圆盾构隧道，如图16.1-7所示。宁波轨道交通3、4号线，杭州地铁4号线二期采用了类矩形盾构隧道，如图16.1-8所示。

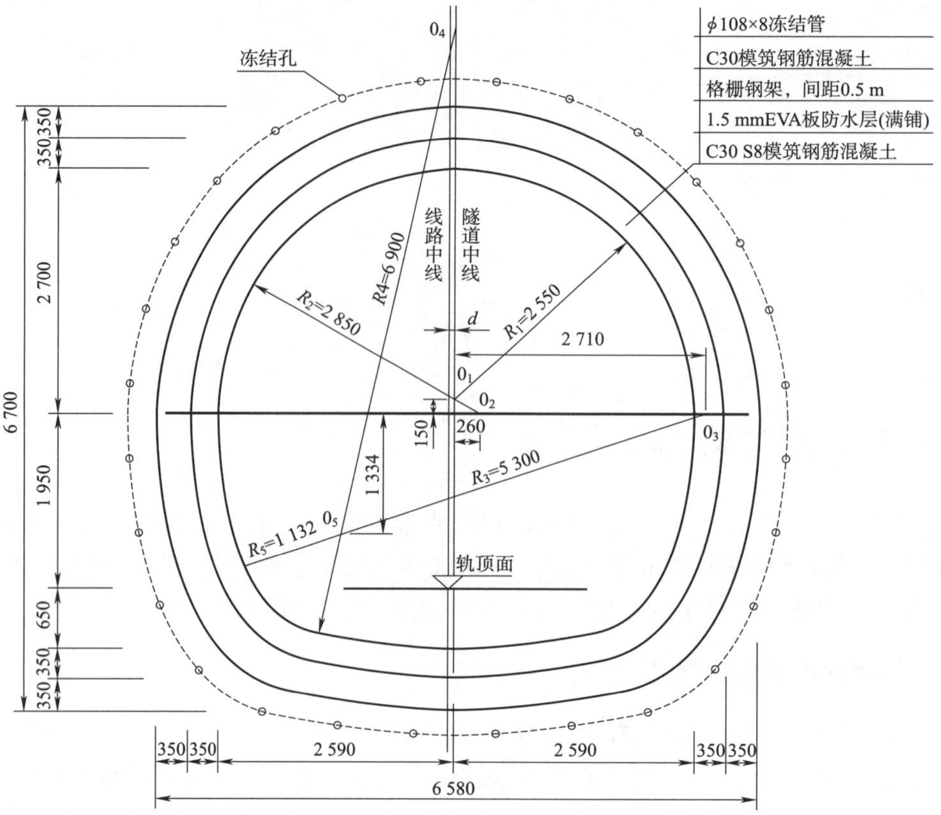

图 16.1-3　南京地铁1号线珠江路站—鼓楼站区间隧道(单位:mm)

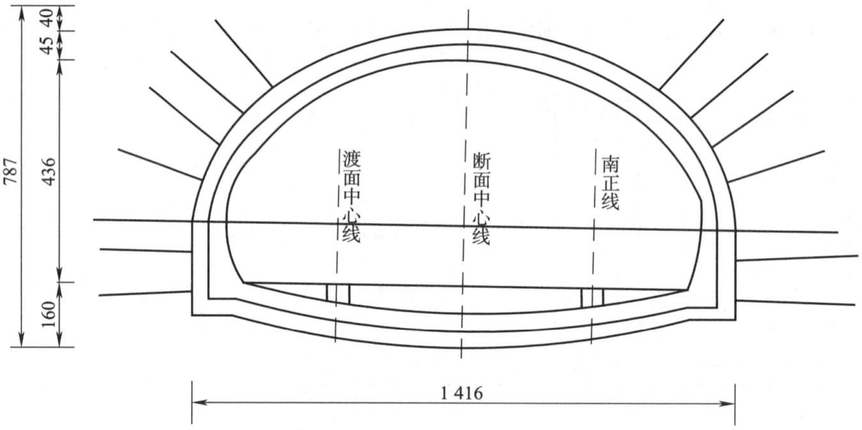

图 16.1-4　北京市地铁复兴门折返线断面形式(单位:cm)

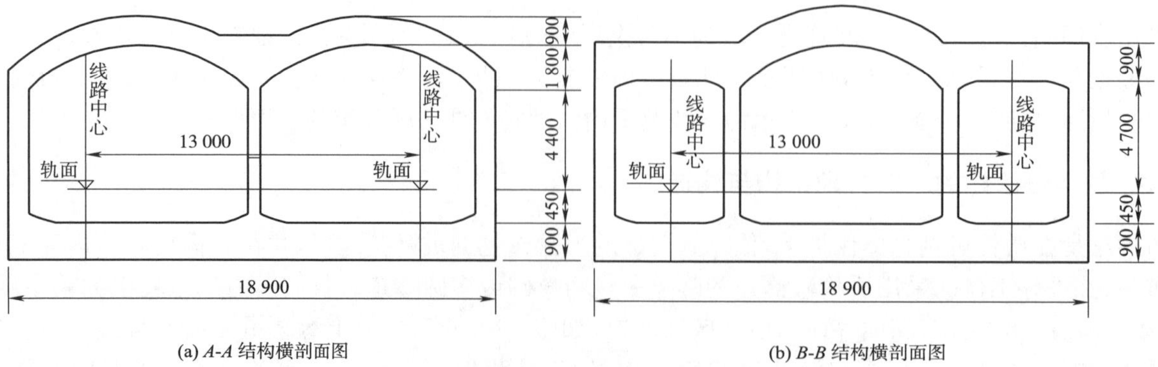

图 16.1-5　渡线范围隧道横剖面图(单位:mm)

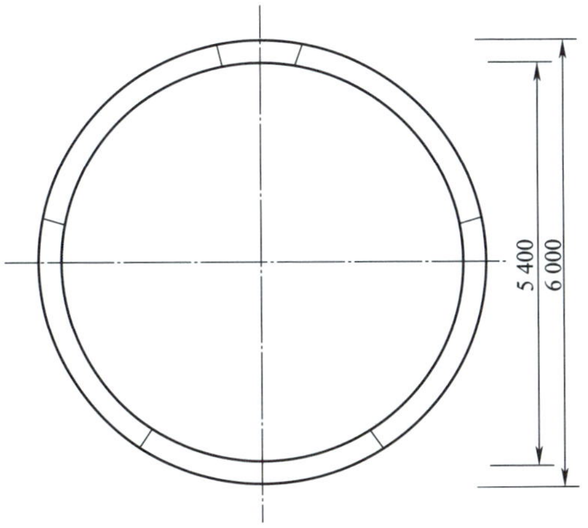

图 16.1-6 单圆盾构隧道(单位:mm)

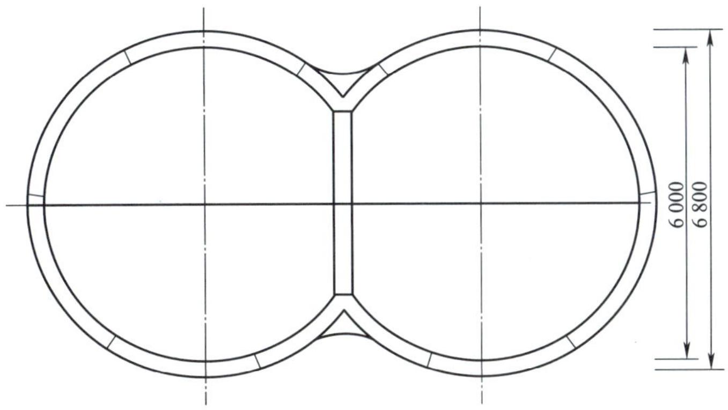

图 16.1-7 双圆盾构隧道(单位:mm)

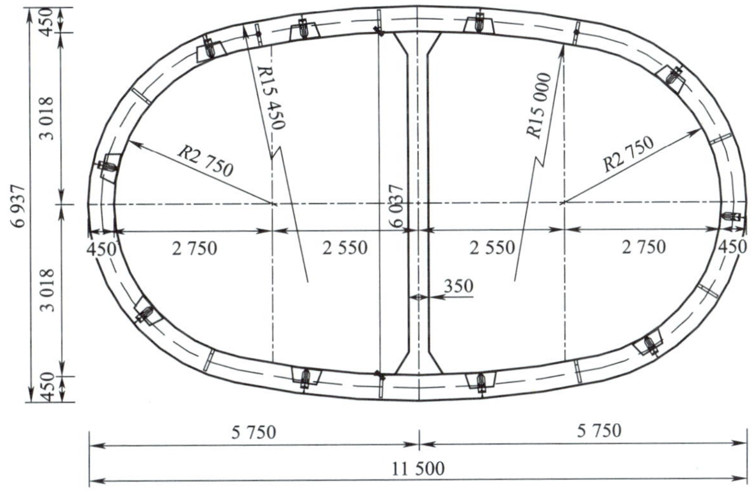

图 16.1-8 类矩形盾构隧道(单位:mm)

盾构衬砌类型一般有单层、双层装配式衬砌和挤压式混凝土衬砌等。单层装配式衬砌具有施工工艺单一、操作简单、施工周期短、工程投资小、质量容易保证等特点,同时也能满足刚度、变形控制及防水的要求。因此,根据国内地铁工程施工经验,一般采用钢筋混凝土管片单层装配式衬砌。

16.2 地下车站衬砌结构类型

地下车站通常包含站台区、设备区和客流集散区,建筑空间比较大。一般根据不同的施工方法,地下车站可以采用不同的结构形式,如以围护结构为临时支护主体的明挖法和盖挖法等方法施作的地下车站常采用矩形框架结构,以浅埋暗挖法施工的地下车站常采用拱形结构,以洞桩法施工的地下车站常采用大跨度或小间距的联拱结构。地下车站的结构形式与选择的施工方法密切相关。

16.2.1 矩形框架结构

明挖法施工的地下车站主体结构一般为长条形多层、多跨框架结构,地下两层、地下三层单柱或双柱的框架结构形式,当建筑使用功能上有特殊要求时,车站有时需要局部加宽,采用三柱四跨,甚至四柱五跨结构形式。如图 16.2-1 所示为地下两层双柱三跨车站结构,总跨度为 25.1 m,左侧跨度为 8.9 m,中间跨为 6.8 m,右侧跨度为 9.4 m。如图 16.2-2 所示为地下两层单柱双跨结构,两跨跨度都为 10.9 m。如图 16.2-3 所示的是站内设置停车线后,车站较宽,为了满足结构受力合理的需要,在车站中心设置四根立柱的四柱五跨结构,从左向右各跨度分别为 4.25 m、7.8 m、6.2 m、7.8 m 和 4.25 m。

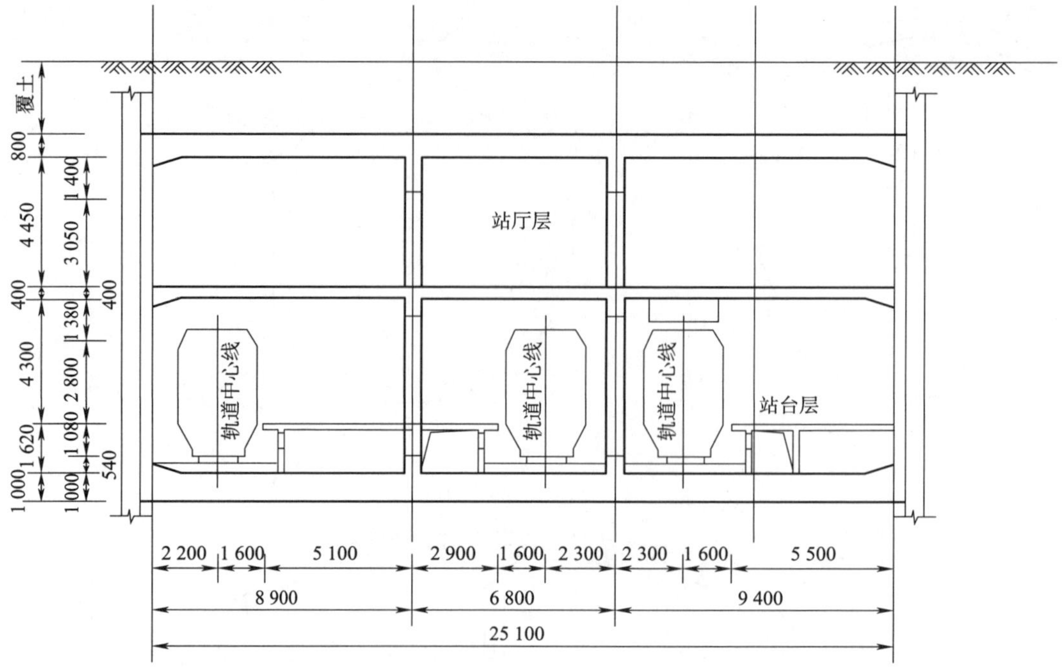

图 16.2-1　地下两层双柱三跨车站结构(单位:mm)

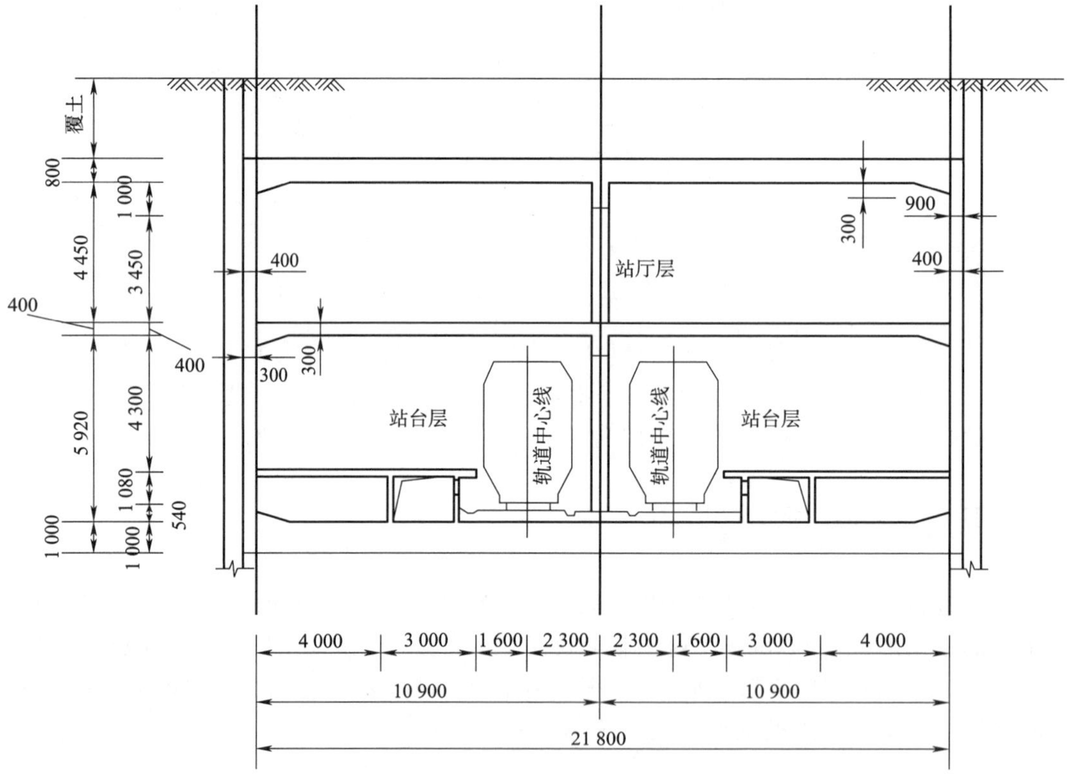

图 16.2-2　地下两层单柱双跨车站结构(单位:mm)

16.2.2　拱形结构

拱形地铁车站一般采用暗挖法施工,也有采用盾构法施工的。拱形地铁车站根据线路、建筑使用功能、现场的地质条件和施工方法的不同,可以采用地下单层或者两层的结构,其拱形可以采用单拱式、双拱式或者三拱式结构,双拱式或三拱式结构现可以采用联拱的结构形式,也可以采用小间距的结构形式。国内外暗挖地铁车站方案根据工程地质条件的不同主要有以下几种类型:

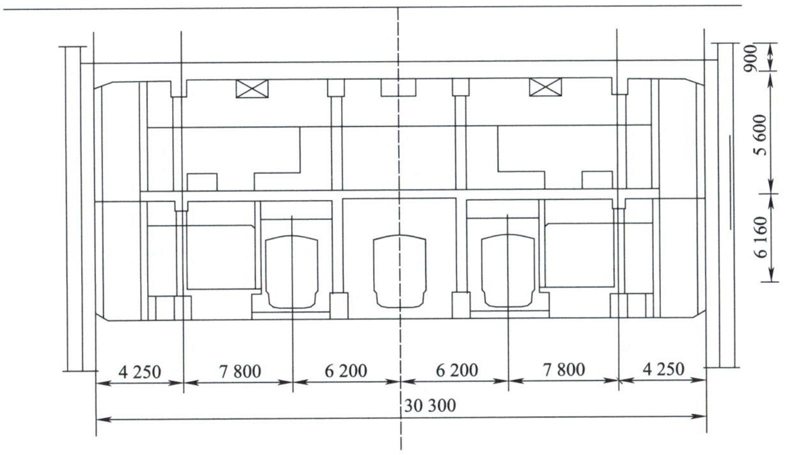

图 16.2-3　地下两层四柱五跨车站结构(单位:mm)

1. 大跨度双层单拱结构

适用于大块状结构完整的花岗岩或侏罗系砂岩等地层,如重庆轻轨交通朝沙线某单拱地下站的初步设计方案,采用了大跨度双层单拱方案,如图 16.2-4 所示;北京地铁蒲黄榆地铁站也采用了双层单拱结构,如图 16.2-5 所示。

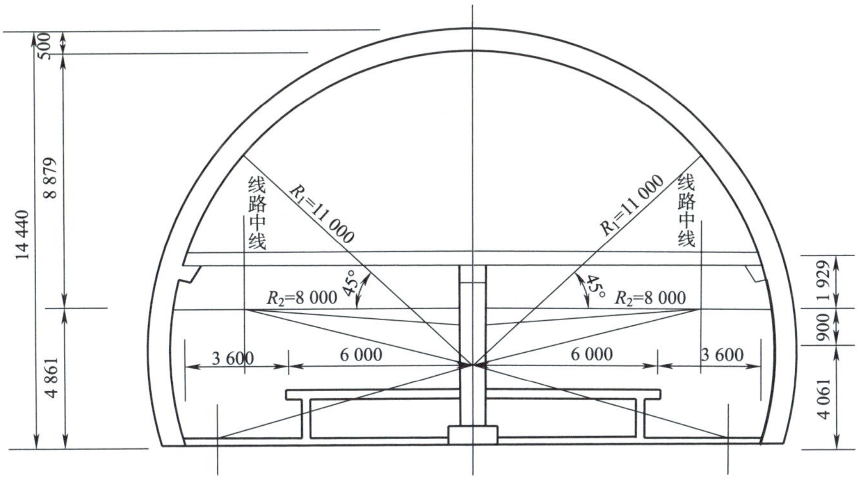

图 16.2-4　大跨双层单拱结构(单位:mm)

2. 单层双连拱结构

德国柏林广场地铁站(图 16.2-6)、广州地铁 3 号线林和西站(图 16.2-7)、北京市新桥地铁站(图 16.2-8)、美国纽约地铁站(图 16.2-9)等都采用了单层双连拱方案,施工方法采用浅埋暗挖法。

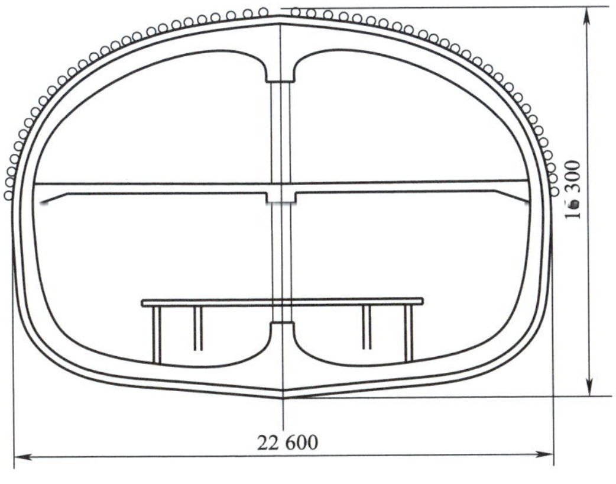

图 16.2-5　北京市蒲黄榆地铁站(单位:mm)

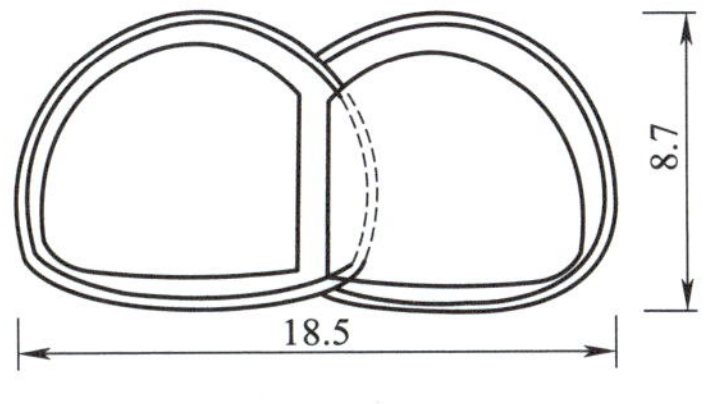

图 16.2-6　德国柏林广场地铁站(单位:m)

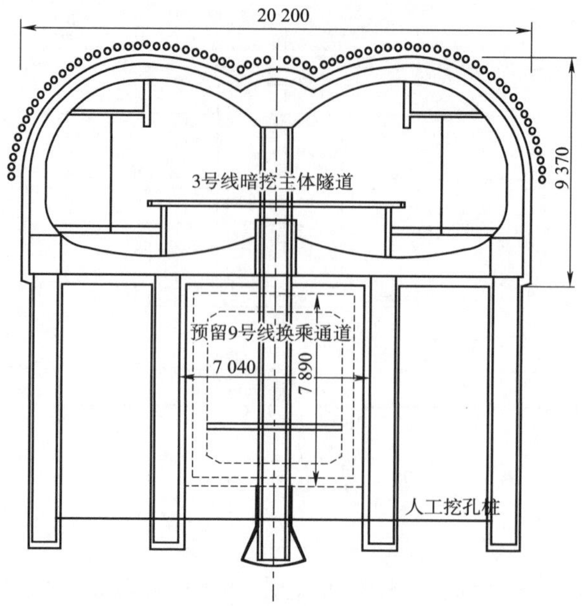

图 16.2-7　广州地铁3号线林和西站(单位:mm)

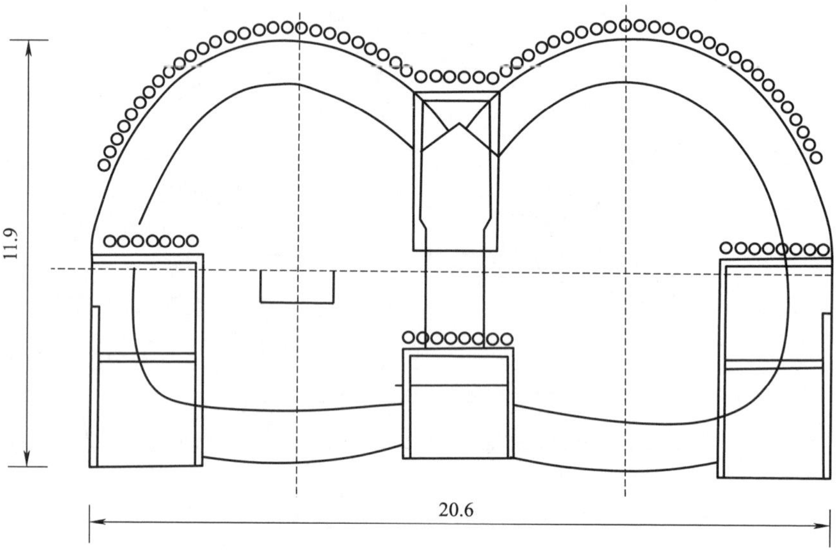

图 16.2-8　北京市新桥地铁站隧道断面(单位:m)

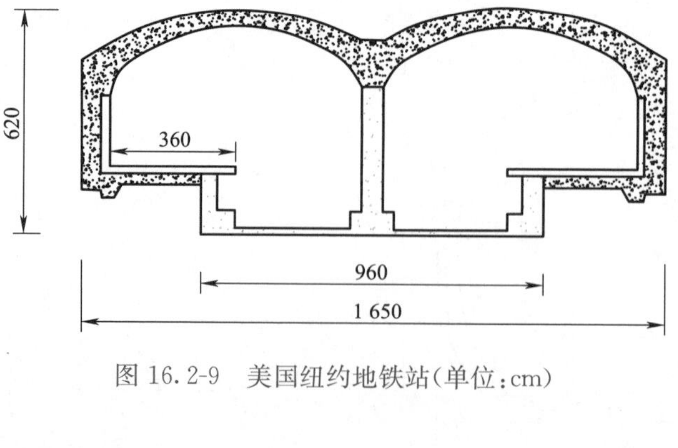

图 16.2-9　美国纽约地铁站(单位:cm)

3. 单层三连拱结构

如图 16.2-10 所示为哈尔滨轨道交通一期工程中结合既有的"7381"人防车站结构改造的单层三连拱车站结构形式。

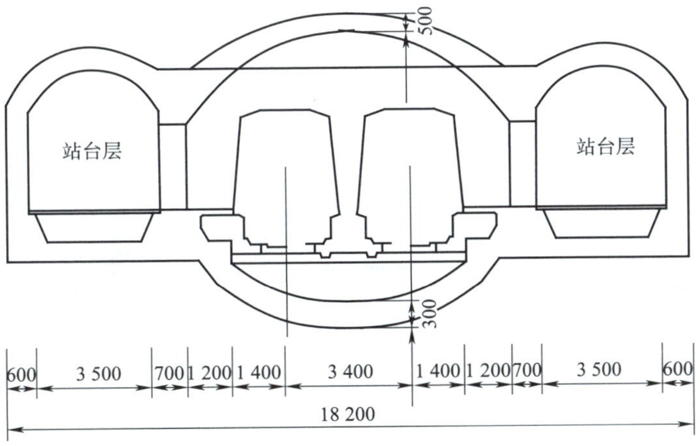

图 16.2-10 单层三连拱结构(单位:mm)

4. 双层双连拱结构

在深圳地铁设计方案中,部分车站采用了如图 16.2-11 所示的双层双连拱方案,施工方法采用浅埋暗挖法。

5. 双层三连拱结构

北京复八线的西单、天安门、王府井、东单等站采用的是如图 16.2-12 所示的双层三连拱方案,采用浅埋暗挖法施工。

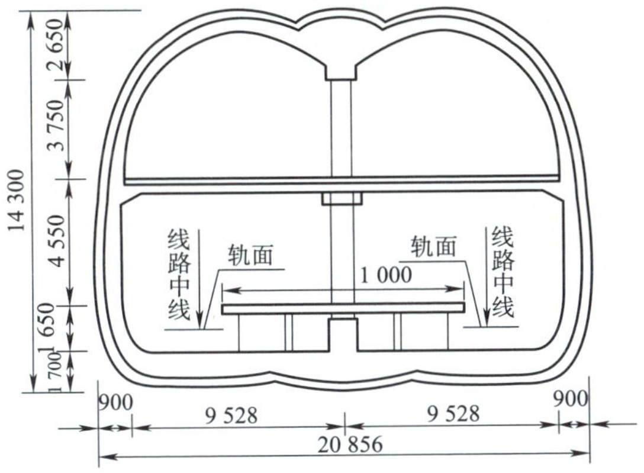

图 16.2-11 双层双连拱车站(单位:mm)

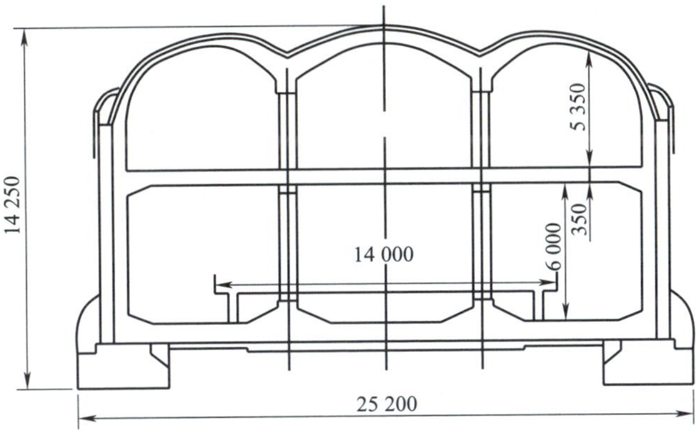

图 16.2-12 双层三连拱结构(单位:mm)

6. 分离式结构

采用这种结构已建成的地铁车站主要有:广州地铁越秀公园站,南京地铁 1 号线南京站(图 16.2-13),北京地铁 10 号线呼家楼站、光华北路站(图 16.2-14 和图 16.2-15)等。

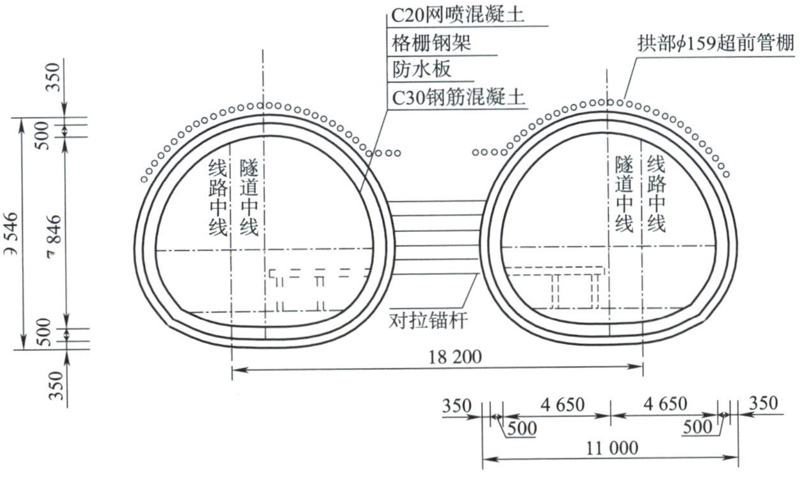

图 16.2-13 南京地铁 1 号线南京站区间隧道(单位:mm)

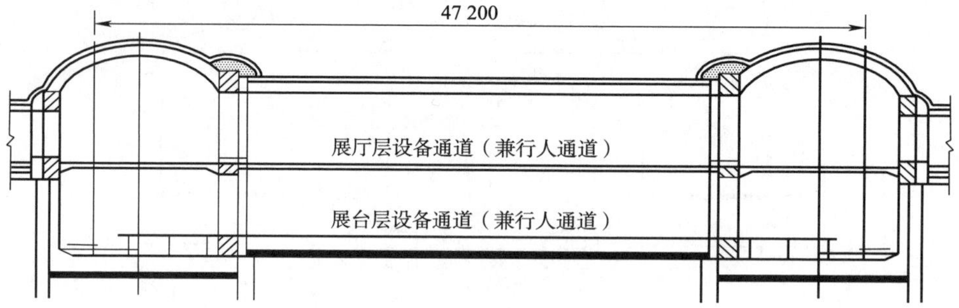

图 16.2-14　北京地铁 10 号线呼家楼站(单位:mm)

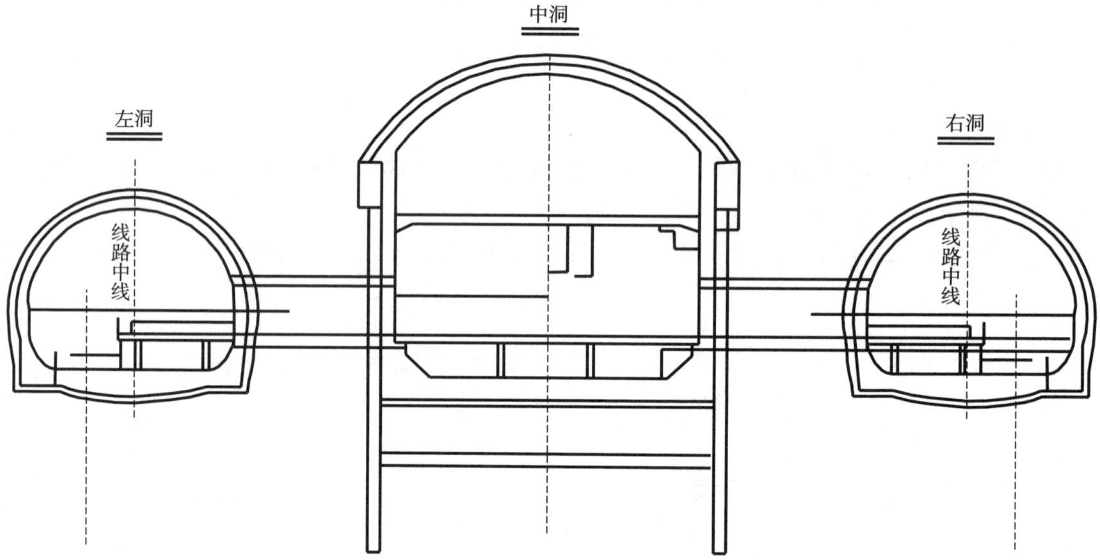

图 16.2-15　北京 10 号线光华北路站

16.3　区间和车站结构设计计算

16.3.1　地下结构静动力工作特性

1. 作用—反作用模型

作用—反作用模型即荷载—结构模型。荷载—结构模式是仿效地面结构的计算模式,将荷载作用在结构上,以一般结构力学的方法进行计算。长期以来,地下支护结构一直沿用这种计算方法。旧的地下支护结构原理认为,结构上方的岩层最终要塌落,因此作用在支护结构上的荷载就是上方塌落岩体的重量。然而,一般情况下岩层由于支护的限制而不会塌落,实际上围岩向支护方向产生变形受到支护的阻止,从而对支护产生压力。这种情况下作用在支护结构上的荷载是未知的,引用荷载—结构模式就有困难。所以,荷载—结构模式只适用于浅埋情况及围岩塌落而出现松动压力的情况。

荷载结构模式还可以按荷载的不同细分成主动荷载模型、主动荷载加地层弹性约束模型、地层实测荷载模型,如图 16.3-1 所示。主动荷载模型不考虑结构与地层的共同作用,除了在结构底部受地层约束外,其他部分在主动荷载作用下可以自由变形,适用于结构与地层“刚度比”较大的情况;主动荷载加地层弹性约束模型不仅对衬砌结构施加主动荷载,而且由于结构与地层的相互作用,还对衬砌结构施加被动弹性抗力,即衬砌结构在主动荷载作用下,一部分发生向着围岩方向的变形,地层会对衬砌产生反作用力来抵制其变形,这种作用力就是弹性抗力,另一部分则背离地层向隧道内变形,形成所谓“脱离区”,该模型适用于各类地层;地层实测荷载模型是结构与地层共同作用的综合反映,既包含地层的主动压力,也含有被动压力,但实测的荷载值除与地层特性、埋深等因素有关外,还与选用的仪器设备有关。

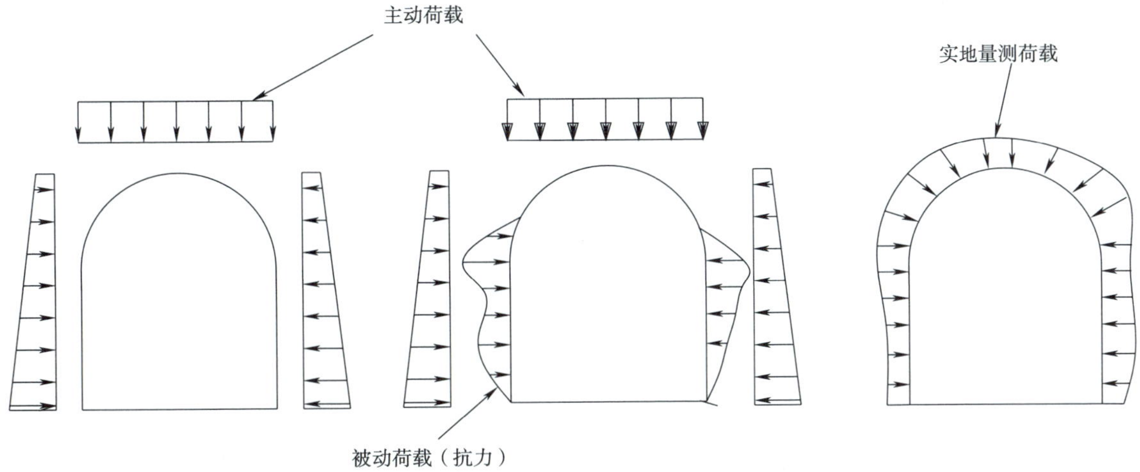

图 16.3-1 荷载—结构模式图

2. 连续介质模式

连续介质模式是将地层与地下结构共同构成承载体系，结构内力与地层重分布应力一起按连续介质力学方法计算，地层与地下结构的相互作用以变形协调条件来实现。

这种模式的计算方法主要有数值解法和解析解法两种。数值解法是把围岩视作弹塑性体或黏弹塑性体，并与支护一起采用有限元或边界元方法进行求解，这类解法可以直接算出围岩与支护的应力和变形状态。解析解法往往具有多种功能，能考虑岩体中的节理裂隙、层面、地下水渗流、岩体膨胀性等影响，是目前理论计算法中的主要方法。

上述两种计算方法实质上是一致的，都是应用围岩与支护共同作用原理，按弹塑性理论或黏弹塑性理论求解；都是通过就两条特性曲线（围岩特性曲线和支护特性曲线）求解围岩压力，由此确定支护与围岩受力及变形情况，以判定围岩的稳定性及确定支护参数。两种方法的不同在于，数值解法多采用数解法，解析解法多采用图解法。

3. 收敛—约束法

收敛—约束法也称特性曲线法，是一种采用测试数据反馈于设计的实用方法，通常以施工中隧道断面的变形量测值为依据。

16.3.2 作用在地下结构上的荷载

1. 作用在车站结构上的荷载

车站主体结构的设计荷载分永久荷载、可变荷载和偶然荷载三类，见表 16.3-1，在决定荷载的数值时，应考虑施工和使用过程中发生的变化，根据现行国家标准《建筑结构荷载规范》(GB 50009—2012)及相关规范规定的可能出现的最不利情况确定不同荷载组合时的组合系数。

表 16.3-1 荷载分类表

荷载分类	荷载名称
永久荷载	结构自重
	地层压力
	隧道上部和破坏棱体范围的设施及建筑物压力
	混凝土收缩及徐变影响力
	预加应力
	设备重量
	地基下沉影响力

续上表

荷载分类		荷载名称
可变荷载	基本可变荷载	地面车辆荷载及其冲击力
		地面车辆荷载引起的侧向土压力
		地下铁道车辆荷载及其冲击力
		人群荷载
	其他可变荷载	温度影响力
		施工荷载
偶然荷载		地震荷载
		沉船、抛锚或河道疏浚产生的撞击力等灾害性荷载

车站主体结构承受的地层压力分为竖向、水平向水、土压力，明挖法结构一般顶部覆土厚度较薄，顶板承受的竖向地层压力可按计算截面以上全部土柱重量计算，水平向压力可取为水土合算的静止土压力。

车站站台、楼板和楼梯等部位的人群均布荷载的标准值应采用 4.0 kPa；设备用房楼板的计算荷载应根据设备安装、检修和正常使用的实际情况（包括动力效应）确定，其标准值不得小于 4.0 kPa；在设计换乘站中直接承受地铁车辆荷载的楼板等构件时，地铁车辆竖向荷载应按其实际轴重和排列计算，并考虑动力作用的影响，同时尚应按线路通过的重型设备运输车辆的荷载进行验算。

地面超载一般可取 20 kPa，有特殊要求时可适当放大，上部建有建筑物时，应分析计入其荷载。

2. 作用在隧道结构上的荷载

作用在隧道结构上的荷载有永久荷载、可变荷载及偶然荷载三类。各种荷载详见表 16.3-2。

表 16.3-2　隧道结构荷载分类表

荷载类型	荷载名称		荷载计算及取值
永久荷载	结构自重		按实际考虑
	地层压力	竖向压力	按计算截面以上全部土柱重量计算
		水平压力	主、被动土压力按朗金土压力公式计算，水土压力采用水土分算
	水压力及浮力		按最不利地下水位计算静水压力及全部浮力
	混凝土收缩及徐变影响力		混凝土收缩的影响按降低温度的方法计算； 混凝土徐变的影响按提高温度的方法计算
	侧向地层抗力及地基反力		侧向地层抗力及地基反力按结构形式及其在荷载作用下的变形、结构与地层刚度、施工方法等情况及土层性质，根据所采用的结构计算简图和计算方法加以确定
可变荷载	基本可变荷载	地面车辆荷载	地面车辆荷载按 20 kN/m^2 的均布荷载并不计冲击力的影响
		地面车辆引起的侧向力	按 20 kN/m^2 的均布荷载作用于地层上考虑
		地铁车辆荷载及其冲击力	地铁列车荷载按所采用的车辆轴重、排列和制动力计算，并按通过的重型设备车辆考虑
		人群荷载	按 4 kN/m^2 的均布荷载作用于站厅、站台板上考虑
	施工荷载		施工机具、地面堆载、材料堆载按 20 kN/m^2 考虑
偶然荷载	人防荷载		按当地人防等效静载
	地震作用		按当地设防烈度考虑

作用在隧道结构上的荷载组合分以下两种情况进行考虑。

（1）对于承载力极限状态，应依据作用效应的基本组合和偶然组合进行设计，具体组合可表示为：

基本组合：永久荷载＋基本可变荷载；

偶然组合：永久荷载＋部分可变荷载＋地震荷载（或人防荷载）。

（2）对于正常使用极限状态采用荷载的基本组合，荷载组合与分项系数见表 16.3-3。

表 16.3-3 荷载组合与分项系数

荷载种类/组合	永久荷载	可变荷载	人防荷载	地震荷载
基本组合 1:永久荷载+基本可变荷载	1.35	1.4	—	—
标准组合 2:永久荷载+基本可变荷载	1.0	1.0	—	—
偶然组合 3:永久荷载+地震荷载	1.2	1.0	—	1.3
偶然组合 4:永久荷载+人防荷载	1.2	1.0	1.0	—

16.3.3 车站结构计算

1. 基坑中的土压力和水压力

土压力是作用于基坑围护结构上的主要荷载,对围护结构体系的内力、变形和稳定性验算等有着重要的影响。土压力的大小与分布是土体与围护结构之间相互作用的结果,主要与土体的物理力学性质、地下水位状况、围护结构的变位方式以及方向和大小等有关。工程经验表明,支护结构的刚度、变形形态及施工时的时空效应等对土压力的分布和变化起着控制作用。

(1)土压力类型

经典土压力理论是指达到极限状态时的土体作用于墙上的压力,根据墙与土体的相对运动方向,分为主动土压力、被动土压力和静止土压力,如图 16.3-2 所示。土压力与位移的关系如图 16.3-3 所示,表 16.3-4、表 16.3-5 分别为《欧洲岩土设计规范 Eurocode7》(BSEN1997-1:2004)和《加拿大基础工程手册》(1985)给出的发挥极限土压力所需的位移,表中 y_a 为围护墙位移,h 为墙高。由表中可以看出,松散土达到极限状态时所需的位移较密实土要大;此外,达到被动土压力极限值所需的位移一般而言要比达到主动土压力极限值所需的位移大得多。

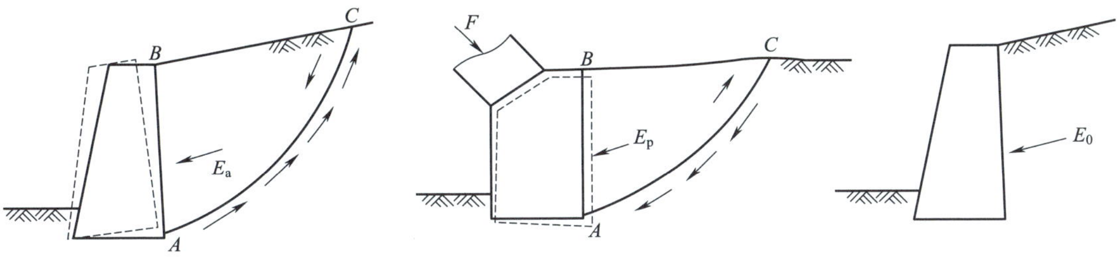

(a) 主动土压力　　(b) 被动土压力　　(c) 静止土压力

图 16.3-2 三种不同极限状态的土压力

在基坑工程中,往往不允许墙体的变位达到极限状态,此时被动土压力值将低于被动极限值,主动土压力值将高于主动极限值,设计时的土压力取用值应为主动土压力提高值、被动土压力降低值。

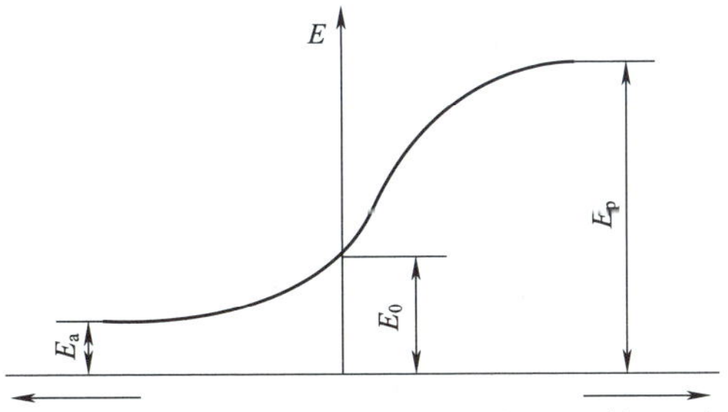

图 16.3-3 土压力与位移的关系

表 16.3-4 发挥主动和被动土压力所需的位移

墙体位移模式	达到主动土压力时的位移 y_a/h(%)		达到被动土压力时的位移 y_a/h(%)	
	松散土	密实土	松散土	密实土
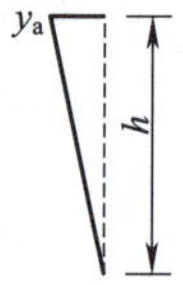	0.4～0.5	0.1～0.2	7～15	5～10
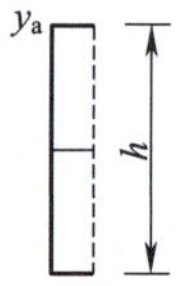	0.2	0.05～0.1	5～10	3～6
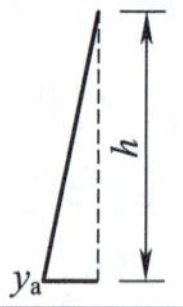	0.8～1.0	0.2～0.5	6～15	5～6
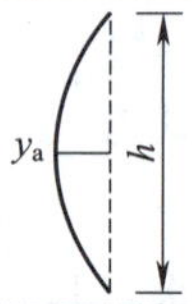	0.4～0.5	0.1～0.2	—	—

表 16.3-5 发挥主动和被动土压力所需的位移（根据加拿大基础工程手册）

极限状态	墙体位移模式	土　类	达到极限状态时的位移 y_a/h(%)
主动状态	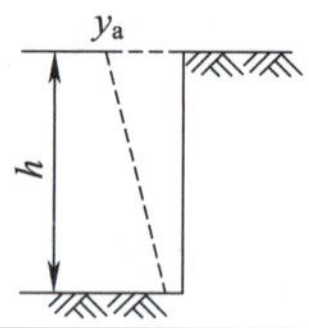	密实砂土	0.1
		松散砂土	0.4
		硬黏土	1
		软黏土	2
被动状态	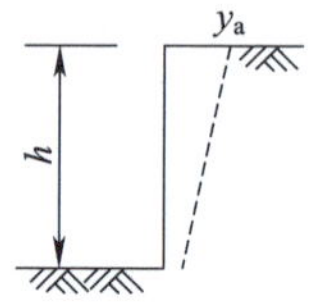	密实砂土	2
		松散砂土	6
		硬黏土	2
		软黏土	4

(2)基坑工程中的土压力计算方法

目前，我国的基坑设计中主动土压力计算一般采用朗金土压力理论，而被动土压力采用朗金或库仑土压力理论，静止土压力为静止土压力系数与竖向应力的乘积。地下水位以下的土压力计算应考虑水土分算或合算，同时考虑地下水是否有渗流的情况等。水土分算与合算的原则与方法如下：

对地下水位以下的土体计算侧土压力时有两个计算原则：水土分算原则与水土合算的原则。水土分算原则，即分别计算土压力和水压力，两者之和即总的侧压力。这一原则适用于土孔隙中存在自由的重力水的情况或土的渗透性较好的情况，一般适用于砂土、粉性土和粉质黏土。水土合算的原则则认为土孔隙中不存在自由的重力水，而存在结合水，它不传递静水压力，以土粒与孔隙水共同组成的土体作为对象，直接用土的饱和重度计算侧压力，这一原则适用于不透水的黏土层。

按水土分算原则计算土压力时，可采用式(16.3-1)和式(16.3-2)进行计算：

$$p_a = (q + \sum \gamma_i h_i) K_a - 2c\sqrt{K_a} \tag{16.3-1}$$

$$p_p = \sum \gamma_i h_i K_p + 2c\sqrt{K_p} \tag{16.3-2}$$

式中 p_a——计算点处的主动土压力强度(kPa)，$p_a \leqslant 0$ 时，取 $p_a = 0$；

p_p——计算点处的被动土压力强度(kPa)；

γ_i——计算点以上各土层的重度(kN/m³)，地下水位以上取天然重度，地下水位以下取水下重度；

h_i——各土层的厚度(m)；

K_a——计算点处土的主动土压力系数，$K_a=\tan^2\left(45°-\frac{\varphi}{2}\right)$；

K_p——计算点处土的被动土压力系数，$K_p=\tan^2\left(45°+\frac{\varphi}{2}\right)$；

c,φ——计算点处的抗剪强度指标，理论上地下水位以下应采用有效抗剪强度指标，但考虑到目前工程勘察报告中极少提供，可直接采用三轴固结不排水试验或直剪固结快剪试验峰值的总应力强度指标。

水土分算中的水压力计算应考虑地下水是否有稳定渗流的情况分别进行计算，无渗流时水压力按静水压力计算，此时围护结构所受的主动土压力如图 16.3-4(a)所示。

按水土合算原则计算土压力时，地下水位以下部分的土压力按式(16.3-3)和式(16.3-4)进行计算：

$$p_a=(q+\gamma H_1+\sum\gamma_{sat}h_i)K_a-2c\sqrt{K_a} \tag{16.3-3}$$

$$p_p=(q+\gamma H_1+\sum\gamma_{sat}h_i)K_p+2c\sqrt{K_p} \tag{16.3-4}$$

式中 H_1——地下水位以上土层的厚度；

h_i——地下水位以下到计算点处各土层的厚度；

γ_{sat}——土层的饱和重度。

计算时土体的抗剪强度指标选用总应力指标，围护结构所受的主动土压力如图 16.3-4(b)所示。

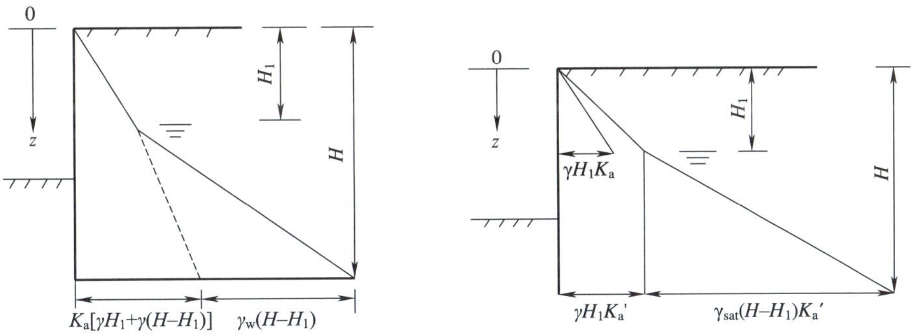

(a) 水土分算 (b) 水土合算

图 16.3-4 土压力计算

2. 支护结构的计算

在明挖法设计施工中，首先需综合考虑开挖深度、工程水文地质条件、周边环境等因素合理选用支护结构形式，可以采用放坡法施工。一般认为，支护结构是基坑工程中采用的围护墙、支撑(或土层锚杆)、围檩、防渗帷幕等结构体系的总称，主要包括围护结构和支撑结构体系。

支护结构的设计与计算是在选型的基础上，确定围护结构的插入比(入土段深度与基坑开挖深度之比)、支撑的设置、结构配筋等。主要考虑三方面的内容：稳定性验算、支护结构强度设计和基坑变形计算。稳定性验算主要是指基坑周围土体与支护结构一起保持稳定的能力；支护结构强度设计主要是计算支护结构体系以及各构件的内力，使其满足强度设计的要求；基坑变形计算主要结合基坑的保护等级以及周边建筑物、管线的保护要求，控制基坑开挖对周边环境的影响。不同类型的围护结构设计与计算内容、方法应根据其自身特点进行适当的调整，同时应考虑开挖及结构施作顺序的影响，如顺作、逆作或半逆作等。

(1)支护结构的稳定性验算

支护结构的稳定性验算通常包括以下内容：

1)整体稳定性验算：防止因为围护墙插入深度不够，使基坑边坡沿着墙底地基中某一滑动面产生整体滑动。

2)围护墙体抗倾覆稳定验算：防止开挖面以下地基水平抗力不足，使墙体产生绕前趾倾倒。

3)围护墙底面抗滑移验算：防止墙底底面与地基接触面上的抗剪强度不足，使墙底底面产生滑移。

4)基坑围护墙前抗隆起验算：防止围护墙底部地基强度不足，产生向基坑内涌土。

5)抗竖向渗流验算：在地下水较高的地区，在基坑内外水头差或者坑底以下可能存在的承压水头作用下，防止由于地下水竖向渗流使开挖面以下地基土的被动抗力和地基承载力失效。

最终确定的围护墙插入比应同时满足以上各项验算的要求，其中 2)、3)项验算主要针对重力式挡墙。

(2)支护结构的内力计算

支护结构体系以及各构件的内力必须满足强度设计的要求。在计算设有多层支撑的挡土结构内力时，常用的计算方法有荷载结构法、修正的荷载结构法以及有限单元法，而有限单元法中又以弹性地基梁或杆系有限元法应用最为广泛。

平面弹性地基梁法假定挡土结构为平面应变问题，取单位宽度的挡土墙作为竖向放置的弹性地基梁，支撑和锚杆简化为弹簧支座，基坑开挖面以下土体采用弹簧模拟，挡土结构外侧作用已知的水压力和土压力，计算简图如图 16.3-5 所示。

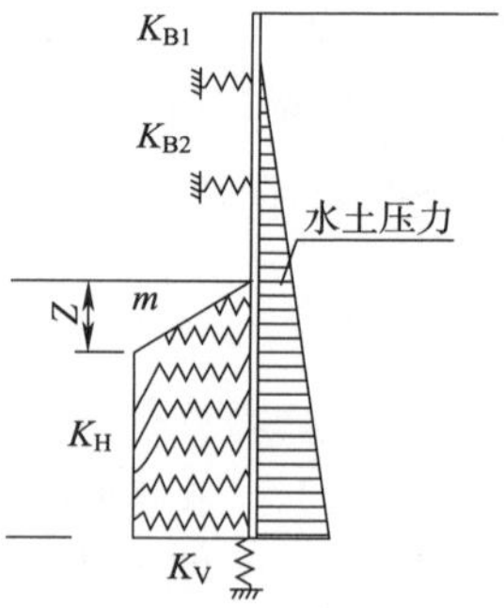

图 16.3-5 弹性地基梁法计算简图

图 16.3-5 中的水土压力按前述的方法进行计算。基坑内支撑点弹性支座的压缩弹簧系数 K_B 应根据支撑体系的布置和支撑构件的材质与轴向刚度等条件，按式(16.3-5)确定。

$$K_B=\frac{2\alpha EA}{L\times S} \tag{16.3-5}$$

式中 K_B——内支撑的压缩弹簧系数(kN/m/m)；

α——与支撑松弛有关的折减系数，一般取 0.5～1.0；混凝土支撑或钢支撑施加预应力时，取 $\alpha=1.0$；

E——支撑结构材料的弹性模量(kN/m^2)；

A——支撑构件的截面面积(m^2)；

L——支撑的计算长度(m)；

S——支撑的水平间距(m)。

基坑开挖面以下，水平弹簧支座和垂直弹簧支座的压缩弹簧刚度 K_H 和 K_V，可按式(16.3-6)和式(16.3-7)计算。

$$K_H=k_H bh \tag{16.3-6}$$

$$K_V=k_V bh \tag{16.3-7}$$

式中 K_H——水平向垂直向压缩弹簧刚度(kN/m)；

K_V——垂直向压缩弹簧刚度(kN/m)；

k_H、k_V——分别为地基土的水平向和垂直向基床系数(kN /m^3)，开挖面以下一定深度内的水平向基床系数取为三角形分布，三角形分布区内的水平向基床系数 k_H=mz；m 为水平向基床系数沿深度增大的比例系数，z 为影响深度，一般取开挖面以下 3～5 m，坑底地基土软弱或受扰动较大时取大值，反之取小值；

b——弹簧的水平向垂直向计算间距(m)。

h——垂直向计算间距(m)。

计算时，考虑到土体的分层、水平支撑的存在等实际情况，需沿着竖向将弹性地基梁划分为若干单元。同时，应根据基坑开挖、支撑施加顺序等进行支护结构的变形和内力计算，如图 16.3-6 所示为一明挖法车站支护结构内力计算工况简图，图中考虑了拆撑、主体结构施工等对支护结构内力的影响。

为考虑施工过程中墙体受力和变形的继承性，一般采用荷载总量法或增量法计算，如图 16.3-7 和图 16.3-8 所示是设有三道支撑的围护结构的“总量法”和“增量法”计算图式。

所谓“总量法”，是指对每一个施工工况，相应的主动侧压力全部作用于围护结构上，在支撑处加入设置支撑前该点已产生的围护结构水平位移，求得的内力和位移，即为该工况的实际内力和位移值。

所谓“增量法”，是将整个施工过程分成若干个工况，将前后两个工况的荷载改变值，称为荷载增量。由荷载增量引起的位移和内力，称为位移增量和内力增量，累计从开始到当前施工阶段各工况的位移增量和内力增量，则可得到当前工况的实际位移和实际内力。

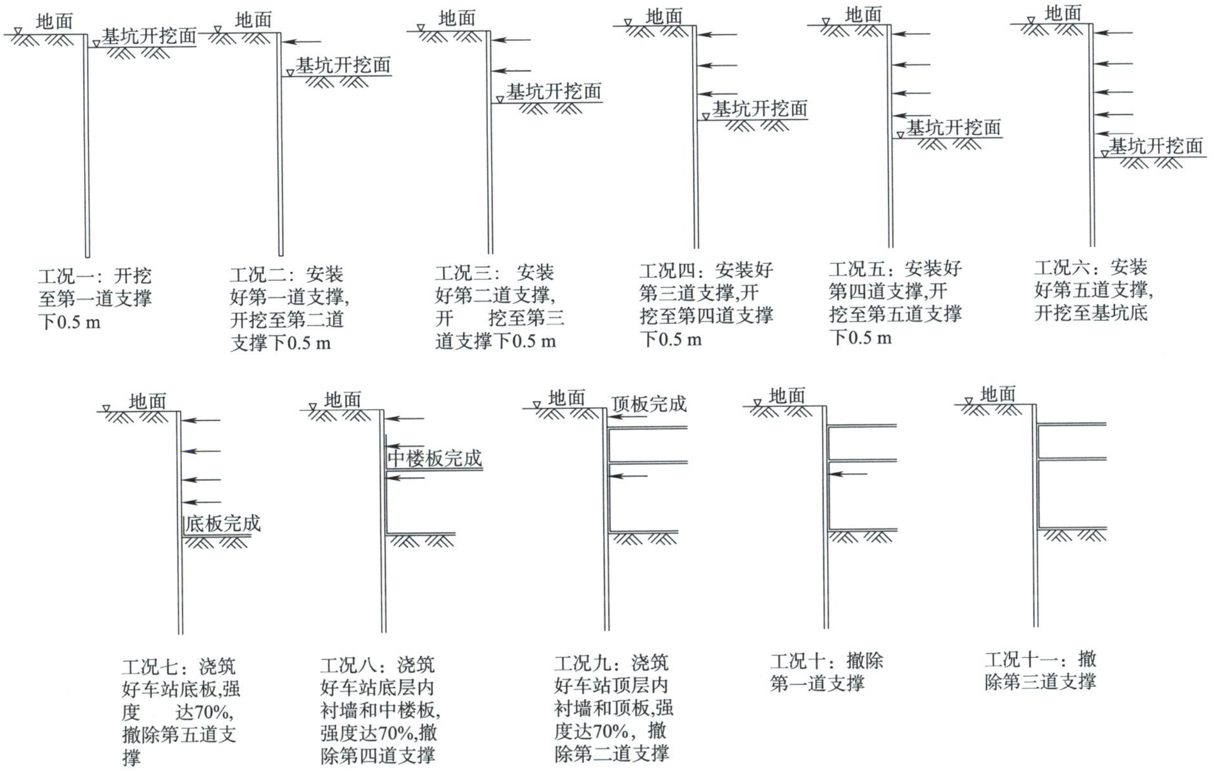

图 16.3-6　明挖法车站围护结构计算工况简图

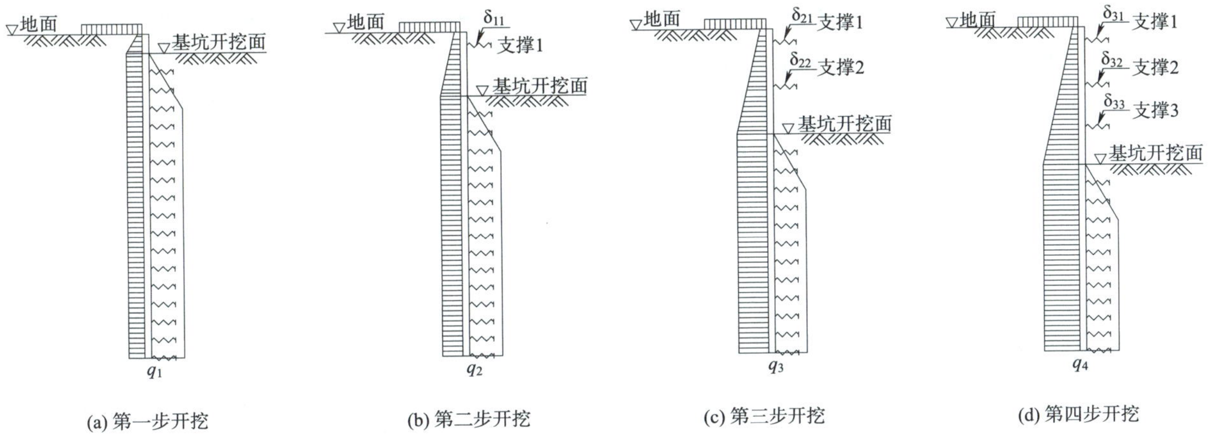

图 16.3-7　总量法计算图式

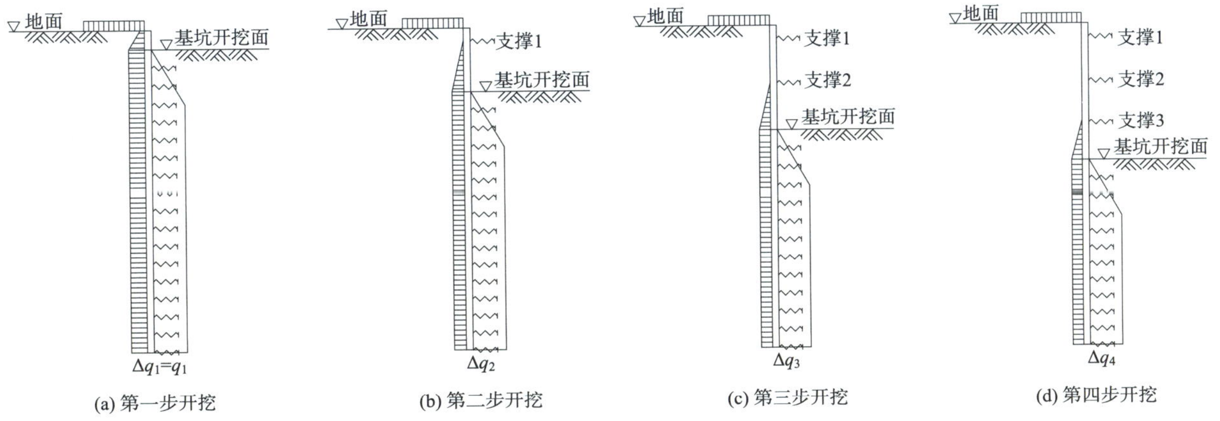

图 16.3-8　增量法计算图式

对于十字交叉对撑的钢筋混凝土支撑或钢支撑，内支撑主要受轴力作用，其轴力即为弹性地基梁计算得到的内支撑点处的弹性支座反力。对于较复杂杆系结构的水平支撑系统，可将弹性地基梁计算得到的内支撑点处的弹性支座反力作用于由水平支撑构件和围檩组成的水平支撑系统上，采用空间杆系模型即可计算得到水平支撑体系的变形和构件内力。计算时需添加适当的约束，一般可考虑在结构上施加不交于一点的三个约束链杆，如图 16.3-9 所示。

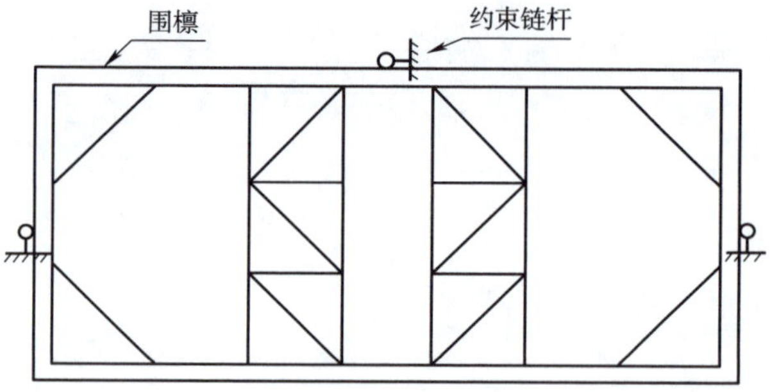

图 16.3-9　水平支撑系统内力计算示意图

钢立柱的可能破坏形式有强度破坏、整体失稳和局部失稳破坏等几种。基坑施工阶段，应根据每一施工工况对立柱进行承载力和稳定性验算。当基坑开挖至坑底、底板尚未浇筑前，最底层一跨钢立柱承受最不利荷载，是钢立柱的最不利工况。一般截面形式的钢立柱可按照轴心受压构件进行设计计算，在两道支撑之间的立柱计算跨度可取为上一道支撑杆件中心至下一道支撑杆件中心的距离，最底层一跨立柱计算跨度可取为上一道支撑杆件中心至立柱桩顶标高。钢立柱在实际施工中不同程度存在水平定位偏差和竖向垂直度偏差等，因此应按照偏心受压构件验算一定施工偏差下钢立柱的承载力，以确保足够的安全度。

立柱桩的设计计算方法与主体结构工程桩相同，可按照国家标准或工程所在地区的地方标准进行。立柱桩以桩与土的摩阻力和桩的端阻力来承受上部荷载，在基坑施工阶段承受钢立柱传递下来的支撑结构自重荷载与施工超载。

(3)基坑变形与计算

基坑支护结构的施加不仅要保证城市轨道交通基坑施工过程中本身的安全与稳定，而且要有效控制变形，以满足周边环境保护及施工质量要求。基坑变形一般指围护墙体变形、坑底隆起变形以及地表沉降等，估算方法可分为理论、经验算法和数值计算方法。

在实际工程中，墙体的竖向变形量测往往被忽视，事实上由于基坑开挖土体自重应力的释放使坑底土隆起，致使墙体有所上升，而支撑、楼板的重量施加又会使墙体下沉，特别是当围护墙底下因清孔不净有沉渣时，围护墙在开挖过程中会出现较大的下沉。围护结构上升或下沉导致的围护结构本身、与立柱之间的差异下沉会产生较大的危害，如冠梁拉裂、楼板或梁系出现裂缝等，设计和施工时应引起足够的重视。

坑底的隆起变形主要是由于开挖卸载导致坑内竖向应力降低和围护结构的挤压作用引起的，变形过大会影响到底板的施作质量及立柱变形甚至危及工程的安全，其变形形态与大小均与土质、开挖深度、开挖宽度等有关，一般而言，可分为中间大两边小或两边大中间小两种形态，如图 16.3-10 所示。中间大两边小的隆起形态一般出现在开挖深度不大、坑底为弹性隆起的状态；当开挖达到一定深度且基坑较宽时，出现塑性隆起，隆起量也逐渐由中部最大转变为两边大中间小的形式，但对于较窄的基坑或长条形基坑，仍是中间大两边小的分布。

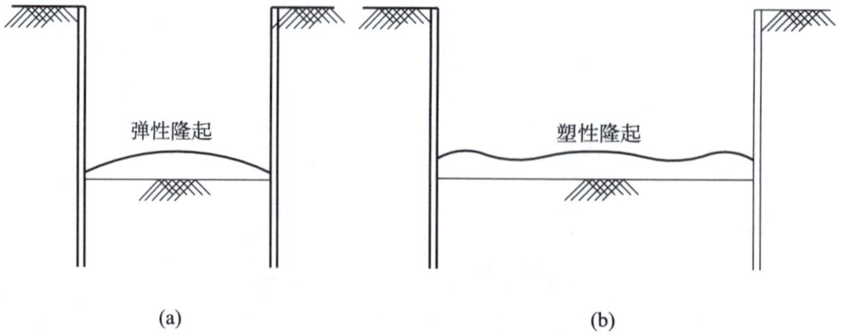

图 16.3-10　基底的隆起变形

地表变形的典型形态如图 16.3-10 所示。对于地表的凹槽形变形[图 16.3-10(b)]，最大沉降值的发生位置根据统计的情况一般介于0.4～0.7倍的开挖深度，沉降范围一般为1～4倍的开挖深度。地表变形如表现为三角形沉降[图16.3-10(a)]，砂土和硬黏土的沉降影响范围一般在2倍开挖深度内，而软土为2.5～4倍。地表范围的大小取决于地层的性质、开挖深度、墙体入土深度、下卧软弱土层深度、开挖支撑施工方法等。

3. 主体结构的计算

主体结构设计的主要任务是确定主体结构材料和尺寸满足使用阶段的耐久性要求。主体结构尺寸的拟定是在满足建筑限界和建筑设计、施工工艺及其他使用要求的基础上，考虑施工误差、测量误差、结构变形及后期沉降等因素，根据地质和水文资料、车站埋深、结构类型、施工方法等条件经过计算确定。主体结构的截面大小应根据各结构构件按最不利荷载组合进行承载能力极限状态和正常使用极限状态验算，同时进行结构刚度、稳定性和抗浮计算，对钢筋混凝土构件尚应进行抗裂和裂缝开展宽度验算。

(1)主体结构内力计算

地下结构内力计算方法有荷载结构模型、连续介质模型、约束—收敛法等，目前设计中较多采用荷载结构模型，即地层对结构的作用简化为外荷载，如图16.3-11所示。根据对主体结构梁、板等的模拟方法不同，主体结构可分别采用空间梁系、空间板系、空间梁板系以及横断面计算法等。前三者可较好地模拟各结构构件受力的实际情况，但计算复杂，因此目前设计中采用较多的是横断面计算法，即沿车站纵向截取单位长度的横断面结构，将墙、板假设成单位长度的梁或板单元，将框架柱按刚度或面积换算成单位长度的厚度，底板与地基间采用弹性假定，用竖向基床系数与底板单元长度的积作为地基弹簧刚度，用荷载—结构模型按有限元法进行内力计算，根据不同的荷载组合得到结构的内力包络图；对于纵梁，则是根据通常的板梁柱传力方式，由板传给梁，形成梁的荷载，柱作为梁的支点，根据多跨连续梁结构进行梁的内力计算。

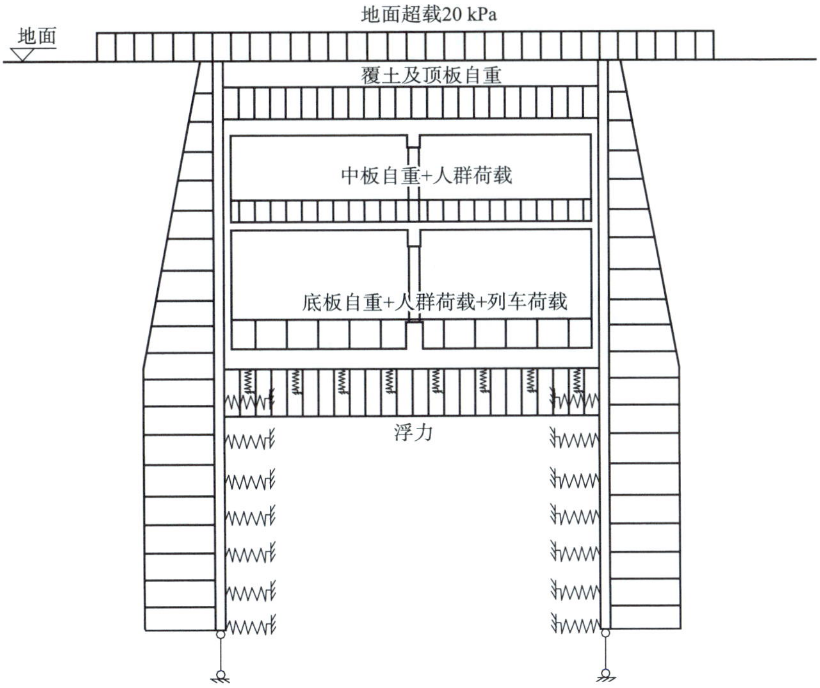

图16.3-11 主体结构内力计算的荷载结构模型

按横向框架计算得到的主体结构承受的使用阶段弯矩、剪力、轴力典型图如图16.3-12所示。

(2)主体结构抗浮计算

地下水丰富时，需对主体结构进行抗浮验算，使抗浮安全系数满足允许值的要求，我国各大城市地铁采用的抗浮安全系数见表16.3-6。

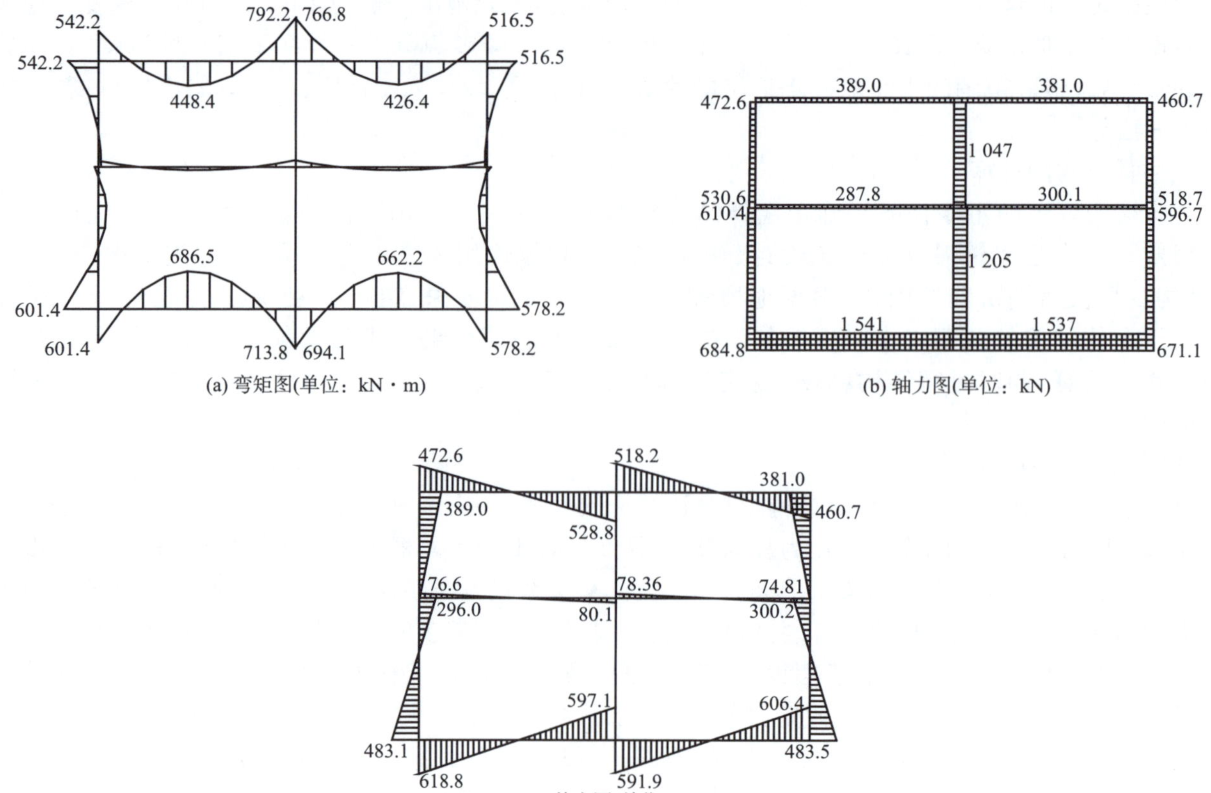

(a) 弯矩图(单位：kN · m)

(b) 轴力图(单位：kN)

(c) 剪力图(单位：kN)

图 16.3-12 主体结构内力图

表 16.3-6 我国各城市地铁采用的抗浮安全系数

城　　市	不计侧壁摩阻力时	计入侧壁摩阻力时	说　　明
上海地铁	1.05	1.10	摩阻力采用值根据实践经验决定，考虑软黏土的流变特性，一般取极限摩阻力的一半
广州、南京、深圳、北京地铁	1.05	1.15	—

抗浮安全系数计算方法分为考虑围护结构侧摩阻力和不考虑围护结构侧摩阻力两种，考虑围护结构侧摩阻力的计算如图 16.3-13 所示。抗浮安全系数：

$$K_{浮}=\frac{G_{填土}+G_{结构}+F_{侧摩阻力}}{F_{浮}} \tag{16.3-8}$$

当有抗拔桩时，尚应考虑抗拔力对抗浮安全系数的影响。

当车站顶因埋设较大管线时，必须扣除管线所占的覆土重量，一旦抗浮安全系数不满足，应采用抗浮措施，如：使用抗拔桩或在车站底板上设置泄水孔以减少底板浮力，避免结构上浮，待顶板覆土和上部结构完成后，再将泄水孔封闭。

4. 基坑围护结构综合刚度

(1)影响基坑围护变形的因素

基坑的最终变形受多方面因素的制约，可将影响基坑变形的因素分为如下三大类：

第一类：固有因素，包括现场水文地质条件及工程周边环境等。

第二类：与设计相关的因素

1)围护结构的特征：墙体刚度、支撑刚度、道数和插入比等。

2)开挖尺寸：基坑的宽度和深度。

3)支撑预应力：支撑预应力设计施加的大小。

4)地基加固：加固方法、加固形式和加固体尺寸等。

第三类：与施工相关的因数。施工方法、超挖、超前施工、施工周期、工程事故、施工人员水平等均影响

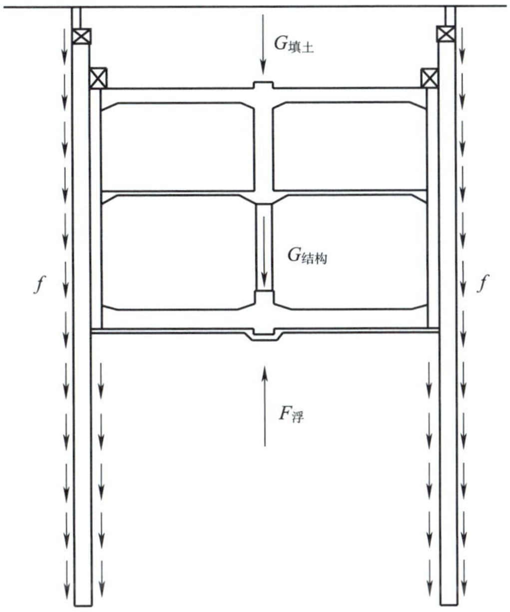

图 16.3-13 考虑围护结构侧摩阻力的抗浮计算图示

围护墙变形。

(2)基坑围护 MVSS 综合刚度

对于尺寸已定的基坑，与设计相关的因数中，围护结构的变形主要取决于围护墙(桩)的刚度、支撑刚度及地基加固等因素，但仅单独研究围护墙(桩)、支撑刚度或地基加固，难以定性评判基坑围护体系整体刚度情况。而基坑围护结构综合刚度模型，其包含了围护墙(桩)刚度、基坑深度、支撑刚度、支撑水平及竖向间距、地基加固等多个变量，可以反映基坑围护结构的整体属性。

基坑围护 MVSS 综合刚度在 Clough 综合刚度算式(EI/γwh4)的基础上进行了改进，其计算公式如下：

$$k_t \cdot k_j \cdot \frac{mk_1+nk_2}{(m+n)\kappa_1} \cdot EI/(\gamma_w \cdot h^2 \cdot H \cdot s) \tag{16.3-9}$$

因 $h=H/N$，故上式又可表达为：

$$k_t \cdot k_j \cdot \frac{mk_1+nk_2}{(m+n)\kappa_1} \cdot EI \cdot N^2/(\gamma_w \cdot H^3 \cdot s) \tag{16.3-10}$$

式中 k_t——基于时空效应的综合调整系数；

k_j——加固影响因子；

EI——围护桩(墙)的刚度；

γ_w——水的重度；

h——基坑的支撑的竖向平均间距；

s——支撑平均水平间距；

$\frac{mk_1+nk_2}{(m+n)k_1}$——支撑刚度的影响因子($k$)，$m$ 为钢支撑道数，n 为混凝土支撑道数(第 1 道混凝土支撑均按钢支撑计)，k_1 为钢支撑刚度，k_2 为混凝土支撑刚度，根据数据拟合结果，基坑均是混凝土支撑时，综合刚度需乘 1.2～1.5 系数；

H——基坑深度；

N——为支撑道数，$m+n=N$。

基坑围护的 MVSS 综合刚度特点如下：

1)该表达式包含的变量有：围护墙(桩)刚度、基坑深度、支撑刚度、支撑水平及竖向间距、地基加固等。

2)该综合刚度应能反映基坑围护结构的整体属性，其能与基坑围护最大变形建立函数关系式，即如前面中提及的基坑在第一、二类因素相同的情况下，相同的基坑 MVSS 综合刚度支撑系统，其围护将具有相同的墙体位移。

3）该综合刚度表达式简洁实用，通过计算基坑围护的综合刚度，能快速预测围护的最大侧向变形，并能较高效率地遴选出最优围护设计方案。

（3）杭州地铁车站各类地层下基坑围护综合刚度的选取

将基坑围护结构 MVSS 综合刚度与围护结构无量纲侧向位移 δ_{max}/H 建立如下关系式，其参数按表 16.3-7 中选取。

$$y=\alpha_2 \cdot \left[k_t \cdot k_j \cdot \frac{mk_1+nk_2}{(m+n)\kappa_1} \cdot EI/(\gamma_w \cdot h^2 \cdot H \cdot s)\right]^{-\beta_2} \tag{16.3-11}$$

适用范围：

1）根据计算与实测统计的样本，该公式适用于狭长型地铁深基坑。

2）民建大面积开挖的采用桁架式支撑体系的深基坑，因暂缺少实测与理论计算样本，以上公式暂不考虑包含该类基坑。

3）对于基于时空效应的综合刚度调整因子 k_t，均考虑取 1。

表 16.3-7 基坑围护 MVSS 综合刚度算式中的变量取值

地层情况	基坑开挖深度（m）	MVSS 综合刚度参数		
		α_2	β_2	k_j
①	15.0～16.5	0.781	0.217	1.5～2.5
②	15.0～16.5	0.641	0.262	1.2～1.5
③	15.0～16.5	1.003	0.266	1.5～3.0
	23.0～25.0	0.896	0.286	1.5～3.0

杭州地铁 1 号线基坑监测数据的统计结果得出，车站基坑围护的最大侧向变形为 20.0～60.0 mm，处于 0.14%H～0.35%H 之间，大部分基坑的最大侧向变形控制在 0.15%H～0.20%H 之间，平均值为 0.177%H。

杭州地铁车站基坑在各类地层下基坑围护综合刚度选取范围可参考表 16.3-8 取值。通过表 16.3-8，能便捷地选取基坑围护的合理 MVSS 综合刚度，并较准确地预测基坑围护的最大侧向变形。

表 16.3-8 各类地层地铁深基坑 MVSS 刚度选取范围

地层特点	基坑深度（m）	MVSS 综合刚度		围护变形预测计算变形取值	
		一级基坑	二级基坑	α_2	β_2
③类地层	15.0～17.0	≥480	≥180	1.003	0.266
③类地层	22.0～25.0	≥250	≥150	0.896	0.286
①类地层	15.0～17.0	≥500	≥180	0.781	0.217
②类地层	15.0～17.0	≥150	≥100	0.641	0.262

注：一、二级基坑围护变形控制按≤0.18%H（≤0.3%）控制。

16.3.4 区间结构计算

1. 盾构隧道

（1）一般原则

盾构法隧道宜采用荷载结构模型和地层结构模型进行结构计算，前者用于常规设计，后者用于特殊设计。

结构设计首先应确保隧道结构的安全性，即能够承受从开工到竣工后的长期使用荷载（静、动荷载）的作用，在施工和正常使用阶段，进行结构强度的计算，对于混凝土结构，应进行抗裂验算或裂缝宽度验算。

管片设计时可将其视为单纯承受弯矩、轴力及剪力的线性梁来处理。为了取得较好的经济效益，在工程地质条件好、周围土层能提供一定抗力的前提下，衬砌结构可设计得柔和一些，但圆衬砌环变形的大小对结构受力、接缝张角、接缝防水和地表变形等均有影响，设计时需对衬砌结构的变形进行验算，做必要的控制。根据已有工程的实践经验，控制衬砌环的直径变形在4‰D～6‰D、纵缝张开量在1.2 mm以内为宜。

结构设计应按照隧道的横断面及纵断面方向分别进行。通常情况下，按相对于横断面方向的设计来决定管片的断面，根据地震及地基沉降的影响等来研究隧道纵断面结构的合理性。

规范中规定，钢筋混凝土管片受力钢筋的混凝土保护层最小厚度外侧为40 mm、内侧30 mm，最大裂缝允许宽度为0.2 mm。

(2)荷载计算

结构设计时考虑的荷载分类见表16.3-9。如图16.3-14所示为盾构隧道承受的主要荷载及荷载说明。

表16.3-9 荷载的分类

荷载分类	主要荷载	备注
主荷载	垂直和水平土压力、水压力、自重、上覆荷载的影响、地基反力	设计时必须考虑的基本荷载
附加荷载	内部荷载、施工荷载、地震影响	施工中或竣工后的荷载，根据隧道用途、施工条件及周围环境考虑的荷载
特殊荷载	并设隧道的影响、临近施工的影响、地基沉降的影响、其他荷载的影响	考虑地层条件和隧道用途特殊性的荷载

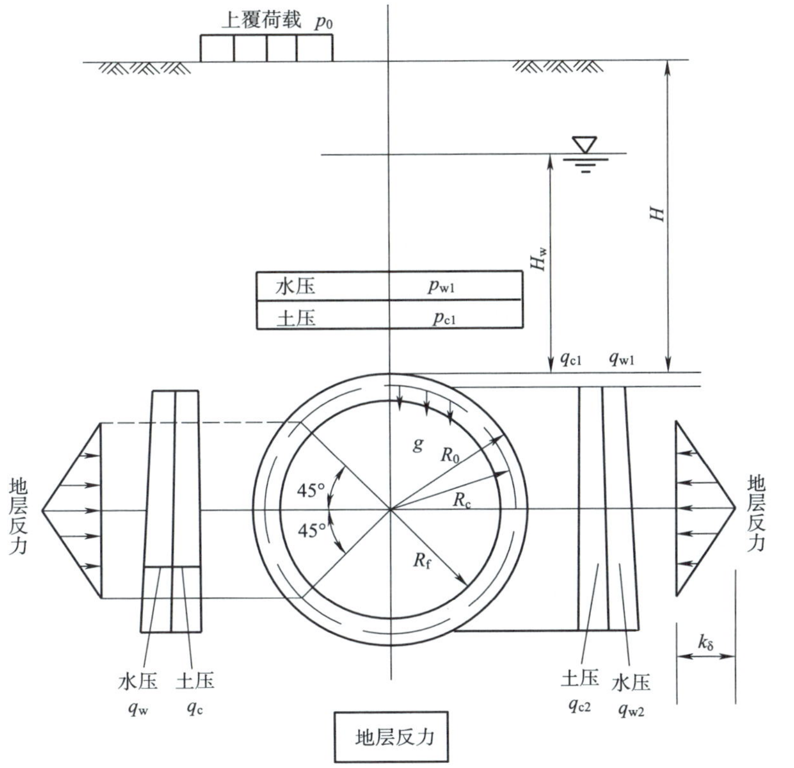

图16.3-14 盾构隧道承受的主要荷载图

1)垂直土压力

假定土压力与隧道变形无关，则根据土性不同，垂直土压力可分别采用水、土合算和水、土分算的方法，通常前者适用于黏性土，后者适用于砂性土。不同计算方法在计算土压力时采用的重度不同，水、土合算时，地下水位以上用湿重度，地下水位以下用饱和重度；分开考虑时，地下水位以下采用浮重度，但结构所受的水压力应单独计算。

计算垂直土压力时，应考虑隧道的埋深和地层条件。上覆土厚度小于隧道外径时，因地层无拱效应，垂直土压力为上覆土的水土重量。上覆土厚度大于隧道外径时，应根据地层性质判断其是否存在拱效应，进而决定是否采用松弛土压力；一般来说，在砂性土或硬质黏土中可以形成拱效应，垂直土压力应采用松弛土压力，但在中等固结土或软黏土中，垂直土压力应选用上覆土的全部水土重量。松弛土压力的计算方法一般采用太沙基公式(图 16.3-15)，如果考虑土的黏聚力，有时计算的松弛土压力会变得很小甚至变为负值，使用时应特别注意。故通常在采用松弛土压作为竖直土压时，增设一个土压下限值。铁道隧道以隧道外径 1～1.5 倍厚的覆盖土的压力或者 200 kN/m 作为下限值。松弛土压力计算如下：

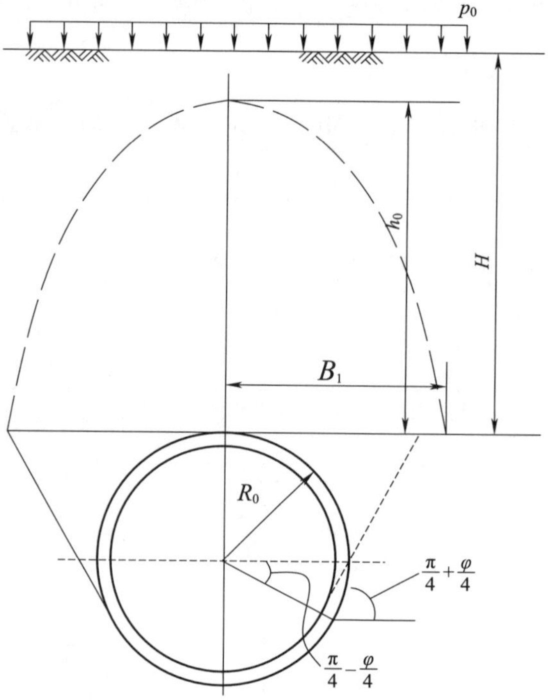

图 16.3-15　松弛土压力

$$\sigma_v=\frac{B_1\left(\gamma-\frac{c}{B_1}\right)}{K_0\tan\varphi}\cdot(1-e^{-K_0\tan\varphi h_0/B_1})+p_0\cdot e^{-K_0\tan\varphi h_0/B_1} \tag{16.3-12}$$

$$B_1=R_0\cdot\cot\left(\frac{\frac{\pi}{4}+\frac{\varphi}{2}}{2}\right) \tag{16.3-13}$$

式中　σ_v——Terzaghi 的松动土压力；
h_0——松弛层的换算高度；
K_0——水平土压力与垂直土压力之比(一般取 $K_0=1$)；
φ——土的内摩擦角；
p_0——上覆荷载；
γ——土的重度；
c——土的黏聚力；

p_0/γ 小于 h_0 时可使用下式：

$$\sigma_v=\frac{B_1\left(\gamma-\frac{c}{B_1}\right)}{K_0\tan\varphi}\cdot(1-e^{-K_0\tan\varphi H/B_1}) \tag{16.3-14}$$

2)水平土压力

作用于管环上的侧面水平土压力，可按下式估算：

$$\sigma=\lambda\sigma_v \tag{16.3-15}$$

式中　σ——水平土压力(kN/m²)；
λ——侧向土压系数(无量纲)，λ 可以考虑为静止土压力、主动土压力或者按略小于静止土压力的值考虑；此外，λ 还与土质、设计计算方法及施工方法有关，所以很难高精度设定 λ；为此，人们通常结合地层土质条件和地层反力系数(K)按表 16.3-10 选取。

表 16.3-10 侧向土压力系数(λ)和地层反力系数(K)

土与水的考虑	土的种类	λ	$K(kN/m^3)$	N 值大致范围
土水分离	非常密实的砂性土	0.35～0.45	30～50	$30 \leqslant N$
	密实的砂性土	0.45～0.55	10～30	$15 \leqslant N < 30$
	松散的砂性土	0.50～0.60	0～10	$N < 15$
	固结黏性土	0.35～0.45	30～50	$25 \leqslant N$
	硬的黏性土	0.45～0.55	10～30	$8 \leqslant N < 25$
	中硬黏性土	0.50～0.65	0～10	$4 \leqslant N < 8$
土水一体	中硬黏性土	0.55～0.65	5～10	$4 \leqslant N < 8$
	软黏土	0.65～0.75	0～5	$2 \leqslant N < 4$
	超软黏土	0.70～0.85	0	$N < 2$

应注意的是：管片自重引起的侧向变形不应考虑土体抗力；采用松动圈土压时，一般不考虑侧向土体抗力。

3)自重荷载

自重荷载是沿衬砌轴线分布的竖直荷载，一次衬砌的自重荷载可按下式计算：

$$g=\frac{W}{2\pi R_e}=\rho \cdot a \cdot h \tag{16.3-16}$$

式中 g——一次衬砌的自重；

W——单位长度衬砌的重力(kN/m)；

R_e——衬砌形心半径(m)；

a——重力加速度(9.8 m/s^2)；

ρ——一次衬砌的体密度(10^3 kg/m^3)。

4)上覆荷载

上覆荷载对隧道结构的作用是通过地层中的土体应力变化传递给隧道结构的。当上覆荷载是均布的且作用面积较大时，可认为其使隧道结构承受的竖直土压力值与上覆荷载的值相等；其他的情况可采用 Boussinesq 解进行计算。通常，地面车辆荷载可按 10 kPa 的均布荷载取值，当隧道的覆土大于 7.0 m 时，路面上车辆的荷载可忽略不计。

5)地层反力

通常考虑地层反力的方法有两种：一种是认为地层反力与地层变位无关；另一种认为地层反力从属于地层的变位。前者可认为是与作用荷载相平衡的反作用力，通常可事先对其分布进行假定；后者是把地层反力看成是隧道结构向地层方向变位时产生的反力。地层反力因选用的计算方法的不同而异。例如，在选用惯用设计计算方法时，隧道底部的地层反力可看作是垂直土压力、水压力、自重力及上覆荷载的合力，而作用在侧面的水平地层反力可看成是结构向地层方向位移而产生的反力。而选用地层弹簧模型时，管环与地层间的相互作用用弹簧描述，地层反力被看成是管环向地层方向位移而产生的反力。

6)施工荷载

施工荷载是指从管片拼装开始到尾缝中的填充浆液固化止作用在管环上的临时荷载的总称，包括千斤顶的推力、背后注浆的压力、静孔隙水压力及拼装管片的操作荷载。施工荷载因地层条件和施工方法的不同而异。

千斤顶推力是在盾构推进过程中以推力的反力形式作用于管片上的临时荷载，是施工荷载中对管片影响最大的荷载。由于千斤顶球座功能不良、千斤顶出现摇动或者管片环变形，则会致使千斤顶的推力(方向)与管片环的中心轴线(方向)不在一条直线上，即出现如图 16.3-16 所示的偏心角、偏心量，进而出现偏心力，最终致使管片环上出现弯矩和轴向拉应力。此外，尚应注意由千斤顶推力引起的球座摩擦力、装备推力比设计推力大的情况下引起的偏心力而导致的管片破损。特别注意的是，在急转弯曲线施工时，由于千斤顶处于偏心荷载状态，曲线内外侧存在压力的暂时不平衡，即管环上作用有弯曲应力，此时应综合考虑地层反力和隧道纵向构造模型，并对这些荷载进行仔细的研究，以避免接头螺栓发生剪切破坏；以及因作用于管片上的压应力过大，致使混凝土类管片局部损伤，使钢管片纵肋变形。

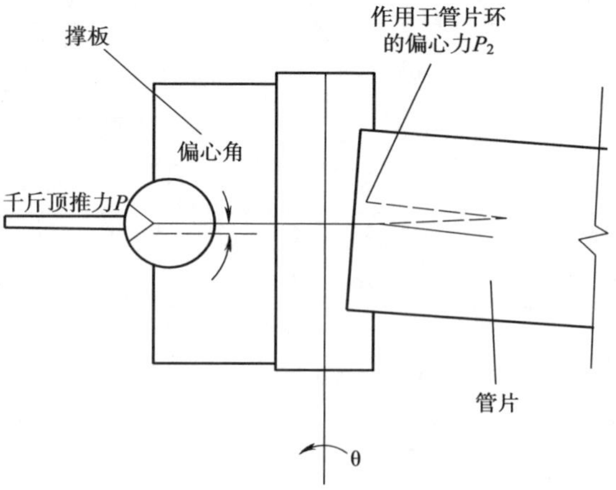

图 16.3-16　由千斤顶偏心角引起的偏心力

壁后注浆压力系指实施壁后注浆时的注入压力在管片注浆孔周围形成的一个暂时的作用于管片上的偏心荷载。在此荷载较大时容易出现管片(特别是钢制管片)面板受损，径向插入的 K 型管片会向隧道内侧凹陷、接头螺栓破损、管片环变形等不良影响。因此，在设计管片时，应针对确定下来的注浆压力，对管片的各个部位进行验算。

当盾构在软黏土层中推进时，由于土的剪切变形会出现超静孔隙水压力的水压作用于管片上；对于封闭式盾构而言，由于土质和超挖的原因，有时泥浆压力或泥土压力会通过土体传递给管片，即对管片形成临时性荷载，对此管片设计时也应予以考虑。

除上述施工荷载外，还应考虑的施工荷载有后方台车的自重，刀盘旋转力的影响，盾构形式、稳定掘削面的各种措施引起的荷载。对软黏土和松散砂地层而言，管片从盾尾脱出时，考虑上部地层土体坍落到管片顶部形成的偏心荷载等。同时，应考虑管片拼装荷载，该荷载系指管片拼装器的操作荷载，是计算起吊环的设计依据，也是计算拼装过程对管片各部位影响的依据，可根据拼装器的额定能力及动态效应推求。

7)内部荷载

内部荷载指隧道竣工后作用于衬砌内侧的荷载。对于地铁车辆等作用于衬砌底部的内部荷载(除极软土层外)，因壁后注浆材料的硬化，故可认为该荷载由衬砌周围的地层直接支承，对衬砌的影响不大。但隧道内部集中作用的荷载，如底板支力、隧道内部的悬挂荷载等会对衬砌强度和变形构成影响，故应根据实际情况设定该荷载，并在管片设计时予以考虑。

8)地震荷载

盾构隧道与其他隧道相比，由于接头的存在使隧道的刚度有所减小，加上在地中施工的缘故，其跟随地层变位的性能更好，地震时的震害明显低于地上结构，但一旦遭受破坏，修复困难且代价极大。因此，对埋置于软弱地层、上软下硬地层、松散的可能发生液化的饱和砂质地层及覆盖层厚度、地层条件发生突变的情况，必须重视隧道的抗震问题；同时，应对急弯曲线部位、地下接头部位以及与竖井的连接部位等进行衬砌构造的抗震验算。

我国地铁隧道横断面的抗震分析多采用抗震系数法或反应位移法，即将随时间变化的地震作用用等代的静力荷载或静位移代替，然后用静力计算模型求解结构的反应。对于盾构隧道等小断面长条形结构，地震时沿隧道纵向产生的拉压应力和挠曲应力可能成为结构受力的控制因素，因此需对隧道纵向的抗震进行分析，特别是纵向连接螺栓应能承受地震产生的全部拉力。

在对上述荷载最不利组合对隧道结构的影响进行计算分析后，尚应根据实际情况考虑并设隧道、紧接施工、地基沉降等对隧道结构的影响。

(3)横截面的结构内力计算

对隧道接头力学处理方式、荷载设定方法、地层反力的考虑不同而导致了不同的内力计算模型。目前，单圆盾构隧道有以下几种管片环的结构计算模型及方法：

1)不考虑管片接头抗弯刚度降低,把管环视为具有和管片主截面同样刚度 EI,且刚度均匀的环,采用弹性匀质圆环法或惯用计算法进行计算;

2)考虑管片接头抗弯刚度降低,把管环视为是具有均匀抗弯刚度 ηEI 的环($\eta<1$ 为弯曲刚度有效率),考虑到错接头的接头部分弯矩的分配,在从根据 ηEI 均匀弯曲刚度环计算出来的截面内力中,对弯矩考虑一个增减 ξ(弯矩的提高率 $\xi\leqslant1$),设 $(1+\xi)M$ 为主截面的设计用弯矩,$(1-\xi)M$ 为接头的设计用弯矩。弯矩在接头处的传递如图 16.3-17 所示,刚度有效率 η 和弯矩传递系数 ξ 取值见表 16.3-11。该计算方法称为修正的惯用计算法。

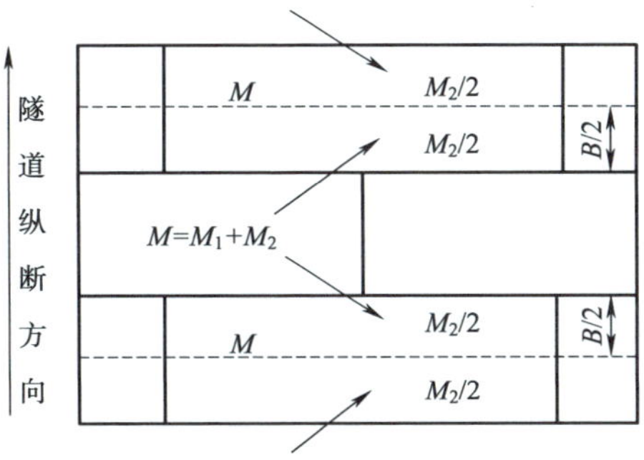

图 16.3-17 弯矩在接头处的传递

表 16.3-11 刚度有效率 η 和弯矩传递系数 ξ

管片种类	η	ξ
铸铁管片	0.9	0.1
复合管片	0.8	0.2
R.C 管片(箱型、平板型)	0.7	0.3

3)假设管片环是多铰环,采用弹性铰圆环法进行计算。

4)假设管片环是具有旋转弹簧的环,以剪切弹簧评价错接头的拼接效应,采用梁弹簧模型进行计算。

如图 16.3-18 所示为上述不同计算方法的示意图及荷载取值,具体应用时应考虑隧道用途、管片构造、荷载状况、要求的计算精度等而采用不同的计算方法,表 16.3-12 为各国惯用的计算方法。

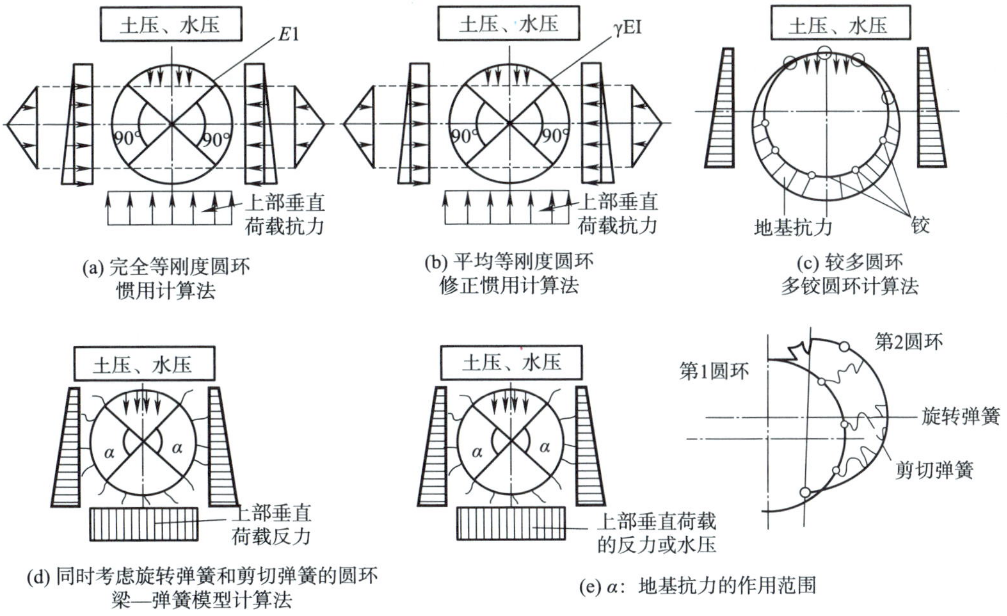

图 16.3-18 不同结构计算方法及荷载

表 16.3-12 各国惯用的计算模型方法

国 别	设计模型	设计土压力及水压力	地基反力系数
澳大利亚	全周地基弹簧模型(Muir Wood. Curtis 法)	σ_v=全上覆土荷载,$\sigma_h=\lambda\cdot\sigma_v$+静水压力,$\lambda\geqslant\mu/(1-\mu)$,$\mu$ 为泊松比	平板加载试验和测量结果的逆解析切线方向与工作面是否完全结合,摩擦力作用上线的结合
奥地利	全周地基弹簧模型	浅埋隧道:σ_v=全部覆土荷载,$\delta_h=\lambda\cdot\delta_v$(考虑地下水压力);深埋隧道:Terzaghi 的松动土压力公式	$k=E_s/r$,只考虑半径方向上的反力

续上表

国　别	设计模型	设计土压力及水压力	地基反力系数
比利时	Schulza-Duddeck 法利用 FEM 校核	Schulza-Duddeck 法	无正确决定系数的方法
英国	通常为弹簧模型 Mui Wood 的方法	σ_v＝全部覆土荷载(＋水压力)，$\sigma_h=\frac{(1+\lambda)}{2}\cdot 6v$(＋水压)	由三轴试验或应力计算得到的应力—应变关系求解的地基反力系数。不考虑摩擦力
美国	弹性地基圆环法	σ_v＝全部覆土荷载，$\sigma_h=\lambda\cdot\sigma_v$及水压力($\lambda=0.4\sim0.5$）与隧道衬砌相关的设计及详情未进行数学考察	—
西德	覆土≤$2D$；部分弹簧模型（顶端除外）覆土≥$2D$；全周弹簧模型	σ_v＝全部覆土荷载，$\sigma_h=\lambda\cdot\sigma_v$($\lambda=0.5$)	$k=E_s/r$
德国	部分地基弹簧模型 Schulza-Duddeck 法，但是，不考虑切线方向的荷载	σ_v＝全部覆土荷载，$\sigma_h=\lambda\cdot\sigma_v$($\lambda=0.5$)	—
法国	全周地基弹簧模型或 FEM	σ_v＝全部覆土荷载或 Terzaghi 公式，$\sigma_h=\lambda\cdot\sigma_v$，$\lambda$为经验值	$k=E'/(1+\mu)R$
中国	弹性均质圆环法或弹性较模型	σ_v＝全部覆土荷载，$\sigma_h=\lambda\cdot\sigma_v$，$\lambda$为经验值	用垂直或水平荷载板荷载试验结果来求
西班牙	考虑了地基与衬砌的相互作用的 Buqera 的方法	忽略不计黏聚力的 Terzaghi 的公式，$\lambda=1.0$	只考虑半径方向

我国的地铁设计规范中规定，隧道结构的计算简图应根据地层情况、衬砌构造特点及施工工艺等确定，宜考虑衬砌与围岩共同作用及装配式衬砌接头的影响。在软土地层中，采用通缝拼装的衬砌结构可取单环按自由变形的弹性均质圆环、弹性铰圆环进行计算分析；采用错缝拼装的衬砌结构宜考虑环间剪力传递的影响。

(4)结构纵向内力计算

盾构隧道横、纵向结构性能密切相关，相互影响，纵向结构设计中必须综合考虑衬砌结构初始条件（如螺栓预紧力、结构初始变形等）、管片与连接螺栓的简化和处理、各类接缝处理等关键性问题。

盾构隧道纵向结构内力计算方法目前主要分两大类，一类是梁—弹簧模型，另一类是以有限元法为基础的数值求解法。

梁—弹簧模型是将隧道作为一根梁，将隧道周围的土体作为地基弹簧作用在梁上的结构模型，如图 16.3-19 所示。根据接头的不同考虑，有两种计算模型，一种是把有接头的隧道等效为具有与隧道等效刚度的均匀连续梁，另一种是用轴向弹簧、回转弹簧及剪切弹簧来评价环节头的结构模型。有限单元法理论上可考虑结构计算时的各种影响因素，且目前有多种通用程序作为计算平台，其在隧道纵向计算领域获得了一定的应用，但应考虑盾构隧道结构的非连续性，如螺栓、纵横向接缝等。

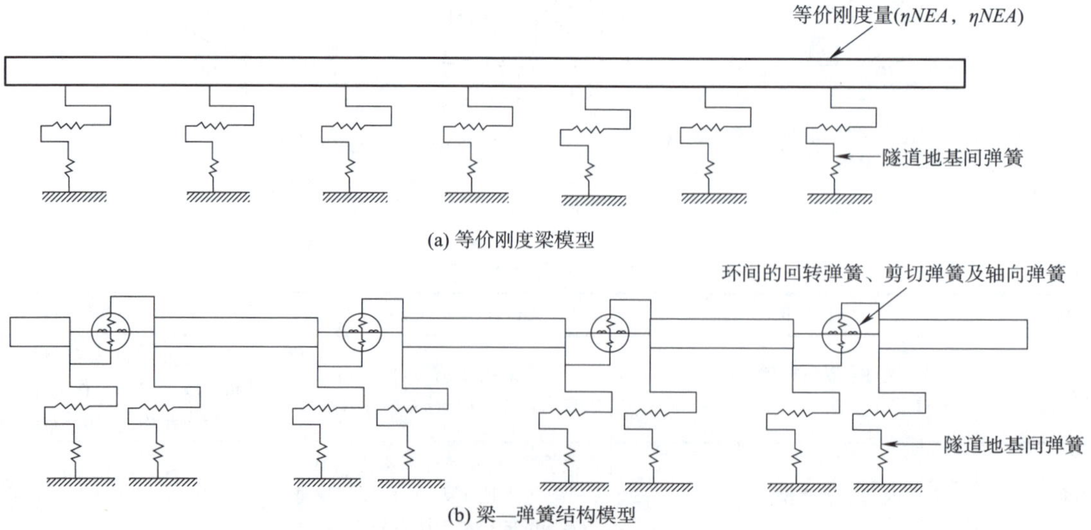

图 16.3-19　隧道纵断面方向的梁结构模型

2. 暗挖隧道

(1)深埋隧道与浅埋隧道

隧道埋置深度不同,对应的设计与施工方法会有很大区别。隧道的深埋或浅埋,并非单纯指洞顶地层厚度,还应结合上覆地层的水文地质与工程地质特征,松散状况,围岩构造特征,风化、破碎、断层影响的程度与结构强度以及地下水等因素来综合判定。另外,与洞顶的稳定与隧道施工方法也有直接影响,因此要严格判定隧道的深埋、浅埋分界是困难的,一般根据工程地质条件,结合大量的现场观测资料,在综合分析的基础上确定深埋与浅埋。

区分深埋隧道和浅埋隧道的计算方法主要有如下几种:

1)根据隧道塌落拱高度

围岩变形过大时隧道上方会形成塌落拱(压力拱),如图 16.3-20 所示。塌方是围岩因失稳而破坏的最直观形式,大量统计资料表明,当埋深大于 2 倍塌方高度时,才能用塌落拱公式计算。塌落拱高度与围岩级别有很大关系,根据我国铁路隧道调查资料,Ⅲ级以下的围岩体强度较高,一般不会由于浅埋而出现围岩失稳进而破坏的情况。因此,通常在Ⅲ～Ⅵ级围岩中才考虑浅埋隧道的设计问题。

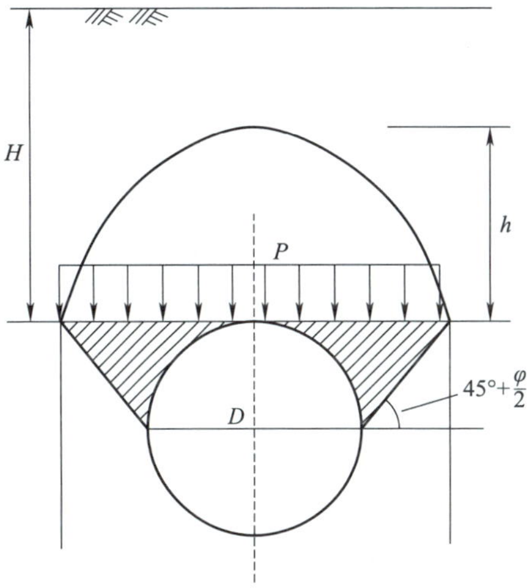

图 16.3-20 塌落拱示意图

根据工程设计实践经验,对于单线和双线隧道,深埋与浅埋隧道分界以 2.5 倍塌方高度来确定。当地面水平或接近水平,且隧道上覆土厚度小于表 16.3-13 所列数值时,可按浅埋隧道设计,表中的上限值在水文及工程地质条件较差时采用;反之,采用表中的下限值。

表 16.3-13 浅埋隧道上覆土厚度(单位:m)

围岩级别	Ⅲ	Ⅳ	Ⅴ
单线隧道覆盖厚度	5～7	10～14	18～25
双线隧道覆盖厚度	8～20	15～20	30～35

2)根据实测土压力

地下工程的深埋与浅埋也可以采用实测土压力 P 与隧道上方垂直土柱重量 γh 之比来划分。根据实测资料统计,当 $0.4<P/(\gamma h)<0.6$ 时为浅埋隧道;当 $P/(\gamma h)\leqslant 0.4$ 时为深埋隧道。

3)根据隧道覆跨比

由前述分析可知,采用暗挖法施工的地下工程断面变化较大,因此在判别隧道深埋与浅埋时,还须考虑地下工程的跨度,即通过隧道上覆土厚度 H 与结构跨度 D 之比来判断。

如图 15.3-21 所示为国内外近 50 座隧道(主要是地铁和铁路隧道)试验段实测的 H/D 与 $P/(\gamma h)$ 的关系。$P/(\gamma h)=0.4$ 附近为深埋与浅埋隧道分界值。Ⅵ级围岩(淤泥质、带水的黏土和砂等)压力接近土柱重,实测值 $P/(\gamma h)\geqslant 0.6$,属于超浅埋隧道。Ⅴ级围岩(破碎软岩、黏土、沙等),测点绝大部分在 $P/(\gamma h)=0.5$ 和 $H/D=2.5\sim 3.5$ 交点的左上方(即 $H<2.5D$、$P>0.4\gamma h$ 的浅埋区)和右下方(即 $H>3.5D$、$P<0.4\gamma h$ 的深埋区)。Ⅳ级围岩(软岩、老黄土等)一般都在 $H/D>1.5$ 的地段进行压力试验(覆盖层浅,便于明挖法施工),压力变化不大,一般在 $P/(\gamma h)=0.4$ 以下,基本上属于深埋。

结合各级围岩塌方统计高度,并参考国内外资料、规定和理论计算的基础,建议深埋与浅埋隧道分界深度采用下列值:Ⅵ级围岩为 $4D\sim 6D$,Ⅴ级围岩为 $2.5D\sim 3.5D$,Ⅳ级围岩为 $1.5D\sim 2.5D$,Ⅲ级围岩为 $0.5D\sim 1.0D$。同时,分界深度与施工方法以及施工技术水平密切相关。

浅埋与超浅埋隧道的区别目前尚无规范可依,但通常有下列四种判定方法。

①覆跨比判别法。覆跨比即上覆土厚度 H 与隧道跨度 D(隧道断面直径)之比,$H/D\leqslant 0.4$ 为超浅埋隧道。

②上覆土整体下沉时,若洞内拱顶沉降值≤地面沉降值时(即 $s_{顶}\leqslant s_{表}$)可视为超浅埋。

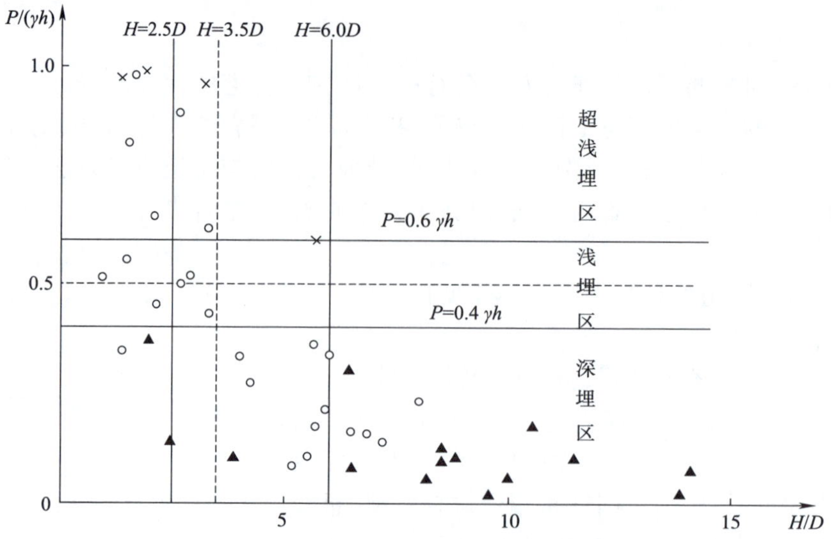

图 16.3-21 H/D 与 $P/(\gamma h)$ 关系

③若隧道结构顶部进入地面以下 5 m 范围的管道层中时，统称超浅埋。

④在具备试验条件的情况下，用实测压力(P)与垂直土柱重量(γh)之比确定深埋、浅埋或超浅埋。超浅埋隧道在初期支护作用下，围岩塑性区一般可达到地面，上覆土易发生整体下沉位移。

对于城市轨道交通工程中所涉及的暗挖结构(地铁车站、区间隧道、出入口通道)，其埋深一般为几米至十几米，特别是地铁车站和出入口通道的埋深则更浅，而地铁车站的跨度一般为十几米，甚至二三十米，区间隧道的跨度多为几米，渡线部分可能出现十几米甚至更大，出入口通道的跨度一般为几米；另外，目前国内城市轨道交通工程中的暗挖隧道多处于Ⅳ级以下围岩。根据上述的浅埋与深埋的分界标准可知，国内城市轨道交通工程中的暗挖隧道多为浅埋隧道甚至超浅埋隧道。

(2)初期支护设计与变形控制

1)初期支护的厚度

《铁路隧道喷锚构筑法规则》《锚杆喷射混凝土支护技术规范》中强调喷射混凝土的柔性，规定喷射混凝土的厚度不宜小于 5 mm，不宜大于 250 mm。而采用浅埋暗挖法设计的隧道则不同，由于初期支护要有一定的强度和刚度，需设置钢拱架，钢拱架要有一定厚度的保护层，因此初期支护的厚度一般不低于 250 mm，常用的厚度为 250 mm、300 mm、350 mm。实际工程应用统计见表 16.3-14。

表 16.3-14 初期支护的厚度统计表

工程名称	北京地铁浅埋暗挖区间	广州、深圳地铁浅埋暗挖区间	杭州机场路人行过街通道	厦门杏林暗挖隧道工程	西单站
初期支护厚度(mm)	250	300	300	350	300
二次衬砌厚度(mm)	300	300	400	1 000	500

2)强度等级

一般采用 C20 混凝土，跨度较大或受力较大的结构也可以采用 C25、C30 混凝土。

3)钢拱架

钢拱架类型的选择钢拱架设计参数主要包括：

①钢拱架的间距一般为 0.5～1.2 m；

②钢格栅主筋外净保护层厚度不小于 40 mm；

③接头是钢拱架的弱点，从受力角度考虑应尽量减少接头，从施工的角度考虑，接头过程难以施工，因此应综合考虑两方面因素确定接头的数量。拱部格栅长度一般为 2～3 m。另外为了确保结构部分的喷射混凝土密实度，结构连接件应优先采用角钢螺栓连接。

4)钢筋网

钢筋网可提高喷施混凝土的抗剪和黏结强度,能提高喷层的整体性,使其应力分布均匀,从而减少混凝土收缩和喷层裂缝。对其构造要求主要包括以下几方面的内容:

①钢筋直径一般为 4～10 mm,常用的为 6～8 mm;

②钢筋间距宜为 100～300 mm;

③钢筋网保护层厚度应不小于 20 mm。

5)锚杆

在山岭隧道中,锚杆和喷射混凝土围岩共同组成支护体系,对提高围岩稳定性具有不可或缺的作用。锚杆的具体形式包括全长黏结型、端头锚固型、摩擦型等。具体布置时应遵守以下规定:

①锚杆上下排间距不宜小于 2.5 m;锚杆水平方向间距不宜小于 2 m。

②锚杆锚固体上覆土层厚度不应小于 4 m,锚杆锚固段长度不应小于 4 m。

③倾斜锚杆的倾角不应小于 13°,并不得大于 45°,以 15°～35°为宜。

然而,在土质浅埋隧道中锚杆的作用却不明显,特别是在城市土质浅埋地下工程中一般不设锚杆,在需要加固地层的地方设注浆锚管。

隧道施工实际上是一个应力释放和应力控制的过程,该过程是通过开挖、支护两个步骤实现的。开挖是应力释放的过程,不同的开挖方法,应力释放的过程和程度也是不同的;支护是应力控制的方法,不同的支护方法其应力控制的过程和程度也是不同的。因此,控制隧道开挖引起的变形可从以下几方面着手:

①选择合适的分步开挖方法

浅埋暗挖隧道施工常采用的开挖方法主要包括:环形开挖留核心土法、双侧壁导洞法(眼镜法)、中隔壁法(CD)、交叉中隔壁法(CRD)。在施工中,可根据隧道穿越的工程水文地质条件、隧道跨度、周围环境的沉降要求等进行选择。

②选择合适的超前预支护方法。根据围岩条件、施工方法、进度要求、机械配备和工程处环境等情况,选择合适的超前预支护方法来加固地层,确保不塌方,少沉降。

③加强初期支护。根据穿越的地层条件、周围环境变形控制要求等条件选择合理的初期支护方式及参数。

④控制施工进尺及台阶长度。

⑤加强现场量测,为正确选择施作衬砌时间和掌握围岩变形状况提供依据。

(3)二次衬砌结构设计

二次衬砌结构计算原则如下:

1)隧道结构采用以概率理论为基础的极限状态设计法,以可靠指标度量结构构件的可靠度。

2)结构构件应根据承载力极限状态及正常使用极限状态的要求,分别按下列规定进行计算和验算。

①承载力及稳定:所有结构构件均应进行承载力(包括压曲失稳)计算;需考虑地震、人防、施工等特殊荷载的作用,进行结构构件承载力计算。

②变形:对使用上需控制变形值的结构构件,进行变形验算。

③抗裂及裂缝宽度:对使用上要求不出现裂缝的构件,进行混凝土拉应力验算;对使用上允许出现裂缝的构件,按荷载的标准组合求出最大裂缝宽度进行裂缝宽度验算。地震力、人防等偶然荷载作用时,不验算结构的裂缝宽度。

④结构计算简化模型的确定,应根据结构的实际工作条件,并反映结构与周围地层的相互作用。

⑤隧道衬砌结构一般按平面受力进行分析。

⑥浅埋结构在地下水位以下时,还要进行结构抗浮检算。

暗挖隧道衬砌通常都为马蹄形复合式结构。由于施工对周围地层的扰动和破坏较小,可认为除脱离区外,支护的其他部位均受到地层的弹性抗力作用。因此,若采用荷载结构模式,则必须采用主动荷载加弹性抗力模型进行内力分析。

在主动荷载加弹性抗力计算模型中,基底反力或弹性抗力的大小和分布形态取决于变形,而结构变形又与弹性抗力有关。因此,考虑结构与地层共同作用的衬砌结构计算是个非线性力学问题,必须采用迭代法或某些线性化的假设，其简化计算图示主要有两种：弹性地基梁图示和弹性支承链杆图示。

弹性地基梁图示（图 16.3-22）。首先将曲线形拱结构简化为一系列等截面直杆组成的折线形结构。采用矩阵位移法衬砌内力时，可假定在脱离区范围内的等直杆为普通梁单元，其余均为弹性地基等直梁单元。

弹性支承链杆图示（图 16.3-23），其与弹性地基梁模式的不同之处在于：将折线拱的全部杆件均视为普通等直梁单元；将脱离区以外的分布的弹性抗力用一些离散的弹性支承链杆来代替，并作用在折线的节点处，其方向为沿结构轴线的法向，若需考虑切向弹性抗力，尚需在节点处设置切向弹性支承链杆。

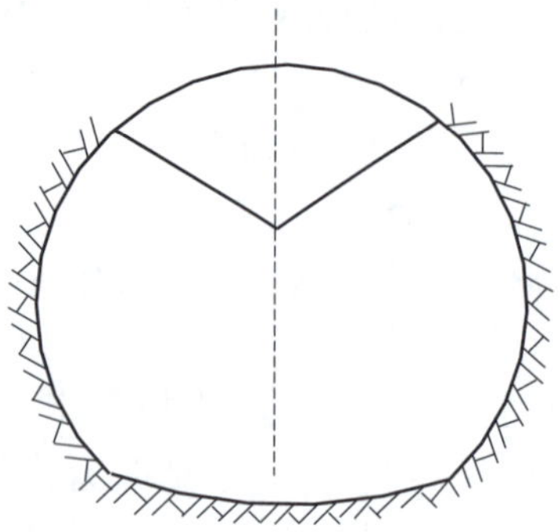

图 16.3-22　弹性地基梁计算图示

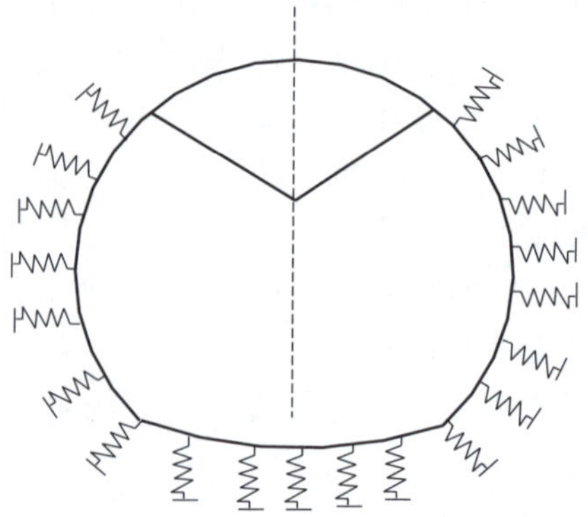

图 16.3-23　弹性支承链杆计算图示

16.4　城市轨道交通工程的施工特点

就工程建设而言，每一个时期总有其特定的工程技术问题，因为每个时期的建筑材料不同，施工设备不同，对工程技术的认识也不同。但追求功能的完美，追求建设成品的艺术内涵总是相通的。对于城市轨道交通来说，首先要满足舒适便捷的运送乘客的功能，同时城市轨道交通对环境的和谐也是必须满足的；其次要把文化内涵赋予建筑体，使我们的基础设施具有文化艺术的特征；第三要有足够长的使用寿命。正是这三方面的建设目标，使我们的城市轨道交通工程将不断地面临一些新的技术问题。

城市轨道交通的功能除了设备系统选型的合理性之外，其建筑设计常常受制于城市的既有建筑和已经形成的布局。由于建筑布局的受制，直接导致了结构施工难度的增加，比如邻近既有建筑物的施工问题，尤其是在市中地区，如何把与既有建筑物的距离尽可能地缩小，这种施工技术必然涉及施工的机械装备、施工的技术方案、施工方案背后的技术理念及科学理论。正因为是类似的问题，促进了施工机械产业的发展，同时也因为施工机械行业自身的发展，使得高难度的施工成为可能。

在闹市区施工，如何加快施工进度，提高功效，以便能够最大限度地降低施工对城市的影响，这是城市轨道交通建设长期面临的难题。很显然工效的问题不仅仅是施工组织和管理的问题，与设计方案、施工方案、施工机械、组织管理等都有关系。而合理设计方案的基础是要明了施工的工艺和装备以及在选用先进设备情况下所能够采用的新的工程材料。事实上，预制拼装是加快施工进度的一个有效的方法，但拼装件之间接缝的防水是解决地下工程成败的关键。

抗浮与沉降是地下工程的一对矛盾。地下车站在饱和土层中，由于覆土的变薄，常常设置抗拔桩以解决结构的抗浮问题，但迄今为止，饱和地层中的地下车站大多呈现微量下沉而不是上浮；同样在饱和地层中的区间隧道在设计时必须满足抗浮要求，但运营之后却发生了下沉现象。对于轨道交通来说，无论是下沉还是上浮，都会导致轨面的不平顺，这种不平顺会加大运行中列车作用在轨道上的振动荷载。振动荷载的加大一方面会使轨道恶化、损坏道床，另一方面会加大车振对周边环境的振动和噪声的不利影响，有悖于环境友好。这是近年来大都市所突显的非常重要的技术问题。随着城市轨道交通线网密度的加大，线路结构与城市公共建筑作为一体建设的工程也越来越多，由此而引发了振动与噪声的问题，也是今后技术界与学术界所需解决的难题。

在饱和土层中依照抗浮设计的工程出现屡屡下沉的原因非常复杂，一方面与周边新建工程有关，另一方面与结构自身的渗漏水也有关系。防水设计的重要性也日益体现，近来，防水与结构受力之间的关系也变得越来越密切。对于工程防水来说，引人注目的问题离不开材料，但更为内在的关系应该是材料、工艺以及其与结构的协调性问题。

建设中的管理问题常常会被人们所忽视，而城市轨道交通建设中的管理不仅仅是简单的组织和协调，而是在复杂系统中需要科学依据的组织和协调。科学依据来源的途径其一是方案的论证，选择相对最佳的方案是管理成功的第一步，所以方案的论证必须是越充分越好；其二是及时掌握施工信息，其中非常重要的施工信息来自施工中的监测，监测信息的准确和可靠是科学决策和有效管理的基础；第三是对新技术新工艺的了解，能够及时吸纳先进的技术为工程建设服务；第四是横向沟通平台的搭建，城市轨道交通的建设涉及城市生活中的方方面面，建设所遇到的问题也与许多市政行业相关，所以行业间的沟通渠道一定要畅通。

建设运营一体化的思想，是城市轨道交通建设需要逐步建立起来的重要课题。建设中的节省投入不能以牺牲运营为代价，否则在建设中所节省下来的，在运营的时候将加倍投入，而且得不偿失。若干技术问题在建设之中只要稍加投入便能解决运营中的一些大问题，那么宁可在建设的时候多加投入。这就要求在设计阶段必须了解运营的问题。例如：

(1)交通疏解、管线迁改是决定工程能否早日、顺利开工的先决条件；

(2)施工场地狭小，施工组织困难，科学、合理的施工组织方案是解决问题的有效手段；

(3)工程水文地质复杂多变，尽可能探明、掌握工程水文地质情况是工程顺利实施的关键；

(4)施工场地周边、隧道穿越建构筑物的保护，是工程顺利实施的保证；

(5)工程技术复杂、施工难度大、涉及专业领域多、专业性强、施工组织协调难度大，施工组织管理者丰富的专业技术知识、能力及同类工程的管理经验是确保工程安全、顺利实施的基础；

(6)施工安全风险源多，建立健全完善的安全管理体系及有效运转，制定针对性的施工安全专项方案、措施，落实安全管理责任制，各种安全管理资源配置，投入到位是确保工程顺利进行的必不可少的条件。

16.4.1 明挖法施工

明挖法是采用围护结构支撑周围土层并从地面敞口施工的一种方法，这种方法可以同时施工多个作业面，具有速度快、工期短、工程质量易保证、工程造价低等优点，但由于需要大开挖作业，对地面交通和城市的生活环境会产生较大的影响，因此在地面交通和环境允许的条件下可选用明挖法施工。该方法按主体结构的施作顺序又可以分为：明挖顺作法、逆作法和盖挖法。

1. 明挖顺作法

(1)顺作法施工

明挖顺作法先施工围护结构，然后从地面向下开挖基坑、设置支撑，场地开阔时可以采用放坡施工，开挖到基底时铺设混凝土垫层，并由下向上回筑内部结构。在回筑内部结构时，根据结构的受力情况分批拆除支撑或进行换撑，在顶板封顶后覆土恢复市政管线和路面结构，施工顺序如图 16.4-1 所示。

明挖顺作法施工中的基坑可以分为：敞口放坡和有围护结构的基坑两类。基坑稳定的各项技术措施如图 16.4-2 所示。

明挖顺作法施工特点可以概括为以下几点：

1)施工作业面开阔，有利于提高工效、缩短工期；

2)质量容易保证；

3)施工降、排水容易，防水结构简单，质量可靠；

4)施工期间对周围环境或道路交通影响大，且易受到气象条件的影响；

5)基坑较深时，须采取措施防止基坑变形及其周围地面沉降。

该方法的适用区域包括：基坑开挖范围内无重要的市政管线，或市政管线较少，可以临时改移；车站施工影响范围内的道路交通流量不大，或在需要临时封闭道路交通时具备交通改道和疏解条件。

(2)施工案例

1)工程概况

杭州地铁某车站为地下四层岛式车站，中心里程标准段底板埋深约 32.7 m，盾构井段底板埋深约 34.2 m，结构底板坐落在⑥₂粉质黏土和⑧₁黏土上。地层物理力学性质见表 16.4-1。

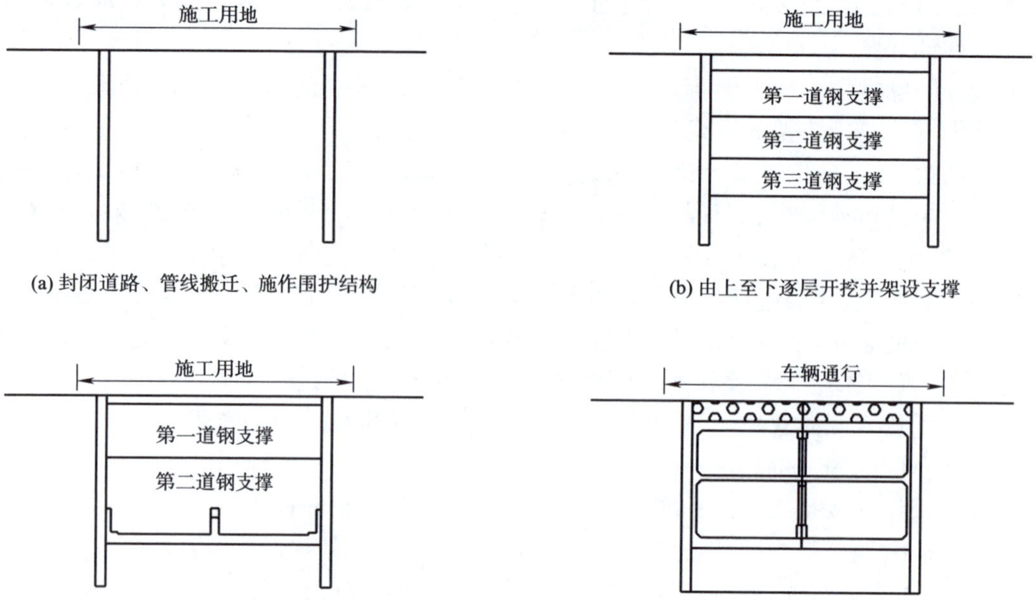

(a) 封闭道路、管线搬迁、施作围护结构

(b) 由上至下逐层开挖并架设支撑

(c) 浇筑底板、下立柱、下层内衬混凝土、拆除第三道支撑，并由下至上浇筑主体结构，依次拆撑

(d) 施作顶板、拆撑、覆土、管线回搬、恢复交通

图 16.4-1　明挖顺作法施工步骤

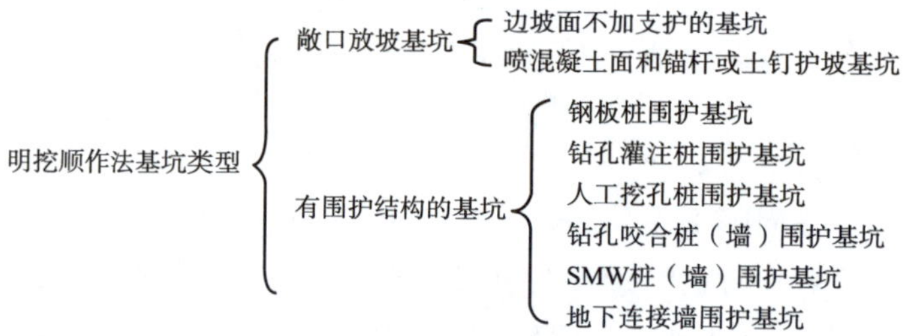

图 16.4-2　明挖顺作法基坑类型

表 16.4-1　地层物理力学性质

岩土名称	湿重度（kN/m³）	固结快剪标准值		静止侧压力系数 k_0	土的侧向基床比例系数 k_h（MPa/m）
		凝聚力 c（kPa）	内摩擦角 φ（°）		
③₂黏质粉土	18.8	4.4	29.7	0.40	20.0
③₃砂质粉土	19.1	3.6	31.3	0.40	25.0
③₆粉砂	19.4	0.0	34.4	0.40	30.0
④₃淤泥质黏土	16.9	13.2	10.9	0.60	6.0
⑥₁黏土	17.5	11.8	11.9	0.55	6.0
⑥₂粉质黏土	17.8	15.1	13.7	0.55	8.0
⑧₁黏土	17.6	16.9	11.9	0.55	6.0
⑧₂淤泥质黏土	16.7	16.1	12.3	0.60	6.0
⑩₂粉质黏土夹粉砂	19.9	35.6	17.1	0.45	50.0
⑫₄圆砾	19.0	0.0*	35.0*	0.40	55.0
⑭₂圆砾	19.0	0.0*	35.0*	0.40	60.0
㉒₂强风化凝灰岩				0.35	50.0
㉒₄中风化凝灰岩				0.35	65.0

注：* 为建议值。

第一道支撑采用现浇钢筋混凝土支撑体系，下二层板和下三层板为逆做楼板，其他六道撑为钢支撑。其中标准段：第二、三、五道为 ϕ609(t=16 mm)钢支撑，第四、六、七道为 ϕ800(t=16 mm)钢支撑。端头井段：第二道～第五道为 ϕ609(t=16 mm)钢支撑，第六道为 ϕ800(t=16 mm)钢支撑，第七道为双拼 ϕ800(t=16 mm)钢支撑。采用坑外降水来降低坑外水头，减少土压力。设计降深为地面以下 15 m，实际降深为 12 m 左右。

2)施工效果

第一期：施工初期，东端头井开挖 5 m，基坑中部开挖 4 m。计算土压力为主动土压力，理论上，主动土压力为主动破坏的土压力，为最小的土压力。但是考虑到地墙成槽导致局部土压力消散，而且埋设土压力盒容易出现周边土体不密实，所以测量所得土压力略微小于主动土压力(图 16.4-3)。

第二期：东端头井施工第四道撑(17 m)，基坑中部施工第三道撑(14 m)。随着钢支撑的架设土压力逐渐变大，超过主动土压力，逐渐稳定(图 16.4-4)。

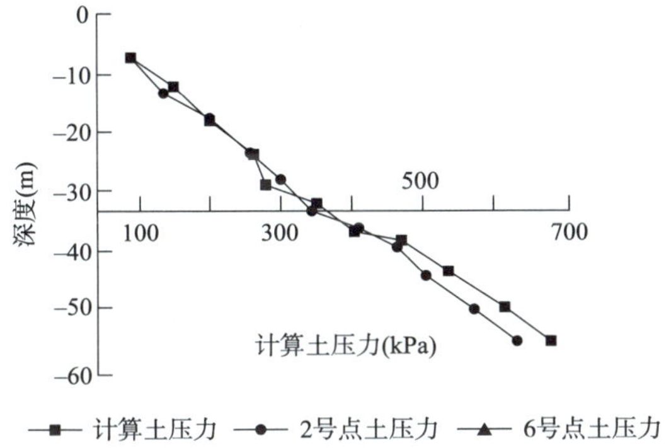

图 16.4-3 第一期土压力分布

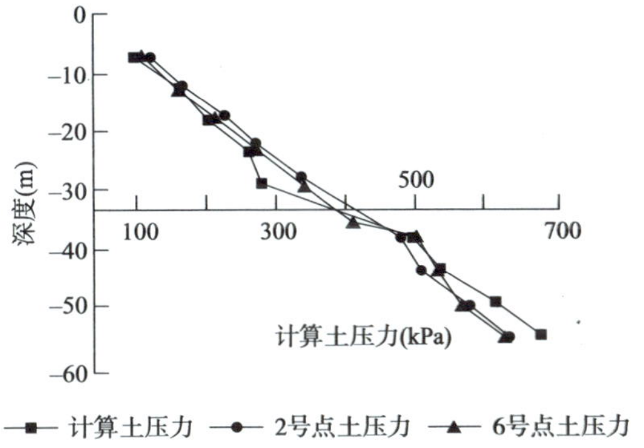

图 16.4-4 第二期土压力分布

第三期：东端头井施工完下二层楼板(18 m)，基坑中部施工第四道撑(18.5 m)(图 16.4-5)。

第四期：端头井开挖下二层底板下方(21 m)，基坑中部施工完下二层底板(18 m)。此时，下二层楼板已基本完工(图 16.4-6)。

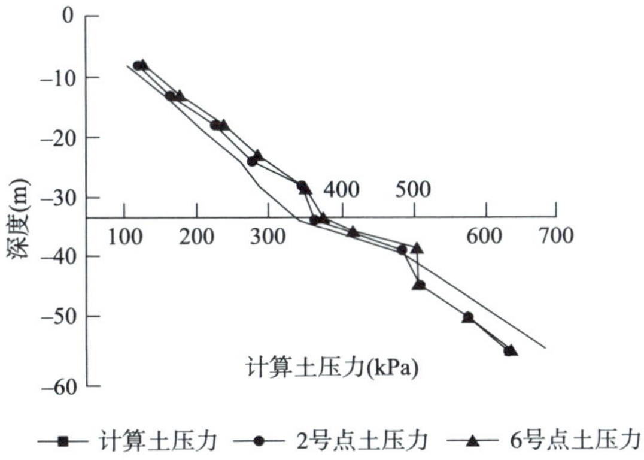

图 16.4-5 第三期土压力分布

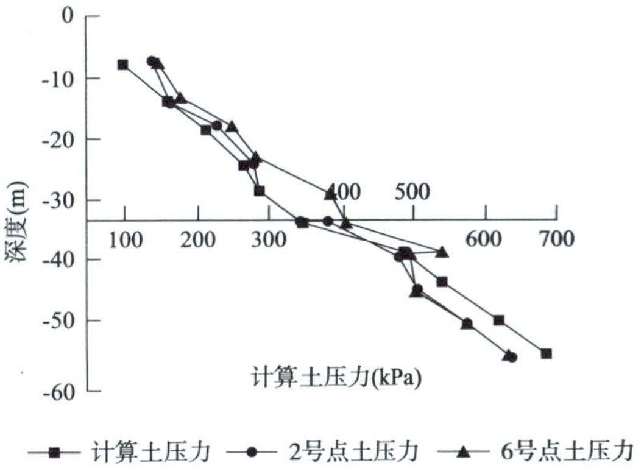

图 16.4-6 第四期土压力分布

第五期：端头井施工下三层楼板(25 m)，基坑中部开挖下二层底板下方(21 m)。墙体变形可以看出墙体顶部出现负值，说明顶部在往外倾，有明显往被动土压力变形的趋势(图 16.4-7)。

第六期：端头井施工完下三层底板(25 m)，基坑中部施工完下三层底板(25 m)。随着施工开挖的加深，坑底以下的土压力明显减少，说明坑底以下地墙有向内倾的趋向。由于地墙的测斜管是孔底修正的，所以变形一直为零，实际根据土压力的走向，底部地墙向坑内变形(图 16.4-8)。

第七期：端头井开挖下三层楼板下的地层(25 m)，基坑中部施工完下三层底板(25 m)(图 16.4-9)。

第八期：端头井施工结构底板(34 m)，基坑中部施工完下三层底板(25 m)(图 16.4-10)。

第九期：端头井施工完结构底板(34 m)，基坑中部施工结构底板(33 m)(图 16.4-11)。

第十期：端头井施工完结构底板和侧墙(34 m)，基坑中部施工完结构底板(33 m)。结构已基本稳定，坑底以下土压力仍有向坑内变化的趋势(图 16.4-12)。

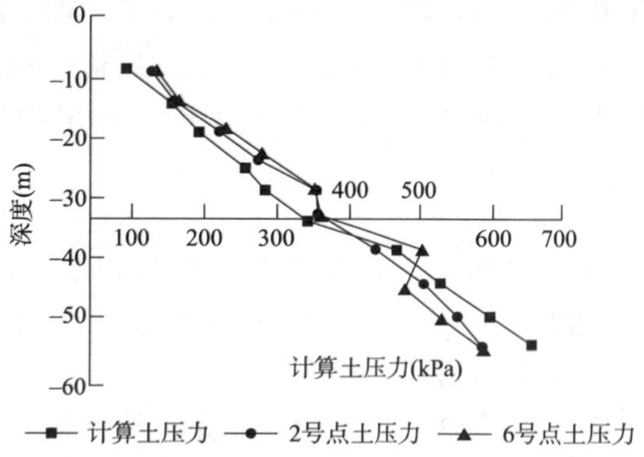

图 16.4-7　第五期土压力分布

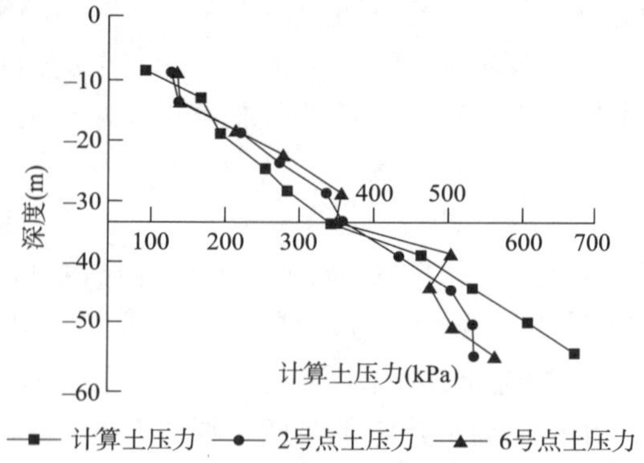

图 16.4-8　第六期土压力分布

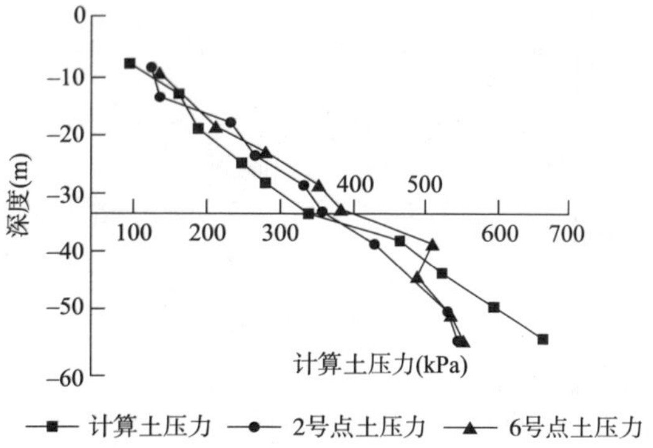

图 16.4-9　第七期土压力分布

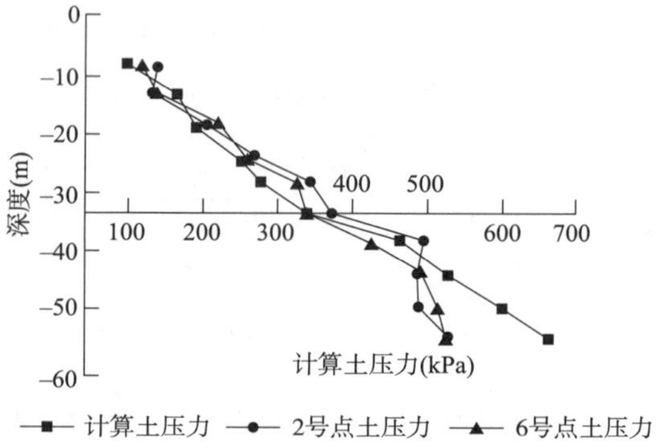

图 16.4-10　第八期土压力分布

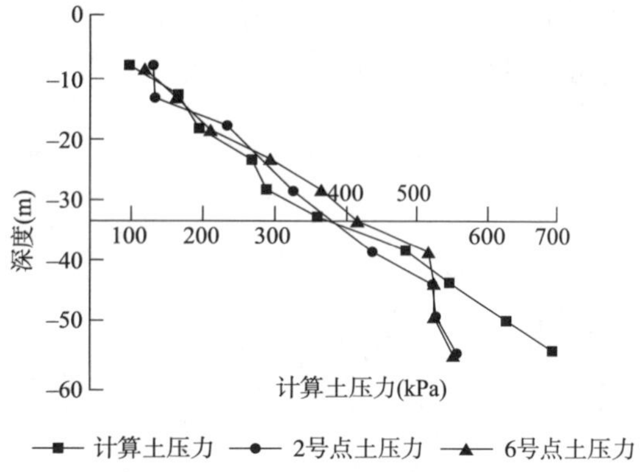

图 16.4-11　第九期土压力分布

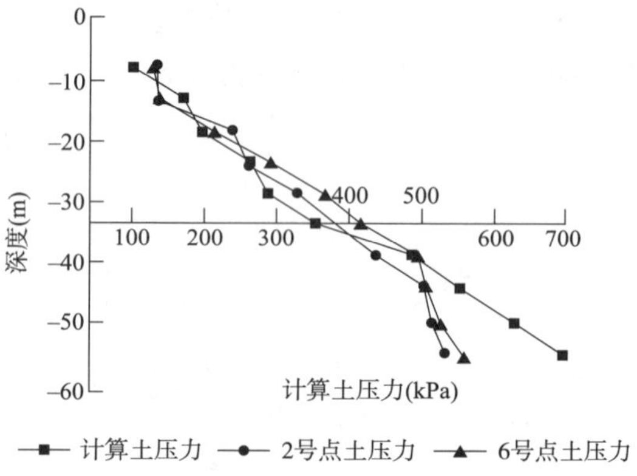

图 16.4-12　第十期土压力分布

该车站顺利施工完毕,采用明挖法施工效果较好。

2. 盖挖顺作法

当车站位于交通繁忙的街道下,明挖施工对周围环境影响过大时,可采用盖挖法施工,即利用围护墙和基坑的中间立柱在其上方向内架设临时路面板,以保持地面交通的顺畅。由于在基坑的顶部设置了临时路面结构,基坑内的出土和材料的运输相对于明挖法要困难。

盖挖法一般可分为盖挖顺作法及盖挖逆作法两种,其施工一般步骤如图 16.4-13 和图 16.4-14 所示。

盖挖法施工的主要特点可以概括为以下几点:

(1)封闭道路时间比较短暂,而且允许分段实施。盖挖顺作法对路面干扰较盖挖逆作法小,通过合理组织车行路线,可以保证施工期间路面的交通,车站防水质量也较盖挖逆作法好。

(2)对周围环境的干扰时间较短,对防止地面沉降及对周围建筑物和地下管线的保护具有良好的效果。

(3)挖土在顶部封闭状态下进行,大型机械应用受到限制,施工工期较长。

(4)需设置中间竖向临时支承系统,与侧墙共同承受结构封底前的竖向载荷。

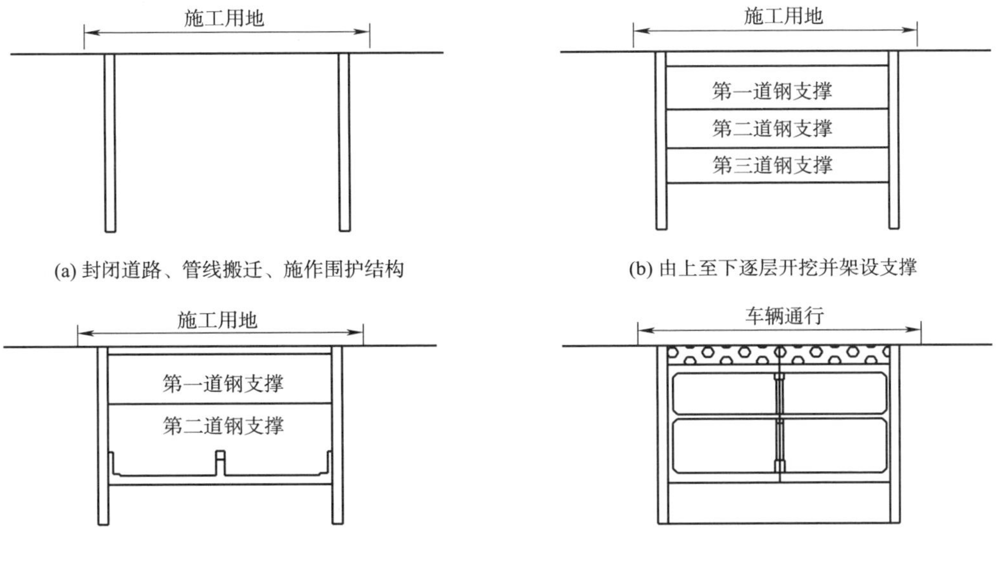

(a) 封闭道路、管线搬迁、施作围护结构

(b) 由上至下逐层开挖并架设支撑

(c) 浇筑底板、下立柱、下层内衬混凝土、拆除第三道支撑，并由下至上浇筑主体结构，依次拆撑

(d) 施作顶板、拆撑、覆土、管线回搬、恢复交通

图 16.4-13　盖挖顺作法施工流程图

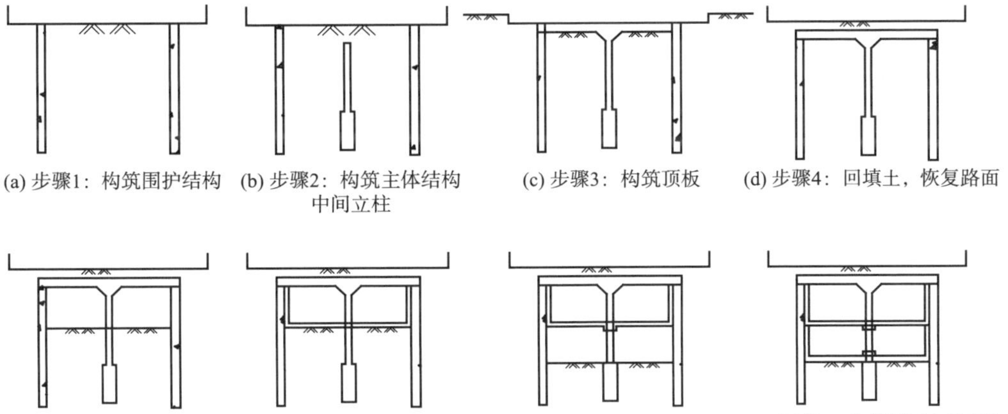

(a) 步骤1：构筑围护结构

(b) 步骤2：构筑主体结构中间立柱

(c) 步骤3：构筑顶板

(d) 步骤4：回填土，恢复路面

(e) 步骤5：开挖中层土

(f) 步骤6：构筑上层主体结构

(g) 步骤7：开挖下层土

(h) 步骤8：构筑下层主体结构

图 16.4-14　盖挖逆作法施工流程图

(5)对地下连续墙、中间支承柱与底板、楼盖的连接节点需进行处理。

3. 逆作法

当地面需要尽快恢复交通，或环境保护要求较高时，可以采用逆作法施工，即利用先施工完成的地下连续墙作为深基坑开挖时挡土、止水的围护墙，利用地下结构各层的楼盖、柱、墙等作为围护墙的强大支撑体系，从地面向下逐层施工，直至底板完成，逆作法施工流程如图 16.4-15 所示。

逆作法可分为以下三类；

(1)全逆作法。在先施工的围护墙体之间，开挖土体至顶板位置，施工结构顶板；顶板达到一定强度后覆土恢复地面交通，同时在顶板下向下开挖，边开挖边施工内部结构，先施工侧墙和中板，后施工底板结构。当车站为多跨结构时，为了满足施工过程中结构竖向受力的需要，根据计算可以在车站内设置竖向支撑桩，以承受顶板、中板和路面的荷载。设置的支撑桩多与主体结构的立柱“合二为一”，即利用该施工阶段的支撑桩作为整个车站结构使用阶段的立柱。

采用该方法施工，施工场地小，施工工序转换和节点构造复杂，结构的设计和施工难度大，同时施工速度较慢。该方法顶板施工结束后，可以立即覆土恢复路面，最大限度地减小了施工对地面交通的影响。例如杭州武林广场站。

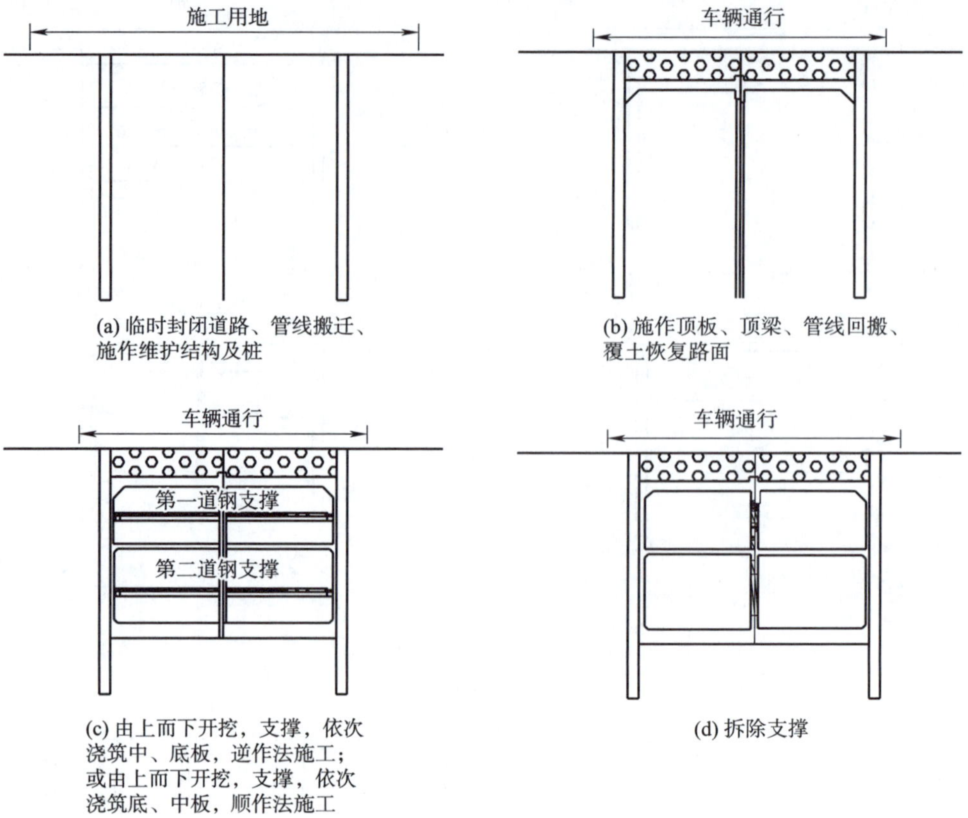

图 16.4-15 逆作法施工流程图

(2)半逆作法。为了减少围护墙体变形和地面的沉降，同时加快施工的进度，明挖顺作至中板结构再施工中板，利用中板混凝土结构作为围护结构的刚性支撑，在中板以下采用逆作法开挖到基坑底部。

该方法相对于全逆作法而言，设置的立柱桩只需要承受中板的荷载，立柱桩的长度和内力也较小，结构相对简单一些，造价也可以降低。

(3)框架逆作法。该方法也是以保护周围环境为主要目的，土体开挖至顶、中板位置时，将主体结构的顶、中板的一部分设计成水平框架结构，形成类似于混凝土支撑的刚性支撑，然后明挖顺作到基坑底部，浇筑底板和侧墙，然后将顶、中板预留的孔洞补全。

该方法在基坑施工期间，结构整体刚度较大，构造也较简单，但最后需补全顶、中板上顶留的孔洞，工作量较大。杭州文化广场站采用框架逆作法。

16.4.2 暗挖法施工

暗挖工程施工应根据围岩的工程地质条件、水文地质条件、工程建筑要求、机具设备、施工技术水平和条件、施工经验等多种因素选择行之有效的一种或者多种方法。一般分为全断面法、台阶法、环形开挖预留核心土法、双侧壁导坑法(眼镜法)、中隔壁法(CD)、交叉中隔壁法(CRD)、侧洞法、中洞法、柱洞法(PBA)等。各开挖方法及适用性见表 16.4-2。

表 16.4-2 暗挖施工方法

施工方法	示 意 图	适用条件	沉 降	工 期	防 水	初期支护拆除量	造 价
全断面法	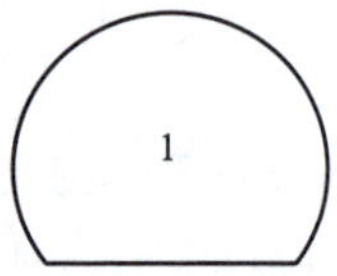	地层好，跨度≤8 m	一般	较短	好	无	低

续上表

施工方法	示意图	适用条件	沉降	工期	防水	初期支护拆除量	造价
正台阶法	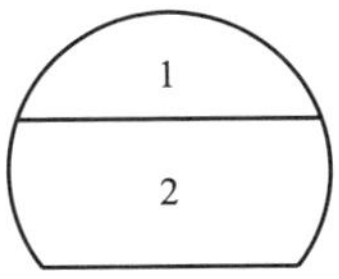	地层较差,跨度≤12 m	一般	短	好	无	低
正台阶环形开挖法	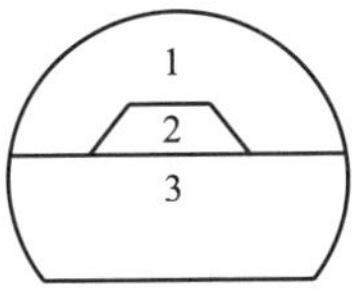	地层差,跨度≤12 m	一般	短	好	无	低
单侧壁导坑正台阶法	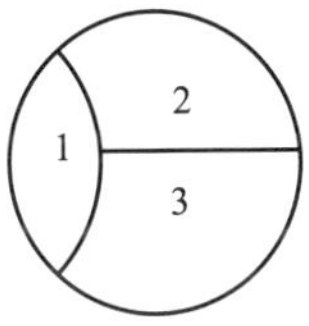	地层差,跨度≤14 m	较大	较短	好	小	低
CD法	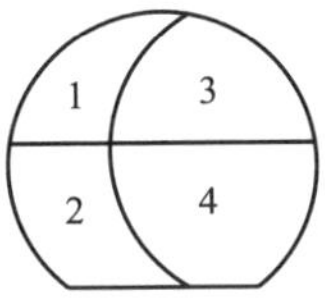	地层差,跨度≤18 m	较大	较短	好	小	偏高
CRD法	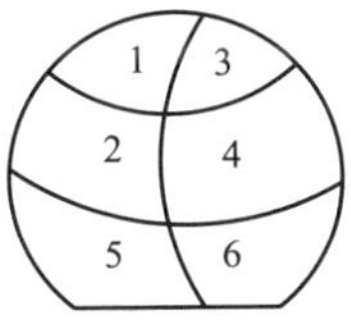	地层差,跨度≤20 m	较小	长	好	大	高
眼镜工法	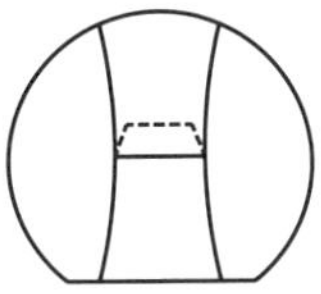	小跨度,连续使用可扩成大跨度	大	长	效果差	大	高
中洞法	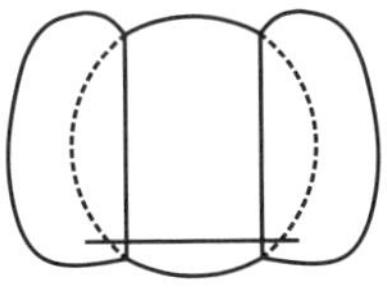	小跨度,连续使用可扩成大跨度	小	长	效果差	大	较高
侧洞法	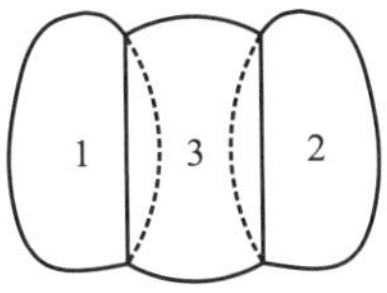	小跨度,连续使用可扩成大跨度	大	长	效果差	大	高
柱洞法	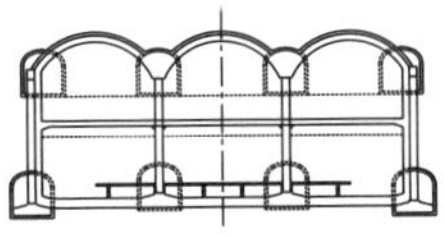	多层多跨	大	长	效果差	大	高

当围岩较稳定且岩体较坚硬时,施工中往往先把隧道坑道断面开挖好,然后修筑支护结构,并在有条件时争取一次把全断面完成。当围岩稳定性较差时,则需要随开挖进行一次支撑,防止围岩变形及产生坍塌。分块开挖后,应及时进行初期支护的施作,一般先开挖顶部,在上部断面挖成后及时进行初期支护,在上部

支护的保护下再开挖坑道下部断面。

1. 台阶法

台阶法施工是将隧道断面分成上下两部或几部进行开挖，即分成上下两个工作面或几个工作面。根据地质条件和机械配备情况，台阶法又可分为正台阶法、中隔墙台阶法等。

台阶法在暗挖法中应用较广，可以结合工程的实际情况选择合适的台阶方式，如图 16.4-16 所示是典型的台阶法施工开挖顺序图。

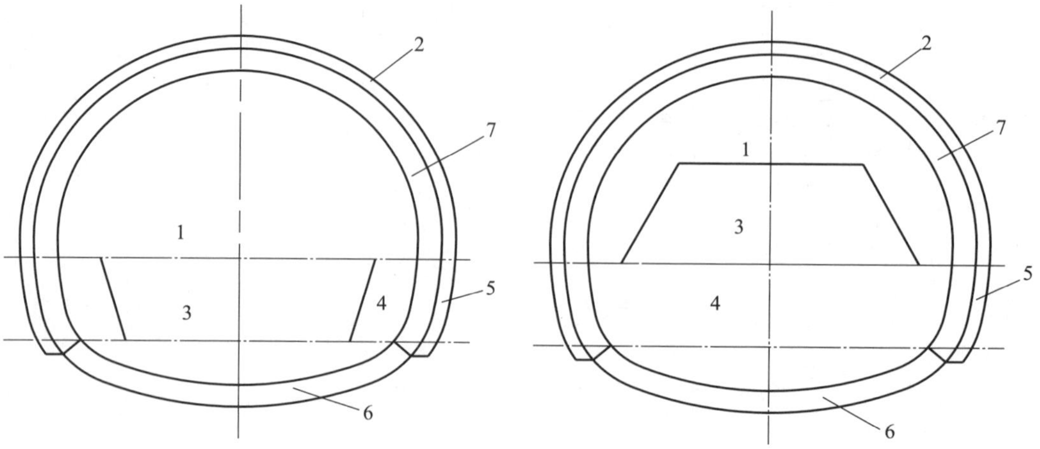

1—上半部开挖；2—拱部喷锚支护；3—下半部中央部开挖；4—边墙部开挖；5—边墙锚喷支护；6—二次衬砌仰拱；7—二次衬砌

1—上导坑开挖；2—拱部喷锚支护；3—中核开挖；4—下部开挖；5—边墙锚喷支护；6—灌注二次衬砌仰拱；7—二次衬砌

图 16.4-16　台阶法开挖顺序

正台阶法又可分为两部开挖法和多部开挖法。

(1)两部开挖法

围岩条件较好时，可将断面分成上下两个台阶开挖，如图 16.4-17 所示，上台阶长度一般控制在 1～1.5 倍洞径以内，但必须在围岩失去自稳能力之前尽快开挖下台阶，及时形成封闭支护结构。当地质条件较差时，为了稳定工作面，也可辅以小导管或管棚超前支护等技术，如图 16.4-18 所示为超前管棚预支护结合正台阶的施工方法。

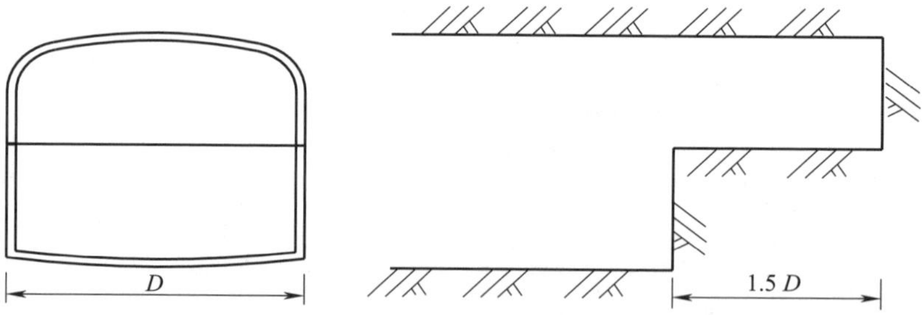

图 16.4-17　上下两部台阶法开挖

(2)多部开挖留核心土法

当围岩条件较差时，掌子面和拱部的稳定均有困难，这时可采用多部正台阶并留核心土的施工方法，如图 16.4-19 所示。施工中同时可以采用小导管或管棚超前支护、预注浆等技术来稳定工作面，采用网构钢拱架作为初期支护，采用锁脚锚杆来提高拱脚、墙脚的稳定。

一般地，台阶法适用于围岩条件较好的隧道施工，具有灵活多变、适用性强、施工速度快等优点，当遇到地层变化时，能及时更改施工方法，此外台阶法施工还有利于稳定开挖面，施工速度也较快。台阶法也存在上下部施工作业的相互干扰，施工中应注意下部作业对上部稳定性的影响。

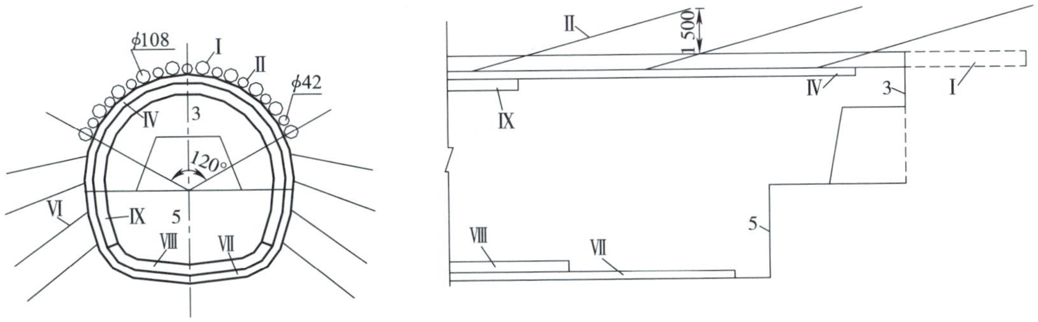

(a) 横向施工示意图　　(b) 纵向施工示意图

图 16.4-18　超前管棚法结合正台阶法施工

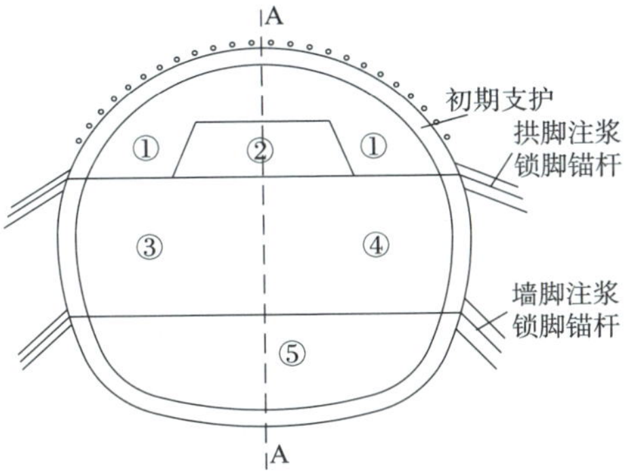

图 16.4-19　多部正台阶开挖施工流程图

根据国内的工程经验，台阶法施工中设置的台阶数不宜过多，台阶长度要根据两个条件来确定：一是初期支护形成闭合断面的时间要求；二是上半部断面施工时开挖、支护、出渣等机械设备所需的空间，一般以一个台阶垂直开挖到底，保持平台长 2.5～3.0 m 为宜。为了防止台阶法施工引起地层的变形，上台阶开挖后要及时形成封闭的初期支护，还应特别注意拱顶、拱脚和墙脚等应力集中部位的稳定。

2. 单侧壁导坑正台阶法

单侧壁导坑台阶法主要适用于地层较差、断面较大，采用台阶法开挖有困难的工程。该方法的主要出发点是变大跨度断面为小跨度断面，从而保证施工安全或达到控制变形的目的。当隧道跨度约为 10 m 左右时，可采用单侧壁导坑法，将导坑跨度定位 3～4 m，这样就将大跨变成 3～4 m 跨和 6～7 m 跨。

单侧壁导坑超前的距离一般在 2 倍洞径以上，为稳定工作面，经常和超前小导管注浆等辅助施工措施配合使用，开挖方式如图 16.4-20 所示。

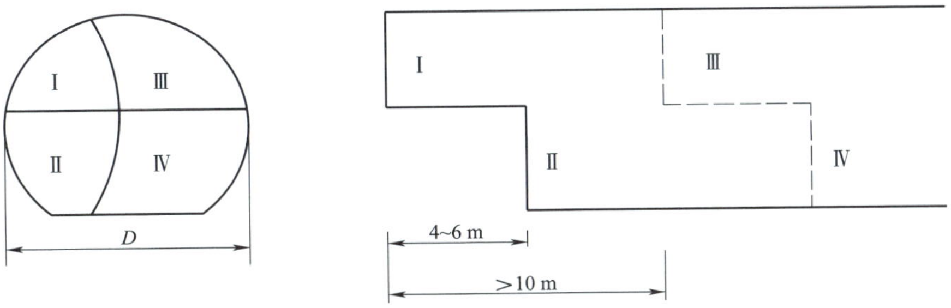

图 16.4-20　单侧壁导坑台阶法开挖方式

侧壁导坑尺寸通常根据机械设备和施工条件来确定，而侧壁导坑的正台阶高度，一般规定为台阶底部至起拱线的位置，这主要是为施工方便而确定的，范围在 2.5～3.5 m。下台阶落底、封闭要及时以减少沉降量。

3. 中隔墙法（CD 法）

中隔墙法又称 CD 法，是 20 世纪 80 年代以来，随着城市地下工程的日益增多，尤其是非掘进机方法运用于软弱、松散地层中浅埋暗挖的隧道工程后，在原正台阶法的基础上发展起来的一种工法。它有效地解决了将大、中跨的洞室开挖转变为中、小跨的洞室开挖问题。

CD 法开挖时，应沿一侧自上而下分为二部或三部进行，每开挖部均应及时封闭成环，锚喷支护、安设钢架、施作中隔墙，且底部要设临时仰拱。中隔墙依次分部联结而成，之后再开挖中隔墙的另一侧，其分部次数及支护形式与先开挖的一侧相同，如图 16.4-21 所示为 CD 法的开挖施工工序。采用 CD 法施工时，每部的台阶长度都应控制，一般为 5～7 m，为稳定工作面，往往与预注浆等辅助施工措施配合施工。

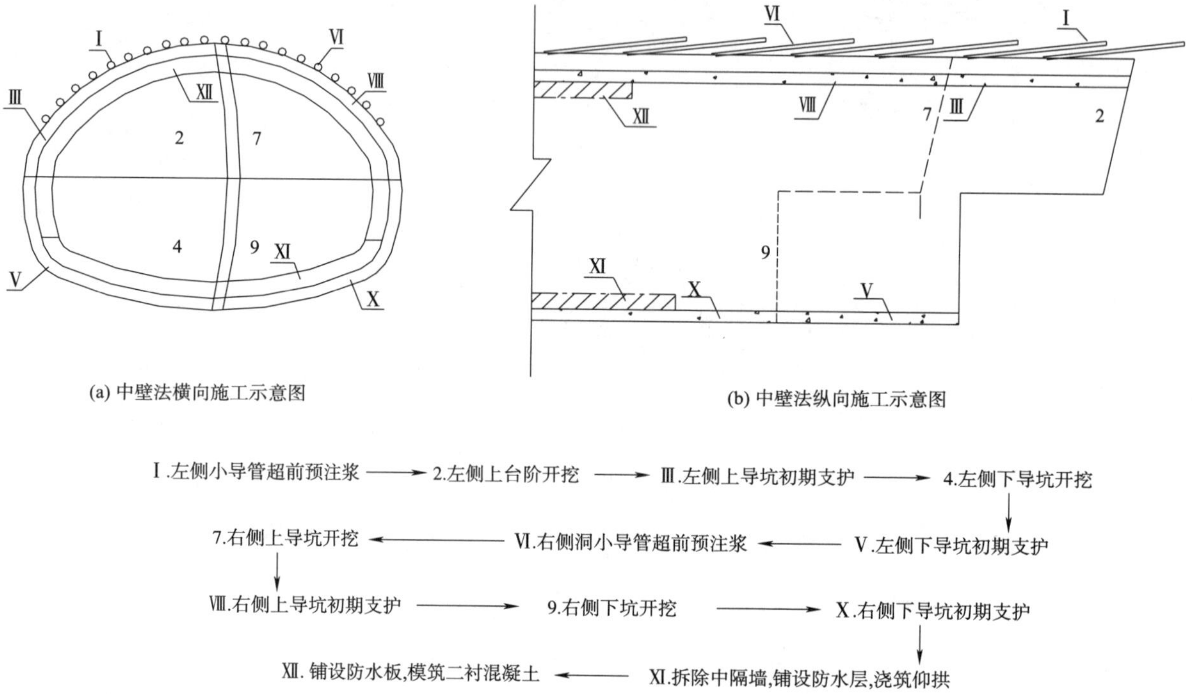

图 16.4-21　CD 法施工工序图

4. 交叉中隔墙法(CRD)

交叉中隔墙法又称 CRD 法，是在 CD 法的基础上，将先挖中壁一侧改为两侧交叉开挖、步步封闭成环的一种工法，其最大特点是将大断面施工化为小断面施工，各个局部封闭成环的时间短，控制沉降效果好，每个步序受力体系完整。因此，结构受力均匀、变形小，且易控制。

CRD 法一般将隧道断面从中间分成 4～6 部分，使上、下台阶左右各分成 2～3 部分，每一部分开挖并支护后形成独立的闭合单元。各部分开挖时，纵向间隔的距离可根据情况按台阶法确定。CRD 工法的施工流程如图 16.4-22 所示。

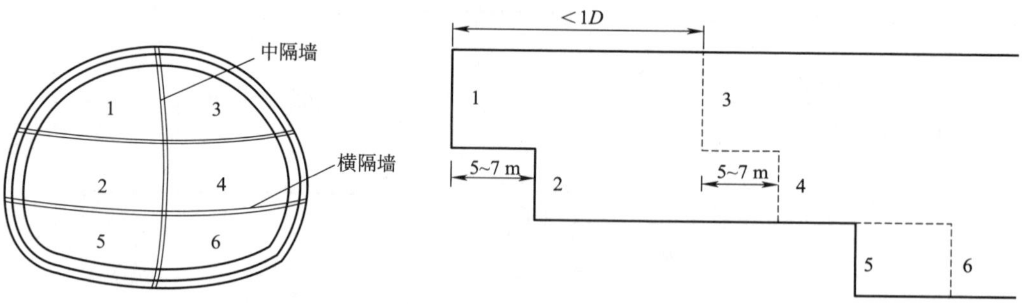

图 16.4-22　CRD 法隧道施工流程

5. 双侧壁导坑法

双侧壁导坑法又称眼镜工法，是变大跨度为小跨度的施工方法，其实质是将大跨度(＞20 m)分成三个小跨度进行作业，主要适用于地层较差、断面很大、单侧壁导坑台阶法无法满足要求的大断面隧道。该工序较复杂，导坑的支护拆除困难，有可能由于测量误差而引起钢架连接困难，从而加大了下沉值，而且成本较大，进度较慢。如图 16.4-23 所示为双侧壁导坑法的开挖施工工序。

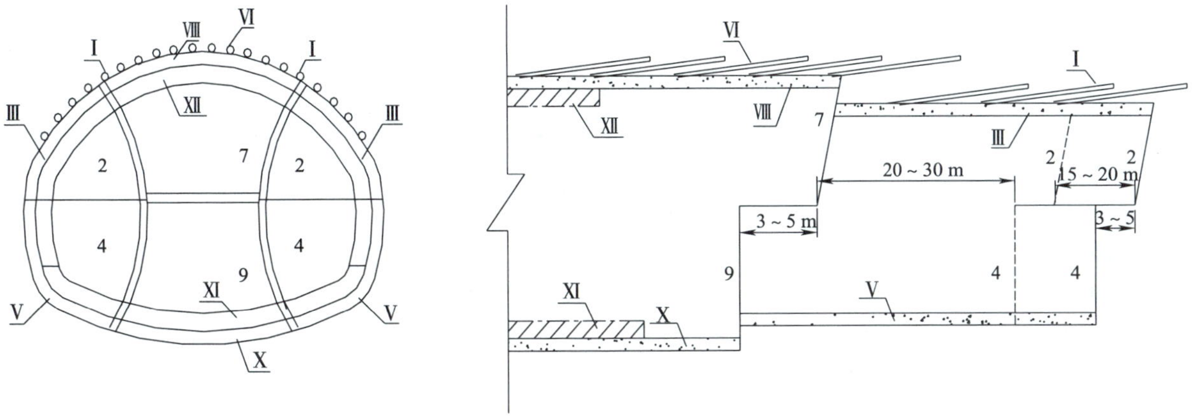

(a) 横向施工示意图　　(b) 纵向施工示意图

Ⅰ.两侧小导管超前预注浆 → 2. 两侧上台阶开挖 → Ⅲ. 两侧上台阶初期支护 → 4. 两侧下台阶开挖 → Ⅴ. 两侧下台阶初期支护 → Ⅵ. 中部小导管超前预注浆 → 7. 中部上台阶开挖 → Ⅷ. 中部上台阶支护 → 9. 中部下台阶开挖 → Ⅹ. 中部下台阶支护 → Ⅺ. 拆除中隔墙，铺设防水层，浇筑仰拱 → Ⅻ. 铺设防水板，模筑二衬混凝土

图 16.4-23　双侧壁导坑施工工序示意图

双侧壁导坑法具有控制地表沉降好、施工安全程度高等优点，但进度慢、成本高，适用于断面跨度大、地表沉陷要求严格、围岩条件特别差的隧道。双侧壁导坑法的基本施工原则为：侧壁导坑高度以到起拱线为宜；侧壁导坑形状应近于椭圆形断面，导坑断面为整个断面的 1/3；左右侧壁导洞错开应不小于 15 m，且以开挖引起导洞周边围岩的应力重分布不影响已完成的导洞为前提；导坑开挖后应及时进行初期支护，并应尽早封闭成环。

6. 特大断面暗挖施工方法

(1)中洞法

中洞法施工先开挖中间部分的中洞，在中洞内施作梁、板、柱以及二次衬砌，然后再施工两侧部分的侧洞，并逐渐将侧洞顶部荷载通过初期支护转移到梁、柱结构上，施工工序如图 16.4-24 所示。采用中洞法施工可以有效地达到减跨的目的，由于中洞的跨度较大，施工中一般采用 CD 法、CRD 法或眼镜工法。

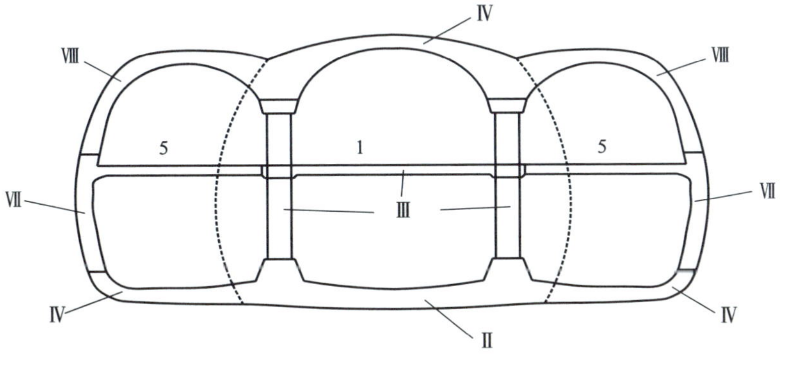

Ⅰ. 用 CRD 法开挖中洞(包括初期支护和施工支护)；Ⅱ. 中洞底板底纵梁；Ⅲ. 钢管柱、楼板；Ⅳ. 柱顶纵梁和中洞拱部；5. 用台阶法开挖左、右洞；Ⅵ. 左右洞底板；Ⅶ. 左右洞部分边墙和楼板；Ⅷ. 左右洞其余边墙和拱部

图 16.4-24　中洞法施工顺序图

中洞法施工工序复杂，但两侧洞对称施工，比较容易解决侧压力从中洞初期支护转移到梁、柱上时产生

的不平衡侧压力问题，施工引起的地面沉降较易控制。该工法适用于无水、地层相对较好的条件。但在中洞开挖时应及时施作初期支护，使开挖面尽早封闭，控制围岩变形，并加强对围岩和支护结构的监控量测。

中洞法的工艺特点：

1)充分利用了杆件的临时支撑作用，采用超前小导管预注浆、锚管、挂网和格栅喷混凝土等联合支护手段，在开挖后能够立即形成受力封闭环，大大提高了施工的安全度，能有效地控制围岩变形和地表下沉。

2)支护系统能很好地适应围岩的变形，与围岩形成一个整体，充分发挥围岩的自承能力。

3)中洞超前开挖，可起到地质预报的作用。

4)能应用量测监控等信息化管理方法指导施工。

(2)侧洞法

侧洞法施工是先开挖两侧部分的侧洞，在侧洞内做梁、柱结构，然后再开挖中间部分的中洞，并逐渐将中洞顶部荷载通过侧洞初期支护转移到梁柱上，施工工序如图 16.4-25 所示。该工法在处理中洞顶部荷载转移时，相对于中洞法要困难一些。

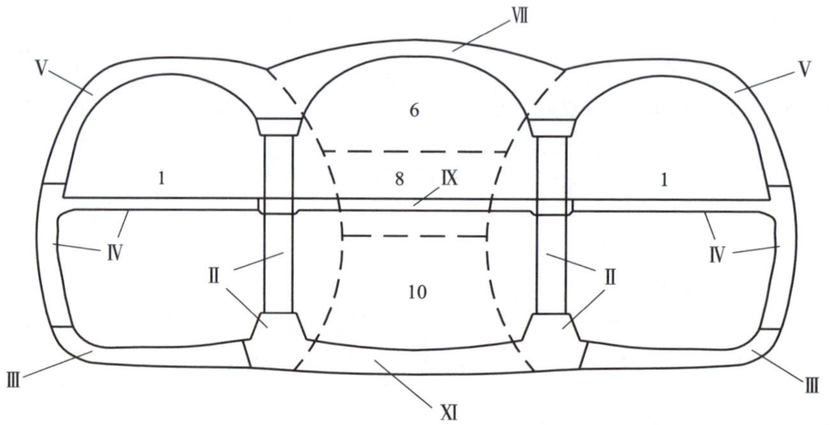

1. CRD 法开挖左、右洞包括初支和施工支护；Ⅱ. 柱底纵梁和钢管柱；Ⅲ. 左右洞底板；Ⅳ. 分边墙和左、右洞楼板；Ⅴ. 左、右洞其余边墙和拱部；6. 中洞上台阶环形开挖；Ⅶ. 中洞拱部；8. 中洞楼板以上土方开挖；Ⅸ. 中洞楼板；10. 中洞其余部分开挖；Ⅺ. 中洞底板

图 16.4-25　侧洞法施工顺序图

侧洞法根据侧洞的施工方法可以分为两类，一类是典型的侧洞法，侧洞采用 CRD 工法进行施工；第二类是早期的双侧壁导坑法，即侧洞采用眼镜工法施工。双侧壁导坑法在施作侧洞时自下而上分块开挖，多次对上层土体进行扰动，在控制地面沉降方面不如典型的侧洞法，但其废弃工程量略小。

(3)洞柱法(PBA)

洞桩法也叫“PBA”，是将明挖框架结构施工方法和暗挖法进行有机结合，先在梁柱、梁墙节点部分暗挖小导洞，并在小导洞内施作边桩、中桩(柱)、顶纵梁、顶拱形成初期受力体系，承受施工过程的外部荷载；然后在顶拱和边桩保护下，采用顺作法或逆作法施工剩余结构；最终形成由初期支护和二次衬砌组合而成的永久承载体系。其施工工序如图 16.4-26 所示。

“PBA”工法施工车站的结构形式为直墙多层多跨拱形结构，采用复合衬砌支护形式。拱部初期支护为格栅＋喷射混凝土结构，利用大管棚、超前小导管及注浆等辅助措施对前方土体进行预加固、支护，侧墙初期支护为灌注桩，随着隧道的开挖，桩间可设薄层网喷混凝土，以保证桩间土体的稳定；拱部、侧墙、底板二次衬砌及中楼板均为现浇钢筋混凝土结构，中楼板及底板可以为纵梁体系，亦可以采用纵横梁、井字梁体系，中柱多采用钢管柱形式。

边桩和中桩也可以采用钻孔桩法施工，并可取消下导坑，这对控制地表沉降有利，但施工设备复杂、成本高，在有的地层中(例如漂石和直径较大的砂卵石地层)钻孔的速度慢，如果地质条件好，边桩可采用矩形挖孔桩底部扩桩的办法，取消边桩的下导坑和条形基础。

(4)工法比较

上述三种工法的技术经济比较见表 16.4-3。

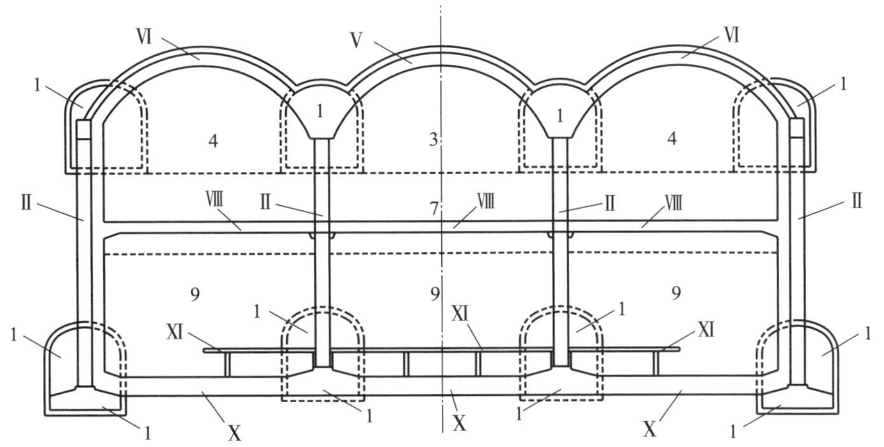

1. 上下导坑错开距离开挖（包括初支）；Ⅱ. 孔桩开挖、底纵桩、中柱边桩、顶纵梁；3. 中洞上台阶开挖（包括初支）；
4. 左右洞上台阶开挖（包括初支）；Ⅴ. 中洞拱部衬砌；Ⅵ. 侧洞拱部衬砌；7. 楼板以上土体开挖；
Ⅷ. 楼板浇混凝土；9. 剩余部分土体开挖；Ⅹ. 底板及底部边墙衬砌；Ⅺ. 站台板浇筑

图 16.4-26 PBA 法施工顺序图

表 16.4-3 暗挖施工工法比较表

项 目	中 洞 法	侧 洞 法	PBA 法
主要特点	(1)中洞先行，建立起梁、柱支撑体系，然后施作侧洞。 (2)分块多，多次扰动地层，但先建立起的梁柱体系对地面沉降起一定控制作用。 (3)造价较高	(1)两个侧洞先行，然后施作中洞。 (2)分块多，工序多，对地层扰动最大。 (3)废弃工程量较大，造价高	(1)利用小导洞施作桩梁形成主要传力结构，在暗挖拱盖保护下进行内坑开挖。 (2)导坑及拱盖施工，工序较少，地面沉降较小。 (3)废弃工程量大，造价稍高
适用范围	(1)适用于少水的各种地层。 (2)适用于单、双层中大跨度地下工程	(1)适用于少水的各种地层。 (2)适用于单、双层中大跨度地下工程	(1)适用于少水的软岩或土质地层。 (2)适用于双层中大跨度地下工程
防水质量	采用单拱多跨结构，避免"V"形节点，防水质量可保证	采用单拱多跨结构，避免"V"形节点，防水质量可保证	多拱多跨结构，柱顶施工条件差，"V"形节点防水质量难以保证
施工难度	对大跨度地下结构，施工难度一般	对大跨度地下结构，施工难度大	桩身钢筋分段多，二次性扣拱跨度大
施工速度	工序转换较多，但建立起中洞梁柱体系，侧洞施工速度可加快，总体施工进度一般	工序多次转换，进度慢	拱盖形成较费时，正洞施工速度可加快，总体施工进度一般
地面沉降	一般	较大	较小
废弃工程量	工序多次转换，废弃工程量较大	工序多次转换，废弃工程量大	要施作边桩及桩下基础围护结构，需拆除小导洞部分初支，废弃工程量稍大
造价	高	高	稍低

从表 16.4-3 可以看出，目前暗挖车站的几种施工方法各有其优缺点，且都有很多成功实施的先例，侧洞法是修建大跨隧道常用的方法，但由于初次揭露的是两个侧洞，跨度大且要同步，对地表扰动大，安全性稍差。中洞法采用"CRD"工法，按照"小分块、短台阶、早成环、环套环"的原则，施工安全度高，地面沉降及影响范围较侧洞法要小，但中洞法工序转换次数多，技术含量高；而且，与"侧洞法"相同，由于施工过程中必须采用大量的临时支护，废弃工程量大。"PBA"工法克服了工序转换多的缺点，地面沉降控制较好，但为了形成拱盖，除了必须施作中柱及上下导洞外，还要施作围护边桩及成桩导洞，增加了不必要的工程量。

经过对双层暗挖车站的调研，采用"PBA"工法施工的车站占总车站的 74%，采用侧洞法施工的占 5%，采用中洞法施工的占 21%。可见在双层暗挖车站采用"PBA"工法施工的实例较多，且该施工方法也在不断地发展与完善，因此在土质地层中修建双层车站应该优先选择"PBA"工法，在岩质地层中修建双层车站应结合围岩稳定性进行系统分析确定施工方法。

7. 辅助施工方法

(1)超前小导管预注浆

超前小导管是沿着开挖轮廓线向外将带孔的小导管打入地层内，并以一定压力向管内压注具有固化作用的浆液，使围岩形成固化的注浆体，小导管自身起加筋的作用。超前小导管预注浆施工流程如图16.4-27所示，具体包括：

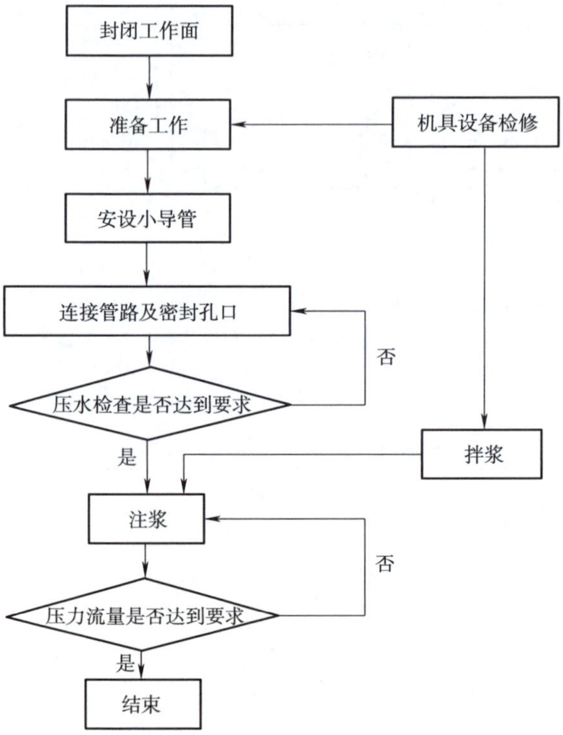

图16.4-27 超前小导管注浆施工流程图

1)喷混凝土封闭工作面

为了防止小导管注浆时浆液沿隧道掌子面渗漏，需做止浆墙封闭开挖面，止浆墙常采用喷射混凝土的方法来制作，喷混凝土范围为开挖面及5 m范围内的坑道，厚度5～10 cm。

2)施工准备

①熟悉设计图纸，由测量队准确地进行开挖轮廓放线。

②制作小导管。小导管一般采用直径为32～60 mm、壁厚3～5 mm的热轧无缝钢管，长度3.5～6 m，钢管前端做成尖锥状，尾部焊接加筋箍，管壁四周设溢浆孔，呈梅花形布置，小导管构造示意图如图16.4-28所示。

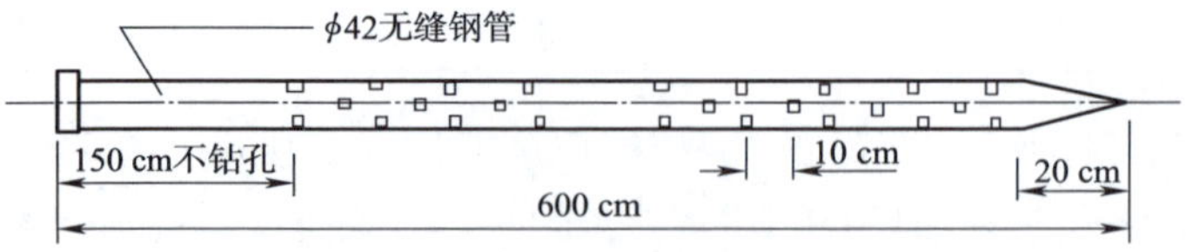

图16.4-28 小导管构造示意图

③注浆设备的选择。小导管注浆常用的设备包括液压钻孔台车、注浆泵（常用注浆泵型号及性能见表16.4-4）、拌和机、注浆嘴（注浆嘴钢管外径应略小于导管内径）、混合器等。

表16.4-4 常用注浆泵型号及性能

型　　号	排浆量(L/min)	最大压力(MPa)	动　　力
QZB-50/60	50	6	耗风量0.7 m^3/min
UB-3	50	1.5	电机功率4 kW

续上表

型　　号	排浆量(L/min)	最大压力(MPa)	动　　力
2TGZ-60/50 双液泵	1 速 16 1 速 19 1 速 36 2 速 60	21 18 9 6	电机功率 7.5 kW
BW250/50 泥浆泵	150	5	电机功率 15 kW
TBW-200/40 泥浆泵	12	4	电机功率 18 kW
100/100 高压泵	100	10	电机功率 18 kW

3)钻孔、打小导管

①测量放样，在设计孔位上做标记。

②用钻孔台车钻孔后，将小导管沿孔打入。

4)注浆

①注浆顺序：先外层后内层，先下后上，采取内束型的顺序进行注浆。

②注浆压力应根据地层致密程度决定，一般为 0.5～1.0 MPa；劈裂注浆可适当加大，但应小于或等于上覆土压力，对于松散体和塌方段一般小于 1 MPa。

③注浆结束一般用两个指标来控制：一是最大注浆量；另一个是达到预定设计压力时的持续时间。从理论上讲最大注浆量越大越好，最理想的状况是压至完全不吸浆，但在实际施工中，特别是在高压注浆的情况下，是难以做到的，一般结束标准是注浆压力达到设计终压或达到设计值并稳定 20 min。

(2)管棚法

管棚法施工的主要工序包括：设置管棚工作室、钻孔、打入钢管及注浆、管棚支护条件下进行开挖等。

1)开挖管棚工作室

当长管棚超前支护段位于工程的洞口段时，可以在洞口外设置管棚工作室。当长管棚超前支护处于隧道中部时，可开挖竖井，设置竖井管棚工作室；或者在隧道内通过扩大断面来设置隧道内管棚基地，如图 16.4-29 所示。

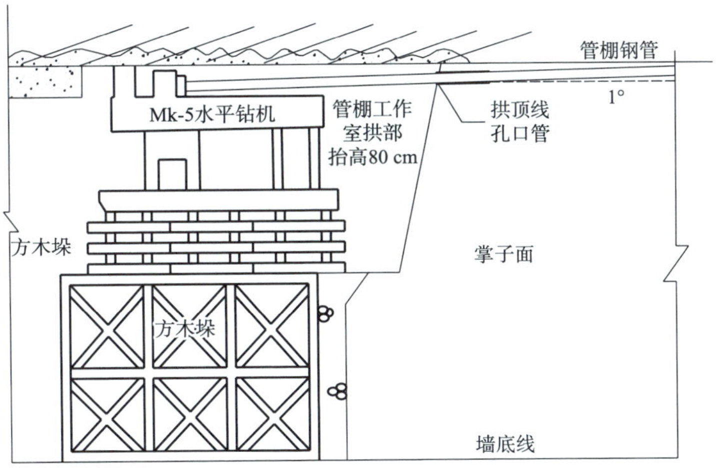

图 16.4-29　隧道内管棚基地

2)管棚钻孔施工

管棚钻孔基本为水平钻进，孔径根据棚管直径确定，一般比设计的管棚直径大 20～30 mm，以便管棚的打入。考虑到钻孔时钻具下沉、线路曲线的影响及为后续管棚工作室预留空间，必须计算管棚打设的仰角和外插角。为了保证钻孔精度，每个钻孔安装由无缝钢管加工而成的孔口管，且在钻进前 10～20 m 时，要反复校核钻杆方向，调整钻机位置。

目前，在我国大陆地区管棚施工方法主要采用非开挖法中的夯管法、水平定向钻法以及常规的普通地质钻机法。

3)打入钢管及注浆

钢管的打入随钻孔同步进行，并按设计要求接长。接头应采用厚壁管箍，上满丝扣，确保连接可靠。钢管打入后，应及时隔孔向钢管内及周围压注水泥浆或水泥砂浆，使钢管与周围岩体密实，并增加钢管的刚度。注浆次序：先采用后退式注浆向管周与地层的空隙内压注水泥浆液，再用水泥砂浆向钢管内填充。

4)管棚支护条件下进行开挖

注浆加固围岩后即可开挖，随着开挖面向前掘进，需要用钢支撑来支撑管棚，以防止管棚下落。开挖方法多选用单侧壁导坑或双侧壁导坑掘进技术，施工中应采取有效措施减少对围岩的扰动。

(3)水平旋喷法

水平旋喷注浆法是采用水平钻机先钻进土层的预定位置后，利用安装在钻杆前端的特殊喷嘴，将水泥浆液高压喷出，以喷射流切割搅动土体，从而形成一个均匀的圆柱状水泥加固体，达到加固地基和止水防渗的目的。该工法的主要施工工序如图 16.4-30 所示，各工序描述如下所述。

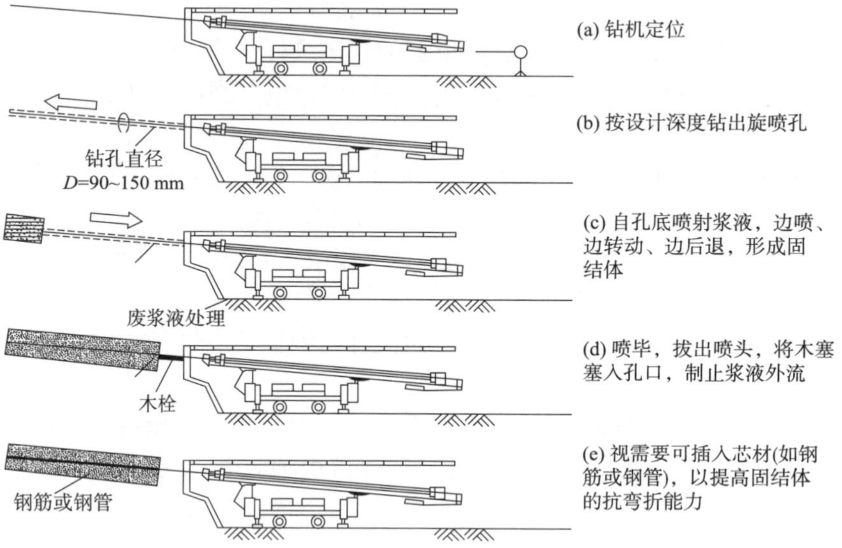

图 16.4-30　水平旋喷法施工工序图

1)钻机定位。根据场地布置图将钻机就位，调整机器高度、喷射角度，对好桩位，安装止浆阀。设备布置时，应注意喷射孔与注浆泵的距离不宜过远，一般以不大于 50 cm 为宜。

2)钻孔。利用水平旋喷钻机，钻孔至预定深度，钻进过程中应注意保持钻杆平稳，匀速钻入，如发现进钻困难或突然加快，应及时采取控制措施。

3)旋喷。当钻进至设计深度后随即提升钻杆，同时按照预定的参数进行旋喷注浆。局部桩位可根据需要进行原位二次喷射(复喷)，复喷时喷射流冲击的对象为第一次喷射的浆土混合体，喷射流所遇阻力小于第一次喷射，有增加固结体直径的效果。在回收钻杆、旋喷注浆的过程中，应保持好钻杆提升的水平及旋转速度，若发现压力异常，应及时查明原因并采取相应的措施。

4)孔口止浆成桩。用于隧道预加固的水平旋喷桩一般都有一定的外插角，因此旋喷完毕后应及时进行止浆。如有需要可进行插筋后再止浆，插筋可以有效增强桩体的抗弯折能力。

(4)冻结法

冷冻法是利用人工制冷技术加固含水地层的一种特殊工法，具有适应性强、隔水性好、环境影响小等特点，已在城市轨道交通工程中的区间隧道、联络通道、盾构进出洞等建设中得以使用。冷冻法的主要施工工序包括：钻孔→冻结器铺设→冷冻系统安装→冷冻制冷→隧道开挖和衬砌。

1)钻孔

钻孔施工的要点包括：选择合适的钻机、钻头和钻具组合，选择适合施工要求的泥浆循环系统。

①钻机。浅埋隧道冻结孔大多在隧道内施工，施工场地和空间受到限制，要求钻机尺寸小、占用空间小，并且钻机操作要方便，重量要轻，移动要灵活，扭矩和推力要尽量大。冻结施工钻机一般采用改进后的

坑道钻机。

②钻头和钻具。冻结孔钻进一般采用跟管钻进，一边钻孔一边铺设冻结管，即采用将冻结管兼作钻杆的工艺方法，钻孔完毕后，钻杆留在钻孔内作为冻结管，这样可防止发生钻孔塌孔。跟管钻进要求钻头和钻杆连接部位密封，确保在钻进过程中钻杆内的泥浆通畅，达到泥浆护壁的目的。待钻孔完成后，对钻杆进行加压试漏，测试合格后作为冻结管使用。

③泥浆循环系统。泥浆泵量和泵压均应根据钻孔穿越的地层情况和钻孔的偏斜情况适时进行调整，已达到控制钻孔偏斜、泥浆护壁、防止塌孔的目的。

2)冻结器铺设

冻结器的铺设包括冻结管和供液管的下放和安装。冻结管一般用无缝钢管，通过焊接与螺纹连接。供液管一般采用聚乙烯塑料管或钢管。冻结器安装完毕后进行打压试漏，以保证达到设计要求。冻结管有并联和串联两种方式，如图 16.4-31 所示。

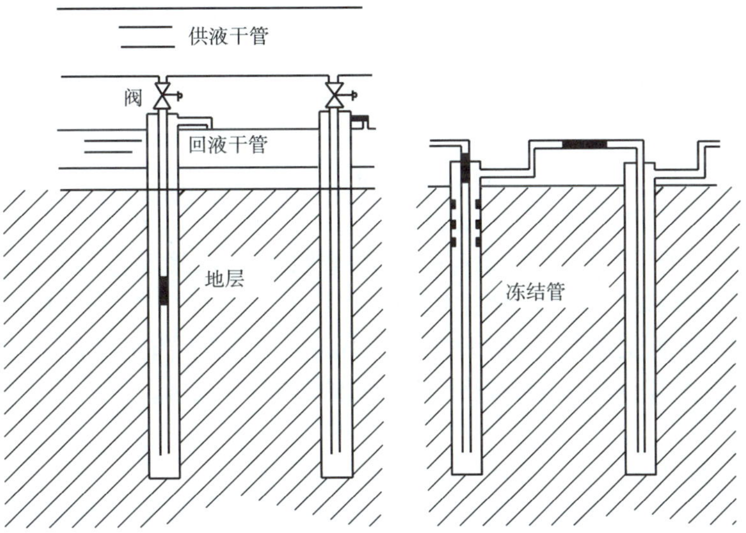

图 16.4-31 冻结管并联和串联冻结原理

3)冷冻系统安装

冷冻系统安装包括冷冻机组、盐水与清水系统、供电与控制线路的安装等，通过冷冻系统的整体调试，使冷冻系统的各种设备达到正常运转所要求的指标。

4)冷冻制冷

冷冻制冷分积极冻结期和维护冻结期。在积极冻结期要保证冷冻系统按设计制冷量运转，在设计的冻结时间内使冻结孔周围的冻土实现交圈，形成完成的冻结体。隧道施工期间要进行维护冻结，根据隧道施工情况，调整维护冻结工艺参数，包括冻结间歇时间、盐水温度、盐水流量等。冻结时，冻土结构不断扩大冻结圈半径，如图 16.4-32 所示。

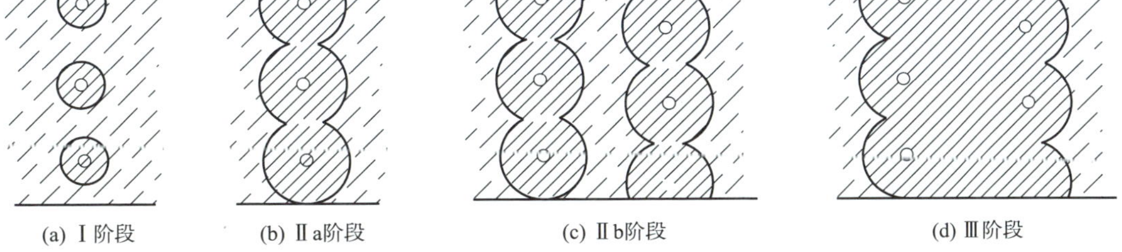

图 16.4-32 冻土结构不同的发展阶段

5)隧道开挖与支护

由于冻结技术独特的优越性，给浅埋隧道掘进和支护带来极大的安全和方便，可实现冻结施工和隧道施工的平行作业，而且不改变原有的隧道施工工艺。

16.4.3 盾构法施工

盾构法(Shield)施工，是指在地表以下土层或松软岩层中采用盾构机进行的隧道施工，主要用于当明挖隧道施工对城市生活干扰较大或隧道埋深、地质条件不适合于用明挖法或其他方法建造隧道的情况，具有不影响地面交通、减少对附近居民的噪声和振动影响、施工易于管理和施工不受风雨等气候条件影响等优点。

16.4.4 盾构法施工、盾构概貌及适用范围

盾构法是暗挖法施工中的一种全机械化施工方法。它是将盾构机械在地中推进，通过盾构外壳和管片支承四周围岩防止发生往隧道内的坍塌。同时在开挖面前方用切削装置进行土体开挖，通过出土机械运出洞外，靠千斤顶在后部加压顶进，并拼装预制混凝土管片，形成隧道结构的一种机械化施工方法。

盾构机于1847年发明，它是一种带有护罩的专用设备。利用尾部已装好的衬砌块作为支点向前推进，用刀盘切割土体，同时排土和拼装后面的预制混凝土衬砌块。盾构机掘进的出渣方式有机械式和水力式，以水力式居多。水力盾构在工作面处有一个注满膨润土液的密封室。膨润土液既用于平衡土压力和地下水压力，又用作输送排出土体的介质。

盾构机既是一种施工机具，也是一种强有力的临时支撑结构。盾构机外形上看是一个大的钢管机，较隧道部分略大，它是设计用来抵挡外向水压和地层压力的。它包括三部分：前部的切口环、中部的支撑环以及后部的盾尾。大多数盾构的形状为圆形，也有椭圆形、半圆形、马蹄形及箱形等其他形式。

盾构法施工得到广泛使用，因其具有明显的优越性：在盾构的掩护下进行开挖和衬砌作业，有足够的施工安全性；地下施工不影响地面交通，在河底下施工不影响河道通航；施工操作不受气候条件的影响；产生的振动、噪声等环境危害较小；对地面建筑物及地下管线的影响较小。

一般适用条件如下：

(1)线位上允许建造用于盾构进出洞和出渣进料的工作井；

(2)隧道要有足够的埋深，覆土深度宜不小于6 m且不小于盾构直径；

(3)相对均质的地质条件；

(4)如果是单洞则要有足够的线间距，洞与洞及洞与其他建(构)筑物之间所夹土(岩)体加固处理的最小厚度为水平方向1.0 m，竖直方向1.5 m；

(5)在松软含水地层，或地下线路等设施埋深达到10 m或更深时，可以采用盾构法；

(6)从经济角度讲，连续的施工长度不小于300 m。

16.4.5 盾构类型及选择

1. 盾构机分类

盾构机是修建隧道的正面支护掘进和衬砌拼装的专用机具，盾构机类型的主要区别是盾构机正面对土体支护开挖方法的不同。为此盾构机的种类按其结构特点和开挖方法来分，主要分为四大类：手掘式盾构机、挤压式盾构机、半机械式盾构机、机械式盾构机。

(1)手掘式盾构机(图16.4-33)

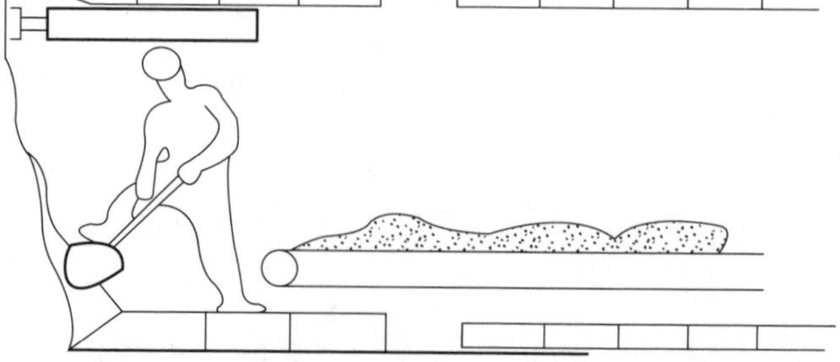

图16.4-33 手掘式盾构机

1)手掘式盾构机结构最简单、配套设备少,因而造价也最低,制造工期短。其开挖面可以根据地质条件来决定,全部敞开式或用正面支撑开挖,一面开挖一面支撑。

2)手掘式盾构机正面是敞开的,施工人员随时可以观测地层变化情况,及时采用应付措施;当在地层中遇到桩、大石块等地下障碍物时,比较容易处理。

3)含水地层中当开挖面出现渗水、流砂时,必须辅以降水、气压等地层加固措施;工作面若发生塌方时,易引起危及人身及工程安全事故。

4)手掘式盾构机造价低,结构设备简单、易制造、加工周期短,但劳动强度大,效率低、进度慢,在大直径盾构机中尤为突出。

(2)挤压式盾构机(图 16.4-34)

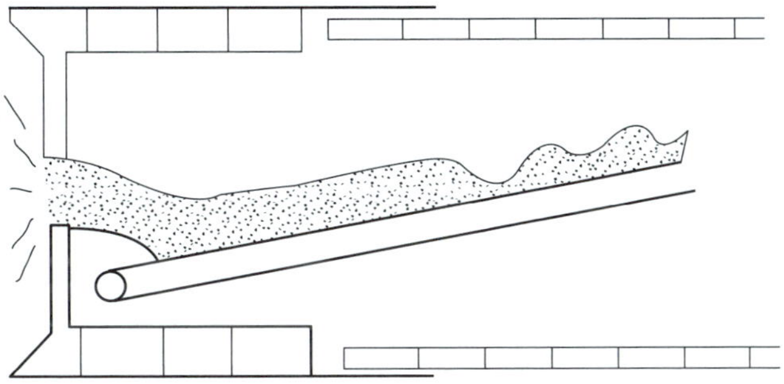

图 16.4-34 挤压式盾构机

1)挤压式盾构机的开挖面用胸板密封,施工安全、可靠,塌方风险小,当盾构机推进时,让土体从胸板局部开口处挤入盾构机内。然后装车外运,不必用人工挖土,劳动强度小,效率高。在特定条件下可将胸板全部封闭推进,即全挤压推进。

2)挤压式盾构机仅适用于松软可塑的黏性土层,适用范围较狭窄。在挤压推进时,对地层土体扰动较大,地面产生较大的隆起变形,所以在地面有建筑物的地区不能使用,只能用在空旷的地区或江河底下、海滩处等区域。

3)网格式盾构机是一种介于半挤压和手掘之间的盾构机形式。这种盾构机在开挖面装有钢制的开口格栅,称为网格。当盾构机向前掘进时,土体被网格切成条状,进入盾构机后被运走;当盾构机停止推进时,网格起到支护土体的作用,从而有效地防止了开挖面的坍塌。

4)网格盾构机对土体的挤压作用比挤压式盾构机小,因此引起地面变形的量较小。网格盾构机也仅适用于松软可塑的黏土层,当土层含水率大时,尚需辅以降水、气压等措施。当土体稳定系数 $N<6$ 时,网格盾构机应辅之以水力切割。

(3)半机械式盾构机(图 16.4-35)

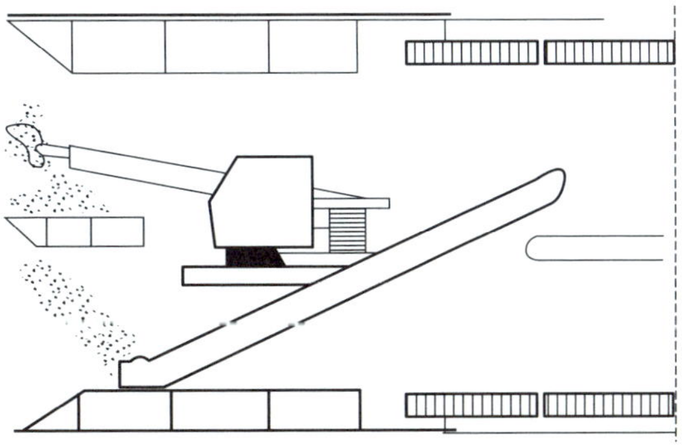

图 16.4-35 半机械式盾构机

1)半机械式盾构机是在手掘式盾构机正面装上机械来代替人工开挖,根据地层条件,可以安装反铲挖土机或螺旋切削机;土体较硬时,可安装软岩掘进机的凿岩钻。

2)半机械式盾构机的适用范围基本上和手掘式一样，其优点除可减轻工人劳动强度外，其余均与手掘式相似。

(4)机械式盾构机(图 16.4-36)

1)机械式盾构机是在手掘式盾构机的切口部分装上一个与盾构机直径一般大小的大刀盘，用它来实现盾构机施工的全断面切削开挖。

2)当地层土质好、能自立，或采用辅助措施后能自立时，则可用开胸式的机械盾构机，反之如地层土质差，又不能采用其他地层加固方法，此时采用闭胸机械式盾构机比较合适。

3)常用的机械式盾构机包括：局部气压式盾构机、泥水平衡式盾构机、土压平衡式盾构机。

局部气压式盾构机：在开胸机械式盾构机的切口环和支承环之间装上隔板，使切口环部分形成一个密封舱，舱中输入压缩空气，以平衡开挖面的土压力，保证正面土体自立而不坍塌。

泥水平衡式盾构机：主要结构包括刀盘、前体、中体、盾尾、主轴承、人仓、安装机轨道梁、管片安装机和吊机、拖车结构以及在拖车上布置的设备包括控制室、空压机、电器设备、水泵水箱、泥浆管延伸装置等，如图 16.4-37 所示。盾构机工作面土体是依靠泥水压力对工作面上的水压力发挥平衡作用以求得稳定。泥水压力主要是在掘进中起到支护作用。局部气压的密封舱内用泥水或泥浆来代替压缩空气，这样既可利用泥水压力来支撑开挖面土体，又可大大减少泄漏。刀盘切削下来的土在泥水中经过搅拌机搅拌，泥水泵将泥浆通过管道输送到地面集中处理，解决了连续出土的技术难题。其主要工作原理是通过向刀盘密封舱内加入泥水来平衡开挖面的水、土压力，刀盘的旋转切削和推进在泥水的环境下进行。泥水、渣是通过泥水泵抽出，泥水是通过循环的泥水系统处理添加。使用泥水泵和泥水处理系统，能有效地控制掌子面的泥水压力，保持开挖面的平衡稳定性及控制地面沉降。

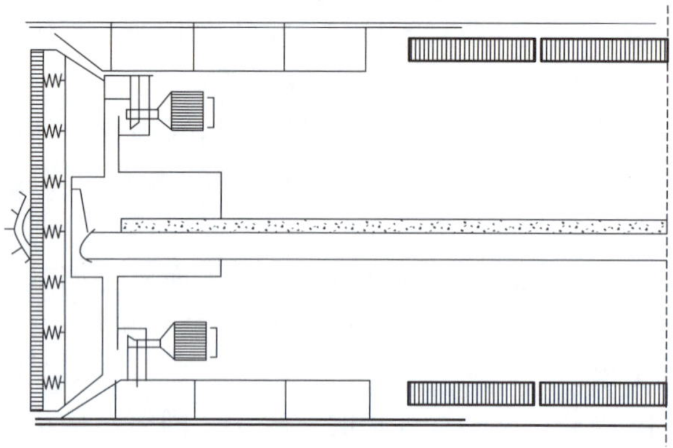

图 16.4-36　机械式盾构机

图 16.4-37　泥水式盾构机

土压平衡式盾构机：又称削土密封式或泥土加压式盾构机，是在上述两种机械式盾构机的基础上发展起来的，适用于含水饱和软弱地层中施工。前端也是一个全断面切削刀盘，在盾构中心或下部有一个长筒形螺旋输送机的进土口，其出口在密封舱外，如图 16.4-38 所示。土压平衡，是指盾构密封舱内始终充满了用刀盘切削下来的土，并保持一定压力，平衡开挖面的土压力。其主要工作原理是：盾构机的主驱动电机带动主轴承运动，主轴承带动刀盘旋转，刀盘面上布置的刀具切削下掌子面泥土，依靠刀盘后分布的液压缸推进，使刀盘对掌子面形成挤压，挤压出的渣土由螺旋输送机输出，通过控制螺旋输送机的速度来控制出渣速度，在掌子面上形成泥土压力稳定，从而产生一种土塞效应。

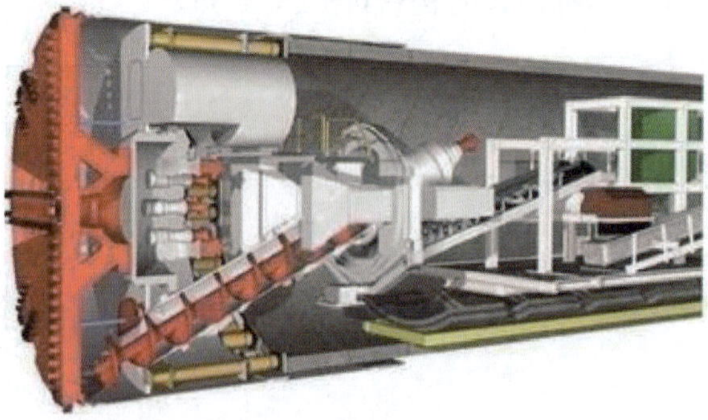

图 16.4-38　土压平衡式盾构机

异形盾构机：为了适应不同用途的需要，盾构机的形式呈现出多样化发展的趋势，常见的形式包括复圆盾构机(多圆盾构机)、非圆盾构机。其中复圆盾构机可分为双圆盾构机和三圆盾构机，非圆盾构机可分为椭圆形盾构机、矩形盾构机、马蹄形盾构机、半圆形盾构机。

2. 盾构机选型

(1)选型依据

盾构机的选型必须做到针对不同的工程、不同的地质特点进行设计和选型。盾构机选型依据如下：

1)工程地质、水文地质条件。包括地层自稳特性、地下水位、颗粒分析及粒度分析、岩石强度、渗透系数、砾石直径等。

2)隧道结构条件。包括隧道埋深、长度、横断面形状和尺寸、平纵断面线型、坡度、衬砌类型等参数。

3)周围环境条件。包括地上及地下建筑分布，地下管线埋深及分布，沿线河流、湖泊、海洋的分布，地表沉降及环境保护要求等。

4)工程施工条件。包括工期要求、造价要求、施工场地条件、沿线交通情况、气候条件、水电供应情况等。

5)宜配合使用的辅助工法等。始发、到达工作井地层加固技术措施、工作条件，盾构机超前地质预报工法，盾构机地质加固技术措施，盾构机过站施工工法等。

(2)选型流程

盾构机选型必须解决三个问题：一是如何支护，即用什么支护形式支护正面土体，以保持盾构机推进过程中开挖面的稳定；二是如何开挖，即用什么刀具开挖正面土体，以保证快速掘进；三是如何排土，即用什么排土方式排除土渣，以保持排土速度与开挖速度的平衡。因此，盾构机选型流程为：

1)机型的选择。考虑目前各国盾构机应有的现状，机型的选择主要指开敞式盾构机与闭胸式盾构机的选择，若已经确定为闭胸式盾构机，则机型的选择主要指泥水平衡式盾构机与土压平衡式盾构机的比选。

2)盾构机主要部件的选择。主要包括刀盘结构形式及开口率、刀具种类与配置、螺旋输送机(土压平衡式盾构机)或出渣管路系统(泥水平衡式盾构机)的形式与尺寸、盾构机主要技术参数等。

后配套施工设备的选择。主要包括洞内水平运输设备，洞口垂直提升设备，洞内通风、砂浆搅拌设备，洞内布置的供水供电、照明排污等临时设施。

(3)盾构机型确定

1)地层渗透系数

①地层渗透系数对于盾构机的选型是一个很重要的因素，在不同渗透系数范围内应选取相匹配的盾构机类型。

②当地层的渗透系数小于 10^{-7} m/s 时，宜选用土压平衡式盾构机。

③当地层的渗透系数在 10^{-7} m/s～10^{-4} m/s 之间时，既可以选用土压平衡式盾构机也可以选用泥水平衡式盾构机。

④当地层的透水系数大于 10^{-4} m/s 时，宜选用泥水平衡式盾构机。

2)地层颗粒级配(图 16.4-39)

①细颗粒含量多，渣土易形成不透水的塑流体，容易充满土仓。粗颗粒含量高的渣土塑流性差，实现土压平衡困难。

②土压平衡式盾构机主要适用于粉土、粉质黏土、淤泥质黏土、粉砂层等以细颗粒为主的土质地层。

③当遇冲积砂粒、砂、粉土、黏土等固结度较低的软弱地层，洪积地层以及软硬不均地层时，宜采用加泥式土压平衡盾构机。

④当岩土中粉粒和黏粒的总量达到 40%以上时，通常宜选用土压平衡式盾构机，相反的情况宜选择泥水平衡式盾构机。

⑤当遇到地层为砾石、圆砾地层或软硬不均地层时，宜选用复合式土压平衡盾构机。

⑥在典型的上软下硬地层中应使用土压平衡式盾构机，且采取合理有效的施工措施以确保施工质量。

⑦在砂层中进行大断面、长距离推进的情况下，优先选用泥水平衡式盾构机，且掘进断面越大，效果越好。

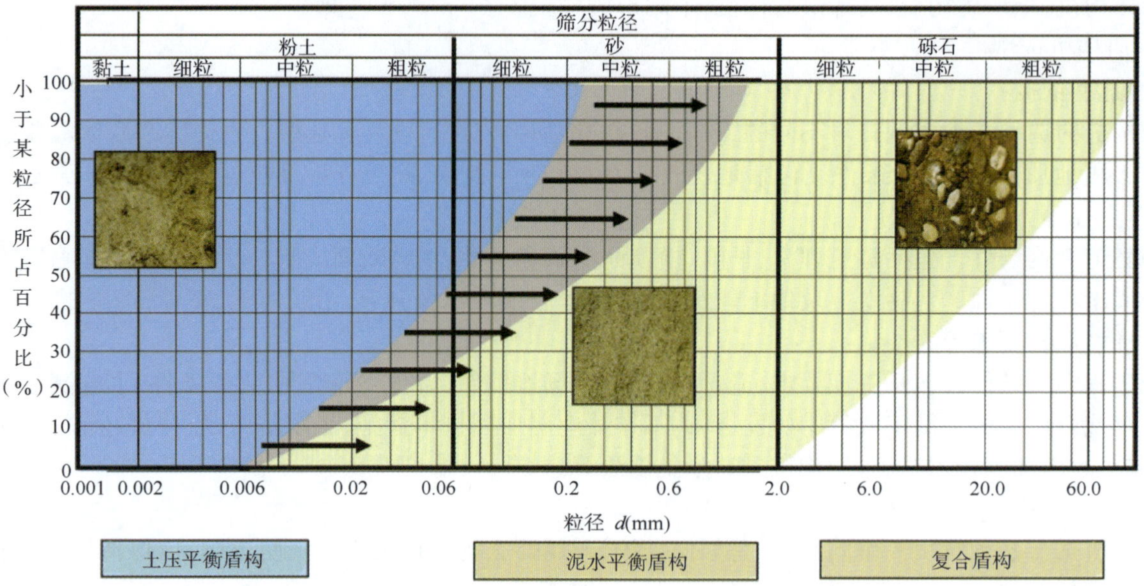

图 16.4-39　盾构机选型图(根据土层颗粒分布)

3)地下水

①对于无水地层或能通过降水将地下水位降到隧道以下的情况,可采用开敞式盾构机。

②土压平衡式盾构机一般在地下水位较浅时采用,水压较高时,如因地制宜原因需采用土压平衡式盾构机,需要增大螺旋输送机的长度,采用二级螺旋输送机或采用保压泵。

③泥水平衡式盾构机适应最大水压比土压平衡式盾构机高,比较适用于河底、海底等高水压条件下的施工,其适应的最大水压力主要受主轴承密封性能控制,适应水头高度一般不超过 100 m。

4)工程环境

①盾构机选型除考虑工程地质条件外,盾构机的外径、覆土厚度、线型(曲线施工时的曲线半径等)、掘进距离、工期、竖井用地、路线附近的重要构筑物、障碍物等工程地域环境因素的考虑也至关重要。通常考虑上述因素,综合安全性和成本要求,选定合适的盾构机。

②一般情况下对于直径大于 10 m 的盾构机,从驱动系统能力、节能方面及开挖面稳定方面考虑多采用泥水平衡式盾构机。同时对直径小于 3 m 的微型盾构机,主要从渣土运输方面考虑多采用泥水管道运输方式,也可采用泥水平衡式盾构机。

③泥水平衡式盾构机需要较大泥水分离场地,在城市中心区施工由于受场地大小、环境污染等周边环境条件的限制,多采用土压平衡式盾构机。

④在隧道线路周边有重要建筑物、地下管线时,为了减少施工对周边环境的影响,一般选择闭胸式盾构机。

16.4.6　盾构法地面沉降机理、预测和防治

国内外实践表明,盾构法施工多少都会扰动地层而引起地表沉降,即使采用目前先进的盾构技术,要完全消除地面沉降也是不太可能的。地面沉降量达到某种程度就会危及周围的地下管线和建筑物。因此,必须研究盾构施工时引起的地层扰动,造成地面沉降的机理,要清楚地掌握沿线的地下管线和建筑物的构造、形式等,对地面沉降量和影响范围进行预测,在设计和施工过程中通过现场反馈资料,采取相应的防治对策和措施。

1. 盾构法地面沉降机理与预测

地面沉降的基本原因是盾构掘进时所引起的地层损失和隧道周围地层受到扰动或剪切破坏的再固结。地层损失引起的地面沉降,大都在施工期间呈现出来。而再固结引起的地面沉降,在砂性土中呈现较快,但在黏性土中则要延续较长时间。地层损失是指盾构施工中实际开挖的土体体积与竣工隧道体积之差。竣

工隧道体积包括衬砌外围包裹的注入浆体体积。地层损失率以占理论排土体积的百分比表示，即：

$$V_l(\%)=V_L/V\times 100 \tag{16.4-1}$$

式中 V_L——盾构隧道单位长度的地层损失量(m^3/m)，取决于地层条件、隧道埋深、施工技术水平、盾构类型等诸多因素，目前尚难给出确定的解析式，根据统计，在适当技术和良好操作的正常施工条件下，$V_L=(-1.1\%\sim11.0\%)V$，对于黏性土尚可根据其稳定系数 N 进行估算：$V_l=2VC_u\exp(N-1)$，C_u为黏土的不排水抗剪强度。

V——盾构隧道单位长度的理论体积。

周围土体为弥补地层损失，就要向隧道移动，因而引起地面沉降。引起地层损失的施工及其他因素是：开挖面土体移动，当盾构掘进时，若开挖面受到的支护力小于地层的原始应力，则开挖面土体向盾构内移动，引起地层损失和地面沉降；反之，当支护力大于原始应力时，则开挖面土体向上向前移动，引起负地层损失和地面隆起。盾构在暂停推进时，千斤顶可能漏油回缩引起盾构后退，而使开挖面坍塌，引起地层损失。盾尾后面的建筑间隙未能及时有效地进行充填，从而使周围土体挤入建筑间隙，引起地层损失(在含水的不稳定地层中，这往往是引起地层损失的主要因素)。盾构在曲线推进和修正蛇行时的超挖和扰动会引起地层损失。在土压力作用下，隧道变形或沉降也会引起地层损失。施工中操作失误而引起开挖面坍塌，或前方地质情况骤变，而使开挖面土体急剧流动或崩塌而造成不正常的地层损失等。隧道周围地层受到盾构掘进的扰动后，便在隧道周围形成超孔隙水压力(正值或负值)区，随着盾构离开，土体表面应力释放，超孔隙水压力逐渐消失，引起地层固结变形而带来地面沉降。超孔隙水压力消失后，土体骨架还会因流变而引起次固结变形(沉降)，在孔隙比和灵敏度较大的软塑和流塑性黏性土中，次固结沉降往往要持续几年以上，所占总沉降量比例达35%以上。地面沉降量及影响范围的预测可以分为设计阶段预测和施工阶段预测。设计阶段的预测方法有连续介质力学的数值方法——有限元法和边界元法；以及根据实测数据的统计方法，其中较实用的有派克(Peck，1969)公式和一系列修正的派克公式，以及其他统计公式。其中派克横向公式为：

$$S_{(x)}=S_{(\max)}\exp(-x^2/2i^2) \tag{16.4-2}$$

式中 S——地面任一点的沉降值(mm)；

$S_{(\max)}$——地面沉降的最大值，位于沉降曲线的对称中心上(对应于隧洞轴线位置)(mm)；

x——从沉降曲线中心到所计算点的距离(m)；

i——从沉降曲线对称中心到曲线拐点(反弯点)的距离，一般称为“沉降槽宽度”(m)，如图16.4-40所示。

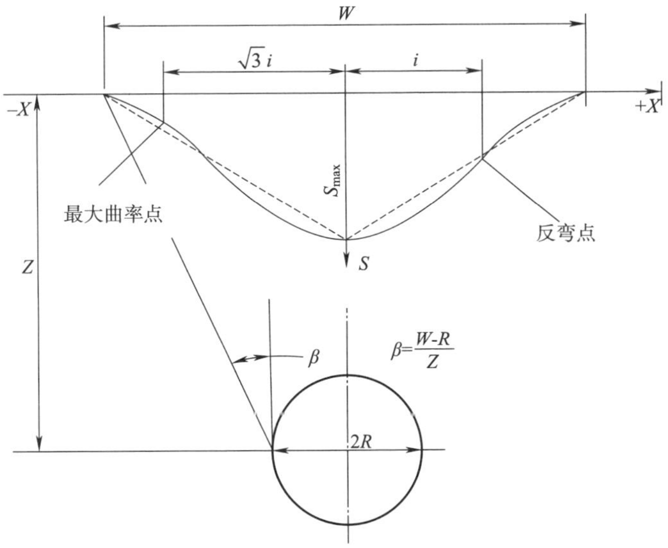

图 16.4-40 沉降槽横向分布图

$\sqrt{3}i$ 通过对正态分布函数二次求导，令其等于0求得；V 为隧道单位长度地层损失(m^3/m)；V_l 为地层体积损失率，即单位长度地层损失占单位长度盾构体积的百分比；这个参数的取值依赖地方经验。

其中，i 一般由查图表或者经验公式得来，以下列举了一些关于沉降槽宽度系数 i 的公式：

（1）Peck 通过对大量地表沉降数据和有关工程资料的分析后，得出：

$$i=\frac{Z}{\sqrt{2\pi}\tan\left(45°-\frac{\beta}{2}\right)} \tag{16.4-3}$$

式中 i——沉降槽宽度系数(m)；

Z——隧道深度(m)；

β——隧道周围地层内摩擦角。

（2）O'Reilly 和 New 提出一种简便的定义 i 值的方法，即 i 和隧道深度 Z 之间存在以下简单的线性关系：

$$i=KZ \tag{16.4-4}$$

式中 i——沉降槽宽度系数(m)；

K——沉降槽宽度参数，这要取决于土性，见表 16.4-5；

Z——隧道深度(m)。

第3篇 土建工程

表 16.4-5 沉降槽宽度参数取值表

土性	K 值
无黏性土	0.2～0.3
硬黏土	0.4～0.5
粉质黏土	0.7

（3）Clough 和 Schimidt 在其关于软黏土隧道的著作中，提出饱和含水塑性黏土中的地面沉降槽宽度系数 i 由如下公式求得：

$$\frac{i}{R}=\left(\frac{Z}{2R}\right)^{0.8} \tag{16.4-5}$$

式中 i——沉降槽宽度系数(m)；

R——隧道半径(m)；

Z——隧道深度(m)。

（4）Attwell 假定沉降槽曲线正态分布，给出估算地表沉降的经验公式：

$$\frac{i}{R}=K\left(\frac{Z}{2R}\right)^{n} \tag{16.4-6}$$

式中 i——沉降槽宽度系数(m)；

R——隧道半径(m)；

Z——隧道深度(m)；

K、n——取值见表 16.4-6。

表 16.4-6 K、n 取值表

土性	K	n
黏性土层	1.0	1.0
回填土层	1.7	0.7
砂性土层	0.63～0.82	0.36～0.97

（5）藤田收集了大量的，涉及多种盾构形式的统计资料后，给出以下公式：

$$i=\frac{\pi R^2}{\sqrt{2\pi}S_{\max}}\left(\frac{\Delta A}{A}\right) \tag{16.4-7}$$

式中 i——沉降槽宽度系数(m)；

R——隧道半径(m)；

$S_{(max)}$——地面沉降的最大值(mm)；

ΔA——沉降槽断面面积(m^2)；

A——隧道断面面积(m^2)。

2. 盾构法工地面沉降防治

做好盾构掘进的施工管理，即对盾构施工参数优化是防治地面沉降的基本措施。具体来说就是：

(1)保持开挖面的稳定性。开挖面的稳定性可以用稳定系数 N 来定量描述，N 值定义为：

$$N=\gamma H-PC_u n \tag{16.4-8}$$

式中 H——地面至开挖面中心的距离(m)；

γ——地层重度(kg/m^3)；

P——开挖面支护压力(kg/m^2)；

C_u——地层的不排水抗剪强度(kg/m^2)；

n——取值为 0.7～0.8。

经计算，当 $N=1\sim2$ 时，地层损失率可控制在 1%以下；当 $N=2\sim4$ 时，地层损失率可控制在 0.5%～11.0%；当 $N=4\sim6$ 时，地层损失量较大。

(2)及时、有效、足量地充填衬砌背后的建筑间隙，必要时还可通过在管片上的注浆孔进行二次加固注浆。浆液材料要严格控制其稠度、含水率和浆液中的黏粒含量，要根据盾构注入和拌浆设备的具体条件，优选浆液的材料和配比。同时要控制注浆压力，防止影响管片衬砌环的正常使用例如：开裂、渗水。

(3)严格控制盾构施工中的偏差量，盾构施工偏差增大，不但影响地下铁道线路、限界等使用要求，还会过多扰动地层而导致地面沉降量的增加。

16.4.7 盾构法隧道下穿工程

1. 下穿大型江河湖泊

大型水系的河床在形成过程中常常伴随着复杂水文、地质状况，诸如沼气、卵石、高水压等，前述状况使得穿越施工变得更加困难。例如：杭州地铁 1、2、4 号线下穿钱塘江；南京地铁 3/10 号线下穿长江；上海地铁下穿黄浦江等工程。

(1)盾构法隧道下穿沼气层

海陆历史变迁过程中，大量动植物死亡后残留的有机质经过长期的沉淀堆积，随后被水和泥沙覆盖并与空气隔绝，在厌氧菌的作用下分解发酵，伴随着一定的温度和压力，使这些生物的残骸变成泥炭，同时产生气态产物，其形成过程如式(16.4-9)。

$$\text{有机物}+\text{厌氧细菌}\xrightarrow{\text{一定的温度和压力}}CH_4+CO_2+H_2O \tag{16.4-9}$$

当生成的气体不可能向大气中扩散时，便向周围地层空隙中迁移和积聚。最终在地层的空隙中不断积聚成扁豆体状和透镜体状、大小不等的气囊，不同气相状态土的结构示意如图 16.4-41 所示，气相在土中赋存状态分类见表 16.4-7。

经地质勘探，中国大量水域富含沼气储气层，且大量储气点的区域位于埋深为 20～40 m 的浅海相范围内，正好与隧道线位一致，这给盾构隧道的施工造成了困难。某浅气藏静力触探井剖面如图 16.4-42 所示。

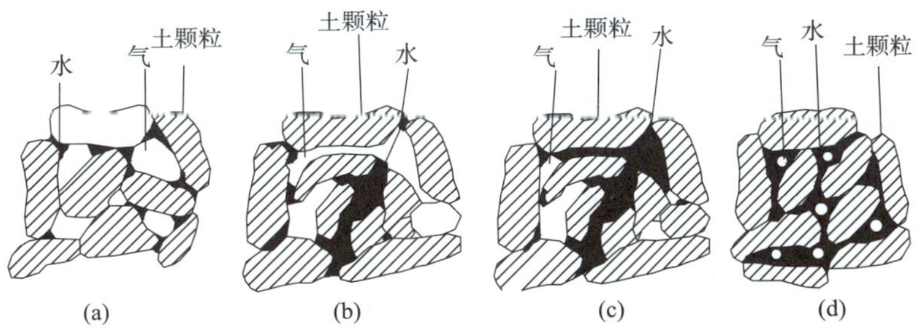

图 16.4-41 不同气相状态土的结构示意图

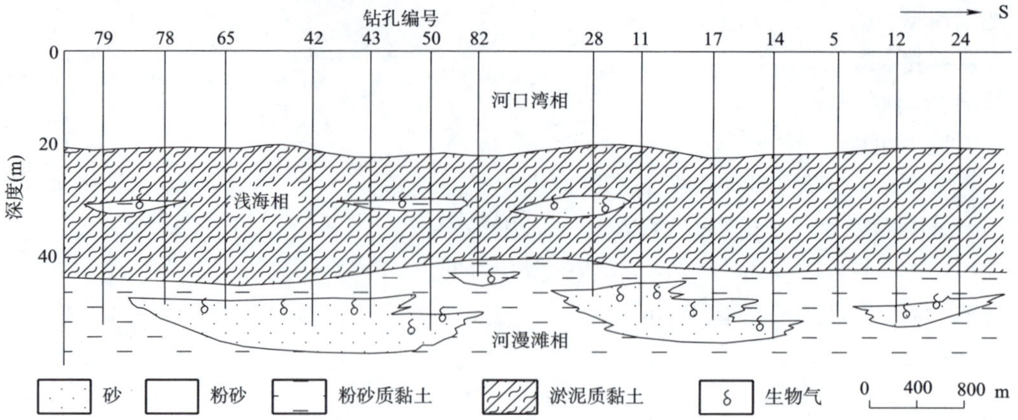

图 16.4-42 某浅气藏静力触探井剖面

表 16.4-7 气相在土中赋存状态分类表

气相形态	气相在土体空隙中位置	液相在土体空隙中位置	气相在土体中的连通性	液相在土体中的连通性	气相与液相的压差	饱和度
完全连通	占据了全部大、小孔隙	占据了微孔隙或以湾液面形态存在于土粒接触点周围	在大、小孔隙中完全连通	不连通	大	低
部分连通	占据了大孔隙	占据了微孔及小孔	在大孔隙中连通	在小孔隙中连通	较大	低
局部连通	仅占据了大孔隙中的部分位置	占据了微孔、小孔、大孔的部分位置	在大孔隙中部分连通	在大、小孔隙中基本连通	居中	中
完全封闭	以气泡形态密封于孔隙水中	占据了全部微孔、小孔、大孔	不连通	在大、小孔隙中基本连通	小或无	高

当盾构在含沼气的土层中掘进施工时，一方面盾构的机电设备运转容易产生静电，容易发生爆炸，而在江下发生爆炸所产生的危害远比陆域段大；另一方面，盾构成型隧道周边地层施工期残留的沼气通过渗水通道等路径进入隧道，运行列车在与轨道、受电弓接触时容易引发爆炸，隧道外界含气层气体渗漏流失也容易引发隧道局部大变形，增加结构破坏风险。据不完全统计，盾构隧道沼气层安全事故见表 16.4-8。

表 16.4-8 盾构隧道沼气层安全事故不完全统计

日 期	地 点	工程名称	事故描述
1993 年 2 月	东京	东京都水道输水管道盾构工程	沼气爆炸，死亡 4 人，伤 1 人
时间不详	上海	上海浦东某工程	成型隧道外侧沼气释放引起隧道过大横向、纵向变形，导致局部渗水、冒气和冒砂
时间不详	上海	合流污水治理工程	沼气多次渗入隧道且浓度较高
时间不详	上海	长江口某圆形排水隧道	沼气带砂从隧道下部涌入，导致隧道变形断裂，无法修复
2008 年 4 月	广州	6 号线东湖站至黄花岗站盾构区间	开仓检查时沼气爆炸，死亡 2 人，伤 6 人
2008 年 6 月	武汉	武汉地铁隧道某区间	盾构始发洞门沼气泄露
2009 年 5 月	广州	3 号线北延段九标	开仓检查时遭遇沼气，死亡 3 人

(2)盾构法隧道下穿高水压地层

盾构下穿大型江河湖泊易遭遇潮汐涨落、承压水层等，前述因素会导致水下隧道施工多面临高水头压力环境，部分水下盾构隧道工程遭遇的水头压力见表 16.4-9。

表 16.4-9 部分水下盾构隧道工程遭遇的水头压力

地 点	工程名称	水头压力
东京	日本东京湾横断道路隧道	0.5 MPa
上海	上海地铁区间隧道	0.1～0.2 MPa

续上表

地　　点	工程名称	水头压力
埃及	埃及艾哈迈德隧道	0.4 MPa
上海	上海延安东路隧道	0.35～0.4 MPa
上海	上海大连路隧道	
上海	上海翔殷路隧道	
上海	上海青草沙输水隧道	0.3 MPa
杭州	杭州地铁 1 号线穿钱塘江隧道	0.36 MPa
南京	南京地铁 3 号线穿长江隧道	0.57 MPa

高水头压力对盾构的掘进施工和建成之后的隧道均存在影响。在施工期面临盾构主轴承密封、螺旋输送机防碰涌和盾尾刷防水等技术难题。隧道建成后，管片接头在高水压作用下的防水是保障隧道正常使用的关键。高水头击穿盾构机薄弱区域如图 16.4-43 所示，高水压隧道运营期大幅度渗漏水、冒泥如图 16.4-44 所示。

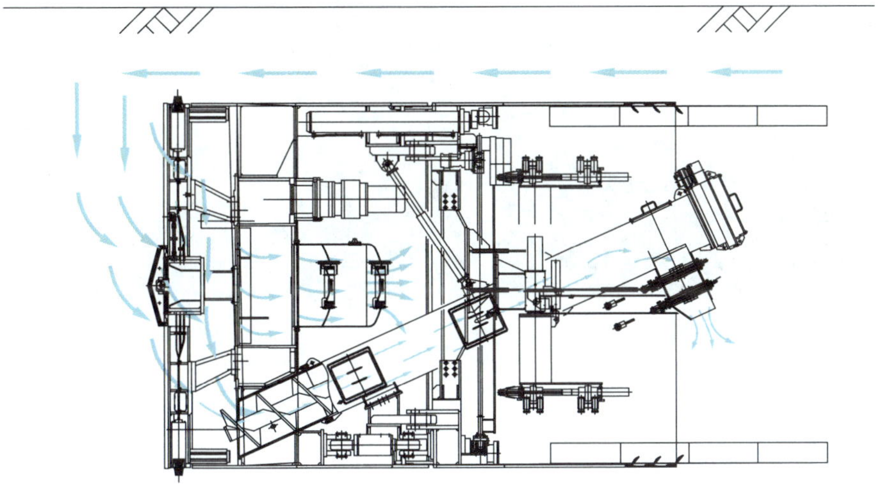

(a) 盾构主轴承、螺旋输送机漏水

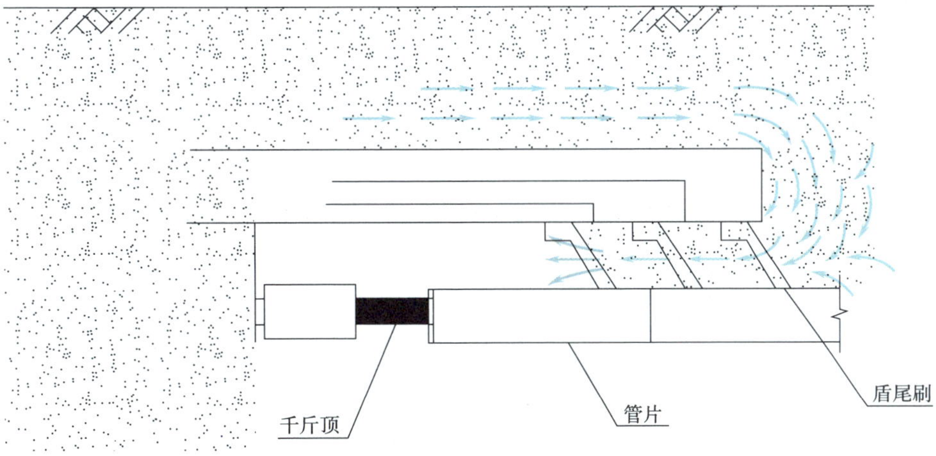

(b) 盾构尾部密封刷失效

图 16.4-43　高水头击穿盾构机薄弱区域

(3)盾构隧道长距离下穿砂层

受历史沉积影响，大型江河湖泊的河床下部往往沉积较深厚的砂层。水工盾构隧道施工往往需长距离下穿砂层。而砂性土内摩擦角大，盾构机械与砂性土长期接触、挤压作用下，刀盘、刀具、螺旋输送机等盾构掘进系统部件易发生过度磨耗。此类地层盾构刀具磨损如图 16.4-45 所示。

第3篇　土建工程

(a) 高水压隧道运营期大幅度渗漏水

(b) 高水压隧道运营期大幅度冒泥

图 16.4-44　高水压隧道运营期大幅度渗漏水、冒泥

(a) 盾构切削刀头崩断

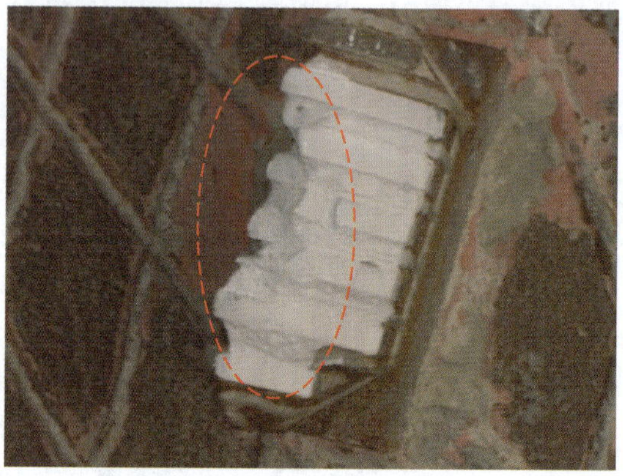

(b) 盾构贝壳型先行刀头崩断

图 16.4-45　砂层内盾构刀具磨损

(4)盾构隧道下穿高强度砂卵石、圆砾地层

砂卵石、圆砾的单轴抗压强度高、单体质量重，大型江河湖泊形成阶段，高强度的砂卵石、圆砾通常分布于黏土、砂性土层下部。盾构隧道下穿此类地层，刀盘即使配置滚刀、撕裂刀等重型刀具，刀盘刀具也极易磨损，且盾构机械磨耗风险要高于砂性土层。磨耗超限后，为确保盾构掘进安全和功效，必须进行水下换刀。因水底隧道盾构开挖面前方环境的复杂性，换刀操作时工作人员在土仓内高气压环境内作业，且工作区侧部还面临开挖面复杂的地质水文环境，换刀风险性极大，尤其对大跨度江河湖泊，潜在换刀次数更多，风险性更大。此类地层盾构刀盘磨耗如图 16.4-46 所示。

(a) 盾构滚刀磨耗

(b) 盾构撕裂刀磨耗

图 16.4-46　砂卵石、圆砾地层内盾构刀具磨损

(5)盾构隧道浅覆土下穿河床

大型江河湖泊河床受河流水动力作用,河床面局部位置会冲刷形成深切槽,水底盾构隧道线路设计若仅为避开而进行压线设计,则大大增加费用造价,并会增大在不良地层内掘进的风险。故盾构隧道常面临浅覆土下穿河床的问题。盾构隧道下穿此类地层,盾构及成型隧道轴线易偏位,具体表现在:盾构机易冒顶开挖面稳定性难控、隧道易浮起而造成局部变形、管片接头张开、渗漏水。

(6)盾构下穿大型江河湖泊亟待攻克的关键技术

综合前述盾构下穿大型江河湖泊施工所遭遇的具体困难,盾构施工亟待攻克的关键技术见表 16.4-10。

表 16.4-10 土压平衡盾构穿越大型江河湖泊施工亟待攻克的技术

困　难	具体问题	亟待攻克技术
沼气层	毒害、爆炸	水工盾构隧道下穿沼气层控制技术
深切槽	土压力剧变	水工盾构掘进系统长距离保压和盾尾防水控制技术
浅覆土	开挖面失稳	
高水压	螺旋输送机喷涌、盾尾密封失效、轴承漏水	
长距离砂层	渣土流塑性差且渗漏系数大	
砂卵石、圆砾层	渣土流塑性差且渗漏系数大	
高水压	管片接头渗漏水	水工盾构隧道施工期隧道成型质量综合控制技术
浅覆土	隧道上浮	
长距离砂层	刀盘刀具磨损	水工盾构隧道掘进减磨控制技术
砂卵石、圆砾层	刀盘刀具磨损	

2. 下穿建筑物分类

近年来,盾构隧道从建筑物下穿越的工程实例越来越多,施工对建筑物产生不良影响的案例时有发生,其原因涉及多个方面。但是,如果能够在施工前理清若干不利因素,则可以提出有利于施工控制的相应措施。尽管实际的影响因素众多且复杂,也可通过物理关系或力学关系找到控制的途径,例如上海外滩道路隧道,其北段 1 098 m 为盾构隧道,采用直径 14.27 m 土压平衡盾构施工,为国内首次采用大直径土压平衡盾构在城市密集区施工,成功完成"1 桥 2 隧 33 栋"等建构筑物的穿越施工,浦江饭店桩基与盾构边线仅 1.7 m,如图 16.4-47 所示。隧道的最小覆土厚度仅为 8.52 m,约为 0.6D,属于浅覆土施工。外滩隧道于 2010 年 3 月 28 日建成运营,缓解了交通拥堵,改善了外滩景观。

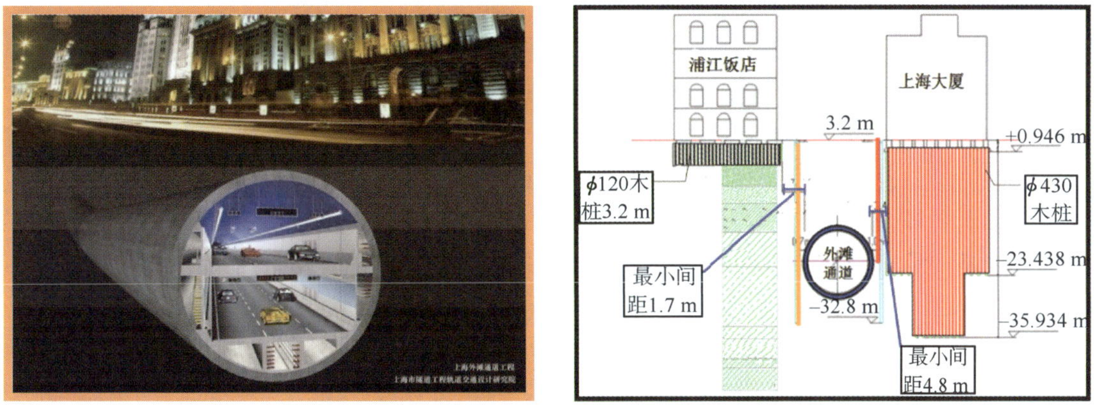

图 16.4-47 砂卵石、圆砾地层内盾构刀具磨损

建筑物的结构特点主要依据以下两方面因素进行分类:结构物抵抗变形的能力,以及结构物对不均匀变形的适应能力。无论是抗变形能力还是适应变形的能力,与上部结构的类型以及材料选取有很大的关系,同时还与地基条件与基础形式密切相关。于是对于下穿体的结构特征进行分类,需要从结构的抗变形能力和对不均匀变形的适应能力出发,结合结构的材料和基础类型进行区分。

(1)按照建筑物主要承重结构所使用的材料分类

建筑物按照所使用的材料可分为木结构、砖混结构、钢筋混凝土结构、钢与混凝土组合结构以及钢结构（图 16.4-48）。其中木结构所使用的主要材料为木材，多为单层建筑，古建筑多采用木结构；砖混结构承重材料为砖石，老建筑多为砖混结构；钢筋混凝土结构适用于修建多层、高层建筑；钢结构的主要材料为型钢，超高层建筑或高耸建筑、受动力作用的厂房、重型厂房等多采用钢结构。

(a) 木结构　(b) 砖木结构

(c) 钢筋混凝土结构　(d) 钢结构

图 16.4-48　不同结构类型的建筑物

（2）建筑物基础结构分类

建筑物按照基础类型可分为浅基础与深基础两大类，两者的差别主要体现在设计原则及施工方法上。浅基础竖向尺寸与平面尺寸相当，通常验算地基承载力和地基沉降时，不考虑基础底面以上的土体抗减强度对地基承载力的作用，也不考虑基础侧面与土之间的摩擦阻力，浅基础的施工条件和工艺都比较简单；深基础包括桩、墩和沉井等，设计方法与浅基础完全不同，需要考虑侧壁的摩擦阻力对基础稳定性的有利作用，确定深基础地基的承载力方法也和浅基础不同，深基础的施工通常都要采用特殊的手段，施工条件比较复杂。

浅基础的种类很多，如图 16.4-49 所示，一般地，根据所使用的材料可将浅基础分为刚性基础和柔性基础。

刚性基础通常指由砖、石、素混凝土、三合土和灰土等材料建造的基础。由于这些材料的抗拉强度比抗压强度低得多，设计时不考虑它们的抗拉强度，控制基础的外伸宽度和基础高度的比值（称为刚性基础台阶宽高比）小于一定的数值即可。如基础的外伸宽度超出规定的范围，基础会产生拉裂破坏，由于基础的相对高度比较高，几乎不会产生弯曲变形，所以称为刚性基础。当建筑物荷载比较大而地基又比较软弱时，刚性基础所需要的基础宽度很宽，相应的埋置深度非常深，诚然，这种情况下不适用于开展下穿施工，否则非常容易造成建筑物基础破坏。

柔性基础是由钢筋混凝土建造的，具有比较好的抗剪能力和抗弯能力，可以用扩大基础底面积的方法

(a) 条形基础

(b) 筏形基础

(b) 独立基础

(d) 箱型基础

图 16.4-49　几种常见的浅基础形式

来满足地基承载力的要求，而非加深基础的埋置深度。柔性基础通常分为以下几种类型：

钢筋混凝土独立基础：该类基础主要作用于柱下，也用于一般地高耸建筑物，如水塔、烟囱等。其构造形式通常有现浇台阶形基础、现浇锥形基础和预制柱的杯口基础，如图 16.4-50 所示。

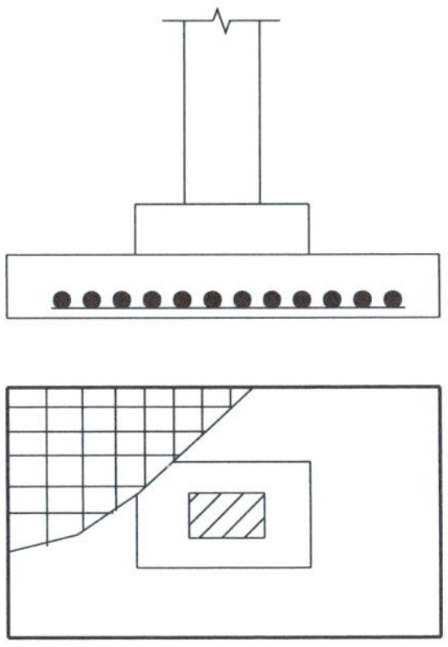

(a) 台阶形基础

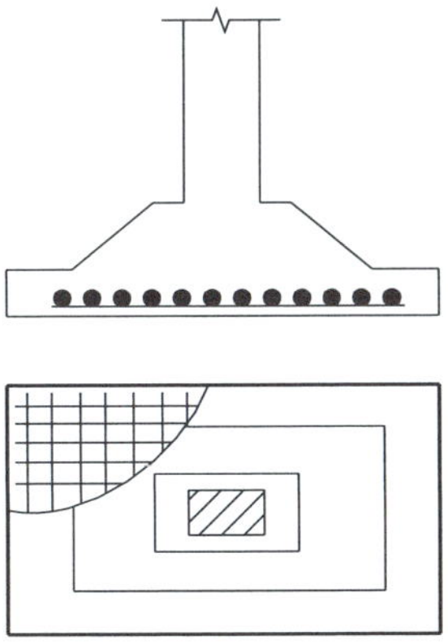

(b) 锥形基础

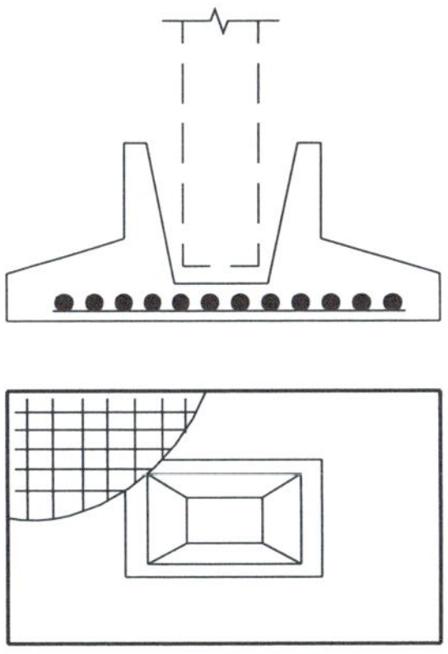

(c) 杯口基础

图 16.4-50　几种常见的独立基础示意图

钢筋混凝土条形基础：当建筑物采用砖墙承重时，墙下基础常连续设置，形成条形基础；条形基础的长度一般远大于宽度，按上部结构分为墙下条形基础和柱下条形基础(图 16.4-51)，其作用是把墙或柱的荷载分散传递到土层中，使之满足地基承载力和变形的要求。

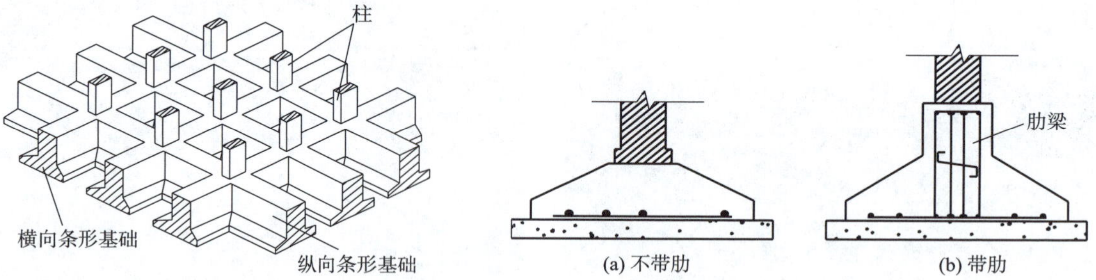

(a) 柱下条形基础　　(b) 墙下条形基础

图 16.4-51　条形基础示意图

筏板基础：当建筑物上部荷载较大而地基承载能力又比较弱时，用简单的独立基础或条形基础已不能适应地基变形的需要，这时常将墙或柱下基础连成一片，形成筏板基础(图 16.4-52)。筏板基础对上部荷载的分散能力更强，可有效地增强基础的整体性，调整不均匀沉降。

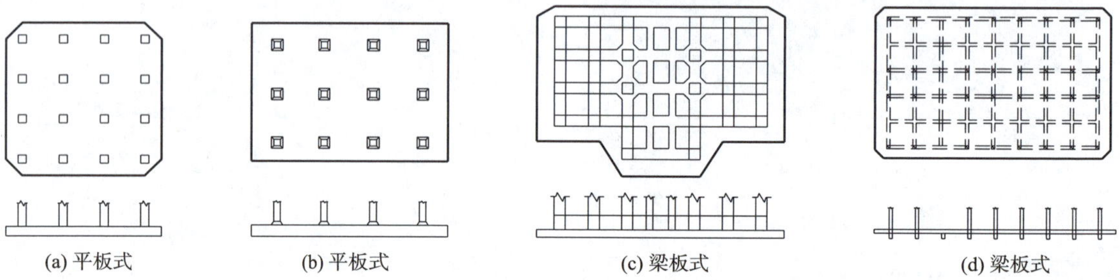

图 16.4-52　筏板基础示意图

箱型基础：箱型基础是由钢筋混凝土底板、顶板、侧墙及一定数量的内隔墙构成封闭的箱体(图 16.4-53)。箱型基础整体性和刚度都较好，不均匀沉降的适应能力强，可很大程度上避免建筑物发生开裂，然而，箱基造价更高，通常用于高层重型建筑物的基础及对沉降有严格要求的设备基础或特殊构筑物。

壳体基础：为了发挥混凝土抗压性能好的特性，可以将基础的形式做成壳体(图 16.4-54)。常见的壳体基础有三种，即正圆锥壳、M 形组合壳和内球外锥组合壳。壳体基础可用作柱基础和筒形构筑物(如烟囱、水塔、料仓、中小型高炉等)的基础。

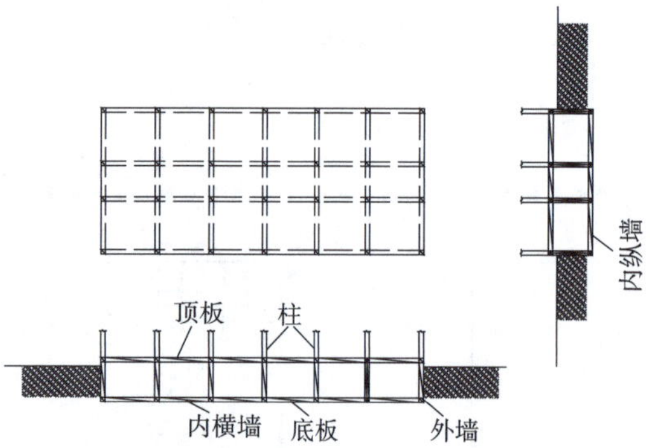

图 16.4-53　箱型基础示意图

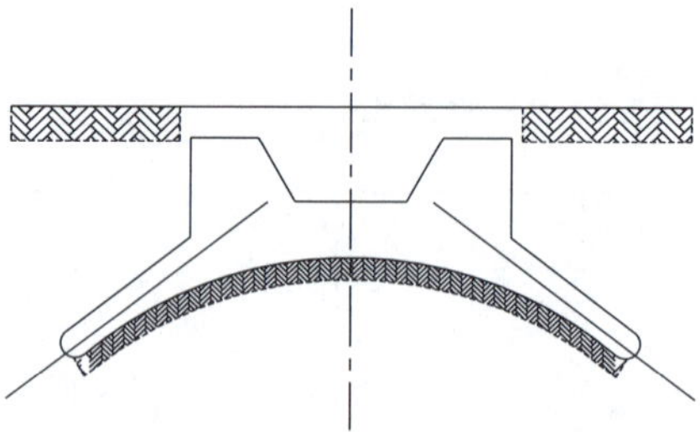

图 16.4-54　壳体基础示意图

深基础主要指桩基，如图 16.4-55 所示。桩基是设置于土中的竖直或倾斜的柱形基础构建，其横截面尺寸比长度小得多，并与连接桩顶和承接上部结构的承台组成深基础。桩利用本身远大于土的刚度将上部结构荷载传递到桩周及桩端较坚硬、压缩性小的土或岩石中，达到减小沉降、使建筑物满足正常的使用功能及抗震要求。一般工业与民用建筑中主要采用桩基承受竖向抗压荷载，此外，在桥梁、公路、高耸及高重建筑物中还可以用于承受侧向力、地震力、行车荷载以及抗拔荷载等。盾构在城市中施工会经常遇到从桩基中穿越的情况，此时附加应力计算较困难，施工参数难以确定，另一类下穿问题还需要从建筑物的桩基础中穿越或者需要直接从桩体上穿越。如图 16.4-56 所示，从桩体上穿越需要截桩，这还常常与桩基础的托换有关联。

图 16.4-55 桩基础

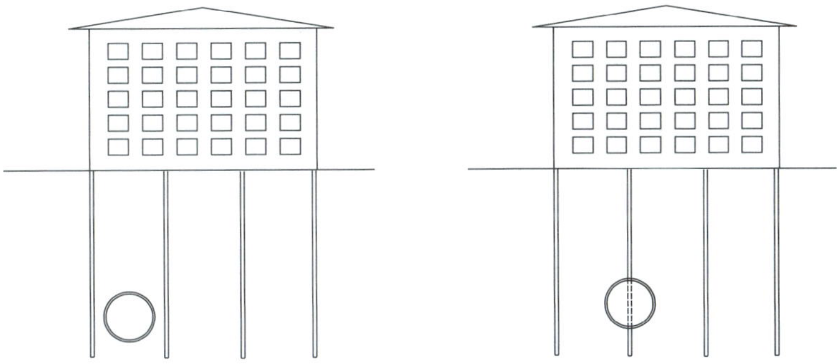

(a) 桩间下穿 (b) 桩体下穿（截桩）

图 16.4-56 盾构穿越桩基础

桩可以按不同的方法进行分类，不同类型的桩基具有不同的承载性能，下穿施工时的侧重点也不相同。桩的综合分类见表 16.4-11。钢筋混凝土预制桩在施工现场或构件场预制，用打桩机打入土中，再在桩顶浇筑钢筋混凝土承台，其承载力大，预应力管桩桩身材料强度可达到 C80，且不受地下水位变化的影响，耐久性好；预制桩的缺点是自重大，运输和吊装比较困难，打桩时振动较大，对周围房屋有一定影响。灌注桩适用于多种地层，可灵活调整桩长、桩径，且施工时无振动、无挤土、噪声小，宜在城市建筑物密集的地区使用，是目前主要使用的桩型。

表 16.4-11 桩的综合分类

桩基础分类	桩的类型				
按桩的制作工艺	预制桩		灌注桩		
按成桩或成孔工艺	打入桩	静压桩	沉管桩	钻孔桩	人工挖孔桩
按挤土效应	挤土	挤土	挤土	非挤土	非挤土
按桩身材料	钢、钢筋混凝土		钢筋混凝土、素混凝土		

常用的预制桩有混凝土实心方桩与预应力混凝土管桩两种，一般通过沉桩设备打入、压入或振入土中。预制桩的接头为薄弱环节，盾构穿越桩基施工工况复杂，需要对接头处桩基的形态变化做充分调研与计算以免发生破坏。灌注桩通常分为含钢筋段与素混凝土段，其中含钢筋段可抗弯，而素混凝土段不抗弯，应尽量保证盾构在钢筋段下穿，避免素混凝土段受弯破坏。

(3)按建筑物与隧道的空间关系分类

隧道与建筑物的相对位置不同会导致地层变形影响区域与建筑物组合方式不同，从而对建筑物产生不同的附加应力和沉降。一般地，下穿隧道与建筑物的距离越近，下穿施工对建筑物产生的影响越大。距离的远近在三维空间中可以通过立面和平面位置关系来表征（通常忽略隧道的坡度引起的距离变化）：具体包含两层含义，一是两者立面上位置关系，主要指建筑物与下部隧道之间的距离，如 0.5D、1.0D、1.5D、2.0D 等，需要分析不同埋深对建筑物的影响；二是两者平面上位置关系，指隧道与建筑物水平距离及交叉方位，主要关注建筑物与沉降槽之间的关系，尤其与沉降梯度之间的关系。立面位置关系主要是隧道在建筑正下方或者隧道在建筑侧下方；平面位置关系主要是隧道走向与建筑平行、隧道走向与建筑垂直、隧道走向与建筑斜交。

盾构隧道下穿建筑物可划分为侧穿、下穿、斜穿，如图 16.4-57 所示。图 16.4-57(a)为盾构从建筑物的正下方正交穿越，此时可分为两种情况：沿建筑物长边穿越和沿建筑物短边穿越；图 16.4-57(b)为从建筑物的侧面穿越，且隧道轴线与建筑物某侧边平行，可分为与长边平行和与短边平行两种情况；图 16.4-57(c)为与建筑物斜交的下穿情形，可分为在建筑物下方的斜穿与在建筑物一侧斜穿。

对建筑物的下穿类型进行分类可以明确建筑物与沉降槽的关系，从而确定下穿施工对建筑物产生的差异沉降，并根据沉降和类型提出针对性的辅助控制措施。

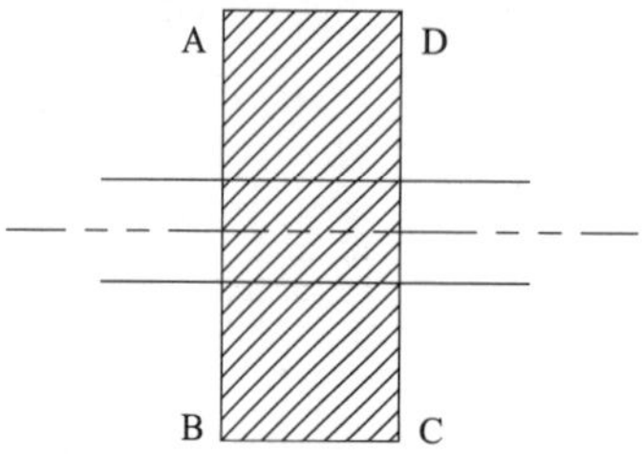

(a) 下穿

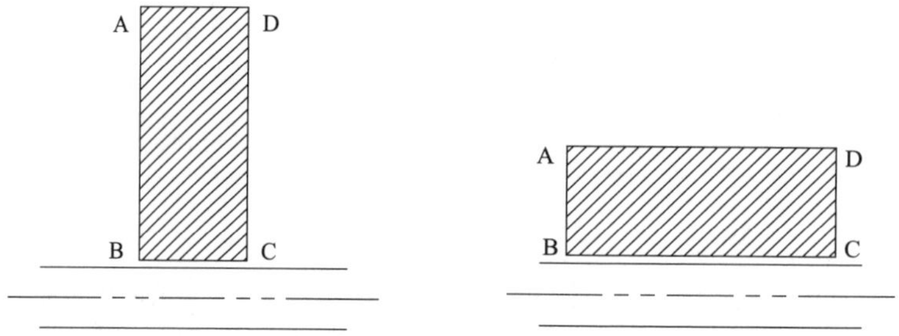

(b) 侧穿

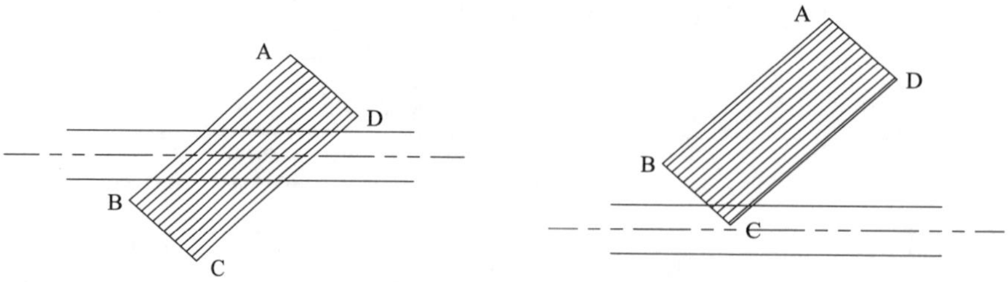

(c) 斜穿

图 16.4-57　下穿、侧穿和斜穿建筑物

3. 下穿铁路既有线

下穿铁道与下穿其他建筑物施工的根本区别在于：一方面，在铁道上行驶的列车给轨下土层的施工区产生动荷载的作用，另一方面由施工引起的轨面变形将直接危及行车安全并加大行车产生的动荷载。显然在下穿铁道施工中所需要面对的是系统的动力响应和行车安全问题。行车安全是基本目标，系统动力响应

既是行车产生的，又反过来影响行车，于是，铁道的等级、行车的类型、工程地质条件和施工方法等将直接影响下穿铁道的施工。

(1)下穿普通铁路

普通铁路以有砟轨道为主，干线铁路大多客货混运，且通常为跨区间无缝线路，如图 16.4-58(a)所示是有砟轨道线路的横断面结构，钢轨固定在轨枕上，轨枕是以碎石道砟为支托并稳定的；如图 16.4-58(b)所示是线路的纵向，近年铺设跨区间无缝线路，由于Ⅲ型轨枕强度较高，统一采用轨枕间距 0.6 m，即每公里轨枕数为 1 667 根。

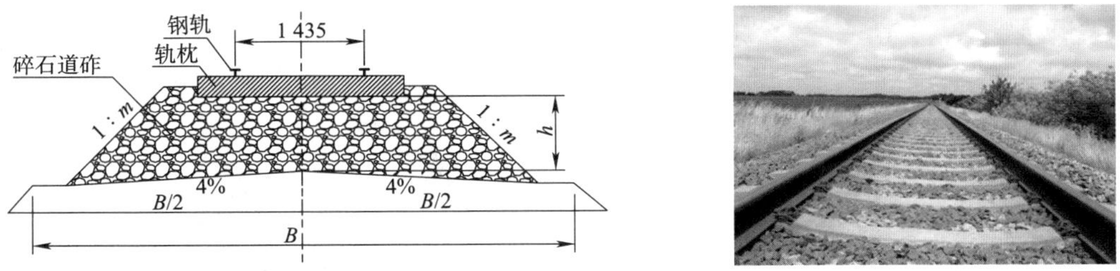

(a) 横断面示意图　　(b) 线路纵向

图 16.4-58　有砟轨道

列车荷载通过钢轨、轨枕和道床扩散到路基面，如图 16.4-59 所示是列车荷载在路基面上的横断面分布形式和列车通过时的动应力波。列车产生动荷载的大小受钢轨面的平顺性影响颇大，也即下穿施工产生的变形不仅影响车辆的振动和脱轨与否，也影响轨下附加应力的大小。下穿施工与铁路列车之间形成非良性循环，这是下穿铁路研究的重点。

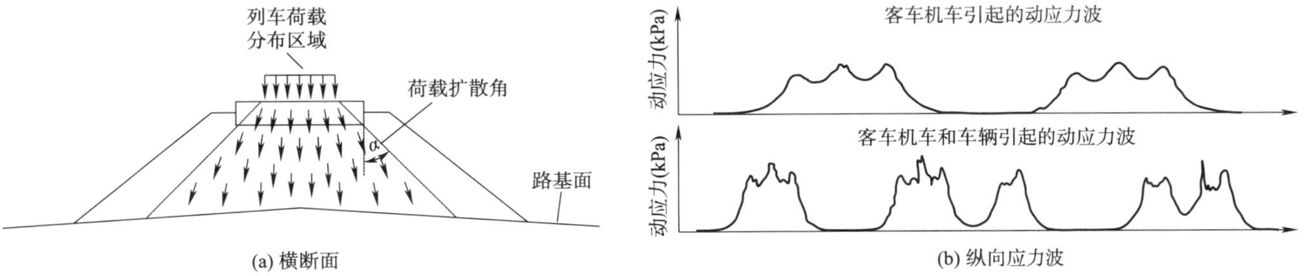

(a) 横断面　　(b) 纵向应力波

图 16.4-59　列车荷载在路基面上的横断面分布形式和列车通过时的动应力波

正因为线路变形控制的重要性，下穿铁路的施工应该区分以下几种情况：

1)隧道正交下穿铁路，随着盾构掘进面的推动，在线路横断面上左右两根钢轨会产生水平不平顺，如图 16.4-60(a)所示，在线路的纵向会形成高低不平顺，如图 16.4-60(b)所示。

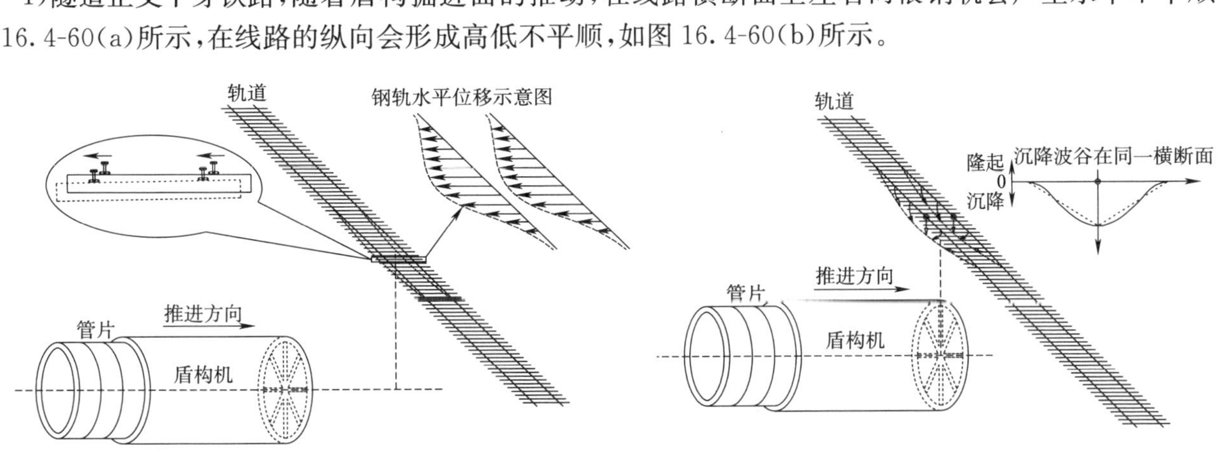

(a)　　(b)

图 16.4-60　隧道正交下穿铁路

2)隧道斜交下穿铁路，由于斜交夹角 α 的存在，两根钢轨的沉降波谷不在线路的同一横断面上，如图 16.4-61 所示，而且容易造成线路的方向不平顺，斜交下穿时列车安全的影响更为不利。

3)下穿咽喉区，铁路咽喉区又称道岔区，如图 16.4-62 所示。道岔是列车转换行驶路线的重要设施，根据《铁路线路修理规则》(铁运〔2006〕146 号)中道岔轨道静态几何尺寸容许偏差管理值规定：尖轨尖处轨距的作业验收的容许偏差管理值为±1 mm。

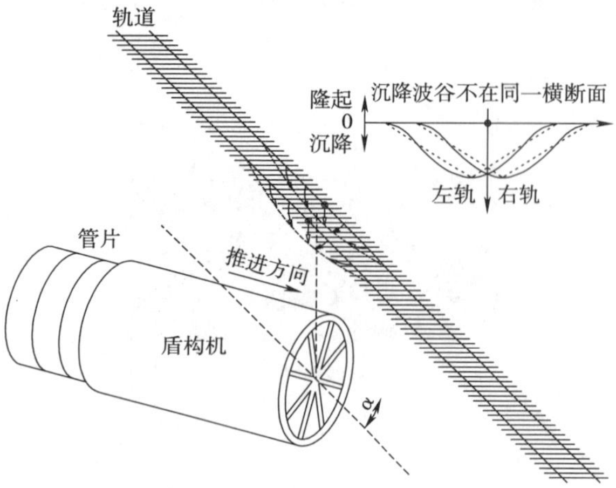

图 16.4-61　隧道斜交下穿铁路

图 16.4-62　铁路咽喉区

除了岔心的变形控制之外，由于并行多股线路相邻线路的列车荷载在下穿区会形成叠加，如图 16.4-63 所示，一方面增加施工控制的难度，另一方面，下穿施工也会对多条线路同时产生影响。

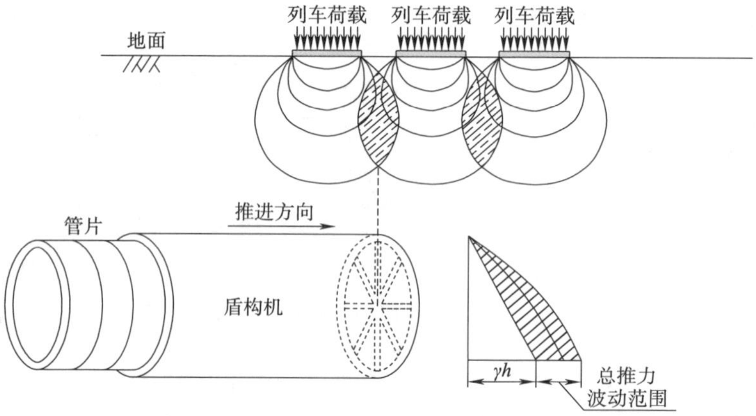

图 16.4-63　并行多股线路

4)下穿站场区，下穿站场区与下穿咽喉区类似，存在多条线路的叠加影响，反之施工也对多条线路同时产生影响。

(2)下穿高速铁路

高速铁路因行车速度高，对轨面变形控制要求极为严格，以至于到了苛刻的程度，所以下穿高铁施工产生的影响也极大。从技术层面分析，下穿施工对高铁产生的影响主要集中在轨面、轨道板和混凝土基床的变形方面，如图 16.4-64(a)所示是高速铁路典型的路基断面，下穿施工对线路产生的影响如图 16.4-64(b)所示，会导致基床面与混凝土基座之间产生空隙，在车载的作用下引发混凝土基床发生开裂，并引发病害。空隙量的大小也会影响轨面的平顺性，进而影响列车的舒适性和安全性。

我国东部软土地区高铁线路约有 70%采用以桥代路方式修建，下穿施工一般从高架桥孔中穿越，如图 16.4-65 所示，下穿施工影响需要注意的是对桥墩产生的变形影响，这与前述的侧穿桩基类似。

在高速铁路的桥孔中穿越，需要区分桥梁的形式，如简支梁、连续梁等，并考虑无砟轨道道床板与桥面的连接方式。无砟轨道是以混凝土或沥青混合料等取代散粒道砟道床而组成的轨道结构形式。由于无砟轨道具有轨道平顺性高、刚度均匀性好、轨道几何形位能持久保持、维修工作量显著减少等特点，在各国铁路得到了迅速发展，特别是高速铁路，一些国家已把无砟轨道作为轨道的主要结构形式进行全面推广，并取得了显著的经济效益和社会效益。我国高速铁路目前采用的无砟轨道结构形式主要有：板式无砟轨道（CRTSⅠ型板式无砟轨道、CRTSⅡ型板式无砟轨道和 CRTS Ⅲ型板式无砟轨道）、双块式无砟轨道（CRTS Ⅰ型双块式无砟轨道和 CRTSⅡ型双块式无砟轨道）和长枕埋入式无砟轨道等。

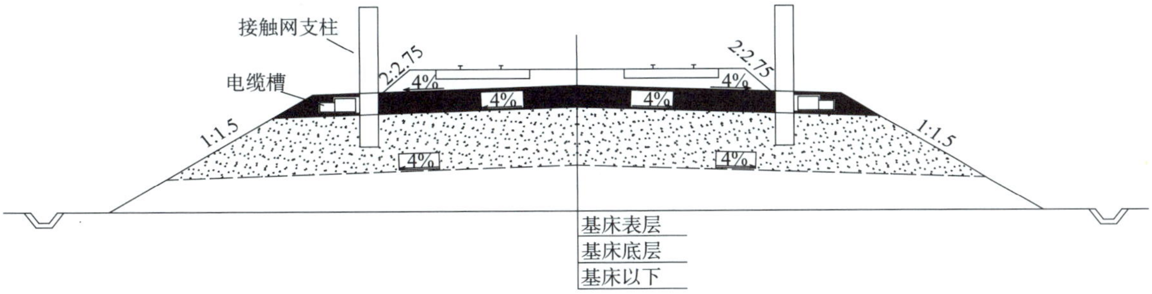

（a）高速铁路典型的路基断面

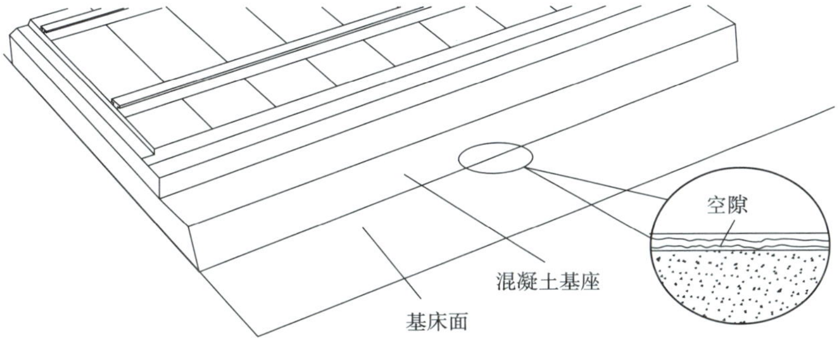

（b）基床面与混凝土基座之间的空隙

图 16.4-64 下穿高速铁路

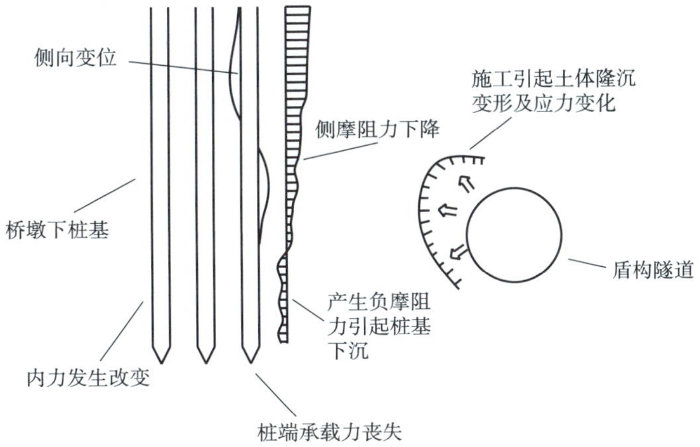

图 16.4-65 下穿桥墩施工

CRTS 板式轨道是由钢轨、扣件系统、预制轨道板、填充调整层（CA 砂浆或是自密实混凝土等）、混凝土底座（或是支承层）和限位装置等构成。三种板式轨道之间的不同之处在于：CRTSⅠ型板式无砟轨道填充调整层用乳化沥青水泥砂浆（CA 砂浆），在单元板之间设置了凸型挡台来实现纵向与横向限位，如图 16.4-66(a)所示，其结构横断面如图 16.4-66(c)所示，CRTSⅠ型板式轨道底座在梁面构筑并分段设置，每块轨道板底座之间设置 20 mm 伸缩缝，伸缩缝对应凸型挡台中心并绕过凸型挡台，底座范围内梁面不设防水层和保护层，轨道中心线 2.6 m 范围内的梁面在梁厂预制时进行拉毛处理，梁体采用预埋套筒植筋与底座相连。

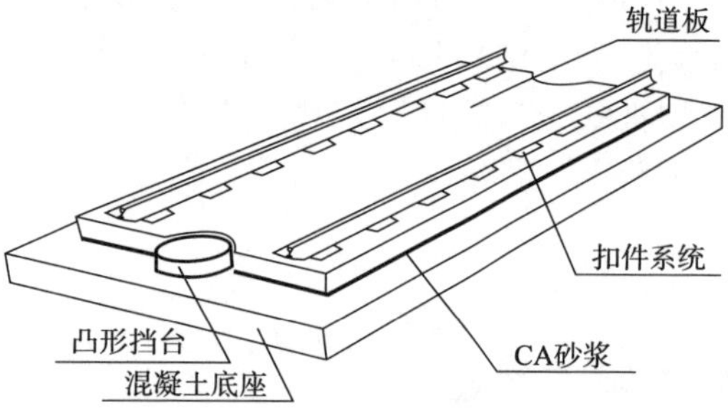

(a) CRTS Ⅰ型板式无砟轨道结构

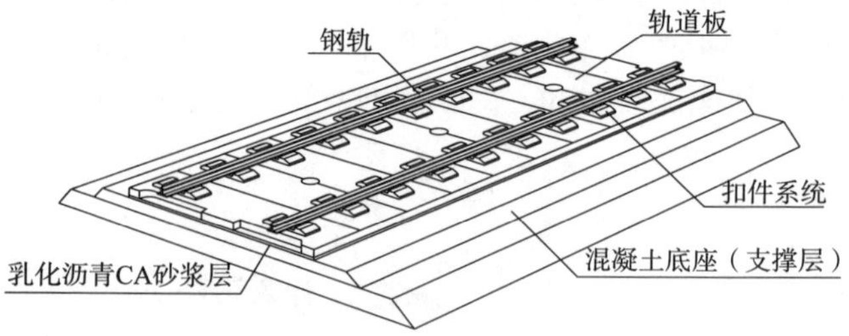

(b) CRTS Ⅱ型板式无砟轨道结构

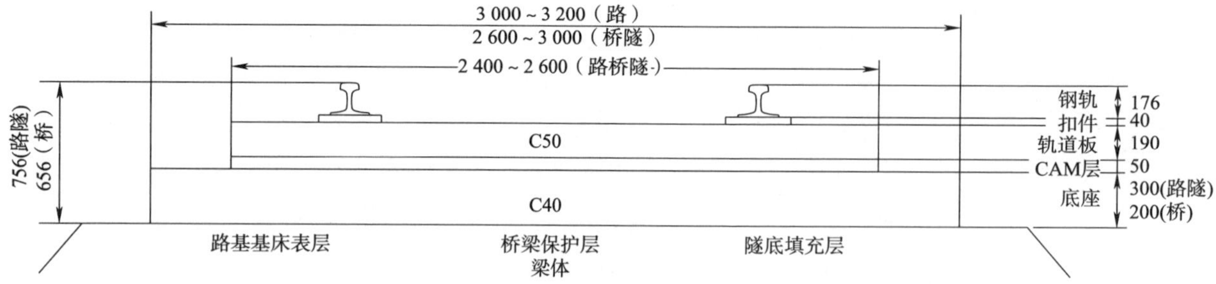

(c) CRTS Ⅰ型板式无砟轨道横断面图

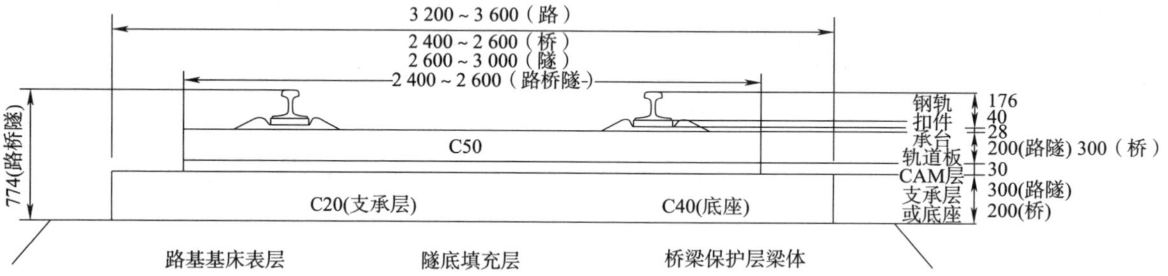

(d) CRTS Ⅱ型板式无砟轨道横断面图

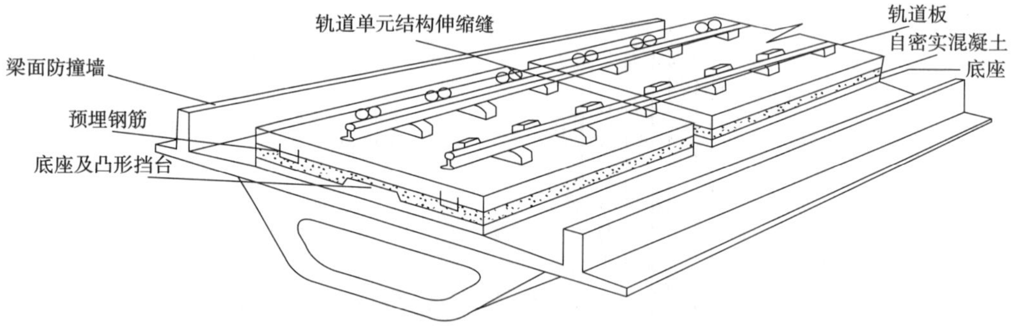

(e) 桥上CRTS Ⅲ型板式轨道结构

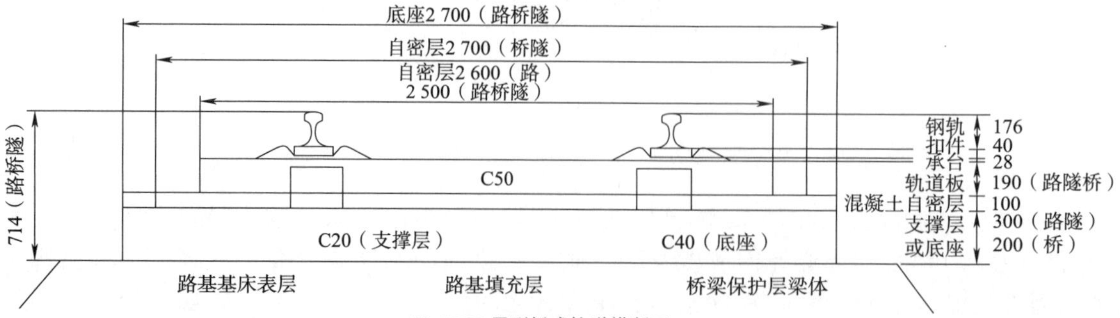

(f) CRTS Ⅲ型板式轨道横断面

图 16.4-66 CRTS 板式无砟轨道(单位:mm)

CRTSⅡ型板式无砟轨道采用纵向连续铺设的轨道系统，如图 16.4-66(b)所示，CRTSⅡ型板式轨道横断面如图 16.4-66(d)所示，没有凸形挡台，轨道底座和桥梁之间采用"两布一膜"滑动层，轨道结构和桥梁结构利用锚固限位装置耦合在一起，通过在每孔梁固定支座上方预设齿槽，锚固螺栓以保证底座和桥梁间纵向可靠连接，其余部位通过在梁面铺置滑动层保持滑动状态，并在梁缝处前后 3 m 范围的梁面上铺设 5 cm 厚硬质泡沫塑料板，以减缓梁端转角与无砟轨道结构的影响，且在底座两侧设计侧向挡块进行横向限位(底座与梁面间横向为滑动状态)，桥梁固定支座端设置剪力齿槽，梁端两侧设置 50 mm 厚的硬泡沫塑料板，桥台后路基上设置端刺及摩擦板等。

CRTS Ⅲ型板式无砟轨道与 CRTSⅡ型板式无砟轨道结构较为相似，二者不同之处在于，CRTS Ⅲ型板式无砟轨道填充调整层采用自密实混凝土，轨道板与自密实混凝土通过板下设置门型钢筋相连接，每块轨道板下设置两个限位凹槽，在其底座顶面上要设置 4 mm 厚的土工布隔离层，在凹槽四周要设置 10 mm 厚度的复合弹性橡胶垫层，且在底座板缝处设置传力杆，在桥梁段轨道底座和梁面之间通过预埋套管和预埋钢筋来实现连接，桥上 CRTS Ⅲ型板式轨道结构如图 16.4-66(e)所示，CRTS Ⅲ型板式轨道横断面如图 16.4-66(f)所示。

双块式无砟轨道由钢轨、扣件、双块式轨枕、道床板、支承层等组成。我国 CRTSⅠ型和 CRTSⅡ型双块式无砟轨道是在充分借鉴了德国 Rheda2000 无砟轨道和旭普林型无砟轨道的基础上，自主研发的适应于中国高速铁路的无砟轨道结构。CRTS 系列的两种双块式无砟轨道结构组成基本上相同，只是在施工工艺上略有差异，双块式无砟轨道横断面如图 16.4-67 所示。CRTSⅠ型双块式无砟轨道被广泛应用在武广客专、合武、温福、福厦等高速铁路或其长大隧道内，如图 16.4-68(a)所示。CRTSⅡ型双块式无砟轨道被应用于郑西客运专线铁路中，如图 16.4-68(b)所示。由于桥梁在受温度荷载及列车垂向荷载的作用下，梁体会发生纵向位移和挠曲变形，同时为了使桥上道床板的受力更好地传递到桥梁结构上，桥上双块式无砟轨道结构采用单元板式设计，道床板一般每 6.5 m 左右长为一个单元，每块道床板范围内的保护层设置抗剪凸型挡台，用以将轨道纵、横向荷载传递至下部结构。凸台侧面设橡胶垫板，以适应道床板温度伸缩、减少轨道与桥梁之间的纵向作用力，起到缓解梁轨相互作用的目的。

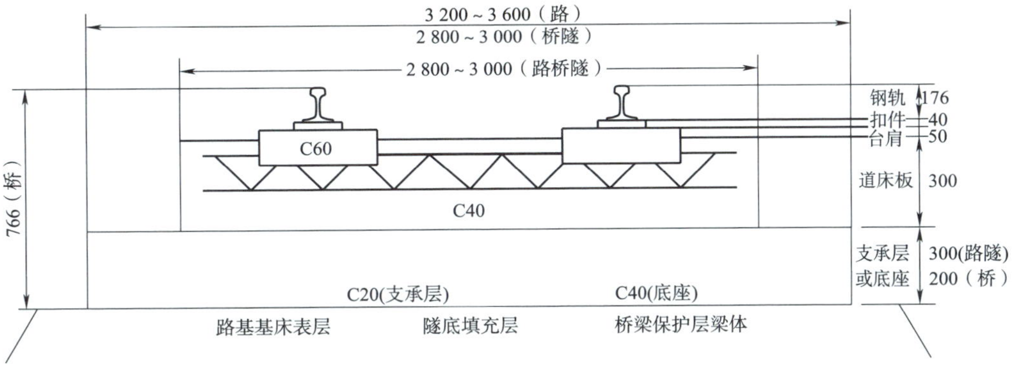

图 16.4-67　双块式无砟轨道横断面图(单位：mm)

(a) CRTS Ⅰ 型双块式无砟轨道

(b) CRTS Ⅱ 型双块式无砟轨道

图 16.4-68　CRTS 双块式无砟轨道现场图片

另外，我国高速铁路道岔区常采用长枕埋入式无砟轨道结构，其主要由钢轨件、弹性扣件、钢筋桁架式岔枕、道床承载层及支承层等组成。

（3）下穿既有铁路盾构隧道

盾构隧道的管片结构是由一环一环拼装而成的，如图 16.4-69 所示，环与环之间靠螺栓连接，其刚度相对比较小，在外部不均匀施工荷载作用下容易产生错动变形。

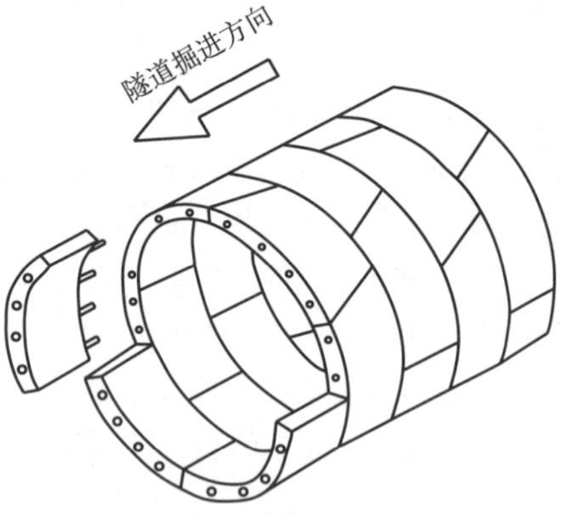

(a)

(b)

图 16.4-69 盾构隧道管片

环与环之间可以发生错动变形，下穿既有地铁盾构隧道的施工影响主要体现在盾构隧道管片的变形方面，如图 16.4-70 所示。隧道内的道床一般采用钢筋混凝土分段浇筑，当隧道发生不均匀沉降之后，道床与管片之间会发生脱空，如图 16.4-71 所示，在长期列车动荷载作用下会发生道床破损等结构病害。

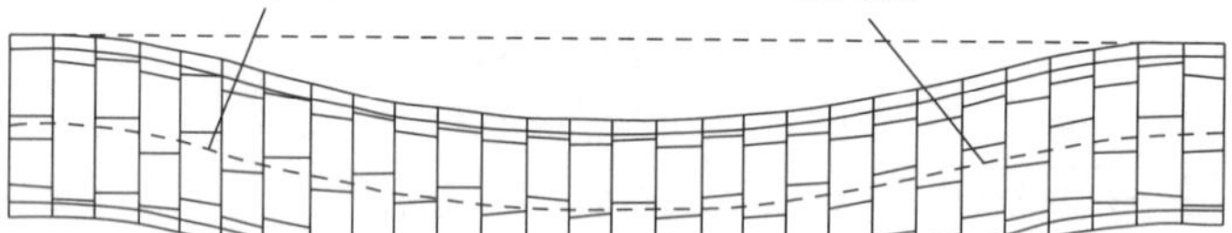

图 16.4-70 管片变形

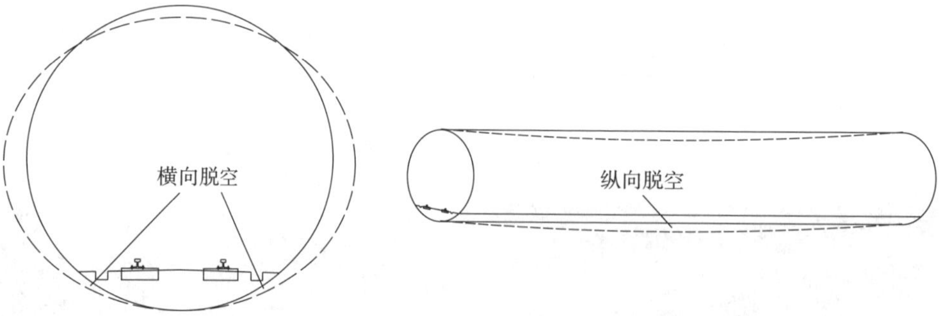

图 16.4-71 管片结构与道床之间脱空

4. 下穿管线

管线是城市的生命线，一般沿城市道路敷设，如图 16.4-72 所示。从广义上讲，地下管线是埋置于地面以下一定深度，用于不同用途的圆柱壳体结构。在市政、交通、水利等部门，地下管线得到了广泛的运用，已经成为城市基础设施的重要组成部分。

从城市发展的格局来看，地铁建设往往是在地面建设、地下管线发展到相当规模后才开始，因而地铁建设常常需要穿越大量的地下管线。地铁下穿管线过程中隧道开挖对邻近管线的影响是地铁工程中的重点和难点，如何在开挖过程中防止管线变形过大，以保护工程中地下管线的安全，已成为地铁下穿工程亟待解

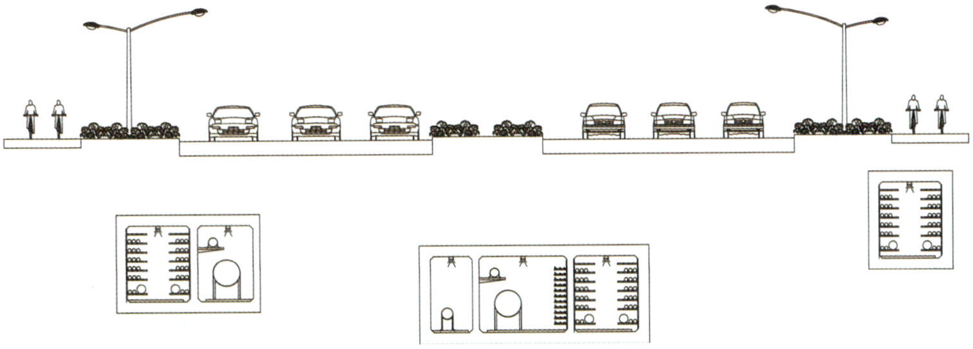

(a) 城市道路横断面

(b) 城市道路及下方管线剖面

图 16.4-72 城市道路及下方管线

决的一项重要课题。

保护下穿管线的关键在于根据管线的类型给出安全性评价并制定相应的保护方案和技术措施。按照使用功能来分，地下管线主要可以分为重力管道、排水管道、压力管道、电信电缆和电力电缆五类，按每类管线所输送的物质和用途，又可以分为许多小类，如图 16.4-73 所示。

地铁工程中通常遇到的是排水管道、给水管道和燃气管道等市政管线。常见的排水管道为混凝土管，给水管道中多用铸铁管和钢管，燃气管道主要为钢管和聚乙烯管。

对于常见的用于排水的混凝土管，当管道直径大于 1 500 mm 时，多采用现场绕制钢筋混凝土箱涵；当管道直径大于 500 mm 时，排水管一般需配置钢筋；当管道直径小于 500 mm 时，多采用素混凝土管。钢筋混凝土管多采用柔性接头，常见的接头形式如图 16.4-74 所示。

给水管道多采用铸铁管和钢管，铸铁管主要有离心祷造法和地坑铸造法两种。由于离心铸造法生产的铸铁管性能更好，现在普遍采用离心祷造法。铸铁属于脆性材料，没有明显的屈服点，铸铁管在应变很小时就易突然出现脆性破坏。离心球磨铸铁管均采用柔性接口，接口形式有石棉水泥接口、滑入梯唇形接口、T 型及柔性机械式橡胶圈密封的接口，如图 16.4-75 所示。

在进行下穿管线施工影响分析时，更为重要的是考虑管线自身力学特征。一般地，城市管线根据输送方式可以分为压力管线和无压管线。压力管线指管道内流体或气体介质由外部施加力使其流动的工程管线，通常通过一定的加压设备将流体介质由管道系统输送给终端用户。给水、煤气、灰渣管线均为压力输送。无压管线又叫重力自流管线，指管道内流动的介质由重力作用沿其设置的方向流动的工程管线。这类管线有时需要中途提升设备将流体介质引向终端。污水、雨水管道系重力自流输送。

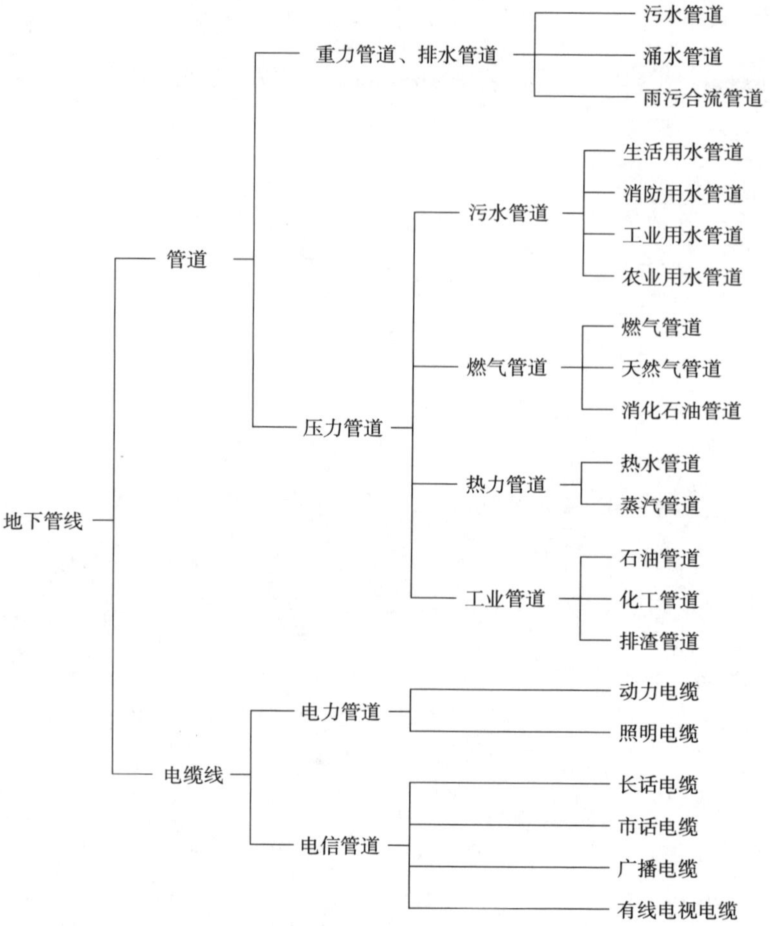

图 16.4-73　地下管线的分类

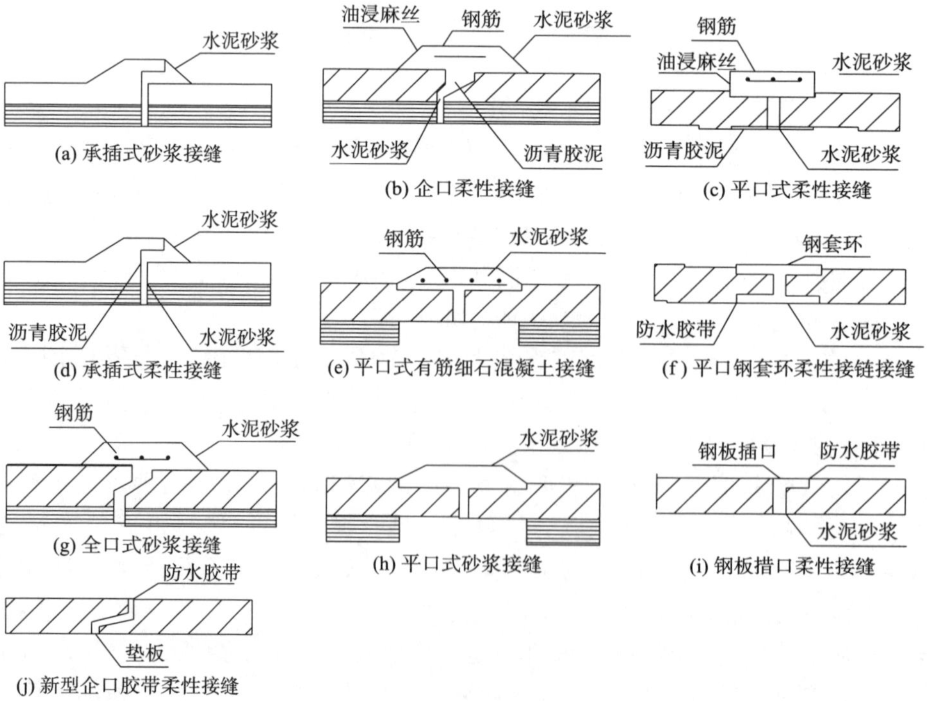

图 16.4-74　钢筋混凝土管常见接头形式

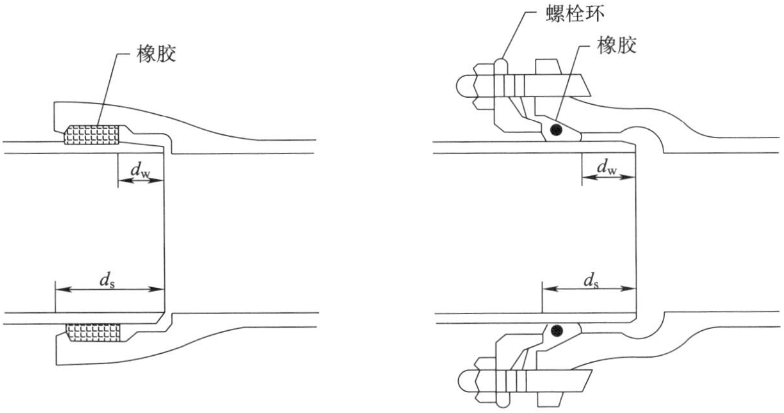

(a) 滑入式　　(b) 机械式

图 16.4-75　常见的铸铁管接头形式

此外，下穿管线的类型也可以按照管线是否允许发生弯曲变形划分为柔性管线和刚性管线(图 16.4-76)。各种电信管线和电力管线属于柔性管线，这类管线允许在施工过程中发生一定的弯曲；相反，给水管线、雨污水管属于刚性管线，下穿时需要严格控制它们的变形。管线按照力学特征分类统计可参见表 16.4-12。

(a) 电信管线　　(b) 地下综合管沟

图 16.4-76　城市管线中的柔性和刚性管道

表 16.4-12　城市管线分类表

管线名称		按输送方式划分		按是否可以弯曲	
		压力管	无压管	柔性管	刚性管
给水管线		√		√	
雨污排水管线			√		√
热力管线		√		√	
燃气管线		√		√	
电信管线	直埋电缆			√	
	管道				√
电力管线	直埋电缆			√	
	管沟				√

目前，我国尚未建立管线的变形控制统一标准。部分经验标准和做法整理如下：

(1)每节管段允许差异沉降为 $L/1\,000$(适用于承插接口铸铁管道和柔性接缝管道，L 为管节长度)。

(2)从国内北京、重庆等地地铁施工总结的技术标准，地表最大斜率为 2.55 mm/m。

(3)管节受弯应力控制标准：管节中纵向弯曲应力对管线的受力起控制作用，当管线安全系数取 5 时，需满足 $\sigma_t < [\sigma_\tau] = 37.21$ MPa(容许拉应力)，$\sigma_c < [\sigma_c] = 127.4$ MPa(容许压应力)。

(4)管线接头接缝控制标准：管线接头接缝张开值或接头转动的角度小于允许值时，管道为全状态。台湾采用相对转角为控制标准：混凝土管为 1/100(rad)，钢管和预制管为 l/150(rad)。

在理清管线分类的基础上，下穿施工过程应该关注的有：

(1)下穿有压管时，因为有内压存在，外加的附加变形容易造成管线破坏，而且有压管一旦炸裂，后果将非常严重，如燃气管会发生爆炸。

(2)对于低强度的刚性管，尤其是雨水管和污水管，虽然刚度大，但接头的强度低，施工变形容易引起开裂，开裂的外漏水会引发次生灾害。

对于需要重点关注的管线，施工中常用的保护方法包括：隔离法、悬吊法、支撑法、土体加固法、对管线进行搬迁加固处理、卸载保护和管线内部铺设防水材料法，以下做简要介绍。

(1)隔离法

隔离法是通过工程措施形成隔离体，从而限制管线周边土体位移，防止挤压或振动管线。这些工程措施包括钢板桩、树根桩和深层搅拌桩等。隔离法在管线埋深大，与隧道距离较小的情况下经常使用。

(2)悬吊法

如果管线周围土体位移较大，则采用隔离法将管线挖出后，不宜在中间架设支撑，此时可以采用悬吊法将管线固定。采用悬吊法时，要注意考虑吊索的变形伸长和吊索的固定点位置不受土体变形的影响。悬吊法的优点是管线受力、位移明确，并可以不断调整吊索来改变管线的受力点和位移。

(3)支撑法

当土体可能产生较大沉降而导致管线悬空的情况，可以沿着管线走向设置若干支撑点支撑管线。支撑体可以是临时的，也可以是永久的。临时支撑常见的有打设支撑桩、砌支墩；永久性支撑一般结合永久性建筑物设置。

(4)土体加固法

土体加固方法一般分为两种，一种是在施工前对地下管线与施工区之间的土体进行注柴加固，另一种是在施工完成后对管壁松散土和空隙进行注装充填加固。有时也采用旋喷法、深层搅拌法、分层注浆法加固管线周围土体，从而保护邻近的地下管线。

(5)对管线进行搬迁、加固处理

对于改迁费用不大且改迁容易的管线，可在施工前对管线进行临时改移。也可以通过改善、加强原管线的接头方式、材料，设置伸缩节等措施，改善管线的抗变形能力。

(6)卸载保护

为使作用在管线周围土体上的荷载减小，可在施工期间将管线周围，特别是上部荷载卸去，从而改善管线的受力和减小土体的变形。

(7)管线内部铺设防水材料法

当管径较大，且可短时间暂停使用的管线，可在管线内壁上敷设防水材料，防止因管线破损导致管线内的物质泄漏。

5. 工程案例

(1)杭州地铁 1 号线三期下穿钱塘江

1)工程概况

杭州地铁 1 号线三期下沙江滨站—滨江一路站大断面盾构区间为下穿钱塘江的大直径盾构隧道，外径 11.3 m，内径 10.3 m，壁厚 0.5 m，环宽 2 m。本区段属于下沙江滨站—滨江一路站的一部分，起于 16 号大街与之江东路交叉口的下沙风井大里程端，线路呈东南走向，依次下穿沿江河、沿江景观 15 号桥、钱塘江北大堤、钱塘江、江底镇—杭输油管线、钱塘江南大堤、绍—杭输油管线、西尼电梯西侧别墅、西尼电梯厂房、办公楼，并在萧山南阳油库北侧穿越，避开最近油罐 130 m 以上，在规划港城大道与塘新线交叉口接滨江一路站西端头。隧道中心线设计起止里程为：K41＋445.808～K44＋408.405，区间全长为 2 962.597 m；区间右线起止里程为：右 K41＋444.754～K44＋408.405，右线区间全长为 2 963.651 m；区间左线起止里程为：左

K41+446.854 ~K44+408.405，在左 K44+000 处设置一 1.854 m 的短链，左线区间全长为 2 963.651 m。隧道中心线设置 2 条半径分别为 802.6 m、602.6 m 的平曲线，隧道平面右线设置 3 条半径分别为 410 m、805.2 m、605.2 m 的平曲线，左线设置 2 条半径分别为 800 m、600 m 的平曲线，区间隧道左右线线间距 5.2～5.43 m。区间线路纵段面上采用动力"V"字坡，出下沙风井后，隧道中心线路先后进入 22.931‰、12‰、5‰的下坡段后进入 5‰、24.872‰、2‰的上坡段；隧道顶覆土埋深 11.8～34.3 m。距离钱塘江 300 m 一遇冲刷线最小距离约 6.4 m(钱塘江北岸处)。

盾构隧道同构筑物、管线及江底位置关系如图 16.4-77 所示，工程地质情况见表 16.4-13。

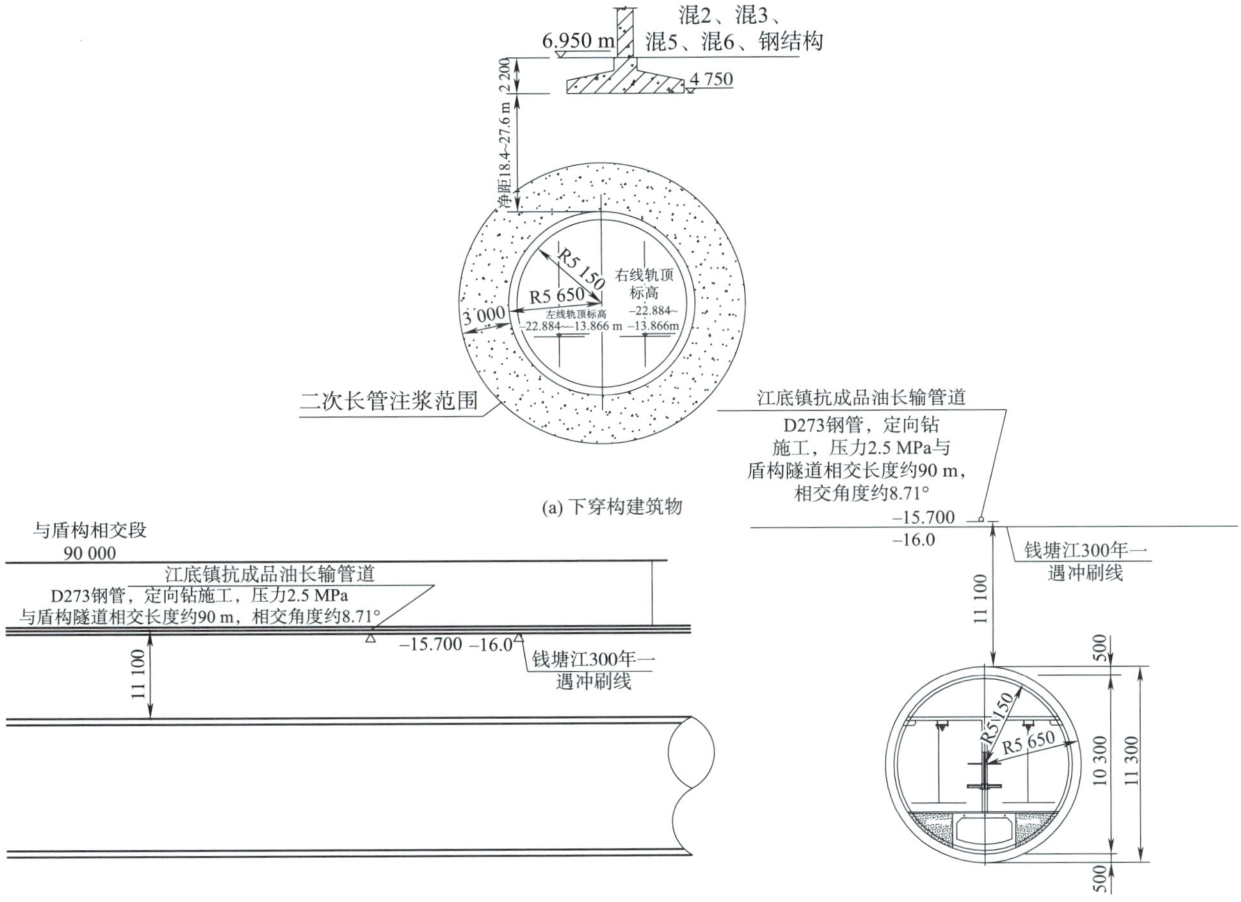

(b) 下穿江底输油管

图 16.4-77 杭州地铁 1 号线三期下穿构筑物、管线及江河(单位：mm)

表 16.4-13 土层物理性质参数表

层号	名称	含水量	湿重度	孔隙比	液限	塑限	塑性指数	液性指数	压缩系数	水平渗透系数	竖向渗透系数	无侧限抗压强度(标准值) 原状	重塑	灵敏度
		W (%)	γ (kN/m³)	e	W_L (%)	W_P (%)	I_p	I_l	$\alpha_{1.2}$ (MPa⁻¹)	K_h (10^{-6} cm/s)	K_v (10^{-6} cm/s)	q_u (kPa)	q_u' (kPa)	S_t
①$_1$	杂填土		(17.5)							(200)				
①$_2$	素填土		(18.0)							(100)				
①$_5$	钱塘江浮泥		(15.5)							(5.0)				
②$_{31}$	黏质粉土		(18.8)							(100)	(80)			
②$_{32}$	砂质粉土		(19.0)							(300)	(200)			
②$_4$	砂质粉土	26.6	19.4	0.752					0.099	200	175			
②$_{41}$	砂质粉土	25.9	19.4	0.753					0.099	(300)	190			

续上表

层号	名称	含水量	湿重度	孔隙比	液限	塑限	塑性指数	液性指数	压缩系数	水平渗透系数	竖向渗透系数	无侧限抗压强度（标准值）		
												原状	重塑	灵敏度
		W (%)	γ (kN/m^3)	e	W_L (%)	W_P (%)	I_p	I_l	$\alpha_{1.2}$ (MPa^{-1})	K_h (10^{-6} cm/s)	K_v (10^{-6} cm/s)	q_u (kPa)	q'_u (kPa)	S_t
②$_{42}$	砂质粉土夹粉砂	25.8	19.4	0.747					0.095	510	(300)			
③$_3$	粉砂夹砂质粉土	28.6	18.2	0.889					0.103	(1 000)	(800)			
③$_4$	砂质粉土		(19.3)							(150)	(100)			
③$_5$	粉砂	23.4	19.4	0.711					0.096	(1 500)	(1 000)			
③$_6$	砂质粉土	32.0	18.5	0.927					0.204	(100)	(80)			
③$_7$	砂质粉土夹淤泥质粉质黏土	33.9	18.4	0.968	30.7	19.3	11.4	1.36	0.317	(100)	(20)			
⑥$_2$	淤泥质粉质黏土夹粉土	35.9	18.1	1.043	32.8	19.3	13.4	1.25	0.491	(8.0)	(1.0)	33.40	4.00	8.40
⑥$_{21}$	粉土夹淤泥质粉质黏土	32.3	18.5	0.937	29.1	18.0	11.1	1.34	0.370	(50)	(5.0)	41.90	5.60	7.50
⑥$_{31}$	淤泥质粉质黏土	35.5	18.1	1.036	32.3	19.0	13.3	1.26	0.525	(3.0)	(1.0)	39.00	4.70	8.30
⑧$_1$	黏土	40.3	17.4	1.196	39.9	22.4	17.4	1.03	0.604	(0.2)	(0.2)			
⑨$_2$	粉质黏土	28.3	19.5	0.796	36.3	19.8	16.5	0.52	0.289	(5.0)	(2.0)			
⑨$_{21}$	含砂粉质黏土	25.1	19.9	0.703	28.1	16.7	11.4	0.78	0.220	(15)	(2.0)			
⑨$_3$	黏质粉土	30.5	19.0	0.854					0.209	(80)	(50)			
⑩$_2$	粉质黏土	33.8	18.2	1.004	36.5	21.7	14.8	0.86	0.411	(5.0)	(2.0)			
⑩$_{21}$	含砂粉质黏土	34.1	17.9	1.027	33.4	20.5	12.9	1.04	0.458	(15)	(2.0)			
⑩$_3$	粉细砂	25.6	18.4	0.834					0.195	(1 000)	(800)			
⑪$_1$	黏土	27.5	19.4	0.791	38.2	20.5	17.7	0.42	0.261	(0.5)	(0.2)			
⑪$_2$	粉质黏土	25.0	19.9	0.710	33.4	18.7	14.6	0.43	0.260	(10)	(5.0)			
⑬$_1$	黏土	25.8	19.6	0.757	40.1	20.9	19.2	0.28	0.211	(0.2)	(0.2)			
⑬$_{11}$	粉质黏土夹粉砂	27.8	19.1	0.816	31.2	17.8	13.4	0.71	0.188	(25)	(5.0)			
⑬$_2$	粉质黏土	29.8	19.0	0.855	33.3	19.8	13.6	0.74	0.360	(5.0)	(2.0)			
⑬$_{21}$	粉质黏土夹粉砂	24.9	19.3	0.754	29.1	17.2	11.9	0.65	0.270	(25)	(5.0)			
⑬$_3$	黏土	27.5	19.5	0.781	38.1	20.5	17.6	0.41	0.239	(0.2)	(0.2)			
⑬$_{31}$	含砂粉质黏土	26.4	19.5	0.762	33.0	19.1	13.9	0.53	0.267	(15)	(2.0)			
⑭$_1$	粉细砂	17.5	20.1	0.561					0.100	(1 000)	(800)			
⑭$_2$	中砂		(20.0)							(8 000)				
⑭$_{51}$	粉质黏土	39.1	17.4	1.174	42.2	27.2	15.0	0.79	0.330	(5.0)	(2.0)			
⑭$_{61}$	粉质黏土	23.9	19.9	0.694	34.8	18.6	16.2	0.33	0.213	(5.0)	(2.0)			
⑭$_{72}$	中粗砂		(20.0)							(10 000)				
⑮$_1$	黏土	29.1	19.5	0.830	40.5	21.5	19.1	0.38	0.232	(0.2)	(0.2)			
⑮$_2$	含砾粉质黏土	23.3	19.9	0.684	33.0	17.5	15.5	0.38	0.231	(5.0)	(2.0)			
⑮$_3$	粉质黏土混砾石		(20.0)							(5.0)				
(20)$_{a1}$	全风化钙铁质砂岩													
(20)$_{a2}$	强风化钙铁质砂岩													

注：土的压缩模量值是按土在荷载作用下实际压力条件下确定，可直接供地基变形计算使用。

2）风险及控制应对

本区间隧道影响范围，为从隧道外轮廓线往外放1倍隧道埋深宽度。隧道施工前需要先确定施工影响的范围，然后详细调查在该范围里需要保护的建(构)筑物。对沉降影响范围内的建筑物和地下管线，也要详细调查和记录，了解建(构)筑物的规模、形式、材料、基础构造、使用状况等，对地层移动影响范围内的各种地面建(构)筑物，根据其结构形式、现状和盾构施工对其可能造成的沉降量，提出相应的保护措施。

区间隧道影响范围内构筑物较多，需进行实时监控，并准备好应急措施。盾构施工前需进一步探明施工沿线范围内是否含有有害气体。若有，则需对有害气体进行提前处理。

根据区间构筑物调查报告，本区间存在较多构筑物对盾构推进影响较大：

①穿越钱输油管线及油库

下沙风井—滨江一路站区间线路在靠近钱塘江南岸的江底穿越既有镇杭成品油输油管，输油管为 D273 钢管，在江底采用定向钻，输油管压力 2.5 MPa，根据《杭州钱塘江镇杭成品油过江管道精确探测工程物探报告》(上海京洋测量工程技术有限公司，2018.4)，江底段与盾构交叉段 90 m 范围内油管高程－15.7 m(85 高程)，与盾构净距 11.1 m；在钱塘江南岸有萧山油库，储量为 13 万 m^3。目前区间避让萧山油库约 130 m。另外在钱塘江南岸另有 3 条输油管，分别为绍杭成品油管道工程(D406.4 钢管，明挖浅埋，压力 9.5 MPa)、镇海—杭州成品油长输管道(D355.6 钢管，明挖浅埋，压力 2.5 MPa)、萧山南阳油库至机场油库成品油输油管[D219 钢管，明挖浅埋(埋深 1.0～1.5 m)，压力 1.6 MPa]。根据竣工图资料，该 3 条输油管均为明挖浅埋，埋深在地面下 1.0～1.5 m。此处隧道正向下穿绍杭成品油管道工，竖向净距约 26 m。

盾构在江南大堤处下穿 1 处输油管线处竖向净距约为 26 m，大于《石油天然气管道保护法》提出的 5 m 的要求，且盾构为土体切削，为非爆破作业，避让距离满足要求。萧山油库储量为 13 万 m^3，为一级油库。盾构隧道避让萧山油库 130 m，满足《石油库设计规范》(GB 5074—2014)中 100 m 的安全距离要求。盾构在江底下穿镇杭输油管线，竖向净距约 11.1 m。

施工前应重点对江底输油管道进行专项勘探及评估，探明管线的具体路径及标高。

施工单位须委托有资质的第三方评估机构对地铁施工期间和运营期重要输油管或燃气管安全的影响进行专项安全评估，应严格按照经安全评估并经专家评审后的方案进行施工。评估机构必须是完成过类似评估项目的单位并经业主、设计单位、监理单位认可，施工单位需将该评估机构的资质、业绩提交招标人审核。

a. 盾构施工措施

在盾构下穿构筑物推进过程中，需要通过放慢施工速度、优化施工参数、控制土体损失量、加强盾尾注浆及二次注浆等施工措施来控制地面隆沉量在－10～＋10 mm 之间，要求地层损失率控制在 3‰以内。应根据地表沉降情况，对隧道周边进行二次注浆。应采用双液注浆，要求低压力、多次、适量、适时，以控制隧道的变形量及变化速率。盾构掘进中应严格控制中线平面位置和高程，其允许偏差均为±40 mm，发现偏离应逐步纠正，不得猛纠硬调。

b. 杂散电流保护

根据输油管线安全咨询评估单位的相关要求，采取杂散电流保护措施。杂散电流腐蚀防护既需要在工程建设时采取合理措施，严格施工，也需要在运营后加强养护和维修，这样才能保证杂散电流腐蚀防护获得长期效果。

在地铁投入运营的初期，走行轨与道床之间的绝缘程度较高，杂散电流较少。随着地铁运营时间的推移，走行轨周围铁屑、灰尘、油污、含盐沉积物的积累，对地过渡电阻值将逐步减小。因此运营维护显得格外重要，需要采取相关措施保证轨道绝缘性能保持在设计要求的绝缘水平。具体如下：

定期清扫线路，清除粉尘、油污、脏污、砂土等，保持走行轨的清洁和绝缘水平良好。

绝缘垫要尽量避免和机油、油脂、工业乙醇以及强酸强碱物体接触，同时避免尖锐物体刺、划。

及时消除道床积水或积雪，保持道床处于清洁干燥状态。

定期巡视沿线各种金属管线的绝缘安装状况，如套管、法兰等，发现问题及时修复。

此外，运营管理部门还应该加强杂散电流的监测。如果监测系统监测到排流柜电流出现异常增大，且持续时间较长，则多是由于回流系统出现电气导通“断点”或有“集中泄漏点”所引起，应及时检查相应区段回流系统，将“断点”处连接至设计要求的标准，或对“集中泄漏点”进行恢复处理。

为保证杂散电流防护施工正常使用，运营中应根据防护监测的情况对杂散电流各项防护指标进行维护性检查测量，检查内容包括走行轨对结构钢筋过渡电阻、走行轨对道床钢筋过渡电阻、电缆接头电阻等。

②穿越低层房屋

区间隧道在钱塘江南侧约370 m长范围穿越低层房屋建筑，主要为混3民房、钢结构厂房、混5办公楼，独立基础，基础底标高4.75 m，抗变形能力差。要求此段地面沉降控制在－10～＋10 mm之间。

③穿越河流

区间除穿越钱塘江外，另穿越沿江河、抢险河。沿江河河宽60 m，规划河底标高0，与盾构净距8.8 m；抢险河河宽39 m，规划河底标高－1.0 m，与盾构净距22.5 m。

盾构过河流时，由于每环的覆土厚度均不相等，为了保证盾构机顺利穿越河道，在整个施工过程中必须运用信息化施工，控制隧道变形，并对盾构掘进中的各类施工参数进行动态管理。

a. 盾构过河前试掘进

过河前在距河道50～100 m段进行试验掘进，该段土层穿越地层与河底相近，通过该盾构掘进，摸索取得经验参数，指导过河施工。

b. 盾构机过河的检修与保养

过河前对盾构设备进行仔细检查维保，必要时进行全面的检修，另外在盾构机穿越河流前最近一次倒班期间，对盾构机进行一次检查维保，确保过河时盾构设备性能处于最佳状态。另外，在盾构机过河前和过河时，必须加强对以下装置的检修保养工作：对盾尾密封性加强检查、控制好盾尾间隙，保证盾尾油脂注入的数量与质量，保证盾尾刷良好，保证盾尾间密封良好；尽可能少用盾构机铰接装置，保证其密封良好。

3)开挖面的控制与管理

开挖面是一种动态的平衡，盾构在河底施工时，无论是掘进阶段还是停止掘进阶段，必须动态设定土仓压力控盾值平衡，保证土体稳定。由于河底水深及覆土厚度不为定值，施工前必须对控制土压进行分段计算。根据最新河面标高，修正土压计算。

4)盾构施工过程中，严格按照设计轴线掘进施工，尽可能地减少纠偏量，减少地层的扰动及损失。随时调整盾构施工参数，减少盾构的超挖和欠挖，以改善盾构前方土体的坍落或挤密现象。控制壁后注浆的压力，在注浆管路中设置安全阀，以免注浆压力过高而顶破覆土。注意出土量和推进速度的匹配性，必要时将采取地面预注浆或围堰改流等措施。

5)进入河底之前预先调整好盾构姿态，以较好的姿态下穿河底。在掘进过程中，盾构驾驶员根据测量偏差及时调整盾构掘进方向，尽可能减少纠偏。

6)操作手要时刻关注土仓内压力变化及排除渣土的变化情况，若发现渣土含水率过大，要立即上报，并分析原因，避免盲目出土造成超挖。若出现机械故障或其他原因造成盾构停推，应采取措施防止盾构后退。

7)加强同步注浆管理，减少盾尾通过后隧道外周围形成的建筑空隙，减少隧道周围土体的超挖量。同步注浆量压力数值动态调整，一般宜控制在盾尾建筑空隙的200%，并根据实际情况适当补浆。

8)加快管片运输及拼装，减少不必要的停机时间。每环推进结束后，关闭螺旋机闸门方可进行拼装。在螺旋机的出口设置防喷涌设施，在发生漏水情况时关闭螺旋机出口，将水堵在盾构外。为了确保施工安全，防止紧急情况下螺旋机闸门由于被异物卡住或机械原因无法正常启闭，需在螺旋机外加设一道闸门，与原有闸门组成双保险，在河中段施工时，一旦发生喷涌现象，立即关闭闸门。

9)为防止盾尾发生漏泥、漏水，定期、定量、均匀地压注盾尾油脂。控制壁后注浆的压力，以免浆液进入盾尾，造成盾尾密封装置被击穿，引起土体中的水跟着漏入隧道，盾尾密封性能降低。管片尽量居中拼装，以防盾构与管片之间的建筑空隙过分增大，降低盾尾密封效果，引发盾尾漏泥、漏水。在河中段推进过程中，将根据情况，在管片拼装时，在盾尾整圈垫放海绵用以止水，封堵管片与盾构间的间隙，根据实际情况，每隔一定的距离压注聚氨酯止水保护圈。当盾尾发生泄漏时，针对泄漏部分集中压注盾尾油脂，利用堵漏材料进行封堵，并配制初凝时间较短的双液浆进行二次注浆。根据实际情况停止推进，在特殊位置进行聚氨酯压注，进行封堵。

10)制定相应的应急预案，保证险情发生时有章可循及时处理。盾尾发生渗漏时，应采取应急措施，从管片注浆孔向外压注聚氨酯，形成环圈，封闭涌水通道。管片接缝间出现渗漏，及时进行堵漏处理。

11) 河底冒浆应急对策

第一：将开挖面泥水压力适当降低，以能维持泥水仓平衡，泥浆不逃逸为标准；

第二：提高泥浆比重和黏度，采用高分子聚合物泥浆，重新建立泥水压力平衡；

第三：掘进一段距离以后，进行充分的壁后注浆。

12)现场配备一定数量的抢险物资，如沙袋、木板、型钢、注浆机、花管等材料，保证出现险情及时处理。

13)实施效果

盾构顺利下穿构筑物、管线及江河。

(2)杭州地铁4号线下穿钱塘江

1)工程概况

杭州地铁4号线联庄站—水澄桥站区间隧道下穿钱塘江，采用盾构法施工。隧道设计起止里程为右线：K5+923.112～K7+975.161，在右K7+904.986处设3.425 m的短链，区间全长为2 048.624 m；左线：K5+923.112～K7+975.161，在左K7+917.712处设6.337 m的短链，区间全长为2 058.386 m。区间设置三处联络通道，其中两处位于钱塘江底，一处明挖区间风井兼联络通道位于钱塘江北岸。线路在钱塘江南侧设置1号联络通道，在江中设置2号联络通道兼泵站，联络通道和泵站开挖范围位于⑥$_1$层淤泥质粉质黏土中。其中1号联络通道底板距离(12)层顶板10 m左右，2号联络通道底板距离(12)层顶板6 m左右，承压水含水层水量丰富，承压水水力压力大，在联络通道开挖过程中存在突涌的风险。

本段盾构区间平面线路左线由直线段，3个半径分别由R=450 m、R=450 m、R=465 m的圆曲线段及缓和曲线段组成；右线由直线段，3个半径分别由R=450 m、R=450 m、R=450 m的圆曲线段及缓和曲线段组成。线路间距在12～15.6 m。

区间线路纵段面上，出联庄站后，区间左线先后进入25.631‰、5.5‰的下坡段，5.949‰、22.946‰的上坡段；右线先后进入25.631‰、5.5‰的下坡段，6.433‰、23.378‰的上坡段，线路纵断面如图16.4-78所示。隧道顶覆土埋深3.5 m～29 m左右。

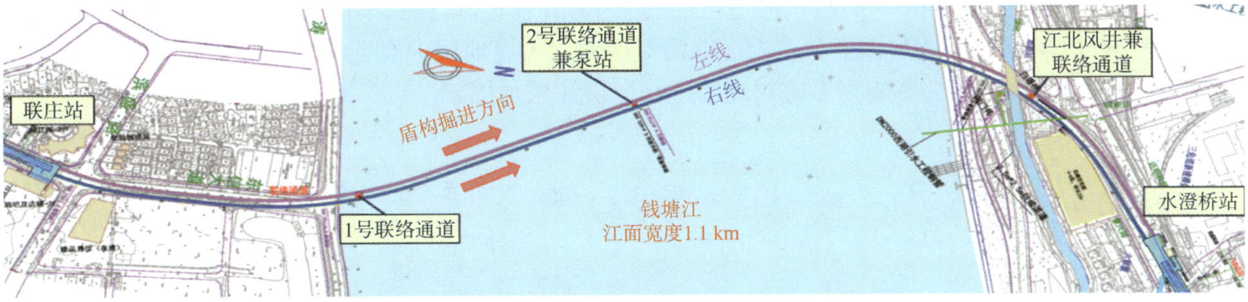

图16.4-78 联庄站—水澄桥站区间平面示意图

工程地质剖面如图16.4-79所示，本区间穿越了不同时代的地层，场地勘察深度以内由上至下分别为填土层、砂土层、软土层、砂岩层。区间在江岸段穿越地层主要有③$_5$砂质粉土夹粉砂和③$_6$粉砂层，在钱塘江底穿越⑥$_1$、⑥$_2$淤泥质粉质黏土，自上而下土颗粒呈"由细渐粗"式变化，土性差异较大。

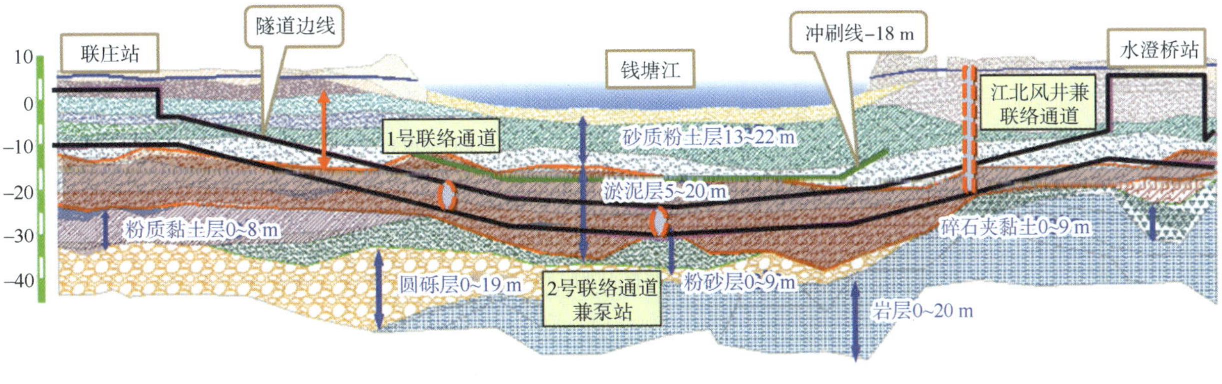

图16.4-79 联庄站—水澄桥站区间平面示意图(单位：m)

2)保护措施

①结构安全保护

a. 穿越大堤前

盾构施工前需进一步探明施工沿线范围内是否含有有害气体及其含量。若需对有害气体进行提前处理，则有害气体处理需由施工单位组织专家进行专项评审。若施工前需对南北岸大堤地层中有害气体进行释放，则根据释放后对地面沉降的影响需考虑对地面进行分层注浆加固。分层注浆主要目的在于提高地基土的承载力，防止地基的不均匀沉降。但注浆时应控制注浆压力，防止较大范围的劈裂，对防洪堤结构产生破坏。

b. 穿越大堤时

隧道穿越防洪堤区段时，上覆土变化较大，掘进时需对土仓压力及时调整，推进速度建议控制在 10～20 mm/min，尽量保持速度稳定，确保盾构均衡匀速穿越，避免由于推进速度过快造成对土体的挤压，进而导致防洪大堤变形过大。穿越过程中，每环的压浆量建议为理论空隙的 200%～250%。

在盾尾脱出防洪大堤、整体进入钱塘江后，必须严格控制注浆压力，避免由于注浆压力过高顶破上覆土层。上覆土层被顶破后，江水与正在施工的隧道之间形成一个通道，江水可能通过盾尾、管片接缝进入隧道，给隧道施工带来危险。

c. 穿越大堤后

当盾构穿越后，防洪大堤可能会有不同程度的后期沉降。因此必须准备足量的二次补压浆材料以及设备，根据后期沉降观测结果，及时进行二次补压浆，以便能有效控制后期沉降，确保安全。

②下穿沼气层处理

a. 沼气预处理

盾构施工前需委托专业单位进一步探明施工沿线范围内是否含有有害气体及其含量，并对有害气体进行排放，排气孔排放孔间距为 20 m，高压区适当加密到 15 m 左右，排放孔平面采用梅花形交错布置方式，施工前控制沼气气压在 0.05 MPa 以下。若施工前需对南北岸大堤地层中有害气体进行释放，如图 16.4-80 所示，根据释放后对地面沉降的影响需考虑对地面进行分层注浆加固。

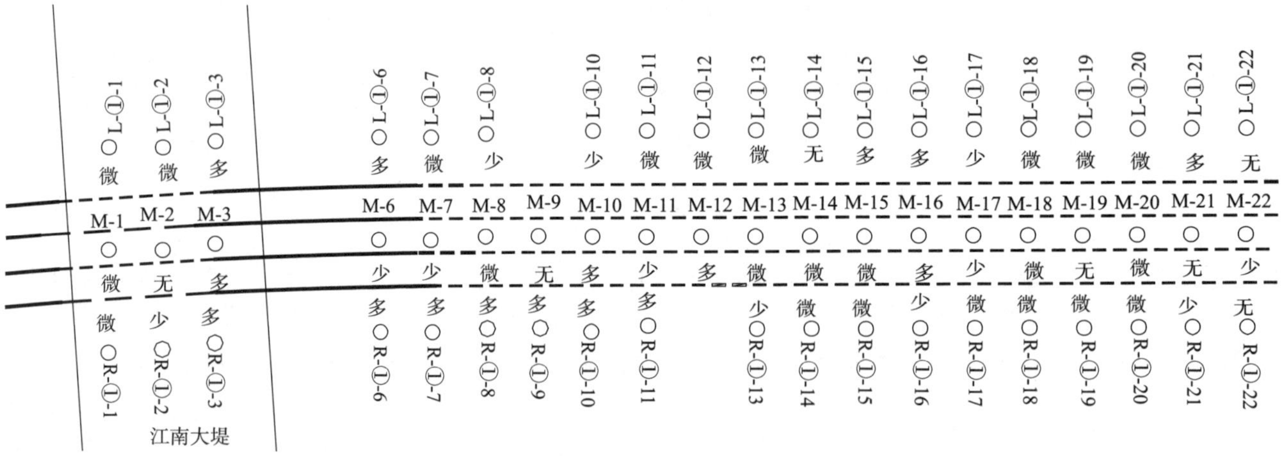

图 16.4-80　沼气释放平面布置示意图

b. 施工期措施

设置有毒有害气体监测装置；隧道通风管理控制；对施工火源进行控制；对进入隧道施工人员进行安全教育与培训，编制完整的事故应急预案。

经各方密切配合，在合理的控制措施指导下，盾构掘进工程中未发生沼气泄露的安全事故。

③高承压水联络通道

增加冻结壁厚度至 3 m，以防承压水对联络通道底板造成突涌破坏，保证施工安全。确保设备及钻孔的完好性以保证冻结温度；另外采取强制解冻并配合融沉补偿注浆，融沉补偿注浆浆液以水泥—水玻璃双液浆为主，单液水泥浆为辅。

3)实施效果

杭州地铁 4 号线顺利通过钱塘江,江底联络通道顺利施工完成且后期变形在可控范围(≤15 mm),联络通道变形情况如图 16.4-81 和图 16.4-82 所示。

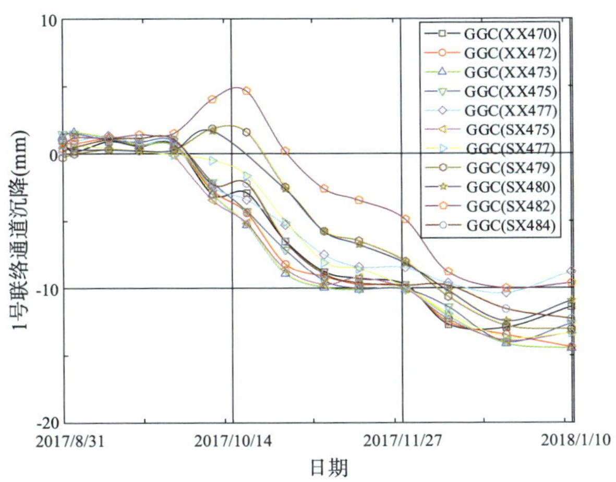

图 16.4-81 沼气释放平面布置示意图(一)

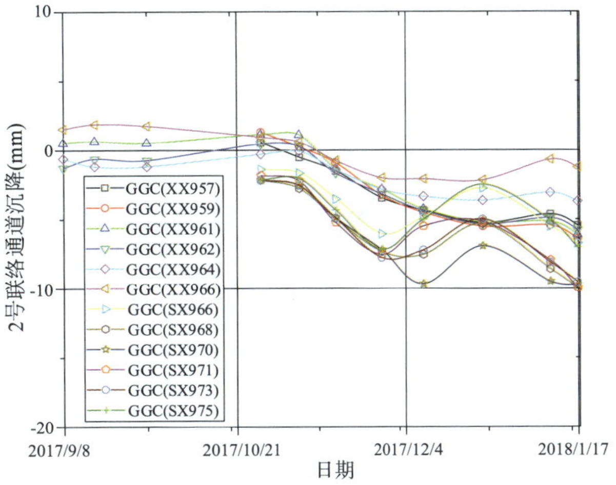

图 16.4-82 沼气释放平面布置示意图(二)

(3)下穿Ⅰ级铁路干线(杭 4/6 号穿沪昆及上海地铁 11 号线下穿京沪)

我国的Ⅰ级干线铁路均为列车行驶速度较高的客货混运线路,客车的设计速度为 160～200 km/h,货车为 80～120 km/h。如图 16.4-83 所示分别为路基面中实测客车和货车的竖向动应力变化曲线,显见,即使货车的行驶速度较低,所产生的动应力也较大,这在下穿施工和结构设计中都必须考虑。

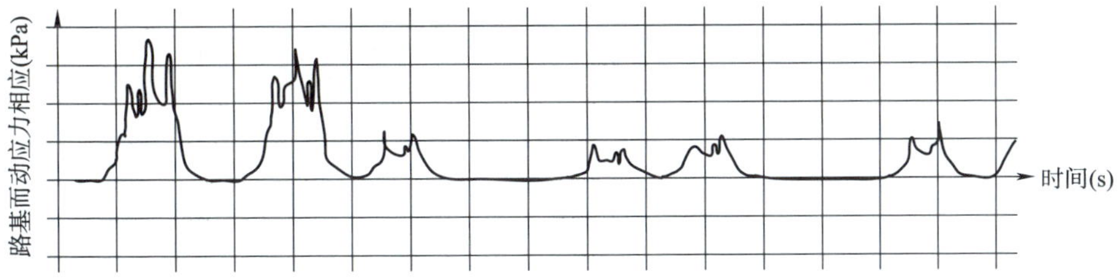

(a) 客车 (140 km/h)

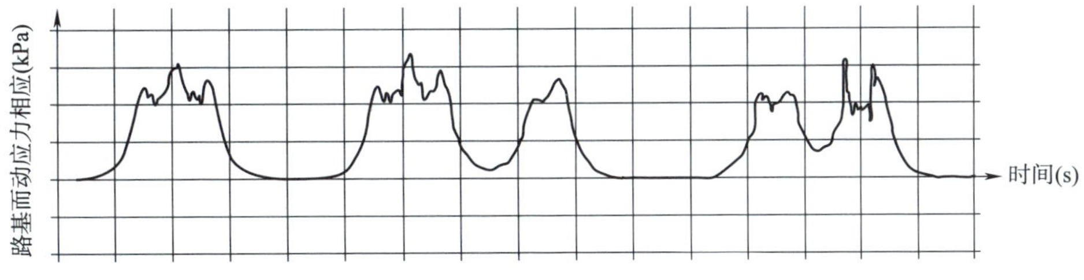

(b)货车 (70 km/h)

图 16.4-83 路基面上一点的动应力波形

1)工程概况

上海轨道交通 11 号线北段(一期)工程上海赛车场—昌吉东路区间采用外径 6.2 m 盾构隧道沿南北向以斜交交角 85°穿越京沪铁路,隧道纵坡为 4%,穿越处地面房屋建筑较少,场地比较开阔,下穿节点西侧为百安公路,东侧和南侧分别为蕴藻浜和车站河。管片内径为 ϕ5.5 m,外径为 ϕ6.2 m,管片厚度为 0.35 m;管片分 6 块,1 封顶块+2 邻接块+3 标准块,采用通缝拼装。左右线盾构隧道基本在同一立面,水平中心间距为 12.4 m,隧道顶埋深约为 11 m,穿越处平面图及横、纵断面图分别如图 16.4-84～图 16.4-86 所示。

上方京沪铁路为双线有砟轨道,线路中心间距 6.70 m,道砟厚度 50 cm,梯形道床上部宽度 3.1 m,道床坡度 1∶1.75，道床下方为 0.5 m 的砂垫层。京沪普铁属繁忙干线，运输任务重，每天运行客货车 108 对，客车设计速度 200 km/h，货车设计速度 120 km/h。

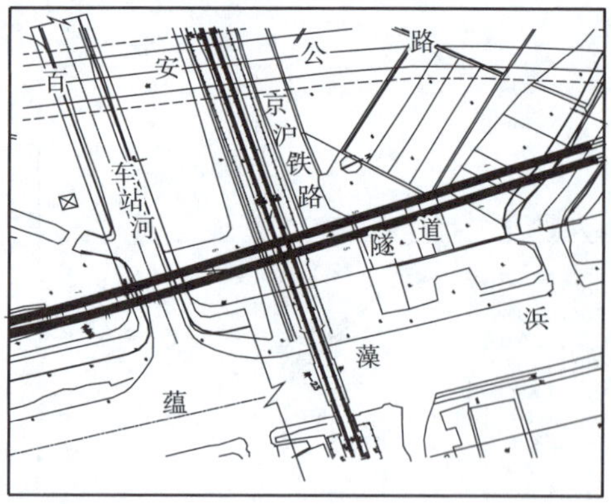

图 16.4-84　盾构隧道下穿京沪铁路平面图

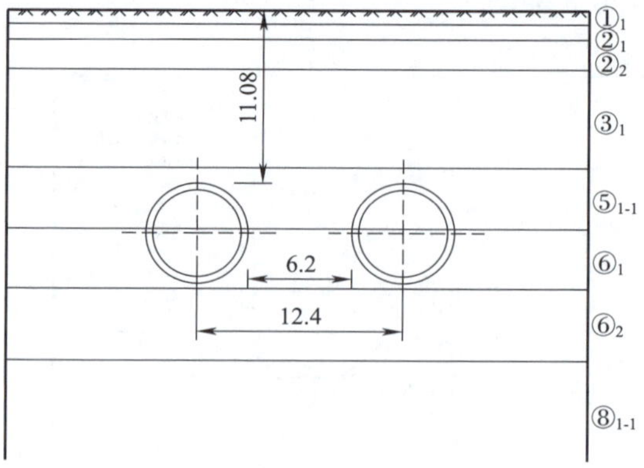

图 16.4-85　盾构隧道下穿京沪铁路横断面图(单位:m)

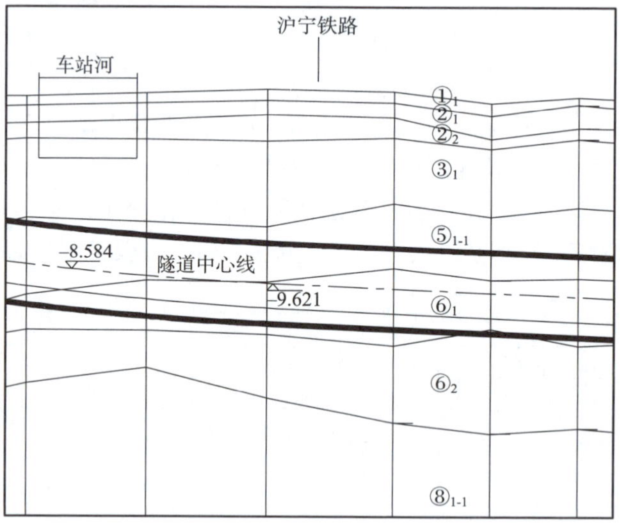

图 16.4-86　盾构隧道下穿京沪铁路纵断面图(单位:m)

穿越地段自地表至 40.0 m 深度范围内所揭露的土层均为第四纪松散沉积物，自上至下依次为①$_1$人工填土、②$_1$褐黄色粉质黏土、②$_2$灰黄色粉质黏土、③$_1$灰色粉质黏土、⑤$_{1-1}$灰色黏土、⑥$_1$暗绿色粉质黏土、⑥$_2$草黄色黏质粉土夹粉质黏土、⑧$_{1-1}$灰色粉质黏土，各土层物理力学性质参数见表 16.4-14。

表 16.4-14　主要土层的物理力学性质参数表

项目 \ 层序		②$_1$	②$_2$	③$_1$	⑤$_{1-1}$	⑥$_1$	⑥$_2$	⑧$_{1-1}$
重度	γ(kN/m^3)	19.1	18.8	18.1	17.7	19.4	18.8	18.2
孔隙比	e_0	0.79	0.87	1.01	1.11	0.74	0.83	0.97
含水率	W(%)	27.7	30.9	36.0	39.1	25.4	29.0	34.0
液限	W_L(%)	37.6	36.8	37.0	41.2	36.1	36.2	37.0
塑限	W_p(%)	22.0	21.6	21.6	23.6	20.8	21.0	21.5
直剪固快	c(kPa)	33	26	12	12	49	18	20
	φ(°)	18	16	16	13	18.5	26	17.5
压缩模量	E_s(MPa)	4.93	4.24	3.30	3.14	6.61	6.37	4.16
静止侧压力系数	k_0	0.55	0.48	0.49	0.59			
现场十字板剪切试验	(C_u)V(kPa)	50.7	37.2	34.9	38.5			

续上表

项目 \ 层序		$②_1$	$②_2$	$③_1$	$⑤_{1-1}$	$⑥_1$	$⑥_2$	$⑧_{1-1}$
渗透系数	K_V(cm/s)	1.28×10^{-7}	1.53×10^{-7}	1.11×10^{-7}	1.17×10^{-7}			
	K_H(cm/s)	1.49×10^{-7}	1.73×10^{-7}	1.36×10^{-7}	1.82×10^{-7}			
承载力	f_{ak}(kPa)	90	75	60	65	150		150

本场地浅部地下水属潜水类型，主要补给来源为大气降水，水位随季节而变化。年平均地下水位一般在 0.5～0.7 m。

2)技术特点

我国普速铁路具有建设年代久远，路基段基本未做特殊加固处理的特点。本工程有以下技术特点：

①隧道的拱顶位于灰色黏土层中，该层土的灵敏性高，在动荷载的作用下稳定性较差，易于变形，当隧道的结构刚度大于土层刚度时，列车产生的附加动应力在隧道拱部的土隧界面会产生反射；

②隧道在穿越处的线型比较平顺，且以单坡下穿京沪铁路；

③隧道的埋深和间距比较有利，上覆土层厚约 $2D$，两隧道之间的净间距 $1D$；

④隧道拱腰及以下的土层比较稳定，有利于抵抗隧道的变形和后续的沉降；

⑤本区段的铁路线属于既有线的最高提速区段，客车的最高行驶速度达 200 km/h，货车为 120 km/h。通过运能分析，本区段在施工期客车以 120 km/h，货车以 80 km/h 运行对线路的运能损失属于可接受。施工期的沉降控制极限为 10 mm，当路基面的沉降达到 10 mm 时，利用天窗时间对线路进行养护，以确保行车安全。

3)主动预加固设计理念

本工程隧道拱部及其以上的土层性质较差，列车动应力衰减缓慢，加上土—隧界面处动应力的反射，隧道顶部的附加动应力偏大，如图 16.4-87 所示。于是对隧道拱腰以上较差的土层$③_1$、$⑤_{1-1}$进行加固处理，以提高拱顶土层的模量，引导附加动应力扩散到隧道的周边，如图 16.4-88 所示。结合目前华东地区的工程实践，对轨下路基土进行注浆预加固，一方面可以减小施工期土层产生的变形，另一方面也有利于改善运营期的受力条件。

由于加固区的土层性质发生了变化，当地铁列车通过加固区时，产生的动力响应与通过非加固区有区别，为了减缓这种差异，在加固区的外侧增加次加固区进行过渡，以期使行车的平稳性更为合理，也减少了运营期的结构病害。而铁路线下路基区域由于同时经受上部铁路列车荷载和地铁列车荷载的影响，加固的要求较高，这一区域为主加固区。

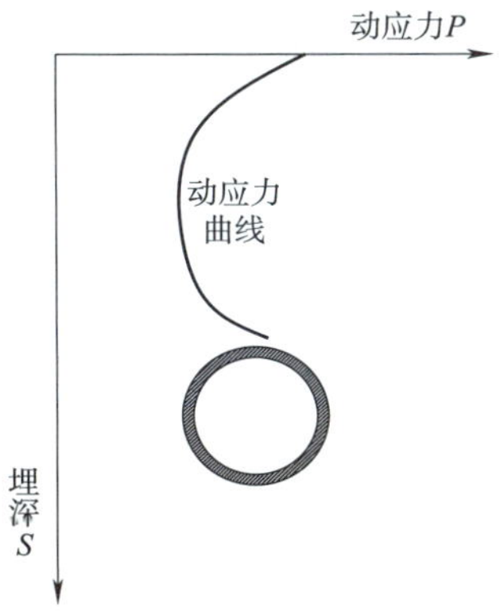

图 16.4-87 加固前竖向动应力曲线

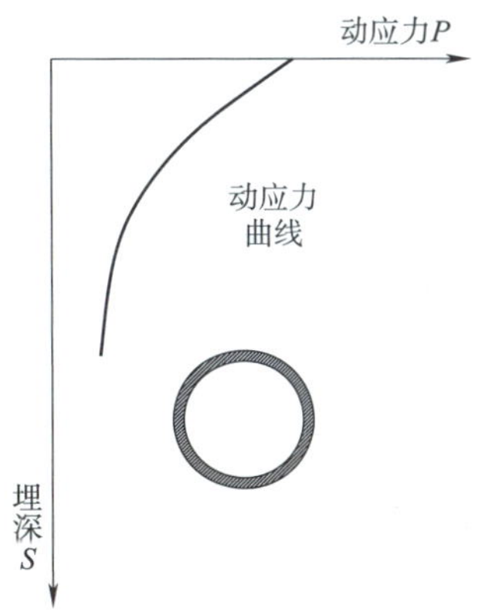

图 16.4-88 加固后竖向动应力曲线

注浆预加固的原则：按动应力影响程度的不同将注浆预加固区域通过旋喷桩将其划分为主加固区和次加固区，主加固区为隧道穿越区域的路基正下方及向四周各延伸一定长度(一般顺盾构推进方向，保证距离最近铁路线路中心不小于 10 m；顺铁路线路方向，保证距离盾构结构外边缘不小于 0.5 倍盾构外径)，加固深度一般根据土层的工程性质确定，当断面内均为软弱土层时，自路基底至盾构结构底边缘以下不小于 0.5

倍盾构外径，若有工程性质较好的土层时，可选择仅加固软弱土；次加固区为旋喷桩向外延伸一定距离（一般顺盾构推进方向，保证距离旋喷桩边缘不小于 10 m；顺铁路线路方向，保证距离盾构结构外边缘不小于 0.5 倍盾构外径），加固深度同主加固区。主、次加固区通过旋喷桩进行隔离（一般采用多排咬合旋喷桩形成隔离墙，厚度不小于 3 m，深入主、次加固区以下不小于 1 m）。

对于盾构斜交穿越铁路线路的情况，为保证沿铁路线路方向左右轨地基刚度的一致性，加固区边界需保证与铁路线路方向垂直相交；同理，为保证盾构掘进过程中掌子面土体强度的一致性，加固区边界需保证与盾构推进方向垂直相交，如图 16.4-89 所示为杭州地铁 4 号线和 6 号线下穿沪昆铁路平面加固情况。

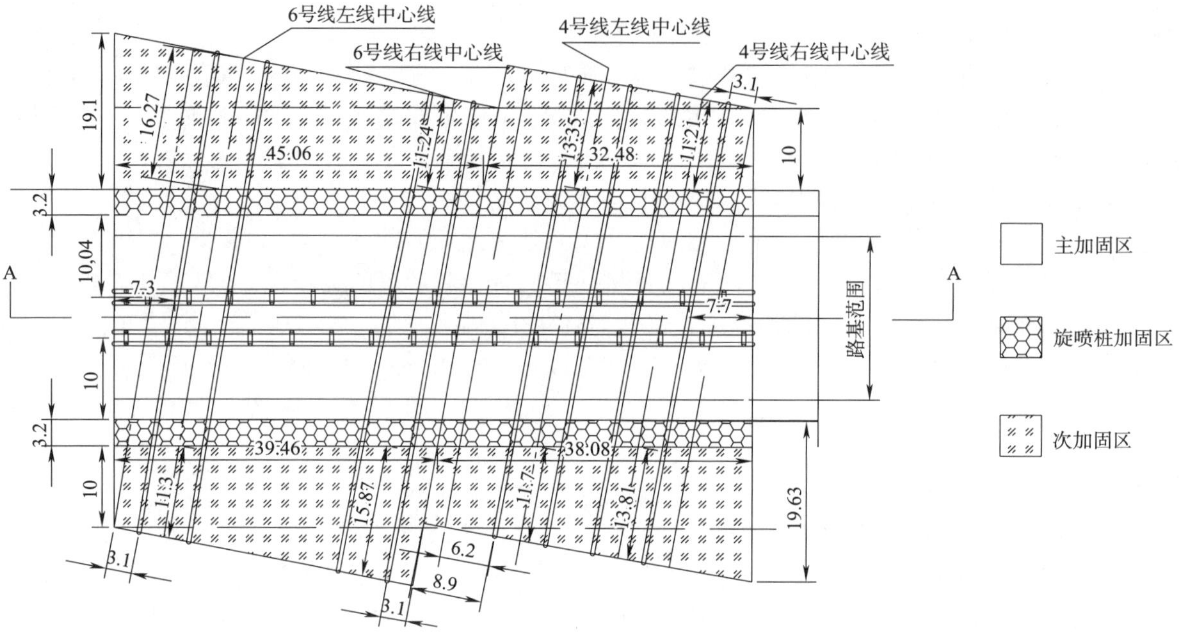

图 16.4-89　杭州地铁 4 号线和 6 号线下穿沪昆铁路加固平面图（单位：m）

土体加固的基本原理：通过对土体加固提高土体的刚度和强度，增加土体抵抗受外荷载作用时的变形或破坏能力。软土层中采用注浆进行加固处理的机理比较复杂，以浆液劈裂对土体产生的压密和浆脉形式加固体共存为主，这样所形成的注浆加固体是非均匀的。即便如此，加固后的土体既能减小掘进产生的应力释放，又能减小外荷载作用下的变形，从而有利于控制施工变形。此外，这种加固体的渗透性会大为降低，运营期隧道的渗水量也会随之减少，也减小了后续沉降。

在主次加固区间设置旋喷桩，是为了提高主加固区的加固效果。由于主加固区位于既有线下，如果在线路的两侧不设置一定强度的隔离体，注浆扰动会引发线路沉降，所以在主加固区实施加固之前，需对加固区进行适当的封闭。

4）盾构掘进控制

为了减小盾构掘进施工产生的变形，须尽可能减小掘进产生的应力释放，即合理设定土仓压力，并及时进行同步注浆，以在最短的时间内填充盾尾间隙，减小因间隙临空面而产生的应力释放变形。土仓压力受掘进速度、排土量等因素综合影响。而同步注浆量则受盾构机姿态、土层性质等因素影响。一般可以将掘进参数分解为若干可控量，如土仓压力、推进速度、注浆压力和注浆量等。

盾构机平衡推进时，土仓压力应与刀盘面前方的水平土压力相等。

$$P_0=P_c+P_w=K_0(\gamma' H+q)+\gamma_w H \tag{16.4-9}$$

$$K_0=1-\sin\varphi'$$

式中　P_c——土压力；

P_w——水压力；

φ'——土的有效内摩擦角；

H——盾构工作面中心处深度；

γ'——土的有效重度；

q——地面超载；

γ_w——水的重度。

当地下水位接近地表，土质渗透系数较小，土仓压力可以采用水土合算

$$P_0=k_0\gamma H \tag{16.4-10}$$

式中 γ——土的饱和重度。

由于盾构隧道中心点埋深 14.2 m，盾构上方土质渗透系数较小，可采用水土合算，求得土仓压力 P_0 为 160.4 kPa。

同时铁路路基高约 0.5 m，根据 $K_0\gamma H$ 折合计算相应的侧土压力；另外考虑到火车动载作用，其最开始随深度的增加迅速衰减，之后由于下方存在刚度较大的隧道结构，随着土层深度的增加，动应力逐渐增大，在接近隧道顶部时达到最大。根据本工程隧道埋深及土层特点，考虑在轨道位置土仓压力增加 10 kPa 列车动荷载，所以铁路段土压值比穿越铁路前高 15～25 kPa，但从路基外至路基下土压力增加应有一个过渡段，每环增量在 5～10 kPa。由于土仓压力的波动及衰减，以及为了弥补盾尾沉降损失，因此，通过京沪铁路时，土仓压力设定值在 0.20～0.22 MPa 之间，同时应结合现场的实际情况进行调整。

②推进速度

在软土地区，盾构机的推进速度控制在 2.0 cm/min 左右，尽可能匀速掘进，日均掘进 6～7 环；螺旋输送机的转速保持在 8～12 r/min 范围，排土量为理论值的 98%。上述措施可以保证管片拼装和同步注浆的质量。

③盾构机姿态控制

盾构施工过程中，对初始出现的小偏差应及时纠正，在铁路下，纠偏坡度控制在±1%之内，平面偏差 15 mm 以内。对称区域的千斤顶油压差应小于 5 MPa，其伸出长度差应小于 2 cm，防止盾构机一次纠偏过大。应尽量避免盾构机走“蛇”形，对于“蛇”形运动的修正，应以长距离慢修正为原则，一次纠偏量不超过 5 mm。

④注浆压力

注浆压力需综合考虑隧道埋深、土质情况、盾构机机型以及地区经验而确定。注浆压力不能过大，如若大于割裂压则会出现翻浆冒浆现象。同时注浆压力不能过小，过小不能达到填充盾尾空隙的目的，注浆压力不应小于隧道埋深处的地层应力和列车荷载等效土压力之和。国内外对盾构注浆压力与地表沉降量之间关系进行的研究表明，当注浆压力相当于隧道埋深处的地层应力（含等效列车荷载）时，对减少地层损失和地表沉降量效果最为显著。

⑤注浆量

注浆量同样需综合考虑土质情况与盾构机机型而确定。注浆量的确定是以盾尾空隙量为基础并结合地层、线路及掘进方式等因素考虑适当的饱满系数，以保证达到充填密实的目的。一个行程的注浆量：

$$Q=\left[\frac{\pi}{4}(D_1^2-D_2^2)\right]ma \tag{16.4-11}$$

式中 D_1——理论掘削半径；

D_2——管片外径；

m——行程长度；

a——注入率，注入率主要与注入压力、土层特性、施工损耗、超挖等因素有关。

⑥注浆速度

实际施工中靠注入速度来控制注浆量，因此需对注入速度进行计算，根据每环注入量和每行程推进时间得到注入速度，如下式：

$$v=Q/t \tag{16.4-12}$$

式中 v——注入速度（m^3/s）；

Q——每环注入量（m^3）；

t——每行程推进时间（s）。

同时应在盾构穿越铁路前设置试验段，在试验段内根据监测反馈结果实时调整，摸索出最优的施工参数匹配方案，为穿越铁路段的施工提供施工控制经验。

5)实施效果

加固施工阶段和盾构下穿推进阶段必然会引起铁路路基的变形，进而影响轨道的平顺性，对铁路的运营安全直接造成影响。为避免施工影响铁路运营安全，必须加强施工过程中的监控测量，把施工引起的一系列动态变化信息及时反馈到施工单位，使之能够在现场及时优化调整施工参数，改进施工方法，以避免危及铁路行车运营安全的事故发生。

监测项目为线路沉降及水平变形。为了能够更为直接的反应轨道沉降变形情况，故监测点一般布置在盾构穿越影响区范围内的轨枕之上。同时考虑铁路监测要求频率较高但不能频繁上道测量，一般采用全站仪机器人，可实现全天候 24 h 不间断测量。

监测布点原则：顺铁路线路方向，自左右线盾构轴线向两侧监测点间距逐渐加大，监测点布置区域为盾构施工沉降槽影响范围，监测点布置于轨枕之上。顺盾构推进方向，自铁路路基向两侧监测点间距逐渐加大。其中左右线盾构与铁路路基交叉部分加密处理。本工程监测点布置如图 16.4-90 所示。

线路加固期间，每次注浆后均须进行线路变形观测，注浆隆起超过 2 mm 应立即报警，其余监测报警值见表 16.4-15。

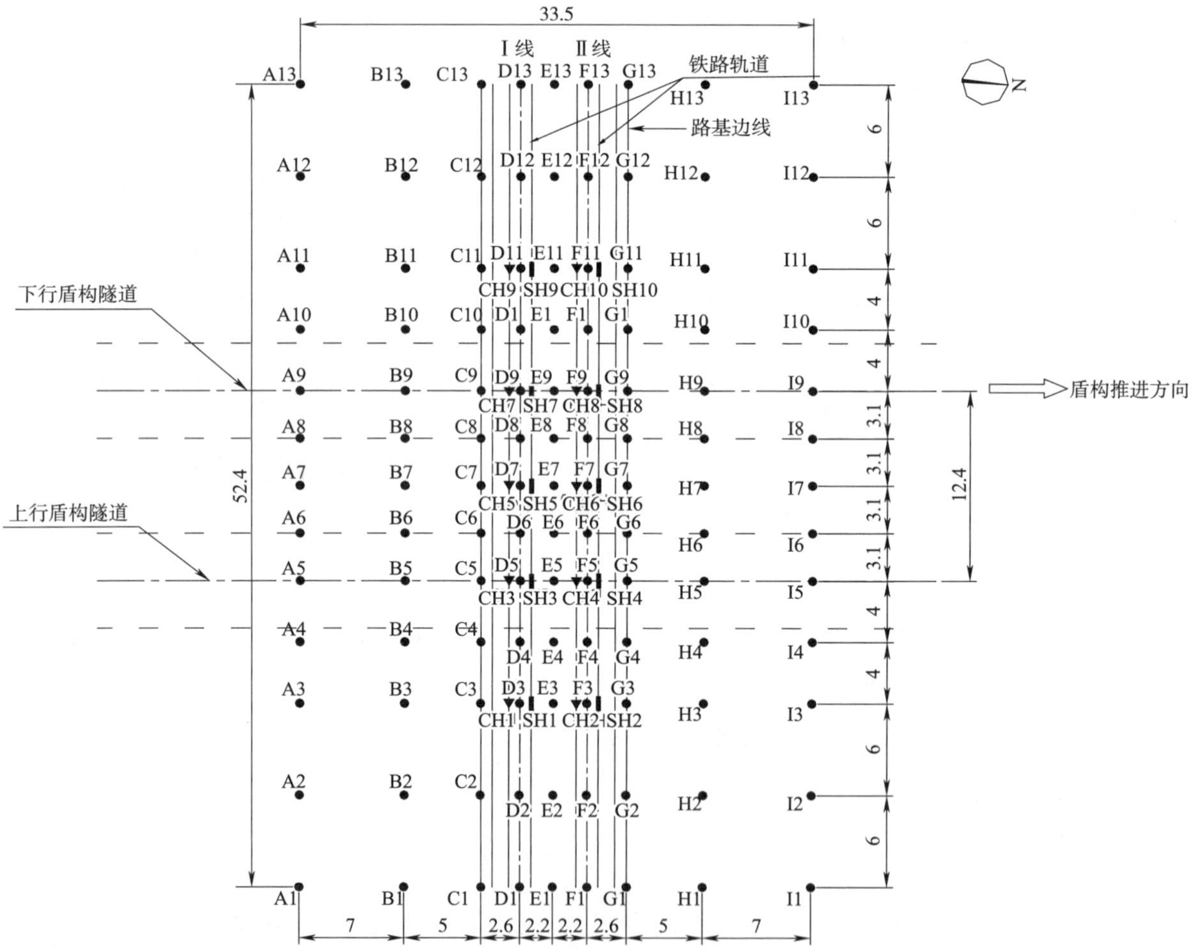

地面测点（编号 A～Ⅰ，每个断面 13 个测点，共计 117 点）

线路沉降测点：其中地面沉降测点编号 C～G，每个断面 13 个测点，兼做线路沉降测点；轨道测点编号 CH1～CH10，共计 75 点。

线路方向偏移测点：其中线路方向偏移测点编号 SH1～SH10，共计 10 点。

管线测点以及轨面与电化柱差异沉降测点根据实际情况布设。

图 16.4-90　监测点平面布置图（单位：m）

表 16.4-15 施工监测报警值(预警值按 70%报警值考虑)

序号	监测项目	日变化速率报警	累计变化量报警
1	线路竖向沉降	2 mm	10 mm
2	线路水平变形	2 mm	6 mm

旋喷桩施工于 2007 年 1 月 13 日开始至 2007 年 1 月 29 日结束,1 月 20 日～1 月 26 日为动车组试验阶段,旋喷桩停止施工。从图 16.4-91 可看出,过程中从 1 月 28 日～2 月 2 日铁路变形值超过 10 mm,最大累计变形量达到 15 mm 左右,经施工参数调整及铁路线路养护,变形量减小,多数测点变形值控制在了报警值以下,变形曲线相对比较平稳。

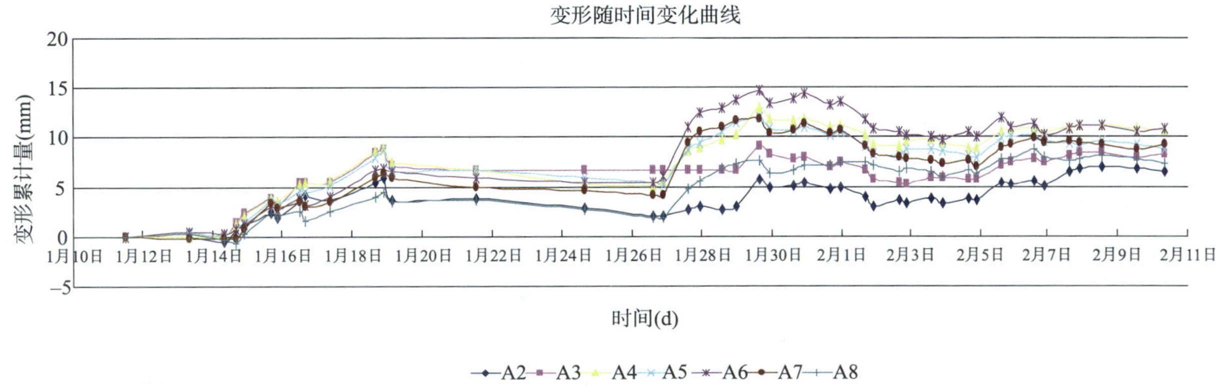

图 16.4-91 路基面隆沉随时间变化曲线(注:旋喷加固引起隆起)

上行线盾构于 2007 年 3 月 10 日～3 月 17 日之间穿越京沪铁路,实测上行线盾构正上方路基面变形曲线如图 16.4-92 所示,其中,正值表示隆起,负值表示沉降。下行线盾构于 2007 年 3 月 29 日～4 月 13 日穿越京沪铁路,实测下行线盾构正上方路基面隆沉曲线如图 16.4-93 所示。在下穿铁路施工期间,下行盾构推进过程中路基面最大隆起量为 11.69 mm,盾构穿越完成后,路基面逐渐下沉,最终收敛在 5 mm 以内。上行盾构推进过程中同样表现为先隆起,最大值为 5 mm 左右,盾构穿越完成后,路基面逐渐下沉,最大累计沉降量为 15.31 mm。因此在下穿施工中同时需配合铁路部门对轨道及时进行维修养护,以便多方面措施配合实施,将线路最终变形值控制(恢复)在允许范围之内。

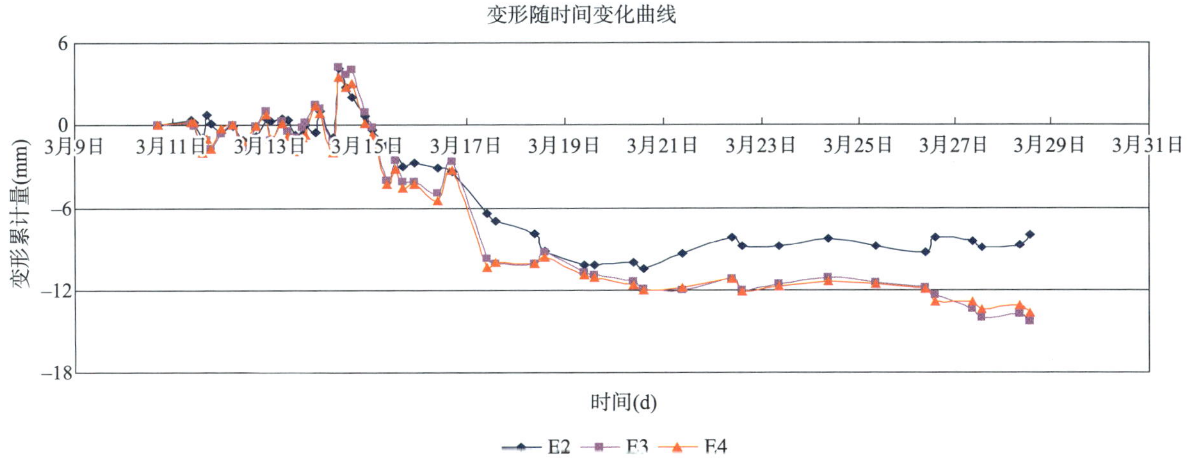

图 16.4-92 上行盾构推进过程中路基面的累计变形曲线图

(4)下穿高速铁路(杭州 1 号线穿余杭高铁)

高速铁路与普通干线铁路的最大区别在于以下两点:

第一,高速铁路大多为客运专线,行车速度高,对变形要求苛刻;

第二,高速铁路大多为无砟轨道,一旦发生破损,养护维修的难度极大。于是下穿高速铁路的关键是施工期的变形控制。

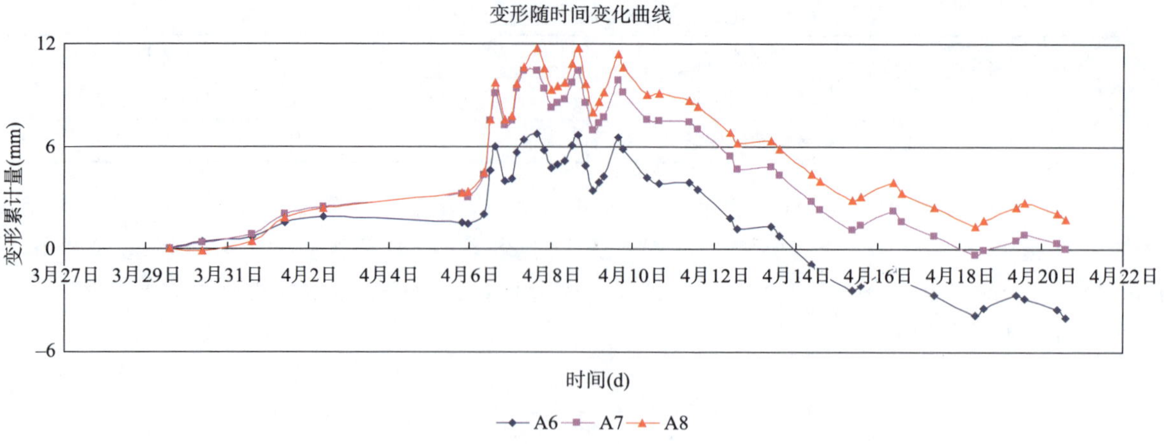

图 16.4-93　下行盾构推进过程中路基面的累计变形曲线图

1)工程概况

杭州地铁1号线盾构区间在右线里程K37＋424～K37＋469、左线里程K37＋412～K37＋457范围内下穿沪杭高铁余杭站，下穿段沪杭高铁里程范围为DK142＋824～DK142＋888。下穿区段临近地铁余杭高铁站，地铁隧道的线型为直线段与450 m半径圆曲线过渡的缓和曲线，下穿段盾构隧道中心埋深11.7 m，线间距15 m，隧道外径6.2 m。下穿段区间隧道与沪杭高铁在平面上斜交，交角约62°，盾构隧道左线外边缘与沪杭高铁桩基最小净距6.16 m，与承台水平方向最小净距5.63 m；右线外边缘与沪杭高铁桩基最小净距5.19 m，与承台水平方向最小净距4.24 m；左线下穿段与端头井最小净距15.22 m，右线下穿段与端头井最小净距6.77 m，高铁承台与端头井最小净距3.62 m，如图16.4-94所示。

沪杭高铁设计速度350 km/h，采用无砟轨道。盾构隧道下穿段沪杭高铁高架桥梁为3跨连续梁桥，连续梁全长145.5 m，下穿位置为中跨，跨度64 m，净空约12 m。下穿段高架桥上设2条正线、2条站线及2座站台，下部桥梁及基础承台独立。桥梁基础为钻孔灌注桩，通长配筋，直径1.5 m，桩长69.5 m左右，正线和两侧站线钻孔桩数量分别为8根和12根。

穿越地段第四纪覆盖层厚度大于50.0 m，上部主要为钱塘江近代冲积沉积的粉、砂性土，下部为陆～海相沉积地层。从上至下土层分别为：①$_1$层杂填土，①$_2$层素填土，②$_1$层黏质粉土夹粉质黏土，③$_1$、③$_2$、③$_5$、③$_8$层粉、砂性土层，⑥$_1$层粉质黏土，⑦$_1$层黏土。盾构主要穿越土层为③$_2$粉砂层、③$_5$砂性粉土(图16.4-95)，盾构穿越段土层主要物理力学性质指标见表16.4-16。

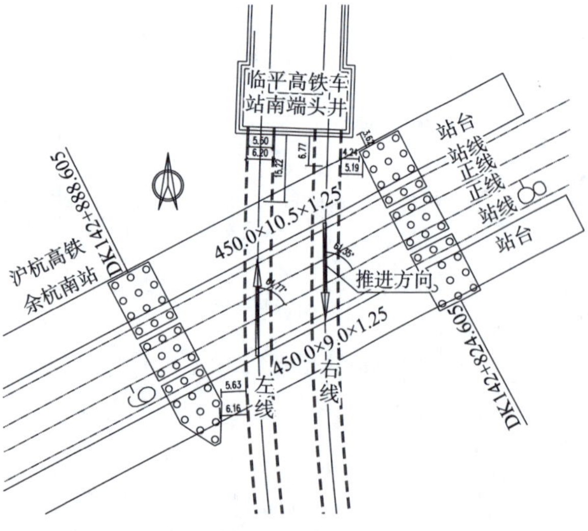

图 16.4-94　盾构区间与沪杭高铁平面关系图(单位：m)

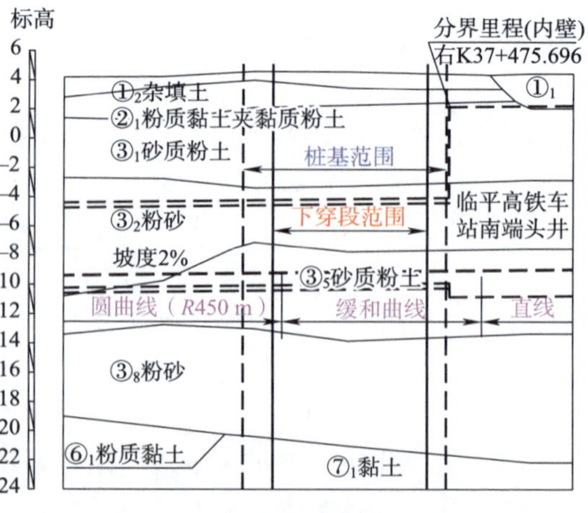

图 16.4-95　盾构隧道纵剖面图(单位：m)

表 16.4-16 穿越段土层主要物理力学性质指标

层号	土层名称	含水量	重度	饱和度	孔隙比	塑性指数	液性指数	压缩模量	承载力特征值	直剪固快		渗透系数		静止侧压力系数
		w (%)	γ (kN/m³)	S_r (%)	e	I_P	I_L	$E_{S0.1-0.2}$ (MPa)	f_{ak} (kPa)	C_{cq} (kPa)	Φ_{cq} (°)	K_v (×10⁻⁶ cm/s)	K_h (×10⁻⁶ cm/s)	K_0
②₁	黏质粉土夹粉质黏土	29.3	18.8	94	0.846	11.4	0.83	7.9	90	6	27	25	35	0.41
③₁	砂质粉土	27.1	19.1	95	0.771			14.38	110	4	30.5	150	200	0.38
③₂	粉砂	25.5	19.2	92	0.743			13.08	130	1	32	300	400	0.36
③₅	砂质粉土	26.5	19	93	0.771			12.22	110	1	31	150	250	0.38
③₈	粉砂	25	19.2	92	0.731			12.69	140	0	32.5	400	600	0.35
⑥₁	粉质黏土	33.8	18.2	95	0.977	16.4	0.64	5.09	100	19	17	2.5	4	0.49
⑦₁	黏土	28.1	18.8	92	0.836	20.8	0.32	6.57	200	31	15.5	1	1.5	0.46

2)变形阻隔方案

①方案设计

为减小盾构施工以及后续长期运营引起的沪杭高架桥基础变形，对盾构隧道下穿段进行了加固，加固方案如图 16.4-96 和图 16.4-97 所示。下穿段盾构隧道两侧各打设一排钻孔灌注桩和在灌注桩内侧设置两排咬合旋喷桩，钻孔桩紧靠旋喷桩，西侧加固范围南至 2 号站台边缘外 3.8 m，北至临平高铁车站南端头井加固区，加固长度约 62 m；东侧加固范围南至站台 2 边缘外 3.3 m，北至临平高铁车站南端头井加固区，加固长度约 45 m。钻孔桩直径 0.8 m，中心间距 0.9 m，深度为自地面以下 1 m 至隧道底部以下 3 m，桩长约 17 m，隧道两侧钻孔桩桩顶各设置一道冠梁，冠梁长度西侧约 62 m，东侧约 45 m，截面尺寸为 1.2 m×1 m，与隧道外边缘最小净距 2 m；旋喷桩直径 0.6 m，咬合 0.2 m，旋喷桩加固深度为自地面至隧道底部以下 1 m，桩长约 16 m。

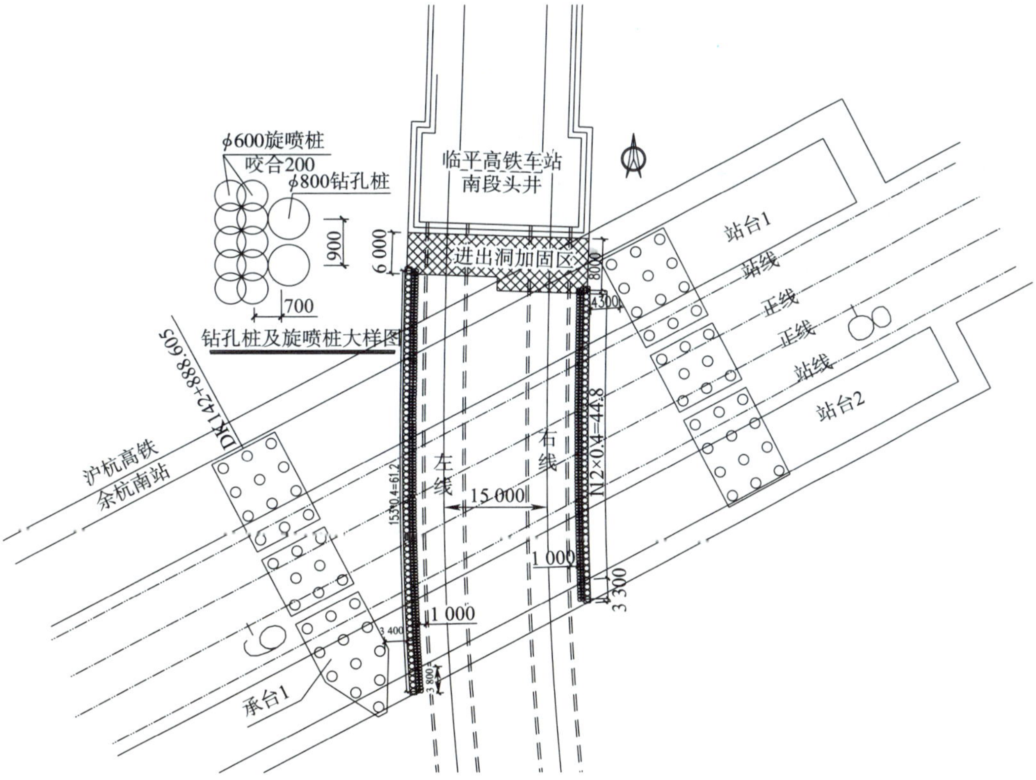

图 16.4-96 加固处理平面图(单位:mm)

其中一般条件允许时，隔离桩一般采用大于等于 1 m 直径的钻孔灌注桩，灌注桩与隧道结构间的净距宜为 0.5～1.0 m。沿盾构掘进方向设置范围应超出承台两端各 10 m，在条件困难的情况下，至少应与承台两端齐平。钻孔桩顶设置冠梁，两排钻孔桩之间设置垂直排桩的系梁连接。对于穿越土层较差时，还可在隔离桩之间的盾构穿越区域进行注浆加固，提高穿越土层的整体强度及抵抗变形的能力，以保证盾构正常穿越，高铁列车安全运行。

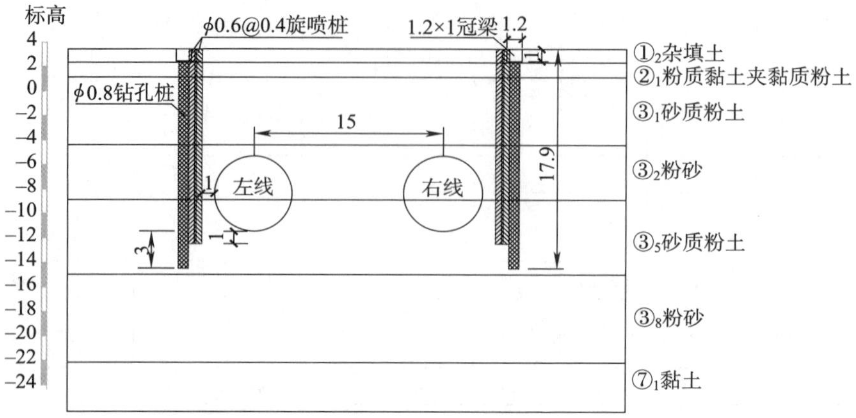

图 16.4-97　地基加固剖面图（单位：m）

②施工工艺

高铁桥下钻孔灌注桩施工，鉴于高铁对振动施工的控制，通常不允许使用冲击钻。同时考虑受桥下净空限制，一般采用循环钻机钻孔。

钻孔灌注桩施工应采用跳打的方式施工，且在前一根钻孔桩混凝土灌注后达到一定强度以后再进行下一根桩基钻孔施工。其中对于极其软弱的淤泥层，距离高铁桩基 10 m 范围内的钻孔灌注桩，在满足施工净空要求的情况下应考虑采用全回转护筒跟进的方法进行钻孔施工。钻孔桩内侧的旋喷止水桩应在钻孔桩施工完毕后再行施工，以达到钻孔桩隔离旋喷桩施工压力传递到高铁桩基侧的作用。盾构穿越前钻孔桩及旋喷止水桩应施工完成并达到相应的设计强度，尤其是如若钻孔桩之间进行土体注浆加固，需加固土体达到设计强度后再行盾构穿越施工。盾构穿越需逐条进行，不可同时掘进穿越，且两条盾构先后穿越施工应设置一定的时间间隔。

③技术要求

能否达到设计所提出的各项要求，需要从实施过程中的各个环节进行保障，技术要求就是从施工的人员、设备、材料各方面满足设计技术指标要求的各项措施。

在人员要求方面分为管理人员和技术人员两大类，无论哪类人员都必须明确自己的岗位和职责，并熟知工序的衔接、工序间的关系以及各类突发事故的应急处理方式。

在设备方面需要解决功能、型号的选择，以能够实现设计所提的各项技术措施和工艺要求。

材料分为主材、消耗品和应急物资，各种材料都应满足性能指标等要求，并结合规范进行抽检。

3)实施效果

本工程实施效果的评价应该从总体效果和阶段效果（或分项效果）两个方面进行考察，总体效果是最终的实施情况，而阶段效果则是多分项或不同施工过程所对应的效果，最重要的评价指标是桥墩承台的沉降和水平位移。

根据本标段工程的特点，将监测分为两期进行，第一期为钻孔桩加旋喷桩加固施工期间的监测，监测项目包括沪杭高架桥承台水平变形和竖向变形；第二期为盾构推进施工期间的监测，监测项目主要包括沪杭高架桥承台水平变形、竖向变形及地表沉降。第一、二期监测点布置如图 16.4-98 和图 16.4-99 所示。

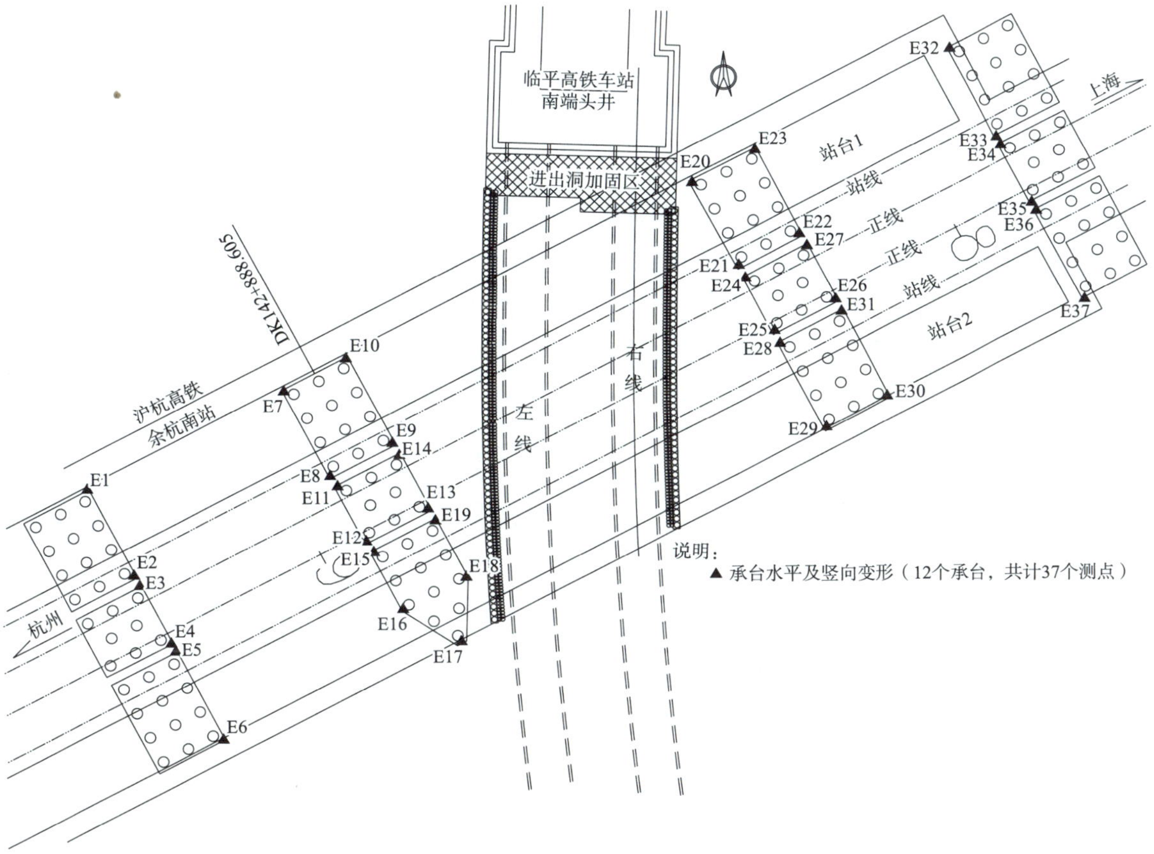

图 16.4-98 第一期监测点布置图

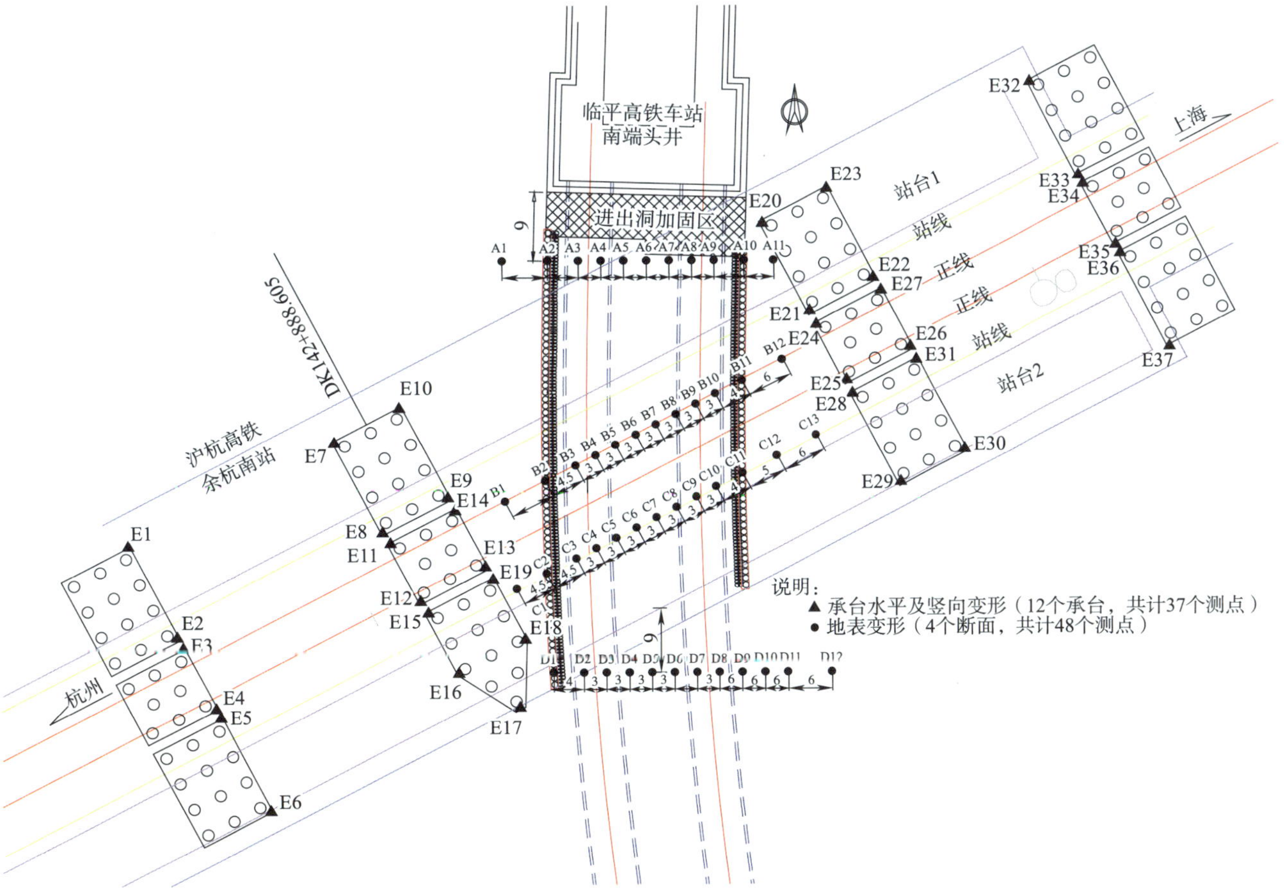

图 16.4-99 第二期监测点布置图

由于承台埋深较浅，在沪杭高铁高架桥桩基承台角点处布置直接测点，12 个承台，共计 37 点。在穿越段盾构中心轴线两侧范围内，沿垂直盾构推进方向设置 2 个地表变形观测断面（A1～A11 和 D1～D12），A 断面位于临平高铁车站南端头井南侧 9 m，D 断面位于沪杭高铁余杭南站站台 2 南侧 9 m；沿高铁纵向设置 2 道地表变形观测断面（B1～B12 和 C1～C13），B 断面位于沪杭高铁北侧正线下方，C 断面位于沪杭高铁南侧站线下方。地表测点共计 48 个，其中测点 A2、A10、B2、B11、C2、C11 及 D1 布置在冠梁上。

对变形监测分预警和报警两级，监测报警值见表 16.4-17。

表 16.4-17　施工监测报警值

序号	监测项目	累计变化量预警	累计变化量报警
1	桥墩水平变形	1 mm	2 mm
2	桥墩竖向变形	1 mm	2 mm

图 16.4-100 和图 16.4-101 分别为实测的加固施工以及盾构施工期间承台的垂向与水平向位移，从总体效果看，无论是加固施工还是盾构隧道施工，承台垂向位移和水平位移均在 1 mm 之内，说明施工控制取得了良好的效果。

从阶段效果看，承台的垂向位移主要发生于穿越区加固施工阶段，而后期左右线盾构穿越时，承台的垂向位移不明显，这说明隔离加固对后期盾构穿越过程中承台的变形控制效果明显。

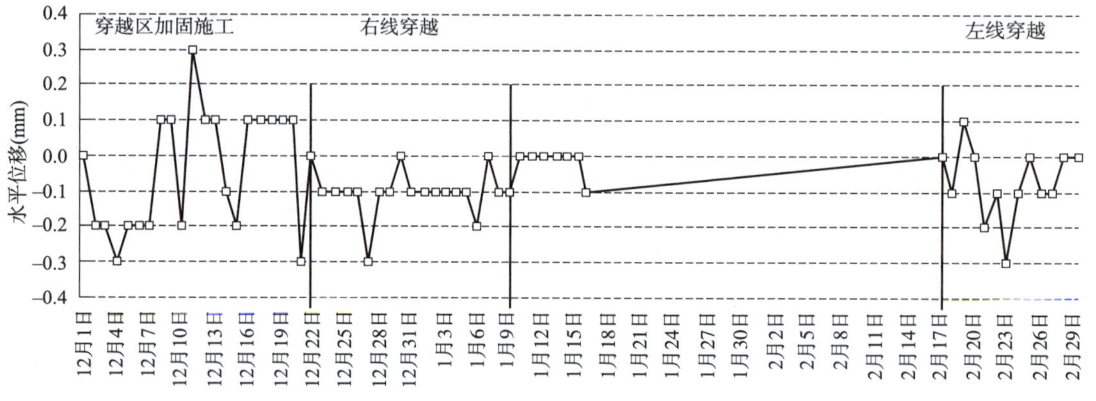

注：“−”为沉降，“+”为隆起。

图 16.4-100　承台垂向位移(单位：m)

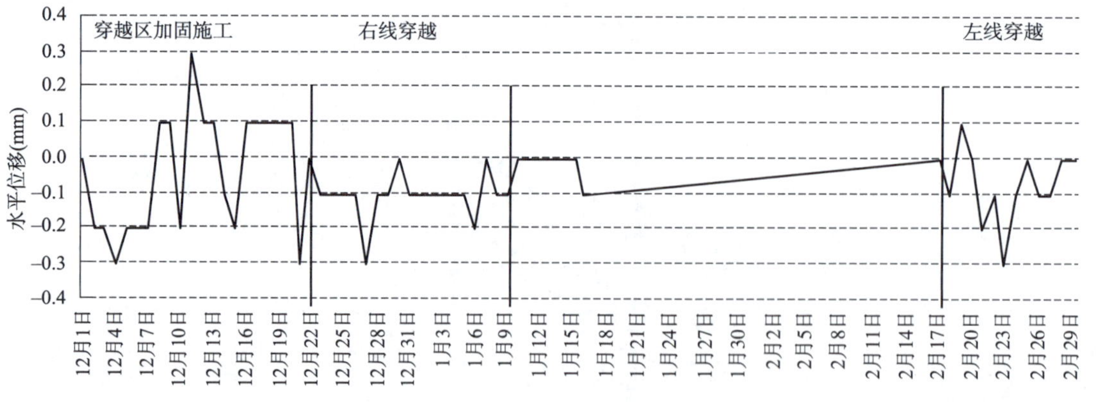

注：“−”为向东，“+”为向西。

图 16.4-101　承台水平位移(单位：m)

(5)杭州地铁 2 号线盾构区间下穿 1 号线盾构区间

1)工程概况

杭州地铁 2 号线中河路站—凤起路站区间，线路出中河路站后，沿凤起路道路下方向西敷设，过延安路口后进入凤起路站。区间下穿的凤起路为主城区主干道，交通量大，在凤起路延安路口区间盾构与地铁运营1 号武林广场站—风起路站盾构区间近距离立体交叉(净距最近处 2.46 m),如图 16.4-102 和图 16.4-103 所示。

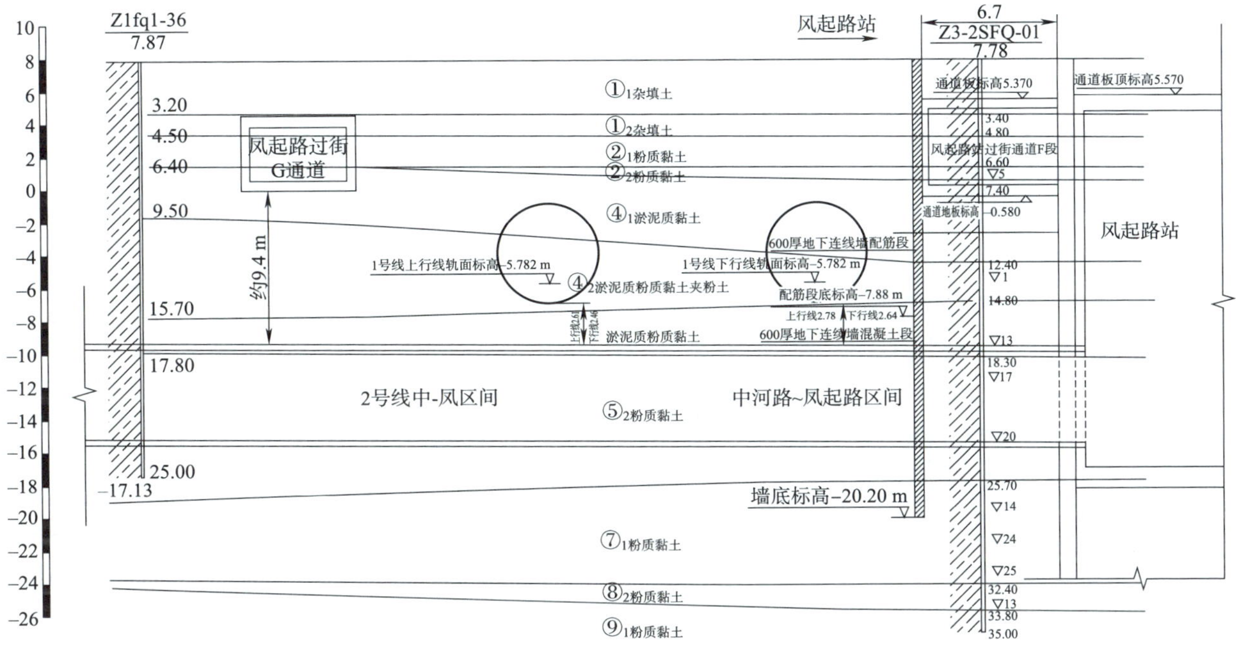

图 16.4-102 2 号线区间下穿 1 号线风起路站—武林广场站区间平面关系图

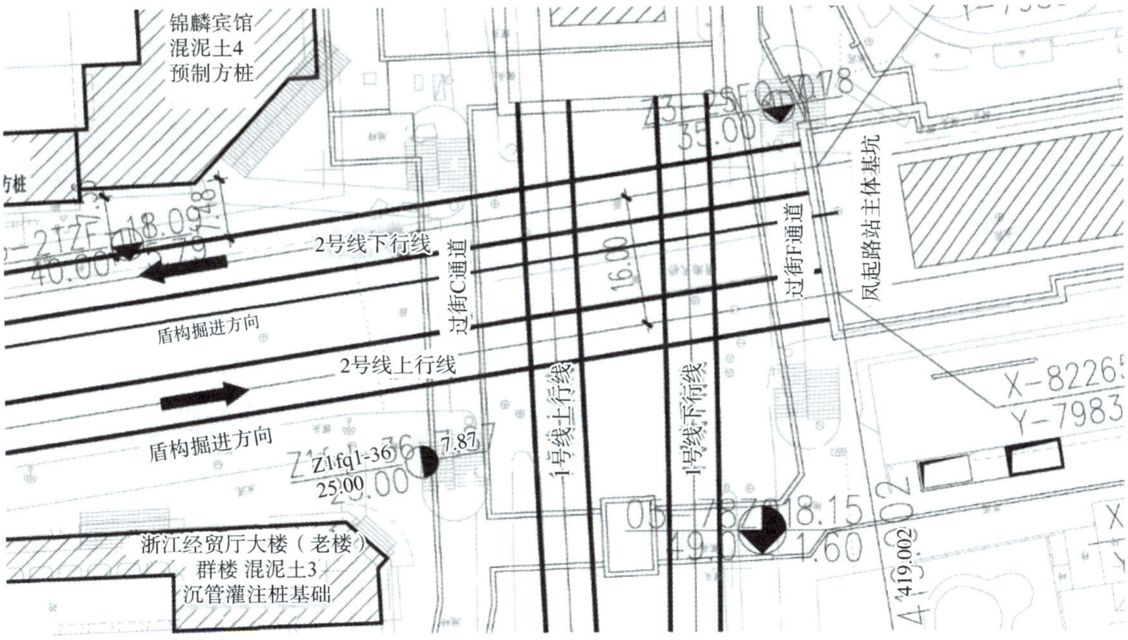

图 16.4-103 2 号线区间下穿 1 号线风起路站—武林广场站区间剖面关系图

下穿 1 号线区间隧道穿越地层主要为:④$_4$淤泥质粉质黏土及⑤$_2$层粉质黏土;2 号线中—风区间隧道底为⑤$_2$层粉质黏土,2 号线中 凤区间与 1 号线凤—武区间之间所夹土层为④$_2$淤泥质粉质黏土夹粉土层与④$_4$淤泥质粉质黏土层,土层物理力学性质较差,地质条件较复杂,需穿过风起路过街通道,盾构区间施工时过街通道已经施工完成,下穿通道时需要保证风起路过街通道的结构安全和稳定性,土层特性见表 16.4-18。

区间隧道曲线半径为 700 m,上行线线路出中河路站后连续下坡,设 10‰和 10.993‰两个同向纵坡进入风起路站;下行线线路出中河路站后连续下坡,设 10‰和 11.058‰。

表 16.4-18 土层特性

层 号	土层名称	高程(m)	层厚(m)	含水率	饱和度	塑 限
①1	杂填土	7.66～8.22	1.60～6.10			
①2	素填土	4.37～6.24	0.60～2.40			
①3	淤泥质填土	4.08～6.34	0.90～4.30	33.4	93.7	23.7
②1	粉质黏土	1.80～4.80	0.30～3.10	31.8	96.3	24.3
④1	淤泥质黏土	0.18～3.84	2.60～9.00	50.8	98.1	30.4
④2	淤泥质粉质黏土夹粉土	−5.43～−1.63	1.20～6.20	34.5	95.6	21.4
④3	砂质粉土	−7.56～−5.08	1.00～3.30	29.3	95.2	
④4	淤泥质粉质黏土	−8.92～−6.71	0.30～8.50	41.3	93.4	25.5
⑤2	粉质黏土	−12.83～−8.00	3.50～10.40	31.2	96.8	25.2
⑥2	粉质黏土	−18.41～−15.04	0.90～3.90	34.3	98.4	22.9
⑦2	粉质黏土	−21.21～−12.36	1.80～13.00	30.3	98.3	24.2
⑧2	黏土	−24.32～−19.70	1.60～8.30	36.0	98.5	23.6

区间与 1 号线区间的立体交叉：凤起路延安路口区间盾构与地铁 1 号线武林广场站—凤起路站盾构区间立体交叉，结构净距最小处仅 2.46 m。地铁 1 号已经进入运营阶段，保护地铁 1 号线隧道和本区间隧道盾构推进的正常施工是关键。

2)地铁保护措施

采用管棚加固保护方案，中—凤区间下行线(左洞门)管棚施工，完成管棚数量为编号 1 号～22 号，长度按设计要求 45 m/根。

管棚设计采用 1.2%的斜坡，施工按 2.5%～2.8%的斜坡控制，管棚施工比设计高 30 cm 左右。管棚施工首先采用跟管钻进方法，管棚直径为 ϕ159 mm，然后通过管棚内注入浆液，管棚及注浆完成后，对保护既有线起到一定的“兜底”效果。当盾构通过时，如果局部位置压力不足，拱形的管棚与土体混合结构能提供一定的支撑保护作用，对 1 号线的沉降会起到良好的控制，保证其正常营运。目前已全部完成下行线的管棚及注浆作业施工，如图 16.4-104 和图 16.4-105 所示。

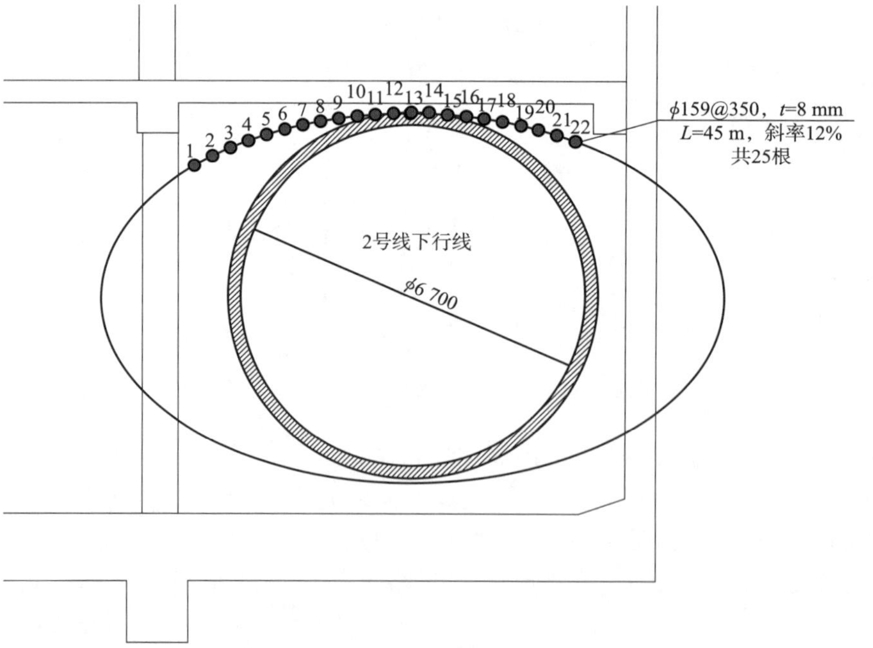

图 16.4-104 管棚加固布置

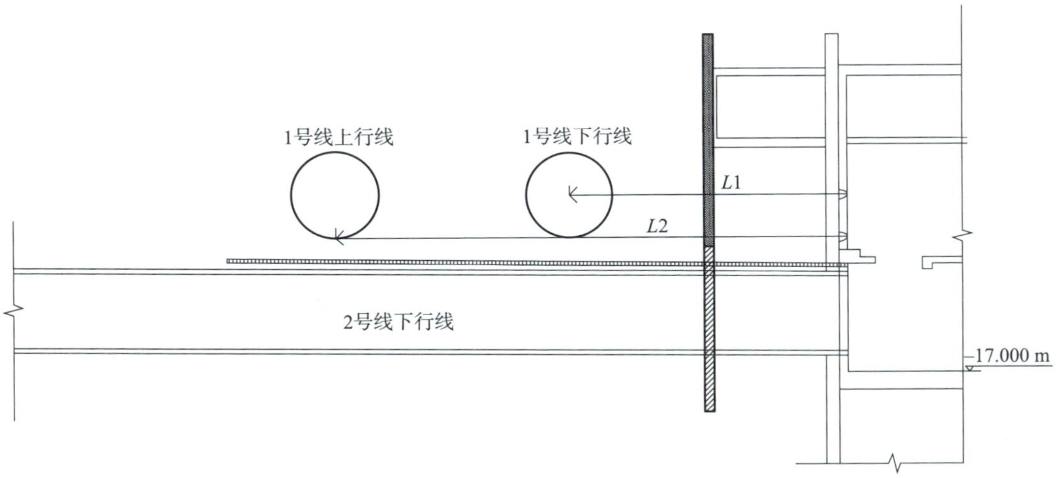

图 16.4-105 管棚加固布置

①管棚施工变形控制

管棚施工对既有 1 号线的影响必须控制在一定范围。目前下穿地铁既有线凤起路站施工时有约 7 mm 的变形沉降，因此超前支护的变形控制应控制在 2～3 mm 之内。为了有效控制既有线的变形，必须有高精度的实时自动监测系统，穿越段指导性施工参数见表 16.4-19。所有施工需在精度为 0.1 mm 的自动监测系统下进行。具体操作分如下：

a. 管棚施工，前 2 个孔都要进行严格的实验性的施作，变形控制在 0.5 mm 以内。一旦超出 0.5 mm 立即停工，立即分析原因，再调整参数进行施作。直至获得合适的施工参数。

b. 每根管棚施工完成后结合变形情况制定下一根的施工计划，计划内容包括是否进行补充注浆或施工下一根时是否要多出渣土。

c. 在施工设备及钻具方面提前进行规划。管棚施工要配备补充顶进设备，如果出现沉降可以在既有线下方少出土而直接顶进。

d. 管棚间隔跳孔施工，避免连续施工扰动范围过大。

e. 管内螺旋实际出土量应小于理论出土量，避免出土超量引起沉降。

f. 管棚施工应根据监控量测数据进行计划或调整，无数据严禁施工。

②管棚施工精度控制

a. 管棚的打设要完全在导向仪器的监控下进行，且需要进行光学测量，保证管棚不能侵入下方盾构且保持在设计范围内。

b. 管棚螺旋钻具内安装 LED 测量灯，通过经纬仪从管口测量 LED 灯点的标高和角度，配合探棒仪器测量数据，共同测算出管棚钢管的轨迹。

c. 电子探棒监测施工角度，楔形板纠偏。

d. 钢管内螺旋出土，控制施工沉降。

表 16.4-19 穿越段指导性施工参数表

序 号	控制项目	单 位	设定数值	备 注
1	推力	kN	14 000±1 000	具体按照推进速度控制
2	扭矩	kN·m	1 200±200	
3	刀盘转速	r/min	1.0	
4	掘进速度	mm/min	25±5	
5	土仓压力	MPa	0.21～0.22	
6	排土量	m^3	40 左右	3 渣斗各装 12 m^3，第 4 斗装 1 格为 4 m^3，共 40 m^3

续上表

序　号	控制项目	单　　位	设定数值	备　　注
7	同步注浆量	m^3	3.5～4.5	填充率不小于180%～250%
8	同步注浆压力	MPa	0.3～0.35	
9	二次注浆压力	MPa	0.3以下	

3)实施效果

截止到2号线区间盾构接收完成，道床累计沉降11.8 mm，水平位移4.0 mm，隧道收敛最大11 mm，实测统计见表16.4-20。

表16.4-20　实测统计表

项　　目	本次最大变化量(mm)		阶段累计最大变化量(mm)		总累计变化量(mm)		控制值	累计值	备　注
	监测点号	变化量	监测点号	变化量	监测点号	变化量	日变量		
道床沉降	SCJ597(DMS17)	0.20	SCJ600(DMS16)	−9.40	S609	−11.8		±5 mm	上行线
道床差异沉降	SCY612(DMS12)	−0.20	SCY612(DMS12)	−0.60	S606	−0.8		±5 mm	
道床水平位移	SSP600(DMS16)	0.20	SSP603(DMS15)	−3.40	S603	−4.0		±5 mm	
隧道收敛	SSL588(DMS20)	−0.20	SSL606(DMS14)	2.70	S606	3.4		±10 mm	
道床沉降	XCJ602(DMX16)	0.30	XCJ614(DMX12)	−4.50	X614	−9.8		±5 mm	下行线
道床差异沉降	XCY582(DMX22)	−0.20	XCY599(DMX17)	−0.60	X599	−0.9		±5 mm	
道床水平位移	XSP593(DMX19)	0.30	XSP608(DMX14)	−3.50	X614	−4.2		±5 mm	
隧道收敛	XSL605(DMX15)	−0.20	XSL608(DMX14)	10.60	X608	11.0		±10 mm	

注：根据中铁二院《TEY-JG-S-HD2-1E〔2016〕005关于中河路站～凤起路站管棚施工后盾构下穿1号线区间的变形控制标准》，盾构穿越期间1号线变形控制值调整，监测报表内控制指标相应调整。本次变化为日变化量；阶段累计为2016年4月5日盾构始发至今累计，总累计为2016年2月24日管棚施工至今累计。竖径自2016年4月5日起加测。

(6)杭州地铁4号线区间下穿既有1号线

1)工程概况

杭州地铁4号线官河站—火车东站区间盾构隧道下穿运营隧道1号线上行线。盾构机从官河站始发，期间下穿正在运营的杭州地铁1号线上行线。到达终点站杭州东站后，盾构重新拼装，调头回穿，再次穿越地铁1号线上行线。拟建4号线上行线与已建1号线上行线立体交叉，最小净距为2.1 m，以23°下穿已建1号线，如图16.4-106和图16.4-107所示。

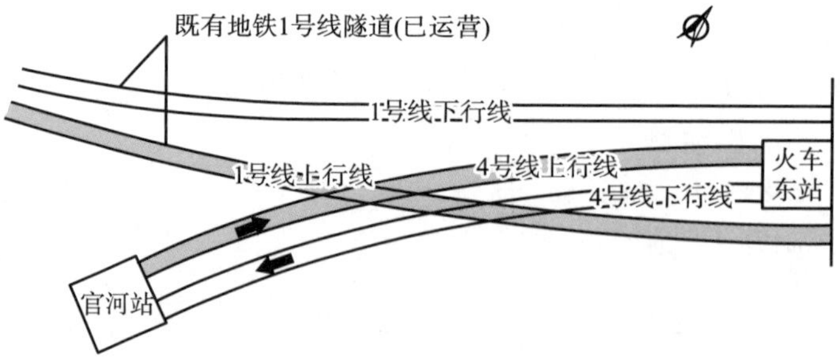

图16.4-106　4号线区间下穿闸弄口站—火车东站区间平面关系图

已建1号线隧道主要位于④$_{-3}$及⑥$_{-1}$淤泥质粉质黏土层中。盾构掘进通过⑥$_{-1}$、⑥$_{-2}$层淤泥质粉质黏土层，土层特性见表16.4-21。上述土层均具有高含水率、高压缩性、低强度、低渗透性等特点，在施工扰动情况下强度下降，土体结构易破坏，施工难度增大。在下穿过程中如何保证1号线隧道正常运营和保护隧道结构安全，这对盾构施工提出了挑战。

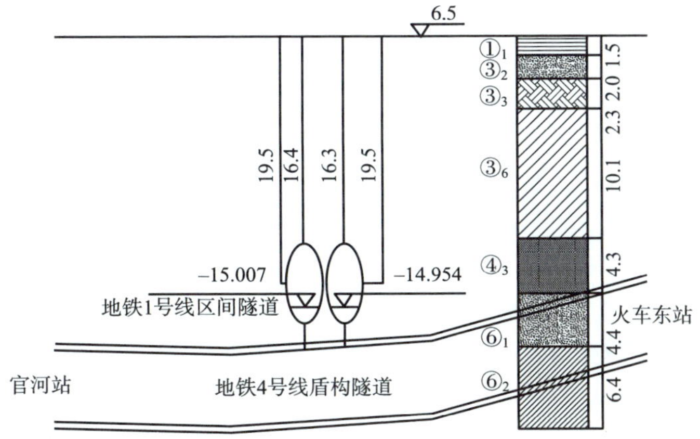

图 16.4-107 4 号线区间下穿闸弄口站—火车东站区间剖面关系图(单位:m)

表 16.4-21 土层特性

土层	含水率 w (%)	天然重度 γ (kN/m³)	孔隙比 e	直剪固快试验强度(峰值)		渗透率 K_v (cm/s)	静止侧压力系数 K_0
				c_k(kPa)	φ_k(°)		
①$_{-1}$杂填土							
②$_{-2}$砂质粉土	29.8	18.7	0.865	0.0	31.2	3.13×10^{-4}	0.36
③$_{-3}$砂质粉土	27.9	19.0	0.785	0.0	32.6	3.15×10^{-4}	0.37
③$_{-6}$粉砂	24.7	19.3	0.707	0.0	34.7	5.19×10^{-4}	0.36
④$_{-3}$淤泥质粉质黏土	47.3	17.0	1.335	12.1	10.6	1.86×10^{-4}	0.56
⑥$_{-1}$淤泥质粉质黏土	40.2	17.5	1.151	15.1	10.8	3.19×10^{-4}	0.52
⑥$_{-2}$淤泥质粉质黏土	35.2	18.1	0.998	16.0	13.9	3.17×10^{-4}	0.53

2)地铁保护措施

①盾构选型

盾构采用铰接型加泥式土压平衡盾构机,刀盘结构为辐条加面板型,刀盘开口率为40%,盾构外径为6.4 m。在盾构掘进过程中,控制计算机对相关掘进参数进行实时监控记录。

②总推力与土仓压力

给出盾构穿越施工过程中土舱压力及千斤顶总推力的变化情况,土仓压力为土压力盒传感器所得平均值,千斤顶推力为各个千斤顶推力叠加所得。如图16.4-108所示,土仓压力与千斤顶推力具有良好的正相关。土仓压力在穿越段为0.25 MPa左右,直至其通过穿越交叉中心点;在其他位置维持在0.33~0.35 MPa,可以看出,土仓压力在穿越已建隧道时保持最小。

如果土压力设置过大或过小于理论值,会造成前方土体隆起或下沉,引起邻近结构的破坏。当盾构下穿施工既有隧道时,由于上部隧道的存在改变了原有地层应力分布,具有卸载效应,因此,在下穿施工过程中应调整盾构土压力。

③排土量

盾构掘进中每环理论排土量为:

$$\frac{\pi}{4}\times D^2\times L=38.6\ \mathrm{m^3} \tag{16.4-13}$$

D为盾构外径,$D=6.4$ m;L为管片长度,$L=1.2$ m。图16.4-109为实时记录的盾构排土量曲线和理论排土量的比较。土压平衡盾构出土率是盾构推进时控制平衡的重要参数,它决定土压平衡盾构时地层损失的大小,决定前方产生隆起或沉降的大小。盾构掘进渣土排出速度应与盾构掘进速度基本相当,否则过大或过小排土量将引起盾构前方土体受到挤压效应,从而导致地下结构的破坏。

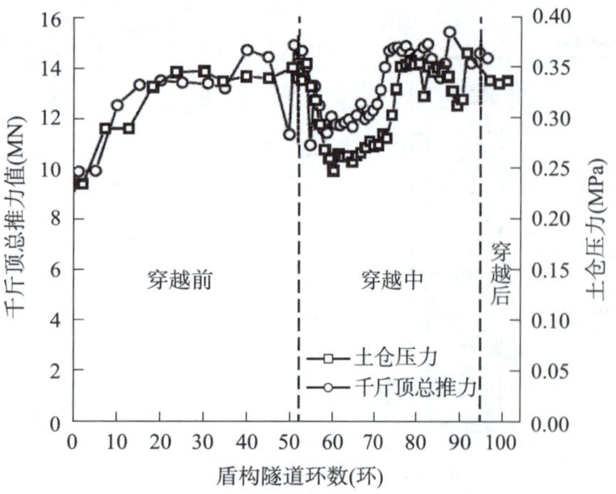

图 16.4-108　4 号线盾构总推力与土仓压力曲线

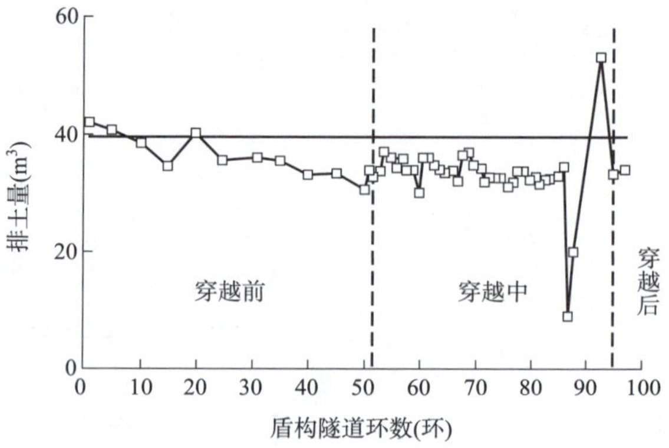

图 16.4-109　4 号线盾构排土量曲线

由于松散系数的存在，对于淤泥土来说，一般为 1.1～1.3，本工程实际的排土量和理论排土量相差不大，但由于盾构隧道与已建隧道距离较近，仍有很大的影响。因此，导致掘进过程中，产生了欠排土或过排土，从而引起了上部隧道隆沉位移或水平位移。

④注浆量和注浆压力

在盾构施工中，当管片脱离盾尾后，在土体与管片之间会形成环型空隙。注浆要做到“掘进、注浆同步，不注浆、不掘进”，通过控制同步注浆压力和注浆量的双重标准来合理注浆，同步注浆压力维持在 0.3 MPa 左右，注浆量的变化如图 16.4-110 所示。从图可以看出，在穿越段 59～80 环的下穿段注浆量维持在一个较低的范围，防止上方已建隧道隆起过大。穿越前和穿越后，适当提高同步注浆压力和注浆量可使盾尾上方土体微隆，抵消部分地层损失，减少上部地层沉降。

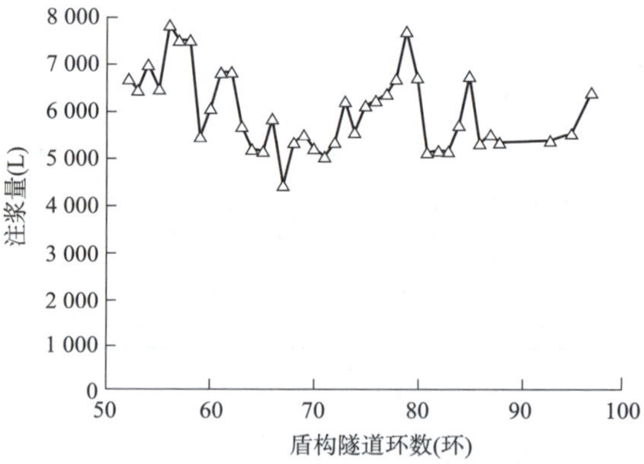

图 16.4-110　4 号线盾构注浆量曲线

3）实施效果

盾构机穿越开始至穿越结束的各个阶段隆沉值变化有明显的规律：盾构在距离穿越点 13.2～21.6 m(52～59 环)的工况下尚未对 1 号线造成明显的影响。盾构刀盘处于 59 环时，已建隧道开始发生显著变形。盾构机刀盘位于 78 环和 84 环时，对应于穿越中心点处的隆起沉降曲线出现回落，而位于穿越点两侧的点却出现局部隆起。

究其原因，穿越交叉点附近已建隧道正好处于盾构隧道正上方，受盾构机参数影响较大，此时 52～95 环的土仓压力及同步注浆量均减小，曲线与已建隧道隆沉曲线变化有一定的相关性。空越后 1 号线隧道竖向位移曲线如图 16.4-111 所示，水平位移曲线如图 16.4-112 所示。

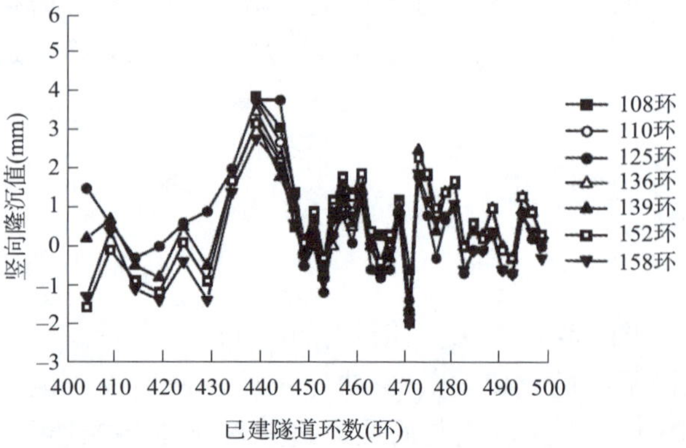

图 16.4-111　穿越后 1 号线隧道竖向位移曲线

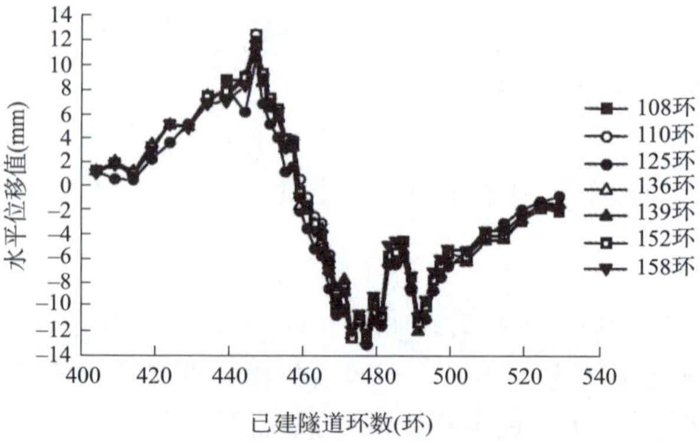

图 16.4-112　穿越后 1 号线隧道水平位移曲线

16.5 地下工程新技术

16.5.1 装配式车站

1. 工程概况

长春市处于我国东北的严寒气候区域，地铁施工每年有 4～5 个月的冬歇期，导致工程工期压力非常大。

2014 年长春地铁 2 号线启动了预制装配式地铁车站的应用研究工作，选取了线路西端的袁家店车站进行研究，之后在西湖站、西兴站、西环路站、文化广场站进行了进一步的应用。长春地铁 2 号线 5 座装配式车站分布如图 16.5-1。

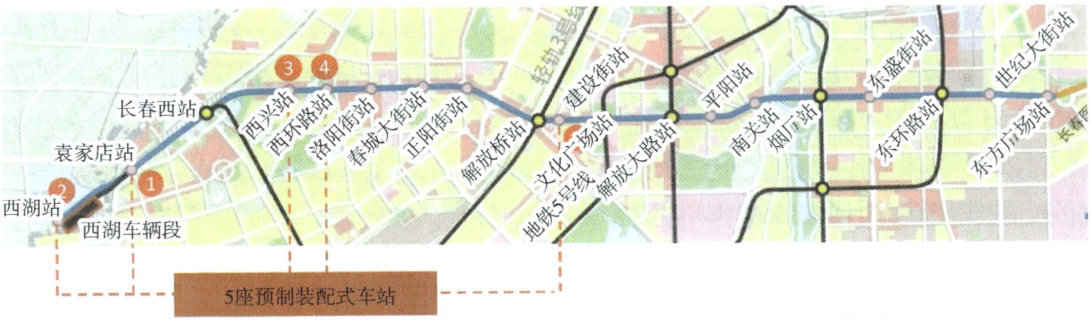

图 16.5-1 长春地铁 2 号线 5 座装配式车站分布图

这 5 座车站均为采用桩锚体系基坑支护结构的明挖车站，车站主体为单拱双层马蹄形结构，结构总宽 20.5 m、总高 17.45 m，外围主体承受结构由环宽 2 m 的 7 块大型预制构件拼装而成，装配式结构整体无现浇混凝土湿作业，为“全装配式结构”。预制装配结构环向的构件与构件之间、纵向的环与环之间均采用“榫槽注浆式接头”形式，接头部位设置多道防水措施，除拱顶外其他部位均未设置外包防水层，长春地铁 2 号线装配式车站断面如图 16.5-2 所示。

图 16.5-2 长春地铁 2 号线装配式车站断面示意图(单位:m)

2. 关键技术

长春地铁预制装配技术主要对结构选型及力学行为、接头综合技术、结构防水关键技术、施工技术与专用施工装备研发、大型预制构件生产技术、装配式地铁车站多专业一体化综合技术等，进行了理论和试验研究。研究成果总结、提炼形成了设计、施工、构件制造等成套技术体系，主要为以下六个方面。

(1)预制构件连接接头研究

预制构件连接接头关系到结构的整体受力状态和承载特性，也关系到构件制作工艺、施工拼装工艺、结构防水性能等多个方面。综合考虑装配式地下结构特性，结合发挥预制装配技术工序简洁、定位准确、拼装快速的优势，选择了“榫槽注浆式接头”的连接形式，如图 16.5-3 所示。这种接头形式是典型的变刚度结构，在不同的荷载氛围下呈现不同的接头刚度属性，有效调节和优化了结构体系的内力幅值。

(2)装配式结构体系和力学行为研究

全装配式地铁车站的“装配”和“非刚性连接”特性，使其在结构体系和力学行为方面与传统的整体现浇混凝土结构形成了显著的区别。

1)结构体系稳定性方面：首先是结构体与地层作用之间要能够形成稳定的力学平衡关系，而且结构体还应保留必要的能力储备；其次是在土体约束下结构体必须保持自身的静定特性，应确保底板、侧墙、拱顶、中楼板等承载构件之间能够形成静定或超静定体系；另外，单一结构的承载能力以及接头的承载和变形能力应确保结构体系中不出现局部稳定等问题。

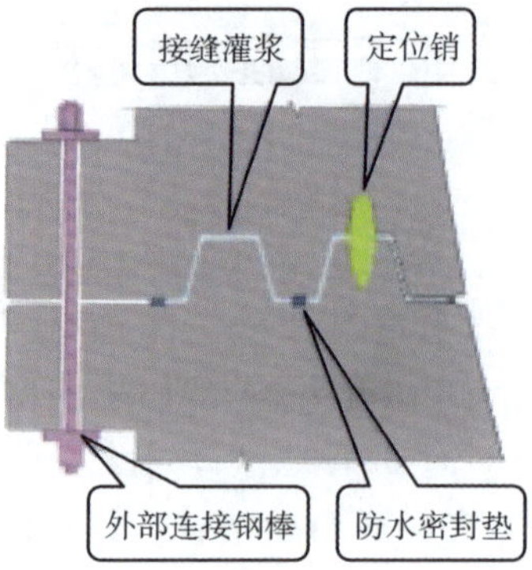

图 16.5-3　榫槽注浆式接头示意图

2)变刚度接头下的结构体系力学行为方面：非刚性接头的存在，一方面使结构体系的整体变形能力得到有效的提升；另一方面，由于接头的刚度及承载能力不仅与接头构造有关，而且与接头所承受的轴力大小关系密切，不同部位接头的内力及接头构造不同，导致每一个接头的刚度均有所差别，加上接头的刚度与轴力、弯矩之间的非线性本构关系，因此，结构体系力学行为需要考虑从装配施工过程到正常使用期间以及地震时的各个阶段，分析在受力演变过程中接头结构的行为特征和整体结构体系的力学行为，并需要进行多次迭代。

(3)装配式结构抗震性能研究

地下结构由于受地层约束作用，其抗震性能优于地面建筑，且地震时对结构反应的控制因素是地层土的运动特性。在地震荷载作用下，装配式结构非刚性接头使整体结构的变形能力得到提高，地震时利用接头的变形削减接头部位的弯矩、适应地层变形，结构体系的延性优于传统的现浇结构，合理的结构体系甚至可以避免在结构构件上形成塑性铰。

(4)装配式结构防水技术研究

由于采用预制构件，结构的自防水没有问题，关键是解决接头的防水。装配式地铁车站接缝众多纵横交错，首先规划建立可靠的密封防水构造系统，规划路径，尤其对边、角、榫槽、交叉、留孔等部位进行详细的设计，确保接缝不漏空，纵向不串水。采用“二垫一注一嵌”即接缝设置两道复合膨胀压缩橡胶密封垫、接头接触面缝隙进行填充注浆、接缝表面的沟槽做嵌缝/排水处理，是实现“多道设防、主动密封”的防水设计原则。

(5)装配式结构构件轻量化研究

与地面建筑不同，地下结构需承受巨大的水土压力作用，一般构件体积大、配筋高。装配式地下结构即使拆分为多块预制构件后，单块构件的体积和质量仍然较大，导致拼装作业难度大，对起重吊运设备的要求相应提高。因此，构件的轻量化是提升装配式结构施工性能的重要手段。

对于混凝土构件，轻量化有效的途径是减少混凝土的用量。根据混凝土截面的受力特征，提出了在构件内部设置封闭腔体，并采用轻质材料填充的闭腔薄壁构件，如图 16.5-4 所示。

采用闭腔薄壁方式后，构件的轻量化效果显著。环宽 2 m 的构件，轻量化之前每环重 360 t，其中最重构件达 65 t、最轻构件 35.35 t，轻量化不仅方便了施工，而且节约了混凝土和钢筋用量，同时在构件预制环节混凝土水化热大幅度降低，降温时间缩短，避免了构件降温开裂现象，构件的生产效率得到提高。

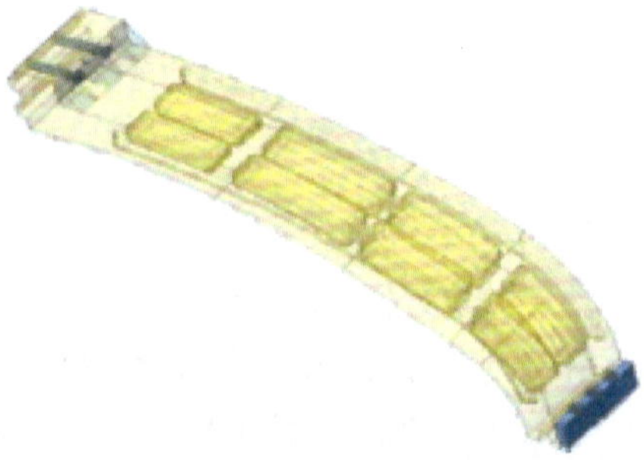

图 16.5-4　单块闭腔薄壁构件轴侧图

但是，轻量化构件增加了研究、设计和制造的难度。由于内空腔的存在，端头、隔肋、纵肋、腔体等各部位的内力和应力传递非常复杂，需要详细研究闭腔薄壁构件的力学特性，以及内力应力—构造尺度—构件性能等诸多因素的互动关系，也需要对闭腔薄壁构件的设计方法，对空腔芯模在轻质材料、成型方法、防吸水、经济型等多方面进行研究。

(6)施工技术研究与专用施工装备研发

施工是装配式地铁车站实施的关键环节，作为一种全新的地下结构的建造方式，与拼装技术相关的所有工艺和环节都不可忽视，包括：科学合理的装配施工流程安排、大型预制构件的吊运、就位定位方法、接头拼装流线、张拉和接缝宽度控制等。

各类专用施工装备以及辅助拼装部件的研发和利用也十分重要，包括：专用拼装台车、侧向支撑丝杠、构件导向定位销棒、辅助连接张拉系列装置和设备、专用接缝注浆设备以及构件测量定位系统、拼装自动控制系统等。

3. 效益

地铁车站采用预制装配技术的优势有：

(1)能显著提高结构的工程质量；

(2)能大幅度地提高现场施工作业效率；

(3)可以提升工程施工的安全性，减少现场作业环节；

(4)对环境影响小，尤其是施工噪声和粉尘污染的降低；

(5)节省劳动力；

(6)能解决寒冷地区冬季无法施工的问题；

以长春地铁为例，与一座同样规模的明挖两层双跨矩形框架现浇混凝土标准车站结构相比，主要效益为。

1)一座车站工期节省 4～6 个月(20%～30%)；

2)高峰施工期现场作业人员每班由 130～150 人减少到 30 人左右；

3)每座车站节省钢材约 800 t，节省木材 800 m^3，施工废弃量减少 50%；

4)施工场地减少约 1 000 m^2。

16.5.2 机械法施工联络通道

传统的联络通道开挖采用水泥浆或冻结加固地层后采用暗挖的方式，不仅安全风险高，施工效率也很低，近些年很多城市尝试采用盾构或者是顶管等机械法施工联络通道。

1. 工程概况

宁波轨道交通 3 号线一期工程鄞南(鄞州区政府站—南部商务区站)区间联络通道位于鄞州公园东门北侧，隧道中心埋深 16.94 m，直径 3.15 m，长 17 m，盾构主要穿越地层为淤泥质黏土和粉质黏土，是国内首次采用“盾构法施工”贯通的联络通道。于 2017 年 12 月 29 日成功始发，于 2018 年 1 月 15 日顺利贯通。

鄞南区间联络通道是中铁上海工程局承建的宁波轨道交通联络通道机械法科研、设计、施工总承包项目中的第一座联络通道，整个项目还包含宁波地铁 2 号线二期、3 号线一期、4 号线和宁波至奉化城际铁路工程共计 26 座联络通道。隧道线间距 10.8～36 m，其中大于 15 m 的 5 座。宁波地区河网较发育，地下水位较高，主要地层为淤泥质黏土、黏质粉土、粉质黏土、淤泥质粉质黏土、黏土。由中铁上海工程局集团牵头，与上海市隧道工程轨道交通设计研究院、中铁工程装备集团、宁波大学成立了科研、设计、施工联合体。机械法联络通道施工概念如图 16.5-5 所示。

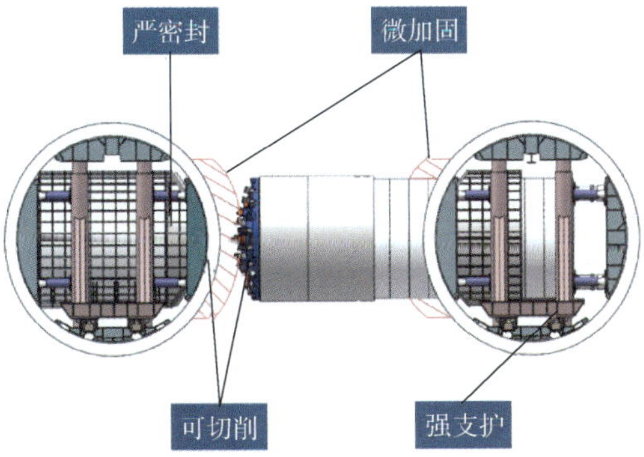

(a)

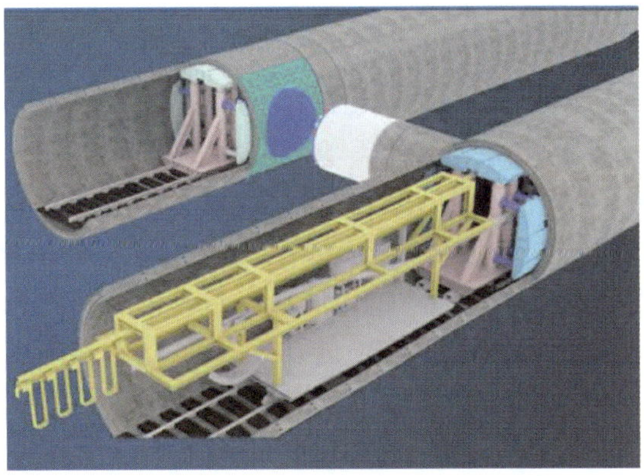
(b)

图 16.5-5 机械法联络通道施工概念图

2. 工程特点

(1)基本特点

微加固:采用可切削洞门和特殊结构设计,实现微加固施工;

全封闭:套箱始发、接受,实现施工过程全封闭,提供安全性;

强支护:采用机械化支撑体系,确保施工全过程结构安全;

集约化:实现狭小空间全机械化施工。

(2)主要研究内容

装备研发:研制满足狭小空间、地层微加固条件下施工要求,兼具盾构、顶管模式的掘进机整机及辅助后配套装备。

结构设计:包含联络通道管片、主隧道特殊管片、T 型接头、防水体系在内的结构体系设计,如图 16.5-6 所示,揭示从施工到运营的结构受力特征,提出计算方法,形成设计标准。

施工技术:揭示机械法联络通道施工全过程主隧道变形规律及环境影响规律,提出施工控制理论,建立掘进、拼装、注浆等施工技术体系。

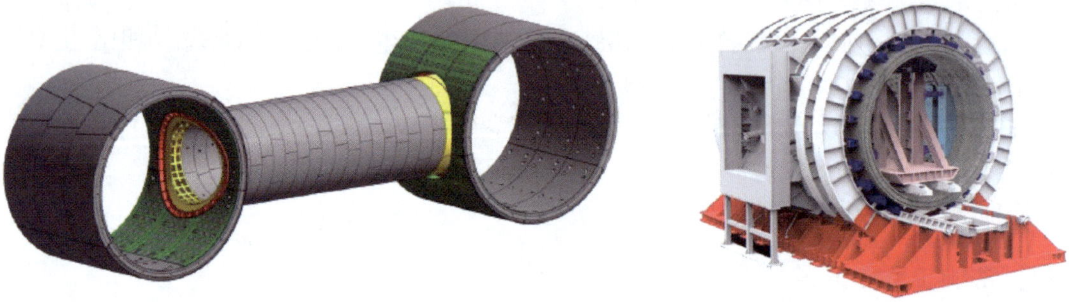

图 16.5-6　机械法联络通道结构效果图

(3)主要重难点

1)结构设计主要难点:联络通道盾构管片接头、结构及管节结构设计,复杂、可变受荷状态下主隧道盾构特殊管片结构设计,复杂受力结构 T 形接头洞门结构设计,联络通道管片、顶管管节接头及防水设计。

2)装备制造主要难点:可切削混凝土管片结构的仿形刀盘设计,模块化盾构顶管装备整机一体化设计,集约空间适应性联络通道装备整机集成设计,高性能狭小空间管片拼装系统研发,适应性伺服内支撑台车及控制系统设计研发。

3)施工技术主要难点:狭小空间内盾构顶管机始发及接收技术,注浆及止水工艺技术,超高精度测量及姿态控制技术,微加固机械化施工隧道结构变形监测及控制技术,微加固机械化施工对周边土体变形及环境影响规律研究,数字化管控技术。

3. 工程方案

(1)盾构区间结构方案

盾构区间正线一般采用 1.2 m 通用管片(内径 5.5 m,外径 6.2 m),同时设置 1.5 m 调节管片,确保联络通道设置位置垂直左右线区间。

在正线区间设置联络通道范围,3 环 1.5 m 管片,采用钢管片+混凝土管片组合。联络通道盾构施工范围外为钢管片,掘进范围为混凝土管片+玻璃纤维筋。玻璃纤维筋通过钢管片预留孔穿过,钢管片腔体与混凝土管片一起浇筑混凝土,形成复合管片。机械法联络通道施工如图 16.5-7 所示。

通过管片预留孔对联络通道实施范围进行预注浆加固,保证外侧土体止水效果。

在盾构区间内设置纵向托架,平衡联络通道掘进推力。

(2)联络通道结构方案

联络通道采用混凝土管片,环宽约 0.5 m,5 块设计。每块管片中间设置两处手孔,设三个方向的螺栓与相邻管片连接,螺栓为弯螺栓,如图 16.5-8 和图 16.5-9 所示。

图 16.5-7 机械法联络通道施工图

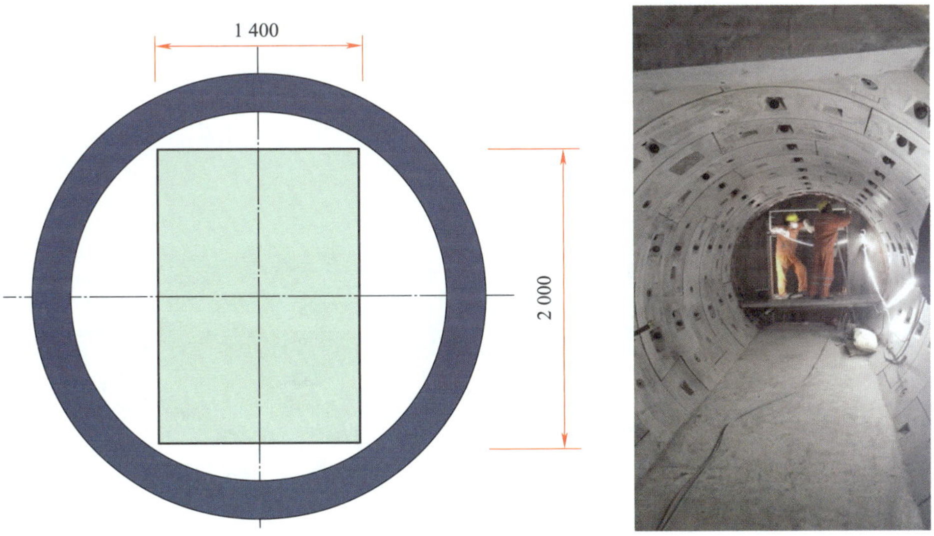

图 16.5-8 联络通道平面及施工图(单位:mm)

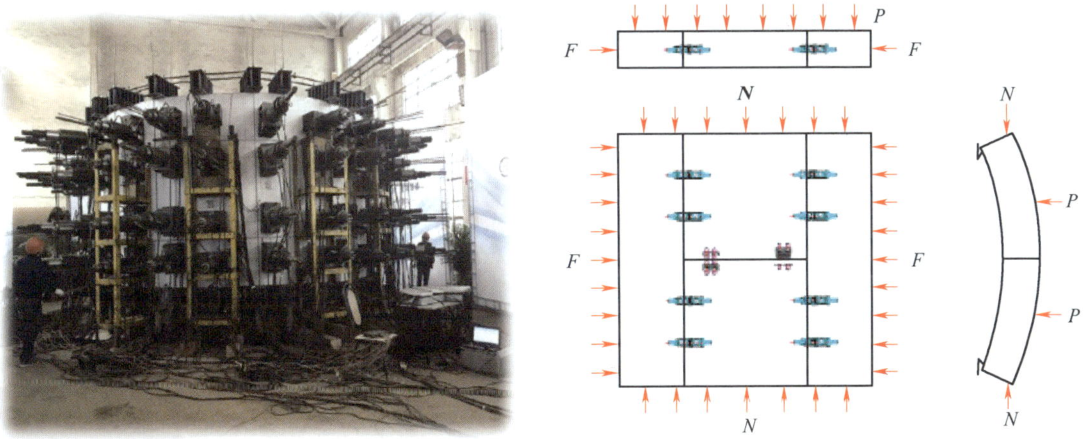

图 16.5-9 联络通道试验加载图

人员走行净空 2 000 mm×1 400 mm,通道内径 2 650 mm,管片厚 250 mm,外径 3 150 mm。

(3)洞门接头

靠近洞门处设置 3 环钢管片，钢管片与洞门预留钢环连接，形成 T 型接头。接口环考虑刚度台阶过渡，采用空间曲面的可拆卸特殊管片，洞门特殊衬砌环与洞门曲面后封板焊接，顶、底、侧浇筑钢筋混凝土，形成洞门环梁。洞门接头示意如图 16.5-10 所示。

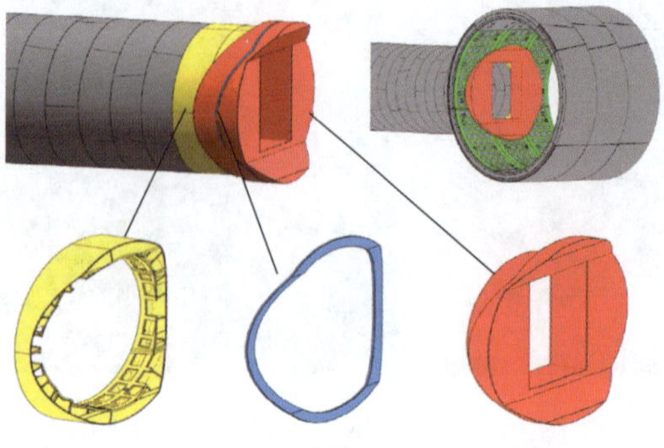

图 16.5-10　洞门接头示意图

(4)施工方案

盾构主机长 4 160 mm，顶管法主机长 3 340 mm，刀盘 ϕ3 280 mm，如图 16.5-11 所示，盾构机刀盘如图 16.5-12 和图 16.5-13 所示。

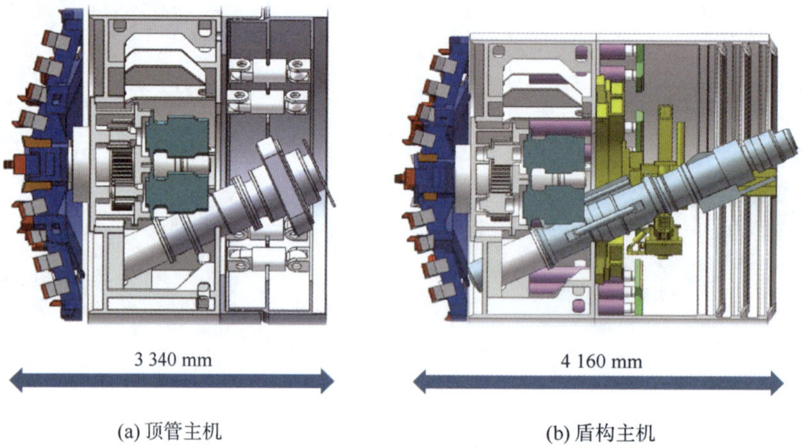

图 16.5-11　主机示意图

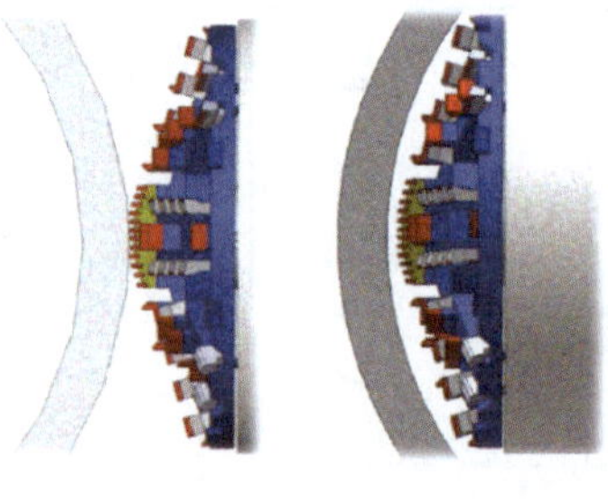

图 16.5-12　盾构机刀盘切削区间管片

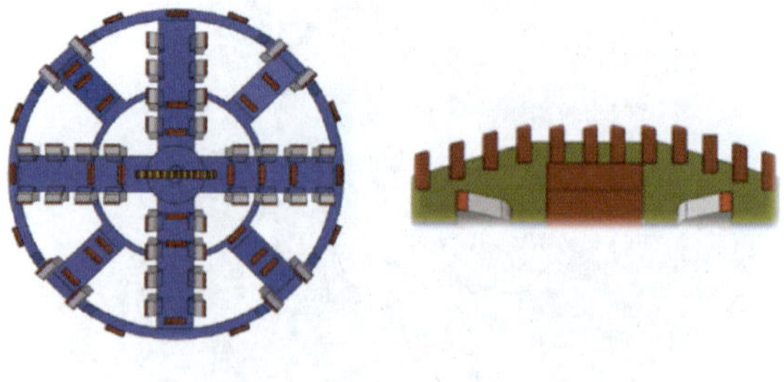

图 16.5-13　盾构机锥形刀盘

在正线盾构区间内安装托架，纵向连接管片，使掘进推力均匀分布在纵向一定长度的管片。在盾构区间预留的钢环上设置始发钢箱及橡胶止水帘幕等。始发洞门间隙 4～7 cm，到达洞门间隙 5～8 cm。盾构机头贴近管片，掘进玻璃纤维筋管片进行始发。

后配套运输采用横向运输与纵向运输相结合。采用模块化进行整机集成，分为共用模块和选用模块进行组合。盾构法机械如图 16.5-14 所示，顶管法机械如图 16.5-15 所示。

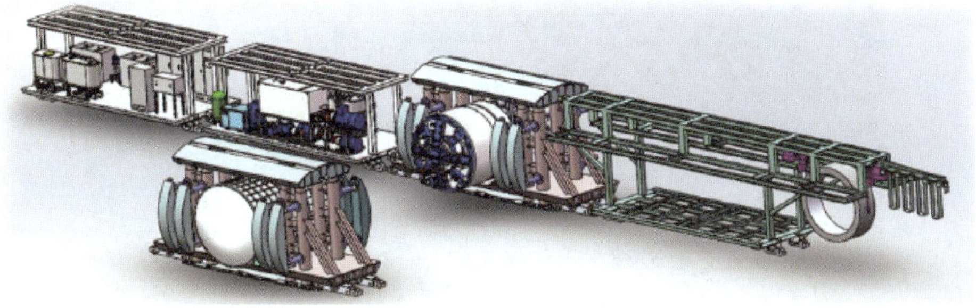

图 16.5-14 盾构法机械

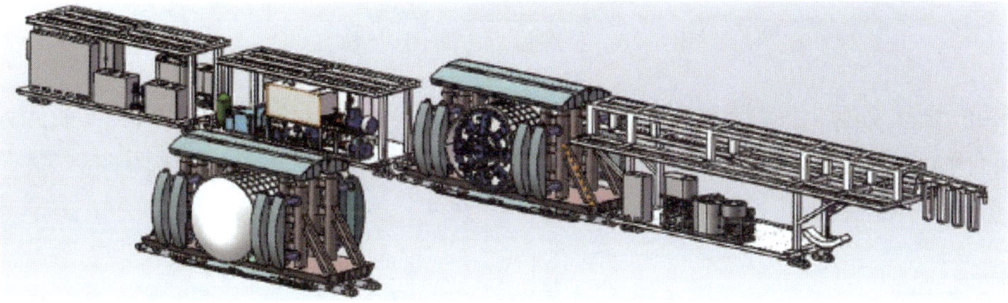

图 16.5-15 顶管法机械

在到达端盾构区间钢环上设置钢明洞和橡胶帘幕，盾构机掘进玻璃纤维筋管片进入钢明洞，完成接收后，拆除钢明洞。

掘进施工完成后，沉降控制良好，在 10 mm 以内。实际掘进中由于管片混凝土强度约 C70，大于设计的 C50，刀盘掘进到达端破除洞门时，费时较长，刀盘磨损较大，在施工完成已返厂改进刀盘设计。

4. 前置性成果——盾构区间内设置泵房

为解决机械化施工联络通道，将区间泵房与联络通道分离，区间泵房内置设于道床内。

(1)结构方案

设置泵房段影响管片共 12 环，环宽 1.2 m，总长 14.4 m，管片内径 5.5 m，厚 350 mm，外径 6.2 m。泵房设置方案如图 16.5-16 所示。

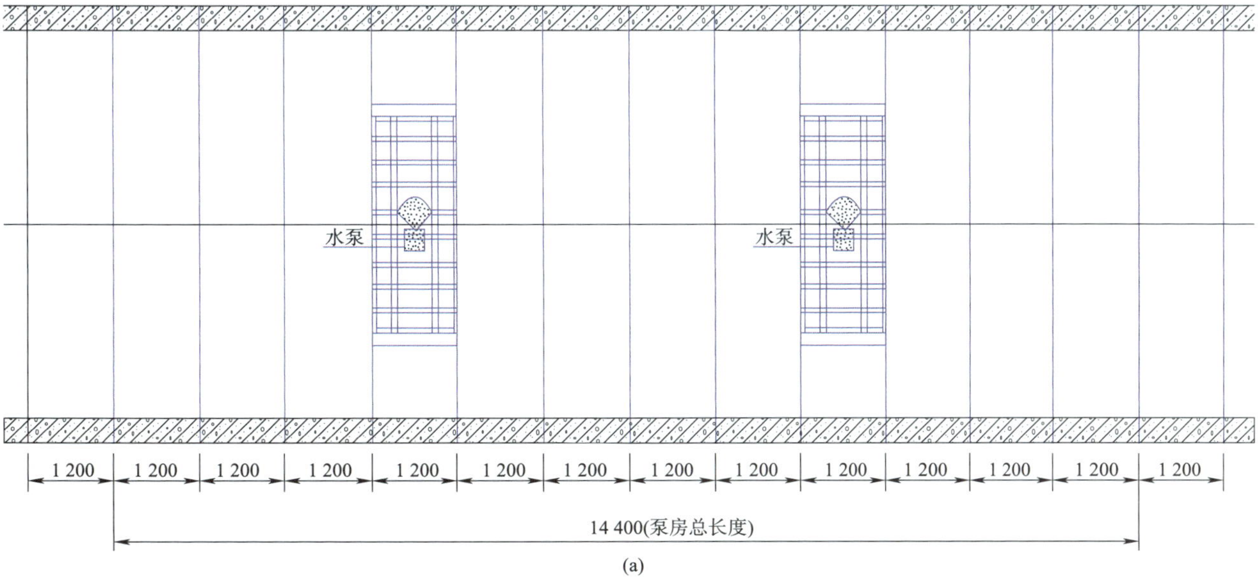

图 16.5-16

(b)

图 16.5-16　泵房设置方案图(单位:mm)

设置两处泵坑，泵坑处采用钢管片，填充硫铝酸盐微膨胀水泥(不掺粗细骨料)，采用水泥基渗透结晶型防水材料和聚合物水泥砂浆进行防水处理。泵坑大小 800 mm×480 mm(环向×纵向)，结构最薄处 100 mm，如图 16.5-17 和图 16.5-18 所示。

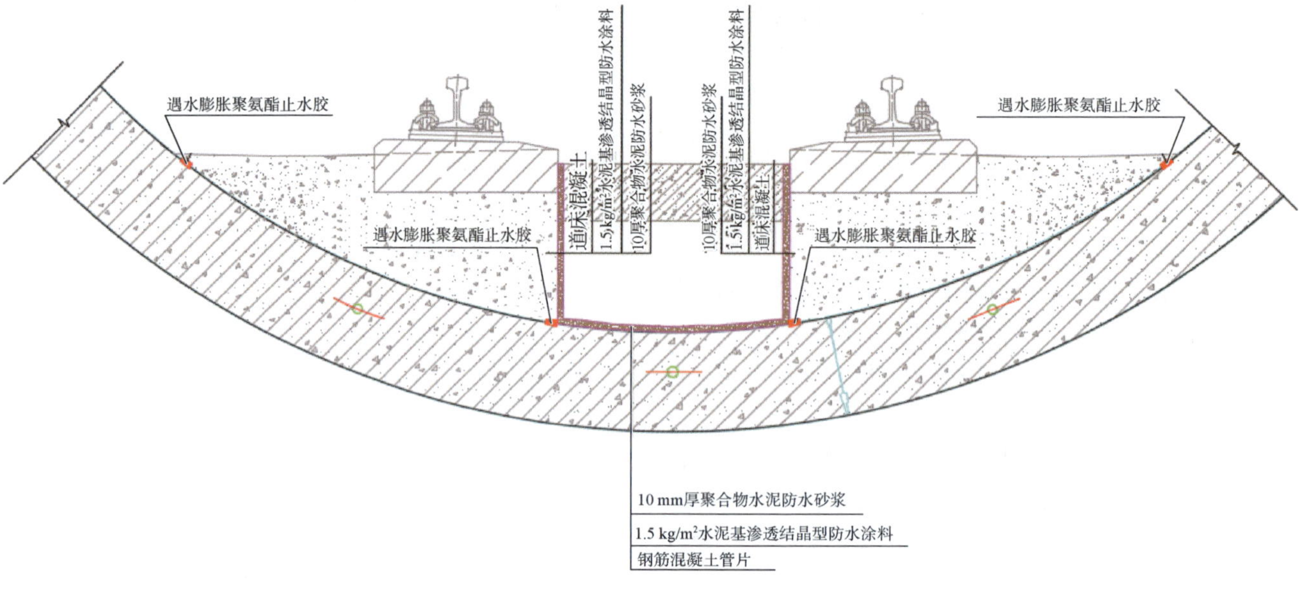

图 16.5-17　区间泵房处内防水横剖面图

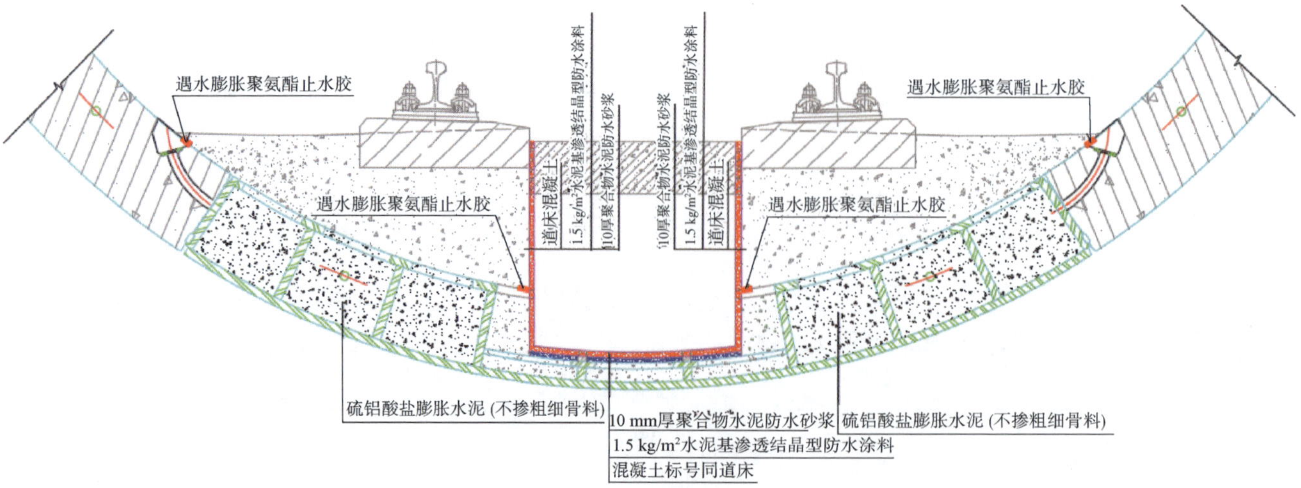

图 16.5-18　泵坑处内防水横剖面图

(2)轨道方案

内置式泵房范围内轨道结构为短枕式整体道床,集水坑长 14.4 m,宽 800 mm,坑底距轨面 950 mm,深度直到管片表面。该处地段轨道高度按 800 mm(轨顶至管片 950 mm)控制。沿线路方向距泵房中心线 3 m 位置分别设置两处泵坑用于安装潜水泵,坑底距轨面 1 150 mm。

盾构区间泵房处涉及高等及特殊减振地段,采用压缩型减振扣件整体道床,与其余高等及特殊减振地段整体道床间,设置两组短枕式整体道床过渡。采用中心水沟,沟底距轨面 770 mm,在高等或特殊减振道床与短枕式整体道床分界点处设置 400 mm×300 mm 的集水井,井底距轨面 870 mm,集水井两侧分别设置格栅。泵坑两侧道床平面、横断面如图 16.5-19 所示。

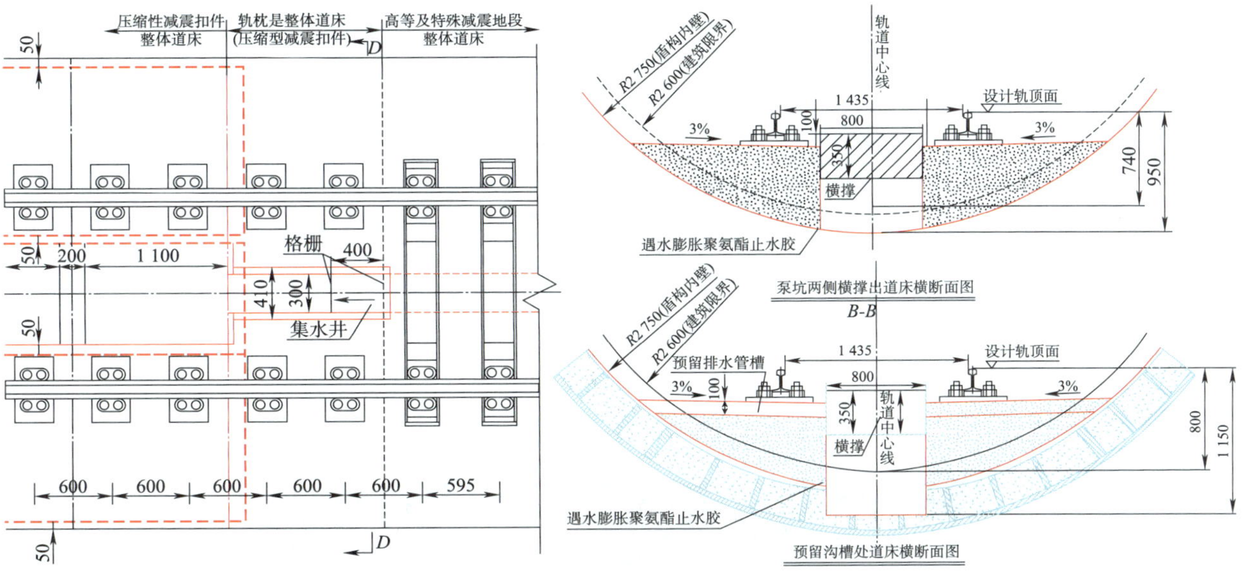

图 16.5-19 泵坑两侧道床平面、横断面图(单位:mm)

(3)排水方案

区间水池长 14.4 m,宽 0.8 m,有效水深 0.5 m,有效容积 5.76 m^3。超低报警水位 0.25 m,停泵水位 0.30 m,一泵水位 0.50 m,二泵兼超高报警水位 0.80 m,设泵两台水泵,单泵流量 20 m^3/h,排水泵站平面如图 16.5-20 所示,剖面如图 16.5-21 所示,示意如图 16.5-22 所示。

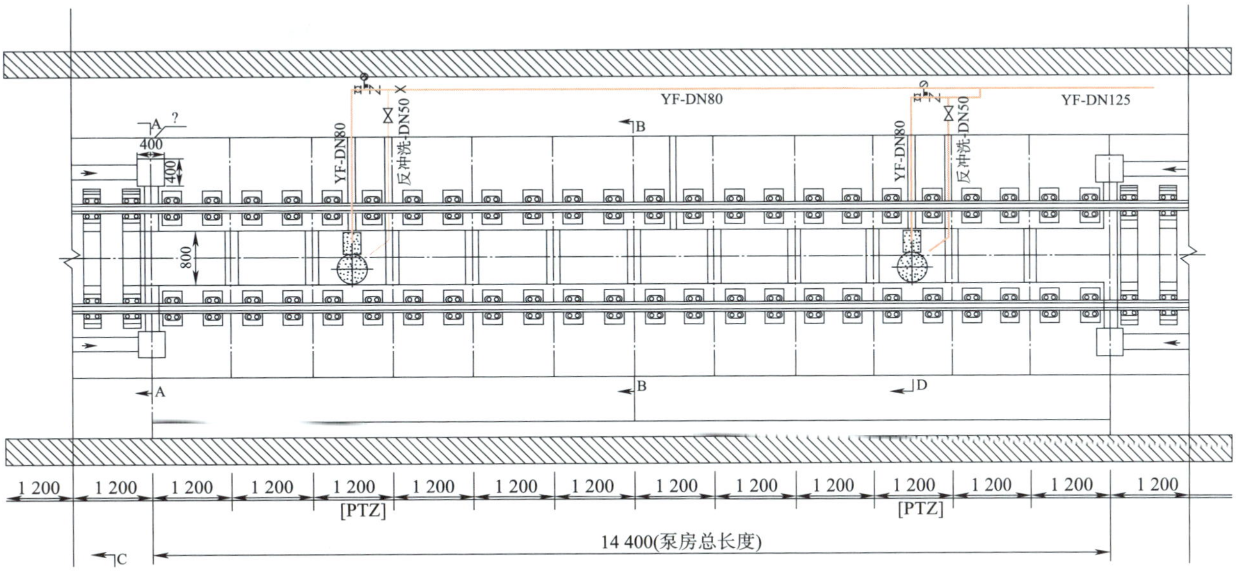

图 16.5-20 排水泵站平面图(单位:mm)

采用意大利进口泵,具备低水位保护和自冷却功能,可避免频繁起泵,导致泵损坏。现场调研反馈信息主要为建设单位提供,实际运营效果尚未收到反馈。

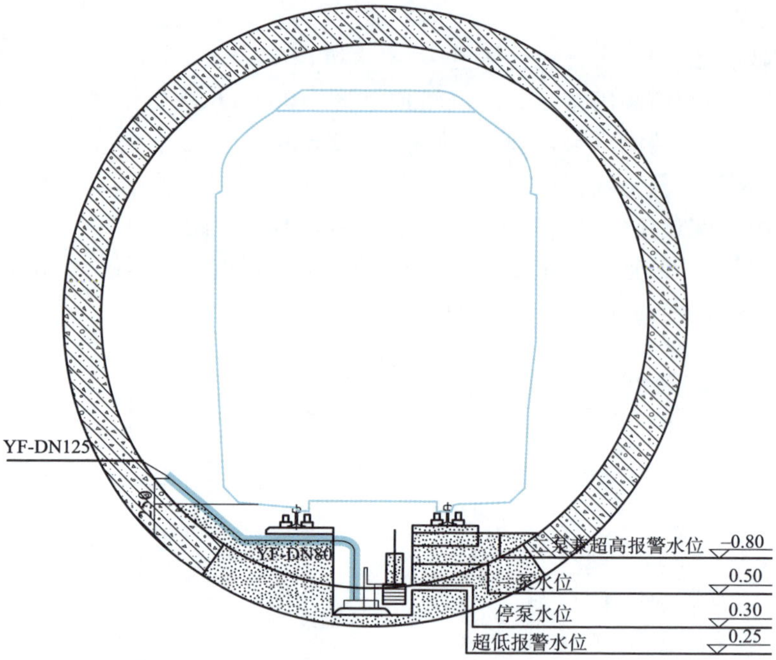

单泵流量20 m^3/h

水池长14.4，宽0.8，有效水深0.5，有效容积5.76 m^3

图 16.5-21 排水泵站剖面图(单位:m)

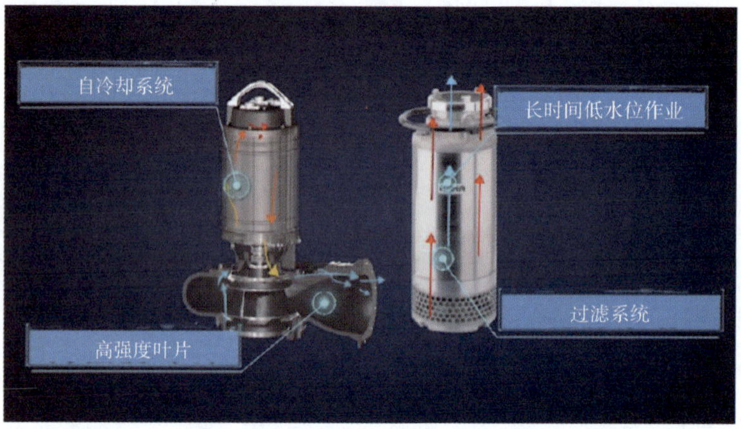

图 16.5-22 排水泵示意图

16.5.3 类矩形盾构

1. 工程概况

宁波轨道交通类矩形盾构机名称为“阳明号”，于 2015 年 9 月研制完成，于 2015 年 11 月在 3 号线一期出入段线投入使用，经过近一年的掘进施工，克服了穿越河流和房屋、穿越交通主干线、超浅覆土推进等种种施工难点，于 2016 年 11 月 11 日顺利贯通。

盾构机总重达 720 t，总长约 59 m，隧道断面为宽 11.83 m、高 7.27 m 的类矩形，是世界上最大断面的类矩形土压平衡盾构隧道，如图 16.5-23 所示。

2. 工程特点

(1)比圆形隧道节约 35%左右的地下空间，较双单洞单线隧道横向宽度约节省 6 m，较单洞双线隧道竖向高度约节省 4 m。

(2)双圆盾构，由于海鸥块的特殊构造，施工中容易产生背土、积浆等问题，沉降控制难度较大；类矩形盾构边界为缓和弧线，可减轻背土现象，有利于沉降控制。

(a) (b)

图 16.5-23 类矩形土压平衡盾构

(3)主要技术难点为类矩形盾构全断面切削与异形复杂管片拼装技术，具有异型多刀盘切削系统、管片拼装系统、推进系统等核心技术。

3. 工程方案

(1)衬砌结构

采用 B 型车限界，线间距按 2.35＋0.4＋2.35＝5.1 m 控制。衬砌环间采用错缝拼装，每环管片共 10 块，管片宽 1 200 mm，厚 450 mm。纵缝采用斜孔套筒＋直螺栓，环缝采用对穿直螺栓。中间立柱采用“Ⅰ”型，与顶底管片间采用螺栓连接。

(2)特种盾构装备

刀盘采用双 X 形辐条式圆形大刀盘加一个偏心多轴驱动仿形刀盘前后错层布置的组合切削形式，如图 16.5-24 所示。

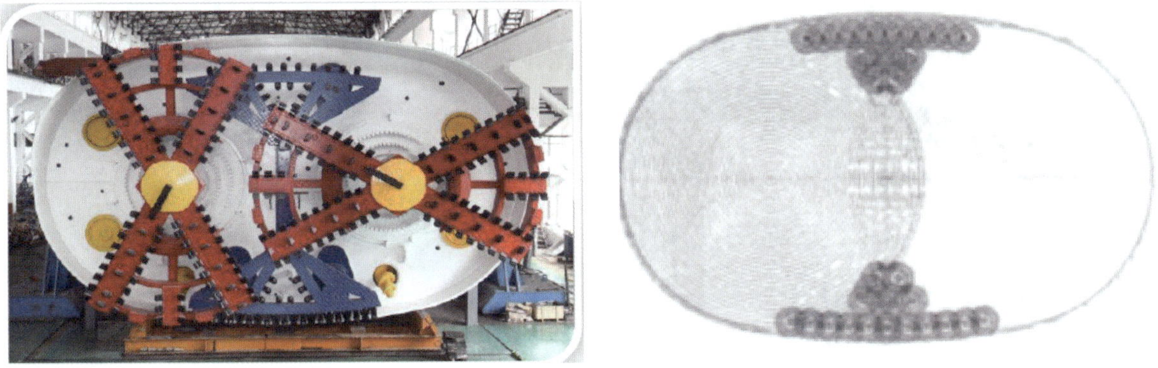

图 16.5-24 刀盘及切削轨迹示意图

推进系统采用可重构 8 分区反向球头推进系统，每个分区 4 个千斤顶，如图 16.5-25 所示。管片拼装采用环臂式自动轨迹控制拼装机，1 个平移＋5 个回转运动，采用双机配置，分别拼装左右腔室，如图 16.5-26 所示。

图 16.5-25 盾构推进系统

图 16.5-26 环臂式自动轨迹控制拼装机

(3)施工关键技术

类矩形盾构底部呈平状，渣土流动性差、易淤积，需设置盾构机改良系统和偏心刀盘的搅拌棒，如图 16.5-27 和图 16.5-28 所示。

图 16.5-27　盾构机改良系统

图 16.5-28　搅拌棒

类矩形盾构顶底平缓，浆液易淤积，通过盾构机掘进模拟试验台，模拟同步注浆过程，形成最优的施工工艺参数，如图 16.5-29 和图 16.5-30 所示。

图 16.5-29　盾构掘进机模拟实验平台

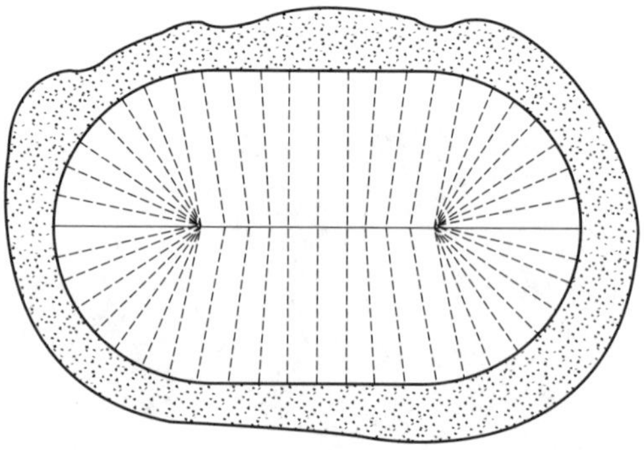

图 16.5-30　浆液充填形态图

(4)拼装工序

先中间后两侧，对称拼装，如图 16.5-31 所示。

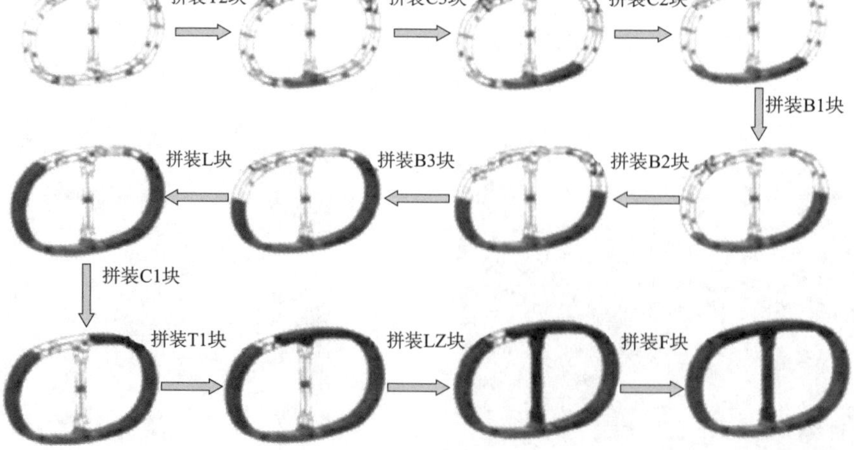

图 16.5-31　管片拼装过程图

本章参考文献

[1] 城市轨道交通工程项目建设标准:建标 104—2008[S]. 北京:中国计划出版社,2008.
[2] 地铁设计规范:GB 50157—2013[S]. 北京:中国建筑工业出版社,2013.
[3] 城市轨道交通技术规范:GB 50490—2009[S]. 北京:中国建筑工业出版社,2009.
[4] 地下铁道工程施工及验收规范:GB 50299—2018[S]. 北京:中国建筑工业出版社,2018.
[5] 建筑结构荷载规范:GB 50009—2012[S]. 北京:中国建筑工业出版社,2012.
[6] 建筑结构可靠度设计统一标准:GB 50068—2018[S]. 北京:中国建筑工业出版社,2018.
[7] 混凝土结构设计规范:GB 50010—2010[S]. 北京:中国建筑工业出版社,2010.
[8] 混凝土结构工程施工质量验收规范:GB 50204—2015[S]. 北京:中国建筑工业出版社,2015.
[9] 地下工程防水技术规范:GB 50108—2008[S]. 北京:中国计划出版社,2008.
[10] 地下防水工程质量验收规范:GB 50208—2011[S]. 北京:中国建筑工业出版社,2011.
[11] 建筑抗震设计规范:GB 50011—2010[S]. 北京:中国建筑工业出版社,2010.
[12] 建筑工程抗震设防分类标准:GB 50223—2004[S]. 北京:中国建筑工业出版社,2004.
[13] 建筑地基基础设计规范:GB 50007—2007[S]. 北京:中国计划出版社,2011.
[14] 建筑地基处理技术规范:JGJ 79—2012[S]. 北京:中国建筑工业出版社,2012.
[15] 建筑桩基技术规范:JGJ 94—2008[S]. 北京:中国建筑工业出版社,2008.
[16] 建筑设计防火规范:GB 50016—2014[S]. 北京:中国计划出版社,2015.
[17] 城市轨道交通结构安全保护技术规范:CJJ/T 202—2013[S]. 北京:中国建筑工业出版社,2013.
[18] 铁路工程抗震设计规范:GB 50111—2006[S]. 北京:中国计划出版社,2006.
[19] 建筑基坑工程技术规范:YB 9258—1997[S]. 北京:冶金工业出版社,1997.
[20] 地铁杂散电流腐蚀防护技术规程:CJJ 49—1992[S]. 北京:中国建筑工业出版社,1992.
[21] 混凝土外加剂应用技术规范:GB 50119—2013[S]. 北京:中国建筑工业出版社,2013.
[22] 混凝土结构耐久性设计规范:GB/T 50476—2008[S]. 北京:中国建筑工业出版社,2008.
[23] 铁路混凝土结构耐久性设计规范:TB 10005—2010[S]. 北京:中国铁道出版社,2010.
[24] 建筑基桩检测技术规范:JGJ 106—2014[S]. 北京:中国建筑工业出版社,2014.
[25] 城市轨道交通结构抗震设计规范:GB 50909—2014[S]. 北京:中国标准出版社,2014.
[26] 铁路无缝线路设计规范:TB 10015—2012[S]. 北京:中国铁道出版社,2012.
[27] 城市桥梁抗震设计规范:CJJ 166—2011[S]. 北京:中国建筑工业出版社,2012.
[28] 城市道路工程设计规范:CJJ 37—2012[S]. 北京:中国建筑工业出版社,2012.
[29] 张戈,毛海和. 软土地区深基坑围护结构综合刚度研究[J]. 岩土力学, 2016, 37(5):1467-1474.
[30] 沈霄云. 软土地区 34 m 超深地铁基坑土压力研究[J]. 山西建筑, 2015(8):111-113.
[31] 周顺华. 城市轨道交通结构设计与施工[M]. 北京:人民交通出版社, 2011.
[32] 施仲衡. 地下铁道设计与施工[M]. 西安:陕西科学技术出版社, 1997.
[33] 周顺华,毛坚强,王炳龙,等. 城市轨道交通地下工程计算与分析[M]. 北京:人民交通出版社, 2014.
[34] 杨秀仁,黄美群. 地铁车站预制装配式新技术研究策略[J]. 都市快轨交通,2018(1): 78～85.
[35] 朱春雷,周顺华. 杭州地铁 1 号线盾构隧道施工的风险与对策[J]. 施工技术, 2014,43(7).
[36] 沈林冲. 杭州地铁 1 号线下穿钱塘江工程的若干技术问题[J]. 城市轨道交通研究, 2011, 14(9): 84-88.
[37] 朱合华,徐前卫,廖少明,等. 土压平衡盾构法施工参数的模型试验研究[J]. 岩土工程学报,2006,28(5):553-557.
[38] 宋天田,周顺华,徐润泽. 盾构隧道盾尾同步注浆机理与注浆参数的确定[J]. 地下空间与工程学报, 2008,4(1):130-133.
[39] 吴贤国,王彦红,缪翔,等. 地铁盾构施工诱发地表沉降关键影响因素分析[J]. 土木建筑与环境工程,

2015,(2):8-15.
[40] 朱才辉,李宁,柳厚祥,等. 盾构施工工艺诱发地表沉降规律浅析[J]. 岩土力学,2011,32(1):158-164.
[41] 刘允刚,景德洲,潘冰春,等. 复杂地质条件盾构设备选型及关键参数选择[J]. 施工技术,2013,S2:220-222.
[42] 阳军生，刘宝琛. 城市隧道施工引起的地表移动及变形[M]. 北京:中国铁道出版社，2002.

17 混凝土增强技术

17.1 概　　述

国内城市轨道交通建设的城市分布于不同地理位置，所处的自然环境也各不相同，城市轨道交通运营环境的多样性和设施结构建设的多样性，对基础设施结构建设采用的主要材料之一的混凝土也提出了更多的应用需求。混凝土作为城市轨道交通建设应用体量巨大的结构材料，结构设计极其重要，不仅要符合相关标准规范要求，更需要从混凝土组分、混凝土配合比等方向采用新材料、新技术，实现施工工艺创新来适应和满足多样性的应用需求。混凝土增强技术随着应用需求的差异化不断革新，持续发展中。

17.1.1　混凝土增强组分

目前在我国混凝土按照混凝土立方体试件抗压强度标准值来分类，分为普通混凝土和高强混凝土，高强混凝土的强度等级根据《高强混凝土应用技术规程》(JGJ/T 281—2012)分为：C60、C65、C70、C75、C80、C85、C90、C95 和 C100。普通混凝土和高强混凝土在城市轨道交通建设中，都必须重视长期性能和耐久性能指标，混凝土长期性能和耐久性能的保障首先必须控制水泥、骨料(砂、碎石)和水主要组分的物理性能和化学性能；其次通过混凝土外掺材料组分的不同物理和化学性能来调节增强。混凝土增强通过组分增强技术实现，该类型技术目前在国内城市轨道交通建设中有普遍应用，同时随着应用需求的不断变化该类型项技术得到了提升和进步。

17.1.2　混凝土增强组分分类

混凝土技术通过国内外近 50 年来的大规模应用，混凝土的组分和性能都有了很大的变化，例如，水泥也不再是纯硅酸盐水泥，目前水泥绝大部分是复合水泥，以粉煤灰、火山灰、硅灰、矿渣及石灰石粉为复配组分；人工机制砂应用也越来越多。为了保障混凝土基本性能以及配置高性能混凝土，越来越依赖于外掺组分材料，目前主要通过添加化学外加剂、矿物掺合料和纤维材料三大类组分材料来实现混凝土增强，特别是化学减水剂技术已经普遍应用于基础设施建设。以下是对混凝土三大类增强组分材料形态、增强功能的简述，分别为：

1. 化学外加剂

化学外加剂俗称外加剂，根据形态类别又分为液体状、粉状、颗粒状三种基本形态类；根据改善混凝土性能作用又可以分为减水剂、膨胀剂、引气剂、阻锈剂、抗冻剂、速凝剂、缓凝剂等。对城市轨道交通结构设施建设混凝土主要添加的化学外加剂：

(1)减水剂

减水剂广泛应用使得混凝土技术不断革新，尤其是聚羧酸系减水剂可以使水灰比降至 0.3，甚至更低水平。

减水剂在混凝土增强技术中有三种不同作用体现：

1)在工作性一定的条件下，减少水灰比，提高强度和耐久性；

2)在水灰比一定的条件下，可以节约水泥，同时还能降低收缩、徐变和水化热；

3)在水灰比和强度一定的条件下，可以提高工作性。

城市轨道交通建设中基本采用聚羧酸系减水剂，而且在多数设计技术要求中已经列为必要组分，目前聚羧酸系减水剂已经细分化发展，满足不同建设需求。建议在混凝土配合比设计中，一定要注意减水剂有效固含量和混凝土添加减水剂比例关系，例如同一生产厂家同一材性减水剂，有效固含量少，混凝土增强添加量就大。

普通减水剂和聚羧酸高性能减水剂目前国内应用参照标准：《混凝土外加剂》（GB 8076—2008）以及《聚羧酸系高性能减水剂》（JG/T 223—2017）。

（2）速凝剂

速凝剂也称促凝剂，通常应用于喷射混凝土，可以提高喷射混凝土拌和物与基层的黏结强度，并且可以提高施工速率和保障开挖结构安全风险控制。

速凝剂主要分为硅酸钠基（NS）和硫酸铝基（AF）两大类，硫酸铝基一定要不含碱。硅酸钠基速凝剂凝结时间可以达到 5～10 min，同时对混凝土后期强度有降低影响；硫酸铝基速凝剂凝结时间相对硅酸钠基要慢些，使用复合水泥对后期强度影响也较小，而且在施工中很安全，不会威胁到施工人员身体健康。

速凝剂应用参照标准：《喷射混凝土用速凝剂》（GB/T 35159—2017）。

（3）其他外加剂材料在城市轨道交通建设中也有应用，因材料特性、自然环境等因素每个城市的应用需求和标准有差异，轨道交通建设地也都制定了相应的地方标准和建设指导文件。

2. 矿物掺合料

随着自然资源日趋紧张和国家环境保护政策的推动，矿物掺合料的原料更多的采用工业固废原料矿渣、粉煤灰、硅灰等。

矿物掺合料应用参照标准：《用于水泥和混凝土中的粉煤灰》（GB/T 1596—2005），《用于水泥和混凝土中的粒化高炉矿渣粉》（GB/T 18046—2008），《混凝土结构耐久性设计与施工指南》（CCES-01-2005），地方标准及指导文件具体查阅轨道交通建设地省市文件。

3. 纤维材料

纤维作为建筑材料应用有据表明大约有 5 000 年的历史，我们的祖先用植物类稻草和毛发增强泥土用于修建居所，另外鸟类在人类之前就开始用植物茎秆加泥土筑巢。纤维开始应用的时间、材性类、力学强度类以及长径比其最主要达到的目的是阻止裂缝产生、控制裂缝发展。

随着近百年来国内国外城市发展快速化扩大，大兴土木，纤维类材料以及纤维增强复合材料应用越来越多，而且根据应用环境的变化、建设水平的变化，纤维类材料也开始细分化应用。纤维的作用主要为阻裂、增强、增韧三个方面，在混凝土中纤维可以起到其中一方面作用，也可同时起到两方面、甚至三个方面作用。目前根据应用功能作用纤维主要分为耐久性增强和力学增强增韧两大类。

纤维是否可以起到增强作用，首要考虑纤维材料自身的耐碱性，其次还需考虑几个方面因素：纤维材性类型；纤维的长度与长径比；纤维体积率；纤维分布取向；纤维外形与表面状况。纤维不同材性、形态及添加至混凝土的成型状态大致决定了纤维增强的功能作用。

17.1.3 纤维增强混凝土技术

纤维增强混凝土俗称纤维混凝土，是在水泥基材料（混凝土、砂浆或水泥净浆）中添加非连续的短纤维作为增强材料而形成的复合材料。

1. 纤维增强混凝土技术发展

纤维增强混凝土应用于工程研究始于 20 世纪 60 年代初期，美国的 Romualdi，Betson 和 Mandel（1963年）发表了“纤维阻裂机理”，促进了钢纤维增强混凝土的开发。20 世纪 70 年代起，在英、美、日等国钢纤维增强混凝土进入实用阶段。

20 世纪 60 年代中期，美国 Goldfein 进行了尼龙、聚丙烯与聚乙烯等合成纤维增强水泥砂浆的探索性研究，发现添加这类纤维有助于水泥砂浆抗冲击强度的提高，为此后纤维增强混凝土研究奠定了基础。20 世纪 80 年代起，美国大力开发合成纤维增强混凝土，主要使用聚丙烯、尼龙等纤维，发现掺入体积率 0.05%～0.2%的纤维可以显著减少混凝土塑性收缩裂缝，因而有助于增进混凝土耐久性。德国与日本在这一时期分别开发了聚丙烯腈纤维增强混凝土和聚乙烯醇纤维增强混凝土。

20 世纪 30 年代，德国开始将天然木浆纤维作为增强材料应用于建材制品，并于 70 年代末开始发展木浆提取物纤维素纤维，成功将纤维素纤维增强混凝土技术替代了石棉增强技术应用于基础设施建设和工业品生产。20 世纪 90 年美国推动纤维素纤维增强混凝土大量应用于工程建设中，并且开始研究高纯度纤维素纤维增强混凝土。

20 世纪末随着水泥基混凝土趋于向高强、高韧性、高耐久性、高稳定均质性及满足各种工况的工作性能等方向的发展，更多研究和应用表明在水泥基混凝土中添加非连续短纤维是提高混凝土的韧性、冲击性、抗渗、抗冻融、均质性的有效方法。在混凝土中掺入少量的纤维，混凝土的抗压强度变化不大，甚至有降低影响，而混凝土的抗塑性收缩(抗裂性)、抗冲击性、抗弯强度，以及耐久性均有明显提高。

2. 纤维增强机理

(1) 纤维间距理论

纤维间距理论由美国的 Romualdi，Betson 和 Mandel(1963 年)提出，根据线弹性断裂力学来说明纤维对混凝土裂缝发生和发展的约束作用。纤维间距理论认为混凝土内部存在固有缺陷，如要提高强度，必须尽可能减小缺陷程度，提高韧性，降低混凝土体内裂缝端部的应力集中系数。纤维阻裂理论首先假设纤维混凝土块体当中有许多细钢丝沿着拉应力作用方向按棋盘状均匀分布，细钢丝的平均中心间距为某一定值 s。由于拉应力作用，水泥基体中凸透镜形状的裂缝端部产生应力集中系数 K_0，当裂缝扩展到基体界面时，在界面上会产生对裂缝起约束作用的剪应力并使裂缝趋于闭合。此时在裂缝顶端即会有与 K_0 相反的另一应力集中系数 K_F，于是总的应力集中系数就下降为 $K_0 \sim K_F$。

关于纤维间距理论或者纤维阻裂理论的通俗解说，是当纤维均匀分布在混凝土块之中时可以起到阻挡块体中微裂缝发展的作用。假定混凝土块体内部存在有发生微裂缝的倾向，当任何一条微裂缝发生，并且可能向任何方向发展时，这条裂缝在最远不超过纤维混凝土块体内纤维平均中心距离 S 的路程之内就会遇到横在它前面的一条纤维。由于这些纤维的存在，使微裂缝发展受阻，只能在混凝土块体内部形成类似于无害孔洞的封闭的空腔或者非常细小的孔。

这就从理论上说明了纤维增强混凝土的机理。就纤维增强混凝土而言，纤维平均间距始终是对线性材料性能起决定作用的一个极为重要的因素。纤维平均间距决定着混凝土在搅拌时的流变性，而且在某种程度上也影响着成型后混凝土的各种性能。

(2)复合材料理论

这一原理的出发点是将纤维增强混凝土看作为纤维增强的复合材料，假定混凝土基体和纤维处于完全黏结的条件下，并且在混凝土基体和纤维连续构成的复合体上，柱状纤维是一维单向配制于基体中的。该复合体的强度是由纤维与基体的体积比和应力所共同决定的。

(3)多维度网状结构增强机理

以上两种传统的纤维增强机理的力学模型均是单向连续纤维模型，属于理想化情况。实际上，短切纤维在基体中是多维度分布的，由于纤维的"短切"和乱向关系，就不如单向连续纤维那样能充分发挥增强作用。

在用多维度网状结构增强机理分析时，考虑了纤维与混凝土二者相互作用的复杂情况，采用相关系数(方向有效因子、界面黏结因子、长度有效因子)使结论更符合实际情况。

3. 纤维增强混凝土技术应用类型

20 世纪 70 年代中期，空军工程设计研究局王漳水等防护专家与中国建筑材料科学研究院率先开展了钢纤维增强研究，此后该应用技术逐步开始应用于道路、桥梁、隧道及屋面防水工程建设中。1984 年哈尔滨建筑大学与大连理工大学率先编制标准文件《钢纤维混凝土试验方法》CECS13：89，之后陆续编制发布了一系列标准规范文件。目前在我国基础设施建设中的纤维增强混凝土主要为以下类型：

(1)钢纤维增强混凝土技术

钢纤维增强混凝土常称之为钢纤维混凝土，钢纤维对混凝土基体的增强、增韧及阻裂作用明显。增强作用，主要是提高和改善了混凝土的抗弯、抗拉、抗剪、抗冲击、耐疲劳等性能。增韧阻裂作用，主要是指提高在各种受力状态下进入塑性变形阶段，保持一定的抗力的变形能力，韧性的提高改变了混凝土脆性易裂的破坏特征。

钢纤维增强混凝土技术优势明显，但应用中一定注意钢纤维本身的防腐蚀性，其次也要注意在高腐蚀环境中钢纤维易生锈会加速混凝土破坏。钢纤维增强混凝土国内外有众多著作，本节不再详述。

（2）合成纤维增强混凝土技术

合成纤维或称化学合成纤维，合成纤维增强混凝土技术弥补了水泥基材料的固有缺陷，成为继钢筋混凝土、预应力混凝土之后高性能混凝土技术发展的新里程碑。

合成纤维依据《水泥混凝土和砂浆用合成纤维》（GB/T 20120—2007），标准文件具体分类如下：

合成纤维按其材料组成可分为聚丙烯纤维（代号 PPF）、聚丙烯腈纤维（代号 PANF）、聚酰胺纤维（即尼龙 6 和尼龙 66，代号 PAF）、聚乙烯醇纤维（代号 PVAF）等。

合成纤维按其外形粗细可分为单丝纤维（代号 M）、膜裂网状纤维（代号 S）和粗纤维（代号 T），见表 17.1-1。

合成纤维按其用途可分为用于混凝土的防裂抗裂纤维（代号 HF）和增韧纤维（代号 HZ）、用于砂浆的防裂抗裂纤维（代号 SF）等。

表 17.1-1　合成纤维的规格

外形分类	公称长度（mm）		当量直径（μm）
	用于水泥砂浆	用于水泥混凝土	
单丝纤维	3～20	6～40	5～100
膜裂网状纤维	5～20	15～40	—
粗纤维	—	15～60	>100

合成纤维从 20 世纪 90 年代开始引进应用，近年来国内已经实现自主研发生产，并且中石化旗下企业如上海石化、中石化维尼纶厂，以及皖维高新等众多企业实现产业化。合成纤维增强混凝土技术主要应用类型：

1）聚丙烯细纤维增强混凝土技术

聚丙烯细纤维又可称为 PP 细纤维或丙纶细纤维，已经应用将近 50 年，并且是发展迅速而且使用量最大的抗裂增强的复合材料。

聚丙烯细纤维均应具有很高的抗碱性，常规掺入混凝土的体积率为 0.1%，主要实现的作用有三个方面：阻止混凝土离析，提高混凝土均质性；减少与防止大体积混凝土早期的温度收缩裂缝；减少和抑制混凝土的塑性收缩裂缝，提高混凝土耐久性。

近年来聚丙烯细纤维增强混凝土技术作为隧道与地下空间防火混凝土，国际和国内不少科研机构积极开展了防火性能的研究，迄今为止研究表明，聚丙烯细纤维可以有效防止混凝土在火灾高温时发生爆裂，起着被动防火作用。

2）高强高模量合成纤维增强混凝土技术

高强高模量合成纤维主要为高强高模量聚乙烯纤维和高强高模量聚乙烯醇纤维，高强高模量聚乙烯纤维之前因材料惰性难以用于混凝土，随着表面处理材料与工艺的改善，逐步开展试验性研究与应用，如图 17.1-1 所示。

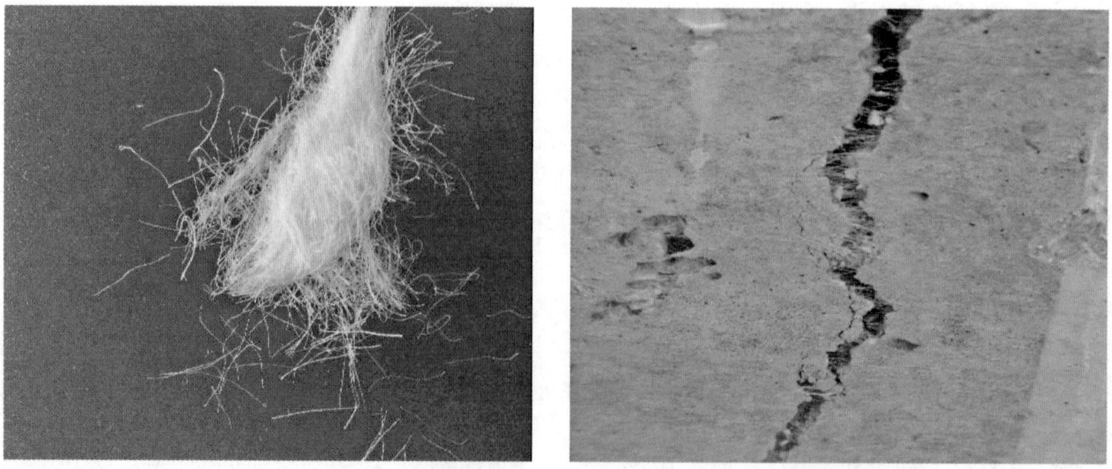

图 17.1-1　高强高模量聚乙烯纤维与纤维混凝土试件断裂图示

高强高模量聚乙烯醇纤维，聚乙烯醇纤维简称 PVA 纤维，在我国和日本又称维纶纤维与维尼纶纤维，普通聚乙烯醇纤维因弹性模量低、极限延伸率过高，一般不用作混凝土增强。主要应用于水泥板类和管类制品，板类制品分为有平板和波形板，多数出口替代石棉板；近年来用于水利水工设施建设中也较多。

3）粗合成纤维增强混凝土技术

粗合成纤维所采用材料有聚丙烯或聚乙烯所属聚烯烃、聚酯、尼龙、聚乙烯醇、聚丙烯腈、芳族聚酰胺或它们的混合物，如图 17.1-2 所示。粗合成纤维分为单丝纤维和束状纤维两种形态。

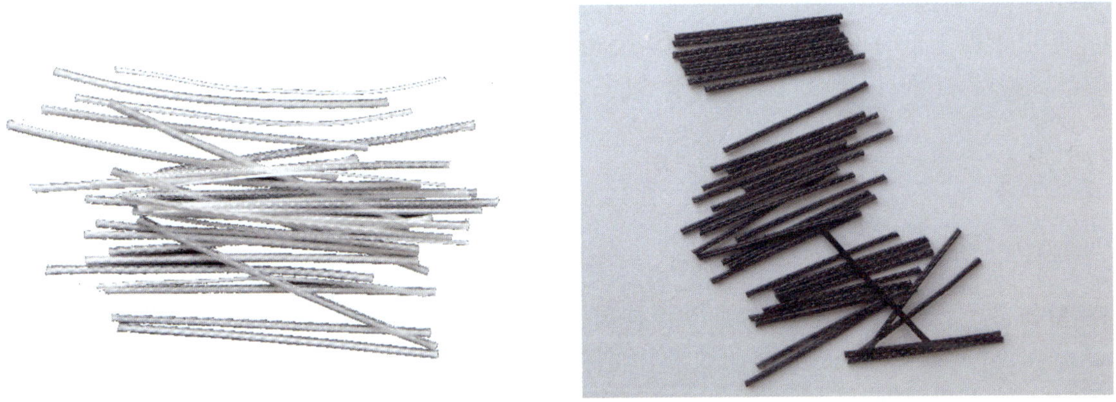

图 17.1-2 聚丙烯粗合成纤维

粗合成纤维在大量领域的应用与钢纤维有很多类似的特点，当用量比细纤维更多时（达到最大用量，大约 12 kg/m^3，体积率 1.35%），粗合成纤维可为混凝土裂后提供承载能力。试件断裂后聚丙烯粗合成纤维状态如图 17.1-3 所示。

图 17.1-3 试件断裂后聚丙烯粗合成纤维状态

早期发现粗合成纤维增强混凝土在喷射混凝土中应用的潜能，后来发展到在地基承载板和其他方面的一些应用。

粗合成纤维增强混凝土技术可明显改善混凝土的抗弯强度和弯曲韧性，增加混凝土的抗冲击和抗疲劳性能，降低喷射混凝土的回弹率、克服塑性收缩裂缝。该产品施工操作简单，克服了钢纤维易腐蚀生锈、结团、磨损机械、运输困难、反弹伤人等缺陷，而且对混凝土的增韧、抗裂作用与钢纤维相当。在各种各样的应用中此类纤维甚至有时可以作为钢纤维的一种替代品来使用。在我国粗合成纤维（俗称：仿钢纤维）也在隧道喷射、桥面铺装、工业地坪等工程得到应用。

（3）纤维素纤维增强混凝土技术

纤维素纤维增强水泥制品在我国 20 世纪 80 年代中期已有应用，但是高纯度纤维素纤维从 2005 年后才开始陆续应用于基础设施建设中。纤维素纤维增强混凝土在诸多工程中，不断改进技术，性能突出、方便应用的特性在实践中不断验证。目前大量科研和实践验证，高纯度纤维素纤维主要增强混凝土耐久性，对混凝土力学性能的增强作用不明显。

4. 纤维增强混凝土技术应用参照标准

合成纤维和钢纤维在我国城市轨道交通有大量应用实例，而且部分省市还对合成纤维应用范围有了明确指导，比如上海城市轨道交通网络建设标准化建设文件《地下车站与地下区间钢筋混凝土结构耐久性设计通用文件》3.4 条混凝土耐久性的附加措施：

第 3 款：位于承压水层和为微承压水地层的地下车站底板宜施作附加防水措施，可采用膨润土毯或能与混凝土充分结合的水泥基类防水层，还可以采取在混凝土中添加优质抗裂、防渗材料等措施。

第 4 款：当单墙结构侧墙喷射防水混凝土作为内侧防水加强层时，混凝土中宜掺加合成纤维；对于工作井吊装孔等填孔混凝土也应添加合成纤维。当结构顶板开设直径大于 5 m 的圆孔或面积大于 24 m² 的方孔应添加钢锭铣削型钢纤维，以增强混凝土抗裂性能。

17.2 纤维素纤维增强混凝土技术

17.2.1 增强组分纤维素纤维简述

纤维素纤维 20 世纪 70 年代末已经在欧美基础设施建设中开始应用，纤维素纤维具有突出的耐久性增强作用，尤其是阻止早期收缩裂缝产生的效果显而易见；纤维素纤维另一个突出的优势是施工简便，混凝土工作性一改以前人们对纤维混凝土的印象。纤维素纤维耐久性增强混凝土技术在国内城市轨道交通和高速铁路得到发展，近 10 年来应用于上海、深圳、杭州、南京、成都、重庆、宁波、大连、东莞、贵阳等城市轨道交通；另外国内的高速铁路和公路隧道、桥梁也有很多应用实例，并且相关的国家标准、行业标准及地方标准已经在陆续制定和发布中。

纤维素纤维是业内称之为水泥基混凝土用第五代纤维，其基体是采用化学与机械工艺从特种木浆提取到的高纯度纤维素纤维，并通过无机高分子表面处理工艺制造出耐腐蚀、耐高温的纤维素纤维。纤维素纤维主要是提高水泥基混凝土和砂浆耐久性，比如抗裂（收缩裂缝）、抗渗防水、抗冻融、防腐蚀等。纤维素纤维材料发展如图 17.2-1 所示。

第五代纤维素纤维（条形卷曲状）　第四代合成聚烯烃粗纤维　第三代单片状纤维素纤维　第一代聚丙烯单丝

图 17.2-1　混凝土增强组分纤维材料发展

17.2.2 纤维素纤维增强机理

1. 纤维素纤维材性亲水，易分散，并与水泥浆体结合紧密

(1)纤维素纤维分散均匀，显著提高混凝土抗裂性能

纤维在混凝土中的分散性直接决定了混凝土早期抗裂性能的优劣。分散性越好，分布越均匀，混凝土抗裂性能越强。纤维素纤维卓越的亲水性能使纤维单丝能均匀分布在混凝土中，分散性极好，无任何结团。纤维素纤维与合成纤维亲水性表面对比如图 17.2-2 所示。

(2)纤维素纤维与水泥浆胶结紧密、握裹力强，显著提高混凝土抗裂性能

混凝土水泥浆和纤维间的握裹力越强，纤维阻止微裂缝产生越明显，混凝土的抗裂性能也越强。纤维素纤维的亲水性使水泥水化产物沿着纤维表面生长，从而使纤维表面黏着大量的水泥浆体颗粒，水泥浆与

纤维胶结紧密，大幅度增强混凝土与纤维间的握裹力；而憎水性的聚丙烯纤维则无任何水泥浆体颗粒附着，混凝土与纤维间的握裹力十分薄弱。因此掺入纤维素纤维的混凝土的抗裂性能比憎水性纤维更强。

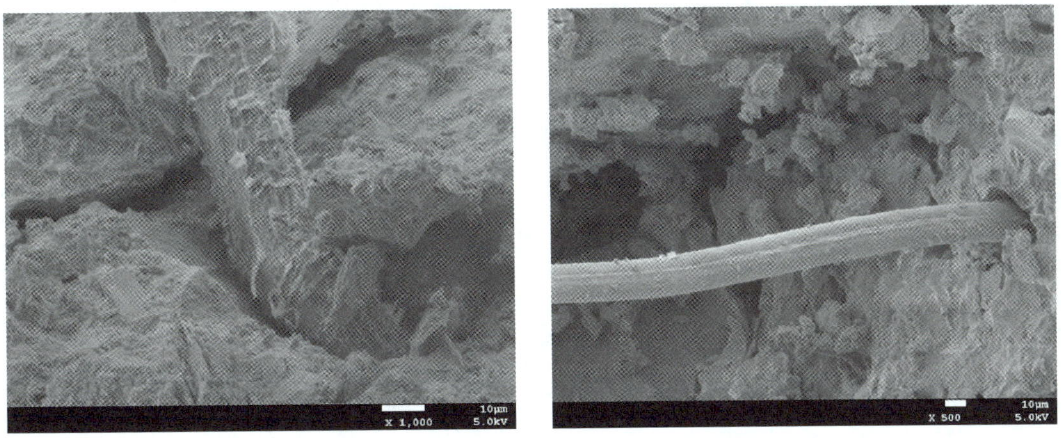

纤维素纤维混凝土表面　　合成类纤维混凝土表面

图 17.2-2　纤维素纤维与合成纤维亲水性表面对比

2. 纤维素纤维具有独特的空腔结构，保水并促进水泥水化

(1)延缓水化热峰值的产生，提高混凝土早期抗温差开裂能力

纤维素纤维内含独有空腔，能够在水化初期储存部分自由水，在新拌混凝土中起到了“内养护”的保水作用，控制水泥水化速度，延缓水化热峰值的产生，降低了温度梯度，减少了水分的蒸发量，从而大幅度降低了混凝土早期由于温度梯度和干燥收缩而产生开裂的风险，如图 17.2-3 所示。

(2)促进水泥水化完全，显著提高混凝土密实度

随着混凝土中水泥水化不断消耗水分，水泥颗粒水化的内驱动力就会吸收纤维素纤维空腔内的自由水，吸附在空腔中的水分开始释放，促进水泥完全水化反应，使混凝土孔隙率大大降低，大幅度提高混凝土密实度，且抗氯离子、抗硫酸盐、抗碳化等混凝土耐久性显著增强。

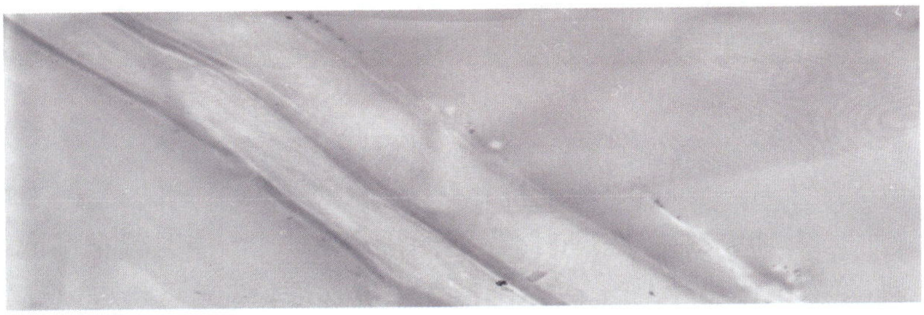

图 17.2-3　纤维空腔结构放大

(3)纤维素纤维物理特性利于均匀分布并桥接成网

1)纤维素纤维表面积大、长度短、直径小利于分散均匀，不易缠绕减少次生危害

纤维素纤维在混凝土搅拌和运输时纤维均处于稳定的分散状态，无任何缠绕成团出现；而长度较长合成类纤维很容易缠绕、结团会造成混凝土出现大量有害孔洞，严重影响混凝土设计强度，危害混凝土的结构安全。纤维素纤维表面如图 17.2-4 所示，纤维素纤维混凝土中分散状态放大图如图 17.2-5 所示。

2)形成桥接紧密、间距小的多维结构网有效抑制骨料下沉，显著提高混凝土均质性

纤维素纤维短而细，比表面积大可以形成更加有效的三维网结构，抑制骨料下沉、泌水等病害的产生，充分发挥纤维桥接对混凝土抗裂性能的改善，并且显著提高混凝土均质性。

17.2.3　纤维素纤维增强混凝土技术特点

1. 增强混凝土抗裂性能

有效地抑制早期的塑性裂缝和干缩裂缝的出现，克服了传统合成纤维及化学类添加剂在混凝土应用中

的缺陷和不足，在学术界认为是混凝土的发展趋势。

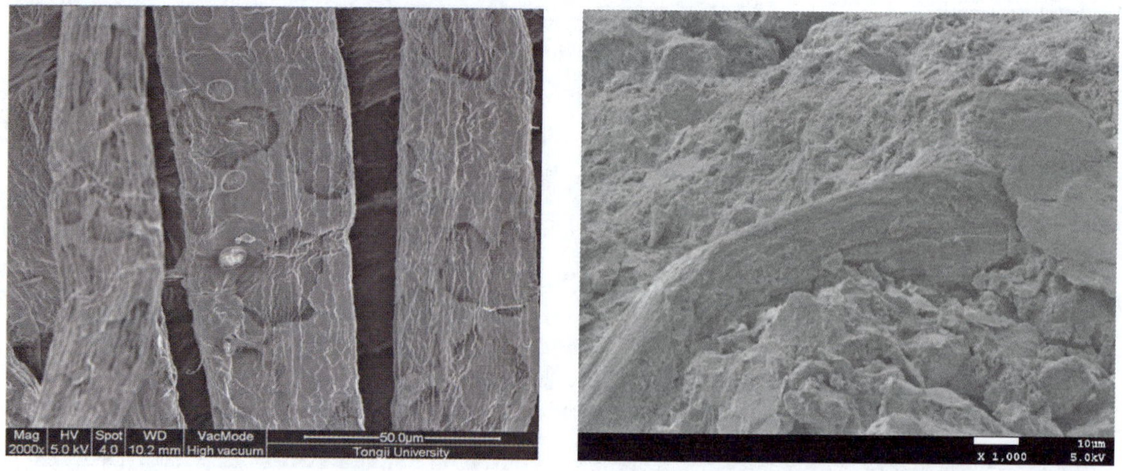

(a) 纤维原材料放大500倍测试结果　　(b) 水泥浆中纤维放大1 000倍测试结果

图 17.2-4　纤维素纤维表面

图 17.2-5　纤维素纤维混凝土中分散状态放大图

(1)延缓水化热峰值的产生，提高混凝土早期抗开裂能力

纤维素纤维内含独有空腔，能够在水化初期储存部分自由水，在新拌混凝土中起到了“内养护”的保水作用，控制水泥水化速度，延缓水化热峰值的产生，降低了温度梯度，减少了水分的蒸发量，从而大幅度降低了混凝土早期由于温度梯度和干燥收缩而产生开裂的风险。

(2)增大混凝土握裹力，从而增强混凝土早期抗裂能力

纤维素纤维与混凝土接触的表面积远远超过聚丙烯腈等合成纤维，因此纤维素纤维与混凝土间的握裹力明显提高，有效保障了混凝土的体积稳定性，使得混凝土在早期开裂风险明显降低。

(3)增强混凝土的抗弯韧性及抗冲击性能，控制混凝土开裂风险

纤维素纤维长度短、直径小、抗拉强度大从而混凝土单位体积内纤维根数众多使得纤维素纤维在混凝土中的桥联作用明显，桥接形成稳定多维度网状结构有利于降低结构因微沉降、轻微扰动等引起的微变形，能够有效增强混凝土的弯曲韧性和抗冲击性能，从而有效降低混凝土开裂风险。相同养护条件下不同材性纤维增强混凝土的开裂面积对比如图 17.2-6 所示。

2. 增强混凝土耐久性能

纤维素纤维可以使水泥水化完全，促进混凝土强度增长，提高密实度，庞大的表面积使更多水泥颗粒沿纤维发生水化反应，加之纤维卓越的亲水性和空腔结构，大量尚未参与水化反应的水泥颗粒沿纤维素纤维表面完全水化，对混凝土强度增长、提高混凝土密实度大有好处；并且改善混凝土的均质性，使孔隙分布均匀，有效降低空隙率，使水泥浆体和骨料结合更加紧密，从而大幅度提高了混凝土的抗冻性、抗氯离子渗透

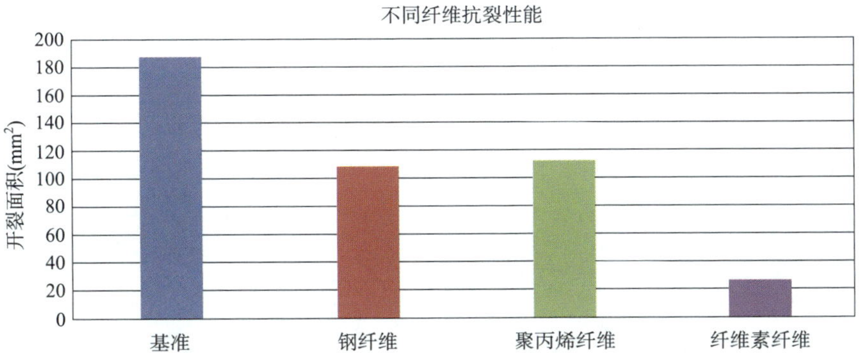

图 17.2-6 相同养护条件下不同材性纤维增强混凝土的开裂面积对比

性、抗硫酸盐侵蚀等混凝土耐久性。

(1)纤维素纤维有效提高混凝土抗冻融性能

1)纤维素纤维均匀分散在混凝土中,相互搭接,形成三维空间网状结构

可以有效改善混凝土由于收缩引起的早期开裂,降低早期损伤和内部缺陷的产生,混凝土冻融开裂后,纤维发挥桥接作用抑制混凝土的剥落;

2)纤维素纤维增强混凝土的韧性,可以有效抵抗冻融过程中的周期性反复应力效应;

3)由于纤维素纤维的掺入可以隔断混凝土的毛细水通道,使冻融循环过程中自由水的流程长度缩短,按照静水压假说来解释,自由水的流程长度大于临界值的概率变小了,则产生的水压力超过材料的极限抗拉强度造成破坏的概率亦随之变小。纤维素纤维混凝土与素混凝土试件 300 次冻融循环后表观对比如图 17.2-7 所示。

(a) 素混凝土　　(b) 素混凝土底(顶)面

(c) 纤维素纤维混凝土　　(d) 纤维素纤维混凝土底顶

图 17.2-7 纤维素纤维混凝土与素混凝土试件 300 次冻融循环后表观对比

(2)纤维素纤维混凝土在冻融与腐蚀耦合环境条件下性能突出

纤维素纤维独特的空腔结构能够缓冲混凝土内部毛细管水冻胀产生的体积膨胀;另一方面,在混凝土

的水化过程中，吸附在纤维中的水分促进水泥水化反应更充分完全，使混凝土孔隙率大大降低，增加了混凝土密实度，降低了外部水分及有害介质的侵蚀。

如图 17.2-8 所示为纤维素纤维混凝土与素混凝土在 50 d 混凝土除冰液 APD(浓度为 100%)腐蚀循环作用下的表观性状，从图中可知素混凝土表面呈现出网状裂纹，而掺加纤维素纤维的混凝土的表面则基本上没有表现出裂纹现象。

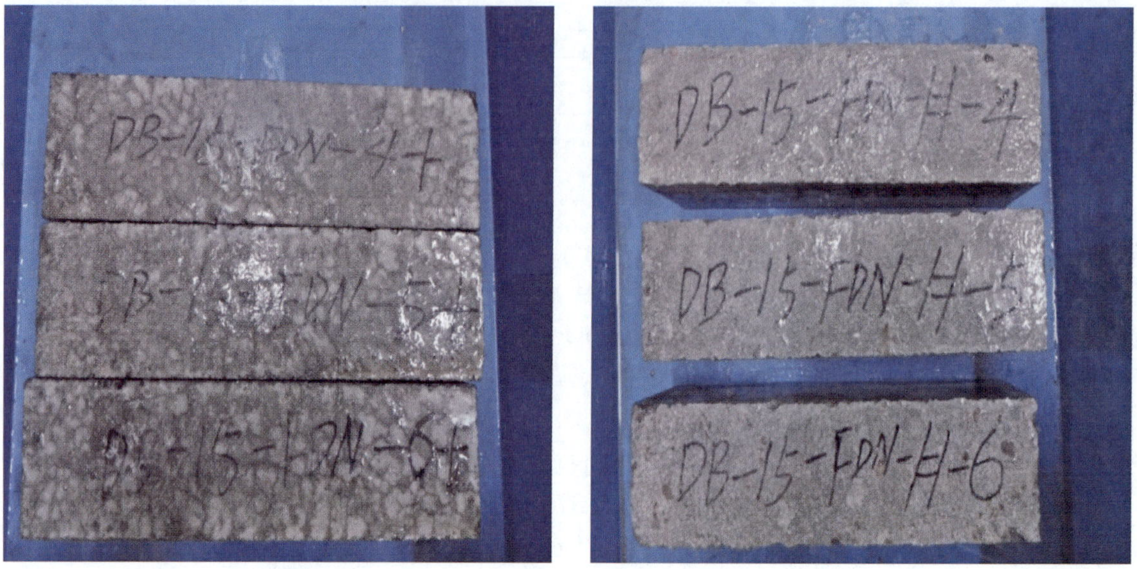

(a) 素混凝土　　(b) 纤维素纤维混凝土

图 17.2-8　50 次腐蚀循环后的两种混凝土表观状况

从表 17.2-1 数据可知，单纯冻融循环，纤维素纤维混凝土比素混凝土的相对动弹模提高 9.28%；腐蚀循环+冻融循环，纤维素纤维混凝土比素混凝的相对动弹模提高 28.11%。

因此，无论是冻融循环还是冻融循环+腐蚀循环，纤维素纤维混凝土的相对动弹模均要高于素混凝土。

表 17.2-1　素混凝土与纤维素纤维混凝土冻融循环、冻融循环与腐蚀循环数据统计表(单位：%)

纤维掺量(kg/m³)	环境条件	冻融次数												
		0	25	50	75	100	125	150	175	200	225	250	275	300
0	素混凝土+冻融	100	98.76	97.53	96.35	93.81	84.27	80.94	79.4	78.01	76.62	76.08	73.73	73.46
1.2	纤维混凝土+冻融	100	98.41	96.81	95.45	93.66	92.71	92.16	90.55	88.04	86.57	84.89	83.21	80.28
0	素混凝土+腐蚀+冻融	90.43	83.69	82.78	74.69	73.81	72.23	65.58	63.44	62.16	58.69	57.53	53.25	52.68
1.2	纤维混凝土+腐蚀+冻融	96.15	95.87	94.33	87.99	83.13	82.71	82.09	77.63	73.87	71.44	70.26	68.37	67.49

3. 增强混凝土的工作性

(1)纤维混凝土工作性优势

纤维素纤维相对合成纤维长度与直径较小，对混凝土工作性的影响很小，而且有非常明显的优势，解决了合成纤维对混凝土工作性能影响的顽症，对纤维混凝土的推广应用有相当好的作用。纤维混凝土工作性能对比如图 17.2-9 所示。具体有几点优势：

1)纤维素纤维在混凝土中容易分散，只要分散后就不会出现再团聚、缠绕的现象，这是其他合成类材料不可比拟的优势；

2)单位小时内纤维混凝土坍落度损失很小，降低废料损失，保障施工进程；

3)纤维素纤维混凝土对振捣工艺没有特殊要求，而且可以有效降低过分振捣造成的离析和泌水现象；

4)纤维素混凝土对养护工艺没有特殊要求，而且对难以养护的特殊结构与时间段可以保障混凝土起到内养护，降低过早拆模开裂风险。

(2)良好的混凝土抹面饰面效果，更适合亲水混凝土

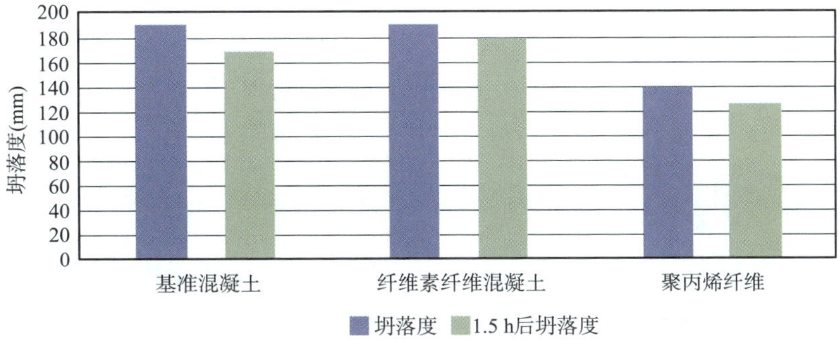

图 17.2-9 纤维混凝土工作性能对比

纤维素纤维与混凝土浆体的充分结合对纤维混凝土的工作性能也有很大改善，不仅对混凝土的坍落度影响小，而且在混凝土表面抹面饰面过程中也不会出现憎水性纤维遇到的露头、起毛现象，对面层收光、拉毛或刻槽等造型工艺都没有影响。

1)纤维素纤维混凝土相对素混凝土具有更好的保水性能，尤其是在春秋或大风季节可以有效地改善混凝土表面假凝，有利于面层提浆、收光及造型处理工艺；

2)纤维素纤维混凝土相对于其他混凝土更密实，可以有效降低蜂窝孔洞及麻面的产生，不仅表观性佳，更可以抵抗有害介质的侵蚀。

17.2.4 纤维素纤维增强混凝土应用

1. 应用结构位置与配合比设计(根据科研项目验证)

(1)刚性自防水混凝土结构和实现耐久性增强(抗冻融、防腐蚀等)的混凝土结构

具体如：混凝土桩、桥梁(承台、墩身、箱梁、铺装层)、隧道(内衬墙)、车站(底板、侧墙、顶板)、轨道板。

结构部位实现混凝土抗渗，建议添加量：1.2 kg/m^3。

(2)清水混凝土装饰墙、车辆段厂房地坪

结构部位实现抗裂性增强及表面美观性，建议添加量：1.2～1.5 kg/m^3。具体添加量可以根据工程建设现场配合比试验调整。

2. 应用实例

(1)城市轨道交通刚性自防水混凝土结构应用如图 17.2-10～图 17.2-12 所示。

图 17.2-10 重庆快轨缙云山隧道

图 17.2-11 上海地铁 17 号线诸光路站(中博北站)

图 17.2-12　南京地铁 3 号大明路站

(2)城市轨道交通轨道板抗裂防渗应用如图 17.2-13～图 17.2-18 所示。

图 17.2-13　上海地铁 13 号线区间轨道板

图 17.2-14　杭州地铁 4 号线区间轨道板

图 17.2-15 成都地铁 2 号线区间轨道板

图 17.2-16 深圳地铁 5 号线区间轨道板

图 17.2-17 上海地铁 9 号线二期车站轨道板、道岔区

图 17.2-18 东莞地铁 2 号线区间轨道板

(3)城市轨道交通高架桥梁混凝土结构应用如图 17.2-19 所示。

图 17.2-19　上海地铁 16 号线泐马河 V 型墩桥

17.3　混凝土增强技术发展

20 世纪 90 年代起，随着发展中国基础设施的大量建设，材料技术及工业技术的进步，混凝土增强技术也开始快速发展。混凝土增强技术趋于多材料复合、高性能甚至超高性能方向发展，混凝土增强技术的发展满足了更多应用需求，同时混凝土类型细分化。

17.3.1　复合纤维增强混凝土技术

1. 复合纤维增强混凝土技术简述

复合纤维增强混凝土技术也称之为纤维的混杂应用技术，就是利用不同纤维的作用和功能，将多种纤维同时掺入混凝土中，以进一步提高混凝土的性能。复合纤维增强混凝土中纤维是有其内在规律性和按一定的比例关系掺入，才能发挥效用。

2. 复合纤维增强混凝土技术分类

根据近年来的应用发展状况和纤维掺入的方法不同，可将其分为混合纤维混凝土与组合纤维混凝土。

混合纤维混凝土是指用两种或两种以上同种材质、不同尺寸或不同品种的纤维，适量掺入混凝土组分材料中，按一定程序经混合搅拌而成整体的混凝土。混合纤维混凝土可分为两种：同一种类(相同品种、质量)但不同尺寸的混合纤维混凝土和不同种类的混合纤维混凝土，如在混凝土中掺入不同尺寸的钢纤维，构成混合钢纤维混凝土。不同种类纤维混凝土又可分为尺寸相同的纤维、尺寸不同的纤维、作用不同的纤维构成的混合纤维混凝土，如其尺寸相近和尺寸不同的钢纤维和合成纤维构成的混合纤维混凝土。

组合纤维混凝土是指用两种或两种以上作用和功能不同的纤维，其中有的纤维掺入主要是为了增强和增韧，有的纤维主要是为了阻裂。掺入的纤维有的与混凝土各组分材料混合搅拌，有的纤维并不与混凝土各组分材料混合搅拌，而是将纤维分布于不同结构层次，将不同功能的纤维组合应用，并与混凝土拌和料结合，构成整体的纤维混凝土，称为组合纤维混凝土。通过合理的设计，充分发挥不同纤维的优点，使它们互相取长补短，在不同的结构层次和受力阶段，既发挥各单一纤维的作用和功能，又发挥多种纤维复合的叠加作用，可明显提高或改善原先单一纤维混凝土的若干性能，以取得优良的综合性能。

3. 复合纤维增强混凝土技术发展

近期研究表明复合纤维增强混凝土技术中混杂的概念更加广泛，例如：聚乙烯醇纤维与纤维素纤维的混杂、纳米粒子与钢纤维的混杂等。

17.3.2　粗合成纤维增强混凝土技术

1. 粗合成纤维简介

近来更多粗合成物纤维得到发展并引进市场。这些纤维在大量领域的运用中与钢纤维有很多类似的特点，当用量比细纤维更多时(达到最大用量，大约 12 kg/m^3，体积率 1.35%)，粗纤维可为混凝土裂后提供承载能力。此类产品所采用材料有聚丙烯或聚乙烯所属聚烯烃、聚酯、尼龙、聚乙烯醇、聚丙烯腈、芳族聚酰胺或它们的混合物。聚丙烯或聚烯烃粗纤维近年应用相对更多些。

2. 聚丙烯或聚烯烃粗纤维增强混凝土技术

(1)聚丙烯或聚烯烃粗纤维属于共聚物纤维，纤维生产过程中经过拉伸、表面连续压花工艺，可以确保与水泥基质之间最大限度的结合，既有钢纤维的功能，又有合成纤维的优点，可替代钢筋网、钢纤维，相比这两种钢质的增强材料，聚丙烯或聚烯烃粗纤维是一种易使用，而且安全的增强纤维材料。

聚丙烯或聚烯烃粗纤维是惰性材料，耐腐蚀性极佳，可以减少金属锈蚀影响，提高结构安全及耐久性。

(2)应用：最初人们主要看到粗合成纤维在喷射混凝土中应用的潜能，后来发展到在地基承载板和其他方面的一些应用。

17.3.3 超高性能混凝土技术

超高性能混凝土(Ultra-High Performance Concrete，简称 UHPC)可称为超高性能纤维增强混凝土，又可称之为粉末颗粒水泥基材料，作为 20 世纪 90 年代以来混凝土材料研究的重要成果，是在高性能混凝土和钢纤维增强混凝土技术，紧密堆积原理基础上发展的新一代混凝土材料。超高性能混凝土(UHPC)中微型钢纤维体积含量在 2%以上，并含有各种活性、非活性粉末材料和细骨料，从根本上改变了混凝土结构设计的传统理念。

1. 超高性能混凝土组分

超高性能混凝土是一种具有超高强度、高韧性、低孔隙率的超高强水泥基材料，组分包括：硅酸盐水泥、硅粉；采用 0～0.6 mm 的石英粉和石英砂，不添加粗骨料；添加长径比为 70 的钢微纤维；添加高性能聚羧酸减水剂；一般情况水胶比不会超过 0.25，因具体组分和掺量变化。

2. 超高性能混凝土技术优点

(1)力学性能：超高性能混凝土抗压强度可高达 500 MPa，一般也可达到 150 MPa；抗折强度为 15～50 MPa；抗拉强度为 5～15 MPa；弹性模量为 40～60 kPa；弹性断裂能达 20～30 J/m^2。

(2)孔隙率：一般为 2%～6%，显著低于普通混凝土(12%～18%)，致密性极高。

(3)耐久性：300 次冻融循环后弹性模量保持 100%；而且耐腐蚀、耐碳化等。

3. 超高性能混凝土技术应用

(1)超高性能混凝土具有高力学性能、高变形能力及极佳的耐久性，用于制作一般受力构件不必再配置钢筋，可用于特殊异形构件浇筑。

(2)安全与防护设施结构，例如防爆设施、危化品存储设施、人防设施等。

(3)城市轨道交通设施中的桥梁、顶板等。

(4)市政基础设施目前已经用于人行桥、预制装配式桥梁湿接缝、防撞墩等。

17.3.4 再生混凝土技术

废混凝土经过破碎、清洗、分级等技术处理“改头换面”后，按一定比例与传统混凝土配料相混合配制成一种新的混凝土，这就是“再生混凝土”技术。

随着环保意识的不断深化，世界各国都在加强废混凝土再生利用的技术研究。日本、美国、德国等国家凭借经济实力与科技优势，发展了许多再生骨料制备技术及再生混凝土应用技术，有的国家已制定了相应的技术标准，并得到了推广应用。通过对国外废混凝土再生利用概况以及再生混凝土的技术标准进行文献调查，分析研究了国外再生混凝土的发展趋势，为我国再生混凝土技术的推广应用及相应规范的制定提供参考依据。

1. 技术优点

再生混凝土可用于建设，不仅节约了成本，又节约了垃圾清运和处理费用，还可以大大减轻城市的垃圾污染，成为基础设施建设的重要材料。

2. 国内应用发展

(1)陕西省工程建设标准《再生混凝土结构技术规程》(DBJ 61/T-88-2014)，自 2014 年 7 月 1 日起实施；

(2)2016 年 12 月住房城乡建设部标准定额司关于征求行业标准《再生混凝土结构技术规程(征求意见稿)》；

(3)上海市已经制定《上海市建筑废弃混凝土回收利用管理办法》，2019 年 1 月 1 日起施行。该办法规定了再生产品强制使用制度和再生产品鼓励使用制度，原条文明确规定如下：

第十五条(再生产品强制使用制度)

本市 C25 及以下强度等级混凝土生产企业应当按照相关标准要求，在确保质量基础上合理使用再生骨料，再生骨料对同类材料的取代率不得低于 15%。

本市交通基础设施及大中修工程，可使用再生骨(粉)料的结构部位应当使用再生骨(粉)料，再生骨(粉)料对同类材料的取代率不得低于 30%。

第十六条(再生产品鼓励使用制度)

本市鼓励 C25 以上强度等级混凝土、预拌砂浆、墙体材料等生产企业，按相关标准规定合理使用再生骨(粉)料等再生产品。

本市鼓励在海绵城市建设、绿色公路建设以及滩涂整治工程中推广使用再生骨(粉)料等成品或半成品。

17.3.5 自密实混凝土技术

自密实混凝土(Self-Compacting Concrete，简称 SCC)是指具有高流动度、不离析、均匀性和稳定性，浇筑时依靠其自重流动，无需振捣而达到密实的混凝土。

1. 技术优势

自密实混凝土在浇筑过程中无需施加任何振捣，仅依靠混凝土自重就能完全填充至模板内任何角落和钢筋间隙，具体如下：免除振捣工序，靠自重成型，减少施工噪声，能够夜间施工；解决了不易或无法进行振动捣实作业(如钢筋过于密集、断面过深或过于复杂等)的问题；更加适用于浇筑范围大、输送距离长的工程，不易分离，更利于泵送；提高浇筑速度，加快施工工期；节约人工，浇筑施工简便；提高了混凝土结构的耐久性；在传统的坍落度试验中，自密实混凝土在达到 270 mm 以上坍落度、600 mm 以上扩展度的同时，无离析、泌水现象的发生。

2. 自密实混凝土技术参照标准

2006 年发布《自密实混凝土应用技术规程》(CECS 203)标准，该标准是我国第一本自密实混凝土技术规范，可用于自密实混凝土工程应用的指导与管控。

本章参考文献

[1] 地铁设计规范：GB 50157—2013[S]. 北京：中国建筑工业出版社，2013.

[2] 城市轨道交通技术规范：GB 50490—2009[S]. 北京：中国建筑工业出版社，2009.

[3] 地下铁道工程施工质量验收标准：GB 50299—2018[S]. 北京：中国建筑工业出版社，2018.

[4] 混凝土结构设计规范：GB 50010—2010[S]. 北京：中国建筑工业出版社，2010.

[5] 水泥混凝土和砂浆用合成纤维：GB/T 21120—2007[S]. 北京：中国标准出版社，2007.

[6] 纤维混凝土试验方法标准：CECS 13—2009[S]. 北京：中国计划出版社，2009.

[7] 纤维混凝土应用技术规程：JGJ/T 221—2010[S]. 北京：中国建筑工业出版社，2010.

[8] 钢纤维混凝土：JG/T 472—2015[S]. 北京：中国标准出版社，2015.

[9] 纤维增强混凝土及其制品的纤维含量试验：GB/T 35843—2018[S]. 北京：中国标准出版社，2018.

[10] 沈荣熹，王璋水，崔玉忠. 纤维增强水泥与纤维增强混凝土[M]. 北京：化学工业出版社，2006.

[11] 马里奥·科勒帕蒂. 混凝土新技术[M]. 刘数华，冷发光，李丽华，译. 北京：中国建材工业出版社，2008.

[12] P·库马·梅塔，保罗·J·M·蒙特罗. 混凝土微观结构、性能、材料[M]. 覃维祖，王栋民，丁建彤，译.

3版.北京:中国电力出版社,2008.
[13] 冯乃谦,邢锋编.混凝土与混凝土结构的耐久性[M].北京:机械工业出版社,2009.
[14] 秦翼.富阳鹿山大桥纤维素纤维混凝土性能研究[J].科技传播,2010(7):53-54,49.
[15] 刘志杰,张学锋,刘姣,等.纤维素纤维在建筑混凝土地面中的应用[J].新型建筑材料,2015,42(7):22~26.
[16] 邓宗才,张永方,徐海宾,等.纤维素纤维混凝土早期抗裂与抗渗性能试验[J].南水北调与水利科技,2012,(6):10~13.
[17] 曹擎宇,孙伟,赵勇,等.纤维素纤维混凝土性能及在二次衬砌中的应用[J].铁道学报,2012,34(7):103~107.
[18] 何柏,张生,陈昕,等.纤维亲水性能对改善混凝土抗冻能力的影响[J].四川建筑科学研究,2014,40(1):245~248.
[19] 邓宗才,张鹏飞,刘爱军,等.高强度纤维素纤维混凝土抗冻融性能试验研究[J].公路,2009,(7):304-307.